W0406683

Fahrrad Weltführer

Thomas Schröder
Helmut Hermann

E-Mail-Adresse des Verlags:
rkhhermann@aol.com

www.reise-know-how.de

- Ergänzungen nach Redaktionsschluss
- kostenlose Zusatzinfos und Downloads
- das komplette Verlagsprogramm
- aktuelle Erscheinungstermine
- Newsletter abonnieren

Direkt einkaufen im Verlagsshop mit Sonderangeboten

Piste zwischen Bedele und Nekemte (West-Äthiopien)

REISE
KNOW-HOW

Thomas Schröder
Helmut Hermann

Fahrrad Weltführer

IMPRESSUM

Thomas Schröder, Helmut Hermann

Fahrrad Weltführer

erschienen im
Reise Know-How Verlag
ISBN 978-3-89662-527-4
© Helmut Hermann
Untere Mühle
D - 71706 Markgröningen
3. Auflage 2010

Alle Rechte vorbehalten
– Printed in Germany –

www.reise-know-how.de

E-Mail-Adresse des Verlags:
rkhhermann@aol.com

Gestaltung und Herstellung
Umschlagkonzept: Carsten Blind
Inhalt: Carsten Blind
Karten: Helmut Hermann; S. 141: ACA, www.adventurecycling.org
Realisierung: endstufe, Stuttgart
Druck: Fuldaer Verlagsanstalt
Fotos: siehe Anhang

Dieses Buch ist erhältlich in jeder Buchhandlung in
Deutschland, Österreich, Schweiz, Niederlande und Belgien
Bitte informieren Sie Ihren Buchhändler über
folgende Bezugsadressen:
D: PROLIT GmbH, Postfach 9, 35461 Fernwald
www.prolit.de (sowie alle Barsortimente)
CH: AVA-buch 2000, Postfach 27, 8910 Affoltern, www.ava.ch
A: Mohr Morawa Buchvertrieb GmbH, Postfach 260, 1011 Wien
NL, B: Willems Adventure, www.willemsadventure.nl

Wer im Buchhandel trotzdem kein Glück hat, bekommt
unsere Bücher auch über unsere Büchershops im Internet (s.o.)

Wir freuen uns über Kritik, Kommentare und Verbesserungsvorschläge.
Alle Informationen und Daten in diesem Buch sind mit größter Sorgfalt gesammelt und vom Lektorat des Verlags gewissenhaft bearbeitet und überprüft worden. Da inhaltliche und sachliche Fehler nicht ausgeschlossen werden können, erklärt der Verlag, daß alle Angaben im Sinne der Produkthaftung ohne Garantie erfolgen und daß Verlag wie Autor keinerlei Verantwortung und Haftung für inhaltliche und sachliche Fehler übernehmen. Die Nennung von Firmen und ihren Produkten und ihre Reihenfolge sind als Beispiel ohne Wertung gegenüber anderen anzusehen. Qualitätsangaben sind subjektive Einschätzungen der Autoren.

VORWORT

Die mittlerweile dritte Auflage des einst von Helmut Hermann verfassten Fahrrad Weltführers liegt nun vor und bringt wieder zahllose authentische Raderlebnisse aus aller Welt, kombiniert mit Fakten und Wissenswertem vieler Länder in Amerika, Asien, Afrika, Australien und Ozeanien.

Als Hauptautor und bearbeitenden Redakteur hat Helmut mich eingesetzt – darüber freue ich mich sehr, und auch darüber, jetzt nach fast zwei Jahren intensiver Arbeit endlich „Vollzug" melden zu können. Von allen Büchern, die ich bislang geschrieben oder bearbeitet habe, war dieses Projekt mit Abstand das zeitaufwendigste. Und es wurde überhaupt nur möglich, weil mehr als 30 Rad-Toureros als Co-Autoren (s. die Autorenportraits ab Seite 739 und die jeweiligen Kürzel bei den Länderkapiteln) ihr Bestes gegeben und ihre Informationen und Reisestories beigesteuert haben. Ihnen allen sei an dieser Stelle herzlich gedankt – dieses Buch lässt jetzt wirklich kaum noch einen weißen Fleck auf der Weltkarte, für den es dem Reiseradler nicht handfeste Tourentipps oder zumindest Basis-Infos und Weblinks zum Erschließen aktueller Informationsquellen an die Hand gibt.

Seit der ersten und nochmals seit der zweiten Auflage hat der Fahrrad Weltführer an Umfang und Informationsgehalt kräftig zugelegt. Neu sind Raderlebnisse und Angaben von Ländern, die bisher noch nicht im Buch vertreten waren wie z.B. Guinea, Sierra Leone, die Kaukasus-Republiken und Israel. Natürlich ist die Welt nicht stehengeblieben – technische Errungenschaften wie etwa Google Earth oder GPS machen dem Globetreter die Planung und Orientierung einfacher; folgerichtig enthält dieses Buch jetzt ein umfangreiches GPS-Kapitel. Und es enthält eine bislang nie dagewesene Zahl an www-Adressen, mittels derer ihr (auch unterwegs) immer aktuell auf dem letzten Stand der Dinge sein könnt. Denn auch die politische Landkarte ändert sich ständig – Länder, vor denen man in der letzten Auflage noch

Mit dem Fahrrad Weltführer auf zu neuen Ufern ...

ausdrücklich warnen musste, sind mittlerweile zu faszinierenden Rad-Reisezielen geworden wie etwa Kolumbien oder Tadschikistan, andere hingegen haben eine sehr negative Entwicklung genommen, z.B. Tibet, das die Chinesen im Olympia-Jahr 2008 für Rad-Touris geschlossen haben und wo man auch heute noch höchstens per organisierte Gruppen-Radtour hinkommt, oder auch Libyen, das gleichfalls keine Reiseradler mehr ins Land lässt. Jetzt, während ich diese Zeilen in die Computer-Tastatur klopfe, ist gerade der Jemen in die Schlagzeilen geraten, zwecks verstärkter Al-Kaida-Aktivitäten. Und morgen?

Wichtigste Neuerung also: Dieses Buch, von Radlern für Radler geschrieben, soll sich in Zukunft stets selbst erneuern und immer auf dem aktuellsten Stand sein! Dazu stellen wir laufend Änderungen und Updates ins Web (unter Angabe der entsprechenden Buchseite) und bitten vor allem um eure Mithilfe. Mailt uns bitte alles, was sich geändert hat oder euren „Nachradlern“ eine Hilfe sein könnte – wir werden es gewissenhaft auf unserer Homepage allen zugänglich machen (und natürlich auch stets selbst das Ohr am Boden halten).

> Updates laufend unter „FWF Update“ auf
> **www.weltweitradeln.de**
> Bitte informiert uns über Veränderungen
> per E-Mail unter **ts.schroeder@web.de**

Doch ein Standardwerk lebt nicht nur von reinen Fakten und Zahlen. Es soll auch Emotionen und Fernweh wecken – schon seit der ersten Auflage sind die unterschiedlichsten Erlebnisberichte ein ganz wesentliches Element des Fahrrad Weltführers. Und ein Standardwerk muss auch den Bogen über die Jahrzehnte spannen. Träumen wir nicht alle noch von den Zeiten, als Helmut Hermann ohne (politisch bedingte) Probleme auf der Hoggar-Route durch die Sahara radelte? Oder als der Khyberpass noch als „auch für Dreigang-Radler gut machbare Etappe“ auf dem Landweg nach Indien beschrieben wurde? Einige Radberichte aus den früheren Auflagen wurden deshalb als nach wie vor lesenswerte Zeitdokumente übernommen. Aber die aktuellen Stories sind auch nicht unbedingt langweiliger. Dieses Buch eignet sich somit für Fernweh-Geplagte auch gut als Bettlektüre. Bloß, ob ihr dann gleich schlafen könnt …

Genug der Vorrede. Pedalt euch also durch die Seiten und beginnt zu planen und zu träumen … Wie sprach doch einst schon Alexander von Humboldt: „Die gefährlichste Weltanschauung ist die Weltanschauung der Leute, die die Welt nie angeschaut haben.“ Das stimmt. Die Welt dort draußen ist meist viel besser als ihr Ruf, und unmittelbarer als mit dem Fahrrad kann man sie sich nicht anschauen, trotz vergossenem Schweiß, Schwielen am Hintern und verfluchten Reifenpannen ...

Herzlichst, euer Thomas Schröder

Inhaltsverzeichnis

Kartenverzeichnis

Teil 1
Vor der Reise

1 VOR DER REISE

A Planung, Vorbereitung und Voraussetzungen

1. Einstimmung

Heimweh und Bikeweh

Es gibt Fernweh, und es gibt Heimweh. Aber wirklich weh tut nur das Heimweh. Man kann es nur unterwegs erleben, weit genug von zuhause, wenn man die Schnauze voll hat vom Pedale Treten …

Bikeweh ist wie Fernweh, nämlich schön. Man infiziert sich damit nur zuhause, beim Globus drehen, über die Südamerika-Karte gebeugt, beim Lesen von Rad- und Abenteuerbüchern. Von Fern- und Bikeweh kann man nur unterwegs in der weiten Welt geheilt werden.

Jede Reise beginnt immer zuerst in Gedanken und Träumen. Man muss im Leben ausbrechen können und einmal nur das tun, was einem Spaß macht. Eine lange Reise mit dem Rad kann das eigene Leben, meist als klein und gewöhnlich empfunden, endgültig umkrempeln …

Der Blick ins Kontoheft stutzt dann meist allzuhoch fliegende Pläne auf Machbares zusammen. Geld und Zeit sind wichtig, doch noch mehr ist es der heiße Wunsch und der Wille, von einer Radfernreise nicht nur zu träumen, sondern solche Gedanken auch in die Realität umzusetzen. Ist die Entscheidung dann einmal gefallen, fahr los.

Planen

Man kann noch soviel vorausplanen, Pech und Pannen werden unterwegs nicht zu vermeiden sein. Überplane deshalb deine Radreise nicht – wo bleibt sonst das Abenteuer, das Unvorhergesehene, die Überraschungen? Plant, recherchiert, organisiert – doch werdet nicht zu Sklaven eurer eigenen Pläne. Wenn es unterwegs notwendig werden sollte, stellt die Route um, nehmt andere Verkehrsmittel oder verkauft notfalls auch das Fahrrad. Von Beginn an sollte man Improvisationen und Änderungen mit einkalkulieren.

Die Reisezeit bei langen Transkontinental-Touren am besten mit „open end" planen, dann setzt man sich unterwegs nicht unter Terminstress. Reisezeit-Fixpunkte sind ungünstige oder schlechte Jahreszeiten. Bedenkt, dass nicht nur das Vorankommen, sondern auch das Verweilen an Orten das Wesentliche einer Reise ausmachen kann.

Ausgebuffte Radvagabunden betreiben Anti-Planung – sie beschränken die Vorbereitungen auf das Allerwichtigste. Sie brauchen auch ein solches Buch nicht.

Keine Norm-Touristen

Ferntour-Radler sind keine Einheits-Touristen, sie lassen sich nicht normieren, jeder hat andere Vorlieben, Ansichten, Ansprüche, Ziele, Reisegewohnheiten. Die einen wollen mit einem möglichst leichten Rad ohne großes Gepäck auf guten Straßen durch ein „zivilisiertes" Land fahren, andere zählen sich zu den Rad-Abenteurern, denen kein Berg zu hoch, keine Wüste zu groß und keine Strecke zu schwierig ist. Sie brauchen die Herausforderung, ihnen geht es vor allem um die Selbsterfahrung, das Ausloten der Leistungsgrenzen. Einige überlassen am liebsten die gesamte Reiselogistik einem Radreise-Veranstalter. Man sollte sich Gedanken machen, warum man mit dem Rad weit weg will: Um Abenteuer zu erleben, um Kulturen, Menschen und Länder zu sehen, um einmal eine Zeitlang „auszusteigen" – oder will man etwa irgendwelchen Problemen davonfahren …?

Verantwortungsbewusstes Reisen

In die Entwicklungsländer Afrikas, Asiens und Lateinamerikas zu reisen bedeutet – gerade bei einer Reise mit dem Rad –, nicht nur Freiheit und Abenteuer zu erleben, sondern auch fast ständig mit Drittwelt-, Ökologie- und/oder Tourismusproblemen konfrontiert zu werden. Man sollte sich deshalb auch über die politischen, sozialen und geschichtlichen Hintergründe sowie über die aktuelle Situation seiner Reiseländer informieren. Beachtet und respektiert unterwegs die Sitten, Bräuche und Religionen eurer Gastländer (s. auch „Reise-Sachbücher, Hintergrundliteratur", S. 34 und „Einheimische, Fernradler und Tourismus", S. 109).

Mentale Vorbereitung

Die gedankliche Vorbereitung ist für eine Radreise mindestens genauso wichtig, eher noch wichtiger als die Lösung technischer Probleme. Ohne Sprachkenntnisse nützt in einem fremden Land das schönste Bike nichts, ohne kulturelle, soziale und geografische Kenntnisse wird man unterwegs nur wenig verstehen, begreifen oder erkennen. Die „Software" ist so wichtig wie die „Hardware".

Es ist auch eine alte Weisheit, dass der Kopf mitkurbelt, die Psyche sollte genauso fest im Sattel sitzen wie ihr. Deshalb trainieren manche vor der großen Tour nicht nur ihren Körper, sondern auch den Geist – Stichwort „Mentales Training". Zwei Literaturtipps dazu: „Gut sein, wenn's drauf ankommt. Erfolg durch Mentales Training" von Hans Eberspächer (Hanser Fachbuchverlag) und „Die neue mentale Stärke: Sportliche Bestleistung durch mentale, emotionale und physische Konditionierung" von James E. Loehr, BLV-Verlag. Eine gute Grundlage übrigens, wer nach Asien fährt und sich mit den dortigen Religionen (Buddhismus, Hinduismus), mit Yoga, Meditation und autogenem Training auseinandersetzen will.

Tiefpunkte

Unterwegs ist man mit zwei Extremen beschäftigt (sofern man alleine fährt): Mit dem Alleinsein und dem Nie-Allein-Sein-Können. Soloradler haben viel Zeit, über sich selbst und diejenigen Dinge des Lebens nachzudenken, über die man sich im Alltag wenig Gedanken macht.

Der Mensch braucht den Menschen, doch er braucht auch Rückzugsmöglichkeiten. In dichtbesiedelten Ländern wie z.B. Indien gibt es diese kaum. Du wirst begafft wie eine bunte Kuh, musst dauernd die gleichen Fragen beantworten, hast kaum eine Chance, unbeobachtet zu sein, und das zerrt mit der Zeit ganz schön an den Nerven.

Von der Sonne verbrannt, von den Mücken zerstochen, gerädert von endlosen Staub- und Naturpisten, genervt vom Reisepartner, frustriert vom Kulturschock in Drittwelt-Ländern – es kommen Tage, an denen man seinen Entschluss, mit einem Fahrrad durch die Welt zu pedalen, verfluchen wird. An solchen Tagen ist es gut, sich zu erinnern, mit welchen Erwartungen und Vorstellungen man auf Tour gegangen ist. Jetzt erlebst du die Realität.

Sind die ersten Wochen überstanden und ist der innere Anpassungsprozess einmal vollzogen, wird man sich, die Welt und seine Reise aus einer neuen Perspektive sehen. Man darf nur nicht das Ziel aus den Augen verlieren, muss sich immer wieder aufraffen. Es erscheint uns sehr wichtig, mit dem Rad auch wirklich ein Ziel erreichen zu wollen, an das man sich halten kann, bei dem man noch die Kilometer, die Wochen (oder Monate) zählen kann. Einfach so darauflosfahren und dann sehen, wie weit man kommt, kann bei ersten Problemen leicht zum Aufgeben verleiten – man hat ja kein Ziel.

Körperliche Vorbereitung

Paradox: Wer im Urlaub eine vierwöchige Radreise mit entsprechenden Kilometerleistungen machen will, braucht mehr körperliche Kondition als ein Weltradler. Die stellt sich nämlich bei langen Touren und bei der viel längeren Zeit ganz von alleine ein. Natürlich muss man gesund und belastbar sein, doch ein spezielles

Training brauchen Longtime-Pedaleure nicht. Wer die üblichen Ausdauer-Sportarten (Joggen, Schwimmen) betreibt, regelmäßig auf sein Rad steigt, kann getrost sogar auf eine globale Strampeltour gehen. Einige längerwöchige Touren sollte als Vorbereitung absolvieren, wer noch unentschlossen ist und seine Belastbarkeit noch nicht kennengelernt hat. Ärzte raten, das Training auf Ausdauer, nicht auf Krafttraining anzulegen. Das gilt übrigens auch für diejenigen, die z.B. „nur" eine vierwöchige Südafrika- oder USA-Radtour planen. Wer sich intensiver mit Ausdauertraining befassen will, sollte entsprechende Fachliteratur lesen und einen Trainingsplan aufstellen.

2. Mit Sprachkenntnissen ist alles leichter

Radfahrer sind wesentlich mehr als Rucksack-Traveller auf Sprachkenntnisse angewiesen, denn unterwegs müssen laufend Auskünfte über die Straßen, Orte, Übernachtungsmöglichkeiten etc. eingeholt werden, ständig wird man angesprochen, wird man Dinge gefragt, soll man erzählen. Ganz ohne Sprachkenntnisse gerät man in die Isolierung – nicht zu unterschätzen ist die psychische Belastung, wenn man wie ein Taubstummer ganze Länder mit dem Fahrrad durchqueren will. Natürlich kommt man auch mit Gesten und der Zeichensprache durch, doch das ist meist nur am Anfang einer Reise lustig.

Wenn man mit den Menschen eines Landes kommunizieren kann, entstehen unterwegs kaum Probleme, man ist auch als Tourist akzeptierter und willkommener. Und erst mit (Teil-)Kenntnissen einer Landes- oder Umgangssprache kann man auch ganz unübliche Routen mit dem Fahrrad planen.

Reisesprachen

Hauptweltsprache beim Reisen ist **Englisch**, das man in ganz Asien, dem Vorderen Orient, in Australien, Neuseeland und Ozeanien (außer französische Inseln), in Nordamerika, in Ost- und Südafrika sowie in einigen westafrikanischen Staaten braucht. **Französisch** ist unabdingbar für nördliche, west- und zentralafrikanische Staaten. **Spanisch** braucht man für ganz Lateinamerika mit Ausnahme von Brasilien, dort spricht man **Portugiesisch**. Wer durch arabische Länder fährt, sollte vorher ein wenig **Arabisch** lernen, auch bei Reisen ins große China muss man sich sprachlich vorbereiten, zumindest einen guten Sprachführer im Gepäck haben. In allen Ländern der ehemaligen Sowjetunion wird **Russisch** verstanden.

Zusätzlich schwierig wird es in jenen Ländern, die keine lateinische Schriftzeichen verwenden (ehem. Sowjetunion, arabische Länder, Japan, China, Thailand etc.), denn dort lassen sich nicht nur die Straßenschilder nicht mehr lesen, sondern es funktioniert auch die normale Sprach-/Schrift-Kommunikation nicht mehr bzw. nur noch eingeschränkt.

Sprachen lernen

Investiert also noch vor der Abreise in einen guten Sprachkurs und kauft einen entsprechenden Sprachführer. Eine bekannte Sprachführer-Reihe sind die kleinen **Kauderwelsch-Sprechführer** von Reise Know-How, da gibt es selbst Bände für die exotischsten Sprachen wie etwa Laotisch oder Quechua. Grüße, Redewendungen und Zahlen lassen sich auch in schwierigen Sprachen schnell erlernen.

Hier einige Tipps zum Erlernen einer Sprache oder wie unterwegs Kommunikation Spaß macht:

- wichtigste und gängige Redewendungen aufschreiben und auswendig lernen; unterwegs ein kleines Vokabelheft anlegen,
- keine Angst vor der Grammatik, besser „drauflos" sprechen als es gar nicht versuchen,
- Pausen, Zwangsaufenthalte und einsame Strecken zum Sprache Lernen nützen,

- auch zu zweit versuchen, sich nicht in Deutsch, sondern in einer Fremdsprache zu unterhalten,
- gut und in lustiger Weise lässt sich eine Landessprache mit Kindern lernen, die eine helle Freude haben können, dem komischen Radler während einer Rast Sprachunterricht zu erteilen. Dazu braucht nur auf Dinge gedeutet zu werden, mit den Fingern werden die Zahlen gezeigt etc. Mit Bleistift und Papier lässt sich auch Schwieriges optisch definieren und das Wort dafür finden.

3. Spätere Vermarktung der Radreise

Wer mit dem Gedanken spielt, seine Reise im Nachhinein publizistisch oder visuell zu vermarkten, muss sich bereits bei der Planung entsprechende Gedanken machen. Damit ist nicht gemeint, irgendwelche Zeitschriften und Verlage anzuschreiben, damit die deine Reise vorfinanzieren (die reagieren erst auf Vorgelegtes), sondern dass man spätere Reiseartikel, ein Buchprojekt oder Diavorträge genauso vorplanen muss wie Strecke und Ausrüstung.

Für Berichte über eure Fahrt würden wir bei der örtlichen Zeitung vorsprechen, die veröffentlichen manchmal ganz gerne einen Artikel über außergewöhnliche Radreisen. Vielleicht kann man sie auch zu Fortsetzungsberichten überreden. Wenn man zurück ist, hat man dann bereits Referenzen für Zeitschriften oder einen Verlag. Auch Rad-Magazine wie BIKE, Tour-Magazin, TrekkingBike, aktiv Radfahren oder RADtouren (u.a.m.) sind einen Versuch wert. Tipps, wie man in der Fotografie bzw. mit Bildern für Vorträge vorausplant, findet man in etlichen Fachbüchern (siehe z.B. im Kapitel „Fotoausrüstung“, Seite 94).

Möglichkeiten für ein finanzielles „Recycling“ (ein schönes Wortspiel):

- Reiseberichte für Rad- und Reisezeitschriften schreiben, wichtig sind dabei gute (Digital-)Fotos oder Dias.
- Ein Buch verfassen. In Frage kommen Verlage, die Rad- und Reisebücher verlegen (Verlagsnamen s. bei den aufgeführten Radbüchern). Voraussetzung ist eine außergewöhnliche Tour, eine nicht langweilige Schreibe und gutes Fotomaterial – und Glück! Über einen tollen Buchverkauf darf man sich keine allzu großen Illusionen machen, der Markt ist gesättigt. Höchstens, man hat eine kleine Sensation anzubieten, z.B. mit dem Fahrrad durch Sibirien – wurde aber auch schon gemacht –, oder mit dem Liegerad zum Südpol.
- Vorträge halten. Das setzt nicht nur fotografisches Können, sondern auch Redegewandtheit und gleichfalls eine interessante Tour voraus. Partner wären dabei evtl. die örtlichen Volkshochschulen (s. unter *www.vhs.de*) oder Gemeindebüchereien.
- Eine Fotoausstellung von der Reise machen, die örtliche Bank oder ein Unternehmen dafür als Sponsor gewinnen.

4. Mit oder ohne Partner auf die Radtour?

Vor- und Nachteile

Wer schon alleine, zu zweit oder mit mehreren Radtouren gemacht hat, wird die Vor- und Nachteile des Allein- oder Gemeinsam-Reisens kennen: Alleine brauchst du keine Rücksicht auf andere zu nehmen, es gibt keine langwierigen Entscheidungsdiskussionen, du selbst bestimmst Tempo, Tag und Richtung. Fernab der Heimat findest du viel eher Kontakt zu Einheimischen, wirst öfter angesprochen und eingeladen. Dafür ist man aber auch in weniger schönen Situationen allein und immer auf sich selbst angewiesen, kann keine Freude und kein Leid teilen oder in Notfällen auf die Hilfe des Radelpartners zählen (die Einsamkeit kommt meist dann, wenn es dunkel wird ...).

Radelt man zu zweit, fährt nicht nur immer ein Stück Heimat mit – vieles ist auch leichter, nicht nur die geteilte Ausrüstung, auch das Alltagsmanagement. Während der eine z.B. bei den Rädern bleibt, kann der andere sich um Einkäufe, um ein Hotelzimmer kümmern oder Auskünfte einholen. Allein bist du immer in Sorge um Rad und Ausrüstung, musst deine Probleme selbst lösen.

Ist die Entscheidung, ob „solo“ oder zu zweit bzw. zu mehreren zu fahren gefallen, heißt das jedoch nicht, dass damit unterwegs auch alle Probleme gelöst sind! Persönliche Konflikte – egal ob allein oder zu zweit fahrend – werden nicht ausbleiben, denn du stehst vor faszinierenden, aber auch niederschmetternden Erlebnissen und Eindrücken. Dein bisher festgefügtes Bild von dir oder von deinem Partner, selbst im bisher optimalen Fall einer Beziehung, wird sich verändern, weil auf einer Strapazentour gewohnte Ansichten und Wertmaßstäbe zerbrechen. Wenn nicht schon unterwegs, dann spätestens bei der Rückkehr – so berichten fast alle Weltradler.

Zu zweit

Ob solo oder zu zweit ist natürlich für all diejenigen kein Thema mehr, die von vornherein schon gemeinsam Radtouren gefahren sind, die als alte Radelkumpels oder als Paar auf eine Long-Distance-Tour gehen wollen. Mit gelegentlichen Konflikten und Spannungen wird man leben, sie aushalten müssen, so wie auch im richtigen Leben, in Freund- und Partnerschaften. Doch unter vorher nie erlebten Schwierigkeiten und Stresssituationen können selbst langjährige Partnerschaften zerbrechen, es gibt täglich zu viele wichtige Dinge (Tagespensum, Route, Ruhetage etc.), über die Meinungsverschiedenheiten entstehen können oder über die man gar in ernsthaften Streit geraten kann.

Um Spannungen möglichst klein zu halten, sollten absehbare Konfliktfelder entschärft werden, z.B. sollten beide in der Rad-Technik, beim Kochen etc. fit sein – wenn immer nur eine Person die „Platten“ repariert, kann leicht Frust entstehen.

Unterschiede in der Leistungsfähigkeit können unterwegs gleichfalls belastend werden – während der eine noch 20 km weiter radeln könnte, ist der andere schon fix und fertig und quält sich nur noch weiter, um damit „Gemeinsamkeit“ zu demonstrieren. Unterschiedliche Leistungsgrenzen müssen akzeptiert und durch Kooperation ausgeglichen werden. Tröstlich für „Schwächere“: Letztendlich sind es unterwegs weniger Konditionsprobleme, sondern meist Probleme mentaler, psychischer Natur, die zu Differenzen führen, z.B. vorher nicht genügend ausdiskutierte Reisevorstellungen und Reiseerwartungen.

Manche(r) überschätzt aber nicht nur seine Leistungskraft, sondern auch seine Leidensfähigkeit, und sitzt man erst einige Tage im Dauerregen im Zelt, schmerzen Hintern und Knochen, kann man nachts vor Hitze nicht mehr schlafen, gibt es tagelang nichts mehr Richtiges zu essen, hat der Durchfall einen geschwächt usw., dann ist es mit der Toleranz und der Kompromissbereitschaft gegenüber dem anderen schnell vorbei.

„... es gibt Augenblicke, in denen man es leid ist, ständig zusammen zu sein und den anderen 24 Stunden am Tag zu sehen. Ich sehe ein, dass es Babeth schwer fällt, meinen Gestank einzuatmen. Unsere Shorts und T-Shirts sind steif vor Dreck und mit Schweiß und mit Salz vollgesogen, wie auch unsere Haare, die wir – mangels Wasser zum Waschen – fein durchkämmen, um das Salz herauszubekommen. Unsere Falten werden zu Gossen. Schweiß rinnt in Strömen und bildet auf unseren T-Shirts große Flecken an Nabel, Brust, unter den Armen und am Rücken entlang der Wirbelsäule. Und abends zwängen wir uns dann ins Zelt. Es gibt darin kein anderes Zimmer, keine Küche oder eine noch so winzige Ecke, in die man sich verkriechen könnte, um den anderen für fünf Minuten einmal nicht zu sehen. Wenn man ihn nicht mehr ertragen kann, kann man noch nicht einmal sagen: ‚Ich vertrete mir mal eben die Füße‘. Denn draußen ist das Reich der Moskitos, und die nächste Kneipe liegt unendlich weit entfernt! Also vergiss es und leg' dich hin!“ (aus „Auf zwei Fahrrädern ans Ende der Welt“, von Alain Guigny, Pietsch-Verlag 1990).

Spätestens an solchen Tagen wird aus einer Tour eine Tortur und ein Machtkampf, wer sich durchzusetzen vermag. Jede Person reagiert unter körperlichen und psychischen Strapazen anders bzw. sie zeigt erst dann ihren wahren Charakter. Doch wer kennt sich und sein Verhalten unter Extrembelastungen, wenn man noch nie welche wirklich durchlitten hat?

Reisepartnersuche

„Suche Radelpartner(in) für etwa halbjährige Australien/Neuseeland-Radtour im nächsten Frühjahr. Wer hat Lust? Bin 27, m, Telefon …"

So oder ähnlich lauten sie, die Anzeigen für Reisepartner in den Rad- und Outdoor-Zeitschriften sowie auf Bike-Websites, die wohl immer meist dann veröffentlicht werden, wenn die Suche im näheren Freundes- und Bekanntenkreis für eine gemeinsame Radreise ergebnislos blieb (auch der ADFC, *www.adfc.de*, vermittelt übrigens Reisepartner).

Schön, wenn es irgendwo jemanden gibt, der die gleichen Fernweh-Träume träumt, der zu einem passt und den man dann auch noch findet. Das Kennenlernen und die Vorbereitung funktionieren um so besser, je näher man beieinander wohnt. Nur in vielen Gesprächen und durch intensiven Gedankenaustausch kann dann geklärt werden, was jeder von der Reise erwartet und welche Gründe und Hintergründe Motivation für die geplante Tour sind.

Ob man dann auch praktisch zusammenpasst, kann sich nur auf Test- und Probefahrten zeigen, die unbedingt unternommen werden sollten, ehe man sich gemeinsam auf die lange Meile durch die Steppen Zentralasiens oder durch die peruanischen Anden macht. Sei darauf gefasst, dass die anfängliche Euphorie, endlich einen Pedalfreund gefunden zu haben, noch in der Vorbereitungsphase oder bei Testfahrten immer kleiner werden kann und schließlich auseinanderbricht. Dann ist viel Zeit und sind auch Kosten investiert worden, und du kannst wieder von vorne anfangen (während der festgelegte Abfahrtstermin immer näher rückt …). Deshalb bei langdauernden Unternehmungen mit der Reisepartnersuche nicht nur Monate, sondern ein bis zwei Jahre vorher beginnen.

Eventuell kann der Partner auch direkt im Zielland gefunden werden, z.B. in den USA. Dazu die Reisepartneranzeigen im „Adventure Cyclist Magazine", dem Magazin des amerikanischen Fahrradclubs „Adventure Cycling Association" durchsehen (*www.adventurecycling.org/mag/companions.cfm*, s. Kapitel. „USA"), oder dort eine Anzeige aufgeben. Vielleicht kommt es einem amerikanischen Tour-Partnersuchenden gerade recht, durch einen „Fellow Tourer" aus Germany seine deutschen Sprachkenntnisse verbessern zu können, während du auf eurer gemeinsamen Tour nebenher dein Englisch perfektionieren kannst.

Alleinfahrer

Alleinfahrer, Around-the-World-Biker, sind meist eingefleischte (und oft auch eigensinnige) Individualisten, Typen, denen die Unabhängigkeit und die Selbstbestimmung über alles geht. Es sind Zweirad-Abenteurer, die jede schwierige Situation meistern und die sich durchzusetzen wissen. Unsicherheiten und Ängste lassen sie erst gar nicht an sich heran. Welt-Tourer sind überwiegend Solofahrer, entweder schon alleine gestartet oder sie haben sich unterwegs von ihrem Partner getrennt.

Wer auf einer langen Tour alleine fahren will, sollte sich ehrlich prüfen: Kann ich gut Sprachen, kann ich totale Einsamkeit aushalten, bin ich zäh und willensstark genug, meine Tour von Anfang bis zum Ende durchzuziehen? Andererseits kann man sich erst durch eine Soloreise letztendlich auch „selbsterfahren" – bei vielen ein wichtiger Motivationsaspekt.

Zu diesem Thema eine sehr gute Buchempfehlung: „Jupiters Fahrt – Mit dem Motorrad um die Welt". Zwar ein Motorradbuch, doch der Autor Ted Simon beschreibt äußerst intensiv und spannend, was man nicht nur auf der Straße, sondern auch mit sich selbst auf einer Weltreise alles erleben kann.

Allein fahren zu gefährlich?

Bei der Überlegung, ob man zu zweit oder alleine losfahren soll, spielt für viele auch der Sicherheitsaspekt eine Rolle. Zu zweit auf eine Globo-Tour zu gehen mag auf den ersten Blick „sicherer“ erscheinen, doch wir würden uns von diesem Gedanken nicht allzu sehr vereinnahmen lassen. Wer oder was soll dann „sicherer“ sein, was wird dann nicht passieren? Auch zu zweit kannst du genauso krank werden oder einen Unfall erleiden. Sicherheit durch einen anderen schließt nämlich auch Verantwortung für den anderen mit ein! Wenn ein Partner krank wird, muss der andere gleichfalls pausieren; bei einem Unglück muss auch der nicht Betroffene meist gleichfalls die Heimreise antreten.

Resümee

Man sieht: Die richtige Antwort auf „Allein oder zu zweit“-fahren gibt es nicht. Ob einsam oder zweisam – die Reise kann so oder so für den oder die Beteiligten glücklich oder unglücklich verlaufen.

Bist du unschlüssig, ob alleine oder zu zweit, oder findet sich kein passender Reisepartner, würden wir raten: Fahr alleine los! Alles andere ergibt sich unterwegs. Du bist ganz bestimmt nicht der einzige, der mit seinem Drahtesel irgendwo auf dem Globus unterwegs ist, und irgendwann treffen sich World-Biker immer, das scheint vorausbestimmt. Radler-Freundschaften von unterwegs halten oft über Monate und über viele Länder zusammen (manchmal sogar für ein ganzes Leben), und wenn nicht, dann trennt man sich wieder in aller Freundschaft.

Andere Idee: Warum nicht zusammen losfahren, solange „es geht“? Aus Greenhorns werden mit der Zeit oft selbstbewusste, erfahrene Tourenprofis. Erfahrungsgemäß wächst dann die Neigung, nun auch mal alleine fahren zu wollen. Eine solche Ausgangsidee macht dann unterwegs eine Trennung leichter, ohne Zorn und Traurigkeit. Oder rechnet fest mit einer Trennung – und seid überrascht, wenn ihr es dann doch nicht tut. Als Test kann man ja einige Zeit getrennt radeln, sich dann wieder treffen und erst dann die endgültige Entscheidung treffen.

B Reiseziele, Reisezeiten, Flüge

1. Wohin in die Welt?

Auch Velo-Weltenbummler haben bestimmte Vorlieben für Kontinente, Länder und Kulturen: Da gibt es die eingefleischten Wüstenliebhaber, die am liebsten in nordafrikanischen Ländern radeln, Asien-Freaks, die sich von den dortigen großen Kulturen angezogen fühlen, USA-, Australien- oder Neuseeland-Radler, die es gerne übersichtlich und weniger abenteuerlich mögen, Südamerika-Begeisterte, die vielleicht wegen ihren guten Spanisch-Kenntnissen in den dortigen Ländern mühelos zurecht kommen, Afrika-Fans, die das große Abenteuer lockt – und manche planen gleich den großen Trip rund um den Globus (s. bei „Weltumradlungen“, Seite 722).

Und wo zeigt dein Gefühlskompass hin? Falls du noch unsicher bist, kann der umfangreiche Teil 4 dieses Buchs („Kontinente und Länder“, ab Seite 125) deine Entscheidung erleichtern.

Gute Radfahr-Länder

Am besten geeignet für eine Tour sind solche Länder, wo es ein gutes Straßennetz, aber nur relativ wenig motorisierten Verkehr gibt. Doch solche Länder finden sich nicht viele auf der Welt (ein „Geheimtipp“ wäre z.B. Cuba). Abwechslungsreiche Landschaften, eine gewisse touristische Infrastruktur sowie die Möglichkeit zur sprachlichen Verständigung sollten in einem guten Radfahrland gleichfalls vorhanden sein, und natürlich sollte das Reisen dort auch erschwinglich sein.

Eine Aufzählung gerne und öfter befahrener Routen und Länder könnte etwa so aussehen (Reihenfolge ohne Wertung):

- **Afrika:** Von Kenia nach Südafrika. Marokko. Westafrikanische und Sahel-Länder.
- **Asien:** Zentralasien-Runde mit Pamir Highway. Karakorum Highway nach China. Nordindien mit Nepal. Thailand – Malaysia – Singapur. Bali. Vietnam.
- **Australien:** Ostküste, Tasmanien
- **Neuseeland:** Süd- und Nordinsel
- **Nordamerika:** Pacific Coast Highway. Arizona und Utah. Neuengland-Staaten. Alaska, Yukon und Westcanada. Coast to Coast.
- **Lateinamerika:** Mexiko: Yucatán, Baja California. Peru und Bolivien. Nordwestargentinien und Nordchile. Südchilenisches Seenland. Patagonien-Feuerland-Runde. Panamericana.

Krisenstaaten und Krisengebiete

Irgendwo auf der Welt toben immer größere oder kleinere Kriege, kommt es zu Umstürzen und Unruhen, häufen sich Naturkatastrophen, grassieren Seuchen, werden Überfälle auf Touristen gemeldet. Gefährliche bzw. kritische Länder und Regionen müssen bei der Routen- und Länderauswahl also beachtet werden.

Doch oft sieht es „vor Ort" weit weniger „schlimm" aus, als es bei uns in den Medien dargestellt wird. Es gibt Fälle, da ist ein Radfahrer in einem evtl. Krisenland kaum mehr gefährdet als sonst auch, oder das Krisengebiet nimmt nur einen eng begrenzten Teil des Landes ein. Andererseits können die Verhältnisse auch wesentlich gefährlicher sein. Oft verlieren Krisengebiete auch für die Medienindustrie ihren Nachrichtenwert, was aber nicht heißt, dass in diesen Ländern oder Regionen nicht weiterhin geschossen wird.

Umfassende **Information** ist also wichtig. Erste Info-Quelle für Fernradler ist zunächst das **Auswärtige Amt** in Berlin (*www.auswaertiges-amt.de*). Auf dieser Website kann man zu jedem Land der Erde genauere Sicherheitshinweise erfahren. Einen ähnlichen Service bieten das **US-Außenministerium** *(www.travel.state.gov)* und sein britisches Pendant *(www.fco.gov.uk/travel)*. Viele der bei diesen offiziellen Quellen ausgesprochenen Warnungen sind allerdings sehr streng gehalten – was so sein muss, denn wenn man unterwegs „mitten drin" steckt, wenn in einem Land Unruhen stattfinden, dann nimmt man Kontakt zu seiner **Landesvertretung** auf (die findet man auf *www.konsulate.de* oder ebenfalls beim Auswärtigen Amt), und deren Arm kann in manchen Ländern nur sehr kurz sein und es ist durchaus nicht sicher, ob sie dir dann auch helfen kann. Doch sollte man seine Informationen vor Reisebeginn aus möglichst vielen und unterschiedlichen Quellen beziehen – wir haben deshalb bei den Länderkapiteln auch etliche spezifische Homepages unterschiedlichster Couleur gelistet, und s. auf jeden Fall auch auf Seite 28ff bei „Informationsbeschaffung".

Abschließend hier noch ein Hinweis: Die „AG Friedensforschung" der Uni Kassel sammelt deutschsprachige Artikel zu Konflikten in aller Welt und stellt sie nach Ländern bzw. Regionen sortiert ins Web. Wer tiefer schürfen will kann sich unter *www.uni-kassel.de/fb5/frieden/regionen/* beispielsweise über die Entwicklung des Kaschmir-Konflikts oder zur aktuellen Situation in der Westsahara informieren – und endlos Hintergrundwissen sammeln (Gebiet bzw. Land anklicken).

2. Die besten Reisezeiten in den Kontinenten

Wetterverhältnisse checken!

Wichtigster Planungspunkt einer weltweiten Radreise sind die Wetterverhältnisse vor Ort. Die Laune und das Wohlbefinden beim Radeln sind bekanntlich immer wetterabhängig: Eisige Kälte und Schnee, Dauerregen, wochenlanger Gegenwind (die Hauptwindrichtungen und -zeiten werden bei den einzelnen Ländern genannt) oder Backofenhitze können jede Tour kippen, und wer mit dem Fahrrad im (dortigen) Winter durch Patagonien fährt, in der Regenzeit durch Afrika oder im Monsun durch Indien, der muss irgend etwas falsch gemacht haben …

Natürlich lässt es sich bei monate- oder gar jahrelangen Radreisen nicht immer vermeiden, dass man mal auch bei weniger optimalen Wetterbedingungen durch ein Land kommt. Dann muss man sich eben darauf einstellen, z.B. warme Kleidung mitführen.

Noch eine Bemerkung zu tropischen „Trockenzeiten" und „Regenzeiten": In der Regenzeit regnet es selten ununterbrochen, nach schweren Wolkenbrüchen scheint auch immer wieder die Sonne. Wer hitzeempfindlich ist, doch Schwüle gut vertragen kann, sollte eher in der Regenzeit durch ein Land reisen als in der oft sehr heißen Trockenzeit (vorausgesetzt natürlich, dass dann der Reiseweg nicht ausschließlich über Erdpisten führt, denn die sind dann aufgeweicht und kaum mehr befahrbar). Die beste Reise- und Radelzeiten in einem tropischen Land sind die Übergangswochen zwischen Regen- und Trockenzeit bzw. zwischen Trocken- und Regenzeit, denn dann ist der Himmel meist noch bedeckt, was das Radeln erleichtert, weil die Sonne nicht so runterknallt.

Erste Übersicht

Hier einmal ganz grob die besten Reisezeiten auf den Kontinenten (mit den genannten Jahreszeitenangaben sind die unsrigen, mitteleuropäischen gemeint!). Weitere Details zum Wetter und den besten Reisezeiten stehen bei den einzelnen Ländern und bei den Kontinenten.

- **Nordamerika:** USA: Frühling, Herbst; Canada, Alaska: Sommer.
- **Mittelamerika:** Herbst, Winter, Frühling.
- **Südamerika:** Andenhochländer Mai bis Oktober. Argentinien und Chile im Herbst, Winter und Frühling. Südspitze (Patagonien) von Dezember bis Februar. Brasilien im Herbst und Winter, Südbrasilien April/Mai und September/Oktober, Amazonasbecken Juli bis Oktober.
- **Nordafrika, Mittelmeerländer:** Frühling/Herbst, Sahara im Winter.
- **Westafrika:** Winter.
- **Ostafrika:** Winter und Sommer.
- **Südliches Afrika:** Frühling, Herbst, Winter.
- **Vorderer Orient, Wüstenländer:** Winter.
- **GUS-Staaten:** Sommer.
- **Indischer Subkontinent:** Winter (Nepal: Frühling).
- **Südostasien:** Winterhalbjahr.
- **Ostasien, China:** Frühling, Sommer, Herbst.
- **Südaustralien, Neuseeland:** Herbst, Winter, Frühling.
- **Zentral- und Nordaustralien:** Sommer.
- **Südpazifische Inseln:** Mai bis Oktober.

Ramadan-Zeiten

Wer in islamische Länder reisen will, sollte neben dem Wetter auch die vierwöchige **Ramadan-Zeit** beachten, das einschneidende Ereignis im Lebensrhythmus der islamischen Welt. Für die Muslime bedeutet es ein Verbot der Nahrungsaufnahme von Sonnenaufgang bis Sonnenuntergang, für den Touristen (je nach Land in unterschiedlicher Strenge), dass es tagsüber nicht einfach ist, Lebensmittel zu kaufen, dass die Restaurants erst nach Sonnenuntergang öffnen, Behördengänge länger dauern, allgemein das Reisen insgesamt schwieriger ist. Eine noch ungünstigere Reisezeit ist die **Aid-Woche** im Anschluss an den Ramadan (Kleiner Aid oder Aid al-Fitr). Der Große Aid dauert gleichfalls eine Woche und er findet etwa acht Wochen nach dem Kleinen Aid statt (der islamische Kalender ist ein Mondkalender).

Hier die ungefähren Daten zum Beginn des vierwöchigen Ramadans (jedes Jahr etwa 11 Tage früher) und in Klammer der Beginn des Großen Aid (al-Adha).

- 12.08.2010 (10.11.2010)
- 02.08.2011 (06.11.2011)
- 21.07.2012 (26.10.2012)
- 10.07.2013 (15.10.2013)
- 29.06.2014 (04.10.2014)
- 18.06.2015 (23.09.2015)
- 07.06.2016 (12.09.2016)

Unter *www.feiertage-weltweit.com* findet ihr weitere Termine aus dem islamischen Festtagskalender.

3. Zeitbedarf, Reisedauer

Tages- und Gesamtleistung

Zur Reiseplanung gehört auch die Überlegung des Zeitbedarfs für bestimmte Strecken. Wie weit kann ich in einigen Monaten, in einem halben oder in einem ganzen Jahr kommen? Oder, andersrum (und so wird es vielen gehen), wenn man z.B. für ein Radel-Fernziel nicht mehr als den üblichen 30-Tage-Jahresurlaub „freischaufeln" kann – welche Strecke ist im vorgegebenen Zeitlimit realistisch?

Ausgangs- und Berechnungspunkt dafür kann nur der persönliche Fahr- und Reisestil sein. Für Radreisen unter „normalen" Bedingungen mit „normaler" Gepäckzuladung würden wir die täglichen durchschnittlichen Radelstrecken auf etwa 70 bis 100 Kilometer ansetzen. Dieser Wert ist natürlich sehr abhängig von den topografischen, den Straßen- und Klimabedingungen des oder der Reiseländer. Zu den täglichen Fahrleistungen kommen noch die wöchentlichen Rast-, Ruhe- und Besichtigungstage dazu. Erfahrungsgemäß wird man sich in solchen Regionen und Ländern länger aufhalten, wo es klimatisch angenehm und kulturell abwechslungsreich ist, wo es viel zu sehen und zu erleben gibt und wo man auch mal einen „Urlaub vom Radfahren" machen kann.

4. Fahrradmitnahme im Flugzeug

War die Mitnahme eines Rades im Flugzeug früher eine recht umständliche und oft frustrierende Prozedur, so sind die Airlines an internationale Bike-Traveller inzwischen gewöhnt – wohl auch deshalb, weil man diese Spezies unter den Flugreisenden sicher nicht mehr als verschwindend geringe Minderheit abtun kann. Trotz allem, und wichtig zu wissen: Für Fahrräder besteht praktisch immer **Voranmeldepflicht!**

Unterschiede je nach Flug und Airline

Grundsätzlich gibt es zwei Arten von Gepäcksystem: das Gewichts- und das Two-Piece-Konzept. Beim **Gewichtskonzept** darf man Gesamtgepäck bis zu einem bestimmten Gewicht mitnehmen; die Anzahl der Gepäckstücke spielt dabei keine Rolle. Dieses Gewichts-Limit beträgt in der Regel in der Economy-Klasse 20 kg. Bei Linienflügen, z.T. auch bei Charterflügen und bei teureren Sitzklassen kann es höher sein, abhängig ist dies von der Airline, dem Zielland und ob Kurz-, Mittel- oder Langstrecke. Beim **Two-Piece-Konzept** darf man zwei Gepäckstücke à 23 kg mitnehmen (bis Oktober 2005 galt zwei Gepäckstücke à 32 kg, aber das ist passé). Grob gesagt gilt das Two-Piece-Konzept auf allen Nordamerika-Flügen und das Gewichtskonzept für den Rest der Welt (Ausnahmen bestätigen die Regel).

Rad- bzw. Sportgepäcktarif

Da es sicher kaum jemand gelingt, mit Fahrrad und Radler-Gepäck unterhalb der 20-kg-Grenze zu bleiben, heißt das beim Gewichtskonzept, man muss für das Fahrrad extra löhnen. Dafür hat jede Fluggesellschaft einen speziellen

Radtarif, der sehr unterschiedlich sein kann, bei Drucklegung dieses Buchs von 40 bis zu 150 US$ pro Rad und Strecke. Übrigens: Minimalisten, die meinen, mit Rad *und* restlichem Gepäck tatsächlich unter 20 kg bleiben zu können, scheitern mit Sicherheit an der üblichen **Gepäckstück-Maximalgröße** von 158 cm (Länge + Breite + Höhe insgesamt). Darin bringt man selbst die meisten Falträder nicht unter, und ob jemand mit so einem Vehikel überhaupt eine Fern-Radreise antreten will ... Doch es gibt auch Ausnahmen, vorzugsweise in Asien: Vietnam Airlines z.B. hat (Stand Ende 2009) auf ihren Flügen ab Frankfurt ein Gepäck-Limit von 30 kg, und wenn man darin sein (verpacktes) Bike unterbringt (*ohne* festgelegte Maximalgröße), dann ist es frei.

Beim Two-Piece-Konzept war es lange Zeit sehr praktisch: ein Gepäckstück die zusammengeschnürten oder in einem stabilen Sack verpackten Packtaschen, das andere Gepäckstück das Rad, nach der obengenannten Maximalgröße wurde nicht gefragt. Doch haben seit 2008 fast alle Transatlantik-Flieger das Rad aus dem Two-Piece-Konzept herausgenommen, indem sie eben das 158-cm-Limit für die beiden aufpreisfrei zu transportierenden Gepäckstücke vorgeschrieben haben. Das heißt, obwohl man theoretisch bis zu 46 kg frei hätte, muss man für sein Bike jetzt den teuren Radtarif zusätzlich berappen. Die wenigen löblichen Ausnahmen, die Räder noch auf herkömmliche Weise im Two-Piece-Konzept befördern, sind British Airways, die holländische Martinair, SAS und noch ein paar wenige andere (ohne Gewähr, kann sich ändern). Wenigstens recht günstige Radtarife (als Sportgepäck) hatten Ende 2009 z.B. Air Berlin (25 Euro pro Rad und Strecke) und Condor (40 Euro).

Fazit: Auf Transatlantik-Flügen **unbedingt die Kosten vergleichen!** Es kann durchaus sein, dass ein ins Auge gefasstes günstiges Ticket mit zusätzlichem hohem Rad-Tarif den fernwehgeplagten Radler teurer kommt als ein Linienflug, bei dem das Bike vielleicht kostenlos oder zu einem günstigen Sportgepäck-Tarif befördert worden wäre. Anhaltspunkte findet man in den Aufstellungen von Fluggesellschaften und Fahrrad-Transportbedingungen bei *www.fairliners.com/gepaeck.html* und *www.ibike.org/encouragement/travel/bagregs.htm*.

Hand- und Freigepäck

Bei der letzten Auflage stand hier: „Nehmt alle schweren Teile vom Rad mit ins **Handgepäck**, Limit 8 kg, wird aber fast nie gewogen." Das stimmt so heute nicht mehr. In der Economy-Klasse gilt: ein Stück Handgepäck erlaubt, wobei eine Fototasche oder Damenhandtasche nicht gezählt wird und zusätzlich mitgenommen werden darf. Das Limit beträgt jetzt 5 kg, aber es wird selten gewogen – nur wenn man schwer schleppt, fällt es auf. Und: seit dem 11. September 2001 darf nichts „Gefährliches" mehr im Handgepäck sein, z.B. ist Werkzeug komplett verboten, selbst Nagelscheren, und Flüssigkeiten sind auf 0,1 ltr. beschränkt (dazu gehören auch Cremes und Kettenöl).

Das **Freigepäck** ist auf dem Ticket vermerkt und sollte beim Buchen erfragt werden. Wer mehr als das Limit an Bord nehmen will, muss – theoretisch – enorme Zuschläge bezahlen, doch bei einigen Kilos (i.d.R. 3 kg) mehr werden selten große Umstände gemacht. Fluggesellschaften haben häufig Toleranzen beim Übergepäck. Wenn man frühzeitig eincheckt, kann man oft davon profitieren und erhält eine höhrere Freigepäckgrenze. Generell zum Thema Übergepäck: Der Preis, den man zahlt, ist reine Verhandlungssache. Auch hier zahlt sich der frühe Check-In aus; man verhandelt einfach entspannter. Signalisiert man seine Bereitschaft, für das Übergepäck zu bezahlen, gibt es meistens recht schnell einen Kompromiss, mit dem beide Seiten leben können. Fliegt man von exotischen Destinationen ab, empfiehlt es sich ebenfalls, früh zum Check-In zu erscheinen. Denn oft genug weiß niemand, ob ein Fahrrad überhaupt transportiert wird (und wenn, dann wie), und auf allen Ebenen der Hierachie müssen erst mal die Gepäckbeförderungs-Bestimmungen gelesen werden.

Radverpackung

Bezüglich der Verpackung bzw. dem Zerlegen des Rades gibt es bei den Fluggesellschaften keine generellen Vorschriften, jede handhabt es anders. Die meisten (europäischen) Airlines verlangen besonders bei Nordamerika-Flügen, dass das Rad verpackt aufgegeben wird (sonst wäre es nicht versichert, sagen sie, was keinen Sinn macht). Manche stellen Kartons bereit (ca. 20 Euro), bei anderen gibt es sogar spezielle feste Fahrradboxen oder eine Plastikabdeckung, die je nach Airline eine Gebühr oder auch nichts kosten.

In aller Regel wird man selbst für eine adäquate Verpackung sorgen. Beim örtlichen Radhändler kann man sich eine stabile **Fahrrad-Box** oder einen Radversandkarton besorgen und auf die erforderlichen Maße zuschneiden (für Tourenräder mit Gepäckträger braucht ihr meistens zwei Kartons). Oder lasst den Karton unten offen und näht ihn mit Schnur am Rahmen fest – Vorteil: Das Rad bleibt auf dem Flughafen rollfähig. Oft reicht es auch, das Bike in eine Folie zu verpacken, auch eine Platisk-„Fahrradgarage" erfüllt den Zweck. Die Folie wiegt nicht viel und kann auch bei Gabelflügen für den Rückflug genutzt werden. Denn ob man am Rückflugort wieder eine geeignete Bikebox auftreiben kann, ist durchaus nicht sicher, vor allem in ärmeren Ländern. Natürlich hat diese Version auch Nachteile: Der Rahmen kann den einen oder anderen Kratzer abbekommen, und manchmal kommt es vor, dass man einen Haftungsausschluss (Unterschrift auf der Gepäckbanderole) unterschreiben muss.

Auch spezielle Radverpackungstaschen und **Radkoffer** gibt es, in verschiedenen Ausführungen, in Radgeschäften und im Rad-Versandhandel. Die sind aber in aller Regel auf die knapperen Maße eines Rennrades oder Mountainbikes abgestimmt. Dann müsst ihr viele Teile (wie Schutzbleche und Gepäckträger) demontieren. Und was macht man mit dem (teuren) Radkoffer am Ankunftsort? Bereist man nur ein Land bzw. will man später vom gleichen Flugplatz mit dem Rad weiterfliegen, so kann man derweil die Bikebox bei der Gepäckaufbewahrung auf dem Flughafen oder in einem Hotel deponieren. Mit einer Do-it-yourself-Lösung fährt man billiger, muss aber eben beim Rückflug ggf. einen neuen Karton organisieren.

Radtransport unverpackt

Wir meinen: Die beste Transport-Option für Fahrräder (wenn von der Airline erlaubt) ist **unverpackt**! Vorteil: Das Bike wird vom Verladepersonal als solches erkannt und so wird pfleglicher mit ihm umgegangen. Die Rahmenrohre kann man mit Heizungs-Isolierschläuchen aus Schaumstoff schützen, Lenker und Sattel umwickelt man mit gut verklebter Luftpolsterfolie. Radcomputer, Rückspiegel usw. montiert man natürlich ab und transportiert sie im Handgepäck, und das Schaltwerk hat man ohnehin mit einem stabilen Bügel geschützt. Zusätzlich ist es sinnvoll, Namensaufkleber mit der ersten Adresse am Bestimmungsort am Rad (und natürlich auch entsprechende Anhänger an allen weiteren Gepäckstücken) anzubringen.

Manchmal wird auch verlangt, den Sattel und die Pedale abzunehmen und den Lenker um 90 Grad zu verdrehen. Die Pedale schraubt man dann nach innen an oder befestigt sie mit stabilem Kabelbinder am Gepäckträger. Die Kette muss gereinigt oder abgedeckt sein, scharfe Kanten sind zu entschärfen. Manche Airlines wollen auch, dass das Vorderrad ausgebaut und im Rahmendreieck befestigt wird. Dann sollte man die Gabel mit einem Holzklotz oder einer speziellen Transportsicherung vor Beschädigung schützen. Und nahezu alle Airlines verlangen, die Luft aus den Reifen zu lassen, aus „Sicherheitsgründen", obwohl moderne Fahrradreifen sehr wohl den Unterdruck in der Frachtkabine aushalten würden. Senkt den Luftdruck nur teilweise ab (auf etwa 2 bar), das schützt die Felgen vor der ruppigen Behandlung bei der Be- und Entladung.

Will man sein Rad unverpackt aufgeben, muss man natürlich beim Einchecken Werkzeuge zum Auseinandernehmen sowie Packband bereithalten. Wichtig ist (wie schon angesprochen), dass ihr dieses Werkzeug dann im aufgegebenen Reisegepäck und nicht im Handgepäck unterbringt, vor allem Schere, Messer und Schraubenzieher – sonst wird es bei der Personenkontrolle als potentielle Stichwaffen konfisziert. Und am Abflugtag ist man mit dem Rad dann natürlich schon besonders frühzeitig am Flughafen.

Leider genehmigt fast keine Airline heute noch den unverpackten Radtransport. Eine löbliche Ausnahme ist Lufthansa – doch ob das auch in ein paar Jahren noch gilt? Also unbedingt erkundigen! Übrigens sollte man sich, auch wenn aus der Webseite der betreffenden Airline nichts Genaues hervorgeht und keiner bei der Buchung etwas weiß, nicht darauf verlassen, dass man sein Rad auch tatsächlich unverpackt aufgeben kann. Wir (Sybille und Thomas) hatten da vor Jahren mal einen heißen Tanz mit Copa Air und mussten dann auf dem Flughafen von Panama City unsere Räder für ordentlich Kohle in unendliche Lagen Plastikfolie einwickeln lassen.

Wie gesagt: Immer alles vorher mit der Fluglinie bzw. dem Reisebüro abklären und sich **alles möglichst schriftlich** bestätigen bzw. im Buchungscomputer vermerken lassen, damit es beim Einchecken nicht zu Meinungsverschiedenheiten mit dem Personal kommt. Und dann könnt ihr nur noch hoffen, dass alles gleichzeitig mit euch und unbeschädigt ankommt …

5. Das richtige Ticket

Wo das Ticket kaufen?

Steht das Radel-Land fest, braucht man ein **günstiges Flugticket**. Der Dschungel der Flugtarife ist verwirrend. Billigflüge erhält man nicht direkt bei den Airlines, sondern nur bei speziellen Reise- und Flugbüros. Einige haben sich auf Fernflüge spezialisiert wie z.B. „Travel Overland“, Barerstr. 73, 80799 München (*www.travel-overland.de*) mit Filialen auch in etlichen anderen Städten, „Explorer Fernreisen“, Hüttenstr. 17, 40215 Düsseldorf (*www.explorer-fernreisen.com*), ebenfalls deutschlandweit mit etlichen Niederlassungen, oder in der Schweiz der „Globetrotter Travel Service“ mit Büros in Zürich, Bern, Luzern und einigen anderen Städten (*www.globetrotter.ch*). Doch oft ist auch das kleine Dorfreisebüro erstaunlich gut, kann günstige Tarife anbieten und gibt sich bei der Beratung und bei der Lösung des Fahrrad-Transportproblems alle Mühe.

Flugtickets kann man natürlich auch im **Internet** buchen. Klingt doch einfach – einen Internetanbieter auswählen, Start, Ziel und Termin eingeben, ein paar Mausklicks, und schon werden die günstigsten Flüge serviert und können sofort gebucht werden. Doch das Problem ist: Reservierung von Sperrgepäck, also auch von Fahrrädern, ist bei dieser Version in der Regel nicht vorgesehen. Das muss man dann parallel über die Servicenummer der gewünschten Airline klären (über *www.google.de* heraussuchen) und sollte erst dann buchen, wenn man die Fahrrad-Bestätigung vorliegen hat. Wir meinen deshalb, für Rad-Toureros ist eine Internet-Flugbuchung nicht die erste Wahl. Trotzdem hier der Vollständigkeit halber eine kleine Auswahl: *www.mcflight.de, www.start.de, www.fliegen.de, www.flug.de, www.ticketman.de, www.traveljungle.de, www.billiger-reisen.de* und *www.opodo.de.*

Ticketpreise sind abhängig von der **Gültigkeitsdauer** des Tickets, deshalb diesen Zeitraum nicht länger als nötig wählen. Einen Überblick über Flugkosten und die Flug-Frequenz ins gewünschte Zielland verschaffen spezielle Flug-Zeitschriften, z.B. „Reise & Preise“ oder „Clever reisen!“, die beide auch gute Websites mit stets aktuellen Flugtarif-Vergleichstabellen haben: *www.reise-preise.de* und *www.fliegen-sparen.de*. Für Schnellentschlossene kommen evtl. auch **Last-Minute-Flüge** in Frage (*www.ltur.de* u.a.), doch lässt sich so kurzfristig meist der Fahrrad-Transport nicht mehr regeln.

Da es in vielen Ländern keine Billigflugtickets zu kaufen gibt, empfiehlt es sich, bei geplanten Zwischenflügen bereits hier zu buchen. Es kann aber auch umgekehrt sein; gute Orte zum Kauf von Billig-Tickets sind z.B. südostasiatische Städte wie Bangkok, Singapur u.a.

Spezialtickets

Für Radfahrer besonders interessant sind auch **Gabelflüge**, also Hinflug zu einer Stadt (z.B. New York), Rückflug von einer anderen (z.B. Los Angeles). Dazwischen wird geradelt.

Wer auf seinem Biketrip in mehrere Kontinente „hineinschnuppern“ will (oder primär mit einer Radtour in „Down Under“ liebäugelt), könnte auch über ein **Round-the World-Ticket** nachdenken – nicht ganz unkompliziert allerdings, da muss man genau die (Radtransport-)Bedingungen checken! Wir wollten diese Version aber wenigstens erwähnt haben; mehr s. unter *www.weltreise-info.de/tickets/round-the-world-ticket.html.*

Airpässe sind gekoppelt an den Kauf eines internationalen Flugtickets. Das sind deutlich verbilligte Flugtickets für individuelle Rundreisen des gesellschaftseigenen Streckennetzes im Zielland (oder im Verbund mit anderen Airlines auch über Ländergrenzen hinweg). Es gibt viele Airpass-Varianten mit unterschiedlichen Bestimmungen (Nachteil ist die oft kurze Gültigkeitsdauer). Für Radfahrer können Airpässe deshalb interessant sein, weil man damit nicht auf eine bestimmte Region beschränkt ist, sondern mit dem Rad preiswert die schönsten Gebiete eines Landes (und evtl. des Nachbarlandes) anfliegen kann. Details über diese Airpässe erfährt man am besten in Reisebüros oder auch bei den Fluggesellschaften. Besorgen muss man diese Airpässe bereits daheim, im Reiseland selbst werden sie in aller Regel nicht verkauft.

Vorsicht bei Umsteige-Verbindungen!

Bei der Buchung von **Fernrouten** (Neuseeland, Australien etc.) muss man bei der Wahl des Tickets aufpassen, dass das Rad auch vom Abflugs- bis zum Zielflughafen **durchgecheckt** wird, sonst muss man es bei Zwischenlandungen immer wieder neu einchecken. Da Bikes oft über den Sperrgepäckschalter gehen, besteht bei knappen Umsteigezeiten die Gefahr, dass man die Weiterflug-Maschine verpasst! Da ist ein Direktflug letztendlich doch wesentlich nervenschonender als ein unflexibles Billigticket mit festgesetzten und knapp kalkulierten Anschlüssen. **Achtung:** Bei **Zwischenlandungen in den USA** muss man seit einigen Jahren **zwingend** am **ESTA-Vorfahren** teilnehmen, die zeitaufwendige Prozedur bei der **US-Immigration** über sich ergehen lassen (auch wenn man in ein anderes Land weiterfliegt) und sein gesamtes Gepäck inkl. Rad entgegennehmen und dann wieder aufgeben! Man sollte bei dieser Version also beim Ticket-Kauf so etwa vier Stunden Umsteigezeit einplanen (s. unter „Einreise USA“ auf Seite 128).

Auch bei einem **Airline-Wechsel** muss immer aus- und eingecheckt werden, es sei denn, die Airlines stehen in Kooperation wie z.B. Lufthansa mit Thai und Singapore Airlines (und noch etlichen weiteren). Sonst Airline-Wechsel möglichst meiden! Ist ein Airline-Wechsel unvermeidbar, z.B. bei einer Fernreise mit anschließendem Inlandsflug, dann sollte man an diesem Tag nicht gerade den letzten Inlandsflug nehmen, weil es Verspätungen geben kann (oft darf man an Flughäfen nicht übernachten, und das Rad ist gerade so schön verpackt). Plant also auch hier vier Stunden Umsteigezeit ein und überprüft unbedingt, ob der Weiterflug vom gleichen Terminal geht (und überhaupt vom gleichen Flughafen? Manche Städte haben einen internationalen und einen regionalen Airport). Wenn nicht, klärt unbedingt schon vorher, wie der Zwischentransport funktioniert (Bus?) und ob bzw. wie das Rad transportiert werden kann.

Aufpassen muss man bei Flügen mit unvermeidlichem Airline-Wechsel auch, dass nicht womöglich bei der Umsteige-Airline weniger Freigepäck erlaubt ist. Das Limit von Inlandsflügen mit kleinen Maschinen beträgt manchmal weniger als 20 kg!

6. Radfahren weltweit mit Radreise-Veranstaltern

Potentielle Weltradler mit einer gewissen Schwellenangst sollten sich überlegen, ob sie nicht bei einem Radreiseveranstalter eine organisierte Rad-Gruppenreise buchen, die es inzwischen auch zu den exotischsten außereuropäischen Zielen gibt. Wer einmal ohne Gepäck den Manali-Leh-Highway im Himalaya oder quer durch die USA biken möchte, findet ebenso ein Angebot bei kommerziellen Reiseveranstaltern wie Afrika- oder Patagonienradler.

Riesiges Angebot

Es wäre unmöglich, hier alle Reiseveranstalter aufzuführen! Das passende Radreise-Angebot findet ihr am besten über die Radreisen-Datenbank *www.fahrradreisen.de*. Dort hat man die Auswahl von über 20.000 weltweiten Radreiseterminen bei mehr als 60 Veranstaltern (einfach die gewünschte Region anklicken). Eine feine Sache! Man kann über diese Seite auch die entsprechenden Kataloge bestellen und viele weitere wichtige Informationen zur Reiseplanung mit dem Fahrrad erhalten.

Listen mit ausgewählten Radreiseveranstaltern findet man auch unter *www.bikesport.de* und *www.fahrradreisen-weltweit.de* (kleinere Spezialveranstalter mit guten Touren z.B. in Afrika, China und auf Cuba). Und last but not least gibt auch der ADFC (*www.adfc.de*) jährlich einen dicken Prospekt mit Radreisen heraus (eigene Touren und Angebote von Partnerveranstaltern, für ADFC-Mitglieder vergünstigt).

Tipp: Wenn man eine organisierte Tour in den USA, Canada, Neuseeland, Australien oder auch in einigen südamerikanischen Ländern buchen will, lohnt evtl. die direkte Buchung bei dortigen Veranstaltern.

C Informationsbeschaffung, Bücher, Karten

1. Wie an neueste Länder-Infos gelangen?

„Die größte Herausforderung unserer Gesellschaft“, so stand vor einigen Jahren in einer Tageszeitung zu lesen, „ist der Eintritt ins Informationszeitalter“. In dieses Zeitalter sind wir seither längst eingetreten, aber perverserweise hat sich die Informationsbeschaffung dadurch nicht vereinfacht, im Gegenteil. So schwappt beispielsweise heute der Markt praktisch über mit allgemeinen Reiseführern, bei Tourismus-Messen wie CMT, REISEN und ITB kannst du zu nahezu jedem Land der Welt rucksackweise Prospekte abtragen, und wenn du erst anfängst, im Internet herumzusurfen – so viele Tage kann es gar nicht regnen, wie du brauchst, um die auch zu kleinen und kleinsten Themen gebotenen Infos in dein Hirn hineinzusaugen. Ob sie dir etwas nützen, ist die andere Frage.

Wichtig ist es also, gezielt und systematisch vorzugehen. Dieses Kapitel soll dir dazu Anstöße geben, wohl wissend, dass die Infos, Strukturen und Empfehlungen hier vereinzelt schon bei Drucklegung dieses Buchs wieder Makulatur sein können. Die Informationsgesellschaft bringt halt auch den rasend schnellen Wandel mit sich.

Infos von Radlern und Globetrottern

Die besten Informationen für eine geplante Radtour gibt es natürlich von anderen Radlern oder Travellern, die in deinem Zielgebiet zugange waren. Ein **deutschlandweites Treffen von Reiseradlern** findet jährlich im Rahmen der Messe CYCOLONIA statt. Dabei gibt es Vortragskino, Live-Reportagen und natürlich reichlich Möglichkeit, jede Menge andere Reiseradler kennen zu lernen. Info mit allen Details auf der Homepage des Veranstalters: *www.grenzgang.de*. Beliebt ist auch das alljährlich im Juni in Altnau am Bodensee stattfindende **Internationale Fernradler-Treffen**, eine kaum strukturierte, zwanglose und dochalb sehr sympathische Veranstaltung – Info und Anmeldung über *www.fernradler.ch*.

Dann gibt es noch die **DZG Deutschland**, die „Deutsche Zentrale für Globetrotter e.V." (*www.globetrotter.org*), eine lockere Vereinigung von ca. 700 Weltenbummlern. Die DZG fördert die Kommunikation zwischen Globetrottern und sammelt einschlägige Reiseinformationen, die für Individualreisen notwendig und nützlich sind. Es gibt die Mitgliederzeitschrift „Der Trotter"; auch Treffen werden organisiert. Einzelne Mitglieder der DZG haben Spezialwissen über einzelne Länder und können evtl. weiterhelfen. Anschrift: DZG, Postfach 30 10 33, 40410 Düsseldorf. Hier kann man auch das nützliche „Selbstreise-Handbuch" bestellen, s. bei Nachschlagewerke weiter unten.

Für Schweizer gibt es den **Globetrotter-Club Schweiz**, Rennweg 35, CH-8023 Zürich (*www.globetrotter.ch*) mit Travel-Service-Läden in 12 Städten. Herausgegeben werden die Hefte „Globetrotter – das Reise-Magazin für Weltentdecker", der informative „Reiseplaner" sowie das „Travel-Info" mit den wichtigsten Basisinformationen für weltweites Reisen. Und der **Traveller Club Österreich**, Markgraf-Rüdiger-Str. 1, A-1150 Wien gibt die aktuellen „TCA-News" heraus und hat unter *www.travellerclub.org* eine der besten Internetpräsenzen aller Clubs, auch mit umfangreicher Linkliste.

Infos von Fahrrad-Clubs

Der **ADFC** ist der Allgemeine Deutsche Fahrrad Club (*www.adfc.de*) mit diversen Landesbezirken. Die Bundesgeschäftsstelle ist in Bremen. Der Club stellt eine Menge (europäischer) Länderinformationen ins Web und gibt (für Mitglieder) die Zeitschrift „Radwelt", Informationshefte für Reisen mit dem Rad sowie (wie weiter oben schon erwähnt) einen Katalog mit internationalen Radreisen heraus, auch außerhalb Europas.

Die **ACA** (*www.adventurecycling.org*, ehemals BikeCentennial) ist der größte Radclub der USA mit eigenem Kartenwerk, Ausrüstungs- und Buchversand. Mehr Details s. „USA".

Der englische **CTC** (Cyclists' Touring Club, *www.ctc.org.uk*) bringt Info-Sheets für verschiedene Länder der Welt heraus und hat Radfahrerberichte von Touren durch Länder und Kontinente. Fordert vom Touring Department die aktuelle Liste an, auch online möglich (nicht kostenlos).

Infos von Freundschaftsgesellschaften

Für etliche Länder gibt es in Deutschland (private) Organisationen, Gesellschaften und Vereine, die als Kontaktstelle und zum Austausch von kulturellen Belangen dienen (z.B. Euro-Arabischer Freundeskreis, Lateinamerikanischer Freundeskreis, Deutsch-Jemenitische Gesellschaft usw.). Sie geben Informationen und oft auch Broschüren und Zeitschriften heraus. Eine Anschriften-Liste dieser Gesellschaften steht im „Selbstreise-Handbuch", einige sind auch in den jeweiligen Länderkapiteln aufgeführt. Vielleicht könnt ihr auf diese Weise schon im Voraus Kontakte zu Menschen eures Reisezieles oder eurer Reiseländer knüpfen. Gut sind auch Kontakte über ausländische Studentenvereinigungen.

Weitere (europäische) Globetrotter-, Radler- und Wanderclubs findet man auf der Website der DZG, *www.globetrotter.org*.

2. Reise-Infos aus dem Internet

Vorbemerkung: Jeder Versuch, hier auch nur ansatzweise einen Überblick über das Angebot an Reiseinformationen, Tourenberichten, Diskussionsforen, Anbieteradressen und Reisepartner-Suchmöglichkeiten im WorldWideWeb zu geben, ist von Vornherein zum Scheitern verurteilt ... Gebt einen oder besser zwei Suchbegriffe in eine der üblichen Suchmaschinen wie *www.google.de*, *www.fireball.de*, *www.altavista.de* u.v.a.m. ein – z.B. „Kenia“ und „Fahrrad“ oder „Montevideo“ und „Hostal“ oder was auch immer. An dieser Stelle findet ihr eine **kleine Auswahl hilfreicher Rad- und allgemeiner Webseiten** für den Querweltein-Biketrip. Informative Seiten über einzelne Länder und Spezialthemen stehen dann in den entsprechenden Kapiteln.

Rad-Webseiten

Das Radfahrer-Portal *www.bikesport.de* hat sicher den umfassendsten und besten deutschsprachigen Web-Katalog für alles, was mit dem Radfahren auch nur irgendwie zu tun hat. Dann gibt es die gute Seite *www.bikely.com*, auf der engagierte Radler weltweit gute Radrouten einstellen – ganz brauchbar, wenn man beispielsweise einen gangbaren Weg durch New York City oder Melbourne sucht. Mehr als 5000 Bike-Events und Touren weltweit listet die Seite *www.bicycletour.com*. Unter *www.radreise.de* firmiert ein Forum für Reiseradler, wo man Infos zu allen möglichen rad- und reisespezifischen Fragen finden und auch selber Fragen stellen kann. Gut ist auch *www.radforum.de*. Aber das wohl **beste Forum für Reiseradler** ist *www.radreise-forum.de* (bzw. *www.bikefreaks.de*). Wo kriegt man aktuell GUS-Visa in China? Guter Radladen in Kathmandu? Kongo derzeit per Rad möglich? In diesem Forum findet sich mit Sicherheit zu jeder auch noch so ausgefallenen Frage jemand, der etwas zur Klärung beitragen kann. Übrigens sind etliche Mitglieder des Bikefreaks-Forums auch Co-Autoren in diesem Buch.

Radreise-Linklisten

Einige engagierte Reiseradler präsentieren nicht nur ihre eigenen Touren im Web, sondern sammeln auch die Reiseberichte anderer Radler. Viele der beschriebenen Reisen liegen natürlich eine Weile zurück, andere sind brandaktuell; man muss selektiv und mit Augenmaß lesen. Manche Links verschwinden auch wieder quasi über Nacht aus dem Web, vor Überraschungen ist man da nie ganz sicher (das gilt natürlich auch für alle anderen in diesem Buch genannten Internetadressen). Trotzdem: Diese Linklisten sind absolut erste Wahl, wenn man reiseradlerspezifische Infos sucht. Gut ist vor allem *www.velofahren.de* von Karl Brodowsky, eine der umfangreichsten Linksammlungen überhaupt; sie enthält weltweite Rad-Reiseberichte. Auch Michael Schmitz hat eine sehr schöne Linksammlung unter *www.radtouren4u.de* („Radtourer-Liste“ anklicken, mit Tipps zur Tourenplanung). Gute Radreise-Links findet man auf *www.bicycletraveller.de*, der Homepage von Langzeit-Reiseradler Tom Schleicher (und auch seine eigenen Touren) sowie auf *www.pedalglobal.net*. Andere gute Radreise-Linklisten sind auf Kontinente, Regionen oder Länder bezogen. Da gibt es z.B. die Seite *www.transamazon.de* von Michael Merz für Lateinamerika-Radler mit Rad-Reiseberichten selbst für die hintersten Ecken, in allen Sprachen (South America Bicycle Links anklicken). Oder *www.marokko-per-rad.de* von Jan Cramer. Mehr unter den Kontinent- bzw. Länderkapiteln.

Weitere Reise-Linklisten

Die meisten Linklisten sind nicht auf Radler spezialisiert, sondern auf allgemeine Reiseinfos oder auf Reiseberichte aus aller Welt (meistens von Rucksackreisenden). Aus diesen Seiten kann man trotzdem auch als Rad-Tourero oft sehr viel Nutzen ziehen. Beginnen wir mit den Reiseberichten: Da wäre z.B. *www.1001-reiseberichte.de* zu nennen, auch *www.pervan.de*, *www.derreisetipp.de*, *www.reiseerlebnis.de* und *www.reiseberichte-aus-aller-welt.de*. Eine Linksammlung findet sich auch auf *www.reisetraeume.de*. Gut sortierte Seiten mit vielen allgemeinen Reiselinks sind *www.fernweh.com* und *www.reiselinks.de* (mit der Rubrik „Radreisen“) und *www.dino-online.de* (DINO ist das deutsche Internetverzeichnis, und alles, was DINO zum Reisen finden kann, ist dort aufgelistet).

Radreiseberichte

Hier nur mal acht Bikesites, die uns persönlich hervorragend gefallen haben – eine ganz subjektive Auswahl, man hätte noch Hunderte mehr nennen können: Einfach Spaß macht die Homepage von Weltumradler Peter Smolka: *www.lemlem.de*. Bernward Elsel (*www.bike-together.de*), Reiseradler des Jahres 2008, radelte mit dem Liege-Tandem von Aachen nach Kapstadt – der zweite Platz blieb für Mitradler frei! Gleichfalls in Afrika unterwegs, und zwar teilweise auf recht unwegsamen Hinterland-Routen, war Adrian Guggisberg (*www.to-adi.ch*). An seinen spannenden und trotzdem sensiblen Berichten und Betrachtungen kann man sich echt festlesen! Sehr gut auch die Seite *www.impetusinmundum.de* der Langzeit-Weltumradler Roswitha und Roland Mosler. Dann *www.pipdip.de* – Petra Bott und Dirk Meyer-Juergens von Feuerland nach Alaska; dabei sammelten die beiden für „Ärzte ohne Grenzen". Dann *www.ernst-christen.ch*: Schweizer per pedales von daheim nach Thailand, zwischenzeitlich als buddhistischer Mönch ordiniert. Auch mit vielen GPS-Daten. Und Beat Heim (*www.betzgi.ch*), den es meist zu den höchsten Pässen zieht, 2008/09 auf Asien-Odyssee. Mandy und Benny, Tandemreise nach Australien (*www.globecyclers.de*). Etliche weitere im „Kontinente und Länder"-Teil!

Sonstige informative Websites

Verwiesen sei bei dieser Gelegenheit nochmals auf die Seite des Auswärtigen Amts (*www.auswaertiges-amt.de*), vor allem wegen der stets aktuellen Sicherheitshinweise, und auf *www.konsulate.de*. Gute länderkundliche Informationen gibt es auch bei *www.wissen.spiegel.de* („Länderlexikon" anklicken) und auf der Seite der „Internationalen Weiterbildung und Entwicklung gGmbH" (*www.inwent.org/v-ez/lk/laender.htm*). Auf *www.derreisefuehrer.com* findet man kompakte Kurzinformationen zu allen Ländern der Welt, von Geografie über Bevölkerungsdichte bis Netzspannung. Länderdaten, vorwiegend über Wirtschafts-, Staats- und Schulsysteme, stellt übrigens auch (wer hätte das gedacht) der CIA ins Web: *www.odci.gov/cia/publications/factbook*. Die Welt-Zeitzonen sind nur der kleinste Teil der guten und umfangreichen Informationen auf der Website *www.weltzeituhr.de*. Dann gibt es natürlich noch die erstklassige Internet-Enzyklopädie *www.wikipedia.org* mit erstaunlich viel Wissenswertem zu nahezu jedem Thema. Auf der Seite des Reisemagazins „GEO" (*www.geo.de*) kann man sehr schön durch sein Wunschziel betreffende Berichte und Reportagen surfen (Rubrik „Reise", dann Land eingeben oder *Archiv*), ähnlich beim Magazin TOURS (*www.tours-magazin.de*, „Info-Center" anklicken). Und alles zum weltweiten Wettergeschehen findet man gut und aktuell auf *www.wetteronline.de*. Zum Abschluss nochmal ein gutes Forum: Unter *www.weltreise-forum.info* betreibt Klaus Därr, professioneller Weltreisender und Ausrüstungs-Spezialist, eine der umfangreichsten und komplettesten Seiten für Globetrotter überhaupt.

3. Reiseführer

Trotz Internet, Messen und Globetrotter-Vereinigungen: Wer sich tiefer schürfende Erkenntnisse über die Besonderheiten, die Topografie, das Klima, die Kultur etc. seines Reiselandes aneignen möchte oder exakte Strecken-Infos zu seiner geplanten Tour sucht, der kommt um den Kauf eines guten Reiseführers (oder mehrerer) nicht herum. Je besser man sich vorher informiert, desto besser kann man sich dann auf die Reise einstellen und vorbereiten. Ist es nicht auch etwas Wunderschönes, abends vor dem Einschlummern im Zelt oder in einer einfachen Herberge noch ein paar Zeilen zu lesen? Und wie könnte man schöner einen Regentag überbrücken? Auf jeden Fall: Wir (Sybille und Thomas) würden lieber ein paar Ausrüstungsteile oder Klamotten zu Hause lassen als unsere kleine Reisebibliothek – und wir wissen, so geht es außer uns noch vielen.

Reiseführer-Arten

Wie für das vorhergehende Kapitel „Internet“ gilt auch für das Thema „Reiseführer“: Eine umfassende Literaturliste ist bei dem Wust an angebotenen Werken schlicht nicht möglich. Zur Systematik: Es gibt **Standardwerke**, die beispielsweise jede Menge Übernachtungsmöglichkeiten, Restaurants und Lebensmittel-Nachschubmöglichkeiten für Regionen, Länder oder ganze Kontinente aufzählen. Dann, und das ist die größte Gruppe, gibt es **Länder- oder Gebiets-Reiseführer** mit vielen detaillierten Hintergrund-Informationen. Und seit einigen Jahren gibt es sogar spezielle **Radführer**, auch zu außereuropäischen Ländern – Reiseradler sind durchaus nicht nur auf allgemeine oder Globetrotter-Reiseführer angewiesen.

Radführer

Dieses Literatur-Genre glänzt vor allem durch gute Routentipps und Streckenbeschreibungen. Da wären zumächst aus dem Verlag Reise Know-How (*www.reise-know-how.de*) zu nennen das **BikeBuch USA/Canada**, das **Lateinamerika BikeBuch** (s. dazu auf *www.bikeamerica.de* unter „Bücher“, mit Inhaltsverzeichnis und Leseprobe), **das BikeBuch Neuseeland** (und natürlich auch der **Fahrrad-Europaführer**). Alle diese Bücher sind unterteilt in einen Info- und einen Tourenteil, stecken voller Praxistipps und Reiseberichte von gestandenen Rad-Toureros und nennen auch Offroad-Strecken für Stollenliebhaber. Mehr dazu im Teil 4 „Kontinente und Länder“ bei den entsprechenden Zielgebieten; dort sind auch weitere Radführer (die meisten erscheinen in englischen oder amerikanische Verlagen) und Radreise-Erzählungen aufgeführt. Erlebnisbücher von globalen Radtouren siehe Teil 4, „Weltumradlungen“.

Länder-Reiseführer

Von den länderbezogenen Reiseführeren haben wir eine gute Auswahl bei den jeweiligen Länderkapiteln gelistet. Das ist gar nicht so einfach – die Regale der Reisebuchhandlungen biegen sich unter meterweise Bedrucktem. War früher das Angebot knapp und meist veraltet und war man froh, überhaupt ein einigermaßen brauchbares Buch zu finden, so liegt heutzutage das Problem darin, aus den Dutzenden, die es für jedes einzelne Land gibt, die für Radfahrer nützlichsten Werke herauszufiltern.

Hier ein paar **Auswahl- und Kauftipps:** Vermeidet banale, biedere, uninformative Bücher, die nur Sehenswürdigkeiten aufzählen und die in der Regel auf Pauschaltouristen zugeschnitten sind. Globetrotterbücher und Führer für Individualreisende sind konkreter, detaillierter und aktueller (im Impressum nachsehen – viele Auflagen sind ein Qualitätsmerkmal) und sie geben auch ausführliche, sensible Hinweise zum Alltagsleben der Menschen. Für Radfahrer wichtig sind billige Unterkünfte und Restaurants, Treffpunkt-Hotels der Rucksackreisenden und natürlich Streckenbeschreibungen, auch wenn diese evtl. aus Reiseführern für Auto- oder Motorradfahrer stammen. Preisangaben sind in der Regel bei allen Führern nur Anhaltswerte, rechnet immer mit höheren Kosten. Da wo man am längsten bleibt, braucht man den genauesten Führer.

Führende **Verlage** mit Büchern für Individualreisende sind Reise Know-How (*www.reise-know-how.de* und *www.reisebuch.de*), auch DuMont (*www.dumontverlag.de*, Reihe „Richtig Reisen“), Stefan Loose (*www.stefan-loose.de*, beim DuMont Verlag), der Michael Müller Verlag (www.michael-mueller-verlag.de), Peter Meyer (*www.meyer-reisefuehrer.de*) und ein paar kleinere mehr. Die große australisch-englische Globetrotter-Reiseführerserie Lonely Planet (*www. lonelyplanet.com*) hat zu so ziemlich allen wichtigen Reiseländern ein passendes Buch zu bieten, auch Radführer (Australien, Neuseeland, Cuba, Vietnam u.a.). Der englische Verlag Hilary Bradt verlegt gleichfalls empfehlenswerte Globetrotter-Reiseführer (*www.bradt-travelguides.com*), genauso wie Rough Guides Press (*www.roughguides.com*) und Le Routard (*www.routard.com*, auf Französisch).

Standardwerke

Da gibt es naturgemäß nicht ganz so viele. Einige **Lonely-Planet-Bücher** gehören bestimmt dazu (der Übergang zu den detaillierten Länder-Reiseführern ist fließend) wie der „West Africa Guide“ oder „Central America on a shoestring“ und etliche andere mehr. Dann die englische Reihe **Footprint Handbooks** (*www.footprintbooks.com*), die z.B. das legendäre „South American Handbook“ herausgibt (bereits seit 1921, jährlich neu) und weltweit noch etliche andere. Gut auch die umfassenden Reise-Handbücher von Let’s go (*www.letsgo.com*).

Eine **Übersicht** über das **Angebot an weltweiten Reiseführern** findet man in den Katalogen von Reiseausrüstern, z.B. bei Därr bzw. Lauche & Maas in München und Woick in Ostfildern. Ihre und andere Kontaktdaten s. weiter unten beim Thema „Landkarten“ (Bezugsquellen). Oder man gibt auf der Website des Internet-Buchhändlers Amazon (*www.amazon.de,* auch *www.amazon.com*) das entsprechende Land bzw. Zielgebiet in die Suchfunktion ein (auch unter „englische Bücher“ schauen).

Bereist man mehrere Länder, ist es wegen Gewicht und Volumen kaum möglich, für alle Länder Reiseführer mitzuführen. Man kopiert sich das Wichtigste und Informativste aus mehreren Führern heraus (evtl. verkleinern oder den Führer zerschneiden) und stellt sich so einen ganz speziellen für seine Reiseroute zusammen. Bei einer langen Tour kann man auch für jedes Land einen Führer vorbereiten und diesen dann sich von zuhause nachschicken lassen (aber erst später kaufen, damit man die neueste Auflage hat). Man kann aber auch noch unterwegs Reiseführer kaufen oder sie sich über *www.amazon.com* schicken lassen, Lieferung und Bezahlung über eine Adresse im Reiseland.

4. Sonstige nützliche Bücher

Neben Reiseführern gibt es auf dem Markt noch Nachschlagewerke, Radbücher und eine Menge Bücher zu speziellen oder allgemeinen Reise-Themen – hier eine Auswahl.

Nachschlagewerke

Jährlich neu erscheint der **Fischer Weltalmanach**, mit Daten, Zahlen, der politischen Lage aller Länder der Welt. Erhältlich auch als CD-ROM, s. *www.weltalmanach.de*. Von der DZG (s. oben, *www.globetrotter.org*) wird das gute **Selbstreise-Handbuch** herausgegeben (zwei Bände), Autor Norbert Lüdtke, erscheint im Peter Meyer Verlag Frankfurt. Dieses sehr empfehlenswerte Buch listet zusammen auf rund 700 Seiten alle nur denkbaren Aspekte für die Reiseplanung und für unterwegs auf – Literatur und Informationsquellen für Globetrotter, Ausrüster-Läden, Sanfter Tourismus, Wissenswertes vor der Reise, Reisemedizin, Billigflug-Büros, Globetrotter-Treffen, Adressen der Botschaften und Konsulate aller für Deutsche visapflichtigen Staaten, Fremdenverkehrsämter u. Informationsstellen außereuropäischer Staaten u.v.a. mehr. Sehr hilfreich ist das „Länderlexikon A–Z“ und in Band 2 „Die Welt im Internet“ mit Länder-www-Adressen. Und falls ihr von Deutschland oder Europa mit einem Schiff wegfahren wollt ist der **ABC Passenger Shipping Guide** das richtige Buch, herausgegeben von ABC International, Church Street, Dunstable/Bedfordshire (UK), Tel: (01582) 600111. Es listet alle Gesellschaften, die Passagiere mitnehmen. Einsehbar in größeren Reisebüros. Jährlich neu, fragt nach einem alten Exemplar (mehr zu diesem Thema s. unter „Mit Schiffen weiter, Überarbeiten“, Seite 102).

Rad-Bücher zur Reisevorbereitung

Ein gutes Buch für Einsteiger (wenn auch schon etwas älter) ist **Radwandern** von Andreas Bugdoll, Conrad Stein Verlag 1996. Behandelt in knapper Form alle Aspekte des Reiseradelns, von der Auswahl des richtigen Fahrrades und seiner Komponenten über die Ausrüstung bis zur Planung und Durchführung einer Tour, mit Praxistipps. Ähnlich das **Radreisen Basishandbuch** von Sven Bremer aus der Reihe PRAXIS von Reise Know-How, 2. Auflage 2009. Die Themen reichen von „Grundsätzliche Überlegungen" über „Fahren in den Bergen" und „Pannenhilfe" bis „Radreise mit Kindern". Apropos Pannenhilfe: Bastel-Greenhorns sollte schon vor der großen Tour mal ein wenig üben und sich mit der **Radtechnik** auseinandersetzen. Hier nur zwei empfehlenswerte (von –zig angebotenen) Technikbücher: „Die Fahrrad-Werkstatt: Reparatur und Wartung" von Rob van der Plas, BVA und „Fahrrad – Wartung und Reparatur" von Fred Milson, Delius Klasing Verlag.

Reise-Sachbücher, Hintergrund-literatur

Die Sprachführer der RKH-Reihe **Kauderwelsch** (s. unter *www.reise-know-how.de.*) bringen Bewegung in die Unterhaltung mit Bewohnern fremder Länder. Sie machen Schluss mit dem System vorformulierter Sätze, denn das Ziel ist freies Sprechen, echte Konversation. Da gibt es nicht nur die Bände „Spanisch für Lateinamerika" und „Hochchinesisch", sondern auch z.B. „Jemenitisch-Arabisch" oder „Cuba Slang" und „Kinyarwanda für Ruanda und Burundi". Etliche Kauderwelsch-Führer sind auch als CD-ROM erhältlich. Dann das Buch **Gesichter der Erde** von Horst Eichler (Touristikbuch Hannover); es ist eines der besten Handbücher zum Verständnis unserer Welt. Wer es gelesen hat, wird doppelten Nutzen aus seiner Tour ziehen, weil es sämtliche Natur-, Bevölkerungs- und auch kulturellen Aspekte der Welt anschaulich beschreibt und erklärt. Ersetzt beinahe ein Schulleben Geografieunterricht!

Gut und vielseitig sind generell auch die Bücher der Reihe **PRAXIS** von Reise Know-How, u.a. Reisefotografie (von Helmut Hermann), Reisen und Schreiben, Tropenreisen, Dschungel-Wandern, Selbstdiagnose und Behandlung unterwegs, Outdoor-Praxis, Kommunikation von unterwegs u.v.a. Titel mehr. Etliche davon findet ihr in den jeweils entsprechenden Kapiteln dieses Buches aufgeführt. Ein Buch aus der Praxis-Reihe sei aber noch besonders hervorgehoben: **Respektvoll Reisen** von Harald A. Friedl. Wenn man manchmal so über den Globus tourt und die Auswirkungen des internationalen Massentourismus sieht, denkt man unwillkürlich, ein solches Büchlein sollten mehr Touris gelesen haben …

Zu der Sparte Hintergrundliteratur, Tourismusethik, Verhaltens- und Verständnis-Führer gehören auch die bekannten und bewährten **Sympathie-Magazine**. Für bislang fast 60 Länder, darunter auch Spezialthemen, mehr dazu auf der (und Bezug über die) Website des Studienkreises für Tourismus und Entwicklung e.V., Kapellenweg 3, 82541 Ammerland (*www.studienkreis.org*). Weitere Titel zum Thema findet man in der RKH-Reihe **KulturSchock**. Spezielle Dritte-Welt-Literatur bringen u.a. die Verlage Hammer (*www.peter-hammer-verlag.de*, Literatur aus und über Afrika und Lateinamerika), Union (*www.unionsverlag.com*) und Lamuv (*www.lamuv.de*) heraus.

5. Landkarten

Wie bei Büchern ist es weniger ein Problem, von jedem Land und nahezu jeder Region der Erde Karten zu bekommen. Doch wie findet man aus dem Riesen-Angebot die für Rad-Ferntouren am besten geeigneten heraus?

Erste Erkenntnis: In den weitaus meisten Fällen ist es besser, sich sein Kartenmaterial schon daheim zu besorgen. Nicht nur wegen der Tour-Vorplanung, sondern auch deshalb, weil Karten unterwegs fast immer schwieriger zu bekommen sind als zuhause. Viele kleinere und arme Länder unterhalten gar kein eigenes kartografisches Institut, und dann gibt es immer noch Staaten, die Herstellung, Vertrieb und Verkauf von Landkarten militärischem Sicherheitsdenken unterordnen (im Länderteil wird auf solche Restriktionen hingewiesen). In wieder anderen Ländern werden Karten hergestellt, die schlicht und ergreifend nichts taugen oder total veraltet sind, weil das darauf abgebildete Straßen- und Wegenetz noch aus der Kolonialzeit stammt.

Deshalb: Besorgt euch möglichst alle Karten schon hier (Bezugsquellen s. weiter unten) und lasst sie euch bei einer längeren Reise zusammen mit den Reiseführern per Post nach- bzw. vorausschicken.

Welche Karten für eure Tour in Frage kommen steht an den entsprechenden Stellen im Teil 4 „Kontinente und Länder". Auch in den empfohlenen Länder-Reiseführern gibt es noch Karten-Empfehlungen. Übrigens: Ein paar ganz wenige Länder haben auch Kartenwerke, die besser sind als die bei uns erhältlichen (z.B. die von Turistel in Chile, die hierzulande nicht verkauft werden), s. in den Länderkapiteln.

Die richtigen Karten

Oft will man sich einmal einen **ersten Eindruck** von seinem Zielgebiet verschaffen. Da bietet sich die Übersicht der *University of Texas Map Collection* an: *www.lib.utexas.edu/maps/map_sites/country_sites.html*. Auf Tour gehen kann man damit aber noch nicht – deshalb nachstehend detaillierter.

Speziell **für Radfahrer entwickelte Karten** werden von Radclubs aufgelegt; sie zeigen in der Regel empfehlenswerte Routen, Steigungsstrecken, Campingplätze etc. Doch solche Karten gibt es meist nur für europäische Länder bzw. für USA/Canada, Australien und Neuseeland (s. dort). In fast allen anderen Fällen wird man sich mit den herkömmlichen, für Autofahrer konzipierten **Straßenkarten** zufriedengeben müssen. Die sollten genügend Unterscheidungen über die Beschaffenheit der Straßen und Pisten aufweisen. Gute Ausgaben lassen auch die Oberflächengestalt (Topografie) eines Landes erkennen.

Mit etwas Erfahrung kann man auch aus einfachen Karten viel herauslesen: Autofreie Straßen finden sich eher in dünn besiedelten Gebieten, viele enge Kurven deuten auf große Höhenunterschiede hin, Straßen entlang von Eisenbahnlinien, und Flüssen sind meist ohne große Steigungen – doch Vorsicht bei Küsten- und Seeuferstraßen, da darf man nicht unbedingt von ebenen Straße ausgehen …

Auch renommierte Karten weisen Fehler auf, oft stimmen die km-Angaben nicht, der Straßenverlauf ist teilweise falsch oder neue Straßen fehlen noch. Man sollte sich also, besonders bei Karten von Drittwelt-Ländern, Wüsten und anderen kaum besiedelten Regionen, nicht voll auf sie verlassen. Politische oder touristische Karten hingegen taugen in aller Regel generell nicht zum Radfahren.

Hier eine **Auswahl von Kartenverlagen**, die von internationaler Bedeutung sind und eine Reihe ordentlicher Straßenkarten im Programm haben, in alphabetischer Reihenfolge: Borch (früher Berndtson & Berndtson, *www.borch.com*), International Travel Maps & Books Ltd. (ITM bzw. ITMB, *www.itmb.com*), Michelin (*www.michelin.fr*, „Cartes et guides" anklicken), National Geographic (*www.natgeomaps.com*), Nelles (*www.nelles-verlag.de*), und auch RKH (*www.reise-know-how.de*) hat Karten aus aller Welt (world mapping project); dieses Programm wird ständig erweitert.

ONC und TPC-Karten: Das ONC-(Operational Navigation Chart) Flug-Kartenwerk 1:1 Mio. umfasst die ganze Erde (mit Ausnahme von Canada und Australien), ist aktuell mit topografischen Angaben und Geländedarstellung, jedoch nur mit grobem, wenig klassifiziertem Verkehrsnetz, denn schließlich sind diese Karten ja für den Überblick aus der Luft gedacht. Hauptsächlich zu empfehlen sind sie für Gebiete ohne gutes Kartenmaterial. Das gleiche gilt für die TPC-Flugkarten, doch die sind mit ihrem Maßstab 1:500.000 detaillierter. Vorsicht mit solchen Karten in „empfindlichen" Ländern, man setzt sich evtl. dem Verdacht der Spionage aus! Die Kartenschnitte beider Kartenwerke sind im Därr-Katalog abgedruckt oder aber anzufordern bei den unten angegebenen Firmen.

Sowjetische Generalstabskarten: Ein vom russischen militärgeografischen Institut herausgegebenes Kartenwerk in den Maßstäben 1:1 Mio., 1:500.000,

1:200.000 und 1:100.000. Umfasst die ganze Erde, mit sehr guter Geländedarstellung und besserer Information was Orte, Straßen, Pisten, Eisenbahnlinien, Brunnen etc. angeht als die o.g. Fliegerkarten. Jedoch stammen diese Karten noch aus der Sowjet-Zeit, sind meist nicht mehr auf dem neuesten Stand und nur als Ergänzung für Gebiete geeignet, für die es keine anderen, geeigneteren Karten gibt (z.B. Sahara). Beschriftung in kyrillisch. Der Kartenschnitt ist ebenfalls im Därr-Katalog abgedruckt.

Weitere Kartentipps

Es klingt komisch, doch es ist so: Je mehr Straßen es in einem Land gibt, desto wichtiger werden Karten – um nämlich dem Verkehr ausweichen zu können! Ein Extrembeispiel sind die USA. Wo es kaum Straßen gibt, gibt es in der Regel auch kaum Autos. In Ballungsräumen muss man zudem einigermaßen zielsicher im Straßengewirr navigieren können.

In Ländern mit eigenem Alphabet bzw. mit eigenen Schriftzeichen (arabische Länder, Thailand, China u.a.) sollte man im Land weitere Karten kaufen, denn nur so ist – durch Vergleich mit lateinisch gedruckten Karten – unterwegs überhaupt eine Orientierung möglich (Einheimische können meist nur ihre Schriftzeichen lesen).

Macht euch auch mit den geografischen Begriffen in der Sprache eurer Reiseländer vertraut (z.B. Río = Fluss in Ländern, in denen Spanisch gesprochen wird, Djebel = Berg in arabischen Ländern, La = Pass in Tibet etc.). Gute Atlanten haben meist ein solch entsprechendes Verzeichnis. Und immer die neueste Ausgabe der Karten verlangen!

... und wohin jetzt? Eine gute Karte ist Gold wert (Syrien)

Bezugsquellen

Nicht ganz einfach ist es immer, ein Fachgeschäft zu finden, das eine große Auswahl an detaillierten Karten hat und auch noch alle vorrätig, damit man sie anschauen und vergleichen kann. Am besten fündig wird man da bei Großstadt- bzw. in gut sortierten geografischen Buchhandlungen oder in den Ladengeschäften bzw. Katalogen der großen Reiseausrüster wie z.B. Därr (*www.daerr.de*) und Lauche & Maas (*www.lauche-maas.de*) in München und Woick (*www.woick.de*) in Filderstadt bei Stuttgart (Därr hat z.B. immer viele Flieger- und Generalstabskarten am Lager). Es gibt aber auch kleinere Spezialfirmen, die auf Anruf oder E-Mail-Kontakt nahezu jeden Kartenwunsch erfüllen und auch eine fundierte Beratung bieten können. Dazu gehören z.B. der Karten- und Reiseführerversand Schrieb in Markgröningen (*www.karten-schrieb.de*), der Landkartenshop Michael Ritz in Mönchengladbach (*www.landkartenshop.de*, sehr guter Internetauftritt), das Landkartenhaus Angermann in Wiesbaden (*www.landkartenhaus.de*), Mollenhauer & Treichel in Kiel (*www.mapfox.de*) und einige andere mehr.

In der Schweiz: Travel Book Shop Zürich (*www.travelbookshop.ch*), Atlas Travel World in Bern (*www.atw.ch*) oder in den Läden des Globetrotter Travel Service (*www.globetrotter.ch*). In Österreich: Freytag und Berndt in Wien (*www.freytagberndt.at*).

Ein englischer Spezialist für Outdoor- und Reiseliteratur, Radbücher und Karten für weltweite Ziele ist der „Cordee travel and adventure sports book shop" (*www.cordee.co.uk*). Cordee führt auch in Deutschland nur schwer erhältliche Titel und Karten fremder Länder, z.B. die Atlas & Gazetteer-Series (s. USA).

6. GPS-Einsatz auf Radreisen [JF, JG]

von Jürgen Finke und Julius Grossmann

Was ist möglich und was nicht?

Longhorsley, Northumberland, Juni 2007: Morgen werde ich endlich die vielbefahrene und abgasverseuchte A-Road verlassen und den Track von Horst P. abfahren. Er hatte mit Ortskundigen eine „Cycleweek" in Nordengland verbracht, mit seinem GPS-Empfänger mitgeschnitten und war so freundlich, die Tracks im Internet zu veröffentlichen. Wie an der Schnur gezogen rausche ich ohne einen Halt über die kleinen Sträßchen mit ihren höllischen Steigungen und Gefällen, und die Einheimischen wundern sich sehr, dass ein *Kraut* so eine komplexe Route auswendig kann …

Davos, Prättigau, März 2009: Die Sichtweite im Val Funtauna rauf zum 2600 m hohen Scalettapass beträgt im Nebel bei Schneetreiben nur wenige Meter. Der Schnee hat durch den peitschenden Wind riesige und wellige Dünenlandschaften gebildet. Schon längst sehe ich keine Landmarke mehr, an der ich mich orientieren könnte. Mit einer Karte würde ich hier hoffungslos im Kreis herumirren, Positionsbestimmung unmöglich! Aber auch mein Etrex Legend HCx zickt bei den schweren Empfangsverhältnissen in der Schlucht, die Karte dreht sich trotz Nordung wie eine Windrose, und nur ab und zu erhalte ich eine halbwegs genaue Position …

Nun, die GPS-Navigation hat zweifellos auch die Wegfindung auf dem Fahrrad revolutioniert, und so mancher Stadtkämmerer sollte darüber nachdenken, ob nicht die Ausgabe eines „Volksempfängers" billiger ist als das mühselige Markieren von Rad- und Wanderwegen. Einerseits erledigen die Geräte die zügige Durchfahrung einer Großstadt wie Paris auf fahrradtauglichen Straßen anstandslos, und andererseits zeigen sie auf einer Tour durch die Sahara leidenschaftslos die Entfernung bis zur nächsten Oase an. Durch die Aufzeichnungsfunktion lässt sich noch nach vielen Jahren eine gefahrene Radtour am Bildschirm nachvollziehen, und digitale Bilder lassen sich mühelos den aufgenommenen Orten zuordnen.

Jeder Anwender sollte sich jedoch über drei Dinge klar sein. Erstens: Die Planung der Tour erfordert Zeiteinsatz am Personalcomputer, und die Planung wird auch nur so gut sein wie die zugrundeliegende Landkarte. Zweitens: Auch auf einer GPS-gestützten Radtour ist das Mitführen einer Papierkarte zur schnellen Orientierung obligatorisch. Und drittens: Den Instinkt und die Erfahrung eines ortskundigen Berg- oder Karawanenführers kann keine Elektronik der Welt ersetzen!

Hardware am Lenker

Der Einsatz von GPS setzt Investitionen voraus. Diese bestehen neben einem bereits vorhandenen Personalcomputer im Wesentlichen aus dem Gerät am Lenker, der Kartensoftware und der Planungssoftware.

Da die Güte der Tour von der Qualität der Kartensoftware abhängt, sollte der Schwerpunkt der Investition in diesem Bereich stattfinden. Die Umsetzung der Tour erfolgt dann durch das Gerät am Lenker. Hierbei spielt natürlich die Empfangsleistung eine dominante Rolle, aber auch Gewicht (schließlich ist das Gerät an einem fahrphysikalisch sensiblen Bauteil angebracht), Größe und natürlich der Anschaffungspreis sind entscheidungsrelevant. Wir beschränken uns im Folgenden ausschließlich auf Geräte des Herstellers Garmin, da wir nur mit diesen Geräten über Praxiserfahrungen verfügen. Unsere grundsätzlichen Erwägungen gelten aber für jeden GPS-Empfänger, egal wer auch immer ihn herstellen mag.

Geräte ohne Karte

Von den kartenlosen Garmin-Empfängern ist der Geko 201/301 interessant. Dieser Empfänger ist mit unter 100 g (mit Akkus!) unschlagbar leicht, handlich und kinderleicht zu bedienen. Auf dem Bild rechts ist er mit einer Rucksackhalterung am Vorbau angebracht.

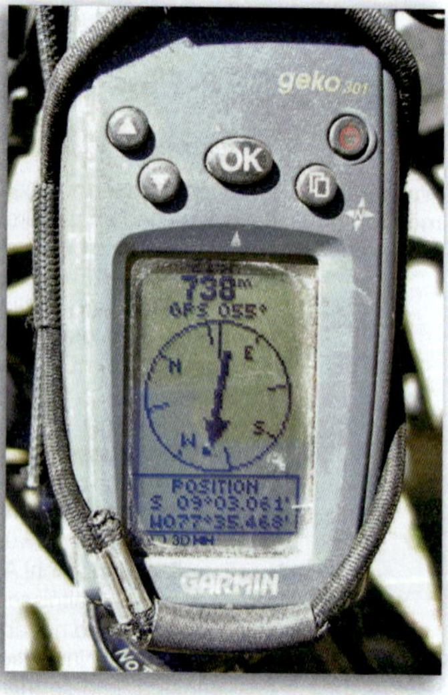

Das Fehlen der Karte setzt eine umso intensivere Vorbereitung der Tour am Personalcomputer voraus. Der Empfänger ist sehr gut geeignet, wenn man einen großen Teil der Radtour mit Papierkarten navigieren möchte und nur hin und wieder vorbereitete Tracks abfahren will. Die Empfangsleistung unter schwierigen Bedingungen (Wald, Häuser- und andere Schluchten) ist relativ schwach und die serielle Schnittstelle zum Personalcomputer langsam. Die Akkustandzeit fällt mit acht Stunden recht kurz aus.

Geräte mit Karte

Wer mit der GPS-Navigation zurecht kommt und wem die Sache sogar Spaß macht, der wird über kurz oder lang bei einem Empfänger mit Kartenfunktion landen. Leider benutzt jeder Hersteller sein eigenes Kartenformat, und so können Kostenvorteile einer einheitlichen Produktion zum Nachteil der Kunden nicht genutzt werden. Die Karten werden vom Personalcomputer auf einen Datenträger (hier microSD-Karte) überspielt. Diese Prozedur vollzieht sich insbesondere bei großen Datenmengen sehr langsam. Ferner bietet der Hersteller nach dem Motto „Plug & Play" vorinstallierte Datenträger an; diese Karten lassen sich jedoch nicht zur Planung am Personalcomputer verwenden.

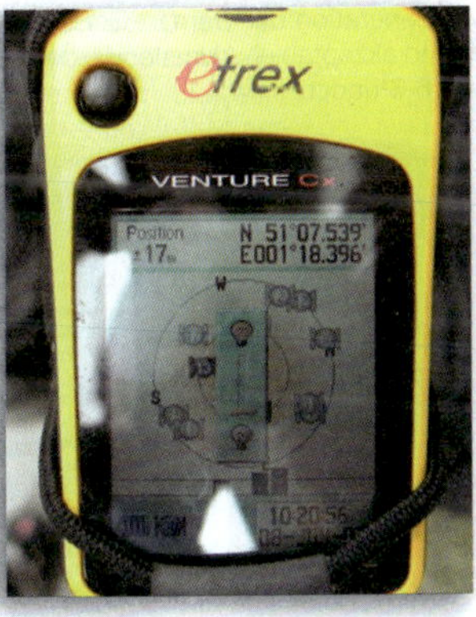

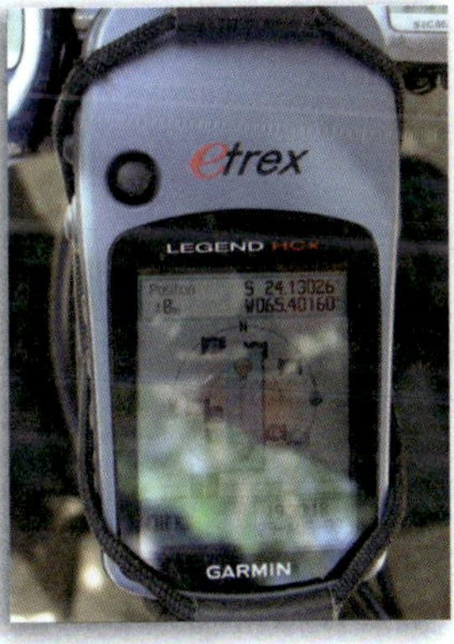

Oben links das nicht mehr produzierte Etrex Venture Cx, rechts das aktuelle Etrex Legend HCx, beide wiederum mit einer Rucksackhalterung von Garmin am Vorbau angebracht. Beide Empfänger unterstützen Karten im Garmin-Format und Autorouting. Die Verarbeitungsqualität der Empfänger ist nur mäßig, und so löst sich die Gummiarmierung in vielen Fällen. Die Empfangsqualität des Venture ist deutlich schwächer, es liefert aber sehr exakte Positionen. Das Ansprechverhalten des Legend, also das Finden einer ersten Position nach dem Anschalten, ist tadellos, dagegen neigt das Gerät speziell bei sehr langsamen Geschwindigkeiten zum sogenannten „Driften". Beide Geräte mit sehr gut ablesbaren Farbbildschirmen, Akkustandzeiten 25 bzw. 20 Stunden. Man kommt sehr weit mit vier Sätzen Akkus. Die Bedienung des Joysticks, insbesondere beim Fahren, ist nicht immer einfach.

Ein gebrauchtes Venture Cx in tadellosem Zustand bekommt man über die bekannten elektronischen Marktplätze für um die 100 Euro, Karten und Akkus sind dabei meistens inbegriffen. Der Preis für ein Legend HCx liegt so um die 150 Euro.

Hier links das GPSmap 60 CSx zusammen mit der hervorragenden Vorbauhalterung der Touratech AG aus dem Schwarzwald, rechts das weitgehend baugleiche 76 Cx ohne barometrische Höhenmessung.

Die Empfangsqualität der beiden Empfänger lässt keine Wünsche offen, allerdings fallen Preis und Gewicht recht üppig aus. Das 60er hat ein auch bei strahlender Sonne einwandfrei ablesbares und großes Display. Die Akkustandzeiten fallen mit 16 Stunden etwas niedriger aus als bei den Etrexgeräten. Die Preise liegen mit ca. 280 Euro deutlich höher als bei der Etrex-Serie.

Und so sieht die neueste Generation der Garmin-Geräte aus – formschön, mit Touchscreen-Bedienung und akzeptablen Akkustandzeiten, je nach Beleuchtungsgrad zwischen 12 und 16 Stunden.

Oregon 300 *Oregon 400* *Oregon 200*

Karten-Software

Die Software stellt den Schwerpunkt der Investition dar. Streng genommen könnte eine geplante Tour auch ohne GPS-Empfänger lediglich mit Ausdrucken abgefahren werden.

Bei den **digitalen Kartenwerken** muss zunächst mal in zwei große Gruppen unterschieden werden: **a). Vektorkarten** und **b). Rasterkarten**. Wir leben in einer Übergangszeit: Noch ist die Rasterkarte durch die langjährige Arbeit und Erfahrung der Geografen den Vektorkarten in der Lesbarkeit und grafischen Schönheit haushoch überlegen. Die Zukunft gehört jedoch eindeutig der Vektorkarte. Innerhalb der Vektorkarten ist zu differenzieren zwischen Kartenwerken, die durch eigene Recherche entstanden sind (Beispiel: City Navigator von Garmin) und Kartenwerken, die durch das Vektorisieren von Rasterkarten (Beispiel: Topo Deutschland von Garmin) entstanden sind. Letztere Methode ist im Ergebnis abzulehen, weil alle Fehler der Grundlage übernommen werden.

Vektor-karten

Vorteile:

- Sehr hohe Genauigkeit möglich (und meist auch erreicht).
- Oft routingfähig (d.h., Routen können aus den Informationen automatisch berechnet werden).
- Anzeige in verschiedensten Maßstäben von der Weltkarte bis zum Stadtplan möglich (je kleiner der dargestellte Ausschnitt, desto mehr Details werden angezeigt).
- Weniger speicherplatzaufwendig als Rasterkarten.
- Bei den beiden Hauptanbietern häufige, aber kostenpflichtige Aktualisierungen.
- Betrieb in den Handgeräten von Garmin möglich.

Nachteile:

- Kartenbild meist hässlich, nie so angenehm wie bei Raster- oder Papierkarten.
- Kein einheitliches, standardisiertes Format (aber das Garmin-Format wird auch von einigen anderen Anbietern genutzt und kann mit Drittsoftware erzeugt oder von ihr gelesen werden).
- Monopolstellung der Anbieter mit entsprechenden negativen Folgen für die Konsumenten.

Topografische Karten
Topografische Karten werden von manchen Vermessungsämtern auch als Vektorkarten angeboten. Dieses Angebot richtet sich nicht direkt an Privatkunden, sondern an Anbieter von GPS-Geräten, die daraus geeignete Karten im Format ihrer Geräte erzeugen und dann an die Endkunden weiterverkaufen. Die digitalen topografischen Karten sind recht genau, basieren oft auf großmaßstäblicher Kartengrundlage, sind dafür aber meist nicht routingfähig (Ausnahmen von dieser Regel sind z.B. Tschechien und die USA) und werden nur im Abstand von mehreren Jahren neu herausgegeben.

Straßenkarten
Es gibt weltweit zwei große Anbieter von routingfähigen Straßenkarten: NAVTEQ (*www.navteq.com*) und Tele Atlas (*www.teleatlas.com*). Beide lizensieren ihre Karten in der Regel an Anbieter von GPS-Geräten, Routenplanern und Logistiklösungen, die dann die Karten in ihrem eigenen Format an die Endkunden weiterverkaufen oder (werbefinanziert) online zur Verfügung stellen. Die Karten werden teilweise täglich aktualisiert, im Allgemeinen aber nur jährlich für Endkunden neu aufbereitet (bei bestimmten Navigationsgeräten für Automobile wird jetzt aber schon ein tägliches Update-Abo angeboten). Die beiden Anbieter unterscheiden sich nur unwesentlich in Qualität und Abdeckung.

Rasterkarten

⊞ **Vorteile**:
- Meist schönes, gut ablesbares Kartenbild.
- Im Gegensatz zu den zugrundeliegenden Papierkarten meist blattschnittfrei.
- Zoombar, oft sind die zugehörigen Karten in kleinerem Maßstab ebenfalls enthalten.
- Meist 3-D-Darstellung möglich.
- Tracks können direkt auf der Karte erzeugt und dann anderweitig benutzt werden.

⊟ **Nachteile:**
- Nicht routingfähig.
- Kein einheitliches, standardisiertes Format (aber das Geogrid-Viewer-Format wird von den deutschen Landesvermessungsämtern, vom Bundesvermessungsamt und vom Österreichischen Vermessungsamt benutzt und kann auch von Drittsoftware gelesen werden).
- Teilweise sehr hoher Verbrauch von Festplattenkapazität.
- Der Versuch, eine Rasterkarte am Lenker zum Laufen zu bringen, ist vergleichsweise aussichtslos! Das dazu erforderliche hochauflösende Display verursacht einen sehr hohen Stromverbrauch. Das erforderliche Gerät am Lenker, ein PDA, kann die gängigen Graphikformate nicht lesen, so dass ein zeitaufwendiges Konvertieren erforderlich ist.

Topografische Karten
Topografische Karten werden von vielen Vermessungsämtern als Rasterkarten angeboten. Besonders erwähnenswert sind dabei die TOP50-Reihe für Deutschland (topografische Karten 1:50.000 nach Bundesländern) und die deutsche TOP200 (topografische Karte 1:200.000 für ganz Deutschland). Diese Karten sind auch im Buchhandel erhältlich.

Außerdem hat sich Magicmaps (*www.magicmaps.de*) als Anbieter von topografischer Kartensoftware etabliert, erhältlich sind Deutschland (1:25.000, nach Bundesländern oder Regionen), Österreich (1:50.000), Luxemburg (1:20.000) und die Schweiz (1:25.000, nur einzelne Kantone).

Straßenkarten

Einige wenige Anbieter von Straßenkarten bieten diese auch als elektronische Karten auf CD oder DVD an. Diese Karten ermöglichen normalerweise keine 3-D-Darstellung und sind in der Regel teurer als der äquivalente Atlas.

Hier mal der anschauliche Vergleich zwischen Vektor- und Rasterkarten:

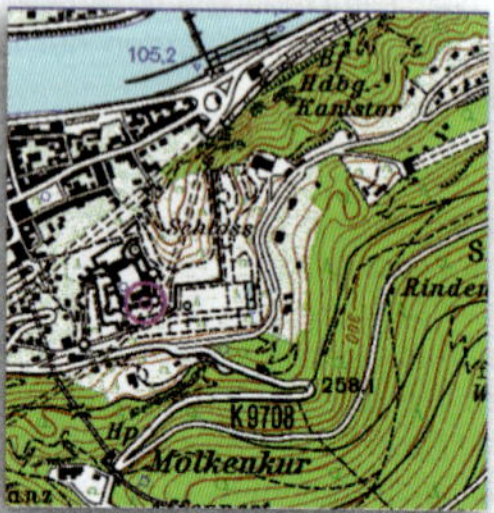

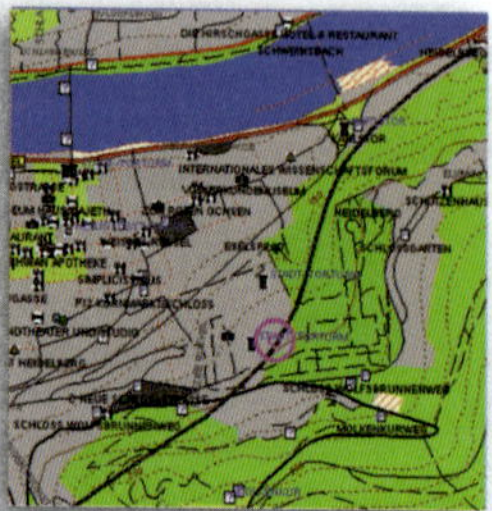

Es handelt sich um den gleichen und maßstabsgerechten Kartenausschnitt, rechts die Vektorkarte (Garmin Topo Deutschland V2) und links die Rasterkarte (Top 25 Baden-Württemberg Nord des Landesvermessungsamts). Spötter bezeichnen die Garminkarten ja auch bösartig als „Strichmännchenkarte", und Urlaubsstimmung kommt bei dem Kartenbild wirklich nicht auf.

Online-Karten

Online-Karten sind im Internet verfügbare, meist Straßen- oder topografische Karten; manche können auch auf den lokalen PC heruntergeladen werden („downloadfähig"). Teilweise sind die Karten nach dem Download auch auf dem Handgerät nutzbar.

Als Beispiel seien hier mal Openmaps (*www.openmaps.eu*) oder Openstreetmap (*www.openstreetmap.de*) genannt. Dies sind Projekte, bei denen jeder eigene gefahrene Wege einbringen kann und wo aus den Daten der ganzen Nutzer allmählich immer bessere Karten entstehen.

Wenn man im Internet ein wenig sucht, findet man auch freie Karten, welche zum Teil auch für das Garmin-Gerät nutzbar sind, von exotischen Ländern, welche von den oben genannten Projekten nicht erfasst werden. Einen umfangreichen Fundus über Links zu Onlinekarten in aller Welt gibt es im Wiki des Radreise-Forums (*www.radreise-forum.de* bzw. *www.bikefreaks.de*). Die freien Karten haben meist eine geringere Qualität und Informationsdichte als käufliche Produkte; es gibt aber Regionen, für die nur freies Kartenmaterial verfügbar ist.

Planungs-, Betrachtungs- und Verwaltungssoftware (TTQV)

Wenn man nun verschiedene digitale Kartenwerke gekauft hat, hat man irgendwann einen unüberschaubaren „Gemischtwarenladen" auf seinem Rechner. Es liegt daher nahe, sich eine Software zu beschaffen, die

- die meisten der gängigen Kartenformate, gleichgültig ob Raster- oder Vektorkarte, lesen kann;
- die geplante und gefahrene Touren mitsamt unterwegs aufgenommenen Bildern übersichtlich verwalten kann;
- und die es durch eine Online-Schnittstelle ermöglicht, realisierte oder geplante Touren anschaulich auf den Satellitenbildern von Google Earth „abzufliegen".

Und siehe da, man wird sogar in Deutschland, genauer gesagt im Schwarzwald fündig: Die Touratech AG in Niedereschach (*www.ttqv.de*) vertreibt eine Software, die alle diese Anforderungen und noch mehr erfüllt.

Die Software kann bis zu drei Karten gleichzeitig anzeigen, ein unschätzbarer Vorteil bei der Planung einer Radtour: So kann man sich nebeneinander Übersichtskarte, Detailkarte und Stadtplan anzeigen lassen. Der nachfolgende Screenshot zeigt die Planung einer Radtour in Südamerika: Links die hervorragende russische Generalkarte mit einem ungeheuer präzisen Höhenrelief, rechts die freie Garminkarte von Eduardo aus Argentinien mit dem exakten recherchierten Track: Präziser lässt sich der Weg zum Grab des deutschen Seemanns Karl Wilmer (s. Seite 247) nicht zeigen!

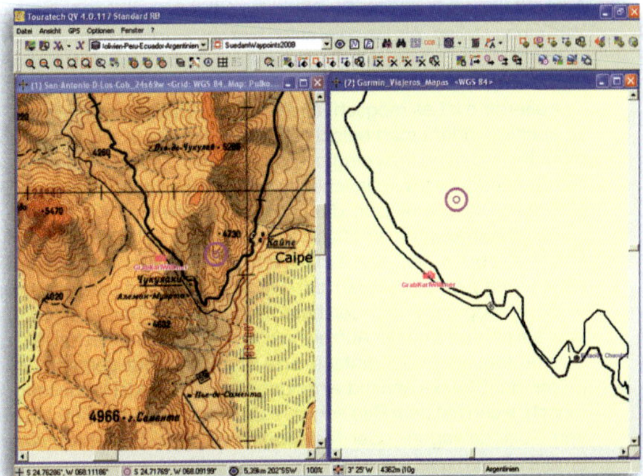

Das Planen von Tracks oder Routen mit Hilfe einer dynamischen Gummibandlinie geht ungeheuer einfach und schnell. Für Radtouren in Europa hält TTQV noch ein besonderes Schmankerl bereit: Die hauseigene Navteq-Vektorkarte läuft als Overlay einer beliebigen Rasterkarte: Die deutsche Generalkarte zum Beispiel ist nicht nur eine hervorragende Karte, sondern mit ihren vielen touristischen Eintragungen wie ein kleiner Reiseführer. Als Rasterkarte ist sie nicht routingfähig, dieser Nachteil wird durch die übergelagerte Vektorkarte eliminiert:

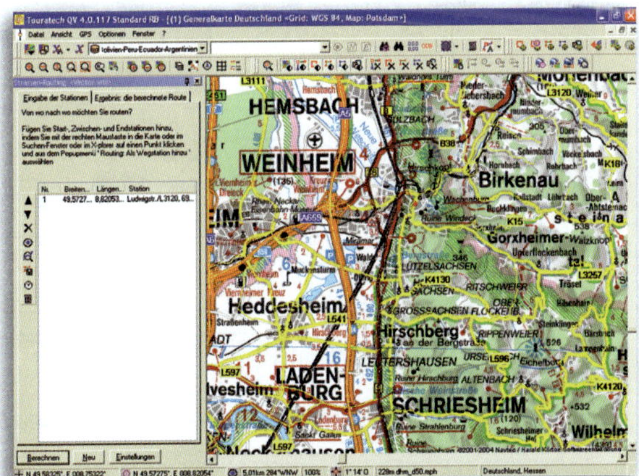

Auf der Rasterkarte entdeckte Sehenswürdigkeiten können als Wegstation angeklickt werden, die Fahrtroute lässt sich automatisch berechnet und kann als Track in den GPS-Empfänger eingespeist werden: Schneller und bequemer geht die Planung einer Radtour nicht!

Wie an Tracks gelangen?

Es gibt mittlerweile Internet-Plattformen, bei denen man Tourdaten, welche von anderen GPS-Nutzern erstellt bzw. aufgezeichnet wurden, entweder als Track oder Route herunterladen kann. Man kann nach vorheriger Registrierung und Anmeldung auch eigene Strecken hochladen und damit der Allgemeinheit zur Verfügung stellen. Als Beispiel seien hier *www.gpsies.com* und *www.gps-tour.info* genannt. Auch im Wiki des Radreise-Forums befindet sich eine große Anzahl von Streckendaten vor allem von Fluss- und Themenradwegen.

Außerdem ist es möglich, direkt in einer Suchmaschine nach Streckendaten zu suchen, indem man beispielsweise einen Fluss, an dem man entlangfahren möchte, und dann .gpx eingibt. Ferner lassen sich Homepages gezielt nach Koordinatenangaben durchsuchen, wenn man beispielsweise die Koordinaten einer wichtigen Wasserstelle bei der Fahrt durch eine Wüste sucht. Doch egal wie man zu den Daten kommt, empfiehlt es sich auf alle Fälle, die Strecke vor der Fahrt zu Hause zu überprüfen, damit man nicht mit dem Rad in schwerem Gelände landet oder jeden Schlenker, den der Tracklieferant aufgezeichnet hat, nachfahren muss. Manchmal sind in den heruntergeladenen Tracks durchaus Stichstrecken drin, sei es, weil sich der Aufzeichner trotz GPS verfahren hat, ein Übernachtungsplatz aufgesucht oder einfach eine Stadtrundfahrt gemacht wurde. Das Überprüfen der Strecke anhand einer geeigneten Karte ist insbesondere dann obligatorisch, wenn mit dem Rad schwere Off-Road-Tracks außerhalb Europas, geliefert von Geländewagen- oder Motorradfahrern, nachgefahren werden sollen. Hier empfiehlt sich auch eine kurze Kontaktaufnahme mit dem jeweiligen Autor.

Kalibrieren von gescannten Karten

Freilich gibt es Gegenden in dieser Welt, von denen lediglich Papierkarten verfügbar sind. Durch einen Scan in einem der gängigen Bildformate, beispielsweise JPG, lässt sich jede Papierkarte digitalisieren und am Bildschirm betrachten. In

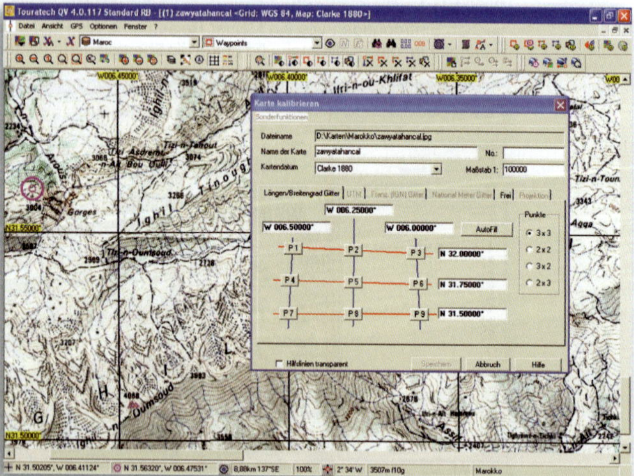

einem zweiten Schritt muss die Karte zum Navigieren brauchbar gemacht werden: Nun muss jedem Bildpunkt eine bestimmte Koordinate zugeordnet werden, man nennt dies „Kalibrieren“. Die dazu erforderlichen Referenzpunkte, neun oder sechs Punkte, liegen in den Ecken der Karte. Das Kartendatum (besseres Synonym: Kartenbezugssystem) muss bekannt sein. Übrigens sind auch die RKH-Karten (world mapping project) alle GPS-tauglich und haben ein Gradgitter.

Plant man beispielsweise eine kombinierte Rad- und Wandertour zum 4000 m hohen Mgoun in Marokko, so finden sich nach einigen Recherchen unter *http://stephan.lucas.over-blog.com/article-14675839.html* recht schöne und brauchbare Karten im Maßstab 1:50.000. Die Karte hat leider kein aufgedrucktes und spezifiziertes Gitter, jedoch aufgedruckte Koordinaten in den Kartenecken. Das Kartenbezugssystem ist unbekannt, daher eigentlich ein aussichtsloser Fall, denn Kartenbezugssysteme gibt es fast so viele wie Länder auf der Erde, oder gar mehr? Nach ein paar Suchen in den entsprechenden Foren ergibt sich, dass bei TTQV das Kartendatum „Clarke 1880“ zum Kalibrieren eingestellt werden sollte. Und siehe da, das Gitter liegt sehr manierlich über der Karte und auch die anschließende Überprüfung mit selbstgefahrenen Tracks und selbstgemessenen Wegpunkten verläuft positiv: Die Planung der Tour kann nun beginnen und die Einheimischen werden staunen!

Glossar

- **GPS:** Global Positioning System, Ausnutzung der physikalischen Phänomene, die erstmals von Albert Einstein in seiner Speziellen und Allgemeinen Relativitätstheorie beschrieben worden sind, zur exakten Positionsbestimmung.
- **Wegpunkt (Waypoint):** eindeutige Positionsangabe. Ein Wegpunkt kann neben den Koordinaten (Breitengrad und Längengrad) weitere Informationen enthalten wie Höhe und Zeit des Aufnahmedatums sowie mit Namen und Symbol versehen werden. Aus Wegpunkten können Routen oder Tracks zusammengestellt werden. Der Wegpunktspeicher von Garmin-Geräten ist regelmäßig trotz 2-GB-Speicherkarten limitiert. In der Praxis werden Wegpunkte für wichtige Positionen wie Wasserstellen, Unterkünfte, Wegkreuzungen, Bahnhöfe verwendet. Ein Wegpunkt kann blitzschnell mit dem Befehl „Go to“ angesteuert werden: per Luftlinie, oder falls es die verwendete Karte erlaubt, auch per Autorouting auf Straßen.
- **Track** bezeichnet eine Menge von Positionen, entweder geplant auf der Karte oder abgefahren und aufgezeichnet mit dem GPS-Empfänger. Die Zahl der Tracks und die Anzahl der Positionen ist limitiert. Der Track ist **das** praktische Instrument zum Abfahren einer Radtour und wird gestartet mit dem Befehl „Trackback“. Als Faustregel kann gelten: auf Teer mindestens alle 500 m ein Punkt und im Gelände alle 250 m ein Punkt.
- **Route** ist eine Menge an Wegpunkten, die als Hilfsmittel zur Navigation eingesetzt werden. Die Routennavigation ist durch die Zahl der Wegpunkte extrem limitiert (siehe oben). In der Praxis ist die Routennavigation aus diesem Grund von untergeordneter Bedeutung und nur interessant, wenn beispielsweise bei einer Stadtrundfahrt durch Paris jede Sehenswürdigkeit exakt abgefahren werden soll.
- **Autorouting** ist das automatische Routen per Tastendruck auf Straßen und bei entsprechendem Kartenmaterial auch Off-Road. Insbesondere dann interessant, wenn man kaputt ist und nur noch auf dem kürzestem Weg zum Bahnhof oder nächsten Gasthof will oder auf dem kürzesten Weg eine Transferetappe überbrücken möchte. Natürlich kann so ein Rechenzwerg von Garmin keine 250-km-Etappe routen, aber 100 km sind schon drin. Durch einen Vergleich zwischen Luftlinienentfernung und Routenentfernung kann man sehr schnell sehen, wie effizient die vorgeschlagene Route ist.

Linkliste

Links zu freien Karten:

- *www.forum.ttqv.com/viewtopic.php?t=7619*
- *http://home.wtal.de/noegs/freemaps.htm*
- *www.mapsntrails.com.de*
- *www.viajerosmapas.com/index.html* (die Garmin-Karte für Südamerika)
- *www.island-olaf.de/travel/marokko/gps.html* (die Garmin-Karte für Marokko)

Links zu Foren:

- *www.naviboard.de/vb*
- *www.das-globetrotter-forum.de*
- *www.kowoma.de/gpsforum*
- *www.gps-vertrieb-forum.com/phpBB2/index.php*
- *www.mtb-news.de/forum/forumdisplay.php?f=173*
- *www.fernwege.de/gps/forum/index.html*
- *www.rss-verzeichnis.de/eintrag.php?feed=20110*
- *www.geoclub.de*
- *www.wuestenschiff.de* (das Sahara-Forum mit zahlreichen Wegpunktlisten, Routen und Tracks)

Links zu Projekten:

- *www.openstreetmap.de*
- *www.gps-forum.net/freies-projekt-openmaps-eu-openmap-t491.html*
- *www.openmap.org*

Und abschließend ein **Buchtipp** zum tiefer Schürfen: „GPS Outdoor-Navigation" von Rainer Höh, Reise Know-How.

7. Google Earth und Google Maps

Möchtest du schon vor der Reise deine Karten an der Realität überprüfen? Möchtest du einen Eindruck der tatsächlich herrschenden Bedingungen erhalten, quasi ein wenig im Tiefflug über die Erdoberfläche zischen? Mit einem kleinen Programm, das du dir auf den Rechner lädst, kannst du jeden Erdrutsch, jede Pfütze und sicher bald selbst jedes kleinste Schlagloch erkennen.

Realitäts-Check per Satellitenbild

Nicht umsonst ist **Google Earth** innerhalb kürzester Zeit zum weltweiten Gesprächsthema geworden. Satellitenbilder, die früher nur Geheimdiensten zugänglich waren, lassen sich heute von jedermann und -frau auf dem heimischen PC auswerten. Du brauchst dir nur von *www.earth.google.com* das entsprechende Programm herunterzuladen und zu installieren, schon beginnt die virtuelle Reise um unseren blauen Planeten. Noch sind nicht alle Erdteile hochauflösend zu betrachten, aber die Entwicklung geht rasant voran. Im Herbst 2009 konnte man beispielsweise in Cienfuegos auf Cuba jeden Eselskarren auf der Straße erkennen und fast die Speichen seiner Räder zählen, während allerdings im weniger als 100 km entfernten Topes de Collantes das riesige dort befindliche Lungensanatorium kaum zu lokalisieren war. Statische Bilder sind das außerdem – aber die Entwicklung geht weiter; vielleicht kannst du bald sogar in Echtzeit erkennen, was die Garküchen-Betreiber auf dem Markt von Ouagadougou gerade in ihren Töpfen haben oder ob die in Erwägung gezogene Herberge in Bangkok tatsächlich an einer ruhigen Straße liegt. Da ergeben sich natürlich für Rad-Toureros bislang ungeahnte Planungs-Möglichkeiten und vor allem Entscheidungshilfen bei der Routenwahl, wenngleich auch Google Earth mit Sicherheit die herkömmliche Landkarte nie ganz ersetzen wird.

Google Maps ermöglicht es, Orte, Hotels und andere Objekte zu suchen, um deren Position auf einer Karte anzuzeigen. Dabei kann man zwischen einer reinen Kartendarstellung oder, in Verbindung mit der Google-Earth-Software, einem

Satelliten- bzw. Luftbild und einer Ansicht wählen, die sowohl die Karte als auch das Luftbild darstellt, denn eine dreidimensionale Ansicht wäre allein mit Google Maps nicht möglich. Mittels Navigationselementen und einer Zoom-Funktion kann man sich dann im Karten- bzw. Bildausschnitt fortbewegen. Für manche Regionen bzw. Großstädte wird dabei eine sehr hohe Auflösung erreicht – gut für Radler, die eine bestimmte Adresse oder eine gut machbare Stadtdurchfahrt suchen. Für viele Regionen liegen jedoch, wie erwähnt, bislang nur Satellitenbilder mittlerer Auflösung vor. Ende 2009 war z.B. die Innenstadt von Berlin sehr viel detaillierter dargestellt als die Außenbezirke – lt. Google ist das aber ein vorübergehender Zustand, und es werden immer mehr detaillierte Ansichten zur Verfügung gestellt.

GPS-Track erstellen

Mit Google Earth kann man auch GPS-Routen erstellen. Radreise-Profis wie etwa Beat Heim (*www.betzgi.ch*) auf seiner „Asian Odyssey" suchen sich beispielsweise für schwierige Stadt-Durchquerungen in China o.ä. vorher mit Google Earth die Route heraus und basteln sich daraus einen GPS-Track, der sie quasi im Blindflug z.B. durch komplizierte Städte führt. Dazu zeichnet man mit der Funktion „Pfad hinzufügen" die gewünschte Strecke in das Satellitenbild ein oder markiert einzelne Wegpunkte und speichert sie als kml-Datei ab. Dann muss man den File auf das GPS-Gerät bringen; je nach Gerät unterschiedlich. Am einfachsten geht das mit *www.gpsies.com* (s. oben im GPS-Kapitel) mit der Funktion „Konvertieren" bzw. „Strecke erstellen". Es gibt auch einiges an Free- und Shareware zur Kommunikation mit verschiedenen GPS-Geräten. Auf jeden Fall – ein weites Feld, das ein tieferes Einsteigen in die Materie erforderlich macht und den Rahmen dieses Kapitels sprengen würde – wir wollten hier nur mal in knappen Worten aufzeichnen, was mit den Google-Programmen für Rad-Toureros alles möglich ist.

Hier ein **Literaturtipp** zum Vertiefen: Philip Kiefer: „Touren planen mit Google Earth & Google Maps", Verlag Data Becker.

D Bürokratie, Finanzen, Versicherungen

1. Abwesenheits-Organisation

Kontaktperson

Bestimmt beizeiten eine Person eures Vertrauens als heimatliche Stallwache, die während eurer Abwesenheit all die Dinge erledigt, die zuhause anfallen und erledigt werden müssen. Dieser „Kümmerer" muss sich in euren Bankangelegenheiten auskennen und eine Bankvollmacht über euer Konto besitzen. Kopien eurer wichtigsten Dokumente gehören auf seinen Schreibtisch. Genau Bescheid wissen sollte er über die Modalitäten eurer Auslandskrankenversicherung. Zum Beispiel: Was ist zu tun, wenn im Unglücksfall ein Rücktransport organisiert werden muss? Und er muss Zugang zu eurem E-Mail-Account haben, um E-Mails zu archivieren, auszudrucken und ggf. zu beantworten. Er sollte natürlich auch eure (grobe) Reiseroute kennen; nützlich ist es vielleicht auch, wenn ihr ihm die Botschafts- bzw. Konsularadressen der von euch bereisten Länder überlasst.

Berichtet ihr auf einer **Homepage** über eine Reise, solltet ihr auch einen **Webmaster** haben, einen Administrator, der die Webseite pflegt, neue Berichte und Digitalfotos einbaut und bei allen technischen Problemen eingreifen kann.

Reisetagebuch, Visitenkarten, Fahrtenbuch

Im **Reisetagebuch** werden alle wichtigen Adressen notiert: die heimatlichen Adressen, E-Mail-Adressen aller Bekannten (ggf. für die Rundmails), Konsulate und Botschaften eurer Reiseländer sowie der deutschen (bzw. schweizerischen / österreichischen) Botschaften dort mit Telefon- und Fax-Nummern, Adressen von Radfahrverbänden und sonstige wichtige Adressen, z.B. deutschsprechende

Ärzte. Auch die Nummern von Fahrrad, Pass, Ausweisen, Tickets, Travellercheques, die heimatlichen Telefon- und Fax-Nummern sowie die Sperr-Telefonnummern für eure Kreditkarten. Im Tagebuch stehen auch Notizen über eure unterwegs gemachten Aufnahmen. **Tipp:** Wichtige Dokumente kann man auch einscannen und zur zusätzlichen Sicherheit an sich selbst per E-Mail schicken. Bei Verlust oder Diebstahl könnt ihr dann im nächsterreichbaren Internetcafé eine Kopie des betreffenden Dokuments ausdrucken, dazu später noch mehr.

Wichtig sind auch **Visitenkarten**. Nehmt genügend davon mit – am besten gleich als netten Entwurf, mit z.B. einem Rad drauf. Globe-Radler sollten sich auch ein **Fahrtenbuch** anlegen, mit Bildern von unterwegs, eurer Reiseroute, Zeitungsartikel über die Radreise, empfehlende Worte und „Gute-Reise-Wünsche" von getroffenen Personen und auch Behörden (Stempel). So ein Buch kann zur Kontaktaufnahme sehr hilfreich sein (besonders in Ländern, wo man sich kaum verständigen kann). Man erspart sich so auch immer wieder die gleichen Erklärungen über seine Tour.

2. Stempeln gehen – Pass, Visa, Ausweise, Papiere

Pass

Euer Pass sollte noch eine genügend lange Gültigkeit haben (auch über das angepeilte Rückreisedatum hinaus – wer weiß, wo ihr hängenbleibt), und er muss genügend leere Seiten haben, damit all die schönen Stempelchen, die im Lauf eines längeren Trips zusammenkommen, auch Platz haben. Das Passfoto sollte nicht zu alt sein und nicht zu stark von eurem gegenwärtigen Aussehen abweichen (Bart, Mähne). Bedenkt auch, dass manche Länder (USA!) mittlerweile zwingend einen **elektronisch lesbaren Pass** verlangen! Deutsche Reisepässe, die nach dem 25. Oktober 2005 ausgestellt wurden, haben ein digitales Lichtbild und erfüllen dieses Kriterium bereits. Reisepässe, die nach dem 25. Oktober 2006 ausgestellt wurden, müssen zusätzlich über biometrische Daten in Chipform verfügen (sog. e-Pass). Ein maschinenlesbarer Pass wird auch verlangt, wenn man in den USA nur zwischenlanden muss (für USA-Zwischenlandung s. unbedingt zusätzlich auf Seite 27)!

Falls du noch mit einem alten Pass (von vor Oktober 2005) verreisen willst, solltest du vorher bei den Länder-Infos auf *www.auswaertiges-amt.de* checken, ob du damit keine Probleme bekommst.

Wichtig: Unterwegs den Pass nie aus der Hand geben, weder der Polizei noch in Hotels, auf Campingplätzen etc. Pässe werden nämlich oft als „Pfand" verlangt. Eure Begründung: Pässe sind Eigentum der Bundesrepublik Deutschland (steht in jedem drin). Kopiert die Hauptseiten ein paarmal und gebt nur die her, falls mal jemand euren Pass verlangen sollte, oder nehmt als Pfand zusätzlich den Personalausweis mit. Übrigens wird sich auch bei Kontrollen die Polizei kaum mit einer Passkopie zufrieden geben.

Ein **Zweitpass** ist verlockend – wenn der eine weg ist, hat man noch einen zweiten. Das kann von der ausstellenden Behörde unter einigen bestimmten Voraussetzungen bewilligt werden, z.B. bei langwierigen Visa-Formalitäten für mehrere Länder oder wegen „Stempel-Unverträglichkeit" verfeindeter Länder (s. unten). Doch ein zweiter Pass kann unterwegs bei Kontrollen auch Probleme verur-

Updates laufend unter „FWF Update" auf
www.weltweitradeln.de
Bitte informiert uns über Veränderungen
per E-Mail unter **ts.schroeder@web.de**

sachen, man macht sich bei Behörden und Polizei verdächtig – haben Spione nicht immer zwei Pässe …? Deshalb immer nur den Pass mit dem aktuellen Visum vorzeigen – was ja auch Sinn macht –, und den anderen Pass ganz tief im Gepäck vergraben.

Visa

Für etwa 100 Länder der Welt (von ca. 190) benötigen Deutsche einen Sichtvermerk im Pass, Visum genannt, Tendenz leider wieder steigend. Ohne ein solches Stempelchen endet mancher Trip schon an einer Grenze oder bereits am Abflugschalter. Das schon erwähnte „Selbstreise-Handbuch" der DZG führt die **Staaten mit Visumpflicht** für Deutsche auf. Auch **beim Auswärtigen Amt** (*www.auswaertiges-amt.de*) findet man unter „Alle Länder A-Z" die Visumerfordernisse jedes Landes auf der Welt.

Für welches Land deutsche (Schweizer, österreichische) Staatsbürger nun ein Visum brauchen, das ändern sich ab und zu, abhängig von der politischen (Groß-)Wetterlage und den zwischenstaatlichen Beziehungen. Wir haben unter den einzelnen Länderkapiteln den jeweiligen Status Quo aufgeführt, doch ermittelt vorsichtshalber immer bei den entsprechenden Botschaften oder Konsulaten den neuesten Stand – alle Angaben, egal wo sie stehen, können von heute auf morgen überholt sein!

Zuständig für die Ausstellung eines Visums ist fast immer die **Botschaft des Reiselands**, selten ein Konsulat. „Touristenkarten", sofern erforderlich, werden auch von Fremdenverkehrsbüros, beim Anflug von der Airline oder bei Einreise per pedales direkt an der Grenze ausgegeben.

Visum-Vorschriften, Kosten

Es gibt einen wahren **Verhau von Vorschriften**, die die Erteilung eines Visums regeln. Mal ist ein Ausreiseticket nachzuweisen, manchmal genügend Finanzierungsmittel (Bankgarantie), es wird eine Einladung oder Bürgschaftserklärung eines Bürgers des Einreiselandes verlangt oder eine sog. „Letter of Recommendation" (von Behörden oder Firmen), die Übersetzung des Passes ins Arabische (Libyen), und manchmal auch ein amtliches Gesundheitszeugnis (oder ein negativer Aids-Test), wenn man länger als nur ein paar Wochen in einem Land bleiben will. Transitvisa gibt es generell nur, wenn das Folge-Reiseland bereits eurer Einreise zugestimmt hat.

Wenn sich unterwegs in einem Land keine Botschaft des Landes befindet, von welchem man ein Visum benötigt, so geht man zur zuständigen Schutzmachtvertretung, welche die Interessen des gewünschten Landes diplomatisch vertritt (viele kleine Länder haben weltweit nur wenige Botschaften). Welches Land wen vertritt, erfahrt ihr von der deutschen Botschaft oder den offiziellen Stellen eures Reiselandes.

Nur ganz selten bekommt man ein Visum direkt bei der Einreise an der Grenze oder am Airport. Und wenn, dann meist auch nur mit einer sehr kurzen Gültigkeitsdauer! Nehmt Durchschlagpapier mit, weil an Grenzen und bei Behörden Formulare oft mehrfach auszufüllen sind (außerdem könnt ihr so Sicherheitskopien von euren wichtigen Briefen machen, wenn gerade kein Kopierer in der Nähe ist).

Tragt in einen Visumsantrag als **Grund der Reise** immer „Tourist/Tourismus" und (wenn verlangt) einen schön verständlichen Beruf ein, bloß nicht Journalist, Reporter, Fotograf, Soldat, Nachrichteningenieur o.ä.! Höfliche Begleitbriefe, am besten in der Landes- oder Verkehrssprache des zu bereisenden Staats, mögen gleichfalls zur Beschleunigung eines Visumsantrags beitragen.

Unterschätzt nicht die **Kosten**, die von Staaten für eine Visum verlangt werden! Von kostenlos bis zur etlichen 100 Euro ist alles möglich … Im „Normalfall" liegen die Gebühren zwischen 25 und 50 Euro. Fast immer billiger bekommt ihr ein Visum im Vorland eures Ziellandes. Nur kann es da manchmal mit der Bewilligung und mit der Aufenthaltsdauer Probleme geben.

„Einfache" und „schwierige" Länder

Generell lässt sich sagen, dass die Länder des Kontinents **Amerika** für Leute mit deutschem (und österreichischem / Schweizer) Pass relativ problemlos zu bereisen sind. Visa werden dort (bei bis zu drei Monaten Aufenthaltsdauer) von kaum einem Land verlangt, Verlängerungen sind häufig problemlos möglich. Schwieriger ist **Afrika**. Hier sind für fast alle Länder Visa nötig, der Kampf durch den Bürokraten-, Papier- und Ein-/Ausreise-Dschungel kann schwieriger sein als durch den afrikanischen Busch. Auch **arabische Länder** sind Problemländer bezüglich Reisevisa. In **Asien** ist es gemischt, von strengen Restriktionen (z.B. lässt das Himalayaland Bhutan Reisende nur hinein, wenn sie über ein registriertes bhutanisches Reiseunternehmen buchen, also vorwiegend eine Gruppenreise, und für das schöne Myanmar bzw. Burma bekommt man höchstens vier Wochen) bis liberal (Thailand, Philippinen, Indonesien u.a.). In den **GUS-Staaten** muss man den Grenzverlauf aufmerksam studieren: Manche Hauptstraßen (z.B. Taschkent – Bischkek) führen durch Drittländer, die dann ein teures Transitvisum erforderlich machen.

Manche Länder mögen sich nicht, und ihre amtlichen Stempel vertragen sich nicht mal in Pässen: Etliche arabische Länder und Israel, in Asien Taiwan und China oder Nepal und China (falls bei der Einreise „Überland" angegeben wird, denn China mag in aller Regel keine Tibetradler). Weil die Weiterreise mit einem Stempel des „Feindes" im Pass ins andere Land dann evtl. verwehrt wird, stempeln Problemländer auf Wunsch Visa auch auf Pass-Einlageblätter, oder man hat einen Zweitpass.

Gültigkeits- und Aufenthaltsdauer

Fast jedes Land verlangt, dass der Pass noch ein halbes Jahr über den beantragten Visums-Zeitraum hinaus gültig ist. Ein Handicap bei der Beantragung eines Visums ist die oftmals lange Bearbeitungsdauer. Wer Visa für mehrere Länder braucht, dessen Pass ist dann evtl. Monate unterwegs – hat man alle zusammen, mag derweil dann die Gültigkeitsdauer für das zuerst ausgestellte Visum bereits wieder verfallen sein ... Man sollte deshalb die ausstellende Stelle bitten, die Gültigkeit für etwa auf den Zeitpunkt vorauszudatieren, zu dem man das Land erreichen wird (oder man beantragt zuerst jenes Visum, das am längsten gültig ist). Manche Botschaften bieten auch eine beschleunigte Bearbeitung an – gegen einen deftigen Mehrpreis. Dann kann die Einschaltung eines spezialisierten „Visumbüros" sinnvoll sein, mehr dazu weiter unten.

Die **Gültigkeitsdauer** (meist drei Monate) ist nicht die bewilligte Aufenthaltsdauer, sondern die Frist, innerhalb der der Reisende ins betreffende Land eingereist sein muss, damit das Visum nicht seine Gültigkeit verliert! Rühmliche Ausnahmen: Visa für die USA (falls überhaupt benötigt, s. dort) und Australien z.B. sind meist „indefinitely", also zeitlich unbeschränkt bzw. so lange gültig, wie der Reisepass gültig ist (diese beiden Visa sind unterwegs nur schwierig zu bekommen, deshalb unbedingt hier beantragen).

Die bewilligte **Aufenthaltsdauer** kann von Land zu Land beträchtlich schwanken: von z.B. nur ein paar Tagen bis meist max. ein halbes Jahr. Üblich sind vier bis zwölf Wochen, die im Land dann meist nochmals verlängert werden können.

Grundsätzlich sollte man immer eine längere Aufenthaltsdauer und mehr Einreisen beantragen als eigentlich geplant – du kannst ja nie wissen, wie deine Reise verläuft. Wenn man dir an einer Grenze eine zu kurze Aufenthaltsdauer geben will, weise auf das Fahrrad als dein Reisemittel hin, Radfahrer brauchen zum Durchqueren eines Landes bekanntlich etwas länger als Flug- oder Autotouristen ...

Visumbüros

Durch das Dickicht der Visumvorschriften und -erteilungen führen auch **Spezialfirmen**, die gegen (teures) Geld **alle erforderlichen Visa besorgen**. Sie füllen gar die Formulare aus und übersetzen ggf. alle wichtigen Dokumente. Dieser Service, eigentlich für Geschäftsreisende gedacht, kann auch Radlern zugutekommen, die z.B. einen Last-Minute-Flug gebucht haben und nun noch auf die Schnelle ein Visum benötigen. Blitzservice und Hinterlegung am Flughafen kosten extra, dazu kommen noch die normalen Bearbeitungsgebühren der Botschaft. Hat man mehr Zeit, wird es spürbar billiger. Möglich ist es auch, noch von unterwegs mit einem Zweitpass Visa im Heimatland zu beantragen; der Pass wird dann mit einem (teuren) Kurierdienst zugestellt. Einige Visumsdienste: Visa-Express in Berlin (*www.visa-express.de*), Visum Centrale in Bonn und Berlin (*www.visum-centrale.de*), Visa-Dienst Bonn (*www.visum.de*) oder Visa Direkt in Berlin (*www.visa-direct.de*). Im Frankfurter Flughafen gibt es den „Dokumentenservice", *www.visumservice.de*. Das ist nur eine Auswahl, es gibt noch eine Reihe anderer Firmen mehr.

Fazit

Man sollte versuchen, möglichst viele Visa schon im Heimatland zu bekommen. Doch bei einer langen Radreise ist dies kaum möglich. Die restlichen Visa müssen unterwegs beschafft werden (übrigens: Botschaften im Ausland haben meist nur morgens Sprechstunde, stellt euch auf oftmals lange Wartezeiten bzw. langdauernde Prozeduren ein, und immer genügend Passfotos mitnehmen).

Hilfreich kann auch ein **Bürgschaftsschreiben** deiner Hausbank sein (mehrsprachig), dass du genügend auf der Kante hast, um deine Reise zu finanzieren. Sowas kann bei der Visumsbeschaffung nötig werden und hilft auch unterwegs bei störrischen Grenzbeamten weiter. Manchmal will die ausstellende Behörde aber auch ein Weiter- oder ein Rückflugticket sehen. In diesem Fall ein IATA-Flugticket kaufen (keines vom Grauen Markt), das du dann im Zielland jederzeit wieder zu Bargeld machen kannst.

Letzter Tipp: Billiger oder manchmal sogar kostenlos besorgen auch gute **Reisebüros** ein nötiges Visum. Fragt nach diesem Service, wenn ihr in einem Reisebüro ein Flugticket für ein visumspflichtiges Land kauft.

Weitere Ausweise und Papiere

Außer dem Pass sind auf euerer Fahrradreise noch einige Papierchen mehr von Bedeutung:

- Der Internationale gelbe WHO-Impfausweis und Blutgruppenausweis.
- Ärztliches Attest (verlangen meist Schifffahrtslinien, wenn ihr unterwegs an Bord eines Schiffes zur Überfahrt anheuern wollt, heute eher selten).
- Jugendherbergsausweis.
- ggf. Internationaler Studentenausweis (für verbilligte Eintritte, Ermäßigungen).
- Internationaler Führerschein (falls ihr unterwegs mal einen Mietwagen nehmen wollt).
- Empfehlungsschreiben (mehrsprachig) eurer Uni, des Radvereins, des örtlichen Kaninchenzüchtervereins etc. Besonders wirksam ist ein Empfehlungsschreiben eines Polizeivereins.

Sicherheitskopien

Sinnvoll ist es, die ersten Seiten des Passes zu kopieren, auch evtl. die Seiten mit den Visa eurer Zielländer, und – sobald ihr in ein Land eigereist seid – die Seite mit dem Einreisestempel des betreffenden Landes. Bei Passverlust könnt ihr so nachweisen, dass ihr legal ins Land eingereist seid und die Neuausstellung der Visa kann beschleunigt werden.

Wie bereits erwähnt kann man wichtige Dokumente auch einscannen und per Mail an sich selber schicken. Das betrifft z.B. die ersten Seiten des Passes, Flugticket, Impfpass, die Kreditkarte und die Nummernliste und Kaufquittung eurer Reiseschecks. Diese Dinge kann man natürlich auch kopieren; zweckmäßig ist dann der Austausch mit dem Reisepartner und ein Satz Kopien im Fahrradrahmen.

3. Alles übers Geld bei Rad-Fernreisen

Wieviel Geld braucht man?

Abgesehen von persönlichen Vorlieben und Bedürfnissen ist es schon von Haus aus schwierig, hier einen Durchschnitts- oder auch nur einen halbwegs exakten Zahlenwert zu nennen, weil die Lebenshaltungskosten in den unterschiedlichen Reiseländern gleichfalls sehr unterschiedlich sind.

Sehr teure Lebenshaltungskosten erwarten euch z.B. in Japan, auch in Ozeanien und Polynesien. Kostenähnlich oder auch geringfügig billiger als zuhause ist es z.B. in allen westlichen Industrieländern. Relativ billig bis sehr billig sind die allermeisten Entwicklungsländer (doch darunter gibt es auch einige, die sehr teuer sind!). Details finden sich in den Länderkapiteln, auch aktuelle Reiseführer können genauere Auskünfte geben. Stark abhängig sind die Reisekosten auch davon, ob das Zielland eine starke oder schwache Währung hat – sinkt z.B. der Dollarkurs, dann werden USA-Reisen (und Reisen in alle anderen US$-dominierten Länder) erschwinglicher und die Touri-Zahlen steigen. Ein guter **Internet-Währungsrechner** ist *www.oanda.com*.

Vorherige **Fixkosten** sind Rad- und Ausrüstungskauf, Ersatzteile, ggf. Filme, Impfungen, Reise- und Krankenversicherung sowie andere während der Abwesenheit weiterlaufende Versicherungen und Gebühren und natürlich die Flugkosten. Unterwegs sind die **Hauptkosten** die Übernachtungskosten (sofern man nicht dauernd im Zelt schläft), Eintrittspreise, Restaurantbesuche, neue Kleidung, evtl. Visagebühren. Bei Selbstversorgern schlagen die Kosten für Lebensmittel erfahrungsgemäß am wenigsten zu Buche.

Kalkuliert nicht zu knapp – es reist sich mit einem Finanzpolster einfach entspannter. Wer einen Großteil seiner Zeit damit verbringt, immer nur die billigsten Restaurants und die billigsten Zimmer zu suchen, vergällt sich mit der Zeit die Freude am Reisen, schafft sich zusätzlichen Reisestress. Wichtig bei den Kosten ist auch der Faktor „Zeit": **Wer viel Zeit hat, reist billiger**, weil er z.B. einen billigeren Flug oder eine günstigere Schiffsüberfahrt abwarten kann oder statt eines Inlandflugs die wesentlich billigere Bahn nehmen kann.

Wer vorhat, länger oder gar Jahre auf Radweltreise zu gehen, der sollte folgenden Gedanken mit einbeziehen: Je länger eine Tour dauert, desto billiger wird relativ jede Reisewoche oder jeder Reisemonat. Es lohnt sich kaum, für nur ein halbes Jahr eine Wohnung aufzulösen oder aufzugeben, ein vorhandenes Auto zu verkaufen, Versicherungen einzustellen oder gar den Job zu kündigen. Deshalb ist unterm Strich eine sehr lange Reise letztendlich wirtschaftlicher als ein nur etwas verlängerter Urlaub. Allerdings muss man sich bei einer solchen Entscheidung auch über die möglichen Konsequenzen klar sein: dass man dann die Tour auch wirklich durchzieht und durchhält und dass auch das notwendige Reisekapital bereitsteht. Darüber, dass man hinterher dann „blank" ist und vieles wieder neu kaufen und anschaffen muss, sollte man sich eher weniger Gedanken machen. Nach spätestens ein, zwei Jahren Unterwegssein hat man sich sowieso so verändert, dass man sein Leben nach der Rückkehr meist ohnedies ganz neu ein- und ausrichten wird. Übrigens, hier noch ein bisschen Inspiration: *www.ratgeber-aussteigen.de*.

Geld durch Jobben unterwegs?

Ist das Fernweh größer als der Reiseetat, mag mancher mit dem Gedanken spielen, unterwegs noch etwas dazuzuverdienen, um so die Reisekasse wieder etwas aufzufüllen. Vorneweg gesagt: Die **Geldverdien-Möglichkeiten** sind unterwegs **sehr gering!** In den Drittwelt-Ländern gibt es genügend Arbeitslose, und weltweit ist das Lohnniveau viel niedriger als in Deutschland bzw. in Mitteleuropa. Lieber vorher länger arbeiten und einige Zeit später losfahren, das ist besser, als unterwegs auf Arbeitssuche zu gehen. Abgesehen davon sind Erwerbsarbeiten in fast allen Ländern der Welt für Touristen nicht gestattet, und wer schwarz arbeitet, riskiert die Ausweisung.

Doch möglich ist natürlich vieles, immer wieder erzählen Traveller, sie hätten in den USA, in Canada, Australien, Neuseeland oder sonstwo etwas Geld verdient. Das sind meist Jobs in der Landwirtschaft (auf einer Farm); man verdingt sich als Erntehelfer, Obstpflücker oder hilft bei der Weinlese (zur Erntezeit in bestimmten Landesteilen ankommen). Als Kellner oder Koch kann man im Gaststättengewerbe Glück haben, und einen schnellen Euro kann man unterwegs auch manchmal als Sprachlehrer, Friseur, als Automechaniker und Handwerker machen. Man sollte sich aufs Arbeiten unterwegs jedoch besser nicht verlassen, sondern es eher als eine mögliche Chance sehen, ohne Belastung der Reisekasse (oft wird einem für seine Arbeit auch nur freie Kost und Logis angeboten) einmal in einem Land länger bleiben zu können.

World-Biker und Langzeit-Traveller sollten jedoch evtl. die Möglichkeit überlegen, unterwegs mit Vorträgen die Reisekasse aufzubessern (macht nur Sinn in Ländern mit harter Währung). Vorträge über eure Tour sind evtl. möglich bei örtlichen Radclubs, bei deutschen Goethe-Instituten, bei Deutschen Vereinen und Vereinigungen im Ausland (südamerikanische Länder, USA, Canada, Australien) oder in anderen kulturellen Begegnungszentren eures Gastlandes. Dazu eine Foto-CD von eurer Tour zusammenstellen oder von zuhause Duplikat-Dias schicken lassen (dann werdet ihr aber fast sicher auch einen kleinen Projektor mitführen müssen, denn Lichtbild-Vorführmöglichkeiten gibt es nur in einem sehr kleinen Teil der Welt, und dort mit sinkender Tendenz). Man könnte auch gleich von Beginn an eine Deutschland-Bilderserie mitführen. Vorträge sind gut für Kontakte und Einladungen. Ein paar Euro mag man auch noch für Zeitungsartikel, Radio- und Fernseh-Interviews bekommen (in den zuvor in Klammern genannten Ländern gibt es teils noch deutschsprachige Zeitungen, für die man Artikel seiner Radreise schreiben könnte).

Geldmitnahme und -nachschub

Ohne Moos nichts los, auch beim Globetreten mit dem Fahrrad. Doch in welcher Form Geld mitnehmen, wie gelange ich an Nachschub? Das sind wichtige Punkte bei der Reisevorbereitung, auf die hier etwas ausführlicher eingegangen werden soll.

Grundsätzlich ist es fast immer günstiger, **Landeswährung erst im Zielland** zu kaufen, als sie sich hierzuland über die Bank zu beschaffen. Je „weicher" oder inflationsgefährdeter die Währung eines Landes ist, desto einfacher lässt es sich dort mit harter, fremder Währung, also mit Euros, Schweizer Franken oder Dollars bezahlen. „Weichwährungs-" bzw. Inflationsländer sind traditionell einige lateinamerikanische Länder, aber auch viele afrikanische, asiatische und etliche ehemalige Ostblockländer. In solchen Ländern existieren dann manchmal auch Schwarzmärkte (s.u.).

Bargeld

Je weiter man in touristisch „unerschlossene" Gebiete vorstößt, desto wichtiger wird Bargeld; mit Reiseschecks und Kreditkarten kann man dort nicht allzuviel anfangen. In „abgelegenen" Ländern oder auf „unüblichen" Routen gibt es zudem kaum Banken bzw. Großstädte mit Wechselmöglichkeiten oder Geldautomaten, so dass man vorausschauend vorab immer genügend Geld wechseln und einen größeren Bargeld-Vorrat halten muss. Zusätzlich ist es sinnvoll, **Bar-Dollars** mitzuführen (möglichst viele kleinere Scheine), die fast überall auf der Welt bekannt sind und akzeptiert werden. Die braucht man, um stets „flüssig" zu sein und damit man bei der Ankunft in einem Land bzw. an der Grenze gleich etwas wechseln kann.

Einige Länder (z.B. Myanmar) haben Devisen-Sonderregelungen oder man darf die Landeswährung nicht oder nur beschränkt ein- oder ausführen, wie z.B. in vielen afrikanischen Ländern. Details dazu bei den einzelnen Länderkapiteln.

Reiseschecks (Travellercheques)

Diese Form des Reise-Finanznachschubs hat einen entscheidenden **Vorteil**: Travellercheques werden bei Verlust und Diebstahl kostenfrei ersetzt, und so erleichtern sie in Gebieten mit geringer Bankautomaten-Dichte den Geldtransport. Es gibt sie sowohl auf Euro als auch auf andere Währungen lautend, z.B. auf US$, Schweizer Franken u.a. Welche Scheck-Währung man wählt, ist abhängig vom Reiseland bzw. dem Reise-Kontinent, die Entscheidung ist nach Einführung des Euro aber nicht mehr so schwierig wie früher. Obwohl die Welt-Reisewährung immer noch der US$ ist, liegt man auch richtig, wenn man z.B. für die überwiegende Anzahl afrikanischer oder asiatischer Länder auch die Währung des früheren Kolonialherren wählt. Für Westafrika also Euro, für Ost- und Südafrika (noch) englische Pfund, für Südamerika hingegen US$. Euro- oder Schweizer-Franken-Reiseschecks – bei denen man beim Kauf als Deutscher, Österreicher bzw. Schweizer kein Kursrisiko hat – werden zwar weltweit bei Banken durchweg auch gegen Bargeld gewechselt, doch in manchen Ländern haben diese Währungen eine niedrigere Akzeptanz.

Marktführer bei Travellercheques ist American Express (*www.americanexpress.de*); die Reisescheck-Sparte des einstigen Mitbewerbers Thomas Cook wurde vor einigen Jahren an das Geldinstitut Travelex verkauft, das sie dann einstellte und auf VISA-Reiseschecks setzte. Auch mit denen haben wir schon gute Erfahrungen gemacht, doch die Travellercheques von American Express sind weltweit die bekanntesten. Beim Wechseln ist stets der Pass vorzulegen und die zweite Unterschrift zu leisten. Kaufquittungen kopieren und getrennt von den Schecks aufbewahren, und immer notieren, welche Schecks ihr eingelöst habt – für den Fall des Verlusts bzw. Diebstahls, damit ihr wisst, welche ihr euch ersetzen lassen müsst.

Beim Kauf von Reiseschecks wird 1% **Gebühr** fällig, und beim Einlösen nochmals ein – oder mehrere – Prozente. **Kleinere bis mittlere Stückelungen** wählen. Tipp: Sind die Einlösegebühren überzogen hoch, so beschwert euch bei eurer Gesellschaft. Zwar haben die Scheckgesellschaften keinen Einfluss auf die Gebührenpolitik der XY-Bank in Caracas oder Johannesburg, doch werden zu hohe Einlösegebühren oft auf dem Kulanzweg ersetzt. Gebührenfrei werden Travellercheques von American Express weltweit in den firmeneigenen Reisebüros und Banken eingelöst. Am unproblematischsten sind Travellercheques in den USA: Dort kann man mit Dollarschecks fast überall wie mit Bargeld bezahlen.

Kreditkarten

Einst war das Plastikgeld exklusives Status-Zahlungsmittel wohlsituierter Traveller, heute ist es auch für Rucksack- oder Fahrrad-Globis unentbehrlich. Weniger, um mit der Karte bei den (meist teureren) Akzeptanzstellen (also Hotels, Geschäfte) bezahlen zu können, sondern als das beste und schnellste Mittel, um weltweit Bargeld aus **Bankautomaten** „tanken" zu können – für uns (neben dem Internet) die absolut beste „Erfindung" beim Reisen! Was waren das früher für zeitraubende Aktionen, um wieder flüssig zu werden; heute schiebt man in allen Weldgegenden, quasi „im Vorübergehen", ein kleines Plastikteil in einen Geldautomaten, und schwuppdiwupp blättert es die Flocken raus ... Bankautomaten heißen übrigens auf Englisch ATM (Automatic Teller Machines) und auf Spanisch CA (Cajeros automaticos). Bei Nichtvorhandensein von solchen Maschinen kann man sich mit Kreditkarten auch Bargeld auf den Banken geben lassen.

Das Plastic-Money ist auch das beste Mittel für **finanzielle Absicherung** in Notfällen (z.B. schneller Heimflug), bei größeren Ausgaben, z.B. beim Kauf eines inländischen Flugtickets, wenn man mal ein Auto mieten will und besonders auch als **Liquiditätsnachweis** bei Grenzüberschreitungen, weil viele Länder von Touristen zum Nachweis der Finanzierung ihres Aufenthalts immer noch entweder Bargeld, Schecks oder eine Kreditkarte sehen wollen.

Welche Karte?

Am besten akzeptiert werden die Kreditkarten von Euro-/**MasterCard** (*www.eurocard.de*) und **VISA** (*www.visa.de*), auch American Express, die aber im Gegensatz zu den Reiseschecks dieser Firma nicht ganz so häufig. Interessant für Globetreter ist evtl. ein „Doppelpack", nämlich VISA kombiniert mit Euro-/MasterCard, wie ihn manche Banken anbieten. Alle Kreditkarten-Gesellschaften haben auch eine „Goldcard" im Programm, zwar in der Regel für einen Aufpreis, aber das kann sich trotzdem rechnen. Goldcards bieten zusätzlich umfangreiche Leistungen wie verschiedene Versicherungen, einen Notfall-Reiseservice und bessere Bedingungen bei Verlust oder Diebstahl der Karte – erkundigen!

Am günstigsten „tankt" man aber in vielen Ländern Bargeld mit der **Karte seiner Hausbank**, der mit dem EC- oder Maestro-Logo (blauroter Doppelkreis). Mit dieser Karte kann man allerdings kein Fahrzeug mieten und in der Regel auch nicht in Geschäften bezahlen. Trotzdem ist es unbedingt sinnvoll, diese Art von Plastikgeld, auch „BankCard", „Postbank Card" oder „SparCard" genannt, auf der großen Radtour mitzuführen.

Akzeptanz nach Kontinenten

Hier noch eine grobe Übersicht über die Verbreitung von Kreditkarten:

- **Asien:** Am verbreitetsten sind MasterCard und VISA, in den GUS-Staaten auch American Express (aber nur wenige Stellen akzeptieren dort überhaupt Kreditkarten).
- **Australien:** Hohe Karten-Akzeptanz, MasterCard und VISA, Geldziehen aus Automaten auch mit EC-Maestro-Card.
- **Amerika:** In den USA und Canada sind Kreditkarten ein „Muss" – MasterCard und VISA sind am verbreitetsten, auch American Express. Hohe Karten-Verbreitung mittlerweile auch in Süd- und Mittelamerika (MasterCard und VISA, Geldziehen aus Automaten auch mit EC-Maestro-Card). In etlichen südamerikanischen Ländern kann man wahlweise Landeswährung oder US$ an den Automaten erhalten, das ist evtl. wichtig für die Weiterreise auf einem World Trip.
- **Afrika:** Karten-Akzeptanz gering bis mittel, in Tourismusländern (Kenia, Tunesien, Ägypten etc.) höher, sehr hoch in Südafrika und Namibia. Vorwiegend MasterCard und VISA (VISA in manchen Ländern besser), Geldziehen aus Automaten auch mit EC-Maestro-Card.

Kartensperrung im Notfall

Natürlich muss man unbedingt seine **Kreditkartennummer zusammen mit der Notfallnummer separat notieren**, um die Karte bei Verlust oder Diebstahl sofort sperren lassen zu können. Lasst euch auch am Bankautomat nie „helfen" oder über die Schulter schauen; Kreditkartenbetrug wird weltweit immer häufiger. Was die Notfallnummer betrifft, so sollte man sich vorher genau bei seiner ausstellenden Bank erkundigen. Für unsere VISA-Karte (Sybille und Thomas) gibt es z.B. bei unserer Hausbank, der Landesbank Baden-Württemberg, eine rund um die Uhr besetzte Notfallnummer. Andere große Banken bieten einen ähnlichen Service. An einem solchen deutschsprachigen Anschluss sein Leid zu klagen ist sicher wesentlich stressfreier, als sich z.B. mitten in der Nacht von einem peruanischen oder indonesischen Hoteltelefon aus mit einem Telefoncomputer in Chicago auseinanderzusetzen.

Geldüberweisung

Dies ist für das Nachfüllen der Reisekasse der teuerste Weg, kann aber vielleicht in einem Notfall in Betracht kommen. Da ist die beste Möglickeit eine Blitzüberweisung durch die US-Bank **Western Union** (*www.westernunion.com*), die fast weltweit Filialen hat (mehr als 100.000 Agenturen, mit Ausnahme der Länder, die vom US-Embargo betroffen sind, z.B. Cuba und Syrien). Mit Western Union kann man von Deutschland aus in über 200 Länder weltweit Bargeld verschicken.

Partner in Deutschland sind beispielsweise die Postbank (*www.postbank.de*), die Reisebank (*www.reisebank.de*) sowie diverse Spar- und Kreissparkassen. Innerhalb von einer halben Stunde ist dann die Kohle da, und das sogar gebührenfrei (die Gebühren wurden bereits beim Absender erhoben). Natürlich muss sich der glückliche Empfänger ausweisen können. Kostenpunkt: ca. 30 Euro bei einer Überweisung von 500 Euro. Auszahlung nur in der Landeswährung.

Schwarzgeld

In vielen Ländern der Welt existieren Schwarzmärkte für den Tausch von Devisen, d.h., einheimisches Geld ist auf der Straße günstiger als in Banken oder bei offiziellen Geldwechselstellen. Der günstigere Kurs kann nur ein paar Prozente oder auch ein Vielfaches vom offiziellen Kurs betragen. Der Grund für einen existierenden Schwarzmarkt ist meist eine sehr hohe, versteckte Inflation und eine darniederliegende Volkswirtschaft. Je nach Gesetzeslage in einem Land wird ein Geldschwarzmarkt mehr oder weniger toleriert oder auch mit Strafen geahndet. Generell muss man beim Schwarztauschen **immer vorsichtig sein**, es werden alle möglichen Tricks angewandt! Bei im Ausland arbeitenden Europäern und bei Landsleuten kann in der Regel immer gefahrlos getauscht werden.

Besonders aufpassen muss man, wenn man neu in einem Land ankommt, die Scheine und den Kurs noch nicht kennt. Vorsicht auch beim Einschmuggeln von schon im Vorland getauschtem Schwarzgeld oder von undeklarierten Devisen! Undeklariert eingeführtes oder schwarz getauschtes Geld erfordert ein laufendes Abstimmen auf offiziell gewechseltes Geld („Doppelhaushalt").

Für das Schwarztauschen braucht man natürlich eine Hart-Währung in bar, also US$, Euro oder Schweizer Franken. Die muss man entweder schon von daheim mitbringen oder sie sich noch im vor- oder vorvorherigen Reiseland besorgen, z.B. indem man seine AMEX-Travellercheques bei einem AE-Büro in Bar-Dollars umtauscht (ist nicht in allen Ländern machbar). Geschäftsleute und Händler in Schwarzmarktländern tauschen meist auch Reiseschecks.

Weitere Geld- und Finanztips

Vorsicht beim Bezahlen mit Kreditkarten! Nicht aus der Hand geben oder aus den Augen lassen (Kopiergefahr), immer dabeisein, wenn die Rechnung und der Beleg erstellt wird. Wenn ein mit Kohlepapier durchschreibender Beleg verwendet wurde, das Kohlepapier aushändigen lassen und vernichten. Meldet den Verdacht auf Missbrauch per E-Mail heim; der Kontaktmann zuhause muss innerhalb von sechs Wochen falsche Abbuchungen bei der Kartengesellschaft reklamieren! Nie die Kreditkarte in einem Hotelsafe deponieren, der auch anderen zugänglich ist! Vorsehen, dass die Karte während einer langen Reise nicht abläuft, den Nachschub der neuen sicherstellen.

Im Internet-Zeitalter kann man theoretisch auch unterwegs von jedem PC aus sein Konto verwalten – Voraussetzung ist ein **Online-Konto** bei einer Direkt-Bank (oder **Homebanking**). Doch hätten wir (Sybille und Thomas) damit ein Problem, weil sich damit auch Missbrauch treiben lässt (s. weiter unten im Kapitel E-Mails/Internet). Wir haben deshalb die Homebanking-Version „Nur Lesekompetenz" gewählt. Das heißt, wir können von unterwegs zwar unsere Kontobewegungen einsehen, aber keine Geldtransfers veranlassen. Spioniert also jemand unsere Homebanking-Zugangsdaten aus, kann er kein Geld von unserem Konto abheben oder überweisen – und wenn eine Kontobewegung mal nicht stimmen sollte, kriegt unser mit Bankvollmacht versehener „Home Manager" eine Mail, dass er da mal nach dem Rechten sieht.

Weltweit kursieren viele **US$-Fälschungen** (Counterfeits), besonders gerne gefälscht werden 100$- und 50$-Noten. So kann man (bei den älteren, noch ausschließlich in Schwarz-Grün gehaltenen „Greenbacks") eine falsche von einer echten Dollarnote unterscheiden: Die schwarze Farbe auf der Note etwas anfeuchten und auf ein Papier reiben; färbt das Schwarz ab, ist der Schein echt. Später erhielten die 50$- und 100$-Noten dann links neben dem runden Federal-Reserve-Siegel einen ins Papier eingebetteten Polyesterstreifen, auf dem der Wert der Note erscheint („USA 100“ bzw. „USA 50“). Das Vorderseiten-Porträt ist mit Mikro-Schrift umrandet („The United States of America“). Mittlerweile sind die neu gedruckten Dollars leicht pastellfarbig unterlegt – zur Verbesserung der Fälschungssicherheit, doch noch nicht in allen Ländern werden diese Scheine als echt erkannt und akzeptiert, genauso wie die älteren (durchaus echten) Scheine mit teils blauer oder roter Nummer und gleichfarbigem Department-of Treasury-Siegel auf der Vorderseite. Doch die sind mittlerweile selbst in den USA kaum noch im Umlauf.

Nicht alles Geld vor dem Verlassen des Landes verbrauchen, Restnoten können meist an der Grenze gleich in die Währung des nächsten Reiselandes eingetauscht werden (auf Ausnahmen wird im Länderteil hingewiesen). In Ländern mit Devisen-Zwangsbewirtschaftung immer alle Geldwechsel-Quittungen und Devisenerklärungen aufbewahren. Die Kaufquittung eurer Reiseschecks immer mitnehmen, denn manche Banken in Drittwelt-Ländern (meist in solchen mit Devisenbewirtschaftung) wechseln Travellercheques nur bei gleichzeitiger Vorlage des Kaufbelegs!

Geld- und Scheckaufbewahrung

Am besten verteilt am Körper, in den Packtaschen und im Fahrrad (Notgeld z.B. in der Sattelstütze, im Lenkerrohr oder unter dem Doppelboden der Packtaschen). Brustbeutel sind verbreitet, stören jedoch meist beim Radeln. Besser ist evtl. ein Schulterhalfterbeutel, ein Hüftgurt, ein Geldgürtel oder eine Hosen-Innentasche. Ausstatter-Läden bieten viele Versionen an, z.B. den großzügigen *Document Organizer* von Eagle Creek und die Standby-Gürteltasche von VAUDE, die sowohl am Gürtel als auch durch einen Nackengurt am Körper getragen werden können. Beim Kauf auf das Material des Beutels achten, es sollte hautfreundlich sein (Baumwolle). Aber macht euch keine falschen Hoffnungen: Alle diese Verstecke sind sehr wohl bekannt.

Geld und Dokumente lassen sich auch gut in den durchsichtigen, weichen Ortlieb-**Dokumentenbeuteln** bzw. Kartentaschen aufbewahren. Gibt es in verschieden Größen; sie sind nach eigener Erfahrung absolut wasserdicht und scheuerfest. Übrigens führen wir (Sybille und Thomas) einen Notgroschen, eine unserer Kreditkarten, einen Zettel mit den Notfallnummern sowie unsere Sicherungskopien immer in einem wasserdichten Beutel in der mittleren hinteren Radtrikot-Tasche mit – das trägt kaum auf, und sollten wir durch Diebstahl oder Überfall mal unserer Lenkertaschen verlustig gehen, so sind wir zumindest finanziell und dokumentenmäßig zunächst mal überlebensfähig.

Nehmt auch einen **zweiten Geldbeutel** mit, in dem nur Geld für wenige Tage ist. Nie mit dicken Geldbündeln herumwedeln, beim Geldwechseln nicht das gesamte Vermögen in der Öffentlichkeit ausbreiten, sondern vorher schon die Summe oder die Schecks bereithalten. Schecks erst nach Aufforderung gegenzeichnen. In Ländern mit Devisenbewirtschaftung den Vorgang in die Devisen-Deklaration eintragen lassen.

Um an Grenzen oder bei Aufenthaltsverlängerungen den notwendig werdenden Geldnachweis erfüllen zu können, wenden schlitzohrige Globetrotter manchmal den (natürlich illegalen) Trick mit der Scheck-Verdoppelung an: Sie melden Reiseschecks als gestohlen und können so nach Ersatzleistung die doppelte Menge an Devisen vorweisen. Dies soll jetzt beileibe keine Empfehlung sein, sondern nur ein zusätzlicher Hinweis.

4. Kommunikation – E-Mail, Post, Fon und Fax

Wer will nicht seiner Familie daheim mal ein paar Grüße zukommen lassen? Die Kumpels zu Hause würden sich über ein paar Infos freuen, Rundschreiben über eure Tour oder so, Oma hat bald Geburtstag, und außerdem solltet ihr auch dringend ein paar Ersatzteile aus der Heimat haben. Es ist noch gar nicht so lange her, da war das alles für den Globetreter ein echtes Problem, zumindest in weiten Teilen der Welt. Die handgestöpselte Telefonverbindung aus dem Amazonasdschungel oder von den Fiji-Inseln brach dauernd zusammen, und bei der Frage nach deinem Teile-Paket auf dem Hauptpostamt von Mombasa hieß es wochenlang: „Morgen, ganz sicher!" Heute hat man da in jeder Hinsicht wesentlich bessere Möglichkeiten.

E-Mails / Internet

Selten hat sich eine technische Neuerung so rasant über den ganzen Erdball ausgebreitet wie das **Internetcafé**, ob in Industrie- oder in Drittwelt-Ländern. Überall, wo die Touristenströme Einnahmen versprechen und einigermaßen stabile Telekom-Einrichtungen vorhanden sind, sprießen sie aus dem Boden. Eine Ausnahme bilden nur Länder, die mit der Pressefreiheit (oder allgemein mit der Demokratie) so ihre Probleme haben (Iran, Libyen u.a.m.). Selbst die chinesische Regierung wurde von der Entwicklung vollkommen überrollt, heute zählt China zu den weltgrößten Internetgemeinden, wenngleich auch einiges zensiert wird.

Zuerst einige allgemeine Dinge zum Empfang von E-Mails in der Fremde: Zunächst brauchst du einen **kostenlosen E-Mail-Account**. Besonders beliebt bei Travellern sind web.de, gmx.de oder hotmail.com. Damit kann man Mails von der eigenen Adresse abholen lassen und weltweit von jedem Internet-Computer bearbeiten. Bestimme einen Account-Manager (das ist günstigstenfalls dein Reise-Koordinator zu Hause), der regelmäßig dein E-Mail-Postfach nach neuen Nachrichten durchschaut, wichtige E-Mails sowie deren angehängte Dateien speichert oder ausdruckt und dir diese bis zu deiner Rückkehr aufbewahrt. In deinem Postfach legst du auch die Kopien deiner wichtigen Dokumente ab wie weiter oben beschrieben; bei Verlust oder Diebstahl druckst du die Datei(en) dann aus. Beachte bei der Auswahl auch, ob dein Provider (also die Firma, die dir deinen E-Mail-Account zur Verfügung stellt) die Möglichkeit bietet, gesendete oder empfangene Mails für längere Zeit aufzubewahren. Beim kostenlosen Webmail (von t-online) beispielsweise werden die von dir gesendeten Mails schon nach 24 Stunden gelöscht, und wenn du das nicht willst, werden Gebühren fällig. Computerzeitschriften testen übrigens regelmäßig den Leistungsumfang (und auch Sicherheitsstandard) der Internetprovider, das kann bei der Auswahl interessant sein.

Das richtige Internetcafé

Leider gibt es keine länderspezifischen Cybercafé-Verzeichnisse, dazu verläuft die Entwicklung viel zu schnell. Angaben in Reiseführern sind bereits bei der Drucklegung veraltet, und auch Online-Verzeichnisse wie z.B. *www.netcafeguide.com* oder *www.cybercafe.com* listen nur die Cafés, die für diesen Service bezahlen. Die beste **Infobörse** sind **andere Touris**, die wissen meistens nicht nur, welche Cafés die schnellsten Verbindungen haben, sondern auch, wo etwa Peripheriegeräte (Drucker, Scanner, USB-Anschlüsse für Digital-Kameras) stehen. In Drittwelt-Ländern sind Uni-Städte ein recht sicherer Tipp, fragt modisch gekleidete Jugendliche nach Internetmöglichkeiten. Oft sind die Verbindungen sehr langsam, manche Länder haben nur wenige Internetknotenpunkte und recht lahme Leitungen. Manchmal erlauben auch Touristenämter die Benutzung ihres Computers, in den USA ist die Computerbenutzung in den Bibliotheken meist gar umsonst. Weiteres in den einzelnen Länderkapiteln.

Wer viele **Digitalfotos heimschicken** will, muss sie trotz allem auf CD brennen (zur Digitalfotografie auf Reisen siehe auch weiter unten); einfach die Kamera bzw. den Card Reader anstöpseln und deine ganzen Bilder auf deinen E-Mail-Account laden geht nicht so leicht. Oft stellt dir der Provider nur 12 MB kostenlosen Speicherplatz zur Verfügung, manchmal mehr. Das kann man zwar meist kostengünstig auf unbegrenzten Speicherplatz aufrüsten (bei web.de z.B. für 5 Euro pro Monat), doch die Verbindungen dauern halt vielerorts endlos lange. In touristisch stark frequentierten Orten weltweit kannst du heute nahezu an jeder Ecke CDs brennen lassen. Wenn du ein paar Bilder per Mail an Freunde verschicken willst, solltest du diese komprimieren, um lange Ladezeiten zu vermeiden. Das erfordert eine Bildbearbeitungs-Software, die nicht in jedem Internetcafé vorhanden ist. Bringe diese auf CD mit und frage, ob du sie installieren darfst.

Ein paar **Tipps** noch: Wenn man Internet-Aktivitäten in die Nachtstunden verlegt, geht es vielerorts schneller als zu den normalen Geschäftszeiten. Und achte bei der Festlegung des Passworts für deinen E-Mail-Zugang darauf, dass keine Umlaute und Sonderzeichen enthalten sind. Die kannst du sonst auf den Keyboards der allermeisten Computer draußen in der weiten Welt lange suchen! Lösche auch an öffentlichen Zugängen hinterher besser die Liste der genutzten Internetseiten; sorge dafür, dass Passwörter nie gespeichert sind, sei generell vorsichtig! Du hast keine Ahnung, was da im Hintergrund noch für Programme mitlaufen, z.B. Keylogger, die deine Passwörter mitlesen. Und Onlinebanking von unterwegs, so von einem fremden Rechner aus, das ist natürlich auch mit einem Risiko behaftet, das wir lieber nicht eingehen würden.

WIFI / WLAN

Eine ganz elegante Möglichkeit, (fast) weltweit ins Web zu gehen, bietet sich dem Rad-Tourero, der bereit ist, ein Laptop mitzuführen. **WLAN** heißt das Zauberwort (s. unter *http://de.wikipedia.org/wiki/Wireless_Local_Area_Network*), oft auch **WiFI** geheißen (für **Wi**reless **F**ree **I**nternet). Das heißt, man kann sich mit einem WLAN-fähigen Laptop in jedes nicht verschlüsselte drahtlose Netz einklinken und solchermaßen im WorldWideWeb surfen oder E-Mails versenden bzw. empfangen.

Motorisierte Weltreisende haben oft einen „WiFI-Hotspot-Finder" dabei, der auf der Fahrt ein Signal abgibt, falls der Einzugsbereich eines nicht gesicherten Netzes erreicht wird. Das scheidet für Radler mit ihrem relativ kleinen Tages-Aktionsradius naturgemäß eher aus. Doch haben sehr viele Hotels, Backpacker's Hostels oder auch Cafés und Kneipen einen kräftigen Router in ihren Räumlichkeiten stehen und somit einen Hotspot eingerichtet, der dem Gast den *Internet Access* erlaubt (*free* ist es allerdings nicht immer, manchmal wird eine Grund gebühr erhoben).

Außer in den weniger touristischen Gebieten Afrikas beispielsweise oder auch in manchen Ländern Lateinamerikas gibt es WiFI **weltweit** bereits **in hoher Dichte**. So berichtet etwa Beat Heim (*www.betzgi.ch*) von seiner *Asian Odyssey*: „Auf meiner ganzen Reise war ich vielleicht 10-mal in einem Internetcafé. In Ländern wie Russland, Kasachstan, Japan, Korea, Vietnam und auch in China habe ich immer WiFI gefunden, nicht gerade an jedem Ort und auch nicht gerade in Tibet, aber doch recht regelmäßig". Das gilt dann natürlich für „westliche" Länder wie die USA, Canada, Australien, Neuseeland usw. erst recht.

Also: Laptop bzw. Netbook mitnehmen kann sich durchaus lohnen. Es gibt übrigens auch Websites, die die weltweiten Hotspots nach Zielgebieten sortiert aufführen (z.B. *www.hotspot-locations.de*), aber die sind wie die Online-Verzeichnisse der Cybercafés naturgemäß auch nie auf dem aktuellsten Stand.

Briefe und Karten

Post auf Papier und Pappe ist für Rad-Toureros nach wie vor bedeutsam, das sind – auch im E-Mail-Zeitalter – stoffliche Brücken nach Hause. Deshalb hier nochmals ausführlich alles über die gute alte Post.

Sowohl Briefe als auch Karten schickt man natürlich nur per **Luftpost**. Am billigsten sind Aerogramme. Das sind Faltbriefe aus einem dünnen Blatt, Format ungefähr DIN A-4, mit aufgedruckter Briefmarke. In vielen Ländern gibt es die beim Postamt zu kaufen. Wichtige Briefe (egal in welcher Form) kopiert man am besten und schickt sie evtl. zweimal (Noch sicherer natürlich: Faxen oder gleich eine E-Mail schreiben). Briefe dann nicht in Briefkästen stecken, sondern auf der (Haupt-)Post abgeben und gleich abstempeln lassen. Schon mancher Brief wurde schon seiner (ungestempelten) Briefmarke beraubt und entsorgt ...

Gebt euren Briefen zur heimatlichen Empfangskontrolle eine laufende Nummer und legt eine Liste an. Auch die Kontaktperson oder die Eltern zuhause sollten ihre Briefe nummerieren. So merken Sender und Empfänger sofort, wenn ein Brief abhanden gekommen ist.

Pakete und Filme heimschicken

Für Pakete, die ihr mit Souvenirs und nicht mehr benötigten Dingen heimschicken wollt, muss eine Zollerklärung ausgefüllt werden, oder das Paket muss durch eine Zollstelle des Absendelandes gehen. Bezüglich der Paket-Verpackung kann es Vorschriften geben. Von Ländern der Dritten Welt ist Pakete heimschicken meist eine nervtötende Angelegenheit mit viel Wartezeit und Lauferei.

Pakete kann man versenden als **Luftpost**, das ist sehr teuer; **Luftfracht** ist etwas billiger. Per **Seeweg** ist es am günstigsten, kann aber Monate dauern. Eine allgemeingültige Aussage lässt sich aber hier nicht machen. Wir haben schon Pakete per „Ground Transport" aus verschiedenen Ländern heimgeschickt. Von Mexiko dauerte das mal zwei Monate, von Chile weniger als eine Woche (wahrscheinlich war der Postflieger nicht voll und sie haben ihn mit Übersee-Paketen aufgefüllt). Seine Sendungen verschickt man übrigens am besten aus Großstädten, aus Städten mit internationalen Flughäfen oder von Hafenstädten aus.

Äußerst wichtige Dinge würden wir generell einem weltweilten **Kurierdienst** übergeben, z.B. DHL (gehört seit einiger Zeit der Deutschen Post AG, die Sendung wird also in Deutschland mit dem regulären Postauto ausgeliefert, *www.dhl.de*). Auch UPS (*www.ups.de*) und FedEx (*www.fedex.com.de*) arbeiten schnell und zuverlässig. Allerdings sind solche Kurierdienste die teuerste aller Lösungen. Billiger ist es allemal, sich nach einem Privat-Kurier umschauen, sein Paket z.B. freundlichen heimfliegenden Touristen oder Geschäftsleuten mitzugeben. Damit haben wir die besten Erfahrungen gemacht! Kennenlernen tut man solche Menschen in Touristen-Orten, auf Flughäfen (wenn Maschinen nach Deutschland fliegen), in Lufthansa-Büros, Botschaften, Goethe-Instituten, Touristen-Hotels. Leider hat allerdings die Bereitschaft für solche Botendienste nachgelassen, weil Touristen auch schon als Drogenkuriere missbraucht wurden und schlimmstenfalls im Reiseland im Gefängnis landeten ... Klar, dass man immer auch Anschrift und Telefonnummer des Kuriers notiert; nicht alle sind tatsächlich zuverlässig.

Filme würden wir generell nie versenden! Wegen der Gefahren des internationalen Terrorismus werden Luftpostpakete (so wie auch das aufgegebene Gepäck von Flugpassagieren) mit megastarken Geräten durchleuchtet, so lange, bis man selbst den kleinsten verpackten Gegenstand zweifelsfrei identifizieren kann. Unbelichtete Filme sind dann hin, selbst wenn sie in einem der handelsüblichen Bleibeutel stecken. Für Filmtransport kommen wirklich nur Vertrauen erweckende Privatkuriere in Betracht, und denen solltet ihr einschärfen, dass sie die Filme unbedingt im Handgepäck transportieren müssen.

Sendungen aus der Heimat empfangen

Das ist bei Briefen weniger ein Problem als bei Päckchen und Paketen. Problem: Alle Waren müssen durch den Zoll. Es kann also sein, der Postbeamte findet deine postlagernde Sendung nicht, weil sie beim Zollbüro (oft draußen vor der Stadt) liegt und das im ganzen Amt keiner weiß. Viele Sendungen werden auch zum Totalverlust, weil jemand Wertvolles drin vermutet hat. Natürlich kann es auch gut gehen. Am besten ist es, wenn man im betreffenden Land eine Privatadresse hat, wo sich jemand um die Sache kümmert. **Ersatzteile** oder andere dringend benötigten Dinge würden wir uns sonst generell nur an die Vertretung eines der oben genannten **Kurierdienste** schicken lassen, die arbeiten wesentlich gewissenhafter und effektiver. Das hat natürlich seinen Preis.

Die nachfolgenden Ausführungen beziehen sich also eher auf den Empfang von Briefsendungen. Da gibt es verschiedene Möglichkeiten:

Postlagernd an die Hauptpostämter in den Haupt- und Großstädten eines Landes. So sollte adressiert werden:

Mustermann, Emil
Poste restante
General Post Office
(span. spr. Länder: Central de Correos, frz: Bureau de Poste Central)
Lima (mit Postleitzahl, wenn bekannt), Peru

Adresse immer in Druckschrift. Nicht „Herr" oder „Frau" anführen, den Vornamen nach Komma hinter den Familiennamen schreiben, da sonst der Brief evtl. in eine falsche Buchstabenbox eingeordnet wird (sicherheitshalber auch immer zusätzlich unter dem Vornamen nachschauen lassen).

Postlagernde Sendungen gehen, wenn nicht anders angegeben, immer zur Hauptpost einer Stadt (GPO heißt „General Post Office", das ist die Hauptpost, „Main Post Office" in den USA oder Canada, auch „Central Post Office"). Briefe nicht „Per Einschreiben" oder als „Wertbrief" schicken, es gibt genügend korrupte Postmitarbeiter in vielen Ländern der Welt! Briefe in arme Länder, die den gleichen Empfänger- und Absender-Namen haben, sind als Familienbriefe identifizierbar und lassen Geldgeschenke darin vermuten. Auf Briefe von zuhause auch keine Sondermarken kleben lassen – das verführt evtl. einen Briefmarkensammler bei der Post zum Verschwindenlassen des Briefs.

Beim Versenden von Post in arabische und andere Länder mit eigener Landesschrift (Thailand, Myanmar, Japan, Länder mit kyrillischem Alphabet etc.) euren Schreibern eintrichtern, die **Adresse klar und deutlich in Druckbuchstaben** zu schreiben, denn nicht jeder Postbeamte in solchen Ländern kann eine Schreibschrift-Klaue entziffern. Am besten ist Schreibmaschine, oder ihr verteilt noch zuhause Adress-Aufkleber (falls ihr nur ein Land bereist), was auch den Vorteil hat, dass ihr eure Briefe dann beim Suchen des Postbeamten schon von weitem erkennt. Und Vorsicht mit den Zahlen bei Sendungen in angelsächsische Länder (USA u.a.): Dort schreibt man die „1" nicht mit Aufstrich, sondern als geraden, senkrechten Strich. Die Eins könnte sonst mit der „7" verwechselt werden, die ohne Querstrich in der Mitte geschrieben wird!

Postlagernde Briefe gehen nach einiger Zeit – meist nach vier Wochen, manchmal aber auch schon nach vierzehn Tagen – wieder an den Absender zurück. Berücksichtigt dies bei eurem Timing, gebt euren heimatlichen Briefschreibern das früheste und späteste Absendedatum an. Die Luftpost-Beförderungsdauer müsst ihr abschätzen, je nach Zielland meistens zwischen vier und vierzehn Tagen. Füllt einen Nachsendeauftrag aus, wenn ihr von einem Ort abreist und noch Post erwartet.

Man kann das Problem auch umgehen, indem man an die Post in dem betreffenden Ort schreibt und bittet, eure Briefe bis zum soundsovielten aufzubewahren, ihr würdet euch verspäten. In englischsprachigen Ländern heißt das: „To the postmaster: Please hold until arrival". In spanischsprachigen: „Al jefe de correos: Favor de retener hasta la llegada". Französisch: „Chef du bureau de poste: Garder les envois poste restante jusqu'à nôtre venue".

Briefsendungen an Botschaften oder Konsulate

Das Schicken von Post an Botschaften sollte nur in Ausnahmefällen erfolgen, z.B. nur zu Botschaften in Ländern, wo kaum ein Tourist hinkommt. Die allermeisten deutschen Botschaften und Konsulate, besonders in Ländern mit hohem deutschen Touristenaufkommen, leiten Touristenpost an die Hauptpost der Stadt weiter oder schicken sie an den Absender zurück, denn Botschaften sind nun mal keine Postämter ... Abseits des Touristenstroms gelegene Konsulate kann man aber sicherlich mal als Postanlaufstation benützen, doch solltet ihr evtl. zuvor einen Brief schreiben mit der Bitte der Aufbewahrung bis zu eurem Eintreffen („mit dem Rad würde es nun mal ein wenig länger dauern ...“).

Es gibt übrigens auch noch den Weg der Zusendung wichtiger Dokumente (z.B. den Zweitpass) an eine deutsche Botschaft im Ausland per Diplomatenpost. Dabei wird der Brief an ein bestimmtes dt. Postfach adressiert, mit normalem Inlandsporto, von wo aus er in den Diplomatensack für das betreffende Land kommt.

American-Express-Agenturen

AmEx bietet für Inhaber seiner Kreditkarten die Möglichkeit, Briefsendungen in ihren Auslandsbüros aufzubewahren. Die Anschrift sollte lauten:

American Express, c/o Emil Mustermann
Clients Mail, will bei collected
Straße, Stadt, Land

Die Liegezeit beträgt in der Regel vier Wochen. Auch hier evtl. Nachsendeadresse hinterlassen! Es gibt ein Heftchen, das die Adressen in den Ländern enthält. Näheres unter *www.americanexpress.de*.

Telefonieren, Fax

Mittlerweile kann man auch von den hintersten Ecken der Welt Deutschland (meistens) ohne Problem antelefonieren, in der Regel sogar im Selbstwähl-

Nach Hause telefonieren ...
(aus der nördlichen Sahara)

verfahren. Das Telefonieren hat (wie zuhause auch) in den allermeisten Ländern nichts mit der Post zu tun, zuständig sind eigene Gesellschaften. **Telefonkarten** sind üblich. Mehr dazu in einschlägigen Reiseführern zu den entsprechenden Ländern, detaillierte Informationen würden den Rahmen dieses Kapitels sprengen. Nur soviel noch: Von nahezu allen Ländern kann man auch mit einer CallingCard (über einen Operator, der vom Ausland direkt angewählt werden kann) bargeldlos mit Deutschland telefonieren. Solche Karten gibt es beispielsweise von AT&T (*www.att.com/emea_de*). Auch die Deutsche Telekom bietet einen (teuren) Deutschland-Direkt-Dienst an (nach der neuesten Länderliste fragen). Die Gebühren werden dann dem Angerufenen (oder der eigenen Telefonkarte) belastet.

Eine andere und konkurrenzlos günstige Möglichkeit ist **Skype** – Telefonieren vom Internetcafé aus, zwischen Skype-Nutzern zu jeder Tages- und Nachtzeit in allen Teilen der Welt kostenlos, bei Telefonaten z.B. ins deutsche Festnetz ein paar Cent pro Minute (zzgl. natürlich der Internetcafé-Kosten). Näheres unter *www.skype.com*.

Mobiltelefone

Wenn man sein Handy bei einer Fernradtour nützen will, ist zunächst zu klären, welche Netzfrequenzen die angestrebten Reiseländer verwenden, am besten weltweit auf *www.gsmworld.com/roaming/gsminfo*. Standard ist GSM (Global System for Mobile Communication). Man braucht aber ein **Quadband-Handy**, sonst geht da nichts, und selbst damit wird man in entlegenen Gegenden noch oft ins Funkloch fallen. Quadband bezeichnet die Eigenschaft eines Mobiltelefons, vier Haupt-GSM-Frequenzen zu unterstützen und es damit kompatibel zu den meisten Netzen weltweit zu machen. Die vier unterstützten Frequenzbereiche sind 850 und 1900 MHZ (auf dem amerikanischen Kontinent genutzt) sowie 900 und 1800 MHz, die in den meisten restlichen Ländern der Welt verwendet werden (in Europa, Asien und Australien). Im Gegensatz zu einem Triband-Telefon, das lediglich die Netze 900/1800 und 1900 beziehungsweise 850/1800 und 1900 unterstützt, kann mit dem Quadband-Handy praktisch in jedem GSM-Netz der Welt telefoniert werden.

Wichtig ist es auch, sich schon vorab über die Gebühren zu informieren, die bei Gesprächen im Zielland anfallen – auch wenn man im Reiseland angerufen wird (z.B. auf *www.tariftipp.de*). Die Mobilfunkfirmen bieten auch „Welt-Tarife" an, die man gleich in seinen Vertrag mit einbinden kann. Günstig sind **SIM-(Prepaid-) Karten**, um die teuren Roaming-Kosten zu umgehen; man erhält dann vor Ort eine lokale Telefonnummer (siehe z.B. bei *www.globilo.de, www.united-mobile.com* oder *www.globalfon.de*). Dafür darf das Handy nicht SIM-locked sein.

Auf jeden Fall: Das Thema „Handy weltweit" ist sehr komplex und lässt sich hier nicht in allen Facetten abhandeln. Wer tiefer in die Materie einsteigen will oder spezielle Fragen hat: Es gibt ein paar Foren wie *www.telefon-treff.de* oder auch *http://handy-forum.xonio.com* sowie das Buch „Handy global – mit dem Handy im Ausland" von Volker Heinrich, Reise Know-How Reihe PRAXIS.

Das **Fax** hat schon längst dem Fernschreiber weltweit den Rang abgelaufen (und die E-Mail dem Fax). Mancher Internetprovider wie z.B. *www.web.de* bietet die Möglichkeit eines elektronischen Faxes. Damit lassen sich nun Faxe verschicken oder empfangen, ohne dass ein Faxgerät vorhanden sein muss. Voraussetzung ist natürlich ein Internetcafé, das auch funktionierende Drucker hat (wie gesagt, das ist keine Selbstverständlichkeit). Denn meistens handelt es sich bei Faxen wohl um wichtige Dokumente, die man herunterladen will. Steht ein Faxgerät zuhause oder bei Freunden, könnt ihr euch auch von Deutschland in den Urwald zurückfaxen lassen, wenn ihr die Nummer des Fax-Geräts an eurem Standort per Telefon durchsagt. Im Übrigen tut man sich bei Dokumenten besser, wenn man sie einscannt und per E-Mail verschickt.

5. Versicherungen

Versicherungen schützen zwar nicht vor Diebstahl, Unglück oder Krankheit, aber man reist doch wesentlich entspannter. Selbstsicherheit und Selbstvertrauen und das Erkennen möglicher Risiken sind aber beim Reisen wesentlich wichtiger als Policen. Vordrucke bzw. Überweisungsaufträge von Reiseversicherungen gibt es bei Reisebüros und in Banken. Vergleicht auf jeden Fall Leistungsumfang und Einschränkungen! Kurzfristige Versicherungen (bis zu einem Monat) werden häufig als Paket angeboten (Gepäck-, Unfall-, Haftpflicht- und Krankenversicherung). Nicht alle Versicherungen sind für Globetreter sinnvoll.

Krankenversicherung

Die wichtigste Versicherung für euren Rad-Trip ist auf alle Fälle die Auslands-Krankenversicherung. Zuerst einmal prüft, welche Leistungen eure reguläre Krankenversicherung bei Auslandsreisen offeriert. Für Langzeitreisende empfiehlt es sich unter Umständen, die gesetzliche Krankenversicherung auf Anwartschaft umzustellen, dann fällt nur ein geringer Ruhebetrag an und es ist sichergestellt, dass ihr bei eurer Rückkehr wieder einen sofortigen Voll-Versicherungsschutz habt. Für die Reise selbst stellt man dann auf eine günstige Auslandskrankenversicherung um. Beispiele: Die Süddeutsche Krankenversicherung a.G. (*www.sdk.de*) verlangt bis 45 Tage Reisedauer 12 Euro, jeder weitere Tag 2,50 Euro. Die Union KV (*www.ukv.de*) verlangt 0,50 Euro täglich, ab dem 46. Tag 1,50 Euro. **Tipp:** Wer als Kreditkarte eine **Goldcard** eines der führenden Kartenanbieter nützt, hat in vielen Fällen eine kostenlose weltweite Krankenversicherung dabei (erkundigt euch nach den genauen Leistungen und evtl. Einschränkungen).

Behandlungskosten

Wer im Ausland unterwegs ist, wird im Erkrankungsfall alle anfallenden Kosten vorstrecken müssen. Um die Kosten von der Versicherung erstattet zu bekommen, benötigt ihr eine genaue Bescheinigung des behandelnden Arztes über die Art der Krankheit, die Behandlungsmaßnahmen und die Höhe der vorfinanzierten Rechnung. Falls ihr Medikamente in einer Apotheke selbst besorgen müsst, lasst sie euch quittieren. Studiert auf jeden Fall vor Vertragsabschluss gut das Kleingedruckte des Versicherungsscheins!

Versicherungsanschriften

Elvia Reiseversicheungen, Ludmillastr. 26, 81543 München (*www.elvia.de*), EUROPÄISCHE Reiseversicherung, Postfach 80 05 45, 81605 München (*www.erv.de*), AXA COLONIA Krankenversicherung, 50592 Köln (*www.axa-colonia-kranken.de*), Barmenia Krankenversicherung, 42094 Wuppertal (*www.barmenia.de*), BERLIN-KÖLNISCHE Krankenversicherung, 50586 Köln (*www.berlin-koelnische.de*), DKV Deutsche Krankenversicherung, 50594 Köln (*www.dkv.com*), VICTORIA Krankenversicherung, 40198 Düsseldorf (*www.viktoria.de*), Volksfürsorge Krankenversicherung, 20084 Hamburg (*www.volksfuersorge.de*), Hanse-Merkur Krankenversicherung, 20352 Hamburg (*www.hanse-merkur.de*), Verband der privaten Krankenversicherungen e.V., Postfach 51 10 40, 50946 Köln (*www.pkv.de*), Süddeutsche Krankenversicherung, Postfach 19 23, 70709 Fellbach (*www.sdk.de*).

Reisegepäckversicherung

Reisegepäckversicherungen lohnen sich meistens nur bei Kurzaufenthalten im Ausland, da sie für Langzeitreisen unerschwinglich teuer sind. Bevor ihr euch entschließt, wertvolle Dinge wie Fahrrad und Kameraausrüstung gegen Diebstahl, Verlust oder Beschädigung zu versichern, solltet ihr genau in Erfahrung bringen, wann die Versicherung überhaupt zahlt. Da werdet ihr schnell feststellen, dass meistens nur in Ausnahmefällen ein Anspruch auf Leistung besteht. Oft sind Wertsachen bei Reisegepäckversicherungen auch nur bis zu 50% der Versicherungssumme gedeckt. Geld, Tickets und Dokumente lassen sich ohnehin nicht versichern. Wer sich trozdem interessiert: Marktführer ist die EUROPÄISCHE, s. o.

E Medizin, Gesundheit, Ernährung

1. Medizinische Vorsorge, Impfungen

Wissen um Gesundheitsrisiken, Krankheitsbilder und Therapien sind für eine transkontinentale Fahrrad-Fernreise mindestens genauso wichtig wie etwa die Kenntnis der Funktion einer Fahrrad-Gangschaltung. Auch wer sich topfit fühlt, für den steht zunächst einmal ein Besuch beim Hausarzt auf dem Programm. Und ein vorheriger Erste-Hilfe-Kurs kann auch nicht schaden.

Dann der Gang zum Zahnarzt – sind die Zähne in Ordnung? Brillenträger brauchen eine Ersatzbrille, und wer keine Brille trägt, der braucht zum Schutz der Augen (Staub, Mücken, Fahrtwind, Austrocknung) unbedingt eine gute Sonnenbrille oder ein Brille mit klaren Gläsern! Kontaktlinsenträger sollten sich überlegen, ob sie für die Dauer der Reise nicht besser zu einer Brille zurückkehren.

Grundimpfungen

Wie ist es um eure Grundimpfungen gegen Polio, Tetanus und Diphterie bestellt? Hier wird wohl eine Wiederauffrischung nötig werden, denn diese drei Impfungen gehören zu den sog. Grundimpfungen, die ihr unabhängig vom Reiseziel machen solltet. Dabei kann gleichzeitig ein Notfallpass/Patientenpass angelegt werden (wenn ihr z.B. Allergien habt, besondere Medikamente braucht). Möglicherweise erfordert euer Gesundheitsfahrplan noch weitere Schutzimpfungen. Da können neben dem Hausarzt auch das Gesundheitsamt und die tropenmedizinischen Institute Auskunft geben. Und, ganz wichtig: Unbedingt mindestens **ein halbes Jahr vor Reiseantritt** informieren und ggf. die Impfungen in die Wege leiten (Impfplan)!

Impfberatung, Gesundheitsvorsorge

Welche Krankheiten speziell in euren Reiseländern vorkommen und welche Impfungen zusätzlich zu den Grundimpfungen angeraten sind, erfahrt ihr bei einem Gesundheitsamt oder Tropeninstitut (in Berlin, Bonn, Hamburg, Heidelberg, Koblenz, München, Tübingen, Würzburg, Wien, Basel). Auch im Internet bekommt man vielfach Rat: *www.crm.de, www.fit-for-travel.de* (unseres Erachtens eine besonders gute Seite, genaue und aktuelle Informationen zu Risiken und notwendigen Impfungen für 300 weltweite Reiseziele, man kann auch alle Tropenkrankheiten einzeln anklicken), *www.travelmed.de* u.a. Besonders ausführlich über das Malariarisiko informiert die „Deutsche Gesellschaft für Tropenmedizin" unter *www.dtg.mwn.de* (wichtig ist vor allem der neueste Medikamenten-Stand bei Malaria, s. weiter unten). Zentrum für Reisemedizin in Wien: *www.reisemed.at*. Schweiz: *www.safetravel.ch* bzw. *www.safetravel.org*. Eine gute englischsprachige Website ist *www.tripprep.com*. Unter *www.med1.de/laien/krankheiten/tropen* firmiert ein interessantes Forum für Tropenkrankheiten mit Ratschlägen von Experten für den Laien. Und wird man unterwegs krank, hat z.B. Durchfall o.ä., dann ist auch ein Blick auf die Seite *www.netdoktor.de* nicht schlecht.

Wenn sich jemand ausführlich in die Materie einlesen will, es gibt auch ein sehr gutes Buch: David Werner: „Wo es keinen Arzt gibt", Reise Know-How. Es behandelt das ganze Gebiet der Probleme, die die Gesundheit des Reisenden (und der Bewohner) in tropischen und subtropischen Ländern betreffen, und wurde bereits in 60 Sprachen übersetzt. Ein Standardwerk!

2. Gesundheitsrisiken in verschiedenen Kontinenten

Kontinent	Krankheiten/Impfungen
Lateinamerika	Malaria-Prophylaxe für die Regenwaldgebiete Mittel- und Südamerikas, Gelbfieberimpfungen für das Amazonas-Tiefland. Gelbsuchtgefahren in den Andenländern.
Nordamerika	keine speziellen Impfungen nötig.
Australien/Ozeanien	Nur in tropischen Landesteilen Malaria-Prophylaxe
Asien	Für den Indischen Subkontinent und Südostasien Malaria-Prophylaxe, ausgenommen die Hochlandregionen (Nepal). Gelbsucht-(Hepatitis-)gefahr in vielen Tropen- und Subtropen-Ländern mit niedrigem Hygiene-Standard.
Afrika	Für die meisten Länder südlich der Sahara Malaria-Prophylaxe (hohes Infektionsrisiko) und Gelbfieber-Impfungen, für einige Länder auch gegen Cholera (falls Ausbruch), Hepatitis, Schlafkrankheit.
Ganze Welt	Diarrhoe, Amöbenruhr, Tetanus, Kinderlähmung, Typhus, Tollwut.

3. Tropenkrankheiten und andere Krankheitsgefahren

(den allerneuesten medizinischen Stand s. länderspezifisch unter *www.fit-for-travel.de*)

Malaria

Eine der häufigsten Tropenkrankheiten und die gefährlichste für Weltenbummler. Es gibt dreierlei Verlaufsformen: Malaria tertiana, Malaria quartana und Malaria tropica (die tödliche Form). Je nach Reisegebiet müssen verschiedene Mittel zur Vorbeugung und (Selbst-)Behandlung im Krankheitsfall genommen werden. Das Hauptproblem liegt in der fortschreitenden Resistenz der Erregerstämme in bestimmten Weltgegenden gegenüber den verschieden Chloroquin-Präparaten (Handelsname Resochin u. andere). Dann muss auf ein anderes Präparat oder auf eine Kombination ausgewichen werden.

Langzeitreisende sollten die zu erwartende Schutzwirkung gegenüber den möglichen Nebenwirkungen **sehr genau abwägen** und nur solche Präparate auf Dauer einnehmen, deren Nebenwirkungen sich auch über längere Zeit in Grenzen halten. Empfohlen wird in Gebieten mit partieller Chloroquinresistenz zusätzlich zur Chloroquinprophylaxe der Wirkstoff Proguanil (Handelsname Paludrine) zur regelmäßigen Einnahme – muss allerdings täglich eingenommen werden; wer über Jahre in Infektionsgebieten unterwegs ist, hat dann eine halbe Packtasche voll Tabletten … Zur „Standby-Medizin" im Falle einer Ansteckung gibt es Mefloquin (Handelsname Lariam) und das relativ neue Malarone. Das früher oft verabreichte Fansidar wurde wegen starker Nebenwirkungen vom Markt genommen. Eine sehr gute Übersicht über alle Malariaprophylaxen, deren Dosierung und Nebenwirkungen hat die **Deutsche Gesellschaft für Tropenmedizin** (s. oben, *www.dtg.mwn.de*) ins Web gestellt.

Malaria-Überträger sind die (weiblichen) Anophelesmücken (Moskitos), die fast nur abends und nachts stechen. Deshalb am Abend möglichst immer alle

Körperteile bedeckt halten (möglichst helle Kleidungsstücke), unbedeckte Haut mit Anti-Mückenmittel einreiben (Autan o.ä.) und unter einem Moskitonetz schlafen oder eine Moskitospirale abbrennen (die aber auf Dauer auch gesundheitsschädlich ist). Die Einnahme von Vitamin-B-Tabletten zur Mückenabwehr, wie oft empfohlen, ist kaum wirksam.

Malaria äußert sich durch regelmäßige oder unregelmäßige Fieberschübe, Kopf- und Gliederschmerzen (ähnlich wie eine Grippe). Tabletten rechtzeitig vor Erreichen eines Infektionsgebietes und auch einige Zeit nachher einnehmen (wegen evtl. Vergessen am besten immer sonntags, wenn einmal wöchentlich Tabletten erforderlich sind). Malaria-Tabletten könnt ihr auch unterwegs in den Risikoländern (oft billiger!) nachkaufen.

Schlafkrankheit

Die sog. afrikanische Trypanosomiasis wird durch Parasiten (Trypanosoma brucei) verursacht. Diese befallen über die Blut- und Lymphgefäße die inneren Organe und gelangen ins Gehirn, wo sie ein schweres Krankheitsbild hervorrufen, das unbehandelt tödlich endet. Die Schlafkrankheit wird durch den Stich der bremsenartigen Tsetse-Fliege übertragen und kommt gebietsweise im tropischen Afrika vor, vor allem in den ostafrikanischen Ländern. Nach Schätzungen werden jährlich bis zu 50.000 Kranke registriert. Einen Impfschutz gibt es nicht; wichtig ist ein vorbeugender Schutz gegen stechende Quälgeister wie oben beschrieben.

Hepatitis

Die infektiöse Gelbsucht ist weltweiweit verbreitet, vor allem in Ländern mit geringem hygienischem Standard. Man unterscheidet Hepatitis A bis E, wobei die Viren vom Typ A überwiegend durch unsaubere Nahrung und Wasser übertragen werden (fäkal-oral durch eine Kontakt- oder Schmierinfektion), manchmal auch durch engen Personenkontakt. Ein erhöhtes Risiko stellen fäkaliengedüngtes Gemüse (z.B. Salate) oder auch Meeresfrüchte (z.B. Muscheln und Austern) dar. Hepatitis B wird meist nur auf dem Blutweg (Transfusionen, Spritzen) und durch intime Körperkontakte übertragen.

Hepatitis-Viren verursachen eine Entzündung des Lebergewebes; die Beschwerden sind bei allen Formen der Hepatitis sehr ähnlich. Zu Beginn der Erkrankung kann es zu Erschöpfung, Kopfschmerzen, Appetitlosigkeit, Übelkeit, Erbrechen, Schmerzen im Bereich des rechten Rippenbogens, Dunkelfärbung des Urins, Hellfärbung des Stuhles und schließlich zur Gelbfärbung der Haut kommen. Der Krankheitsverlauf fällt individuell sehr unterschiedlich aus und wird von persönlichen Faktoren wie z.B. Alter, Gesundheitszustand und der Virus-Hepatitisart mitbestimmt. So kann es zu Hepatitisinfektionen mit nahezu keinen Beschwerden kommen, im Gegensatz zu Hepatitisinfektionen mit schweren Verläufen (vor allem bei älteren Menschen) bis hin zu Koma und Tod.

Bei akuter Hepatitis existiert leider keine spezifische Behandlung. Ein Impfschutz ist deshalb anzuraten; zweimal mit Havrix, Abstand zwischen 1. und 2. Impfung mindestens sechs Monate, Wirkungsdauer zehn Jahre. Für Typ B sind drei Impfungen erforderlich. Eine Impfung gegen Hepatitis B schützt auch gegen Hepatitis D. Gegen die sehr seltene Hepatitis C und E gibt es keine Impfmöglichkeiten.

Gelbfieber

Diese echte Tropenkrankheit tritt in den tropischen Regenwäldern von Afrika und Südamerika auf, in Asien nicht. Zum Glück ist sie selten. Überträger sind Stechmücken, Symptome sind hohes Fieber, Schüttelfrost, Gliederschmerzen. Die Impfung darf in Deutschland nur von speziellen Stellen durchgeführt werden und muss in den gelben internationalen Impfpass eingetragen werden.

Bilharziose

Eine gefährliche Wurmerkrankung (auch *Schistosomiasis* genannt), die in tropischen Süßgewässern (Seen, Staudämme, Tümpel, träge Flüsse, Kanäle) durch

Wurmlarven mit Schnecken als Zwischenwirt übertragen wird. Diese dringen durch die Haut ein und befallen Blase, Darm und Leber. Symptome sind blutiger Urin und Stuhl. Impfen ist nicht möglich. Deshalb nicht in Gewässern baden! Ägypten (Nil) ist besonders davon betroffen, doch die Krankheit kommt auch in den übrigen Gewässern und Seen fast ganz Afrikas und auch in Asien und Lateinamerika vor. In Gewässer in Höhen ab etwa 1500 m bzw. in kühlen Hochlagen treten die Schnecken nicht mehr auf.

Typhus / Paratyphus Das sind bakterielle Infektionskrankheiten, gegen die man sich mit einer dreimaligen Schluckimpfung (Typhoral) schützen kann (im Abstand von zwei Tagen, schützt etwa ein Jahr bei einem Wirkungsrad von ca. 85%). Die Impfung ist für jene empehlenswert, die beim Reisen ständig mit niedrigem Hygienestandard in Berührung kommen. Wenngleich echte Typhus-Erkrankungen selten geworden sind, treten sie doch immer wieder in Afrika, Lateinamerika und Asien epidemieartig (und meist regional begrenzt) auf. Zu anderen Impfungen sind Mindestabstände einzuhalten.

Cholera Diese auch als „Seuche der Armen" bezeichnete bakterielle Darmentzündung ist bis auf kleine Herde in Afrika und besonders Indien so gut wie ausgerottet; kein Land verlangt zur Zeit eine Cholera-Pflichtimpfung. Überträger sind Wasser und Nahrung, Symptome sind massive, wässrige Durchfälle – ohne Fieber – mit enormen Flüssigkeitsverlusten und innerer Austrocknung.

Durchfall „Montezumas Rache" lauert nicht nur, wie der Name vermuten lässt, in Mexiko auf Opfer, sondern weltweit. Die Übertragung erfolgt meist durch bakterienverseuchtes Wasser oder durch Lebensmittel (Fäkaldüngung von Gemüse). Bei Durchfall muss vor allen Dingen das starke Wasser- und Mineraldefizit ausgeglichen werden. Am besten eine Weile pausieren, zuerst mal mit Cola, Bananen, trockenem Salzgebäck usw. probieren, Papayakerne kauen! Hat das keinen Wert, ein leichtes Mittel nehmen (Elektrolytpulver und ein Präparat aus Trockenhefe wie z.B. Perenterol oder Metifex, wobei letztere sich auch zur Vorbeugung eignen). Nächster Schritt wäre der Gang in die Apotheke und der Griff zu einem Antibiotikum. Muss man dringend weiter, hilft nur noch Immodium, Lopedium usw. (zur Stilllegung des Darms). Doch Vorsicht: Schleimig-blutige Durchfälle deuten auf eine **Amöbenruhr** hin! Dann keine Durchfallmedikamente einnehmen, schnelle ärztliche Behandlung ist nötig (Antibiotika-Mittel).

Tollwut Diese gefährliche Krankheit, auch *Rabies* oder *Lyssa* genannt, wird durch Viren (sog. Rabiesviren) verursacht. Übertragen wird sie auf den Menschen hauptsächlich durch Tierbisse (v.a. Hunde, Katzen, Fledermäuse). Die Tollwut ist weltweit verbreitet und führt fast immer zum Tod, deshalb ist sie so gefährlich. Streunende Hunde gibt es auf der ganzen Welt eine Menge; sie nötigen Reiseradler schon ab und an zu konditionsfördernden Sprinteinlagen. Eine aktive Schutzimpfung kann gegen eine Tollwuterkrankung vorbeugen und ist keine schlechte Idee. Früher war diese Impfung sehr schmerzhaft (14 Injektionen in die Bauchdecke!) und hielt nicht lange vor; heute kommt man mit drei Injektionen (nicht mehr schmerzhaft, ins Gesäß) im Abstand von jeweils vier Wochen hin.

Aids Diese tödliche Infektionskrankheit ist weltweit immer noch auf dem Vormarsch, besonders in ost-, zentral- und südafrikanischen Ländern, aber auch auf dem indischen Subkontinent und in Südostasien. Gelegenheiten zum Sex ergeben sich unterwegs mehr als genug – ungeschützt kann das tödlich enden ... Bei einem Unfall in einem Land mit niedrigem Gesundheitsstandard können auch Blutübertragungen gefährlich werden – gleichfalls Aids-Gefahr! Eigene originalverpackte Spritzen bzw. Kanülen mitführen, falls in einem Land mit niedrigem Medizinstandard eine Spritze notwendig werden sollte (bei Grenzüberschreitungen aber verstecken, um nicht in den Verdacht zu geraten, drogenabhängig zu sein).

Hautparasiten

Außer Moskitos werden euch sicherlich auch mal Flöhe, Läuse oder Wanzen am Blut naschen. Rote, juckende Stellen am Körper sind die Beweise – nicht aufkratzen! Wenn es gar zu bunt kommt, zur Chemie greifen, die Apotheken in euren Reiseländern halten entsprechende Pülverchen bereit. Hauptübertragungsorte sind verschmutzte Betten und Bettwäsche. Ein vorheriger prüfender Blick unter die Matratze eines (zweifelhaften) Hotelbetts kann nicht schaden. Schon deshalb ist ein eigener (Leinen-)Schlafsack und eine Matte, um damit manchmal lieber auf dem Boden zu schlafen, viel wert (es sei denn, dort tummeln sich zur gleichen Zeit Kakerlaken ...).

Wundinfektionen

In feuchtheißen Ländern heilen Wunden nur schlecht. Deshalb auch kleine Wunden immer behandeln (offene Wunden ziehen Fliegen und Insekten an). Reibt euch nicht wegen Moskitostichen die Haut wund (Moskitos stechen gerne in die Kniekehlen und unter die Fußknöchel)! Entzündete Haut pudern und verbinden.

Erkältungen

So seltsam es klingen mag, aber Erkältungen sind eine der häufigsten Erkrankungen in heißen, tropischen Ländern. Vorsicht vor kalter Luft in klimatisierten Räumen, nachts im Hotel keine Klimaanlage laufen lassen, besser ist ein Zimmer mit Ventilator! Wer leicht Halsschmerzen bekommt, sollte Halstabletten mitnehmen. Erkälten kann man sich auch, wenn man verschwitzt ist und dann bergab fährt. Eine Zeitung unter das T-Shirt gesteckt schützt bestens vor zuviel Zugluft auf der Brust. Vorsichtige haben für solche Fälle eine leichte Windweste im Gepäck.

Wenn man verschwitzt eine schnelle Abfahrt runtersaust, kann man mit Wattepfropfen Ohrenschmerzen vermeiden. Solche Pfropfen verbessern auch die Hörfähigkeit, wenn einem ein starker Wind um die Ohren pfeift. Vaselinecreme auf Lippen, Nase und Gesicht schützt vor Kälte und eisigem Wind.

Höhenkrankheit

Ab etwa 2000 m müsst ihr mit einem Leistungsabfall rechnen, durch den reduzierten Sauerstoffanteil im Blut. Bei Radtouren durch die südamerikanischen Anden oder in asiatischen Hochgebirgsländern kann es ab etwa 3000 m zur Höhenkrankheit kommen, sehr gefährlich! Details dazu s. im Bolivien-Kapitel auf Seite 257.

Gefahren durch Sonne und Hitze

Auch wenn es verführerisch ist – beim Radfahren darf man sich der Sonne nicht schutzlos aussetzen, besonders nicht in südlichen, sonnenintensiven Ländern! Der kühlende Fahrtwind täuscht über die **Intensität der Sonnenstrahlen** hinweg, lasst euch nicht von der Verdunstungskühle eures Schweißes beim Radeln täuschen! Immer eine Kopfbedeckung mit Nackenschutz tragen, helle, leichte und weite Baumwollkleidung anziehen, die Handrücken bedecken (dünne Handschuhe), exponierte Haut (Nasenspitze, Stirn) dick mit Sonnencreme mit sehr hohem Lichtschutzfaktor eincremen (auch eine Zinkoxydsalbe ist gut). Übrigens setzt die voll schützende Wirkung von Sonnenschutzmitteln erst nach etwa 40 Minuten ein – also rechtzeitig vorher eincremen. Auch ein **Hitzschlag** ist eine nicht zu unterschätzende Gefahr! Bei ersten Anzeichen Schatten aufsuchen, nasse Tücher auf Kopf und Nacken.

Durst ist ein schlechter Indikator für Flüssigkeitsmangel. In starker, trockener Hitze (Wüste) oder bei extremer Trockenheit (extreme Höhen) muss man sich zwingen, zu trinken, auch wenn man keinen Durst verspürt, sonst droht später evtl. eine Nierenschädigung (Warnsignal: dunkelfarbener Urin). Und bei extremer Trockenheit den Körper immer bedeckt halten, damit nicht zuviel Feuchtigkeit über die Haut verdunstet. In starken Höhen schützt man sich so gleichzeitig vor der gefährlichen UV-Strahlung! Bei vielem Schwitzen den Salzverlust durch Einnahme von mehr Salz oder speziellen Salz- bzw. Mineralpräparaten ausgleichen.

Das zunehmende **Ozonloch** ließ in den letzten Jahren Hautkrebserkrankungen in sonnenreichen Ländern der südlichen Hemisphäre wie Australien, Neuseeland, Argentinien, Südafrika u.a. stark ansteigen. In Australien z.B. wird mit dem Wetterbericht für den nächsten Tag auch genannt, wie lange man sich ungeschützt in der Sonne aufhalten kann. Doch selbst in Canada und Patagonien wurde bereits eine erhöhte UV-Strahlung gemessen. Besonders helle, blonde Typen sollten diese Gefährdung mit berücksichtigen. Intensiv ist die Strahlung um die Mittagszeit, als Gegenmaßnahme den Körper mit leichter, langer Kleidung bedeckt halten und die unbedeckte Haut mit Sonnencreme mit hohem Lichtschutzfaktor eincremen. Oder macht es wie die Einheimischen, frei nach dem Motto „Between eleven and three – stay under a tree ...!“

4. Beschwerden beim Radeln und ihre Abhilfe

Sitzbeschwerden Die treten beim Radfahren am häufigsten auf und äußern sich meistens durch wunde Stellen, Knochenschmerzen, aber auch durch Furunkel und Infektionen. Ursache ist meist der Sattel und seine falsche Positionierung, auch wenn er schon tausende Kilometer „eingeritten“ ist. Auch scheuernde Nähte von Unterwäsche kann mit beitragen. Erleichterung verschaffen regelmäßig gewechselte Radlerhosen oder Unterhosen mit eingenähtem Sitzpolster und Cremes (Vaseline).

Rücken- und Knieschmerzen Erstere sind fast immer ein Zeichen für **falsches Sitzen**, letztere für **falsches Pedalieren** (schneller treten ist besser als langsam in einem zu hohen Gang, das belastet die Knie stärker). Oder die Radmaße stimmen nicht – aber darauf habt ihr ja beim Kauf des Rades geachtet. Oftmals hilft bei Rückenschmerzen ein ganz geringes Vor- oder Zurückstellen des Sattels, eine andere Sattelneigung oder ein leichtes Verdrehen des Lenkers. Vorsicht bei Abfahrten, dass die Rückenmuskeln nicht unterkühlt werden, evtl. das verschwitzte Hemd wechseln! Um das Rückgrat nachts zu entlasten empfehlen Ärzte eine Seitenlage. Beim Bergauffahren mit einem zu hohen Gang wird gleichfalls der Rücken überanstrengt. Morgens nicht „kalt“ mit „voller Pulle“ in die Pedale steigen. Wer die Schmerzen öfter hat, sollte sich vorher ärztlich untersuchen lassen.

Wadenkrämpfe Durch das Schwitzen werden Mineralien ausgeschieden; dadurch verkrampft die Muskulatur. **Viel trinken**, mehr Salz bzw. salzhaltige Speisen zu sich nehmen (doch nicht nur Salz alleine!) und Elektrolyt-Getränke bzw. Mineralstoff-Präparate oder mineralhaltige Nahrungsmittel. Wer Wadenkrämpfe öfter bekommt, muss die Mittel schon vorher einnehmen. Nach dem Halten die Waden ausschütteln, massieren.

Taubheit in den Fingern oder Händen Die hat ihre Ursache fast immer in zu starkem Druck auf die Handnerven. Da hilft ein Lenker mit mehreren Griffpositionen – oft umgreifen! Oder versucht es mit „Biogrips“, das sind nach der Handinnenfläche ausgeformte Lenkergriffe, die den Druck flächiger verteilen. Bei beginnenden Schmerzen ist es besser, einen Ruhetag einzulegen und auf Besserung zu warten anstatt sich weiterzuquälen, wodurch vieles nur noch schlimmer wird. Dann kann die Zwangspause noch länger dauern.

Beispiel für eine Reiseapotheke

Bei der nachstehenden Aufzählung handelt es sich um eine **Grundausstattung** – länder- oder personenspezifisch sind natürlich noch Ergänzungen nötig.

- Sonnenbrand/Mückenstiche (Fenistil, Systral, Sovontol)
- Fieber/Schmerzen/Erkältung (Aspirin)
- Verbandsmaterial (Pflaster, Mullbinde, Leukoplast)
- Elastische Binde
- Breitbandantibiotikum
- Salbe gegen Muskelschmerzen/Verstauchungen
- Desinfektionsmittel
- Antibiotikumpuder (für nässende Wunden und auch für wunde Hintern)
- Durchfall (Perenterol oder Metifex, Immodium)
- Tropfen gegen Augeninfektion (Chibro-Uvelin)
- Sonnenschutzmittel mit hohem Lichtschutzfaktor
- Mineralstoff-Präparat
- Sterile Kanülen oder Spritzen

Darauf achten, dass alle Medikamente noch ein langes Verfallsdatum haben. Die Reiseapotheke möglichst kühl (im Innern der Packtaschen) aufbewahren. Was ihr sonst noch braucht könnt ihr fast immer unterwegs nachkaufen; in vielen Ländern sind Medikamente wesentlich billiger als bei uns und es gibt sie rezeptfrei.

5. Gesundheits-Vorsorge

Bewusste **Hygiene** ist der beste Schutz vor Ansteckungen und Erkrankungen. Also verstärkt auf persönliche Körper- und Vorsorgehygiene achten (mehrmals täglich Hände waschen, keine Gemeinschaftshandtücher benützen – Schmierinfektion). Möglichst nie barfuß gehen, beim Duschen immer Badelatschen anhaben.

Gesundheits-Grundsätze

Wichtig bei Fahrten durch Länder mit niedrigem Hygiene-Standard:

- Nur vorbehandeltes oder gefiltertes offenes Wasser trinken (doch Trinkwasserhygiene ist in der Praxis nicht immer möglich, mehr Details s.u.).
- Kein Speiseeis oder Eiswürfel in Getränken.
- Hände weg von Salat, rohem Gemüse und unschälbaren Obstsorten! Es gilt: „Peel it, cook it, or forget it“.
- Kein rohes Fleisch (Hackfleisch), Bodengemüse, Salate. Keine rohen Fische oder Meeresfrüchte, Fleisch und Fisch immer nur gut durchgebraten.
- Möglichst keine Rohmilch trinken.
- Kein Hautkontakt mit Tieren – Übertragung von Krankheitserregern und Parasiten.
- Benutzt bei Straßenrestaurants eure eigenen Löffel/Gabel/Messer, weil das Besteck oft nur in kaltem Wasser abgewischt wird.

Ungewohntes Essen und Landesspezialitäten können, besonders am Anfang einer Radreise, leicht zu **Magen- und Darmbeschwerden** – sprich Durchfall – führen. Doch anders als der Jet-Urlauber, der innerhalb weniger Stunden um den halben Globus geschossen wird, kann ein Fernradler seinem Organismus eher die Chance geben, sich neuen Speise- und Klimabedingungen anzupassen.

Wasserentkeimung

Der Wassernachschub ist Radlers tägliches Hauptproblem, er braucht es gleich literweise, in extrem trockenen Zonen (Hochgebirge) oder in sehr heißen Regionen (Wüsten) kann der Verbrauch schon mal auf zehn Liter und mehr pro Tag hochschnellen ... Doch wie bekannt können in diesem lebensnotwendigen Medium Viren und Bakterien stecken, die eine ernste Gefahr für die Gesundheit bedeuten.

Lasst euch nicht täuschen, wenn ihr irgendwo in der Pampa oder sonstwo einen Wasserhahn aufdreht! In Drittwelt-Ländern gibt es vielerorts überhaupt kein Wasserleitungssystem. Das Hauswasser stammt entweder vom Dach aus einer Regentonne oder von einem Behälter an höherer Stelle, der bei Bedarf nachgefüllt wird. Vielerorts fährt auch noch der Wasserverkäufer von Haus zu Haus oder man holt es in ländlichen Gebieten vom Brunnen bzw. von Wasserlöchern.

All dieses Wasser kann okay sein – oder auch nicht. Möglichst also das Wasser behandeln. Doch in der Reisepraxis hat man nur selten die Gelegenheit oder die Zeit, das Wasser jedesmal zu behandeln, schon gar nicht, wenn man zu einem Trunk eingeladen wird oder jemand am Straßenrand dem lechzenden Radler ein Glas kühles Wasser unter die Nase hält. In der Regel kann man davon ausgehen, dass angebotenes Wasser auch ohne Folgen trinkbar ist, da müsst ihr einfach eurem Glück und eurem durch das Reisen hoffentlich robuster gewordenen Magen-Darm-Trakt vertrauen. Riecht Hahnenwasser nach Chlor, könnt ihr gleichfalls von „sicherem" Wasser ausgehen – je stärker der Geruch bzw. Geschmack, um so besser.

Zum Entkeimen zweifelhaften Wassers gibt es mehrere Methoden. Da Abkochen aus verständlichen Gründen kaum in Frage kommt, bleiben nur noch chemische oder mechanische Mittel (Filterpumpen). Die üblichen Silberpräparate (Micropur, Certisil) machen aber nur klares Wasser keimfrei (Einwirkzeit beachten). Keime, die in Schmutz eingeschlossen sind, werden nicht abgetötet (um Schmutzwasser von größeren Partikeln zu befreien, tut es zur Not ein Kaffeefilter).

Für die Reise am besten geeignet sind **Chlor-/Silber-Kombipräparate** (Certisil Combina oder Micropur Forte), denn sie wirken schneller (ca. 15-30 min., mit der Zeit verflüchtigt sich jedoch das Chlor und ihr müsst es länger – ca. 2 Stunden – einwirken lassen!). Es gibt sie als Tabletten und in flüssiger Form – bei beiden ist die genaue Dosierung wichtig, haltet euch exakt an die Anleitung, bei Certisil Combina flüssig bspw. 25 Tropfen auf 1 Liter Wasser. Präparate auf Jod-Basis entkeimen Wasser mit evtl. Giardia-Erregern besser, diese Parasiten können auch in gemäßigten Zonen auf der ganzen Welt vorkommen, gleichermaßen in klaren Bergbächen oder in Quellwasser (Alaska z.B. ist bekannt dafür).

Filterkerzen sind schwer und ihre Handhabung ist nicht immer einfach, denn wenn sich der Schmutz an der Oberfläche absetzt, kostet es viel Anstrengung, bis das Wasser durchgepresst ist (wer mit einem solchen Keramikfilter in eisige Höhen kommt, muss darauf achten, dass der Filter ausgetrocknet ist; sonst kann bei Minustemperaturen das Mikroporengefüge Schaden erleiden). Es gibt aber auch wesentlich leichtere Mini- bzw. **Taschenfilter** von den Firmen Katadyn, Relags und MSR; die jeweiligen (günstigeren) Kunststoffausführungen sind aber nur für den gelegentlichen Einsatz gedacht.

Für das Behandeln von Wasser muss man immer zwei, besser drei oder vier Gefäße bzw. Flaschen dabeihaben, welche für schmutziges und welche für gereinigtes bzw. entkeimtes Wasser. Nicht verwechseln! Zum desinfizierenden Waschen von Obst, Tomaten u.a. kann man dem Wasser etwas Kaliumpermanganat zusetzen (ca. 1 g pro Liter, aus der Apotheke).

6. Die richtige Ernährung

Wegen der extremen Leistungsbeanspruchung des Körpers auf langen Touren sollte man sich ein wenig in Nahrungsmittel- und Ernährungskunde auskennen, auch deshalb, weil es z.B. in Drittweltländern nur selten die Möglichkeit gibt, sich immer richtig und ausgewogen zu ernähren. Mit entsprechenden Kenntnissen lassen sich Defizite gezielt ausgleichen. Genaueres über die richtige Ernährung findet ihr in speziellen Ernährungs -und Sporternährungsbüchern in eurer Buchhandlung (z.B. „Sporternährung: Leistungsförderung durch vollwertige und bedarfsangepasste Ernährung" von Peter Konopka und Jörg Mair, BLV Verlag).

Grundsätzliches

Stellt euch bei Touren durch Entwicklungsländer schon mal auf wenig Fleisch, dafür aber auf wohlschmeckendes Vegetarisches ein, besonders in asiatischen Ländern. Gegessen wird dort (gleichfalls in Afrika, teilweise auch in Lateinamerika) überwiegend an Straßenküchen, kleinen Esslokalen am Straßenrand und auf Märkten. Weltweite Hauptnahrungsmittel sind Reis, Maisprodukte, alle Arten von Gemüse und auch Nudeln. Brot findet sich außerhalb Europas bzw. außerhalb von Ländern mit westlicher Lebensweise und in der Art wie wir es kennen und mögen (leider) nur selten.

Allgemein wichtig für Ausdauer, Kraft und Muskelerholung sind **hochwertige, kohlehydratreiche Lebensmittel** wie Vollkornprodukte (Brot, Müsli), Reis, Kartoffeln, Obst, Obstsäfte, Trockenobst, Hülsenfrüchte (Erbsen, Bohnen, Linsen). Vermeidet nach Möglichkeit tierische Fette, Zucker und zuckerhaltige Speisen sowie zu viele Weißmehlprodukte. Auch von Traubenzucker wird abgeraten, wenn man nicht gleichzeitig für Flüssigkeitsnachschub sorgen kann, denn Traubenzucker entzieht dem Körper viel Wasser. Die wohl beste Frucht für den Radfahrer ist die kalorien- und mineralienreiche Banane.

Achtet auch auf eine ausreichende **Vitamin- und Mineralstoffversorgung** (beim Schwitzen verliert man viele Mineralstoffe!). Der Wert von genügend Vitaminen ist heute unumstritten, und viele Ärzte raten inzwischen – auch bei einer relativ ausgewogenen Ernährung – zur Einnahme von Vitaminpillen mit dem täglichen Quantum aller Vitamine. Bei Reisen in Länder mit schwieriger Versorgung frischer Lebensmittel würden wir Vitaminpillen mitnehmen, auch z.B. Magnesiumtabletten zur Linderung von Muskelkrämpfen.

Mehrere Mahlzeiten über den Tag verteilt sind besser als drei große Portionen. **Weder mit hungrigem noch mit vollem Magen radeln!** Schwere Speisen vermeiden. Wenn immer möglich, morgens ausgiebig frühstücken. Dies sollte dann bis zum Abend vorhalten, dazwischen gibt es Früchte und Kleinigkeiten. Und immer **viel trinken**, doch keine gezuckerten Getränke, sondern Mineralwasser und Fruchtsäfte. Koffeinhaltige Getränke entziehen dem Körper neben dem Schwitzen noch mehr Wasser, was ganz ungünstig ist.

Hauptgetränk rund um die Erde ist, hauptsächlich in Entwicklungsländern, Tee und auch Wasser. Landeseigene Limonaden schmecken oft nachgerade scheußlich.

Zum Schluss drei Radfahr-Grundregeln: Trinken, bevor man durstig wird, essen, bevor der Hunger kommt, rasten, bevor man müde ist …

Selber kochen, Einladungen

Wer vorhat, seine Mahlzeiten selbst zu kochen und wer darunter mehr versteht als nur Büchseninhalte zu erhitzen, übt schon mal zuhause am heimatlichen Herd oder er lässt sich in die Kochkunst einweisen. Hierzu gibt es auch recht gute Literatur, z.B. „Wildnis-Küche" von Rainer Höh, Reise-Know-How Reihe PRAXIS und „Das Fahrrad-Kochbuch" von Christoph Riemer und Ulrich Herzog, Delius Klasing Verlag. Vor allem in letzterem wird sehr nett beschrieben, was man als Strampler alles zubereiten kann, vom Power-Frühstück bis zum Sunset-Dinner. Leider ist es beim Verlag derzeit vergriffen, aber antiquarisch erhältlich (über *www.zvab.de* probieren).

Selbstversorger haben in ihrer Radler-Speisekammer meist Reis, Nudeln, Mehl, Trockensuppen, Milchpulver, Zucker, Salz, Brühwürfel, Soßen, Haferflocken, Nüsse, Trockenobst (Pflaumen, Mandarinen, Äpfel, Birnen, Rosinen) und ein paar weitere dehydrierte Nahrungsmittel. Vor allem Haferflocken sind ideal, leicht und gehaltvoll. Gemischt und verfeinert mit Rosinen, Früchten, Zimt, Zucker oder Honig sind sie sehr gut als Radlers tägliche Kost geeignet.

Auch in Entwicklungsländern lassen sich die Zutaten zum gewohnten Speiseplan oder zum Müsli-Kraftfutter nachkaufen, wenngleich meist nur in Großstädten in großen Supermärkten. Unterwegs findet ihr Lokale und Kneipen meist um Bahnhöfe und Busterminals, bei Märkten und Marktplätzen.

Bei Einladungen wird es nicht ausbleiben, dass man obskure Gerichte vorgesetzt bekommt – besser nicht nach den Ausgangsprodukten fragen, denn was machst du, wenn es Hundefleisch (China), Affe oder Buschratte (Afrika) oder Meerschweinchen (Südamerika) gibt? Wenn es gar „zu dick“ kommt, kannst du ja sagen, du wärst Vegetarier oder deine Religion würde dir keinen Fleischgenuss erlauben ...

Tropenfrüchte

Hier einige tropische bzw. subtropische Früchte und Gemüsesorten, mit denen ihr bei Touren durch Tropenländer in Berührung kommt und die euch Power und Vitamin-Nachschub liefern. Natürlich ist es nicht möglich, all die vielen weiteren Früchte vorzustellen, die man unterwegs bei einer Reise durch tropische Länder kennenlernt; es soll nur Anreiz sein, sich ein wenig mit Früchten zu beschäftigen und unterwegs neue auszuprobieren. Für Asien gibt es übrigens das PRAXIS-Büchlein „Essbare Früchte Asiens“ von Reise Know-How, oder „Exotische Früchte erkennen und verwenden“ von Bruno P. Kremer, Verlag Franckh-Kosmos.

- **Kokosnüsse** werden oft an Straßenständen und auf Märkten feilgeboten. Kokoswasser und das noch weiche Fruchtfleisch schmecken köstlich!
- **Bananen** sind reich an Mineralien (Kalium, Phosphor, Eisen, Kupfer). Sie ersetzen das Kalium, das ihr bei täglicher Muskelarbeit und beim Schwitzen verliert, und sind gleichzeitig gute Energiespender.
- **Orangen, Grapefruits** und **Kiwis** sind ähnlich reich an Mineralien und Vitaminen.
- Die **Batate** (Süßkartoffel) hat gleichfalls einen hohen Kohlenhydratanteil, sie ist ein Hauptnahrungsmittel in tropischen Ländern. Die Knollen werden wie Kartoffeln entweder gekocht, geröstet oder gebraten.
- **Maniok** sind große, überaus stärkehaltige Wurzelknollen, auch Cassava, Mandioka oder Tapioka genannt. Als gekochter Brei tägliches Hauptnahrungsmittel und wichtigster Kohlehydratlieferant tropischer Drittwelt-Länder. Der Milchsaft von rohen Maniokknollen ist jedoch giftig, deshalb wird die Frucht vorher geschält und geschnitzelt und der Saft ausgewaschen. Yams ist eine ähnliche Knollenfrucht.
- **Datteln** und **Feigen** sind das Brot der Wüstenländer, besonders im arabisch-islamischen Kulturkreis. Täglich eine Handvoll lässt einen auch in kargen Wüstenländern überleben.
- Die **Avocado** ist eine sehr fettreiche Frucht mit allen Vitaminen, sehr kalorienreich und gesund. Mit etwas Zitrone, gesalzen oder mit Zucker gesüßt schmeckt sie immer – vielleicht die Frucht, die am besten sättigt.
- **Papayas** sind wohlschmeckend und sehr nützlich für den Magen und die Verdauung (Wirkstoff Papain). Wie schon weiter oben erwähnt: Bei Durchfall Papaya-Kerne kauen!
- **Melonen** sind wegen ihrem hohen Wassergehalt und dem Fruchtfleisch für Radler ideal (leider ein wenig schwer für den Transport ...).
- **Erdnüsse** findet man in allen tropischen und subtropischen Gebieten, besonders in Westafrika, China, USA, Indien. Hoher Öl- und Eiweißgehalt. In den Erzeugerländer bekommt man sie hauptsächlich zu Brei zerstampft und gekocht (Erdnusssoße z.B. in Südostasien). Erdnussbutter, wenngleich ein Industrieprodukt, ist gleichfalls ein guter Energiespender.

Teil 2
Rad und Ausrüstung

2 RAD UND AUSRÜSTUNG

A Das Rad

Welches Rad?

Heutzutage ist die Typenvielfalt und das Angebot von Rädern, Komponenten und Radzubehör eigentlich unüberschaubar. Nicht nur für einen Neuling ist es sehr schwierig, den richtigen Weg durch den Velo-Dschungel zu finden.

„Nicht das richtige Rad müsst ihr haben, sondern die richtige Einstellung!" Dieser Satz geht älteren Reiseradlern heute noch gerne über die Lippen. Heinz Helfgen ist 1951 mit einem Dreigang-Rad zweieinhalb Jahre lang um die ganze Erde gefahren, weil er der Zuverlässigkeit der Kettenschaltungen von damals nicht traute. Heute aber sind Kettenschaltungen selbst in mittleren Preisklassen wesentlich zuverlässiger als das damalige Material, auch wenn sie trotz allem noch nicht das Optimum an Zuverlässigkeit erreicht haben. Wer einmal mit vierundzwanzig Gängen auf Tour war, nimmt lieber ein paar Ersatzteile mehr mit und schont seine Knie, die schwerer instandzusetzen sind. Und auch bei den übrigen Rad-Komponenten wurde seit Helfgens Zeiten einiges entwickelt, was des Reiseradlers Leben verbessert.

Gutes Rad, wenig Stress. Reparatur unter fachkundiger Beobachtung (Pakistan)

Theoretisch kann man mit jedem Rad eine längere Tour antreten, selbst mit einem Hollandrad. Nur: robust und praktisch muss alles sein! Es hat aber schon seinen Grund, dass Radreisende weltweit nahezu ausschließlich auf zwei Fahrradtypen unterwegs sind: mit einem **Mountainbike** oder einem **Trekkingrad**. Für welches Rad man sich am Ende entscheidet, hängt sicher auch von individuellen Vorlieben ab. Aber trotz unterschiedlichster Straßen und Radlertypen kann man doch ein paar grundlegende Dinge zum Thema sagen. In diesem Kapitel finden sich also keine langatmigen Rad- und Zubehör-Tests und auch keine theoretische Abhandlungen, sondern praktische, selbst-„erfahrene Erfahrungen" langjähriger Rad-Toureros.

1. Das Mountainbike

Das MTB war und ist das Moderad schlechthin. Das hat seine positiven Auswirkungen: Die MTB-Welle hat für einen Technik- und Qualitätsschub (auch bei anderen Rad-Gattungen) gesorgt, der nur zu begrüßen ist. Man bekommt gute Bremsen, stabile Rahmen und Felgen, gedichtete Lager und umfangreiche Schaltungen, sobald man einen gewissen Mindestbetrag investiert.

Die neuesten Sperenzien wie vollgefederte Räder („Fullies"), elektronische Schaltungen und Carbonteile bringen vor allem eine höhere Defektanfälligkeit, für Radreisende jedoch keine erkennbaren Vorteile. Insbesondere die schicken, ultraharten Rahmen rütteln einen schon auf schlechtem Asphalt ordentlich durch, während Reiseradler, die sowieso kaum im Stehen fahren dürften oder es nicht auf Spurts anlegen, diese Steifigkeit nicht brauchen, da sie in der richtigen Untersetzung mit rundem Tritt im Sitzen fahren. Federrahmen hingegen vernichten Tretenergie (deine Pedalkraft komprimiert zunächst einmal die Federelemente, bevor sie in den Vortrieb fließt); zudem ist es nicht so einfach, daran vernünftige Gepäckträger anzubringen.

MTB-Stabilität hat ihren Preis – nämlich **zehn Prozent mehr Energieaufwand** für dieselben Fahrleistungen gegenüber einem Trekkingrad! Das kommt von den breiteren Reifen und der kleineren 26er-Radgröße. Einige schwören trotzdem auf das MTB, andere lehnen es als Reiserad radikal ab. Auf jeden Fall ist ein MTB vor allem in Ländern mit schlechten Straßen (Pisten) erste Wahl, und man kann mit ein paar Tricks seine Reisetauglichkeit erhöhen.

2. Das Trekkingrad

Trekkingräder sind sicher die echten Fernweh-Bikes, ein Zwitter zwischen Sport- bzw. Straßenrad und MTB, wobei ein Trekkingrad eigentlich nur die High-Tech-Ausführung des früheren Sportrades ist. Bis auf die Laufräder gilt dasselbe wie für die MTB-Technik. Es ist der Radtyp, auf den viele gewartet haben, denn Trekking steht als Synonym für universelles Radfahren auf Asphalt, Feldwegen, Pisten, mit und ohne viel Gepäck.

Hinsichtlich Energieaufwand und Schnelligkeit punktet das Trekkingrad gegenüber dem MTB deutlich. Das liegt zu einem guten Teil an der 28er-Bereifung. MTBs bügeln dafür Unebenheiten der Fahrbahn besser glatt und ihre Laufräder sind in der Regel stabiler. Dazu weiter unten mehr. Ein ganz wesentlicher Nachteil des Trekkingrads ist aber, dass man in etlichen Teilen der Welt, z.B. nahezu auf dem ganzen amerikanischen Doppelkontinent, nur sehr schwer Reifen und Schläuche nachkaufen kann, weil 26 Zoll dort absoluter Standard ist.

3. Fahrradkomponenten

Rahmen

Die meisten sind heute aus Aluminium unterschiedlicher Legierungen. **Alurahmen** haben oft große Rohrdurchmesser und eine dünne Wandstärke; so sind sie fahrstabil und trotzdem leicht. Diese Bauweise macht sie aber sehr empfindlich; beim Transport im Flugzeug oder auf dem Lkw können Alurahmen leicht eindellen. Gestandene Toureros empfehlen nicht nur aus diesem Grund Stahlrahmen: Die kann man auch im Falle eines Bruches besser schweißen. Allerdings sind moderne Stahlrohre aus Gewichtsgründen auch oft so dünn gezogen, dass sie ein nicht sehr versierter Schweißer beim ersten Versuch durchbrennt. Oder der Stahl wird an der neuen Schweißnaht wegen zu hoher Temperatur dann so spröde, dass er bald wieder brechen wird. Trotzdem sind **Stahlrahmen** unseres Erachtens Alurahmen vorzuziehen. Man sollte aber unbedingt hochwertigen „CrMo"-Stahl nehmen, evtl. konifiziert, d.h. mit dickeren Wandstärken an den

Rohrenden (wo die höchsten Belastungen auftreten). Ein gutes Rad-Fachgeschäft kann da Auskunft geben.

Gute Alurahmen gibt es aber auch; sie sind unbeladen knüppelhart, Pistenfahrten ohne Gepäck werden zur Tortur. Erst mit weiterer Beladung entwickeln sie das von vielen Fernradlern als angenehm empfundene „weiche“ Fahrverhalten, ohne deshalb gleich zum „Flattern“ zu neigen. Auf saubere Verarbeitung (Schweißnähte in „Raupenform“) achten! Geschliffene und verspachtelte Schweißnähte sehen ästhetisch aus, können aber auch mangelhafte Arbeit kaschieren. Der Hinterbau des Rahmens und die Gabel müssen ausreichend Platz für breitere Reifen haben, die man z.B. auf Afrikas oder Südamerikas Pisten vermutlich aufziehen wird.

Entscheidend ist die **Rahmengröße**, die von den eigenen Körpermaßen abhängig ist. Gemessen wird die Innenbeinlänge (ohne Schuhe und Hose) und mit 0,65 multipliziert. Dieses Maß ist der wichtigste Anhaltspunkt für die Rahmenhöhe (Abstand von Mitte Tretlager bis Oberkante Sitzrohr – das gilt aber nur bei waagrechtem Oberrohr!). Im Zweifelsfall einen etwas niedrigeren Rahmen wählen und mit dem ja verstellbaren Sattelrohr auf das Idealmaß bringen. Gute Fahrradläden haben zum Messen auch ein spezielles Gerät, denn für einen wirklich passgenauen Rahmen spielen weitere Faktoren eine Rolle: das Verhältnis Oberkörper zur Beinlänge, die Länge der Arme, die Schulterbreite, die bevorzugte Sitzposition. Ein solchermaßen angepasster Rahmen fühlt sich dann an wie aus einem Guss (neben Rahmenlänge und -höhe muss natürlich auch die Vorbaulänge, Lenkerhöhe und -breite stimmen). Gute Rad- bzw. Rahmenhersteller bieten Rahmen zumindest in Abstufungen von zwei Zentimetern an.

Maßrahmen haben natürlich ihren Preis. Oft wird man deshalb wohl auch für eine lange Tour eher zum Fahrrad „von der Stange“ greifen. Für diesen Fall gibt es eine einfachere, allerdings auch nicht so genaue Methode zum Ermitteln der passenden Rahmengröße: Wenn man im Rahmen steht, sollten zwischen Schritt und Oberrohr mindestens 2 bis 3 Zentimeter Luft bleiben, bei MTBs etwa 4 bis 8 Zentimeter (nur bei waagrechtem Oberrohr!).

Prinzipiell gibt es sowohl Trekkingräder als auch MTBs auch mit **Reiserad-Geometrie**, das heißt, der Rahmen hat einen langen Hinterbau, damit der Schwerpunkt der Packtaschen *vor* die Hinterachse kommt (sonst fängt das Rad an zu schlingern), ohne dass die Füße daran stoßen (bei großen Füßen und kurzem Hinterbau kann es dabei zu Problemen kommen). Ein langer Radstand sorgt für einen sauberen Geradeauslauf. Gepäck vorne unten macht auch aus dem nervösesten Kurvenflitzer eine gemächliche Fuhre. Bei der Gelegenheit sei erwähnt, dass man beim Rahmenkauf auch auf das Vorhandensein von Ösen für die Gepäckträgermontage achten muss.

Lenker

Bei vielen Rädern ist der **Lenker zu breit**. Griffbreite = Schulterbreite lautet die Devise; das kann man mit einer Eisensäge erreichen. Leicht nach hinten gebogene Griff-Enden sind vorzuziehen, da man bei geraden Enden die Arme zu stark verdreht und sich somit verspannt.

Wichtig ist ein Lenker mit mehreren **Griffpositionen**. Anstatt der modischen, aber durchaus sinnvollen „Hörner“ montiert man besser einen gleichartig geformten Lenker aus einem Stück (leichter und billiger), mit leicht nach innen gebogenen Enden. Man muss aber die ganze Sitzposition (Vorbau) an die seitliche Griffhaltung anpassen, sonst wird es *nicht* gemütlicher.

Der Lenker muss nicht immer gerade stehen. Manche Menschen haben unterschiedlich lange Arme – wenn man dann das Geweih seines Rads um ein paar Millimeter nach links oder rechts dreht, kann man unter Umständen seine lästigen Schulterschmerzen loswerden. Bei Rechtshändern greift (normalerweise) der linke Arm etwas kürzer (bei Linkshändern natürlich umgekehrt). Man muss oben eine Weile experimentieren – an diesem Beispiel sieht man auch, dass man sein Rad besser schon eine Weile haben und kennen sollte, bevor man sich damit auf die lange Meile macht. Auch die beste Sattelstellung ermittelt sich erst empirisch nach einiger Fahrzeit, dito die Länge des Lenkervorbaus.

Je weiter nach vorne gestreckt man auf seinem Rad sitzt, desto dämpfender sollten die Lenker-Griffpolster sein. An den Griffenden sollte man keine „Form-Loch-Noppengriffe" benutzen. Dicke, mittelharte Moosgummigriffe (z.B. Grab-On) polstern am besten und geben den besten Halt.

Sattel

Die meisten Vielfahrer schwören auf „eingerittene" **Kernledersättel**. Die sind, ob gefedert oder nicht, nach der Einfahrzeit immer noch am komfortabelsten. Robuster sind sie bei entsprechender Pflege auch. Was bei einem Ledersattel nur ein Kratzer ist, ist bei anderen Sätteln ein Riss, der das Innenleben offenlegt. Wer seinen Sattel vor der Tour noch ca. 1000 km lang einfahren kann (und das sollte man immer), sollte einen Ledersattel nehmen, wer nicht, einen guten Gelsattel, der möglichst noch nach orthopädischen Kriterien ausgeformt sein sollte. Gute Händler bieten dir auch die Möglichkeit, Sättel, Lenker und Vorbauten eine Weile probezufahren, bevor du dich endgültig festlegst. Einen (kleinen) Nachteil haben Ledersättel übrigens doch: Sie können in schwülheißem Tropenklima weiße Salzränder ansetzen oder sogar schimmeln. Das kann man aber verhindern, wenn man zur Pflege ein kleines Döschen Lederfett mitführt. Übrigens: Je aufrechter du sitzst, desto besser gefedert sollte dein Sattel sein.

Schaltungen

Das Thema wurde eingangs schon kurz angesprochen. An einem guten Über-/Untersetzungsverhältnis wirst du manches Mal froh sein. **8-fach-Ritzelkassetten** sind Standard, auch **drei Kettenblätter** würden wir uns gönnen, macht theoretisch 24 Gänge, wovon man de facto höchstens 18 fahren kann. Sonst verläuft die Kettenlinie zu schräg, der Schaltkomfort sinkt und es kommt zu drastisch erhöhtem Verschleiß. Es gibt zwar auch 9- und 10-fach-Ritzel, aber dafür braucht man dann eine dermaßen schlanke Kette, dass sie fast einer Uhrkette gleicht. Sicher nicht das Richtige für harten Dauereinsatz auf schweren Berg- und Dschungelpisten! Ganz abgesehen davon, dass es auch mit der Ersatzteilversorgung in vielen Ländern bei 8-fach aufhört. Bei den Schalthebeln raten wir zu Daumenschaltern (nicht jedoch zu solchen, die mit dem Bremshebel eine Einheit bilden!), dafür bekommt man unterwegs leichter Ersatz als für Grip-Shift-Systeme.

Immer häufiger trifft man weltweit Reiseradler mit **Rohloff-Speedhub-Nabenschaltungen** an. Bestimmt ist das eine feine Sache, bei 14 Gängen ein Übersetzungsverhältnis wie bei einer 24-Gang-Kettenschaltung zu haben, dazu nahezu wartungsfrei und es kann sich kein Dreck in der Mechanik festsetzen. Ein afrikanischer Dorfschmied allerdings wird ein solches Hightech-Produkt mit Sicherheit nicht reparieren können. Die Nabe soll aber sehr langlebig sein, und Rohloff ist dafür bekannt, bei Problemfällen schnell weltweit und unbürokratisch zu helfen. Sicher eine überlegenswerte Alternative! Wer mit einer solchen Nabe liebäugelt, kann sich informieren unter *www.rohloff.de*. Einen ausführlichen Erfahrungsbericht zur Speedhub findet man auch auf der Seite *www.lemlem.de* von Peter Smolka, Weltumradler und Co-Autor in diesem Buch.

Bremsen

Da empfehlen sich **V-Brakes**. Die packen kraftvoll zu und sind mittlerweile weltweit selbst im Billig-MTB-Segment so verbreitet, dass es Ersatzteile in nahezu allen Städten gibt. Sie lassen sich auch wesentlich leichter nachstellen als die lange Zeit üblichen Cantileverbremsen. Hydraulische Bremssysteme sind von der Wirkung her auch sehr gut. Wer auf dieses System steht, sollte aber unbedingt für den Notfall etwas Bremsflüssigkeit und ein Stück Druckschlauch mitführen; sowas ist vor Ort mit Sicherheit nicht aufzutreiben. Und auch mit den immer beliebteren **Scheibenbremsen** wird man im Notfall seine Nachschub-Sorgen haben, schon, weil es recht viele verschiedene Hersteller und Systeme gibt.

Reifen

Auf langen Touren ist sicher der „Schwalbe Marathon" unschlagbar: pannenfest und recht langlebig. **Pannenfestigkeit** bezieht sich nicht nur auf die Lauffläche. Ein Schnitt in die Reifenschulter, und es gibt seitliche Blasen. Durch den stabilen Aufbau ist der „Schwalbe Marathon" schwerer zu montieren, und er ist auch kein ausgesprochener Leichtlaufreifen. Seit einiger Zeit gibt es von dieser Marke auch den „SmartGuard" mit dicker **Vollgummi-Einlage** unter der Lauffläche – nahezu unkaputtbar! Der steckte auf unserer Panamericana-Tour (Sybille und Thomas) auf 8000 Kilometern wirklich alles klaglos weg bis auf einen fünf Zentimeter langen Nagel; dem war selbst er nicht gewachsen. Sicher sind diese Pneus für Reiseradler erste Wahl, wenngleich man die Pannensicherheit mit einem deutlich höheren Gewicht bezahlen muss. Den normalen Marathon und den SmartGuard gibt es übrigens sowohl als 28er als auch als 26er für's MTB.

Schneller (bei den 28ern) sind jedoch die modernen Mäntel wie Continental „TravelContact" oder Panaracer „Tour Guard". Der „Marathon" verträgt maximal fünf bar, bevor er einen Höhenschlag bekommt, weil er einseitig aus der Felge rutscht, andere bis zu maximal sieben bar. Dieser Druck- und Reifenunterschied macht ca. eineinhalb Gänge an Geschwindigkeit aus. Der Komfort ist bei den hohen Drücken allerdings gering. Mit so hohem Reifendruck wirst du auf schlechten Straßen sicher nicht fahren wollen.

Ganz schmale Reifen unter 32 mm sind unseres Erachtens anderen Zwecken als dem Reisen vorbehalten. Für 28er Felgen gibt es **Reifenbreiten** bis 47 mm, wobei allzu breite Reifen ein zügiges Vorankommen erschweren. Grenzen setzt meist die Rahmenbreite (nicht vermessen, ausprobieren!). Mit einer Reifenbreite von 37 mm kommt man noch gut über gelegentliche Schotterwege oder andere unbefestigte Strecken. MTB-Fans werden vielleicht auch eher zu einem gröberen Profil greifen, je nach Pisten-Anteil der geplanten Tour. Da empfehlen sich Reifen mit Mittelsteg („Center Ridge"), die auch auf Asphalt (guten Luftdruck vorausgesetzt) noch passabel rollen.

Wie schon erwähnt: Die **Beschaffung von Ersatzreifen** kann je nach Typ außerhalb von Europa schwierig werden. Deshalb vor der Reise klären, welche Reifengrößen unterwegs erhältlich sind (s. Teil 4 „Kontinente und Länder"), oder Nachschub von zuhause sicherstellen. Generell sind aber 26er Reifen und Schläuche für MTBs eher erhältlich als 28er. Ganz schlecht sieht es übrigens auch in vielen Ländern aus (s. auch in „Kontinente und Länder"), wenn man Schläuche (egal welcher Größe) mit französischen Sclaverand-Ventilen (Presta Valve) sucht. Wir empfehlen deshalb, sich schon zu Hause für die so genannten Autoventile (Schrader Valve) zu entscheiden, obwohl das französische System wegen seiner Verschlussschraube unbedingt besser ist. Die Entscheidung für das **Ventilsystem** trifft man schon mit dem Felgenkauf, denn die Schrader-Ventile haben einen größeren Durchmesser und brauchen demnach ein größeres Ventilloch. Wenn Schrader, dann möglichst Schläuche mit Ventil-Überwurfmutter kaufen! Reifen können auf langen Downhills beim Bremsen wandern, wodurch dann das Ventil abreißt (ein schrägstehendes Ventil ist immer ein Alarmzeichen)! Das Reifen-Wander-Risiko kann man aber auch minimieren, indem man bei der Montage etwas Talkum auf den Schlauch gibt.

Laufräder

Ein Wort noch zu den Laufrädern: 26er mit guten **Speichen** (DT Swiss o.ä.) sind generell stabiler als 28er und bekommen nicht so leicht Speichenbrüche. Auch bei den 28ern kann man diesem Problem jedoch vorbeugen, indem man mit

Vierfachkreuzung einspeichen lässt, d. h. jede Speiche kreuzt vier (statt üblicherweise drei) andere Speichen im Rad. Wir (Sybille und Thomas) hatten auf diese Weise bei unserer Panamericana-Tour zwischen Costa Rica und Patagonien keinen einzigen Speichenbruch mehr. Bei den vorherigen Etappen waren wir vor lauter Speichenbrüchen fast verrückt geworden! Wer also mit einem Trekkingrad in Ländern mit schlechten Straßen auf Tour gehen will, tut gut daran, sich vierfach gekreuzte Räder bauen zu lassen. Ganz klar natürlich auch, dass man immer gute **Alu-Hohlkammerfelgen** mit geösten Speichenlöchern nimmt, wenn man ein stabiles Laufrad haben will.

Gepäckträger

Hier lohnt es sich ganz besonders, auf Qualität zu achten. Billige Teile brechen leicht. Wenn das am Vorderradgepäckträger (dem „Lowrider") passiert, dann gerät er so gut wie sicher zwischen die Speichen und du steigst über den Lenker ab. Am besten sind **Träger aus dünnem Stahlrohr** (z.B. von Tubus), die sind am stabilsten und auch eventuell wieder schweißbar. Gute Alu-Träger fertigen z.B. ESGE und Pletscher. Wenn ein (Alu-)Gepäckträger bricht, dann fast immer an den Enden, wo das Material flach gemacht, durchbohrt und verschraubt wurde. Wir würden Alu-Träger nur kaufen, wenn für die Befestigungs-Aufnahmen Rundmaterial in Spezialhalterungen flächig geklemmt ist, wie es z.B. bei den beiden genannten Herstellern üblich ist.

Fachgeschäft? Bikeshop in Paraguay

Sicher leuchtet jedem ein: Ein sinnvolles Fahrrad, das auch eine längere Reise und ausgedehnte Pistenfahrten problemlos verkraftet, gibt es nicht im Baumarkt oder beim Discounter! Deshalb nochmal: **Kaufe dein Rad in einem ordentlichen Fachgeschäft!** So ab 1000 Euro solltest du schon springen lassen; nach oben gibt's natürlich keine Grenzen. Dafür hast du dann in aller Regel den Kumpel fürs Leben, und Qualität ist langfristig betrachtet ohnehin immer die kostengünstigste Lösung. Eines muss dein Rad sein, wenn du weit entfernt bist von jeglichem Ersatzteilnachschub: zuverlässig, zuverlässig, zuverlässig. Ein unnötiges Sicherheitsrisiko, gerade in einsamen Gebieten wie z.B. in der Sahara, im brasilianischen Dschungel oder auf entlegenen Himalaya-Pisten, das darf nicht sein.

4. Ein Plädoyer für das Liegerad [TR]

von Thomas Richter (www.tour-en-blog.de)

Damit kann man fahren? Ich fahre doch. Als Reiserad? Gerade dafür. Auch in abgelegeneren Gebieten, über Himalaja und Anden, über steinige und sandige Pisten? Auch das machen einige mit dem Liegerad.

Argumente für und gegen das Liegerad gibt es viele, Vorurteile noch viel mehr. Teils stehen sich Liegerad-Hardliner und Normalrad-Fahrer gegenüber, die urteilen, obwohl sie noch nie auf einem Liegerad gesessen haben. Eine detaillierte Erörterung kann in diesem Rahmen nicht erfolgen, aber ein paar wesentliche Punkte seien hier genannt.

Wer sich auf die Alternative Liegerad einlässt, tauscht eine Sitzposition auf einer kleinen Auflagefläche, den Rücken wirbelsäulenungünstig nach vorn gebeugt, das Körpergewicht auf den Handgelenken abgestützt mit verspannten Schultern und hochgerenktem Kopf gegen das bequeme Liegen auf einem großflächigen Sitz und kann bei lockeren Schultern und Armen unverkrampft in die Landschaft blicken. Liegerad fahren ist komfortabler und mutmaßlich gesünder. Das prädestiniert es insbesondere für lange Strecken.

Unwegsames Gelände, Schieben, Tragen – ich behaupte, wo man mit dem Liegerad nicht mehr fahren kann, muss man auch von einem schwer beladenen Normalrad steigen. Dank gutmütigen Fahrverhaltens selbst bei hoher Zuladung und Vollfederung hat sich das Liegerad während meiner Weltumradlung auch im direkten Vergleich zum Normalrad zum Beispiel auf schlechten Pisten im Sudan oder in Peru sehr gut geschlagen. Schieben und Tragen ist schwieriger, aber möglich. Größter Nachteil des Liegerads dürfte sein, dass einige Spezialteile verbaut sind, die unter Umständen schlecht oder gar nicht vor Ort ersetzt werden können.

Ist ein Liegerad schon hierzulande eine Seltenheit, so ist es in fast allen anderen Regionen der Welt ein UFO, ein unbekanntes fahrendes Objekt. Behält man die Nerven, wenn man umringt ist, zum hundertsten Mal vorführt und erklärt, dass dieses Gefährt keinen Motor hat, und lässt man die Staunenden gar mal probefahren, dann ist der Kontakt zu den Menschen über das Fahrrad von allein hergestellt. Das Gute: trotz des UFOs ist man kein Außerirdischer, sondern immer noch Radfahrer. Und das Wichtigste: Liegerad fahren macht richtig Spaß. Probiert es aus!

Liegerad-Fahrstunden im Sudan

B Radzubehör

1. Grundausstattung

Packtaschen Als Taschen solche wählen, die **einzeln einhängbar** sind, dann lassen sie sich abends einfacher abbauen und ins Zelt bzw. in die Herberge tragen. Außerdem sollten sie **wasser- und staubdicht** sein. Trotz gegenteiliger Beteuerung mancher Hersteller erfüllen nicht alle Produkte diese Forderung. Ganz sicher ist es kein Zufall, dass nahezu alle Radnomaden mit Taschen von Ortlieb und VauDe unterwegs sind. Vor allem die legendären Back- und Front Roller von Ortlieb, aus verschweißtem Lkw-Planen-Polyestermaterieal hergestellt, bieten nahezu keine Schwachstelle, weil sie auf Reißverschlüsse, Nahtstellen und Vortaschen verzichten. Die kann man schon fast in den Bach schmeißen. Dazu gehört eine passende **Lenkertasche**, die sich schnell abnehmen und wieder einhängen lässt (Klick-Fix-Halterung). Vorzugsweise transportiert man darin die Fotoausrüstung, die Karte und sonstigen ständig benötigten Kleinkram. Es gibt diese Taschen auch mit Unterteilungen und gepolsterten Kamera-Einsätzen.

Rückspiegel Eine solche Sehhilfe ist **das allerwichtigste Zubehörteil** für nordafrikanische, südostasiatische, lateinamerikanische (und noch viele andere) Verkehrsverhältnisse! Ihr müsst einfach immer den Verkehr vor und hinter euch beobachten können, um zur Not rechtzeitig von der Fahrbahn springen zu können. Da würden wir ein Modell empfehlen, das sich schnell und leicht ans Fahrrad und wieder abmontieren lässt (mit Klettband), z.B. für zwischenzeitliche Bustransporte.

Luftpumpe Eine Pumpe muss auch mit! Natürlich muss sie zum gewählten Ventilsystem passen. Wenn man eine kleine wählt, die in einer Packtasche verstaut werden kann, wird sie nicht so leicht geklaut. Am besten eine stabile (Metall-)Ausführung nehmen; vorzugsweise mit ausklappbarem T-Griff, dann pumpt es sich leichter (z.B. Topeak Peak MasterBlaster oder Zéfal Profil XL). Fans von Sclaverand-Ventilen sollten zusätzlich einen der kleinen Adapter anschaffen, die auch für dieses System das Aufpumpen an der Tankstelle mit Pressluft ermöglichen.

Licht Ob man eine Lichtanlage braucht, ist bis zu einem gewissen Grad vom Reiseziel abhängig. Wichtig ist sie in jenen Ländern, in denen es schnell dunkel wird, also in Äquatornähe. Eher verzichtbar ist sie theoretisch in solchen Ländern und Jahreszeiten, wo es lange Dämmerungsphasen gibt (extrem nördlich oder südlich gelegene Länder). Seit jedoch der **Nabendynamo** von seinen Kinderkrankheiten geheilt ist (frühere Modelle hatten einen hohen Rollwiderstand, vor allem im ausgeschalteten Zustand – das ist heute kein Thema mehr), hat er einen wahren Siegeszug angetreten und muss jedem Tourero wärmstens empfohlen werden. In Kombination mit einer guten Diodenleuchte steht dann bei jeder Gelegenheit und ohne zusätzlichen Krafteinsatz helles Licht zur Verfügung. Und genialerweise kann man über den Nabendynamo auch noch die Akkus für GPS-Gerät, Digitalkamera und Co. aufladen (mehr dazu auf Seite 93). Zusätzlich kann vielleicht noch eine kleine Batterie-Diodenleuchte (mit Blinkfunktion) bei Nebel- oder Tunnelfahrten einen Sicherheitsgewinn bedeuten.

Schutzbleche Ein Thema für endlose Diskussionen: Schutzbleche – ja oder nein? Wer im Dauerregen unterwegs ist, wird diese meist recht leichten und unauffällig ihren Dienst verrichtenden Zubehörteile zu schätzen lernen. Das Problem: Auf pappigen Lehm- oder Lateritböden kleistern sie sich gerne voll, dann dreht sich kein Rad mehr. Steckschutzbleche kann man dann abziehen und auf das Gepäck klemmen; sicher also die bessere Lösung. Achtet aber beim Kauf auf genügende Länge, sonst sieht es zwar sportiv aus, aber der Effekt verpufft.

Sonstiges

Sinn macht auch ein **Spiralkabelschloss** zum Anketten des Rads. Wählt die Länge so, dass auch die beiden Laufräder mit gesichert werden können; achtet auf leichte Handhabung und geringes Gewicht.

Ein **Helm** wird vielleicht bewirken, dass ihr zumindest in Regionen mit wenig Tourismus von so manchem Einheimischen angestarrt werdet wie ein Wesen aus einer anderen Galaxie. Trotzdem wollten wir, gerade aufgrund der Tücken des Verkehrswesens vieler Länder und wegen der ständig lauernden Sturzgefahr, auf dieses lebenswichtige Utensil nicht verzichten! Im Ernst, wir (Sybille und Thomas) haben unsere Helme täglich, bei jedem Radelmeter und in jedem Klima auf dem Kopf, da sind wir eisenhart. Es gibt heute schon sehr gut durchlüftete Modelle, die man beim Tragen kaum noch spürt, und man kann ja ein einigermaßen dezentes Design wählen. Außerdem tragen wir immer Radklamotten aus Funktionsfasern, Radhosen mit Kunstledereinsatz (ein echter Segen, den man erst auf langen Touren richtig zu schätzen lernt) und Radhandschuhe – mehr dazu weiter unten.

Für die Zusatztasche gefüllt mit frischem Obst, für gebrochene Träger, zur Taschensicherung und für vieles andere mehr empfehlen wir ein halbes Dutzend (man verliert sie) gewebte **Nylon-Packriemen.** Gummi-Expander geben Erschütterungen immer elastisch nach, d.h., das Gepäck arbeitet sich in Richtung Straße. Außerdem können sie beim Packen übel ins Auge schnalzen. Kommt aber nicht auf die Idee, diese Riemen beim Flugtransport zur Stabilisierung und Sicherung eures Gepäcks zu verwenden! Gute Nylonriemen kann so ziemlich jeder Arbeiter auf jedem Flughafen der Welt gebrauchen …

2. Ersatzteile und Wartung

Kettenpflege

Ketten halten schon auf normalen Straßen ohne Sand und Staub nicht länger als 3000 Kilometer. Ausgeleierte Ketten verschleißen die Zahnräder stärker, diese dann wiederum die neue Kette usw. Alles zusammen auswechseln kostet bei 24 Gängen gut um die 100 Euro. Also lieber drei Ketten mitnehmen, wenn's sein muss, und die dann ca. **alle 2000 km wechseln**. Hat man die ganze Garnitur durch, dann fängt man wieder von vorne an. Es gibt kleine Kettenverschleißlehren für unterwegs, z.B. den „Rohloff Caliber". Öl (und noch stärker Fett) zieht Sand und Staub an und vermengt sich mit diesen zu einer Schmirgelpaste, die selbst den

Alles gut gefettet? Chamäleon-Inspektion auf Sansibar

stabilsten Stahl verschleißt. Aber wenn man gar nicht ölt, schaltet der Antrieb nicht mehr richtig und quietscht, als wäre ein Kanarienvogel in die Kette geraten, oder einzelne Kettenglieder gehen fest und „springen". Das alles kann ganz schön nerven ... am besten öfters reinigen. Da bieten sich diese Reinigungsmaschinen mit Zahnrädern und Bürsten an (z.B. der „Barbieri Chain Cleaner" für unterwegs). Die Kette nur einmal durchziehen, um den Schmutz anzulösen, und dann mit einem Lappen abwischen, sonst wird nicht nur der Dreck gelöst, sondern auch das Fett in den Rollen, was wiederum den Verschleiß beschleunigt. Alles ganz leicht mit speziellem **Kettenöl** ölen (haftet gut und spritzt somit nicht, trotzdem wenig staubanziehend), indem man einen Lappen tränkt und die Kette einreibt.

Speichen und Kleinteile

Ersatzspeichen sind auch unverzichtbar; selbst bei vierfach gekreuzter Einspeichung bist du nie ganz sicher, ob nicht beim Flugtransport oder sonstwie ein Malheur passiert. Die Speichen unbedingt vor der Reise ausprobieren! Nicht schätzen, abmessen oder dranhalten, sondern ausprobieren! Dasselbe gilt für alle Werkzeuge: Ausprobieren, ob's passt, und vor allem damit umgehen lernen. Ins Gepäck gehören auch jeweils einige von den an deinem Rad gebräuchlichsten Schrauben und Muttern. Man glaubt gar nicht, was ein Drahtesel auf schlechten Straßen so alles abschüttelt (**selbstsichernde Muttern** oder Schraubenkleber verwenden!).

Eine gute Idee ist es auch, wenn man zu mehreren ist, dass man seine Räder **mit gleichen Komponenten** bestückt. So kann man beispielsweise ein Ersatzschaltwerk und ein Sortiment Schalthebel mitführen und das dann auf alle Teilnehmer verteilen. Es macht auch Sinn, sein Rad mit lauter Schrauben gleicher Sorte auszurüsten, z.B. mit Inbusschrauben. So spart man eine ganze Menge an Bordwerkzeug.

Checkliste

Je nach Rad, Reisedauer und Gegend empfehlen sich z.B. Kurbelabzieher, Gabelschlüssel dazu, Tretlagerwerkzeug, Konusschlüssel für die Radlager und Schlüssel zum Kontern. Reisetaugliche Ritzelabzieher braucht man, um Speichen auf der Kettenseite zu wechseln (wenn sie brechen, dann dort). Bei Kassettennaben zusätzlich eine Kettenpeitsche zum Gegenhalten. Schraubkränze kriegt man mit dem großen Geschirr, mit Ketten und Hebeln auf.
Immer dabei haben sollte man:

- Kompaktwerkzeug, z.B. von Park-Tools, Minoura, Topeak u.v.a.
- Kette(n)/Kettenverschleißlehre
- Kettenöl/Kettenreiniger
- Kettennietdrücker/Kettenglieder, für Hyperglide den Spezialniet
- Flickzeug/Reifenheber (drei Stück)
- Speichen (mit Nippeln)
- Speichenschlüssel
- Schläuche
- Ventile (wenn auswechselbar)
- Bindedraht und Kombizange
- Klebeband
- Einstellanleitungen (falls man es nicht auswendig weiß)
- Putzlappen und Waschpaste
- Taschenmesser
- Bremsgummis
- Schrauben
- Kabelbinder
- Brems- und Schaltzüge, evtl. Schraubnippel
- (Falt-)Mantel, evtl. Ausweichprofil
- Fett

Qualität zählt!

Diese Aufzählung ist eine Gesamtliste. Es ist unsinnig, für alle Reparaturen entsprechende Werkzeuge und Ersatzteile mitschleppen zu wollen. Sprecht mit einem guten Fahrradmechaniker über mögliche Schwachpunkte und Bruchstellen an Rad und Komponenten (gefährdet sind z.B. Schaltungshebel aus Kunststoff). Überwacht „on the road" mit technisch geschultem Auge und Ohr die Radmechanik! So kann mancher drohende Defekt schon vorher erkannt und manche Reparatur vermieden werden. Vergesst auch nie: **Die Ersatzteilversorgung ist weltweit eher schlechter als zuhause**, hochwertige und zeitgemäße Teile gibt's (wenn überhaupt) nur in den Großstädten. Aber improvisieren lässt es sich unterwegs fast immer.

3. Gepäckanhänger

Während vor einigen Jahren noch kaum einer an diese Möglichkeit dachte, entscheiden sich mittlerweile doch immer mehr Globetreter dafür, ihren Drahtesel zum Gespann zu machen. Die Entscheidung muss jeder selber fällen – hier eine Aufstellung der wichtigsten Vor- und Nachteile:

Pro

- Vorteile bei Gegen- und Seitenwind.
- einfaches und schnelles Auf- und Abladen des Gepäcks.
- weniger Gewicht auf dem Hinterrad.
- ggf. zusätzlicher Laderaum (Packtaschen plus Anhänger).
- recht stabil in der Abfahrt.

Contra

- zusätzliches Gewicht.
- zusätzliche Ersatzteile nötig (Reifen, Schlauch, Speichen, Lager), die man in Drittweltländern mitführen muss.
- beim Schieben in schwierigem Gelände ist das Rad des Anhängers schwer zu kontrollieren, der Anhänger hakt ein.
- beim Tragen in schwierigem Gelände schwer und sperrig.
- das Windschattenfahren wird erschwert.
- aufwendig beim Verladen in Bus, Bahn oder Flugzeug.

Adrian Guggisberg in der westlichen Sahara

Dazu Adrian Guggisberg (*www.to-adi.ch*), der mit Rad und Anhänger von der Schweiz bis zum Kap der Guten Hoffnung pedalte: „Auf der Straße sind die Vorteile des Anhängers meines Erachtens ausgeprägter, in schwierigem Gelände sind die Nachteile größer. Wer nicht ausschließlich auf Straßen unterwegs ist, sollte auf jeden Fall eine Einradlösung wählen, wobei der B.O.B Yak (*www.bobtrailers.de*) hier sicher der Standard ist."

C SONSTIGE AUSRÜSTUNG

1. Generelle Überlegungen

Qual der Wahl

Während Heinz Helfgen auf seine Weltumradlung 1951 nur ein Zelt und ein paar Kleinigkeiten mitnahm (es gab in jener Zeit sowieso kaum etwas), steht dem heutigen Globetreter für seine Tour eine geradezu ungeheure Menge und unübersehbare Vielfalt an Radreise-Ausrüstung zur Auswahl. Da ist die Versuchung, alles Mögliche, allzu vieles oder Unnützes mitnehmen zu wollen, sehr groß. Gründe mögen ein übertriebenes Komfort- und Sicherheitsbedürfnis sein, Verführung durch Werbung oder Kompensierung eigener Unsicherheiten. Ausrüstungs-Fetischismus – nicht nur bei Rädern und Radausrüstung – ist oft auch Ausdruck mangelnden Selbstvertrauens und „Durchblicks", so heißt es.

Damit möchten wir nun keineswegs sagen, nur spartanischer, verzichtvoller Radtourismus sei richtiger Radtourismus, nein, wir möchten nur – wie immer mal wieder in diesem Buch – auf den Grundgedanken und Sinn einer Radfernreise zurückkommen: die Welt und fremde Länder und Kulturen und Menschen kennenzulernen. Und um dies zu erleben, braucht es weder teure Technik noch die neuesten Ausrüstungskreationen, sondern in erster Linie Willenskraft, Optimismus, Selbstvertrauen und Sprachkenntnisse.

Klar, der Schlafsack muss aus dem richtigen Material sein, das Zelt gut dicht und alles soll leicht und langlebig sein, denn unterwegs will man sich ja nicht ständig über schlechte oder falsch ausgewählte Ausrüstung ärgern. Deshalb hier einige wichtige Kriterien für die Ausrüstungs-Zusammenstellung und für Kaufentscheidungen.

Gesamtgewicht

Denkt bei allem immer an das Gewicht – wer es hier nicht tut, wird es unterwegs täglich und stündlich tun müssen. Knallt erstmals die mörderische Sonne Afrikas auf euer Haupt oder ihr schiebt tagelang die Anden hoch, fliegt so manches in den Straßengraben, von dem man vor der Abreise noch dachte, es wäre unverzichtbar...

Bei einer monate- oder jahrelangen Tour wird es auch kaum dabei bleiben, immer die gleiche Ausrüstung zu haben. Vieles geht kaputt oder verloren, erweist sich als unnötig oder unpraktikabel oder muss ersetzt werden.

Was für eure Reise nützlich oder notwendig ist, könnt nur ihr selbst entscheiden, und diese Entscheidung wiederum ist abhängig von den klimatischen und versorgungsmäßigen Gegebenheiten eurer Reiseländer, ob ihr alleine oder zu zweit reist, wie lange man unterwegs ist. Gegen jede Eventualität und für jede mögliche Situation kann man sich sowieso nicht ausrüsten bzw. absichern. Und so wie jeder Fernradler ein Individualist ist, so sollte auch jede Reise-Ausrüstung ganz speziell und individuell zusammengestellt werden – sich an fertige Listen zu halten wäre unklug.

Gegen Schluss der Reise wird man (hoffentlich) staunen, mit wie wenig man letztendlich auskommen kann, und das ist nicht nur eine gute Erfahrung für die nächste Reise, sondern auch für das ganz Leben.

Noch einen Aspekt möchten wir hier einflechten: Warum nicht einmal ein Land mit Rad und Minimal-Gepäck bereisen? Es wird nicht gezeltet und nicht gekocht, es werden keine schweren Ersatzteile und keine vollgestopften Packtaschen herumgefahren. Befreit von Gewicht und Radsorgen kann man dann intensiv Land und Leute erleben, das Radvergnügen steht an erster Stelle. Dazu ein schönes, radfahrfreundliches Land zur guten Reisezeit aussuchen. Man kann dabei auch Inlandsflüge, Busse und Bahnen benützen, um mal diese, mal jene Landesecke kennenzulernen. Klar, dass man dazu ein etwas besser gepolstertes Reisebudget braucht, doch eine Idee ist das allemal.

2. Campingausrüstung

Kleine Vorüberlegung: Ein Zelt (und einen Kocher) mitzunehmen ist meist sehr sinnvoll, wenn ihr zu zweit reist und möglichst lange unterwegs sein wollt. Dann lässt sich in der Regel auch einiges an Geld für Unterkünfte und Restaurants sparen. Ein weiterer Vorteil eines Zeltes ist die Unabhängigkeit beim Schlafen, d.h., man kann täglich wählen, ob man sich eine Unterkunft sucht oder lieber abends in sein Zelt kriecht. Außerdem ist das Platz- und Schlafproblem bei einem evtl. Gastgeber mit einem Zelt im Gepäck schnell gelöst (sofern ein Garten vorhanden).

Ein Zelt braucht auch, wer durch einsame, spärlich oder nicht besiedelte Wüsten-, Steppen-, Busch-, Pampa-, Prärie- und Tundra-Regionen der Erde radelt. Last but not least ist auch die Privatsphäre der eigenen „vier Tücher“ ein nicht zu unterschätzender Aspekt für die Psyche, wenn man vor Blicken geschützt im Zelt liegt (und nicht nur unter einem Moskitonetz, wie z.B. in Afrika möglich).

Eine Menge Gründe also, ein Zelt mitzunehmen. Dagegen sprechen eigentlich nur das Gewicht und das Packvolumen, was ein Problem werden kann, wenn man alleine fährt. Hier also ein paar nützliche Informationen zum Camping-Equipment.

Zelt

Beim Zelt vor allem auf eine **stabile Ausführung** und auf **erstklassige Reißverschlüsse** achten. Auch wichtig ist, da euch in manchen Regionen wie erwähnt gar nichts anderes übrigbleibt als wild zu zelten, eine Stoffhütte in einer **dezenten Farbe** zu kaufen, die sich der Landschaft anpasst (am besten dunkel- bis olivgrün, auch beige).

Welche Bauart? Prinzipiell in Frage kommen für Fernreisen unter wechselnden Klimabedingungen nur hochwertige Kuppelzelte und Tunnelzelte in Doppeldach-Konstruktion. **Tunnel** sind vor allem für Solofahrer praktisch, da es sie in Ein-Personen-Größen gibt (ein Zelt mit kleinerem Packmaß lässt sich wohl nirgends finden), außerdem lassen sie sich besonders leicht und schnell aufstellen. Nachteil aller Tunnel: Freistehende Ausführungen gibt es nicht; immer braucht man zum Aufbau ein paar Heringe.

Bei **Kuppelzelte**n kreuzen sich zwei Stangen an einem Punkt, die Konstruktion ist einfach aufzubauen und bietet relativ viel Innenraum. Doch Vorsicht, nicht alle Kuppelzelte sind selbsttragend! Das **selbsttragende Konstruktionsprinzip** hat den entscheidenden Vorteil, dass man das Zelt auch auf schwierigen Böden problemlos aufstellen kann, sowie unter Schutzdächern, in miesen Herbergen im Zimmer etc. Man kann eine solche Nylonhütte sehr gut an Bäumen, Sträuchern, Bänken oder Steinen festknoten; das gibt immer genügend Halt. An Regentagen lernt man es auch besonders zu schätzen, wenn man einen Zelttyp gekauft hat, bei dem man das Innen- und Außenzelt in einem Rutsch aufbauen kann. Sonst regnet es auf das Innenzelt und die darunter liegende Plane und alles ist feucht, bis man die Außenhaut darübergezogen hat. Bei dieser Gelegenheit: Eine stabile Folie als Unterlage muss auch mit! Manche Hersteller bieten auch spezielle Unterlegematten an, die reißfest sind und sich gut reinigen lassen.

Zeltgestänge sind heute nur noch bei absoluten Billigmodellen aus Glasfiber, sonst kommt (eloxiertes) Alu unterschiedlicher Durchmesser zum Einsatz. Reparaturhülse mitführen! Und: Ein Moskitonetz vor dem Zeltausgang ist ein Muss! Zwei Eingänge machen ein Zelt schwerer, der Nutzen ist aber größer als das Zusatzgewicht. Falls der Wind dreht oder mal einer der Reißverschlüsse streikt, kann man den zweiten Eingang benützen und auch in der windabgewandten Seite seinen Kocher aufstellen. Außerdem sind die Belüftungsmöglichkeiten besser und die Kondenswasserbildung ist leichter zu regulieren. Was die Heringe betrifft, da würden wir trotz des höheren Gewichts auf hammorfeste **Hartboden-Zeltnägel** nicht verzichten wollen. Wer schon mal versucht hat, in steinigem Gelände oder gar auf der Salzkruste des Salar de Uyuni in Bolivien einen Alu-Hering einzuschlagen, der wird ähnlich denken.

Iso-Matten

Schaumstoffmatte oder eine kombinierte Schaumstoff-Luftmatratze? Eine Empfindlichkeits- und Geldbeutel-Entscheidung, denn nichts ist perfekt. **Schaumstoffmatten** sind leichter und wesentlich preiswerter. Sie rutschen nicht, sind immer auf Anhieb warm, lassen sich ruckzuck zusammenrollen und müssen nie geflickt werden. Allerdings sind sie wesentlich sperriger, geben Unebenheiten direkter an den Rücken weiter und verschleißen schneller. An stärker strapazierten Stellen werden sie mit der Zeit hauchdünn. Aber bis dahin dauert es eine Weile, und zumindest in den meisten Hauptstädten der Welt kann man in Outdoorläden neue Matten bekommen.

Selbstaufblasende Matten wie „Therm-a-rest", Metzeler, Ortlieb u. ä. gleichen Bodenunebenheiten so gut aus, dass man sie gar nicht mehr spürt. Man kann sie individuellen Vorlieben entsprechend hart oder weich aufpusten (wenn man sie nur sich selbst aufblasen lässt, bleiben sie recht weich), das Packmaß ist zumindest bei den Therm-a-Rest „Lite" und „ProLite" sehr günstig, und bei guter Behandlung halten sie auch recht lange. Allerdings sind sie teuer und schwerer als die herkömmlichen Isomatten. Die Oberfläche ist immer „berührungskalt", man muss jeden Morgen die Luft herausdrücken und extra Flickzeug dabeihaben. Ein übersehener Dorn reicht aus, und vorbei ist es mit dem Schlafkomfort. Deshalb ist es in dornenreichen Gegenden (z.B. Sahelzone) keine schlechte Idee, noch eine billige Iso-Matte als Schutzunterlage mitzunehmen; man kann sie ja dann später verschenken.

Schlafsack

Auch hier sollte das Gewicht bzw. ein **geringes Packmaß** im Vordergrund stehen. Sofern die Radtour durch kalte Gegenden führt, ist ein Schlafsack mit hoher Wärmedämmung nötig. Je höher die Regionen liegen, die man bereisen will, je wüstenhafter sie sind oder je weiter in Richtung Nord- oder Südpol, desto wärmer muss der Schlafsack sein. In Südamerika z.B. sind auf dem Altiplano oder in der Atacama-Wüste nachts im August Temperaturen von 10 Grad Minus durchaus üblich, während man zur gleichen Zeit in der Selva Boliviens oder in Brasilien nachts überhaupt nichts von einem Schlafsack wissen will. Geografisch liegen diese Gebiete nicht allzuweit auseinander und lassen sich ohne Weiteres in einer Vierwochentour hintereinander bereisen. Da kann es auch sinnvoll sein, zum dicken Schlafsack noch einen dünnen leichten zusätzlich einzupacken. Letzterer ist auch für weniger saubere Hotelbetten ganz gut zu gebrauchen.

Die Schlafsack-Hersteller geben für ihre Produkte Temperaturbereiche an, die aber mit Vorsicht zu genießen sind. Trockene (!) Daunenschlafsäcke dämmen sehr gut, doch sie sind feuchtigkeitsempfindlich. Einmal nass geworden, brauchen Daunenschlafsäcke sehr lange zum Trocknen. Deshalb sollten sie nicht im Freien benützt und immer wasserdicht verpackt werden. Wir halten **Füllungen aus Kunstfasern** generell für **besser** (Hohlfasern wie Holofill, Quallofill-7 oder Terraloft, Endlosfasern wie Polarguard 3D). Diese Fasern nehmen nur wenig Feuchtigkeit auf, isolieren auch noch im nassen Zustand, trocknen schneller und bleiben schimmelfrei. Die meisten Fernradler weltweit ziehen deshalb solche Schlafsäcke vor.

Und noch ein Tipp: Viele Schlafsäcke gibt es in verschiedenen Längen. Zu lange sind immer fußkalt, da das zu große Volumen von den Füßen nicht erwärmt werden kann. Also auf die richtige Länge achten, im Geschäft probeliegen!

Kocher

Kocher werden nach dem Brennstoff unterschieden. **Gaskocher** sind bequemer als Benzinkocher, doch dies ist auch immer eine Frage des Nachschubs an Gas-

Kartuschen. Die blauen von „CampingGaz“ sind heute in vielen Ländern verbreitet (s. „Kontinente und Länder“). Man darf diese Kartuschen nicht mit ins Flugzeug nehmen, kann sie aber in etlichen Ländern der Welt kaufen. Am ehesten verbreitet sind die 190g-Butan/Propan-Durchstich-Kartuschen für den CampingGaz-Kocher „Bleuet 206“, oft auch von anderen Herstellern. Dies deshalb, weil solche Kartuschen oft von den Handwerkern für ihre Lötlampen verwendet werden, so z.B. in vielen Ländern Mittel- und Südamerikas. Die moderneren und im Prinzip besseren Kartuschen mit Ventil findet man dagegen weitaus seltener. Größter Vorteil der Gaskocher ist, dass sie kaum störungsanfällig sind und nicht die Töpfe verrußen.

Spirituskocher sind leise; hier ist der Trangia-Kocher seit langem ein Begriff. Er ist in diversen Versionen und Größen erhältlich. Doch ist Spiritus in Drittwelt-Ländern oft nur unter Schwierigkeiten zu erhalten, in islamischen Ländern wegen dem Alkoholverbot schon gleich gar nicht.

Für den Fernradler auf internationaler Tour am besten geeignet ist wohl ein **Benzinkocher**. Benzin bekommt man überall auf der Welt. Zwar verlangen Benzinkocher etwas Übung und man muss die empfindlichen Düsen regelmäßig reinigen (Trick: freiblasen mit Druckluft aus der Pumpe oder aus einem Reifen), doch ist die Heizleistung sehr gut (dafür ist die Regelfähigkeit beschränkt). Betrieben werden sie am besten mit gereinigtem Benzin (engl.: „White Gas“), sie vertragen aber auch Normalbenzin bzw. „Super bleifrei“, manche nach Austausch des Generators gar Petroleum oder Diesel (Herstellerangaben beachten). Evtl. Ersatz-Generator mitnehmen!

Die absolute Minimalversion ist der Borde-Benzin-Brenner (270 g). Sehr beliebt und praktischer ist der leichte MSR „WhisperLite International“. Dazu noch eine leichte Sigg- oder MSR-Benzinflasche (für lange Strecken ohne Nachschub, z.B. durch die Sahara, evtl. ein zweite Flasche mitnehmen! Verbrauch testen. Ein Liter Benzin bringt beim WhisperLite ca. 70 Liter Wasser zum Kochen). Neben MSR ist der Hersteller Primus verbreitet, bekannt für seine guten **Vielstoff-Kocher**, die mit Flüssigbrennstoffen und auch mit Gas betrieben werden können. Informiert euch über das Angebot am besten über die Kataloge der gängigen Outdoorshops. Und überlegt, ob für kürzere Touren oder für bestimmte Länder oder Weltregionen überhaupt ein Kocher nötig ist! Empfehlungen stehen bei den einzelnen Kontinenten und Ländern.

Küchen-Zubehör

Zur Küchenausrüstung gehören noch ein Schweizer Armeemesser, ein Schneidebrettchen, Besteck, Plastiktassen und ein Topfset. Am besten Edelstahl oder eine Titanlegierung (Alu schmiert) mit großem Topf, in dem man problemlos eine Riesenportion Spaghetti kochen kann. Oder Reis, der wird vor allem im Hochland besser weich. Eventuelle Hohlräume kann man mit Kleinkram ausstopfen.

3. Kleidung und Schuhe

Es soll Leute geben, die sind mit einem T-Shirt, Shorts und einem Paar Sandalen um die halbe Welt geradelt. Das ist sicher nicht jedermanns Sache; in vielen Regionen der Welt setzen schon die oft krassen Temperaturschwankungen den Maßstab für das, was an Klamotten in die Packtaschen gehört. Am besten wählt man seine Kleidung nicht nur nach der Optik aus, sondern vor allem nach der Funktion.

Zwiebel-prinzip

Das bewährte Zwiebelprinzip hat sich herumgesprochen: Mehrere „Schalen“ unterschiedlicher Bekleidungsstücke (Unterhemd, T-Shirt, Hemd, Pullover, Jacke) sind besser und praktischer als nur wenige, dicke Kleidungsstücke, müssen aber hinsichtlich der Materialeigenschaften sinnvoll kombiniert werden. Ein feuchtigkeitsspeicherndes Baumwoll-T Shirt hat da nichts verloren. Nicht nur deshalb setzen sich **Kunstfasern** im Bereich der Sportbekleidung immer mehr durch, und trotz anfänglicher Skepsis haben wir damit gute Erfahrungen gemacht. Die Sachen sind leicht, hautsympathisch, waschmaschinentauglich, trocknen schnell und halten was aus. Die Klimaeigenschaften sind gut, und mehrere Lagen schützen ausreichend auch an kühlen Tagen. Und für den Kopfbereich inklusive Hals haben sich die Stretch-Schläuche, z.B. von Pro-Feet, bewährt. Piraten- und Saharatuch oder einfache Mütze, Stirnband oder Halstuch, alles ist möglich mit einem solchen Schlauch. Sehr praktisch und sinnvoll ist auch eine „Zip-Hose“, denn durch die abtrennbaren Hosenbeine verfügt man über eine zusätzliche kurze Hose (Gewichtsersparnis!).

Unterschiedliche Einsatzbereiche

Man muss auch noch sagen, dass sich nicht unbedingt überall auf der Welt kurz behosten und leicht bekleideten Toureros alle Türen öffnen. Lateinamerika gehört dazu, und in arabischen Ländern z.B. macht sich ein Mann mit kurzen Hosen gar lächerlich, denn die gelten dort als Unterhosen. Und eine Frau in kurzen Hosen ist sogar ein öffentliches Ärgernis mit allen bedrohlichen Konsequenzen (s. auch „Als Frau unterwegs in traditionell-islamischen Landern“, Seite 114). Da aber Radhosen mit Kunstledereinsatz, wie anderweitig schon erwähnt, durchaus ihre Berechtigung haben, nimmt man am besten eine dünne Stoffhose zum Drüberziehen. Und generell ist (auch in nicht-islamischen Ländern) für „offizielle“ Anlässe, bei Cityausflügen und auch als Schutzkleidung bei abendlichen Insekten-Großangriffen eine Kombination aus Sporthose (Mischgewebe) und passendem langärmeligem Hemd bzw. Top eine gute Wahl (wegen der Moskitos auf helle Farbe achten!).

Wetterschutz

Unbedingt ins Gepäck gehört **Wind- und Regenschutzkleidung**. Dabei beachten: Jacken aus sogenannten Klima-Materialien („Membranen“, wie Goretex, Sympatex u.a.), die wasser-/winddicht und gleichzeitig wasserdampfdurchlässig sind, funktionieren nur in kühlen Regionen. Für Radreisen durch warme und tropische Zonen sind sie ungeeignet, weil der Feuchtigkeitstransport von innen nach draußen nur bei einem entsprechenden Temperaturgefälle – niedrigere Temperatur außerhalb der Kleidung – funktioniert. Für tropische Regionen nützen auch wasserdichte Anoraks nichts, denn wenn euch von außen der Regen nicht nass macht, so „badet“ ihr innen im eigenen Schweiß … Hier ist ein großer und leichter Poncho zweckmäßiger, mit dem man sich und das Rad bzw. Packtaschen abdecken kann – denn Radeln ist bei tropischen Wolkenbrüchen nicht möglich. Wer auch hier Gewicht sparen möchte, wirft die Zeltunterlage übers Fahrrad und hockt sich darunter. Für nichttropische Regionen tut es auch eine normale Regen- oder **Schlechtwetterjacke**, die weit geschnitten und hinten länger sein sollte, die eine Kapuze hat und unten mit einem Gurtband versehen ist, damit die Jacke nach unten abschließt und der Wind draußen bleibt. Guter Schnitt, erstklassige Ventilationsmöglichkeiten, Tragekomfort (Netzfutter haben sich bewährt), grelle Farbe (Sicherheit), angenehmes Packmaß und geringes Gewicht sind wichtiger als die ultimative High-Tech-Faser (letztere kann man außerdem nur mit Spezialwaschmittel reinigen, das man vor allem in Entwicklungsländern mit Sicherheit nicht bekommt).

Warme **Handschuhe** (und auch ein Schutz für die Ohren bei Abfahrten) sind ebenso wichtig wie dünne Sonnenschutzkleidung für heiße Tage. Denkt auch an dünne Radlerhandschuhe mit Handflächenpolsterung – die verhindern gequetschte Nerven und das dadurch verursachte Taubheitsgefühl und schützen in praller Sonne wirksam die Handrücken vor Verbrennungen.

Schuhe

Für Velo-Weltenbummler empfehlen sich **Wanderschuhe** mit niedrigem Schaft, die man zugleich als normale Laufschuhe benützen kann. Wichtig ist dabei auch der Halt bei Nässe (auf gute Sohlenprofilierung achten) und gute Kraftübertragung auf die Pedale, und dafür muss die Sohle hart genug sein – nur so kann die volle Tretkraft auf die Pedale kommen. Bei Fahrten in tropische Gegenden sollte die Fütterung nicht zu dicht sein, besser noch sind luftige Cordura-Einsätze im vorderen Bereich oder Ventilationslöcher. Goretex-Membranen in Schuhen machen selten Sinn und behindern bei Hitze nur den Luftaustausch. Wer eines der gängigen **Pedal-Schuh-Systeme** vorzieht, kann auch auf Kombinationsschuhe zurückgreifen, bei denen das Adaptersystem bündig in der Sohle versenkt ist und auch normales Gehen ermöglicht. Für längere Wandertouren sind diese Schuhe aber nicht geeignet – viele Reiseradler hatten schon Probleme mit gebrochenen Sohlen oder herausgebrochenen Adapterplatten. Deshalb kommt man um ein zusätzliches Paar Wander- oder Trekkingschuhe nicht herum. Die zweite Garnitur (auch für Radler ohne Pedal-Schuh-System) kann auch ein Paar guter und trekkingtauglicher Markensportsandalen sein wie z.B. von TEVA, Lowa oder Timberland.

Vorschlagsliste

- 2 Radhosen kurz
- 1 Radhose lang
- 1 Short
- 1 Trekkinghose lang (Zip-Modell)
- 1 lange Skiunterhose oder Lycrapants
- 1 Regenhose
- 2 T-Shirts mit kurzem Arm oder Radtrikot
- 1 Shirt/Trikot mit langem Arm
- 1 Faserpelzjacke
- 1 Regenjacke
- 1 Bluse/Hemd passend zur Trekkinghose
- Unterwäsche (am besten aus modernen, hautfreundlichen Kunstfasern zur Schweißableitung) und Socken
- 1 Gürtel (darf auch mit Klettverschluss sein)
- 1 Paar Sport- bzw. Radschuhe, 1 Paar Trekkingschuhe, 1 Paar Flip-Flops, Regenstulpen
- Handschuhe, Stirnband, Badezeug, Sonnenbrille, evtl. Schirmkappe, Helm und, je nach Reiseland, eine dünne Stoffhose zum über die Radhose ziehen.

Mit dieser Minimalausstattung müsste man in allen Klimaten und Kulturkreisen einigermaßen über die Runden kommen. Muss man waschen, ist alles in kürzestmöglicher Zeit sauber, getrocknet und wieder einsatzbereit. Wer nach Sibirien, Tibet oder Patagonien radelt, der kann seine Kleidung vielleicht noch um eine weitere warme Garnitur erweitern. Und wer unterwegs eine Trekkingtour einplant, muss natürlich auch schon zu Hause ein paar klamottentechnische Vorkehrungen treffen.

4. Weitere nützliche Dinge

- Kulturbeutel
- Mini-Reiseapotheke (Zusammensetzung siehe Seite 71)
- Tagebuch, Stift, Leuchtmarker für Landkarten und Bücher
- wasserfester Stift (zum Markieren und Schreiben auf Rahmen, Schläuchen, Plastikfolien, Päckchen)
- Plastiktüten in div. Größen, davon einige mit Schnellverschluss
- Bauchtasche mit Reißverschluss, Daypack / kleiner Rucksack
- Taschen- und/oder Stirnlampe

5. Akkus laden unterwegs

Per Dynamo

GPS-Gerät, Digitalkamera, Stirnlampe, Handy – alle diese Geräte funktionieren nur mit Akkus, und die müssen unterwegs geladen werden. Wohl dem, der einen **Nabendynamo** sein Eigen nennt – mittels eines Transformators, den man am Dynamo anschließt, geht das Laden problemlos während der Fahrt. Eine geniale Erfindung, gerade für die längere Tour! Da gibt es etwa das „E-Werk" von Busch & Müller (s. *www.bumm.de* unter „Ersatzteile und Zubehör"). Auch auf der Website *www.zzing.de* z.B. wird ein ähnliches Gerät angeboten – es werden immer mehr; s. in den Internet-Suchmaschinen. Wer sich selbst ein Ladegerät bauen will, wird auf der Seite *www.forumslader.de* fündig. Co-Autor Ernst Christen: „Dieser Forumslader wurde von etlichen interkontinentalen Tourenfahrern erfolgreich erprobt und weiterentwickelt und ist, seriösen Zusammenbau vorausgesetzt, absolut zuverlässig. Ich habe auf meiner ganzen Reise (von der Schweiz bis nach Thailand) einen solchen Lader benützt und bin äußerst zufrieden damit."

Solar

Dynamobetriebene Ladegeräte funktionieren natürlich nur, wenn das Fahrrad rollt. Wer zwischenzeitlich eine Weile nicht in die Pedale tritt (weil er z.B. eine Trekkingtour einschieben will), könnte seine Akkus auch mit Sonnenenergie aufladen. Dazu Ernst Christen: „Es gibt im Handel verschiedene **Solarladegeräte** für allerlei Elektronikartikel, mit denen man auch ein GPS-Gerät betreiben kann. Die Solargeräte sind aber in aller Regel leider nicht allzu robust und damit für interkontinentale Touren weniger geeignet. Der Forumslader lässt sich aber auch mit einem Solarpannel kombinieren." Auch hierzu gibt es eine Menge Info im Web, etwa unter *www.solarzellen-shop.de*, oder auch bei jedem größeren Outdoorartikel-Anbieter.

Am Stromnetz

Wer sich öfter ein ordentliches Nachtquartier leistet, wird seine Akkus sicher auch gerne zum Laden ans Stromnetz hängen. Das bedingt dann, dass man das Zimmer nicht nur nach Tierlein im Kopfkissen, sondern auch nach vorhandenen Steckdosen abklopfen muss. Als Akku-Ladegerät eines wählen, das sich auf 110 und 220 Volt einstellen lässt! Am besten reist man „mehrgleisig" – vor allem als Laptop-Nutzer. Ein guter Beitrag hierzu: *www.radfahren-gegen-krebs.de/index.php?id=788*.

6. Fotoausrüstung

Nirgends gehen die Meinungen so auseinander wie beim Knipsen, noch nicht einmal beim Thema „welches Rad". Wir haben Radler getroffen, die lediglich eine Wegwerfkamera dabei hatten und andere, deren Taschen prall gefüllt waren mit Bodies, Objektiven und Stativ.

Analogfotografie

Wenn man auf herkömmliche Weise, mit einer Kleinbildkamera, fotografieren will, würden wir empfehlen, eine Spiegelreflex mit Autofocus und Zoom einzupacken, zusätzlich eine kleine Kompaktkamera mit eingebautem Blitz. Nichts ist frustrierender als wenn auf einer lang geplanten Reise der einzige Foto ausfällt.

Reguläre **Filme für Papierabzüge** bekommt man leicht überall auf der Welt (auf das Haltbarkeitsdatum achten!), auch Fotolabors mit Schnellentwicklung sind zumindest in Touristenzentren und größeren Städten verbreitet. Das Angebot an **Diafilmen** jedoch wird weltweit immer geringer, und diese „Raritäten" haben ihren Preis! Erhältlich ist Kodak „Elite" und Fuji; Näheres dazu in den einschlägigen Länder-Reiseführern. Mit zunehmender Verbreitung der Digitalfotografie wird sich das Angebot an Diafilmen in Zukunft aber noch mehr verschlechtern. Dia-Fotografen sollten auf jeden Fall soviel wie möglich von ihrer Filmsorte von zu Hause mitnehmen, das ist im Allgemeinen billiger und sicherer.

Filme, egal von welcher Sorte, transportiert man am besten in einem Bleibeutel und im Flieger grundsätzlich im Handgepäck. Auf der Tour unbelichtete und vor allem belichtete Diafilme vor Hitze bewahren! Den Vorrat am besten tief unten in den Packtaschen zwischen der Wäsche oder im Schlafsack eingewickelt verstauen.

Digitalfotografie

Diesem System gehört die Zukunft, ohne Frage. Die Filmkosten entfallen, man kann seine Bilder einfach nacharbeiten, missratene gleich vor Ort wieder löschen, auf CD brennen lassen klappt mittlerweile auch fast weltweit – es wäre müßig, an dieser Stelle mehr zu sagen, jeder Foto-Fan wird sich hierzu seine eigene Meinung längst gebildet haben. Eine gute, reisetaugliche Digital-Kameras schafft – einen entsprechend üppigen Speicher vorausgesetzt – mehrere hundert Bilder. Sie frisst aber eine Menge Energie; also Vorkehrungen für die Akku-Aufladung unterwegs treffen (s. oben). Zum Thema „Bilder heimschicken per E-Mail" siehe auch Seite 58f.

Alles in allem ist das Thema „Fotografieren" immens und kann hier nicht erschöpfend abgehandelt werden. Es gibt aber eine Reihe erstklassiger Fachbücher dazu, von denen wir zwei besonders empfehlen wollen: „Reisefotografie" von Helmut Hermann und „Reisefotografie digital" von Volker Heinrich, beide Reise Know-How, Reihe PRAXIS.

Teil 3
Unterwegs

3 UNTERWEGS

A Schlafen, Essen, Weiterkommen

Übernachtung nach Kontinenten

Das tägliche Hauptproblem unterwegs: Wo lege ich heute abend meine müden Knochen hin, findet mein Stahlross einen Stall? Da ihr nicht jeden Tag damit rechnen könnt, allabendlich von netten Einheimischen in die warme Stube oder in die kühle Lehmhütte gebeten zu werden, sind schon bei der Reiseplanung Überlegungen zum Übernachten erforderlich. Faustregel: Je entwickelter ein Land, desto teurer die Übernachtungsstätten. Eine grobe Bewertung der Kontinente:

Kontinent	Übernachtung
Asien	Gute bis sehr gute Hotel- und Herbergssituation, in fast allen Ländern (Ausnahme Japan) preiswerte Hotels, auch in Großstädten. Freies Campen in den meisten Ländern jedoch kaum möglich oder anzuraten.
Afrika	Überwiegend schlechte Beherbergungssituation, wenige oder teure Hotels. Ein Zelt leistet gute Dienste.
Australien	Gute Hotel-Übernachtungsmöglichkeiten (günstig: Backpacker's Hostels), zelten gut möglich.
Nordamerika	Überwiegend teure Hotels bzw. Motels, ein Zelt ist notwendig.
Lateinamerika	Oft preiswerte Hotels und Hostales; in abgelegenen und spärlich besiedelten Gebieten gleichfalls Zelt nötig.

1. Hotels und Hostels

Günstige Angebote

Weltweit ist es bei vielen Hotels möglich, außerhalb der Saisonzeiten Rabatte zu bekommen, und sehr viele haben teurere und billigere Zimmer. Immer danach fragen. Wenn ihr nicht wisst, wohin ihr euch wegen eines Hotels wenden sollt, fahrt zum Marktplatz, Busterminal, Bahnhof. Dort gibt es meist ein gutes Hotelangebot oder „Schlepper" sprechen euch an (in Drittwelt- und Entwicklungsländern).

Sorgfältige Zimmerwahl

Billigzimmer immer vorher anschauen und alles kontrollieren! Wichtig ist die Sicherheit: Gibt es Einstiegsmöglichkeiten? Zimmer in den obersten Stockwerken sind am sichersten und ruhigsten. Türschloss okay? Wo kann das Fahrrad sicher untergestellt werden? Nehmt es, wenn immer möglich, mit ins Zimmer. An Sauberkeit darf man bei Budget-Hotels in Drittwelt-Ländern keine hohen Ansprüche stellen. Wenn die Bettwäsche nicht sauber ist, wechseln lassen. Gegen Krabbelgetier (Bettgestell von der Wand wegschieben) schützt der eigene Schlafsack und ein Moskitonetz. In tropischen Ländern keine Angst vor Geckos, die an den Wänden und Decken kleben, die sind wichtige Moskito-Vertilger und tun dir nichts. Kakerlaken halten sich meist im Bad auf. Lebensmittel und Packtaschen immer verschlossen halten; nachts erscheinen in Absteigen oder Hütten oft Mäuse und suchen Fressbares (den Essensvorrat evtl. von der Deckenlampe abhängen). Gegen Ameisen hilft eine mit Wasser gefüllte Schale, in die die Vorräte gestellt werden.

Nächtlicher Lärm ist in Drittwelt-Ländern ein häufiger Grund, dass man nicht einschlafen kann oder aufgeweckt wird: Unentwegt knattern Mopeds vorbei, und wenn ihr Pech habt, werden gerade vor eurem Fenster die Essensstände des Nachtmarkts aufgebaut. Später kommen dann die Hunde – wundert euch nicht, wenn in eurem Viertel eine jämmerlich kläffende Hundehorde die ganze Nacht um eine läufige Hündin buhlt ... Dann könnt ihr euch glücklich schätzen, wenn ihr Ohropax nicht vergessen habt. Prüft bei der Hotelwahl, ob sich nicht z.B. eine Karaoke-Bar oder Disco in der Nähe (oder gar im selben Gebäude) befindet ... Und glaubt nicht, dass wenigstens in den frühen Morgenstunden dann endlich Ruhe einkehrt! Viele Toureros bringen von ihrem Asien- oder Afrika-Biketrip den Eindruck mit, dass die dort ansässige Bevölkerung wohl ohne Schlaf auskommen muss. „Billig"-Hotel heißt meist auch: Lage in dubiosen, unsicheren Vierteln, und die Etablissements sind häufig auch „Begegnungsorte" für käufliche Liebesdienste ... In konservativ-islamischen Ländern hingegen (z.B. im Nord-Sudan) ist es in manchen Hotels auf dem Land üblich, dass sowohl Paare als auch Alleinreisende in getrennten „Frauen- und Männer-Abteilungen" übernachten müssen.

Unterwegs in Asien, Afrika, Amerika oder Australien empfiehlt es sich, immer wieder mal die üblichen Globetrotter-Hostels anzulaufen, denn die sind gleichzeitig auch gute Info-Börsen für die Weiterfahrt.

Youth Hostels

Die einst deutsche Erfindung der **Jugendherberge**, ins Leben gerufen 1909 von Richard Schirrmann, hat sich längst auf der ganzen Welt durchgesetzt, wenngleich in sehr unterschiedlicher Herbergsdichte in den einzelnen Ländern. Die weltweiten **Youth Hostels** sind heute unter dem Dach des Weltverbandes „Hostelling International" mit 90 nationalen Verbänden aus 80 Ländern und über 4000 Jugendherbergen global zusammengefasst. Im Internet könnt ihr unter *www.hihostels.com* jede Juhe weltweit anklicken, mit Kontaktdaten und oft auch mit Google-Map. Voraussetzung für die weltweite Übernachtung in Jugendherbergen ist die Mitgliedschaft im Deutschen Jugendherbergswerk (*www. jugendherberge.de*) oder in seinem Schweizer bzw. österreichischen Pendant (*www.youthhostel.ch, www.oejhv.or.at*).

Backpacker's Hostels

Die „**Backpacker's**" ähneln den Juhes in Aufmachung und Preisen, sind aber meist in Privatbesitz oder gehören einer Organisation an. Man braucht keinen Mitgliedsausweis, die „Hausregeln" sind meist wesentlich laxer, gemischte Schlafräume beispielweise üblich, aber oft gibt es auch Doppel-, Dreier- oder Vierer-Zimmer. Da die Qualität sehr stark vom Engagement des Eigentümers oder „Managers" abhängt und nicht von einem Landesverband überwacht wird, sollte man die Häuser immer vorher besichtigen (es herrscht eine recht hohe Fluktuation, fragt andere Traveller nach empfehlenswerten Häusern).

Die meisten Backpacker's gibt es in Neuseeland und Australien, gefolgt von den USA/Canada, Lateinamerika und Südafrika. Backpacker-Unterkünfte sind immer gute Info-Börsen; auch wenn man hier nicht übernachtet, lohnt es oft, einen Blick auf das Schwarze Brett zu werfen. Man findet diese Häuser auf Seiten wie *www.hostels.com* („Featuring 27.501 hostels and other cheap places to stay worldwide" – Stand Mitte 2009), *www.budgetaccommodationguide.com, www.hostelsofamerica.com, www.thebackpacker.net* und etlichen anderen – und auch in guten Reiseführern.

2. Organisationen, Wohnheime

YMCA / YWCA

Noch relativ preiswert und eine gute Alternative sind die gleichfalls weltweit vorzufindenden – wenngleich weniger zahlreichen – CVJM-Hotels (engl. **YMCA**, für Frauen: **YWCA**). Es gibt sie hauptsächlich in den englischsprachigen Ländern bzw. in den ehemaligen engl. Kolonialländern. Das YMCA-Hotelverzeichnis findet man auf *www.ymca.int* („YMCAs" anklicken), für die YWCAs auf *www.worldywca.org* unter „National YWCAs".

Studentenwohnheime

Für Inhaber einer **„International Student Identity Card"**, eines internationalen Studentenausweises der ISTC (International Student Travel Confederation, *www.istc.org*), können auch Studentenwohnheime als Übernachtungsplätze in Frage kommen. Die ISTC hat spezielle Hostel-Guides, die für verschiedene Länder und Erdteile günstige Herbergen nennen, auch können Studenten über diese Organisation günstige Flüge und Fährpassagen buchen oder Auslands-Studienaufenthalte in die Wege leiten (was sich evtl. auch mit einer Radreise verbinden ließe). Unterwegs kann man aber auch so Universitäten und Studentenwohnheime ansteuern, um Kontakte zu schließen oder eine Billigunterkunft in Erfahrung zu bringen. An vielen Unis, in den USA z.B., gibt es auch die Möglichkeit, Wäsche zu waschen, zu duschen und evtl. zu übernachten. Private Kontakte und Einladungen zu Studenten können sich natürlich auch ergeben.

3. Hospitality Directories, Bed & Breakfast

Gastfreundschafts-Netzwerke

So wie der „ADFC-Dachgeber" für Deutschland (*www.dachgeber.de*) existieren auch für andere Länder weltweit wie die USA, Canada, Australien, Neuseeland u.a. „Touring Cyclist's Hospitality Directories" bzw. Listen von „Cyclist Accommodations", das sind Adressen gastfreundlicher einheimischer Radler, die Fernradlern im Gegenseitigkeitsprinzip Übernachtungsmöglichkeiten bieten. Details stehen im Länderteil.

Dann gibt es mittlerweile eine ganze Anzahl kostenloser internationaler Gastfreundschafts-Netzwerke auf Gegenseitigkeit, ins Leben gerufen ursprünglich für Budget-Traveller und Rucksackreisende, die natürlich auch für Radler offenstehen. Die bekanntesten sind **CouchSurfing** (*www.couchsurfing.org*, Mitte 2009 fast 1,2 Mio. Mitglieder in 58.373 Orten in 231 Ländern und Gebieten!) und **Warmshowers** (*www.warmshowers.org*). Dabei geht es nicht nur um Unterkunft, sondern auch um Kulturaustausch – Couchsurfer zeigen beispielsweise ihren ausländischen Gästen auch ihre Stadt oder nehmen sie dahin mit, wo so das Leben brodelt. Eine feine Sache! (Kleines Beispiel: Schaut mal auf die Website *www.panamerica.ch* von Pius und Stefan, die auf ihrer Panamericana-Liegerad-Tour sehr oft bei Couchsurfing-Hosts zu Gast waren).

Weitere Organisationen sind *www.stay4free.com* (über die man auch weltweit zeitweiligen Wohnungstausch organisieren kann) und SERVAS (*www.servas.de, www.servas.org*), eine weltweite Friedensorganisation, wo man Mitglied werden und dann Adressen von gastfreundlichen Menschen in 110 Ländern anfordern kann.

Bed & Breakfast

Landestypisch unterkommen kann man auch in „B & B"- Häusern (Bed & Breakfast), d.h. man übernachtet bei Familien, die nur Übernachtung mit Frühstück anbieten. B & B findet man mittlerweile weltweit, doch außer in Europa hauptsächlich in den USA, Südafrika, Australien, Neuseeland, Canada, Japan, s. unter *www.bedandbreakfast.com*. Nicht immer ganz billig, doch evtl. besser als ein steriles Hotel!

4. Einladungen zum Übernachten

Je weniger besiedelt, je einsamer oder „härter“ ein Land, desto mehr wird man in der Regel Gastfreundschaft erleben, selbst oder gerade bei den ärmsten Menschen, und in manchen Weltregionen wird man geradezu von der Straße geangelt – als „Rad-Exot“ aus Europa ... Ein Schild am Rad, das die (Welt-)Tour erklärt bzw. die Route zeigt, ist ein guter Kontaktmacher. Radfahrer sind ja auch Sportler, und Sportler genießen weltweit einen Bonus (doch es soll auch unter Bike-Travellern inzwischen jene Spezies geben, denen tägliche Einladungen und kostenloses Übernachten das Wichtigste ihrer Tour ist ...). Wehret den Anfängen, werdet keine Globeschnorrer, nicht dass einmal den Radfernfahrern das gleiche Negativ-Image anhängt wie den Gastfreundschaft-Ausnützern unter den Rucksack-Globis!

Wenn ihr eingeladen seid, so versucht, möglichst rücksichtsvoll zu sein und euch z.B. mit irgendwelchen Arbeiten nützlich zu machen. Lasst kleine Gastgeschenke zurück – das kann in manchen Weltgegenden z.B. Zucker oder Tee sein, wenn diese Dinge rar oder relativ teuer sind. Gut als Präsent ist auch ein Foto von euch mit dem Rad, mit Adresse auf der Rückseite und Tour-Verlauf (gleich zuhause einen Stapel drucken lassen). Oder revanchiert euch mit einer Gegeneinladung in ein Restaurant, bringt beim Abschied vorher Lebensmittel vom Markt mit etc. Längerbleibende sollten mal ein „original“ heimatliches Gericht kochen, sofern ihr kochen könnt (nicht jeder ist wie Weltumradler Tilmann Waldthaler gelernter Koch). Selbstverständlich sollte sein, sich später mal mit einer Karte für die Gastfreundschaft zu bedanken (man kann auch die Fotos schicken, die man zusammen mit den Gastgebern aufgenommen hat).

In manchen Weltgegenden muss man aus Einladungsangeboten heraushören, ob die nun wirklich ernst gemeint sind oder nur proforma ausgesprochen werden (z.B. ist in Lateinamerika der Satz „Mi casa es su casa“ selten wörtlich gemeint).

Ein gesundes Misstrauen ist bei manchen schnell ausgesprochenen Einladungen angebracht, besonders bei weiblichen Bikern. Lernt abzuschätzen, was Eigennutz und echte Gastfreundschaft ist. Manche Gastgeber verbinden mit ihrer Einladung auch gleich eine Erwartungshaltung gegenüber dem „reichen“ Europäer (Bitten um Geld, ein Ticket nach Deutschland etc.). Von Übernachtungs-Einladungen in Kasernen, Zelt-Camps (Pioniereinheiten) oder z.B. in militärisch bewachte Anlagen ist eher abzuraten, das bringt meist nur Probleme mit sich.

In westlichen Ländern wie z.B. in den USA, Australien oder Neuseeland ist es erfahrungsgemäß schwieriger, Einladungen zu erhalten. Bucht man dort (bei Landes-Fahrradverbänden oder in Reisebüros) jedoch mal zwischendurch eine organisierte Radreise, können bei diesem Radtrip Kontakte und Freundschaften entstehen, man tauscht Adressen aus und erhält Einladungen für später. Solch eine organisierte Tour mit einheimischen Radlern ist nicht nur eine schöne Abwechslung, sondern man lernt Land und Leute auch mal von einer ganz anderen Seite kennen.

Weitere Übernachtungsstellen in Drittwelt-Ländern sind Schulen (bei einem Lehrer oder dem Schulleiter nachfragen), auch Polizeistationen nehmen manchmal einen verirrten Radler auf. Eine gute Idee, in Städten unterzukommen, sind auch Feuerwehrstationen (sofern die Männer der Nachtwache darauf eingehen). Schlafgelegenheiten gibt es auch manchmal bei Kirchen und Gemeindehäusern, Missionen, in Bahnhofs-Warteräumen, in Asien in Tempeln usw.

5. Camping

Campingplätze

„Richtige“, also **kommerziell betriebene Campingplätze** mit allem Drum und Dran, finden sich weltweit überwiegend nur in westlichen bzw. gut entwickelten Ländern. Das kostet dann auch entsprechend, und viele werden trotz dieser Möglichkeiten gerne wildes Campen vorziehen (in manchen Ländern gibt es auch einfache, billige Campgrounds, wie z.B. in Neuseeland gemeindeeigene Plätze, sog. Domains, wo Campen erlaubt ist, oder die Hiker Biker Sites in den Pazifikstaaten der USA). Wer kein Zelt hat (oder wenn es schüttet), sollte nach einem Miet-Wohnwagen fragen (On-site Vans).

In der Dritten Welt sind Campingplätze oft in einem desolaten Zustand, so dass man besser gleich ein schöneres Plätzchen in der Natur sucht. Viele Hotels in Asien, Afrika oder Südamerika haben auf ihrem Areal auch noch ein Eckchen für Zelt- oder Autoreisende, danach fragen. Auch viele Jugendherbergen und Backpacker's haben Zeltplätze beim Haus.

Wildes Campen

In großen Teilen der Welt hat man mit dem freien Campen wegen zu dichter Besiedlung Probleme. Ausnahmen sind spärlich besiedelte Regionen, Ödland, Wüsten oder steppenartige Gegenden und Bergregionen. Probleme kann es auch in stark „eigentumsbewussten“ Länder geben, wie z.B. in den USA, wo Grund und Boden als „heilig“ gelten. Panamericana-Radel-Pionier Clemens Carle: „Ich wurde sogar mal bei strömendem Regen aus einer Tiefgarage hinausgeworfen, als ich gerade einen platten Reifen flickte …“ Sowohl kultivierter als auch nichtkultivierter Boden ist in Drittwelt-Ländern oft Gemeineigentum von Dörfern oder Stämmen und selten Privatbesitz.

Tipps zur Platzsuche: Den Platz so auswählen, dass man entweder von niemandem oder von vielen Menschen gesehen wird. Also möglichst nicht in der Nähe von Häusern, Bauernhöfen, Hütten etc. – doch wenn, dann gleich *direkt* bei den Häusern, und dann um Erlaubnis fragen. Bei Bauern machen meist die dortigen Tiere nächtlichen Lärm oder Hunde schleichen ums Zelt. Rechtzeitig am Nachmittag Ausschau halten, es kann oft lange dauern, bis eine geeignete Stelle kommt. Am besten von der Hauptstraße in einen Seitenweg abbiegen und einen versteckten Platz finden (an kurvigen Straßen muss man aufpassen,

Sleep well! Tankstellen-Camp am Trans Canada Highway

dass einen die Scheinwerfer der Autos nicht erfassen). Nicht in der Nähe von Tierspuren campen (die Tiere könnten des Nachts vorbeikommen), und aus Sicherheitsgründen nicht in der Nähe von Städten. Sowohl Hügelspitzen als auch Senken meiden (und in Wüsten und Steppen wegen weit entfernter, plötzlicher Regenfälle ausgetrocknete Flussläufe bzw. Wadis). Lagerplatz vor dem Zeltaufbau von spitzen Steinen oder Dornen säubern. Und: einen schönen, sauberen Platz zu finden heißt, ihn so auch wieder zu verlassen.

Sonstige Camp-Möglichkeiten

Zeltplätze bzw. Plätze zum Schlafen findet man weiter bei Schulen und Sportanlagen (Stadien), an Tankstellen, in der Nähe von Polizeistationen, bei Wald-Picknickplätzen, in Rohbau-Häusern, in Scheunen und leerstehenden Hütten, in afrikanischen und asiatischen Dorf-Gemeinschaftshäusern. In manchen Ländern kann man zur Not auch in größeren Bushaltestellen unterwegs an der Landstraße pennen, unter Brücken, bei Boots- und Yachtclubs usw. usw.

In Städten sind Stadtparks fast immer unsicher und gefährlich! Gefährlich (Überfall) sind auch immer Stadtstrände, am Meer allgemein. In Dörfern oder Städten einfach so viele Leute ansprechen, bis jemand einen Platz weiß oder jemand evtl. seinen Garten zur Verfügung stellt.

Wenn ihr in einer Gegend ein unsicheres Gefühl habt, evtl. noch bei Tag einen günstigen Platz suchen und diesen erst nach Einbruch der Dunkelheit aufsuchen. Dann auch kein Licht mehr machen.

In fast allen Drittwelt-Ländern, besonders in Afrika und Lateinamerika, gibt es bei Privathäusern oder bei öffentlichen Gebäuden Nachtwächter. Freunde dich mit ihnen an, sie kennen gute Ecken, wo man sicher und ungestört schlafen kann (und sie bewachen dich gleich mit …).

6. Anlaufstellen, Treffpunkte

Wer schon mal längere Zeit auf Achse war kennt den Hunger nach heimatlichen Informationen, nach einem Gedanken- und Neuigkeitenaustausch. Zum Teil kann dieses Bedürfnis in Hotels beim Treffen mit anderen Globetrottern gestillt werden, man liest im Internetcafé die aktuellen News oder man besucht z.B. ein Goethe-Institut, wo deutsche Zeitungen und Zeitschriften ausliegen (weltweit gibt es über 150 Goethe-Institute in über 70 Ländern, s. *www.goethe.de*).

Andere Anlaufstellen für Heimatliches sind in Hafenstädten deutsche Schiffe und (internationale) Seemannsheime (s.u., „Mit Schiffen weiter"), deutsche Clubs (Telefonbuch checken), deutsche Auslandsschulen (heißen in Lateinamerika meist Colegio Humboldt), Honorarkonsulate, Campingplätze für Autotraveller u.a.m. In Lufthansa-Büros kann man evtl. mal wieder deutsche Zeitungen bekommen (auch gut um Leute zu treffen, die in Kürze heimfliegen, und die ihr als Kuriere für Post und Filme gewinnen könntet). Andere Traveller trifft man in französischen oder englischen Kulturinstituten (die sind manchmal an die Botschaften angegliedert).

7. Radtransportmöglichkeiten

Langweilige Abschnitte, radelunfreundliche oder auch gefährliche Regionen kann man auf allen Kontinenten auch mit lokalen öffentlichen Verkehrsmitteln überbrücken. Je ärmer ein Land oder eine Region, desto besser ist in der Regel das Bus- bzw. Kollektivtaxi-Netz ausgebaut. Privatautos gibt es in armen Ländern kaum, in reicheren Ländern ist es meist umgekehrt.

Bezieht also in eure Reiseplanung auch die Möglichkeit mit ein, mit Bussen, Bahnen, Lkw, Schiffen, Flugzeugen, Sammel-, Busch- und Überlandtaxis weiterzukommen.

Kontinentale Übersicht

Kontinent	Radtransportmöglichkeiten
Afrika	Der Kontinent der Buschtaxis, Eisenbahnen gibt es nur spärlich, Linienbusse gleichfalls nicht übermäßig viele. Lkw und Kleintransporter übernehmen den Last- und Personenverkehr. Mit ihnen ist guter Radtransport durch Wüste, Busch und Urwald möglich. Binnenschiffahrt auf dem Nil, Kongo, Niger.
Asien	Hat ein dichtes Netz öffentlicher Verkehrsmittel, viele Überlandbusse, Kollektivtaxis, Eisenbahnen. Indien, Pakistan, China und auch Japan sind „Eisenbahnländer". Radtransport ist leicht möglich, billige Preise (nicht in Japan).
Nordamerika	Besitzt ein gutes Bus- und ein genügend großes Ferneisenbahnnetz. Radtransport teils umständlich, Tickets sind nicht billig.
Mittelamerika	Sehr viele Buslinien, Radtransport ist gut möglich.
Südamerika	Gleichfalls viele Busse; Radtransport ist in den ärmeren Ländern kein Problem. In ganz Lateinamerika gibt es nur noch wenige, dafür aber attraktive Eisenbahnlinien, die zwar interessant zu fahren sind, aber meistens dem Fernradler wenig bringen. Doch auch viele Kollektivtaxis.
Australien	Besitzt ein großes, modernes Fernbussystem und einige (teuere) Eisenbahnlinien. Radmitnahme möglich.

8. Mit Schiffen weiter, Überarbeiten

Personenschifffahrt

Es gibt etliche Länder und Regionen, wo die Binnen-, Küsten- und die Schifffahrt von Insel zu Insel gang und gäbe ist und man auch mit dem Rad mitkommen kann. Schifffahrtsländer sind z.B. Indonesien, die Philippinen, Japan und die Südsee-Inselstaaten. Auch über die sieben Weltmeere, von Land zu Land oder von Kontinent zu Kontinent, sind eine Menge Schiffe unterwegs, als Passagierdampfer zwar höchstens noch exklusive Kreuzfahrer, dafür aber eine Unzahl von Frachtschiffen aller Größen. Auch Binnenschiffsreisen mit dem Rad lassen sich machen, z.B. auf dem Amazonas, dem Nil, auf dem Yangtse in China und noch auf anderen großen Flüssen mehr.

Frachtschiffe

Etliche Frachter haben auch ein paar Passagierkabinen; **Frachtschiffreisen** werden immer beliebter. Wer sich mit dem Gedanken trägt, in seine Globo-Tour eine transkontinentale Frachtschiff-Etappe einzubauen: Zwei bekannte Anbieter sind: „Frachschiff-Touristik Kapitän Zylmann GmbH" (*www.zylmann.de*) und „Fachreiseagentur für Seereisen Kapitän Hoffmann" (*www.frachtschiff-reisen.net*).

Überarbeiten

Als „Robber" kann man sich auch im Zeitalter der Containerschiffe noch seine Schiffspassage verdienen, doch es wird immer schwieriger. Ich (Helmut) bin damals in Afrika mit dem Rad als Überarbeiter auf einem Frachtschiff von Libreville (Gabun) zum Kongo-Brazzaville gefahren und als Zweiter Schiffsmaschinist von Kapstadt nach England.

Regel: Je weiter weg von Europa bzw. der „Zivilisation“, desto eher besteht die Chance, von einem Kapitän mitgenommen zu werden. Es ist auch leichter, nach Europa überzuarbeiten als von einem deutschen/europäischen Hafen nach Übersee anzuheuern. Glück mag man auch eher bei Schiffen haben, die unter exotischen Flaggen fahren. Wendet euch in Häfen zuerst an Schiffsagenten oder an Reederei-Büros, z.B. bei deutschen Linien nach und von Südamerika an die Hamburg-Süd (*www.hamburg-sued.com*), in Afrika an die Deutsche Afrika-Linie (*www.rantzau.de*), in Australien und Neuseeland wieder an die Hamburg-Süd oder an die Columbus-Linie. Oder ihr sprecht gleich beim Kapitän eines Schiffes vor, das in euer Zielland fährt. Alles über Hafenstädte weltweit unter *www.mglobal.com*. Welche Schiffe in welches Land fahren oder von dort erwartet werden, erfährt man aus den Zeitungen in der Hafenstadt, von Schifffahrtsbüros im Hafen oder aus dem Buch „ABC Passenger Shipping Guide“ (Reisebüros).

Kann der Kapitän Hilfskräfte brauchen, dauert es einige Tage, bis alle beteiligten Stellen (Reederei, Chartergesellschaft, Schiffsbüro) benachrichtigt und einverstanden sind (sowieso darf man bei der Schiffssuche für Überfahrten nicht unter Zeitdruck stehen).

Für offizielles Anheuern ist, zumindest in Mitteleuropa, ein Seefahrtsbuch notwendig. Das stellt die Hafenbehörde aus, nach Bestätigung durch eine Reederei. Einmal im Besitz eines solchen Büchleins könnt ihr unterwegs wesentlich einfacher anheuern und eure Weiterfahrt- bzw. die Rückreisekosten wesentlich senken.

Bevorzugt als Überarbeiter werden Leute mit technischen Berufen. Auch Frauen haben eine Chance, als Stewardessen, in der Küche, bei der Zimmerreinigung. Männer werden meist zum (anstrengenden) Rostklopfen, Anstreichen, Deckschruppen u.ä. eingesetzt. In der Maschine ist es wegen der Hitze und dem Lärm sehr anstrengend! Schiffe, Schiffsreisen und Schiffsbesatzungen sind eine eigene, besondere Welt – man braucht bei der Seefahrt eine „dicke Haut“ ...

Darf man mitkommen, muss meist eine Verpflichtungserklärung unterschrieben werden, die den Kapitän und die Reederei von Schadenersatzansprüchen im Krankheitsfall oder bei einem Unfall freistellt (oder ihr müsst eine extra See-Krankenversicherung abschließen). Schaut, dass eure Papiere (Ausreisestempel/Einreisevisum fürs nächste Land) in Ordnung sind.

Auch wenn eure Bemühungen nicht klappen sollten: Fernab der Heimat wird man manchmal gerne von Seeleuten an Bord eingeladen, kann wieder mal tüchtig (Heimatliches) futtern und einen trinken. Seemanns-Treffpunkte sind Hafenkneipen, Seemannsheime und Seemanns-Missionen. Auch bei meinen Rucksackreisen war ich (Helmut) in den Häfen ferner Länder öfter bei Seeleuten auf ihren Schiffen zu Gast. Das klappt, wie erwähnt, weniger in modernen europäisch/amerikanischen Container-Terminals, sondern eher in verlassenen Weltgegenden, wo sonst kaum ein Tourist geschweige denn ein Radfahrer hinkommt.

Yacht-Trampen

Mal angenommen, man erreicht eines Tages mit seinem Drahtesel irgendwo auf dem Globus eine Hafenstadt bzw. einen Yachthafen, wo sich Segelboote und Yachten aus aller Welt ein Stelldichein geben. Warum dann nicht versuchen, statt auf dem Landweg nun mit einer Yacht kostenlos übers Meer ins nächste Land, zu einer Insel oder auf einen anderen Kontinent zu gelangen? Zwar sind es meist nur Rucksack-Globetrotter, die eine solche Chance suchen (und manchmal Glück haben), doch es sollte – bei einer größeren Yacht – auch Platz für ein Rad geben. Viele Segelbootbesitzer nehmen Mitfahrer mit – „Hand gegen Bett“ heißt das. Man muss Wache halten, kochen u.a., die Tagesarbeiten erledigen. Voraussetzung ist natürlich, seefest zu sein, nicht jeder hält tage- oder wochenlanges Segeln in kleinen Booten aus.

Falls so ein Trip also in eure Reisepläne passt: In Yachthäfen die Bootseigentümer (Skipper) fragen, beim Hafenmeister einen Zettel auf dem Anschlagbrett hinterlassen, die Kleinanzeigen der Segelzeitschriften lesen. Es gibt auch eine ganze Reihe von Mitsegel-Agenturen, z.B. „Hand gegen Koje" Christian Lambertz (*www.handgegenkoje.de*), den „Seglerserver" Tobias Umland (*www.freiekojen.de*), das Europäische Segel-Informationssystem (*www.esys.org*) und DMC-Reisen Mühlbauer – Deutsches Mitsegler-Centrum (*www.dmcreisen.de*).

Die **Route** der Segelboote, die von Europa in die Karibik fahren, geht von Spanien und Portugal über die Kanarischen Inseln. Hauptsegelzeit ab dort ist von Mitte September bis Mitte Oktober (Passatwinde). Aus der Karibik geht es ab Ende April wieder mit den Winden nach Europa. Weitere Möglichkeiten bestehen auf den Hauptrouten zwischen Kalifornien, Hawaii und Australien über diverse Südsee-Inseln, von den Karibikinseln gleichfalls nach Neuseeland / Australien und zu Südsee-Inseln, und je nach Jahreszeit wieder in die andere Richtung.

B Mit dem Rad durch Extrem-Regionen

1. Durch Wüsten

„Leiden ist der Ursprung des Bewusstseins" (F. Dostojewski)
Es gibt nicht nur die Wüste Sahara, die größte der Welt, die man mit dem Rad (in Teilabschnitten) ganz durchqueren kann. Weitere Wüsten oder Halbwüsten erstrecken sich rings um die Erde in Höhe der nördlichen und südlichen Wendekreise: die Atacama in Nordchile, die Nullarbor in Australien, die Wüste Thar in Indien, die Wüsten in Arizona und in New Mexico, die wüstenartige Halbinsel Baja California, die Namib und Kalahari im südlichen Afrika, Takla Makan in China und einige andere mehr. Endlose Wüsten, riesige Ebenen und Hochplateaus können schnell zum Alptraum eines Radler werden – man kann quasi heute schon sehen, wo man übermorgen radeln wird …

In der Nubischen Wüste (Sudan)

Zusätzlich zu den im Afrika-Kapitel über die Wüste Sahara gesagten Dingen (s. Seite 323ff) und den Hitzegefahren-Tipps im Kapitol Medizin (s. Seite 69) hier noch weitere Wüsten-Ratschläge.

Kein Risiko eingehen

Erfahrene Wüstenradler wissen, dass eine Wüste, auch bei bester Ausrüstung und Kondition, immer stärker ist als der Mensch. Der Routenverlauf, die vorherrschende Windrichtung, der Zustand der Straße oder Piste, die Entfernungen zwischen Siedlungen oder Oasen und die Versorgungsmöglichkeiten mit Wasser und Proviant müssen bei langen Touren genau geprüft werden – nie ein Risiko eingehen!

Was bei Wüstenfahrten vor lauter Technik, Tipps und Ausrüstung meist vergessen wird: Eine Wüste ist nicht nur eine körperliche, sondern auch eine psychische Herausforderung! Die Stille, die Einsamkeit, die Weite – „das Nichts" – sowie das Wissen, dass man einer Wüste total ausgeliefert und eine Verkettung unglücklicher Umständen tödlich endlich kann, belasten das Nervenkostüm erheblich. Doch Wüsten „geben" auch, sie sind nicht nur langweilig oder „tot", sondern höchst interessant, man muss sich nur vorher ein wenig mit Wüstengeologie und -biologie befassen. Und wer sich länger in Wüsten aufhält, erlebt ganz neue Daseinserfahrungen.

Hitze und Körper

Der Körper wird in Wüsten durch drei extreme Klimabedingungen beansprucht: Hitze, Trockenheit und Nachtkälte. Gegen sie muss man sich schützen können. Der Wind ist eine weitere Gefahr; gegen peitschende Sandstürme anzukämpfen ist aussichtslos – legt einen Ruhetag ein.

Nach Untersuchungen und Tests liegt der Wasserverbrauch in sehr heißen Wüsten (bei mehr als 40 °C im Schatten) bei etwa 8-10 Litern pro Tag und Person, bei starker Anstrengung – wie dem Radfahren – noch höher. Der Wasserverbrauch lässt sich etwas senken, wenn man sehr früh losfährt, über die heißeste Tageszeit rastet und dann am späten Nachmittag nochmals kurbelt. Evtl. müssen auch Nachtetappen eingeplant werden.

Mit dem Wasser möglichst auch Mineralien (Kalium, Magnesium) einnehmen, salzige Brühen trinken oder dem Wasser Salztabletten beifügen. Wie erwähnt ist es nötig, immer mehr zu trinken, als das Durstgefühl vermittelt; der trockene Wüstenwind entzieht dem Körper über Haut und Schleimhäute enorme Wassermengen. In der Hitze langsam und stetig radeln.

Kann man sich nicht mehr waschen, sieht man nach einigen Tagen aus wie paniert – Staub und Sand setzen sich überall fest. Doch durch die extreme Trockenheit ist das alles noch erträglich. Das Schlimmste in Wüsten sind oft die Fliegen. Bei einem Halt kommen sie aus dem völligen Nichts, sie sind einfach da und krabbeln und schwirren dir unablässig an Augen, Ohren, Nasenlöchern und Mundwinkeln herum.

Bekleidung

Gegen Austrocknung schützt luftige, alle Körperpartien bedeckende (Baumwoll-) Kleidung. Sie sollte so weit geschnitten sein, dass jeder Luftzug den Körper erreicht. Nur so kann der Schweiß verdunsten, was den Körper kühlt. Die Kleidung sollte Schließmöglichkeiten (Gummibündchen) an Hand- und Fußgelenken haben, denn dadurch kann das angenehme Mikroklima, das sich durch das Schwitzen zwischen Bekleidung und Haut bildet, nicht entweichen (gleichzeitig jedoch darauf achten, dass kein Hitzestau entsteht).

Im Gegensatz zu landläufigen Meinungen sind dunkle Kleidungsfarben nicht verkehrt. Warum? Dunkle Farbe absorbiert besser das Sonnenlicht, das sich dann auf dem Stoff und nicht erst auf der Haut in Wärme umwandelt. Wer dennoch sehr enge Radlerhosen anzieht und nicht geröstet werden will, darf keine schwarzen anziehen (dunkle enge, hautanliegende Kleidung wird sehr heiß!).

Auch der Kopf, der Nacken und die Füße sollten immer bedeckt sein, damit so wenig wie möglich Flüssigkeit über die Haut verdunstet. Ein Tuch vor Mund und Nase (wie es z.B. die Tuareg in der Sahara tragen, dort heißt es „Chech“) bewirkt, dass ein Teil der beim Ausatmen abgegebenen Feuchtigkeit wieder eingeatmet wird und sich somit der Wasserbedarf des Körpers etwas reduziert. Für kalte Wüstennächte benötigt man lange Unterwäsche und einen warmen Schlafsack.

Rad, Pisten, Ausrüstung

In Wüsten setzt sich der Flugsand oder der normale Straßen- bzw. Pistenstaub schnell auf Schaltwerk, Kette und Zahnräder. Alle sich bewegenden Teil sorgsam täglich von Staub und Sand reinigen. Für Pistenfahrten lässt man etwas Luft aus den Reifen, um die Auflagefläche zu erhöhen und weniger einzusinken. Das funktioniert freilich nur bei einem breiten Reifen. Durch die Walkarbeit wird der Reifen beschädigt, auch für die Felge droht Gefahr. Hier sind „gum walled“ -Reifen besser als „skin walled“, die sind nämlich an den Flanken eher rissanfällig.

In Sand das Rad zu schieben wird schnell zur Qual. Da ist es besser, das Gepäck für solche Abschnitte vorübergehend auf den Rücken zu nehmen. **Bei Strecken- und Pistenauskünften immer misstrauisch sein!** Auto- oder Motorradfahrer und auch Fußgänger haben keine Ahnung, welche Pistenoberflächen für einen Radfahrer möglich oder nicht mehr möglich sind! Pistenbeschreibungen in Reiseführern sind immer nur für motorisierte Traveller.

Eine gute, seitlich schließbare Sonnenbrille ist notwendig, noch besser ist eine Gletscherbrille. Für Nachtfahrten sind Stirnlampen ideal. Gegen die trockene, staubige Luft Halspastillen mitnehmen. Für ein Schattendach eine leichte Plane und Zeltstangen mitführen (man kann die Plane auch zwischen zwei Bikes ausspannen).

Campieren

Nicht im Bereich von befahrenen Pisten, nicht in Wadis (periodisch wasserführende Flusstäler), nicht zu dicht an Wasserstellen und nicht neben Brunnen campen (wie schon erwähnt). Zelt gegen die Hauptwindrichtung aufbauen. In Wüsten gibt es oft dornige Pflanzen, Kakteen und stachlige Disteln, die Dornen liegen herum, und um platte Reifen zu vermeiden ist es besser, das Gepäck und das Rad ein Stück von der Straße weg zum ausgesuchten Campplatz zu tragen. Zum Herausziehen von Dornen aus Reifen und Haut eine gute Pinzette mitführen. Steine in der Nähe des Lagerplatzes vorsichtig wegschieben – es könnte ein Skorpion daruntersitzen. Aus dem gleichen Grund morgens die Schuhe ausschütteln.

2. In Schnee und Eis, Kälte

Bei vielen Touren ist nicht auszuschließen, dass ihr auch mal mit Kälte, Schnee und Eis in Berührung kommt, entweder in richtigen Winterzeiten oder auch nur tageweise z.B. in extremen Gebirgshöhen. Hier Erfahrungen und Tipps für Kälte-, Schnee- und Wintertouren.

Ausrüstung

Nicht nur sich selbst, auch das Rad muss man kälte- und schneefest machen, z.B. alle sich bewegenden Teile wie Kette, Brems- und Schaltzüge gut einfetten. Breite Reifen mit ausgeprägtem, grobstolligem Profil aufziehen, mit reduziertem Luftdruck fahren (bessere Bodenhaftung). Dicke, isolierende Lenkergriffe, rutschfeste Pedale, Schmutzfänger an Vorder- und Hinterradschutzblechen, warme Satteldecke.

Selbst braucht man **angepasste, windfeste Winterkleidung**, Winter- und Regenhose (Signalfarben und Reflexstreifen für bessere Sichtbarkeit), Winter-Unterwäsche, Thermo-Schuhe und Gamaschen, eine Pudelmütze für den Kopf und eine Sturmmütze („Bankräubermütze“) fürs Gesicht. Der Körper verliert über den unbedeckten Kopf viel Wärme, ihn deshalb stets bedeckt halten.

Beat Heim im Schneesturm (am Tro La, Osttibet, 4895 m)

Wichtig ist das Eincremen des Gesichts (besonders der Nase), der Lippen und der Hände, doch nicht mit einer wasserhaltigen Creme, sondern mit einer auf Pflanzenölbasis (Vaseline).

Dann braucht man noch winddichte, warme (Finger-)Handschuhe oder Seiden-Fingerhandschuhe unter Fäustlingen. Wer keine Handschuhe hat oder wem trotz Handschuhen die Hände wegen des Fahrtwinds zu Eis gefrieren, bastelt sich Lenkerstulpen (aus Autoschläuchen), die über die Griffe geschoben werden und so die Hände schützen.

Fahrtipps

Bremsen nur dosiert ziehen, eher die Hinterrad- als die Vorderrad-Bremse benützen. Ein blockierendes Vorderrad führt fast immer zum Sturz. Vorsicht bei Abfahrten – unterm Schnee kann die Straße gefroren sein. Nasser, pappiger Schnee kann sich zwischen die Zahnkränze festsetzen und die Schaltung lahmlegen.

Wer noch mehr über das Biken in Schnee, Eis und Permafrost wissen möchte, sollte unbedingt die Website „Icebike – Home of the Wintercyclist" (*www.icebike.org*) anklicken. Hier gibt's Bekleidungs- und Ausrüstungshinweise, dazu Fahrtipps und einige Erlebnisberichte. Selbst Grönland ist vor Radlern nicht sicher, Andreas von Heßberg war einer von ihnen. Nachzulesen unter *www.mountainbike-expedition-team.de/Greenland/groenland.html*.

3. High-Ways – Radfahren im Hochgebirge, extreme Höhen

Gebirgs- und Hochlandtouren sind für Radler immer Herausforderungen: Steile Anstiege, dünne Luft und kurvenreiche, gefährliche Abfahrten (nicht die Felgen überhitzen!) erfordern ein Höchstmaß an Kondition und Konzentration. Wasser- und Nahrungsmittelnachschub kann zum Problem werden, auch die Kälte. Gefährlich sind vor allem überraschende, schnelle Wetter- und Temperaturstürze. Hat man dann, abseits besiedelten Gebiets, keine warmen Kleidungsstücke, nur eine unzulängliche Ausrüstung, nicht genügend Nahrung, Wasser und auch keinen Kocher bei sich, kann das evtl. böse enden – in einsame Hochgebirgsregionen darf man nicht gedankenlos aufbrechen!

Um die Leistungsfähigkeit in hohen Höhen zu erhalten oft Pause machen und für genügend Kaloriennachschub sorgen. So wichtig wie das Essen ist das Trinken, denn über 3000 m kommt es weniger durch Schwitzen zu Flüssigkeitsverlusten, sondern durch die hohe Lufttrockenheit. Sie kann euch wie eine Pflaume ausdörren.

Die größte Gefahr droht jedoch durch die **Höhenkrankheit**. Sie befällt den Radler, wenn er zu schnell große Höhenunterschiede überwindet oder in extremen Höhen (4000 bis 5000 m) in die Pedale tritt. Über die Höhenkrankheit und das Radfahren in Extremregionen (Anden, Himalaya, Tibet etc.) ausführliche Hinweise bei „Bolivien“ (s. Seite 256f).

4. Wetter, Blitz und Winde

Wetterphänomene

Wer tagtäglich der Natur ausgesetzt ist bekommt bald ein Gespür dafür, wie sich das Wetter entwickelt bzw. er sollte die Anzeichen zu deuten wissen. Achtet auf typische, wetterverändernde Phänomene wie Morgennebel, Abendrot, verhangener Mond, Wolkenbilder etc. (dazu sich vorher mit **Wetterkunde** befassen, es gibt einige gute Bücher, z.B. „Wie wird das Wetter“ von Jörg Kachelmann und Siegfried Schöpfer, Rowohlt TB). In den Bergen und in den Tropen schlägt das Wetter oft blitzschnell um, und tropische Gewitter können wie der Weltuntergang sein. Lebensgefährlich sind die weltweiten tropischen (und mittlerweile auch außertropischen) **Wirbelstürme** (Zyklone, Hurrikane, Taifune), die alles mit Orkangewalt niedermachen. In gefährdeten Ländern auf Warnungen in Zeitungen, Rundfunk und Fernsehen achten!

Gewitter

Es wird nicht ausbleiben, dass man unterwegs von Gewittern überrascht wird. Deshalb schon beizeiten Schutz suchen, zumal das metallene Rad Blitze „anzieht“. **Blitzschlag-Gefahren** bestehen in freiem Gelände, unter einzelnen Bäumen, Holzmasten, in Hütten, auf Aussichtspunkten, auf Bergen und hochliegenden Punkten. Besondere Gefahr im und am Wasser – weg von Schwimmbädern, Flüssen und Seen! Abstand halten von metallenen Gegenständen wie Weidezäunen, eisernen Leitern, Strommasten usw. Sicheren Blitzschutz bieten Gebäude mit Blitzschutzanlagen und geschlossene Körper aus Metall, also Autos, Eisenbahnwagen, Sesselliftkabinen („Faradayscher Käfig“). Im Gebirge ist man unter Felsvorsprüngen und am Fuß von Felswänden sicher. In Hütten und Häusern ohne Blitzschutz möglichst in der Mitte und in Hockstellung aufhalten.

Wird man im Freien überrascht, versuchen, tiefergelegene Stellen zu erreichen, also Täler, Hohlwege, Mulden. Doch an nichts anlehnen und nichts anfassen und vor allen Dingen **nicht beim Fahrrad stehen bleiben!** Wenn kein Schutz zu erreichen ist, in größerem Abstand vom Rad hockend in Bodenmulden verharren. Doch nicht hinlegen! Die Beine geschlossen halten, damit bei einem Einschlag der Blitzstrom nicht durch den Körper fließen kann. In Wäldern mit gleichmäßigem Baumbestand ist man sicherer als am Waldesrand. Wie gesagt, keinesfalls unter einzelnen Bäume stehen!

Wind

Winde sind des Radfahrers beste Freunde und schlimmste Feinde. „Tailwind“ lässt dich jauchzen, „Headwind“ macht dich schon nach wenigen Stunden mürbe. Starke Winde wehen immer in Ländern mit einem extremen Landklima, in Wüsten (das hohe Temperaturgefälle zwischen Luft und Boden bringt die Luft praktisch an allen Tagen zum Wehen), in Prärien, in den Pampas Südamerikas, auf Hochebenen, an Küsten (immer vom Meer her) – überall dort, wo sich dem Wind kein Hindernis in den Weg stellt. **Fast immer steigern sich Winde mit fortschreitender Tageszeit.** Ist Gegenwind zu erwarten, früh losradeln! Meteorologische Karten mit vorherrschenden Windrichtungen können in Kartenläden gekauft werden. Man kann aber auch aus der guten Website *www.wetteronline.de*

die vorherrschende Windrichtung ermitteln (z.B. für Ushuaia/Argentinien: „Rückblick“ – „Windrichtung“ – „Woche“ – „Mai“ anklicken, und das für mehrere Jahre hintereinander).

Wer alles ganz genau über weltweite Winde, ihre Namen, Richtungen und ihr Auftreten in welchen Jahreszeiten wissen will, sollte das Buch „Die Winde der Erde und ihre Namen“ zur Hand nehmen (Franz Steiner Verlag, leider vergriffen, evtl. in Bibliotheken, oder über *www.zvab.de* probieren). Auch viele andere Wetter-Bücher enthalten ein Kapitel über Winde.

C Radfahren in Drittwelt- und Entwicklungsländern

1. Einheimische, Fernradler und Tourismus

Unterschiedliche Weltbilder

Das Welt- und Lebensbild der Menschen in Ländern der „Dritten Welt“ und in den sog. „Schwellenländern“ wird grundlegend von anderen Dingen geprägt als unsere europäisch-westlichen Denkweisen. Eure hierzulande verständlichen und von jedermann nachvollziehbaren Reisegründe wie z.B. „Freiheit erleben“, „alles hinter sich lassen“, „die Welt sehen“ u.a. werden irgendwo in Afrika, Asien oder Lateinamerika nicht immer verstanden werden und selten auf Anerkennung, eher auf Unverständnis stoßen, besonders dann, wenn fremde Kulturen ausschließlich als Kulisse fürs geile Hi-Tech Bike-Abenteuer herhalten müssen. Wer mit seinem Rad in solche Weltteile vorstößt, wo selten oder noch nie europäische Radfahrer vorbeikamen, sollte also wissen, dass ihn weniger eine heile Welt, sondern eher Probleme erwarten. Wer Verständnis und Einfühlungsvermögen in die Denkweisen und Lebensvorstellungen fremder Völker mitbringt, kommt da besser durch (auf entsprechende Vorbereitungsliteratur wurde schon im Teil 1 hingewiesen, s.S. 34).

Stressfaktoren

„Am meisten habe ich damit zu kämpfen, dass ich ständig mit Menschen konfrontiert werde, mit denen ich mich nicht verständigen kann. Das übt Druck aus, denn

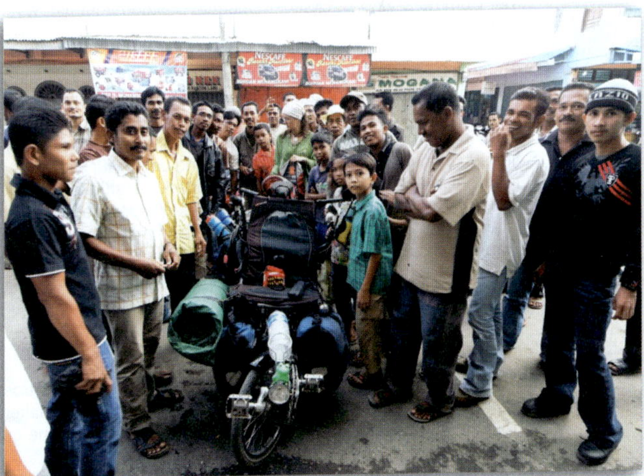

Privatsphäre gestrichen! Benny und Mandy Jacob in Indonesien

man ist ja unterwegs sehr abhängig von den Leuten. Was machst du, wenn in einem Dorf in Sumatra 100 Leute um dich herumstehen, und keiner von ihnen spricht Englisch? Bevor es langweilig wird, fangen die Leute meist an zu lachen. Ich entwickle dann leicht eine Antipathie, weil ich denke, die lachen mich aus. Wenn das nun tagtäglich passiert, artet das in Stress aus. Und es gibt viele Leute, die damit nicht fertig werden, ihre Sachen zusammenpacken und wieder heimfahren" (Weltradler Tilmann Waldthaler in „Die Äqua-Tour").

Als Radfahrer hast du (noch) den Vorteil, nicht als ein reicher Tourist zu gelten (doch nicht überall!). Doch glaube nicht, dass du mit deinem Rad kein „richtiger" Tourist bist und dir Privilegien rausnehmen kannst – „die müssen doch sehen, dass ich ein armer Student und Sportler bin, der sich ein Auto oder einen teuren Flug hierher nicht leisten kann …". Oft bist du halt ein verrückter Europäer, der sich nicht mal ein Busticket leisten kann und sich deshalb mit einem Rad durchs Land plagen muss …

Seit der Tourismus in die Kulturen und in die Lebensweise ehedem isoliert lebender Bevölkerungsgruppen eingebrochen ist, hat sich in solchen Gegenden das Verhalten der Einheimischen gegenüber Fremden grundlegend verändert. Wundere dich nicht, wenn auch du als Radfahrer für die Menschen solcher Regionen nichts weiter bist als gleichfalls eine prima Möglichkeit zum Anbetteln oder zum Souvenirs Verkaufen. Lästig ist sicherlich auch, wenn man müde und ausgelaugt vom schweren Radler-Alltag immer wieder die gleichen Fragen gestellt bekommt und keine Privatsphäre mehr hat.

„Jedesmal, wenn ich angefangen habe zu kochen, sind gleich 50, 60, 70 Leute um mich herumgestanden. Schon beim Zeltaufbau habe ich die ganzen Kinder im Zelt gehabt – ‚oh, I like your house, let me sleep in your house'" – so wieder Tilmann Waldthaler. Hintergrund ist, dass es die meisten Menschen in Drittwelt-Länder selten verstehen, dass es Leute gibt, die gerne alleine reisen und allein bleiben wollen. In Drittwelt-Ländern ist man nie „allein" …

Gebt Acht vor bettelnden Kindern, wenn sie in Gruppen auftreten. Wer nichts gibt, wird manchmal mit Steinen beworfen – oft auch nur „so zum Spaß"; ihr seid die fahrende Zielscheibe! In Ägypten kann es der Kinder-Plage sogar einfallen, euch beim Fahren Stöcke zwischen die Speichen zu werfen! Auf vielen Strecken weltweit, wo öfter Autotouristen durchkommen, oder in Orten, wo sich der Kommerz- und Rucksacktourismus breitgemacht hat, wirst du früher oder später mit all diesen Punkten konfrontiert werden.

Kontakte knüpfen

Radnomaden sind jedoch auf Kontakte und Hilfe angewiesen, täglich ergeben sich Begegnungen und auch Einladungen wie von alleine. Doch in manchen Regionen und Ländern können sich die Menschen auch sehr reserviert verhalten – dann greift der schlaue Globetreter in seine Trickkiste: Erwachsene kennenlernen tut man am besten über Kinder, und um die für sich zu gewinnen, braucht es nicht viel: ein Späßchen, kleine Zauberkunststücke; beste Chancen haben Mundharmonikaspieler oder jene, die Seifenblasen fliegen lassen oder im Handstand laufen … eine „One Man Show" kann manchmal sehr nützlich sein! Das haben sich z.B. die Franzosen Alexandre Poussin und Sylvain Tesson während ihrer Radweltreise zunutze gemacht (nachzulesen in „Paris – Auckland und zurück", Bastei-Lübbe Verlag).

2. Grenzen

Grenzstädte in der Dritten Welt sind oft unangenehm und trostlos, da gibt es meist Militär, viel Polizei, Schmuggler, Bars, zwielichtige Gestalten, Geldwechsler, die einen übers Ohr hauen wollen, schäbige Hotels – keine guten Plätze zum Bleiben.

Papiere komplett?

Vor der Abfahrt vom Landesinneren zur Grenze immer zuerst prüfen, ob ihr alles beieinander habt, bevor ihr evtl. wieder wegen eines Visums zurückfahren müsst. Fast immer werdet ihr an Grenzen nach genügend Geldmitteln gefragt (Tipps zum Vorweisen von genügend Knete s. Seite 52ff, „Alles übers Geld bei Rad-Fernreisen"). Wahrscheinlich wird an den Grenzen auch euer Gepäck durchsucht werden – schon aus Neugierde, was so ein Radler nicht alles in seinen Packtaschen hat. Die Uniformierten verkörpern die volle Macht ihres Landes, sie sind oft arrogant und wichtigtuerisch, und je kleiner und unwichtiger das Land, desto mehr lassen sie dich ihre Macht spüren. Man braucht starke Nerven, stoische Ruhe, und ein wenig Smalltalk ist oft auch vonnöten.

Grenzübertritt-Grundregeln

Zollbeamte versuchen manchmal, wegen des (teuren) Rads Zollgebühren zu verlangen – hart bleiben, nichts bezahlen, das ist dein persönliches Gepäck, und außerdem ist das Rad gebraucht und keine Handelsware. Es kann aber schon mal vorkommen, dass das Rad in den Pass eingetragen wird. Für diesen Fall musst du eine Rad-Nummer (Rahmennummer) nennen können. Falls beim Ausfüllen von Einreiseformularen eine Adresse angegeben werden muss, einfach die Adresse eines Hotels in der nächsten Stadt angeben oder erfinden.

Richtet es an „kritischen" oder kleinen Grenzübergängen so ein, dass ihr nicht gerade an Sonn- oder Feiertagen eintrefft, denn der Stempel darf oft nur von einem bestimmten Mann „bedient" werden, und wenn der im Weekend ist, heißt es warten. In den Mittagsstunden werden oft Pausen gemacht, und wer sich erdreistet, außerhalb der üblichen Arbeitszeit die Beamten zu stören, muss evtl. Extragebühren zahlen. Erscheint außerdem an Grenzen einigermaßen ordentlich; manche Länder sind bezüglich Kleiderordnung und Aussehen sehr empfindlich.

Auch von Radfahrern können an Grenzen ab und zu Geld oder „Geschenke" gefordert werden – als Gegenleistung gibt es dann meist ohne weiteres Palaver den Einreisestempel, oder man gewährt die gewünscht längere Aufenthaltsdauer. Bietet nicht plump und offen Geld an („how much?"), sondern geht diskret darauf ein, erfindet selbst einen Grund, warum ihr die „Gebühr" zu zahlen gedenkt (fragt z.B. nach „Stempelgebühren"). Wollt ihr nichts zahlen, nie zeigen, dass ihr es eilig habt. Euer standfestes, freundliches Palaver muss den Typen mit der Zeit so lästig werden, dass sie schließlich froh sind, euch endlich loszuhaben …

3. Beamte, Polizei, Schmiergeld

Nicht nur ein westlicher Auto- oder „Normaltourist", sondern auch ein „notleidender" Radfahrer ist in den Augen vieler Polizisten armer Länder ein „reicher" Tourist, den man bei Bedarf und Laune schröpfen kann. Wird z.B. euer Reisepass von der Polizei aus irgendwelchen Gründen verlangt, nur herzeigen, nicht abgeben, es könnte sein, dass ihr ihn erst gegen Zahlung einer Geldsumme wiederbekommt. Zeichnet sich Ärger mit der Polizei ab (weil ihr z.B. eine Verkehrsregel „missachtet" habt), dann nehmt dem Polizisten gleich den Wind aus den Segeln, indem ihr ihn um den richtigen Weg, nach einem bestimmten Hotel oder nach sonstwas fragt.

Zeit mitbringen

Beim Umgang mit Beamten, Bürokraten, Uniformierten und Behörden ist in den Ländern Afrikas, Asiens und Lateinamerikas viel Geduld, Ruhe, Höflichkeit und Zeit erforderlich. Tretet selbstbewusst und beharrlich, aber nicht arrogant oder unterwürfig auf. Auch in einer verfahrenen Situation gibt es immer einen Ausweg. Alles, was es braucht, ist Zeit. Verlangt bei wirklichen Problemen immer jemanden zu sprechen, der wirklich was zu sagen hat. Langes Herumdiskutieren mit unteren Chargen ist meist Zeitverschwendung. Verliert nicht euer Gesicht, doch lasst es euren Kontrahenten auch nicht verlieren, treibt eine brenzlige oder unangenehme Situation nicht auf die „Entweder-oder"-Spitze.

Schmiergeld hat weltweit viele Namen: Bakschisch (Asien), Mordida (Mexiko), Bribe, „Grease" oder „Facilitating Payments" (engl.-sprachige Länder), Cadeau (franz.), Regalo (span.), Jeito (brasil.), Dash (Afrika), Kumshaw (Südost-Asien) usw. Schmiergeld hilft, mit ein paar Scheinchen oder Münzen Probleme aus der Welt zu schaffen, es ist das Schmieröl zur Funktionsfähigkeit der Bürokratie (und auch der Wirtschaft) in armen Ländern. Schmiergeld hat in Drittwelt-Ländern nicht unbedingt mit verwerflicher Korruption und Bestechung in unserem Verständnis zu tun, es ist eher ein staatlich und gesellschaftlich anerkanntes Umverteilungsregulativ. Dies zu wissen erscheint uns wichtig beim Reisen und Radfahren in Drittwelt- und Entwicklungsländern. Doch in vielen Fällen ist ein Geschenk besser als Geld.

4. Fragen und Auskunft, Orientierung

Richtig fragen muss gelernt sein. Andere Länder, andere Denkweisen. Schlimmer als keine Information ist eine falsche Information. Wenn du jemand in einem Drittwelt-Land wegen der richtigen Fahrtrichtung ansprichst, wird die Person selten zugegeben, deine Frage nicht verstanden zu haben oder die Richtung nicht zu wissen (vorausgesetzt natürlich, man kann sich überhaupt verständigen). Und bevor zugegeben wird, eine Frage nicht beantworten zu können, wird sie lieber falsch beantwortet, denn man möchte ja nicht unhöflich sein oder gar nichts sagen (in vielen Kulturen gilt ein „Nein" als unhöflich).

Keine Suggestivfragen!

Also Fragen nach der Richtung nicht so stellen, dass sie mit „ja" oder „nein" beantwortet werden können: „Ist dies die Straße nach X?" – die Antwort wird dann meist „ja" lauten, auch wenn dem nicht so ist. Besser ist: „Wohin führt diese Straße?" Und nicht nur eine Person, sondern zwei oder drei fragen. Bei verschiedenen Auskünften nach der Mehrheit richten (aus Religions-, Traditions- und Sitten-Gründen möglichst nur männliche Personen ansprechen).

Und wenn du fragst: „Ist es noch weit zum nächsten Ort?", dann kann darauf sowohl mit „ja" oder „nein" geantwortet werden, je nachdem, an welches Verkehrsmittel der Befragte denkt. Besser: „Wie lange braucht der Bus/ein Fußgänger nach X-Stadt?". Kilometerangaben wirst du gleichfalls selten hören, eher Worte wie „es ist nicht weit" oder „es ist nah", oder auch „ganz weit", weil die Leute selten in Kilometern denken, sondern in Zeiten. Und die Durchschnittsgeschwindigkeit eines Radfahrers wissen sie sowieso nicht. Deshalb ist es besser, anstatt nach Kilometern nach der Zeitdauer des Fußwegs zu fragen. Das kann dann leicht umgerechnet werden.

Also immer **einfache Fragen** stellen, und die Antwort darf nicht schon in der Fragestellung drin sein. Bei „Ist die Strecke flach oder bergig?" wirst du als Antwort eine von beiden Möglichkeiten hören. Auf der Strecke könnten aber auch gerade alle Brücken weggeschwemmt worden sein, doch danach hast du ja nicht gefragt …

Dem Gefragten eine Landkarte unter die Nase zu halten bringt in vielen Ländern auch nicht viel, weil viele einfache Leute meist nicht lesen können. Hinzu kommt das Aussprache- bzw. das Betonungsproblem eines Ortsnamens, der im lokalen Dialekt ganz anderes klingen kann. Erwarte auch nicht, dass du genau erklärt bekommst, wann du nach links oder rechts abbiegen musst, denn es gibt unglaublich viele Menschen, die rechts und links nicht auseinanderhalten können.

Unterhaltungen

Sind Unterhaltungen möglich, wird oft auch die Frage nach dem Wert bzw. dem Kaufpreis deines Rades gestellt werden. In einem armen Land den tatsächlichen Preis zu nennen wäre ungeschickt; die Summe würde die Vorstellungskraft einfacher Leute übersteigen – oder gar negative Reaktionen auslösen, von verlegenem

Schweigen bis zum totalen Neid. Wie soll einer auch verstehen, dass er für den Gegenwert deines Bikes vielleicht mehrere Jahre schaffen muss? Sag' also diplomatischer einige Wochenlöhne, wie hoch immer der auch sein mag. Oder erkläre, es sei ein Geschenk deiner Eltern, das wird eigentlich immer akzeptiert.

Vermeide Gesprächsthemen wie Politik und Religion, weiche besser auf Fußball, Kultur und ähnliches aus, leicht könnte man sonst ins Fettnäpfchen treten. Keine Kritik an eurem Gastland – sich kritisch über dieses oder jenes zu äußern, bringt absolut nichts. Die Bewohner „junger Länder" sind oft besonders sensibel und haben einen (übersteigerten, verletzlichen) Nationalstolz.

5. Tipps für Globo-Radlerinnen

Früher undenkbar, heute keine Seltenheit mehr: als Frau alleine (oder mit einer Partnerin) auf Radtour durch Amerika, Australien, Asien oder Afrika. Dass das geht und möglich ist, beweisen viele Berichte und Bücher. Bettina Selby z.B., eine Engländerin, fuhr mit ihrem Rad von Kairo über den Sudan bis nach Uganda, ihre Erlebnisse sind nachzulesen in den Büchern „Ah, Agala" und „Timbuktu". Es gibt auch Frauen, die mit dem Rad gleich auf Weltreise gehen, und es gibt noch viele mehr, die mit ihrem Freund oder Mann aufbrechen (s. auch „Weltumradlungen"). Einen Partner oder eine Partnerin zu haben ist für eine fernwehgeplagte Radlerin sicherlich noch am besten, Solo-Touren werden wohl die Ausnahme bleiben.

Voraussetzungen

Um als Frau eine Rad-Ferntour zu machen oder gleich auf Weltreise zu gehen, braucht es zwar einigen Mut, doch in erster Linie auch einen gesunden Menschenverstand und das nötige Hintergrundwissen, um in anderen Kulturkreisen mögliche Gefahren einschätzen zu können bzw. ihnen schon im Voraus aus dem Weg zu gehen.

Selbstsicherheit und Sprachkenntnisse sind äußerst wichtig. Du musst in der Lage sein, kompromisslos aufzutreten, dich durchzusetzen. Also Anmachen entschieden zurückweisen, eine Einladung abschlagen, wenn sie auch nur den leisesten Verdacht der Ausnützung hat. Aufpassen muss frau bei all jenen Personen, von denen ihr abhängig seid – Zöllner, Behörden, in Unterkünften – denn die mögen evtl. schnell an einen Gefälligkeits-Deal denken, um eure Situation auszunützen.

Ein wütend gezischtes „Hau ab!" wird wohl auch weltweit ohne Deutsch-Kenntnisse verstanden werden, doch die wirksamste Verteidigung gegen zudringliche Bewerber sind immer noch verbale Abhau- oder „Verschwinde-Kommandos" in der Landessprache. Lerne solche Sätze vorher oder lasse sie dir aufschreiben.

Natürlich braucht es auch ein gutes Nervenkostüm – in fast allen Drittwelt-Ländern, besonders z.B. auf dem indischen Subkontinent oder in Afrika, wirst du ständig, aber wirklich ständig angesprochen werden, sobald du die Bremse ziehst. Doch letztendlich können dir die Männer durchaus weniger aggressiv vorkommen. Das Schwierige ist, dass die Männer wirklich nett und freundlich sein mögen, vielleicht in einer Art, wie du sie als Europäerin noch gar nicht kennst, und dass du jedesmal unterscheiden musst zwischen echter Freundlichkeit und Freundlichkeit als Vorwand für andere Absichten.

Welche Länder sind empfehlenswert?

Europäisch-westlich geprägte Reiseländer, also z.B. Nordamerika, Australien und Neuseeland sind für alleinreisende Frauen – ob mit Fahrrad oder Rucksack – relativ problemlos zu bereisen. Dazu zählen auch buddhistisch-hinduistisch geprägte Länder wie z.B. Thailand, Indien, Nepal, auch China oder Japan. Doch schon bei einer Reise durch lateinamerikanische „Macho"-Länder muss frau ein paar zusätzliche „Spielregeln“ beachten, sie muss das Bild kennen, das sich lateinamerikanische Männer im Allgemeinen von einer Europäerin/Amerikanerin machen. Die Übernahme der jeweils in einem Land erwarteten Frauenrolle mag das Ausmaß von Belästigungen erheblich verringern.

Problematisch kann es in islamischen Ländern werden, wobei die Schwierigkeiten, denen Frauen in solchen Ländern ausgesetzt sind, abhängig sind vom Grad der Islamisierung bzw. davon, ob fundamentalistische Kräfte den Staat regieren. In islamisch-fundamentalistischen Ländern – die Liste ändert sich bekanntlich alle paar Jahre – wäre eine Frau mit einem Rad, unverschleiert und ohne männlichen Begleiter, eine Provokation. Du würdest angesprochen, angefasst, auch angegriffen werden, ohne dass dir vielleicht jemand helfen würde. Selbständige Frauen lösen in solchen Ländern keine Bewunderung, sondern eher Verachtung aus. Dagegen sind in liberalen islamischen Ländern wie etwa Malaysia kaum Probleme zu erwarten, sofern du dich an die Regeln hältst – mehr zu diesem Thema gleich nachstehend (interessant durchaus auch für Männer!). Es gibt auch entsprechendes Buchmaterial, z.B. das Buch „KulturSchock Islam – zwischen Kuss und Cous-Cous“ – Reise- und Verhaltenstipps für Frauen (und deren Begleiter), von Christine Pollok, Reise Know-How.

Doch nicht nur in islamischen Ländern wirkt ein öffentlich daherradelndes weibliches Wesen ungewöhnlich oder gar anstößig. Berücksichtigt die Konventionen und Traditionen eures Reiselandes, wenn ihr Wert darauf legt, respektiert zu werden. Wenn auch z.B. knappe Shorts und T-Shirts und keinen BH zu tragen in afrikanischen oder asiatischen und lateinamerikanischen Ländern durchaus der Hitze entsprechen mögen, den dortigen Regeln von Religion und Tradition entsprechen sie nicht. Die Bevölkerung, besonders auf dem Land, empfindet freizügiges Auftreten westlicher Touristen als Verstoß gegen Tradition und Anstand; eine gute Basis für Kontakt und Wohlwollen ist damit nicht gegeben. Und in vielen Ländern ist das Baden „oben ohne“ nach wie vor eine grobe, vorsätzliche Verletzung der Sitten (von FKK natürlich ganz zu schweigen).

6. Als Frau unterwegs in traditionell-islamischen Ländern [DT]

von Daniela Schmidt (www.weltperrad.de)

Weibliche Erfahrungen

Es ist heiß in Südpakistan und wir radeln auf Karachi zu. Regelmäßig fordern uns Herren zu Wettrennen heraus, und manchmal begleitet uns ein Mopedfahrer für einige Kilometer, um ein Schwätzchen zu halten. Mit Tobi, versteht sich. Name, Alter, Ehestand werden abgefragt. „Warum habt Ihr keine Kinder?“ lautet unvermeidlich die nächste Frage. „Wir sind erst ein halbes Jahr verheiratet,“ antwortet mein angeblicher Ehemann. Wenn er Glück hat, ist die Diskussion damit beendet. Auch meine Daten werden erfragt, natürlich nicht bei mir selbst, sondern beim für mich zuständigen Ansprechpartner. Als es Zeit wird, sich zu verabschieden, spricht der Pakistani, der mich während des ganzen Gespräches keines Blickes gewürdigt hat, Tobi seine Anerkennung aus: „Das muss sehr hart für dich sein. Schließlich fährst du immer vorne und trägst fast alles Gepäck, schon seit Deutschland!“

Es gibt Situationen, da habe ich einfach die Schnauze voll. Schließlich fahre auch ich seit unserer Abreise auf dem Rad, transportiere fast die Hälfte des Gepäcks und fahre 50% der Zeit im Gegenwind. Kurz: ich leiste genauso viel wie mein männlicher Reisepartner. Was bildet sich dieser Idiot ein? Und auch Tobi ist alles andere als erfreut. Immer muss er die Gespräche führen, nie spricht mich jemand an. In vielen Ländern habe ich aufgrund meiner Fremdsprachenkenntnisse die meisten Unterhaltungen und organisatorische Aufgaben übernommen, hier ist das sein nicht immer angenehmer Job. Ich bin ausgeschaltet, irgendwie, werde oft behandelt wie nicht vorhanden. Und niemals angesprochen. Ist das Respekt für mich als Frau?

Respekt

Die seltsame Antwort lautet: Ja. Mich in Anwesenheit meines „Ehemannes" direkt anzusprechen, das wäre respektlos, das tut man nicht. Übertragen auf westliche Verhaltensweisen käme es einer direkten Anmache in Anwesenheit meines Partners gleich. Wenn ich mich in das Gespräch einschalten möchte, so kann ich das tun. Es ist sicher nicht immer üblich, aber als Westlerin besitze ich diese Freiheit. Meine sportliche Leistung anzuerkennen liegt für einige Männer schlicht außerhalb ihrer Möglichkeiten. In einem Land, wo wir uns über zwei Monate aufgehalten haben und keine einzige einheimische Frau auf einem Fahrradsattel gesehen haben (sondern lediglich auf dem Gepäckträger) ist es unvorstellbar, dass ein anderes Geschöpf selber Bauart tausende von Kilometern selbst zurückgelegt haben kann – jedenfalls nicht, ohne zu „schummeln". Deshalb interpretiert unser temporärer Begleiter die Situation so, wie sie gerade noch eben in sein Weltbild passt: Die leicht bepackte Frau fährt ihrem starken Mann hinterher. Waren wir gerade einmal ohne Räder unterwegs, so vermuteten die meisten übrigens, wir hätten nur eines – und ich säße, selbstverständlich, Beine baumelnd hinten.

Diese Situationen strengen oft an, auch wenn ich sie mir erklären kann und mich zwinge, ruhig zu bleiben. Zum Glück halten wir uns schon seit einiger Zeit in traditionellen Gesellschaften auf, sodass wir langsam beginnen, die Menschen zu verstehen (ohne notwendigerweise derselben Meinung zu sein). So haben wir in dieser und vielen anderen ähnlichen Situationen der Versuchung widerstanden, unsere Gegenüber mit emanzipatorischem Anspruch aufzuklären. Zwei Welten begegnen sich auf der Straße, das ist oft sehr spannend, und wir möchten den Menschen auf gleicher Augenhöhe begegnen statt zu belehren. Darüber zu sprechen, dass wir nicht verheiratet sind, etwa, aber dennoch zusammen leben und reisen: zu kompliziert. Schon eine „Love Marriage" in einem Land zu vermitteln, in dem fast alle Ehen von Eltern arrangiert werden (ein System, das zwar von einigen in Frage gestellt wird, von den meisten aber nicht), ist anstrengend genug. Die vielen interessanten Gespräche, die wir haben, gelingen unserer Meinung nach besser, weil wir uns nicht in unserer vollen westlichen „Verdorbenheit" präsentieren und so Raum für andere Fragen lassen – zu unserem Alltag, unseren Familien, unseren Lebensgewohnheiten. Oft fühle ich mich nicht sehr gut dabei zu lügen, und manchmal kommen dann Fragen zur niemals stattgefundenen Hochzeit, bei denen Fantasie gefragt ist. So solltet ihr euch vorher überlegen, was ihr von euch selbst preisgeben wollt, welchen Diskussionen ihr euch stellt und welchen ihr aus dem Weg geht. Eure Reaktion kann natürlich von Situation zu Situation unterschiedlich ausfallen.

Frauen- und Männerwelten

Es hilft in der Begegnung mit Menschen anderer kultureller Hintergründe, das eigene Leben und den eigenen kulturellen Hintergrund nicht als Maßstab für die ganze Welt zu sehen – schließlich ist auch in Europa nicht alles perfekt, ebenso wenig anderswo. Viele unserer Gespräche und Erlebnisse haben uns zum Nachdenken über unseren eigenen gesellschaftlichen Hintergrund angeregt. Unsere Vorstellungen von Freiheit und eigenständigem Leben hat nicht jeder Mann und auch nicht jede Frau. Und, so meine Überzeugung, wer als Reisende/r in ein Land kommt, muss es zunächst einmal so akzeptieren wie es ist, denn sie oder er wird es nicht verändern können.

Generell ist den traditionelleren Gesellschaften, die wir besucht haben, gemeinsam, dass die Menschen wesentlich weniger auf das Individuum konzentriert sind – Kollektive, allen voran die Familie, spielen die zentrale Rolle. Männern und Frauen werden unterschiedliche Rollen zugewiesen. Während das Leben der Frauen sich im Wesentlichen zu Hause abspielt, „gehört" den Männern die Öffentlichkeit. Diese Rollenaufteilung wird von den meisten Menschen nicht hinterfragt, und oft erleben wir dabei gar eine größere Zufriedenheit als in unserer liberalen Heimat. Damit möchte ich nicht die Verletzung der Rechte von Frauen verharmlosen. Zwangsheirat, häusliche Gewalt, fehlende Bildungschancen für Mädchen – alle diese Übel existieren, und sie werden durch manche Traditionen vereinfacht.

Dresscode

Wenn ihr auch die guten Seiten vieler islamisch geprägter Regionen erleben möchtet, tut ihr gut daran, euer Aussehen und Auftreten an die örtlichen Gegebenheiten anzupassen. Ein Kopftuch zu tragen ist nicht immer nötig (aber für Moscheebesuche o.ä. oft praktisch), aber eure Kleidung sollte generell eher körperbedeckend und weit geschnitten sein. Die Vorschriften und üblichen Bekleidungen sind von Land zu Land unterschiedlich, hierzu solltet ihr euch am besten vor der Reise informieren. Das gilt übrigens auch für die Herren – Radlerhosen, von wem auch immer getragen, erinnern Menschen in vielen Ländern eher an Unterwäsche, und in der besucht man gemeinhin ja niemanden. Unangemessene Kleidung wird als Zeichen der Respektlosigkeit gedeutet, nicht als Zeichen eurer Modernität oder Emanzipation, macht euch das bewusst. Eine gute Idee ist, sich die Frauen (oder eben die Männer) in der Umgebung anzuschauen und sich an ihrem Kleidungsstil zu orientieren. Für lokal angepasste Bekleidung werdet ihr viele Komplimente erhalten. Niemand wird von euch erwarten, dass ihr perfekt seid; als Besucher/in habt ihr größere Freiheiten als die Frauen und Männer vor Ort.

Freundliche Polizeieskorte. Daniela Schmidt in Pakistan

Ein weiteres wichtiges Thema sind Berührungen zwischen den Geschlechtern in der Öffentlichkeit. Händchenhalten (außer zwischen Männern!), Küssen und alles Weitere sind auf den privaten Bereich reduziert. Wenn ihr als Paar unterwegs seid, solltet ihr euch an den lokalen Sitten orientieren. Alleinreisende Frauen sollten wissen, dass Berührungen vom anderen Geschlecht in den allermeisten Fällen nicht freundschaftlich oder unschuldig zu interpretieren sind – im Iran bekam ich von einigen sehr westlich orientierten Männern die Hand gereicht, in Pakistan ist dies niemals vorgekommen. Wenn ihr also von einem Mann angefasst werdet, zieht verbal und durch Gesten eine deutliche Grenze. In der Gegenwart anderer Menschen wendet euch am besten direkt an jemanden, der euch Unterstützung geben kann. Dabei ist es sehr wichtig, die Ruhe zu bewahren und nicht mit einem „Ausraster" das Gesicht zu verlieren. Wenn ihr euch alleine mit einem euch wenig bekannten Mann treffen möchtet, so tut dies am besten in der Öffentlichkeit und informiert andere über euren Aufenthaltsort. Und für männliche Reisende: Seid euch bewusst, dass es als große Respektlosigkeit gedeutet werden kann, wenn ihr in der Öffentlichkeit eine fremde Frau direkt ansprecht – auch, wenn ihr vielleicht nur nach dem Weg fragen möchtet.

Vorsicht mit Augenmaß

Während unserer Aufenthalte in islamischen Ländern ist es kein einziges Mal vorgekommen, dass ein Mann mich „angemacht" oder bedrängt hätte (im Gegensatz zu anderen Reiseländern) – ich war allerdings nicht alleine unterwegs. Wenn ihr ohne Begleitung reist, solltet ihr besonders auf euer Auftreten achten und lieber etwas zu vorsichtig fremden Menschen gegenüber sein. Durch Medien wird teilweise ein Bild in andere Länder getragen, das westliche Frauen als „leicht zu haben" skizziert. Als Frau in der Öffentlichkeit wirkt ihr unter diesen Vorzeichen anziehend und solltet deshalb möglichst deutlich machen, welche Art von Kontakt ihr wünscht. Unter Umständen kann dann ein „erfundener" Ehemann zu Hause hilfreich sein, ebenso eventuell Kinder.

Alle Bedenken und Vorsichtsmaßnahmen sollten euch aber nicht davon abhalten, euren Aufenthalt zu genießen. Ich habe mich im allergrößten Teil der Zeit respektiert und sehr wohl gefühlt. Euer Vorteil als Frau ist, dass ihr – im Gegensatz zu Männern – in besseren, teilweise in den einzigen Kontakt mit dem weiblichen Teil der Bevölkerung kommt. In manchen Regionen ist die Geschlechtertrennung so stark ausgeprägt, dass nicht der Familie zugehörige Männer gar nicht das Haus betreten können (oder wenn sie es tun, keine einzige Frau zu Gesicht bekommen). Das wird euch nicht passieren! Wenn ich den ganzen Tag auf der Straße nur Männer sah, freute ich mich über jede Frau, die mir über den Weg lief, fast egal, ob ich mich mit ihr verständigen konnte. Wenn ihr in einer Familie eingeladen seid, werdet ihr im Wesentlichen mit dem weiblichen Teil eure Zeit verbringen, was eine große Offenheit mit sich bringt – die Restriktionen zwischen den Geschlechtern gelten unter Frauen selbstverständlich nicht, die Kopftücher fallen. Bilder von eurer Familie oder eurem Zuhause können einen besseren Eindruck von euch und eurem Leben vermitteln, auch wenn sprachliche Barrieren vorhanden sind. Ein Tag mit anderen Frauen kann euch einen realistischen Einblick in ihr Leben vermitteln. Ihr werdet feststellen, dass nicht nur in islamischen Ländern seltsame Vorstellungen zu eurem Leben existieren, sondern dass oft auch eure Vorstellungen zum Leben vermeintlich unterdrückter Musliminnen nicht immer der Wirklichkeit entsprechen.

Und vergesst nicht – auch Menschen in anderen Ländern sind neben ihrem gemeinsamen kulturellen Hintergrund Individuen. Das heißt, sie reagieren nicht alle in der gleichen Situation auf die gleiche Art. Vieles ist nicht so, wie es auf den ersten Blick scheint. So trafen wir gerade im Iran, dem Land mit Kopftuchzwang, viele offene, gebildete, westlich orientierte Frauen und Männer. Seid vorbereitet auf negative Überraschungen – und freut euch auf die vielen positiven!

D Gefahren

1. Verkehrsgefahren in anderen Weltteilen

Straßen-Hierarchie

In den Entwicklungsländern und Drittwelt-Staaten wird meist halsbrecherisch gerast, auf Radfahrer wird wenig oder absolut keine Rücksicht genommen, besonders nicht von Bus- und Lkw-Fahrern. Da kann oftmals nur noch ein rascher Sprung in den Straßengraben Rad und Leben und retten. Niemals auf seine „Vorfahrt“ oder auf sein „Recht“ als „gleichberechtigter“ Verkehrsteilnehmer beharren! **Es gilt das Prinzip des Stärkeren**, d.h., der Respekt vor dem anderen Verkehrsteilnehmer (besser: Verkehrsgegner) hängt von seiner räumlichen Größe ab. Und da ein Radfahrer nun mal zu den kleinen und leicht verwundbaren gehört, hilft nichts als nachgeben und ausweichen. Zieht in solchen Ländern, wenn immer möglich, weniger stark befahrene Nebenstraßen vor, auch wenn der Straßenbelag schlechter sein sollte. Aktuelle Straßenverhältnisse wissen am besten die Busfahrer in den Busterminals.

In hochentwickelten Ländern hingegen, wo es in den Städten und auf den Straßen zwar viele Autos, doch kaum Radfahrer gibt (z.B. in den USA), reagieren die Autofahrer auf plötzlich auftauchende Radfahrer oft falsch oder gar nicht, d.h., sie halten nicht den nötigen Abstand ein oder neigen dazu, dich einfach zu übersehen. Da ist es dann oft besser, breitere Straßen (mit Seitenstreifen!) zu wählen.

Situationsangepasste Fahrweise

In Afrika, Asien und Lateinamerika wird nicht nach Regeln wie bei uns, sondern situationsangepasst gefahren. Zwischen den Beteiligten existiert eine **unsichtbare Kommunikation**, die für einen Neuling nicht gleich durchschaubar ist. Überholt wird rechts wie links, Verkehrszeichen werden selten beachtet, Ampeln sind keine Vorschriften, sondern eher Empfehlungen, statt dem Blinker wird oft noch mit der herausgehängten Hand das Abbiegen angezeigt. Omnibusse halten auf freier Strecke immer dann, wenn jemand aus- oder zusteigen möchte. Steine oder Zweige auf der Straßen sollen vor liegengebliebenen Fahrzeugen oder in Bergstrecken vor Straßenabbrüchen oder großen Löchern warnen. Bremslichter an Autos funktionieren oft nicht.

Das alles bereitet einem ahnungslosen Neu-Radler aus Vorschrifts-Deutschland schon arge Probleme … Wenn es gar zu schlimm kommt und es möglich ist: Steigt ruhig auch mal auf Busse, Sammeltaxis oder die Bahn um – Radfahren soll ja auch noch Spaß machen.

Und noch ein wichtiger Hinweis: An Wochenenden sind viele Autofahrer (nicht nur!) in Drittwelt-Ländern ange- oder volltrunken, dann kann Radfahren lebensgefährlich werden. Doch auch die Unmotorisierten lassen sich vollaufen, die allgemeine Stimmung ist dann manchmal aggressiv!

Gefahren und Gegenmaßnahmen

In tropischen Ländern gibt es in den Städten wegen der starken Regenfälle oft mächtig große Gully- bzw. Dolenlöcher. Das wäre nicht weiter erwähnenswert, wenn nicht meist die Deckel fehlen würden … Vorsicht auch vor den übergroßen Gehsteig-Rinnen, der fließende Verkehr kann dich da hinein abdrängen, Sturzgefahr! Achtung bei alten wackeligen Holzbrücken: Die Planken sind meist in Längsrichtung verlegt, gleichfalls Sturzgefahr!

Besonders aufpassen muss man vor dem starken Luftsog überholender Lkw und Busse und deren zu frühem Wiedereinscheren. Tückisch ist auch Sand auf Asphaltstraßen, aber auch Öllachen oder Kuhdung können zur Schleuderfalle werden – die Straßenoberfläche immer im Auge behalten.

Vermeidet, zu den Verkehrsstoßzeiten in eine brodelnde Millionenstadt einzuradeln. Am besten sehr früh morgens, Samstagnachmittage sind meist ruhiger, auch Sonn- und Feiertage.

Verführerisch, besonders bei Bergauffahrten, ist das (lebensgefährliche) Schleppenlassen von langsam fahrenden Lkw, Traktorenanhängern etc. Es erfordert eine Menge Kraft und Balancegefühl, mit einer Hand zu lenken und mit der anderen sich ziehen zu lassen. Wenn das Fahrzeug in einen höheren/niedrigeren Gang schaltet, zu nahe an den Straßenrand gerät oder plötzlich Schlaglöcher auftauchen, kann man leicht stürzen …

Notfall: Bei Pannen, bei Verletzungen, einem Unglück: Vorderrad ausbauen und hochhalten, bis ein Fahrzeug hält.

Vorsicht auf verkehrsreichen Straßen, wenn du direkt in die Sonne fährst – also frühmorgens nach Osten oder abends in westlicher Richtung – dann werden die Autofahrer gleichfalls stark geblendet und könnten dich übersehen!

Bei Dämmerung und bei Nachtfahrten sind Leucht- und Reflexstreifen an Gepäck oder Körper sinnvoll, man wird eher gesehen. Oder montiert – wie bereits an früherer Stelle empfohlen – ein leichtes Dioden-Rücklicht am Fahrrad. Man kann auch eine dünne Stange (Zeltstange) mit einem Wimpel obenan am Gepäckträger befestigen.

Gefahren drohen in engen, langen und unbeleuchteten Tunnels in Bergregionen. Seht zu, dass man euch auch von hinten sehen kann (Reflektoren, Diodenrücklicht), notfalls ein Fahrzeug anhalten, das Rad aufladen und mit diesem durchfahren. In sehr verkehrsreichen und langen Tunnels droht Abgas-Vergiftungsgefahr!

Ein Rückspiegel (auch schon erwähnt) ist nicht nur in dichtem Straßenverkehr lebenswichtig, sondern auch dann, wenn man wegen Windgeräuschen oder die Ohren bedeckender Kopfbedeckung von hinten herannahende Autos nicht mehr hört. Wenn man zu zweit fährt, kann man so auch eher Blickkontakt halten.

Auf der Straße hart rechts oder mehr zur Mitte hin fahren? Dies ist nur in Ländern mit „zivilisiertem" Verkehr und manchmal überlegenswert. Fährt man mehr zur Mitte zu, sind von hinten kommende Autos gezwungen, beim Überholen auszuscheren. Doch dies nur auf geraden, übersichtlichen Strecken machen, nicht bei kurvigen Straßenverläufen, da ist Mitten-Fahren höchst gefährlich, man sieht dich nach einer Kurve zu spät! In Drittwelt-Ländern mit Chaos-Verkehr immer ganz rechts bzw. links fahren, alles andere wäre Selbstmord!

2. Linksverkehr

Gibt es überwiegend da, wo einmal die Engländer Kolonien hatten (Ost- und Südafrika, Australien, Neuseeland etc., auch Indien, Südostasien, Japan). Eine interessante Länder-Aufstellung (mit Geschichte und verkehrstechnischen Erklärungen!) findet man unter *http://de.wikipedia.org/wiki/Linksverkehr*.

Gefahrenpunkte

Am meisten Probleme hat man, den Kopf immer auf die richtige Seite zu wenden! Zum hinteren Verkehr müsst ihr jetzt nach rechts über die Schulter blicken, bei Straßenüberquerungen zuerst nach rechts und dann in der Straßenmitte nach links. Man muss sich das nur eine Weile vorsagen, dann geht's (Fehlreaktionen gibt es auch beim Gehen auf Gehsteigen, Rolltreppen etc., wo man bei Gegenverkehr wie gewohnt immer nach rechts ausweicht – was der Entgegenkommende jedoch auch macht). Rückspiegel am Rad auf die rechte Seite schrauben.

Besonders aufpassen muss man an Kreuzungen, wenn man nach rechts abbiegen will. Richtig einordnen und die Spur halten! Stets und besonders bewusst Vorsicht beim Start oder nach Pausen walten lassen, denn gedankenverloren biegt man wieder auf die rechte Straßenseite ein. Doch auch bei Linksverkehr hat an unbeschilderten Kreuzungen und Einmündungen der von rechts Kommende Vorfahrt!

3. Gefahr durch Hunde, Gefahr durch Schlangen

Hunde sind oft tollwutinfiziert, deshalb allergrößte Vorsicht, keinen ran lassen! Eine Tollwut-Schutzimpfung ist in keinem Teil der Welt verkehrt (s. Seite 68). Und weil diese Hunde fast immer auch voller Parasiten und Krankheitserreger sind, keinen streicheln, so nett sie auch sein mögen.

Da roch es doch nach Wurststulle?

Hunde-attacken

Radfahrer sind immer wieder das Ziel von Hundeangriffen. Ein Radfahrer weckt den Jagdinstinkt von Hunden, sie stürzen euch nach, versuchen zu beißen. Es gibt mehrere Reaktionsmöglichkeiten: Schnell davonfahren (sofern möglich), oder stoppen (gegenüber der Angriffsseite absteigen), den Hund anbrüllen und dabei ganz langsam weiterschieben bzw. fahren, ihn dabei nicht aus den Augen lassen, ggf. auch beruhigend auf ihn einreden. Wer Hunde vom Rad aus abwehren will, muss einen schnell greifbaren Stock dabei haben – sehr gut ist eine Reitpeitsche, weniger eine Zeltstange oder die Luftpumpe. Oft helfen auch ein paar gezielte Spritzer aus der (Plastik-)Wasserflasche (eine gute Wasserpistole dabeizuhaben wäre wohl auch nicht schlecht). Wenn nötig, den Fuß auf der Angriffsseite hochziehen, doch Vorsicht, Sturzgefahr! Beißangriffe lassen sich auch noch mit einem Reizgasspray (CS-Gas oder Pfefferspray, das man evtl. sowieso zur Eigenverteidigung mitführt) abwehren – dabei aber die Windrichtung bedenken! Während dem Pedalen sind Sprays nutzlos, und in tropisch-heißen Gegenden sind sie wegen der Erhitzung auch nicht ganz ungefährlich.

Bei Hundeattacken muss man wissen, dass Hunde **in westlichen Ländern weitaus gefährlicher** sind, weil dort Hunde fast immer zur Bewachung von Häusern, Grundstücken und Besitz gehalten werden. Anders sieht es in Entwicklungs- oder in anderen armen Ländern aus: Hier hat man es fast immer mit herrenlosen, halb verwilderten und auch halbverhungerten Kläffern und Horden zu tun, die auf staubigen Straßen oder auf Müllkippen herumstreunen, ein bedauernswertes Pack, das oft die halbe Nacht heult und jault und euch nicht schlafen lässt. Die sind weniger wild und scharf, da genügt oft schon ein angedeuteter Fußtritt oder ein Bücken, und die Meute stiebt auseinander, weil sie weiß, dass nach bückenden Menschen Steine folgen, die schmerzhaft treffen können (immer einige passende Steine in der Lenkertasche haben!). Bei den Hunden draußen auf dem Land, die ihren Zuständigkeitsbereich bei Hirten und Nomaden, bei Viehherden oder um einzeln stehende Hütten haben, muss man jedoch aufpassen, das sind Schutzhunde, und sie sind meist scharf.

Gefahr durch Schlangen

Da Fernradler oft in freier Natur campieren, besteht in tropischen Ländern und auch anderen Ländern, in denen Schlangen leben, durchaus auch die Möglichkeit einer entsprechenden Begegnung. Nicht jede Schlange ist jedoch giftig, und die meisten sind nachtaktiv, d.h., tagsüber wird man sie eher selten zu Gesicht bekommen. Schlangen haben kein Gehör, sie reagieren auf Erderschütterungen. Fast alle flüchten, wenn sie jemanden herannahen spüren – deshalb in Schlangengegenden, im Grasland oder Busch, immer **fest auftreten**, nicht schnell gehen oder rennen. Vorsicht vor den meist giftigen Baumschlangen! Wer nachts aus dem Zelt muss, immer mit Taschenlampe und einen Stock bereithalten.

Grundsätzlich gilt: Schlangen sind eine einschätzbare Gefahr, die man gering halten kann. Vor der Rast im Schatten eines Baumes den Boden zuerst auf unliebsame, gleichfalls schattensuchende Mitraster absuchen. Das Zelt immer verschlossen halten, keine Kleidungsstücke im Freien liegen lassen, Schuhe vor dem Anziehen ausschütteln, nicht barfuß laufen, Zelt und Unterlegplane beim Abbau vorsichtig anheben. Schlangen halten sich in tropischen Ländern oft in der Nähe von Asphaltstraßen auf; sie lieben die gespeicherte Straßenwärme. Viele werden dabei überfahren, doch Vorsicht, manche leben noch! Wer mehr über Giftschlangen wissen will: *http://de.wikipedia.org/wiki/Giftschlange*.

Hinweise zu sonstigen gefährlichen Tieren – Löwen in Afrika, Bären in Canada und Alaska, giftige Spinnen in Australien usw. – stehen bei den entsprechenden Ländern.

4. Diebstahl- und Überfallgefahren

Reiche Radler?

Reisende, auch Rad-Globetrotter, sind heutzutage weltweit potentielle Diebstahlsopfer – uns berichteten schon etliche Fernradler von Diebstählen, Raub und Überfall! Ist schon ein normales Fahrrad in vielen armen Ländern ein unerschwinglicher Luxusartikel, so kann ein tolles MTB und deine Ausrüstung erst recht starke Bedürfnisse wecken. Je krasser die sozialen Missstände in einem Land, desto mehr muss man damit rechnen, ein Opfer zu werden. Doch auch in westlichen Ländern ist man dagegen nicht gefeit, da hat der Radklau in den Städten, wie man weiß, teils schlimme Ausmaße angenommen.

Unterwegs muss man besonders in bekannten internationalen Tourismus-Orten aufpassen; dort hat sich meist eine örtliche auf Touristen spezialisierte Diebesszene gebildet! Fast durchweg ist man in Städten gefährdeter als auf dem Land bzw. im touristischen „Niemandsland". Wenn ihr durch ein Land reist, erkundigt euch, sprecht mit anderen Travellern über Gefahren und evtl. Vorkommnisse.

Wer sich abseits ausgetretener Touristenpfade auf unüblichen Strecken und Routen bewegt – und das ist der größte Vorteil eines Radfahrers –, der braucht eher wenig Befürchtungen zu haben. Doch eine Garantie gibt es nirgendwo mehr, man muss leider immer und überall mit Diebstählen und zunehmend auch mit Überfällen rechnen.

Vorsichtsregeln

Adrians Velo-Schutzsystem (s. umseitig) ist sicher eine interessante, aber leider nicht weltweit funktionierende Alternative. Beherzigt also auch noch ein paar Standard-Regeln:

Unterwegs sollten die Radtaschen am Rad immer so angebracht sein, dass sie nicht von Gelegenheitsdieben blitzschnell abgerissen werden können. Wir

(Sybille und Thomas) ziehen immer die Riemen zum Verzurren der Schlafsack- und Zeltrolle auf dem Gepäckträger auch gleichzeitig durch die Trageschlaufen der Packtaschen. Und, falls ihr mal das Rad auf ein Auto aufgeladen habt, lasst euch nicht vom Fahrer fortschicken, z.B. um ihm was zu kaufen – er könnte ohne euch losfahren!

Wenn ihr euer Rad mal allein stehenlassen müsst, immer anketten! Wenn möglich jemanden bitten, das Rad zu bewachen. In Drittwelt-Ländern bieten sich manchmal selbsternannte „Parkwächter" an, die für ihren kleinen Obulus ein durchaus hohes Ehrgefühl entwickeln – man kennt sich im Dorf, und ein unehrlicher Wächter hat später ein großes Problem …

Afrikanisches Veloschloss [AG]

Reisestory von Adrian Guggisberg

Ein Hotelbesitzer, dessen Geschirr verschwindet und Vorräte, die sich in Luft auflösen. Digitalkameras, die vom Erdboden verschlungen werden und Baumaschinen, die 90 Liter Diesel pro Stunde schlucken, stillstehend. Alltägliche Geschichten in Afrika, dem Kontinent der tausend Robin Hoods, denen von gewitzten Leuten auf immer dieselbe Art Einhalt geboten wird: Man lässt einen *Witchdoctor* kommen. Bereits in Westafrika wollte ich, beeindruckt von diesen Geschichten, meinem Rad einen Zauberschutz verpassen. Als Ungläubiger konnte ich jedoch unmöglich auf die geforderte Riesensumme an finanzieller Entschädigung eingehen. Erst in Ostafrika war ich der ewigen Zweifel überdrüssig, ob ich die Plastikflasche oder die Ein-Euro-Sonnenbrille tatsächlich vergessen habe oder ob sie jemand anderes „gefunden" hat.

Dem nächsten toten Greifvogel säbelte ich die Füße ab, zupfte ihm eine Feder aus und steckte beides in den Sattel. Das Interesse, meinen Drahtesel auch nur zu streicheln, scheint seither verschwunden zu sein. Je nach Ort und Situation reicht das viel einfachere Abschließen durch Verzaubern völlig aus.

Die Quelle mysteriöser tierischer Objekte ist für den Fahrradfahrer unerschöpflich. Bis auf Elefanten habe ich quer durch die Arche Noah jedes Tier stinkend im Straßengraben liegen sehen. Immer wieder finde ich neue Wildkatzenschwänze, Stacheltierstacheln und ungewöhnliche Knochen.

Wie viel es nützt? Schwer zu beantworten. Die Robin Hoods haben sich ferngehalten. Blickfänger ist es, noch nie hat mich ein Einheimischer darauf angesprochen und nie mehr plagten mich seither Zweifel, ob ich vergesslich bin …

Nehmt in Orten, wo evtl. Gefahren bestehen, ein besseres, d.h. ein sichereres Hotelzimmer. Überprüft, ob es einbruchssicher ist. Deponiert Papiere, Geld und Ausweise im Hotelsafe, falls vorhanden. Generell ist Vorsicht geboten, wenn ihr in Touristenzentren angesprochen oder in ein Gespräch verwickelt werdet – Trickdiebe provozieren Unaufmerksamkeit und nutzen sie in Zusammenarbeit mit ihren Komplicen aus. Diebe sind meist auch perfekte „Schauspieler" – Diebstähle in der Dritten Welt werden oft mit geplanter Freundlichkeit und Taktik inszeniert. Und lasst euch auch bei Polizeikontrollen nichts heimlich zustecken!

Bei Erkundungsgängen macht es Sinn, eine Börse mit entbehrlichem Kleingeld dabeizuhaben. Es ist besser, aufdringliche Diebe erringen einen Teilerfolg, als dass sie leer ausgehen. Schon manchmal ist aus Enttäuschung unberechenbare Wut geworden! Verstaut auch auf Tour nicht alles Geld an einem Platz und bewahrt es möglichst immer am Körper auf. Überprüft das Rad und die Ausrüstungsgegenstände nach möglichen Geldverstecken (Rahmenrohr, eingenähte Geheim-Innentaschen in Kleidungsstücken, doppelte Böden in Behältern etc.). Wir bewahren z.B. immer eine unserer Kreditkarten zusammen mit ein paar Scheinen und den Kopien der wichtigsten Dokumente wie Pass und ggf. den Kaufbeleg für die Reiseschecks in einem wasserdichten Beutel in der mittleren Trikottasche auf; diese ist mit einem Klettband verschlossen.

Eine Waffe mitzunehmen kann man übrigens getrost vergessen. Der Versuch würde schnell an einer Landesgrenze enden (womöglich im Gefängnis). Und die anderen sind sowieso immer schneller und entschlossener mit ihren Revolvern, Messern, Macheten oder Fäusten. Materielles ist ersetzbar, eure Gesundheit und euer Leben nicht.

Überfall-gefahren

Es ist schwierig, hier allgemein weltweit gültige Tipps gegen Diebstahl- und Überfallgefahren zu geben. Ein Aspekt ist jedoch bedenkenswert: Überfälle werden oftmals nach Alkoholgenuss geplant und ausgeführt, insbesondere häufig samstags und sonntags, wenn sich die Leute in entsprechenden (armen) Regionen vollaufen lassen, aggressiv werden und dann auf den Gedanken kommen, einen reichen Touristen zu überfallen (sofern es eine Tourismus-Region ist). Achtet also auf übermäßig viele Herumlungernde und Betrunkene. Vor allem die GUS-Staaten sind bekannt für ihren exzessiven Wodka-Genuss. Haltet euch in den Städten fern von Alkoholisierten (auch von Jugendgruppen), macht einen großen Bogen oder geht nachts erst gar nicht auf die Straße.

Dann gibt es auch in den Großstädten mancher reicher Länder Elendsviertel und andere No-Go-Areas – findet sie vor eurer Ankunft heraus! In den USA z.B. sind Autowracks und gruppenweise herumlungernde Jugendliche ein todsicherer Slum-Indikator. In solche Viertel kann man sich (auch ohne Rad) höchstens begeben, wenn man dort jemanden Vertrauen Erweckenden kennt und unter dessen Schutz steht. Keinesfalls auch an Stadtstränden campieren oder nachts dort spazieren gehen, auch Stadtparks sind generell überall gefährlich! Vorsichtig muss man auch in Hafenstädten bzw. Hafenvierteln sein.

In unsicher erscheinenden Gegenden beim Rasten nicht von der Straße entfernen, es ist besser, an der Straße zu bleiben. Überfälle passieren meist da, wo eben noch „überhaupt niemand" zu sehen war …

Ist tatsächlich einmal ein Überfall geschehen und man hat fast nichts mehr, über die Zeitung und den Rundfunk an die Öffentlichkeit wenden. Das kann neue Kontakte und Hilfe verschaffen.

5. Notsituation – was tun?

Konsulat kontaktieren

Bei einem Notfall, einer Verhaftung etc. das nächste **Konsulat** oder die **Botschaft** anrufen oder anfaxen (Deutschland ist in über 150 Staaten durch Vertretungen präsent, s. *www.konsulate.de*). Dies kann euch auch im Gefängnis nicht verwehrt werden! Die Konsulate bzw. Botschaften wissen Rat, sie sind verpflichtet, im Notfall für ihre Landsleute tätig zu werden (doch nur in streng begrenztem Rahmen, keineswegs als Bank, Krankenkasse, Versicherungs- oder Detektivbüro o.ä.). Es können Überbrückungsgelder zur Selbsthilfe ausgelegt werden, bis also der Bestohlene wieder für eigenen Nachschub gesorgt hat. Bei akuten Erkrankungen oder Unfällen kann die Botschaft Geld für den Arzt oder das Krankenhaus vorstrecken. Bei Totalverlusten, die eine Weiterreise unmöglich machen, kann auch ein Ticket für den Heimflug vorfinanziert werden. Muss man wegen schwerer Krankheit oder einem Unfall sofort heimfliegen und das Flugzeug ist ausgebucht, nützt evtl. eine ärztliche Bescheinigung, um doch noch einen Platz zu bekommen.

Konkrete Maßnahmen

- **Diebstahl:** Anzeige bei der Polizei – hingehen oder sie kommen lassen. In den seltensten Fällen wird sie aber Gestohlenes wiederbeschaffen können, ihr benötigt aber ein Polizeiprotokoll für eure Diebstahlversicherung. Erwartet jedoch von der Polizei i.d.R. nicht allzuviel Hilfe und Freundlichkeit.
- **Passverlust:** Deutsche Auslandsvertretungen (nur Botschaften) können bei Diebstahl oder Verlust einen Ersatzpass ausstellen, der aber meist nur ein Jahr gültig ist (daran ist die Passbehörde des Heimatorts beteiligt, deshalb dauert das einige Tage). Passbilder dabeihaben! Zur Identifikation sollte man eine Kopie oder einen Scan des verlorenen oder gestohlenen Passes – und bei Diebstahl ein Polizeiprotokoll – vorlegen können. Bereits vorhandene Visa für die nächsten Länder müssen nachbeschafft werden. Um bei der Ausreise mit dem neuen Pass – der ja keinen Einreisevermerk enthält – keine Schwierigkeiten zu bekommen, empfiehlt es sich, nach der Einreise in ein Land eine Fotokopie der Passseite mit dem Einreisestempel zu machen (und natürlich getrennt vom Pass aufzubewahren).
- **Kreditkarten- oder Reisescheck-Verlust:** s. im Kapitel „Geld“ ab Seite 52.
- **Flugticket weg:** Ein Problem kann sich ergeben, wenn man nicht die Ticketnummer, den Ort und das Ausstellungsdatum nennen kann (aber immerhin seid ihr im Buchungscomputer). Manchmal muss dann ein neues gekauft werden; die Kosten für das verlorene oder gestohlene werden oft erst nach Monaten erstattet. Deshalb immer eine Kopie des Flugtickets machen und getrennt aufbewahren.
- **Globetrotter Notservice:** Verschiedene Ausrüster bieten Kunden in echten Notfällen einen SOS-Notruf-Service an. Die Heimat-Kontaktperson muss sich verpflichten, anfallende Kosten für die Besorgung von Medikamenten etc. zu übernehmen. Schweizer Fahrrad-Globis, die Mitglied im Globetrotter-Club sind (s. Seite 29), können gleichfalls in wirklichen Notfällen das Büro des Clubs kostenlos als Nachrichtenzentrale nützen, d.h., per Telefon oder Fax eintreffende Hilferufe werden weitergeleitet. Aber heute wird man ja eine E-Mail nach Hause schicken.

Teil 4
Kontinente und Länder

Nordamerika

CANADA
ATLANTIC OCEAN
PACIFIC OCEAN
Gulf of Mexico
CARIBBEAN SEA
Golfo de California
UNITED STATES OF AMERICA
0 km 200 400 600 km
MEXICO
CUBA
THE BAHAMAS
HAITI
DOMINICAN REPUBLIC
PUERTO RICO
JAMAICA
BELIZE
GUATEMALA
HONDURAS
ALASKA
ROCKY MOUNTAINS
APPALACHIAN MOUNTAINS
SIERRA NEVADA
CASCADE RANGE
GREAT PLAINS
GREAT BASIN
WASHINGTON
OREGON
CALIFORNIA
NEVADA
IDAHO
MONTANA
WYOMING
UTAH
ARIZONA
COLORADO
NEW MEXICO
NORTH DAKOTA
SOUTH DAKOTA
NEBRASKA
KANSAS
OKLAHOMA
TEXAS
MINNESOTA
IOWA
MISSOURI
ARKANSAS
LOUISIANA
WISCONSIN
ILLINOIS
MICHIGAN
INDIANA
OHIO
KENTUCKY
TENNESSEE
MISSISSIPPI
ALABAMA
GEORGIA
FLORIDA
SOUTH CAROLINA
NORTH CAROLINA
VIRGINIA
WEST VIRGINIA
PENNSYLVANIA
NEW YORK
MAINE
WASHINGTON,DC
Lake Superior
TROPIC OF CANCER
ARCTIC CIRCLE

4 KONTINENTE UND LÄNDER

Nordamerika

Die USA

A Vorbereitung und Wissenswertes

1. Die USA als Fahrradland

Bike Freaks und City Biker

Die USA mit dem Fahrrad? Amerika ist doch *das* Auto-Land! Ja und Nein. Die Fahrrad-Welle in den USA begann schon in den 1970er-Jahren, und was mit der Erfindung des „All Terrain Bikes“ bzw. Mountainbikes in California als Freizeitspaß begonnen hatte, nahm unaufhaltsam seinen Lauf. Längst sind in Staaten wie California, Oregon oder Washington Fahrräder mehr als nur Hobby und Zeitvertreib, nämlich breit akzeptierte Verkehrsmittel, und selbst die Polizei jagt in den Städten mit dem Bike Gesetzesbrechern hinterher …

Ein gut ausgebautes Radwegenetz führt nicht nur durch schöne Landschaften, auch in Großstädten werden immer mehr Bike Lanes und Bike Paths eingerichtet. Es gibt sogar „Bicycle Touring Adviser“, die Radfahrern Hilfe leisten; die Städte fördern Bicycle Commuter (Fahrrad-Pendler), in der L. A. Area und im Silicon Valley sieht man außer den rennsportlich gestylten Sunnyboys längst auch Manager, die mit ihren Top-Maschinen ins Büro biken, und die Bike Messengers in New York City sind längst von der halblegalen Subkultur zur Legende avanciert. Rad-Freaks gibt es viele in den USA – die meisten allerdings im Westen und im Osten, in den meisten Staaten dazwischen zählen Cyclists immer noch ein wenig zu den eher kopfschüttelnd betrachteten Sonderlingen.

Vorplanung wichtig!

Die USA sind halt einfach ein riesiges Land – 9,8 Mio. km² Landesfläche, rund 5000 km „from Coast to Coast“, vier Zeitzonen, 30 Einw. pro km² (im Vergleich dazu: Deutschland 231), und davon leben 80% in den Ballungsräumen. Die Distanzen zwischen diesen oder auch zwischen den Sehenswürdigkeiten sind also oft so einsam wie gewaltig, und wenn schon viele Auto-Touris wegen der Größe der USA kaum mit ihrem Besichtigungsprogramm zurechtkommen, wie schwierig muss es dann erst sein, die USA mit einem Fahrrad zu bereisen … Doch das geht, nur müssen einige Grundsatzentscheidungen getroffen werden. Was will man sehen, wieviel Zeit steht dafür zur Verfügung, sollen außer dem Fahrrad noch andere Verkehrsmittel eingesetzt werden? Wer längere Zeit touren will, sollte flexibel auch die Möglichkeiten des Radreisens mit Bus, Flugzeug, Auto oder Bahn in Erwägung ziehen. Bei richtiger Planung sind die USA auch ein Traumland für Radfahrer – nachfolgend ein paar Anregungen und Tipps.

2. An- und Einreise

Anreise

Checkt gerade bei Flügen über den großen Teich genau ab, welche Airline nicht nur einen günstigen Flug bietet, sondern vor allem auch gute Konditionen für Gepäck und Fahrrad hat (z.B. auf *www.ibike.org/encouragement/travel/bagregs.htm;* siehe unbedingt auf Seite 23f die Kapitel „Fahrradmitnahme im Flugzeug“ und „Das richtige Ticket“). Die zahlreichsten und billigsten Flüge gehen nach New York, Los Angeles, San Francisco, Chicago, Florida, immer mehr auch nach Las

Vegas. Gerade für die USA mit ihren großen Entfernungen sind Gabelflüge interessant. Wollt ihr mehrere Ecken der Staaten beradeln, dann erkundigt euch nach einem Air Pass. Die meisten gelten nur für zwei Monate, manche Airline bietet auch einen für vier Monate an, aber das ändert sich oft. Einen ersten Überblick über den Tarif-Dschungel geben die Flug-Zeitschriften „Clever reisen!" und „Reise & Preise" bzw. deren stets aktuelle Websites *www.fliegen-sparen.de* und *www.reise-preise.de.*

Angesichts der in den letzten Jahren ständig gestiegenen Gebühren für die Radmitnahme im Flieger lohnt es sich auch, den Kauf eines Drahtesels vor Ort in Erwägung zu ziehen, gerade bei einer USA-Reise, denn dort gibt es sehr gute Bikes und eine Vielzahl erstklassiger Bikeshops. Viele führen auch gute Gebrauchträder, ggf. kann man Rückkauf vereinbaren – mehr dazu beim Thema „Rad und Ausrüstung" auf Seite 137. Nur eins an dieser Stelle: Nehmt dann unbedingt euren eingesessenen Sattel mit – und einen gescheiten Gepäckträger und Packtaschen. Tubus-Träger und „Ortlieb Gear" gibt es nicht bei Uncle Sam, auch kaum etwas qualitativ Vergleichbares. Ausrüstungsgegenstände wie Zelt, Schlafmatte, Kocher etc. kann man aber auch noch drüben in riesiger Auswahl kaufen. Wer sein in den USA gekauftes Bike mit nach Deutschland nehmen will sollte bedenken, dass es bei der Einfuhr verzollt werden muss. Die Zöllner auf den deutschen Flughäfen sind da mittlerweile sensibilisiert – sieht dein Fahrrad noch so gut wie neu aus, wirst du dir ein paar kritische Fragen gefallen lassen müssen, manchmal wird auch eine deutsche Kaufquittung verlangt.

Einreise

Ende der 1980er-Jahre wurde der Visum-Zwang für Deutsche und andere Westeuropäer aufgehoben – wer nicht länger als 90 Tage in den Staaten bleiben wollte und ein Rückflugticket sowie ausreichende finanzielle Mittel vorweisen konnte, der brauchte nichts anderes als einen noch drei Monate gültigen Reisepass, um ins gelobte Land zu gelangen. Das ist seit 12.01.2009 Geschichte: Das bisherige Verfahren wurde ersetzt durch **ESTA**, ein elektronisches System der Registrierung und Einreise-Genehmigung. Eine ESTA-Reisegenehmigung kann ausschließlich von Staatsangehörigen eines Landes beantragt werden, das dem Programm für visumfreies Reisen (Visa Waiver Program) angehört; dazu gehören die Länder Westeuropas (inkl. D, A und CH) und weltweit nur ein paar ganz wenige andere *(s. www.travelauthorization.org/deutsch.html)*. Also: **Ohne vorherige Anmeldung bei ESTA und Genehmigung ist keine Einreise in die USA mehr möglich!** Damit das mit der Genehmigung rechtzeitig vor der geplanten Einreise klappt, muss die Registrierung wenigstens 72 Stunden vorher erfolgen. Die einmal erteilte Genehmigung gilt dann für zwei Jahre und für mehrere Einreisen. Alle Einzelheiten findet man auf *www.esta-usa.de* (bzw. *www.esta.cbp.dhs.gov*); dort kann man über einen Link gleich seinen Online-Antrag stellen. Außerdem muss seit 26.10.2006 jeder ab diesem Datum ausgestellte Pass **biometrische Daten** enthalten (e-Pass mit Chip) – wenn er vorher ausgestellt wurde reicht es, wenn er maschinenlesbar ist (alle diese Angaben unbedingt vor geplanter USA-Reise nochmal über die angegebenen Weblinks checken, kann sich ändern!).

Aufenthaltsgenehmigung

Obwohl somit jeder US-Touri schon *vor* Besteigen des Fliegers überprüft wurde, erfolgt am Ankunfts-Airport nochmals eine relativ zeitaufwendige Kontrolle durch die **US Immigration**. Dabei fragt der Officer nach solchen Dingen wie Reiseabsicht, Rückflugticket, Geldmitteln (Kreditkarte hilft) usw. und erfasst die biometrischen Daten, also das Passfoto und (seit 2007) Abdrücke aller zehn Finger. Spuckt das Pass-Lesegerät dann keine negativen Einträge von früheren Aufenthalten aus und die „Gesichtskontrolle" verläuft zur Zufriedenheit des Einreisebeamten, erhält man in aller Regel eine **Aufenthaltsgenehmigung für 90 Tage**. Fakt also: Die ESTA-Reisegenehmigung ist noch keine Garantie dafür, dass man tatsächlich auch ins Land darf (allerdings wird die Einreise dann auch wirklich nur in den allerseltensten Sonderfällen nicht gestattet).

Die 90-Tage-Aufenthaltsgenehmigung ist praktisch **nicht im Land verlängerbar!** Und während es noch vor kurzem gängige Praxis war, eben mal für ein paar Tage nach Canada oder Mexiko zu fahren und dann bei der Wiedereinreise nochmal 90 Tage zu kriegen, so haben die US-Behörden dem zwischenzeitlich einen Riegel vorgeschoben. Visumfrei kommt man nur noch dann ins Land, wenn man per Flugticket beweisen kann, dass man **den gesamten nordamerikanischen Halbkontinent** innerhalb von 90 Tagen wieder verlässt. Die Frist beginnt mit der ersten Ankunft in den USA zu laufen, und wenn man beispielsweise die Great Lakes umrundet und sich dabei zwei Wochen in Canada aufhält, so läuft die USA-90-Tage-Frist weiter, als habe man die Staaten nie verlassen.

Wer länger auf Tour sein will braucht ein **Visum**, das für nicht wenig Kohle bei der zuständigen US-Botschaft ausgestellt wird – Näheres s. auf *www.us-botschaft.de* („Visainformationen" anklicken, dann „Nichteinwanderungsvisa", in der Regel also ein B-Visum) oder auf *www.usembassy.de*. Ein Visum braucht auch, wer kein Rückflugticket kaufen will (Alaska-Feuerland-Radler z.B.) – sonst wird er von keiner Airline mehr als Passagier akzeptiert. Wer hingegen **auf dem Landweg** z.B. von Mexiko in die USA einreist (im Rahmen des Visa Waiver Programs) braucht weder Visum noch ESTA-Reisegenehmigung, sondern zahlt 7 US$ Gebühr – ein Ticket, das die Abreise innerhalb von 90 Tagen bescheinigt, braucht er aber trotzdem. Generell zum Thema US-Einreise gilt: Unbedingt die aktuellen Richtlinien checken, über *www.auswaertiges-amt.de* (Länder/USA), *www.us-infos.de* oder *www.usatipps.de*.

Achtung: Auch **Transit-Passagiere**, die also zu irgendeiner anderen Destination (egal wo auf der weiten Welt) weiterfliegen und eine Verbindung mit Zwischenlandung in den USA gebucht haben, müssen sich gleichfalls seit Januar 2009 **dem ESTA-Verfahren unterziehen!** Und sie müssen **mit ihrem gesamten Gepäck** (inkl. Fahrrad) **durch die US-Immigration**, Gepäck durchchecken lassen geht definitiv nicht mehr.

3. Beste Reisezeiten, Klimate

Über weite Regionen herrscht in den USA ein ähnliches gemäßigtes Klima wie in Mitteleuropa, doch wird oft dabei übersehen bzw. viele wissen es nicht, dass das Wetter in den USA manchmal auch mörderisch werden kann! Dies gilt für die vielerorts extreme Sommerhitze genauso wie für die starke Kälte im Winter, für schwere Regenfälle und Überschwemmungen, extrem kreislaufbelastende Schwüle und die immer wieder auftretenden verheerenden Wirbelstürme, Blizzards und Sandstürme. Nehmt das Wetter in den USA ernst!

Wasserschlacht. Regen und Sturm in Texas

Die angenehmsten Zeiten fürs Radfahren sind in den USA in den meisten Regionen Frühjahr und Herbst. Für die überwiegend wüstenhaften Gebiete im Südwesten sind Winter, Frühjahr und Spätherbst am besten. Für Bergregionen (Rocky Mountains) sind die Sommermonate vorteilhaft. Für die schwülheißen Südstaaten der USA ist wiederum nur der Winter und beschränkt auch das Frühjahr und der Spätherbst geeignet. Haupt-Schulferien sind in den USA im Juli und August. Dann sind die Nationalparks überfüllt (bis zum Labor Day Weekend; Labor Day ist der erste Montag im September) und die Preise steigen überall.

Klima im Westen

Günstig: März bis Mai und September bis November in den Staaten Arizona, New Mexico, Utah, Nevada. Die Sommermonate bis Oktober sind günstig für das nördliche Landesinnere, also die Staaten Colorado, Wyoming, Montana und Idaho sowie die höheren Lagen in Utah.

Southern California ist von November bis Mai angenehm, die Pazifikküste nördlich ab San Francisco von Mai bis Oktober mit dann vorherrschenden Winden aus Nordwest. Von Herbst bis Frühjahr und bei Regenwetter drehen sie auf Südwest. Weniger günstig: Von Juni bis Mitte September, dann wird es in den Staaten des südlichen Landesinnern (Arizona, New Mexico, Utah, Nevada) und in Südkalifornien sehr, sehr heiß. An der nördlichen Pazifikküste gibt es von Mitte Oktober bis April Regen, es ist kalt und es blasen auch starke Winde. Die Staaten des nördlichen Landesinneren (Colorado, Wyoming, Montana und Idaho) sind winters sehr kalt und sie haben viel Schneefall! Schnee liegt auch in den Rocky Mountains von Oktober bis Mai. Über die Plains von North Dakota bis hinab nach Oklahoma fegen zwischen November und März eiskalte Blizzards.

Klima im Osten

Günstig sind: Mai/Juni und September/Oktober. Die Neuengland-Staaten (Maine, Vermont, New Hampshire, Rhode Island, Massachusetts, Connecticut) von Juni bis Mitte Oktober. Florida und die schwülheißen Südstaaten: Dezember bis Mitte April.

Weniger günstig für Chicago, New York und die Ostküste sind Juni bis Mitte September, dann sehr heiß und schwül! Von November bis April sind die Neuengland-Staaten und New York wegen Kälte und Regen ungastlich. Von Oktober bis April Schnee in den Appalachians. Von Mai bis Oktober in Florida und in den Südstaaten hohe Hitze und Schwüle. Im Januar und Februar regnet es viel in Louisiana und in Osttexas. Von Ende August bis Ende September herrscht in Florida und in den angrenzenden Staaten Hurrikan-Gefahr.

4. Geld – Cash or Credit Card?

Der US-Dollar ist das berühmteste Zahlungsmittel der Welt und, wenn auch zwischenzeitlich manchmal recht „gerupft", immer noch die globale Leitwährung. Ohne „Bucks" läuft in vielen Teilen der Welt gar nichts, und entgegen weitverbreiteter Annahmen ist auch die **Barzahlung** in den Staaten durchaus nicht komplett durch das Plastikgeld abgelöst worden. „Cash or Credit Card?" werdet ihr manches Mal auf eurer Tour gefragt werden; nicht selten gibt es sogar einen Barzahler-Rabatt, und in den Fastfood-Tempeln oder auf staatlichen Campgrounds heißt es gar „Cash only!". Stückelung und aktuelles Aussehen des US$ kann man bei Wikipedia sehen (*http://de.wikipedia.org/wiki/United_States_Dollar*) – und allerhand Interessantes über die Geschichte des „Greenbacks" nachlesen.

Cashing

Kreditkarten sind trotzdem ein „Muss"! Am verbreitetsten sind MasterCard und VISA; deren Emblem ist in den USA quasi allgegenwärtig. Auch American Express und Diners werden akzeptiert, aber bei weitem nicht so häufig – das gilt insbesondere für die Bargeld-Beschaffung an Geldautomaten (ATMs, Cashing Mashines). Das Cashing verursacht Gebühren von 3-5% pro Vorgang. Günstiger geht es mit der EC-Maestro-Karte, mit der man auch flächendeckend Bargeld nachtanken kann. Mit einer Kreditkarte jedoch kann man auch in Bankfilialen Bares erhalten (Cash Advance) und natürlich im Laden, Motel usw. bezahlen – am besten also EC- und Kreditkarte mitführen. **Travellercheques** (kleinere Stückelungen wählen) braucht man in den USA nicht erst bei einer Bank in Bargeld umzutauschen (teure Gebühren!), sondern legt sie in Geschäften, Supermärkten, Hotels etc. wie Bargeld hin und bekommt den Differenzbetrag in bar zurück. Bei richtiger Disposition vermeiden Reiseschecks teures Cashing – doch sie kommen in den Staaten zunehmend aus der Mode, und manchmal fallen beim Bezahlen Gebühren an.

5. Übernachten

Indoor oder outdoor? Sicher hängt das bis zu einem gewissen Grad von persönlichen Vorlieben ab, doch ganz ohne Zelt wird es kaum abgehen, vor allem in den touristischen Regionen, in Nationalparks und in der Hauptsaison. Die USA mit dem Rad zu bereisen heißt immer auch Campen – wer sich das versagt ist selber schuld, denn gerade in den State- und National Parks gibt es teils geniale Plätze.

Camping

Campgrounds finden sich (vielleicht mit Ausnahme touristisch wirklich unergiebiger Ecken, etwa auf den Transferstrecken in den Central Plains) in großer Zahl im ganzen Land. Sie gehören entweder privaten Betreibern (Commercial Campgrounds, z.B. KOA, Red Arrow, Good Sam Parks u.a.), die sind meist komfortabler und teurer, oder sind Public Campgrounds, wie man sie in den städtischen, staatlichen oder nationalen Park- und Freizeit-Einrichtungen findet.

Angelegt sind die Campgrounds zwar überwiegend als Stellplätze für RVs (Recreation Vehicles, Camper/Wohnmobile, mit Full-Hookup-Anschlüssen), doch haben sie meist – aber nicht immer – auch ein schönes Stück Rasen, auf dem Backpacker, Motorrad- und Fahrradtourer unterkommen können. Das solltet ihr vorher checken, denn reine Full-Hookup-Plätze haben oft keine sanitären Einrichtungen wie Restrooms und Shower. Zur Vorplanung eignen sich das „All State Motor Club RV Park & Campground Directory" und Woodall's „The Campground Directory", umfassende Nachschlagewerke über alle Plätze in den USA und auch Canada. Für zeltende Biker besonders empfehlenswert ist Woodall's „**The Tenting Directory**: North America Edition" (*www.woodalls.com,* ca. 13 US$). Woodall's-Führer erhält man auch in Germany, z.B. über *www.amazon.de* Dazu gibt es viele Regionalführer, auch der amerikanische ADAC, der „Triple-A" (AAA, *www.aaa.com*), gibt Campingführer heraus, die in erster Linie aber für motorisierte Reisende gedacht sind.

Doch einen schweren Campingführer auf einem Rad mitzuschleppen ist kaum sinnvoll. Es ist besser, gute Karten dabei zu haben, auf denen auch Campgrounds verzeichnet sind, oder für Regionen, wo es „eng" werden könnte, die wichtigsten Daten aufzuschreiben oder die entsprechenden Seiten aus dem Campground Directory herauszureißen. Auch gute Reiseführer führen empfehlenswerte Campgrounds auf, z.B. die Grundmann-Bücher von RKH (s. weiter unten bei „Literatur").

Die Übernachtungspreise der Plätze orientieren sich an der Ausstattung, und wenn sie zudem im Umfeld von touristischen Attraktionen oder in Stadtnähe liegen, wird schon mal kräftig hingelangt, besonders bei den privaten. In der Regel zahlt man aber nicht nach Personenanzahl, sondern für die Belegung einer „Site", d.h., es kostet für eine oder sechs Personen dasselbe. Apropos Ausstattung: Ein Picknicktisch und eine Feuerstelle gehören fast zu jedem Platz, ob nobel oder einfachst.

Tipps: Es lohnt sich, nach anderen Leuten Ausschau zu halten, mit denen man den Zeltplatz und die Kosten teilen kann. Lasst euch auch von „Campground full"-Schildern nicht abschrecken, sondern bietet den Leuten eines schon besetzten

Platzes Kostenteilung an. Auf privaten Plätzen könnt ihr oft, auch ohne zu übernachten, eine Dusche nehmen (evtl. gegen geringe Gebühr). Außerdem kann man einkaufen oder die Waschsalons benützen. Fragt einfach!

Public Campgrounds

Die **öffentlichen Campgrounds** heißen National Park Campgrounds, National Forest (NF-)Campgrounds, State Park Campgrounds, Bureau of Land Management (BLM-)Campgrounds, Corps of Engineers Campgrounds (meist sehr einfach, oft bei Stauseen), County Campgrounds, und innerhalb von Städten sind es die City- bzw. Municipal Campgrounds.

Zu den empfehlenswerten gehören die (überwiegend einfachen) **National Park Campgrounds**, die meist sehr schön in die Natur eingebettet sind (bezahlt wird fast durchweg durch „Self Registration", d.h., ihr notiert eure Platznummer auf einem speziellen Umschlag und werft ihn zusammen mit dem geforderten Geldbetrag in eine Box; einmal am Tag schaut dann ein Ranger vorbei). Eine Übersicht über alle 64 National Parks (und ihre Campgrounds) bieten die Websites *www.nps.gov* oder *www.llbean.com/parksearch,* letztere auch über State Parks, National Recreation Areas usw. Oft haben uns gerade die **State Park Campgrounds** besser gefallen als ihre großen Brüder in den National Parks: Sie sind kleiner, überschaubarer, meist ebenso wunderschön gelegen, nicht teurer und manchmal sogar besser ausgestattet (heiße Duschen!). Meist füllen sie sich schon um die Mittagszeit, man sollte also früh einen Platz reservieren und dann den State Park erkunden.

Traumhafte Hiker Biker Site im Cape Lookout State Park

Einfache, billige Plätze verwaltet auch das BLM *(www.blm.gov)*, ihr findet sie hauptsächlich in California, Oregon, Washington, Arizona, New Mexico und Alaska. Informationen über NF- und **BLM-Campgrounds** stehen in den Karten, die in den Büros beider Verwaltungen und oft auch in Tourist Offices ausliegen. Offizielle Homepage der National Forests: *www.fs.fed.us.* Alle **NF-Campgrounds** in den USA beschreibt der „Coleman National Forest Campground and Recreation Directory" (auch über *www.amazon.de* erhältlich), dann gibt es noch „Don Wright's Guide to Free Campgrounds" und „Camping with the Corps of Engineers" (dito). Und es gibt die Homepage *www.freecampgrounds.com* mit einer Aufstellung kostenfreier Plätze.

Alle Nationalparks verfügen über Zeltplätze, die in ihrer Ausstattung meist einfach sind (Toilettenhäuschen und kaltes Wasser). Die Preise liegen zwischen 7 und 12 US$. Gratis sind dort für Wanderer die Walk-in-Campgrounds, gelegen an Hiking Trails; man braucht lediglich ein Permit, das am Parkeingang ausgestellt wird. Reservierung zum Campen ist aber – vor allem in den Saisonmonaten – wegen des hohen Andrangs fast immer nötig.

In den Staaten entlang der Pazifikküste (also in California, Oregon und Washington) gibt es in den State-, Forest- und National Parks oft sogenannte **Hiker Biker Sites** für Radler und Wanderer – eine geniale Einrichtung! Dort kann man je nach Staat für 3 bis 6 US$ seine Nylonhütte aufschlagen; weggeschickt wird man als Radler nie, selbst wenn das „Campground full"-Schild draußen hängt. Auf den Hiker Biker Sites lernt man auch immer jede Menge amerikanische Fellow Bikers kennen und kann abends am Campfire Stories und Erfahrungen austauschen.

Als zusätzliche Unterkunftsmöglichkeit bieten sich in den Parks auch desöfteren **Cabins** an, mietbare Holzhütten von primitiv bis komfortabel. Näheres über Nationalparks in Reiseführern oder unter *www.nps.gov/parks.html.*

Wildes Campen

In den Wildnis- und Waldgebieten der USA ist es kein Problem, einen Zeltplatz für eine oder zwei Nächte zu finden, und sofern nicht ausdrücklich Verbotsschilder aufgestellt sind verstößt man damit nicht gegen Gesetze. Ansonsten jedoch sind die ganzen USA eingezäunt, und man kann sich in der Regel am Abend nicht gleich neben die Straße schlagen. Vor allem ist in den USA die Respektierung von Privatbesitz wichtig! Also immer, wo Private Property ausgewiesen ist, vorher fragen (sonst kann schon mal der Sheriff auftauchen!). Eigentum hat in den Staaten einen weitaus höheren Stellenwert als bei uns, und so mancher „Redneck" reagiert sauer, wenn man ohne Erlaubnis seinen Grund und Boden betritt.

In dicht besiedelten Regionen tut man sich also nicht leicht, wenn man partout wild zelten will. Chancen hat man evtl. bei Kirchen, Feuerwachen und auf zum Verkauf stehenden Grundstücken. Wild in City Parks oder Fairgrounds in (größeren) Städten zu campen ist in den USA wegen zwielichtiger Gestalten oder Umtriebe nicht ratsam und auch verboten, wenn es nicht ausdrücklich erlaubt ist. In dünn besiedelten Regionen hingegen ist es weniger problematisch, ein passables Plätzchen zu finden. Im Westen der USA z.B. gibt es viele Ländereien, die im Besitz der öffentlichen Hand sind, sogenanntes „Public Land". Meist sind diese Gebiete dem National Forest Service oder dem Bureau of Land Management unterstellt. Dort darf man in der Regel ohne besondere Erlaubnis sein Zelt aufschlagen. Wie beliebt auch unter Amerikanern solche Wildcampingplätze sind, zeigen zahlreiche Feuerstellen, die man bereits fertig eingerichtet allerorten vorfindet (und leider auch den liegengelassenen Müll). Ein Grund mehr, wenigstens den eigenen Abfall wieder mitzunehmen und keine unnötigen Spuren zu hinterlassen, auch wenn die nächste Mülltonne manchmal 50 Meilen weit weg ist.

Besondere Vorsicht ist auf diesen Wildcampingplätzen geboten, wenn gerade Jagdzeit ist. Dann verwandelt sich „Public Land" schon mal in die Spielwiese schießwütiger Freizeitjäger und man kann (wenn auch ohne böse Absicht) in ein unerwartetes Kreuzfeuer geraten. Schützen kann man sich, indem man Plätze meidet, an denen leere Bierdosen und Patronenhülsen auf solche nächtlichen Ausflügler hinweisen.

Besonderen Bestimmungen unterliegt das Campieren in Indianerreservaten (z.B. im Monument Valley), da muss man vorher die Indianerbehörde verständigen. Schilder weisen rechtzeitig darauf hin.

Hotels und Motels

Wenn auch Campen die billigste und flexibelste Form des Übernachtens in den USA ist, mag ab und zu ein Zimmer und ein Bett auch dem härtesten Long Time Biker eine nicht unwillkommene Abwechslung sein. Motels kosten so ab 40 Bucks

Have a pleasant stay! Motel in Seligman (AZ)

die Nacht, Motor Inns und Hotels wesentlich mehr. Die Preise sind Zimmerpreise; wenn man ein Zimmer mit vier Personen belegt, kann eine solche „Accomodation" recht günstig sein. Gleichbleibenden Standard versprechen die *nationwide* operierenden Ketten wie Days Inn, Econolodge, Super 8 u.v.a.m. Mit am preiswertesten ist die „Motel 6"-Kette *(www.motel6.com).* Alle Ketten haben eine Website und eine 1-800-Number für kostenloses Reservieren, exakt aufgeführt z.B. in den Grundmann-Führeren. Kaum ohne Reservierung geht es in der High Season in Touristenzentren – wer beispielsweise die Pazifikküste hinunterradelt, braucht in Städte wie San Francisco oder San Diego ohne Reservierung gar nicht erst hineinzufahren. Motel- und Hotellisten sortiert nach State und City mit stets aktuellen Preisen findet man auf *www.all-hotels.com, www.travelnow.com* und *www.orbitz.com.* Tipp: Wenn ihr nach einer Dusche lechzt, fragt in Motels nach Zimmern, bei denen der Gast schon ausgezogen ist und die noch nicht gereinigt worden sind. Evtl. geringe Gebühr.

Youth Hostels, Backpacker's Hostels

Die amerikanischen **Jugendherbergen** (AYH Federation) sind nicht so zahlreich wie in Europa, es gibt etwa 130 (s. unter *www.hihostels.com* oder *www.hiusa.org*). Die meisten finden sich entlang der Pazifikküste in California und Washington, in den Colorado-Rockies, in Ohio und Michigan und in den New England States. Sie kosten für Mitglieder zwischen 13 und 25 US$ pro Nacht (keine Altersbeschränkung), haben auch meist Kochgelegenheit – gut, um andere Traveller zu treffen. Fast immer ist Vorausbuchung notwendig (mit Kreditkarte). **Backpacker's Hostels** in freier Trägerschaft hingegen gibt es eine Unmenge, s. unter *www.hostels.com* (etliche Tausend in den USA, allein fast 100 in NYC!) oder auf *www.hostelsclub.com, www.hostelsofamerica.com* oder *www.thebackpacker.net.* Gleichfalls reservieren, wenn möglich!

Rund 600 Hostels und Billighotels in den USA und Canada (Juhes, Backpacker's) listet „The Hostel Handbook" von Jim Williams, ein auf dünnem Papier gedrucktes Büchlein für die Packtasche, recht praktisch (man hat ja nicht immer Internet zur Hand). Erhältlich in den USA in allen Buchhandlungen oder online unter *www.hostelhandbook.com* (hier auch Updates, Links etc.). Zu beziehen in Deutschland gegen Vorauskasse (5 Euro in Briefmarken) beim Reise Know-How Verlag Grundmann, Am Hamjebusch 29, 26655 Westerstede.

YMCA, YWCA, Studentenwohnheime

Die Y's, wie die CVJM-Häuser in den Staaten genannt werden, bieten vor allem in den Großstädten Übernachtungsplätze. Diese Unterkünfte sind teurer als Youth Hostels, doch billiger als ein Hotel. Während bei den YMCAs auch Mädchen und Paare unterkommen können, heißt es bei den YWCAs (Young Womens Christian Association) „Ladies only" … Adressen und Infos über *www.ymca.int* („YMCAs" anklicken, Suchfunktion für rund 2400 Häuser), für die YWCAs auf *www.worldywca.org* unter „National YWCAs" (Suchfunktion für rund 300 Häuser).

Wer zur Ferienzeit (Juni bis September) durch die USA reist, kann in den dann leerstehenden Studentenwohnheimen vieler Universitäten unterkommen (University Residences). Das kostet zwischen 15 und 25 US$, meist mit Frühstück und incl. aller Uni-Einrichtungen (Sport etc.). Gut, um Leute zu treffen und dann später evtl. auch privat unterzukommen. Meist nicht für Einzelnächte. Noch günstiger sind College Dormitories, und über ein College verfügt fast jede amerikanische Mittelstadt. Auch in Häusern von Studentenverbindungen besteht manchmal die Möglichkeit, preiswert zu übernachten (s. auch Seite 98).

Private Unterkünfte

Die „B&Bs" (Bed & Breakfast), meist in stilvollen Privathäusern, sind in den USA nicht billig und keinesfalls eine preiswerte Alternative zum Motel. Trotzdem: Es gibt etliche davon; in größeren Bookstores findet man (meist regionale) Bed & Breakfast Guides, oder schaut unter *www.bedandbreakfast.com*. Wer auf seiner Tour öfter privat unterkommen will und Wert auf Familienanschluss legt fährt aber wesentlich besser (und natürlich günstiger) mit einem der internationalen Gastfreundschafts-Netzwerke wie *www.couchsurfing.org* oder *www.warmshowers.org* – beide haben riesige Mitglieder-Listen in den USA, mehr dazu s. auf Seite 98.

Anmerkung zum Schluss: Das Buch „Let's Go USA" (St. Martin's Press) ist eine Fundgrube auch für billige Unterkünfte („hundreds of places to eat, sleep, drink, and dance") vor allem in Städten. Alljährlich neu, führt fast jede Buchhandlung in den USA, auch in Deutschland in großen Buchhandlungen oder über Amazon erhältlich.

6. Verpflegung

Selbstversorgende Radelcamper kommen mit ihren Dollars vielleicht etwas weiter als reine Restaurant-Radler – rechnet für selbst zubereitetes Camping-Essen am Tag mit etwa 10 US$. Doch wenn man in halbwegs preiswerten „Family Restaurants" einkehrt, sind die täglichen Futter-Kosten kaum höher. Nach oben sind die Grenzen selbstredend offen.

Food Shopping

Die USA sind natürlich ein Einkaufsparadies, die Supermärkte haben schon in mittelgroßen Orten sieben Tage in der Woche offen, auch an wichtigen Feiertagen, und manche auch Tag und Nacht. Doch andererseits gibt es in bevölkerungsschwachen Staaten wenige bzw. nur sehr weit auseinanderliegende Ortschaften mit spärlichen Einkaufsmöglichkeiten – berücksichtigt dies bei den Tagesetappen! Auch Tankstellen haben fast immer kleine Läden mit den wichtigsten Dingen wie Brot, Milch, ein paar Konserven, Cheddar Cheese (dort gibt es auch immer Toiletten).

Überall in den USA lockt natürlich das Fastfood, doch sollte man in den USA auch die (leider meist geringen) Möglichkeiten für gesunde, radelgerechte Ernährung ausnützen (Deli-Abteilungen der Supermärkte). Hier ein paar Tipps:

- Trockenfrüchte sind leicht und nahrhaft, z.B. getrocknete Feigen, Aprikosen, Ananas usw. Sehr empfehlenswert sind Rosinen (Marke „Sun Maid").
- Energy- und Power Bars sind Müsli-Riegel für die kleinen Mahlzeiten zwischendurch, es gibt sie in großer Auswahl (GORP – „Good Old Raisins and Peanuts"). Bei heißem Wetter schokoladenüberzogene meiden.
- Die Auswahl an Mineral- und Sportdrinks ist groß (Gatorade und Co.), doch nicht billig! Gut schmeckt auch gefrorenes Orangen- oder Grapefruit-Saftkonzentrat zum selber Verdünnen. In öffentlichen Gebäuden, Shopping Malls, Büros etc. gibt es immer Drinking Fountains, die per Druckknopf kühles Wasser spenden; dort könnt ihr eure Flaschen auffüllen. Bei einseitiger Ernährung mag man Vitaminpillen kaufen, die sind in den USA sehr preiswert.
- Probiert mal als Brotersatz Bagels, sie sind haltbarer als Brot, oder Muffins, Banana- und Corn Bread oder Oatmeal Cookies!
- Erdnussbutter ist ein guter Kalorienspender und ein prima Brotaufstrich, sie braucht keine Kühlung.
- Nüsse gibt es in allen Mischungen. Mischt selbst euer „Studentenfutter" mit Rosinen, getrockneten Früchten. In Health-Food-Läden bekommt ihr alles frischer.

- Trockensuppen sind leicht und schnell fertig; man braucht nur noch heißes Wasser hinzufügen. Schmackhaft sind italienische oder chinesische Fertiggerichte.
- Amerikanische (Konserven-) Fertiggerichte sind viel besser als bei uns, vor allem Eintöpfe, Suppen (Campbell's) und Chili – sehr gut, um auf langen Strecken Verpflegung zu bunkern.
- Kauft anstatt teurer Marken-Lebensmittel auch mal billigeres „Generic Food", das sind „No Name"-Lebensmittel (meist in weißer Verpackung). Doch erst mal probieren, ob es auch schmeckt! Immer mehr Supermärkte bieten auch Bulk Food an, unverpackte Lebensmittel in Spendern. Das kann alles von den Nudeln über Kekse bis zu Gummibärchen sein. Man füllt sich dann die gewünschte Menge selbst in Plastikbeutel ab.
- In Supermärkten gibt es meist auch eine Ecke mit angestoßenen Dosen und Packungen („damaged") oder mit Backwaren, deren Haltbarkeitsdatum bald abläuft, mit erheblichem Preisnachlass!
- Bestimmte Sonderangebote (Special Offers) werden von den Supermarktketten oft nur an Kundenkarten-Inhaber abgegeben. Kein Problem: Geht einfach zur Kasse oder zum Customer Service und lasst euch eine Karte ausstellen. Die bekommt jeder, auch „wohnsitzlose" Reiseradler.

Food Places

Und verpasst neben dem gewöhnlich opulenten US-Frühstück mit Pancakes, Waffles and Maple Syrup, Blueberry Sauce, Eiern oder Steaks auch nicht die „All you can eat"-Restaurants (wohlbekannt unter hungrigen Truckern und Cowboys vor allem im Westen), wo man sich für einen festen Dollarbetrag den Kessel bis zum Platzen füllen kann. Der berühmteste Ort dafür ist übrigens Las Vegas! Nützt auch das kostenlose Nachfassen an den Salatbüffets der Steak-Restaurants, bei Pizza Hut usw. aus! Auch Kaffee kann man sich nach der ersten Tasse in Restaurants fast überall kostenlos nachschenken lassen (Free Refill). Die Fastfood-Ketten haben immer wieder Sonderpreis-Aktionen, auch da lässt es sich sparen. Vergesst nicht, dass zu den Preisangaben auf Speisekarten noch eine Tax und der Service dazukommen (die Amerikaner geben 10 bis 15%, das sie am Tisch liegen lassen, die Rechnung, den Check, bezahlt man am Ausgang).

Get Water

Achtung: Wegen den in ganz Nordamerika verbreiteten Wasser-Parasiten Giardia lamblia sollte man Wasser, gerade aus klaren Bächen, Flüssen und Seen, nicht unabgekocht bzw. ungefiltert trinken, wie Warnblätter der National Parks immer wieder empfehlen. Chemische Behandlung tötet die Erreger nicht immer vollständig ab; nehmt Entkeimungsmittel auf Jod-(Iodine)-Basis oder Kombimittel (z.B. Micropur Forte). Kleine Handfilter gibt es in den USA und Canada in Ausrüstungsläden (Outfitting Shops). Mittlerweile gibt es auch sehr leichte (nur ca. 100 Gramm!) auf UV-Licht basierende Geräte zur Wasserbehandlung *(www.steripen.com).* Oder kauft Drinking Water in Plastik-Gallonen (im Supermarkt, an Tankstellen), die kann man auch gut zusätzlich auf das Radel-Gepäck schnallen.

7. Rad und Ausrüstung

What kind of bike?

Für Langstreckentouren durch die USA braucht man eigentlich kein Mountainbike, die Straßen zu Hauptsehenswürdigkeiten und durch schöne Landschaften sind durchweg asphaltiert. Ein Trekkingrad wäre da ideal; mit einer Reifenbreite von 32 mm kommt man noch gut über gelegentliche Schotterwege oder andere unbefestigte Strecken. Wer mit einem Minimum an Gepäck komfortabel radeln und reisen will, könnte auch sein Rennrad mitnehmen. ABER: **America fährt 26 Zoll!** Spare Parts für 28er als da seien Reifen, Schläuche, Felgen in guter Qualität und auch Speichen sind in aller Regel nur in größeren Städten erhältlich, obwohl das „Hybrid“ (Trekkingrad) eigentlich aus den Staaten stammt, einige sehr gute Rennrad-Schmieden ihren Sitz in den USA haben und sich spätestens seit Lance Armstrong vielerorts eine gewisse Racebike Scene entwickelt hat. Wir (Sybille und Thomas) mussten uns aber schon zu oft mit der falschen Speichenlänge, dafür Nippeln in Übergröße behelfen oder unsere Schläuche mit „Presta Valves“ (s. auch Seite 80) x-mal flicken, bevor wir an Nachschub gelangen konnten, als dass wir eine USA-Tour mit Trekkingrädern uneingeschränkt empfehlen könnten – unser nächster Bike Trip bei Uncle Sam wird auf 26ern mit „Schrader Valves“ stattfinden, das ist sicher! Dafür gibt es dann im kleinsten Bike Shop alles, in bester Qualität und „good value“, auch schmale Reifen, Schaltwerks- und Bremsteile sowieso. Auch die ländlichen Hardware Stores halten meist ein paar brauchbare Teile bereit, mit denen man zumindest weiterkommt. Apropos Teile (und Zubehör): Außer bei Gepäckträger-Systemen und Packtaschen fanden wir Qualität und Angebots-Vielfalt stets so gut wie in Germany, was Helme, Rückspiegel usw. betrifft eher besser. Nur dynamobetriebene Lichtanlagen gibt es praktisch nicht.

Hier gibt's fast alles. Bikeshop in San Francisco

Bikeshops in allen Bundestaaten der USA listet beispielsweise die Website *www.thecyclepeople.com,* oder man findet sie in den „Yellow Pages“, s. weiter unten bei „Rad-Organisationen“. Wer sich mit dem Gedanken trägt, ein Bike in den USA zu erwerben (neu oder gebraucht) und evtl. Rückkauf vereinbaren möchte, kann ja schon mal vorab per E-Mail-Kontakt die Möglichkeiten ausloten. Wichtig noch: Falls ihr an Tankstellen eure Reifen mit Pressluft aufpumpen wollt: In den USA messen sie den Druck in Pounds per Square Inch (psi); 1 bar ist 14,22 psi, 1 psi ist ca. 0,07 bar. Evtl. einen kleinen Luftdruckprüfer mitführen. Und Presta-Valve-Biker sollten natürlich einen entsprechenden Adapter dabei haben.

Gebirgsstrecken und Pässe sind in den USA nicht besonders steil, fast immer unter 8%, es geht also theoretisch auch ohne „Granny Gear“. Querverbindungen zwischen Hauptstrecken sind jedoch oft unasphaltiert (Gravel) und weisen teils auch heftige Steigungen auf, Nebenstrecken in National Parks, National Monuments, National Forests und State Parks sowieso (sind vor allem im Südwesten auch oft sehr sandig). Hier kann ein Mountainbike mit breiteren Profilreifen und einer Untersetzung klar seine Vorteile ausspielen. Überlegt also schon bei der Planung, wo ihr letztendlich radeln wollt.

Outdoor Gear

Outdoor Equipment Shops gibt es in den USA sehr viele, und wie erwähnt solltet ihr überlegen, ob ihr nicht erst drüben einen Teil eurer Kleidung und Ausrüstung kauft (Zelte, Schlafsäcke, Isomatten und Kocher sind billiger und von sehr guter Qualität). Kocher: Reinbenzin (engl. „White Gas", Autobenzin heißt „Gasoline" oder kurz „Gas") für Benzinkocher wird in den USA unter dem Markennamen „Coleman Fuel" verkauft, in Outdoor-Geschäften, meist nur per Gallon (3,79 l) erhältlich; evtl. andere Camper fragen, ob sie einen „Quart" von ihrem Brennstoff abgeben. CampingGaz-Kartuschen gibt es auch.

Adressen vom Versandhandel finden sich in Rad-Zeitschriften und im Internet. Hier ein paar Ladenketten: Performance Bicycle Shop *(www.performancebike.com)* hat einen umfangreichen Katalog und Läden in 15 Bundesstaaten. Eastern Mountain Sport hat ca. 75 Läden an der Ostküste von Virginia nordwärts *(www.ems.com)*. Recreational Equipment Inc. hat über 50 Läden in allen Großstädten der USA, auch viele an der Westküste *(www.rei.com)*. Viele weitere in den Suchmaschinen unter „Bikes", „Bike Shop", „Outdoor Gear" usw. Etliche Läden haben auch einen Express-Versand, wichtig zu wissen bei schnell benötigten Ersatzteilen! Kreditkarte erforderlich.

8. Bücher, Karten, Internet

Reiseführer

Nach zeitweiligem Einbruch in der Ära G. W. Bush boomt jetzt der USA-Tourismus wieder. In jeder besseren Buchhandlung gibt es viele Regalmeter an USA-Reiseführern und Bildbänden – unmöglich, hier auch nur einen repräsentativen Querschnitt aufzuführen! Wir empfehlen die USA/Nordamerika-Bücher aus dem Reise Know-How Verlag Hans Grundmann *(www.reise-know-how.de)*, z.B. „USA/Canada", „USA – der ganze Westen, „USA – Südwest, Natur und Wandern", „USA – Osten und der alte Süden", „Florida: Von Key West bis New Orleans" u.a.m, dazu etliche Regional- und Stadtführer. By the way: „Der ganze Westen" erscheint nicht umsonst bereits in der 16. Auflage; das ist der mit Abstand meistverkaufte deutschsprachige USA-Führer! Auf Englisch: Moon Publications *(www.moon.com)* gibt die hervorragenden „Travel Handbooks" zu zahlreichen US States heraus, besonders empfehlenswert, falls nur bestimmte Bundesstaaten beradelt werden sollen. Dann die guten „Let's Go"-Bücher *(www.letsgo.com)*, mittlerweile seit 50 Jahren geschrieben von Studenten „for the budget traveler", dabei etliche Spezialführer von „New York" bis „Roadtripping USA". Und von Lonely Planet *(www.lonelyplanet.com)* gibt es den „USA Travel Guide", auch einzelne „Pick and Mix Chapters" zum Herunterladen. Nicht schlecht sind auch die in den USA beliebten Guides von Frommer's *(www.frommers.com)*. Ein guter Bildband zum „Warmlesen": Christian Heeb, Thomas Jeier: „Nationalparks der USA", Stürtz Verlag. Oder Probleme mit dem „American Slang"? Die Kauderwelsch-Sprachführer aus dem Reise Know-How Verlag helfen bestimmt weiter.

Radführer

Die „Bibel" für alle Tourenradler und Mountainbiker ist das **BikeBuch USA/Canada** von Stephan Völker, Raphaela Wiegers und Clemens Carle, Reise Know-How-Verlag H. Hermann. Über 600 Seiten detailliertes Touren-, Routen- und Country-Know-How – damit lässt sich jeder USA-Biketrip erstklassig planen, egal ob Coast-to-Coast-Tour, Scenic Ride von Nationalpark zu Nationalpark, geruhsames Radeln im Indian Summer durch die Neuenglandstaaten, Stollen-Trip zu den Top-Bikerevieren im Westen der USA oder Aufbruch zur „Last Frontier" hoch nach Alaska. Einige (meist englischsprachige) Bike Guides werden auch in den entsprechenden Kapiteln erwähnt. Ein riesiges Programm von mehreren hundert regionalen und überregionalen Bicyclist's Guidebooks hat **Pete & Ed Books** im Programm, Info und Bestellung über *www.peteandedbooks.com* möglich. Wer etwa eine Tour in einem speziellen Zielgebiet vorhat, sollte zunächst einmal auf dieser Website z.B. „Rockies" anklicken – das Ergebnis ist eine nahezu komplette

Aufstellung aller derzeit in den Staaten lieferbaren Bücher zu diesem Thema. Genial! Auch der engagierte Bikeshop **Palo Alto Bicycles** listet eine Menge Bücher unter *www.paloaltobicycles.com/guidebooks.html*. Und natürlich die **ACA** (s. weiter unten, Kapitel 9 „Radorganisationen“ / Cyclosource Catalog).

Rad-Reiseberichte

Auch hier gibt es unzählige – hier (unkommentiert) eine kleine Auswahl für Bücherwürmer. Etliche davon sind längst vergriffen; evtl. über *www.zvab.de* probieren. USA-Reiseberichte sind natürlich auch in den empfohlenen Panamericana-Büchern (s. Seite 293) und in vielen Büchern über Welt-Radtouren drin (Seite 722ff).

- Dirk Rohrbach: „Americana – in 180 Tagen mit dem Rad einmal um die USA“. Malik Verlag 2009.
- Jörg Winkler: „Gegenwind – Rückenwind“. BoD 2009.
- Josie Dew: „Tour d'Aloha. Mit dem Fahrrad allein durch die USA“. National Geographic (Frederking & Thaler) 2007.
- Christoph Vitt: „Bicycling the USA: 3800 Kilometer mit dem Fahrrad von Seattle nach Tucson“. BoD 2003.
- Thomas Schröder: „Go South! Mit dem Fahrrad auf dem Pacific Coast Highway von Seattle nach San Diego“. Kettler Verlag 2000. Mit Roadbook.
- Thomas Schröder: „Cycling 66 – Mit dem Fahrrad von Chicago nach L.A.“, Biber-Verlag 1995. Mit Roadbook.
- Christian E. Hannig: „Mit dem Fahrrad durch Alaska – 5000 km durch das Land der Bären“, Frederking & Thaler 1993.
- Martin Winkelmann: „Von South Carolina nach Kalifornien“, Pietsch-Verlag 1992.
- Werner Kirsten: „Westcoast-Story – Auf dem Pazifik-Highway nach Süden“, Frederking & Thaler 1992.
- Christian E. Hannig: „Indianer, Cowboys, Klapperschlangen. Mit dem Fahrrad durch den Wilden Westen“. Pietsch-Verlag 1988.

Karten

Eins vorab: Die gewöhnlichen amerikanischen Autokarten sind ein trauriges Kapitel! Sie entbehren jeglicher Angaben über Geländeformen, Gebirgs-Schummorung ist völlig unbekannt, Hinweise auf Steigungen und hügelige Strecken kann man bestenfalls aus verschlungenen Straßenverläufen erkennen und die stets in Grün gehaltenen Nationalparks suggerieren dichten Baumbestand, auch wenn sie in der offenen Wüste liegen. Und ein Orts-Kringel kann auch ein längst aufgegebenes Kaff mit zwei verfallenen Häusern sein – immerhin, der Verlauf der Highways stimmt meistens, auch wenn die Strichdicke längst keinen genauen Aufschluss über Straßengröße oder Verkehrsdichte liefert.

Trotzdem kommt man um einen amerikanischen **Road Atlas** nicht herum, schon wegen der Grobplanung. Der Rand McNally Straßenatlas USA beispielsweise ist auch bei uns im Buchhandel erhältlich. Einen guten Überblick verschaffen auch die **State Highway Maps**, die von allen Staaten der USA herausgegeben werden. Man erhält sie vor Ort in den Tourist Offices (wenn man z.B. in einen neuen Staat kommt) oft kostenlos – darauf sind alle Haupt- und Nebenstraßen verzeichnet. Auch bei uns im Buchhandel gibt es State Highway Maps (von Rand McNally, Gousha oder DeLorme). Die State Highway Departments geben dann noch **County Highway Maps** heraus, die jede Straße und jeden Weg eines Countys zeigen. Es gibt sie im Maßstab 1 inch und 1/4 inch (= 1 Mile).

Die besten Kartenwerke für Reiseradler sind aber die **American Atlas and Gazetteer**. Prinzipiell handelt es sich dabei um eine Sammlung von County Maps zu einem Bundesstaat, die leider nur als „Kompaktpaket“ (Gewicht ein Kilo!) im DIN-A-3-Format angeboten werden. Die umfassen dann auch topografische

Angaben wie Höhenlinien usw. – auf ihnen sind Radfahr-Routen, Campgrounds, Outdoor Recreation Facilities, schöne Wegstrecken, Trails, historische Punkte und vieles mehr aufgeführt. Für alle 50 Bundesstaaten. Info (und ggf. Bezug) von DeLorme Mapping Co.; mittlerweile gibt's die Gazetteer auch **digital für GPS** *(www.delorme.com).* Apropos GPS: Garmin MapSource USA in reicher Auswahl kann man bei diversen Anbietern bestellen, z.B. bei *www.magicmaps.de* oder *www.danto.de*. Sogar kostenlose Garmin-taugliche Straßenkarten von fast allen US-States in guter Qualität gibt's bei *www.mapsntrails.com/de.* Die Papier-Gazetteer bekommt man hierzulande auch über Spezialversender wie Schrieb in Markgröningen *(www.karten-schrieb.de)* oder über Amazon.

Viele US-Staaten geben auch spezielle **Bicycle Touring Maps** heraus (mit Auskünften über Steigungsstrecken und Straßen mit Seitenstreifen usw.). Dann gibt es noch die berühmten **ACA Maps**, detaillierte Radkarten für die Fernrouten der Adventure Cycling Association (ACA) – mehr dazu s. unten bei „US-Rad-Organisationen". In den „Cyclists' Yellow Pages" der ACA sind auch alle Bezugsquellen für Bicycle Touring Maps gelistet.

Internet-Infos

Gebt „USA" oder den Namen eines US-Bundesstaats bei Google oder einer anderen Suchmaschine ein – ihr werdet erschlagen von Website-Vorschlägen. Es ist deshalb (wie bei den Reiseführern) faktisch unmöglich, an dieser Stelle auch nur eine Grobübersicht über das Info-Angebot im Internet zu geben. Speziell empfehlenswerte Seiten s. in den Einzelkapiteln; hier nur ein paar **Start-Websites**, über die man tiefer ins WorldWideWeb eintauchen kann.

Das Visit USA Committee Germany e.V. *(www.vusa-germany.de)* setzt sich zusammen aus den Vertretern der Tourismusbüros der US-Bundesstaaten in Deutschland, Airlines, Reisebüros u.a. – hier gibt es diverse Links und man kann Prospekte und Info-Material bestellen. Zwei gute Websites (mit kommerziellem Hintergrund, aber besser aufgebaut und mit noch mehr Links, z.B. auch zu den einzelnen Nationalparks usw.) sind *www.us-infos.de* und *www.usatipps.de.* Auch die Homepage der US-Botschaft *(www.us-botschaft.de)* listet unter „Reiseführer" etliche gute Links, man kann auch die einzelnen Staaten anklicken. Letzteres geht auch auf *www.transamerika.org,* mit handlicher Aufzählung der Sehenswürdigkeiten. Praktisch keine Info-Lücke lässt wie immer Wikipedia *(http://de.wikipedia.org/wiki/Vereinigte_Staaten)*, mit vielen Fakten wie Geografie, Geschichte usw.

Für Radler besonders interessant sind natürlich auch diverse **Bikepages**, allen voran die der nationalen Radorganisationen (s. unten). Dazu kommt noch das „Open Directory Project" *(http://dmoz.org/Sports/Cycling)* mit einer Fülle von Webadressen, die privaten Linksammlungen „Bicycle Lane" *(www.bikelane.com)* und „Mike's Mega Bicycle Links" *(www.mikebentley.com/bike).* Die Infosite *www.pedaling.com* hilft allen Unentschlossenen mit Tourvorschlägen, die man sich individuell nach Tagesform und weiteren Kriterien aus der Datenbank heraussuchen lassen kann. Zu jeder Tour bekommt man noch weitere Websites geliefert. Und „Your Guide to Outdoor Recreation & Active Travel – GORP" ist zwar eine kommerziell ziemlich überladene Website, aber unter *www.gorp.com/gorp/activity/biking/bik_guid.htm* kann man eine interaktive USA-Karte aufrufen und dann für jeden State allerlei Infos über Routen und Karten bis hin zu für Radler gesperrte Highways abrufen.

9. Rad-Organisationen und weitere Radler-Informationsquellen

Adventure Cycling Association

Jeder USA-Radler sollte sich überlegen, ob er nicht der **Adventure Cycling Association** (ACA, *www.adventurecycling.org*) beitreten will. Das ist die mit Abstand größte Organisation für Freizeitradler in den Staaten. Sie wurde 1974

Adventure Cycling Association
Route Network
WASHINGTON PARKS
GREAT PARKS NORTH
PACIFIC COAST
SIERRA CASCADES
WESTERN EXPRESS
UTAH CLIFFS
GRAND CANYON CONNECTOR
GREAT DIVIDE
GREAT PARKS SOUTH
LEWIS & CLARK
NORTHERN TIER
TRANSAMERICA TRAIL
SOUTHERN TIER
GREAT RIVERS
NORTH LAKES
UNDERGROUND RAILROAD
LAKE ERIE CONNECTOR
PITTSBURGH SPUR
ALLEGHENY MOUNTAINS
ADIRONDACK PARK
GREEN MOUNTAINS
TIDEWATER POTOMAC
ATLANTIC COAST
FLORIDA CONNECTOR
Adventure Cycling Bicycle Route
Bicycle Routes using the same road
Adventure Cycling Moutain Bike Route
Ferry
In creating the ever-growing Adventure Cycling Route Network, we've researched and developed 40,633 miles of prime cycling routes in the U.S. to date. These routes follow some of the most quiet, scenic roads and bike trails in North America.
For more information on the routes and to find out how to purchase our maps, please visit www.adventurecycling.org.
Last Updated - June 2010

zum 200-jährigen Geburtstag der USA unter dem Namen „Bikecentennial“ gegründet. Ziele des Vereins sind u.a., die ganzen Vereinigten Staaten für Radfahrer durch Karten, Radwege, Rund- und Überlandrouten zu erschließen, den Gedanken des Fahrrad-Freizeitsports zu fördern, Touren durch die USA zu organisieren und alle für Radfahrer wichtigen Informationen in den USA zu sammeln und zu publizieren. Bikecentennial initiierte den über 7000 km langen Trans America Bicycle Trail, der 1976 mit einer Beteiligung von über 4000 Radfahrern eingeweiht wurde, die dann die USA von Küste zu Küste (oder auch nur in Teilabschnitten) befuhren. Bis heute hat die ACA ein ca. 60.000 km langes Netzwerk von ruhigen Rad(neben)straßen, MTB-Trails und weiteren Radrouten durch das amerikanische Hinterland beschrieben, kartografiert und mit GPS-Waypoints versehen; weitere Radstraßen sind in Bearbeitung.

Die Mitgliedschaft kostet für Übersee-Mitglieder derzeit 60 US$. Dafür bekommt man (wie die bislang registrierten fast 45.000 Mitglieder) die Zeitschrift „Adventure Cyclist Magazine“ (9x jährlich), den „Cyclosource Catalog“, in dem spezielle Rad- und Touren-Ausrüstung, Landkarten und Bücher angeboten werden (mit einem ordentlichen Mitglieder-Rabatt), und vor allem das Heft **„Cyclists' Yellow Pages“** (bzw. man kann es kostenlos als PDF downloaden), das Anschriften von allen Stellen auflistet, die für Radfahrer in den USA irgendwie relevant sind (Bike Shops, Kartenläden, Info-Stellen der einzelnen US-Bundesstaaten, Ausrüstung, Radclubs, das ACA-Radwege-Netz in den USA, Airlines, Tipps und Bestimmungen für US-Radreisen, Tour Operators, Bücherlisten und vieles mehr, auch für Canada). Eine feine Sache, unbedingt empfehlenswert!

Andere Organisationen

Die zweite große USA-Radler-Organisation ist die **League of American Bicyclists** (früher: League of American Wheelmen, *www.bikeleague.org*). Die LAB gibt die Zeitschrift **American Bicyclist** heraus (sechs Ausgaben pro Jahr, auch als PDF) sowie den jährlichen **Almanac**, der voller Info-Adressen steckt wie z.B. Radfahrclubs, Ämter und Einzelpersonen in jedem Staat, die wegen Radfahr-Routen, Wünschen etc. angeschrieben oder gefragt werden können u.v.a.m. Interessant sind ihre Listen von Sehenswürdigkeiten und Naturschönheiten für Radfahrer in jedem Staat. Originalton: „We promote cycling for fun, fitness and transportation, and work through advocacy and education for a bicycle-friendly America.“

Eine US-Radler-Organisation im weiteren Sinne, die hier nicht unerwähnt bleiben sollte, ist der **International Bicycle Fund** *(www.ibike.org)* in Seattle, der sich sehr unterschiedlichen Themen widmet, vom Ausbau des Radverkehrs-Anteils über den rechtlichen Aspekt bis zur Durchführung von Radtouren und der Herausgabe ganz ordentlicher Radführer auch für andere Teile der Welt („Mission: To promote sustainable transport and international understanding“). Eine relativ kleine, aber sehr rührige Non-Profit-Organisation – die Homepage des IBF ist immer einen Blick wert!

Weitere Info-Quellen

In den einzelnen US-States haben die **State Departments of Tourism** und die **Chambers of Commerce** (Handelskammern) Info-Material über Sehenswürdigkeiten, historische oder landschaftliche Highlights und weitere touristische Features parat, oft auch Veranstaltungskalender. Die Adressen der Tourist Offices aller US-Staaten stehen in den Grundmann-Führern und in den „Cyclists' Yellow Pages“. Und dann gibt es für Radfahrer in jedem einzelnen Bundesstaat noch eine ganz besondere Einrichtung, den **State Bicycle Coordinator** des jeweiligen Departments of Transportation (DOT), der staatlichen Straßenbehörde. Der gibt (mehr oder weniger engagiert) Auskunft darüber, welche Strecken, Ziele und weiteren Dinge für Radfahrer in seinem State besonders lohnenswert sind. Alle Bicycle-Coordinator-Adressen stehen gleichfalls in den „Cyclists' Yellow Pages“.

10. US-Reisepartner, Gruppenreisen

Wer nicht alleine durch die USA radeln will, findet im Land genügend Möglichkeiten, einen **Fellow Biker** jeden Alters und für jedmögliche Tour zu finden. Im Adventure Cyclist Magazine der ACA stehen Companion-Anzeigen, dort könnt ihr Partner bzw. Mitfahrer suchen oder selbst eine Anzeige aufgeben – dies nur als Ideenanstoß …

Bike Events

Wer Spaß am **Radeln in der Gruppe** hat und nicht weiß, wo er mitfahren will, sollte von der ACA den „Calendar of Bike Rides and Events" anfordern. Darin sind Hunderte von Touren, State by State, mit Zeitpunkt, Routen, Teilnehmerzahl etc. aufgelistet. Doch auch in den „Yellow Pages" und auf Websites wie bspw. *www.peteandedbooks.com/brides.htm* stehen Dutzende von Bike Events aller Art, von MTB-Rennen, Frauen-, Fun- und Familientouren, gemütlichen Tages- und Wochenendfahrten mit Barbecues, Cross-Country bis hin zu Massenveranstaltungen und internationalen Rennen. Sicher eine sehr gute Möglichkeit, die USA und die US-Radelszene kennenzulernen. Meist wird eine geringe Startgebühr erhoben.

Neben dem RAAM (Race Across America, *www.raceacrossamerica.org*), der härtesten und längsten Rad-Wettfahrt der Welt von der West- zur Ostküste (gar nicht so einfach, sich dafür zu qualifizieren; man muss vorher an etlichen Ultras teilnehmen) ist die größte und wohl verrückteste Tour das (internationale) RAGBRAI, Abkürzung für „Des Moines Register's Annual Great Bicycle Ride Across Iowa". Des Moines ist die Hauptstadt von Iowa, und die größte Zeitung dort heißt Register. Jedes Jahr Ende Juli quer durch Iowa, über 7000 Teilnehmer jeden Alters, eine einwöchige 800 km lange Spaßtour, frühzeitige Anmeldung nötig! Die Teilnehmer werden dann durch Los ermittelt. Der riesige Begleittross aus mobilen Werkstätten, Verpflegungsstellen, Toilettenwagen, Gepäcktransportern etc. wird von über 2000 Leuten am Laufen gehalten! Auskunft und Anmeldung über *www.ragbrai.com*. Bekannt ist auch das Colorado Cycling Festival *(www.coloradocyclingfestival.com)* und etliche mehr – alles steht im genannten ACA-Eventkalender.

Natürlich veranstaltet die ACA auch Rad-Gruppenreisen quer durch die USA, auf dem „National Bicycle Trails Network". Eine Gruppe besteht meist aus 8 bis 15, manchmal bis zu 25 Leuten, Durchschnittsalter etwa 30 Jahre. Die Gruppe bleibt auf den Etappen nicht beieinander, es fahren immer zwei, drei oder vier Leute miteinander, manche steigen erst später ein oder früher wieder aus. Einige Tourenbeispiele (s. unter *www.adventurecycling.org/tours*): „Transamerica", von Virginia nach Oregon, 4450 Meilen, 93 Tage. „Southern Tier", von San Diego (California) nach St. Augustine (Florida), 3135 Meilen, 65 Tage. „North Star", von Missoula (Montana) nach Anchorage (Alaska), 3200 Meilen, 73 Tage. Und wie schon erwähnt hat auch der IBF ein paar Radtouren im Program, s. unter *www.ibike.org/encouragement/travel/tours.htm.*

Tour Operators

Kommerzielle **Radreise-Veranstalter** gibt es in den USA jede Menge; es werden sowohl nationale als auch internationale Touren (nach Mexiko, Guatemala, Belize, Canada und weltweit) angeboten. Buchbar sind auch Mountainbike-, Abenteuer- oder Luxus-Radtouren (wo man nur noch seine Kreditkarte und ein Rennrad braucht). Anzeigen finden sich im „Adventure Cyclist Magazine", eine Adressenauflistung aller Tour Operators steht in den „Yellow Pages". Auch bei der League of American Bicyclists sind unter *www.bikeleague.org/linkstouring.htm* Webadressen vieler Tour-Veranstalter gelistet. Hier nur ein paar Beispiele: Backroads *(www.backroads.com)* hat ein riesiges (amerikanisches und internationales) Angebot. Cycle America *(www.cycleamerica.com)* ist bekannt für Nationalpark-Radtouren, bietet einen Coast to Coast Trip an und die einwöchige Challenge

„Pedal the Peaks". America by Bicycle *(www.abbike.com)* hat vorwiegend Long Distance Tours im Programm. Und Woman Tours *(www.womantours.com)* bietet *nationwide* Radtouren nur für Frauen an.

Mittlerweile tummeln sich auch zahlreiche deutschsprachige Veranstalter auf dem US-/Canada-Markt, studiert die Anzeigen in den deutschen Radmagazinen oder schaut auf der riesigen Radreisen-Datenbank *www.fahrradreisen.de.*

B Radfahren in den USA

1. The American Way of Cycling

Where to ride your bike

Ein Fahrrad zu „besitzen", das gehört in den USA mit zum gängigen Lebensstandard. Jedoch auch *auf* diesem Fahrrad zu sitzen, das ist schon eine andere Sache. Verglichen mit der Zahl der Fahrräder, die auf Autos durch die Lande gekarrt werden, ist die Zahl der Leute, die wirklich radfahren, verschwindend gering. Man könnte manchmal (in Abwandlung eines Zitats des Komikers Uli Keuler) meinen, viele amerikanische Radbesitzer lassen sich ihr Bike gleich in fabrikneuem Zustand auf das Autodach schweißen, damit es nicht geklaut wird.

Zwei wesentliche Punkte, so fanden wir immer, bestimmen maßgeblich den American Way of Life. Erstens: Alles und jeder hat seinen festgelegten Platz – die Zugehörigkeit zu einer bestimmten Gruppe ist ganz wichtig. Wer z.B. eine Gehaltsklasse nach oben steigt, der wechselt seinen Wohnsitz und zieht in ein besseres, seinem jetzigen Lebensstatus angebrachtes Viertel. Und später dann, nach ein paar Jahren im Mega-Wohnmobil, in eine „Retirement Colony – Age 55 and over". Zweitens: Irgendwie leben die Amerikaner auch heute noch immer ein bisschen in der Pionierzeit. Man lebt nicht mit der Natur, sondern macht sie sich untertan, für maximalen Komfort und Bequemlichkeit. So wie man selbstverständlich sein Auto stundenlang mit laufendem Motor stehen lässt (damit die Klimaanlage arbeitet) oder einen Wäschetrockner besitzt, selbst wenn man in der Sonora Desert wohnt.

Diese beiden Punkte lassen sich nahtlos auf den American Way of Cycling übertragen. Manchmal packt der US-Biker nämlich schon sein Rad vom Dach oder aus dem Heck seines SUV – nachdem er den „Trailhead" eines Acht-Meilen-Bikepaths erreicht hat zum Beispiel, oft in einem State Park gelegen, wofür er extra 100 Meilen Anfahrtsweg in Kauf genommen hat. Oder auf dem Campground – vor allem ältere Leute sieht man dann, meistens frühmorgens, schwer atmend ihre Runden um den Platz drehen, immer mit Helm, zu geringer Drehzahl und meistens mit überbreitem, üppig gepolstertem Sattel, der zu niedrig eingestellt ist. Häufig radelt man auch die 100 Meter zur Dusche und empfindet das als sportiv und umweltschonend, denn immerhin hat man nicht das Auto genommen. Aber dass man sein Rad auch auf dem Highway zum Einsatz bringen könnte, das können sich die meisten schlicht und einfach nicht vorstellen.

Doch lassen sich auf die erwähnte Pioniereinstellung auch einige sehr positive Eigenschaften der Amerikaner zurückführen. Hilfsbereitschaft, Kameradschaft und Gastfreundlichkeit sind überdurchschnittlich stark vertreten – die Menschen, einst Einwanderer unterschiedlichster Art und Herkunft, waren bei den großen Planwagentrecks aufeinander angewiesen, mussten in einer feindliche Umgebung überleben, und das erforderte Zusammenhalt und eine Menge positives Denken. Ergo: Wer heute bei seinem US Biketrip mit einer Panne an der Straße steht, kann sicher sein, dass spätestens das dritte Auto hält. Außerdem wird jeder Mitmensch als Individuum respektiert und zunächst einmal wohlwollend und positiv betrachtet – selbst dann, wenn er als Gepäckradler und somit als ausgewiesener Sonderling den Highway entlang pedalt.

Cycing 66 – mit dem Fahrrad auf der Mother Road

Reisestory von Thomas Schröder

Chicago, Ecke Jackson Drive / Michigan Ave. – Mit unseren gut beladenen Trekkingrädern und mit Ehrfurcht stehen wir an dieser berühmten Ecke, dem Startpunkt der Route 66. Die erste und älteste Fernstraße der USA (since 1926) ist längst ein Mythos. Bobby Troup, Nat King Cole, Manhattan Transfer und die Stones haben die Route 66 besungen; man denkt unwillkürlich an schwere Harleys, Autos mit Heckflossen und eher weniger an eine Fahrradstrecke. Aber Sybille und ich wollen uns einen langgehegten Traum erfüllen, jetzt gibt es kein Zurück mehr. Mutig geben wir unseren Iron Horses die Sporen, und mit der am Vorabend in Berghoff's German Restaurant gebunkerten Energie von diversen Beef Rouladen with Spaetzels and Potato Salad machen wir uns frohgemut auf die lange Meile gen Los Angeles.

Problem nur: Wie sollen wir die Route 66 überhaupt finden? Diese existiert seit den frühen 80er-Jahren nämlich nicht mehr offiziell; die Schilder mit der Doppelsechs sind ausnahmslos alle abgebaut, und der Fernverkehr donnert über autobahnähnliche Interstate Highways gen Westen. Aber rund 80% der alten Straße sind auch heute noch da, so verheißt die Fachliteratur, wenn auch mit anderen Straßennummern versehen bzw. als County Road zurückgestuft. Hin und wieder verläuft die Route 66 auch als sogenannte Frontage Road direkt neben der Interstate, doch manche Teile sind tatsächlich stillgelegt und abgesperrt, überbaut oder regelrecht von der Natur zurückgeholt. Für uns heißt das: Improvisieren – oft orientieren wir uns an der Eisenbahntrasse, an weit entfernten, teilweise uralten Telegrafenmasten oder wir fragen uns einfach durch. Und wir lassen wirklich keinen Meter des alten, bröseligen Betonbands aus – bald beginnt uns die „Fernstraßen-Archäologie" gewaltig Spaß zu machen.

Für die Amerikaner ist die Route 66 ein Stück nationale Identität. Als sie durch einen Federstreich der Bürokraten in Washington abgeschafft wurde, ging ein Aufschrei durch das Land. „Go west, young man" war immer die Devise für jeden, der sein Glück machen und es zu etwas bringen wollte. Fast jeder Ami hat irgendwelche Jugenderinnerungen an die Route 66, und längst gilt sie als Mutter aller Straßen und als Synonym für den American Dream, für das echte, bessere und unverfälschte Amerika vergangener Tage. Jeder Anrainerstaat hat zwischenzeitlich seine Route 66 Association, die sich der Erinnerung an die alte Straße verpflichtet und etliche nette Museen eingerichtet hat.

So rollen wir zunächst durch das gleichförmige Farmland des Corn Belt. Einsame Getreidesilos und die Wassertürme der weit verstreuten Dörfer markieren den Horizont. Touristische Glanzlichter: Fehlanzeige! Aber das ganz große Plus dieser Gegend sind die sehr, sehr freundlichen und liebenswerten Menschen.

2 for 10 Bucks.
Blue Swallow Motel, Tucumcari (NM)

Für viele Anwohner der Route 66 waren die neuen Autobahnen der Ruin. Alte Tankstellen, verfallene Motels und geschlossene Touristenattraktionen stehen heute dekorativ herum und vermitteln eine morbide Romantik. Und diejenigen, die durchgehalten haben, brauchten einen starken Überlebensdrang, der sie wie eine Großfamilie zusammengeschweißt hat. Als radelnde Exoten sind wir sofort Mitglieder dieser Familie, und alle bringen uns viel Sympathie und Unterstützung entgegen.

In Divernon treffen wir beispielsweise Matt Bolar. Wir haben uns mal wieder auf der Suche nach der alten Straße verfahren. Matt schwingt sich sofort auf seinen Dreigang-Beach Cruiser mit Mopedsattel, fährt mit uns einige Meilen zurück und zeigt und die richtige Abzweigung. In Joliet füllt uns die Besitzerin der

Milano Baking Co. bis zum Eichstrich mit geeistem Gratis-Cappuccino, auf dass wir für unseren langen Ritt den nötigen Druck im System hätten. Und in Dwight lässt uns der Motelbesitzer Dave Moyemont umsonst in seinem eigenen Schlafzimmer übernachten, weil sein Motel voll ist. Er selbst verbringt die Nacht auf dem Sofa im Wohnzimmer. Wir lernen den Erfinder der panierten Bratwurst am Stiel kennen, und Glaida Funk, Inhaberin der Ahornsirupfabrik in Funks Grove, gibt uns eine ganze Menge Adressen von Freunden an der Route 66 mit, die wir unbedingt besuchen müssten. Die Lokführer der langen Güterzüge grüßen die ungewohnten Cyclists freundlich mit dem Horn, und so mancher Harley Biker hält auf einen kurzen Plausch.

Nach 500 Kilometern Illinois überqueren wir den Mississippi und gelangen nach St. Louis. Stuttgarts Partnerstadt präsentiert sich für Radler als ein harter Brocken, denn sie ist umgeben von einem megaharten Slumgürtel. „Der Vorort Venice", so lesen wir im (für Autofahrer geschriebenen) Streckenpilot, „ist kein Stadtteil, wo man mit leerem Benzintank liegen bleiben, einen platten Reifen haben oder irgend jemand auf der Straße etwas fragen sollte". Für Radler heißt dies: Vielbefahrene Hauptstraßen sind sicherer als Nebenstrecken, Autowracks am Straßenrand und herumlungernde Jugendliche sind ein todsicherer Slum-Indikator. Doch kommen wir ganz gut durch die Rough Areas, von kräftigen Regenschauern durchnässt. Unsere (sicher subjektive) Empfehlung für St. Louis deshalb: Durch und abgehakt!

Drüben in Missouri rollen wir durch die Kalkfelsen und die bunten Herbstwälder des Ozark Plateaus, eines hübschen Mittelgebirges, vergleichbar etwa mit der Schwäbischen Alb. Die Route 66 verläuft jetzt oft in einiger Entfernung zur Interstate; einsame Briefkästen am Straßenrand künden von weit draußen in den Wäldern liegenden Farmen. Die Menschen sind in gewohnter Weise freundlich, aber die Scenic Backroads haben auch ihre Tücken: Zuweilen heften sich freilaufende Farmerhunde an unsere Fersen und verhelfen uns zu so mancher konditionsfördernden Sprinteinlage, bis sie hechelnd aufgeben.

Einmal werden wir von einem ganzen Rudel gehetzt. Der Leitwolf will bereits nach meinem Turnschuh schnappen. Ich rufe: „Don't bite me, it's the law!" Das muss er wohl verstanden haben, denn er beißt dafür in Sybilles Packtasche. Zwei runde Löchlein sind dort seither zu besichtigen. Doch dann, wir essen gerade vor dem General Store in Doolittle ein Sandwich, kriegen wir vom Inhaber-Großvater eine erstklassige Lektion verpasst: Der wirft nämlich mit Caracho ein paar Steine in Richtung des Köters von der Tankstelle gegenüber und brummt etwas Gereiztes, wobei er seinen Kautabak von der linken in die rechte Backe werkelt. Dies veranlasst den Hund zu sofortigem Rückzug, winselnd und mit eingezogenem Schwanz. Wir sind absolut platt vor Staunen – obwohl wir nicht so recht wissen, ob es am Ton, am Kautabak

Route 66 – Neon Road of the U.S.A.

oder an den Steinen lag. Wir tippen zunächst mal auf die Steine und legen uns einen kleinen Vorrat in der Trikottasche an. Und tatsächlich – es wirkt! Ab sofort haben wir keinerlei Hundeprobleme mehr, fast jeder Wurf ein Treffer. Vor allem Sybille entwickelt eine Präzision, von der die Köter in den Ozarks bestimmt noch lange jaulen werden.

In Missouri ändern wir auch langsam, aber sicher unser Übernachtungsverhalten. Am Anfang unseres Trips hatten wir meistens gezeltet, aber mittlerweile ist es Oktober und gegen 18.00 Uhr wird es dunkel. Als eingefleischte Abendmenschen und Morgenmuffel empfinden wir es als trist, im Schein der Taschenlampe zu Abend zu essen, und auch Lesen oder Tagebuch Schreiben macht doch erheblich mehr Spaß im freundlichen Schein einer Tischlampe. So steuern wir immer häufiger abends eines der zahllosen kleinen Motels an. Gerade in Missouri, aber auch im weiteren Verlauf der Route 66 haben doch noch eine ganze Menge einfacher und gemütlicher Familienbetriebe überlebt, und oft erhält man schon für 20 US$ ein sauberes Zimmer. Prächtige Neonschilder, oft regelrechte Kunstwerke und liebevoll restauriert, wetteifern um die Gunst des Reisenden. Clean Rooms – Low Rates – Cabie TV. In besonders guter Erinnerung haben wir das Forest Manor Motel in Lebanon. Am Tisch vor dem Office kochen wir unser Abendessen, während sich das Neon-Blitzlichtgewitter des Munger Moss Motels schräg gegenüber im Bierglas spiegelt und ziemlich erfolglos versucht, Kunden in die fully renovated 18-$-Rooms zu locken. Get your Kicks an Route 66! Für uns ist das Fernstraßen-Romantik pur.

Einen zusätzlichen Kick in den herbstlichen Wäldern Missouris erhält man durch die unzähligen Antique Shops am Straßenrand. Vom restaurierten Oldtimer über die 50er-Jahre-Werbetafel, das Original-Schwinn-Fahrrad mit Tankattrappe, alte Colaflaschen und ganze Kisten historischer Postkarten kann man hier alles kaufen. Wir selbst sind mittlerweile heftige Autonummernschildersammler. Kein Schrottplatz und kein Antiquitätenladen wird ausgelassen, und hin und wieder schicken wir die Ausbeute via US Mail nach Hause, bevor der Fahrrad-Gepäckträger bricht.

Roadside Business. Gifts and Antiques

Dann Oklahoma. Bei den Amis gilt es als Dust Bowl, die Staubschüssel. Endlos radeln wir durch leicht welliges, nahezu unfruchtbares Farmland; zuweilen sieht man eine Ölförderpumpe, die sich träge auf und ab bewegt. Legendär sind die Staubstürme der 30er-Jahre, die viele der kleinen Farmer in den Ruin und mit Kind und Kegel in ihren baufälligen, überladenen Autos über die Route 66 nach Southern California trieben, wo man vielleicht als Obstpflücker ein paar Bucks verdienen konnte. „Die Route 66 ist die Mutterstraße, die Straße der Flucht" schrieb John Steinbeck in seinem Roman „Früchte des Zorns". Dieses Buch hat den Mythos der Route 66 entscheidend mitgeprägt; die Okies gelten noch heute als besonders hart und tough, Pioniere eben, und die Route 66 ist ihre Mother Road.

Ganz vereinzelt treffen wir noch Menschen, die sich an diese Zeiten erinnern können. Lucille Hamons beispielsweise, die seit 1941 in Hydro eine kleine Tankstelle betreibt. Sie serviert uns an einem windigen Nachmittag in ihrer kleinen Wohnküche den besten Eintopf, den wir je gegessen haben, dazu endlose Route 66-Anekdoten. Oder Howard Litch, 90 Jahre alt und Kurator des Heimatmuseums in Galena. Gegen eine kleine Spende für sein Museum verkauft er uns die Nummernschilder von seinem eigenen Truck. Und ein Pionier der neueren Art ist Christian, Schweizer vom Thuner See und Kneipenwirt in Stroud. Der hat sich mit allen möglichen Berufen auf der halben Welt durchgeschlagen, und jetzt serviert er hier so fantastische Dinge wie Büffel-Burger, Züricher Geschnetzeltes und Sauerbraten. Zwar hat Christian nie kochen gelernt, aber als er diesen Laden für ein paar Dollars gekauft hatte, hat er ein Kochbuch erworben und sich telefonisch von seinen Schweizer Verwandten diverse Rezepte durchgeben lassen. In der Umgebung gilt er als absoluter Spitzenkoch, und manche Gäste fahren über 100 Meilen weit, um in Christians Kneipe zu Mittag zu essen. Diese Story würde wirklich nirgends besser hinpassen als in das Pionierland Oklahoma!

So langsam kommen wir in die Great Plains, die trockenen Grasländer der Prärie, und überschreiben die Grenze nach Texas. Bestimmt 500 Kilometer fast baumloses und brettebenes Land liegt vor uns, so flach und unendlich, dass die ersten Siedler zur Orientierung Pfähle in den Boden rammten. Staked Plains, das gepfählte Land, nannte man das, auf Spanisch Llano Estacado. Erinnerungen an Karl Mays „Unter Geiern" werden wach, wo schuftige Banditen die Pfähle umsteckten und damit die Planwagentrecks der Siedler ins Verderben führten. Diese Sorgen hat man als Route 66-Biker nicht; schließlich leitet uns die Mother Road sicher nach Westen. Aber unser Problem ist der Wind, der hier geradezu unvorstellbar bläst, natürlich so gut wie immer von vorn. Texas ist eine einfach unglaubliche Wetterküche. Kaltluft aus Canada und Warmluft vom Golf von Mexico tauschen sich hier ungehindert aus; es kann an einem Tag 40 °C haben und am nächsten einen Schneesturm geben.

Endlos kurbeln wir in den kleinen Gängen und fühlen uns dabei wie Korken auf dem Ozean. Was wollen wir zwei Winzlinge eigentlich in dieser lebensfeindlichen Ecke? Dazu, Bilanz an Sehenswürdigkeiten bis hier: Der Beton-Blauwal in einem stillgelegten Vergnügungspark, der Einraum-Knast von 1910 in Texola, das Stacheldrahtmuseum in McLean, Schrottplätze, Neons und Antique Shops. Früher wären wir für sowas nicht mal aus dem Auto gestiegen. Doch jetzt zieht uns, bei einem tiefen Gefühl innerer Zufriedenheit, irgendwas wie ein gigantischer Magnet immer weiter nach Westen. Keep on rollin'! Und die wahnsinnige Weite der Plains kratzt an primitiven menschlichen Emotionen auf eine Weise, wie kaum eine andere Landschaft das tut. Verbringe mal einen Abend draußen bei Stanley Marshs Cadillac Ranch, nur mit dem grandiosen Himmel über dir, oder lege, so etwa bei Groom oder hinter Vega, dein Fahrrad auf den Boden und gehe, bei Wind und treibenden Wolkenfetzen, ein paar Schritte in die Unendlichkeit hinaus – dann weißt du, was ich meine.

Später kommen sie natürlich doch noch, die „echten" Sehenswürdigkeiten. Santa Fe beispielsweise, New Mexicos Hauptstadt, älteste Stadt der USA mit ihren tollen Indian Art Shops. Gallup dann, gelegen in traumhafter Kulisse aus roten Sandsteinfelsen, wo Hollywood jahrzehntelang großartige Filme gedreht hat, von Redskin bis Superman. Wir sehen versteinerte Baumstämme im Petrified Forest National Park, radeln durch die Painted Desert und steigen in den Grand Canyon hinunter, der nur einen Katzensprung von der Route 66 entfernt liegt. Unten, es ist Mitte November, werden wir von der Hitze fast gegrillt, während am South Rim in 2200 Metern Höhe ein Schneesturm tobt. Der zwingt uns in Flagstaff, 120 Kilometer weiter, zwei Tage zum Pausieren, doch dann geht es 500 Höhenmeter hinab zum Coconino Plateau und wird wieder wesentlich wärmer. By the way: Hinter Texas lässt auch der Wind spürbar nach, und ab dem Red Rock Country und der Arizona State Line haben wir sogar ein paar gänzlich windstille Tage.

Have you slept in a wigwam lately?
Holbrook (AZ)

Weiterhin sind es die kleinen, eher unbedeutenden Dinge, die uns faszinieren. In Holbrook übernachten wir im Wigwam Motel, einem echten Klassiker der 40er-Jahre. Es besteht aus 16 Beton-Indianerzelten und war von Anfang an ein Hit bei den Route 66-Reisenden. Dann Winslow, wo es einen uralten, von Charles Lindbergh persönlich konstruierten Provinzflughafen gibt, auf dem dekorativ ein paar abgewrackte Propellermaschinen herumstehen. Unweit davon halb vergammelt im Dornröschenschlaf das prachtvolle La Posada, früher Flaggschiff der Fred-Harvey-Eisenbahnhotels. Und natürlich die Menschen: John Gross etwa, der in einer stillgelegten Buick-Werkstatt haust, wo er mit seinem Jaguar E-Type und seinen Harleys direkt bis vors Bett fahren kann. Oder Bob Waldmire, selbsternannter Route 66-Caretaker, der in Hackberry fantastische Federzeichnungen mit Route 66-Motiven fertigt, die man überall zwischen Chicago und L.A. als Postkarten kaufen kann. Selbstverständlich lassen wir uns auch von Angel Delgadillo in Seligman die Haare schneiden. Der wurde hier, direkt an der Mother Road, 1927 geboren und seine Stories sind legendär. Angel, nebenbei Gründer der Historic Route 66 Association of Arizona, bearbeitet seine Kunden auch heute noch in dem historischen Friseursessel, den sein Vater 1929 aus St. Louis hat kommen lassen, und hinterher sieht Sybille aus wir mein Großvater väterlicherseits und ich wie eine Kreuzung aus Napoleon und Boris Becker.

Bei Topock überqueren wir den Colorado River und somit die Grenze nach California. Das Tal ist eine kleine, grüne Oase, aber dann zieht die Mother Road nochmal alle Register. Vor uns liegt der mit Abstand härteste Teil der Route 66 – die Durchquerung der Mojave-Wüste. Auf über 250 Kilometern gibt es hier nichts als Steine, Sand und ein paar genügsame Chreosotbüsche. Im Sommer kann es hier tagelang am Stück 50 °C geben; damit ist die Mojave-Wüste der heißeste Fleck der USA nach dem Death Valley. Auch wir haben jetzt, Ende November, längst wieder die kurzen Klamotten und den Sunblocker im Einsatz. Und nur ein einziger, kleiner Campingplatz sowie ein derzeit geschlossenes Motel liegen dazwischen, sonst gibt es noch nicht mal die Möglichkeit zum Wasserfassen. Die Logistik muss stimmen auf dieser Etappe! Und man kann sich ja mal überlegen, während man mit zusammengebissenen Zähnen hinter Needles den 30 Kilometer langen Anstieg zum South Pass hoch pedalt, was man hier gemacht hätte so als Okie im klapprigen, überladenen Ford Model A mit vier quengelnden Kindern im Fond und mit überhitztem Kühlsystem.

Nach zwei Monaten, 3700 Kilometern, 9 Plattfüßen und 6 gebrochenen Speichen stehen wir endlich auf dem Cajon Summit, dem letzten Pass, dann setzen wir an zum Sinkflug, eine unvergleichliche Abfahrt über fast 1500 Höhenmeter hinab in die Mega-Stadt Los Angelopolis. Das Ziel der Ziele präsentiert sich als 150 Kilometer Siedlungs-Einheitsbrei; die Route 66 verliert sich im Straßengewirr, und über allem wabert die mieseste Luft aller Zeiten, ein geradezu erbärmlicher Smog. Seltsamerweise verspüren wir keine Euphorie, eher ein Gefühl innerer Leere, homeless, no Future, End of the Trail. Wie wir gehört haben, geht es jedem so! Und so erteilt uns die Mother Road, quasi posthum, noch eine letzte, jedoch nicht unwesentliche Lehre: Der Weg ist das Ziel. Die Selbsterfahrung, die man aus den scheinbar alltäglichen Standardsituationen schöpft, ist der Gewinn einer Reise. Und seither waren wir noch x-mal per pedales in den Staaten unterwegs – der nächste Bike Trip (Utah, Nevada, Colorado 2011) ist bereits gebucht.

Natürlich haben wir zwischenzeitlich auch die Straße aller Straßen noch mehrfach besucht, wenngleich zuweilen per Stippvisite mit dem Auto. Etliche bei unserem Big Trip geknüpfte Freundschaften haben bis heute gehalten. Natürlich bleibt auch die Zeit auf der Route 66 nicht stehen. Einige der alten Koryphären leben heute nicht mehr; Howard Litch starb schon kurz nach unserem Besuch, vor ein paar Jahren auch Lucille Hamons, leider. Selbst Angel trainiert nicht mehr für den Bad Haircut Award; er hat seinen Laden zum Gift Shop umfunktioniert. Es entwickelt sich langsam ein (bescheidener) Tourismus an der Mother Road, und so manches Juwel ist wieder instandgesetzt und neu eröffnet, das Hotel La Posada in Winslow zum Beispiel, wo wir zwischenzeitlich eine wunderbare Nacht verbrachten. Die Route 66 Associations sorgen dafür, dass immer mehr Road Closed-Schilder verschwinden und dass die alte Straße heute wieder meistens leicht zu finden ist – in Illinois beispielsweise ist sie jetzt mit braunen Historic Route 66-Tafeln perfekt ausgeschildert. Trotz Tourismus steckt noch vieles im Dornröschenschlaf, und der alte Charme sitzt auch weiterhin in jeder Ecke. Die Route 66 keine Fahrradstrecke? Wir sagen, sie ist die beste!

Radelnde Exoten

Seit der Erfindung des Mountainbikes hat das Fahrrad natürlich auch in den Staaten zunehmend Lifestyle-Charakter erlangt. Auch Fern-Radfahrten haben längst eine gewisse Tradition, jedoch nimmt der US-Cyclist dafür selbstverständlich eine der ausgewiesenen ACA-Routen unter die Reifen, oder er macht bei einem organisierten „Mass Cycling“ mit mindestens 2000 Teilnehmern mit (mit Begleitfahrzeugen; SAG – „Support and Gear“), die dann alle am Ziel unter lautem Hallo ihr Vorderrad in den Pazifik dippen. Oder beim „Aids Ride 2007“ o.ä. – wir wurden unterwegs immer x-mal gefragt, für welche Benefiz-Tour wir denn unterwegs seien. Auf jeden Fall wurde auch uns als Exoten (zumal als Sportler) immer von allen Seiten eine Menge Sympathie zuteil und es ergaben sich viele nette Kontakte – vor dem Supermarkt, im Münz-Waschsalon (Laundromat), selbst an Straßenkreuzungen wurden wir oft aus dem offenen Autofenster gefragt, wo denn die Reise hingeht, dann zumindest mit einem freundlichen „Good Luck!“ bedacht und gar nicht selten auch eingeladen. Not only on Route 66 – everywhere. Es ist unglaublich, wie liebenswert die Amis oft sind und wie schrecklich leicht für alles zu begeistern – positive Lebenshaltung eben.

Die Kehrseite: Weil der Highway Biker in den USA nur eine sehr untergeordnete Rolle spielt, wird er beim Straßenbau oft schlicht vergessen. Manches Mal bremsten wir entsetzt vor Eisengittern mit zur Fahrtrichtung parallelen Schlitzen, die über die ganze Fahrbahn reichten. Wir mussten dann eine größere Lücke im Verkehr abwarten und diese gemeingefährlichen Teile in einem Winkel von 45° überqueren. Wer in eine solche Falle gerät, für den dürfte die Tour beendet sein, wenn es nicht überhaupt die letzte war! Warnen muss man auch vor den berüchtigten Cattleguards, Weiderosten aus Rundrohren, die in die Straße eingelassen sind. Da hilft wirklich nur vorsichtiges Drüberschieben!

2. Das amerikanische Straßensystem

Alles Highway oder was?

Interstates bzw. Interstate Highways sind (auf Good Old Europe bezogen) Autobahnen. Auf ihnen rollt der Fernverkehr durchs Land; sie haben meist breite Seitenstreifen (Shoulders). In den meisten States sind sie für Radler tabu, außer wenn es keine Alternative gibt wie z.B. in manchen Regionen Arizonas oder Nevadas. Auch im straßenarmen New Mexico beispielsweise ist das oft der Fall (Schilder mit der Aufschrift „Bicycles and Pedestrians prohibeted“ an vielen Auffahrten), dann hat aber (bei uns, Sybille und Thomas, zumindest) der State Trooper stets weggeblickt. In den östlichen Bundesstaaten, wo es eine Menge radelbare Alternativen gibt, klappt das freilich nicht. Interstates haben oft auch parallele **Frontage-** oder **Service Roads** (die führen z.B. zu Raststätten oder waren die Ur-Fernstraße, bevor die Interstate gebaut wurde) – wenn solche vorhanden sind, ist das Radeln auf der Interstate natürlich auch verboten und man wird durch „Bicyclists must exit here“-Schilder ausgeleitet.

U.S. Roads (die berühmte US 101 an der Westküste z.B.) entsprechen unseren Bundesstraßen; **State-** und **County Roads** könnte man als Landes- und Kreisstraßen bezeichnen. Für alle Arten vier- und mehrspuriger kreuzungsfreier Schnellstraßen ist auch der Begriff **Freeway** gebräuchlich, während das bei uns mystisch verklärte Wort **Highway** keine tiefergehende Bedeutung hat – es entspricht etwa dem Begriff „Road“, also „Straße“, und wird im Sprachgebrauch der Amis für einspurige Schüttelpisten genauso verwendet wie für achtspurige Freeways.

Im Straßenschilderwald. Amarillo (TX)

Orientierung

Die Richtungsorientierung auf allen Highways erfolgt anhand der **Straßennummern**, wobei gerade Zahlen Straßen in Ost-West-Richtung bezeichnen (wie einst die US 66 oder heute die I 40); ungerade Zahlen weisen Nord-Süd-Verbindungen aus (US 101 oder in California die CA 1). Dieses System ist wirklich beispielhaft, und die Orientierung wird eigentlich nur deshalb erschwert, weil Karten, die auch alle kleinen Straßen enthalten, nicht immer so ganz leicht zu bekommen sind. Kleine Feinheit noch bei den Interstates: Dreistellige Ziffern mit gerader Anfangszahl führen um eine Stadt herum (I 635 ist die Ringautobahn um Baltimore), solche mit ungerader Anfangszahl in die Innenstadt (I 375 z.B. führt ins Zentrum von Detroit). Diese beiden sind aber für Radler logischerweise *off limits!*

Für Radler (wie für alle anderen Durchreisenden) haben auch die **Business Loops** eine gewisse Bedeutung. Business 40 oder abgekürzt Bus. 40 bezeichnet eine Schleife von der Interstate 40 herunter durch einen Ort, und an dieser Schleife liegen in der Regel die meisten Läden und Motels. Hinterher führt der Loop dann zurück auf die Interstate oder die betreffende sonstige Fernstraße. **Turnpikes**, **Causeways** oder **Expressways** hingegen sind mautpflichtige Freeways für Autofahrer (für Cyclists in aller Regel verboten).

3. Verkehr

Ein großes Umdenken vom deutschen auf den amerikanischen Straßenverkehr ist für einen Radfahrer weder in den USA noch in Canada nötig. Die Ausschilderung ist gut, die Amerikaner sind hinterm Steuer freundlich und auf jeden Fall gelassener als deutsche Autofahrer (zumindest auf dem Land). Radfahrer sind aber für viele Amis trotz allem zumindest eine ungewöhnliche Spezies von Verkehrsteilnehmern, mit denen sie nicht rechnen und denen von manchen Rednecks gar die Gleichberechtigung abgesprochen wird („Bicyclists on the Sidewalk!"). Das ist aber (zum Glück!) die seltene Ausnahme.

Gefahrenpunkte

In verkehrsreichen Regionen oder auf stark befahrenen Straßen ist vor allem gute Sichtbarkeit wichtig, durch reflektierende Bänder oder Aufkleber an Rad, Kleidung, Körper oder Helm oder wenigstens durch ein Trikot in grellen Farben. Symbol für sich langsam bewegende Verkehrsteilnehmer (z.B. Pferdekutschen) sind in den USA die orangefarbenen „Safety Triangles", die es auch für Radler gibt. Man kann alles drüben in den zahlreichen Sport- und Radgeschäften kaufen. Und spätestens dort solltet ihr noch in einen Seitenspiegel investieren; die gibt es wie schon erwähnt in größerer Auswahl und auch in besserer Qualität als daheim. Ein kleines anclipbares Diodenrücklicht (mit Blinkfunktion) für Tunnelfahrten oder neblige Tage vervollständigt die Sicherheitsausstattung.

Bike carefully!

Vorsicht vor den schweren Trucks – die verursachen beim Überholen einen gewaltigen Sog (können aber, wenn man auf dem Seitenstreifen einer Interstate mit *Headwind* unterwegs ist, kurzfristig auch einen sehr angenehmen Schub erzeugen, macht schnell zwei, drei Gänge aus!). Achtung auch, wenn hinter euch eines der omnibusgroßen, breiten Wohnmobile auftaucht – besonders zahlreich sind sie in der Nähe von

National Parks oder anderen Sehenswürdigkeiten. Oft sitzen frischgebackene Rentner am Steuer, die ihren neuen Brummer noch nicht richtig beherrschen, und wenn Opa den *Adventure Kick* sucht, dann fährt er auch noch ohne Brille … Unsere Erfahrung: Vor den RV-Piloten, die ihren Kübel nicht selten auch gerade erst ohne ausreichende Instruktion gemietet haben, muss man wesentlich mehr auf der Hut sein als vor den Truckern, die wenigstens Profis sind.

Verkehrsregeln

Einige wichtige andersartige Regeln sollte man kennen: Rechts Abbiegen an roten Ampeln ist bei freiem Querverkehr erlaubt (sofern nicht durch ein Schild ausdrücklich verboten). An Stopp-Schildern wird immer angehalten – auch wenn es mitten in der Wüste ist, und die Amis tun das auch. An Kreuzungen ohne Vorfahrtsschilder gilt nicht „Rechts vor Links", sondern „wer zuerst kommt, fährt zuerst". An Kreuzungen mit „Four Way Stops" fährt derjenige zuerst weiter, der als erster die Kreuzung erreicht hat, und das gilt auch für Radfahrer. Stehende Schulbusse dürfen nicht überholt (und auch nicht aus der Gegenrichtung passiert) werden – sie fahren dann ein ausklappbares Stopp-Schild aus, und dieses zu missachten kann empfindliche Strafen nach sich ziehen. Und Autofahrer zeigen manchmal Richtungsänderungen oder ihren Halt auch durch Handzeichen aus dem Fenster an.

4. Zwischentransport

Wer schnell vorwärtskommen oder uninteressante Strecken überbrücken will, hat in den Staaten nicht allzuviele öffentliche Verkehrsmittel zur Auswahl – das Netz ist bei weitem nicht so eng geknüpft wie in Europa. Wenn dann überhaupt Bus- und Bahnverbindungen existieren, geht meist nur einmal was pro Tag, und unverpackter Radtransport geht nur in Einzelfällen. Trotzdem wird so mancher US-Biker an einem Transfer nicht vorbeikommen, z.B. dann, wenn er von seinem Ankunfts-Airport auch wieder heimfliegen muss, beispielsweise bei einer Nationalpark-Runde durch den Westen mit Charterflug nach Las Vegas o.ä. Das kann dann auch mal wesentlich günstiger sein als ein regulärer Gabelflug.

Bus

Die bekannten Greyhound-Busse haben im Fernverkehr fast eine Monopolstellung. Radmitnahme ist gegen Gebühr möglich; Preise, Verpackungsvorschriften und natürlich auch das Streckennetz findet man auf *www.greyhound.com.* Über Umsteige-Verbindungen erreicht man zumindest jede größere Stadt, allerdings oft mit langen Wartezeiten in den Terminals. Leider gibt es den günstigen „Greyhound Ameripass" nicht mehr; die einzige verbleibende Netzkarte „Discovery Pass" ist preislich für Bike Traveller kaum interessant. Eine überlegenswerte Alternative ist das verrückte Spaß-Bussystem „Green Tortoise". Statt Sitzen gibt es in diesen Bussen Matratzen-Etagen und zum Sitzen eine Cafeteria. Linienverkehr und Sightseeing-Rundfahrten – mehr unter *www.greentortoise.com.* Ein netter Reisebericht über eine Tour mit der „Grünen Schildkröte" steht im Grundmann-Buch „Der Westen". Radmitnahme vor der Buchung checken! Vielleicht auch eine gute Idee für eine Zwischendurch-Rundtour ohne Rad.

Bahn

Auch in der amerikanischen Eisenbahn ist die Mitnahme von Rädern möglich. Dazu muss man wissen, dass das gar nicht so kleine amerikanische Schienennetz privaten Gesellschaften wie Union Pacific, Burlington Northern oder Conrail gehört, die ausschließlich am immer noch lukrativen Güterverkehr Interesse haben (zur hochinteresseanten Geschichte und zum aktuellen US-Eisenbahnwesen s. *http://de.wikipedia.org/wiki/Geschichte_der_Eisenbahn_in_Nordamerika*). Alle Personenzüge in diesem Netz werden von der AMTRAK betrieben, einer gleichfalls privaten Gesellschaft *(www.amtrak.com),* die für die Nutzung der

Schienenwege Miete zahlen muss. Pendlerzüge (Commuter Trains) mit einigermaßen vernünftigen Taktzeiten gibt es deshalb nur im dicht besiedelten Osten sowie zwischen San Francisco, Los Angeles und San Diego; sonst fahren recht luxuriöse Züge wie der „California Zephyr" oder der „Southwest Chief" auf teilweise fantastischen Strecken, deren Zielgruppe Genussreisende oder Touristen sind. Das lohnt sich wenigstens noch einigermaßen – manche Staaten wie etwa Wyoming oder South Dakota hingegen werden überhaupt nicht mehr vom Bahnverkehr erreicht. Und praktisch alle Jahre wieder wird über die Liquidierung der AMTRAK laut nachgedacht.

Eine Fahrt von L.A. über Chicago nach New York City dauert drei Nächte und fast drei ganze Tage im Gegensatz zu wenigen Stunden mit dem Flieger und ist natürlich um ein Vielfaches teurer. Aber sie ist ein großartiges Erlebnis – wer z.B. einen Coast-to-Coast-Biketrip absolviert hat und mit AMTRAK zurück fährt, wird schlicht begeistert sein. Dabei kann man auch ein bisschen in Nostalgie schwelgen und vor seinem geistigen Auge Revue passieren lassen, wie der Westen einst durch den Eisenbahnbau erschlossen wurde. Doch auch die anderen Strecken, z.B. das Mississippi-Tal hinab oder im Indian Summer in den Nordosten, sind einen Bahntrip wert.

Bei der Radmitnahme ist zu beachten, dass es AMTRAK-Strecken gibt, auf denen man das Fahrrad wenigstens einen Tag vorher aufgeben muss („checked bicycles only"), bei anderen kann man das Rad auch mit ins Wagenabteil nehmen („roll your bike up to the train and secure it in a bike rack", dann sogar unverpackt). Das betrifft die kürzeren Strecken – *www.amtrak.com* gibt Auskunft, auch über Rail-Pässe, die sind im Verhältnis zu den Kosten von Einzeltickets überaus günstig. Dabei gibt es verschiedene Geltungsbereiche, z.B. der „USA Rail Pass" oder etwa der „California Rail Pass" für nur 159 US$. Auch Canada kann man vom US-Streckennetz aus erreichen (über Toronto oder Vancouver). Gute Bahn-Infos findet man auch auf den Websites einiger Veranstalter wie *www.crd.de* (deutsche General-Agentur für AMTRAK und die canadische VIA Rail) oder *www.meso-berlin.de* („USA/Canada", dann „Bahnreisen" anklicken). Und last but not least gibt es ein recht gutes und ständig aktualisiertes Buch: John Pitt u.a.: „USA by Rail" (mit Canada), Bradt Travel Books. Erhältlich im Bestellbuchhandel.

Flugzeug

Gut 90% des Verkehrs zwischen den US-Cities wird per Flieger abgewickelt; ein unter den nationalen Airlines heiß umkämpfter Markt mit teils recht preiswerten Angeboten. Doch Bike Traveller fallen dabei meistens durch den Rost – in der letzten Auflage dieses Buchs stand hier noch: Nahezu alle inneramerikanischen Airlines transportieren ein Fahrrad frei (oder gegen geringe Gebühr). Das hat sich grundlegend geändert, American *(www.americanair.com)*, Continental *(www.flycontinental.com)*, Delta *(www.delta-air.com)*, United *(www.united.com)*, US Airways *(www.usairways.com)* und wie sie alle heißen nehmen jetzt pro Inlandflug und Rad unisono 100 Bucks – Ausnahme: Southwest Airlines *(www.southwest.com)*, wo generell mit günstigem Gepäcktransport geworben wird („Bags fly free") und man mit 50 US$ pro Bike noch recht kulant ist, genauso wie beim Billigflieger JetBlue *(www.jetblue.com)*. Selbst das zweite Stück Gepäck ist sonst heute bei fast allen Inlandfliegern extra zu berappen (Alle Angaben Stand Ende 2009). Für USA-Biker lohnen sich also Inlandflüge nur noch über weite Distanzen, sonst ist Greyhound günstiger.

Auch eine Bike Box wird mittlerweile durchgängig vorgeschrieben, die man bei einigen Airlines für ca. 25 bis 30 US$ erwerben kann. Wer sich für einen Inlandflug interessiert: Checkt die Sonderangebote in örtlichen Zeitungen und Reisebüros. Es gibt auch spezielle Wochenend- und Nachttarife. Alle Gesellschaften haben 1-800-(Toll free)-Numbers; s. im Web oder in den Grundmann-Büchern. Dort kann man dann auch das günstigste Ticket erfragen.

Mietwagen Die oft einfachste Lösung, wenn auch nicht ganz billig: Rent a Car. Wer mindestens 21 (in manchen Fällen 25) Jahre alt ist kann in den USA problemlos ein Fahrzeug mieten; der nationale Führerschein reicht aus. Die Kaution wird per Kreditkarte hinterlegt, darüber erfolgt auch die Abrechnung. Autovermieter gibt es unzählige, allerdings werden wohl nur die *nationwide* operierenden Firmen zu günstigen Einweg-Mieten bereit sein, sonst wird ein saftiger Rückführzuschlag fällig. Eine Angebots-Übersicht günstiger Tarife findet man auf *www.orbitz.com* (Einweg wird man aber erfragen müssen).

Zwischentransport: Rent a Minivan

Dann gibt es noch die großartige Firma U-Haul *(www.uhaul.com)*. Die vermietet Transportgeräte aller Größen vom Dachkoffer über den Pkw-Anhänger und den Pickup Truck bis zum großen Möbellaster. Die Zielgruppe von U-Haul sind Menschen, die umziehen möchten, und deshalb ist One Way Rental kein Problem. Für Biker mit Zeitproblemen ideal sind die Ford- oder Toyota-Kleinmöbelwagen (praktisch ein Pickup mit aufgesetztem Alukoffer) – morgens übernehmen und am selben Abend 300 Meilen weiter wieder abgeben. Das haben wir (Sybille und Thomas) mal gemacht, als wir uns bei einer interessanten Tour verbummelt hatten, denn der Flieger wartet nicht. U-Haul-Vertretungen (meist an Tankstellen) findet man oft noch im hintersten Kaff, und weil U-Haul grundsätzlich keine Rückführgebühren berechnet, sind die Kleinlaster manchmal sogar noch billiger als die meisten one-way-gemieteten Pkw.

Ein Wort noch zu den amerikanischen Autoversicherungen: Die US-Haftpflichtversicherungen haben eine extrem geringe Mindest-Deckungssumme von gerade mal 25.000 US$. Hier besser auf Nummer Sicher gehen und eine „Additional Liability Insurance“ (ALI) abschließen, Vollkasko heißt in den USA „Collision / Damage Waiver“ (CDW) oder „Loss/Damage Waiver“ (LDW). Happy Moving!

5. Mountainbiking in den USA

Im Erfindungsland des MTBs gibt es natürlich in vielen Staaten eine große Anzahl von Mountainbike Trails – dort kommt garantiert jeder auf seine Kosten. Sehr gute Möglichkeiten bieten Utah (Moab), Colorado (Durango), California und noch einige Staaten mehr. Größte MTB-Organisation der USA ist die **IMBA** (International Mountain Bicycling Association, *www.imba.com*). Sie fördert den Bau neuer und den Erhalt bestehender Biketrails, Mitglieder erhalten zweimonatlich die „IMBA Trail News“ und jährlich ein „IMBA Member Handbook“.

Wer MTB-Touren ins Hinterland unternehmen will, findet die besten Infos eher nicht bei der Tourist Office, sondern in örtlichen Bike Shops, wo meistens irgendwelche Flyer über die Trails der Umgebung ausliegen. Um euch eine Vorstellung zu geben, was für tolle Geländefahr-Möglichkeiten ihr in den USA habt, lohnt ein Blick ins Offroad-Kapitel des **BikeBuchs USA/Canada**. Generell offen für Fat Tire Bikers sind auch alle „Public Lands“ (s. oben) und BLM-Gebiete.

Guidebooks

Wenn das Zielgebiet einmal festliegt, gibt es eine Unmenge spezieller MTB-Führer zu kaufen – sie sind alle bei der ACA oder im Bestellbuchhandel erhältlich. Der Verlag „The Mountaineers Books“ *(www.mountaineersbooks.org)* z.B. hat ein gutes Programm: „Cycling the Great Divide“ (die längste zusammenhängende MTB-Strecke in den USA, führt von Canada bis nach Mexiko), „Mountain Bike Adventures in the Northern Rockies“, „Mountainbike Adventures in the Four Corners Region“ und etliche mehr, alle mit Trails, Karten und Fotos. Eine weitere kleine Auswahl: Für das Biker-Dorado Utah gibt es z:B: „Above and beyond Slickrock“ von Todd Campbell, University of Utah Press. Dann „Fat Tire Tales & Trails – Arizona Mountain Bike Trail Guide“, Cosmic Ray Publications. Andrea Lankford: „Biking the Grand Canyon Area“, Westcliffe Publishers. Oder die Reihe „Bicycling America's National Parks“ (z.B. „Utah and Colorado“ oder „Oregon and Washington“ und etliche mehr), Backcountry Guides. Von der Ostküste: „Mountain Biking Virginia – Atlas of Virginia's Greatest Off-Road Bicycle Rides“, Falcon. Ähnliche Führer gibt es natürlich auch von der New York Area, den Neuenglandstaaten und, und, und – wie gesagt, die Auswahl ist riesig. Guter Überblick über das Angebot auch auf den erwähnten Websites von Pete & Ed Books *(www.peteandedbooks.com)* und *Palo Alto Bicycles (www.paloaltobicycles.com/guidebooks.html)*.

Mountain-biker-Websites

Alles rund ums MTB (Trail Guides, Fotos, Festivals, Diskussionsforen, Links etc.) bspw. unter *www.webmountainbike.com, www.dirtworld.com* (sehr übersichtliches Trail-Verzeichnis) oder *www.trailsource.com* (hier kann man gegen eine geringe Mitgliedsgebühr jede Menge Trails herunterladen). Das amerikanische MTB-Magazin „Mountain Bike“ erreicht man über *www.mountainbike.com.* Die „Rails-to-Trails Conservancy“ *(www.railtrails.org)* ist in den USA eine Organisation, die stillgelegte oder stillzulegende Eisenbahntrassen der Nutzung als Radfahr- und Freizeit(Wander)wege zuführt. Über die genannte Homepage kann man über „Shop“ etliche Rail-Trail-Guidebooks bestellen, z.B. „Rail-Trails Midwest / Great Lakes“ (113 Trails mit detaillierten Karten, Beschreibung, Fotos und ein paar Infos über die jeweilige Ex-Bahnstrecke) und etliche mehr, eine feine Sache! Wer also Lust verspürt, die USA auf aufgegebenen Eisenbahnstrecken zu erkunden – gerade Mountainbiker – sollte mal über die Railtrail-Seite surfen. Hier findet man auch eine Suchmaschine für alle nationalen Rail Trails, sortiert nach Bundesstaaten. Und dann gibt es noch *www.wombats.org,* die Homepage der „Women's Mountain Bike and Tea Society“ (WOMBATS). For ladies only – „the network of women of all ages and abilities who share a passion for pedaling in the dirt“.

C USA – Reiseteil

Die USA für Tourenfahrer

Die USA sind ein riesiges Land voller landschaftlicher Kontraste, Gegensätze und Sehenwürdigkeiten. Diese Vielfalt detailliert und gleichzeitig umfassend zu beschreiben ist selbst für allgemeine USA-Reiseführer eine kaum lösbare Aufgabe – deshalb gibt es so viele Gebietsreiseführer. Auch potentielle USA-Radler werden kaum umhinkommen, sich ein gutes allgemeines Werk anzuschaffen. Viele detaillierte Tourbeschreibungen, Weblinks und Literaturtipps hingegen findet man im BikeBuch USA/Canada, über die Yellow Pages der ACA und über die sonstigen weiter oben genannten Radler-Informationsquellen. Der nachstehende Reiseteil soll also in erster Linie die **Vorentscheidung** erleichtern: In welchen Staaten bzw. Regionen der USA findet man die schönsten Rad-Routen und Sehenswürdigkeiten? Welche Gebiete sind für Radtouren gut, welche weniger geeignet? Ist es möglich, sich die klassischen Landschafts- und Nationalpark-Highlights auch mit dem Fahrrad zu erschließen?

Nachstehend also Basis-Infos für die wohl **besten** und vor allem **beliebtesten Radtour-Regionen** in den „Lower 48" (den Kernland-Staaten außer Alaska und Hawaii). Das sind:

- **1. Die Pazifikküste.** Washington, Oregon und California bieten mit ihrem gemäßigtem und warmen Klima, mit Wäldern, Bergen, Küsten und Nationalparks (Yosemite etc.) und mit ihrem sehr guten Straßen- und Wegenetz (auch für Radfahrer – „Bike Routes") beste, um nicht zu sagen ideale Voraussetzungen für Radtouren.
- **2. Der Westen: Utah, Arizona, Nevada.** Die weiten Wüsten- und Halbwüstenlandschaften sind zwar zum Radfahren zunächst nur sehr bedingt geeignet, doch liegen gerade dort die Landschafts-Höhepunkte Grand Canyon, Bryce Canyon, Zion, Arches, White Sands usw.
- **3. Die Neuengland-Staaten.** In der Nordostecke der USA liegen die landschaftlich sehr attraktiven Staaten Maine, Vermont, New Hampshire, Massachusetts, Connecticut und Rhode Island. Besonders schön ist es dort im Herbst, dem „Indian Summer", doch auch sonst ist in den Neuengland-Staaten gut Radfahren und Radwandern.
- **4. Der Osten und der Süden.** New York City und die Niagarafälle sind die klassischen Touri-Magneten im Osten. Dann die Appalachen-Staaten Virginia, West-Virginia, North Carolina und Tennessee – zwar recht gebirgig, doch mit ihren Naturparks, historischen Sehenswürdigkeiten und einigen Besonderheiten (z.B. Nashville, Tennessee: Country Music) auch für Radtourer interessant. Von dort ist es nicht mehr weit nach New Orleans zu den Wurzeln des Jazz. Auch den flachen Sunshine State Florida könnte man – mit jahreszeitlicher Einschränkung – als einen „guten" Radel-Staat bezeichnen.
- **5. Transamerica, „Coast-to-Coast".** Für viele US-Biker der Traum. Da gibt es etliche Routen, die eine Betrachtung wert sind.

Planung und Touren-Tipps

Wer unentschlossen ist oder eine eigene Planung nicht machen will oder kann, sollte sich eine ACA-Route vornehmen (zur Erinnerung: s. unter *www.adventurecycling.org*). Für diese Routen gibt es dann auch gleich das richtige Kartenmaterial und durch die Routenbeschreibungen weiß man, was einen erwartet. Und wer seine Tour nicht alleine machen will, kann sich für eine ACA- oder eine andere Gruppentour anmelden.

Auch bei selbstgeplanten Touren empfiehlt es sich, ganz oder auch nur teilweise den in amerikanischen Radführern (Auswahl und Bezug über die ACA oder *www.peteandedbooks.com,* s. Kapitel 8 unter „Radführer", Seite 138) beschriebenen Routen zu folgen. Die Autoren haben meist aus der Vielfalt aller Möglichkeiten die für Radfahrer bestmögliche ausgesucht – man spart sich eine Menge Gedankenarbeit und hat die Gewissheit, auf solchen „vorgetesteten" Routen auch auf relativ wenig Probleme zu stoßen. Wobei wir natürlich niemanden abhalten wollen, ganz individuell seine eigene Tour zusammenzustellen. Mit gutem Kartenmaterial ist alles möglich.

Nochmals der Hinweis: Wenn die Entfernungen und Dimensionen schon für motorisierte Touristen in den USA gewaltig sind, dann um so mehr für Reisende mit Muskelmotor. Viel Zeit und Beschränkung auf eine Region ist deshalb mit das Wichtigste für den erfolgreichen US Biketrip. Plant noch mehr Zeit ein, wenn ihr durch „windige" Staaten (z.B. durch die Western Plains) oder gebirgige (z.B. durch die Rocky Mountains oder Appalachians) radeln wollt. Longtime-Biker, die verschiedene Ecken der USA sehen wollen, sollten die weiter oben angeführten Transportmöglichkeiten mit einplanen.

Schreibt in den einzelnen Staaten die DOTs an (bzw. den Bicycle Coordinator, s. oben), mit der Bitte um Karten, spezielle Bike Maps, Hostels, Campgrounds,

Calendar of Events etc. Die Adressen aller DOTs stehen in den „Yellow Pages", die für die von uns vorgeschlagenen Tourgebiete auch in den nachfolgenden Kapiteln. Und schaut auf die im folgenden genannten Websites der Touristenbehörden, Bikeclubs etc. Auch dort gibt es meistens aktuelle Infos über Events, Routen, Karten etc.

1. Die Pazifikküste: Washington, Oregon, California

Pacific Coast Highway

Die Westküsten-Route gilt als eine der Traumstraßen der Welt – zu Recht! Die US 101 verläuft von der mexikanischen Grenze über Los Angeles und San Francisco bis hinauf nach Seattle, mit Anschluss nach Canada. Oder für Radler besser andersrum, „southbound", wegen dem in den Sommermonaten (Mai bis September) stets kräftig blasenden Nordwestwind, und weil man dann die Küste und fast alle tollen Viewpoints auf seiner Straßenseite hat.

Washington ist der nordwestlichste US-Bundesstaat, beliebtes Outdoor-Country mit wilder, zersägter Küste und dichten Regenwäldern. Die Olympic Peninsula vor allem ist sehens- und radelnswert, das Wetter dort allerdings wenig beständig, d.h., man muss täglich mit Regen rechnen (regenreichstes Gebiet der USA!). Doch wenn die Sonne scheint, dann radelt man durch klare, reine Luft mit tiefblauem Himmel und großer Fernsicht auf schneegekrönte Berge in den Cascade- und Olympic Ranges. Zudem ist Seattle eine schöne und höchst angenehme Stadt, auch mit guter Fluganbindung (Gabelflug in Erwägung ziehen, z.B. zurück von Los Angeles).

Südlich schließt sich **Oregon** an, das bei Radfahrern wegen seinen Naturschönheiten (Küsten eher noch spektakulärer als in Washington), seinen tollen State Parks und den erstklassigen Fahrmöglichkeiten gleichfalls sehr beliebt und bekannt ist – Natur pur über hunderte von Meilen! Es regnet weniger hier; Juli bis September sind relativ niederschlagsarm, doch auch dann gehören Regenschutz (und warme Kleidung) unbedingt ins Gepäck. Dazu kann sich Küstennebel bis nach San Francisco hinabziehen; er packt Landschaft und Straße in Watte. Deshalb radeln viele US-Biker in signalfarbener Kleidung – „Safety first". Das ist bestimmt kein Fehler, auch wegen den Logging Trucks, den mit Holzstämmen beladenen Sattelschleppern, die oft recht zügig die Küstenstraße entlangdonnern. Zumindest in Oregon gibt es aber praktisch immer einen Seitenstreifen, und vor Tunnels warnen Radampeln die Autofahrer, dass sich gerade Radler im Tunnel befinden.

Im Redwood Country

California lässt wieder mal alles hinter sich – mit seinem Radwegenetz, seinem guten Wetter, seiner landschaftlichen Vielfalt und ein paar Top-Sehenswürdigkeiten wie San Francisco, den Redwood-Wäldern, tollen Nationalparks und vielen Highlights mehr. Die US 101 zieht sich ins Landesinnere zurück und nimmt den meisten Verkehr mit; die Küstenstrecke in California ist die CA 1, der berühmte „Highway One", ein Traumstück der „Traumstraße"! Die Mega-Auto-Metropole L.A. kann man recht kommod auf Bike Paths passieren, die zudem nahe am Airport LAX vorbeiführen. Hier noch ein paar **California-Tipps**:

- Nehmt euch Zeit für eine Wanderung im Redwood Country in Northern California!
- Die berühmte, hohe Golden Gate Bridge ist an manchen Tagen, wenn nämlich der Wind zu stark ist, für Radler gesperrt. Aber auch an „normalen" Tagen bläst es dich hier beinahe gegen das Geländer, größte Vorsicht bei Böen!
- Wenn möglich, den schönen Point Reyes National Seashore Park erkunden, mit vielen Bike Trails, Robben, Seevögeln.
- Ein sehr populäres Radel-Gebiet ist das Napa Valley nördlich von San Francisco, dort gibt es viele Weinfelder und Wineries (zum Probieren).
- In Monterey die Monterey-Halbinsel auf dem berühmten „17 Mile Drive" umfahren. Im gleichfalls interessanten Städtchen Carmel dann zurück auf die CA 1.
- Südlich von Monterey das schönste Stück des Highway One: Big Sur!
- Versucht L.A. möglichst an einem Tag zu durchfahren bzw. möglichst weit zu kommen. Letzter Campground: Leo Carrillo State Beach. Wer die Metropole ausführlicher besuchen will: Am angenehmsten ist Santa Monica (Youth Hostel und div. Backpacker's, auch gute Verkehrsanbindung).
- Der letzte Stretch bis San Diego ist landschaftlich eher uninteressant, dicht besiedelt und überbaut, er lohnt eigentlich nur, falls man weiter auf Mexikos Baja California hinunterradeln will. San Diego macht das aber wett – eine sehr angenehme und oft verkannte Stadt!

Übernachten, Etappenlängen

In allen Pazifikstaaten gibt es sehr viele preisgünstige Camp-Möglichkeiten (Hiker Biker Sites) – wer auf dieser Tour nicht zeltet ist selber schuld! In California darf man allerdings – wegen vagabundierender Typen – auf den Hiker Biker Sites manchmal nur eine Nacht bleiben. Zusätzlich gibt es etwa 25 Youth Hostels, viele Backpacker's und unabhängige Hostels (schaut in das Hostel Handbook von Williams oder ruft die Webadressen auf, s. „Übernachten" Seite 134). Wild Zelten ist an der Pazifikküste jedoch größtenteils nicht erlaubt und wegen der Hiker Biker Sites auch nicht nötig. Beim Campen immer Verpflegung gut wegpacken, nachts sind listige Waschbären unterwegs, im Redwood NP auch kräftige Schwarzbären! Hier kann man dann die Lebensmittel in bärensicheren Containern verstauen, die von der Parkverwaltung installiert wurden.

Rund 2500 km sind es von Seattle nach San Diego; mindestens 40 Tage muss man einplanen, doch eigentlich sollte man mehr Zeit haben, für Sightseeing und ein paar Wanderungen in den tollen Parks (und nochmal eine Woche mehr bei Start in Vancouver/Canada, viele Variationsmöglichkeiten!). Dabei sei ausdrücklich betont: Der Pacific Coast Highway ist nur selten eben, meist geht es ständig bergauf, bergab (besonders auf der CA 1 zwischen Leggett und San Francisco), um Cliffs und Kaps herum, der Autoverkehr in den Sommermonaten ist enorm und der Wind kann ganz schön kalt (und stark) wehen!

Das Highlight an der Westküste: Big Sur

Bücher und Karten

Die Pazifikküste von Vancouver bis zur mexikanischen Grenze runterzufahren ist die beste und einfachste – Long-Distance-Radtour in den USA; tausende nehmen sie jährlich unter die Reifen. Das richtige **Guidebook** für diese beliebte Fahrt ist „Bicycling The Pacific Coast“ von Tom Kirkendall und Vicky Spring, Verlag The Mountaineers (*www.mountaineersbooks.org,* dort lässt sich eine gute Vorschau aufrufen). Dieses Werk ist mittlerweile der Klassiker unter sämtlichen amerikanischen Radbüchern, jeder hat es! Damit bekommt man die perfekte Gebrauchsanweisung mit auf den Weg: Routenbeschreibungen bis ins Detail, Mileage Log, Höhenprofil, Unterkünfte, Campgrounds, Side Trips, Sehenswürdigkeiten etc., alles ist genauestens aufgelistet, bis zur viertel Meile genau. Die Kehrseite der Medaille: Man lässt sich schnell verleiten, täglich das vorgegebene Pensum zu erfüllen, um „im Tritt“ zu bleiben – so geht es jedenfalls vielen. Überfüllte Hiker Biker Sites an den empfohlenen Etappenenden sind die Folge, während vielleicht schönere Plätze mittendrin oder ein kurzes Stück weiter verwaist bleiben. Oder man „rast“ an schönen Abstechern oder Aussichtspunkten vorbei, weil das Etappenziel noch weit oder der Wind kräftig ist … Also selektiv lesen und mitdenken. Auch auf *www.bikely.com* ist die ganze Küstenroute dokumentiert, mit **GPS-Daten** und Karten. Doch für diese leicht zu findende Strecke muss man das eigentlich nicht haben. Hilfreich sind evtl. noch die **ACA-Karten** (fünf Blätter, s. unter *www.adventurecycling.org/routes/pacificcoast.cfm*).

Wer sich gleich mal warmlesen will: Das Buch „Westcoast-Story“ (s. Buchempfehlungen Seite 139) ist ein guter Erlebnisbericht der gesamten Strecke von Vancouver bis zur mexikanischen Grenze. Leider ist die schöne und reich bebilderte ursprüngliche Hardcover-Ausgabe schon lange vergriffen, aber eine Neuauflage als Sierra-Taschenbuch ist erhältlich, allerdings mit erheblich weniger Bildern. „Go South!“ von Thomas Schröder, ein ausführlicher Tourbericht, zusätzlich mit genauem Roadbook, ist auch schon längere Zeit vergriffen. Ggf. kann der Verfasser weiterhelfen; Kontaktaufnahme über *www.bikeamerica.de*.

Für California, Oregon und Washington gibt es noch jede Menge weitere Radführer und viele regionale Radkarten, Auswahl und Bezugsquellen wie gehabt. Zur Übersicht reichen die Straßenkarten von Rand McNally oder von den Tankstellen, für individuelle Touren die „Atlas & Gazetteer“. Gutes Radler-Infomaterial auch in den Welcome Centers an den Staatsgrenzen bzw. über den Bicycle Coordinator der DOTs, z.B. offeriert Oregon zwei nützliche Rad-Publikationen, die „Oregon Coast Bike Route“ und den „Oregon Bicycling Guide“. Mehr in jedem Tourist Office und in jedem State Park.

Internet-Infos

Sehr informativ sind die offiziellen Homepages der staatlichen Tourismusbehörden von California *(www.visitcalifornia.com),* Oregon *(www.traveloregon. com)* und Washington *(www.experiencewa.com).* Gute und ausführliche Infos über alle State Parks gibt es auf *www.parks.wa.gov* (Washington), *www.oregonstateparks.org* (Oregon) und *www.parks.ca.gov* (California), komplett mit Campgrounds, Hiker Biker Sites, Preisen, Bildern usw. Links zu jedem einzelnen Nationalpark gibt’s auf *www.nps.gov* (jeweiligen Staat oder gleich den gesuchten Park anklicken). **Bikepages:** Tote Hose in Seattle, Frisco oder sonstwo? Dann geht auf die Seite der League of American Bicyclists *(www.bikeleague.org)* oder auf *www.peteandedbooks.com/bclubs.htm* und sucht einen Radclub in eurer Nähe – da wird immer etwas auf die Beine gestellt, ob Barbecue oder Bike Ride … Dann gibt es eine Reihe länderspezifischer Seiten: Für **Washington** findet man Radler-Infos auf der Homepage des Washington DOT: *www.wsdot.wa.gov/bike*. Darüber erreicht man z:B. den „Bicycle & Pedestrian Coordinator“, kann Radkarten herunterladen und einiges mehr. Die Linkliste des Cascade Bicycle Clubs *(www.cascade.org)* lässt keine Fragen offen: Radvereine, Bikeshops, Trails in ganz Washington, Bücher und Karten usw. Als Interessenvertretung der Alltagsradler in **Oregon** versteht sich die „Bicycle Transportation Alliance“ – Programm, Links und Events findet man auf der Homepage *www.bta4bikes.org*. Das DOT erreicht man unter *www.odot.state.or.us,* mit herunterladbaren Karten. **California**: Im „Bike Calendar“ sind ständig 300 bis 500 Radausfahrten gesammelt, übersichtlich sortiert nach Datum: *www.bikecal.com.* Das Pendant zu Oregons BTA in der San Francisco Area, also gleichfalls eine Alltagsradler-Vereinigung, ist die „San Francisco Bicycle Coalition“. Auf ihrer Website *www.sfbike.org* gibt es u.a. ein Verzeichnis der Bike Shops, der Radausfahrten und Radclubs. Eher für MTBler interessant ist „The Bay's Best Bike Rides“ *(www.bayinsider.com/recreation/guides/biking),* mit guten Trailbeschreibungen (Mileage Log, Höhenprofil, Topo-Karten usw.); im Linkverzeichnis kann man Bike Shops, Radclubs u.a. abfragen. „The Los Angeles Bike Paths“ (*www.labikepaths.com*) ist ein Verzeichnis aller Radwege in L.A. Im Linkverzeichnis findet man auch die Mail-Adresse des Bicycle Coordinators. Auch die Seite der L.A. Wheelmen *(www.lawheelmen.org)* ist recht brauchbar und bietet eine Menge Links.

Pacific Crest Bicycle Trail

Doch die Pazifikstaaten lassen sich nicht nur die Küste entlang abradeln, sondern auch (wesentlich anstrengender!) im bergigen Landesinnern. Dazu nimmt man den „Pacific Crest Bicycle Trail“ („Crest“ = Bergkamm), der sich entlang des bekannten „Pacific Crest Hiking Trail“ durch die Cascade Range und die Sierra Nevada schlängelt. Auch für diese Strecke gibt es einen ausgezeichneten Radführer: „The Pacific Crest Bicycle Trail“, von Bil Paul, Bittersweet Publishing, der allerdings aus dem Jahr 1990 und deshalb nur noch antiquarisch erhältlich ist. Gleich dem Pacific Hiking Trail geht auch die Bike-Variante von Vancouver in Canada bis zur mexikanischen Grenze nahe San Diego. Obwohl der Bicycle Trail fast ausschließlich über asphaltierte Straßen führt, kann hier auch gut ein MTB eingesetzt werden (unterwegs sind viele Abstecher und Alternativrouten auf unbefestigten Trails möglich, z.B. zum Vulkan Mount St. Helens). In jedem Fall eine steigungsfreudige Gangschaltung mit sorgsam abgestimmten kleinen Gängen wählen! Man muss für die 2500-Meilen-Strecke (4000 km) mindestens eineinhalb Monate veranschlagen, besser mehr. Übernachtet wird auf (einfachen) Campgrounds, es ist also eine entsprechende Ausrüstung erforderlich (doch das Buch gibt auch genügend Hinweise auf Hotels und Restaurants). Eine Ausrüstungsliste fehlt gleichfalls nicht.

Tour-Highlights des Crest-Trails sind: Crater Lake National Park, Lassen Volcanic National Park, Lake Tahoe, Yosemite National Park, Kings Canyon National Park, Sequoia National Park (alle unter *www.nps.gov* anzuklicken), High Desert Country, viele Seen und Wälder. Das Buch enthält sehr viele Karten und Höhenprofile. Gute Infos mit Links zu den Highlights gibt es auf (der englischen Version von) Wikipedia (*http://en.wikipedia.org/wiki/Pacific_Crest_Bicycle_Trail*), dabei auch ein Erlebnisbericht. Von der ACA soll im Lauf des Jahres 2010 eine Kartenserie herauskommen, dann unter der Bezeichnung „Sierra Cascade Route“ – checkt also bei Interesse über deren Homepage, ob das Werk schon fertig ist.

Mit dem PCBT wäre auch eine mehrmonatige große Runde durch die Pazifikstaaten perfekt möglich. Dazu am besten den Crest Trail nordwärts zu Beginn des Hochsommers hochfahren (der Wind ist dabei weniger das Problem) und im Spätsommer dann, zum Ende der Urlaubssaison, die Coast-Route wieder hinunterradeln. Landschaftlich gehört diese Tour gewiss zum Eindrucksvollsten, was ihr in den USA abradeln könnt! Zeitbedarf aber mindestens drei bis vier Monate – und Anfang Oktober sollte man dann zumindest in Southern California sein, denn dann bläst der Wind bis April aus Südwest und bringt dabei sehr viel Regen mit!

2. Der Westen: Utah, Arizona, Nevada

Routenvorschläge

Rundreise von San Francisco zum Yosemite NP, Kings Canyon, Death Valley, Las Vegas, Lake Mead, Zion, Bryce, Grand Canyon (North Rim), Canyonlands, Moab, Arches, Salt Lake City, Yellowstone, Reno, Lake Tahoe, San Francisco. Oder: Rundreise von Los Angeles zum Joshua Tree, Grand Canyon (South Rim), Canyonlands und weiter wie oben. **Weitere Touren** könnten durch Arizonas wüstenhaften Süden (Ghosttowns, Saguaro National Park, Organ Pipe Cactus und Chiricahua Nat'l. Monument) führen. Von Phoenix lassen sich auch das Monument Valley (vorher Abstecher in den Petrified Forest NP) und der Grand Canyon (South Rim) erreichen, ihr habt aber lange, heiße Etappen vor euch, falls ihr eine Rundtour von/nach Phoenix stricken wollt.

Der beste **Startpunkt** für Utah-Trips ist mittlerweile **Las Vegas** (viele günstige Transatlantikflüge, von Los Angeles fliegt z.B. alle paar Stunden der United Airlines Shuttle für knapp 100 US$, Fahrrad extra). Lake Mead und Valley of Fire State Park lohnen einen Kurztrip von Las Vegas, falls ihr aber nach Utah wollt, solltet ihr euer eh' bereits verpacktes Fahrrad im Greyhound nach Washington/St. George transportieren und von dort Richtung Zion NP strampeln. Die Interstate I-15 ist für Radler gesperrt.

Utah ist ein Dorado für Geländefahrer, und Moab, der kleine ehemalige Minenort zwischen den Nationalparks Canyonlands und Arches, ist Treffpunkt aller „Outdoorer" und MTBler und noch mehr „Wanna-be's", die standesgemäß mit Four Wheel Drive in das enge Tal einfallen. In keinem anderen Ort der USA haben wir so viele Fahrräder gesehen – festgezurrt im SUV oder auf dem Pickup Truck. Ganze MTB-Clubs im bunten Einheitsdress zieht es zum Slickrock Trail, der (eigentlich für Endurofahrer gedachten) legendären Berg- und Schluchtenstrecke über glatte Felskuppen zwischen bizarren Felsformationen (16,5 km lang, s. *www.utahmountainbiking.com/trails/slickrck.htm,* mit GPS-Daten, oder *www.utah.com/bike/trails/slickrock.htm*). MTBs kann man auch in Moab mieten, auch geführte Touren gibt es. Für Tourenradler ist vielleicht bereits der Übungs-Loop zu viel des Guten bzw. Steilen. MTBler testen ihr Können auf weiteren Rundtouren in der Umgebung (Kokopelli's Trail, Monitor Trail etc.); schaut beim gut ausgestatteten Info-Center vorbei, die haben Karten und Führer (etliche Strecken auch bei *www.bikely.com,* „Moab" eingeben). In Moab findet ihr auch einige sehr gute Bike Shops, die einzigen im Umkreis von mehreren hundert Kilometern!

Im Colorado-Tal zwischen Cisco und Moab

Von Moab kann man in einem **Grand Circle** auf einen ca. 1800 km langen Rundkurs gehen, man durchfährt oder streift den Canyonlands NP, The Needles, das Monument Valley, Grand Canyon, Lake Powell, Bryce Canyon, Capitol Reef NP, Arches NP. Und verpasst nicht die ebenso schönen State Parks wie etwa den Snow Canyon oder den Kodachrome Basin State Park. Infos unter *www.stateparks.utah.gov/parks,* für die Nationalparks *www.nps.gov* (wie schon erwähnt: jeder einzeln anklickbar). Doch solche Touren müssen sehr genau geplant werden, weil es überwiegend durch Wüsten und Halbwüsten geht (nie im Sommer!). Der Wind (Sandstürme), die Backofentemperaturen tiefer Canyons bzw. die Kälte in den hochgelegenen Bereichen, dazu auch die Eintönigkeit langer Strecken können das Pedaletreten aber auch in den günstigeren Monaten April/Mai und September/Oktober zur Qual machen. Die Nachschubmöglichkeiten an Wasser und Verpflegung liegen oft einige Dutzend Kilometer auseinander („next Service 65 Miles" ...), und auf der Karte eingezeichnete Orte sind oft nicht mehr als zwei, drei Häuser. Hinzu kommt noch die Nachtkälte und auch das Fahren in dünnerer Höhenluft. Der North Rim des Grand Canyon z.B. liegt über 2500 m hoch und ist wegen Schnee und Kälte meist nur von Mai bis Ende Oktober für Besucher zugänglich. Am Grand Canyon evtl. auch einen Abstieg zu Fuß einplanen. Mehr Möglichkeiten dazu hat man am (touristischeren) South Rim. Lasst euch nicht vom Schild „Campground full" abschrecken, es gibt dort eine herrlich gelegenen Hiker Biker Site direkt an der Kante! Gute Wanderungen kann man auch in den anderen Nationalparks machen.

Zwischen Los Angeles, Las Vegas bis zum Arches Nationalpark existiert kein engmaschiges Straßennetz, man kann also nicht oft auf Nebenstrecken ausweichen. Stellt euch auf viele kräftezehrende Auf- und Abstiege in dieser gebirgigen Hochplateau-Landschaft ein! Wenn ihr in der Wüste zeltet, ein wenig auf Rattlesnakes aufpassen (sehr geringe Gefahr, doch gut, davon zu wissen). Vorsicht vor Dornen, wenn ihr mal von der Straße runtergeht! Notfalls das Rad zur auserwählten Camp-Stelle tragen. Berüchtigt bei Radlern sind auch die kurzen Dornen der „Russian Thistles", der russischen Disteln.

Nötig sind außerdem eine starke Sonnenschutzcreme, Sonnenbrille, Kopfschutz, (s.auch „Mit dem Rad durch Wüsten", Seite 104, Teil 3, B 1). Das Rad muss mechanisch top sein, unterwegs gibt es kaum Möglichkeiten zu Reparaturen!

Führer, Karten, Internet-Infos

Über die Canyon-Länder des Südwestens gibt es ein tolles Buch zum Einstimmen mit vielen Farbbildern: „Land der Canyons" von Gerhard Eisenschink, Artcolor-Verlag. Leider nur noch antiquarisch erhältlich, aber die Suche lohnt sich! Detaillierte Nationalpark- und Anfahrtsbeschreibungen finden sich (außer auf den oben genannten Websites) auch im Grundmann-Buch „USA – der ganze Westen". Und das BikeBuch USA/Canada enthält über 50 Seiten allein über USA West und Southwest. Eine Menge amerikanische **Bike Guides** gibt es natürlich auch, s. bei ACA, Pete and Ed's usw. Bewährt und äußerst detailliert: sind die Travel Handbooks von Moon Publications, *(www.moon.com)*; es gibt sie zu Arizona, Utah und Nevada, auch zu einzelnen Nationalparks (z.B. „Grand Canyon", „Zion and Bryce" usw.). Sie führen auch Hiking- und Bike Trails auf. Sehr nützlich ist der „Bicycle Utah Vacation Guide", für Straßentouren und MTB-Trails, mit Bike-Shops, Veranstaltungen, Karten, Unterkünften – kostenlos, s. *www.go-utah.com*. Über Go-Utah und bei vielen Visitor Centers/Buchläden sind auch neun Booklets erhältlich, die 20 MTB-Routen in ganz Utah beschreiben, pro Booklet ca. 5 US$.

Die besten **Karten** sind die schon mehrfach erwähnten „Atlas and Gazetteer" von DeLorme. Das Nevada Department of Transportation *(www.nevadadot.com)* verschickt auch Karten, darunter den „Nevada Map Atlas" (12 US$ plus Porto, Preisliste aller Produkte über die genannte Homepage als PDF). Beim Utah

Department of Transportation *(www.dot.state.ut.us)* kann man diverse Maps (auch für Hiker und Biker) herunterladen. Für Süd-Utah und Nord-Arizona gibt es die gute Straßenkarte „Indian Country" vom Automobile Club of Southern California. Die **Internet-Infos** der staatlichen Tourismusbehörden sind schön bunt, aber auch informativ (Veranstaltungen etc.): Arizona *(www.arizonaguide.com)*, Nevada *(www.travelnevada.com)* und Utah *(www.utah.com)*. Vorschläge für Tagestouren gibt es unter *www.pedaling.com*. Ganz hervorragend gemacht und besonders empfehlenswert ist das „Public Lands Information Center", es informiert auf der Website *www.publiclands.org* über alle National und State Parks, National Forests und BLM-Land u.a.m. in Arizona, Utah, Nevada, Idaho, Wyoming und New Mexico, über Campingmöglichkeiten, Aktivitäten, Anfahrtswege, Gebühren etc.; der Online Shop hat eine riesige Auswahl an Büchern, Guide Books und Karten zu allen Themen rund um die Public Lands. Das Bureau of Land Management Nevada führt auf seiner Seite *www.nv.blm.*gov viele Freizeitmöglichkeiten auf, hilfreich ist auch das herunterladbare Campingverzeichnis. **Bikepages:** Auf der Website der Coalition of Arizona Bicyclists *(www.cazbike.org)* findet ihr eine Liste der Bike-Koordinatoren, Bike Shops, Radclubs und Kontaktadressen in **Arizona**. Mountainbiker können auf der Website *www.mountainbikeaz.com* den Trail passend zur Tagesform suchen, sehr informativ aufgemacht. Über *www.azbikeclub.com* erreicht man den Arizona Bicycle Club, ebenfalls mit umfangreicher Linkliste, von „Bicycling on Freeways in Arizona" über die Bicycle Coordinators bis „Bicycling Events". **Nevada**: Die „Bicycle Nevada Homepage" *www.bicyclenevada.com* listet Tourenvorschläge, Bike Shops und Clubs, Kontaktadressen und Links auf. Auch in Nevada gibt es eine „Bicycle Coalition": *www.nevadabike.wordpress.com*. Über diese Seite kann man sich auch über Nevadas Bikepaths und Bikelanes informieren. **Utah**: Siehe oben. Dann: Ähnlich aufgebaut und ähnlich informativ sind die beiden Infosites *www.redrocks.com* des Utah Cycling Networks und *www.cyclingutah.com* („the Source for Utah Bicycling Information"). Auf letzterer Seite findet ihr auch eine recht gute Auswahl von Bike Shops in Utah. Und über *www.lagbrau.com* wird der „Annual great Bicycle Ride across Utah" bekannt gemacht und ausgetragen.

3. Die Neuengland-Staaten

Sehenswertes, Ziele, Routen

Maine, Vermont, New Hampshire, Massachusetts, Connecticut, Rhode Island – diese sechs verhältnismäßig kleinen Staaten (zusammen etwa halb so groß wie Deutschland) sind die geschichtsträchtige Wiege der USA. Besonders berühmt gemacht hat sie ihr „Indian Summer", der herbstliche Farbenrausch roter und gelber Laubwälder, Ahornbäume zumeist (auch der meiste „Maple Syrup" wird dort gewonnen).

Mit ihren Wäldern, Hügellandschaften, Bergen und schönen kleinen Dörfern mit weißen Holzkirchen sind die Neuengland- Staaten **für Radtouren ideal**. Es existiert ein geeignetes Netz von radeltauglichen Straßen; es gibt auch eine auf Radwanderer zugeschnittene touristische Infrastruktur. Von den etwa 14 Mio. Einwohnern leben zwei Drittel allein im Großraum Boston in Massachusetts – da bleibt noch viel Platz für Einsamkeit suchende Cyclists in den waldreichen Counties von Vermont, Maine und New Hampshire (dessen nördlicher und westlicher Teil für Radfahrten besonders zu empfehlen ist). Vermont ist ganz im Norden ein sehr gutes Rad-Land (Northeast Kingdom), mit kleinen Seen, kleinen Dörfern und Wegen ins Hinterland (Straßen 16, 5A und 105). Auch der Highway 100 entlang den Green Mountains ist bei Radlern populär (einige Youth Hostels).

An der Küste ist das Land flach (Spezialität ist Seafood), interessante Radziele sind dort Cape Cod und die Insel Martha's Vineyard in Massachusetts. Im Inland ziehen sich die Ausläufer der Appalachians von Süd nach Nord. Diese Routen-Richtung bzw. umgekehrt sollte man einer Ost-West-Fahrt vorziehen, um andauernde Berg- und Talfahrten zu vermeiden. Juni bis September sind die Haupt-Touristenmonate. Im Sommer kann es im Süden der Neuengland-Staaten sehr heiß werden. Das Wetter ändert sich oft schlagartig. Hotels sind nicht billig, doch es gibt viele Campgrounds und auch Hostels (im Sommer oft voll), wildes Campen ist teilweise möglich.

Wer also den Indian Summer, diese unglaublich schöne Farbensymphonie, erleben will, der legt seine Tour in den Herbst. Die ersten Farben zeigen sich – im Norden von Maine beginnend – ab Mitte September, und die Pracht dauert dann je nach Witterung etwa sechs Wochen, meist in schönstem Altweibersommer-Wetter. Herzland des Indian Summer ist das westliche Massachusetts, Vermont (Highway 100) und New Hampshire.

Ein guter Anflug- und Startpunkt für die Neuengland-Staaten ist Boston. Von Vermont oder New Hampshire kann man auch gut nach Canada weiterfahren (Montréal). Für Radtouren Richtung Süden (Blue Ridge Parkway, Florida) s. nachstehend unter „4. Der Osten".

Ein **Tourenvorschlag**: Boston – Bar Harbor (ME) – Acadia National Park – Millinocket – Baxter State Park – Greenville – Farmington – Conway (NH) – Bradford (VT) – Chelsea – Stockbridge – Brandon – Weston – Jamaica – Charlemont (MA) – Greenfield – Barre – Stow – Boston. Distanz: ca. 1780 km.

Führer, Karten, Internet-Infos

Von Reise Know-How gibt es „Kanada Osten / USA Nordosten" von Berghahn, Grundmann u.a.; es deckt auch Neuengland mit ab. Ansonsten sei verwiesen auf die sehr gute Literaturliste auf *www.neu-england.de* (s. unten) – alle Buchtipps mit kleinem Kommentar, sogar eine Aufzählung von Neuengland-Romanen. Auch **Bike Guides** gibt es eine Menge – schaut nach in den Yellow Pages der ACA oder unter „Northeast" bei *www.peteandedbooks.com*. Die besten **Karten** für die einzelnen New England States sind die „Atlas & Gazetteer"; sie empfehlen auch Rad-Rundtouren. Für herunterladbare Bikemaps s. weiter unten unter „Bikepages". Vor Ort eine gute Buch- und Kartenhandlung: „Globe Corner Bookstore" *(www.globecorner.com)*, etliche Läden in Boston und Umgebung.

Internet-Infos gibt es jede Menge: Eine sehr engagierte private Website für Neuengland-Fans ist *www.neu-england.de,* mit unzähligen Hintergrund-Infos, Links, Literaturtipps (wie schon erwähnt) und herunterladbarem PDF-Reiseführer. Kompakt, aber informativ auch die Neuengland-Infos auf *www.usatipps.de* (unter „Reiseziele" anzuklicken). Gut und übersichtlich (mit vielen Links auch zu Spezialthemen) ist auch die Seite *www.visitnewengland.com*. Unter *www.bostonusa.com* erreicht man die offizielle Website des Bostoner Fremdenverkehrsamts. Hier die Homepages der staatlichen Tourismusbehörden: Gesamt-Neuengland: *www.discovernewengland.org* – Connecticut: *www.ctvisit.com* – Rhode Island: www.visitrhodeisland.com – Massachusetts: *www.mass-vacation.com* – Vermont: *www.1-800-vermont.com* – New Hampshire: *www.visitnh.gov* – Maine: *www.visitmaine.com*. Über den aktuellen Stand des Indian Summer informiert *www.weather.com/outdoors/fall* (Button „Fall Foliage" und „Northeast" anklicken) und *www.foliagenetwork.net*.

Bikepages: Tagestouren auch für New England gibt es auf *www.pedaling.com*. Für Mountainbiker ist die Website der „New England Mountain Bike Association", *www.nemba.org,* eine wahre Fundgrube. Klickt auf „Places to ride", und ihr erhaltet viele Tourenvorschläge für alle Neuengland-Staaten! Wer auf stillgelegten Bahnstrecken radeln möchte, sollte mal auf die Infosite „New England Rail Trails" (*http://members.fortunecity.com/railtrails*) gehen. Dann gibt es noch Bikepages für die einzelnen Staaten. **Connecticut**: Schön gemacht ist z.B. die Homepage des Connecticut Explorer's Guide („Featuring free online maps and guides for outdoor adventure sports" – für Cyclists: *www.ctxguide.com/ctxguide_162.htm*). Auf der Seite des Department of Transportation (DOT) von **Rhode Island** könnt ihr euch unter *www.dot.ri.gov/bikeri/index.asp* den „Guide to Bicycling in the Ocean State" herunterladen (eine Radkarte) oder in Papierform bestellen, der in Zusammenarbeit mit den „Narragansett Bay Wheelmen" *(www.nbwclub.org)* entstand. Auf deren Website eine Menge Infos mehr, Events, Links usw. **Massachusetts**: Die Website der „Bicycle Coalition of Massachusetts" *(www.massbike.org/bikeways/resource.htm)* quillt über vor Informationen. Hier findet ihr alles, vom Radweg über Tagestouren und Radclubs bis zu Buchempfehlungen und Links. Auch der „Cape Cod Bike Guide" (*www.capecodbikeguide.com*) stellt einige Road- und MTB-Trails vor, dazu gibt es Literatur-Links und Infos über Bikeshops. Etliche Bikepages gibt es für **Maine**: Auf *http://outdoors.mainetoday.com/bikin* findet ihr Events, Zeitungsartikel und einige Links. Dasselbe auf der Homepage der „Bicycle Coalition of Maine" *(www.bikemaine.org)*. Und auf der Website des Maine DOT könnt ihr unter *www.bikemaine.org/bike_maine.htm* Routenvorschläge herunterladen, darunter die Küstenstrecke von Kittery bis Calais mit immerhin 618 Meilen. Für **Vermont** findet man einen „Mountain Biking and Bicycling Guide" auf *www.vtliving.com/biking/index.shtml*. Über **New Hampshire** hat der NH Cycling Club gute Infos unter *www.nhcyclingclub.com* ins Web gestellt. Auf der Seite des NH DOT gibt es unter *www.nh.gov/dot/nhbikeped* herunterladbare Bikemaps. Und auf *www.bikely.com* finden sich natürlich auch für die Neuengland-Staaten etliche gute Routen.

4. Der Osten und der Süden

Vorplanung

City-Runde durch New York, den tollen Blue Ridge Parkway hinunter, entlang der Küste bis Key West, kleine Runde durch den „Alten Süden" – nach welchen Überlegungen man sich seine Route durch die östlichen und südlichen Bundesstaaten zusammenbastelt, bleibt ganz den individuellen Vorlieben (Küste oder Berge, historische Städte und Stätten, National- oder Vergnügungsparks) und dem Zeitrahmen überlassen. Auf jeden Fall: In keiner US-Großregion hat man so viele Möglichkeiten, trifft auf so viel Kultur – und auch auf so viel Verkehr. Genaues Planen ist also gerade hier für den Rad-Tourero unabdingbar, doch dann kann man im Osten und Süden der USA unvergessliche Touren machen.

Die Amerikaner lieben ihre Strände: Jedes Wochenende setzt ein Run auf die Atlantikküste ein, rechnet dann mit extremen Verkehrsverhältnissen. Außerdem fehlt ein verkehrsentlastender durchgehender Highway entlang der Küste, mit Ausnahme vielleicht der US 17, die aber zu eng ist, um der Blechlawinen wirklich Herr zu werden und auch noch Platz für Biker zu bieten. Besser weicht ihr auf Parallelrouten aus und besucht die Küstenorte während der Woche. Und es fehlen die Freiräume, die das Biken im Westen der USA sonst so erholsam gestalten: Es gibt nur wenig Public Land, und wenn, dann in Form von National Forests, für die im Osten z.T. engere Vorschriften gelten als im Westen. Wild Zelten ist also meist nur schwer möglich; schon aus Sicherheitsgründen solltet ihr immer Farmer oder Privatleute nach einem Fleckchen Erde für euer Zelt fragen.

Entlang der Küste allerdings ist das Angebot an Unterkünften entsprechend dicht – es gibt zahllose private Campingplätze, Hostels und Jugendherbergen, für dickere Geldbeutel auch teils traumhaft gelegene B&Bs. Im Hinterland kann schon einmal eine Tagesetappe zwischen den Einkaufsmöglichkeiten liegen, packt also eine Extraration in die Radtaschen, dann seid ihr auch bei der Übernachtungswahl flexibler. Für die Umradlung der Ballungsräume (Washington DC, Baltimore, Philadelphia, New York) solltet ihr spezielle Radkarten oder -Führer zu Rate ziehen – obwohl speziell New York City gar kein so schlechter Platz ist, um einen Biketrip zu beginnen oder zu beenden (dazu später mehr).

Sehenswertes, Ziele, Routen

USA-Beginners greifen vielleicht lieber auf Routenvorschläge zurück, wie sie etwa die ACA ausgearbeitet hat, oder Donna Ikenberry in ihrem zwar schon etwas älteren, aber empfehlenswerten und immer noch erhältlichen Guidebook „Bicycling the Atlantic Coast – a complete Route Guide Florida to Maine" (Verlag The Mountaineers, *www.mountaineersbooks.com*). Die ACA-„Atlantic Coast Route" startet in Bar Harbor, Maine, und beschreibt 2670 Meilen bis Key West in Florida, während Donna ihre Bike Heroes in Miami gen Norden auf die Reise schickt (2697 Meilen, ebenfalls bis Bar Harbor). Diese Route folgt eher dem Küstenverlauf, die ACA-Maps lotsen die Radler auch einmal für längere Strecken ins Inland. Positiv beim ACA: Auch der Anschluss von New York City und Boston an die Atlantic Coast Route (und damit an das restliche Netzwerk) ist im Kartenwerk der Organisation beschrieben.

Für Rad-Toureros, die die Atlantikküste auf eigene Faust hinauf- oder hinunterfahren wollen: Etwas problematisch ist die Routenfindung in Südost-Virginia: Die Küstenroute quert die Chesapeake Bay auf Brücken-Tunnel-Kombinationen, die für Radler allerdings gesperrt sind. Alternativen: die Bucht umradeln (über Washington DC und Baltimore, auch die ACA-Route verläuft so, s. Karten) oder eine private, nicht regelmäßig verkehrende Fähre von Crisfield (Maryland) nach Reedville nehmen – oder einen netten Pickup-Fahrer nach einem Lift über die Baybridges fragen.

Vorschlag für eine küstennahe Tour: Miami mit Abstechern zum Everglades NP oder nach Key West – West Palm Beach – Merritt Island (Cape Canaveral mit John F. Kennedy Space Center, ggf. Abstecher zu Disney World) – Daytona Beach – Savannah – Myrtle Beach – Cape Hatteras National Seashore – Knotts Island – Williamsburg (Colonial National Historical Park) – Baybridges (für Radler gesperrt, s.o.) – die weitere Route über New York City hinaus Richtung Maine den ACA-Karten oder dem genannten Radführer entnehmen.

Im Landesinneren, in den Bundesstaaten Tennessee, Kentucky und West Virginia, locken dagegen verschlafene County Roads, einige sehenswerte National Parks und die Gebirgslandschaft der Appalachen. Hier muss man sich selbst eine Route zusammenbasteln, die zu den oder durch die Hauptsehenswürdigkeiten dieser Staaten führt, z.B. zum Shenandoah National Park, Great Smoky Mountain National Park, Mammoth Cave National Park (alle unter *www.nps.gov beschrieben*); verbinden könnte man die Tour auch mit einer Wanderung auf dem urwüchsigen Appalachian Trail *(www.nps.gov/appa/index.htm)*.

Sehr schön ist der im Great Smoky Mtn. NP beginnende Blue Ridge Parkway (*www.nps.gov/blri/index.htm;* es gibt auch einen Road Guide von Lonely Planet) und der nördlich daran anschließende Skyline Drive durch den Shenendoah NP (kurvenreiche 470 Meilen über die Kämme des Blue Ridge, 70 km/h Tempolimit für Autofahrer!). S. auch *www.blueridgeskyline.com* und *www.blueridgeparkway.org.*

Von Nashville in Tennessee nach Süden diagonal durch Mississippi nach Natchez führt der rund 425 Meilen lange Natchez Trace Parkway *(www.nps.gov/natr/index.htm),* eine Strecke, auf der die wenigen Autos (Lkw sind verboten!) nur 80 km/h fahren dürfen, wo keine Reklameschilder die Landschaft verschandeln und wo es durch friedliche Täler, kleine Ortschaften und über Höhenzüge geht. Radler-Infos auf der genannten Website des NPS, z.B. mit Bicycle-Only-Campgrounds. Auch die „Great Rivers South Route" der ACA von Muscatine (Iowa) nach St. Francisville (Louisiana) verläuft teilweise entlang des Natchez Trace Parkway (Gesamtdistanz 1340 Meilen, Kartensatz erhältlich). Und damit steht man dann am Ol' Man River, im Herz der Südstaaten-Romantik, nicht mehr weit von da nach New Orleans. Apropos: Es gibt auch einen dokumentierten „Mississippi River Trail", der dem Fluss der Flüsse für rund 3000 Meilen folgt (und weitgehend auf Autostraßen verläuft). Das Guidebook kann man über *www.mississippirivertrail.org* beziehen.

Eine gute Route ist auch die Strecke entlang des Potomac River von Washington DC nach Cumberland in Maryland, der Chesapeake & Ohio Canal Path, ein unasphaltierter Bicycle- und Jogger-Trail (*www.nps.gov/CHOH/index.htm*, 185 Meilen). Hier kommt man an vielen geschichtsträchtigen Orten des amerikanischen Bürgerkriegs (Civil War) vorbei. Infos auch bei der C & O Canal Association (*www.candocanal.org,* auch mit kleiner Linkliste) und über die nette private Webpage von Kathy Bilton, *www.fred.net/kathy/canal.html.* Der 45 Meilen lange asphaltierte Washington & Old Dominion Trail schließt sich im Süden an den C & O Canal Path an und führt entlang einer stillgelegten Eisenbahnstrecke westlich bis Purcelville (Virginia). Weitere Infos und ein genaues Logbuch zu den o.g. Trails auf der hervorragend aufgemachten Website „The Recreational Bicycling Guide to the Washington DC Area", *www.bikewashington.org.* Heißer Tipp: Nur einige Meilen südlich von Purcelville beginnt der bereits genannte Skyline Drive; damit habt ihr eine rund 700 Meilen lange Route auf verkehrsarmen Straßen bzw. auf Radwegen von Washington bis hinab nach Tennessee, dann weiter wie oben nach Louisiana.

Zum Süden noch, Zitat Raphaela Wiegers (Erstauflage BikeBuch USA/Canada): „Die Straßen von Louisiana sind teilweise wahre Kraterlandschaften, ohne Seitenstreifen, voller Müll, mit vielen engen, steilen Brücken und starkem Verkehr. Doch New Orleans mit seinem ungewöhnlichen Stadtkern ist wunderschön, und wir mochten die Menschen in Louisiana." Von ähnlichen Erlebnissen berichtet auch Dirk Rohrbach („Americana", 2009). Da ist schon was dran – man ist in dieser Region besonders froh an Parkways und ACA-Routen.

Cycling New York City

Radeln im Inbegriff des Molochs, geht das überhaupt? Was für Selbstmörder? Totally bananas! – Aber nein, spätestens seit Roger Palomas „City Biker" ist es Kult, auf New Yorks Straßen Gummi zu geben. Man denkt da an Radkuriere, Singlespeeder, Asphaltcowboys, aber Big Apple ist auch ein gutes Pflaster für Tourenradler – zum Start eines geplanten U.S. Bike Trips etwa (zu keiner anderen Destination gibt es so viele und auch günstige Flüge) oder auch für den einwöchigen Kurzurlaub. Anbieter finden sich da etliche, siehe z.B. *www.rad-reise-service.de/tour985.html*, auch *www.new-york-city-reisen.suite101.de* oder *www.radreisen-weltweit.de/newyork.htm.* Vor Ort dann etwa *www.bikethebigapple.com* – noch eine Menge mehr ließen sich in den Suchmaschinen finden. Und längst sind auch gewöhnliche Alltagsradler, die etwa zügig ins Büro biken, aus dem Stadtbild nicht mehr wegzudenken.

Radkarten kann man von der Website des New York City DOT unter *www.nyc.gov/html/dot/html/bicyclists/bikemaps.shtml* herunterladen. Und es gibt etliche Bike Routes in der Metropole! Auch auf *www.nycbikemaps.com* gibt es Karten. Gut ist die Seite von „Transportation Alternatives" *(www.transalt.org)*, einer rührigen gemeinnützigen Bürgergruppe mit mehr als 5000 Mitgliedern. Dort (und beim DOT) findet man z.B. auch Infos über die Beradelbarkeit der Brücken über den East River und den Hudson; das sind beileibe nicht alle. Eine Besonderheit von NYC sind die so genannten „Greenways" – Gemeinschaftsflächen für Radler, Skater, Jogger und Spaziergänger, s. unter *www.nycgovparks.org/facilities/bikeways, www.brooklyngreenway.org, www.greenway.org/ny.php u.v.m.* – einfach mal unter den Begriffen „Greenway + NYC" googeln. Dann lohnt noch ein Blick auf die Homepage von Bike New York *(www.bikenewyork.org)* – das ist die Organisation, die jährlich die mittlerweile legendäre „Five Boro Bike Tour" organisiert. Eine sehr informative (allgemeine) Website ist *www.newyork.de,* u.a. mit herunterladbaren Stadt(teil)plänen und einer Menge guter Links.

Wer am JFK Airport ankommt, kann mit öffentlichen Verkehrsmitteln nach Downtown Manhattan fahren (doch Vorsicht, nicht alle Subways nehmen Räder mit, vorher genau bei *www.transalt.org/resources/aboard* nachlesen), ein nicht ganz billiges Taxi nehmen oder an der Waterfront entlang über Southern Parkway und Shore Parkway bis nördlich von Coney Island radeln, dann Knick nach Norden, Ocean Parkway Richtung Brooklyn Bridge. Dieser Weg (teilweise gibt es Radwege, schaut unter den oben angeführten Quellen) sei wärmstens empfohlen, denn die auf der Karte so verlockend aussehende Direttissima vom Airport zur Brücke führt durch die Slums von South Jamaica, East New York und Bedford-Stuyvesant, da musst du dann vielleicht wirklich Gummi geben ... By the way, ein guter NYC-Stadtführer gehört unbedingt ins Gepäck, denn nicht alle Neighborhoods von Big Apple (wie auch aller anderen Big Cities in den Staaten) sind uneingeschränkt radelfähig. Das beste „Ausgangstor" und Radler-Anschluss an den Rest des Landes ist dann die George Washington Bridge über den Hudson River.

Downtown NYC, auf dem Broadway

Fakt für uns (Sybille und Thomas): New York ist und bleibt einfach das Tor zur Neuen Welt. Alle namhaften Auswanderer von Astor bis Zuckmayer sind einst hier gelandet – etwas unglaublich Kosmopolitisches liegt auch heute noch auf der Stadt. Schon deshalb ist sie *the best place to start your trip*. Das ist jetzt natürlich subjektiv, aber – come and find out!

Reisezeit, Radelbedingungen

Eine Küstentour startet man am besten im März oder April in Florida, dann ist es nicht so irre heiß und schwül und ihr habt noch die Wahl zwischen zahllosen günstigen Transatlantikflügen (Gabelflug buchen, z.B. hin nach Miami, zurück von Boston). Im Sommer gibt es im Süden viel Regen. Der „Indian Summer" in Neuengland beginnt im September (s.o., Neuengland-Staaten). „Northbound" radelt es sich besser, weil im Sommer oft eine steife Brise aus südlichen Richtungen bläst, außerdem habt ihr dann die Mittagssonne im Rücken und ihr radelt auf der Straßenseite mit dem besseren Ausblick. Beste Radelzeit im Inland ist von Mai bis Oktober (vorzugsweise Frühling und Herbst). Der tiefe Süden, etwa die Strecke Miami – New Orleans (ca. 900 Meilen), eignet sich auch gut für eine kleine Winterflucht zum Jahreswechsel. Dann ist aber in Florida gerade High Season und alles entsprechend teuer.

Führer, Karten, Internet-Infos

Von Reise Know-How gibt es das Standardwerk „USA – Osten und der alte Süden" von Grundmann u.a. sowie Spezialführer für New York, New Orleans und Florida – weitere s. bei den allgemeinen Buchempfehlungen auf Seite 138. **Bike Guides** s. in den Yellow Pages der ACA oder bei *www.peteandedbooks.com* unter „Southeast" bzw. für die nördlicheren in diesem Kapitel beschriebenen States unter „Northeast“ – riesige Auswahl! Und das BikeBuch USA/Canada enthält ein großes Atlantikküsten-, ein Südstaaten- und ein NYC-Kapitel. **Karten:** ACA-Kartensätze, s.o. Für Touren in Eigenregie eignen sich die schon mehrfach beschriebenen „Atlas & Gazetteer“ von DeLorme am besten. Radelt ihr mit dem Atlantic Coast Guidebook, dann reichen auch preiswerte Straßenkarten (vom AAA, kostenlos für Automobilclub-Mitglieder, von Rand McNally, Gousha etc.).

Internet-Infos: Für den ersten Eindruck genügen die Websites der Tourismusbehörden und die oft umfangreichen Linklisten. Für Florida: *www.flausa.com* und *www.fla-keys.com.* Alabama: *www.alabama.travel.* Mississippi: *www.visitmississippi.org.* Louisiana: *www.louisianatravel.com.* Tennessee: *www.tnvacation.com.* Kentucky: *www.kentuckytourism.com.* Georgia: *www.georgia.org.* South Carolina: *www.discoversouthcarolina.com.* North Carolina: *www.visitnc.com.* Virginia: *www.virginia.org.* West Virginia: *www.callwva.com.* Für die Appalachian Mountains: *www.travelappalachia.com.*

Bikepages: Tagestouren auch für den Osten und den Süden gibt es auf *www.pedaling.com* und *www.bikely.com.* Hier noch eine kleine Auswahl an Bikepages aus den einzelnen States: **Florida:** Gut ist die Homepage der „Florida Bicycle Association“ *(www.floridabicycle.org),* mit vielen Links zu Radclubs und Bikeshops, Tourvorschlägen etc. Einer der größten Radclubs sind die „Florida Freewheelers“ *(www.floridafreewheelers.com).* Auf deren Website findet ihr neben Events und Links zu weiteren Radclubs auch übersichtlich aufbereitete Tourvorschläge zum Herunterladen; weitere Touren auch auf *www.floridacycling.com.* Radler-Infos und Karten gibt es beim Florida DOT *(www.dot.state.fl.us, Programs/Bicycles anklicken).* **Alabama:** Hilfreiche Links findet man auf *www.neabc.org,* der Homepage des Northeast Alabama Bicycle Clubs. **Louisiana:** Sehr viel Info steckt in der zunächst etwas unübersichtlich wirkendenen Seite *www.bikelouisiana.com* (the official biking site for Louisiana). Dort findet sich z.B. unter „Atchafalaya Trace“ ein guter Anschluss vom Natchez Trace Parkway nach Süden. **Tennessee:** Eine Linkliste zu örtlichen Radclubs gibt's bei *www.geocities.com/Colosseum/6213/tn.htm.* **Georgia:** Unter *www.bicyclegeorgia.com* erreicht ihr die „Georgia Bicycle Federation“ – viele Links zu Radclubs, Veranstaltungen, Bikeshops etc. Eine gute Seite mit MTB-Trails ist *www.n-georgia.com/bike_trails.htm.* „BRAG“ steht für „The Bicycle Ride across Georgia“, eine einwöchige Rad-Rundfahrt über ca. 400 Meilen. Weitere Infos, FAQs, Fotos, Termine unter *www.brag.org.* **Carolina:** Die Seite des „Greenville Spinners Bicycle Club“ *(www.greenvillespinners.org)* ist kunterbunt und unübersichtlich, aber doch irgendwie informativ. Gleichfalls für South Carolina gibt es eine Menge sehr guter Bike Links auf *www.sciway.net/tourism/cycling.html.* Das South Carolina DOT versteckt seine Bike Links unter *www.scdot.org/getting/BikePed/BP_links.shtml;* die sind aber dann ganz brauchbar, inkl. Maps. Dito beim North Carolina DOT: *www.ncdot.org/transit/bicycle.* Unter *www.ncbikeclub.org* firmiert der North Carolina Bicycle Club. **Virginia:** Empfehlenswert ist die Webpage der „Virginia Bicycle Federation“ *(www.vabike.org)* mit zahlreichen Tourvorschlägen. Weitere Touren und auch die Adressen der Bike-Koordinatoren findet ihr unter „Links“. Und das DOT bietet unter *www.virginiadot.org/bikemap* Radkarten zum Herunterladen an. **West Virginia:** Die West Virginia Cycling Organisation erreicht man unter *www.wvcf.org,* mit Linkliste. Etliche MTB-Trails gibt's auf *www.wvbike.org.*

5. Weitere US-Staaten und Regionen

Rocky Mountains

Die waldreichen Rocky-Mountain-Staaten Colorado, Wyoming und Montana sind zwar gebirgig, doch landschaftlich überaus beeindruckend. Eine Wohltat für Auge und Gemüt, wenn man vorher durch die Wüstenstaaten des Westens geradelt ist! Zur Hauptreisezeit viele Touristen und Wohnmobile. In Colorado ist Durango (Südwest-Ecke) Ziel für MTB-Fahrer, viel Wild-West-Feeling.

Einsamkeit und oft viel Wind findet man in Wyoming, wo in der Nordwest-Ecke des Staates der berühmte Yellowstone und der Grand Teton NP liegen (s. unter *www.nps.gov*). Sehr schöne Touren lassen sich im Nordwesten von Montana an der Grenze zu Canada machen (in und um den Waterton Glacier International Peace Park). Eine der schönsten ACA-Routen, vielleicht die schönste ACA-Route überhaupt, führt entlang der Rocky Mountains von Jasper in Canada nach Durango (Colorado). Diese „Great Parks Route" ist 2518 Meilen lang und ließe sich mit der „Western Express Route" durch Utah und Nevada nach San Francisco (1589 Meilen) kombinieren. Und von da könnte man an der Pazifikküste entlang nach Vancouver radeln …

Gut ausgerüstete Mountainbiker werden sicher an der „Great Divide Mountain Bike Route" ihre Freude haben, gleichfalls von der ACA dokumentiert und kartiert („the longest Off-Pavement Bike Route in the World"): Sie folgt über 2493 Meilen der kontinentalen Wasserscheide von Roosville (Montana) bis Antelope Wells (New Mexico). In Canada setzt sich die Route noch fort – ein langer und einsamer Streifen, wo man höchstens ab und an noch einem Wanderer begegnet, und das auch nicht jeden Tag. Genaue Planung erforderlich! Es gibt auch ein Buch von Michael McCoy: „Cycling the Great Divide" (Mountaineers).

Great Lakes Area

Wisconsin und Michigan besitzen viele Seen und flaches, fruchtbares Farmland. Die Rails-to-Trails-Conservancy (siehe unter „Mountainbiker Websites" auf Seite 155) konnte in Wisconsin viele ehemaligen Bahnstrecken zu Rad-Trails umfunktionieren (z.B. die beiden sehr schönen unasphaltierten Strecken Drumlin State Park Trail von Madison nach Milwaukee, ca. 80 km, und den Elroy Sparta State Park Trail, ca. 50 km).

Man könnte diese beiden Staaten auch im Zug einer Reise um die fünf großen Seen (mit einer kombinierten Schiffsreise) beradeln, Start etwa in Chicago. Oder eine Teil-Runde um die Seen in New York City beginnen – Catskill Mtns. – Niagara Falls – Toronto, mehrere Variationen, dann zurück über das ausgesprochen reizvolle Pennsylvania (dabei vor allem die interessante Südost-Ecke, das Lancaster County, mit einbauen, das Land der „Amish People"). Eine informative Website zu den „Great Lakes of North America" ist *www.glna.org.* Auch ACA-Routen gibt es einige dort oben, die sich zu einer Rundtour komplettieren ließen. Zur Seen-Region s. auch im Canada-Kapitel, Seite 194.

Für Radführer s. wieder in den Yellow Pages der ACA oder bei *www.peteandedbooks.com.*

6. Transamerica, „Coast-to-Coast"

ACA-Routen

Einmal quer durch, „from sea to shining sea" – das ist es, wovon viele U.S. Cyclists träumen. Und gar nicht so wenige gehen das Projekt auch tatsächlich an. Entweder immer nur seiner Nase nach (was weniger zu empfehlen ist), oder man folgt einer bestimmten Route. ACA bieten drei Routen an: eine nördliche („Northern Tier"), eine mittlere („Trans America Bicycle Trail") und eine südliche („Southern Tier"), s. die Karte auf Seite 141, wobei die nördliche und mittlere am meisten gefahren werden. Für alle drei gibt es (wie für alle ACA-Routen) präzise Kartenpakete, und sie sind je nach Start- und Endpunkt von fünfeinhalb- bis siebentausend Kilometer lang. Man muss mit drei bis vier Monaten Reisedauer rechnen.

Bei der mittleren Route biegt der ACA-Trail in Pueblo (Colorado) nach Norden in die Rockies ab. Sinnvoller wäre hier aber wohl die Geradeaus-Weiterfahrt nach California, dokumentiert als ACA-Route „Western Express". Die endet dann in San Francisco, sicher (neben Los Angeles) *das* Radler-Traumziel an der Westküste. Die südliche Route führt von San Diego (California) durch Arizona, New Mexico, Texas, Louisiana, Mississippi und Alabama nach Florida.

Ob eine solche US-Tour letztendlich sinnvoll ist, muss jeder für sich selbst bewerten, denn eine Transamerica-Fahrt ist kein verlängerter Radurlaub, sondern harte Arbeit. In seine Route sollte man möglichst auch einige der bekannten landschaftlichen Sehenswürdigkeiten mit einarbeiten, denn einfach so von Küste zu Küste zu fahren bringt relativ wenig, da die Transamerica-Strecken über den allergrößten Teil langweilig und ohne Besonderheiten sind.

Zwei große Hindernisse müssen dabei überwunden werden: im Osten die Appalachians und im Westen die Rocky Mountains, und wer die mittlere Route wählt, muss auch noch über das Ozark Plateau in Missouri bzw. Arkansas pumpen. Zwischen den beiden Gebirgen liegen die Great Plains, die endlosen Ebenen des Mittleren Westens, wo Mais- und Weizenfelder und Prärien sich vom einen bis zum anderen Horizont erstrecken. Wer nach Südwesten abbiegt oder von dort kommt, muss endlos lange, monotone Wüsten- und Halbwüstenfahrten durchleiden.

Die amerikanischen Highways dehnen sich wie Gummibänder, immer schön geradeaus. Man erfährt, wie groß die USA wirklich sind. Auf Nebenstrecken, die etwas Abwechslung bringen, dauert der Cross-Country-Ride aber wesentlich länger. Stellt euch dabei nicht nur auf gute, sondern auch auf schlechte Straßenabschnitte ein, die ihren Tribut in Form von Speichen, Ketten und anderen Dingen fordern können.

Von West nach Ost oder von Ost nach West?

Darüber gibt es sehr konträre Ansichten und Meinungen. Spätestens in Kansas oder Oklahoma, wenn dir steife Winde tagelang in die Flanke fahren oder sich dir gnadenlos entgegenstemmen, gewinnt diese Frage an Bedeutung – der Wind hat mir ein Lied erzählt … Von West nach Ost (eastbound) wird wegen den überwiegend starken Westwinden in den Plains als die bessere Streckenrichtung angesehen, doch du kannst sicher sein, dass der Wind ausgerechnet bei deiner Fahrt tagelang aus der anderen Richtung blasen wird … (wem „Tailwind" sehr wichtig ist, der fährt am besten vom Golf von Mexiko zu den großen Seen, denn der Südwestwind bläst in den USA am konstantesten, wie die Meteorologen wissen).

Ein Punkt erscheint uns wichtig: Wer sich langsam „reintasten", es gemütlicher angehen will, der fährt besser von Ost nach West, denn von California aus geht es bald die steile Sierra Nevada hoch, dann kommen auch schon die einsamen Wüstenstrecken, und die sind für „Beginners" ganz schön hart! Von der Ostküste aus startend kann man sich jedoch auf die großen Naturwunder im Westen freuen und sich wie ein Pionier im 19. Jahrhundert fühlen (in vergessenen Dörfern wirst du vielleicht auch ab und zu als ein solcher von den Amis gefeiert werden …). Indianer werden dich jedoch keine mehr angreifen, auch keine Büffel, höchstens motorisierte. Es wird viel Schweiß fließen, doch am Schluss wirst du auch jenes Gefühl von Freiheit und Abenteuer erlebt haben, wie man es wohl nur noch unter dem endlos hohen und blauen Himmel Amerikas erfahren kann.

Go west!
An der NM 104 vor Santa Fe

Tipps zur Routenplanung

Außer den Strecken der Adventure Cycling Association gibt es noch einige andere beschriebenen Routen, wobei der populäre und sehr gute Radführer „Bicycling Across America“ des Autors Robert Winning nicht mehr erhältlich ist. Aber vielleicht könnt ihr ja noch in irgendeinem Secondhand-Bookshop ein gebrauchtes Exemplar „abstauben“. Die ausgeklügelte Route führt vornehmlich über Secondary Roads leicht südlicher als die mittlere ACA-Route quer durch die USA, von Los Angeles bis nach Washington DC. Mit den präzisen und genauen Angaben, mit den vielen Karten und Steigungsprofilen ein ideales Routenbuch für alle West-Ost-Radler. Wer dann von den fünfeinhalbtausend Kilometern in mindestens 45 Tagen noch nicht genug hat, kann ja noch nach New York kurbeln und dann weiter in die Neuengland-Staaten, zum Indian Summer. Das Buch liefert auch sonst sehr gut brauchbare Tipps für Fahrradreisen in den USA.

Von außerordentlicher Wichtigkeit für eine Transkontinental-Tour ist die Wahl der richtigen Monate; die extreme Hitze in den Wüsten und die Eiseskälte in den Bergen schaffen dich sonst bald. Doch in allen einzelnen Staaten durch immer komfortables Klima zu fahren ist nicht möglich! Winning empfiehlt bei seinem West-East-Ride als besten Kompromiss die Abfahrt von L.A. in der letzten April- oder in der ersten Maiwoche. Für East-West könnte man sagen, Start im August, Ankunft November – wenn man weiter nördlich, etwa in San Francisco, sein Ziel setzt, entsprechend früher. Als Winter-Transkontinentalroute ist einzig und allein die Südroute von Florida nach Southern California bzw. vice versa am Golf von Mexico entlang zu empfehlen. In den Südstaaten ist es im Sommer so heiß, dass man höchstens in den frühen Morgen- und späten Abendstunden radfahren kann! Als reine Sommerfahrt kommt ausschließlich die Nordroute in Betracht.

Ein gutes Buch, das sich zwar nicht direkt an Cyclists wendet, ist „Let's Go Roadtripping USA: The Complete Coast-to-Coast Guide to America“ von Caitlin Claire Vincent, St. Martin's Press. („the indispensable companion for any road trip across the States, following the classic American routes as Route 66, the Lewis and Clark Historic Trail and more off-the-beaten-track journeys“). Überhaupt eine gute Idee, seinen Coast-to-Coast-Trip an eine historische oder sonst irgendwie spannende Route zu knüpfen und dabei einen roten Faden zu haben, das hat schon uns (Sybille und Thomas) bei unserer Tour von NYC nach L.A. ungeheuer inspiriert (s. „Cycling 66“, Seite 145). Man könnte z.B. auch auf den Spuren des Oregon Trail wandeln (mit einem MTB vielerorts noch machbar), die historischen Stätten am Santa Fe Trail aufsuchen – oder etwa die US 50 nehmen, die heute als einziger noch (fast) durchgehender und ganz durchnummerierter Coast-to-Coast-Highway der USA gilt. Es gibt einige Bücher über diesen langen Streifen; s. auch *www.route50.com* oder *http://en.wikipedia.org/wiki/U.S._Route_50* – ob ihn wohl schon jemand in seiner ganzen Länge beradelt hat? Wie gesagt, der rote Faden – lasst euch von ihm ziehen.

Hier noch eine kleine (unvollständige, subjektive, aber interessante) Coast-to-Coast-Sammlung aus dem WorldWideWeb: *www.eisenhansi.blogspot.com, www.in80days.de, www.crazyguyonabike.com/doc/?o=3Tzut&doc_id=2421&v=S8, www.schmaggi.blogspot.com, www.freebikers.at/coast_to_coast_tour_2010.htm* und *www.stark-schaedeli.ch.* Auch einige der auf Seite 139 genannten Reiseberichte beschreiben Touren von Küste zu Küste.

Canada und Alaska

A Vorbereitung und Wissenswertes [PR]

1. Überblick, Radregionen

Weite und Vielfalt

Canada ist das zweitgrößte Land der Erde (30-mal so groß wie Deutschland). Die Ausdehnung ist riesig (vom Pazifik zum Atlantik, von Höhe Paris bis Nordgrönland!), entsprechend vielfältig sind Canadas Landschaften, Flora und Fauna. Politisch ist das Land in 10 Provinzen und in drei Territorien (im Norden) unterteilt. Die Bevölkerungsdichte ist verglichen mit Westeuropa extrem niedrig; über 80% der Canadier wohnen in unmittelbarer Nähe zur canadisch-amerikanischen Grenze. Doch obwohl in Canada vieles ähnlich ist wie in den USA (sauber, nett, gut organisiert), so ist Canada doch nicht einfach die Fortsetzung seines südlichen Nachbarn. Man gibt sich mehr britisch-europäisch als US-amerikanisch (Canada ist Commonwealth-Mitglied, Staatsoberhaupt ist die britische Queen), und alles ist ein bisschen weniger hektisch als in den USA. Im Osten Canadas, in den Provinzen Québec und New Brunswick, dominiert zudem die französische Vergangenheit (in einer Abstimmung über die Unabhängigkeit Québecs sprachen sich nur knappe 51% für den Verbleib im Staat Canada aus). Québec ist nach wie vor französischsprachig und New Brunswick ist die einzige offiziell zweisprachige Provinz Kanadas.

Westcanada

Die majestätischen Bergketten der amerikanischen Rocky Mountains setzen sich in Westcanada fort und ziehen sich bis nach Alaska hoch. Die Region zwischen den Rockies und der canadischen Pazifikküste ist landschaftlich sehr beeindruckend und abwechslungsreich. So findet man in den Provinzen **British Columbia** und im westlichen **Alberta** das Beste und Schönste von Canada – mit erstaunlichen Gegensätzen: Schroffes Bergland und Küste, glasklare Flüsse und Seen, Sandstrände und Fjorde, Wildnis und lebendige Großstädte.

Alaska und die Yukon Territories

Alaska, „the last Frontier", gehört nicht zu Canada, sondern ist der 49. Bundesstaat der USA und gleichzeitig ihr flächenmäßig größter, nördlichster und westlichster und die größte Exklave der Welt. Für viele ein Traum – unendliche Wildnis, kaum erschlossen, nur 0,4 Einwohner pro Quadratkilometer, Goldgräber-Romantik, Bären ... Nicht wenige Long Distance Biker pedalen jährlich auf dem 2400 km langen Alaska Highway nach Norden – auch heute noch eines der letzten Straßenabenteuer Nordamerikas – durch die canadischen **Yukon Territories**, die nicht minder eindrucksvoll sind. Dazu gibt es gute Flugverbindungen, deshalb eignet sich die „letzte Grenze" auch gut für eine mehrwöchige Rundtour.

Canadas Mitte – die Prärie

Der Mittelteil Canadas – also die Provinzen **Alberta** (östlich der Rockies), **Saskatchewan** und **Manitoba** (bezeichnend ist der Slogan Saskatchewans: „Land of living Skies") – besteht aus endlosem Himmel und den beeindruckenden Weiten der Prärie. Für den kürzeren Biketrip sicher weniger interessant, ist die Prärie für Trans-Canada-Radler eine willkommene Abwechslung nach dem gebirgigen Westen. Der vorherrschende Westwind peitscht den Tourero nicht selten mit Rekordtempo durch die Gras- und Ackerlandschaft und vorbei an leuchtend gelben Rapsfeldern. Im Hochsommer kommt es in der Mitte Canadas öfters zu schweren Gewittern und Tornados, deshalb ist etwas Vorsicht geboten bei entsprechenden Anzeichen.

Zentralcanada

In den beiden flächen- und bevölkerungsmäßig größten canadischen Provinzen **Ontario** und **Québec** lassen sich attraktive und sehr abwechslungsreiche Touren

Davis Strait
Labrador Sea
Baffin Island
Foxe Basin
Hudson Bay
NUNAVUT TERRITORY
Victoria Island
King William Island
NORTHWEST TERRITORIES
YUKON TERRITORY
BEAUFORT SEA
ALASKA
US
Gulf of Alaska
Queen Charlotte Islands
PACIFIC OCEAN
Vancouver Island
BRITISH COLUMBIA
ALBERTA
SASKATCHEWAN
MANITOBA
ONTARIO
QUÉBEC
NEWFOUNDLAND
Newfoundland
NOVA SCOTIA
Nova Scotia
ATLANTIC OCEAN
UNITED STATES
ROCKY MOUNTAINS
MACKENZIE MOUNTAINS
ARCTIC CIRCLE
Great Bear Lake
Great Slave Lake
Lake Athabasca
Lake Winnipeg
Lake Superior
Lake Michigan
Lake Huron
Lake Erie
Lake Ontario
Cape Breton Island
Whitehorse
Dawson
Yellowknife
Inuvik
Iqaluit
Churchill
Arviat
Rankin Inlet
Chesterfield Inlet
Baker Lake
Coral Harbour
Cape Dorset
Kimmirut
Pangnirtung
Gjoa Haven
Cambridge Bay
Kugluktuk
Holman
Paulatuk
Tuktoyaktuk
Old Crow
Fort Good Hope
Norman Wells
Fort Franklin
Wrigley
Fort Simpson
Fort Providence
Fort Resolution
Hay River
Fort Liard
Fort Nelson
Fort St John
Dawson Creek
Grande Prairie
Peace River
Fort McMurray
Fort Chipewyan
Uranium City
Edmonton
Calgary
Banff
Red Deer
Lethbridge
Medicine Hat
Lloydminster
Saskatoon
Prince Albert
Regina
Moose Jaw
Swift Current
Yorkton
Brandon
Winnipeg
Thompson
The Pas
Flin Flon
Dauphin
Kenora
Thunder Bay
Sault Ste Marie
Sudbury
North Bay
Timmins
Toronto
Hamilton
London
Ottawa
OTTAWA
Montréal
Québec
Sherbrooke
Chicoutimi
Rimouski
Gaspé
Sept-Îles
Port-Cartier
Baie-Comeau
Schefferville
Labrador City
Fermont
Churchill Falls
Goose Bay
Nain
Hopedale
Makkovik
Cartwright
St. Anthony
Harrington Harbour
Natashquan
Havre-St-Pierre
St-John's
Fredericton
Saint John
Moncton
Halifax
Sydney
Charlottetown
Vancouver
Victoria
Kamloops
Kelowna
Prince George
Prince Rupert
Kitimat
Stewart
Dease Lake
Watson Lake
Ross River
Mayo
Keno Hill
Beaver Creek
Mount Logan
Skidegate
Masset
Port Hardy
Courtenay
Powell River
Williams Lake
Bella Coola
Seattle
Portland
Salem
Sacramento
Boise
Helena
Billings
Salt Lake City
Great Salt Lake
Cheyenne
Denver
Bismarck
Pierre
Fargo
Duluth
Minneapolis
St Paul
Milwaukee
Madison
Chicago
Des Moines
Omaha
Lincoln
Kansas City
Topeka
Indianapolis
Detroit
Lansing
Cleveland
Pittsburgh
Columbus
Baltimore
WASHINGTON
Philadelphia
New York
Hartford
Providence
Boston
Albany
Montpelier
Augusta
Portland
Buffalo
Carson City
CANADA
0 km 300 600 900 km
60°
45°
75°
90°
105°
120°
135°

zusammenstellen. Hervorzuheben sind sicherlich die hügelige Fahrt entlang dem Nordufer des riesigen Lake Superior und die gut ausgeschilderte „Route Verte“ in Québec mit der Umrundung der Gaspé-Halbinsel. Neben den landschaftlichen Highlights bietet diese Region zudem mit den Großstädten Toronto, Ottawa, Montréal und Québec auch Abwechslung in kultureller Hinsicht.

Die Maritimes

In den Atlantik-Provinzen **New Brunswick**, **Nova Scotia** und auf den zwei sehr unterschiedlichen Inseln **Prince Edward Island** und **Newfoundland** (welches zusammen mit dem Festlandteil Labrador eine Provinz bildet) gibt es einige Radler-Geheimtipps, die sich auch für Kurzreisen durchaus eignen. Besonders lohnenswert sind z.B. die Bay of Fundy mit dem höchsten Tidenhub der Welt (bis zu 21 Meter bei Springflut!), die herausfordernde, jedoch landschaftlich äußerst attraktive Küstenstraße Cabot Trail auf der Halbinsel Cape Breton sowie der Gros Morne Nationalpark in Newfoundland.

Trans-Canada oder „Coast to Coast“

Quer durchs Land – von Küste zu Küste, von Vancouver bis St. John’s in Newfoundland – verläuft der von „Through Bikers“ gerne gefahrene **Trans Canada Highway**, eine der längsten Straßenverbindungen der Welt (Streckenverlauf und Beschreibung siehe Grundmann-Buch „USA/Canada“). Für ein Canada-Erlebnis ist das Abkurbeln dieser knapp 8000 km aber sicherlich nicht die beste Idee, da der TCH nur selten durch die landschaftlich schönsten Gebiete einer Region führt, dazu über weite Strecken vierspurig ausgebaut und gerade in der Nähe der großen Städte äußerst verkehrsreich ist. Wer Canada durchqueren will, sollte es wegen des überwiegenden Rückenwinds im Sommer von West nach Ost machen!

Ambitioniert ist – oder war – das Vorhaben der Trans Canada Trail Foundation, mit dem **Trans Canada Trail** (TCT) einen zusammenhängenden Weg für Wanderer, Radler, Reiter und Ski-Langläufer fernab des motorisierten Verkehrs quer durch alle Provinzen Canadas zu legen (geplante Gesamtlänge des Projekts: unglaubliche 21.500 km!). Leider wird das prestigeträchtige Mammutvorhaben aufgrund verschiedener Faktoren wohl nie fertiggestellt werden. Aktuelle Infos gibt es unter *www.tctrail.ca, www.canadatrails.ca/tct* oder vor Ort bei der Trans Canada Trail Foundation in Montréal; Reiseberichte auf der Homepage der Co-Autoren Pascal Heimberg und Rebecca Grunder *(www.kimble.ch)* oder auf *www.planetranger.com/transcanada.*

TCT – längster Trail der Welt

Allen Problemen zum Trotz ist der TCT aber auf einigen (teils spektakulären) Strecken trotzdem fertig geworden (lange zusammenhängende Streckenabschnitte z.B. in British Columbia, Québec, Prince Edward Island und Newfoundland), in anderen Provinzen scheint das Projekt aber mangels Unterstützung und fahrradtauglichen Alternativrouten (vor allem in den Prärie-Provinzen Saskatchewan und Manitoba) zum Scheitern verurteilt oder wurde für Radler sogar ganz fallengelassen. So wurde z.B. die landschaftlich schöne Strecke am Nordufer des Lake Superior von den Verantwortlichen zur „Wasser-Route“ für Kanufahrer deklariert. Die einzige Alternative für Radler sind hier die Highways entlang des riesigen Sees (siehe Seite 194). Nicht zu unterschätzen ist zudem die Tatsache, dass der Trail gerade in B.C. oder auch auf der Prince-Edward-Insel und Newfoundland alte Bahntrassen benutzt, was zwar für angenehme Steigungen sorgt (maximal um die 3%), aber gleichzeitig auch viele lange Umwege zur Folge hat. Auch die Abfahrten weisen dann natürlich ein bahntaugliche Gefälle auf und sorgen damit selten für Adrenalinschübe – ihr müsst dort auch abwärts immer in die Pedale treten! Aufregend wird’s auf dem TCT aber dann, wenn einem hinter einer lang gezogenen Kurve plötzlich eine Schwarzbärenmutter mit Nachwuchs den oft schmalen Trail versperrt. Die landschaftliche Schönheit, die (abgesehen von vereinzelten Quad-Bikern oder

Motocross-Fahrern) fast komplett verkehrsfreien Strecken sowie die vielfältig zu beobachtende Tierwelt machen die vorhandenen Teilabschnitte des TCT zu lohnenswerten Tourenabschnitten, vor allem in Westcanada. Achtung, der TCT besteht überwiegend aus Sand-, Schotter- und Erdpisten (die je nach Trail-Nutzern wie z.B. Reitern in unterschiedlich gutem Zustand sind), daher vorzugsweise mit einem MTB oder zumindest mit nicht allzu schmalen Reifen antreten.

2. An- und Einreise, Geld

Zahlreiche Flüge

Von Deutschland gibt es zahlreiche Linien- und Charterflüge direkt nach Vancouver, Calgary, Toronto, Montréal, Edmonton, Whitehorse, Halifax und weiteren Destinationen. Air Canada ist Canadas größte Linienfluggesellschaft mit Hub in Toronto *(www.aircanada.com)*. Air Transat als größte canadische Charter-Fluggesellschaft fliegt in der Sommersaison von Deutschland aus die wichtigsten canadischen Metropolen mehrmals wöchentlich an *(www.airtransat.com)*. Wie schon auf Seite 24 ausgeführt: Aktuelle Fahrrad-Transportbedingungen checken; nicht immer ist das billigste Ticket auch das günstigste! Air Canada berechnet für einen Rad-Transport derzeit 50 CA$, eine Fahrradtasche (einfache Plastikhülle) wird gegen geringe Gebühr gestellt. Air Transat nimmt 30 CA$ (Stand Ende 2009). Condor (*www.condor.com,* günstiger Rad-Transporttarif, s. Seite 24) fliegt direkt von Frankfurt nach Whitehorse, Air Berlin *(www.airberlin.com)* steuert Vancouver an.

Einreisebestimmungen

Staatsangehörige von D, A und CH brauchen einen Reisepass, der über das Rückreisedatum hinaus gültig ist. Damit kann man bis zu sechs Monate visafrei zu touristischen oder geschäftlichen Zwecken nach Canada einreisen. Aktuelle Informationen s. bei der Einwanderungsbehörde *(www.cic.gc.ca/english/visit/index.asp)*, beim Auswärtigen Amt (*www.auswaertiges-amt.de* oder unter *www.kanada.com/deutsch/einreisbestimmungen.html*. Achtung: Wer beim Anflug in den USA zwischenlandet, muss sich auch der dortigen Einreiseprozedur unterziehen und braucht eine ESTA-Reisegenehmigung (s. Seite 128).

Währung

Canadas Währung ist der Canadian Dollar (CAD bzw. CA$) – wer mit Travellercheques reisen will, diese am besten darauf ausstellen lassen. Eine Kreditkarte ist nötig (MasterCard, VISA oder American Express). Die canadische Ein-Dollar-Münze wird übrigens umgangssprachlich „Loonie" genannt, zurückzuführen auf den darauf abgebildeten Eistaucher („Loon"). Nicht gesichert ist hingegen die Herkunft der scherzhaften Bezeichnung „Toonie" für das Zwei-Dollar-Stück.

3. Klima und Reisezeiten

Kontinentalklima

Der größte Teil Candas wird durch Kontinentalklima mit langen, sehr kalten und z.T. schneereichen Wintern und kurzen, heißen Sommern bestimmt. An den beiden Küsten herrscht milderes Meeresklima mit ausgewogenen Temperaturen, aber auch deutlich mehr Niederschlag, wobei dieser größtenteils im Winter fällt. Ausführlich und meist sehr genau (inkl. Warnungen bei schweren Gewittern oder Hurrikanen) sind die Wettervorhersagen des canadische Umweltamts *(www.weatheroffice.gc.ca)*.

Für alle canadischen Provinzen gilt generell, dass die Monate **Juni bis September** für Radtouren klimatisch **am günstigsten** sind. Wer Mitte Mai in Westcanada losfährt, riskiert, dass er einige Pässe der Rockies nicht überqueren kann, da noch zu viel Schnee liegt. In den Prärieprovinzen kommt es im Sommer regelmäßig zu heftigen Gewitterstürmen und besonders in Ontario belästigen euch dann viele Moskitos und Black Flies. Besonders schön ist der Indian

Summer in Ostcanada (New Brunswick, Nova Scotia und Newfoundland, ab Anfang September). Pascal und Rebecca: „Wer wie wir im Oktober noch Newfoundland mit dem Rad durchquert, riskiert nicht nur verständnislose Blicke der Einheimischen und geschlossene Campingplätze, sondern auch jederzeit den ersten Wintereinbruch. Sicher ist auf jeden Fall, dass euer Zelt zu dieser Jahreszeit aufgrund der kühlen Temperaturen und hohen Luftfeuchtigkeit nie richtig trocknen wird."

4. Bücher, Karten, Internet

Reise- und Radführer

Als allgemeine Grundlage einer USA/Canada-Radreise empfiehlt sich das Buch „USA/Canada" von Hans Grundmann, Reise Know-How. Im selben Verlag erschienen sind weitere Reiseführer zu spezifischen Landesteilen (s. weiter unten im Reiseteil), wobei der Fokus meist auf dem Westen und Osten liegt. Bei den englischsprachigen Reiseführern sind die Travel Handbooks von Moon Publications *(www.moon.com)* empfehlenswert, die fast alle Regionen Canadas abdecken. Der Bike Guide „Cycling Canada" von John M. Smith (letzte Auflage 1997!) beschreibt neben vielen kürzeren Touren eine Strecke quer durch ganz Canada; interessant sind die alternativen Routenvorschläge. Wer zumindest streckenweise dem Trans Canada Trail folgen möchte, findet radspezifische Literatur zu den einzelnen Provinzen auf *www.tctrail.ca.* Bisher sind Bücher über sechs Provinzen sowie das Buch „The 18.000 km Dream" über die gesamte Route veröffentlicht worden. Apropos: Das BikeBuch USA/Canada (RKH) enthält über 150 Seiten allein zu Canada und Alaska. Weitere empfehlenswerte Rad-Bücher sind teilweise weiter unten bei den Radel-Regionen aufgeführt. Kauderwelsch-Sprachführer: „Canadian Slang – das Englisch Canadas" und „Québécois – das Französisch Canadas", Reise Know-How.

Karten

In Canada erhält man kostenlos genaue Provinzkarten bei Reisebüros und auch ganze Kartenwerke bei den Provincial Parks. Für Trans-Canada-Radler genügt daher eine Übersichtskarte (z.B. 1:4 Mio.) zur Planung, erhältlich bei Landkartenhäusern oder Reiseausrüstern. Von Reise Know-How gibt es die Canada-Karten „West", „Ost" und „Zentral", jeweils 1:1,9 Mio. Eine große Auswahl an Detailkarten hat ITM Publishing, Vancouver *(www.itmb.com)*. In Canada bekommt man auch an Tankstellen und in Buchläden (Auto-)Karten. Detailkarten zu Trails (meist inkl. Übernachtungs- und Einkaufsmöglichkeiten) finden sich in den erwähnten Radbüchern für die einzelnen Provinzen.

Internet-Infos

Die offizielle Website der canadischen Botschaft (*www.kanada.de*) bietet zahlreiche praktische Infos für Touristen und auch für Einwanderer. Weitere umfangreiche deutschsprachige Seiten sind *www.kanadanews.de* und *www.kanada-tipps.de*. Das canadische Fremdenverkehrsamt Canadian Tourism Commission (*www.canada.travel*) gibt Empfehlungen zu den einzelnen Reiseregionen sowie zu beliebten Aktivitäten ab. Die informative Website *www.attractionscanada.com* fokussiert sich auf Canadas Hauptattraktionen. Sehr empfehlenswert ist die Website der canadischen Nationalparkverwaltung (*www.pc.gc.ca*), auf der Details zu jedem der 39 Parks aufgerufen werden können. Auf *www.cdn.de* kann man Informationen rund um Canada mit anderen canadabegeisterten Menschen in deutscher Sprache austauschen. Für Radler: Sehr gut ist der Web-Auftritt von Canada Trails unter *www.canadatrails.ca/biking*; dort gibt es alle erdenklichen Infos von „Bicycling Organizations" über „Tours and Events" bis zu regional anzuklickenden Radrouten und Bike Paths, auch zum Trans Canada Trail. Weiterführende Infos zum TCT inklusive interaktiver Karte auf der bereits erwähnten offiziellen Website *www.tctrail.ca*. Zahlreiche Reiseberichte, sortierbar nach

Ländern oder Regionen, findet ihr bei Trento Bike Pages (*www.trentobike.org*) oder auf der englischsprachigen Blog-Website Crazy Guy on a Bike (*www.crazyguyonabike.com*). Eine große Rad(sport)-Organisation ist die Canadian Cycling Association (*www.canadian-cycling.com*); auf ihrer Homepage gibt es auch einen Link auf „Cyclotourism".

5. Übernachten, Verpflegung

Camping

Es gibt ein sehr dichtes Netz an staatlichen und privaten Zeltplätzen in den National-, Provincial- und Regional Parks (s. unter *www.canadaonline.about.com/cs/parksincanada/a/exploreparks.htm;* die Provincial Parks in Canada entsprechen etwa den US-State Parks). Einige der Parks bzw. deren Zeltplätze sind nur saisonal geöffnet, vor allem in den Rockies. Die Tourist Information Centers an den Provinzgrenzen versorgen euch mit Gratismaterial über ihre Provinz (Straßenkarten, Verzeichnisse über Zeltplätze und Unterkünfte, Informationen über Parks, lohnenswerte Attraktionen und Zusatzinformationen aller Art). Bei Radlern sehr beliebt sind die Tourist Information Centers vor allem auch für ihre sauberen Toiletten und die Möglichkeit, die Wasserflaschen aufzufüllen.

Für das Campen gilt mehr oder weniger dasselbe wie bereits bei den USA Gesagte. Die meisten Plätze gibt es im Westen, in British Columbia und Alberta; viele davon sind schön angelegt und gut ausgestattet mit Duschen, fertig gesägtem Feuerholz, Tisch, Grillrost etc. Sommers sind sie jedoch schnell belegt, während man in der Nebensaison (Frühling und Herbst, natürlich außerhalb von Feiertagen bzw. „Long Weekends") als Radler immer gut Platz findet. Die meisten Zeltplätze in den Parks sind kostenpflichtig (oft mit Self Registration). Günstig sind die vielen National Forest Campgrounds. Karten mit diesen Plätzen bekommt man bei den lokalen National-Forest-Behörden oder Tourist Information Centers.

Private Campgrounds (etwa 12 bis 20 CA$ pro Zelt oder Platz, in Touristenorten manchmal Wucherpreise) sind in erster Linie für motorisierte Camper-Reisende ausgerüstet, bieten Komfort und heiße Duschen – oft aber auch mehr Lärm und wesentlich höhere Preise. Seid ihr in einer Gruppe unterwegs, könnt ihr versuchen, die Zelte auf einen Platz zu stellen und so nur einmal zu bezahlen. Sich in die Duschen von Zeltplätzen schleichende Reisende haben vielerorts dazu geführt, dass fürs Duschen eine Gebühr verlangt wird oder die Duschen nur noch von dort Übernachtenden benutzt werden dürfen. Bei manchen Hostels könnt ihr auch euer Zelt aufschlagen und die Gemeinschaftseinrichtungen nutzen. Wir (Pascal und Rebecca) haben zudem in ganz Canada oft, natürlich nach vorgängigem Nachfragen, bei kleinen Shops (unser Favorit sind Bäckereien!), Tankstellen, Gemeindeeinrichtungen, Sportplätzen oder sogar auf Grundstücken von Privatpersonen gezeltet. Bei Radtourern ebenfalls beliebt sind Rastplätze („Rest Area"), Kirchen, Schulen, Feuerwehr- und Polizeistationen.

In vielen Orten und Städten findet ihr auch Municipal Campgrounds, die je nach Ausstattung und Lage meist preiswert sind (die Preise sind in BC und Alberta sowie an der Ostküste deutlich höher als in den Prärieprovinzen). In den Moon-Handbooks sowie auf den Karten der Tourist Information Offices sind diese Plätze aufgeführt, oder erkundigt euch vor Ort.

Wild Zelten

„Bush Camping" bringt überhaupt keine Probleme, doch sollte man sich in den Parks an die Spielregeln halten und nur auf den offiziellen Campgrounds zelten. Auf den Provincial-Picknickplätzen darf zwar offiziell nicht campiert werden, doch wird sich im Notfall wohl keiner daran stören, wenn ihr dort euer Nachtlager aufschlagt. In ganz Canada ist große Vorsicht geboten wegen der Waldbrandgefahr, folgt unbedingt den Hinweisen – in gewissen Regionen und Monaten herrscht striktes Feuerverbot („Fire Ban")!

Achtung, Bären!

„You are in Bear Country" – solche Schilder sieht man sowohl im Westen Canadas als auch in Alaska immer wieder, doch kann man die Gefahr eines Angriffs bei richtigem Verhalten gering halten. Laut Statistiken sollen Elche weitaus mehr Ärger machen und unberechenbarer sein. Solltet ihr zum ersten Mal in Bärenland unterwegs sein, holt euch am besten die Info-Broschüren der Parks oder lasst euch gleich von einem Ranger die wichtigsten Regeln erklären – daraus resultieren oft sehr interessante Gespräche. Die Warnungen sollen vor allem daran erinnern, keine Lebensmittel vor oder im Zelt liegen zu lassen. Einige Campgrounds haben dafür Einrichtungen (Container), die „Bear proof" sind und wo man Lebensmittel zu deponieren hat. Keine Abfälle hinterlassen!

Beim wilden Campen unbedingt eure Vorräte und alle anderen stark riechenden Sachen (wie z.B. Zahnpaste oder etwa den Notfall-Schokoriegel in der Lenkertasche) in einem vorzugsweise wasserdichten Behälter (Packtaschen eignen sich gut) mittels zweier dünner Seile von etwa 5 m Länge zwischen zwei Bäume hängen – natürlich in einigem Abstand vom Lager (weitere Hinweise und Interessantes zum Thema „Bär und Mensch" in den Reisetipps des Buchs „Mit dem Fahrrad durch Alaska", s. bei „Alaska", und unter *www.bikefreaks.de* (unter „Unterwegs/Bären"). Und um hier gleich mit der Hoffnung aller vermeintlich gut trainierten Reiseradler aufzuräumen: Bären erreichen in vollem Galopp bis zu 45 km/h – der Sieger eines Verfolgungsrennens steht also schon von Vornherein fest!

Garantiert bärensicher! Rent a Cabin (Yukon Territory)

Hostels & Co.

Es gibt etwa 70 **Youth Hostels** in Canada, die meisten davon wiederum in BC und Alberta. Aber auch in Québec und ganz im Osten (v.a. New Brunswick und Nova Scotia) sind sie zahlreich und locken teilweise mit sensationeller Lage und einem absolut radlergerechten Frühstücksbuffet – manche bieten sogar Rad-Schließfächer für eine sichere Aufbewahrung (Vancouver z.B.). Auf der Website *www.hihostels.ca* bzw. *www.hihostels.com* sind sie alle verzeichnet, gleichfalls in den „Yellow Pages" der ACA (s. USA, *www.adventurecycling.org*). Bei Vorlage eines Jugendherbergsausweises gibt es bei manchen Tourveranstaltern und in einigen Geschäften Rabatt, erkundigt euch vor Ort oder auf den Websites nach den Adressen. Manche Regionalverbände betreiben auch einen Hostel-Shop, der verbilligte Ausrüstungsgegenstände anbietet. Es gibt auch eine Menge **Backpacker's Hostels**, s. bei *www.hostels.com, www.hostelcanada.com* und *www.backpackers.ca.*

Auch internationale **Gastfreundschafts-Netzwerke** wie *www.couchsurfing.org* und *www.warmshowers.org* haben zahlreiche Mitglieder in Canada. Pascal und Rebecca: „Wir haben oft Warmshowers genutzt und dabei nicht selten bis 2.00 Uhr früh mit unseren Gastgebern gekocht, über Karten gebrütet und Tourenberichte ausgetauscht. Die Warmshowers-Gastgeber wissen dazu meist ganz genau, welche Route in die Stadt hinein (und nach dem Aufenthalt wieder raus) am sinnvollsten ist. Manchmal entstanden gar bei unseren Besuchen langjährige Freundschaften oder gemeinsame Tourenpläne."

Verpflegung Nachschubprobleme gibt es in Canada keine, viele Lebensmittel sind jedoch teurer als in den USA. Bei Fahrten entlang der großen Highways stellt die Versorgung keinerlei Probleme dar. Viele große Supermärkte bieten zudem wichtige Radlernahrung (Nudeln, Reis, Trockenfrüchte, Nüsse etc.) in offenem Verkauf an („Bulk Food"), so dass der hungrige Tourero nicht mit Ein-Kilo-Packungen durch die Prärie fahren muss. Wer sich weiter von der US-Grenze entfernt, in Newfoundland oder gar in den nördlichen Territories tourt, sollte seine Strecke gut planen und immer genügend Vorräte dabeihaben, da die Distanzen zwischen zwei Ortschaften (oder auch nur Tankstellen) nicht selten zweihundert Kilometer betragen. Ein Gas- oder Multifuel-Kocher ist also absolute Pflicht! CampingGaz-Kartuschen (zumindest 206er) sind in Städten oder Touri-Zentren erhältlich.

6. Rad und Ausrüstung

What kind of bike? Wer von den USA kommt, wird sein Fahrrad dabei haben. Ansonsten empfiehlt sich für Canada ein robustes Touren- oder Trekkingrad mit großem Übersetzungsbereich, für unasphaltierte Nebenstrecken (wie z.B. den Trans Canada Trail in British Columbia) ein MTB oder zumindest breitere Reifen. Westcanada und die dortigen schönen Radelgebiete in den Rockies sind auf Radfahrer eingestellt; auch in kleineren Ortschaften gibt es Händler und Reparatur-Möglichkeiten. In den Nationalparks Banff und Jasper können auch Räder geliehen werden (Mountainbikes).

Räder und Radteile sind teurer als in den USA. Die Adressen der Bikeshops findet ihr am ehesten über die Homepages der Radclubs bzw. Cycling Associations (s. oben). Sollte euch in abgelegenen Gebieten ein Radteil kaputtgehen, könnt ihr euch immer noch ans Telefon hängen und das Teil bei einem Radladen bestellen. Zusendung erfolgt dann per Greyhound-Bus. Eine Kreditkarte ist für solche Aktionen aber unabdingbar!

Equipment An Ausrüstung das Übliche mitführen, doch kann man auch alles nachkaufen (z.B. in Canadas größtem Outdoorshop Mountain Equipment Coop, *www.mec.ca*). Kleidung: Im Sommer sowohl auf heiße Tage als auch auf kalte Nächte (und Regen) eingestellt sein! Immer genügend Insektenmittel oder Räucherspiralen gegen die Moskitos und die lästigen Black Flies dabeihaben!

Achtung: Wegen den in ganz Nordamerika verbreiteten Wasser-Parasiten Giardia lamblia sollte man Wasser (auch aus klaren Bächen, Flüssen und Seen) auch in Canada nicht unabgekocht bzw. ungefiltert trinken! Haltet euch daher unbedingt an die Empfehlungen der Behörden. „Boil Notices" mit Angabe der notwendigen Abkochzeit findet ihr oft auf den Zeltplätzen (mehr dazu im USA-Kapitel auf Seite 136).

In gewissen Provinzen (z.B. British Columbia) besteht Helmpflicht. Für Kommunikation und Recherchen eignen sich dank der vielerorts kostenlos angebotenen WLAN-Verbindungen (Cafés, Bäckereien, Supermärkte, Jugendherbergen und Hotels oder auch oft in dichtbesiedelten Geschäfts- und Wohnquartieren) Laptops, Netbooks oder auch WLAN-fähige Mobiltelefone.

7. Straßen, Verkehr

Gute Straßen Die Straßen sind gut und haben oft sehr breite Seitenstreifen, auf denen es sich auch nebeneinander radeln lässt. Auf dem Land darf man mit dem Rad überall auf den Haupt-Highways fahren, doch wegen des weitmaschigen Straßennetzes sind Autos und Lkw in manchen Regionen recht zahlreich und es wird auch zügig gefahren. Oft lohnen sich Ausweichstrecken auf parallel führenden kleineren Highways, um dem dichten und schnellen Verkehr zwischen großen Städten zu entkommen (v.a. In den Prärie-Provinzen Saskatchewan und Manitoba gibt es zahlreiche Optionen). Pascal und Rebecca. „Grundsätzlich sind die canadischen Auto- und Lastwagenfahrer Radtourern aber freundlich gesinnt – wenn ihr mit Rückspiegel fahrt und in den einsameren Gegenden den von hinten heranbrausenden Wagen freundlich winkt, könnt ihr euch der Rücksicht des Fahrers sicher sein. Ein weiterer Trick: Hisst am Gepäckträger (oder am Anhänger) die Flagge Canadas (und eures Herkunftslandes) und bekennt Farbe. Dadurch seit ihr für die Fahrer besser sichtbar und bei einem Halt ergeben sich oft nette Begegnungen."

Gravel Roads führen ins Hinterland, Vorsicht vor herandonnernden Trucks, die schleudern oft hinten Steine raus, die euch treffen könnten. Helm tragen, das schützt vor schmerzhaften Kopftreffern! Bei Pannen wird bald ein Pickup anhalten und Hilfe anbieten.

Auf dem Trans Canada Highway

8. Zwischentransport

Flug

Air Canada (s. oben unter „An- und Einreise") hat auch etliche günstige Inlandflüge. Eine canadische Regional-Airline mit dichtem Liniennetz ist Westjet *(www.westjet.com)*.

Bahn

Canada hat ein sehr langes Schienennetz, VIA Rail ist das Gegenstück zur AMTRAK in den USA. Die Durchquerung Canadas auf der Strecke der alten Canadian Pacific ist ein Erlebnis! Räder können im Gepäckwagen in Kartons oder Bike Bags und gegen eine Gebühr von ca. 20 CA$ mitgeführt werden. Für längere oder wiederholte Zugfahrten empfiehlt sich der CANRAIL-Pass. Damit könnt ihr gegen einen Pauschalpreis an 12 von 30 Tagen das gesamte Streckennetz nutzen (August 2009 für Erwachsene in der Hauptsaison ca. 900 CA$). Einzelheiten, Karten und Fahrpläne in Canada bei Travel-Agents, bei CRD International GmbH *(www.crd.de)* oder unter *www.viarail.ca* (Info auch in Deutsch abrufbar). Mehr dazu s. auch im USA-Eisenbahn-Kapitel auf Seite 152.

Bus

Die schon vom USA-Kapitel (s. dort) bekannten Greyhound-Busse sind Marktführer auch in Canada *(www.greyhound.ca)*. Alle wichtigen Destinationen werden angefahren. Preise, Fahrpläne, Discounts usw. auf der Greyhound-Homepage.

Schiff Fähren der „BC Ferries", der „Washington State Ferries" und weiterer privater Fährgesellschaften pendeln zwischen der Sunshine Coast (BC) und den Gulf Islands sowie Vancouver Island im Westen. Es gibt auch mehrere kleine Fährunternehmen zwischen New Brunswick, Nova Scotia, Prince Edward Island und Newfoundland/Labrador im Osten. Überlegt eingesetzt könnt ihr so eher uninteressante bzw. verkehrsüberlastete Abschnitte, z.B. zwischen Seattle und Vancouver, überbrücken. Für Pacific Coast Biker sind vor allem die Routen Powell River – Comox und Victoria – Port Angeles interessant. Preise und Routen findet ihr unter *www.wsdot.wa.gov/ferries/index.cfm* und *www.bcferries.bc.ca;* eine Reservierung ist für Biker meist nicht erforderlich. Auf der Website „The Ferry Traveller" *(www.ferrytravel.com)* könnt ihr Fährverbindungen zu ausgewählten Häfen suchen lassen und auch gleich ausdrucken, oder ihr kauft das gleichnamige Heftchen (im Buchhandel bzw. über die genannte Website).

Für Fernstrecken an der Pazifikküste zuständig (und gleichzeitig Straßenersatz) sind die Fähren des Alaska Marine Highway Systems (AMHS). Fahrpläne, Preise etc. findet ihr unter *www.dot.state.ak.us/amhs/index.shtml.* Drei Tage (und Nächte) dauert etwa die Fahrt von Skagway (Alaska) nach Bellingham (zwischen Vancouver und Seattle) – eine wunderbare Seereise durch eine tolle Küsten- und Insellandschaft, mit vielen Zwischenstopps, manchmal mit Blick auf vorbeiziehende Wale – und auch eine gute Option für Panamericana-Radler, die eine Alternative zum endlos langen Alaska-Highway suchen. Kabinen sind teuer und müssen früh vorab gebucht werden, aber ihr könnt auch euren Schlafsack auf Deck oder zwischen den (unbequemen) Schlafsesseln ausrollen. Auf manchen Schiffen wird gar gezeltet; dazu dann ein stabiles Klebeband mitführen, um die Zelt-(Herings-)schlaufen auf dem stählernen Deck zu fixieren. Nehmt für die Fahrt auch ein gutes Buch mit (Hörbücher auf einem kleinen MP3-Player sind ideal!) und genügend Proviant, da das Angebot an Bord nur mäßig ist.

B Canada / Alaska – Reiseteil

1. Radfahren in Canadas Westen [PR]

Canada wird zumeist im Anschluss an eine USA-Reise bereist, und sowohl Rad- als auch Autofahrer reisen dann fast immer über die nordwestlichen US-Staaten Washington, Idaho oder Montana in die beiden westlichen Canada-Provinzen British Columbia (B.C.) und Alberta ein. Mit ihren National- und Regionalparks, undurchdringlichen Wäldern, wilden Küsten, glasklaren Flüssen und majestätischen Bergen bieten diese beiden Provinzen all das, was man sich unter unverbrauchter, einsamer Natur vorstellt – ein wahres Eldorado für Tourenradler. Nordwestlich von B.C. schließt dann das fast menschenleere und wilde Yukon Territory an.

Vancouver Die größte Stadt ganz im Westen Canadas ist Vancouver (offizielle Website: *www.vancouver.ca*), sehr reizvoll zwischen Meer und Bergen gelegen, ausgeglichenes (doch regnerisches) Klima, eine Ferienstadt mit vielen schönen Bike Paths (Karten bei der Tourist Information oder auf der genannten Website unter „Maps") und einigen sehr guten Rad- und Ausrüsterläden. Bei jedem „lonesome Biker" bekannt und beliebt ist die Stadt auch wegen ihren regelrechten „Fress-Straßen" mit allen erdenklichen kulinarischen Genüssen (Pascal und Rebecca: „Wir empfehlen einen Abstecher in die Davie Street oder die Granville Street – dort gibt es alles, was ein Tourenradlerherz begehrt. Empfehlen können wir müden Radlern auch die preisgekrönten Youth Hostels Vancouver Central, Vancouver Jericho Beach oder Vancouver Downtown (s. unter *www.hihostels.ca,* alle drei mit sensationellem Frühstücksbuffet, Selbstversoger-Küchen, Internet, teilweise mit Einzel- und Doppelzimmern und für den Drahtesel mit abschließbaren Rad-Boxen). Auch *www.hostels.com* hat etliche Backpacker's in Vancouver gelistet. **Der perfekte Startort** also für eine Radtour in Canadas wildem Westen.

Vancouver, Stanley Park

Von Vancouver aus lassen sich auch viele Radtouren in die herrliche Umgebung machen. Mountainbiker fahren zu den steilen Gipfeln der Grouse Mountains nördlich der Stadt (täglich auch Busse mit Radtransport) oder zu den weltbekannten Ski- und MTB-Orten Whistler und Squamish. Beliebt ist auch die Umrundung des Stanley Parks mit herrlichem Blick auf die Skyline von Vancouver und die Berge des North Shore (am besten morgens oder abends machen). Quer durch den Park führen weitere ca. 80 km Rad- und Fußwege.

Vancouver Island

Vor der Stadt liegt das langgestreckte Vancouver Island (ca. 500 km lang), dort gibt es traumhafte Seen- und Berglandschaften und viel Wildnis. Auch Mountainbiker touren dort ihre Trails ab, bei ihnen ist die Insel sehr beliebt. Tourenradler kämpfen eher mit dem starken Verkehr auf dem Trans Canada Highway 1. Passt auf die Holzlaster auf, manche überholen viel zu knapp! Erst ab Nanaimo wird es ruhiger. Für TCH-Biker: Der „Mile-0-Marker" steht im Beacon Hill Park in Victoria – das ist gleichzeitig der Startpunkt für den bereits erwähnten Trans Canada Trail. Dazu noch weiter unten mehr.

Die von den meisten Toureros befahrene **Ostküsten-Route** auf Vancouver Island (weniger Regen, einfachere Strecke, dafür wesentlich mehr Verkehr) hält sich mehrheitlich an den teilweise vierspurig ausgelegten Highway 19, die einzige durchgängige Nord-Süd-Verbindung der Insel. Zum Teil gibt es Ausweichstrecken über die der Küste folgenden alten Teile des Highway 19 (mit 19A bezeichnet, nördlich von Nanaimo) oder über kleine Landstraßen – Umwege lohnen sich und verbessern die Ortskenntnis. Die Strecke nach Port Hardy an die Nordspitze der Insel verläuft aber recht ereignislos und ist landschaftlich nicht unbedingt lohnend.

Viel schöner, einsamer, aber auch härter ist der Abstecher quer durch die Insel über einige Pässe an die **Westküste**; von Nanaimo sind das ca. 185 km. Ihr kommt an einigen glasklaren Seen, vielen Campingplätzen und dem Cathedral Grove Forest mit mächtigen, bis zu 800 Jahre alten Douglasien vorbei. Die Straße ist ab Port Alberni streckenweise gefährlich eng und kurvig, also Vorsicht! Ziel ist der Pacific Rim National Park *(www.pc.gc.ca/pn-np/bc/pacificrim/index_e.asp)*, der aus einem kilometerlangen Sandstrand mit donnernder Brandung, viel Treibholz und den Broken Group Islands besteht. Im Süden windet sich der bekannte, stark begangene West („Wet") Coast Trail durch den Regenwald (bei der Kleiderwahl beachten: Das ist hier eines der regenreichsten Gebiete der Erde …). Rückfahrt vom Fischerdörfchen Ucluelet mit der Fähre durch das Alberni Inlet bis Port Alberni, von da sind es noch ca. 50 km bis zum Hwy. 19. Informationen zur Überfahrt: Lady Rose Marine Services *(www.ladyrosemarine.com)*.

Bei Campbell River zweigt der Hwy. 28 in den Strathcona Provincial Park ab *(www.britishcolumbia.com/parks/?id=411)*, eine konditionell recht anspruchsvolle Strecke. Nach rund 90 km durch herrliche Seen- und Berglandschaft erreicht ihr das Holzfällerörtchen Gold River; von hier führt dann eine Schotterpiste zum Insel-Hwy. zurück. Viele Campingmöglichkeiten.

An- und Weiterrreise

Überfahrt nach Vanvouver Island mit der **Autofähre** von Vancouver (im Süden der Stadt von Tsawwassen nach Sydney oder im Norden von Horseshoe Bay nach Nanaimo) oder von Powell River an der Sunshine Coast nördlich von Vancouver mit der kleinen Fähre nach Comox. Vancouver-Island-Hauptort und Hauptstadt der ganzen Provinz B.C. ist **Victoria** (von dort auch Fähren nach Port Angeles und Seattle/USA). Auch kann man von Vancouver bzw. von Vancouver Island (Port Hardy) mit dem Fährschiff nach Norden nach Prince Rupert (dort beginnt der Yellowhead Hwy., s. unten) und weiter bis Skagway oder gar Whittier fahren, eine schöne Tour und ein sehr empfehlenswerter Tipp für diejenigen, die auf dem Alaska Highway bis Alaska radeln, doch von Alaska nicht wieder die ganze Strecke zurück kurbeln wollen.

Fährverbindungen nach Skagway bzw. Haines s. auch oben (8. Zwischentransport / Schiff). Einmal monatlich im Juni, Juli, August und September fährt auch eine Fähre auf der Route Juneau – Valdez – Whittier und retour. Weitere Informationen zu Verbindungen, Fahrplänen, Preisen und Reservationen findet ihr auf der Website des Alaska Marine Highway System AMHS *(www.dot.state.ak.us/amhs/index.shtml)* oder bei BC Ferries *(www.bcferries.com)*.

Der **Yellowhead Highway** (Hwy. 16, *www.yellowheadhighway.com*) verläuft über 2687 Kilometer von Prince Rupert bis nach Winnipeg. Wenngleich Hauptverbindung ist er trotzdem recht angenehm zu radeln, besitzt durchweg breite, gut ausgebaute Seitenstreifen und eine Serie von wunderbaren Ausblicken – Routenvorschlag weiter unten.

Banff- und Jasper National Park

An der Grenze zwischen Alberta und B.C. liegen die Nationalparks Jasper und Banff, die beide zum UNESCO-Welterbe gehören und dem Outdoor-Fanatiker alles bieten, was man so gemeinhin mit Canada assoziiert: die schneebedeckten Gipfel der Rockies, die riesigen Gletscherkappen entlang des Icefields Parkway, hunderte von Kilometern Biking- und Hiking Trails und eine absolut sehenswerte Vielfalt an Pflanzen und Tieren. So leben (und zeigen sich) in den beiden Parks unter anderem Elche („Mooses"), Wapitis („Elks"), Bergziegen, Schwarz- und Grizzlybären, Luchse, Wölfe und Kojoten.

Der größere **Jasper National Park** *(www.jaspernationalpark.com)* gilt sowohl bei MTBlern und Bergtourenradlern als einer der Top Spots weltweit (das Netzwerk soll um die 2000 km Trails umfassen, Kartenmaterial wie immer bei den Tourist Offices). Die Campingplätze decken das gesamte Spektrum ab vom sehr minimalistisch eingerichteten alpinen „Basislager" (mit kristallklarem Wasser aus dem Bach und Plumpsklo) bis zum Luxus-Zeltplatz mit elektrischem Bärenzaun (wie etwa im weltberühmten Skiort Lake Louise), heißen Duschen, Grillplätzen, nahen Einkaufsmöglichkeiten und natürlich Full Hookup für die amerikanischen Riesencamper.

Der asphaltierte **Icefields Parkway** *(www.pc.gc.ca/pn-np/ab/jasper/visit/visit38_e.asp,* mit herunterladbarer Karte) zwischen Lake Louise und Jasper ist eine 230 km lange Panoramastrecke entlang an türkisblauen Seen, Flüssen, Wasserfällen, Bergen, Schluchten und dem Columbia Icefield. Viele Autos, doch es gibt einen breiten Seitenstreifen für Radler, und die trifft man dort aus aller Welt. Die Orte **Banff** *(www.banff.ca)* und **Lake Louise** (*www.lakelouise.com*) sind zwar sehr, sehr touristisch, doch im Gegenzug bieten sie dem müden Biker ausreichend Betten und Zeltplätze (wenngleich auch letztere manchmal ziemlich laut sein können) und allerlei kulinarische Genüsse. Einkaufsgelegenheiten und selbst Bike Shops sind gleichfalls vorhanden.

Die Frage, in welche Richtung man nun den Icefields Parkway radeln soll, ist nicht einfach zu beantworten. Manche schlagen die südliche Richtung vor mit der Begründung, man habe so immer das beeindruckende Panorama der Rocky Mountains vor sich und die Straße falle tendenziell ab. Pascal und Rebecca: „Wir sind die Strecke aus Süden kommend gefahren und hatten auch aus dieser Richtung einige tolle Abfahrten und lockere Abschnitte – und die Rockies begleiten den Radler auf der ganzen Strecke, unabhängig von der Fahrtrichtung."

Auf dem Icefields Parkway

Anfahrt Banff und Jasper

Wer von den USA auf der 93 (Missoula – Eureka) nach Canada einreist, sollte durch den schönen (US-amerikanischen) **Glacier National Park** *(www.nps.gov/glac/index.htm)* radeln. Dabei überquert man den Logan Pass („Going-to-the-Sun-Road"), eine sehr schöne Strecke. Nach dem canadischen Waterton Lakes National Park dann Richtung Westen, nach Cranbrook und von dort über Kimberley zum **Banff National Park** *(www.pc.gc.ca/pn-np/ab/banff/index_e.asp)*. Kimberley, mit einer Einwohnerzahl von knapp über 7000 und auf 1120 Metern gelegen, ist ganz auf Bayern getrimmt – mit Leberkäs, Hofbräuhaus und echtem bayerischem Bier. Die andere Hauptanfahrt zum Banff/Jasper NP von Vancouver aus führt auf dem Trans Canada Highway Nr. 1 über Kamloops, Revelstoke und über den gleichfalls sehenswerten *canadischen* Glacier National Park *(www.pc.gc.ca/eng/pn-np/bc/glacier/index.asp)*.

Etwa 130 km östlich von Banff liegt **Calgary** (zu erreichen entweder auf dem vielbefahrenen TCH 1 oder auf der alten Straße 1A), berühmt durch das alljährliche Rodeo- und Pionierzeit-Spektakel, die Calgary Stampede. Wer gerade Anfang Juli in der Nähe ist, sollte das zweiwöchige Fest nicht versäumen, sofern er die Übernachtung vorreserviert hat. Termine, Tickets u.v.m. unter *www.calgarystampede.com*.

Routenvorschlag

Vancouver (oder Seattle bzw. Port Angeles) – Vancouver Island – Port Hardy – B.C.-Fähre nach Prince Rupert – auf dem Yellowhead Hwy. über Prince George nach Jasper – Icefields Parkway nach Lake Louise bzw. Banff – Yoho und Glacier NP – Revelstoke – Hwy. 23 an den Arrow Lakes entlang bis Nakusp – Hwy. 6 bis Vernon am Rand des „fruchtigen" Okanagan Valleys – Hwy. 3 und 1 bis Vancouver. Distanz: rund 2400 km.

Ab Banff könnte man auch über Radium Hot Springs (mit den gleichnamigen heißen Quellen einen Stopp wert) und Kimberley bei Cranbrook den Trans Canada Trail erreichen und auf ihm verkehrsarm nach Vancouver zurückradeln.

Trans Canada Trail in B.C.

British Columbia hat eine absolute Vorreiter-Rolle wahrgenommen und seinen Teil des TCT mit viel Engagement planmäßig fertiggestellt – auf ehemaligen Bahntrassen, Forststraßen, Single Trails und eigens dafür gebauten Radwegen. Das sicherlich spektakulärste Teilstück ist dabei der **Kettle Valley Railway Trail**. Dieser führt (meist auf Kies oder Schotter) mit nur geringen Steigungen 600 km entlang der stillgelegten Bahnlinie durch die Rockies zwischen Midway und Hope. Durch den Myra Canyon geht es dabei auf wenigen Kilometern über 18 ehemals von der Eisenbahn befahrene gut 100 m hohe Holzbrücken, welche in einem großen Waldbrand 2003 abgebrannt sind und anschließend mit Hilfe unzähliger Freiwilliger wieder aufgebaut wurden. Absolut einmalig! Der KVRT bietet auch eine recht gute Infrastruktur (auch für Selbstversorger und Camper) und ist besonders beliebt bei organisierten Radtouren (s. etwa bei *www.kanada-bike.com)*. Mehr Info unter *www.bctrail.ca* (mit umfangreicher Linkliste) und natürlich auf *www.tctrail.ca*. Über diese Seite kann man auch das sehr gute Buch „Trans Canada Trail: British Columbia" von Bruce Obee (Whitecap Books) bestellen. Den genauen Verlauf des Trails sieht man unter *http://maps.tctrail.ca/*, dito (mit kleiner Beschreibung) unter *www.canadatrails.ca/tct/tctbc.html*. Interessant auch die Seite *www.kettlevalleyrailway.ca*.

Der Vollständigkeit halber sei erwähnt, dass der TCT in B.C. auch einen Nord-Ast hat, aber: "The northern leg of the Trans Canada Trail follows the Alaska Highway for about 1000 km from the Alberta Border to Watson Lake in the Yukon." Siehe also weiter unten im Kapitel „Alaska Highway").

Literatur, Internet

Wagner/Grundmann: „Kanada, der ganze Westen mit Alaska", Reise Know-How ist das wohl beste deutsche Handbuch für diese Gebiete. Sehr empfehlenswert (wenn auch schon ein paar Jährchen alt) ist auch „Kanada: Rocky Mountains Radtouren", von Andreas Bugdoll, Conrad Stein Verlag. Dann von Andrew Hampstead „British Columbia" und „Alberta", Moon Handbooks. Eine umfangreiche Tourbeschreibung für Vancouver Island ist auch in „Bicycling the Pacific Coast" von Kirkendall/Spring mit drin, s. Seite 159. Weitere Publikationen zum Thema Radtouren, Adressen von Radclubs, Informationen zu Bezugsadressen für Landkarten etc. auch für Canada findet ihr in den gleichfalls schon aus dem USA-Kapitel bekannten „Yellow Pages" des ACA *(www.adventurecycling.org)*. **Internet-Infos:** Die offzielle Website der Tourismusbehörde von B.C. ist *www.hellobc.com;* Reiseinformationen (Unterkunft, Attraktionen, Transport usw.) gibt's auch bei *www.travel.bc.ca*. Die Tourismus-Behörde von Alberta firmiert unter *www1.travelalberta.com/en-ca*. Auf der Suche nach einem ganz bestimmten Thema? Versucht es mit *www.searchbc.com,* der Internet-Suchmaschine von British Columbia. **Bikepages:** Die Websites der British Columbia Bicycle Association *(www.cyclingbc.net)* und der Alberta Bicycle Association *(www.albertabicycle.ab.ca)* bieten zwar vorwiegend Clubnachrichten, aber auch Links zu Bikeshops etc. Informativ, mit einer Unmenge von Trails und Links, mit Listen von Bikeshops und Clubs in B.C., mit Tipps zu Radkarten und Radbüchern ist die Website „The British Columbia Mountain Bike Guide" *(www.bcmbg.com)*.

Welche Highways und Brücken sind für Radler gesperrt? Die Website des Ministry of Transportation and Highways (*www.th.gov.bc.ca/bchighways/cycling/bicycle.htm*) gibt Auskunft. Interessant ist auch die Linkliste auf der Website der British Columbia Cycling Coalition, *www.bccc.bc.ca.*

2. Der Alaska Highway

Der Alaska Highway, auch ALCAN genannt – das sind 2400 km Mythos und Legende zum nördlichsten Bundesstaat der USA. Er beginnt offiziell in Dawson Creek in British Columbia, verläuft ein Stück durch die Yukon Territories und endet in Delta Junction in Alaska. Eines der letzten Straßenabenteuer Nordamerikas! Fertiggestellt, d.h. nun ganz asphaltiert, wurde er erst 1992, zum 50. Jahrestag des Baubeginns 1942 (die Trasse selbst wurde damals in Rekordzeit von nur neun Monaten durch Wald und Wildnis geschlagen). Unbefestigt sind noch einige kurze Stücke, etwa westlich von Fort Nelson, die dann nach Regenfällen rutschig und im trockenen Sommer sehr staubig werden. Gut zum Erinnern, wie es früher mal war – oft gibt es aber auch lange Straßenbaustellen mit Gravel.

Generell darf man sich unter dem ALCAN kein perfektes Asphaltband in den hohen Norden vorstellen. Schlaglöcher (Potholes) gibt es immer; die Fahrbahnränder sind oft ausgefranst, und nach dem Winter gibt es Frostaufbrüche. Die Entfernungen sind gewaltig („No Gas, Food or Lodging next 120 km"), die Moskitoplage kann fürchterlich werden, die Einsamkeit an den Nerven zerren. Doch wenn ihr es dann geschafft und Alaska erreicht habt, könnt ihr euch wie die Autofahrer gleichfalls einen Sticker aufs Rad kleben „I drove the Alaska Highway and survived!"

Übernachten, Verpflegung

Unweit des Highways gibt es oft primitive, aber schöne **Campgrounds**. Wildes Camping ist wegen des dichten Unterholzes gar nicht so einfach, wie man es sich in solch einem riesigen und spärlich besiedeltem Land vorstellen mag, manchmal werdet ihr einige Kilometer an der grünen Waldmauer entlangradeln, ohne einen einigermaßen tauglichen Platz für euer Zelt zu finden. Heißes Duschen ist meist nur auf privaten Campgrounds möglich. Nachschub an Verpflegung gibt es bei Tankstellen (nur sehr wenige Dinge) und in kleinen Läden, deren Angebot nicht billig ist bzw. das immer teurer wird, je weiter man nach Norden vorstößt (für kleinere Läden genügend Bar-Dollars dabeihaben). Besonders beliebt bei Alaska-Bikern sind die Cafés mit Selbstgebackenem. Gut bestückte Supermärkte gibt es in Fort Nelson, Watson Lake und Whitehorse, dort auch Bike Shops mit mäßiger Auswahl (Verschleißteile mitführen!). Die Post befindet sich in kleineren Orten oft im „General Store". Vergesst nicht Schnur und Angelhaken (vorher eine – leicht erhältliche – Fishing License besorgen), die Chance eines Fangs in den Flüssen ist groß.

Route

Von Banff und Jasper fährt man nach Prince George, dann auf dem John Hart Highway (Hwy. 97) nach **Dawson Creek**, dem Startpunkt der ALCAN („Mile 0"). Nach Fort Nelson kommt **Watson Lake**, wo der berühmte Signpost Forest (Schilderwald) steht, an dem sich ALCAN-Reisende mit Autonummernschildern und ganzen Ortstafeln verewigt haben (Frage von Helmut: Hängt mein Schild LB-PA 506 noch dort ...?). Von Watson Lake zweigt nach Norden der unasphaltierte Campbell Highway ab (alle Straßenverbindungen im Nordwesten Canadas und in Alaska haben Namen statt Nummern). Wer diesen nördlichen Bogen über Carmacks und die alte, geschichtsträchtige Goldgräberstadt **Dawson City** *(www.dawsoncity.ca)* am Klondike River wählt, muss sich bis Carmacks auf einen recht rauhen Oberflächenbelag einstellen, der oft konzentriertes und ermüdendes Manövrieren erfordert. Bei Regen gibt es jede Menge Pfützen und Schlamm, seid dann besonders vorsichtig bei Abfahrten!

In Upper Liard, ca. 30 km westlich von Watson Lake, führt der in Teilstücken unasphaltierte Cassiar-Stewart-Hwy. Richtung Süden nach Stewart bzw. nach Prince Rupert mit Anschluss an die Fähren des AMHS respektive der B.C. Ferries, eine gute Alternative für Alaskaradler auf dem Weg Richtung Süden, um die eher eintönigen Strecken des ALCAN hinter Watson Lake zu umfahren. Auf dieser recht einsamen Strecke sind viele Logging Trucks mit eingebauter Vorfahrt unterwegs!

In **Whitehorse** (ca. 25.000 Einwohner, *www.visitwhitehorse.com*), das während des Goldrauschs um 1896 der Endpunkt für eine Eisenbahnlinie vom Hafen Skagway war, zweigt eine Straße Richtung Süden nach Skagway ab, eine andere Richtung Norden nach Carmacks (und weiter nach Dawson City – die bessere Verbindung zur einstigen Boomtown), der Klondike Highway. In Whitehorse gibt es dann wieder Nachschub an allem, z.B. auch noch Karten und Bücher für das Yukon Territory oder Alaska. Apropos: Die Geschichte des Yukon und des Goldrauschs *(http://de.wikipedia.org/wiki/Klondike-Goldrausch)* ist hochinteressant – den Abstecher nach Dawson City sollte kein Alaska-Radler versäumen!

Der Alaska Highway verläuft dann von Whitehorse weiter über Haines Junction (wo man bei seiner Rückreise von Alaska direkt zum Fährhafen Haines fahren kann), vorbei am Kluane National Park bis zur Grenze von Alaska. Interessant wäre auch die landschaftlich wunderschöne Rundtour über den Haines-Skagway-Loop: ab Whitehorse auf dem Klondike Hwy. bis Skagway, kurze Fährfahrt nach Haines und auf der Haines Rd. an den St. Elias Mountains entlang zurück zum Alaska Hwy. bei Haines Junction.

Auf dem ALCAN

Je weiter man nach Norden kommt, desto länger werden die Tage, doch desto größer auch die Hilfs- und Gastfreundschaft der (wenigen) Leute, die in der Nähe des ALCAN in irgendwelchen einsamen Blockhütten leben. Seit die Straße durchgehend asphaltiert ist, hat der Touristen- und der Autostrom nach Norden zugenommen; ihr könnt besonders viele Rentner in ihren Riesen-Wohnmobilen treffen, die noch einmal Pionierzeit spielen. Von Anglern kann man auf den Campgrounds manchmal Fische (Lachse!) bekommen, oder man wird zum leckeren Fischgrillen eingeladen.

Wem die Fahrt nach Alaska zu lange dauert, der kann außer der Fährschiff-Benutzung auch Greyhound-Busse in seine Reise mit einbauen (*www.greyhound.ca* bzw. *www.greyhound.com*). Sie verkehren dreimal wöchentlich von Calgary und Edmonton über Watson Lake nach Whitehorse und auch weiter nach Dawson City. Das Bike muss dann aber verpackt und angemeldet sein. Auch die Kleinbusse von Alaska Trails *(www.alaskashuttle.com)* nehmen bei Voranmeldung Räder mit. Dann gibt es noch (teure) Flüge zwischen Vancouver und Whitehorse, im Sommer sogar Direktflüge aus Europa nach Whitehorse (s. Seite 176).

Literatur, Internet

Es könnte hier noch viel geschrieben und gesagt werden, doch besser ist es, ihr legt auch bei einer Alaska-Highway-Fahrt das Heft „**North Star Bicycle Route**" der ACA *(www.adventurecycling.org)* zu. Auf 24 Seiten – es ist also gut zu transportieren – wird darin die Route von Missoula/Montana (dem Sitz der ACA) bis nach Anchorage genau beschrieben – Strecke, Campingplätze, Sehenswertes, Versorgungsmöglichkeiten, Kilometerangaben etc. Eigentlich unverzichtbar für Alaska-Highway-Radler, wenn man vorher genau wissen will, was einen erwartet. Sehr gut auch der leider nur noch antiquarisch erhältliche „Alaska Bicycle Touring Guide" von 1992, vielleicht bis heute das beste Alaska-Radbuch überhaupt, mit Alaska- und Klondike-Highway-Beschreibung ab Whitehorse. Darin sind auch die weiteren Highways im Yukon- und im Northwest-Territory speziell für Radler beschrieben. Eine interessante Lektüre auch zum ALCAN ist noch das im nächsten Kapitel bei „Bücher und Karten" erwähnte Buch „Mit dem Fahrrad durch Alaska".

Sehr gut, wenn auch nicht direkt für Radler verfasst, ist der altbewährte „**Milepost**" *(www.themilepost.com)*, ein alljährlich neu aufgelegtes Logbuch für sämtlich Straßen des Nordens (gibt es auch in großen deutschen Buchhandlungen). Daraus lassen sich zahlreiche Informationen entnehmen – leider ist der Milepost aber so dick wie ein Telefonbuch und voller Werbung. Am besten reißt ihr die interessanten Seiten heraus und verwendet den Rest zum Anzünden des abendlichen Lagerfeuers … Auf der genannten Website gibt es aber sehr gute Online-Infos, z.B. einen genauen Mileage Log, perfekt gleich mit einigen eingearbeiteten Links.

Internet-Infos: Wie gesagt: *www.themilepost.com* – sicher die beste Vorab-Infoquelle. Gleichfalls den exakten Verlauf des Alaska Highways mit km-Angaben und Links zu allen wichtigen Orten, jedoch auf Deutsch, dazu einen interessanten Abriss seiner Baugeschichte gibt's bei Wikipedia (*http://de.wikipedia.org/wiki/Alaska_Highway*), sehr empfehlenswert! Eine weitere deutschsprachige Seite mir etlichen guten Links ist *www.alaskahighway.de*, nicht nur zum ALCAN. Offizielle Homepage des Yukon Department of Tourism: *www.touryukon.com*, mit vielen kommerzielle Links zu Campgrounds, Tourveranstaltern usw. Auf „The Gateway to Yukon On-line" (*www.yukonweb.com*) erfahrt ihr alles zu aktuellen Events im Yukon Territory.

3. Alaska

Ein Name, der nach Abenteuer schmeckt, nach bärtigen Holzhackern, Freiheit, Bären, Goldsuche … Wer nach dem Alaska-Highway endlich hier ankommt, trifft wieder auf die USA: Gutes Straßennetz (okay, hauptsächlich im Kernland), Supermärkte, American Way of Life in den Städten mit vielen Schwarzen, die gar nicht so richtig ins Bild des hohen Nordens reinpassen wollen.

Reisezeit

Der Juni hat die längsten Tage, d.h., es wird kaum dunkel, und wer diese Stimmung zum ersten Mal erlebt, der wird sie auch kaum wieder vergessen. Die meisten Moskitos schwirren aber auch um diese Zeit, im Herbst fliegen dann ein paar weniger. Ab September fällt der erste Schnee und Nachtfröste sind die Regel. Dafür sind die Chancen größer, die fantastischen Nordlichter zu erleben. **Juli und August** sind die besten Alaska-Reisemonate.

Übernachten, Verpflegung

Im Sommer sind manche Campingplätze voll, aber Alaska ist ja groß genug zum Zelten … Das Bureau of Land Management (Alaska State Office) hat eine Karte mit allen öffentlichen Campgrounds ins Web gestellt, s. über *www.blm.gov/ak*. Auch bei den Streckenbeschreibungen im „Milepost" sind Campgrounds aufgeführt. In allen größeren Orten warten auch (teure) Motels, Hostels (s. *www.hostels.com*) und Jugendherbergen (*www.hihostels.com*) auf müde Radlerwaden.

Supermärkte gibt es in größeren Orten, aber auch kleine Läden sind meist gut sortiert und führen z.B. dehydrierte Lebensmittel für die obligate Notration. An den Highways gibt es **Roadhouses** und Trading Posts, oft aber in großen Abständen – sie stehen alle im „Milepost". Unschätzbar wertvoll zur Vorplanung sind die genauen Infos und Mileage Logs auf *www.themilepost.com* – zu allen Highways dort oben.

Gas, Food and Lodging. In der Boundary Lodge

Straßen und Ausrüstung

Radfahren ist auf allen Straßen erlaubt, mit Ausnahme um Fairbanks, wo es aber Bike Roads gibt. Die Hauptstraßen sind asphaltiert, der Straßenbelag ist aber oft nach den harten Wintern aufgebrochen, wellig und schartig, irgendwo wird immer repariert, und ihr müsst staubige Detours oder One Way Traffic in Kauf nehmen. Über Großbaustellen werden Biker manchmal mit einem Pickup transportiert, dem „Pilot Car", der die wartende Autoschlange anführt.

Der Alaska Hwy. wird auch im Winter freigehalten, aber da sind höchstens Biker mit Spikes-Reifen und Eisbärenblut auf der Piste. Nebenstrecken wie der Denali Hwy. und Stichstraßen in den hohen Norden (Dalton Hwy.) sind ganz überwiegend nur **Schotterpisten** mit teils miserablem Belag und Wellblechabschnitten; nach Regen versinkt ihr im knöcheltiefen Morast und Schneefälle im Winter machen sie dann vollends unpassierbar.

Unbedingt Wert legen solltet ihr auf ein Zelt mit feinem **Moskitonetz**, eventuell leistet auch ein Kopfschutz aus Moskitonetz gute Dienste. In Alaska werden Moskitoblocker mit 100%igem Wirkstoff verkauft (normal sind max. 20%), die wirken garantiert, aber eure Haut leidet schon nach wenigen Tagen und alle Kunststoffgegenstände (Klamotten, Kugelschreiber, Zelt) werden von dem aggressiven Mittel angegriffen. Besser, ihr baut euer Zelt vor der Dämmerung auf …

Gefahren

Oberflächenwasser aus Seen und Bächen wegen der **Giardia-Gefahr** immer filtern oder abkochen! Nicht zu unterschätzen ist die Gefahr durch **Bären** (s. dazu auf Seite 179). Also, Lebensmittel und Kosmetika mit der Bärenleine in einen Baum! Die Ranger in den Visitor Centers werden euch gerne erklären, wie Meister Petz garantiert nicht an den wertvollen Inhalt eurer Packtaschen kommt – und euch nicht gefährdet.

Transport und Verkehr

Während der Touristen-Hochsaison und der Sommermonate (so etwa ab Mitte Mai) gibt es viele Bus-, Bahn-, Schiffs- und Flugverbindungen. Abgelegenere Ziele werdet ihr aber nur mit eigener Muskelkraft oder einem Buschflieger erreichen können. Regelmäßige **Busverbindungen** bestehen auf dem George Parks Hwy. (Anchorage – Fairbanks), Richardson Hwy. (Fairbanks – Valdez), Glenn Hwy. (Anchorage – Glennallen), Sterling Hwy. (Anchorage – Homer bzw. Seward) und Top of the World Hwy. (Fairbanks – Tok – Dawson City). Fahrpläne, Routen, Preise und Reservierungen z.B. unter *www.alaskashuttle.com* und *www.alaskatravel.com/bus-lines*. Radmitnahme nach Voranmeldung meist möglich, aber nicht billig. Die **„Alaska Railroad"** (*www.akrr.com*, oder s. auch *www.alaskatravel.com/alaska-railroad*) bedient täglich drei Strecken: Denali Star (Anchorage – Fairbanks), Coastal Classic (Anchorage – Seward) und Glacier Discovery (Anchorage – Whittier). Radtransport Ende 2009 (verpackt) 20 US$. Buschflieger (selbst die kleinsten) listet die Website *www.flyalaska.net*.

Wer von Alaska gleich heimfliegen will: British Airways und Air France fliegen von Anchorage nach London und Paris, United und American Airlines (in Verbindung mit Alaska Airlines) nach Deutschland. Wer direkt nach Alaska will: Wöchentlich gibt es einen Charter mit Condor von Frankfurt/M nach Anchorage und Fairbanks (*www.condor.com*).

Sehenswertes

Denali National Park: Alle Alaskafahrer wollen den Mount McKinley sehen, mit über 6000 m der höchste Berg Nordamerikas, die Hauptattraktion im Denali NP (*www.nps.gov/dena/index.htm*). Um ihn zu sehen braucht es etwas Glück; meist ist er hinter Wolken versteckt. Doch der Park mit seiner Tundralandschaft, seinen Blumen und Bergen ist wunderschön, zumindest wenn die Sonne scheint oder es nicht regnet. Die bis auf die ersten 25 km unasphaltierte Strecke vom Parkeingang bis zum Wonder Lake am westlichen Ende ist 145 km lang (mehrere Pässe, 1300 m hoch). Man kann auch in einen Shuttle Bus einsteigen, sicher angesichts der vielen Bären im Park nicht die schlechteste Idee, und so zumindest eine Wegstrecke zurücklegen.

Weitere Auskünfte im Visitor Center beim Parkeingang. Hier müsst ihr auch alle Zeltplätze im Voraus buchen und bezahlen, ohne Zelterlaubnis ist Radfahren im Denali NP nicht möglich (Zeltplatz- und Bussitzplatzreservierung kann man auch von Anchorage oder Fairbanks aus vornehmen). Wegen des hohen Touri-Andrangs ist meist mit einem oder zwei Tagen Wartezeit zu rechnen, an Ferien-Wochenenden auch länger! Am Wonder Lake sollte man einige Tage bleiben, bei gutem Wetter ist es dort sehr schön.

Anreise auf dem George Parks Highway rund 380 km von Anchorage und rund 200 km von Fairbanks. Abenteuerlicher auf dem geschotterten Denali Hwy. von Paxson nach Cantwell (215 km). Daneben fährt im Sommer täglich ein Shuttle Bus von Anchorage und Fairbanks (*www.alaskashuttle.com*). Auch der „Denali Star" der Alaska Railroad (*www.akrr.com*) hält am Eingang des Denali NP; Radtransport ist möglich. Weitere gute Park-Infos: *www.denali.national-park.com*.

Halbinsel Kenai: Das beliebteste Ausflugziel der Alaskaner ist im Süden die Halbinsel Kenai, wo Lachse zuhauf gefangen werden und wo viele Elche leben (gute Info mit Links: *http://de.wikipedia.org/wiki/Kenai-Halbinsel*). Anfahrt von Anchorage (in dessen Nähe das gleichfalls besuchenswerte, fruchtbare Matanuska Valley liegt), auf dem Seward- und Sterling Hwy. nach Homer. Kleinere Groceries und Cafés am Weg, in Homer auch Supermärkte und Bikeshops. Distanz 420 km. Auch die Alaska Railroad fährt die Strecke.

Statt von Homer auf dem selben Weg wieder zurückzuradeln empfiehlt es sich, das Schiff nach Seward zu besteigen und den Seward Hwy. nach Anchorage unter die Räder zu nehmen. Versäumt dabei nicht die Stichpiste von Portage zum gleichnamigen Gletscher! Hier auch einige Campgrounds. Von Portage aus erreicht man auch per Stichstraße (oder mit der Bahn) Whittier, den Haupt-Fährhafen für Fahrten durch den Prince William Sound nach Cordova und Valdez. Die Fahrt mit der **Alaska Ferry** (*www.dot.state.ak.us/amhs/index.shtml*) ist lohnend, denn ihr gleitet an den Eisschollen des nahen Columbia Glacier vorbei. Aber wahrscheinlich regnet es eh' ... Von Valdez könnte man dann über den Richardson Hwy. und den Glenn Hwy. nach Anchorage zurückradeln (480 km), eine schöne Runde.

Fährschiffe verkehren auch von Valdez, Homer und Seward zum Kodiak Island und seinen ca. 100 km unasphaltierten Pisten. Sehr lohnenswert ist auch ein Besuch des Katmai National Parks (*www.nps.gov/katm/index.htm*), denn dort kann man bei den Brooks-Wasserfällen Grizzly-Bären beim Lachsfang beobachten. Auch das Valley of 10.000 Smokes ist dort eine Attraktion. Am besten nimmt man zum Katmai NP ein Flugzeug von Anchorage (Radmitnahme möglich).

Prudhoe Bay: Wer nun vollends ans Ende der Welt will, pedalt von Fairbanks 850 km auf dem (ab km 65 unasphaltierten) Dalton Highway bis nach Deadhorse an der Prudhoe Bay, da wo die riesigen Ölfelder der Beaufort-See liegen und von wo die Öl-Pipeline quer durch Alaska nach Süden zum Hafen Valdez verläuft. Dann ist aber endgültig Schluss! Feuerland-Alaska Fahrer haben es nun endgültig geschafft – Glückwunsch!

Ein Permit für die zweite Hälfte der Straße wie in früheren Zeiten braucht man nun nicht mehr, und der Touristenverkehr hat beträchtlich zugenommen. Die Fahrt auf dem Dalton Highway muss jedoch immer noch gut geplant werden; es gibt nur wenig Nachschubmöglichkeiten (Yukon River Crossing, km 220 und Coldfoot, km 420) und schon gar keine Bikeshops, dazu sind einige recht steile Steigungen zu bewältigen. Und es ist kalt und windig! In Deadhorse eine Handvoll teurer Motels. Die letzten Kilometer bis zum Eismeer sind nur mit organisierten Touren machbar, denn auf dem Arco-Ölfeld dürfen keine Einzeltouristen mehr das Gelände betreten. Informiert euch gut über diesen Abenteuer-Highway (*www.themilepost.com*); es gibt auch Karten.

Literatur, Karten, Internet

Das beste Buch, um in Alaska mit dem Rad herumzukurven, ist der schon erwähnte „Alaska Bicycle Touring Guide" und das beste Kartenwerk der „Alaska Atlas and Gazetteer" von DeLorme. Als Ergänzung zum Touring Guide oder zum Milepost reicht auch eine preiswerte Autokarte (von Rand McNally, Gousha u.a.) oder die AAA-Karte. **Reiseführer:** Wagner/Grundmann: „Kanada, der ganze Westen mit Alaska", Reise Know-How. Ein schönes Buch (um sich vor der Reise ein bisschen einzulesen) ist auch „Alaska und Kanadas Yukon" von Wolfgang R. Weber, Vista Point. Ansonsten gibt es meterweise Alaska-Führer in jeder Buchhandlung. Ein spannendes **Rad-Erlebnisbuch** mit vielen praktischen Reisetips (und speziellem „Bärenkapitel") gibt es von dem bekannten Tourenradler Christian E. Hannig: „Mit dem Fahrrad durch Alaska", National Geographic (Frederking & Thaler). Jeder, der sich mit dem Rad nach Alaska oder ins canadische Yukon-Territory aufmacht, sollte es lesen. **Internet-Infos:** Die wichtigsten Websites sind schon im Text genannt. Gut ist auch (wie immer) das Alaska-Kapitel von Wikipedia (*http://de.wikipedia.org/wiki/Alaska*), z.B. mit Klimadiagrammen, Links zu den einzelnen Nationalparks u.v.m. Viele Infos auch auf *www.alaska-info.de* und *www.travelalaska.com*, der offiziellen Tourismus-Website; dort findet ihr auch die Webadressen aller Convention & Visitors Bureaus in Alaska. Auf der Homepage des „Arctic Bicycle Club" in Anchorage (*www.arcticbike.org*) gibt's Tourentermine, Bikeshop-Adressen, Links und mehr. Das Department of Transportation (*www.dot.state.ak.us*) hat auch Bike Maps zum Herunterladen und eine Menge brauchbare Links. Einen Blick wert sind auch die Seiten der Tourveranstalter Alaskabike (*www.alaskabike.com*) und Sockeye Cycle Co. (*www.cyclealaska.com*).

4. Canadas Mitte und Osten [PR]

Die Prärie

Nach der Überquerung der Rocky Mountains verändert sich die Landschaft in Richtung Osten schlagartig. Von Edmonton (Alberta) über Saskatoon (Saskatchewan) bis Winnipeg (Manitoba) erheben sich keine nennenswerten Hügelzüge mehr. Das Land ist topfeben – Prärie eben – und beeindruckt durch seine unendliche Weite. Mit Unterstützung des (na gut, meistens) blasenden Westwinds kann man große Tages-Etappen zurücklegen, was nach den vielen Höhenmetern in Westcanada eine willkommene Erleichterung ist. Außer in Manitoba bieten die Straßen meist breite Seitenstreifen, auf denen man auch in verkehrsreicheren Gegenden relativ sicher dahinradelt. Wegen des Verkehrs eher nicht zu empfehlen ist der Trans Canada Hwy., der zudem auch ziemlich konsequent die in der Prärie ohnehin spärlichen Parks links liegen lässt. Die Paralellstraßen sind fast ebenso direkt und deutlich weniger befahren.

Durch die Prärie. Vor Biggar, Saskatchewan

Wenn ihr es nicht darauf anlegt, möglichst schnell durch Canada zu fahren, sondern euch die Zeit nehmt, ab und zu mal nach rechts und links zu schauen und in kleinen Ortschaften Halt zu machen, dann werdet ihr euch auch in den Präriestaaten nicht langweilen. Eigentlich ist das der absolut typische Teil dieses Riesenlandes … Pascal und Rebecca. „Nicht missen möchten wir zudem die vielen originellen ‚Sehenswürdigkeiten' , welche sich die kleinen Nester ausdenken, um die seltenen Touristen geradezu zu einem Halt zu zwingen – als Beispiele seien genannt ‚The Happy Rock' (ein fröhlicher künstlicher Felsbrocken) in Gladstone (Manitoba), ‚Arthur the Bull' (ein überdimensionierter Stier) in Russell oder auch Canadas größter Hundeknochen (in dem praktischerweise auch gleich die Touristeninformation eingerichtet wurde) in Macklin (Saskatchewan). Ein Foto sind sie allemal wert."

Ein **Routenvorschlag** für den Weg nach Westen: Edmonton (AB) – Holden – Irma (Hwy. 14) – Hardisty (Hwy. 881) – Provost – Macklin (SK) – Unity – Wilkie – Biggar – Saskatoon (Hwy. 14) – Clavet – Lanigan – Wynyard – Foam Lake – Yorkton – Langenburg – Russell (MT) – Shoal Lake – Minnedosa – Neepawa – Portage la Prarie (Hwy. 16) – Winnipeg (Zeitbedarf ca. zwei Wochen).

Campieren ist unterwegs kein Problem. Auch die kleinsten Orte verfügen über Plätze zum Zelten, die oft neben Sportanlagen liegen und dadurch auch Duschmöglichkeiten bieten. Die Campinggebühr wird teilweise mittels Self Registration entrichtet und ist in der Prärie durchwegs budgetschonend. Wer kein Zelt dabei hat oder Hotelübernachtungen vorzieht, muss ab und zu mal längere Distanzen zurücklegen bis zur nächsten Unterkunft. Die Verpflegung ist dank der verbreiteten Tankstellen-Shops auch auf einsameren Strecken problemlos, wenngleich das Sortiment meist etwas eingeschränkt ist.

Karten und Campingführer gibt's kostenlos an den Tourist Informations beim Überqueren der Provinzgrenzen. Zwei brauchbare Links: *www.saskcycling.ca* (Saskatchewan Cycling Association) und *www.cycling.mb.ca* (Manitoba Cycling Association).

Ontario

Östlich von Winnipeg beginnt mit dem „Canadian Shield" ein für den West-Ost-Radler neuer, jedoch weite Teile Nordamerikas prägender Landschaftstyp. Der canadische Schild besteht aus z.T. mehrere Millionen Jahre altem Gestein, ist felsig und von unzähligen kleinen Seen zerfurcht – nicht umsonst bezeichnen die Einwohner von Ontario die Mücke spaßeshalber als ihr Wappentier. Der Lake of the Woods gleich bei Kenora ist mit seinen unzähligen bewaldeten Inseln ein beliebtes Ausflugs- und Ferienziel. Und dann ist man schon bald in der **Region der Großen Seen**, einer der am dichtesten besiedelten Gegenden ganz Canadas, ja sogar des gesamten nordamerikanischen Halbkontinents. Radeln außerhalb der Ballungsräume ist dort aber problemloser als zunächst gedacht, es braucht nur eine gute Detailkarte, um die verkehrsärmeren Nebenstraßen zu finden.

Südlich von Kenora hat man die Möglichkeit, einen Abstecher in die USA zu machen und der einfacheren, aber landschaftlich weniger spektakulären Route entland des Südufers des Lake Superiors nach Sault Ste. Marie zu folgen (auch ACA-Routen gibt es, s. auch Seite 141). Wer über genügend Zeit- und Energiereserven verfügt, bleibt aber besser in Canada und radelt am Nordufer dieses zweitgrößten Binnengewässers der Erde entlang. Die Strecke ist kaum jemals flach und die Steigungen sind oft lang und steil; für die Anstrengungen wird man jedoch durch die fantastischen Ausblicke über den See (der ebenso gut mit einem Meer verwechselt werden könnte) entschädigt.

Unterkünfte und Verpflegungsmöglichkeiten (Tankstellen) entlang der Route sind eher spärlich und zudem oftmals nicht mehr in Betrieb. Eine flexible Tagesplanung ist daher nur möglich, wenn man mit Zelt und mit Vorräten für wenigstens zwei Tage reist. Spätestens ab **Sault Ste. Marie** aber ist „Food and Lodging" kein Problem mehr. Sehr empfehlenswert ist das Gratis-Camping beim Fahrradladen „Velorution" (*www.velorution.ca*), einer der bekanntesten Tourer-Treffpunkte Canadas, wo man wertvolle Routen- und sonstige Tipps austauschen kann.

Eine gute Alternative zur stark befahrenen Straße von Sault Ste. Marie nach Sudbury und North Bay wäre von Espanola über den Hwy. 6 nach Manitoulin Island, mit der Fähre nach Tobermory und weiter nach Owen Sound. Von dort kann man entweder auf direktem Weg nach Toronto radeln oder, wenn man auf seinem Weg nach Osten die Ballungszentren um die größte Stadt Canadas umgehen möchte, problemlos auf verkehrsarmen und landschaftlich reizvollen Nebenstraßen die Hauptstadt **Ottawa** ansteuern. Wie viele canadischen Großstädte hat auch Ottawa ein gutes Radverkehrsnetz; die letzten 20 km bis ins Zentrum kann man gar vollständig auf Radwegen am Ottawa River entlang zurücklegen. Für kulturell Interessierte bietet Ottawa einige Sehenswürdigkeiten wie etwa den Parliament Hill (Regierungsgebäude im englischen Stil, Wachablösung der RCMP, der Royal Canadian Mounted Police) oder das Canadian Museum of Civilization, das meistbesuchte Museum des Landes. Mehr s. unter *www.ottawa.ca*.

Routenvorschlag: Winnipeg (MT) – West Hawk Lake (Hwy. 15) – Kenora (Hwy. 17) – Emo (Hwy. 71) – Fort Frances – Thunder Bay (Hwy. 11) – Nipigon – Terrace Bay – Marathon – White River – Wawa – Sault Ste. Marie – Thessalon – Espanola (Hwy. 17) – South Baymouth (Hwy. 6) – Fähre (ca. 2h) nach Tobermory – Owen Sound (Hwy. 6 und 17) – Collingwood – Wasaga Beach (Hwy. 26) – Orillia (Hwy. 92, 19, 12) – Sebright – Uphill – Kinmount (Hwy. 45) – Tory Hill (Hwy. 503) – Bancroft (Hwy. 118) – Denbigh – Griffith (Hwy. 28) – Calabogie – Arnprior (Hwy. 71, 65, 508) – Ottawa (Zeitbedarf ca. 3-4 Wochen).

Ostcanada-Runde

Toronto bietet sich wegen der vielen und günstigen Transatlantikflüge sehr gut als Startpunkt für eine Ostcanada-Tour an, ggf. unter Einbeziehung der US-amerikanischen Neuengland-Staaten. Und die Niagara Falls liegen quasi gleich um die Ecke. Auch gilt Toronto mit Recht (neben Vancouver) als interessanteste Stadt Canadas, ist sehr kosmopolitisch und hat gleichfalls ein gutes Radroutennetz. Mehr unter *www.toronto.ca* (mit Rubrik „Cycling") und *www.toronto.com*.

Routenvorschlag: Toronto – Peterborough – Smith Falls – Ottawa – Hull – Montréal – Massena (USA) – Rochester – Niagara Falls – Toronto; Distanz ca. 1500 km. Dabei kann man teilweise auf den Thousand Islands Parkway zurückgreifen (siehe z.B. *www.visit1000islands.com*), am Südufer von St.-Lorenz-Strom und Lake Ontario auf den Seaway Trail (*www.seawaytrail.com* – „a signed, scenic Byway"). Empfehlenswert dazu das Cyclotour-Guidebook "Round Lake Ontario" (dieses und andere Radführer aus der Seen-Region s. unter *www.cyclotour.com*). Ein weiterer Routenvorschlag, der Toronto und die Niagara-Fälle mit einbezieht, steht im USA-Kapitel auf Seite 170.

Die **Niagara Falls** (*www.niagarafalls.ca*), eine der Hauptattraktionen Canadas und der USA, sind demententsprechend stark überlaufen, lohnen aber allemal den Trip. Nach der Besichtigung der Bridal Veil Falls auf amerikanischer Seite und einem Fußmarsch zur Goat Island unbedingt die Maid-of-the-Mist-Bootstour in die Gischt hinein machen! Auf dem Queen Elizabeth Way zurück nach Toronto.

Québec

Eine Brücke verbindet Ottawa mit der Schwesterstadt Gatineau in Québec, der einzigen rein französischsprachigen Provinz Canadas. Die Route über **Montréal** (nach Paris zweitgrößte französischsprachige Stadt der Welt, s. *www.ville.montreal.qc.ca*) nach Québec mag auf den ersten Blick aufgrund der starken Besiedlung aus Radlersicht wenig attraktiv erscheinen, doch die Provinz Québec hat mit der mehrfach ausgezeichneten „Route Verte" (*www.routeverte.com*) mehr als 4000 km verbundene Radwege, die nicht nur durch die landschaftlich schönsten Gebiete, sondern auch problemlos durch die Großstädte führen. Der Route-Verte-Radführer (französische Version bestellbar über die genannte Homepage, englische Version „Cycling in Quebec: Official Guide" über Vélo Québec: *www.velo.qc.ca*) ist ein Muss, zumal er gleichzeitig auch Adressen von radfreundlichen Unterkünften enthält. Übrigens gibt es in Québec auch wieder den in der Mitte Canadas vermissten Trans Canada Trail: Er verläuft hier ausschließlich über die Route Verte.

Nach dem Besuch der sehenswerten, wenn auch sehr touristischen Altstadt von **Québec** (ein kleines Stück Frankreich mit Bistros und Crêperies fernab von Europa, s. z.B. unter *www.bonjourquebec.com*) geht es weiter am Südufer des mächtigen St.-Lorenz-Stroms bis zur Gaspé-Halbinsel. Die kleinen, schmucken, mit vielen Blumen dekorierten Ortschaften erinnern an die französische Abstammung der Bewohner und unterscheiden sich angenehm von den typisch nordamerikanischen Orten der übrigen Landesteile. Die Umrundung der Gaspé-Halbinsel ist ein Geheimtipp (auch für einen Kurzurlaub): Wenig befahrene Straßen, attraktive Orte, Buchten, in denen man mit etwas Glück vom Rad aus Wale beobachten kann, aber auch viel Auf und Ab (die Anstiege gehören hier in die Kategorie „kurz und knackig") garantieren eine abwechslungsreiche Tour.

Routenvorschlag: Ottawa – Montréal – Trois Rivières – Québec – Rivière-du-Loup – Rimouski – Gaspé – Campbellton (NB). Zeitbedarf: ca. 2-3 Wochen. Eine kürzere Alternativroute führt kurz hinter Rimouski direkt nach Campbellton.

Das Nordufer des St.-Lorenz-Stroms (Hwy. 138) ist ab Québec ziemlich gebirgig. In St. Siméon kann man den kilometerbreiten Strom Richtung USA auf einer Fähre überqueren. Egal wie: Von Rivière-du-Loup hat man über den Hwy. 185 Anschluss an die Neuengland-Staaten (Maine). Alternativ könnte man von Montréal aus am Lake Champlain entlang direkt Vermont ansteuern.

Literatur, Internet

Wie schon erwähnt gibt der Verlag „Cyclotour Guide Books" (*www.cyclotour.com*) etliche gute Ostcanada-**Radführer** heraus – ein Blick auf die Website lohnt sich. Bei der Canadian Cycling Association (*www.canadian-cycling.com*) oder vor Ort in den Bike-/Bookshops in Toronto, Montréal und Québec sind weitere Radbücher und auch -karten erhältlich. Gute **allgemeine Reiseführer** sind etwa „Kanada Osten/USA Nordosten" von Berghahn, Grundmann u.a., Reise Know-How, oder „Kanada-Osten" von Leonie Senne, Verlag Iwanowski (und etliche andere mehr). **Internet-Infos** außer den im Text genannten: Ontario hat seinen Web-Auftritt unter *www.ontariotravel.net*. Wer mal sein Fahrrad gegen ein Kanu eintauschen möchte, findet auf der Website *www.paddlingontario.com* viele Tipps und Routenvorschläge. Die Ontario Cycling Association erreicht man unter *www.ontariocycling.org*, die Fédération Québécoise des Sports Cyclistes unter *www.fqsc.net* und Vélo Québec (La Maison des Cyclistes) unter *www.velo.qc.ca*. Und auf seiner Homepage *www.hedney.com/bike.htm* stellt Brian Hedney einige interessante Touren detailliert vor, u.a. die Strecken von Toronto nach Ottawa und von Toronto nach Montréal.

5. Maritimes [PR]

Canadas östlichste Atlantik-Provinzen bzw. -Inseln, nämlich New Brunswick, Nova Scotia, Newfoundland und Prince Edward Island (PEI) sind eine Art Geheimtipp für Radfahrten in Canada. Dort locken Fischerdörfer, Leuchttürme, wilde Küsten, ein reiches Vogelleben, rauhe Einsamkeit. Radtouren dort sind etwas für Kenner, die sich auch nicht vom vielen Wind und den manchmal schottischen Wetterverhältnissen (Nebel) abhalten lassen. Zwischen den Inseln bestehen Fährverbindungen und erlauben **interessante Rundtouren** durch alle Provinzen. Da die Straßen generell schlechter als im restlichen Canada und viele Nebenstrecken erst gar nicht asphaltiert sind – Labrador hat z.B. ganze 65 km Asphaltstraßen –, ist ein reisetaugliches MTB keine schlechte Wahl. Verpflegung und Übernachten stellen dagegen kein Problem dar, in allen größeren Städten gibt es Supermärkte, auf dem Land gut bestückte Groceries. Doch je nach Strecke muss man schon eine oder mehrere Tagesrationen in den Packtaschen bunkern. Ein **Zelt** schafft Freiheit bei der Etappenwahl, es gibt herrliche Plätzchen in den National und Provincial Parks (*www.canadaonline.about.com/cs/parksin canada/a/exploreparkshtm*). Die Provincial Parks sind allerdings nur zur Hauptsaison (etwa Mitte April bis Anfang September, auf PEI erst ab Anfang Juni) geöffnet. Private Campgrounds haben manchmal noch etwas länger offen, manche sind aber auch „closed" oder gar „for sale". Wildes Zelten ist kein Problem, am Meer finden sich viele wildromantische Plätze. Die Leute im rauhen Osten gelten zudem als besonders herzlich – fragt ihr die Einheimischen nach einem Zeltplatz, werdet ihr oft spontan eingeladen.

New Brunswick

In New Brunswick, der einzigen offiziell zweisprachigen Provinz Canadas, kann man einem der fünf „Scenic Drives" folgen, die auf Nebenstraßen zu den landschaftlichen Highlights der Provinz führen. So lässt sich z.B. der „Acadian Coastal Drive" (von Campbellton bis Moncton) entlang der durch französische Siedler (Akadier) geprägten Atlantikküste sehr gut kombinieren mit dem „Fundy Coastal Drive" (Moncton bis Saint John) entlang der Bay of Fundy, die für den höchsten Tidenhub der Welt und einen wunderschönen Nationalpark bekannt ist. Von Saint John führt dann für Trans-Canada-Radler eine Fähre hinüber nach Digby, Nova Scotia. Velo New Brunswick Bicycling Information: *www.velo.nb.ca*.

Nova Scotia

Auf der Halbinsel Nova Scotia ist das Straßennetz recht engmaschig und gut, die Besiedlung ist dichter. Für Naturliebhaber gibt es trotzdem genügend National Parks und Bike Trails und viele Seen. Die Routenwahl hängt vom Interesse und der verfügbaren Zeit ab. Für Radler mit Ziel Newfoundland bietet sich die Route von Digby zum Kejimkujik National Park an (bekannt für seine Kajak-Touren, s. wie für alle canadischen Nationalparks unter *www.pc.gc.ca*) und weiter nach Halifax, der größten Hafenstadt an der canadischen Ostküste (wird auch von vielen europäischen Flughäfen aus angeflogen, offizielle Homepage: *www.halifax.ca*). Von dort entlang der einsamen Südostküste bis nach Port Hawkesbury.

Auf dem Cabot Trail

Ein absolutes Muss in Nova Scotia und ein Highlight jeder Canada-Durchquerung ist der **Cabot Trail** (*www.cabottrail.com*) entlang des Cape Breton National Parks. Die spektakuläre und herausfordernde Küstenstraße ist im Herbst mit den leuchtend roten Wäldern des Indian Summer besonders schön (wenngleich mit kühlem und z.T. regnerischem Wetter gerechnet werden muss). Zahlreiche Wanderwege erschließen den Park mit seinem Flickenteppich aus Wiesen, Wäldern und Sümpfen. Wegen des oft stürmischen Winds solltet ihr den Trail im Uhrzeigersinn fahren, auch wenn die Ausblicke in Gegenrichtung besser sind.

Die Kultur auf Nova Scotia wurde, wie schon der Name suggeriert, stark durch schottische Einwanderer geprägt, was sich unter anderem in der auch heute noch sehr lebendigen keltischen Musikszene zeigt. Der Besuch eines Konzerts („Ceilidh") lohnt sich allemal (das Celtic Colours Festival findet jeweils im Oktober statt – *www.celtic-colours.com*). Wer Anfang Juli in der Nähe ist: Da steigen in Antigonish die traditionellen schottischen Highland Games mit Dudelsackmusik und Baumstammwerfen – Info unter *www.antigonishhighlandgames.ca*.

Transcanada-Biker nehmen in North Sydney am Nordost-Ende der Halbinsel die Fähre nach Port-aux-Basques, Newfoundland (*www.marine-atlantic.ca*, auch Nachtfähre mit Kojen, ca. 8 h Überfahrt). Eine interessante Anfahrtsalternative für New England Biker: Von Bar Harbor, Maine, nach Yarmouth mit Amerikas schnellster Autofähre „The Cat" (*www.catferry.com*). Bicycle Nova Scotia: *www.bicycle.ns.ca*.

Prince Edward Island

Von New Brunswick und Nova Scotia gibt es eine Brücken- bzw. eine Fährverbindung nach PEI. Die bei den Einheimischen umstrittene, aber sehenswerte 13 km lange Confederation Bridge von New Brunswick über die Northumberland Strait ist für Radler gesperrt. Fragt Autofahrer wegen einer Mitfahrt oder meldet euch beim Kontrollposten wegen eines Shuttles. Einzige Fährverbindung mit Northumberland Ferries von Caribou, Nova Scotia, nach Wood Island (*www. nfl-bay.com*).

Die Prince-Edward-Insel ist ziemlich flach, durch ihre geschützte Lage wärmer als die restlichen Maritimes und ideal für Radler. Einige schöne Scenic Drives laden zu Rundtouren ein, besorgt euch im Visitor Center in Charlottetown Info-Material und Karten. Es gibt den Kings Byway Drive von Charlottetown in den Osten der Insel (325 km), den Blue Heron Drive durch das Inselzentrum (190 km) und weitere wie den Lady Slipper Drive (300 km) oder den Heritage Drive. Im Norden gibt's im Prince Edward Island NP eine Postkarten-Dünenlandschaft und 40 km Sandstrände. Cycling Prince Edward Island: *www.cpei.ca*.

Newfoundland

Auf der Insel Newfoundland endet (oder beginnt für verwegene Gegenwindradler) der Trans Canada Highway, der gleichzeitig die einzige durchgängige Verbindung vom westlichen ans östliche Ende der Insel bildet. Vom TCH führen viele Stichstraßen ans Meer und zum **Gros Morne National Park** mit erstklassigen Wanderwegen – unbestritten das schönsten Fleckchen auf Newfoundland und einer der schönsten Nationalparks Canadas.

Leider lassen sich die Stichstraßen nur mit viel Improvisationsgabe zu Rundtouren verbinden, das öffentliche Transportwesen ist lückenhaft, das Klima noch rauher als auf den übrigen Inseln mit stürmischen Südwestwinden. Rundkurse sind nur möglich auf der Avalon und Burin Peninsula sowie nördlich von Gander. Pascal und Rebecca: „Dennoch hätten wir als Transcanada-Radler die Durchquerung der rauhen und einsamem Insel mit den überaus freundlichen Menschen nicht missen wollen. Auf keinen Fall auslassen solltet ihr den Besuch des östlichsten Punktes Nordamerikas in **Cape Spear** (ca. 20 km von St. John's), der für so manchen Radler Start- oder Endpunkt seiner unvergesslichen Tour durch das zweitgrößte Land der Welt ist."

Aufgrund des rauhen Klimas in Newfoundland muss man ab September mit empfindlich kühlem Wetter und ab Oktober mit dem ersten Wintereinbruch rechnen. Zu dieser Zeit sind viele Zeltplätze bereits geschlossen und das wilde Campieren wegen des immerfeuchten Zelts (kühle Temperaturen mit hoher Luftfeuchtigkeit) nicht mehr sehr angenehm.

Zur Provinz Newfoundland gehört auch noch ein Teil der Halbinsel Labrador. Eine Fähre pendelt zwischen St. Barbe und Blanc Sablon. Aber dort oben wird wohl kaum einer radeln wollen ... Ein paar Infos finden sich trotzdem auf *www.bnl.nf.ca* (Bicycle Newfoundland and Labrador).

Welcome to Newfoundland! Der Trans Canada Trail ist fast geschafft ...

Weitere Internet-Infos

Zur Erinnerung (s. Seite 175): In den Maritimes exsitiert auch der Trans Canada Trail wieder in nennenswerten Abschnitten, wie man auf *www.canadatrails.ca/tct* sehen kann. Er hat aber bei der hier meist geringen Verkehrsdichte nicht dieselbe Bedeutung wie in Westcanada. Dann gibt es die gemeinsame „Cycling Site for Canada's Atlantic Provinces" (*www.atl-canadacycling.com*) mit vielen Links. Teilweise ganz informativ sind auch die offiziellen Homepages der Tourismusbehörden. **New Brunswick:** *www.tourismnewbrunswick.ca*. **Nova Scotia:** *www.novascotia.com*. **Prince Edward Island:** *www.tourismpei.com*. **Newfoundland:** *www.newfoundlandlabrador.com*. Sehr gut und mit viel Background: *http://en.wikipedia.org/wiki/Maritimes* (leider gibt's kein deutschsprachiges Gegenstück).

Mittel-
amerika

Gulf of Mexico
TROPIC OF CANCER
MEXICO
CIUDAD DE MEXICO
Chihuahua
Ciudad Obregón
Culiacán
Monterrey
San Luis Potosí
León
Guadalajara
Morelia
Toluca
Puebla
Orizaba
Veracruz
Acapulco
Tampico
Campeche
Mérida
Cancún
Rio Grande
Houston
San Antonio
New Orleans
Tampa
Miami
THE BAHAMAS
NASSAU
TURKS AND CAICOS UK
Greater Antil.
CUBA
LA HABANA
Pinar del Río
Matanzas
Camagüey
Bayamo
Santiago de Cuba
Cayman I. UK
JAMAICA
KINGSTON
HAITI
PORT-AU-PRINCE
DOMINICAN REPUBLIC
Sto. DOMINGO
CARIBBEAN SEA
Netherlands Antilles
BELIZE
BELMOPAN
GUATEMALA
GUATEMALA
HONDURAS
TEGUCIGALPA
EL SALVADOR
S. SALVADOR
NICARAGUA
MANAGUA
Lago de Nicaragua
COSTA RICA
SAN JOSÉ
PANAMÁ
PANAMÁ
COLOMBIA
SANTA FE DE BOGOTÁ
Barranquilla
Cartagena
Medellín
Manizales
Cali
Magdalena
Cúcuta
VENEZ.
Maracaibo
Cabimas
Mérida
San Cristóbal
Barquisimeto
0 km
300
600
900 km

Mittelamerika

Überblick, Gemeinsamkeiten

Centroamerica, Mittelamerika – strenggenommen und rein geografisch gesehen verbirgt sich dahinter die Landbrücke zwischen Nord- und Südamerika, beginnend in Südmexiko am Isthmus von Tehuantepec und endend in Panama im Dschungel des Darién Gap. Neben Mexiko, das man differenzierter betrachten muss, teilen sich sieben zum Teil winzige Staaten diese rund 545.000 Quadratkilometer, das entspricht in etwa der Fläche Frankreichs. Kein Wunder, dass dieser Sieben-Staaten-Mikrokosmos etliche **Gemeinsamkeiten** aufweist, die hier *vor* den eigentlichen Länderkapiteln abgehandelt werden sollen.

Nord- und Zentralmexiko umfasst hingegen rund 1,6 Mio. Quadratkilometer und ist damit etwa dreimal so groß wie das ganze eigentliche Mittelamerika. Auch wenn es geografisch richtiger wäre, wird wohl keiner auf die Idee kommen, Mexiko in einem Nordamerika-Kapitel zu suchen; dieses Land gehört unzweifelhaft zu Lateinamerika und wird deshalb hier unter der Rubrik Mittelamerika behandelt.

Aus geografischer Sicht muss man auch noch die Antillen zu Mittelamerika zählen. Die vielen kleinen Inseln gehören eher nicht zu den Top-Zielen für Rad-Toureros (Problem: Es gibt kaum Fähren dazwischen), aber Cuba zumindest hat es in den letzten Jahren in der Beliebtheitsskala bei pedalierenden Gringos ganz nach oben geschafft – die interessante Rum-, Zigarren- und Tourismusinsel hat zweifellos hier ein eigenes Kapitel verdient. Auch die Insel Hispaniola, die sich Haiti und die Dominikanische Republik teilen, eignet sich durchaus für eine mehrwöchige und nicht ganz alltägliche Ratour.

Keiner wird wohl auf die Idee kommen, von Europa, sagen wir mal, nach El Salvador oder Nicaragua zu fliegen und *ausschließlich* dort einen mehrwöchigen Radurlaub verbringen zu wollen. Das wäre ohnehin nur über zeitraubende Umwege möglich, denn außer Mexiko, Guatemala, Costa Rica, Cuba und der Dominikanischen Republik (und ein paar weiteren Antillen-Inseln) wird kein einziges mittelamerikanisches Land direkt von Europa aus angeflogen. Diese Länder sind auch die einzigen, die sich als Einzel-Reiseziele anbieten würden. Ansonsten bereist man am besten „Central America on a Shoestring", wie der treffende Titel eines Lonely-Planet-Reiseführers lautet. Dieser „Schnürsenkel" ist die **Panamericana**, die wohl jeder Centroamerica-Pedalero zumindest etappenweise unter die Reifen nehmen wird.

Klima, Reisezeit

Gemeinsam ist den Ländern Mittelamerikas, die sich zwischen dem 8. und 18. nördlichen Breitengrad erstrecken, noch das vom Nordostpassat beeinflusste **Klima** (Mexiko hat aufgrund seiner Größe recht unterschiedliche Klimazonen, siehe dort). Die der Karibik zugewandte Seite ist feuchtheiß; dort sind bis heute weite Gebiete unbewohnt und kaum erschlossen. Ganz anders dagegen das zentrale Hochland mit seinen angenehm warmen Temperaturen, das am dichtesten besiedelt ist. An der Pazifikküste ist es wieder heiß, aber eher trocken. Regenzeit ist von Mai bis Oktober; an der Atlantikküste kann es praktisch das ganze Jahr über regnen, vermehrt von Mai bis März, wobei es zwei Regenzeit-Spitzen gibt (Juni/Juli und November bis Januar). Die beste **Reisezeit** wäre also, abgesehen von ein paar regionalen Schwankungen, von Oktober bis April, wobei das aber beispielsweise auf einer Panamericana-Radtour eine untergeordnete Rolle spielen dürfte. Die Regenfälle sind zwar heftig, setzen meistens aber erst gegen Mittag ein und das auch oft nur stundenweise. Damit kann man sich arrangieren; man wartet dann halt von einer gemütlichen Unterkunft aus oder unter dem Blechdach einer der vielen Kneipen den Niedergang der gewaltigen Wassermassen ab. Wer mehr wissen will: *www.klimadiagramme.de/index_4.html.*

Gemeinsam ist den mittelamerikanischen Ländern leider auch noch, dass sie regelmäßig von gewaltigen **Naturkatastrophen** heimgesucht werden. Haupt-Regenzeit ist auch Hurrikan-Zeit – allen noch in Erinnerung sind beispielsweise „Mitch" und „Stan" *(www.caritas-international.de/21720.html)*, die tausende an Menschenleben forderten und wie immer gerade die ärmsten der ohnehin recht armen Länder verwüsteten. Auch verheerende Erdbeben gibt es immer wieder.

Reise- und Radführer, Karten, Internet

Die „Bibel" für alle Mittel- (und Süd-)amerikaradler ist das **Lateinamerika BikeBuch** von Thomas Schröder und Raphaela Wiegers, Reise Know-How. Der 696-Seiten-Wälzer (davon 200 Seiten über Mittelamerika mit 29 detaillierten Tourvorschlägen) lässt kaum Fragen offen, wird laufend über die Website *www.bikeamerica.de* upgedatet (LABB Update anklicken) und ist deshalb stets topaktuell. Dort findet ihr auch eine Leseprobe und das Inhaltsverzeichnis des Buchs.

Ein Standardwerk, wenngleich eher auf Rucksackreisende zugeschnitten, ist das **Central America & Mexico Handbook** aus der englischen Reihe „Footprint Publications" (*www.footprintbooks.com*). Der 1300-Seiten-Dünndruckpapier-Wälzer wird jährlich neu aufgelegt und enthält Unmengen an allgemeinen Infos wie Hotel- und Restaurantempfehlungen, Hinweise über öffentliche Verkehrsmittel, Impfbestimmungen u.v.m. Rigorose Zeitgenossen zerlegen die dicke Schwarte auch und nehmen nur die benötigten Seiten mit auf die Tour. Es gibt mittlerweile auch kleinere Bände für einzelne Länder. Ähnlich gut sind die Bücher von **Let's Go** (*www.letsgo.com*), die ebenfalls Mittelamerika komplett abdecken. Dann noch, wie oben erwähnt, von Lonely Planet: **Central America on a shoestring**. Big trips on small budgets.

Die detaillierteste **Übersichts- und Straßenkarte** von Mittelamerika (Guatemala bis Panama) ist die ITM „Central America" 1:1,1 Mio., mit Höhenreliefs. Auch von Reise Know-How gibt es eine Mittelamerika-Karte, 1:3 Mio. Eine weitere ist die Nelles-Karte „Central America" 1:1,75 Mio. Mehr dann bei den Länderkapiteln.

Zum Schluss noch eine kleine Auswahl an **Websites**, aus denen ihr euch allgemein über Mittelamerika informieren könnt (mehr dann bei den entsprechenden Ländern): Da gibt es z.B. *www.zentralamerika.com*, die sehr gute Online-Zeitung mit aktuellen Nachrichten und Länderinformationen in deutscher Sprache. Dann *www.centralamerica-tourism.com*, ebenfalls auf Deutsch, wenngleich auch mehr kommerziell orientiert. Die spanischsprachige Seite *www.visitcentroamerica.com* wurde von den Tourismusministerien der mittelamerikanischen Länder ins Leben gerufen. Eine umfangreiche Linksammlung, aufgeteilt nach den einzelnen Ländern, findet man unter *www.centroamerica.com*. Das Mittelamerika-Portal der Online-Enzyklopädie Wikipedia ist auch keine schlechte Adresse: *http://de.wikipedia.org/wiki/Portal:Mittelamerika*. Allgemeine Reiseinformationen zu allen (mittel-)amerikanischen Ländern gibt's bei *www.transamerika.org* und natürlich wie immer bei *www.auswaertiges-amt.de*.

Mexiko

I. Planung, Vorbereitung, Wissenswertes

Einführung

Mexiko ist das meistbesuchte Land Mittelamerikas. Zwischen den Karibik- und Pazifikstränden und von den Wüsten im Norden bis zur Tropenhalbinsel Yucatán erwarten euch eine Fülle abwechslungsreicher Reiseziele. Besuchenswert ist vor allem das zentrale Hochland (viele Kolonialstädte) und im Süden das Bergland von Chiapas (Land der Maya). Nordmexiko ist Durchgangsland von oder in die USA, zum Radfahren ist es nur mit Einschränkungen zu empfehlen. Wüstenliebhaber kommen auf der schmalen Baja California auf ihre Kosten.

Auf der Baja California

Geografie

Mexikos Umriss ähnelt einem Füllhorn, wobei der größere nördliche Teil von dem kleineren südlichen durch den bereits erwähnten **Isthmus von Tehuantepec** getrennt wird, eine Landenge (dort muss man sich immer auf starke Winde gefasst machen, besonders am Pazifik um die Stadt Salina Cruz). Kernstück ist das ausgedehnte **mexikanische Hochland** mit Höhen über 2500 m. Dieses Hochplateau ist jedoch keineswegs gleichförmig, sondern durch eine Vielzahl von Tälern, Becken, Gebirgszügen und Vulkanbergen sehr abwechslungsreich gegliedert. Für einen Radfahrer bedeutet das ein ständiges Bergauf und Bergab.

Das Hochland wird im Osten und Westen eingerahmt von langgezogenen, hohen Gebirgsketten, den **Sierra Madres**. Um von Landesinnern an die Küsten oder vom Meer ins Inland zu gelangen müssen die Sierras überwunden werden. Südmexiko ist unterteilt in die tropische, trockene Halbinsel **Yucatán** und in das zerklüftete Bergland von **Chiapas,** das sich nach Guatemala hin fortsetzt.

Ein- und Weiterreise, Währung

Bürger aus D, A und CH benötigen einen Reisepass und eine Touristenkarte, die im Flieger oder an der Grenze ausgegeben wird. Die Aufenthaltserlaubnis beträgt gewöhnlich 90 Tage; eine Verlängerung ist bei der Migración in allen größeren Städten möglich, aber mit bürokratischem Aufwand verbunden. Wer **über Land** nach Mexiko einreist zahlt **bei der ersten Einreise** die Einreisesteuer DNI in Höhe von rund 20 US$. Mexiko fliegen viele Airlines an, Charterflug-Destinationen sind Cancún an der Karibik und Acapulco am Pazifik. Die Weiterreise nach Süden nach Guatemala (das wesentlich billiger ist) oder nach Belize ist unproblematisch.

Achtung: Wer mit Zwischenstopp in den USA nach Mexiko fliegt, muss sich (seit 12.01.2009) dem US-amerikanischen ESTA-Verfahren unterziehen! Siehe Seite 128.

Die **Währung** Mexikos ist der Peso, Reisewährung der US-Dollar. Landesweit gibt es überall Geldautomaten, aus denen mit Kreditkarten und auch mit der EC-Maestro-Karte problemlos „nachgetankt" werden kann.

Klima, Sicherheit, Gesundheit

Beste **Reisezeit**: Mitte Oktober bis Ende März. April bis Anfang Oktober sind heißer (besonders Yucatán und Nordmexiko!). In den Wintermonaten wird es im Hochland von Chiapas sehr kühl (doch die Tage sind warm und klar), und in der Sierra Madre muss man in Hochlagen über 2000 m mit Nachtfrost rechnen.

Mexiko ist **relativ sicher** zu bereisen; Diebstahlgefahren bestehen in touristischen Orten und in deren Umgebung, oder z.B. im Gedränge der Großstädte und Märkte (Taschendiebe). Es gab aber auch schon Überfälle auf Radfahrer!

Aufpassen muss man besonders im armen, bergigen Staat Guerrero (um Acapulco herum), entlang der Straße MEX 200 südlich von Acapulco bis zum Golf von Tehuantepec, im Bergland von Chiapas (zwischen San Cristóbal und Palenque, speziell um Ocosingo) und auf den einsamen Strecken durch die Sierra Madre Occidental. Informiert euch vor Ort über die aktuelle Lage!

Es drohen in Mexiko keine besonderen Gesundheitsgefahren, jedoch wird im Süden eine Malaria-Prophylaxe empfohlen (dazu und für Impfempfehlungen siehe, auch beim restlichen Mittelamerika, wie immer bei *www.fit-for-travel.de*). Und dass der Reise-Durchfall ausgerechnet nach dem von den Spaniern unterworfenen Azteken-Herrscher „Montezumas Rache" heißt, hat natürlich auch seinen Grund – also (wie fast überall in Lateinamerika) etwas Vorsicht walten lassen.

Rad, Ausrüstung

Für Mexiko genügt ein Tourenrad mit breiten Reifen, die Schaltung sollte allerdings schon einen „Rettungsgang" für lange und steile Anstiege aufweisen. In jedem größeren Ort gibt es Radgeschäfte (Tiendas de Bicicleta oder Bicicleterías). Die in Mexiko erhältlichen Ersatzteile sind recht einfach, doch vielfältig genug für Notreparaturen aller Art. High-Tech-Ersatzteile sind rar, aber im Notfall aufzutreiben (größere Städte), US-grenznahe Händler haben natürlich ein größeres und besseres Angebot als die kleinen Tiendas in Südmexiko. Generell wird in Mexiko (wie in ganz Mittelamerika) **fast ausschließlich 26"** gefahren (MTB), 28"-Reifen oder gar Ersatz-Laufräder sind so gut wie nicht aufzutreiben (Schläuche und evtl. einen Faltreifen mitnehmen).

Wegen des oft starken Verkehrs ist ein Rückspiegel unverzichtbar. Für die tropischen Gebiete würden wir im Sommerhalbjahr ein leichtes Moskitonetz und einen Leinenschlafsack mitnehmen. Auf Kocher, Kochgeschirr und Zelt kann man im südlichen Mexiko verzichten, bei den langen Strecken auf der Baja California und in Nordmexiko aber nicht; dort ist für die nächtlichen Frosttemperaturen in den Wintermonaten auch unbedingt der dicke Schlafsack angesagt. CampingGaz-Kartuschen sind in Mexiko sehr schwer und höchstens in der Hauptstadt erhältlich (obwohl sie beispielsweise in Costa Rica ohne weiteres aufzutreiben sind). Wer aus den USA einreist, sollte sich also vorher eindecken.

In Mexiko – besonders in ländlichen Gebieten im Süden – gibt man und frau in Radlerhosen einen eher komischen Anblick ab. Besser immer eine zweite Hose bzw. einen Rock zum Überziehen bereithalten.

Übernachten

In Mexiko gibt es nicht allzuviele Campingplätze, und wenn, dann sind sie überwiegend für die Amerikaner mit ihren dicken Motorhomes konzipiert (Trailer Parks) und sehr teuer. Die meisten Plätze gibt es an der mittleren Pazifikküste zwischen Puerto Vallarta und Puerto Ángel, auf der Baja California sowie an der Karibik. Wildzelten ist nicht in jeder Region zu empfehlen, am ehesten noch auf der Baja, wo dem Rad-Tourero manchmal zwecks dünner Besiedlung auch gar nichts anderes übrigbleibt. Oft kann man auch bei Privatleuten zelten oder bei rund um die Uhr geöffneten PEMEX-Tankstellen. Und es gibt ein großes und vielfältiges Angebot an Unterkünften in allen Preisklassen, Hotels und auch preiswerte Casas de Huespedes (Gästehäuser). Mexikanische Hotels haben oft Patios (Innenhöfe), wo man mit dem Rad bis ans Zimmer vorfahren kann. Jugendherbergen bzw. Hostels gibt es gleichfalls, siehe unter *www.hostels.com*.

Verpflegung

Reichhaltiges, vielfältiges Essensangebot. Hauptnahrungsmittel sind Mais (Tortillas) und Bohnen (Frijoles), gewürzt mit Chilis und Soßen (Moles). Es gibt Loncherías, Märkte, Buden und Straßengarküchen, wo leckere Tacos, Enchiladas, Quesadillas, Burritos, Empanadas etc. angeboten werden – lasst euch vom Essen und den Früchten in Mexiko überraschen! Trinkwasser (Agua purificada) gibt es aus großen Glaskolben, die in vielen Hotels bereitstehen, oder auch als Gallonen-

Kanister zu kaufen. Probiert auch die wohlschmeckenden Licuados, Fruchtsäfte, in speziellen Milch- und Früchte-Bars.

Menschen, Kultur

Mexiko ist spanischsprechend und überwiegend katholisch. Die Mexikaner sind Mestizen aus altmexikanischen Völkern (Azteken, Maya, Zapoteken, Tolteken etc.) und Kolonial-Spaniern. Was bei uns als „Indio" oder „Indianer" bezeichnet wird, heißt in Mexiko – wie auch in Südamerika – „Indígena". Die indigene Bevölkerung Mexikos lebt hauptsächlich in den südlichen Bundesstaaten, in Oaxaca (Zapoteken, Mixteken), Chiapas (Maya) und auf der Yucatán-Halbinsel. Mexikaner sind sehr hilfsbereit, kontaktfreudig und freundlich, als Deutscher genießt man einen Sympathie-Bonus (man wird euch jedoch immer erst für einen Gringo norteamericano halten ...). Unbedingt vor der Reise etwas Spanisch lernen. Der Kauderwelsch-Sprachführer „Spanisch für Mexiko" von Reise Know-How hilft weiter.

Straßen, Verkehr

Mexikanische Autofahrer haben einen sehr schlechten Ruf. Mit ihrem **Macho-Fahrstil** sind sie eine ständige Gefahr für Radfahrer, passt bloß auf! Stellt euch also schon mal auf Auto-Überholjagden, Kurvenschneiden, Rennen etc. ein, aber auch auf die Hilfsbereitschaft bei einer evtl. Panne (die „Ángeles Verdes", die „Grünen Engel", sind Pannenwagen des mexikanischen Automobilclubs; sie fahren die Straßen ab und helfen auch liegengebliebenen Radfahrern). Vor allem an Wochenenden sind dazu noch viele Fahrer betrunken – ihr müsst also ständig auf der Hut sein.

Radwege und Radstraßen wie in den USA gibt es in Mexiko keine, auch haben die **Straßen** nur selten Standspuren bzw. Seitenstreifen. Die Beläge sind je nach Region recht unterschiedlich, von sehr gut bis sehr schlecht. Asphaltflicken, Schotter in Kurven und Schlaglöcher sind an der Tagesordnung. Besondere Vorsicht ist geboten, wenn es neben der Asphaltkante der Straße 10 bis 30 Zentimeter tief runtergeht und Autos euch runterdrängen – immer bremsbereit sein! Dafür kann man als Radler die ausgezeichneten **Autobahnen** benutzen; obwohl immer Radverbotsschilder an den Einfahrten stehen hatten wir nie Probleme. Etliche Radler sind dort unterwegs, und die Polizisten winken euch freundlich aus dem Streifenwagen zu. An den Mautstellen wird man euch manchmal dazu anhalten, doch bitteschön die Räder hinter dem Häuschen vorbeizuschieben, sonst zählt die Kontaktschwelle ein Auto und die Kasse stimmt nicht. Auf den Autobahnen (die haben natürlich immer einen Seitenstreifen) radelt ihr oft fast ganz alleine dahin, denn die Trucker sparen sich die Maut und drängen sich auf den überfüllten Landstraßen. Radlers Geheimrezept für entspanntes Dahinrollen in Mexiko ist also die richtige Kombination aus Autobahnen und entlegenen Nebenstraßen.

Anstrengend ist der Verkehr in den Ballungszentren und auf engen Straßen in gebirgigen Gegenden; in den Bergen Nordmexikos gibt es kaum Ausweich- oder Nebenstraßen. Gefährlich ist auch die Mex 200/190 von Puerto Vallarta bis zur Grenze von Guatemala. „Als Horrorstrecke habe ich den Abschnitt über den Isthmus von Tehuantepec noch allzugut in Erinnerung: Wahnsinns-Seitenwind, viel zu schmale Fahrbahn, furchtbares Asphaltflickwerk und Autofahrer, die im Zentimeterabstand überholten. Die Luftwirbel der Busse und Lkw brachten mich mehrmals fast zu Fall", berichtete schon Panamericana-Radelpionier Clemens Carle. Gefährlich wird es immer an Wochenenden, Feiertagen und zu Ferienzeiten (Osterwoche), wenn alle mit ihren Autos aus den Städten drängen. Auf der flachen Karibik-Halbinsel Yucatán ist dagegen gut radfahren, ebenfalls auf der Baja California. Eine Spezialität lateinamerikanischer Länder findet sich auch in Mexiko: Vor, nach und in Orten/Städten gibt es Topes, künstliche Bodenwellen, die zu schnell fahrende Autofahrer abbremsen sollen. Sie können auch für Radfahrer gefährlich werden!

Die mexikanischen Städte sind fast immer im Schachbrettmuster angelegt, das Zurechtfinden ist deshalb problemlos. Im Zentrum befindet sich immer die große Plaza, in Mexiko „Zócalo" genannt. Wenn ihr nicht wisst, wohin und wo, radelt immer zuerst zum Zócalo, dort befinden sich die wichtigsten Dinge der Stadt und es gibt Hilfe beim Turismo, den staatlichen Tourismus-Büros.

Transport

Mexiko besitzt ein hervorragend ausgebautes **Busnetz**. Falls ihr also eine Strecke mal schnell überbrücken wollt, ist eine Fahrt mit dem Bus kein Problem, auch Räder werden mitgenommen (doch nicht in Erster-Klasse- und Luxusbussen). Immer frühzeitig das Ticket kaufen und wegen des Rades fragen! Man kann aber auch unterwegs einen mexikanischen Pickup- oder Kleinlaster-Fahrer um Mitnahme bitten.

Das **Flugnetz** ist gleichfalls engmaschig, Räder werden mitgenommen, doch meist nur verpackt (beim Ticket-Kauf klären). Alle Zugverbindungen wurden (bis auf wenige Touristenzüge) zugunsten der Busse eingestellt. Eine der schönsten und abenteuerlichsten Bahnstrecken der Welt führt im Norden Mexikos von Los Mochis nach Chihuahua (Kupferschlucht, s.u.). Wer in Nordmexiko unterwegs ist, sollte diese Fahrt nicht versäumen, obwohl es in letzter Zeit Restriktionen beim Radtransport gab.

Fährschiffe verkehren zwischen dem mex. Hauptland und der Baja (Guaymas – Santa Rosalía und Topolobampo/Los Mochis – Pichilingüe/La Paz).

Reise- und Radführer, Karten, Internet

„Mexiko" von Helmut Hermann, Reise Know-How, ist das **Standardwerk** für dieses Land. Wer von den USA einreist, sollte sich schon dort „Let's go Mexico" besorgen; es umfasst auch Guatemala und Belize. „Mexico Handbook" als Auszug aus dem „Central America Handbook", Footprint Publications. Von Lonely Planet gibt es mehrere (eher auf die Belange der Rucksackreisenden zugeschnittene) Reiseführer über Mexiko und Teilregionen. Fundiert sind auch die „Handbooks" von Moon Publications, die gibt es zu ganz Mexiko und Großregionen. Die mexikanische Kultur und Lebensweise vermitteln z.B. das Sympathie-Magazin „Mexiko verstehen" (Studienkreis Tourismus) und „KulturSchock Mexiko" (Reise Know-How). Bester Mexiko Sprachführer: Kauderwelsch-Mexiko, wieder Reise Know-How.

Radführer: Allein 13 Routen durch Mexiko beschreibt detailliert das erwähnte **Lateinamerika BikeBuch** von Thomas Schröder und Raphaela Wiegers, Reise Know-How, von der Sightseeing-Rundtour bis zur Panamericana-Durchfahrtstrecke. Ein sehr gutes, aber leider vergriffenes Buch speziell für Baja-California-Radler ist „Bicycling Baja" von Bonnie Wong, Sunbelt Publications. Interessenten können es evtl. über ein US-Antiquariat oder über *www.zvab.de* auftreiben. Das Buch beschreibt Vorbereitung, Logistik und Durchführung einer Baja-Tour, mit kilometergenauem Roadbook, Kleinigkeiten am Straßenrand, lohnenswerten Übernachtungsplätzen und vielem mehr. Gut für Baja-Biker, die aus den USA einreisen, ist auch der „Baja California Guide" vom Automobile Club of Southern California (*www.aaa-calif.com*, kostenlos für ADAC-Mitglieder), den man sich z.B. in San Diego besorgen kann. Darin findet man ein genaues Logbuch (wenngleich auch für Auto-Reisende), gute Pläne der Baja-Städte und eine Menge Tipps. Ein weiterer vergriffener Radführer für Mexiko, in dem viele Routen und Ziele mit Karten beschrieben sind, ist „Bicycling Mexico" von E. Weisbroth und E. Ellman, Hunter Verlag.

Karten: Von Reise Know-How gibt es mehrere Karten: „Mexiko", 1:2.25 Mio, „Baja California", 1:650.000 und „Yucatán", 1:650.000. Sehr gut sind auch die Mexiko-Karten von ITM (verschiedene Regionen, unter anderem „Mexico Central", 1:1,325 Mio. und „Mexico's Baja California", 1:1 Mio.). Nelles Maps hat eine Karte im Maßstab 1:2,5 Mio., die sich für die Vorplanung eignet und auch noch Belize, Guatemala und El Salvador umfasst. Von Berndtson (bzw. Borch) gibt es die gute „Mexico City Center Map" (1:12.500) mit guter Regionalkarte „Valle de México" auf der Rückseite. Jede Menge Material also; am besten ihr sucht ein gutes Buch- und Landkartengeschäft auf oder lasst euch von Karten-Schrieb (*www.karten-schrieb.de*) beraten. Wer von den USA einreist, kann sich dort die Mexiko-Karte vom AAA besorgen. In Mexiko gibt es die Reihe „Guia Roji“, die auch einen recht ordentlichen Straßenatlas hat (*www.guiaroji.com.mx*), der allerdings vor Ort gar nicht immer so leicht erhältlich ist; verlasst euch also nicht darauf. Straßenkarten für alle mexikanischen Bundesstaaten findet ihr auch im Web unter *www.maps-of-mexico.com*, sogar mit Relief. Leider haben die aber weder Maßstab noch Kilometrierung, doch als Ergänzung sind sie hilfreich. Freie Garmin-Karten gibt es auf *http://sites.google.com/site/mexgps/home* und *http://mapas.vela-turcott.org*.

Internet: Mexiko ist im Internet gut vertreten, mit ständig wachsenden Touristenzahlen findet man mittlerweile sogar etliche gute deutschsprachige Seiten. Da gibt es neben dem mexikanischen Fremdenverkehrsamt in Frankfurt (*www.mexiko-reisetipps.de*) auch private wie *www.mexiko-info.de*, *www.mexiko-lindo.de*, *www.mexikoweb.com* und *www.mexiko-mexico.de*, letztere dazu mit ganz brauchbarer Linkliste. Und die mexikanische Botschaft firmiert unter *www.embamex.de/botschaft.html*.

In spanischer und englischer Sprache gibt es noch eine Menge mehr: Eine gute Info-Seite mit allen Sparten und Gebieten ist *www.mexicoweb.com.mx*, dann der Online-Guide *www.mexonline.com*, der unter anderem Links zu den Websites aller wichtigen mexikanischen Städte ausweist. Das „Latin American Network Information Center“ der University of Texas (*www.lanic.utexas.edu*) hat eine hervorragende Liste englisch- und spanischsprachiger Links zu allen möglichen Themen rund um Lateinamerika und zu den einzelnen Ländern (also auch für Mexiko), ergänzt durch eine Suchmaschine für ganz spezielle Fragen. Sehr empfehlenswert!

Es gibt sogar Webseiten für Radler: „México en bicicleta“ (*www.meb.com.mx*) bietet eine umfangreiche Übersicht über MTB-Trails in ganz Mexiko, und auf der Website „La Página de los Bicitekas“ (*www.bicitekas.org*) dreht sich alles ums Radeln in einer der größten Städte der Welt (ja, das geht …). Die „Bicitekas“ sind ein recht rühriger Zusammenschluss von Bürgern, die der Auto-Dominanz in der Hauptstadt etwas entgegensetzen möchten. Es soll neuerdings sogar schon ein paar Radwege geben.

II. Ziele, Streckenvorschläge

Sehenswertes

Mexiko quillt geradezu über von sehenswerten Orten, kolonialen Städten, präkolumbianischen archäologischen Stätten und Naturschönheiten. Höhepunkte des Landes sind (Reihenfolge ohne Wertung): **San Cristóbal de las Casas** (schöne Kolonialstadt im Hochland von Chiapas, Indianerkulturen in den umliegenden

Chichén Itzá, eine der schönsten Maya-Stätten

Dörfern); Agua Azul (Wasserfälle auf Yucatán), die **Maya-Stätten** Tulúm (Karibik), Palenque, Chichén Itzá und Uxmal; dann die **Kolonialstädte** Oaxaca, Zacatecas, Taxco und Guanajuato; die Eisenbahnfahrt Los Mochis – Chihuahua; die Halbinsel **Baja California**; **Mexiko Stadt** (das Anthropologische Museum!) und nördlich der Hauptstadt die Pyramiden von Teotihuacán.

Strecken-vorschläge

Wer direkt nach Mexiko fliegt, sollte versuchen, einen **Gabelflug** zu buchen, z.B. hin nach **Cancún** und zurück von **Mexiko Stadt**, oder umgekehrt. Wer zuerst an die Karibik fliegt, kann sich einige Tage am Meer (südlich von Cancún) erholen, sich auf das Land einstimmen. Danach geht es durchs radfahrtechnisch wenig schwierige Yucatán. Auf den langen Strecken dort immer genügend Wasser mitführen, es gibt so gut wie keine Flüsse, doch dafür hin und wieder „Cenotes", wassergefüllte Einbrüche im Kalkuntergrund der Halbinsel (teils tolle Badeplätze). Besichtigung der Maya-Stätten Chichén Itza und Uxmal von Mérida aus. Weiterfahrt nach Palenque, die wohl schönste Maya-Stätte, anschließend über die Wasserfälle von Misol-Há und Agua Azul bis nach San Cristóbal de las Casas. Dies ist die wohl eindrucksvollste Strecke von ganz Chiapas (allerdings in den letzten Jahren um Ocosingo herum wegen einzelner Überfälle ins Gerede geraten; evtl. ein Stück mit dem Bus überbrücken). Von San Cristóbal dann über Tuxtla Gutiérrez (vorher Sumidero Canyon mit dem Boot befahren) nach Oaxaca und runter ans Meer nach Puerto Ángel. Anschließend über Puerto Escondido nach Acapulco. Von dort hoch über Taxco und Cuernavaca nach Mexiko Stadt (wer sich scheut, in die größte Stadt der Welt hineinzufahren, kann einen Bus nehmen). Zeitbedarf für diese Tour mindestens sechs Wochen!

Wer **von Kalifornien** nach Mexiko einreist, kann die 1700 km bis zur Südspitze der Baja California nach Cabo San Lucas radeln (Zeitminimum drei Wochen), doch diese Tour ist nur in den Wintermonaten zwischen November und März machbar, in den übrigen Monaten ist es auf der Baja tierisch heiß! Landschaftlich schön ist die Südspitze der Halbinsel (weniger dort der teure Kommerz-Tourismus). Man könnte auch einen Bus von Tijuana bis nach La Paz nehmen, dann von dort mit dem Rad die Südspitze umkreisen und anschließend von La Paz mit der Fähre nach Los Mochis übersetzen.

Wer jetzt eine **außergewöhnliche Bahnfahrt** machen will, fährt mit der Bahn von Los Mochis nach Chihuahua. Unterwegs in Creel aussteigen und ein paar Tage die schluchtenreiche Umgebung erkunden (mit und ohne Rad). Dann von Chihuahua in Richtung Mexiko Stadt fahren, doch da diese Strecke relativ wenig „bringt", besser mit dem Bus nach Zacatecas, eine schöne Kolonialstadt. Von dort über Aguascalientes, Guanajuato, San Miguel de Allende und Querétaro bis nach Mexiko Stadt. Wer die Bahnfahrt auslassen will, nimmt von der Baja die Fähre nach Mazatlán, pedalt durch die Sierra Madre nach Durango hoch, dann nach Zacatecas und weiter wie oben.

Natürlich kann man auch beide Strecken kombinieren (z.B. im Rahmen einer Panamericana-Tour, dabei ggf. die Hauptstadt südlich umgehen) und dann auf Yucatán von Cancún an schönen Karibikstränden entlang Richtung Süden nach Chetumal und weiter nach Belize und Guatemala pedalen (Zeitbedarf für diese Version: mindestens drei bis vier Monate). Oder gleich von Palenque quasi über die Hintertür nach Guatemala (Tikal). Oder eine **Yucatán-Runde** inkl. Guatemala (s. dort). Es gibt viele tolle Möglichkeiten!

Die Einreise von den USA im Mittelstück der US-mexikanischen Grenze, also z.B. über El Paso und dann weiter Richtung Mexiko Stadt, lohnt eher nicht; besser gleich einen Bus in den Großraum um Mexiko City nehmen. Wer über Matamoros von Texas nach Mexiko einreist, hat zwar relativ flache Straßen am Golf von Mexiko entlang, doch gibt es dort – außer El Tajin und Veracruz – nicht viel zu sehen. Sommers ist diese Route auch viel zu schwülheiß.

Guatemala

Überblick

Guatemala ist in Mittelamerika das Land mit der am intensivsten indianisch geprägten Kultur. **Ein betörend schönes Land**, das sich mit dem Rad länger zu bereisen lohnt. Die Nachfahren der Maya tragen wunderschöne Trachten; die zahllosen farbenfrohe Märkte, die Landschaft mit Seen und Bergen, Dörfer, Regenwälder und Vulkane – alles zusammen auf einem relativ kleinen Raum – begeistern jeden Guatemala-Besucher. Zwar muss man sich im westlichen Bergland auf ständige kurvenreiche Auf- und Abfahrten einstellen und das Straßennetz ist abseits der Hauptstraßen nicht allzu dicht, doch eben die Menschen, die sehr niedrigen Kosten für Übernachtung und Essen, die historischen Mayastätten und das angenehme Frühlingsklima im Hochland entschädigen für Reiseschwierigkeiten überreichlich. Bekannt ist Guatemala auch für seine Fülle an Sprachschulen in Antigua (und mittlerweile auch in Quetzaltenango), wegen denen schon etliche Langzeitreisende wochenlang im Land hängen geblieben sind.

Politisch ist Guatemala jedoch seit langem ein Problemland, es herrschen krasse soziale Missstände und zuweilen auch Gewalt, die Bevölkerung ist arm. Angenehm ist jedoch die zurückhaltende, unaufdringliche Art der Menschen gegenüber Reisenden bzw. Radfahrern. Als Radler wird man in Guatemala viel Aufmerksamkeit erregen, deshalb ist zurückhaltende Bekleidung angebracht, Radlerhosen passen sicherlich nicht auf einen indigenen Markt. Spanischkenntnisse sind absolut erforderlich.

Geografie, Bevölkerung

Guatemala grenzt im Westen und Norden an Mexiko, im Nordosten an Belize und im Osten an Honduras und El Salvador. Die Landschaftsformen könnten gegensätzlicher nicht sein: Schroffe Gebirgsketten, Senken und Vulkane bis über 4200 m Höhe dominieren den Süden; schwülheißer und fast gänzlich unbesiedelter Dschungel bedeckt den Norden im Grenzgebiet zu Mexiko und Belize („El Petén"). An der Karibik- und Pazifikküste finden sich nur schmale, aber fruchtbare Küstenstreifen (Zuckerrohr, Bananen, Rinderzucht). In den tief eingeschnittenen Tälern, auf den kleinen Hochflächen und rund um Gebirgsseen wie dem Lago de Atitlán leben Indígena in Dorfgemeinschaften und betreiben traditionelle Landwirtschaft. Kulturell haben sie sich streng abgegrenzt von den Latinos (Mestizen) in den größeren Städten und im Tiefland, die Wirtschaft und Verwaltung fest in ihrer Hand haben. An der Karibikküste sorgen die Garífunas, Nachfahren afrikanischer Sklavenarbeiter, mit ihrem lockeren Lebensstil für eine relaxte Atmosphäre.

Einreise, Währung, Reisezeit

Für Radtoureros aus D, CH und A ist kein Visum erforderlich. Ein Reisepass genügt, nach der Bezahlung einiger kleinerer Geldbeträge an der Grenze gibt es bis zu drei Monate Aufenthaltsgenehmigung. Eine Verlängerung ist bei der Migración in Guatemala Stadt und auch in Antigua möglich.

Die wichtigsten **Einreiseorte** von Mexiko sind: Ciudad Cuauhtémoc / La Mesilla im Hochland, an der Küste Tapachula / El Carmen und als südlicher Neben-Übergang Ciudad Hidalgo / Ciudad Tecún Umán. Immer beliebter wird auch der Übergang Frontera Corozal / Bethel oben im Petén, seit die Strecke von Palenque über Tikal nach Flores ganz asphaltiert ist (Jan. 2009). Von Belize reist man ein über Ciudad Melchor de Mencos oder per Boot von Punta Gorda nach Lívingston oder Puerto Barrios. Von Honduras: Corinto / Entre Rios (früher als „Dschungel-Trail" bekannt, seit Ende 2007 asphaltiert), dann Copán Ruinas / El Florido und Nueva Ocotepeque / Agua Caliente. Von El Salvador: San Cristóbal / San Cristóbal Frontera an der Panamericana (CA 1), Las Chinamas / Valle Nuevo und La Hachadura / Ciudad Pedro de Alvarado (CA 2).

Landeswährung ist der Quetzal, Reisewährung der US$. Dollar-Reiseschecks werden problemlos von den Banken getauscht, allerdings sind Bankfilialen und auch Geldautomaten außerhalb der Städte und Touristenzentren spärlich. Dafür nehmen etliche Automaten EC-Karten; am besten reist man zweigleisig. Deckt euch für die Fahrt in entlegene Gebiete mit Bar-Quetzales ein und nehmt generell viele kleine Scheine mit, denn auf große kann man oft nicht herausgeben.

Beste **Reisezeit** ist wie für ganz Mittelamerika von Oktober bis April, dann gibt es im Hochland frühlingshafte, im tropischen Tiefland im Osten gemäßigte Temperaturen. Regenzeit ist von Mai bis Oktober, gebietsmäßig verschieden stark (mit weniger Niederschlägen im Juni). Für die kühlen Bergregionen immer etwas Warmes und Regenschutz dabeihaben!

Übernachten, Verpflegung

Günstige Bleiben (Hospedajes, Pensiones, Alojamientos) sind meist sehr einfach, aber überall vorhanden und zu Markttagen oft belegt. Den besten Gegenwert fürs Geld bekommt ihr in den Touristenorten, während in Guatemala Stadt nahezu alle Billigunterkünfte schlimme Löcher mit nächtlicher Gesellschaft sind (Kakerlaken! Lebensmittel hochhängen!). Prüft immer die Bettwäsche, die ist oft nicht frisch, auch fließend Wasser ist in der Trockenzeit keine Selbstverständlichkeit. Aber auch die etwas besseren Hotels sind beim allgemein niedrigen Preisniveau in Guatemala immer noch erschwinglich.

Es gibt kaum kommerzielle Campingplätze, doch ist Campen auf dem dicht besiedelten Land problemlos, einfach jemanden um Erlaubnis fragen. Wegen der niedrigen Preise ist es jedoch besser, in den zahlreichen billigen kleinen Hotels zu nächtigen. Vom Wildzelten, auch an Stränden, ist in Guatemala abzuraten.

Versorgungsprobleme könnten höchstens einmal auf einsamen Bergpisten oder im Petén auftreten, deshalb hier sicherheitshalber Lebensmittel bunkern, zumindest für einen Tag. Sonst kauft man wie die Einheimischen auf Märkten ein. (Mäßig sortierte) Supermärkte findet man nur in Städten und Touristenorten. Isst man wie die Einheimischen, werden sich zu jeder Mahlzeit Maistortillas, schwarze Bohnen (Frijoles) und ein zähes Stück Rind- oder Schweinefleisch auf dem Blechteller wiederfinden. Viel gegessen werden Reis (Arroz) und kleine geschmorte Bananen (Plátanos). In den Touristenorten ist das Futter natürlich internationaler.

Das Leitungswasser ist stark gechlort, besser auf Mineralwasser zurückgreifen. Gaseosas (Coke & Co.) sind überall erhältlich. Auch das einheimische Gallo-Bier ist durchaus genießbar.

Rad und Ausrüstung

Über Guatemalas Straßen rollen eine Menge billige Mountainbikes, entsprechend gibt es recht viele einfache Tiendas de Bicicleta. Bringt also Ersatzteile und Spezialwerkzeuge mit; nur in Guatemala Stadt gibt es eine Anzahl besserer Geschäfte und auch hochwertige Teile (Cycler's World, Filiale auch in Quetzaltenango). Die restliche Ausrüstung bemisst sich nach der Route: Wer von Guatemala City nur durch das Hochland tourt, sollte Klamotten und Schlafsack für kalte Tage und Nächte einpacken, für Fahrten in den Petén hingegen reicht die leichte Tropenausrüstung (Moskitonetz und Malariaschutz nicht vergessen!).

Ziele, Routen

Sehenswert sind: **Antigua**, die ehemalige Hauptstadt; der **Atitlán-See**, schönstgelegener See Mittelamerikas (am besten in einer großen Schleife über Mazatenango und Quetzaltenango umfahren); **Chichicastenango**, ein pittoreskes Dorf und bekannt für seinen Markt und seine Kirche; **Tikal**, die einmalig schöne Maya-Stätte im tropischen Regenwald; die Märkte von Solola und Quetzaltenango. Weniger sehenswert ist Guatemala Stadt, eine gesichtslose Anhäufung von Bauten, vergleichsweise gefährlich und mit lautem, abgasstinkendem Verkehr.

Die sehenswerten Orte kann man in Form einer Rundreise oder durch einzelne Abstecher besuchen. Panamericana-Fahrer, die von Honduras oder El Salvador nach Guatemala einreisen, sollten – nachdem sie den Atitlán-See besucht haben –, nach Tikal fahren (Zufahrt asphaltiert) und dann über Belize nach Mexiko. Wer eine Rundfahrt in Mexiko startet und über die Panamericana nach Guatemala kommt (Grenzübergang La Mesilla), sollte gleichfalls über Tikal / Belize wieder nach Mexiko zurückradeln. Man könnte natürlich auch über Belize einreisen und die Strecke umgekehrt fahren. Von Flores am Lago Petén Itzá gibt es (wie schon erwähnt) jetzt eine asphaltierte Straßenverbindung über Bethel nach Frontera Corozal am Grenzfluss Río Usumacinta und weiter nach Palenque, die sich auch sehr gut in eine Rundtour einbeziehen lässt.

Straßen, Transport

In kaum einem Land ganz Lateinamerikas hat sich in den letzten Jahren hinsichtlich der Straßenqualität so viel getan wie in Guatemala. Zu Zeiten der letzten Auflage dieses Buchs waren noch nicht einmal alle Hauptstraßen asphaltiert, und der wenige Asphalt wies alle Stadien des Zerfalls auf, von krümeligem Flickwerk bis zum Schlagloch-Stakkato. Heute sind alle Fern- und selbst die Verbindungsstrecken mit teilweise exzellentem Belag versehen (außer einem kurzen Schotterstück vor der Grenze nach Belize), der weitgehend mit ausländischer Hilfe finanziert wurde – das einzige Gute an den Hurrikanen Mitch und Stan.

Die **Hauptstrecken** sind die CA 1 und die CA 2, die jeweils das ganze Land von der mexikanischen bis zur Grenze nach El Salvador durchziehen. Weitere wichtige Fernstraßen führen von Guatemala Stadt nach Puerto Barrios (CA 9) und hoch nach Sta. Elena / Tikal (CA 13) und weiter nach Belize.

Busse fahren bis in die hintersten Dörfer. Wer die vielen klapprigen, immer brechend vollen Vehikel ausprobieren will, sollte sich auf teilweise abenteuerliche Fahrten gefasst machen. Fahrräder werden aufs Dach gebunden. Man stoppt einen Bus einfach an der Straße. Busse der Ersten Klasse starten meist bereits voll besetzt und nehmen unterwegs keine Fahrgäste mehr mit. Die **Bahn** transportiert seit 1995 im ganzen Land keine Personen mehr, auch der früher bei Touristen beliebte Rumpel-Express nach Puerto Barrios ist eingestellt. **Inlandflüge** gibt es mit Grupo Taca (*www.taca.com*) zwischen Guatemala Stadt und Sta. Elena / Tikal. Von Puerto Barrios gibt es **Boote** nach Belize (Punta Gorda) und Honduras (Puerto Cortés, unregelmäßig).

Bücher, Karten, Internet

Alle Fern- und die schönsten Hinterland-Straßen sind ausführlich im **Lateinamerika BikeBuch** beschrieben. **Reiseführer:** Barbara Honner: „Guatemala Handbuch", Reise Know-How. „Guatemala Handbook" als Auszug aus dem „Central America Handbook", Footprint Publications. „Guatemala, Belize & Yucatán", Lonely Planet. „The Rough Guide to Guatemala", Rough Guides Press. Als Hintergrund-Literatur: Markus Stumpf u. a.: „Guatemala – ein Land auf der Suche nach Frieden", Brandes + Apsel Verlag. Und in der Kauderwelsch-Reihe (Reise Know-How) ist auch erschienen „Spanisch für Guatemala". **Karten:** „Guatemala, Belize", 1:500.000, Reise Know-How. „Guatemala", 1:500.000, ITM. Auch das guatemaltekische Touristenbüro INGUAT hat eine Karte des Landes im Maßstab 1:1 Mio. Für Durchgangs-Radler wahrscheinlich ausreichend ist die „Central America Map",1:1,1 Mio., ITM oder die Nelles-Karte „Mexico – including Guatemala, Belize, El Salvador", 1:2,5 Mio. Detailkarten von Guatemala sind erhältlich beim „Instituto Geográfico Militar" in Guatemala Stadt, Av. Las Américas 5-76, Zona 12. **Internet-Infos:** Auf Deutsch gibt es *www.reisezielinfo.de/amerika/guatemala*. Dann *www.travel-guatemala.org.gt*, die Seite der bereits genannten INGUAT, außerdem *www.terra.com.gt* als guatemaltekisches Portal sowie *www.guatemalaweb.com*. Spezielle Seiten der touristisch bedeutsamen Zonen sind *www.atitlan.com* (Atitlánsee), *www.mayaparadise.com* (Río Dulce) und *www.xelapages.com* (Quetzaltenango).

Cuba

Eindrücke

Cuba ist einzigartig! In seiner Diskrepanz aus Karibikparadies, Tabakfeldern, morbidem Charme, Son und Salsa, gehobenem Pauschaltourismus und dem Socialismo trópico hinterlässt dieses Land wohl bei jedem Traveller bleibende Eindrücke, in welcher Form auch immer. Auf jeden Fall hat man in Fidel Castros lange isoliertem Inselparadies bei der Jagd nach dem Rettungsanker „Devisen" die Touristen entdeckt, und die kommen in Scharen – jeder will halt schnell noch hin in dieses einzigartige Biotop, das es mit Sicherheit in dieser Form bald nicht mehr geben wird.

Zum Glück ballt sich der Pauschaltourismus an einigen wenigen Stellen. Das eigentliche Cuba mit seinem ganzen Flair und seinen sympathischen, stolzen Menschen entdeckt ihr überall dazwischen, und kein Fortbewegungsmittel eignet sich dafür so gut wie das Fahrrad. Die Zeiten, wo man als Touri bestimmte Gebiete nicht verlassen und die für seine Tour geplante Route von den Offiziellen absegnen lassen musste, sind schon lange vorbei.

Übernachten

Doch per pedales durch Cuba zu reisen ist immer noch alles andere als einfach, schon gar nicht billig. Die schönen **Hotels** für die Pauschaltouristen sind sehr teuer. Wildzelten ist offiziell verboten (auf einsamen Strandabschnitten wird aber niemand etwas dagegen einzuwenden haben). Doch kann man wenigstens in den Städten in den zahlreichen **Casas Particulares** nächtigen – mit zunehmendem Individualtourismus auch schon in eher untouristischen Orten. Die Casas Particulares sind private Unterkünfte; gegen harte Währung ist fast jeder Cubaner bereit, wenigstens zeitweise sein Schlafzimmer zu räumen. Sie sind immer erste Wahl, schon wegen dem Familienanschluss; authentischer könnt ihr auf Cuba nicht unterkommen! Achtet aber darauf, dass ihr in einem „offiziellen" Haus absteigt, zu erkennen an dem dreieckigen Schild über der Tür; bei illegalen Unterkünften kann sowohl der „Dachgeber" als auch der Touri Ärger kriegen. Oft stehen schon an den Ortseingängen die Schlepper auf dem Posten, manchmal wird man auch von einem Etablissement zum nächsten weitervermittelt. Doch unter 40 Euro pro Zimmer spielt sich auf Cuba nicht viel ab. Zur Vorplanung: Ein Verzeichnis von über 1000 Casas Particulares findet ihr auf *www.cubaguide.de*. Im untouristischen Hinterland werdet ihr aber schon mal illegal-privat unterkriechen müssen.

Einreise, Währung

Reisende aus D, A und CH brauchen einen noch mindestens sechs Monate gültigen Reisepass und eine (kostenpflichtige) **Touristenkarte**, die man bei der cubanischen Botschaft (*www.botschaft-kuba.de*) erhält. Per Gesetz müssen auch heute noch drei gebuchte Übernachtungen nachgewiesen werden, aber das wird nicht mehr so streng verfolgt. Wer mehr als 30 Tage bleiben möchte, muss eine Oficina de Imigración aufsuchen.

Währung ist eigentlich der cubanische Peso (PC); früher war der US$ die inoffizielle Touri- und Zweitwährung auf Cuba, aber seit November 2004 ist der Dollar nicht mehr als Zahlungsmittel zugelassen. Alle Unternehmen auf Cuba sind dazu verpflichtet, Transaktionen mit dem cubanischen Staat in Pesos Convertibles durchzuführen. „Konvertibilität" heißt eigentlich, dass man eine Währung unbegrenzt in eine andere Währung umtauschen kann. Dies ist beim Peso Convertible (CUC) jedoch nicht der Fall. Das Verhältnis zum US$ und zum Euro sind von staatlicher Seite festgelegt, und außerhalb Cubas ist der CUC wertlos, nur mit viel Glück kann er in den Wechselstuben mancher Flughäfen in eine harte Währung zurückgetauscht werden – ihr müsst also unbedingt alle dieser bunten Scheinchen auf Cuba wieder loswerden. Erhalten könnt ihr Convertibles bei staatlichen Banken und Wechselstuben auf Dollars, Euros und natürlich auch auf Schweizer Franken, zudem auf Kreditkarte (VISA und MasterCard) und auf Reiseschecks. Achtung: Alles, was von US-Gesellschaften kommt oder auf US-Banken lautet (American Express Karte und Travellercheques), wird auf Cuba nicht akzeptiert! Und Bankautomaten gibt es nur sehr vereinzelt, am ehesten noch auf Flughäfen.

Ziele, Routen, Reisen

Cuba ist immerhin 1250 km lang, im Schnitt 110 km breit und besteht aus vier Gebirgszügen (höchster Berg ist der Pico Turquino mit 1972 m in der Sierra Maestra) und knallig-heißen Ebenen dazwischen. Hier viel Zuckerrohr- und Tabakanbau. Zentrum des Strandtourismus ist Varadero (145 km östl. von Havanna). Das **Straßennetz** ist dünn, eine gute Hauptstraße zieht sich von West nach Ost, von Pinar del Río bis Guantánamo (knapp 1200 km), von ihr zweigen Stichstraßen Richtung Küste ab. Die Nebenstrecken sind meist auch asphaltiert, doch stammt der Belag zum Teil noch aus der Batista-Zeit und ist oft holperig, wellig, mit Teerblasen und Schlaglochkratern übersät oder nur noch in Spurenelementen vorhanden. Doch weil wegen der Benzinknappheit kaum Autos fahren, könnt ihr solche Hindernisse locker umradeln. Bedenkt bei der Routenplanung, dass der Wind meist kräftig aus Ost bläst. Für Zwischentransporte sind die Touristenbusse von **VíAzul** erste Wahl, die man an speziellen Terminals in den Städten besteigen kann; Näheres unter *www.cuba.tc/Viazul_Bus_Transfers.html*. Als **Rad** genügt ein Trekkingrad mit mittelbreiter Bereifung (37 mm), aber ein tourentaugliches MTB ist besser. Alle Ersatzteile mitbringen, es gibt höchstens einmal qualitativ minderwertige chinesische Teile!

Cienfuegos – Vitamine für die Zentralcuba-Runde

Streckenvorschläge: Holguín – Bayamo – durch die Sierra Maestra nach Santiago de Cuba, Cubas ehemaliger Hauptstadt – Guantánamo – über die Berge der Sierra del Purial nach Baracoa – Sagua de Tánamo – Cueto – Guardalavaca – Holguín (Ostrunde). Oder Varadero (Charterflüge aus D) – Cárdenas – Sagua la Grande – Santa Clara – Sancti-Spíritus – über die Berge der Sierra del Escambray nach Trinidad – Cienfuegos – Colón – Varadero (Zentralcuba-Runde). Im Westen: Havanna – San Antonio de los Baños – Pinar del Río – über die Sierra de los Órganos nach Viñales – Bahía Honda – Havanna. Oder lasst euch von VíAzul nach Osten bringen und euch dann vom Wind nach Westen blasen.

Bücher, Karten, Internet

Das **Lateinamerika BikeBuch** enthält auch drei Streckenvorschläge für Cuba, viele Zusatzinformationen und einen Reisebericht. Als Radführer noch „Cycling Cuba", von Lonely Planet und „Bicycling Cuba – 50 days of detailed ride routes from Havana to El Oriente" von Wally und Barbara Smith, Backcountry Guides. **Reiseführer:** Frank Herbst: „Cuba", Reise Know-How. „Cuba Handbook", Footprint Publications. „Cuba", Lonely Planet. Sehr gut auch Christopher P. Baker: „Cuba", Moon Handbooks. Als Sprachführer: Kauderwelsch „Cuba Slang", Reise Know-How. **Karten:** Reise Know-How Karte „Cuba", 1:850.000. Nelles Map „Cuba", 1:775.000. ITM Travel Map „Cuba", 1:1 Mio. **Internet:** Gute Infos bietet das cubanische Fremdenverkehrsamt unter *www.cubainfo.de*. Weitere Infos für Touristen auf Deutsch gibt es bei *www.cubatravel.cu*. Gut sind auch die privaten Seiten *www.cuba-individual.com* („Informationsquelle für Cuba-Entdecker", dabei auch nochmal etliche Casas Particulares), *www.kuba-info.org* und *www.cuba-erleben.de*. Viele Infos zu Havanna (auf Englisch) gibt's bei *www.lahabana.com*.

Dominikanische Republik und Haiti

Einmal rund um Hispaniola [TW]

Reisestory von Thomas Weis

Hispaniola, ein klangvoller Name. Die zweitgrößte der Westindischen Inseln und gleichzeitig der Großen Antillen teilen sich die Staaten Haiti und Dominikanische Republik. Zumindest „Dom. Rep." ist per Charter-Flug einfach zu erreichen – dort herrscht Pauschaltourismus in seiner Reinform. In Punta Cana (der Ort besteht aus einer 100 Meter langen Straße, einem wunderbaren Strand, einem Backpackerhostel und geschätzten 100 All-inklusive-Hotels) starte ich meine Tour. Nach einem halben Tag Radeln verlasse ich das Touristenghetto und tauche ein in das Leben von Rum, Zigarren und Merengue. Mein erstes Ziel ist die wunderbare Halbinsel Samana. Um dorthin zu gelangen kürze ich den Weg mit einer rostigen Personenfähre ab.

Schweißtreibend erklimme ich die Hügel und gelange von einem menschenleeren Traumstrand zum nächsten. Dann erreiche ich Cabarete – ebenfalls ein touristischer Ort, aber hier herrschen wenigstens keine Ghetto-Zustände. Dort biege ich nach links ins Inland ab (eine Insel besteht ja nicht nur aus Küste), um nach Santiago, der zweitgrößten Stadt der Dominikanischen Republik, zu fahren. Durch interessante Mittelgebirge und Zuckerrohrplantagen gelange ich dorthin. Santiago ist für mich auch ein Entscheidungspunkt: Fahre ich jetzt direkt zur Südküste oder auch nach Haiti?

Im Internet-Café lese ich mir zum wiederholten und jetzt wirklich letzten Mal die aktuellen Sicherheitshinweise durch und entscheide mich für die Haiti-Variante. Nach zwei weiteren Tagen stehe ich dann am frühen Morgen an der Grenze. Und warte und warte. Ich hatte nicht daran gedacht, dass Haiti in einer anderen Zeitzone liegt und dort die Grenze erst um 8.00 Uhr geöffnet wird. Kaum habe ich meinen Stempel im Pass stelle ich fest: Haiti ist anders. Vor allem die Straßen sind schlechter und die üppigen Bäume auf den Hügeln abgeholzt. Mit Lkw mache ich ein Wettrennen nach Cap Haitien. Dort angekommen fühle ich mich im ersten Moment unwohl. Die Straßen sind rußverdreckt, beim Kauf einer Limonade entsteht eine heftige Diskussion über den Preis, die Sprache Kreol klingt hart und unfreundlich und die Innenstadt von Cap Haitien ist durchweg baufällig. Daher übernachte ich im besten Hotel von ganz Haiti.

Am nächsten Tag habe ich einen Platten und ich besuche die Sehenswürdigkeiten von Cap Haitien per Taxi. Und im Lauf dieses Tages lebe ich mich ein. Rußverdreckt sind die Straßen, weil es keine Müllabfuhr gibt und der Müll an Ort und Stelle angezündet wird. Für

Preise gibt es drei Einheiten: die lokale Währung *Gourde*, den Haitianischen Dollar und den US-Dollar. Einigt man sich auf die Währung – gibt es auch keine Diskussion mehr über den Preis. Statt meinem (damals noch schlechten) Spanisch wechsle ich auf Englisch über. Im Gegensatz zur Dom. Rep. sprechen in Haiti tatsächlich sehr viele Menschen Englisch.

Nach einem weiteren Tag in Cap Haitien nehme ich den Bus nach Port-au-Prince. Ich bin hinter meinem Zeitplan zurück und die Straßen sind wirklich übel. Die Busfahrt ist eine andere Geschichte, aber auf jeden Fall unvergesslich. In Port-au-Prince mache ich einen weiteren Sightseeing-Tag, dann radle ich zurück in die Dominikanische Republik.

Diesmal ist die Hauptverbindungsstraße in einem guten Zustand. Zusammenfassend lässt sich über meine fünf Haiti-Tage sagen: Tolle Landschaft, interessante Sehenwürdigkeiten und schöne Strände – ein lohnenswerter Abstecher. Doch nach dem Start in der Dominikanischen Republik ist der Kulturschock groß. Haiti ist eben mit seiner extremen Armut das einzige Land des amerikanischen Doppelkontinents, das man zu den am wenigsten entwickelten Ländern der ganzen Welt zählen muss. Aber die Haitianer sind freundlich und hilfsbereit. Heute sage ich: Haiti war kein Urlaub – Haiti war eine Erfahrung.

Zurück in der Dom. Rep. radelte ich dann durch wüstenartige Landschaften zum Lago Enriquollo. Auf einer Insel des Salzsees lebt die größte Krokodilpopulation auf Hispaniola. Aber die fast schon zutraulich zu nennenden Leguane stehlen den Krokos die Schau, weil sie immer so schön in die Kamera schauen. So etwa muss Galapagos sein.

Entlang der Küste ging es dann nach Santo Domingo mit seiner sehenswerten historischen Altstadt. Der Besitzer meiner Unterkunft sprach sehr gut Englisch. Er meinte: „Du sprichst gut genug Spanisch; mit dir rede ich kein Englisch mehr". Und es ging: Den ganzen Abend lang unterhielten wir uns nur auf Spanisch. Es ist immer wieder interessant, welche Menschen man auf einer Reise trifft und wie diese Begegnungen das eigene Leben verändern. Dieser Abend gab mir jedenfalls das Selbstbewusstsein, künftig auf Spanisch alles zu regeln, was es zu regeln gilt.

Von Santo Domingo ging es dann entlang der Küste, unterbrochen nur durch unzählige Badepausen an palmengesäumten Traumstränden, zum Pauschalurlauberparadies zurück. In 21 Tagen reiste ich einmal rund um Hispaniola. Davon 16 Tage in der Dominkanischen Republik und fünf in Haiti. Freundliche Menschen waren meine ständigen Begleiter auf dieser ganzen interessanten Reise.

Reise-Info Zu Thomas' Bericht noch ein paar Fakten: In die **Dominikanische Republik** gibt es Direktflüge aus Deutschland mit LTU (u.a. von Berlin Tegel nach Punta Cana) und Condor. Fahrradmitnahme checken! Auch Air France ist stark vertreten (über Paris). Visumfreie Einreise, Einreiseformular (10 US$) an der Grenze bzw. bei der Flugankunft. Alle weiteren Infos über *http://de.wikipedia.org/wiki/Dominikanische_Republik* und *www.transamerika.org*. Ein deutsches Dom.-Rep.-Reiseportal findet man unter *www.dominican-republic.de*, aktuelle Nachrichten und Infos auf *www.domrep-magazin.de*. **Haiti** ist, wie erwähnt, eines der ärmsten Länder der Welt. Zur schwachen Wirtschaft kommt eine instabile politische Lage mit zahlreichen Unruhen, weshalb im letzten Jahrzehnt über drei Millionen Haitianer ausgewandert sind. Und dann noch das schreckliche Erdbeben vom Januar 2010 – informiert euch sorgfältig über die aktuelle Lage bei *www.auswaertiges-amt.de*, falls ihr eine Tour durch Haiti ins Auge fasst. Länder-Infos bei *http://de.wikipedia.org/wiki/Haiti* und *www.transamerika.org*, dort auch alle wichtigen Reiseinfos. Einreise bis zu drei Monaten ohne Visum; Einreiseformular an der Grenze. Zum oben erwähnten Währungs-Durcheinander: Offizielle Landeswährung ist der *Gourde*, der Haitianische Dollar ist eine Fiktivwährung und entspricht fünf Gourdes. Die meisten Preise werden auf Basis des Haiti-Dollars ausgehandelt. Am besten US$-Banknoten in ausreichender Menge und verschiedener Stückelung mitführen.

Andere Länder Mittelamerikas

Die restlichen Länder Mittelamerikas, nämlich **Belize, El Salvador, Honduras, Nicaragua, Costa Rica** und **Panama** sind touristisch und landschaftlich nicht mehr so interessant wie Guatemala, Mexiko oder auch Cuba. Als gut ausgebaute Hauptstraße verläuft die Panamericana von Guatemala bis Panama (genau beschrieben mit allen interessanten Abstechern im Lateinamerika BikeBuch).

Gemeinsamkeiten

Ein **Visum** braucht man als Deutscher und Österreicher für keines dieser Länder (Belize verlangt aber eines von Schweizer Staatsbürgern). Beim **Grenzübertritt** zwischen den teilweise winzigen Ländern wurde in der Vergangenheit oft ein fürchterlicher Zirkus veranstaltet – Schlange stehen, endloser Papierkram, ein paar Dólares hier und am nächsten Schalter gleich nochmal, Desinfektion des Fahrrads, genaueste Gepäckkontrolle bis zu den gebrauchten Socken ... Doch diese Schikanen sind erfreulicherweise jetzt Geschichte: Guatemala, El Salvador, Honduras und Nicaragua haben Ende 2007 ein Abkommen zur Erleichterung des Grenzverkehrs geschlossen. Konkret heißt dies, man bekommt beim ersten dieser Länder, das man betritt, einen für alle gültigen Einreise- und beim Verlassen des letzten einen Ausreisestempel. Gebühren sind aber teilweise trotzdem noch zu entrichten. Fakt: Das ist eine wirklich gute Nachricht! Dominik Spicher (*www.americabybike.ch.vu*), unterwegs Anfang 2008 in nördlicher Richtung, brauchte bei der Einreise nach Nicaragua eine knappe halbe Stunde, bei allen weiteren Grenzübertritten nur wenige Minuten. Bei der Immigration von Uncle Sam in San Ysidro dauerte es dann vier Stunden ...

Auch das dauernde Geldwechseln von Land zu Land (gleich an den Grenze oder im nächsten größeren Ort) ist problemlos. **Hauptreisewährung** in allen Ländern ist der US$. In Panama und nach und nach jetzt auch in El Salvador ist er sogar die Landeswährung, obwohl noch Restbestände der einstigen Währungen kursieren, die in festem Verhältnis an den Dollar gebunden sind. Bares in kleinen Noten ist immer nötig. Bankautomaten gibt es, aber nicht in allen Ländern flächendeckend; ein paar Reiseschecks mitzuführen ist kein Fehler.

Belize

bietet mit dem zweitlängsten Korallenriff der Welt und der entspannten Karibikatmosphäre zwei gute Gründe, sein Fahrrad mal eine Zeitlang zu parken. **Reiseführer:** Susan Forsyth, John Noble: „Belize“, Lonely Planet. Peter Eltringham u. a.: „The Rough Guide to Belize“, Rough Guides Press. „Belize Handbook“, Moon Publications. **Karte:** ITM „Belize“,1:350.000. **Internet:** Sehr informativ ist *www.travelbelize.org*, dort gibt es alles Wissenswerte über das Land, auch auf Deutsch. Auch gut und mit vielen Links sind *www.belizenet.com* (mit seiner deutschen, nicht so umfangreichen Version *www.belizenet.de*) und *www.belize.com*. Die offizielle Webseite des Staats Belize ist *www.belize.gov.bz*.

Honduras

kann nochmals mit einer bedeutenden Maya-Stätte aufwarten, nämlich Copán; es ist über den guatemaltekischen Ort Chiquimula erreichbar. **Reiseführer:** „Honduras Handbuch“, Reise Know-How, und „Honduras“, Moon Publications. **Karten:** „Nicaragua, Honduras, El Salvador“, 1:650.000, Reise Know-How. ITM „Honduras“, 1:750.000. **Internet:** Das honduranische Fremdenverkehrsamt informiert unter *www.letsgohonduras.com*. Die honduranische Botschaft in Berlin hat die Adresse *www.embahonduras.de*, dort gibt es auch Informationen zum Land und eine kleine Linkliste. Eine recht umfangreiche honduranische Linksammlung ist *www.hondirectorio.com*.

El Salvador

war lange wegen seines Bürgerkriegs kein Reise- oder Durchgangsland, doch jetzt kann man wieder hin. Doch die touristische Infrastruktur des kleinsten und dabei am dichtesten besiedelten mittelamerikanischen Lands ist nach wie vor recht schwach ausgeprägt. **Reiseführer, Karten:** Gibt's nicht, wird immer bei den Nachbarländern mit beschrieben. **Internet:** Am besten sind *www.istu.gob.sv*, die Homepage des Instituto Salvadoreño de Turismo, und *www.elsalvadorturismo.gob.sv*. Auch bei der salvadorianischen Botschaft gibt es Infos zum Land und eine Linksammlung: *www.botschaft-elsalvador.de*.

Nicaragua

hat einige sehenswerte Dinge aufzuweisen, z.B. den Lago de Nicaragua mit der bezaubernden Isla de Ometepe und den Vulkan Santiago in der Nähe der stark erdbebengeschädigten Hauptstadt Managua. Das Land mit seiner freundlichen Bevölkerung ist vom Massentourismus noch weitgehend unberührt – und vielleicht gerade deshalb doch interessant. **Reiseführer:** Joshua Berman, Randy Wood: „Nicaragua", Moon Handbooks. Von Lonely Planet „Nicaragua and El Salvador", dann das „Nicaragua Handbook" als Auszug aus dem „Central American Handbook" (Footprint). **Karten:** „Nicaragua, Honduras, El Salvador", 1:650.000, Reise Know-How. ITM Travel Map „Nicaragua", 1:755.000. **Internet:** Zwischen Nicaragua und Deutschland gibt es seit Jahren enge Verbindungen durch alle möglichen Vereine und Solidaritätsgruppen und damit auch einige deutsche Websites, z.B. *www.nicaragua-forum.de*, *www.nicaragua-verein.de* und *www.husfeld-online.de/nicaragua.html*. Das nicaraguanische Konsulat in Berlin erreicht man über *www.nicaraguaportal.de*. Das Tourismus-Institut in Managua informiert unter *www.intur.gob.ni*.

León, Nicaragua – eine der interessantesten Städte Mittelamerikas

Costa Rica

Mit seinem Wohlstand – es gibt viele Kaffee- und Bananenplantagen –, seiner Funktionalität und Sauberkeit ist Costa Rica das „Musterländle" Mittelamerikas. Wer noch gar keine Rad-Ahnung von Lateinamerika hat und sich „vortasten" will, für den ist Costa Rica mit seinen relativ guten, sicheren Straßen das richtige Land! Herausragende Attraktionen gibt es keine, doch Costa Rica setzt seit Jahren voll auf **Ökotourismus** und hat immerhin 27% des Landes unter Naturschutz gestellt; es gibt eine Menge Nationalparks mit intakter Natur.

Eine **Bergkette** mit einigen (aktiven) Vulkanen zieht sich vom Nordwesten nach Südosten durch das Land, das Klima ist je nach Höhenlage – es geht bis über 3300 m hoch – unterschiedlich. Tropisch ist es im Tiefland an der Karibik- und Pazifikküste mit häufigen kurzen, aber heftigen Regenschauern. Die meisten „Ticos" – so nennen sich die Einheimischen mit gewissem Stolz – leben im klimatisch günstigen Zentraltal mit der Hauptstadt **San José** (1150 m). Trockenzeit ist von Dezember bis April, Erdbebenzeit mit meist nur leicht spürbaren Erschütterungen das ganze Jahr über. Nur ein verschwindend geringer Anteil der Bevölkerung sind Indígena, mehr als neun Zehntel dagegen Weiße und Kreolen. Spanischkenntnisse sind natürlich auch in Costa Rica von Vorteil, doch mit Englisch kommt man dank der vielen (US-amerikanischen) Touristen leidlich gut durch.

In einem Land, das so stark auf den Tourismus setzt, ist die Infrastruktur entsprechend gut ausgebaut. Die Läden führen viele Importwaren. Es gibt ein sehr gutes Angebot an Hotels aller Preisklassen und recht viele Campingplätze (meist in den Nationalparks, einige auch an den Küsten). Wildzelten ist in solch einem kleinen Land schwierig, viele freie Flächen sind eingezäunt. Fragt Einheimische, man ist gegenüber Reiseradlern sehr aufgeschlossen.

Die Panamericana ist die Hauptverkehrsstraße. Sternförmig schlängeln sich von San José aus Asphaltstraßen an die Karibik- und Pazifikküste, die Nebenstraßen können gut oder schlecht sein, das hängt stark von der Regenzeit ab. Radfahren ist in Costa Rica weit verbreitet, es gibt allgemein genügend Tiendas de Bicicleta und in San José mehrere recht gut sortierte Bikeshops.

Als **Rundreise** von San José aus bietet sich an: Panamericana bis San Isidro de El General (höchster Punkt ist dabei der „Cerro de Muerte" mit 3335 m!), dann zur Pazifikküste (Dominical), diese hoch bis Puntarenas und zurück über Alajuela. Auch der Nordwesten des Landes (Halbinsel Nicoya, Bergnebelwälder um Monteverde) lässt sich gut per Radelrunde entdecken. Wer nach Südamerika weiter möchte, hat neben der Panamericana auch die immer beliebtere Karibikküsten-Route (über die alte Bananenbahn-Brücke bei Sixaola) zur Wahl, oder man könnte über die schönen, touristischen San Andrés-Inseln nach Kolumbien (Cartagena, Barranquilla) weiterfliegen.

Reiseführer: Detlev Kirst: „Costa Rica Handbuch", Reise Know-How. Ein sehr gutes Buch mit ausführlicher Landeskunde war immer „Costa Rica" von Peter Thomas, Tukan-Verlag. Leider vergriffen, aber durch *www.zvab.de* vielleicht noch erhältlich. In Englisch: „Costa Rica Handbook" als Auszug aus dem „Central America Handbook", Footprint Publications. Rob Rachowiecki, John Thompson: „Costa Rica", Lonely Planet. „The Rough Guide to Costa Rica and Panama", Rough Guides Press. Und in der Kauderwelsch-Reihe (Reise Know-How) ist erschienen „Spanisch für Costa Rica".

Karten: „Costa Rica, Panama", 1:550.000, Reise Know-How. ITM Travel Map „Costa Rica", 1:500.000. Nicht schlecht auch die „Costa Rica", von Berndtson, 1:650.000, mit Detailkarten und kleinem Stadtplan von San José. In Costa Rica sind Karten (z.B. die „Mapa General de Costa Rica", 1:800.000) an Tankstellen und in Buchläden in San José erhältlich (Librería Lehmann oder Universal). Auch das Instituto de Turismo, Plaza de la Cultura, Calle 5 in San José hat ordentliche Karten.

Internet: Vorab: Internetcafés gibt es in Costa Rica in jeder kleineren Stadt und in jedem Touristenort. Am besten versucht ihr es zuerst bei den Postämtern, deren Internetzugänge sind schnell und günstig.

Als relativ touristisches Land hat Costa Rica natürlich auch eine gute Internetpräsenz. Auf Deutsch wäre da *www.costa-rica.de* zu nennen, noch umfangreichere Infos gibt es natürlich in Englisch und Spanisch. *www.costarica-nationalparks.com*, gut auch *www.canatur.org*, die Seite des Nationalen Tourismus-Büros, und die kommerziellen Seiten *www.guiascostarica.com*, *www.costarica-online.com* und *www.fascinationcostarica.com*. Ein immenses Verzeichnis von costaricanischen Webadressen bietet *www.bruncas.com*. Suchmaschinen wie „Costa Rica Orientation" (*www.orientation.co.cr/en/home.html*) oder *www.infocostarica.net* helfen ebenfalls weiter. Pläne der größten costaricanischen Städte hat *www.maptak.com*.

Panama

Dieses Land war und ist wegen der Darién-Sümpfe im Süden **Endpunkt für alle Panamericana-Fahrer**, die von Mexiko herabkommen. Weiter geht es jetzt nur noch per Flieger oder Schiff, wobei vor allem das steigende Interesse von Motorradfahrern an der Panamericana in letzter Zeit dafür gesorgt hat, dass es mittlerweile ein ganz akzeptables Angebot an **Bootspassagen** zwischen Panama und Kolumbien gibt; Fahrradmitnahme ist natürlich auch möglich. Interessenten-Börsen sind die Yachtclubs in Balboa und Colón; als Beförderer fungieren neben ein paar gewerblichen Gesellschaften hin und wieder auch Segelyachten auf Weltumrundung mit viel Zeit, die ein paar Male Colón – Cartagena (Kolumbien) und vice versa mit zahlenden Passagieren segeln, um ihre Reisekasse aufzutanken (wie z.B. die schon ziemlich bekannte „Stahlratte", *www.stahlratte.org*). In Panama City gibt es auch Infos beim Zuly's Hostel (*www.zulysbackpackers.com*) und beim Hostal Mamallena (*www.mamallena.com*), wo die aktuell verkehrenden Yachten incl. Bild und Beschreibung am Schwarzen Brett ausgehängt und/oder ins Web gestellt werden. Ein bisschen Zeit muss man aber mitbringen – sonst bleibt immer noch der Flug.

Nach Panama durfte man zuweilen schon nur mit einem Rück- oder Weiterflugticket einreisen; aus den letzten Jahren ist uns aber kein Fall mehr bekannt, wo ein solches verlangt worden wäre. Erkundigt euch aber zur Sicherheit vorher und kauft dann ggf. ein Linienflugticket, das ihr zurückgeben könnt („refundable").

Panama City ist eine hektische, stark amerikanisch gefärbte Banken- und Einkaufsstadt – hier kann man gut evtl. anstehende finanzielle Dinge regeln, es gibt auch viele Radläden mit überdurchschnittlich guten und preiswerten Teilen. Sehenswert ist natürlich der **Panamakanal**, den man auf der „Puente de las Américas" überquert (wird Radlern manchmal von der Polizei verwehrt, dann wird

Panamakanal, an den Gatun-Schleusen

aber ein Lift besorgt). Mittlerweile gibt es nördlich davon noch die moderne Puente Centenario, eigentlich eine Autobahnbrücke, aber auch sie wurde schon beradelt (*http://dreirad.fenris.ca/?m=200707*). Eine Besuchs-Radtour zu den Miraflores-Schleusen ist sehr interessant – überhaupt ist wohl jeder Besucher überrascht von der Schönheit und Harmonie, die der Panamakanal in seiner tropischen Umgebung ausstrahlt. Und generell ist Panama ein landschaftlich recht vielfältiges Land mit sich auf weit über 3000 m aufschwingenden Bergen und viel intakter Natur, aber noch recht wenig Tourismus.

Reiseführer: Linda O'Brian, Hans Zaglitsch: „Panama", Reise Know-How. In Englisch: Regis St. Louis, Scott Doggett: „Panama", Lonely Planet. William Friar: „Panama", Moon Handbooks. „The Rough Guide to Costa Rica and Panama", Rough Guides Press. **Karten:** „Costa Rica, Panama", 1:550.000, Reise Know-How. ITM Travel Map „Panama", 1:800.000. **Internet:** Sehr gute Panama-Infos zum Einlesen bietet *www.schwarzaufweiss.de/panama*. Auch die Deutsche Botschaft in Panama hat ein paar Informationen zum Land unter *www.panama.diplo.de*. IPAT, das panamesische Tourismus-Institut, erreicht man unter *www.ipat.gob.pa*. Das Land Panama selbst informiert unter *www.pa/index.php*. Sehr informativ, mit Kurzbeschreibung der lohnendsten Tourismusziele, ist auch die kommerzielle Seite *www.panamainfo.com*. Und einen sehr guten Web-Auftritt hat die Panama Canal Authority unter *www.pancanal.com*.

Per Rad weiter nach Kolumbien?

Prinzipiell ist es möglich, sich mit dem Rad durch den Darién-Dschungel nach Kolumbien zu schlagen. Clemens Carle ist einer der ganz wenigen, die mit einem Fahrrad in der Unwegsamkeit des Darién Gap unterwegs waren. Das war anno 1991; die Extremtour ist im Lateinamerika BikeBuch (Tour VK 10) und natürlich auch in Clemens' Buch „Radabenteuer Panamericana" beschrieben. Zum Positiven hat sich dort aber seither nichts verändert. Zwar liest man immer wieder, dass jetzt endlich an einer durchgehenden Straße gearbeitet werde, aber die ist politisch und auch aus Sicherheitsgründen (Drogentransporte!) nicht gewollt. Oft kommt man nicht einmal mehr zu Fuß und per Boot durch, auch der Nationalpark Los Katíos (*www.colombia.com/colombiainfo/parques/parques/katios.asp*) ist schon seit längerer Zeit geschlossen. Einst gab es sogar ein Handbuch für die Darién-Durchquerung (in englischer Sprache). Dieses wird nicht mehr neu aufgelegt, aber seine Autorin Patricia E. Upton fungiert als eine Art Info-Börse (*www.outbackofbeyond.com/guide.htm*). Auch Armin Holp, Inhaber des Reiseveranstalters Esperanza-Tours (*www.esperanza-tours.de*), hat das Darién-Gebiet einst per Rucksacktour durchquert und seinen Bericht ins Web gestellt. Derzeit halten wir die Darién-Durchquerung auf dem Landweg für (noch) nicht machbar, obwohl sich speziell in Kolumbien sicherheitsmäßig einiges verbessert hat. Selbstverständlich halten wir das Ohr am Boden; bei positiven Neuerungen gibt's ein Update.

Südamerika

CARIBBEAN SEA
Venezuelan Basin
NORTH ATLANTIC OCEAN
Cape Verde Basin
Guiana Basin
NICARAGUA
MANAGUA
Lago de Nicaragua
SAN JOSÉ
COSTA RICA
PANAMÁ
PANAMA
Canal de Panamá
Cartagena
Barranquilla
5775 Pico Cristóbal Colón
Maracaibo
CARACAS
Barquisimeto
Mérida
5007 Pico Bolívar
Cúcuta
San Cristóbal
Ciudad Bolívar
Maturín
Ciudad Guayana
PORT OF SPAIN
TRINIDAD AND TOBAGO
GRENADA
BARBADOS
SAINT LUCIA
ST VINCENT AND THE GRENADINES
DOMINICA
Netherlands Antilles
VENEZUELA
La Gran Sabana
LLANOS
GEORGETOWN
GUYANA
PARAMARIBO
SURINAM
Cayenne
GUYANE FRANÇAISE
Medellín
Manizales
Cali
SANTA FE DE BOGOTÁ
Guaviare
Meta
Orinoco
Popayán
COLOMBIA
Boa Vista
Branco
Esmeraldas
Pasto
EQUATOR
ECUADOR
QUITO
Portoviejo
6310 Chimborazo
Guayaquil
Cuenca
Putumayo
Japurá
Negro
Macapá
Amazonas
Santarém
Belém
São Luís
Fortaleza
Manaus
Iquitos
Sullana
Piura
Chiclayo
Trujillo
Chimbote
Marañón
Ucayali
Juruá
Purus
Madeira
Tapajós
Xingu
Teresina
Natal
João Pessoa
Recife
Maceió
Aracaju
Salvador
B R A Z I L
Pucallpa
6746 Nevado Huascarán
Rio Branco
Pôrto Velho
Palmas
Tocantins
Araguaia
LIMA
Huancayo
Cuzco
PERU
MATO GROSSO
15°
BOLIVIA
Lago Titicaca
LA PAZ
Cochabamba
Santa Cruz de la Sierra
Cuiabá
SERRA GERAL DO GOIÁS
Goiânia
Anápolis
BRASÍLIA
S. Francisco
SERRA DO ESPINHAÇO
Arequipa
Arica
Lago Poopó
ALTIPLANO
SUCRE
Potosí
Salar de Uyuni
Iquique
Tarija
Campo Grande
Belo Horizonte
Vitória
SERRA DO MAR
Calama
ATACAMA DESERT
PARAGUAY
Pedro Juan Caballero
Paraná
Paraguay
Campinas
Nova Iguaçu
TROPIC OF CAPRICORN
Antofagasta
Salar de Atacama
6739 Volcán Llullaillaco
Salta
CHACO
Bermejo
São Paulo
Santos
Rio de Janeiro
ASUNCIÓN
Curitiba
6862 Nevado Ojos del Salado
San Miguel de Tucumán
GRAN
Resistencia
Corrientes
Posadas
Uruguai
Florianópolis
Santiago del Estero
30°
La Serena
Salinas Grande
6959 Cerro Aconcagua
Córdoba
Santa Fé
Paraná
Salto
Rivera
Porto Alegre
Archipiélago Juan Fernández
Chile
Valparaíso
SANTIAGO
Rancagua
Mendoza
Rosario
Río Cuarto
URUGUAY
Mercedes
MONTEVIDEO
Talca
BUENOS AIRES
La Plata
PAMPA
Concepción
ARGENTINA
Colorado
Temuco
Mar del Plata
Bahía Blanca
Negro
SOUTH ATLANTIC OCEAN
Puerto Montt
CHILE
45°
Comodoro Rivadavia
0 km 300 600 900 km
PATAGONIA
Río Gallegos
Falkland Islands
UK
Estrecho de Magallanes
Punta Arenas
Isla Grande de Tierra del Fuego
Ushuaia
South Georgia
UK
Cape Horn
75°
60°
45°

Südamerika

A Planung, Vorbereitung, Wissenswertes

1. Überblick, An- und Rückreise

Vorüberlegungen

Radreisen in América del Sur erfordern mehr an Planung und Vorbereitung als Radreisen durch die Länder Nord- und auch Mittelamerikas. Wer mit dem Fahrrad durch südamerikanische Länder will, muss vor allem eines mitbringen: viel Zeit. Selbst ein halbes Jahr wird kaum ausreichen, um auch nur das Gros der schönsten oder interessantesten Dinge Südamerikas zu sehen. Wer weniger Zeit hat, braucht auf jeden Fall Mut zur Lücke und ein gutes Maß an Vorüberlegungen.

Südamerika vereint alle klimatischen und landschaftlichen Extreme unserer Erde, dementsprechend hoch sind die Anforderungen an Radreisende. Unterwegs wird es kaum ohne Enttäuschungen und deprimierende Stunden abgehen, doch eben die extreme Vielfalt dieses Kontinents, die absolut packenden Landschaften, die gastfreundlichen Menschen und deren Kultur entschädigen für den Entschluss, Südamerika mit dem Rad zu bereisen. Hier zunächst einige grundsätzliche Dinge für Radtouren in Südamerika (weitere wichtige Dinge im speziellen Panamericana-Kapitel auf Seite 286).

An- und Rückreise

Wegen eingeschränktem Freigepäck bei Direktflügen kann evtl. der An- und Weiterflug über Nordamerika günstiger sein, wo mehr Freigepäck erlaubt ist. Dort gilt bei Linienflügen in der Regel das 2-Piece-Concept, also p/pax zwei Gepäckstücke bis zu je 23 kg (das Fahrrad gilt jedoch heute nicht mehr generell als freies zweites Gepäckstück, s. dazu auf Seite 23f). Beachtet, falls ihr euch für diese Variante entscheidet, dass ihr euch dann dem amerikanischen ESTA-Verfahren unterziehen müsst (s. Seite 128) und dass die US-Immigration mittlerweile auch Transit-Reisende ihrer kompletten, sehr lange dauernden Ein- und Ausreiseprozedur unterwirft. Das Minimum zwischen Ankunft und Weiterflug sollte also bei drei Stunden liegen (besser vier), sonst verpasst man seinen Anschlussflieger. Wer mehrere südamerikanische Länder bereisen will: Einige europäische und südamerikanische Airlines bieten diverse Airpässe an, Details wissen Reisebüros.

Per Schiff

Auch die Reise mit Frachtschiffen ist möglich, z.B. mit Grimaldi-Lines ab Hamburg in vier Wochen nach Buenos Aires. Doch mit mindesten 1200 Euro ist eine Schiffsreise teurer als ein Flug! (Route und Preise unter *www.grimaldi-freightercruises.com*). Früher konnte man noch überarbeiten, z.B. bei der „Hamburg-Süd", von Buenos Aires und Brasilien aus, aber diese Zeiten sind wohl vorbei. Weitere Anbieter von Frachtschiff-Reisen sind: „Internationale Frachtschiffreisen Pfeiffer GmbH", Friedrich-Storck-Weg 18a, 42107 Wuppertal (*www.frachtschiffreisen-pfeiffer.de*), „Frachtschiff-Touristik Kapitän Zylmann GmbH", Exhöft 12, 24404 Maasholm (*www.zylmann.de*) und „Fachreiseagentur für Seereisen Kapitän Hoffmann", Seestr. 40, 23677 Scharbeutz (*www.frachtschiff-reisen.net*).

2. Die Anden, Klimate Südamerika

Geografie

Jegliche Radreiseplanung durch Südamerika beginnt an den geografischen Gegebenheiten der Reiseländer. Dabei sind in Südamerika neben den **Wüsten** (in Chile, Peru), den großen **Ebenen** (die Pampa und der Chaco in Argentinien und Paraguay) und dem **Amazonasbecken** in Brasilien besonders die **Anden,** die längste Bergkette der Welt, für das Vorhaben wichtig, denn diese Berge beeinflussen eine Route und einen Zeitplan erheblich. Hauptproblem in den Anden sind zum einen die oft unasphaltierten Straßen (obwohl sich da in letzter Zeit einiges getan hat), zum anderen der hohe Temperaturunterschied zwischen Tag und Nacht und die dünne Höhenluft. Auch steht es mit der Versorgung nicht immer zum besten.

Die Anden verlaufen in Bolivien und Peru hauptsächlich in zwei paralllen Ketten, der Cordillera Oriental und der Cordillera Occidental, dazwischen liegt das **Altiplano**, ein Hochland zwischen 3000 und 4000 m Höhe. Wer in den Anden nach Osten oder Westen will, muss jedesmal diese Ränder (sie sind bis zu 5000 m hoch!) übersteigen. Man unterscheidet fünf Anden-„Stockwerke": Die Tierra caliente, das heiße „Erdgeschoss", reicht bis etwa 1000 m Meereshöhe. Die Tierra templada, die gemäßigte Stufe, liegt zwischen ca. 1000 und 2000 m. Die Tierra fría, die kalte Stufe, erstreckt sich zwischen ca. 2000 bis etwa 3500 m Höhe, und die Tierra helada, die eisige Hochgebirgszone, liegt oberhalb von 3500 m. Mit der Schneegrenze bei ungefähr 4500 bis 5000 m beginnt dann die Tierra nevada, die Zone mit ewigem Schnee und Eis. Unterhalb der Schneegrenze, bis auf etwa 3000 m hinab, liegen die Páramos, karge Hochgebirgslandschaften von herber Schönheit (Ichu-Gras), sie sind besonders typisch für den tropischen Andenraum.

Klimatische Vielfalt

In Südamerika findet man alle extremen Klimaformen der Erde: Backofenhitze und Eiseskälte, extreme Trockenheit und tropische Schwüle, starke Stürme und dünne Luft. Typisch ist der oft unvermittelt schnelle Wechsel zwischen diesen Klimaten und Wetterlagen und auch die oft enge Nähe einzelner Klimazonen zueinander.

Bei einer Reise durch Südamerika immer zur besten Jahreszeit am richtigen Ort zu sein ist nur möglich, wenn man sich genügend Zeit lässt bzw. seine Reiseroute so plant, dass man dem besten Reisewetter einer Region nicht hinterher- oder vorausfährt. Die Extreme Feuerland bzw. **Patagonien,** die Anden und das Amazonastiefland sollten bei der Zeitplanung feste Eckwerte sein. Wer z.B. an die Südspitze Südamerikas will, muss vermeiden, im dortigen Winter herumzukurven (also im europäischer Sommer). Die **Andenländer** sind ungünstig von November bis April, und im **Amazonastiefland** sind die stärksten Regenfälle von November bis Juni. Mehr unter *www.klimadiagramme.de/index_5.html*.

3. Einreisebestimmungen, Sprachen, Sicherheit

Keine Visa

Die Einreisebestimmungen der südamerikanischen Länder sind für deutsche Passinhaber erfreulich liberal, d.h., mit einem noch genügend lange gültigen Reisepass reist man als Deutscher, Schweizer oder Österreicher derzeit durch alle Länder Südamerikas visumsfrei. Die genehmigte **Verweildauer** schwankt je nach Land zwischen einem und drei Monaten (meist drei), Verlängerungen sind meistens relativ problemlos zu bekommen. Nach den eigentlichen Grenzen gibt es in Südamerika in der Regel im Landesinneren nochmalige Straßenkontrollen. Ein Studentenausweis ist nützlich, er erlaubt vielerorts ermäßigte Eintritte. Beachtet die neuesten Impfvorschriften eurer Reiseländer (s. auf *www.fit-for-travel.de*) und nehmt den internationalen (gelben) Impfausweis mit!

Sprachen

Außer dem portugiesischsprachigen Brasilien wird in Südamerika fast ausschließlich Spanisch („Castellano") gesprochen (dabei gibt es von Land zu Land einige Unterschiede, was die Aussprache und den Gebrauch einzelner Castellano-Worte angeht). In Argentinien in der Gegend um Bariloche wird vielfach auch Deutsch verstanden, desgleichen in Chile um Osorno und Puerto Montt. In Bolivien und Peru spricht in weiten Landesteilen die alteingesessene Bevölkerung Quechua oder Aymará, in Paraguay ist noch das Guaraní verbreitet. **Ohne spanische Sprachkenntnisse ist Südamerika per Rad nicht zu bewältigen!** Nützlich ist der Kauderwelsch-Sprachführer „Spanisch für Lateinamerika", Reise Know-How. Für einzelne Länder gibt es weitere Kauderwelsch-Führer, die die lokalen Sprachbesonderheiten berücksichtigen.

Sicherheit

Das „kritischste" Land Südamerikas war jahrelang **Kolumbien.** Drogenmafia und erbitterte Kämpfe zwischen der Regierung und verschiedenen Guerilla-Organisationen auf der anderen Seite ergaben einen Gewaltcocktail, dem regelmäßig auch Reisende zum Opfer fielen (Entführungen). Doch in letzter Zeit hat sich die Lage wirklich entspannt, und der einst völlig darniederliegende Kolumbien-Tourismus verzeichnet deutliche Zuwachsraten – mehr dazu auf Seite 269. **In den Großstädten des ganzen Kontinents** schafft die Massenarmut Massenkriminalität, besonders bekannt dafür sind Caracas, Rio de Janeiro, São Paulo, Lima und etliche andere Städte mehr. Besondere Vorsicht auch in Hafenstädten, in und bei Tourismus-Zentren, wo trickreiche Einzelpersonen oder ganze Diebesgruppen arbeiten. Bekannt dafür ist z.B. Cusco in Peru. In potentiell gefährlichen Orten muss man alle Sinne beieinander haben, darf nicht auf Ablenkungsmanöver hereinfallen, Tricks werden oft auch mit Kindern, Alten, „Betrunkenen" und Frauen inszeniert. Diebstähle kommen oft auch bei Bus-Transfers in den Anden vor (Nachtfahrten, ungewohnte Höhe). Und dran denken: Die Polizei ist in Südamerika keineswegs immer „dein Freund und Helfer"! Auf evtl. Schmiergeldforderungen bei Unannehmlichkeiten muss man sich einstellen.

4. Unterkünfte, Verpflegung

Hotels, Hostales & Co.

In Südamerika gibt es in den allermeisten Ländern ein **großes Angebot an Unterkünften**, die Hotel, Hostal, Pensión, Residencial, Alojamiento oder Hospedaje heißen. Residenciales sind eine Art Ferienwohnungen, Apartments oder Bungalows, Cabañas sind Hütten oder Ferienhäuschen (oftmals auch mit Haken für die Hängematte; eine solche mitzuführen lohnt sich im Amazonasgebiet u.a. tropischen Tiefländern). Bezüglich des Komforts und der Sauberkeit muss man bei Budget-Unterkünften natürlich Abstriche machen. Spätestens nach einigen Nächten in zu kurzen Betten wird man zur schmerzhaften Erkenntnis kommen, dass die Einheimischen erheblich kleinwüchsiger sein müssen als der durchschnittliche „Gringo". Jugendherbergen (Albergues juveniles) und Backpacker's gibt es in Südamerika gleichfalls einige (Näheres dazu bei den einzelnen Ländern oder unter *www.hihostels.com* und *www.hostels.com*). Man kann auch versuchen, in Schulen, Kindergärten oder Missionen unterzukommen, auch private Einladungen sind je nach Land gang und gäbe.

Casas de Ciclistas

Eine Besonderheit in Südamerika sind die genialen Casas de Ciclistas; betrieben von radlerfreundlichen Zeitgenossen (der berühmteste davon ist Lucho Ramírez D'Angelo in Trujillo/Peru, s. unter *www.geocities.com/casadeciclistasperutrujillo*), die kostenlose Übernachtung in ihrem Haus gewähren. Keine Frage, dass man gerade dort auch immer auf Gleichgesinnte trifft – eine Liste findet sich auf *www.grenzenlos.ath.cx*, auf der Homepage der Lateinamerika-BikeBuch-Co-Autoren Igel und Paola (unter „Casas de Ciclistas").

Camping

Nur selten finden sich, mit Ausnahme von Argentinien und Chile, mit Einschränkung auch in Brasilien und Uruguay, kommerzielle **Campingplätze**. Dafür gibt es jede Menge Möglichkeiten für wildes Zelten. Doch Vorsicht im Einzugsgebiet von Großstädten, das kann gefährlich sein! Freies Zelten ist in Argentinien und Chile in der Regel problemlos, in den Andenländern und Brasilien ist eine gewisse

Vorsicht bei der Wahl des Standortes nicht verkehrt. Bitten zur Erlaubnis zum Zeltaufschlagen auf Privatgrund werden jedoch fast nie abschlägig beschieden werden. „Camping establecido“ ist ein „etablierter“, also angelegter Campingplatz, ein „Lugar para acampar“ ist ein Fleckchen zum freien Zelten. Öffentliche Gebäude, wie Schwimmbäder oder Sportplätze, sind meist durch Nachtwächter – Vigilancias – bewacht, oft werden sie euch in eurem Zelt gerne mitbewachen.

Verpflegung

Freut euch auf die besten Steaks der Welt in Argentinien, auf deftige Bohneneintöpfe (Feijoada) und tropische Früchte in Brasilien, auf wohlschmeckende Mais-, Reis- Geflügel- und Kartoffelgerichte, auf guten Wein, und auch Bier gibt es überall – Südamerika wartet mit kulinarischen Genüssen auf, nur in den Andenländern kann Schmalhans desöfteren Küchenmeister sein (probiert mal in Bolivien und Peru gebratenes Meerschweinchen – Cuy – und das Maisbier Chicha). Je nach Land und Entwicklungsstufe gibt es in allen Ländern sowohl genügend Straßen- und Marktküchen als auch Supermercados, wo ihr euch mit Nachschub eindecken könnt. Märkte findet man in ganz Südamerika. Billiges Tagesessen (Plato del día) in den Restaurants heißt mittags „Almuerzo“, abends „Cena“. In einigen Großstädten Südamerikas gibt es auch deutsche, Schweizer oder österreichische Bäcker, Metzger oder Lebensmittelläden, fragt danach (Botschaften, Landsleute, Auto-Traveller). Lang entbehrtes duftendes Schwarzbrot, eine frische Schinkenwurst und dazu ein kühles Bier können den ausgelaugten Südamerika-Radler wieder aufbauen! Rechnet in den Andenländern – bedingt durch Kälte, Höhe und schnellere Erschöpfung – mit hohem Kalorien- und Wasserverbrauch.

Einen **Kocher** und Kochgeschirr wird man mitführen müssen, ohne Selbstkochen sind die endlosen Strecken in Argentinien (Süden) und die Strecken durch die Andenländer nicht zu bewältigen. Benzinkocher sind am geeignetsten (Reinbenzin heißt in Südamerika Bencina blanca, engl. „White gas“, erhältlich in Ferreterías, Eisenwarengeschäften; Benzin für Autos ist Gasolina, bleifreies Benzin ist Sin plomo, zu Spiritus sagt man Alcohol). Man bekommt auch CampingGaz-Kartuschen in vielen Ländern Südamerikas, zumindest die üblichen Durchstichkartuschen für den „Bleuet 206“. Meistens sind das Fremdfabrikate, also nicht die originalen blauen von CampingGaz. Sie sind deshalb so gut erhältlich, weil viele Handwerker für ihre Lötlampen dasselbe System benutzen. Die moderneren Kartuschen mit Ventil wird man aber schwerlich finden, nur Durchstichkartuschen sind verbreitet.

5. Kultur, Lebensweise

Indianische Tradition trifft Moderne

Indígena in Cusco

Die Kultur Lateinamerikas ist durch die spanische bzw. portugiesische **Kolonialherrschaft** geprägt worden, in Großstädten ist der Einfluss aus den USA weiter zunehmend und unverkennbar. Stark **indianisch geprägte Regionen** mit traditionellen Bräuchen und Alltagskulturen trifft man nur noch in Bolivien und in einigen Teilen Perus, Ecuadors sowie im Amazonastiefland an, in den übrigen Ländern sind sie fast verschwunden oder sie werden von der nordamerikanisch-europäischen Lebensweise überlagert.

Die Hauptreligion Südamerikas ist fast ausschließlich der Katholizismus, der intensiver als in Europa gelebt wird. Vielfach haben sich auch traditionelle Glaubensvorstellungen mit dem Christentum vermischt oder werden nebeneinander praktiziert, wie z.B. bei den Indígena in den Andenländern. Das vielerorts fotoscheue Verhalten indigener Ethnien wurzelt u.a. in der überkommenen Glaubensvorstellung, ein Bild würde die Seele des Fotografierten rauben.

Nicht gleich allen Auskünften glauben! Den Latinos ist Hilfsbereitschaft wichtiger als sich durch evtl. Unkenntnis bloßzustellen. Immer mehrmals nach dem Weg fragen (natürlich verschiedene Personen). Latinos haben grundsätzlich auch eine andere Einstellung zur Zeit – die berühmte „Mañana"-Mentalität. „Mañana" heißt nicht nur „morgen", damit kann auch „übermorgen" oder „gar nie" gemeint sein ... Einfühlungsvermögen, Geduld und Höflichkeit braucht es immer im Umgang mit Behörden, Beamten und Uniformierten (besonders an Grenzen).

6. Gesundheit

Tropenkrankheiten

Vorgeschriebene Impfungen durchführen! **Gelbfieber** ist verbreitet im Amazonastiefland, einige Länder schreiben eine Impfung vor, z.B. Peru und Bolivien, wenn man aus Brasilien kommt. **Malaria** tritt in den tropischen Tiefländern und Höhenlagen bis ca. 2500 m auf, auch **Hepatitis** und **Dengüe** sind stellenweise verbreitet. Wie schon an anderer Stelle gesagt, zu allen Tropenkrankheiten unbedingt immer rechtzeitig vor Reiseantritt aktuelle Informationen besorgen, z.B. auf *www.fit-for-travel.de* oder bei der Deutschen Gesellschaft für Tropenmedizin (*www.dtg.mwn.de*)! In die **Reiseapotheke** kommen die üblichen Mittel gegen Schmerzen, Durchfall, Verletzungen usw. Medikamente sind in Südamerika wesentlich günstiger, die Apotheken sind gut bestückt, fast alles ist rezeptfrei erhältlich, auch Antibiotika. Das beste Medikament ist aber aktive Vorsorge: Fit sein, sich nicht überanstrengen, genügend essen und trinken! Die üblichen Tropen-Tabus beachten, die alte Regel „peel it, cook it, or forget it" hat immer noch Gültigkeit. Also keine Salate, kein Speiseeis und Eiswürfel, keine ungekochten Speisen, keine rohen Meeresfrüchte! Vorsicht auch mit unbehandeltem Wasser! Nehmt einen Keramik-Filter für trübes Wasser und Wasserentkeimungsmittel (Micropur, Certisil) für klares Wasser mit.

Höhenprobleme

Achtung vor der **Höhensonne** in den Anden! Immer ein starkes Sonnenschutzmittel auftragen, besonders auf die exponierten Hautstellen wie Handrücken, Nase, Gesicht – mit der UV-Höhenstrahlung ist nicht zu spaßen!

Aufpassen auch bei dem starken **Temperaturwechsel** von Tag und Nacht in den Andenländern – da holt man sich schnell eine Erkältung. Die Trockenheit in den Höhen oder in den Wüsten (Atacama) macht die Haut rissig und damit anfällig gegen eindringende Krankheitserreger. Über die Höhenkrankheit **Soroche** mehr bei Bolivien, s. Seite 257.

7. Rad und Ausrüstung

In Südamerika kann es in manchen Staaten vorkommen, dass der Drahtesel bei der Grenzüberschreitung in die Touristenkarte eingetragen wird. Grenzer wollen dann evtl. eine Rad-Nummer hören oder „Besitzpapiere" sehen; nennt die Rahmennummer oder prägt noch zuhause ein Metallschildchen und schraubt es an geeigneter Stelle ans Rad. Ein Fahrradpass (gibt es im Radladen) kann bei hartnäckigen Beamten eine Hilfe sein. Für die Andenländer ist ein Höhenmesser eine feine Sache (solange er funktioniert). 28er-Reifen und Schläuche sind in Südamerika weniger verbreitet, 26er sind überall erhältlich und die gängige Größe. Doch sind diese Reifen meist breiter als in Alemania (aber sehr robust!), deshalb noch vor der Abreise breitere Schutzbleche montieren.

Radgeschäfte gibt es in allen größeren Städten, die MTB-Welle hat längst auch Südamerika erfasst, in den Hauptstädten werden importierte Modelle angeboten und auch ein ordentliches Sortiment an Ersatzteilen. Im Hinterland sieht es jedoch oft mager aus, spezielle MTB-Ersatzteile deshalb von zuhause mitnehmen oder im Bedarfsfall schicken lassen.

Campingausrüstung, Zelte etc. findet man in Bergsteigerläden, z.B. in Peru in Huancayo, Cusco und Lima, in Chile in Santiago, in Argentinien in Mendoza, Salta und natürlich in Buenos Aires, in Ecuador in Quito. An Kleidung für tropische Gebiete leichte Baumwoll- oder besser Funktionskleidung einpacken, dazu einen leichten Leinenschlafsack. Für Berggebiete und Patagonien einen windfesten Anorak, einen warmen Fleece-Pullover und festes Schuhwerk, warme Unterwäsche und einen warmen Schlafsack für die eiskalten Andennächte in Bolivien und Peru. Warme Überkleidung kann man in diesen Ländern aber noch nachkaufen.

8. Geld, Post, Internetzugang

Südamerika ist überwiegend ein preisgünstiger Kontinent, nicht zuletzt durch die (weniger werdenden) Inflationsschübe in einigen Ländern. Das „South American Handbook" listet die bei seiner Drucklegung aktuellen Dollar-Wechselkurse in den einzelnen Ländern auf, und auch die sogenannten „Parallelkurse", die Schwarzmarkt- oder „freien" Kurse (daran kann man ersehen, welche Länder inflationsgeplagt und billig sind, in ihnen besteht eine Nachfrage nach Schwarzmarkt-Bar-Dollars). Tagesaktuelle Kurse liefern Online-Währungsrechner wie z.B. *www.oanda.com*.

Geldnachschub

Die **Reisewährung** Südamerikas ist der US$ (besonders bei Bargeld), doch in einzelnen Ländern zunehmend auch der Euro. Führende Kreditkarten, allen voran VISA und MasterCard, werden in Südamerika überwiegend akzeptiert, doch nicht in sehr billigen Geschäften oder Hotels. Kreditkarten sind jedoch für den Geldnachschub wichtig, **Geldautomaten** gibt es in vielen Groß- und touristischen Städten, man kann auch mit der EC-Maestro-Card „nachtanken" – Landeswährung in der Regel, aber manchmal kann man auch US$ herauslassen (ohne Gewähr, aber 2007 ging das z.B. in Peru, Argentinien und Uruguay). **Reiseschecks** sollten auf US$ ausgestellt sein, wobei die von American Express (wie weltweit) die bekanntesten sind und am ehesten akzeptiert werden. In extremen Notlagen sind auch Blitzüberweisungen mit der amerikanischen Western Union Bank möglich (s. Seite 55f), die in jeder größeren Stadt Niederlassungen bzw. Partnerfirmen hat.

Die **Reisekosten** sind schwierig zu bestimmen, weil jeder anders reist bzw. verschiedene Komfortansprüche hat. Wenn man ständig zeltet oder in billigen Pensionen übernachtet und sich auch überwiegend selbst verpflegt, sollte man mit ca. 700 US$ pro Person und Monat hinkommen (ohne Gewähr natürlich). Relativ billig sind die Andenländer.

Post

Funktioniert in beiden Richtungen ziemlich verlässlich, Beförderungszeit ca. 8-14 Tage. Wichtiges, auch Päckchen, per Einschreiben – „con certificado" – schicken. Auch Pakete lassen sich immer wieder (bevorzugt von Haupt- oder Hafenstädten) verlässlich per Schiffsfracht heimschicken (meist vorherige Zoll-Inspektion, checkt diesbezüglich die Angaben im South American Handbook). **Telefon** und Fax ist in fast allen Ländern von der Post getrennt. Ob ihr heimfliegenden Touristen wichtige Briefe und Filme mitgeben wollt, bleibt Ermessensfrage. Die Touristen sind heute eher sensibilisiert, was die Gefahren eines Kurierdienstes (Drogen!) betrifft; es sollen auch schon mitgenommenen Briefe nicht angekommen sein. Also lasst euch zumindest die Anschrift des hilfsbereiten „Kuriers" geben. Pakete nach Südamerika sind wegen Zollproblemen meist problematischer, aber nicht hoffnungslos – besser klappt es mit einem der weltweit tätigen Kurierdienste.

Internet

In jedem Touristenort, jeder Groß- und jeder Universitätsstadt und zunehmend auch in kleineren Städten findet ihr mittlerweile Internetcafés. Fragt einfach jüngere, westlich angezogene Leute in Restaurants oder Bars, die kennen meist das Café mit den schnellsten Verbindungen oder den modernsten Computern. Auch WiFI verbreitet sich zusehends. Checkt auch regelmäßig die Situation in den Nachbarländern, die ihr noch beradeln wollt, z.B. auf der Website des Auswärtigen Amts *www.auswaertiges-amt.de*). Andere hilfreiche Websites s. weiter unten.

9. Straßen, Städte, Transport

Immer mehr Asphalt

Die südamerikanischen Hauptverkehrsstraßen zwischen Großstädten und um die Ballungszentren sind meist asphaltiert, doch oft schlaglochverziert und mit unbefestigten Seitenstreifen. Die schlechtesten Straßen haben die Andenländer, dort gibt es über weite Strecken nur Wellblechpisten (Ripio) aus Schotter und Staub im Hochland und in Form von Erd- und Lehmpisten im Tiefland, die sich dann nach Regenfällen in Schmierseife verwandeln. Zwar hat sich in den letzten Jahren asphaltmäßig einiges getan, aber Geschüttel und Staub werden noch auf lange Zeit Begleiter nahezu jedes Rad-Toureros sein.

Fast der gesamte Güterverkehr Südamerikas rollt mit Lkw durch die einzelnen Länder, die Hauptstraßen sind voll davon. Abgebremst oder ausgewichen wird wegen einem Radfahrer selten, Rücksichtslosigkeit gegenüber den „kleineren" und „schwächeren" Verkehrsteilnehmern ist normal. Die Fahrbahn deshalb lieber räumen als auf seinem „Recht" bestehen. Ein Rückspiegel ist in Südamerika sehr wichtig! Die Einheimischen haben meist sehr wenig Ahnung vom Straßenzustand ein paar Kilometer weiter, Antworten wie „todo plano" (alles eben) oder „todo asfaltado" sind selbst in den Anden normal und entsprechen i.d.R. nicht den Gegebenheiten. Aber was soll's, so seid ihr wenigstens ein paar Kilometer in der Hoffnung weitergeholpert, dass es bald besser wird …

Alle südamerikanischen **Städte** sind geprägt vom Verkehrschaos! Besonders schlimm sind Rio de Janeiro, São Paulo, Bogotá, Lima, Caracas, Santiago de Chile und noch einige andere mehr. Um in den Millionenstädten Südamerikas sicher und schnell ins Zentrum oder wieder rauszukommen, empfiehlt es sich, sich genau über die Route und die Sicherheit der durchradelten Stadtviertel zu informieren oder gleich einen Bus zu nehmen. Ansonsten sind die allermeisten Städte im Schachbrettmuster erbaut, das Zurechtfinden ist weniger ein Problem (nur teils das Finden von Adressen, dazu die Hinweise in den Reiseführern beachten).

Transport

Während in Afrika oder Asien das Fahrrad als alltägliches Verkehrsmittel in allen Ländern im Einsatz ist, trifft man es in Südamerika nur wenig oder kaum an. Der Personen- und Warentransport geschieht mit Bussen, Lastwagen und Pickups, Privatautos sind (zumindest in einigen Ländern) einer privilegierten Minderheit vorbehalten. Eine Fahrrad-Ausnahme bildet Kolumbien, wo an Sonntagen in der Hauptstadt Bogotá ganze Straßen gesperrt und für Radfahrer, Fußgänger und Skater freigegeben werden („Ciclovias dominicales"). Auch in Buenos Aires gibt es sonntags solche Radlerzonen.

Bei den einzelnen Ländern sind jedesmal auch die wichtigsten **Eisenbahnen** aufgeführt. Die abenteuerlichsten Linien über die Anden sind langsam, schmutzig – doch unvergesslich. Leider wurden wie überall auf der Welt schon etliche Bahnen stillgelegt. Doch bei den verbliebenen lohnt es sich, sie in die Reiseroute mit einzuplanen. **Busse** gibt es in Südamerika in so großer Zahl, dass man immer auf einen umsteigen kann. In Langstrecken-Super-Bussen, wie sie durch z.B. Brasilien, Argentinien oder Chile fahren, ist allerdings die Radmitnahme nur selten möglich, mit dem Rad muss man schon mit der 2. Klasse vorlieb nehmen. Das Rad wird dann zu den Kisten und Bananenstauden aufs Dach gepackt …

Aber auch **Radtrampen** ist möglich. Vor allem in abgelegeneren Gebieten (Patagonien, Anden) sind die Pickup-Fahrer sehr hilfsbereit und bieten oft schon „aus Mitleid mit dem armen Radler" von sich aus eine Mitfahrt an. Meist müsst ihr euch mit einem Plätzchen auf der kalten und staubigen Ladefläche begnügen. Ansonsten fragt die Lkw-Fahrer in den Fernfahrerkneipen oder an den Tankstellen der Ausfallstraßen, meist wird dann aber auch eine Benzinkostenbeteiligung erwartet.

10. Sonstige Tipps, Fotografieren

Duschen und Waschen

Während in tropischen Ländern das Duschen selten ein Problem ist, kann es in den Andenländern schon einige Zeit dauern, bis ihr wieder mal den Altiplano-Staub abspülen könnt. Dort gibt es in den Dörfern und Städten Bade- bzw. Dusch-Anstalten (Balnearios oder **Baños públicos**), fragt danach (Clevere nehmen ihre Schmutzwäsche in einem Eimer mit in die Dusche und erledigen so gleich ihre Wäsche). Vorsicht vor den in Südamerika gebräuchlichen Elektro-Duschkopf-Durchlauferhitzern! Nie den Duschkopf berühren, diese Dinger sind lebensgefährlich!

Auch Truckstops haben oft einfache Duschen, in Brasilien heißen sie Postos, in Chile Rutacentros, in Argentinien sind das die ACA-Tankstellen. In den Städten gibt es auch Wäschereien, doch Münzwaschsalons (Lavanderías automaticas) nur in wenigen Ländern, z.B. in Brasilien. Achtung vor dem Sprung ins kühle Nass: Viele tropische Seen sind Bilharziose-verseucht!

Abendprogramm

Wegen den langen, einsamen Strecken (z.B. in Patagonien, auch in den Anden) ist die Mitnahme eines kleinen, leichten Weltempfängers keine schlechte Idee. Die „Deutsche Welle" und der BBC mit seinem „World-Service" sind abends meist gut zu empfangen, Sendefrequenzen unter *www.bbc.co.uk/worldservice* und *www.dwelle.de/dw/empfang/radio/Welcome.htm*.

Wer die Sternbilder des prachtvollen südlichen Sternenhimmels (Anden!) genauer kennenlernen will, packt eine Sternkarte von der südlichen Hemisphäre mit ein. Und Achtung, zur Orientierung: Die Sonne steht am Mittag in Südamerika in Ländern südlich des Wendekreises im Norden, nicht im Süden! Nicht verwirren lassen!

Fotografieren

Südamerika bietet die tollsten Fotomotive, die schönsten Bilder kann man in der klaren Luft der Andenländer machen. Filme sind in Südamerika teurer als bei uns, das Angebot an Diafilmen ist zudem wesentlich geringer, und diese „Raritäten" haben ihren Preis! Schnellentwicklung von Negativfilmen für Papierbilder ist in vielen Städten möglich. Digitalfotos kann man bereits in sehr vielen größeren Städten und Touri-Zentren auf CD brennen lassen, in Cusco z.B. an jeder Ecke. Nehmt zum Nachladen der Akkus ein Ladegerät mit, das auch mit 110 V arbeitet; die Stromspannung ist nicht in allen Ländern einheitlich. Allgemein gilt in Südamerika: Keine militärisch aussehenden Dinge aufnehmen (sofern Polizei oder Militär um den Weg)! Und seid beim Fotografieren von Einheimischen rücksichtsvoll, vorher fragen („me permite?").

11. Rundreise-Vorschlag

Wer die südamerikanischen Länder allgemein kennenlernen will, der wird oder der kann sich eine andere Route zusammenbauen als derjenige, der Südamerika z.B. auf der Panamericana von Nord nach Süd bzw. von Süd nach Nord durchradelt. Hier ein Rundreise-Vorschlag, der je nach Interessen und Zeit an jedem Punkt abgewandelt werden kann. Details dazu stehen bei den einzelnen Ländern (vergleicht dazu auch die Routen der aufgeführten Radreisebücher oder Weblinks).

Fast alle Highlights

Der kürzeste Weg von Europa nach Südamerika (so fuhren in den 30er-Jahren schon die Zeppeline) ist nach Recife in **Brasilien.** Von da die Ostküste runter bis nach Buenos Aires. Wer die Iguaçu-Wasserfälle sehen will, biegt schon vorher im Süden Brasiliens ab, danach geht es weiter durch die argentinische Provinz Misiones. In **Argentinien** wendet man sich nach Westen, überquert die Anden nach **Chile.** Chile ist zwischen Puerto Montt und Santiago de Chile für Radtouren gut geeignet und bietet einiges. Von Santiago nun entweder auf der Panamericana bis nach Peru, doch da diese Strecke fast nur durch wüstenhaftes Gebiet führt, ist es besser, wieder über die Anden nach Argentinien zu kurbeln und dann, am Osthang der Andenberge, weiter hoch bis nach **Bolivien**. Im bolivianischen Hochland ist die Luft zwar dünn und die Straßen sind überwiegend schlecht, doch dafür erlebt man mit der Kultur der Hochland-Indígena ein ganz neues Südamerika.

Wer in Chile bis nach **Peru** hochradeln will, kann entweder über einen der bei Chile beschriebenen Andenpässe ins Hochland vordringen oder erst über Arequipa nach Juliaca/Puno und zum Titicacasee; von dort besucht man La Paz, Cusco und Machu Picchu.

Um von Bolivien wieder zurück an die **Ostküste** Südamerikas zu gelangen gibt es zwei Möglichkeiten: Entweder man fährt runter bis Salta in Nordargentinien und von da in einer mehr oder weniger großen Schleife bis Buenos Aires bzw. bis Rio de Janeiro. Oder man fährt vom bolivianischen Hochland ins tropische Tiefland nach Santa Cruz, von da geht eine Bahn bis zur brasilianischen Grenze, dann weiter durch den wasser- und tierreichen Pantanal in Richtung São Paulo oder Rio. Wer einen Gabelflug Recife/Rio gebucht hat, kann dann von Rio de Janeiro wieder zurück nach Deutschland fliegen. Natürlich könnte man auch direkt nach Rio fliegen und von dort auch wieder zurück. Auf dieser Rundreise lernt man so ziemlich alle Kulturen und Hauptsehenswürdigkeiten des Kontinents kennen.

Zeitrahmen

Januar/Februar/März in Brasilien und Argentinien (sehr heiß, doch es gibt Strände und den Karneval), April in Chile (angenehm), Juni/Juli im bolivianisch/peruanischen Hochland (die beste Zeit), August/September wieder Argentinien und Brasilien (angenehm).

Wer die Reise umgekehrt machen will: Mai/Juni in Brasilien (nicht so heiß), Juli und August im Andenhochland (beste Zeit), September in Chile (angenehm), Oktober/November in Argentinien (warm, beginnender Sommer). Viel Freude bei der Planung!

12. Bücher, Karten, Internet-Infos

Rad- und Reiseführer

Wie schon bei Mittelamerika erwähnt: Standardwerk und unverzichtbar auch für alle Südamerika-Radler ist das **Lateinamerika BikeBuch** von Thomas Schröder und Raphaela Wiegers, Reise Know-How. Der 696-Seiten-Wälzer mit nahezu 100 detaillierten Tourvorschlägen lässt kaum Fragen offen, wird laufend und gewissenhaft über *www.bikeamerica.de* aktualisiert (LABB Update anklicken) und ist deshalb stets auf dem allerneuesten Stand. Nebenbei: Bei den Updates findet ihr jetzt sogar Routenbeschreibungen durch die selten beradelten drei Guyanas – damit bleibt auch für Rad-Toureros kein weißer Fleck mehr auf der südamerikanischen Landkarte! Auf der genannten Homepage gibt es auch eine Leseprobe und das Inhaltsverzeichnis des Buchs.

Ein weiteres Standardwerk, das Pendant zur Central-America-Ausgabe, ist das **South American Handbook** aus der Reihe „Footprint Handbooks“ (*www. footprintbooks. com*). Über 1500 Dünndruck-Seiten, jährlich neu, auch kleinere Bände für einzelne Länder erhältlich. Ähnlich gut sind die Bücher von **Let's Go** (*www.letsgo.com*), die Südamerika allerdings nur gebietsweise abdecken. Eine Auswahl an **Länder-Reiseführern** haben wir bei den jeweiligen Länderkapiteln gelistet. Achtet beim Kauf vor allem auf Aktualität und Informationsgehalt! Reise Know-How (*www.reise-know-how.de*) hat nahezu für jedes Land ein Buch im Programm, sehr gut generell auch die Veröffentlichungen von **Lonely Planet** (*www.lonelyplanet.com*). Es ist kein Zufall, dass man diese Führer überall sieht. Zum Thema **Reisebschreibungen** findet ihr eine Aufstellung empfehlenswerter Bücher nach dem Panamericana-Kapitel auf Seite 293f.

Karten

Die drei ITM-Südamerika-Karten Nordwest, Nordost und Süd (153, 154 u. 155) im Maßstab 1:4 bzw. 1:2,8 Mio. dürften derzeit die besten **Übersichtskarten** von Südamerika sein und sind für die Grobplanung einer längeren Tour gut geeignet. Zu allen Ländern existieren dann detailliertere **Straßenkarten**, die hier im Buch in den einzelnen Länderkapiteln aufgeführt sind und die man sich am besten schon daheim im Buch- oder im Versandhandel besorgt (bei Expeditionsausrüstern wie z.B. Därr in München, *www.daerr.de*, oder bei Spezialfirmen wie *www.Karten-Schrieb.de*). In Südamerika kann man Karten bei den Automobilclubs, an Tankstellen und in Buchhandlungen kaufen, die sind aber oft recht ungenau und kaum tourentauglich (Ausnahme Chile). Gut und brauchbar sind neben den Landeskarte von Reise Know-How (World Mapping Project) auch die Länderkarten von Berndtson & Berndtson, die neuerdings unter dem Namen Borch erscheinen (*www.borch.com*), und von Nelles (*www.nelles-verlag.de*).

Planst du Touren in entlegene Regionen wie in den Chaco in Paraguay oder ins Amazonas-Tiefbecken, solltest du die Anschaffung von so genannten **ONC- bzw. TPC-Fliegerkarten** (Maßstab 1:1 Mio. bzw. 1:500.000) in Erwägung ziehen, auch **sowjetische Generalstabskarten** gibt es im Versandhandel in Maßstäben von 1:1 Mio. bis 1:200.000; sie decken ganz Lateinamerika ab. Die Geländedarstellung ist auf diesen Karten überaus exakt, dagegen entspricht die Infrastruktur (Straßen und Ortschaften) in aller Regel nicht dem neuesten Stand. Erhältlich sind sie z.B. bei Därr, s. oben. **Vektorielle Karten** für die GPS-unterstützte Südamerika-Tour (laufen auf Garmin-Geräten) gibt es mittlerweile auch einige: Siehe *www.gps.com.ar* und *http://viajerosmapas.com/index.html* und *http://viajerosmapas.com/ViajerosMap_Instalador_V20071101.zip*. Letztere decken die Anden vom Raum Lima / Peru bis Südchile ab und sind beliebig bis auf Stadtplangröße skalierbar. Download kostenlos! Auch auf *www.proyectomapear.com.ar* gibt es Garmintaugliche Karten in hoher Genauigkeit, derzeit für Argentinien, Chile, Paraguay und Uruguay. Bolivien ist in Arbeit und wird demnächst folgen (Stand Ende 2009).

Internet-Infos

Hier eine kleine Auswahl an Webseiten, aus denen ihr euch allgemein über Südamerika informieren könnt (mehr dann bei den entsprechenden Ländern): Auf *www.transamazon.de* gibt es unter „South America Bicycle Links" die wohl beste und umfassendste Linkliste zu Südamerika-Radtouren. Das „Latin American Network Information Center" der University of Texas (*www.lanic.utexas.edu*) hat eine hervorragende Liste englisch- und spanischsprachiger Links zu allen möglichen Themen, sortiert nach Ländern und ergänzt durch eine Suchmaschine für spezielle Fragen. Sehr empfehlenswert! Auf der Seite der Menschenrechtsorganisation „Resource Center of the Americas" (*www.americas.org*) findest du nach Ländern sortierte Nachrichten zu Umweltfragen, der Situation der Ureinwohner, dem Drogenkrieg u.a.m. Dann die Internet-Enzyklopädie *www.wikipedia.org* mit erstaunlich viel Wissenswertem zu nahezu jedem Thema (Portal „Südamerika" anklicken). Bis zu einem gewissen Grad informativ ist auch die gewerbliche Seite *http://gosouthamerica.about.com*. Und unter *www.saexplorers.org* informiert der South American Explorers Club (Sitz in New York, Clubhäuser in Quito, Lima und Cusco). Diese sehr nützliche Organisation bietet übrigens eine breite Palette von Dienstleistungen für Südamerika-Reisende – Reiseberichte, neueste Infos, Gepäckaufbewahrung und eine vierteljährlich erscheinende Clubzeitung. Mitglied werden lohnt sich!

Buen viaje durch ganz Südamerika!

B Länder-Infos, Reiseteil

Argentinien

I. Planung, Vorbereitung, Wissenswertes

Überblick

Ein Land mit sehr großen Ausdehnungen, die Nord-Süd Distanz beträgt ca. 3700 km, die von Osten nach Westen 1500 km! Argentinien ist in erster Linie ein Agrarland, und es weist mehrere grundverschiedene, vielgestaltige Landschaften auf: Im Westen ragt die Gebirgskette der **Anden** empor, im Nordosten erstreckt sich der flache **Gran Chaco** mit Trockenwäldern und auch Sümpfen (Strecke Salta – Resistencia: Sommers sehr heiß; viele Dornen!). Sümpfe (und viele Stechmücken) gibt es auch zwischen den beiden Flüssen Paraná und Uruguay, in Mesopotamia. Zwischen Brasilien und Paraguay liegt die interessante, besuchenswerte Provinz Misiones (Jesuitenreduktionen und Iguazú-Wasserfälle).

Im Kernland und im Südosten erstreckt sich die **Pampa,** das ist die Hauptlandschaft Argentiniens: Eine über weite Strecken menschenleere, baumlose und endlos scheinende Grasebene, auf der die berühmten Steak-Produzenten weiden. Für Radfahrer bietet die Pampa oft einsame und monotone Ödnis, in der alle 80 bis 150 km eine kleine Ansiedlung auftaucht. Hinzu kommt noch starker Wind, der das ganze Jahr über bläst. Gebietsweise, vor allem im Osten des Landes, radelt man aber auch durch Alleen, vorbei an kleine Seen und an Ackerland – die Pampa ist nicht nur die Fleisch-, sondern auch die Kornkammer Argentiniens. Im Süden liegt dann das fast menschenleere **Patagonien,** die Fortsetzung der Pampa, nur dass dort statt der Rinder Schafe gezüchtet werden. Manche der Estancias sind über 100.000 Hektar groß! In Patagonien steigert sich der tägliche Pampero meist zum Sturm (mehr über El Sur und **Feuerland** weiter unten).

Das Straßennetz Argentiniens ist, mit Ausnahme Westpatagoniens entlang den Anden, gut bis sehr gut ausgebaut, der Verkehr außerhalb der Städte und Ballungszentren dünn, die Autofahrer vergleichsweise wenig aggressiv. Hauptballungsraum ist Buenos Aires, dort – wie immer in Haupt- und Hafenstädten – vorsichtig sein!

Der überwiegende Teil der Argentinier ist italienischer und spanischer Abstammung, es gibt auch sehr viele Deutschstämmige. Die Zahl der indianischen Urbevölkerung (z.B. Guaraní) ist sehr gering.

Einreise, Geld, Infos

Für 90 Tage Aufenthalt brauchen Bürger aus D, CH und A kein Visum; die Aufenthaltserlaubnis ist um weitere 90 Tage verlängerbar.

Währung ist der Peso. Der war einst sehr stark, glitt durch die Hyper-Wirtschaftskrise 2002 in Inflationsturbulenzen, hatte sich aber bereits nach zwei Jahren gut erholt und ist jetzt recht stabil. Reisewährung ist der US$. Kreditkarten verbreiten sich immer mehr, auch in kleinen Städten gibt es Bankautomaten. In Großstädten kann man oft auch US$ aus den Automaten ziehen. Reiseschecks werden auf dem Land nicht immer akzeptiert.

Info-Stellen in Europa: Tourismusabteilung der Argentinischen Botschaft in Berlin, Florastr. 12, 12163 Berlin (*www.argentinische-botschaft.de*). Aerolíneas Argentinas (*www.aerolineas.com.ar*), Frankfurt Airport Center, Hugo-Eckener-Ring D 4-15, 60549 Frankfurt. Die Airline hat auch Vertretungen in Wien und Zürich. In Argentinien: Centro de Información Turística, Avenida Santa Fé 883 oder Avenida Callao 237, Buenos Aires (*www.turismo.gov.ar*). Automóvil Club Argentino ACA, Av. del Libertador General San Martín 1850, Buenos Aires (*www.aca.org.ar*). In Argentinien gibt es in jedem wichtigen Ort eine Dirección de Turismo. Die beste Infoquelle sind, wie immer, andere Traveller.

Reisezeit, Winde

Die große Nord-Süd-Ausdehnung und die unterschiedlichen Höhenlagen bewirken in Argentinien eine große Vielfalt unterschiedlicher Klimazonen. Die Mitte und der Norden des Landes sind reisegünstig von Oktober bis April. Touristen-Hochsaison ist Januar und Februar. Sehr heiß und schwül wird es in den subtropischen Gebieten (Chaco, Formosa, Misiones) und im Einzugsgebiet der Flüsse Paraná und Uruguay (Buenos Aires) von November bis März.

Dauernd starke **Winde** wehen in Patagonien und in der Pampa, sommers fegen sie vorwiegend vom Süden (bzw. Südwesten) nach Norden und bewirken oft starke Temperaturstürze. Sie steigern sich nachmittäglich, deshalb möglichst immer früh losfahren, wenn es noch ruhiger ist.

In Patagonien. Hoffentlich die richtige Fahrtrichtung gewählt!

Für den Süden gilt: je südlicher, desto kühler. Günstig in Patagonien ist es von Dezember bis Februar, doch gibt es immer starke Winde. Sehr schlecht sind April bis Oktober, dann Kälte, Winde nicht ganz so stark wie im Sommer, dafür Schnee. Auf Feuerland ist die Kühle erträglich im Dezember und Januar.

Übernachten, Verpflegung

Camping ist in Argentinien sehr verbreitet, im ganzen Land gibt es Campingplätze, von einfachst bis traumhaft. Die ACA-Campplätze sind meist gut. Daneben viele öffentliche, kostenlose Plätze („permitido acampar – campieren erlaubt"), auch ACA-Tankstellen haben oft einen Campplatz und Duschen. In der Pampa ist wildes Campen nicht immer einfach, denn sie ist wegen den Viehherden eingezäunt. Warme Duschen gibt es bei den städtischen Bädern, manchmal auch an Tankstellen.

Übernachtungsquartiere gibt es auch recht viele, irgendetwas findet man fast in jedem Dorf. Einfache (Familien-)Pensionen heißen Residenciales, Hosterías oder Hospedajes, auf Schilder achten. Jugendherbergen gibt es rund 20, hauptsächlich in den touristischen Orten im Süden (Bariloche, El Bolson, El Calafate etc., aber auch in Buenos Aires oder Mar del Plata). Hostelliste online: *www.hostels.org.ar*. Anschrift: Red Argentina de Alojamiento para Jóvenes (RAAJ), Florida 835, 3rd Floor, Of. 319b, C1005AAQ, Buenos Aires, Argentinien.

Essen: Es gibt viele Restaurants, doch nicht so viele Märkte wie in anderen südamerikanischen Ländern. Spezialität Argentiniens und Grundlage fast jeder Mahlzeit ist Asado, gebratenes Rindfleisch (Lomo und Bife de Chorizo sind die besten Stücke!) oder auch Hammel bzw. Lamm (Cordero) – das verleiht wieder Kalorien gegen den Wind! Parillada ist eine Grillplatte. Dazu einen der sehr guten Rotweine trinken! Fisch gibt es viel an der Atlantikküste. Vor allem in den großen Städten haben auch die zahlreichen italienischen Einwanderer ihre höchst positiven gastronomischen Spuren hinterlassen. Weißbrot und süßes Gebäck sind vielleicht die besten in ganz Südamerika!

Probiert auch Queso con Dulce, argentinischen Käse mit Quittenmarmelade, Dulce de Leche, eine Karamelcreme, und Yerba Maté, den bitteren Tee der Gauchos! In Patagonien sind Lebensmittel teurer als weiter nördlich. Lust auf Vollkornbrot und Schinkenwurst? Dann steuert Villa General Belgrano an (südlich von Córdoba), eine Gründung deutscher Einwanderer. Und in San Carlos de Bariloche verkaufen Delikatessenläden europäische Lebensmittel. Von Argentinien keine Lebensmittel bzw. Früchte nach Chile mitnehmen, sie werden konfisziert.

Fahrrad, Ausrüstung

Das gute Straßennetz Argentiniens erfordert kein besonderes Rad, doch die hohen Passstraßen eine gut untersetzte Gangschaltung. Wer die unbefestigten Straßen in Patagonien zu fahren gedenkt, muss breitere Reifen aufziehen. Speziell für Touren nach Patagonien ist ohnehin eher ein MTB zu empfehlen. Gute argentinische Fahrradmarke: Zenith (*www.zenithbicycles.com*), Reifenfirma: Imperial Cord. In Buenos Aires gibt es eine größere Anzahl an Fahrradfachgeschäften, siehe dazu *www.paginasamarillas.com.ar*, die teilweise gute Shimano-Teile haben; die national gefertigten MTB-Ersatzteile sind oft minderwertig und teuer. Die übrige Ausrüstung muss regen- und windfest sein (siehe auch bei „Chile"). CampingGaz-Kartuschen sind in größeren Städten erhältlich, nicht ganz so leicht allerdings wie im benachbarten Chile.

Transport

Flug: Die LADE (*www.lade.com.ar*) ist die zivile Fluggesellschaft der Luftwaffe, die meist mit kleinen Propellermaschinen vor allem Orte in Patagonien und Feuerland anfliegt. Flüge müssen früh gebucht werden, nicht unbedingt zuverlässig! Es gibt aber eine ganze Reihe von (zuverlässigeren) Alternativen wie Kaikén Líneas Aereas, Inter Austral u. a. Aber auch hier gilt: Früh zum Einchecken erscheinen, da die Flüge notorisch überbucht werden. In den Sommer- und Schulferien (Dezember bis Februar) sind viele Flüge schon Monate im voraus ausgebucht.

Bahn: Argentinien hat das größte Bahnnetz aller südamerikanischen Länder, doch nach Abgabe der Zuständigkeit an die jeweiligen Provinzen wurden die meisten Linien, auch die internationalen nach Chile und Bolivien, eingestellt bzw. es fahren dort keine Personenzüge mehr. Ausnahme: Ein Luxus-Zug geht noch von Bariloche nach Bahía Blanca an der Atlantikküste, und der berühmte Patagonien-Schmalspur-Express (*www.latrochita.org.ar*) dampft als Touristenattraktion die 165 km von Esquel nach El Maitén. Im Nordwesten fährt der „Tren a las Nubes" („Zug zu den Wolken", *www.trenalasnubes.com.ar*) als Ausflugszug von Salta nach Polvorilla.

Bus: Zahlreiche Busgesellschaften bedienen alle Städte des Landes, auch Überlandbusse, hohe Qualität. Fahrradmitnahme auf den Fernstrecken nicht immer ganz einfach, meistens wird ein Karton verlangt – aber man ist ja in Südamerika!

Schiff: Fähren von Buenos Aires nach Uruguay, s. dort („Buquebus", *www.buquebus.com*); Passagierboote nach Chile, z.B. auf der „Drei-Seen-Route" von Llao Llao (bei Bariloche) – Lago Nahuel Huapí – Lago Frias – Lago Todos los Santos nach Petrohué (*www.crucedelagos.cl*).

Bücher, Karten, Interet

Das **Lateinamerika BikeBuch** enthält 22 Touren zu Argentinien und Chile, darunter alle wichtigen Andenpässe. **Reiseführer:** Jürgen Vogt: „Argentinien", Reise Know-How, mit Infos auch zum chilenischen Teil von Patagonien und Feuerland. Wayne Bernhardson: „Argentina, Uruguay & Paraguay", Lonely Planet. Sehr gut als Auszug aus dem South American Handbook ist das „Argentina Handbook" von Footprint Publications. Ein kombinierter Reise- und Wanderführer: „Backpacking and Hiking in Chile & Argentina", von Tim Burford, Bradt-Verlag. Kauderwelsch-Sprachführer: „Spanisch für Argentinien", Reise Know-How. Fürs Auge: Polyglott-APA-Guide „Argentinien" und Geo-Special „Argentinien".

Karten: Reise Know-How Karte „Argentinien", 1:2 Mio.; ITM Travel Map, 1:4 Mio.; Berndtson „Argentina", 1:3,8 Mio.; Nelles-Karten „Northern Argentina & Uruguay" und „Southern Argentina & Uruguay", jeweils 1:2,5 Mio. In Argentinien gibt es von AUTOMAPA die Karte „Rutas de la Argentina", 1:2,5 Mio. Neben der staatlichen Ölgesellschaft YPF gibt auch der argentinische ADAC, der ACA, gute Karten heraus. Der Club hat in jeder größeren Stadt ein Büro. Mit einem ADAC-Ausweis bekommt man Rabatt, auch bei den ACA-Campingplätzen. Es gibt auch recht ordentliche, detaillierte ACA-Regionalkarten (Hoja de Zonas).

Internet: Die Webseite *www.argentinatravelnet.com* führt eine Vielzahl von Links auf, sortiert nach Regionen und Provinzen. Empfehlenswert! Weitere Links findet man unter *www.reiselinks.de/argentinien.htm*. Landeskundliche Informationen gibt es sehr nett unter *www.suedamerika.info/argentinien/landesinfo.php*. Auf der Seite der Vialidad gibt es Infos zu Straßenzuständen und -sperrungen; ganz brauchbar für die hohen Andenpässe (*www.vialidad.gov.ar*, über „Dirección Nacional de Vialidad" und „Estado de Rutas"). Und natürlich die Seite der Argentinischen Botschaft, siehe oben.

II. Ziele, Routen, Strecken

Touristische Schwerpunkte

Bariloche (Touristenort, die „Schweiz Argentiniens") und die Gegend südlich davon (El Bolson, Esquel); Patagonien und Feuerland, dabei der Perito-Moreno-Gletscher und der (zu Chile gehörende) Torres-del-Paine-Nationalpark; Halbinsel Valdés (Tierkolonien, auf der Fahrt zwischen Buenos Aires und Feuerland); Badeorte am Atlantik (Mar del Plata, verzichtbar); die Provinz Misiones (sehr schöne Jesuiten-Reduktionen, z.B. San Ignacio, viele Deutschstämmige); Iguazú-Wasserfälle (das ist *die* Attraktion, geteilt zwischen Argentinien und Brasilien, die Fälle von beiden Ländern aus ansehen); die nordwestliche Andenregion mit der Provinz Jujuy und der Stadt Salta (sehr sehenswert, altes Inka-Kulturland, farbige Felsen um Humahuaca und Purmamarca). Mendoza ist Zentrum für Wein- und Obstanbau, Tucumán für Zuckerrohr, Córdoba hat viele Kolonialbauten und eine reizvolle Umgebung. Und, last but not least: Buenos Aires ist eine sehr angenehme Stadt mit etlichen Sehenswürdigkeiten, durchaus einen mehrtägigen Aufenthalt wert.

Alles zu sehen wird kaum möglich sein, doch wenn man es möchte und die Zeit hat, könnte man evtl. in die Routenplanung auch Flugzeuge (Airpass) und Busse mit einbeziehen.

Buenos Aires, am Puerto Madero

Überlandrouten, Weiterfahrt Nachbarländer

Es gibt in Argentinien zwei große Nord-Süd-Verbindungen: Die erste führt entlang der Anden-Ostseite von der bolivianischen Grenze bis Feuerland – das ist die legendäre **Ruta 40** (die allerdings nördlich von Mendoza teilweise unterbrochen ist bzw. durch Neubaustrecken an Bedeutung verloren hat), die zweite Längsverbindung verläuft von der brasilianischen Grenze (Iguazú-Wasserfälle) nach Buenos Aires, dann entlang der Atlantikküste gleichfalls bis nach Feuerland, ab Buenos Aires ist das die **Ruta 3**.

Nach Bolivien geht es über Salta, Jujuy zum Grenzort La Quiaca. Dauer-Anstieg. Östlich davon: San Pedro – San Ramon – Bermejo (nicht zu verwechseln mit dem gleichnamigen Grenzpass nach Chile) und Tartagal – Yacuiba.

Nach Paraguay über Formosa nach Clorinda / Asunción (Puente Romanso Castillo, für Radler freigegeben), oder über den Río Paraná von Posadas nach Encarnación (Puente San Roque, für Radler gesperrt, ggf. Pickup- oder Lkw-Fahrer nach Lift fragen). Auch unregelmäßige Schiffe von Buenos Aires nach Asunción.

Nach Brasilien oder von dort am besten durch die Provinz Misiones über die Iguazú-Wasserfälle (Puerto Iguazú). Ein Übergang weiter im Süden wäre Paso de los Libres – Uruguaiana am Río Uruguay.

Nach Uruguay viele Grenzstellen, die südlichste ist Gualeguaychú – Fray Bentos, auch Fährschiffe von Buenos Aires nach Colonia del Sacramento, Montevideo und Piriápolis (s. oben).

Nach Chile ist der Hauptübergang bei Mendoza der Bermejo-Pass, doch es gibt einige Übergänge mehr (siehe bei Chile, „Andenpässe“). Die höchsten und schwierigsten Pässe nach Chile (Höhe zwischen 4000 und 5000 m) liegen zwischen Mendoza und Salta. Diese Pässe sind für Radler alle sehr schwierig; doch es gehen auch Busse von Salta nach San Pedro de Atacama. Kein Durchgangszug mehr von Salta nach Antofagasta, der „Tren a las Nubes“ von Salta nach Polvorilla bringt für Radler nicht viel.

Patagonien und Feuerland

Patagonien, die Südspitze Südamerikas, wird im Osten vom Atlantik und im Westen durch die patagonischen Anden begrenzt. Der Südspitze vorgelagert liegt die Insel Feuerland, die sich Argentinien und Chile teilen.

Patagonien, Feuerland – das klingt verlockend, doch die Realität sieht für Radfahrer nicht gut aus: endlose Strecken (von Buenos Aires nach Ushuaia über 3000 km!), wenig zu sehen, Verpflegungsmöglichkeiten selten, kaum Ortschaften und immer starker, ja sturmhafter **Wind**, der das Leben des Radlers zur Qual macht. Was beeindruckt, was man mitnimmt ist ein herbes, unverfälschtes Naturerlebnis, wie zu Beginn aller Zeiten (besonders von Feuerland und vom westlichen Patagonien, vom chilenischen Nationalpark Torres del Paine und vom Perito-Moreno-Gletscher). Wegen der extremen südlichen Lage ist die Insel Feuerland nur im dortigen (kühlen) Sommer, von Dezember bis Februar, einigermaßen aushaltbar bereisbar. In den übrigen Monaten ist es dort entweder zu kalt, zu nass, zu stürmisch oder alles auf einmal. Mit Schlechtwetter muss man aber jederzeit rechnen, auch im Sommer. Ein Trost: Die Tage sind sommers sehr lang.

Ein Zelt ist in Patagonien wichtig, aber eins, das es nicht fortblasen kann! In den wenigen Städten gibt es einfache Familien-Pensionen und Gästehäuser, Übernachten auf Estancias manchmal möglich, freies Campen überhaupt kein Problem. In den Nationalparks gibt es auch einige Schutzhütten.

Im „Normalfall“ wird es so sein, dass man entweder auf der argentinischen Ostseite nach Feuerland runterfährt (die Ruta 3 ist, bis auf kurze Abschnitte auf Feuerland, durchgehend asphaltiert) und auf der Westseite, entlang den Anden, auf der Ruta 40 (größtenteils unasphaltiert) wieder hoch (man kann es natürlich auch umgekehrt machen). Halbwegs der Strecke Buenos Aires – Feuerland zweigt bei Puerto Madryn eine Straße zur Halbinsel Valdés ab, wo man kolossale See-Elefanten, viele Robben und Pinguine sehen kann, *die* Attraktion der Ruta 3 (südl. von Comodoro Rivadavia gibt es auch noch einen „Versteinerten Wald“, doch der liegt für einen Radler viel zu weit abseits). Nach Comodoro Rivadavia kommt man langsam in wüstenhaftes Gebiet, Erdölförderung. Río Gallegos ist die wichtigste Stadt im Süden. Nach Feuerland wird dann mit einem Fährschiff übergesetzt. Dann weiter auf der Ruta 3 über Río Grande nach Ushuaia.

Wer schnell gleich „ganz runter" nach Feuerland will, bucht am besten einen Flug von Buenos Aires nach Río Gallegos oder direkt nach Ushuaia, dem Hauptort auf Feuerland. Oder, auf der chilenischen Seite, von Puerto Montt (Mittelchile) nach Punta Arenas bzw. nach Puerto Natales (diese Strecke könnte man von Puerto Montt aus auch mit dem Schiff „Puerto Eden" in drei Tagen zurücklegen; die Reise durch die zerrissene, einsame Inselwelt vor Chiles Südküste ist sehr eindrucksvoll! Das Schiff fährt etwa alle acht Tage, unbedingt vorausbuchen! Näheres: *www.navimag.com*).

Im argentinischen Patagonien kann man auch mit der LADE die wichtigsten Punkte anfliegen (Ushuaia, El Calafate / Perito-Moreno-Gletscher). Es gibt auch einige Busse (Ruta 3 und 40) nach Feuerland und wieder nach Norden, doch nur wenige oder keine zwischen Februar und November auf der Ruta 40. Im Süden, im Dreieck Río Gallegos – Ushuaia – Punta Arenas – Puerto Natales täglicher Busverkehr zur Saison von Dezember bis Februar. Inlandsflüge sind in Argentinien wie auch in Chile relativ preiswert.

Von Feuerland nach Norden

Die Ruta 40 führt, wie erwähnt, ganz hoch bis fast zur bolivianischen Grenze, vorbei an Bariloche. Ab Río Turbio bis kurz vor Esquel ist sie eine wilde, beinharte Staub- und Schotterpste – das sind nur mal eben rund 1300 km. Man kann aber mehrfach über die Anden nach Chile überwechseln, zur Carretera Austral (s. Chile). Die zwei Höhepunkte der Ruta 40, nämlich die **Torres del Paine** und den **Perito-Moreno-Gletscher**, lässt man sich natürlich nicht entgehen; ohne diese Erlebnisse würde sich die Strecke überhaupt nicht lohnen. Man könnte aber auch nach Besichtigung dieser Highlights nach Río Gallegos zurück und einen Bus bzw. den Flieger nehmen.

Am Lago Pehoe, Nationalpark Torres del Paine

Ushuaia ist Argentiniens südlichste Stadt. Von da kann man zum Parque Nacional de Tierra del Fuego fahren, campen am Río Pipo. Es gibt Wälder, Flüsse, Seen, klare Luft, Tiere – Natur pur.

Von Ushuaia nach Punta Arenas: Man muss die gleiche Strecke bis Río Grande zurückfahren, dann Einreise nach Chile und weiter nach Porvenir, in drei Stunden übersetzen mit der Fähre nach Punta Arenas. Von dort radelt man auf guter Betonstraße die 250 km nach Puerto Natales.

Puerto Natales ist Ausgangspunkt zum Nationalpark Torres del Paine. Dort schneller Wechsel von (wenig) Sonne, Nebel, Regen, Niesel und Wolkenfetzen um schroff gezackte Felsengipfel. Man sieht Kondore, Lamas, Guanacos. Im Park einige Schutzhütten, eine Hostería und winzige Läden. Wer längere Wanderungen plant, sollte Busreisende fragen, ob sie eine Kiste mit Lebensmitteln von Puerto Natales in den Park mitnehmen können. Wie erwähnt könnte man aber auch von Puerto Natales mit der „Puerto Eden" bis nach Puerto Montt in Mittelchile fahren.

Von den Torres del Paine nach El Calafate: Südlich des Parks in Cerro Castillo wieder nach Argentinien, dann geht es über Estancia Tapi Aike und Esperanza auf der Ruta 40 nach Norden, nach Calafate, wo das schönste Naturwunder Südargentiniens wartet, der Perito-Moreno-Gletscher im Parque Nacional Los Glaciares. Ein einmaliges Schauspiel, wenn der Gletscher kalbt und hausgroße Stücke in einen See stürzen …

Danach wird es einsam und hart. Die Schotter- und Staubpiste der Ruta 40 führt immer am Osthang der Anden entlang nach Norden. Über El Chaltén am Fuß des Fitzroy oder auch in Bajo Caracoles könnte man über die Anden nach Chile zur Carretera Austral abzweigen. Zudem ist es möglich, weiter nördlich von der Stadt Perito Moreno (nicht zu verwechseln mit dem Gletscher, gut 600 km weiter nördlich als dieser) entlang dem Lago Buenos Aires nach Chile Chico zu kurbeln und dann über den See nach Puerto Ingeniero Ibáñez zu setzen, wo man über Coihaique gleichfalls auf die schön-wilde Carretera Austral trifft (siehe Chile). Mit ihren feuchten Bergwäldern ist sie das genaue Gegenteil der staubigen argentinischen Trockenpampa.

Auch weiter nördlich auf der Ruta 40 gibt es noch weitere Übergänge zur Carretera Austral nach Chile. Wer nach Bariloche will, beißt die Zähne zusammen und kurbelt weiter. Ab Río Mayo gibt es wieder Asphalt. Südlich von Bariloche, um Esquel und El Bolsón, ist es sehr schön!

Von Buenos Aires nach Bariloche

Das sind runde 1800 km. Dazu zunächst entweder ans Meer, nach Mar del Plata, oder durchs Landesinnere direkt nach Süden, nach Bahía Blanca. Von dort nach Osten, Pampadurchquerung, tagelanges Fahren auf schnurgerader Straße, ohne Schatten, kaum Ortschaften, immer starke Winde. Entlang dem Río Negro durch viele Orte nach Neuquén. Von dort weitere ca. 450 km nach Bariloche, auf der Strecke wieder nur wenig Ortschaften. Von Bahía Blanca könnte man auch weiter südlich fahren nach San Antonio Oeste, von dort sind es dann noch ca. 650 km durch leere Pampa bis Bariloche.

San Carlos de Bariloche am See Nahuel Huapí ist eine beliebte argentinische Touristenstadt, die „Argentinische Schweiz", es gibt viele Schweizer, Deutsche und Österreicher (und Delikatessenläden!). Ein nicht billiger Ort. Die wildromantische Gegend ist ideal für Wanderungen, Bergsteigen, Campen. Im Winter ist sie Skigebiet. Es gibt einige Campingplätze um die Stadt.

Von Bariloche nach Chile gibt es zwei Möglichkeiten: Über den Puyehue-Pass nach Osorno oder die so genannte „Drei-Seen-Tour" (*www.crucedelagos.cl*) mit Fahrt über den weniger also 1000 m hohen Paso Pérez Rosales. Dazu zunächst am Nahuel-Huapí-See nach Llao-Llao, von dort mit dem Schiff über Puerto Blest und den Lago Frias nach Puerto Frias. Dann den Pérez-Rosales-Pass hoch (Chile) und weiter nach Peulla am Lago Todos los Santos. Landschaftlich eindrucksvoll, nicht für Autos! Wie schon erwähnt: Chile verbietet die Einfuhr von Lebensmitteln!

Chile

I. Planung, Vorbereitung, Wissenswertes

Überblick

Chile gehört zu den am höchsten entwickelten Ländern Südamerikas und ist sehr europäisch geprägt. Geografisch ist es einmalig, ein unendlich langes Handtuch: Das Land erstreckt sich bandwurmartig in einer Länge von fast 4500 km von der peruanischen Grenze bis hinab nach Feuerland. Doch der schmale Streifen zwischen Atlantik und den abschirmenden Anden ist kaum mehr als 150 km breit.

Chile besitzt vier Landschafts- und Klimazonen. Der **Große Norden** reicht von Arica nahe der peruanischen Grenze etwa bis La Serena; sein Kernland ist die Atacama-Wüste, eine Ansammlung trister Stein- und Geröllfelder, trotz allem recht beeindruckend. Der **Kleine Norden** dann ist die Region zwischen La Serena und Santiago, mit angenehm mediterranem Einfluss, Landwirtschaft, Obstkulturen und Weinbau. Zwischen Santiago und Puerto Montt dann erstreckt sich mit dem **Kleinen Süden** Chiles wirtschaftliches Kernland mit seinem gemäßigten, mitteleuropäisch anmutenden Klima; dort lebt der Großteil der Landesbevölkerung. Südlich von Puerto Montt dann der **Große Süden**, schon zu Patagonien gehörig, wild und regenreich, mit etlichen Gletschern und erst seit wenigen Jahren durch (meist geschotterte) Straßen erschlossen. Verwaltungstechnisch ist Chile von Nord nach Süd in zwölf mit römischen Zahlen durchnummerierte Abschnitte bzw. Regionen gegliedert, die erste (I) beginnt ganz im Norden. Als durchgehend asphaltierte bzw. in Abschnitten auch betonierte Hauptschlagader durchzieht die **Panamericana** Chile von Arica bis Puerto Montt (und weiter auf die Insel Chiloe). Das sind nur mal gut 3000 km! Fortsetzung ist dann die berühmt-berüchtigte **Carretera Austral**. Das restliche Straßennetz ist vergleichsweise recht gut ausgebaut. Die chilenischen Autofahrer gehören zu den rücksichtsvollsten in ganz Lateinamerika.

Chile ist sehr abwechslungsreich und verdient es, länger bereist zu werden. Mit ca. 15 Mio. Einwohnern ist das Land dünn besiedelt, der überwiegende Teil der Chilenen sind Mischlinge aus europäischen Einwanderern und der araukanischen Urbevölkerung, reinrassige Indianer gibt es fast keine mehr. Landessprache ist Spanisch. Jüngere Chilenen sprechen oftmals Englisch, einige auch Deutsch, besonders in der „Chilenischen Schweiz" im Seengebiet um Puerto Montt (Nachfahren deutscher Auswanderer im 19. Jahrhundert). Hier sieht man auch öfter ein bei Radlern äußerst beliebtes Hinweisschild: „Kuchenes" …

Deutsches Erbe in Südchile

Einreise, Währung, Infos

Für 90 Aufenthalt Tage brauchen Reiseradler aus D, CH und A kein Visum, eine Touristenkarte wird bei der Einreise ausgestellt. Die Aufenthaltsgenehmigung kann um weitere 90 Tage verlängert werden. Absolut verboten ist die Einfuhr von Obst und Gemüse; das wird an der Grenze strengstens kontrolliert. Falls ihr die Touristenkarte verliert, kriegt ihr bei der Ausreise ein Riesenproblem. Infos unterwegs: Das Servicio Nacional de Turismo (Sernatur) ist in der Providencia 1550 in Santiago, *www.sernatur.cl*. In Santiago gibt es auch ein Goethe-Institut. Infos hier bei der chilenischen Fluglinie LANChile, Rathenauplatz 2–8, 60313 Frankfurt/M (*www.lan.com*).

Währung ist der chilenische Peso, Reisewährung der US$. American Express gibt gegen Dollar-Schecks Bar-Dollars aus. Kreditkarten (VISA, MasterCard) sind weit verbreitet, Bargeldauszahlungen möglich. Auch Bankautomaten gibt es praktisch in jeder Stadt.

Reisezeit, Winde

Chile weist wegen seiner gewaltigen Nord-Süd-Ausdehnung alle Klimazonen auf. Hauptreisezeit in **Mittelchile** ist von Oktober bis April mit gemäßigtem, warmem Klima. An der Küste oft Nebel. Der „Kleine Süden“ ist von März bis Oktober regenreich. Hauptwindrichtung auf der Panamericana ist im Sommer Süd bis Südwest; der Wind bläst kräftig und nimmt gegen Mittag zu (morgens früh losfahren, wenn ihr nach Süden wollt). Im Winter (also von Juni bis September) bläst es vorwiegend von Norden. Starke Winde in Zentralchile im Juli. Die hohen Pässe nach Argentinien sind im Winter wegen Schneefall gesperrt.

Für **Nordchile** (die Atacama-Wüste ist ganzjährig äußerst trocken und hat extreme Tag-Nacht-Temperaturschwankungen) empfiehlt sich als Reisezeit eigentlich November bis April. Wenn ihr aber hinauf in den bolivianischen und peruanischen Altiplano wollt, ist Mai bis Oktober besser, weil es sonst oben ergiebige Niederschläge und teilweise überschwemmte Straßen geben kann. Der „Große Süden“, der chilenische Anteil von **Patagonien** also, ist günstig von Dezember bis Februar. Je südlicher, desto kühler und nässer wird es; die Pazifikwolken regnen sich an der Westseite der Anden ab, Patagonien auf der argentinischen Seite ist wesentlich trockener. Auch für das regnerische und windige Feuerland ist Dezember bis Februar die einzig vernünftige Reisezeit.

Übernachten, Verpflegung

Das Angebot an Hotels und anderen Übernachtungsstätten ist in Chile sehr groß. Es gibt eine Reihe guter **Backpacker's Hostels** in allen touristischen Regionen (*www.backpackerschile.com* und *www.backpackersbest.cl*). Hosterías bieten kleine, einfache Zimmer, Residenciales sind gleichfalls einfache Familienpensionen. Eine interessante Art des Übernachtens sind Alojamientos (auch Casas de Familia genannt, auf Schilder achten), eine Art „Bed & Breakfast“-Einrichtung bei Privatfamilien. Chilenen sind generell sehr gastfreundlich, man wird überall willkommen geheißen.

Jugendherbergen (Albergues juveniles) gibt es einige im Seengebiet und in den größeren Städten (Asociación Chilena de Albergues Turísticos Juveniles, Hernando de Aguirre 201, Of. 602, Santiago, Tel. (56) (2) 4112050, *www.hostelling.cl*). Im Sommer, also von Mitte Dezember bis Ende Februar, werden auch viele Schulen zu Jugendherbergen umfunktioniert, fragt danach, das sind auch gute Kontaktmöglichkeiten.

Campingplätze gibt es recht viele, verteilt über das ganze Land, besonders aber im Seengebiet und in den dortigen Nationalparks. Mehr dazu auf der Seite der Touristen-Infostelle Sernatur (*www.sernatur.cl*), die geben auch Broschüren mit den Campingplätzen in Chile heraus. Der beste Campingführer ist aber der von Turistel, mehr dazu weiter unten. Auch Wildcampen ist oft gut möglich, besonders in den kaum besiedelten Regionen. Waschgelegenheit, Toiletten und Duschen gibt es bei den Rutacentros der Copec-Tankstellen (*www.copec.cl*, gut zu wissen bei einer Fahrt auf der Panamericana nordwärts). Auch bei diesen Rutacentros kann man oft zelten (den Jefe fragen).

Das Essen und die **Versorgung** machen in Chile keine Probleme (es gibt viele Märkte, gut sortierte Läden und auch Supermärkte in den größeren Städten). Die Speisen sind vielfältig und preiswert, es ist sauber; gute Fischgerichte, erstklassige Weine. Nationalgericht ist Cazuela, eine deftige Rindfleisch-Gemüsesuppe, auch Empanadas sind wohlschmeckend.

Rad und Ausrüstung

Zwischen Arica und Puerto Montt reicht ein ordentliches Trekkingrad aus, für die harten Andenpässe und vor allem für Carretera Austral und Umgebung wird ein gutes MTB empfohlen. Radgefahren wird in Chile hauptsächlich im Kleinen Süden im Seengebiet zwischen Temuco und Puerto Montt, aber auch in und um die großen Städte gibt es eine kleine Radler-Szene. Dementsprechend findet man auch genügend Tiendas de Bicicletas. Vorwiegend gute europäische und amerikanische, aber auch billige Fernost-Marken, Ersatzteile sind teuer. In Santiago gibt es viele Radgeschäfte auf der Avenida San Diego (Zentrum). Man findet sie über die chilenischen „Gelben Seiten“: *www.amarillas.cl*. In den Hafenstädten Antofagasta und Iquique im Norden kann man teilweise zollfrei einkaufen, auch gute Radersatzteile.

Im südlichen Chile und in Patagonien braucht man Kleidung gegen den Regen – doch bloß keinen Poncho, dann bläst es euch vom Rad! Nötig sind auch warme Handschuhe, Mütze, Radbrille (wichtig wegen Wind und Staub!), lange warme Hose, genügend zum Wechseln, falls man nass geworden ist. Das Zelt muss regendicht und äußerst stabil sein, damit es im Wind nicht wegfliegen kann. Warmer Schlafsack, Kocher, Isomatte und Notproviant für lange Strecken sind obligatorisch. CampingGaz-Kartuschen gibt es landesweit in den Ferreterías.

Transport

Flug: Das Inland-Fliegen ist relativ preiswert in Chile. LANChile (*www.lan.com*) hat praktisch das Monopol, nachdem Ladeco und weitere kleine Linien aufgekauft wurden. Das Netz ist gut ausgebaut. Früh buchen empfiehlt sich.

Bus: Das Busnetz ist sehr gut und dicht, es gibt zahlreiche Gesellschaften. (Luxuriöse) Langstreckenbusse fahren durch das ganze Land und auch nach Argentinien. Ohne Radverpackung geht aber nichts. Gut und mit Terminals in jeder (Klein-)Stadt sind Tur Bus (*www.turbus.com*) und Pullman (*www.pullman.cl*).

Bahn: Eine Bahnlinie durchzog einst das Land von Puerto Montt bis Iquique, dazu gab es viele Stichbahnen. Auf Resten davon wird noch ein Güterverkehr aufrecht erhalten; Personenzüge fahren nur noch von Santiago bis Temuco, neuerdings auch wieder bis Puerto Montt. Näheres unter *www.viajeporchile.cl/transporte/trenes.htm*. Die Radmitnahme ist auf jeden Fall problematisch, nur mit Karton. Von Talca fährt eine nette Schmalspurbahn an die Küste nach Constitución; Fahrradtransport dort kein Problem. Von den früher berühmten Andenbahnen fährt keine mehr, außer Calama – Uyuni (– Oruro); aber seit Ende 2007 kein Personentransport mehr.

Schiff: Bei Reisenden beliebt ist die dreitägige Schiffspassage von Puerto Montt nach Puerto Natales mit der Navimag-Fähre „Puerto Eden“; die Reise durch die zerrissene, einsame Inselwelt vor Chiles Südküste ist sehr eindrucksvoll! Das Schiff fährt etwa alle acht Tage, unbedingt vorausbuchen! Näheres unter *www.navimag.com*. Wer entlang der Carretera Austral nach Süden will, muss von Quellón oder Castro auf der Insel Chiloé nach Chaitén verschiffen oder von Hornopirén nach Caleta Gonzalo. Diese Fähren sind nur in der Sommersaison in Betrieb. Betreiber ist die Naviera Austral (*www.navieraustral.cl*). Es gibt auch eine Fähre von Puerto Montt gleich nach Chaitén. Mit Navimag kann man außerdem von Puerto Montt nach Puerto Chacabuco fahren und so einen Teil der Carretera Austral abkürzen.

Über die Seenroute (*www.crucedelagos.cl*) kann man von Petrohué über den Lago Todos los Santos usw. nach Argentinien (Bariloche) kommen wie schon dort beschrieben.

Bücher, Karten, Internet

Reiseführer: Malte Sieber: „Chile und die Osterinsel", Reise Know-How. Weitere Buchempfehlungen siehe bei Argentinien. Dann der Kauderwelsch-Sprachführer: „Spanisch für Chile", Reise Know-How. Der mit Abstand beste Reiseführer für Chile ist jedoch der vierteilige **Turistel-Führer** (*www.turistel.cl*), sehr detailliert, mit erstklassigen, radeltauglichen Karten, Stadtplänen, nützlichen Infos, jährlich neu. Leider gibt es die vier Büchlein nur in Spanisch; sie heißen Norte, Centro, Sur und Guía de Camping. In Deutschland nicht erhältlich, deshalb in Chile gleich besorgen, bei Zeitschriftenhändlern, Buchhandlungen, Busterminals.

Karten: Reise Know-How Karte „Chile", 1:1.6 Mio.; Nelles-Karte „Chile / Patagonia", 1:2,5 Mio. Auf der Berndtson-Karte „Argentina", 1:3,8 Mio., ist auch Chile mit drauf. Diese alle eignen sich gut als Übersicht; das Beste zum Radeln sind jedoch die Karten in den genannten Turistel-Führern. Diese kann man sich übrigens auch auf der Seite *www.turistel.cl* bereits vorab mal anschauen („Mapas" anklicken). Auto-Karten gibt es in Chile noch von den Copec-Tankstellen und vom Automóvil Club de Chile, Vitacura 8620, Santiago. Über genaue Chile-Karten verfügt auch die Verkaufsstelle des Instituto Geográfico de Militar in Santiago in der Avenida San Antonio 65 oder Dieciocho 369.

Internet: Die Tourist-Info Sernatur hatten wir schon (*www.sernatur.cl*). Auf der Seite *www.vialidad.cl* kann man sich (sogar auch auf Englisch) über den Zustand der chilenischen Straßen informieren. Eine gut gemachte Website, die Chile aus touristischer Sicht vorstellet, ist *www.visit-chile.org*. Das meistbesuchte Reiseportal für Chile ist *www.gochile.cl*. Das „Chile Information Project" (CHIP, *www.chip.cl*) hat zwar einen offensichtlichen kommerziellen Hintergrund, bietet aber auch interessante Aufsätze, z.B. zur Umweltsituation in Chile. Deutsche Informationen gibt es auf der Seite des Chilenischen Generalkonsulats (*www.chileinfo.de*). Auch unter *www.chile-web.de* findet man viele Infos und ein Forum.

II. Ziele, Routen, Andenpässe

Touristische Schwerpunkte

Touristisch von Bedeutung ist in Chile vor allem das Gebiet zwischen Temuco und Puerto Montt, die bereits erwähnte „**Chilenische Schweiz**". Hier sind im Andenvorland viele wunderschöne Seen eingebettet, alle von der Panamericana (in Chile Ruta 5 genannt) gut zu erreichen. Dazu gibt es Vulkane wie aus dem Bilderbuch (Villarrica, Osorno) und Nationalparks (Conguillío), wo man prima wandern kann; auf die Vulkane gibt es geführte Touren. Interessant ist es auch, ein wenig auf den Spuren der deutschen Einwanderer zu wandeln, vor allem um den Lago Llanquihue und in der Region Valdivia. Gleichfalls verlockend ist das zerrissene, einsame und mit seinen Naturschönheiten einmalige Küstengebiet südlich von Puerto Montt entlang der **Carretera Austral**; davon weiter unten mehr. Der äußerste Süden Chiles, also die Gegend um die beiden Städte Punta Arenas und Puerto Natales sowie die Insel Feuerland, ist vom Hauptland Chiles aus auf dem Landweg gar nicht erreichbar, nur über Argentinien oder per Schiff. Beschrieben ist dieses Gebiet unter „Patagonien und Feuerland" bei Argentinien.

Im mittleren Teil Chiles liegt das **Valle Central** mit der Hauptstadt Santiago und einigen weiteren Städten. Sehenswert sind die Hafenstadt Valparaíso und der Badeort Viña del Mar. Doch erwartet kein warmes Pazifik-Badewasser, der Humboldtstrom schiebt klapperkaltes Wasser aus der Antarktis herbei! Die Ruta 5 verläuft nördlich von Santiago recht hügelig, oft weit weg vom Meer, und schraubt sich vor Antofagasta auf bis zu 2000 Höhenmeter hinauf. Die Orte liegen spätestens ab La Serena weit auseinander, ab dort tritt auch die Vegetation zurück bis definitiv nichts mehr wächst (außer in den wenigen Flussoasen). Der ganze Norden Chiles ist geprägt vom Staub und Schutt der **Atacama-Wüste**, unglaublicher Trockenheit und wolkenhohen Andengipfeln. Hochinteressant sind aber etliche Geisterstädte, Relikte aus der Zeit des Salpeterabbaus. In den Hochregionen finden sich die für die chilenische Wirtschaft so wichtigen Kupfervorkommen, unter anderem nahe Calama die Grube Chuquicamata, das größte Loch der Welt.

Nach Antofagasta ist Iquique nochmals eine größere Stadt an der sonst sehr siedlungsarmen Küste. Grenzstadt nach Peru ist Arica; hinter der Grenze setzt sich die Wüste weiter fort.

Andenpässe Die Grenzübergänge von Nordchile nach Argentinien und Bolivien sind himmelhoch; die Scheitelhöhen liegen zwischen 4000 und 5000 m. Hauptpass ist jedoch der Paso Bermejo nur wenig nördlich von Santiago; über ihn führt Chiles wichtigster Handelsweg, die Ruta 60 nach Mendoza. Südlich davon sind die Andenpässe niedriger und für Radler kein Problem mehr.

Die nördlichen Pässe allerdings sind harte Brocken, nicht nur wesentlich höher als die höchsten Pässe in Europa, sondern auch viel, viel länger! Da geht es nicht wie bei einem Alpenpass mal schnell hoch und schnell wieder runter, hier ist das meistens eine Abfolge bzw. Kombinationen von hohen Anstiegen und Gebirgssätteln, die sich über eine Länge von 100, 200 oder gar 300 km hinziehen, ehe die Straße dann endlich wieder in dickere Luft abfällt. Die meisten Passstrecken sind zudem nicht asphaltiert (auch wenn sich da in letzter Zeit einiges getan hat) und es gibt kaum Versorgungsmöglichkeiten. Sand-, Geröll- und auch Schneestrecken können das Vorankommen in Kälte und dünner Höhenluft für einen untrainierten Radfahrer zur (lebensgefährlichen) Qual machen! Lest dazu unbedingt das Kapitel über „Radfahren in großen Höhen“ bei Bolivien, Seite 256!

Zu beachten auch: Die Grenzabfertigung an den hohen Andenpässen wird oft nicht auf dem höchsten Punkt oder an der Grenze gemacht, sondern meistens weiter unten, in tieferen Orten, wo es sich noch einigermaßen leben bzw. atmen lässt (die Landesgrenze befindet sich auch nur selten an der höchsten Stelle). Bei den weniger befahrenen Pässen muss man Schließungszeiten beachten; geöffnet sind die Grenzen meist nur bei Tageslicht. Im Winterhalbjahr sind die nördlichen Andenpässe gesperrt.

Atacama-Wüste: Durch die „Ebene der Geduld“

Volle Härte: Per Liegerad über die Lagunenroute

Hier eine **Auflistung der wichtigsten Pässe** von Nord nach Süd. Alle Übergänge von Chile nach Bolivien und Argentinien sind übrigens im Lateinamerika BikeBuch (bzw. in den Updates dazu auf *www.bikeamerica.de*) genau dokumentiert.

- Arica – **Paso Tambo Quemado** – Patacamaya (– La Paz). Asphaltiert, einer der einfacheren Pässe.
- Calama – **Paso Salar de Ollagüe** – San Juan (– Salar de Uyuni) – Uyuni. Einfacher, aber landschaftlich nicht ganz so schön wie der folgende:
- Calama – San Pedro de Atacama – **Paso Portezuelo del Cajón** – Uyuni (Lagunenroute). Klassiker aller Jeeptouren; viel Wellblech, nicht jeder Pedalero steht ihn ganz durch ohne Lift.
- San Pedro de Atacama – **Paso Jama** – Susques – San Salvador de Jujuy. Asphaltiert, Hauptstrecke von den östlichen Ländern Südamerikas zum Freihafen Iquique, trotzdem nicht zu unterschätzen!
- San Pedro de Atacama – **Paso Sico** – San Antonio de los Cobres – Salta. Lang und einsam, versinkt seit Ausbau des Paso Jama in der Bedeutungslosigkeit.
- Antofagasta (bzw. San Pedro de Atacama) – **Paso Socompa** – Tolar Grande – San Antonio de los Cobres – Salta. Vielleicht der härteste, kaum noch befahren. Mehr dazu weiter unten: „Aleman muerto!"
- Copiapó – **Paso San Francisco** – Tinogasta – San Miguel de Tucumán. Lang, einsam, extreme Westwinde! Wird gerne als Runde gefahren mit:
- La Serena – **Paso Agua Negra** – San Juan. Bei Radlern trotz langer einsamer Passagen beliebt.
- Santiago – Los Andes – **Paso Bermejo** – Uspallata – Mendoza. Hauptstrecke, stark befahren, trotzdem ein Highlight (auf den Spuren der früheren Andenbahn). Grobschotter-Scheitelstrecke seit 2004 wieder befahrbar.

Zwischen dem Bermejo und dem südlich nächst wichtigen **Paso Puyehue** (1308 m) zwischen Osorno und San Carlos de Bariloche gibt es noch einige weitere Pässe, z.B. zwischen Temuco und Neuquén den Paso Pino Hachado (1884 m, mit 4,5 km langem Tunnel auf der Anfahrt, den Radler auf einer Schotter-Bergstrecke umgehen müssen) oder zwischen Villarrica und Junín de los Andes den Paso de Carirriñe (1123 m).

Über den Lauca-Pass nach Bolivien [AK]

Reisestory von Albert Kratzer

Von Huara an der Panamericana biege ich nach Osten in die Anden ab. Statt erst von Arica zum 4650 m hohen Lauca-Pass nach Boliven hochzufahren will ich mich hier schon an den Aufstieg machen, dann entlang der Andenkette bis zum Lauca pedalen, um auf dieser Strecke „höhentauglich" zu werden.

Die Piste nach Colchane steigt kontinuierlich an, sie führt durch eine ausgetrocknete Landschaft. Am zweiten Tag erreiche ich Chusmiza. In diesem kleinen Ort gibt es Thermalbäder, eine Wohltat nach über 100 km bergauf. Eine ganze Woche werde ich hier in dem einsamen Dorf bleiben, um mich auf 3300 m zu akklimatisieren. Ich will meinen früheren Fehler, zu schnell auf über 4000 m zu kommen, nicht wiederholen, zu gut kann ich mich noch an die Kopfschmerzen, die Atemprobleme, den schlechten Schlaf, an die Appetitlosigkeit und die körperliche Niedergeschlagenheit erinnern. Auf der bevorstehenden Strecke bis La Paz werde ich mindestens einen Monat immer über 3500 m sein, und darauf will ich gut vorbereitet sein, um keine – vielleicht lebensgefährlichen – Probleme herauszufordern.

Die Woche in Chusmiza ist ausgefüllt mit einer General-Überholung des Rades und netten Begegnungen mit den Menschen im Ort. Dann starte ich wieder. Einen halben Tag strample ich bergauf, mit der Abstufung meiner Ritzel und der Kettenblätter bin ich zufrieden (46/36/24 und 30/13). Auf einem 4400-m-Pass überquere ich die westliche Andenkette, ich sehe beim Blick zurück nochmals den Pazifik. Am späten Nachmittag erreiche ich auf einer abschüssigen, schlechten Piste die kleine Ortschaft Quebe. Dort werde ich von einer gastfreundlichen Familie zum Essen und zum Übernachten eingeladen.

Am nächsten Morgen gibt man mir einen Beutel voller Chachacoma-Kräuter, die hier in der Gegend wachsen, mit auf den Weg, gegen die evtl. Höhenkrankheit. Julian begleitet mich ein Stück mit seinem Fahrrad. Dabei stelle ich fest, dass ich mit meinen 18 Gängen gegen den Indio mit seinem klapprigen Rad ohne Gangschaltung keine Chance habe! Die Indios haben sich im Laufe der Jahrtausende an die Höhe angepasst, wie kläglich ist da meine Woche Akklimatisation!

Auf dem Weg nach Colchane sehe ich zum ersten Mal die Ketten der schneebedeckten Vulkangipfel, die Grenze zu Bolivien. Dann esse ich in dem kleinen Ort und kaufe mir Lebensmittel. Von Huara bis hierher waren es über 200 km.

Auf einer traumhaften Stecke entlang des Río Arabilla passiere ich die malerischen Orte Isluga und Enquelga. Die Piste verläuft entlang der majestätischen Bergkette der Anden. Mit den Karten des Turistel-Führers kann ich meine Etappen so planen, dass ich immer an einer Thermalquelle übernachte. Ich sitze stundenlang, bis ich völlig aufgeweicht bin, in dem warmen Wasser und betrachte den gewaltigen Sternenhimmel.

Es geht weiter, vorbei am Salar der Surire – mit Schwärmen von Flamingos und vielen Vicuñas – und einem Zwangsabstecher zu einer 5100 m (!) hoch gelegenen Mine, weil ich kein Wasser mehr habe. Dann erreiche ich über Guallatiri die Straße, die von Arica in den Lauca-Park hochführt, und strample noch am gleichen Tag hoch bis zum Refugio (Hütte) Las Cuevas. Eine Erkältung zwingt mich am anderen Morgen, mit einem Bus der Minengesellschaft im tiefergelegenen Städtchen Putre einen Arzt aufzusuchen. Ich decke mich mit Medikamenten, Zitronen, Tee und Honig ein und kehre per Bus zurück nach Las Cuevas. Nach einer warmen Nacht geht es mir wieder besser, doch hustend quäle ich mich weiter die Piste hoch. Völlig erschöpft erreiche ich Parinacota, ein kleines Dorf gerade 10 km weiter mit einem weiteren Refugio, doch der ist nicht beheizt. Am übernächsten Tag kämpfe ich mich weiter hoch zum letzten Refugio, direkt am Lago Chungará, Höhe 4500 m, gelegen unter den kegelförmigen Vulkangipfeln Parinacota und Pomerape. Dort kuriere ich meine Erkältung aus, zum Glück ist die Hütte beheizt. Durch ein Fenster direkt vor meinem Bett, eingehüllt in meinen Schlafsack und in einige Decken, genieße ich die Sonnenaufgänge.

Nach fünf Tagen sind meine Kräfte wieder soweit hergestellt, dass ich zum Grenzposten aufbrechen kann. Vorbei am Vulkan Sajama, der über 6500 m hoch ist, fahre ich durch Bäche und auf tiefstaubiger Strecke nach Bolivien hinein. Ich bin auf dem traumhaft schönen Altiplano. Doch „plano“ ist irreleitend, es ist ein ewiges Auf und Ab, das ganz schön in die Knochen geht. In Patacamaya erreiche ich dann endlich die Straße nach La Paz.

Seit Huara bis zur Grenze war ich 22 Tage unterwegs, eingerechnet meine sieben Ruhe- und fünf Krankheitstage. Von der Grenze bis nach La Paz brauchte ich dann nochmals drei Tage. Trotz meiner Erkältung verlief dieses Mal der Andenaufstieg dank guter Akklimatisierung weniger beschwerdevoll als auf meiner Passfahrt von Argentinien nach Chile!

Anmerkung: Der Lauca-Pass heißt mit anderem Namen Paso Tambo Quemado (s. Aufstellung oben) und ist zwischenzeitlich ganz asphaltiert, ebenso die Auffahrt von Huara nach Colchane. Von hier kann man auch über eine nicht asphaltierte Verbindungsstraße nach Oruro/Bolivien weiterradeln. Die Piste über den Salar de Surire zum Nationalpark bleibt nach wie vor schwierig, aber traumhaft schön wie von Albert beschrieben.

Aleman Muerto! Ein paar Anmerkungen zum Paso Socompa „Beim Toten Deutschen“ liegt auf 4334 Meter Höhe in den Anden und ist umgeben von einer kalten Wüste. Bis zum Horizont dehnt sich die Landschaft aus Sand und Geröll, aus Salzseen und riesigen Vulkanen. Kein Baum, kein Haus, nur die grobe Socompa-Piste, ein Gleis und ein Steinhaufen mit einem Holzkreuz. Aleman Muerto ist ein Grab, verloren in den Weiten der Puna-Hochebene. In den dreißiger Jahren war der Deutsche Karl Wilmer mit dem Tren al las Nubes, dem „Zug in die Wolken“, die Anden hinaufgefahren. Der Matrose hatte in Buenos Aires am Atlantik sein Schiff verpasst und wollte daher, während es Kap Hoorn umrundete, nach Antofagasta am Pazifik, um wieder zuzusteigen. Das Gleis endete damals 80 Kilometer vor der argentinisch-chilenischen Grenze. Karl Wilmer entschloss sich, zu Fuß weiter zu gehen, ortsunkundig und auf über 4000 m Höhe, bei Temperaturen bis zu 30 Grad unter Null. Er schaffte nur zwei Dutzend Kilometer. Der Ort, an dem man seine Leiche fand, heißt seitdem ‚Aleman Muerto'“.

Diese Zeilen stammen von MTB-Tourveranstalter Achim Zahn (*www.seracjoe.de*). Der führte 2004 eine Rad-Expedition über die Socompa-Strecke, wobei auch der 6739 m hohe Llullaillaco bestiegen wurde – unter gewaltigen Strapazen, nachzulesen auf *www.bikeamerica.de* unter „Weitere Touren“ (Trans Anden – auf den Thron der Inkas). Der Llullaillaco, dritthöchster Vulkan der Erde, hat nebenbei erwähnt eine höchst interessante Geschichte: *http://de.wikipedia.org/wiki/Llullaillaco*.

Nur wenige Biker haben seither Karl Wilmer ihre Aufwartung gemacht – zwei davon waren die Co-Autoren Christian Dupraz (Dez. 2007) und Julius Grossmann (Sept. 2008). Siehe ebenfalls auf bikeamerica (Socompa zum Zweiten), dort auch der Link zu den genauen GPS-Daten. Schwierig ist dieser wohl faszinierendste Anden-Pass vor allem wegen seiner extrem dünnen Verkehrsdichte. Christian Dupraz: „Die Grenzer freuen sich über Besuch, auch wenn sie nicht damit rechnen. Bei den Chilenen war ich im Dezember der erste, der den Socompa überqueren wollte, im November waren zwei eingetragen, die nächsten dann erst wieder im September. Drei Autos in vier Monaten!“

Von Puerto Montt nach Süden

Nahe Puerto Montt endet bzw. beginnt die Panamericana. Wer es von Feuerland bis hier herauf geschafft hat, kann aufatmen, wer „runter“ will, dem blüht noch einiges … Südwärts Radelnde haben mehrere Optionen, um Feuerland zu erreichen:

1. Am schnellsten **per Flug** von Puerto Montt nach Punta Arenas.
2. Am zweitschnellsten **mit dem Fährschiff** in drei Tagen nach Puerto Natales.
3. Per Rad etwas langsamer auf der „**Carretera Austral** Presidente Pinochet“.

Dies ist, wie erwähnt, die Weiterführung der Panamericana ca. 1200 km bis nach Villa O'Higgins in den Süden Chiles. Dabei handelt es sich um eine kurven- und steigungsreiche Schotterpiste (erfordert gute Reifen!), ein chilenisches Prestigeobjekt, doch die Straße ist auch ein einmaliges, teilweise atemberaubendes Naturerlebnis. Es geht durch kaum besiedeltes, sturm- und regenreiches Land, durch eine wilde, zerrisse Fjord-, Gletscher- und Insellandschaft, eine Straße für Abenteurer und Entdecker. Für den Einstieg in die Carretera Austral ist eine kürzere Fährpassage nötig wie weiter oben beschrieben, es sei denn, man kommt von Bariloche und Esquel auf der argentinischen Seite der Anden herunter und quert diese bei Futaleufú. Man kann Abstecher in Nationalparks machen (z.B. Queulat bei Puyuhuapi), und als Belohnung für den vielen Regen auf der chilenischen Andenseite, für die stechenden Pferdefliegen und die Anstrengungen sollte man sich (falls man nicht zum argentinischen Nationalpark Los Glaciares fährt oder von dorther kommt) den Schiffsausflug von Puerto Aisen bzw. Chacabuco nach Süden zur kreisförmigen Laguna San Rafaél gönnen. Dort gibt es riesige Eisfelder und Gletscher zu sehen. Einmalig!

Die Carretera Austral sollte man möglichst nur in den Sommermonaten, also zwischen Dezember und Februar, fahren. Es gibt immer gute Möglichkeiten zum freien Campen, in den größeren Orten hat es auch ein paar kleine offizielle Campingplätze. Man kann auch in Gästehäusern und Pensionen oder auf den Geländen von Privatleuten unterkommen.

Bei Cochrane ist der südlichste (fahrbare) Übergang nach (oder von) Argentinien nach Bajo Caracoles an der Ruta 40. Man kann auch schon vorher von Puerto Ibañez aus mit der Fähre über den Lago General Carrera setzen (bzw. Lago Buenos Aires, wie er in Argentinien genannt wird) nach Chile Chico und von dort weiter zum argentinischen Städtchen Perito Moreno radeln (nicht zu verwechseln mit dem gleichnamigen Gletscher erheblich weiter südlich im Nationalpark Los Glaciares). Am Ende der Carretera Austral in Villa O'Higgins gibt es dann noch einen Übergang nach El Chaltén am Fuß der Montes Fitz Roy und Cerro Torre, aber da müsst ihr eure Bikes teilweise schieben. Ein Blick in den Turistel-Führer oder in die Reise-Know-How-Karte verdeutlicht diese etwas komplizierte Übergangs-Materie. Und: Die Ruta 40 durch die sturmdurchtoste argentinische Steppe ist keinesfalls einfacher als der parallel laufende Carretera-Austral-Abschnitt!

Wer auf der Carretera Austral schlapp macht (und das ist angesichts deren Schwierigkeit keine Schande): Es gibt auch Busse zwischen den teilweise noch recht pionierhaft wirkenden Orten bis runter nach Villa O'Higgins, oder man kann versuchen zu trampen. Die Alternative ist die schon oben erwähnte Fähre von Puerto Montt nach Puerto Chacabuco. Von dort sind es ca. 80 km auf Asphalt bzw. Beton nach Coihaique, dem Zentrum von Chilenisch-Patagonien. Von Coihaique aus ist dann auch Puerto Ibañez fast ganz auf Asphalt zu erreichen. Viel Glück bei der richtigen Routenwahl!

Auf der Carretera Austral vor Villa O'Higgins

Die Andenländer: Bolivien, Peru, Ecuador und Kolumbien

Bolivien

I. Planung, Vorbereitung, Wissenswertes

Überblick

Das Binnenland Bolivien ist ein Entwicklungsland, eines der ärmsten der Welt, und wegen den extremen Höhen und der dürftigen Infrastruktur schon für „Normalreisende“ ein sehr schwieriges Reiseland. Noch schwieriger ist es, das Land mit einem Fahrrad zu bereisen. Es existieren nur etwa 2000 km asphaltierte Straßen (davon der größte Teil in schlechtem Zustand), der Rest sind Schotter-, Erd- und Naturpisten. Radfahrer haben in Bolivien also schlechte Karten.

Anders als sein Nachbarland Peru besitzt Bolivien keine herausragenden touristischen Sehenswürdigkeiten, mal abgesehen von La Paz, der alten Silberstadt Potosí, Sucre und dem Salar de Uyuni. Doch alle Routen durch Bolivien sind **landschaftlich sehr eindrucksvoll**, sie graben sich, trotz aller Schwierigkeiten im Land, tief in eine Radfahrerseele ein. Mit seinen extremen landschaftlichen Gegensätzen, seinen Menschen und Märkten, seiner Kultur und dem Erlebnis Altiplano verkörpert Bolivien den Kontinent Südamerika wie kaum ein zweites Land. Wer Bolivien mit dem Rad geschafft hat, wird froh sein, doch er wird auch immer an Bolivien zurückdenken.

Bolivien hat politisch eine sehr wechselvolle, turbulente Geschichte hinter sich und wird immer wieder von politischen und wirtschaftlichen Krisen geschüttelt. So war das Land auch hinsichtlich seiner Sicherheitslage schon desöfteren in den Schlagzeilen; besucht also vor Reisebeginn die Website des AA (*www.auswaertiges-amt.de*).

Bevölkerung

Etwa 8 Mio. Einwohner, überwiegend Indígena (Aymará und Quechua), Mestizen sind in der Minderheit. Fast neun Zehntel der Menschen leben im östlichen Hochland und an der klimatisch günstigen Ostflanke der Ostkordilleren. Die fruchtbare Region um den Titicacasee ist gleichfalls dicht besiedelt. Umgangssprache der Hochlandbewohner sind Quechua und Aymará, der überwiegend katholische Glaube ist vielfach mit alten religiösen Glaubensvorstellungen aus vorspanischer Zeit vermischt. Bolivianer feiern viele Feste, berühmt ist z.B. der Karneval von Oruro. Panflöten und Charangos sind die typischen Musikinstrumente. Schaut, dass ihr eines der farbenprächtigen bolivianischen Feste miterleben könnt! Musik und Tanz kann man auch in städtischen Peñas sehen und hören.

Erwartet von den Indígena in Bolivien und Peru nicht, dass sie euch immer aufgeschlossen und überschwenglich begegnen, ihr seid zuerst mal ein reicher Gringo, auch wenn ihr mit einem Rad reist, und mancherorts kann man auch förmliche Abneigung spüren. Wenn ihr in den Andenländern um Auskunft fragt, wendet euch zuerst an Männer, denn die sprechen eher Spanisch als die (oft scheuen) Frauen!

Geografie

Bolivien ist zusammen mit Peru das höchstgelegene Andenland. Es wird von zwei Hauptketten der **Anden** durchzogen, deren höchste Gipfel über 6500 m aufragen. Das Kernstück ist der dazwischenliegende 3000 bis 4000 m hohe **Altiplano,** eines der größten abflusslosen Hochtäler der Welt. Der Altiplano ist eine trockene,

Karte S. 222

baumlose Ebene, spärlich bewachsen mit kleinen Sträuchern (Tola) und hartem, blaugrünem Büschelgras (Ichu-Gras). Kennzeichnend ist der hohe Temperaturunterschied von Tag und Nacht (tagsüber bis ca. 20 °C Plus, nachts tiefe Minusgrade!). Auf dem Altiplano liegt auch der **Titicacasee**, einer der höchstgelegenen Seen der Welt; durch ihn verläuft die Grenze von Bolivien und Peru.

Nach dem Ostabfall der ostbolivianischen Kordilleren, die von schroffen und tief eingeschnittenen Tälern zerfurcht sind, beginnen die niederschlagsreichen **Yungas,** die tropisch-warmen Tiefländer des Landes. Rund zwei Drittel Boliviens liegen in den südöstlichen, trockenheißen Llanos-Savannen und in dem feuchtheißen, nordöstlichen Amazonastiefland. Dieses riesige Gebiet ist nur dünn besiedelt und touristisch kaum von Bedeutung.

Im Westen und Südwesten Boliviens dehnen sich große Salzwüsten aus, der **Salar de Uyuni** ist mit seiner Ausdehnung von 160 auf 135 km die größte Salzfläche der Erde. Dort regnet es auch am wenigsten, die höchsten Regenmengen fallen im Amazonasbecken. Nominelle Hauptstadt des Landes ist Sucre, doch die größte und wichtigste Stadt ist **La Paz** mit etwa einer Million Einwohnern.

Einreise, Währung

Kein Visum erforderlich, an der Grenze bekommt man eine Einreisekarte für meist 30 Tage, verlängerbar auf 90 Tage. Die Währung ist der Boliviano, Reisewährung ist der US$. Bar-Dollars bringen beim Wechseln mehr als Travellercheques, Casas de Cambio haben bessere Kurse als Banken. Kreditkarten sind beim Bezahlen nur beschränkt tauglich, immerhin kann man sich damit zumindest in größeren Städten wie La Paz, Cochabamba, Santa Cruz, Potosí und Uyuni Bargeld beschaffen. Dort gibt es auch Geldautomaten. Bolivien war immer ein relativ billiges Reiseland.

Salar de Uyuni – wie auf einem anderen Stern

Günstige Reisezeiten in den Andenländern

- **Im Anden-Hochland (Altiplano):** Günstig von Mai bis Oktober, in Ecuador Juni bis Oktober. Weniger günstig von November bis März in Peru und Bolivien, bis Mai in Ecuador. Der meiste Regen fällt in Bolivien und Peru im Dezember bis März, in Ecuador von Oktober bis Mai.
- **Die Urwald-Tiefländer in Peru, Bolivien und Ecuador:** Günstig von Mai bis September für Peru und Ecuador, April bis Oktober in Bolivien. Es ist heiß und schwül.
- **An der peruanischen Küste bis nach Ecuador:** Günstig: in Peru von Dezember bis April, in Ecuador von Dezember bis Juni. Schwül-warm. Weniger günstig: Mai bis November in Peru, nicht so gravierend in Ecuador.
- **Kolumbien:** Gute Reisezeit von Dezember bis Januar, Regen vielerorts von Juni bis September.

Gesundheit

Beim Reisen durchs Tiefland ist eine Gelbfieber-Impfungen empfehlenswert (und sogar vorgeschrieben, wenn man aus Brasilien kommt), Malaria-Prophylaxe natürlich sowieso. Verbreitet ist auch die Chagas-Krankheit (ähnlich Schlafkrankheit, wird durch Wanzen übertragen). Impf-Empfehlungen für die Andenländer siehe wie immer auf *www.fit-for-travel.de*. Vorsicht gerade in Bolivien (aber auch in Peru) mit der Hygiene beim Essen!

Übernachten

Großes Angebot an billigen Hostales, Pensiones, Residenciales, Alojamientos oder Hospedajes, bessere Hotels gibt es nur in Städten. Keine Jugendherbergen, doch kann man versuchen, in Schulen unterzukommen. Zimmer immer vorher inspizieren, manchmal wird man freiwillig sein Zelt herauskramen. Auf dem dünnbesiedelten Altiplano gibt es kaum Probleme beim freien Campen (sofern man Nachtkälte und Wind aushält), etwas vorsichtig sollte man beim Campen in den Tieflandregionen sein (Santa Cruz). Vermeidet nach Möglichkeit unterwegs das Übernachten in großer Höhe! Besser vor einem Passanstieg in tieferer Lage stoppen.

Fahrrad, Ausrüstung

Für Boliviens schlechte Straßen (aber auch für Peru und Ecuador) empfiehlt sich eher ein **MTB** mit gut untersetzter Schaltung, ein Trekkingrad sollte nicht die schmalsten Reifen haben. Besser sortierte Radläden gibt es in Bolivien so gut wie keine, höchstens noch in La Paz. Die Einheimischen fahren meist schwere Eingang-Einfachräder und Billig-MTBs aus Indien oder China, und auf solche ist auch die Ersatzteilversorgung zugeschnitten. Man sollte möglichst alles dabeihaben! Keine Frage, dass auch die übrige Ausrüstung recht strapazierfähig sein muss. In Peru finden sich schon eher zeitgemäße Fahrradteile, z.B. in Miraflores (Lima), Trujillo, Cusco und Arequipa. In Lima, Cusco und Huaraz gibt es auch ein paar ordentliche Outdoor-Läden, falls man etwas nachkaufen muss. Auch CampingGaz-Kartuschen lassen sich in den größeren Touri-Zentren auftreiben.

Verkehr und Straßen

Wer den südamerikanischen Verkehr kennengelernt hat, bekommt in den Andenländern Bolivien und Peru auf den engen, kurvenreichen Bergpisten eine neue Lektion geboten. **Vorfahrt hat immer der Stärkere und das bergauffahrende Fahrzeug!** Ein Radfahrer zählt nichts! Manche Andenpisten sind mit knöcheltiefem, puderigem Staub bedeckt – und auch der Radler, wenn das erste Fahrzeug überholt hat – Mundschutz verwenden! Aufpassen bei Abfahrten in den Kurven, durch Schotter und Steine sind leicht Stürze möglich. Vor langen Abfahrten immer Bremsen checken! Kaum Pkw-Überlandverkehr in Bolivien, meist Lastwagen und Busse.

Transport

Busse: Wegen schlechter Straßen kann das Verladen des Rades in Busse eine Alternative sein, doch ist Busfahren in Bolivien recht abenteuerlich (und auch manchmal gefährlich). Die Fahrzeiten sind lang und viele Langstrecken werden meist nur nachts gefahren, so dass man nichts von der Landschaft sieht. Der bessere Weg ist das Verladen des Rades auf Lkw, die zwischen den Städten und Regionen Güter und auch Menschen befördern. Staubig, hart und kalt, doch die Kosten sind sehr gering. In der Regenzeit kann es zu längeren Wartezeiten kommen, also genügend Lebensmittel (und Wasser!) mitnehmen.

Bahn: Das Zugnetz ist mit 3700 km recht lang, internationale Verbindungen gibt es aber nur wenige. Zudem wurde der Personenverkehr zwischen La Paz und Oruro gänzlich eingestellt, sodass Oruro zum Haupt-Bahnknotenpunkt Boliviens avanciert ist. **Nach Chile:** Oruro – Uyuni – Calama (– Antofagasta) seit Ende 2007 kein Personentransport mehr, nur noch Busse, Umsteigen in Ollagüe an der Grenze. **Nach Argentinien:** Oruro – Uyuni – Villazón: 4x pro Woche. Santa Cruz – Yácuiba: mehrmals wöchentlich. **Nach Brasilien:** Santa Cruz – Quijarro (Puerto Suárez): täglich, weiter von Corumbá bis São Paulo früher 1x pro Woche (brasilianischer Teil der Linie derzeit eingestellt, soll aber wiedereröffnet werden; Näheres unter *www.ferrolatino.ch*). **Innerhalb Boliviens** verkehren Ferrobusse (Schienenbusse) und langsame Normalzüge, derzeit nur zwischen Potosí und Sucre, der Verkehr von Oruro nach Potosí soll wiederaufgenommen werden.

Fahrpläne und Abfahrtszeiten aller bolivianischen Züge ändern sich häufig; Näheres unter *www.fca.com.bo* (Empresa Ferroviaria Andina) und *www.feosa.com* (Empresa Ferroviaria Oriental). Auf jeden Fall sind Fahrten mit der Bahn (genauso wie mit Bussen) eine überlegenswerte Alternative – doch ein komfortables Reisen ist in diesen Zügen nicht zu erwarten! Man sollte seine Fahrkarte tunlichst schon ein paar Tage vor Reisebeginn erwerben; die Züge sind oft ausgebucht, turbulente Szenen an den Ticketschaltern sind garantiert.

Flug: Es gibt einige Gesellschaften wie LAB (Lloyd Aéreo Boliviano) und die Militärfluglinie TAM (Transportes Aéreos Militares). Internationale Flugplätze sind in La Paz und Santa Cruz. Flüge innerhalb Boliviens sind preiswert, aber unzuverlässig.

Schiff: Kleinere (Fracht-)Schiffe fahren ab Puerto Suárez über die Grenze nach Brasilien und weiter auf dem Río Paraguay durch Paraguay nach Argentinien. Schiffsverkehr besteht auch auf dem Río Mamoré von Trinidad flussabwärts nach Guayaramerín und flussaufwärts nach Puerto Villarroel sowie auf dem Titicacasee, dort aber nur noch Touristenboote.

Hauptstadt La Paz

La Paz liegt in einem Talkessel und wird überragt vom schneebedeckten Inti Illimani (6402 m). Mit 3600 m (Mittellage) ist es die höchstgelegene Hauptstadt der Welt (die Oberstadt El Alto mit dem Flughafen liegt knapp 4100 m hoch). Einzigartige Atmosphäre, besonders nachts der Blick von oben. Sehenswert sind die Märkte der Altstadt. Eine 12 km lange Schnellstraße führt vom Altiplano-Rand in die Innenstadt hinab, die steilen Kopfsteinpflastergassen in der Altstadt (bei Regen furchtbar rutschig!) werdet ihr wahrscheinlich nur schiebend meistern.

Tipp: Fantastisch ist ein **Abstecher von La Paz** über die Anden (Abra la Cumbre, 24 km ab La Paz, 4650 m!) **nach Coroíco in die Yungas** bzw. ins Amazonastiefland – man durchschneidet bei der Abfahrt alle Klimazonen der Erde von ewigem Eis bis in dampfende Dschungel, Höhenunterschied auf 80 km über 3400 m! Unbefestigte und ungesicherte Piste (asphaltiert ist sie die ersten 47 km bis Unduavi), senkrechte Bergwände, nicht ungefährlich, doch unvergesslich, herrliche Ausblicke! Auffahrt wieder mit Lastwagen. Siehe nachfolgende Reisestory. Wird in La Paz auch als organisierte Radtour angeboten.

Auf der gefährlichsten Straße der Welt [LG]

Reisestory von Lutz Gebhardt

Blitze zucken über der Bergkante, während über uns noch ein paar Sonnenstrahlen huschen. Minuten später wird es bedrohlich dunkel. Ein kalter Wind pfeift über die Höhe und treibt uns kurze Schneeschauer ins Gesicht. Nun wird es nicht mehr weit sein bis zum Paso La Cumbre, auf dem die wichtigste Straße von La Paz in die tropischen Yungas die Königskordillere in ca. 4650 Metern Höhe überwindet. Die majestätischen Berge ringsum stecken in den Wolken, die nur ab und zu aufreißen und ein weißes Schneefeld oder einen Felszacken aufleuchten lassen. Eine halbe Stunde später haben wir den Pass erreicht. Obwohl die Temperatur noch über dem Gefrierpunkt liegt, ist uns bitterkalt. Mit Wollmützen, warmen Handschuhen sowie mehreren Hosen und Jacken übereinander verlassen wir den unwirtlichen Ort auf einer guten Straße, die sich weit oben am Berghang entlang frisst.

Nach ca. 30 Kilometern ist der Abzweig für die Nordyungas erreicht. Etwas später schwingt sich die staubige Piste über einen kleinen Bergrücken, und plötzlich ist der Blick auf die berühmte Yungaspiste frei: Vor uns stürzt ein Abgrund ins schier Bodenlose! Die Hänge strotzen vor Grün, das wie ein gewellter Teppich über die gesamte Landschaft gestülpt ist. Mit den Augen verfolgen wir eine dünne Linie, die sich durch das Grün nach unten schlängelt. Das ist die wohl spektakulärste Straße der Welt! Die Piste fällt auf 80 km Länge über 3400 Höhenmeter in die dampfenden Regenwälder.

„Absturz" in die Yungas

Jetzt stürzen wir uns ins Abenteuer. Auf der „Todespiste" gilt Linksverkehr! Wir müssen an der einige hundert Meter abfallenden Abgrundkante fahren, während die aufwärts fahrenden Fahrzeuge Vorfahrt haben und die Hangseite benutzen dürfen. Wer von oben kommt, muss an gelegentlich eingerichteten Ausweichstellen warten. An manchen Stellen ist nur ein 3,5 m breiter Streifen in den Fels gehauen, neben dem der tödliche Abgrund gähnt. Da hängt der äußere Zwillingsreifen schon mal in der Luft. Nicht jedes Gefährt kriegt hier die Kurve. Es sollen jährlich Dutzende sein, deren Fahrt im Abgrund endet. Vor allem nachts oder wenn die Piste nass und glitschig ist wird's gefährlich. Unfälle sind hier an der Tagesordnung. Unweit von alten verrosteten Kreuzen erblicke ich frische Blumen, von denen aus eine Absturzschneise durch das Dickicht in den Abgrund führt. In fast unendlicher Tiefe liegt das Wrack, ein Haufen blauen Blechs, Zeugnis einer Tragödie.

Immer tiefer geht es in die tropische Landschaft hinab, die Vegetation wird üppig. Großblättrige Pflanzen recken ihre zum Bersten geballten Blattknospen in den Himmel. Luftwurzeln hängen von überragenden Felswänden bis auf die Piste herab. Dazwischen leuchten Farbtupfer von Orchideenrispen, Bromelien und anderen Blüten. Ein paar Biegungen weiter ist die Piste wasserüberflutet. Auf breiter Front stürzt ein zerstäubender Wasserfall herab, der uns bis auf die Haut durchnässt. Danach ist die Oberfläche der Piste mit einer Staubschicht bedeckt. Jedes vorbeifahrende Fahrzeug hüllt uns nun in eine Wolke ein, die sich erst nach ein paar Minuten legt.

Gegen 16 Uhr haben wir Puente de Yolosa, wo wir eigentlich Mittag essen wollten, erreicht. Der Ort besteht zum großen Teil aus aneinandergereihten Hütten, wo es was zu essen gibt. Wir haben Hunger wie die Bären und bestellen ein ganzes Menü. Mittlerweile ist es so spät, dass wir gleich auf einer saftig-grünen Wiese direkt am Fluss unser Zelt aufstellen.

Am nächsten Morgen wollen wir per Lkw oder Bus zurück nach La Paz. In Puente de Yolosa öffnen gerade die ersten Buden. Während gestern hier noch unzählige Lkw vorbei fuhren, ist es heute verdammt ruhig. Es ist Sonntag. Alle Versuche, eine Mitfahrgelegenheit zu bekommen, schlagen fehl, erst gegen Mittag bekommen wir auf einem Lkw eine.

Auf der Ladefläche sind schon einige Einheimische mit ihren Habseligkeiten. Wir stellen unsere Packtaschen dazu. Anfänglich denken wir noch, dass es jetzt gleich los geht, aber weit gefehlt! Immer neue Leute steigen ein. Alles drängt sich auf die Ladefläche. Sie ist brechend voll. Als wir endlich losfahren, habe ich kaum noch Platz zum Stehen. Gut zwanzig Leute drängeln sich auf dieser Fuhre, als sich der Lkw mit laut röhrendem Motor die Todespiste nach oben kämpft. Langsam fahrende Fahrzeuge werden ohne Hemmungen überholt, und an jeder unübersichtlichen Kurve warnt der Fahrer mit einem schrillen Signal den möglicherweise entgegenkommenden Verkehr. Obwohl wir innen fahren, habe ich an manchen Kurven das Gefühl, dass die äußeren Räder gleich über die Kante rutschen …

Am Scheitelpunkt der Yungaspiste angekommen, wabern tropisch feuchte Nebelmassen über den Bergrücken. Für Sekunden bricht der Himmel auf, weiter geht's im Nieselregen. Die Kälte dringt mir immer tiefer unter die Haut. Schwer brummend kämpft sich der Lkw nun die letzten 700 Höhenmeter zum Abra La Cumbre hinauf. Auf der Ladefläche scheint alles zu schlafen. In wärmende Decken und Ponchos gehüllt liegt die vor zwei Stunden noch kreischende und zeternde Menge apathisch zwischen ihren Gepäckstücken. Jede Straßenunebenheit lässt die cocabetäubten und schlafenden Körper erbeben. In kauernder Stellung, ohne Chance mich zu bewegen, harre ich leicht fröstelnd der Dinge, die nun kommen. Dann gibt unser Fahrer seinem Motor die Sporen. In zügigem Tempo rollt der Transporter wärmeren Gefilden nach La Paz entgegen.

Nachzulesen mit beeindruckenden Fotos in **„Faszination in Südamerika“**, Lutz Gebhardt, Jens-Ulrich Groß, Verlag „grünes herz“, ISBN 3-929993-46-5. **Anmerkung:** Seit 2007 gibt es ab Unduavi eine neue, asphaltierte Straße hinab in die Yungas. Die nimmt erfreulicherweise den Hauptverkehr auf, aber die „Todespiste“ kann nach wie vor beradelt werden …

Weitere Ausflugsziele in der Nähe von La Paz: Noch vom Talkessel aus erreichbar ist das Mondtal (Valle de la Luna), bizarre Stein-, Erd- und Sandformationen; die präkolumbische Kulturstätte Tiwanaku (Sonnentor, kann in die Weiterfahrt nach Peru eingebaut werden); Chacaltaya, das höchstgelegene Skigebiet der Welt (Ausrüstungen vor Ort zu mieten); wunderbare Trekkingtouren auf alten Inkawegen.

Bücher, Karten, Internet

Das **Lateinamerika BikeBuch** enthält 15 Touren durch die Länder Bolivien und Peru. Kai Ferreira Schmidt: „Peru/Bolivien“, Reise Know-How. „Bolivia Handbook“ als Auszug aus dem „South American Handbook“, Footprint Publications. Swaney: „Bolivia“, Lonely Planet. Aus dem Bradt-Verlag: „Ecuador, Peru & Bolivia – A Backpacker's Manual“ und „Backpacking and Trekking in Peru & Bolivia“. Geo Special „Anden und die Welt der Inka“.

Karten: Reise Know-How Karte „Bolivien“, 1:1,3 Mio.; Berndtson „Bolivia“, 1:1,75 Mio. Ansonsten nicht wundern: Es gibt von Bolivien kaum gute Straßenkarten! Alle erhältlichen Werke weisen mehr oder weniger grobe Fehler auf, für Fahrten in die Yungas sollte man vielleicht besser auf ONC-/TPC-Fliegerkarten zurückgreifen. Im Versandhandel erhältlich ist die „Bolivia Red Vial 1989“, 1:2 Mio., vom SNC (Servicio Nacional de Caminos), teilweise ungenau, auf der Rückseite mit verschiedenen Stadtplänen bedruckt, in La Paz erhältlich vom Ministerio de Transportes y Comunicaciones, Av. Mcal. Santa Cruz (hinter der Post) oder in Buchläden. Auch der Automóvil Club Boliviano, 6 de Agosto, hat Karten. Weitere Karten vom Land vom Instituto Geográfico Militar, Av. 16 de Julio 1471 in La Paz.

Internet: Eine deutschsprachige Seite ist *http://bolivien.info-centro.com*. Alle folgenden Websites bieten weiterführende Links, das Internetangebot zu Bolivien ist aber noch recht dünn: *www.boliviaweb.com*, *www.bolivian.com/index2.html* und *www.bolivianet.com*. Links und Informationen auch unter *www.bolivia-info.de*, auf der Webseite der deutschsprachigen Zeitschrift „Bolivia“.

II. Routen, Strecken in die Nachbarländer

Routen und Straßen

Überwiegend Schotter- und Staubpisten auf dem Altiplano und Schlamm- und Sandstrecken durch den Urwald. Asphaltiert sind die Straßen vom Titicacasee nach La Paz, La Paz – Oruro – Challapata – Potosí, La Paz – Cochabamba – Santa Cruz und Potosí – Sucre. Vor allem Challapata – Uyuni ist eine üble Piste, da besser den Zug nehmen (Im South American Handbook gibt es eine Liste über den Zustand der Straßen in Bolivien, s. „Internal Roads“). Unterwegs viele Kontrollstellen, doch nur Autofahrer müssen (minimale) Gebühren zahlen. Potosí liegt 4065 m hoch, Anfahrt sowohl von Sucre als auch von Challapata nahezu immer bergauf. Sucre – Cochabamba sind viele Bergauf- und Bergabfahrten, dabei kommt man über einen 4300-m-Pass. Cochabamba – Oruro überwiegend bergauf. Überhaupt geht es zwischen den Städten der östlichen Kordilleren ständig durch tief eingeschnittene Täler und über hohe Pässe! Die Strecke Oruro – La Paz (bzw. El Alto) und zum Titicacasee ist zwar ziemlich eben, aber in der dünnen Altiplanoluft ringt ihr schon an kleinen Anstiegen nach Sauerstoff.

Grenzübergänge

Nach/von Argentinien über La Quiaca/Villazón. Wer hier einreist (Aufstieg zum Altiplano), sollte bei seiner Weiterfahrt nach La Paz über Potosí, Sucre und Cochabamba fahren, denn bei dieser Strecke kommt man durch mehr Städte und Ortschaften und es ist die interessantere, wenngleich nicht die leichtere und auch nicht die kürzere Strecke. Auch fährt 4x pro Woche ein Zug von Villazón nach Oruro.

Nach/von Chile über den Paso Tambo Quemado (bzw. „Lauca-Pass“, s. bei Chile), über Patacamaya. Grenzpunkt in Bolivien ist Tambo Quemado, in Chile Chungará, 16 km weiter. Höchste Stelle im Lauca-Park 4660 m! Spektakuläre Landschaftsszenerie mit Vulkanen, Salzseen und dem höchsten Berg Boliviens, dem Sajama (6542 m). Ist von La Paz bis Arica (ca. 560 km) komplett asphaltiert, relativ viel Lkw-Verkehr (noch erträglich). Da die noch nicht allzu lange asphaltierte Straße auf einer neuen Trasse gebaut wurde, liegen heute viele Orte etwas abseits, die auf den gängigen Karten noch von der Straße passiert werden. Dann gibt es noch die „Lagunenroute“ und die Strecke über Ollagüe (s. bei Chile/Pässe), beide wesentlich härter und in der Regenzeit kaum machbar. Auf letzterer Strecke verkehren auch Busse, Umsteigen an der Grenze.

Nach/von Brasilien über Cochabamba und Santa Cruz (die quirlige Tropen- und Drogenhauptstadt Boliviens), von dort evtl. mit der Bahn nach Quijarro / Puerto Suárez (s. v.), dann weiter nach Corumbá (Brasilien). Die Straße von Santa Cruz zur Grenze war immer eine harte Piste, aber die Asphaltierung ist in Arbeit, müsste mit Drucklegung dieses Buchs fertig sein. Andere Strecke (sehr schwierig): La Paz über Coroíco die Yungas hinab (s. bei La Paz) bis nach Reyes bzw. Rurrenabaque oder Santa Rosa. Von dort über Riberalta nach Guayaramerín (brasilianische Grenze) oder weiter nach Abunã / Manoa, gleichfalls brasilianische Grenze. Von Abunã nach Porto Velho gibt es jetzt Asphalt.

Nach/von Paraguay über Boyuibe (dort Ausreisestempel) – Fortin Villazón – General E. A. Garay (Paraguay, von hier noch 800 km bis Asunción); diese Strecke ist auf bolivianischer und auch auf paraguayischer Seite sehr schwierig (Chaco-Steppe, kein Wasser!) und nicht empfehlenswert, evtl. mit Lkw versuchen, doch sehr geringer Verkehr. In Paraguay nur die letzten 240 km bis Asunción Asphaltstraße. Achtung: während der Regenzeit verwandelt sich der Chaco in weiten Teilen in unwegsames Sumpfgebiet, dann rollt kein Rad mehr!

Nach Peru über den Titicacasee, via Tiquina und Copacabana auf guter Straße, weiter in Peru (Grenzort Yunguyo) über Julí nach Puno. Die Alternative über Desaguadero lohnt sich höchstens wegen der alten Kulturstätte Tiwanaku, sonst ist die Strecke über Copacabana besser. Die Strecke entlang dem Titicacasee-Ostufer ist eher was für Abenteurer.

III. High Ways – Radfahren in extremen Höhen

Vorsorge ist wichtig!

Bedingt durch die extreme Höhenlage ist Radfahren in Bolivien, Peru, Nordchile und Nordargentinien weitaus anstrengender als in Normalhöhen. Regen- und Faserpelzjacken, warme Unterwäsche und auch Gesichtsmasken sind gegen den schneidenden, eiskalten Wind und die stechende Sonne nötig. Und wenn dann die Lkw vorüberdonnern, stehst du minutenlang im Staub ... Dass man sein Rad technisch beherrscht und die wichtigsten Ersatzteile mit dabeihat, sollte selbstverständlich sein.

Der geringe Sauerstoffgehalt der Luft erfordert gute Lungen und einen stabilen Kreislauf. Hier braucht man die gesamte Luft zum Gehen oder Pedalen, zum Reden kann sie bereits knapp werden. Alles geht jetzt langsamer, und man sollte es auch langsam angehen lassen. Rechnet mit Tagesleistungen von nicht mehr als 50 bis 70 km! Bis etwa 3500 m, so Erfahrungswerte, lässt es sich noch einigermaßen beschwerdenfrei radeln, in Höhen darüber wird es kritisch, abhängig von Streckenbeschaffenheit und Steigungen. Wenn es nicht mehr geht, einen Lkw oder Bus nehmen, keinen falschen Stolz zeigen.

Zu der dünnen Luft kommt noch der sehr hohe Temperaturunterschied zwischen Sonne und Schatten und der noch größere zwischen Tag und Nacht (bis -10 °C nachts, tags etwa 20/25 °C in der Sonne). Die intensive Höhenstrahlung und die extreme Lufttrockenheit trocknet die Haut stark aus, sodass sie sogar aufplatzen kann. Gesicht und Hände mit starkem Sonnenschutzmittel gut eincremen, auch die Lippen, alle anderen Hautpartien möglichst immer bedeckt halten (Gletscherbrille mit Nasenschutz)! Und immer **sehr viel trinken,** mehr als nötig ist, auch wenn du keinen Durst verspürst!

Wenn es auf den Holperpisten abwärts geht (hacia abajo), beim suchenden Blick nach Steinen und Schlaglöchern nicht die Kontrolle über das Rad verlieren, erhöhte Sturzgefahr, besonders auch wegen der Höhen-Überanstrengung! Höhenmesser sind in Altiplano-Höhen sinnvoll (weil man oft gar nicht merkt, wie hoch man schon aufgefahren ist ...). Mit Straßenabbrüchen und Erdrutschen muss auf bolivianischen und peruanischen Hochlandpisten immer gerechnet werden! Nie nachts radeln! Karten sind in Bolivien und Peru oft ungenau, Orte bestehen oft nur aus ein paar Hütten, immer möglichst viel über den Streckenverlauf herausfinden, wo es z.B. Wasser gibt, ob ein Bus verkehrt, den man im Notfall stoppen kann.

Nachmittags keinen Anstieg mehr machen, besser „im Tal" übernachten, wo es „dickere Luft" gibt und nachts nicht so kalt wird. Ausgeruht kann der Körper am nächsten Morgen wieder mehr leisten. Auf Grund der klaren, dünnen Luft lassen sich Entfernungen nur schwer schätzen, alles erscheint näher als in der Realität. Als Fahrrad-Computer mit einem Höhenmesser nur einen barometrischen wählen!

4895 Metros s.n.d.m. Abra de Acay, Argentiniens höchster Straßenpass

Höhenkrankheit

Die **Soroche** oder Mal de las alturas bzw. Apunamiento, wie die Höhenkrankheit in Südamerika heißt (engl. Acute Mountain Sickness oder Altitude Sickness) tritt auf, wenn man zu schnell aus tiefen Lagen in zu hohe Höhen aufsteigt oder dort mit dem Flugzeug landet (z.B. in La Paz, 4020 m, oder in Tibet, Lhasa, 3600 m).

Ab etwa 2000 Höhenmetern muss man durch eine Sauerstoff-Unterversorgung des Bluts mit einem Leistungsabfall rechnen. Leichte Kopfschmerzen, Schlappheit und Müdigkeit sind die ersten Zeichen mangelnder Akklimatisation, ernste Warnzeichen drohender Soroche sind dann schwere Kopfschmerzen, Übelkeit, Atemnot, Herzklopfen, Schwindelgefühl, Schlaflosigkeit. Bei flacher Atmung kann man nachts mit Panikzuständen aufwachen – ein sehr unangenehmes Gefühl! Blaue Lippen und Fingernägel sind gleichfalls Warnzeichen. Ein oft tödliches Stadium ist dann das Lungen- oder Gehirnödem.

Es gibt kein Medikament gegen Höhenkrankheit, nur Mittel, die die Beschwerden etwas mildern können, z.B. der kreislaufanregende Tee Mate de Coca (als Aufguss ist Koka nicht halluzinös, Koka wird in Bolivien frei verkauft). Das öfter genannte Diamox retard (Acetazolamid) zur prophylaktischen Einnahme ist kein Heilmittel, es kann nur die Symptome mindern und soll auch gefährliche Nebenwirkungen (auf die Augen) haben. Im Ernstfall hilft nur das Einatmen von Sauerstoff oder das sofortige Abfahren in niedrigere Höhen, was aber vom Altiplano oder anderen Hochplateaus kaum möglich ist, wenn die Höhenkrankheit erst einige Tage später, weit entfernt von nach unten führenden Straßen, auftritt!

Deshalb bei ersten Anzeichen vor allen Dingen nicht mehr höher steigen und nicht mehr anstrengen, sofort einen **Ruhetag einlegen!** Linderung verspürt man meist schon nach einigen hundert Höhenmetern Abfahrt. Viel trinken und nichts schwer Verdauliches essen, keinen Alkohol trinken, auch keine vorsorglichen Beruhigungs-, Schlaf- oder Schmerztabletten einnehmen, sie verdecken nur die Symptome.

Vermeiden kann man Höhenprobleme am besten durch sorgfältige Akklimatisation: langsam, stufenweise Höhe gewinnen, was für einen Radler eher möglich ist als für Auto-, Bus- oder Zugfahrer, die an einem Tag in einem Rutsch von ein paar hundert Metern auf zwei- oder dreitausend Meter auffahren (allerdings ist man als Radfahrer gezwungen, „Höhe" zu machen bzw. zügig voranzukommen, weil man auf sehr langen Höhenstrecken ohne Orte kaum Vorräte für viele Anpassungstage mitführen kann – das ist das Problem!).

Ärzte empfehlen, über 3000 m **nicht mehr als 1000 Höhenmeter pro Woche** aufzusteigen. Für dauernde 5000 m braucht man dann mindesten zwei Wochen Akklimatisationszeit. Ab 5500 m beginnt die „Todeszone".

Nochmals: keinen übertriebenen Ehrgeiz, nicht überanstrengen, jeden kann es „erwischen", auch gut trainierte Sportler und auch jene, die mit Höhen auf früheren Unternehmungen keine Probleme hatten. Nach zwei bis drei Wochen hat der Körper vermehrt rote Blutkörperchen gebildet, so dass man – je nach Konstitution und Höhe – in der Regel die Beschwerden weniger oder kaum noch spürt.

Peru

I. Planung, Vorbereitung, Wissenswertes

Überblick

Peru ist ein sehr beliebtes südamerikanisches Reiseziel; mit seinen alten Inka- und anderen frühgeschichtlichen Kulturen ist es ein faszinierendes Reiseland, vielleicht das faszinierendste in ganz Südamerika. Größte Attraktionen ist die Ruinenstadt Machu Picchu, dann Cusco, die alte Hauptstadt des Inka-Reichs, der Titicacasee und die Wüstenzeichnungen von Nasca. Im Norden ist Chan Chan, die alte Adobe- (Lehm-)Hauptstadt der Chimú, gleichfalls einen Abstecher von der Panamericana aus wert (u.a., z.B. Sipán). Fast alle diese Ziele können mehr oder weniger mit dem Rad angesteuert oder mit Bussen oder Bahnen erreicht werden. Dazu kommen noch, wie in Bolivien, die grandiosen Andenlandschaften („Callejon del Huaylas“, das Tal des Río Santa mit dem schön gelegenen Bergsteigerzentrum Huaraz unter Perus höchstem Berg, dem 6780 m hohen Huascarán!) – und die Urwälder der Amazonas-Region.

Lange Zeit war Peru ein äußerst schwieriges Reiseland, vor allem, weil es jahrzehntelang von schweren politischen, sozialen und wirtschaftlichen Problemen geschüttelt wurde. Noch heute gibt es ein krasses Gefälle zwischen Arm und Reich, aber seit die Terrororganisation „Sendero Luminoso“ und ihre Nachfahren bezwungen sind, geht es in jeder Hinsicht aufwärts. Man kann seit einigen Jahren wieder mehr oder weniger problemlos das ganze Land bereisen, auch, weil sich in puncto Straßenbau bzw. Asphalt in Peru einiges getan hat. Fast alle interessanten Ziele könnt ihr mit dem Rad ansteuern oder mit Bussen oder Bahnen erreichen. Peru bleibt aber (wie Bolivien) ein Kokain-Erzeugerland, auch bestehen regional Diebstahl- und Überfallgefahren, vor allem die Panamericana im Grenzgebiet zu Ecuador hat diesbezüglich keinen allzu guten Ruf. Ein Besuch auf der Website *www.auswaertiges-amt.de* vor Reiseantritt ist kein Fehler. P.S.: Sparten, die hier nicht aufgeführt sind, s. bei Bolivien!

Bevölkerung

27 Millionen, Indígena und Mestizen (abfälliger Ausdruck: „Cholos“) stellen jeweils ca. 40%, der Rest sind Weiße, Mulatten u.a. Die Mehrheit der Indígena gliedert sich in zwei Gruppen, die auch die Sprache gleichen Namens sprechen, in Quechua (um Cusco) und Aymará (Titicacasee und Altiplano). Die Indígena sind überwiegend katholisch, doch der christliche Glaube ist stark mit vorspanischen Glaubensvorstellungen vermischt. Sie haben eine starke Abneigung gegen das Fotografieren – berücksichtigt dies!

Blick auf Cusco – eine der interessantsten Städte der Welt

Geografie

Peru weist drei grundverschiedene Landschafts- und Klimazonen auf. Im Westen zwischen Anden und Pazifik liegt die **Costa,** ein schmaler, etwa 150 km breiter Küstensaum, fast ganz aus einer regenlosen Wüste bestehend, die sich von der chilenischen Grenze bis nach Ecuador zieht. Unterbrochen wird dieses Band nur dann und wann durch wenige Oasen, die sich an Flüssen gebildet haben, die aus den Anden herab in den Pazifik münden. In dieser Zone liegen auch die wichtigsten Städte des Landes, einschließlich der Hauptstadt Lima, und verbunden sind diese Städte durch das rund 2700 km lange Straßenband der Panamericana.

Der sich östlich an die Costa anschließende Gebirgsblock der **Anden** gliedert sich in mehrere Gebirgsketten (Weiße und Schwarze Kordilleren, Zentral- und Ostkordilleren), die von eisbedeckten 6000ern überragt und von schroffen, tief eingeschnittenen Tälern durchschnitten sind. Fruchtbare Hochtäler und steppenartige Hochebenen sind die Merkmale der **Sierra.** Dazu zählt auch der peruanische Teil des Altiplano mit dem Titicacasee. Die Anden sind Indígena-Land, dort lebt etwa die Hälfte der Bevölkerung Perus.

Nach dem Ostabfall der Anden beginnt das regenwaldbestandene und regenreiche Amazonas-Tiefland, die **Selva** (etwa 60% der Gesamtfläche Perus gehören dazu). Es ist kaum besiedelt (Indianer). In diesen östlichen Teil Perus kann man wegen dem Anden-Hindernis nur schwer gelangen, das Reisen dort ist beschwerlich. Die Metropole im peruanischen Dschungel ist Iquitos am Amazonas.

Einreise, Währung

Kein Visum für D-, CH- und A-Radler erforderlich, Aufenthaltsgenehmigung bis zu drei Monate, noch um weitere drei Monate verlängerbar. Eine **Touristenkarte** (Cédula) erhält man im Flieger oder an der Grenze.

Währung ist der Nuevo Sol, Reisewährung der US$. Bar-Dollars und Dollar-Reiseschecks lassen sich gleichermaßen gut einwechseln; neben Banken gibt es auch Casas de Cambio. Auf keinen Fall auf der Straße tauschen, die Wahrscheinlichkeit ist sehr hoch, dass ihr bereits beim Tauschen oder kurz danach eurer Barschaft verlustig geht, außerdem sind wie schon an anderer Stelle erwähnt in Peru sehr viele gefälschte Dólares und auch Soles im Umlauf. **VISA**- und **MasterCard**-Vertragsbanken gibt es in den größeren Städten, **Geldautomaten** selbst in kleineren Städten (auch mit EC-Maestro-Karten kann man Bargeld „nachtanken").

Übernachten

In den touristischen Orten gibt es ein großes Angebot an **Hotels** aller Preisklassen, auch **Hospedajes**, Hostales undsoweiter. Achtet im kalten Hochland immer auf funktionierende heiße Duschen! Doch selbst in den kleinen Andendörfern findet sich so gut wie immer etwas zum Übernachten, nur sind die Etablissements oft nicht gleich als Herbergen zu erkennen; man muss sich durchfragen oder auch privat unterkommen, oder man fragt nach dem Schullehrer („el profesor"), der evtl. einen Klassenraum zur Verfügung stellt. Falls ihr mal in nicht gerade Vertrauen erweckender Umgebung oder in Städten keine Möglichkeiten zum Übernachten findet, fragt auch beim örtlichen Padre oder in einer Mission nach. Es gibt auch einige wenige Jugendherbergen, eine empfehlenswerte findet ihr in Lima in der Av. Casimiro Ulloa, 328, San Antonio, Miraflores, Lima 18, Tel. (51) (1) 2423068. Das ist auch gleichzeitig die Adresse der nationalen Juhe-Organisation (*www.limahostell.com.pe*). Auch etliche Backpacker's Hostels gibt es, s. bei *www.hostels.com*.

Offizielle **Campingplätze** findet man in Peru praktisch nicht. Wild Campen ist in der Regel möglich, auch entlang der Panamericana, aber ganz gewiss nicht ungefährlich. In touristischen Gebieten sollte man gar nicht zelten, ansonsten sein Zelt zumindest so aufstellen, dass es nicht entdeckt werden kann. Besser bei Leuten fragen und dann auf deren Grund das Zelt aufschlagen.

Transport

Bus: Das Busnetz funktioniert in Peru gut, besonders an der Küste. Auf den Rüttelpisten der Sierra sind Bus- und Lkw-Fahrten anstrengend; Lkw verkehren häufig und verlangen meistens etwas weniger als den Buspreis. Busse sind in der Regel überfüllt; Fahrrad und Gepäck solltet ihr an allen Haltestellen gut im Auge behalten.

Bahn: Seit auf der tollen Strecke von Lima nach La Oroya kein Plandienst mehr durchgeführt wird, gibt es nur noch zwei Hauptlinien mit Personentransport: Cusco – Juliaca – Puno und Cusco – Machu Picchu (bzw. Aguas Calientes). Beide Strecken werden von Perurail betrieben (*www.perurail.com*), die seit einigen Jahren zur europäischen Orient-Express-Gesellschaft gehört, seitdem luxuriöse Touristenzüge fahren lässt und geradezu unverschämte Fahrpreise abzockt. Die preiswerten Züge der Einheimischen sind Touristen hingegen bei Strafe verboten. Dann gibt es noch (unter anderer Regie) zwei kleine Stichbahnen, die zwar Fahrräder mitnehmen, für Langstreckenradler aber eher uninteressant sind: Tacna – Arica an der chilenischen Grenze und die nette Schmalspurbahn von Huancayo nach Huancavelica.

Flug: Das Inlandsflugnetz ist dicht, Flüge sind relativ preiswert und können für Radler mit kürzerer Urlaubsdauer in Frage kommen, z.B. von Cusco zurück nach Lima o. ä. Es gibt mehrere Fluggesellschaften wie Aero Continente (nennt sich jetzt Nuevo Continente, *www.nuevocontinente.com.pe*), Aviandina, Lan Peru und die kleinere Aero Condor. Fahrrad-Mitnahme in der Regel kein Problem, vorher fragen.

Bücher, Karten, Internet

Reiseführer umfassen oft Peru und Bolivien, s. bei Bolivien. Gut auch das „Peru Handbook" als Auszug aus dem „South American Handbook". Zwei empfehlenswerte Kauderwelsch-Sprachführer aus dem Reise Know-How Verlag: „Spanisch für Peru" und „Quechua für Peru-Reisende".

Karten: Die beste Kartenauswahl weit und breit hat der South American Explorers Club (*www.samexplo.org*) in Lima, Calle Piura 135, (Block 49 der Av. Arequipa) Miraflores und in Cusco, Choquechaca 188 (San Blas). Weitere: Reise Know-How Karte „Peru", 1:1,5 Mio.; Nelles „Peru & Ecuador", 1:2,5 Mio.; Berndtson-Karte „Peru", 1:1,75 Mio. Erstaunlich detailliert ist auch die „Mapa Vial del Peru", Edition Lima 2000, 1:2,2 Mio., erhältlich in Peru (nicht immer) an Tankstellen und bei Touristenbüros oder beim Automobilclub (Touring y Automóvil Club del Peru, Av. César Vallejo 699, Lince, Lima), der in fast allen Provinzhauptstädten Geschäftsstellen hat. Gute Detailkarten und topografische Karten erhält man beim Instituto Geografico Nacional, Av. Aramburu 1198, San Isidro, Lima. Für Hinterland-Touren: ONC-/TPC-Fliegerkarten, 1:1 Mio. bzw. 1:500.000, sowjetische Generalstabskarten, 1:1 Mio. bis 1:200.000.

Internet: Die offizielle deutschsprachige Webseite für Tourismus in Peru ist *http://peru.info/perualm.asp*. Die Seite *www.peru.com* führt die wichtigsten peruanischen Reiseziele auf. Schön gemacht ist die Reise- und Tourismus-Seite der Nonprofit-Organisation „Peru Verde", *www.perutravelguide.info*. Eines der umfangreichsten peruanischen Portale mit reichhaltigen Informationen bis hin zum Festkalender ist *www.enjoyperu.com*. Interessiert, was andere Traveller so in Peru erlebten? Die „Travel Library" (*www.travel-library.com/south_america/peru/index.html*) listet neben vielen Reisestories auch einige Links auf. Die Seite *www.cuscoperu.com* ist kommerziell aufgebaut, bietet aber unter anderem ein paar recht gute Übersichtskarten der Region Cusco. Regionalkarten für ganz Peru kann man im Internet betrachten unter *http://sinadeci.indeci.gob.pe/PortalSINPAD/Default.aspx?ItemId=114*.

II. Routen, Strecken, Ziele

Auf welchen Strecken durch Peru?

Peru wird von drei Straßensträngen von Nord nach Süd durchzogen, den Longitudinales, welche durch etliche Quertrassen, Transversales genannt, miteinander verbunden sind. Dann gibt es noch eine Menge kleine und kleinste Sträßchen und Pisten; 70.000 Kilometer umfasst das Straßennetz, davon 10.000 asphaltiert. Wie schon erwähnt, hinsichtlich Asphalt hat sich in den letzten Jahren in Peru viel getan, trotzdem sind bisher noch nicht einmal alle der wichtigen Nord-Süd-Verbindungen komplett mit einer staubfreien Oberfläche versehen.

Die Küstenstraße, also die **Panamericana** (Ruta Nacional 1), ist von der ecuadorianischen Grenze bis hinab nach Chile durchgehend asphaltiert und wird auch gut unterhalten; das ist sicher die beste Straße Perus. Nicht so gut sieht es mit der **Carretera de Sierra** (Ruta Nacional 3) aus, die im nördlichen Teil noch nicht einmal komplett trassiert ist und mal von Cajamarca bis Desaguadero am Titicacasee gehen soll. Asphaltiert ist sie um Huaraz, dann wieder von vor Huánuco bis Huancayo und von Abancay über Cusco bis zur Grenze nach Bolivien; der Rest, vor allem zwischen Ayacucho und Abancay, ist zum Teil übler Schotter. Und die Carretera de la Selva (Ruta Nacional 5) ist im Wesentlichen eine verschlammte Dschungelpiste.

Von den 20 vorhandenen **Transversales** sind für Tourenradler vier von Bedeutung – keiner wird wohl auf der endlosen, oft einsamen und langweiligen Panamericana, dazu noch im Winter (also in unserem Sommer) unter dem oft deprimierenden Küstennebel Garúa, durch dieses ganze tolle Land biken und alle Sehenswürdigkeiten auslassen wollen. Man muss also hinauf in die Anden, aber obwohl von den erwähnten vier Straßen dreieinhalb asphaltiert sind, ist das eine beinharte Angelegenheit, ähnlich wie auch die Pässe zwischen Chile und Argentinien (Höhengewöhnung beachten, siehe bei Bolivien)!

Anden-Aufstiege von Nord nach Süd

Chimbote – Yuramarca – durch den **Cañon del Pato**, die „Entenschlucht", nach Caraz – Huaraz. Absoluter Höhepunkt ist die 15 km lange, teilweise nur wenige Meter breite Schluchten- und Tunnelstrecke zwischen Huallanca und Caraz, in der an der engsten Stelle die turmhoch aufragenden Felsen der Schwarzen und der Weißen Kordilleren nur 20 m auseinander liegen. Einmalig! Vorsicht bei diesen teilweise recht langen, unbeleuchteten Tunnels (ca. 40 Stück), nicht dass plötzlich Fahrzeuge kommen, ihr drin steckt und nicht ausweichen könnt! Zwischen der Panamericana und Caraz noch nicht asphaltiert.

Durch den Cañon del Pato

Lima – Chaclacayo – **Abra Anticona** (4818 m) – La Oroya ganz auf Asphalt entlang der Trasse der Andenbahn. Leider wurde die höchste Eisenbahn der Welt von Lima aus nach Huancayo vor Jahren eingestellt (300 km, 10 Stunden, 120 Brücken und Tunnels, ein Erlebnis! Wem die Luft ausging, der bekam vom Zugdoktor eine Sauerstoffdusche verpasst!). Vielleicht fährt sie ja irgendwann wieder. Als Alternative könnte man solange ja die Schmalspurbahn von Huancayo durch viele kleine Andendörfer nach Huancavelica benutzen. Von hier oder von Huancayo dann (meist auf Schotter) weiter über Ayacucho nach Abancay und Cusco.

Nasca – **Abra Condorcenca** (4390 m) – Puquio – **Abra Huashuccasa** (4300 m) – Chalhuanca – Abancay. Seit 2004 ganz asphaltiert, Hauptverbindungsstraße von Lima nach Cusco, doch wie die beiden vorhergehenden Strecken eine harte Sache! Ihr müsst auf den ersten 100 km ca. 3600 Höhenmeter überwinden, auch später sehr steile Anstiege. Evtl. Wasserprobleme, alle Lebensmittel bis Abancay mitnehmen!

Repartición – Arequipa – **Crucero Alto** (4477 m) – Santa Lucía – Juliaca. Das dürfte die einfachste Aufstiegsstrecke sein, seit 2001 durchgängig asphaltiert, auf einer vollkommen neuen Trasse weitestgehend parallel zur Bahnlinie angelegt. Diesen Aufstieg sollten diejenigen wählen, die von Chile (Tacna) heraufkommen, ins Hochland wollen und die die hohen chilenischen Nordpässe nach Bolivien hinein ausgelassen haben.

Alle hier genannten Steigungsstrecken sowie die Panamericana und die Carretera de Sierra sind ausführlich im Lateinamerika BikeBuch beschrieben, dazu noch ein paar Rund- und Verbindungsstrecken.

Wer von Norden, von Ecuador, die Panamericana herunterkommt, fährt am besten schon über die erste Variante (Huaraz) in die Anden hoch. Von dort gibt es eine Querverbindung über La Unión nach Huánuco und zur Carretera de Sierra, dann weiter über Huancayo und Ayacucho in Richtung Cusco. Das dürfte die bei Fernradlern beliebteste Strecke sein, trotz langer Schotteretappen. Für eine Vierwochentour käme Lima – Cusco in Betracht, von dort zurück nach Lima per Inlandsflug (oder von Juliaca, wenn der Titicacasee das Ziel sein soll), gute Verbindungen.

Im Herz des Inkareichs

Cusco ist Ausgangspunkt zahlreicher Touren in die Umgebung und natürlich auch nach **Machu Picchu**, das die meisten mit dem Zug von Cusco aus machen, andere wandern dorthin auf dem Inka-Trail (Details dazu in „Peru/Bolivien“ von Kai Ferreira Schmidt). Oder man besucht Machu Picchu bei der folgenden **Rad-Rundreise** (die Straßen sind asphaltiert):

Von Cusco Richtung Anta, nach 15 km Abzweigung nach Chinchero, dort schöner Markt am Sonntag. Weiter von Chinchero nach Urubamba. Spezialtipp: Auf dieser Strecke die weißstrahlenden Salzterrassen von Pichingote ansehen. Sieht von oben fantastisch aus! Beste Fotozeit morgens (Achtung – wegen der gleißenden Helligkeit der Salzbecken beim Fotografieren eine bis zwei Blenden- bzw. Zeitstufen länger belichten!).

Weiter dann nach Urubamba, von dort nach Ollantaytambo, wo die Straße endet, und von dort (billigste Variante, ab Cusco mittlerweile nahezu unerschwinglich) mit dem Zug vollends nach Aguas Calientes, dort Busse nach Machu Picchu. Theoretisch auch bis Machu Picchu ganz per Rad möglich, aber hart (s. *www.bikeamerica.de* / LABB Update Seite 220). Rückweg dann von Urubamba über Pisaq nach Cusco. Oder die ganze Rundreise über Pisaq starten und, nachdem man in Machu Picchu war, von Urubamba nach Anta und gleich weiter nach Abancay. So starten, dass man am Sonntag in Chinchero vorbeikommt.

Wer es einrichten kann, sollte in Cusco im Juni (um den 24.) zum großen, farbenprächtigen Inti-Raymi-Fest anwesend sein. Das Sonnwendfest der alten

Inkas wird oberhalb der Stadt bei der Festung Saqsaywamán abgehalten; Umzüge in der Stadt.

Warnung! In und um das touristenreiche Cusco wird ungemein viel geklaut, die Diebe arbeiten mit allen Tricks (z.B. Ablenkungsmanöver, Taschen aufschlitzen, im Gedränge Taschendiebe)! Vorsehen und Vorkehrungen treffen, vorsichtig sein, wenn man angesprochen wird, bei Einladungen gleichfalls aufpassen! Das Rad sollte man in Peru, wenn immer möglich, mit aufs Zimmer nehmen. In und um Cusco nicht campieren (außer auf dem einzigen Campingplatz, eine Seltenheit in Peru). Besondere Vorsicht in der Touristen-Hochsaison Juli/August. Aufpassen auch in den Städten an der Panamericana!

Lima

In der und um die Millionenstadt mit ihrem Gürtel aus Elendsvierteln, den Barriadas oder Pueblos jóvenes, ist Vorsicht geboten – ein wirklich gefährliches Pflaster! Das Radfahren im dortigen Verkehrsgewühl wird wenig Spaß machen. Sehenswert ist die Kathedrale und das Goldmuseum. Im Stadtteil Miraflores wohnen die Wohlhabenden, die Europäer und die meisten Touris. Dort gibt es auch etliche Backpacker's (z.B. *www.homeperu.com*, empfehlenswert) und die Jugendherberge, s.v. Es gibt in Lima auch zwei deutsche Schulen, evtl. Bleibemöglichkeiten, und ein Goethe-Institut (deutsche Zeitungen).

Weiterfahrt Nachbarländer

- **Nach Ecuador:** Hier kommen zwei Übergänge in Betracht, der bedeutendste ist der auf der Panamericana über Tumbes und den Grenzort Aguas Verdes nach Huaquillas, für Radler besser die ruhigere Strecke über Suyo zum ecuadorianischen Macará, dort weiter über Loja und Cuenca. Viel Einöde, Wüste, Garúa, kaum Grün – doch fast exakt an der Grenze plötzlich üppige Tropen, ein reiches Früchteangebot – faszinierend!
- **Nach Brasilien:** Das ist generell etwas für Abenteurer. Entweder von Lima über Cerro de Pasco und Tingo María (ein Kokain-Umschlagplatz) ins östliche Amazonastiefland nach Pucallpa am Ucayali (840 km, Straße teilweise asphaltiert), von dort gehen einfache Schiffe nach Iquitos am Amazonas und weiter nach Brasilien (Tabatinga – Manaus) und Kolumbien (Leticia). Doch dieses Gebiet von Peru ist wegen den Aktivitäten der Drogenmafia immer noch recht unsicher (Iquitos!). Iquitos ist nur per Flug oder Schiff erreichbar. Das geplante Straßenstück zwischen Pucallpa und dem brasilianischen Cruzeiro do Sul existiert bislang nicht, obwohl es in vielen Karten eingezeichnet ist.

  Dann gibt es noch die ziemlich heftige Straße von Cusco über Urcos und Quincemil nach Puerto Maldonado, die einzige für Radler halbwegs machbare Strecke nach Amazonien (zwischenzeitlich aber teilweise asphaltiert). Von dort dann weiter nach Rio Branco, Porto Velho, Manaus. Diese Strecken sind beide in der Regenzeit nicht zu machen!
- **Nach Bolivien:** Hier gibt es drei Möglichkeiten, siehe dort (Seite 256).
- **Nach Chile:** Problemlos über die Panamericana, letzte Stadt ist Tacna, dann Grenzübergang Concordia, nach Arica.

Ecuador

I. Planung, Vorbereitung, Wissenswertes

Überblick

Ecuador, das Land am Äquator, ist ein für Südamerika relativ kleines Land (etwas größer als die alte Bundesrepublik, nur 14 Mio. Einwohner), und trotzdem vereinigt es auf kleinem Raum so ziemlich alle Landschaften Südamerikas. Bananenexporte und Erdölfunde brachten Ecuador früher Wohlstand, ab 2000 taumelte das Land in eine schwere Wirtschafts- und Finanzkrise, der man durch die Abschaffung der Landeswährung und der Einführung des US$ als alleiniges Zahlungsmittel zu begegnen suchte. Die Wirtschaftsleistung des Landes ist heute gering, und Ecuador gehört zu den ärmeren Ländern Lateinamerikas. Mehr als 60 Prozent der Landbevölkerung leben unter dem Existenzminimum, rund ein Viertel der Bevölkerung sind Arbeitsmigranten im Ausland.

Geografie, Bevölkerung

Ecuador gliedert sich in drei Landschaftsregionen: In der **Sierra** ragen schneebedeckte Vulkangipfel in den tiefblauen Andenhimmel; der Osten, der **Oriente**, ist Tiefland mit üppigen Urwäldern und gehört zum Einzugsgebiet des Amazonas. An der **Costa**, an der feuchtheißen Küste, gibt es ausgedehnte Bananen-, Kakao-, Citrus- und Kaffeeplantagen. Die Costa ist auch Ecuadors Hauptwirtschaftsraum mit der heißen Millionenstadt Guayaquil. Hauptsiedlungsgebiet ist – wegen des gemäßigten Klimas – die durchschnittlich 2800 m hohe Sierra. Sie ist in zahlreiche Beckenlandschaften gegliedert, dort liegt auch die Hauptstadt **Quito**, in spanischer Zeit ein kulturelles Zentrum; sie gilt heute als die Stadt Südamerikas mit den meisten Baudenkmälern aus jener Zeit. Schwach besiedelt ist der kaum erschlossene Oriente. Zu Ecuador gehören auch die Galápagos-Inseln, weit draußen im Pazifik.

Während im Hochland überwiegend Indígena, Mestizen und auch Weiße leben, ist der Siedlungsraum für die indianischen Ethnien (Aucas, Shuar bzw. Jivaros u. a.) das Amazonastiefland. Die verschiedenen Gruppen im Hochland haben schöne Trachten (Otavalo, Salasacas). Eine Minderheit sind die schwarzen Nachfahren afrikanischer Sklaven im Küstengebiet von Esmeraldas.

Wie die übrigen Andenländer hat auch Ecuador ausgedehnte Regenzeiten. In den Anden ist das von November bis April, im tropischen Tiefland von März bis September.

Sicherheit, restriktive Gebiete

Auch in Ecuador, besonders in den von Touristen besuchten Orten und in den beiden Großstädten Quito und Guayaquil, muss man sich vor Dieben vorsehen! Auch von vereinzelten Überfällen auf Radler wurde berichtet. Wegen der desolaten Wirtschaftslage kam es in den letzten Jahren desöfteren zu landesweiten Protesten und Regierungskrisen; Mitglieder des indigenen Aktionsbündnisses CONAIE blockierten Überlandstraßen, zeitweise wurde gar der Notstand verhängt. Erkundigt euch über die aktuelle Situation, beachtet unbedingt etwaige Ausgangssperren (Toque de queda)! Dazu gab es 2008 außenpolitische Spannungen zwischen Ecuador und Kolumbien, die die Sicherheitslage in der Grenzregion beeinträchtigten. Infos wie immer beim AA (*www.auswaertiges-amt.de*), auch beim britischen Außenministerium (*www.fco.gov.uk/travel*).

Einreise, Geld, Infos

Ecuador war immer etwas geizig mit der Verweildauer. Lasst euch nicht mit nur zwei Wochen auf eurer **Touristenkarte** abspeisen, man kann bis zu drei Monate bekommen. Eine Verlängerung ist bei den Migración-Büros möglich (z.B. in Quito, Av. Amazonas 2639 y República, weitere in Guayaquil, Ambato und Riobamba). Manchmal wird ein entsprechender Geldnachweis verlangt. Verliert die Touristenkarte bloß nicht, sonst gibt's bei der Ausreise große Probleme! Beachtet bei eurer Routenplanung, dass offiziell nur einmal im Jahr für maximal 90 Tage eingereist werden darf. Rechnet hin und wieder mit Kontrollen durch Polizei und Militär (Drogen, wegen Kolumbien).

Währung ist wie gesagt der US$, die frühere Landeswährung Sucre wurde abgeschafft, um die Hyperinflation in den Griff zu bekommen. Ihr könnt also überall im Land mit Dollars bezahlen, trotzdem solltet ihr möglichst keine Scheine über 10 US$ Nennwert mitbringen (Vorsicht, es sollen sehr viele gefälschte 20-Dollar-Scheine im Umlauf sein!). Ecuador prägt aber in vertraglicher Absprache mit den USA weiterhin Kleinmünzen mit der Denomination US-Cent (Centavos); diese gleichen in Größe und Nominalwert dem US-amerikanischen Vorbild. Mit VISA und MasterCard kann man in den Großstädten Geld bei Banken abheben, dort gibt es auch Geldautomaten. Ecuador ist damit für Langzeitradler (neben Panama) der beste Platz in Lateinamerika, um wieder die Dollarvorräte aufzustocken. Und es zählt derzeit zu den günstigeren Reiseländern in Südamerika, trotz zweigleisigem Preissystem für teure Hotels, Züge und Flüge.

Ein Tourist Office gibt es in jeder Stadt; der Tourismus unterliegt dem Ministerio de Turismo, Eloy Alfaro N32-300 Carlos Toblar, Quito (*www.vivecuador.com*).

Übernachten, Verpflegung

Offizielle Campingplätze gibt es in Ecuador nicht, freies Campen ist im Hochland unproblematisch. Es gibt – außer an Markt- und Festtagen – genügend billige Hotels, Pensiónes und Residenciales. Das Zimmer vorher inspizieren, auch die Dusche testen (heiß?) und das Fahrrad immer mit aufs Zimmer nehmen! Die Jugendherbergsidee setzt sich auch in Ecuador durch. Eine Liste der Juhes hat die Fundación Hostelling Ecuador, Junin 203 y Panama, Piso 2, Oficina 4, Guayaquil, Tel. (593) (4) 564488 und 563344, Fax (593) (4) 566939 (*www.hihostels.com.ec*).

Das Angebot an Speisen und Getränken ist gut und reichlich, in den Supermärkten Quitos sind auch europäische Lebensmittel erhältlich, ansonsten helfen euch Despensas über den nächsten Berg. Eine Spezialität ist wie auch in Bolivien und Peru Cuy, knusprig gegrilltes Meerschweinchen. Tierfreunde bestellen vielleicht lieber Llapingachos (Kartoffelkuchen mit Käse), Locro (eine kräftige Kartoffelsuppe mit Käse, Fleisch und Avocados) oder gefüllte Mais- bzw. Brotteigtaschen wie Tamales, Humitas und Empanadas. Komplette Mahlzeiten heißen Merienda und sind nicht teuer. Mineralwasser in Flaschen („Agua Güitig") wird überall verkauft, dazu Limos und recht gutes Bier. Super Obstangebot! Probiert unbedingt die Fruchtsäfte!

Rad und Ausrüstung

Einige MTB-Veranstalter bieten mittlerweile Touren und Leihräder an (in Quito, Cuenca, Guayaquil und anderen Städten), am besten fragt ihr erst hier, falls ihr Probleme mit eurem Bike haben solltet. Qualitativ gute Ersatzteile sind in Ecuador Mangelware, Fahrradgeschäfte findet man am besten über *www.paginasamarillas.com*, dann „Ecuador" anklicken. Einige ordentliche Firmen sind in Quito an der Av. 6 de Diciembre. CampingGaz-Kartuschen sind in etlichen Geschäften erhältlich; mehr zum Thema „Ausrüstung" auf *www.trekkinginecuador.com* (auch in etwas holperigem Deutsch).

Transport

Flug: Die nationale Fluggesellschaft heißt TAME (*www.tame.com.ec*) und hat ein dichtes Inlandsflugnetz; das Hauptbüro sitzt in Quito. Inlandsflüge sind relativ günstig, Flüge zu den Galápagos-Inseln dagegen sehr teuer. Eine kleinere Inland-Fluglinie ist Icaro (*www.icaro.com.ec*). Rad-Kartons für Flüge gibt es bei Global Transportes, Veintimilla 878 y Av. Amazonas, Quito.

Bus: Ecuador hat ein recht gutes Busnetz mit Langstrecken- und Minibussen (Busetas, Colectivos), viele Gesellschaften, billig, Radtransport möglich. Auf Nebenstrecken werdet ihr auch manchmal von Pickups (Camionetas) oder Lkw (Rancheras) gegen Fahrtkostenbeteiligung mitkommen.

Bahn: Wie überall in Südamerika machen Busse den Zügen auch in Ecuador kräftig Konkurrenz; Erdrutsche und mangelhafte Wartung sorgten außerdem in der Vergangenheit dafür, dass Linien mal eingestellt, mal wieder in Betrieb genommen wurden. Für den Transport von A nach B ist Ecuadors Eisenbahn heute nicht mehr von Belang, unter touristischen Gesichtspunkten jedoch schon. Spektakulär, aber immer mal wieder außer Betrieb ist die Linie Guayaquil (bzw. Durán) – Alausi – Riobamba über die „Teufelsnase" in die Anden (fahrt auf dem Dach mit! Warme Klamotten anziehen!). Ein Schienenbus (Autoferro) rumpelt von Ibarra nach San Lorenzo ans Meer. Und von Quito fährt noch hin und wieder ein Sonderzug Richtung Cotopaxi. Von Quito nach Durán gibt es schon lange keinen durchgehenden Zug mehr. Die aktuellen Bahnverbindungen in Ecuador findet man unter *www.quito.gov.ec/turismo/f_t_ferro.htm* oder auch bei *www.ferrolatino.ch*.

Im Autoferro von Riobamba nach Durán

Schiff: Größte Hafenstadt ist Guayaquil (sehr schwülheiß in der Regenzeit, vor allem Januar bis April), von dort gelegentliche Schiffsverbindungen nach Australien, USA, Mittelamerika (Panama) und auch nach Europa. Bootsverkehr auf den Flüssen im Oriente. Zu den Galápagos-Inseln gibt es keine Schiffsverbindung.

Bücher, Karten, Internet

Reiseführer: Wolfgang Falkenberg: „Ecuador und Galápagos", Reise Know-How. Recht gut auch Volker Feser: „Ecuador", Michael Müller Verlag. Polyglott-APA-Guide „Ecuador". „Ecuador & Galápagos Handbook", Footprint Publications. Rachowiecki: „Ecuador & the Galápagos Islands", Lonely Planet. „Climbing and Hiking in Ecuador" und „Galápagos Wildlife", Bradt Publications. Zu den Galápagos-Inseln existieren eine Vielzahl Tier- und Naturführer. Kauderwelsch-Sprachführer: „Spanisch für Ecuador", Reise Know-How.

Karten: Reise Know-How Karte „Ecuador mit Galápagos", 1:650.000. Berndtson „Ecuador", 1:1 Mio. ITM Travel Map „Ecuador", 1:1 Mio. und „Galápagos Islands", 1:500.000. „Mapa Vial-Turístico del Ecuador" und „República del Ecuador", jeweils 1:1 Mio. u. a. Detailkarten (recht gut), herausgegeben vom Instituto Geográfico Militar in Quito am östl. Ende des Parque El Ejido, Ecke Patria. Andere Karten sind auch beim Touristenbüro oder in Buchgeschäften erhältlich.

Internet: Alle möglichen Infos über Ecuador (auch Karten) findet man auf *www.exploringecuador.com*, auch in deutscher Sprache. Gut auch *www.ecuadorexplorer.com*. Sowohl Quito als auch Guayaquil haben eigene, gut gemachte Homepages in englischer Sprache, mit Veranstaltungskalender und vielen allgemeinen Tipps: *www.quito.com* und *www.guayaquil.com*. „El Comercio", eine der größten Tageszeitungen in Ecuador, hat eine (spanischsprachige) Website, *www.elcomercio.com*. „The Funky Fish Ecuador Guide" (*www.qni.com/~mj*) ist ein etwas merkwürdiger Name für eine kommerzielle Website, aber beim Durchblättern findet sich doch der eine oder andere gute Link. Schöne Fotos und viele Infos rund um das Archipel auf der Website „Virtual Galápagos" (*www.terraquest.com/galapagos/index.html*). Noch mehr über die Inseln auf der Website der „Galapagos Chamber of Tourism" (*www.galapagoschamberoftourism.org*).

II. Ziele, Routen, Strecken

Sehenswertes

Über herausragende Sehenswürdigkeiten verfügt Ecuador nicht, auch gibt es kaum noch alte Inka-Zeugnisse. Attraktionen sind die verschiedenartigen Landschaftsformen, das altkoloniale, kirchenreiche Quito, farbenprächtige (wenn auch meist recht touristische) Märkte in den Andendörfern (erkundigt euch nach dem Wochentag und seid frühmorgens zum besten Fotolicht vor Ort). Das Amazonastiefland (Oriente) beeindruckt mit seiner Flora und Fauna, den Äquator-Obelisk unweit der Hauptstadt muss man auch mal gesehen haben, und die Tierwelt des Galápagos-Archipels ist natürlich in jedem Fall lohnend, auch wenn der Flug dorthin und die Nationalpark-Eintrittsgebühr sehr teuer sind. Bergsteiger können die ecuadorianischen Vulkane besteigen; es gibt etliche Agenturen, die Gipfel-Treks vermitteln. Eine sehr schöne und angenehme Stadt ist auch Cuenca im Süden des Landes.

Routen und Straßen

Ecuador hat ein ziemlich gutes Straßennetz, mit gelegentlichen Straßenzerstörungen durch Erdrutsche muss man jedoch immer rechnen. Saftiges Grün und viele Früchte (Bananen) erfreuen den Radler entlang der relativ ebenen Straße von der peruanischen Grenze in Richtung Guayaquil, besonders, wenn er aus der peruanischen Küstenwüste kommt. Gut ausgebaut ist die **Panamericana**, die schon vor Machala rechts abzweigt (Santa Rosa – Pasaje), dann bald topografisch anspruchsvoller wird und durch das Hochland über Cuenca und Quito nach Kolumbien führt. Dabei überquert man nördlich von Quito den Äquator (durch Vermessungsfehler gibt es gleich zwei Denkmäler, eine kleine Weltkugel an der Straße und einen Obelisk an anderer Stelle). Der Verkehr auf dem Land ist moderat, in den Städten eher stark; Vorsicht wie immer vor rasenden Bus- und Lkw-Fahrern! Man kann sich auch (und das ist die bessere Strecke) schon vor Sullana/Peru rechts halten und über Macará und Loja ins Hochland hinauffahren und dort vor Cuenca wieder auf die Panamericana gelangen.

Am Äquator

Wenn man also von Peru her wie auch immer nach Ecuador einreist, wird man Guayaquil in der Regel auslassen. Der Aufstieg in die Sierra ist trotz kilometerlanger Steigungen interessant und schön, weil man dabei Nebel und Wolken durchstößt und anschließend „über den Wolken" radelt. Danach bis Quito ziemlich viele lange Auf- und Abfahrten, es geht durch fruchtbare Täler und über einige raue Pässe, durch kleine Dörfer und Kolonialstädte. Zwischen Riobamba und Quito säumen die tollen Vulkane (Chimborazo, 6310 m, Cotopaxi, 5897 m und andere) dermaßen beeindruckend die Straße, dass schon Alexander von Humboldt von einer „**Allee der Vulkane**" sprach. Achtet auf einige Thermalschwimmbäder an der Strecke und nahebei (z.B. Baños), da könnt ihr recht angenehm ein paar Tage durchhängen und eure schmerzenden Knochen und Waden wieder regenerieren.

Lohnend ist eine **Runde von Quito in das Amazonastiefland** über Baeza und Teña mit Abstecher in das Urwaldnest Puerto Misahuallí am Río Napo. Dort Trips zu Indianerdörfern, Kanufahrten etc., zurück wieder nach Quito oder über Puyo nach Baños (immer schön aufwärts) und Ambato. Distanz ca. 550 km. Wer von Süden her nach Quito fährt, kann schon in Riobamba ins Tiefland abzweigen, sieht aber dann nicht die Vulkane. Die eigentliche Hauptstrecke ist asphaltiert, nur der Abstecher nach Puerto Misahuallí ist noch Piste; in der Regenzeit kein Spaß! Checkt vorher die Lage um Baños: Nach mehreren Ausbrüchen des Vulkans Tungurahua seit 1999 wurde der Thermalort damals evakuiert! Einige Straßen sind bis heute noch nicht wieder instandgesetzt, vor allem die direkte Strecke Riobamba – Baños.

Straße defekt!
Auf der Strecke Ríobamba – Baños

Auf den Galápagos-Inseln lohnt es nicht, ein Bike dabei zu haben. Zwar gibt es eine Straße quer über die Isla Santa Cruz, wo alle Traveller landen, die wahre Schönheit des Archipels erschließt sich aber nur von einem Boot aus. Stellt also euer Rad und überflüssige Ausrüstung so lange in Quito unter – für Mitglieder des South American Explorer Clubs (*www.samexplo.org*) beispielsweise in der dortigen Club-Zentrale kein Problem!

Weiterreise

Panamericana-Radler sollten schon in Ecuador überlegen, wie es nun weitergehen soll: noch weiter **nach Kolumbien** pedalen oder gleich von Quito **nach Panama** fliegen. Nach Kolumbien über Ibarra, Grenzort ist Tulcan, schöne Strecke.

Nach Peru siehe oben bzw. dort. Je nach Grenzsituation (vorher auf den Botschaften in Quito abklären, Gelbfieberimpfung!) könnte man auch im Oriente von Puerto Misahuallí oder Coca (Puerto Francisco de Orellana) auf dem Río Napo nach Peru bzw. **Brasilien** weiterfahren; das werden aber wohl nur wenige Abenteurer machen. Ecuadors Grenzposten ist Nuevo Rocafuerte; Iquitos ist etwa sieben Flusstage von Coca entfernt, von dort weiter nach Manaus oder nach Yurimaguas bzw. Pucallpa mit Straßenanbindung in die peruanischen Anden (siehe Peru).

Kolumbien

I. Planung, Vorbereitung, Wissenswertes

Vorbemerkung zur Sicherheitslage

Lange Zeit galt Kolumbien als das gefährlichsten Pflaster ganz Südamerikas. Guerillakriege, Drogenkriminalität, Anschläge auf öffentliche Einrichtungen, Entführungen, Geiselnahmen und wirtschaftliche Notlage – diese Assoziationen dämmern in jedem europäischen Hirn unwillkürlich herauf, wenn es den Impuls „Kolumbien" bekommt.

Nahezu einhellig sind jedoch alle Rad-Toureros, die in Kolumbien in letzter Zeit unterwegs waren, der Ansicht, dass in unseren Breiten ein viel zu negatives Bild der dortigen Sicherheitslage gezeichnet wird. Auf *www.auswaertiges-amt.de* wird zwar nach wie vor (moderat) gewarnt, weshalb wir Kolumbien nicht vorbehaltlos für Rad-Toureros empfehlen können, doch scheint sich die Lage in letzter Zeit wirklich entspannt zu haben, und der einst völlig darniederliegende Kolumbien-Tourismus verzeichnet deutliche Zuwachsraten. Wer also dieses zweifellos sehr interessante Land besuchen und sich aktuell informieren will, hier ein paar Quellen: *http://wikitravel.org/de/Kolumbien*, *www.ist-kolumbien-sicher.de* und *www.kolumbien-blog.com*. Auch im Thorn Tree Forum von Lonely Planet (*http://thorntree.lonelyplanet.com*) gibt es immer wieder entsprechende Beiträge.

Überblick

Kolumbien – der Name erinnert an Kolumbus, obwohl dieser nie dort war. Kolumbien ist landschaftlich sehr schön, und als Radfahrer wird einem viel Aufmerksamkeit zuteil, weil dieses Land auf jeden Fall dasjenige mit der höchsten **Radsportbegeisterung** in ganz Südamerika ist (jedes Jahr fahren auch Kolumbianer bei der Tour de France mit). Ihr könnt also davon ausgehen, viele Rad-Bekanntschaften zu machen und Einladungen zu bekommen. Dementsprechend gut ist das Angebot an Radgeschäften und Talleres de Bicicletas, zumindest in den größeren Städten.

Die **Bevölkerung** besteht überwiegend aus Mestizen, Weißen und Mulatten, Minderheiten sind Indianer und Schwarze. Drei Viertel der rund 40 Millionen Einwohner leben im klimatisch gemäßigten Gebiet der Hochlandtäler und an der Karibikküste. Die Kolumbianer sind traditionell Fremden gegenüber freundlich, herzlich und hilfsbereit; nahezu alle Traveller äußern sich begeistert. Dass ihr Land weltweit so negative Schlagzeilen macht, ist vielen Einheimischen sehr peinlich, und sie bemühen sich, dem Reisenden ein positives Bild zu vermitteln.

Geografie, Klima

Kolumbien ist ein sehr vielgestaltiges Land. In Süd-Nord-Richtung, beginnend an der ecuadorianischen Grenze, verlaufen drei fingerartige, sich auffächernde **Anden-Gebirgszüge**: die Cordillera Occidental, die Cordillera Central und die Cordillera Oriental. Zwischen diesen Kordillerenzügen sind die Täler des Río Magdalena (1600 km lang) und seines Nebenflusses Río Cauca eingebettet. In den Hochbecken, **Sabanas** genannt, liegen die wichtigsten Städte Kolumbiens (Höhenlage zwischen 1500 und 2800 m).

Eine Ost-West Durchradelung des Landes ist also wesentlich mühseliger, als wenn man einem der Flusstäler folgt. An dem schmalen, feuchtheißen **Karibik-Küstensaum** liegen die wichtigen Hafenstädte Barranquilla, Santa Marta und das schöne Cartagena. Die Pazifikküste bietet nichts besonderes. Östlich der Cordillera Oriental beginnen die weiten Grasebenen der **Llanos** (Rinderzucht) mit dem Orinoco, südlich daran schließt sich das kaum erschlossene und nur dünn besiedelte, ständig feuchtheiße **Amazonas-Tiefland** an. Der sumpfige **Darién** ist das Grenzgebiet zu Panama. Dort ist die Panamericana bis heute unterbrochen, ein Durchkommen sehr schwierig, siehe bei Panama (Seite 220).

Das **Klima** in Kolumbien ist tropisch mit allen Varianten (abhängig von der Höhenlage). April/Mai und Oktober/November sind die nassesten Monate, Dezember bis Februar die trockensten. Touristenhochsaison an der Küste ist von Mitte Dezember bis Ende April und von Mitte Juni bis Ende August. Für das kolumbianische Amazonas-Tiefland siehe bei Brasilien, zum Thema Tropenkrankheiten/Gesundheitsvorsorge wie immer bei *www.fit-for-travel.de*. Beliebte Mitbringsel aus Kolumbien: Smaragde.

Angekommen! An der Karibik

Einreise, Geld

Verlangt werden Reisepass und eine ausgefüllte **Touristenkarte** (Tarjeta de Ingreso). Die Touristenkarte wird für 30 bis 90 Tage ausgestellt, je nach Tagesform des DAS-Beamten. DAS heißt die Sicherheits- bzw. Grenzpolizei (Departamento de Aduana y Seguridad); sie hat ein Büro in jeder größeren Stadt. Hier könnt ihr auch eure Aufenthaltsgenehmigung auf neuerdings (seit 2008) bis zu sechs Monate pro Kalenderjahr verlängern lassen. Die Grenzer verlangen manchmal bei der Einreise den Nachweis von genügend Finanzmitteln – kein Geld abpressen lassen, am besten nur Schecks und Kreditkarte zeigen. Und lasst euch bei der Ausreise unbedingt einen Stempel geben, sonst wird euch die erneute Einreise zu einem späteren Zeitpunkt verweigert!

Währung in Kolumbien ist der Peso, das Wechseln von Reiseschecks bei Banken ist oft eine schwierige und langwierige Prozedur, manchmal wird der Pass kopiert und auch noch Fingerabdrücke genommen. Große Werte lassen sich schlecht wechseln, auch große Dollarnoten. Wechseln ist auch in Casas de Cambio möglich, „Titán Intercontinental“ hat die meisten Niederlassungen und tauscht auch Reiseschecks. Vorsichtig sein vor zirkulierenden falschen Dollars, deshalb nie auf der Straße wechseln, auch wenn der Tauschkurs noch so verlockend ist. VISA- und MasterCard-Kreditkarten werden von vielen Banken zur Bargeld-Auszahlung akzeptiert; Geldautomaten sind weit verbreitet.

Sicherheit, Drogen

Vorsicht in den Großstädten, wählt Hotels in „sicheren Zonen“ nahe den Polizeistationen, fragt die Kolumbianer um Rat, sie kennen das Problem mit der Sicherheit und sind sehr hilfsbereit, besonders auf dem Land. Vorsicht vor Kinderbanden (Gamines) in den Großstädten, sie können gefährlich werden! Aufpassen auch in und um Busterminals. Von Straßenraub vor allem in Städten und Dörfern an der Karibikküste haben Globetrotter und auch Radfahrer berichtet. Seid auf viele Straßenkontrollen (wegen Drogen) gefasst! Bei Durchsuchungen immer die Leute im Auge behalten, immer nur einen Teil nach dem anderen herausgeben und die Dinge selbst ausbreiten!

Vom allgemeinen Kampf gegen den Rauschgifthandel (Narcotráfico) bekommen Besucher wohl nur wenig mit; die Regierung versucht mit allen Mitteln, der Kokain-Mafia (und auch der Guerilla) habhaft zu werden. Es muss aber immer noch damit gerechnet werden, dass mal gebietsweise der Ausnahmezustand verkündet wird; am besten sich vor Ort bei den lokalen Touristenämtern über die Lage erkundigen. Die Guajira-Halbinsel im Nordosten des Landes und die dortigen Orte um die Sierra Nevada sind Drogenanbau- und -Umschlagplätze und gefährlich (Straße Ríohacha – Grenze Venezuela, Maicao)! Nicht ungefährlich sind auch alle karibischen Hafenstädte. Medellín und Calí waren immer die Zentren der Drogenkartelle.

Übernachten, Verpflegung Es gibt ein genügend großes Hotel- und Pensionsangebot, die Häuser der unteren Preisklasse heißen Residencias und Hospedajes. Nicht selten verbergen sich dahinter aber Bordelle, ohne dass das auf den ersten Blick offensichtlich wäre. Nehmt eure Räder immer mit aufs Zimmer; wird das nicht gestattet, dann sucht eine andere Bleibe. Es gibt auch Jugendherbergen, Näheres unter *www.fcaj.org.co*, und etliche Backpacker's (*www.hostels.com* und *www.hostelworld.com*, Land und Stadt anklicken).

In Touristenbüros bekommt man eine Liste von offiziellen Campingplätzen, die aber nicht preiswerter als ein einfaches Zimmer sein müssen (siehe auch *www.campingo.com*). Die Bevölkerung auf dem Land ist gastfreundlich, wie erwähnt; oft wird man zum Campen oder zum Übernachten eingeladen werden. Das Essen ist vielfältig und gut, großes Angebot an Früchten. In Kolumbien werden die leckersten Fruchtsäfte in ganz Südamerika (mit Milch) zubereitet, unbedingt probieren! Gaseosas sind überall erhältlich, manchmal werden sie euch sogar von Autofahrern an heißen Passanstiegen aus dem Autofenster gereicht.

Fahrrad, Ausrüstung Kolumbiens Hauptstraßen sind in der Regel ganz ordentlich; man braucht kein spezielles Rad. Es gibt eine ausgedehnte Rennradszene, sonst fährt man MTB. Trekkingrad-Reifen sind, wie im übrigen Lateinamerika, selbst im Radlerland Kolumbien nicht einfach aufzutreiben. Radshops mit guten Importteilen und Radklamotten findet ihr zumindest in den größeren Städten, am einfachsten fragt den nächsten Rennradler, der euch garantiert irgendwann vor die Reifen fahren wird. In Bogotá hat sich die Calle 13 als besonders ergiebig für Reiseradler erwiesen, siehe auch unter *www.amarillas.com*.

Verkehr, Transport Bus- und Lkw-Fahrer rasen machomäßig und halsbrecherisch, vorsehen auf den Andenstrecken! Das **Busnetz** ist gut ausgebaut, zahlreiche Gesellschaften, Luxus- (Expreso) und Normalbusse (Ordinario). Radmitnahme nur in der Normalklasse möglich, teuer. Gegen Fahrtkostenbeteiligung nehmen euch auch Lkw-Fahrer gerne mit, ihre Gefährte sind aber häufig nicht die sichersten und brechen oft auf den Andenstrecken zusammen.

Kolumbien besitzt mit der traditionsreichen Avianca die älteste Fluglinie Südamerikas (*www.avianca.com*) und ein **dichtes Flugnetz**. Alle halbwegs wichtigen Orte können billig angeflogen werden; es gibt auch mehrere kleine Inlandsgesellschaften. Radmitnahme nur in einer Box. Der Zugverkehr wurde eingestellt, bis auf eine Touristenstrecke nahe Bogotá.

Bücher, Karten, Internet **Reiseführer:** Das **Lateinamerika BikeBuch** enthält zehn ausführlich beschriebene Touren in Kolumbien und Venezuela, darunter alle wichtigen Fernstrecken. Braune, Hella und Semper, Frank: „Kolumbien Reisekompass", A.-Sebra-Verlag. „Colombia Handbook" von Footprint Publications. Dydynski: „Colombia – Travel Survival Kit", Lonely Planet.

Karten: IGN Mapa Turistico „Colombia", 1:1,5 Mio. ITM Travel Map 1:2 Mio. Nelles-Karte „Colombia & Ecuador", 1:2,5 Mio. In Kolumbien: Vom CNT die „Mapa de la Republica" 1:1,5 Mio., weitere Straßenkarten an Tankstellen, auch in Buchläden und vom Automobilclub erhältlich.

Internet: Wie gesagt: Schaut zunächst beim AA oder – noch ausführlicher – auf der Seite des britischen Außenministeriums (*www.fco.gov.uk*) unter „Travel Advice by Country / Colombia, wie es um die momentane Sicherheitslage in Kolumbien bestellt ist. Tourismushinweise und Links gibt es auf *www.uniandes.edu.co/Colombia/Turismo/turismo.html* und auf der kommerziellen Seite *www.colombia.com*. Die offizielle Seite der kolumbianischen Tourismusbehörde (auch in deutscher Sprache) firmiert unter *www.turismocolombia.com*. Eine deutschsprachige Seite ist *www.kolumbienweb.de*. Übrigens: Profunde Kolumbien-Kenner sind die Lebenszeit-Reiseradler Igel und Paola, die in San Agustín ein Casa de Ciclistas betreiben und die man über ihre Homepage *www.grenzenlos.ath.cx* auch bei Fragen anmailen kann.

II. Ziele, Routen, Weiterreise Nachbarländer

Sehenswertes

Einen Besuch wert sind die Städte aus der spanischen Kolonialzeit, besonders die historische Altstadt von Cartagena, einer der interessantesten Städte Südamerikas, und auch Santa Marta (älteste Stadt Kolumbiens, Ferienzentrum). Südöstlich der barocken Stadt Popayán liegt San Agustín mit seinem Parque Arqueológico voller Kolossalfiguren und Grabkammern. Man kann ihn, auch den dort gelegenen Nationalpark Purace, anfahren, wenn man von Ecuador heraufkommt. In Zipaquirá (nördl. von Bogotá) ist die berühmte Salz-Kathedrale zu sehen. Alle anderen Städte Kolumbiens sind, einschließlich der Hauptstadt Bogotá (außer man will das berühmte Goldmuseum – Museo del Oro – sehen), keine Umwege wert. Großes Fest im Januar (Fería del Café und Festival Interamericano del Folclor) in Manizales (liegt westlich von Bogotá). Auch der Karneval von Barranquilla ist berühmt.

Routen und Straßen

Die Straßenbeschaffenheit ist auf den Hauptstrecken recht gut, Nebenstrecken sind meist unbefestigt, in den Llanos und im Amazonastiefland nur (Sand-)Pisten. Die Strecke von Ecuador über Cali und Medellín nach Cartagena hat viele Pässe und ist sehr, sehr gebirgig! Desgleichen auch die Strecke von Bogotá über Bucaramanga nach Barranquilla, in den Tälern herrscht eine Wahnsinnshitze, viele und harte Aufstiege, auch mal Schotterabschnitte, doch auch großartige Aussichten. Seitenstreifen haben nur die wenigsten Durchgangsstraßen, z.B. im Tal des Río Magdalena (Pitalito – Girardot) und im Cauca-Tal (Zarzal – Santander). Alle Gebirgsstrecken sind gefährlich für Biker – kurvig, unübersichtlich, ohne Leitplanken! Bei schnellen Abfahrten immer mit Menschen, mit Vieh und Reifenresten auf der Fahrbahn rechnen.

Weiterreise

Nach Ecuador auf der Panamericana über Popayán und Pasto, Grenzort ist Ipiales. **Nach Venezuela** am besten über Cúcuta / San Antonio de Táchira, oder entlang der Küste von Ríohacha nach Maracaibo (Grenzort: Paraguachón, gefährliche Strecke). Oder, als dritte und abenteuerlichste Möglichkeit, von Bogotá über Villavicencio und Puerto López nach Puerto Carreño (an der Mündung des Río Meto in den Orinoco). **Nach Brasilien und Peru** gibt es vom Amazonashafen Leticia (dorthin nur Flug) im Dreiländereck Kolumbien / Peru / Brasilien Schiffsverbindungen, nach Manaus oder nach Iquitos.

Nach Panama: Wie erwähnt – eine Straße nach Panama existiert nicht. Wahrscheinlich wird man also fliegen, ab Barranquilla, Bogotá, Cali, Cartagena, Medellín oder über die San-Andrés-Inseln. Wie schon beim Panama-Kapitel (Seite 219) angeführt gibt es aber mittlerweile wieder ein ganz akzeptables Angebot an Bootspassagen zwischen Kolumbien und Panama. Ein guter Tipp dafür ist das Hostal „Casa Viena" in Cartagena, das auf seiner Webseite *www.casaviena.com* unter „Sailing to Panama" jede Menge Tipps und eine Auflistung von Gesellschaften anbietet.

Nach Panama durfte man zuweilen schon nur mit einem Rück- oder Weiterflugticket einreisen; aus den letzten Jahren ist uns aber kein Fall mehr bekannt, wo ein solches verlangt worden wäre. Erkundigt euch zu Sicherheit vorher und kauft dann ggf. ein Linienflugticket, das ihr zurückgeben könnt („refundable").

Venezuela

I. Planung, Vorbereitung, Wissenswertes

Überblick

Venezuela, das Land an der Nordspitze Südamerikas, ist das „Tor Südamerikas". Es hat großartige Landschaften aufzuweisen, ist aber trotzdem kein klassisches Urlaubsland. Der Auslandstourismus konzentriert sich auf die östliche Küstenregion und die Isla Margarita. Südamerikareisenden dient Venezuela meist als Sprungbrett in die (oder von den) USA, doch das Land ist auch ein guter Start- oder Endpunkt einer Südamerika-Radreise. In Venezuela, besonders im Landesinnern, ist ganz bestimmt noch etwas von der ursprünglichen Faszination des Reisens – ob mit oder ohne Rad – spürbar.

Kultur, Sprache und Religion in Venezuela haben starke europäische Wurzeln. Die Bevölkerung (25 Mio. Landesbewohner) setzt sich überwiegend aus Mischlingen (Mestizen und Mulatten) zusammen, auch aus vielen Weißen (ca. 20%, viele sind italienischer Abstammung). Minderheiten sind Indianer (ca. 2%, Yanomami, Amazonasgebiet) und Schwarze (9%). Über 90% der Bevölkerung lebt im Streifen zwischen der Küste und der Sierra.

Geografie

Venezuela besteht im wesentlichen aus drei Großlandschaften: Im Norden zieht sich von West nach Ost der nördlichste Zipfel der **Anden** (Serranía), wobei die Sierra Nevada de Mérida Höhen von über 5000 m aufweist. Im Landesinnern erstrecken sich zwischen dem Küstengebirge und dem Orinoco die **Llanos,** eine endlos flache bzw. leicht hügelige Savannenlandschaft. Dabei teilt der Orinoco, das drittgrößte Flusssystem Südamerikas, das Land in eine trockenere Nord- und eine feuchtere Süd-(Regenwald-)hälfte. Im Süden Venezuelas liegt eine ausgedehnte Hochebene, das Bergland von Guayana. Der östliche Teil ist die **Gran Sabana,** aus ihr ragen Dutzende zum Teil gewaltig große Tafelberge (Tepuis) bis über 2000 m senkrecht aus der Ebene auf.

Im Nordwesten Venezuelas liegt das Tiefland um den **Maracaibo-See** und die Millionenstadt Maracaibo, dort wird viel Öl gefördert (Umweltverschmutzung!). Erdöl ist (mit Eisen und Aluminium) das Rückgrat der Wirtschaft Venezuelas, fette Öljahre haben das Land reich gemacht. Doch es gibt auch viel Armut, Venezuela ist Industrie- und Agrarland zugleich. Wichtigste Siedlungs- und Wirtschaftszone ist die Küstenregion um die Hauptstadt **Caracas**, eine moderne, lärmige Hochhaus- und Millionenstadt. An den Hängen von Caracas ziehen sich auch ausgedehnte Armenviertel hin, die Barrios.

Einreise, Währung, Sicherheit

Bis vor kurzem verlangte Venezuela als einziges südamerikanisches Land zumindest bei der Einreise auf dem Landweg noch ein Visum. Das ist seit 2008 zum Glück Geschichte; Visapflicht besteht nur noch für Anreisen mit einem Segelschiff, Einreisekategorie „Embarcaciones Deportivas". Bei der Einreise bekommt man eine **Touristenkarte** (Tarjeta de Ingreso); es gibt 90 Tage Aufenthalt, Verlängerung ist recht einfach durch Aus- und umgehende Wiedereinreise, dann kriegt man nochmal 90 Tage. Zeitweilig wurde auch schon ein Weiterreiseticket verlangt; am besten informiert man sich vor Reiseantritt bei der venezolanischen Botschaft in Berlin (*www.botschaft-venezuela.de*). Die DIEX ist die nationale Ausländerbehörde für Visa und Verlängerungen. Eine Gelbfieberimpfung ist bei Einreise von Brasilien erforderlich (Impfungen, Tropenkrankheiten usw. siehe unter *www.fit-for-travel.de*).

Währung in Venezuela ist der Bolívar (Simón Bolívar ist in Venezuela vieles gewidmet, es ist das Geburtsland des südamerikanischen Freiheitskämpfers). Geld- und Scheckwechsel ist in Casas de Cambio und Banken möglich, VISA und MasterCard werden auf Banken zum Geld-Nachschub akzeptiert. Es gibt auch Geldautomaten, aber das „South American Handbook" warnt, dass diese häufig zwar einen Beleg ausspucken, jedoch keinen Zaster. Wird schon was dran sein an dieser Warnung; wir geben sie hiermit weiter.

Sicherheitsmäßig hat Venezuela in den letzten Jahren negative Schlagzeilen gemacht. Das AA (*www.auswaertiges-amt.de*) rät Reisenden, sich von politischen Kundgebungen und Aufmärschen fernzuhalten; in der Vergangenheit kam es dabei in Caracas und anderen größeren Städten auf dem Festland immer wieder zu gewaltsamen Aktionen und Straßenunruhen. Auch ist die „normale" Straßenkriminalität in venezolanischen Großstädten, besonders in Caracas, recht hoch. Auf der Ferieninsel Margarita wurde eine Zunahme bewaffneter Raubüberfälle beobachtet. Dabei sind häufig Ausländer die Opfer, da man bei ihnen eine höhere Beute und weniger Gegenwehr vermutet. Ähnlich wie Kolumbien (wenn auch in geringerem Maß) ist auch Venezuela ein traditionelles Brückenland für den internationalen Rauschgiftschmuggel. Es gibt viele Straßen- und strenge Grenzkontrollen durch die Polizei (an den Grenzen der Bundesstaaten und an strategisch wichtigen Stellen).

Klima

In Venezuela gibt es alle Varianten tropischen Klimas, sie sind abhängig von der Höhenlage. Heißester Monat im Land ist der August (dann angenehm in den Hochlagen). Sehr schwül und heiß ist es im Tiefland um den Maracaibo-See! Trockenzeit im größten Teil des Landes von Dezember bis April, an der Küste regnet es das ganz Jahr über nur wenig. Bootsausflüge in der Gran Sabana sind nur während der Regenzeit möglich (Wasserpegel).

Übernachten, Verpflegung

Es gibt kaum offiziellen Campingplätze und auch keine Jugendherbergen, doch genügend Hotels, Hostels (*www.hostels.com* hilft weiter), Posadas bzw. Hospedajes aller Kategorien. Wildes Camping nur an sehr sicher erscheinenden Plätzen zu empfehlen! Teilweise gibt es im Land einfache Rundhütten, sogenannten Churuatas, die nach allen Seiten offen sind und wo man seine Hängematte aufspannen kann.

Keine Probleme hat man mit der Verpflegung, typisch für Venezuela sind Areperas, kleine Gaststätten, wo es gutes und billiges Essen gibt, z.B. die diesen Betrieben ihren Namen gebenden Arepas – kleine Maisfladen mit diversen Füllungen („Döner sudamericano"). An der Küste gibt es gute Fischspeisen. Sancocho ist ein Eintopf. Das Wasser in Städten ist stark gechlort, doch Mineralwasser ist überall erhältlich, Trinkwasserbehälter gibt es in Geschäften und in öffentlichen Gebäuden zur Selbstbedienung. In Venezuela wird auch viel Kaffee bzw. Cappuccino getrunken. Beim Reisen im weniger besiedelten Süden (z.B. Gran-Sabana-Route) muss man entsprechend Vorräte mitführen.

Rad und Ausrüstung

In Venezuela gibt es auch eine Radlerszene, aber nicht vergleichbar mit Kolumbien. Talleres de Bicicletas, Rad- und Reparaturgeschäfte findet man in den Städten, auf dem Land jedoch kaum, und wenn, dann können sie höchstens einfache Arbeiten durchführen und mit Billigteilen aufwarten. Näheres auf den Gelben Seiten: *www.caveguias.com.ve*. Dafür sind CampingGaz-Kartuschen erhältlich; es gibt auch Outdoor-Equipment in etlichen Geschäften in Caracas und Mérida.

Transport

Bus und Bahn: Es gibt gute Busverbindungen zwischen den Großstädten, recht preiswert. Die Eisenbahnlinien sind dem Güterverkehr vorbehalten, nur auf der 175 km langen Strecke von Barquisimeto nach Puerto Cabello gibt es Personenzüge. Das Personen-Beförderungssystem soll aber ausgebaut werden.

Flug: Im ganzen Land existieren ausgezeichnete, günstige Flugverbindungen; viele kleine Landeplätze findet man im Süden des Landes. Inlandfluggesellschaften sind VIASA, Avensa, Aerotuy u.a.; Radmitnahme durchweg möglich. Ein besonderes Highlight ist der Flughafen von Mérida – die Landebahn befindet sich auf einer schiefen Ebene und kann nur von Turboprops angeflogen werden. Wer in den Canaima-Nationalpark möchte (siehe weiter unten), ist sogar auf den Flieger angewiesen; dorthin fliegen von Ciudad Bolivar und Ciudad Guayana kleine Cessnas jeder Altersstufe, was man gut mit einer Überfliegung des Salto Angel kombinieren kann.

Schiff: Auf dem oberen Orinoco fahren Schiffe mit Passagiertransport (Caicara – Puerto Ayacucho). Von der Hafenstadt La Guaira (bei Caracas) gibt es Schiffsverbindungen nach Europa und in die USA.

Bücher, Karten, Internet

Reiseführer: Mit deutschen Venezuela-Führern ist es nicht weit her. Es gibt derzeit gerade mal den kleinen Marco Polo „Venezuela mit Isla de Margarita" und Friedrich Schmithüsen: „Venezuela", Goldstadt Verlag. Mehr in englischer Sprache: „Guide to Venezuela", (Schwerpunkt Natur und Parks, Wandern), Bradt-Verlag, England. Krysztof Dydynski, Charlotte Beech: „Venezuela", Lonely Planet. Als Auszug aus dem „South American Handbook" das „Venezuela Handbook", Footprint. Als Sprachführer: Kauderwelsch „Spanisch für Venezuela", Reise Know-How. In Venezuela gibt es den „Guía Progreso", mit guten Karten und Stadtplänen (in Buchhandlungen).

Karten: Reise Know-How Karte „Venezuela", 1:1,4 Mio.; Nelles-Karte 1:2,5 Mio. (mit Guyana, Surinam und Franz. Guyana); ITM Travel Map 1:1,75 Mio, Berndtson-Karte "Venezuela", 1:1,75 Mio. In Venezuela: Die beste Straßenkarte gibt es bei den Lagoven-Tankstellen („Rutas de Venezuela", 1:1,5 Mio.).

Internet: Auch da gibt es nicht allzuviel. Eine kommerzielle Seite mit Infos auch auf Deutsch ist *www.venezuelatuya.com*. Recht politisch sind die Infos auf *www.netzwerk-venezuela.de*. Nicht schlecht ist *www.think-venezuela.net*.

II. Ziele, Routen, Strecken

Sehenswertes

Venezuela besitzt kaum Zeugnisse alter südamerikanischer Kulturen. Höchster Wasserfall der Erde (979 m) ist der Salto Angel südlich des Orinoco im Canaima-Nationalpark (Gran Sabana, nach Canaima geht es nur per Flugzeug). Die Gran Sabana mit ihren geheimnisvollen Tafelbergen und der reichen Fauna und Flora gehört zu den erstaunlichsten Landschaften Südamerikas!

Tafelberge in der Gran Sabana

Colonia Tovar, ein um 1843 von Auswanderern aus dem Kaiserstuhl gegründeter Ort, ist heute ein sehr touristisches Schwarzwalddorf und ein beliebtes Ausflugsziel, es liegt 50 km westlich von Caracas. Bade-Tourismuszentren sind Puerto La Cruz (bei Barcelona, 325 km östl. von Caracas), Maracay (westl. von Caracas) und besonders die Isla Margarita (schöne Strände, Charterflüge von Deutschland). Besuchenswert ist die koloniale Universitätsstadt Mérida in der Anden-Sierra (1650 m), von dort führt eine Seilbahn zum 4765 m hohen Pico Espejo (fantastische Fahrt und Aussicht, höchste Seilbahn der Welt).

Routen und Straßen

Venezuela verfügt im Norden über ein gut ausgebautes Straßennetz, der Verkehr ist stark, geradezu mörderisch kann er in den Städten und im Küstengebiet sein. Parallel zu den Autobahnen gibt es noch die früheren Landstraßen; die Ausschilderung ist generell schlecht. Seid immer auf Hindernisse gefasst, selbst gute Straßen sind nicht immer frei von Schlaglöchern, Steinen, zerbrochenen Flaschen und ähnlichem. Nie nachts fahren!

Der fürs Radfahren interessanteste Landesteil ist das Bergland südl. des Maracaibo-Sees zwischen San Cristóbal und Barquisimeto (Sierra Nevada). Dort gibt es gute Straßen und Unterkünfte, schöne Landschaftsszenerien und der Verkehr ist nicht so stark. Wer nach Kolumbien will, sollte diese Transandina-Route der Strecke entlang der Karibik vorziehen. Von und nach Mérida kann man aber auch östlich der Berge auf flacher Strecke über Barinas fahren (Llanos-Route); diese Strecke ist kaum gebirgig und wesentlich schneller, aber auch wärmer und nicht so abwechslungsreich. Dasselbe trifft auf die Panamericana-Route zu, die am Westrand der Sierra entlang von La Fria nach Barquisimeto verläuft. In Barinas lohnt es sich (wenn man von Caracas kommt) in die Berge hinein nach Mérida hochzukurbeln.

Im Großraum Caracas ist Radfahren nicht zu empfehlen. Der internationale Flughafen von Caracas liegt auf Meereshöhe, Caracas selbst an den Berghängen auf knapp 1000 m Höhe! Das ist wahrlich kein Spaß, zumal nur eine abgasverpestete, vielspurige Autobahn quasi in der Direttissima in die City führt. Spätestens an der ersten Mautstelle ist Schluss mit lustig. Besser, ihr quartiert euch unten in Maiquetía, La Guaira oder Macuto ein und besucht Caracas mit öffentlichen Verkehrsmitteln. Für Unbelehrbare ein Tipp: Es gibt noch eine alte Hauptstraße in die City, dazu braucht ihr aber einen guten Stadtplan, Spanischkenntnisse und mindestens fünf Stunden Zeit (für ca. 45 km)! Alle Ziele in Venezuela sind aber von der Küste aus genauso gut erreichbar.

Die Küstenstrecke Caracas – Puerto La Cruz – Cumaná (von beiden Städten geht eine Fähre zur Isla Margarita) ist stark befahren. Südlich des Orinoco gibt es nur noch ganz wenige Straßen.

Weiterreise

Straßen- und Verkehrsverbindungen gibt es hauptsächlich mit Kolumbien, die Grenzen zu den südlichen Nachbarstaaten Brasilien und Guyana verlaufen größtenteils durch den Urwald. Die Grenze zu Guyana ist wegen Gebietskonflikten geschlossen; es existieren auch gar keine Straßen.

- **Nach Kolumbien** am besten, wie schon erwähnt, über Mérida nach San Antonio del Táchira / Cúcuta. Die Straße an der Küste über Maracaibo und Ríohacha ist weniger empfehlenswert und vor allem in Kolumbien nicht immer sicher.
- **Nach Brasilien** (einzige Möglichkeit) über Ciudad Bolívar bzw. Ciudad Guayana via El Dorado zur Grenzstadt Santa Elena de Uairén (ca. 1400 km ab Caracas). Straße durchgehend asphaltiert. Dann über Boa Vista nach Manaus. Nach Überquerung des Orinoco wird es einsam, immerhin hat jetzt auch die Fortsetzung der Straße in Brasilien Asphalt. Es fahren auch Busse nach Santa Elena und von dort weiter nach Boa Vista.

Brasilien

I. Planung, Vorbereitung, Wissenswertes

Überblick

Brasilien ist das größte Land Südamerikas, es grenzt an 10 Nachbarstaaten. Die nördliche Hälfte nimmt das **Amazonasbecken** ein, das größte Regenwaldgebiet der Erde. Es ist stark gefährdet durch Straßen, Bevölkerungsdruck, Holzeinschlag, Brandrodung etc. Der **Nordosten** Brasiliens ist ziemlich trocken. Nach Süden hin zieht sich das **Brasilianische Bergland** (selten höher als 900 m), die Küstensäume am Atlantik sind schmal. Kern- und Herzland Brasiliens ist der **Mato Grosso**; die sumpfige Region der bolivianischen und paraguayischen Grenze zu heißt **Pantanal**.

Brasilien ist zugleich Industrie- und Agrarland, der Welt größter Kaffee-Exporteur. Wirtschaftsmetropole ist São Paulo, die Hauptstadt Brasília. Und Brasilien ist weit mehr als Rio, Karneval, Fußball und „Grüne Hölle", es ist ein so vielseitiges Land, dass hier jeder Versuch einer näheren Beschreibung zu weit führen würde. Reiseführer können da mehr ins Detail gehen.

Bevölkerung, Sprache

Die Brasilianer sind bekannt für ihre Lockerheit, Lebens- und Kontaktfreude und Hilfsbereitschaft. Die Bevölkerung setzt sich hauptsächlich aus Weißen portugiesischer, spanischer, italienischer und auch deutscher Abstammung zusammen, aus Mulatten (schwarz-weiße Mischungen) und Schwarzen (Nachkommen afrikanischer Sklaven). Indianer (Amazonasgebiet) und Asiaten (Japaner) sind Minderheiten. Im armen Nordosten leben überwiegend Afrobrasilianer.

Dicht besiedelte Räume sind die Küsten und der Süden. Dort, in den Bundesstaaten Santa Catarina und Rio Grande do Sul, leben besonders viele deutschstämmige Brasilianer, Blumenau ist eine Stadt mit vielen Fachwerkfassaden. Kontakte und Einladungen sind dort für Radfahrer gut möglich (woanders aber auch). Landessprache ist Portugiesisch, und, wie an anderer Stelle schon erwähnt, man kann sich mit Spanisch in Brasilien kaum verständigen. Daumen nach oben heißt bei den Brasilianern „tudo bem – alles klar!"

Fachwerk und Folklore in Blumenau

Einreise, Währung, Sicherheit

Bei der Einreise erhält man eine **Aufenthaltsgenehmigung** bis 90 Tage, eine Verlängerung um weitere 90 Tage ist bei der Polícia Federal möglich.

Währung ist der Real. Der US$ ist die beste Reisewährung, bei der Einlösung von Reiseschecks und beim Bargeldumtausch werden hohe Kommissionen fällig. Kreditkarten sind verbreitet (am meisten VISA, aber auch MasterCard, AmEx), in jeder Stadt könnt ihr Bargeld an Automaten abheben, meistens auch mit der EC-Karte. Allerdings akzeptieren viele Automaten nur „Cartao nacional"; die Maschinen von HBSC, Bradesco und Banco de Brasil funktionieren aber meistens.

Die tiefgehenden sozialen Probleme Brasiliens (hohe Bevölkerungswachstumsrate, Landflucht) sind Ursache hoher Kriminalitätsraten, besonders in den Großstädten. São Paulo ist ein 15-Millionen-Stadtmonster, das man als Radler am besten meidet. Auch Rio de Janeiro ist ein gefährliches Pflaster, nicht nur zur Karnevalszeit! Meidet vor allem die Elendsviertel, die Favelas. Auf dem Land und in kleinen Orten ist es weitgehend sicher.

Klima, Reisezeiten

In Brasilien herrscht weitgehend tropisches Klima. Das Amazonastiefland erhält das ganze Jahr über hohe Niederschläge.

Südbrasilien: Je nördlicher, desto wärmer wird es, mit oft schwüler Hitze an der Küste. Von November bis März ist Regenzeit (meist kurze, heftige Platzregen), dann ist es generell schwül und heiß. Im Winter, also von Juni bis August, kann es südlich von São Paulo Frost geben, vor allem im Bergland ist es dann auch tagsüber recht kalt. Die besten Reisezeiten liegen also dazwischen (April, Mai und September, Oktober).

Regenzeit. Auf der BR 116 vor Porto Alegre

Nordostbrasilien: Günstig von September bis Februar, obwohl schwül. Weniger günstig von März bis August, dann Regenzeit.

Amazonasbecken: Am günstigsten ist es von Juli bis Oktober. Weniger günstig von November bis Juni, dann Regenzeit (im Mündungsbereich besonders viel Regen von Januar bis Mai).

Haupturlaubszeit der Brasilianer ist zwischen Weihnachten und Karneval. Da wird es in Touristengebieten mit Unterkünften manchmal etwas eng, vor allem in den Seebädern an der Atlantikküste.

Gesundheit

Für das Reisen in Nordbrasilien ist eine Gelbfieberimpfung erforderlich (im Amazonastiefland und im Pantanal). Und denkt an eine Malaria-Prophylaxe und an ein Moskitonetz! Näheres wie immer bei *www.fit-for-travel.de*.

Übernachten und Verpflegung Es gibt sehr viele billige **Hotels** und **einfache Unterkünfte** – Hospedarias, Pensões, Pousadas, Albergues, Apartamentos. Immer vorher anschauen, manchmal sind das schlimme Löcher ohne Fenster und mit hellhörigen Brettorzwischenwänden. Ab 20 Real findet man aber außerhalb der Touristenzentren und Großstädte meistens etwas Ordentliches. Vorhanden sind auch über 50 **Jugendherbergen** (Albergues da Juventude), recht viele davon von Rio an der Küste entlang bis zur Grenze nach Uruguay. Eine Hostelliste findet ihr online unter *www.hostel.org.br*. Anschrift: Federaçao Brasileira dos Albergues da Juventude (FBAJ), Rua General Dionisio 63, Botafogo, CEP 22271-050, Rio de Janeiro, Brasilien, Tel. (55) (21) 2860303.

Die **Camping**plätze des Camping Club do Brazil sind nicht allzu zahlreich, Campführer (Guia de Ãreas de Camping, auch von Quatro Rodas, erhältlich in Buchläden und auf den Flughäfen) listen sie auf. Mit einem Internationalen Campingausweis gibt es bis zu 50% Rabatt. Anschrift: Camping Club do Brasil, Rua Senador Dantas, 75/29, Centro, Rio de Janeiro, CEP 20037-900. Daneben gibt es auch städtische Campingplätze. An den großen Tankstellen (Rutacentros oder Postos genannt) übernachten die Fernfahrer, dort kann man nicht nur Trinkwasser nachfüllen und essen, sondern es gibt auch Waschgelegenheiten, Duschen und häufig Campplätze (die aber, bedingt durch die nahe Straße, ziemlich laut sein können). Fragt Lkw-Fahrer nach guten Übernachtungs-Möglichkeiten auf eurer Strecke. Beim wilden Campen immer vorsichtig sein, besonders in der Nähe von Hauptstraßen und im Einzugsbereich der Städte, nicht an Stränden campen!

Das **Essen** ist so vielfältig wie das Land: In Gebieten mit Viehzucht isst man viel Fleisch (Bife, Churrasco), gedämpfte schwarze Bohnen mit fettem Fleisch (Feijoada completa) ist die brasilianische Spezialität … Billiges Tagesessen heißt Prato feito oder Sortido. Je nach Region noch viele andere Gerichte. Zu allen gehört das traditionelle und gewöhnungsbedürftige Maniokmehl. Mineralwasser ist Agua mineral. Kaffee – Cafézinho – gibt es gleichfalls reichlich, und das Angebot an tropischen Früchten ist natürlich sehr groß (Fruchtsäfte heißen Sucos). Probiert mal ein Açai – das erfrischt und gibt Kraft. CampingGaz-Kartuschen sind übrigens in Touristenzentren und großen Orten erhältlich.

Transport **Flug:** Dichtes Netz an Inland-Flugverbindungen mit VARIG, Rio Sul, TAM (*www.tam.com.br*), GOL (*www.voegol.com.br*) u.a. Häufige Flüge, recht hohe Ticketpreise, wird aber in letzter Zeit besser wegen gut ausgelasteten Billigfliegern wie GOL (hat 2009 sogar die Traditions-Airline VARIG übernommen). Erkundigt euch nach Sonderangeboten (Nachtflüge).

Bus: Selbst für abgelegene Orte gilt: Wo eine Straße hinführt, fährt auch ein Bus. Das Netz ist dicht, die Taktzeiten häufig, die Mitnahme des Fahrrads macht normalerweise keine Probleme, ist aber nicht immer kostenlos. Busterminals heißen Rodoviárias, sie sind in Großstädten riesig und erinnern fast an Flughäfen. Dazu verkehren im Nah- und Fernverkehr jede Menge Sammeltaxis, Kleinbusse, Combi, Besta, Topic oder Van genannt. Besonders empfehlenswert auf Fernstrecken sind die Nachtbusse mit Liegesitzen – nur wenig teurer als ein normaler Bus, aber viel erholsamer.

Bahn: Die Eisenbahn spielt als Transportmittel weniger eine Rolle, ist langsamer und fährt weniger häufig als die Busse. Meist existieren nur Stichbahnen im Küstenbereich, z.B. von Rio nach São Paulo und von Rio nach Belo Horizonte. Eine längere Bahnstrecke ist São Paulo – Corumbá (fährt derzeit nicht, soll aber wiedereröffnet werden), sehr schön die von Curitiba nach Paranaguá (*www.serraverdeexpress.com.br*). Eine Hochgeschwindigkeitsstrecke soll in nicht allzu ferner Zukunft São Paulo mit Rio verbinden. Infos über brasilianische Bahnstrecken gibt es unter *www.trem.org.br*.

Schiff: Von Bedeutung ist die Schifffahrt auf dem Amazonas und auf seinen Nebenflüssen. Regelmäßige Verbindungen von Belém nach Manaus, von dort je nach Wasserstand weiter flussaufwärts Richtung Ecuador, Peru oder Bolivien. Von Rio, Santos und den anderen Atlantik-Hafenstädten gibt es auch Schiffsverbindungen nach Europa und Nordamerika.

Bücher, Karten, Internet

Reiseführer: Das **Lateinamerika BikeBuch** enthält auch neun ausführliche Routen-Beschreibungen zu Brasilien, darunter die gesamte Küstenstrecke von Recife bis hinab nach Uruguay und alle wichtigen Strecken in Amazonien. Kai und Edilma Ferreira Schmidt: „Brasilien", Reise Know-How. Parallel zum „South American Handbook" gibt es das „Brazil Handbook" von Footprint Publications. Für den Amazonas, Nordost-Brasilien und den Pantanal: „Guide to Brazil", Bradt Publications. Aus demselben Verlag: „The Amazon". Nick Selby u. a.: „Brazil", Lonely Planet. Kauderwelsch-Sprachführer „Brasilianisch", und „KulturSchock Brasilien", beide Reise Know-How.

Karten: Reise Know-How Karte „Brasilien", 1:3,85 Mio., ITM Travel Map 1:4 Mio., in Brasilien: „Guia do Brasil – Quatro Rodas" und „Mapa Rodoviário", jährlich neu, mit Karten, erhältlich in Buchläden. Straßenkarten gibt es zudem an Tankstellen. Stadtpläne von brasilianischen Städten kann man auch in Telefonbüchern finden. Touristen-Büros halten oft Touristenkarten und Regionalführer bereit.

Internet: Viele Websites sind leider nur in Portugiesisch (*www.google.de* macht Übersetzungen). Wirklich empfehlenswert ist die Website der brasilianischen Botschaft in London, *www.brazil.org.uk*. Klickt auf den Button „Travel and Tourism", dann „Links". Die Linkliste einschließlich Suchmaschine lässt eigentlich keine Fragen offen (alle Touristenämter, Flug- und Busgesellschaften, Unterkünfte, Sambaschulen (!), Veranstaltungskalender u.v.a.m.). Auch die brasilianische Botschaft in Deutschland hat eine Seite: *www.brasilianische-botschaft.de*. Eine kommerzielle deutschsprachige Seite, die doch auch einen gewissen Informationsgehalt bietet, ist *www.brasilien.de*, eine recht gute weitere *www.brasilienportal.ch*. Die Website *www.brazilinfo.com/index_en.htm* enthält ein recht ausführliches Verzeichnis von Hotels und Touranbietern. *www.brazzil.com* ist ein englischsprachiges Monatsmagazin mit Links zu weiteren Zeitungen und Zeitschriften. Einige weitere Websites, die Brasilien in Bildern vorstellen, aber auch auf kulturelle Themen und Fragen der Minderheiten eingehen: *www.vivabrazil.com* (Virtual Trip to Brazil), *www.brazil-brasil.com* und *www.brazilsite.com*. Die Website *www.gringoes.com* wendet sich an alle in Brasilien lebenden Ausländer und birgt eine Fülle von Veranstaltungshinweisen. Dann gibt es noch die Seite des brasilianischen Radclubs: *www.cicloturismo.com.br*. Und hier noch ein paar interessante Webseiten des brasilianischen Transportministeriums mit aktuellen Straßenzuständen (leider nur in Portugiesisch) und recht zuverlässigen Landkarten: *www.dnit.gov.br/rodovias/condicoes* und *www.dnit.gov.br/rodovias/mapas*.

II. Ziele, Routen, Weiterreise

Sehenswertes

Brasilien besitzt, schon allein durch seine Größe, eine äußerst vielfältige Kultur mit starken Gegensätzen, Mischungen und Überlagerungen. Attraktionen sind Rio de Janeiro (Zuckerhut, Corcovado, Strände, Karneval – wer von Rio zur ehemaligen Kaiserstadt Petropolis will, muss 25 km bergauf fahren!); die moderne Retortenhauptstadt Brasília (abgelegen im Inland, evtl. mit Flugzeug); das Amazonasgebiet mit der wichtigsten Stadt Manaus. Besonders sehenswert sind die Cataratas do Iguaçu am Dreiländereck mit Argentinien und Paraguay (dort auch der Itaipú-Staudamm). Städte mit Kolonialarchitektur sind Recife, Salvador (sehenswerte Altstadt, auch der Karneval in Salvador ist sehr erlebenswert!), Belo Horizonte und besonders die ganz unter Denkmalschutz stehende Stadt Ouro Preto, Zentrum des brasilianischen Barocks. Zahlreiche Badestrände am Atlantik.

Muss man gesehen haben: Die Iguaçu-Fälle

Der Pantanal an der bolivianisch-paraguayischen Grenze ist ein sumpfiges, einmaliges reiches Natur- und Tierschutzgebiet, Ausgangspunkte sind Cuiabá und Corumbá (mit einem Rad jedoch schlecht zu erkunden, besser per Reisebüro-Tour oder mit privaten Führern, Bootsfahrten). Trockenzeit dort ist von Juli bis Oktober.

Routen und Straßen

Ein gut ausgebautes Straßennetz besteht besonders im Süden, im Südosten und im Nordosten sowie in Küstennähe. Das Hinterland durchziehen meist nur wenige Straßen. Die Entfernungen sind riesig (z.B. Grenze Venezuela bis Uruguay ca. 6500 km). Ständig viel gefährlicher Lkw-Verkehr im Küstenbereich und im Süden, es gibt aber auch etliche Ausweichrouten.

Die Straße entlang des Atlantiks (fast) von der uruguayischen Grenze über São Paulo, Rio, Salvador bis Recife im Norden ist die **BR 101**; sie ist im Süden sehr bergig und im Norden sehr schlecht. Sie wird nach und nach vierspurig ausgebaut, doch auf den noch zweispurigen Etappen ist der Verkehr mörderisch. Die Fahrbahndecke weist tiefe Spurrillen auf, kratertiefe Löcher durchziehen den Randstreifen, der oft 30 cm tiefer liegt als die Asphaltdecke. Deshalb besser auf kleine Küstenstraßen (oder den Strand!) ausweichen – sofern möglich.

Angesichts der immensen Ausdehnung des Landes empfiehlt es sich, bei einer längeren Brasilien-Radtour zum Kennenlernen der verschiedenen Landesteile das Flugzeug einzusetzen oder auch mal auf Busse (oder Schiffe auf dem Amazonas) umzusteigen. Die Strecken Brasília – Belém und Belém – Recife sind, wie auch die weiteren Routen im flachen Inland, sehr eintönig, man wird dort aber (vor allem auf Nebenstrecken) viele nette Menschen treffen.

Nur etwas für Rad-Abenteurer sind die gerodeten, einsamen und endlos langen Urwaldstraßen durch das **Amazonas-Tiefland**. Hier die wichtigsten Verbindungen: Die von Süden nach Norden gehende Straße von Cuiabá (Mato Grosso) nach Santarém am Amazonas erschließt die zentrale Hochfläche. Die berühmte **Transamazonica** verläuft südlich des Amazonas von Belém über Maraba, Altamira, Itaituba zur großen Kreuzung von Humaitá, wo eine Strecke nach Norden nach Manaus am Amazonas und eine nach Süden nach Porto Velho abzweigt. Von Humaitá führt die Transamazonica nach Lábrea, dort ist Sackgasse; evtl kann man per Boot nach Rio Branco (zum Grenzgebiet von Bolivien) kommen.

Ab Humaitá kann man jedoch auch direkt nach Porto Velho und weiter nach Rio Branco kommen, sogar auf Asphalt. Von dort weiter nach Westen auf einer Erdpiste nach Cruzeiro do Sul. Von Cruzeiro do Sul soll es einmal eine Verbindung zum peruanischen Pucallpa geben, aber ob die jemals zustande kommt darf stark bezweifelt werden. Diese Straße existiert auf jeden Fall definitiv nicht, auch wenn sie in manchen Karten eingezeichnet ist. Genauso ist von Lábrea die Weiterführung zum Dreiländereck Brasilien/Peru/Kolumbien (Leticia) geplant, Fertigstellung derzeit auch eher unwahrscheinlich. Die Perimetral Norte nördlich und parallel zum Amazonas wurde bei Caracarai (südl. Boa Vista) mit Stichstraßen nach Ost und West angefangen, wird wohl aber auch nie fertiggestellt werden.

Zwischen Manaus und Porto Velho kann man auch mit dem Passagierdampfer den Río Madeira hinauf- bzw. hinabschippern. Ab Porto Velho ist aber Schluss wegen der Madeira-Stromschnellen, aber da gibt's ja die oben erwähnte Straße. Ständiger Schiffsverkehr herrscht zwischen Manaus und Belém, die Schiffe fahren aber auch noch weiter bis Leticia (Kolumbien) und bis Iquitos (Peru). Manaus ist die Drehscheibe am Amazonas.

Wichtig: Immer vorher Streckenbeschaffenheit erkunden (nicht alle Strecken sind asphaltiert, und wenn, dann hat der Asphalt oft schon sehr gelitten) und möglichst nicht in der Zeit der meisten Regenfälle im Amazonasgebiet reisen! Straßen- und Reisedetails siehe auch im South American Handbook. Die DNER (Departmento Nacional Estrada Rondônia) ist die zuständige Behörde für alle Straßen in Brasilien, Büros gibt es in größeren Städten. Auf jeden Fall vorher gute Karten besorgen und auch die Hängematte und die Machete nicht vergessen …

Zum Glück gerade trocken! Piste in Amazonien

Weiterreise

Nach Venezuela: Manaus – Caracaraí, ca. 635 km, neuerdings asphaltiert, durch den teils gerodeten Urwald, kaum Siedlungen. Dann weitere 150 km nach Boa Vista, schwülheiß, teurer Ort, von dort nochmals 220 km (mittlerweile ebenfalls asphaltiert) nach Santa Elena zur Grenze von Venezuela. Wie schon anderweitig erwähnt: Ein Visum für Venezuela ist nicht mehr nötig! **Nach Kolumbien:** Mit dem Schiff auf dem Amazonas bis Tabatinga, dann über die Grenze nach Leticia, einzige derzeit gangbare Variante. **Nach Peru:** Am besten den Amazonas hinauf nach Benjamin Constant bzw. Tabatinga, dort Ausreise und Bootswechsel nach Iquitos/Peru. Oder über Rio Branco und Inapari, von da nach Puerto Maldonado, bis dort mittlerweile gut zu fahren (Teer auf brasilianischer Seite), dann aber teils üble Schotterpiste ins Hochland. Achtung: Den bras. Ausreisestempel erhält man nur in Brasileia 150 km vor der Grenze! **Nach Bolivien:** Über die Grenzorte Quijarro (Corumbá) / Puerto Suárez, von da weiter nach Santa Cruz (besser mit der Bahn). Oder über Cáceres zum bolivianischen San Ignacio. Oder von Porto Velho zur bolivianischen Grenze nach Abunã / Manoa, dann geht eine Straße über Guajará-Mirim, Riberalta und Santa Rosa ins bolivianische Hochland. Man kann auch über Rio Branco und Cobija nach Santa Rosa gelangen; ist aber länger und die Piste auf bolivianischer Seite auch nicht besser als über Riberalta. **Nach Argentinien und Paraguay** am besten über die Iguaçu-Fälle. Nach Paraguay aber auch über Ponta Porã / Pedro Juan Caballero nach Concepción. **Nach Uruguay** entweder übers Inland (Barra do Quaraí oder Santana do Livramento) oder an der Küste (Chuy). Achtung: Bei letzterer Version gab es Ende 2008 den Ausreisestempel bereits 20 km vor der Grenze in Santa Vitória do Palmar. Erkundigt euch vorher nach den aktuellen Modalitäten!

Übrige südamerikanische Länder

Die restlichen Länder Südamerikas sind entweder recht klein, unwegsam und abgelegen (so wie die oft gemeinsam als „die drei Guyanas" bezeichneten Winz-Länder **Guyana**, **Surinam** und **Guyane (FR)** an der Nordküste des südamerikanischen Halbkontinents) oder eher Durchgangsländer mit weniger touristischem Potential als ihre größeren Nachbarn wie **Paraguay** und **Uruguay**.

Die drei Guyanas werden wohl sicher auch in Zukunft für Rad-Toureros eher Randgebiete bleiben; hier soll nicht weiter auf sie eingegangen werden. Wer doch dort zugange sein will: Die derzeit wohl genauesten Radler-Infos für diese Länder stammen von den Lateinamerika-BikeBuch-Co-Autoren Igel und Paola Zimmermann und sind zu finden auf *www.bikeamerica.de* (als Links unter LABB Update / Seite 8). Die beiden sympathischen Kleinstaaten Paraguay und Uruguay hingegen sind aber auf jeden Fall ein paar detailliertere Infos wert.

Paraguay

Das Agrarland Paraguay ist ein überwiegend flaches Binnenland, eingeschlossen von Argentinien, Brasilien und Bolivien. Es wird durchflossen vom **Río Paraguay**, der das Land in zwei Hälften zerteilt und dessen Nebenflüsse Pilcomayo (im Süden) und Paraná (im Osten) die Grenzflüsse zu Argentinien und Brasilien bilden.

Im Westen Paraguays liegt der steppen- und savannenartige, fast menschenleere **Chaco**, der im Sommer (zwischen Dezember und April) sehr trocken und extrem heiß wird. Östlich des Río Paraguay prägen wasserreiches Grasland und subtropische Feuchtwälder das Landschaftsbild, und im Osten lebt auch der Großteil der ca. 6 Mio. Paraguayer. Sie sind nahezu alle Mestizen, reinblütige Indianer leben noch in den Regenwäldern zur brasilianischen Grenze hin. Das Guaraní ist neben dem Spanischen zweite Sprache. Paraguay bezeichnet sich übrigens bis heute als Einwanderungsland; es leben also auch etliche Deutsche und andere Europäer dort, die sich Land gekauft haben.

Die Hauptstadt Paraguays ist das trotz einiger in den letzten Jahren errichteter Hochhäuser recht provinziell anmutende **Asunción** (immerhin gibt es eine deutsche Metzgerei, eine Bäckerei mit Vollkornbrot und gutes Bier!).

Außer den Jesuitenreduktionen, eine Art Klöster (die lassen sich auch bei einem evtl. Abstecher von der argentinischen Provinz Misiones aus, wo es gleichfalls einige gibt, besichtigen), weist Paraguay kaum touristische Sehenswürdigkeiten auf. Schön ist die Klöppel-Kunst im Dorf Itauguá und der Ypacarai-See in der Nähe von Asunción, dort gute Campmöglichkeit. Interessant sind evtl. die deutschstämmigen Mennoniten-Siedlungen im Chaco (Filadelfia), doch die Strecke ist trotz den dortigen tierreichen und palmenbestandenen Savannen und Sümpfen (Vogelparadies) für einen Radler sehr lang, beschwerlich und eintönig. Ciudad del Este ist bekannt für sein sehr günstiges und großes Angebot an Importartikeln (Elektronik, z.B. Weltempfänger, Digitalkameras, auch Filme) – und Fälschungen, also Vorsicht!

Reisewichtiges: Keine Visum für Bürger aus D, CH und A nötig, Aufenthalt bis zu drei Monaten mit Touristenkarte. Landeswährung ist der Guaraní, Reisewährung der US$. Dollar-Reiseschecks können auch in Bar-Dollars getauscht werden, Kreditkarten (VISA, MasterCard) werden von den Banken problemlos akzeptiert. Bankautomaten gibt es in den Städten. Geldwechsler auf der Straße haben allgemein bessere Kurse für bare Dollars als die Banken. Obacht vor Schlitzohren! Das Hotelangebot ist mäßig, freies Campen aber überall gut möglich. Fast schon legendär unter Reiseradlern ist das Hostel „Ayuda Social Germano-Paraguaya" in der Av. España 202 in Asunción, zentral gelegen und eine gute Möglichkeit, andere Traveller zu treffen.

Eine gute **Reisezeit** ist in Paraguay die weniger heiß-schwüle und etwas niederschlagsärmere Zeit von Mai bis September (Winterzeit). Von Dezember bis Februar ist es sehr heiß und feucht, Lehmpisten können dann nach Regenfällen unpassierbar sein. Doch die umliegenden Länder haben für die Jahreszeiten-Reiseplanung einer Südamerika-Radreise sowieso Vorrang. Das Busnetz funktioniert in Paraguay recht gut.

Bücher und Karten: Paraguay ist meistens Bestandteil von Argentinien-Reiseführern, siehe dort. Auch das South American Handbook gibt einiges her. Von Reise Know-How gibt es den Kauderwelsch-Sprachführer „Guaraní für Paraguay". Bei den Karten ist es ähnlich wie bei den Büchern. In Frage käme z.B. die Nelles-Karte „Bolivien und Paraguay", 1:2,5 Mio. Vor Ort gibt es einfache Straßenkarten bei den Esso- und Shell-Tankstellen, Routenkarten (Hoja de Ruta) vom paraguayischen Automobilclub in Asunción (Touring y Automóvil Club Paraguayo – TACP –, 25 de Mayo y Brasil). Die Dirección del Servicio Geográfico Militar in der Av. Perú y Jardin Botanico hat die besten, wenn auch nicht unbedingt aktuellsten Karten, auch für Chaco-Routen (dorthin Reisepass mitnehmen). **Internet**-Infos bietet *www.senatur.gov.py*, die Homepage der Tourist Info.

Routen und Reisen: Paraguay hat nur wenige asphaltierte Straßen, die unbefestigten sind in der Regenzeit oder nach schweren Regenfällen unpassierbar. So empfiehlt es sich beispielsweise nicht, die 800 km von Asunción auf der Trans-Chaco Ruta über Filadelfia und Mariscal Estagarribia nach Bolivien radeln zu wollen, diese Strecke hat hinter Mariscal Estagarribia lange Sandstrecken, sie ist schwierig und es gibt kaum Siedlungen für Proviant- und vor allem Wassernachschub. Busse fahren nur bis Filadelfia, Lkw auch noch bis Bolivien, doch kann es nach Regenfällen tagelange Verzögerungen geben. Besser ist es, in Asunción mit einem Schiff (Crucero SRL) auf dem Río Paraguay nach Concepción zu fahren, oder zum brasilianischen Puerto Esperança. Von da wieder auf der Straße nach Corumbá und weiter mit dem Zug nach Santa Cruz in Bolivien.

Das Schiff nach Concepción geht 1x wöchentlich, 26 h Fahrzeit, nach Puerto Esperança zweimal monatlich, vier Tage Fahrt (sofern die Flussbedingungen okay sind). Schönes Reiseerlebnis, vorausbuchen! Von Corumbá kann man Ausflüge ins Tierparadies Pantanal machen (wenn die Jahreszeit stimmt).

Man könnte aber auch schon in Concepción wieder vom Schiff in den Sattel steigen und dann auf einer die ersten 100 km sehr staubigen, teils tiefsandigen, aber danach asphaltierten Straße 220 km bis zum Grenzort Pedro J. Caballero/Ponta Porã und weitere 800 km über Campo Grande nach Corumbá pedalen. Von Asunción gehen auch unregelmäßige Schiffe nach Buenos Aires, 1500 km, ca. drei Tage.

Die Hauptattraktion im Dreiländereck Paraguay/Brasilien/Argentinien sind die **Cataratas del Iguazú,** die Iguazú-Wasserfälle (und das dort in der Nähe liegende paraguayische Großkraftwerk Itaipú). Eine gute Straße, die Schlagader des Landes, verbindet Asunción mit der Kommerz-Grenzstadt Ciudad del Este; sie ist im Lateinamerika BikeBuch beschrieben (unterwegs ist evtl. ein Abstecher zu deutsch gegründeten Siedlungen interessant, wie z.B. Colonia Independencia südl. von Coronel Oviedo). Über die Puente de Amistad fährt man dann ins brasilianische Foz do Iguaçu. Distanz rund 340 km.

Eine zweite wichtige Straße führt von Asunción durch ländliche Idylle (man kommt an der Reduktion San Ignacio und an ein paar weiteren vorbei) zum Grenzort Encarnación am Paraná (über die für Radler gesperrte Puente San Roque geht es nach Posadas in Argentinien, fragt nach einer Mitfahrgelegenheit auf der Pritsche einer Camioneta!). Ein anderer Übergang nach Argentinien ist Asunción/Clorinda, die Puente Romanso Castillo ist für Radler freigegeben.

Uruguay

Über das kleine Land am Atlantik zwischen Brasilien und Argentinien gibt es nur wenig zu berichten. Touristisch hat es außer seinen Atlantikstränden nichts weiter Außergewöhnliches. Hauptstadt ist **Montevideo** (viele Oldtimer im Straßenverkehr!); von den Seebädern ist besonders das mondäne Punta del Este bekannt.

Das leicht wellige Hügelland ist zum Radfahren sehr gut geeignet, die Straßen sind gut ausgebaut und der Verkehr ist recht dünn (Autos und Benzin sind hier teuer). In der Landesmitte wird der Río Negro zu Stauseen aufgestaut, die Ebenen im Süden sind versumpft. Es wird überwiegend Viehzucht betrieben. Die Bevölkerung ist zu fast 100% europäischer Abstammung. Die Menschen empfanden wir übrigens als sehr nett und herzlich. Uruguay ist ein sehr angenehmes Reiseland und, ähnlich wie Paraguay; ein Land, das immer noch etliche deutsche und andere europäische Auswanderer anzieht.

Eine schöne Straße führt von Montevideo von Seebad zu Seebad (Ruta Interbalnearia), man radelt zwischen Kiefernwäldern, immer entlang der lagunenreichen Küste (ideal zum Baden und Campen, auch offizielle Campplätze). Brasilianischer Grenzort ist Chuy, eine quirlige Geschäftsstadt, ca. 380 km von Montevideo entfernt. Nach Argentinien ist der Hauptgrenzort Fray Bentos, es geht über eine 5 km lange Brücke. Weitere Grenzbrücken gibt es bei Paysandú und Salto; sie sind für Radler gesperrt, fragt nach einer Mitfahrgelegenheit. Nach Buenos Aires verkehren Fähren (*www.buquebus.com*), Haupt-Fährhafen ist das sympathische Kolonialstädtchen Colonia del Sacramento im Südwesten (3 h, im Schnellboot 80 min.). Tägliche Verbindungen auch ab Montevideo, ab dem östlichen Küstenort Piriápolis nur während der Hochsaison.

An der Interbalnearia

Reisewichtiges: Uruguay hat ein ausgeglichenes, warmes Meeresklima mit milden Wintern und warmen, auch teilweise sehr heißen Sommern ohne ausgeprägte „gute“ oder „schlechte“ Monate. Regnen kann es das ganze Jahr über, im Norden häufiger als im Süden. November bis April sind am angenehmsten, Touristenhochsaison von Mitte Dezember bis Mitte März mit stark steigenden Übernachtungspreisen. Wind meist vom Atlantik wehend.

Radler aus D, CH und A brauchen kein Visum, Reisepass für 90 Tage Aufenthaltsgenehmigung. Währung ist der Peso Uruguayo, Reisewährung der US$. Geldtauschen bereitet in Uruguay keine Probleme, neben den Banken gibt es Casas de Cambio mit etwas besseren Kursen. Montevideo gilt in den Umländern als internationale Bankenstadt; hier kann man auch sehr gut seine Dollar-Vorräte aufstocken. Sowohl Bargeldauszahlungen gegen Dollar-Reiseschecks als auch per Kreditkarte sind jederzeit möglich. Bankautomaten sind in den Städten verbreitet zu finden, aus ihnen kann man wahlweise Uruguayos oder Dólares ziehen. Uruguay ist kein übermäßig teures Reiseland, derzeit aber um einiges teurer als das benachbarte Argentinien. Es gilt als eines der sichersten Länder Lateinamerikas, abgesehen von einigen Vierteln in Montevideo.

Gutes Hotel- und Campingplatzangebot entlang der Küste, viele private Campingplätze sind allerdings außerhalb der Hochsaison geschlossen. Man kann aber auch gut wild zelten, auch im Binnenland, solange man sich mit den Weidezäunen arrangieren kann. In den Küstenbadeorten und in Montevideo gibt es einige Jugendherbergen. Anschrift der Juhe-Organisation: Asociación de Alberguistas del Uruguay, Pablo de María 1583/008, CP 11200, P.O.Box 10680, Montevideo, Uruguay, Tel. (598) (2) 4004245 u. 4000581 (über *www.hihostels.com*). Und unter *www. hostelworld.com* und *www.hostels.com* finden sich auch ein paar Adressen für Uruguay.

Bücher und Karten: Die gesamte Küstenstrecke von Colonia bis zur brasilianischen Grenze ist im Lateinamerika BikeBuch beschrieben (mit Abstechern). Reiseführer über Uruguay gibt es ansonsten nicht; manchmal ist dem Land in Argentinien-Büchern ein eigenes Kapitel gewidmet, ebenso natürlich im South American Handbook. Die beste Karte ist die ITM Travel Map 1:800.000. Auf der Reise Know-How Karte „Argentinien“ ist auch Uruguay mit drauf. In Frage käme noch die Nelles-Karte „Southern Argentina / Uruguay“, 1:2,5 Mio. Straßenkarten gibt es auch von Shell-, Esso- und Ancap-Tankstellen und von der Direccion Nacional de Turismo. Wer von Buenos Aires anreist, kann sich vom dortigen ACA-Automobilclub-Büro bereits eine Straßenkarte mitnehmen. **Internet**-Infos: Neben einem ersten Überblick, Infos zur Anreise aus Argentinien etc. bietet die Website *www.visit-uruguay.com* auch eine Aufzählung von Hotels sowie eine gute Linkliste. Eine gute Seite mit deutschen Infos ist *www.uruguayinfo.com*. Die Homepage des Tourismusministeriums ist dagegen nur in Spanisch: *www.turismo.gub.uy*.

Traumstraße Panamericana

Überblick

Wem Afrika zu heiß, Asien zu groß und Australien/Neuseeland zu weit ist, der stößt bei seinen Reiseplänen mit dem Rad schnell auf Amerika. Fernradtouren in den Ländern des amerikanischen Doppelkontinents haben in der Tat erheblich zugenommen – die Zahl der Rad-Toureros zwischen Alaska und Feuerland ist längst Legion.

Dabei ist der Unterschied bei Radtouren in Nord- und Südamerika erheblich. Die USA und Canada sind den meisten mehr oder weniger vertraut, locken mit Naturschönheiten und relativ leichter Planung. Südamerika ist aus ganz „anderem Holz“. Radtouren dort – ob in einzelnen Ländern oder transkontinental – sind wesentlich schwieriger, aber wohl auch interessanter und abenteuerlicher. Die Länder Mittelamerikas – also Mexiko bis Panama – liegen bezüglich des Schwierigkeitsgrades in etwa dazwischen.

Doch kaum ein Reiseziel weltweit hat sich in den letzten Jahren so zum Positiven verändert wie Mittel- und noch mehr Südamerika. Die Terrororganisation „Leuchtender Pfad" ist zerschlagen, so manche einst atemberaubende Schotterstrecke in den Anden ist heute voll asphaltiert, etliche Länder mussten Regierungswechsel und Währungsreformen über sich ergehen lassen und selbst Kolumbien macht große Schritte in Richtung Normalität. Hinsichtlich Cholera-Epidemien und ähnlichem Unbill hingegen ist schon seit Jahren kein lateinamerikanisches Land mehr in die Schlagzeilen geraten. Wenngleich es auch immer noch (und immer wieder neue) Brennpunkte gibt, so haben sich die Reisebedingungen in Lateinamerika doch drastisch verbessert – und das gilt ganz speziell auch für Reiseradler. Zumal die schwierige Lage und die politische Entwicklung in manchen anderen Teilen der Welt so manchen zum Lateinamerika-Fan gemacht hat, der vielleicht zunächst ganz woanders touren wollte. Und trotz allem: Abenteuerliche Strecken gibt es immer noch genug!

Warum also nicht gleich durch Nord-, Mittel- und Südamerika pedalen? Stichwort „Panamericana", die „Traumstraße der Welt", die längste Straße Amerikas von Alaska bis nach Feuerland. Ich, Helmut Hermann, bin die Panamericana gefahren, allerdings nicht mit einem Fahrrad, sondern mit einem alten VW-Bus. Wir haben auch etliche Radfahrer getroffen, meist Franzosen (u.a. Bernard Magnouloux; in seinem sehr lesenswerten Buch „Abenteuer ohne Grenzen" beschreibt er seine 5-jährige Rad-Weltreise, s. weiter unten), auch einige Paare, die sich so Amerika vom Fahrradsattel aus „eroberten". Ist eine Panamericana-Reise mit einem Auto schon kein Zuckerlecken, so kann eine solche Radtour geradezu zur Tortur werden, auch heute noch, besonders in den Höhen der Anden, im stürmischen Patagonien oder in den saunaschwülen Tropenländern Südamerikas. Ich jedenfalls hatte vor diesen Typen großen Respekt!

Bevor nachfolgend die Panamericana-Tourer Heidi und Markus Dangl zu Wort kommen, die die Panamericana in eineinhalb Jahren von Anchorage/Alaska bis ganz hinab nach Ushuaia/Feuerland abgekurbelt haben, hier zunächst die wichtigsten Punkte einer solchen Mammut-Tour durch Nord- und Südamerika.

Carretera Panamericana

Die Carretera Panamericana (auch Carretera Interamericana genannt) ist nur in ihrem Bereich zwischen Mexiko und Mittelchile genau bestimmt, in den USA geht sie im dortigen Straßennetz auf, und an der Südspitze des Kontinents mündet sie in Pisten. Rund 25.000 Straßenkilometer kommen auf dem kürzesten Weg zusammen. Da die schönsten Sehenswürdigkeiten des Doppelkontinents jedoch oft abseits der Panamericana liegen – in Südamerika z.B. die Iguazú-Wasserfälle und die Inka-Kulturstätten im Andenhochland – darf man diesen Begriff nicht allzu eng auslegen. Wer diese Dinge und noch andere Sehenswürdigkeiten in Mittel- und Nordamerika ansteuern will, muss eine eigene Route zusammenbauen.

Klima, Reisezeit, Dauer

Auf einer Reise von Alaska nach Feuerland immer zur richtigen Jahreszeit am richtigen Ort zu sein ist fast unmöglich bzw. wird nur möglich, wenn man sich zwei bis drei Jahre Zeit lässt, und selbst da muss man Kompromisse eingehen. Die Extreme Patagonien/Feuerland, Alaska und die Anden bilden die fixen Eckwerte der Zeitplanung.

- **Nordamerika:** Günstig von März bis Oktober. Alaska von Juni bis August.
- **Mittelamerika:** Günstig von November bis März.
- **Südamerika:** Günstig von Oktober bis April, die Südspitze am besten im Dezember und Januar. Die Andenländer (Altiplano) von Mai bis Oktober.

Theoretisch kann man schon innerhalb eines halben Jahres durch ganz Nord- und Südamerika radeln; der Guinness-Rekord von Prudhoe Bay/Alaska nach Ushuaia/Feuerland liegt bei 140 Tagen. Doch wird das der Sache nicht gerecht; selbst zwei, drei Jahre dürften kaum ausreichen, wenn man sich intensiv mit allen

Ländern, Kulturen und Sehenswürdigkeiten befassen will. Wer jedoch jahrelang reist, überfüttert in der Regel seine Sinne; Neues und Schönes kann dann nicht mehr richtig erlebt werden. Deshalb sollte man auch überlegen, ob man nicht die Panamericana in zwei oder mehr Einzelreisen aufteilt (doch in vielen Fällen gibt es kein „später“ mehr …).

Die allermeisten Rad-Toureros, die den kompletten Streifen angehen, nehmen sich eineinhalb Jahre Zeit. Das heißt, man startet in Alaska im Juni und kommt im darauffolgenden Jahr im Dezember/Januar in Feuerland an. Oder, *northbound*, Start in Ushuaia im Dezember/Januar, Finale in Alaska spätestens Ende August.

Planung und Probleme

Wer nur beschränkt Zeit hat und sowohl Nordamerika als auch ein Stück Lateinamerika erleben will, der sollte sich den Abschnitt Westcanada – Westküste USA – Mexiko bis Guatemala vornehmen. Oder – warum nicht auch Transfers mit anderen Verkehrsmitteln einbauen? Die Möglichkeiten reichen von Bussen und Mietwagen bis zur „Alaska Ferry“ und den Navimag-Fähren in Südchile. Wir, Sybille und Thomas Schröder, haben es so gemacht; 15.000 Radel-Kilometer und etwa nochmal so viele mit Schiff, Auto und Eisenbahn kamen so zusammen, realisiert in fünf vier- bis sechswöchigen Jahresurlauben und einem Sabbatjahr. Nachzulesen unter „Panamericana-Tour“ auf *www.bikeamerica.de*.

Südamerika bietet so vieles, dass man allein dort ohne weiteres ein bis zwei Jahre unterwegs sein kann, ohne alle Länder und Regionen gesehen zu haben. Man reist dann ausschließlich durch den lateinamerikanischen Kulturkreis. Gar nicht so wenige Panamericana-Fans mit knappem Zeitbudget beschränken sich deshalb gleich auf Südamerika und radeln z.B. von Ushuaia nach Quito/Ecuador. So z.B. Michelle und Rolf Widmer oder Hans Windisch (Ushuaia – Caracas), nachzulesen ebenfalls auf *www.bikeamerica.de* unter „Weitere Touren / Links“. Übrigens: Dort findet ihr auch immer Links zu den Websites von Rad-Toureros, die momentan auf Achse sind oder deren Tour erst kurz zurückliegt – Aktuelles also zur Planung eures eigenen Panamericana-Trips. Und alle Panamericana-Etappen zwischen Mexiko und Feuerland sind detailliert im Lateinamerika BikeBuch beschrieben, selbstverständlich auch alle interessanten „Umwege“.

Stundenlang geradeaus. Auf der Panamericana Sur hinter Lima/Peru

Gesamt-Panamericana-Fahrer müssen wissen, dass es zwischen Panama und Kolumbien durch die Landenge des Darién keine Straße gibt; man kommt da kaum oder nur unter großen Schwierigkeiten durch (s. bei Panama, Seite 219f). Die Schiffsverbindungen zwischen Panama und einem Hafen in Kolumbien oder Ecuador sind spärlich, die Passagen nicht billig. Fliegen ist die günstigste Lösung. Eine Alternative wäre aber auch von Florida nach Venezuela bzw. Venezuela – Florida.

Zur Planung einer Panamericana-Tour gehört auch die Überlegung, wo die Reise beginnen und wo sie enden soll. Die meisten fahren von „oben“ nach „unten“, andere ziehen ein südamerikanisches Land als Startpunkt vor. Die erstere Version hat den Vorteil, dass man im „leichteren“ Teil Tourero-Erfahrung sammeln kann, bevor man in den „schwierigeren“ kommt. „Hätte ich mich gleich am Anfang meiner Tour durch Patagonien kämpfen müssen, dann hätte ich es wohl nicht gepackt“ – diese Aussage haben wir schon mehrfach gehört.

Nur zwei Sprachen braucht man für die Panamericana: Spanisch – für Brasilien ggf. auch Portugiesisch – und Englisch. Damit ist die Kommunikation recht einfach. Erfreulich ist auch, dass in den süd-, mittel- und nordamerikanischen Ländern die Einreise-Bestimmungen vergleichsweise problemlos sind.

Mit dem Fahrrad von Alaska nach Feuerland [MD]

Panamericana-Eindrücke und Tipps von Markus und Heidi Dangl

Immer wieder bekommen wir eine Gänsehaut und tausend Gedanken schießen durch unsere Köpfe. Sprechen tun wir schon eine ganze Weile nichts mehr, wir sind einfach zu nervös und im Augenblick versunken. Die Piste erweist sich hügeliger als angenommen, doch das spielt in dem Moment sowieso keine Rolle mehr. Unbewusst treten wir immer schneller und die Nervosität steigert sich fast ins Unermessliche. Dann plötzlich hinter einer Kurve taucht er auf, dieser kleine, unscheinbare Parkplatz, der für uns so viel bedeutet. Hier endet nämlich die Straße und wir sind tatsächlich am „Ende der Welt“ angekommen. All die Anspannung, die sich in den letzten Stunden aufgestaut hat, entlädt sich nun und ein lauter Jubelschrei entfährt uns. Wir sind wirklich angekommen!!!

Unglaubliche Freude durchstrahlt uns und wir sind überglücklich, aber auch schon zu lange unterwegs um zu begreifen, dass dies das Ende unserer langen Reise bedeutet. Zwischen dem Start in Anchorage und hier lagen 18 unvergessliche Monate. Doch von der Entstehung der Idee bis diese dann spruchreif wurde vergingen fast vier Jahre. Eines Tages aber verkündeten wir selbstbewusst (na ja, mehr oder weniger): „Wir wollen mit dem Fahrrad von Alaska bis nach Feuerland fahren!“

„Das ist ja unmöglich!“, „Das schafft ihr nie und nimmer!“, „Da könnt ihr euch sicher nicht jeden Tag die Zähne putzen!“ Meistens bekamen wir solche Antworten zu hören, wenn wir von unserem Vorhaben erzählten.

Die Panamericana mit dem Fahrrad. Das bedeutet gut und gerne 29.000 Kilometer durch die verschiedensten Klimazonen und Kulturen. Wir müssen ganz ehrlich gestehen, dass wir uns am Anfang auch nicht so recht vorstellen konnten, was uns da erwartet. Unsere Tourenerfahrung mit dem Fahrrad war gleich Null, wir konnten gerade mal einen Platten flicken und unsere Outdoorkentnisse beschränkten sich auf die Zeltlager im Teenageralter. Was wir aber hatten (und noch immer haben) ist die große Leidenschaft zu reisen und die Liebe zum Radfahren. Das sind eigentlich die einzigen Komponenten, die vorhanden sein müssen, um sowas zu machen. Alles andere ergibt sich dann von selbst bzw. lernt man mit der Zeit. Wobei man aber sagen muss, dass es sicherlich von Vorteil ist, wenn man vorher ein paar Touren gemacht hat, um zumindest sein Material kennen zu lernen.

Die Panamericana wählten wir deshalb, weil sie für uns schon immer eine gewisse Faszination ausstrahlte. Eine Straße bzw. ein Straßennetz, das von Nordamerika bis ans „Ende der Welt“ in Südamerika führt. Man fährt durch alle Klimazonen dieser Erde, durch Wüsten, Dschungel und über die (fast) höchsten Pässe dieser Welt. Abwechslungsreicher geht es fast nicht mehr. Und man braucht dafür nur Englisch und Spanisch, das war es dann auch schon.

Wobei man sagen muss, dass zumindest ein Grundwortschatz im Spanischen vorhanden sein sollte, bevor es auf die große Reise geht, weil man einfach besser Kontakte zu den Menschen knüpfen kann – sogar in Mexiko wird fast kein Englisch außerhalb der großen Städte gesprochen. Zur Not kann man sich aber immer noch mit der altbewährten „Hand- und Fußsprache“ helfen, da gibt es dann mit Sicherheit ein paar Extra-Lacher. Wir besuchten dann noch zur Auffrischung unserer doch schon eingerosteten Spanischkenntnisse eine der unzähligen Sprachschulen in Guatemala, wo wir obendrein noch das Vergnügen hatten, bei einer sehr netten Gastfamilie zu wohnen.

Das Fahrrad wählten wir deshalb, weil es unserer Meinung nach das beste Fortbewegungsmittel zum Reisen ist. Man kommt relativ flott voran, aber doch gerade in der richtigen Geschwindigkeit, um alles rund um sich aufnehmen zu können. Außerdem haben wir mit unseren schwer bepackten „Lasteseln“ immer ein paar Sympathiepunkte erhalten und der Kontakt zu den oft scheuen Menschen (vor allem in Südamerika) war schneller hergestellt; auch so mancher Grenzbeamte war an unseren Rädern mehr interessiert als an unseren Pässen. Andererseits ist man immer voll am Geschehen und man kann nicht wie im Auto eben mal die Scheibe hochdrehen, wenn es einem manchmal zu viel wird.

Da wir eigentlich vor unserer großen Reise bezüglich Material keine Erfahrungen hatten, mussten wir doch einiges an Lehrgeld bezahlen. War unsere Devise beim Start in Anchorage: „Komfortabel muss es sein!“, hieß es in Ushuaia dann: „So einfach und stabil wie möglich!“. Ich (Markus) hatte nämlich insgesamt drei kaputte Felgen und auch meine (Luft-)Federgabel gab ihren Geist auf. Somit können wir nur empfehlen, sich schon im Vorhinein Gedanken zu machen und vor allem auf eine gute Qualität der Komponenten zu achten. An dieser Stelle konkrete Tipps abzugeben macht für uns wenig Sinn, denn wenn du zehn Reiseradler fragst, erhältst du zehn verschiedene Antworten. Man kann sich aber sehr viel Infomaterial aus den Tiefen des WorldWideWeb holen (Anmerkung: und die Empfehlungen im Teil „Rad und Ausrüstung“ ab Seite 76 studieren).

Was die Ersatzteilbeschaffung angeht, können nur die USA und Canada mit einer großen Dichte an Radläden aufwarten. Ab Mexiko wird es dann tendenziell schlechter, wobei man in ganz Lateinamerika in den Hauptstädten zumindest die gängigsten Teile bekommen kann. Somit ist es wirklich empfehlenswert, die wichtigsten Ersatzteile mitzunehmen. Natürlich kann man sich auch ein Paket von zu Hause schicken lassen, was jedoch mit relativ hohen Kosten verbunden ist. Und es kann auch schon ein Weilchen dauern, bis die ersehnten Teile dann endlich kommen. Auch die Qualität der Fahrradmechaniker ist breit gefächert. Manche scheinen noch nie einen Drahtesel aus der Nähe gesehen zu haben, andere hingegen vollbrachten wahre Wunder in ihren kleinen Werkstätten. Die gängigen (Wartungs-)Arbeiten und Notreparaturen an seinem Fahrrad sollte man aber unbedingt selber vornehmen können, da darf man micht auf fremde Hilfe angewiesen sein!

Die Leute haben uns immer gefragt, ob wir es denn 24 Stunden am Tag und sieben Tage die Woche miteinander aushalten. Die einhellige Antwort war ein lautes und deutliches:“Ja!!!“. Man muss vom Partner jedoch alle Ecken und Kanten kennen, denn sonst könnte es ein böses Erwachen geben. Mit einem entspannten Urlaub hat so eine Reise herzlich wenig zu tun, und man kommt desöfteren an seine physischen sowie psychischen Grenzen. Natürlich gab es auch bei uns Streit, aber meistens nur dann, wenn ich (Markus) knapp vor dem Hungertod stand, oder Heidi sich nach der fünften Zimmerbesichtigung noch immer nicht entscheiden konnte, welches Zimmer es denn nun werden sollte. Was uns aber besonders am zu zweit Reisen gefiel, war dass man sowohl die schönen als auch die nicht so schönen Momente miteinander teilen konnte. Nach dem Motto: „Geteiltes Leid ist halbes Leid“.

So stehen wir am 11. Juni 2007 voll motiviert in Anchorage und starten zu unserer ersten Etappe. Die ersten Kilometer sind der reinste Wahnsinn, denn wir glauben, in Alaska gibt es nur Wildnis und Bären, aber nein, wir radeln auf einer sechsspurigen Autobahn aus der Stadt, und das noch recht wackelig, weil wir alles einfach irgendwie in die Taschen gepackt haben, ohne uns über eine richtige Gewichtsverteilung allzu große Gedanken zu machen. Heidi gesteht mir am Ende unserer Reise, dass Sie zu diesem Zeitpunkt nie und nimmer glaubte, nach Ushuaia zu kommen. Ich auch nicht. Die Oberschenkel brennen, wir sind die schweren Räder einfach nicht gewohnt und wir müssen alle zehn Kilometer stehen bleiben, um etwas zu essen. Und so wollen wir bis ans „Ende der Welt" radeln?

Nach einigen Tagen schaut die Welt schon ganz anders aus. Die Wildnis ist endlich da, die Räder sind schon besser zu beherrschen, wir wissen jetzt, wo alle unsere Sachen in den Taschen verstaut sind (na ja, fast alle) und können uns am Abend auch die Zähne putzen. Ordnung ist das halbe Leben.

In den ersten zwei Wochen finden wir dann allmählich unseren Rhythmus und können jetzt auch die tolle Landschaft, die sich uns bietet, richtig genießen. Das einzige, was uns stört, sind die Millionen von Moskitos, die uns fast in den Wahnsinn treiben. Sobald man langsamer als 7 km/h fährt sind die Biester plötzlich überall und stechen sogar durch die Kleidung. Warum sie da vor allem den Allerwertesten bevorzugen, bleibt uns ein Rätsel. Unsere einzige Rettung ist eine chemische Keule, die wahrscheinlich kleine Kinder umbringt, aber das einzige wirksame Mittel gegen die Blutsauger ist. Die Temperaturen betragen tagsüber so um die 30 °C (und das in Alaska), sodass der Schweiß mit dem Moskitotötungsspray nur so in Strömen fließt und unsere Äuglein am Abend so gerötet sind, als hätten wir den ganzen Tag geheult. Schön ist es aber trotzdem.

Nach zwei Wochen kommen wir nach Canada und die netten Grenzbeamten laden uns auf eine Tasse Kaffee ein – Radfahrerbonus eben. Es geht dann durch unglaubliche Landschaften immer weiter gen Süden und wir können jeden Tag doch recht weit fahren, da es praktisch nie dunkel wird. Es dämmert so um 3 Uhr morgens, und dann ist es schon bald wieder taghell. Ist ganz praktisch, wenn man nächtens mal aufs Klo muss, weil man nicht wie ein tollpatschiger Bär in der Dunkelheit herumtapst. Apropos Bären. Jeder hat uns vor den vielen Bären vor allem auf dem Stewart-Cassiar-Highway gewarnt, der noch als einer der ursprünglichsten in Canada gilt. Hinter jeder Kurve erwarten wir Meister Petz – aber, nichts, gar nichts. Tagelang fahren wir und sehen keinen einzigen Bären. Von anderen Reiseradlern hörten wir von bis zu 16 Bärensichtungen. Eines Tages aber biegen wir um eine Kurve und plötzlich sitzt er da, ein „süßer" Schwarzbär, und kaut gerade genüsslich an einem Blatt. Ich natürlich vollkommen geschockt, dass es jetzt tatsächlich Bären gibt, ziehe voller Panik die Bremsen. Heidi hinter mir fährt mit offenem Mund staunend dem Bären entgegen und freut sich, endlich einen zu Gesicht zu bekommen. Als sie mir dann ungebremst hinten rein fährt, wird es dem Bären zu viel und er verzieht sich wieder ins Gestrüpp. So verläuft unsere erste Bärensichtung – ganz anders als eigentlich erwartet. Eine von vielen interessanten Überraschungen, die die Panamericana für uns bereit hielt.

Man könnte hier noch unzählige Geschichten erzählen, die wir auf unserer langen Reise erlebt haben, doch das würde bei weitem den Rahmen sprengen. Wer mehr von unserer Tour erfahren will, kann sich ja auf unserer Homepage ein wenig umschauen (www.*2roadrunners-on-tour.at*).

Auf alle Fälle war es eine unvergessliche Zeit mit vielen schönen Momenten und noch mehr netten Begegnungen. Oft wurden wir von der Straße weg eingeladen, sei es jetzt zum Übernachten oder einfach nur zum Essen. Genau das machte den besonderen Reiz der Reise aus, weil man mit dem Fahrrad einfach näher am Geschehen ist als mit einem anderen Fortbewegungsmittel. Nur, wo Licht ist, da gibt es auch Schatten, und so wurden wir dreimal Opfer von Taschendieben. Immer passierte es in großen Städten auf Plätzen oder Märkten, wo sich viele Menschen aufhielten. Außerdem wurden wir mit der Zeit etwas nachlässig, und das nutzten die Diebe schamlos aus. Auch hörten wir von ein paar Überfällen auf Reiseradler in Mittel- und Südamerika. Man sollte sich immer direkt bei den Leuten im Vorhinein über die Sicherheitslage informieren, wenn man in eine gefährdete Region fährt, und ggf. auch mal auf ein anderes Verkehrsmittel umsteigen (Anmerkung: Die Brennpunkte stehen auch im LateinamerikaBikeBuch). Das Problem ist oft die große Armut. Wenn dann plötzlich zwei Radfahrer daherkommen (auch wenn sie noch so verstaubt sind), glauben die Leute, dass man nur Geld in seinen Packtaschen hat. Immer hatten wir auch ein paar Kleinigkeiten für die Kinder dabei, und so sorgten wir doch ein paar Mal für leuchtende Augen, wenn wir Lollis oder andere Süßigkeiten austeilten.

Oft wurden wir gefragt: „Und wo hat es euch am besten gefallen?" Diese Frage zu beantworten ist wirklich schwierig, aber wenn wir eine Highlight-Liste erstellen müssten, dann würde die so aussehen:

1. Salar de Uyuni, Bolivien. Man fühlt sich dort wie auf einem anderen Stern.
2. Die Strecke durch die peruanischen Anden von Trujillo durch die Entenschlucht nach Huaraz und weiter bis nach Cusco. Landschaftlich für uns einer der schönsten Abschnitte, aber auch einer der anstrengendsten.
3. Kolumbien. Lange Zeit hörte man in unseren Breitengraden nicht viel Positives über dieses Land, doch wurden wir in allen Belangen überrascht. Hier stimmte einfach alles, und in keinem anderen Land fühlten wir uns so wohl wie in Kolumbien. Auch hat es landschaftlich und kulturell einiges zu bieten, und die Waden werden ganz schön beansprucht bei dem ständigen Auf und Ab. Das soll jetzt nicht heißen, dass es in Kolumbien keine Probleme mehr gibt – über die aktuelle Sicherheitslage informieren! Wir fühlten uns jedoch nie unsicher oder gefährdet.
4. Die Weiten und die Wildnis in Alaska und Canada.
5. Die Nationalparks: Icefields Parkway, Yellowstone Nationalpark, Arches Nationalpark, Grand Canyon.
6. Baja California, Mexiko. Dort hatten wir einen unserer schönsten Zeltplätze der ganzen Reise direkt am Meer, an der Bahía Concepción.
7. Die Ruta 40 von Perito Moreno nach El Calafate. 600 einsame Kilometer in den patagonischen Weiten. Einfach herrlich, diese Ruhe – wenn nicht gerade der Sturm wie verrückt bläst.
8. Carratera Austral. Hier regnet es zwar meistens, ist aber landschaftlich einmalig.
9. Der Perito-Moreno-Gletscher. Unglaubliche Eismassen schieben sich unaufhaltsam in den Lago Argentino.
10. Der Lago de Atitlán in Guatemala. Umrahmt von drei Vulkanen ist dieser See etwas ganz Spezielles.

Natürlich ist das subjektiv; es gäbe noch viel mehr Interessantes aufzuzählen. Und es wird noch eine Weile dauern, bis wir die ganzen Eindrücke verarbeitet haben. Fest steht auf alle Fälle, dass wir es nie bereut haben, diesen Schritt gewagt zu haben. Wer einmal dieses Gefühl erlebt hat, frei wie ein Vogel zu sein, den lässt das nicht mehr los. Wir sind froh, unseren Traum gelebt zu haben. Und wie heißt es so schön: Nach der Reise ist vor der nächsten Reise …

Angekommen! Markus und Heidi am „Ende aller Straßen"

Reiseberichte (Bücher)

Die meisten Lateinamerika-spezifischen Reiseberichte sind von Panamericana-Bikern oder -Fahrern verfasst worden, deshalb (last, but not least) das Thema „Reisebücher" hier erst an dieser Stelle. Etliche interessante Veröffentlichungen stammen von Autoren, die auf ihrer Welt-Radtour auch durch Lateinamerika gekommen sind. Reine Lateinamerika- oder Länder-Radreiseberichte sind die allerwenigsten. Danach richtet sich also diese kleine (und subjektive) Aufstellung hier, und zum Schluss kommen noch ein paar allgemeine Reiseklassiker. Etliche der empfohlenen Bücher sind heute leider vergriffen und wurden teilweise früher ohnehin nur als Kleinauflage herausgegeben. Wer also im Buchhandel kein Glück hat, probiert es vielleicht bei *www.zvab.de*, dem weltweit größten Online-Antiquariat. Dort kann man mit etwas Geduld fast jeden Titel bekommen.

- **Clemens Carle: „Rad-Abenteuer Panamericana".** Reise Know-How 1994. Clemens, Pionier aller Panamericana-Radler, fuhr drei Jahre und 45.000 km mit seinem Trekkingbike von Feuerland bis Alaska, sogar mit Durchquerung des Darién Gap. Ein Erlebnisbericht auf dem Weg zum Rad-Klassiker!
- **Tilmann Waldthaler: „Amerika von oben nach unten".** Athesia 2003. Aus den Tagebuch-Einträgen und E-Mails des mittlerweile über 60-jährigen Radabenteurers während seiner zwei Jahre und 30.000 km dauernden Panamericana-Tour. Im Laden nur schwer erhältlich, besser über *www.tilmann.com*.
- **Thomas Schröder: „Pan-amerikanische Skizzen".** BoD 2006. Der Bericht über die weiter oben erwähnte Panamericana-Tour in Etappen von Sybille und Thomas Schröder, teilweise auch mit Bahn, Schiff und Auto.
- **Peter Smolka: „Rad ab!".** Reise Know-How 2005. Spannend, detailliert, einfühlsam und humorvoll schildert der Weltumradler seine Erlebnisse, die ihn auch durch sechs Länder Südamerikas führten.
- **Claude Marthaler: „Durchgedreht".** Reise Know-How 2002. Claude, der „Yakman", saß auf seiner Welttour sieben Jahre im Sattel. Die Panamericana beradelte er dabei von Alaska bis Feuerland, und seine „Velosophie" ist höchst lesenswert.
- **Bernard Magnouloux: „Abenteuer ohne Grenzen".** Hayit-Verlag 1990. Bernard, der Ausnahme-Radler (genau das Gegenteil eines Technik-Freaks) radelte auf seiner fünf Jahre dauernden Welttour unter anderem auch von Argentinien bis in die USA. Ein besonderes Lesevergnügen!
- **Patrick Hettrich: „Mit dem Fahrrad von Feuerland nach Mexiko".** Pietsch-Verlag 1987. Ein sehr guter Bericht des damals 19-jährigen Autors in einer Zeit, als das Reisen vor allem in Peru und per Rad noch recht abenteuerlich und gefährlich war.
- **Raphaela Wiegers: „Mit dem Fahrrad unterwegs in Südamerika".** Schettler-Verlag 1991. Die Tour von Raphaela und Harald Wiegers mit ihren zwei kleinen Hunden durch Brasilien, Nordargentinien und Chile bis nach Patagonien.
- **Mario Richner: „Urwald, Gold und Indios".** Piper-Verlag 1992. Per Rad durch Amazonien, Start in Peru, dann Brasilien und Paraguay. Sehr abenteuerlich und lesenswert, für alle, die es Richtung Amazonas zieht!
- **Walter Stolte: „Amerika selbst er-fahren".** Eigenverlag 1993. Ein erfrischend unkonventionelles Buch, vor allem die Seiten über Mittelamerika. Dort herrschte damals noch teilweise Bürgerkrieg und alles andere als optimale Reisebedingungen.
- **Christian E. Hannig: „Abenteuer Mexiko".** Frederking & Thaler / National Geographic 1996. Ein Abenteuerbericht, spannend bis zur letzten Seite, über eine Radtour durch das untouristische Hinterland von Montezumas Erben.

- **Hermann Koch: „Mit dem Mountainbike auf den Spuren der Inkas".** Verlag Denkmayr 1997. Salzburger Skilehrer auf der Panamericana und im Altiplano unterwegs. „Als Nasca in Sichtweite kam, jodelte ich!" Macht echt Spaß, dieses Buch!
- **Lutz Gebhardt / Jens-Ulrich Groß: „Faszination in Südamerika".** Verlag „grünes herz" 2000. Großformatiges Raderlebnisbuch, eines der besten! Nicht nur die Farbfotos beeindrucken, sondern auch die Ausrüstungsliste, die penible Dokumentation der Reiserouten und Etappenabschnitte durch Argentinien, Chile, Bolivien und Peru mit Karten, exakten Höhenprofilen und einer Aufstellung über alles Wissenswerte. Ein Standardwerk!
- **Christian E. Hannig: „Vom Silberfluss zum Silberberg".** Frederking & Thaler / National Geographic 2001. 4000 Kilometer mit dem Rad vom Río de la Plata bis Potosí in Bolivien, durch Mesopotamia, den Gran Chaco und die Anden.
- **Christian E. Hannig: „Unter den Schwingen des Condor".** Frederking & Thaler / National Geographic 2002. Die Fortsetzung der vorgenannten Tour über den Salar de Uyuni, Potosí und Arequipa bis Lima.
- **Joachim Held: „Abenteuer Anden".** Reise Know-How 2003. Ein Jahr per Rad durch die Anden, über die höchsten und schwierigsten Pässe. Dazu viele Hintergrundinformationen des Autors, der in Argentinien geboren wurde und dort einen Teil seiner Kindheit verbrachte. Für mich (Thomas) einer der besten Radreiseberichte überhaupt!
- **Helmut Hermann: „Traumstraße Panamericana".** Reise Know-How, 1984. Das Buch vom Ur-Autor des Fahrrad-Weltführers über seine erwähnte VW-Bus-Tour. Gleichfalls ein Klassiker!
- **A. F. Tschiffely: „10.000 Meilen im Sattel".** Albert Müller Verlag 1965. Der Autor ritt in den Jahren 1925 bis 1927 von Buenos Aires nach New York, und das nicht per Rad, sondern zu Pferd! Ein spannendes Buch in der schlichten Sprache eines kernigen Abenteurers aus einer Zeit, als Tourismus in Lateinamerika noch ein Fremdwort war.
- **Bruce Chatwin: „In Patagonien".** Rowohlt-Verlag 1981. Chatwin war in den 70er-Jahren lange in Argentinien und Chile quasi am Ende der Welt unterwegs. Dabei entstand eines der besten und stimmungsvollsten Reisebücher, das je geschrieben wurde.
- **Che Guevara: „The Motorcycle Diaries".** Kiepenheuer und Witsch 2004. Am 29. Dezember 1951 bricht Ernesto „Che" Guevara mit seinem Freund Alberto Granado und dem Hund „Comeback" zu einer Motorradreise durch Südamerika auf. Im Sommer des nächsten Jahres sind sie wieder zu Hause in Buenos Aires. „Dieses ziellose Streifen durch unser riesiges Amerika hat mich stärker verändert, als ich glaubte", schreibt der 23-jährige Che Guevara in seinem Tagebuch dieser Reise. In deutscher Sprache.

Afrika

Océan Atlantique Nord
Océan Atlantique Sud
Océan Indien
Mer Noire
ALGERIE
LIBYE
EGYPTE
SOUDAN
TCHAD
NIGER
MALI
MAURITANIE
NIGERIA
ETHIOPIE
SOMALIE
KENYA
TANZANIE
ANGOLA
ZAMBIE
NAMIBIE
BOTSWANA
AFRIQUE DU SUD
MADAGASCAR
MOZAMBIQUE
REPUBLIQUE DEMOCRATIQUE DU CONGO
REPUBLIQUE CENTRAFRICAINE
MAROC
TUNISIE
ARABIE SAOUDITE
TURQUIE
FRANCE
ESPAGNE
ITALIE
Golfe de Guinée
Bassin Guinéen
Bassin Angolais
Bassin des Somalis
Dorsale Sud-Atlantique
Ride de Walvis
Canal du Mozambique
0 km 300 600 900 km

Afrika – warum? [JH]

Reisestory von Joachim Held

Ende Februar 2009, irgendwo im Grenzgebiet zwischen Burkina Faso und Ghana. Es ist später Vormittag, kurz nach 11 Uhr. Das Thermometer zeigt bereits 42 Grad an. Mehr als zwei Liter Wasser habe ich bereits vertilgt. Drei Liter habe ich noch. Das muss reichen. Irgendwie. Bis zur nächsten Wasserstelle sind es ja nur noch 30 Kilometer. Aber ich weiß aus Erfahrung: auch 30 Kilometer können sehr lang werden, zumal wenn es durch die afrikanische Savanne geht und die Piste nicht gerade ideal zum Radeln ist. Allradfahrzeuge mögen hier einigermaßen durchkommen. Für sie scheint der Weg auch präpariert worden zu sein. Abschnittsweise wurde eine hohe Schicht Schotter über die Waschbrett-Piste gestreut. Ein Horror für jeden Fahrradfahrer, denn tiefer Schotter ist fast genauso qualvoll wie Sand. Wenn man überhaupt fahren kann (mit einem schwer bepackten Fahrrad) dann bremst der Untergrund derart, dass sich jeder Tritt in die Pedale so anfühlt, als würde man eine 15-prozentige Steigung erklimmen. Erschwerend kommt hinzu, dass man das Vorderrad irgendwie in der Spur halten muss. Bricht es seitlich aus, kommt man schlagartig zum Stehen und muss aufpassen, dabei nicht zu stürzen. Anschließend hievt man das Vorderrad wieder in die Spur und fährt neu an, was Unmengen an Kraft kostet.

Auf solchen Strecken unterwegs zu sein, verlangt höchste Konzentration. Wirst du müde und lässt deine Aufmerksamkeit nach, liegst du schnell mal flach im Schotter. Wenn du dann ganz und gar darauf fixiert bist, irgendwie durchzukommen, dann hast du kaum mal Zeit, nach links oder rechts in die baumbestandene Dornbusch-Savanne zu schauen. Und wenn überhaupt ein Gedanke im Kopf umherschwirrt, dann lautet er: „Verdammt, warum tust du dir das eigentlich an? Warum hast du die prächtig geteerte Landstraße verlassen und kämpfst dich hier im Grenzgebiet zwischen Burkina Faso und Ghana durch die Savanne. WARUM?"

Um mir eine aufmunternde Antwort auszudenken, habe ich leider keine Nerven. Schuld sind die Fliegen: Es sind hunderte, die mit großem Vergnügen um meinen Kopf herumschwirren und nach meinem Schweiß lechzen. Sie setzen sich auf die Wangen und an die Schläfen, krabbeln mir in die Ohren und in die Nase, kitzeln mich an den Mundwinkeln und stolzieren rücksichtslos an meinen Augenlidern entlang. Ich kann sie nicht verscheuchen, denn ich muss beide Hände am Lenker halten. Und ich kann ihnen nicht davon fahren, denn dazu bin ich auf dieser Piste einfach zu langsam. Nein, ich muss sie einfach ertragen. So wie die Bisse einiger Bremsen. Oder sind es Tsetse-Fliegen? Diese elenden Viecher jagen ihre Saugrüssel in meine Fußknöchel und in die Arme, in den Rücken und in die Oberschenkel. Selbst vor den Händen haben sie keinen Respekt; ich sehe, wie sich diese schwarzen Bestien auf meine Finger setzen, spüre, wie sie zubeißen, reiße dann, wenn es die Piste zulässt, wenigstens eine Hand doch vom Lenker und schüttele sie wie wild, aber diese Teufelchen bleiben einfach sitzen und saugen weiter das Blut aus meinem Körper. Wer durch die Hölle will, muss nur mal hier entlang fahren. „Verdammt, warum tust du dir das eigentlich an?" Ja, das ist Freiheit, das ist Wildnis, das ist Alltag, die „normale Härte" …

So kämpfe ich mich weiter vorwärts. Langsam. Kilometer um Kilometer. Manchmal muss ich schieben, nur 50 Meter, aber ich bin fertig. Das Wasser in den Flaschen ist mittlerweile nicht mehr brühwarm, sondern brüllend heiß. Ich trinke es trotzdem, bezweifle, dass es den Durst zu löschen vermag, aber es hilft gegen die zunehmend schmerzende, weil staubtrockene Kehle. Dann zischt plötzlich die Luft aus dem Hinterreifen. Ja, wenn schon in der Hölle, dann bitte richtig. „Cool bleiben", sage ich mir, „jetzt bloß cool bleiben." Und dann gebe ich mein Bestes: „Ihr Fliegen, Bremsen und Tsetse-Teufelchen, ihr könnt mich mal." Unter einem Baum, der ein wenig Schatten spendet, beginne ich die Reparatur. Es ist der dritte Platte innerhalb der letzten 350 Kilometer und mir ist klar, das ist nicht normal, denn auf den vorangegangenen 10.000 Kilometern hatte ich auch nur drei Platten. Also untersuche ich den Mantel. Das Oberflächenprofil ist noch einigermaßen, aber an der Seitenwand des Mantels entdecke ich einen langen Riss, dann noch einen und noch einen. Da ist erstmal nichts zu machen. Vermutlich haben spitze Steine den Mantel seitlich aufgerissen, genug Horrorpisten dafür gab es, ob in Guinea, in Sierra Leone oder jetzt hier. Aber ich habe ja eine Ersatzmantel und den auch nicht umsonst mitgeschleppt. Ich hole also einen Ersatzschlauch raus und ziehe ihn gemeinsam mit dem nagelneuen Mantel auf. Die ganze Aktion hat vielleicht 30 Minuten gedauert. 30 Minuten umgarnt von Fliegen und diversen Beißerchen, denn zu den Bremsen gesellten sich in dieser „Ruhepause" noch etliche andere Stecher und Schmarotzer. Da war der Biss einer riesigen, schwarzen Ameise, fast so schmerzhaft wie der einer Bremse. Dann die Attacken von diversen Stechfliegen, deren Stiche komplett andere Wunden hinterlassen als die von gemeinen Mücken. Es entwickelt sich nicht ein kleiner roter Punkt auf der Haut, sondern ein schwarzer Knubbel unter der Haut. Und der braucht nicht nur zehnmal länger, um zu heilen. Er juckt auch hundert mal stärker. Noch zwei Wochen später konnte ich die Knubbel unter der Haut spüren und wenn ich sie nur einmal kurz anfasste, begannen sie wieder so zu jucken als sei der Stich gerade erst eine Minute alt.

Natürlich habe ich für solche ungemütlichen Momente auch immer kleine Trösterchen dabei. Was in dieser Höllenhitze immer gut kommt, ist eine noch randvoll mit eiskaltem Wasser gefüllte Thermosflasche. Ich beschließe also, meine Zwangspause freiwillig noch etwas zu verlängern, um langsam und genüsslich das eisige Wasser zu trinken. Tolle Idee. Nur da sind ja die Fliegen und wenn ich einen kleinen Schluck nehmen will, muss ich aufpassen, dass ich dabei nicht drei dieser sechsbeinigen Doppelflügler mitverschlucke. Ich halte es folglich doch nur noch zehn Minuten aus, dann schwinge ich mich wieder in den Sattel und fahre weiter – froh, dass dadurch die Zahl der Fliegen um mich herum ein wenig abnimmt und froh, meine ganze Konzentration wieder auf die Piste lenken zu müssen, denn da bleibt kaum Zeit, um mich über diese Viecher aufzuregen. So halte ich den Blick stur auf die Sand- und Schotterpiste vor mir gerichtet, versuche vorausschauend die beste Spur ausfindig zu machen und behutsam anzusteuern, denke irgendwann an nichts mehr und nehme dann plötzlich doch rechts von mir aus den Augenwinkeln die Umrisse irgendeines Geschöpfes wahr, das weder Fliege noch Bremse oder Tsetse-Fliege sein kann, denn dazu ist die Silhouette einfach viel zu groß. Von instinktiver Neugier gepackt, wende ich den Blick von der Straße ab nach rechts und sehe zu meinem Schreck in nicht einmal 30 Metern Entfernung eine Elefanten-Familie durch die Savanne „spazieren".

Ich gestehe, dass es mir im Nachhinien schwer fällt, mich genau an meine Gefühlswelt in diesem Moment zu erinnern. Sicher ist, dass nach dem Schreck die Begeisterung kam und gleich darauf der Respekt. Und ja: Mir ging ganz sicher auch ein bisschen die Muffe, weil Elefanten bekanntlich nicht ganz ohne sind, zumal wenn sie wie in meinem Fall ein kleines Elefanten-Baby bei sich haben. Trotzdem fuhr ich zunächst noch ein Stück weiter, lehnte dann das Fahrrad an einen Baum, holte den Fotoapparat heraus, lief wieder ein Stück den Weg zurück und machte zwei Bilder der sich mir nähernden Dickhäuter. Mehr als zwei Bilder waren allerdings nicht drin, denn die Elefanten-Mama hatte mich natürlich die ganze Zeit im Auge behalten, schob jetzt die Ohren als Warnung unmissverständlich nach vorne und ging zwei ihrer riesigen Schritte auf mich zu, worauf ich nur noch flüsterte: „Sorry, ich hör ja schon auf. Vielen Dank für die Fotos. War nett, euch kennen gelernt zu haben" … und dann machte ich ohne Hektik, aber auch ohne Umschweifen, dass ich wegkam.

Die restlichen Kilometer fuhren sich dann wie von selbst. Alle Gedanken drehten sich nur noch um die zurückliegende Begegnung. Die Fliegen konnten mir nichts mehr anhaben, die Bisse der Bremsen taten nur noch halb so weh, die unsägliche Piste war mir egal, der kaputte Reifen – Wurscht!!! Ich hatte Elefanten gesehen. Nein, anders: Wir waren uns in der Wildnis begegnet. Ich war ihnen schutzlos ausgeliefert, und sie haben mich für einen Moment in ihrer Welt geduldet. Diese grandiosen Tiere so nah und in freier Natur zu erleben, ist ein unbeschreibliches, einmaliges und unwiederbringliches Erlebnis. Jetzt weiß ich auch wieder, warum ich mit dem Fahrrad unterwegs bin. (Mehr zu Joachims Tour s. *www.joachimheld.de*).

Afrika

A Planung, Vorbereitung, Wissenswertes

1. Überblick

Schwieriger Kontinent

Afrika ist sicherlich der Kontinent, der für Fahrrad-Ferntouren am wenigsten geeignet scheint (und es auch ist): Gewaltige Wüsten und dampfende Regenwälder, brütende Hitze, nur wenige gute Straßen, dafür endlose Wellblech-, Schlamm- und Staubpisten, riesige Entfernungen, die bittere Armut und immer wieder politische Umstürze und Kriege machen Radfahrten durch den „Schwarzen Kontinent" zur physischen und psychischen Strapazentour. Andererseits ist Afrika jedoch auch der Kontinent, der am stärksten „unter die Haut" geht, und wer es wagt, Afrika vom Fahrradsattel aus zu erleben, wer seine vielfältigen Landschaften, seine Länder, Menschen und Kulturen einmal kennengelernt hat, wird den „Dunklen Kontinent" nie vergessen und immer wieder zurückkehren wollen …

Bei gewissenhafter Vorbereitung ist eine Radtour durch Afrika oder durch ein afrikanisches Land durchaus möglich. Buchautor Helmut Hermann durchquerte 1973/74 Afrika als einer der ersten von Algier bis Kapstadt (s. Buch „Afrika Tour"). Heute gibt es bereits viele weitere Afrika-Radler.

Dauernde Veränderungen

In Afrika ändert sich vieles sehr schnell, besonders die politischen Verhältnisse, und manches über Jahrzehnte gar nicht, z.B. die schlechten Pisten und die unzulängliche touristische Infrastruktur. Bürgerkriege und Umstürze machen mal dieses, mal jenes Land unpassierbar oder schwierig bereisbar. Afrika-Radtouren werden deshalb – außer in den wenigen politisch stabileren Staaten – noch lange ein Abenteuer bleiben, und nur diejenigen sollten sich nach Afrika aufmachen, die gewillt sind, extreme körperliche und psychische Strapazen auszuhalten. Die wichtigsten Voraussetzungen für Afrika-Radtouren sind: Gute Gesundheit, Tropentauglichkeit, Zähigkeit, Mut zum einfachen Leben, gute französische und englische Sprachkenntnisse, viel Zeit und auch nicht zu wenig Geld.

2. Ziele, Erlebenswertes

Welchen Teil Afrikas bereisen, welche Kulturen und Länder kennenlernen? Das arabisch geprägte, islamische Nordafrika? Oder Westafrika, das mit den kulturell und ethnisch interessanten Sahelländern vielerorts noch altes, echtes Afrika vermittelt? Ostafrika mit seinen Naturschönheiten, großen Seen, Stränden, Bergen und Tierparks? Oder Zentralafrika mit seinen Regenwaldgebieten, die fast touristenlose Region für Abenteurer und Entdecker? Oder ins südliche Afrika, das ebenfalls mit großartigen Naturschönheiten lockt?

Highlights

Mit am schönsten – wenngleich für einen Radler auch am anstrengendsten – sind die Bergregionen in Afrika, z.B. die Hoggar-Berge, die Kamerun-Berge, das Dogon-Land in Mali oder in Südafrika Lesotho. Sehr schöne Landschaften und interessante Kulturen lassen sich auch in tropischen Höhenlagen, z.B. in Ostafrika im Hochland von Kenia oder in Uganda, erleben. Große Attraktionen auf dem „Schwarzen Kontinent" sind (Reihenfolge ohne Wertung): Die Pyramiden und die anderen baulichen Zeugnisse Alt-Ägyptens, die Victoria-Wasserfälle, das Kapland in Südafrika, die Wüste Sahara, die Landschaften und Tierparks Ostafrikas. Doch die eigentliche Seele Afrikas offenbart sich erst bei den Begegnungen mit den Afrikanern und ihrer Kultur (Musik, Tänze, Kunst), beim hautnahen Erleben des dörflichen Lebens und in der täglichen Auseinandersetzung mit der Natur.

In Afrika ist man selten allein

3. Günstige Reise- und Radelzeiten in Afrika

Vorüberlegungen

Ganz grob: Vermeidet den Sommer in der Sahara, die Regenzeit in Westafrika (ca. Mai bis August), reist durch zentralafrikanische Länder nur vom Dezember bis Februar (oder auch noch im Juni/Juli), weil es da am wenigsten Regenfälle und Pistenschlamm gibt, und kurbelt durch Ostafrika nicht gerade zwischen März und Juni und von November bis Dezember, weil es dann dort meist gleichfalls regnet. Das südliche Afrika ist weniger extrem und klimatisch weniger problematisch. Im Einzelnen:

- **Nordafrika, Mittelmeerküste:** Günstig je nach Land im April/Mai, sonnig und heiß von Juni bis Oktober. Weniger günstig: November bis in den April hinein – kühl, regnerisch und auch starke Winde.

- **Sahara:** Günstig im Oktober/November und Februar/März. Dezember/ Januar sind nachts sehr kalt. Zu meiden: Mai bis September – absolut zu heiß! Sandstürme im Frühjahr (Chamsin-Zeit in Ägypten und Sudan).
- **Westafrika:** Günstig von November bis April, Trockenzeit. Im Januar/Februar viel Wind. An der Küste ist es das ganze Jahr über heiß mit hoher Luftfeuchtigkeit. Weniger günstig sind die Monate April bis Oktober, dann Regenzeit.
- **Ostafrika:** Günstig von Dezember bis März und Juli bis Oktober. An der Küste ist es von Juni bis August nicht so warm. Weniger günstig von März bis Mai, dann große Regenzeit. Im November/Dezember kleine Regenzeit. An der Küste ist es im Februar und März sehr heiß. Passat-Winde beachten!
- **Südliches Afrika,** Inland: Günstig ist von Mai bis September, im dortigen trockenen Winter. Nachts in Hochlagen recht kühl. Weniger günstig: Von November bis April, Regenfälle. Küste: Günstig im dortigen Sommer von November bis April. Weniger günstig vom Mai bis Oktober, es ist kühl und regnerisch.

Regenzeit

Das bedeutet nicht, dass es ununterbrochen regnet, sondern dass nach schweren Wolkenbrüchen immer wieder auch die Sonne scheint. Wer hitzeempfindlich ist, doch Schwüle gut vertragen kann, sollte eher in der Regenzeit durch ein tropisches Land reisen als in der oft sehr heißen Trockenzeit. Vorausgesetzt natürlich, dass dann der Reiseweg nicht ausschließlich über unbefestigte Straßen führt, denn die sind dann aufgeweicht und kaum mehr befahrbar. Die **beste Reise- und Radelzeit** sind meist die Übergangswochen zwischen Regen- und Trockenzeit (bzw. zwischen Trocken- und Regenzeit), denn dann sind die Temperaturen erträglicher und der Himmel ist meist noch bedeckt, was das Radeln erleichtert, weil die Sonne immer wieder hinter Wolken verschwindet. Unter Afrikas sengender Sonne dauerzuradeln ist die absolute Tortur! Nach der Trockenzeit und nach den ersten schweren Regenfällen begeistert in Afrika das satte Grün der Landschaft.

4. Krisenstaaten und Krisengebiete

Afrika ist der Kontinent mit den meisten Krisengebieten, Kriegen und politischen Turbulenzen. Auch in sog. „sicheren" Ländern gibt es Regionen mit latenten oder offenen Unruhen und Stammesfehden. Dort unterwegs zu sein kann ein Risiko sein. Doch manchmal ist es auch umgedreht: Was sich von Europa aus als „gefährlich" anhört, kann sich im Zielland als übertrieben oder als mittlerweile kaum mehr zutreffend herausstellen.

Mit Augenmaß informieren!

Deshalb ist es sowohl bei der Planung als auch unterwegs wichtig, immer über die aktuelle politische Lage eurer Reiseländer informiert zu sein. Auch die Aussagen und Informationen von Afrika-Reiseführern und Afrika-Radbüchern bezüglich politischer Zustände, geschlossener Grenzen, Kriegswirren etc. können immer nur beschränkt zutreffend sein. Die aktuellsten Situationsberichte liefern, wie schon auf Seite 21 erwähnt, die Website-Reisewarnungen des deutschen Auswärtigen Amts (*www.auswaertiges-amt.de*), des US-Außenministeriums (*www.travel.state.gov*) oder des britischen Außenministeriums (*www.fco.gov.uk/travel*). Sie lassen sich auch unterwegs in einem afrikanischen Internetcafé aufrufen. Manche der dort ausgesprochenen Warnungen mögen dem Reisenden überzogen und unrealistisch erscheinen, doch gerade in einem schwierigen Kontinent wie Afrika solltet ihr bedenken, dass der Arm der Botschaften in manchen Ländern nur sehr kurz ist, euch vielleicht im Notfall „draußen im Busch" überhaupt nicht geholfen werden kann!

Früher folgte an dieser Stelle eine Übersicht der Krisenländer Afrikas. Zur Zeit der Drucklegung der 3. Auflage ist es „einfacher": Praktisch alle afrikanischen Staaten vermelden größere und kleinere Krisen, ethnische Auseinandersetzungen und Konflikte aller Art ...

5. Bücher, Karten, Internet

Reiseführer

Die meisten sind als Auswahl bei den einzelnen Länderkapiteln aufgeführt – übergreifende Afrika-Führer etwa im Stil eines „South American Handbook" gibt es nahezu keine, weil Afrika eben (im Gegensatz zu Amerika) ein schwieriger Kontinent für Individualreisende und zudem ständigen Änderungen unterworfen ist. **Standardwerke** für individuelle Afrikareisen sind nach wie vor (obwohl vergriffen und nur noch antiquarisch erhältlich) **„Durch Afrika"** von Klaus, Erika und Astrid Därr (Band 1 und 2), Reise Know-How. **Band 1** (nordafrikanischen Länder / Marokko bis Benin) enthält Streckenbeschreibungen und GPS-Koordinaten für Ägypten, Äthiopien, Algerien, Benin, Burkina Faso, Djibouti, Elfenbeinküste, Eritrea, Gambia, Ghana, Guinea, Guinea-Bissau, Liberia, Libyen, Mali, Marokko, Mauretanien, Niger, Senegal, Sierra Leone, Sudan, Togo, Tschad und Tunesien. **Band 2** (südafrikanische Länder / Nigeria bis Südafrika) umfasst Äquatorialguinea, Angola, Botswana, Burundi, Gabun, Kamerun, Kenia, Kongo, Malawi, Mosambik, Namibia, Nigeria, Ruanda, Sambia, Simbabwe, Somalia, Südafrika, Tansania, Uganda, Zentralafrikanische Republik, Demokratische Republik Kongo. „Durch Afrika" ist zwar in erster Linie für Autoreisende konzipiert, doch ist es mit Länderinfos, Straßen- und Streckenbeschreibungen und mit vielen Hintergrund-Beiträgen auch bei der Planung einer Radreise durch afrikanische Länder unentbehrlich. Dann gibt es, ebenfalls von Reise Know-How, **„Westafrika 1"** (Sahelländer) und **„Westafrika 2"** (Küstenländer).

Englische Afrika-Reiseführer, in erster Linie für Auto- und für Rucksack-Reisende geschrieben, sind gleichfalls für Radfahrer gute Info-Quellen. Die besten gibt **Lonely Planet** heraus. Hier ein paar Beispiele englischer transkontinentaler Afrikaführer: Zunächst der Lonely Planet **„Africa on a shoestring"** von von Gemma Pitcher, David Andrew, Kate Armstrong und James Bainbridge. Alle Länder Afrikas werden in kurzen Kapiteln abgehandelt. Zwar für Rucksackreisende, doch auch für Trans-Afrika-Radler ein wichtiges Buch, wenn man das Gewicht mehrerer Reiseführer sparen möchte. Bei Lonely Planet kann man auch einzelne Länder Afrikas für wenig Geld als PDF-Datei erwerben, die so genannten „Pick & Mix Chapters. Näheres unter *www.lonelyplanet.com*. Dann gibt es **„Sahara Overland"** von Chris Scott, Trailblazer Publications („the essential Sahara guide"). Primär für Autoreisende, aber auch für alle Radler mit dem Ziel Sahara oder Sahelländer hochinteressant. Updates regelmäßig auf der Website *www.sahara-overland.com*. Speziell für Radler gibt es noch das Buch **„Bicycling in Africa"** vom International Bicycle Fund (Bestell-Infos unter *www.ibike.org/publications.htm*) mit einigen regionalen Ergänzungsheften, die nicht schlecht sind und gute Tourvorschläge enthalten, wobei die Infos allerdings vielfach aus den 90er-Jahren stammen.

Fahrradbücher

Afrika-Radreiseberichte gibt es schon eher. Auch haben etliche Weltumradler Afrika in ihre Tour eingebaut. Eine Auswahl „reiner" Afrika-Berichte hier zuerst (manche sind nur noch antiquarisch erhältlich, über *www.zvab.de* probieren). Die Weltreise-Bücher sind auf Seite 722ff beschrieben, hier also nur kurze Hinweise auf die durchradelten afrikanischen Länder.

- **Helmut Hermann: „Afrika Tour".** 10.000 km durch Wüste, Busch und Urwald. Erlebnisbericht einer Fahrradreise von Algier bis Kapstadt 1973/74, der „Klassiker" aller Afrika-Radbücher! Mit einer Gesamtauflage von über

50.000 Exemplaren (einst beim Frederking & Thaler Verlag als „Heiße Tour Afrika“) ist es nach Heinz Helfgens „Ich radle um die Welt“ der wohl meistverkaufte Radreisebericht in deutscher Sprache. Im Reprint noch erhältlich beim Reise Know-How Verlag H. Hermann (s. Anzeige am Buchende).

- **Peter Smolka: „Fahrradabenteuer Westafrika“.** Pietsch-Verlag 1991. Eine 6000-km-Radreise durch Marokko, Mauretanien, Senegal, Mali, Burkina Faso und Togo. Recht gute Mischung von Reisebericht und Reise-Infos.
- **Bettina Selby: „Ah, Agala! Mit dem Fahrrad durch Afrika“.** Piper-Verlag 1991. Eine 7000-km-Radtour durch Ägypten, Sudan und Uganda bis zum Victoriasee. Sehr amüsante, detaillierte Reiseerzählung, lesens- und empfehlenswert. Von der gleichen Autorin in derselben unterhaltsam-spannenden Qualität: „Timbuktu!“, Piper-Verlag 1994. Eine Reise (nicht nur) mit dem Rad von Niamey am Niger entlang nach Timbuktu.
- **Hartmut Fiebig: „Bike-Abenteuer Afrika. Cairo – Cape Town im Alleingang“.** Reise Know-How 1994. Über 18.000 km durch Ägypten, Sudan, Zentralafrikanische Republik, Zaire, Burundi, Ruanda, Uganda, Kenia, Tansania, Malawi, Moçambique, Simbabwe, Südafrika. Eine Traumtour, die oft zum Alptraum wurde. Packend geschriebener Erlebnisbericht, ein Klassiker! Zwischenzeitlich im Selbstverlag neu aufgelegt, s. *www.hartmut-fiebig.de*.
- **Frank Feustle: „Afrika Hautnah“.** Eigenverlag 1998. In drei Jahren bereiste der Autor den Kontinent von der Sahara bis zum Regenwald des Kongobeckens, von Südafrika bis zu Ägyptens Pyramiden, von den Metropolen bis zu den Naturvölkern. Amüsant und fesselnd geschriebener Erlebnisbericht.
- **Michael Schmitz: „Gegen Sand, Sonne und sich selbst“.** Eigenverlag 1998. 11.000 km mit dem Mountainbike durch Afrika (Kenia, Tansania, Malawi, Simbabwe, Südafrika, Namibia). Eine Tour zum Nachfahren, das Buch liefert die Anleitung dazu. Realistischer, mit viel Selbstironie gewürzter Tourenbericht (*www.radtouren4u.de*).
- **Pamela Watson: „Der Traum von Afrika: Eine Frau, ein Fahrrad – die Freiheit“.** National Geographic Taschenbuch 2004. Die Autorin arbeitete als Unternehmensberaterin und Projektmanagerin in London, ehe sie sich auf ihre lange Reise durch Afrika machte. Dabei engagierte sie sich als Botschafterin für die Organisation WOMANKIND, die weltweit Frauen unterstützt.
- **Souleimman Semo: „Radflimmern – mit dem Fahrrad unterwegs in Afrika“.** Engelsdorfer Verlag 2005. Inspiriert durch die Bücher von Helmut Hermann und Hartmut Fiebig radelte der Autor 18.000 km durch 17 Länder von Wolfsburg nach Kapstadt.
- **Thomas Meixner: „Afrika – mit dem Fahrrad unterwegs nach Kapstadt“.** Mitteldeutscher Verlag 2008. Start zu Hause in Wolfen, dann über den Balkan, die Türkei, Syrien und Jordanien nach Ägypten und weiter auf der klassischen Ostafrika-Route. Fast jeder Meter auf dem Rad – schnörkellos, doch gut geschrieben und mit schönen Fotos.

Weltreisen: Der Ausnahme-Radler **Bernard Magnouloux** („Abenteuer ohne Grenzen“) begann seine Radweltreise mit der Durchquerung Afrikas: Ägypten, Sudan, Uganda, Sambia, Malawi, Südafrika. **Tilmann Waldthaler** kam bei seiner „Äqua-Tour“ durch Senegal, Mali, Burkina Faso, Niger, Benin, Togo, Nigeria, Kamerun, Zentralafrikanische Republik, Zaire, Ruanda, Uganda, Kenia. Afrika pur! **Alexandre Poussin / Sylvain Tesson** („Paris – Auckland und zurück“) nahmen den Nordwesten unter die Reifen: Marokko, Mauretanien, Senegal. **Claude Marthaler** („Durchgedreht“ – sieben Jahre im Sattel) durchquerte Afrika von Süden nach Norden in einem großen „S“. Interessant sind Claudes Afrika-Kapitel (wie auch die von Tilmann) vor allem wegen der schwierigen zentralafrikanischen

Länder, die in den letzten Jahren für Radler kaum noch zugänglich waren. **Peter Smolka** („Rad ab!“) nahm im Wesentlichen die Ostafrika-Route (von Nord nach Süd), ebenso wie **Carsten Janz** („Beinhart“), dieser allerdings in umgekehrter Richtung, dann Flug von Äthiopien nach Ghana und weiter durch Westafrika.

Karten

Die sind wie auch die Reiseführer hauptsächlich bei den einzelnen Ländern aufgeführt. Zur allgemeinen Afrika-Planung und auch zum Reisen sind nach wie vor die drei **Michelin-Karten** Nr. 741 (Nord/Westafrika), 745 (Nord/Ostafrika und arabische Länder) und 746 (Zentral/Südafrika) die Standardkarten. Trotz ihres großen Maßstabs (1:4 Mio.) sind diese Karten erstaunlich genau. Sie werden ca. alle zwei Jahre neu aufgelegt, achtet also auf eine aktuelle Ausgabe, die Jahresangabe steht klein in einer Ecke. Außerdem haben sie noch nützliche Klima- und Temperaturdiagramme, und landschaftlich schöne Strecken sind grün markiert (eine gute Hilfe bei der Routenplanung).

In detaillierterem Maßstab (1:1 Mio. und kleiner) gibt es spezielle Länder- und Regionalkarten, hier sind vor allen Dingen die hervorragenden topografischen **IGN-Karten** (vom französischen „Institut Géographique National“) zu nennen. **Russische Generalsstabskarten** gibt es in 1:200.000, 1:500.000, 1:1.000.000 – sehr gute Geländedarstellung (dichte Höhenlinien), aber mit kyrillischer Beschriftung (s. auch Seite 35f), **amerikanische Flugnavigationskarten** im Maßstab 1:500.000 (TPC) und 1:1.000.000 (ONC) – gute Geländedarstellung, allerdings sind auf diesen Karten die Pisten meist sehr ungenau. Karten unter dem Maßstab 1:500.000 zu verwenden macht in der Regel selten Sinn, da das afrikanische Straßennetz, besonders in wenig besiedelten Gebieten (Wüsten, Savannen), zu weitmaschig für diesen Maßstab ist. Karten schon daheim besorgen; unterwegs in Afrika sind bei Grenzüberschreitungen nur selten (einfache) Landeskarten erhältlich.

Wer sich einen ersten Überblick über Afrika, seine Regionen und Länder verschaffen will, kann auch ein bisschen durch die weltumfassende Landkarten-Kollektion der University of Texas surfen: *www.lib.utexas.edu/maps/map_sites/country_sites.html*. Und (Empfehlung von Transafrika-Radler Adrian Guggisberg, *www.to-adi.ch*): Wer mit GPS unterwegs ist, sollte sich *www.tracks4africa.com* anschauen, um abgelegene Sehenswürdigkeiten ohne viel Fragerei bzw. ohne Guide zu erreichen. T4A ist auch in Google Earth eingebunden: „Ebenen“, „Mehr“, „Tracks4Africa“.

Internet

Das Internet hat in Afrika noch nicht so umfassend Einzug gehalten wie in den meisten anderen Kontinenten der Welt. Vor Ort habt ihr zumindest in allen Hauptstädten Internetcafés und damit den Zugriff auf das WorldWideWeb. **Internet-Infos** *über* Afrika gibt es jedoch mittlerweile in recht hoher Qualität. Zu nennen sind hier zunächst die Homepages des Auswärtigen Amts und der Außenministerien (s.o.) und das Afrika-Portal der Online-Enzyklopädie Wikipedia (*http://de.wikipedia.org/wiki/Afrika*). Desweiteren *www.transafrika.org*, sicher das größte deutschsprachige Afrika-Portal mit sehr guten und aktuellen Länder-Infos, Reiseberichten, Flugplaner, aktuellen Afrika-Nachrichten und einem Forum. Ein erstklassiges Sahara- und Wüstenforum betreibt die Seite *www.wuestenschiff.de*, mit vielen Infos rund um Afrika und den Nahen Osten sowie einer umfangreichen Linkliste. Eine der besten Info-Quellen zumindest für Nordafrika überhaupt! Die Seite *www.sahara-info.ch* hingegen wurde leider eingestellt, dort findet sich nur noch eine kleine Linkliste. Recht gute Länderinfos in Englisch gibt's auf der Homepage des Verlags Lonely Planet (*www.lonelyplanet.com*, auf der Karte Afrika anklicken). Auf der Website *www.allafrica.com* gibt es ständig aktuellste Nachrichten, die man auch länderbezogen abrufen kann („posting over 1000 stories daily“). Sehr empfehlenswert! Das Africa Overland Network sammelt

Reiseberichte von Afrikafahrern, gelegentlich verirren sich auch ein paar Radler unter die protzigen Geländewagen (*www.africa-overland.net*). Eher für den schnellen Überblick eignet sich *www.africaguide.com*. Länderspezifische Websites (soweit bekannt) sind bei den Länderkapiteln aufgeführt.

Last, but not least eine kleine Auswahl an guten **Websites von Afrika-Radlern**: *www.to-adi.ch* (Adrian Guggisberg), *www.joachimheld.de* (J. Held), *www.vom-wind-getragen.de* (Sebastian Woitsch), *www.cycle-generation.org* (Amiram Roth-Deblon und Ragna Schmidt-Haupt), *www.bike-together.de* (Bernward Elsel), *www.lemlem.de* (Peter Smolka, im Rahmen seiner Welt-Radtour) und *www.reiseleben.de* (Thomas Gand, dito) und *www.impetusinmundum.de* (Roswitha und Roland Mosler). Die meisten hier genannten sind Co-Autoren in diesem Buch. Auf Englisch, mit sehr guten Infos auch zu weniger häufig bereisten Ländern: *www.worldbiking.info* (Amaya Williams und Eric Schambion – „Countries" anklicken). Schon etwas älter: *www.afrika-radtour.de*, *www.africa-by-bike.com* und *www.bikeafrica.de.vu*. Und Michael Schmitz (Buchautor, s. oben) hat auf seiner Seite *www.radtouren4u.de* eine Menge Links zu den Homepages anderer Afrika-Radler.

Weitere Info-Quellen

Gute Informationen findet man auch über örtliche Zeitungen und den **Rundfunk**. Wer einen kleinen Weltempfänger mitnimmt, kann die „Deutsche Welle" auch in Afrika hören (für aktuelle politische Nachrichten und für Lageberichte ist jedoch der BBC mit seinem „World-Service" wesentlich informativer; Sendefrequenzen unter *www.bbc.co.uk/worldservice* und *www.dwelle.de/dw/empfang/radio/Welcome.html*). Und dann gibt es noch als nie versiegende Infoquelle die gute alte **Deutsche Afrika Stiftung e.V.**, die (bereits seit 1888!) die Zeitschrift „Afrikapost" herausgibt (*www.afrika-post.de*).

B Touren-Tipps für Afrika [HF]

1. Fahrrad und Ausrüstung

Robuste Technik

Wer beabsichtigt, Afrika auch abseits der Asphaltstraßen kennenzulernen, wird gleich an ein Mountainbike denken. Doch es ist auch zu überlegen, dass filigrane Umwerfermechanismen oder andere kompliziert funktionierende MTB-Teile als da seien z.B. manche Federungssysteme usw. auf Dauer einer Afrika-Extrem-Tour nicht gewachsen sind. Für Fahrten auf überwiegend asphaltierten Straßen oder auf gut erhaltenen Pisten genügt ein stabiles Touren- oder Trekkingrad. Mittlere oder besser breite Reifen sind für Pistenfahrten nötig (s. auch Teil 3, B. 1 – „Radfahren in der Wüste", Seite 104ff).

Das Fahrrad ist in ganz Afrika ein Hauptverkehrs- und Transportmittel, und wo Räder rollen gibt es auch genügend (einfache) Reparaturwerkstätten, je nach Land und Region in verschiedenem Qualitätsniveau. Die Fahrradkultur ist **in den ehemaligen französischen Kolonien**, also in den meisten Ländern Nord- und Westafrikas, französisch geprägt, d.h., es gibt überwiegend nur französische Reifenmaße und Schläuche mit

Radwerkstatt in Tansania

Sclaverandventil. Oft verkehren dort noch alte Peugeot-Einfach-Modelle mit 26 x 1 1/2 Zoll Rädern und Reifen. **In den ehemals englischen Ländern** fährt die Bevölkerung gleichfalls einfache Modelle chinesischer und indischer Herkunft mit 28er Reifengröße, die britische Standard-Reifengröße (Raleigh-Räder) ist 26 1 3/8 Zoll. Bei Rad-Reparaturen wird in ganz Afrika Improvisation groß geschrieben!

Ausrüstung

Außer den üblichen Radersatzteilen an Kleidung so wenig wie möglich – Leichtes aus Baumwolle, doch auch Warmes (lange Unterwäsche) für kühle Wüstennächte und einen Regenschutz (Plane). Eine kurze und eine lange Hose (abends gegen die Moskitos, für Einladungen und Behördengänge), einige T-Shirts, ein langärmeliges Hemd, ein festsitzendes Käppi als Sonnenschutz, Radelschuhe und Sandalen. Den Rest an Kleidung könnt ihr unterwegs nachkaufen.

Weiter: Ein gut belüftbares Zelt (oder auch keines, dafür ein gutes **Moskitonetz**), einen leichten Schlafsack (für kalte Wüstennächte eher einen warmen), Wasserflaschen (Wassersäcke für Wüstentouren), Universalmesser, Tasse und Teller, Wasserdesinfektionsmittel, evtl. einen Wasserfilter. Ein Kocher ist im tropischen Afrika kaum nötig. Vielseitig einsetzbar ist ein Buschmesser (unterwegs kaufen): Lagerplatz ebnen, Kokosnüsse aufmachen, Feuerholz schlagen, und so ein Ding stärkt auch die Selbstsicherheit. Für den Notfall und als evtl. Verteidigung gegen Tiere und böse Menschen sind kleine Notsignal-Raketen eine gute Idee.

Papiere

Reiseführer, Karten, Kreditkarte, einen Pass mit noch vielen Seiten, viele Passbilder (für jeden Visumsantrag braucht man deren zwei bis vier), Empfehlungsschreiben etc. Von allen Dokumenten Kopien machen und z.B. im Rahmen (Sitzrohr) verstecken. Weiteres an möglicher Ausrüstung s. Kapitel „Ausrüstung" (Teil 2, C, Seite 87ff).

2. Übernachten

Hotels, Hostels & Co.

In Afrika sind (Billig-)**Hotels** sowohl auf dem Land als auch in den Städten nicht sehr zahlreich. Doch die Einheimischen und Kinder sind gerne bei der Suche nach einer Unterkunft behilflich. Billigunterkünfte in Schwarzafrika entsprechen selten dem Standard, den man für den verlangten Preis erwarten könnte. Sowohl Absteigen als auch (Disco-)Hotels dienen oft auch als Treffpunkte käuflicher Mädchen bzw. sind Hotel-Bordelle, wo Zimmer vermieten nur ein Nebengeschäft ist. Doch gibt es zumindest in den Großstädten vieler afrikanischer Länder mittlerweile eine Reihe ordentlicher **Backpacker's Hostels** (s. unter *www.hostels.com*) und in einigen Ländern auch Jugendherbergen (*www.hihostels.com*).

In Ländern, die ehemals englische Kolonien waren (z.B. Kenia, Sambia, Südafrika etc.) findet man in den Großstädten preiswerte Hotels des YMCA, auch desöfteren Hostels der Salvation Army (Heilsarmee). In westafrikanischen Länder sind es die Campaments, einfache Rasthäuser, in denen man als Radfahrer einigermaßen preiswert, doch meist sehr spartanisch unterkommen kann. In Ostafrika gibt es recht viele Lodges, von einfach-billig bis luxuriös-teuer.

Camping

Offizielle **Campingplätze** sind rar. Meist handelt es sich um schattenlose, wenig gepflegte Plätze, durch die Hunde und Katzen streunen und wo immer die Gefahr besteht, bestohlen zu werden. Sie sind meist nur wegen den Duschen zu empfehlen – falls die funktionieren – und zum Treffen von (motorisierten) Afrika-Reisenden, zum Erfahrungs- und Info-Austausch. Campplätze finden sich meist nur in Orten entlang der Haupt-Überlandrouten, in Touristenzentren, auch in den Sahara-Oasen, dort sind es gleichfalls Info-Börsen. Steuert in Schwarzafrika auch dann und wann die großen Hotels an, die haben manchmal auch Plätze zum Campen (und Duschen und Pools!), wo sich evtl. gleichfalls Afrikafahrer mit ihren Autos treffen – befragt sie nach sonstigen Campplätzen und Treffpunkten.

Doch zum Campen braucht es in Afrika selten einen kommerziellen Campplatz, man kann durch Fragen bei Restaurants und kleineren Hotels manchmal auch so eine Ecke für die Nacht bekommen. Geschäftsgebäude und auch Hotels werden in Afrika meist durch einen Nachtwächter bewacht, fragt einen, ob ihr im Garten oder an einer Ecke euer Zelt aufbauen könnt. Er wird euch mitbewachen. Vorsicht beim Campieren an (Stadt-)Stränden – Überfallgefahr!

Ein Zelt für Afrika-Trips sollte immer zwei gegenüberliegende Eingänge (mit Moskitonetz) haben, ohne Durchzug wirst du in tropischen Afrikanächten sonst kaum Schlaf finden. Helmut Hermann: „Ich hatte bei meiner Afrika-Tour kein Zelt dabei, nur ein Moskitonetz, darunter schlief ich durch ganz Afrika jeden Abend in den Dörfern auf dem Boden zwischen den Hütten, manchmal auch in den Hütten, wenn ich dazu eingeladen wurde (und es mir drinnen nicht zu heiß war). Im Busch – en brousse, in the bush – zu nächtigen war mir zu unsicher. In der Wüste und auch in den heißen Sahelländern legt man sich einfach in den Sand und schläft unter den Sternen."

Dörfer, Missionsstationen

In **Dörfern** gibt es kaum Übernachtungsprobleme, dort den Dorfvorsteher, den „Chef de Village" bzw. den „Village Chief" fragen, er wird dir ein Plätzchen zuweisen. Das kann z.B. die Schule bzw. ein Klassenzimmer sein oder die Versammlungshütte. In abgelegenen Dörfern sollte man sich beim Dorfchef (oder auch bei der Polizei) zuvor vorstellen. Denkt aber nicht, weil Afrika so groß ist, wird man tagelang nicht durch Dörfer kommen und nur wenige Menschen sehen – mit Ausnahme der Sahara-Region ist das Gegenteil der Fall. Siedlungen und Dörfer liegen auch im dichtesten Busch immer an Pisten, Straßen und Wegen bzw. entwickelten sich dort.

Auf die **Gastfreundschaft** der Afrikaner bist du immer angewiesen. Oft wirst du ohne eigenes Bitten spontan eingeladen werden, und dein Hinweis, dass du auf dem Boden auf deiner Matte schlafen und für dich selbst sorgen wirst, erhöht sicherlich die Aufnahme-Bereitschaft. Die Gastfreundschaft ist überall in Afrika Teil des sozialen Miteinanders, und wer noch keine afrikanische Reiseerfahrung hat, wird über die ständigen Einladungen staunen. Man wird meist umso öfter eingeladen, je härter die Lebensumstände und die Armut der Bevölkerung sind. Revanchiert euch evtl. mit einem Päckchen Tee oder Zucker.

Missionsstationen bieten ebenfalls oft gute Übernachtungs- und auch Camp-Möglichkeiten. Solche Stationen gibt es von der katholischen, protestantischen oder von sonstigen Kirchen sowohl in Großstädten als auch in den Dörfern. Draußen im Busch sind sie meist die einzige Möglichkeit „zivilisierten" Übernachtens. Je nach Lage der Dinge zahlt man einen Obulus, eine Spende oder auch einen saftigen Preis, kriegt dafür ein richtiges Bett oder ein einfaches Lager und evtl. auch ein Essen. Im abgelegensten Busch, wo nie ein Tourist geschweige denn ein Radfahrer auftaucht, wird man oft auch als ein interessanter Gast aufgenommen werden, der außergewöhnliche Reiseerlebnisse zum Besten geben kann … Vor der Weiterfahrt nach nächsten Stationen fragen.

Freundliche Begegnung auf Sansibar

Sonstige Möglichkeiten

Entwicklungshelfer von deutschen oder europäischen Organisationen und Angehörige von deutschen bzw. europäischen Firmen sind in Afrika oft sehr hilfsbereit und gastfreundlich – oder auch nicht … Ihr werdet verschiedene Erfahrungen machen. Manchmal könnt ihr als Radfahrer auch Quartier in einem Firmen-Gästehaus oder im Gästehaus des DED (*www.ded.de*) finden, sofern dieser im entsprechenden Land tätig ist, es ein Haus gibt und ihr dazu eingeladen werdet.

Möglich wird Übernachten auch manchmal bei deutschen Seemannsheimen (s. auch Teil 3, A 8 auf Seite 102f), von denen es in den Hafenstädten Westafrikas einige gibt, z.B. in Lomé (Togo), Douala (Kamerun) oder in Libreville (Gabun). Vielleicht haben auch mal die Botschafts- und Konsulatsangehörigen – besonders in einem von Touristen kaum besuchten Land – einen Tipp für eine Übernachtung oder eine Bleibe.

Falls ihr als Pärchen reist, kann es euch in traditionell-islamischen Ländern (z.B. auf dem Land im Sudan) passieren, dass ihr in Hotels in getrennten „Frauen"- und „Männer"-Abteilungen übernachten müsst. Selbst in YMCA-Hotels ist getrenntes Schlafen üblich, und auch Missionsstationen nehmen unverheiratete Paare weniger gern auf. Von Übernachtungs-Einladungen in Kasernen, Zelt-Camps (Pioniereinheiten) oder in andere militärischen Anlagen, auch z.B. in militärisch bewachten Orten wie Öl-Camps, Flughäfen etc. ist abzuraten, das bringt meist nur Probleme mit sich.

Übrigens: Geräuschempfindliche Schläfer werden in Afrika so ihre Probleme bekommen – in Vollmondnächten wird oft die halbe Nacht lang getrommelt, getanzt und gelacht, morgens um vier fangen dann die Vögel an zu lärmen, bald danach krähen die Hähne, bellen die Hunde, schreien die Kleinkinder …

3. Essen, Versorgung, Gesundheit

Afrika ist kein Kontinent für Gaumenverwöhnte. Selbst Grundnahrungsmittel gibt es nicht immer und überall, besonders nicht im Sahel und in einigen Ländern Ostafrikas (Sudan, Äthiopien u.a.), wo immer wieder Dürren und Hungersnöte herrschen. Stellt euch auf vorwiegend Vegetarisches ein.

Feld- und andere Früchte

Doch in jedem afrikanischen Dorf gibt es einen Markt, wo nicht nur Früchte angeboten werden, sondern auch Buden und Marktfrauen Gekochtes bereithalten. Afrikanische Grundnahrungsmittel sind Hirse, Yams, Reis, Maniok (auch Cassava oder Tapioka genannt), Süßkartoffel (Batate), Mais. Aus Yams oder Maniok wird ein Brei gestampft, der in Westafrika „Fufu" und in Ostafrika „Ugali" genannt wird, übergossen mit einer scharfen Gemüse-, Fisch- oder Fleischsoße. Im südlichen Afrika heißt Brei aus Mais „Milli-Papp", ein passender Name. In Westafrika ist auch Eintopf mit Erdnusssoße beliebt, überall werden geröstete Maiskolben verkauft, und an Küsten und in Flussnähe gibt es immer schmackhaft zubereiteten Fisch (und in ganz Afrika Fischkonserven). Ein gutes und „sicheres" Essen sind Hühner- oder Hühnchen-Gerichte, Spaghetti- und Nudelgerichte. Immer darauf achten, dass alles gut durchgebraten bzw. erhitzt ist!

Restaurants europäischen Stils finden sich meist nur in Großstädten, und sie sind sehr teuer (besser einmal in ein gehobenes afrikanisches gehen, wenn ihr euch was leisten wollt). In Ostafrika gibt es viele Restaurants mit leckerer indischer Küche (Curries und Chapatis), eine willkommene Abwechslung.

Wenig Fleisch

Auf den Sahara-Routen und in Oasen ist das Essensangebot natürlich beschränkt: Konserven, Biskuits, Tomatenpaste, Orangen und Zwiebeln beispielsweise. Aber es gibt auch Bäckereien. Ab Agadez findet ihr auf den Märkten tropische Früchte.

Fleisch (Rind, Ziege, Schaf) gibt es weniger, es ist oft zäh, angeboten wird es meist in Form von „Brochettes" (gegrillte Spieße). Afrikanische „Fleischspezialitäten" sind übrigens Buschratte (Agouti, doch das ist keine Ratte), Schlange und Affenfleisch. Fragt bei Essens-Einladungen am besten erst nachher, welches wohlschmeckende Fleisch ihr da gerade verspeist habt ...

Bemerkenswert ist die teilweise Übernahme der Essensgewohnheiten der ehemaligen Kolonialherren: In den westafrikanischen francophonen Ländern gibt es überall das unvermeidliche französische Baguette-Brot, in den Englisch sprechenden Ländern Toastscheiben und auch süßes Brot, dort fällt das Frühstück auch wesentlich reichhaltiger aus als in ehemals französischen Kolonialländern.

In den Städten gibt es Supermärkte (in francophonen: „Score"-Supermarchés), wo teure Waren und Lebensmittel (Konserven) aus Europa angeboten werden. Deckt euch am besten mit Milchpulver und Haferflocken ein (Marke: „Quaker Oats"), oder auch mit Erdnussbutter, die gibt es fast überall.

Getränke

Unser westliches „Grundnahrungsmittel" Coca Cola und (afrikanisch übersüße) Orangen-Fanta sind fast überall erhältlich. Tee wird hauptsächlich in islamischen und in anglophonen Ländern getrunken. Kaffee ist meist aus Nescafé gemacht und wird mit dicker, süßer Kondensmilch verrührt.

Bier ist inzwischen in fast jedes Buschdorf vorgedrungen (außer in den islamischen Ländern), gekühlt wird es im Gas-Kühlschrank (das kostet dann meist ein wenig mehr als eine warme Flasche). Afrikaner brauen sich ihr Bier mit Hirse selbst, als „Wein" trinkt man Palmwein – frisch schmeckt er sehr lecker, probieren! Das Wasser von jungen Kokosnüssen ist sehr erfrischend, angeboten werden sie auf der Straße. Meidet selbstgebrauten Schnaps, der kann Methylalkohol enthalten, und dieser kann blind machen!

Doch wolltet ihr euren Durst nur aus gekauften Flaschengetränken stillen, wäre euer Reisebudget bald aufgezehrt – also zurück zur Natur, zum Wassertrinken. Brunnenwasser zuvor entkeimen (an den Brunnen nicht unbedingt sich oder die Kleidung waschen – es ist das Trinkwasser der Leute!). Euren Wasservorrat in wenig besiedelten Regionen bei jeder sich bietenden Möglichkeit immer ganz auffüllen. Nehmt als Notration einige Päckchen Trockennahrung mit. Noch ein Tipp: Verwechselt nicht die grünen afrikanischen Kochbananen (Plantanas) mit normalen, noch unreifen Bananen!

Nachschub: Coke und Pizza (Äthiopien)

Gesundheit Neben einigen anderen Tropenkrankheiten und sonstigen Gesundheitsrisiken ist in Afrika besonders die **Malaria** gefährlich (Anopheles-Stechmücken bzw. Moskitos). Schützt euch deshalb durch bedeckte Haut und nachts durch ein Moskitonetz und beginnt rechtzeitig mit der Einnahme von Tabletten. Infos länderspezifisch unter *www.fit-for-travel.de*. Auf der Homepage der Deutschen Gesellschaft für Tropenmedizin (*www.dtg.org*) gibt es auch eine Malaria-Verbreitungskarte.

Nicht nur in Ost- und Zentralafrika ist Aids sehr verbreitet. Für den Fall einer notwendig werdenden Spritze solltet ihr unbedingt eigene (Einweg-) Spritzen mitführen. Außerdem besteht in ganz Afrika Bilharziosegefahr (ganz besonders in Ägypten) – deshalb nicht in Flüssen, Tümpeln, Seen und anderen offenen Gewässern baden! Ausnahmen sind höherliegende Gewässer und Seen wie z.B. der Turkana- und der Kivu-See (Grenze Dem. Rep. Kongo / Ruanda). Und in der prallen Sonne immer für genügend Hautschutz (Sonnenschutzmittel, lange Kleidung) und für genügend Flüssigkeitsnachschub sorgen, sonst besteht die Gefahr des Sonnenbrands (Hautkrebs), des Hitzschlags und der Nierenschädigung. Über weitere Gesundheitsgefahren informiert der Abschnitt „Medizin“ auf Seite 65ff.

4. Währungen

Landeswährungen In etlichen Ländern Afrikas herrscht Devisenbewirtschaftung, d.h., die Landeswährung ist nicht frei konvertierbar, kann also nicht frei in eine „harte“ umgetauscht werden. Eingeführtes Geld muss deklariert werden, Landeswährung darf nicht ausgeführt werden und das Geldwechseln unterliegt staatlicher Kontrolle. In solchen Ländern gibt es dann (illegale) Schwarzmärkte – nicht jedoch in den CFA-Ländern Westafrikas (übrigens ein interessantes Thema, s. *http://de.wikipedia.org/wiki/CFA-Franc-Zone*).

Es gibt in Afrika zwei Währungsunionen: Der Westafrikanischen Währungsunion CFA („Franc de la Communauté Financière Africaine“) gehören an: Benin, Burkina Faso, Elfenbeinküste, Guinea-Bissau, Mali, Niger, Senegal, Togo. Aber auch in Gambia, Guinea und Ghana wird der CFA als Zahlungsmittel akzeptiert oder kann problemlos in Landeswährung getauscht werden. Der CFA-Franc war früher in fester Parität an den franz. Franc gekoppelt, heute an den Euro. CFA-Francs sind in Euro konvertibel. Mitglieder der Zentralafrikanischen Währungsunion („Union Monétaire Ouest-Africaine, UMOA“) sind Gabun, Kamerun, die Republik Kongo, Äquatorial-Guinea, Tschad und die Zentralafrikanische Republik.

Reisewährung Generell gilt, dass in den Ländern Afrikas die Währungen der ehemaligen Kolonialherren am besten eintauschbar sind, für westafrikanische Länder also jetzt der Euro (Schecks und Bargeld), in ost- und südafrikanischen Ländern (noch) das britische Pfund, aber auch Euros und US-Dollars. Wenig Geldwechselprobleme hat man prinizipiell in Ländern, die auf Tourismus setzen, also z.B. in Togo, Senegal, Kenia, Südafrika, Namibia, Ägypten etc. Doch generell gilt immer noch, dass man in Afrika auf abgelegenen Routen relativ viel Bargeld mitführen muss; Scheck-Wechselmöglichkeiten oder Geldautomaten gibt es oft nur in größeren Städten.

Geldwechsel An vielen Binnengrenzen Afrikas gibt es auch heute noch keine Banken oder Wechselstuben, meist nur Geldwechsler. Wenn ihr Grenzen an Wochenenden oder an Feiertagen überschreitet (oder über kleine Grenzübergänge einreist), kann es unter Umständen lange dauern, bis ihr endlich an die nächste Landeswährung kommt. Deshalb schon im Vorland sicherheitshalber einige Scheinchen des nächsten Landes kaufen – doch Vorsicht, wenn die Ein- oder Ausfuhr einer Währung verboten ist!

Viele (inflationsgeplagte) Weichwährungsländer verlangen auch, dass (teure) Hotels, Flugbuchungen ins Ausland oder auch Eintrittspreise für Tierparks in harter Währung zu bezahlen sind (Tansania). Und fast überall will man an den Grenzen den Nachweis über genügend Geldmittel für deinen Aufenthalt sehen, oder gleich ein Rückflugticket (Tipps dazu s. Teil 1, D 3, Seite. 52ff). Da auch bezüglich der Währungen in Afrika Veränderungen an der Tagesordnung sind, immer nach dem neuesten Stand der Dinge erkundigen (Internet).

5. Transport

Buschtaxis und Lkw

Die Afrikaner reisen in Schwarzafrika in erster Linie mit Sammel- oder Buschtaxis („Taxi brousse" in Westafrika, „Matatu" in Ostafrika), die erst dann losfahren, wenn alle Plätze belegt sind und wo auch ein Radfahrer mit seinem Drahtesel Platz findet (der kommt aufs Dach; aufpassen, dass auf der Schaltung keine anderen Gepäckstücke zu liegen kommen). Bus- und Taxibahnhöfe heißen in francophonen Ländern „Gare Routière", in englischsprachigen „Busterminal" oder auch „Lorry- bzw. Motor Park". Bei langen Strecken durch Wüsten und Savannen gibt es bei Lkw gegen Bezahlung Mitfahrmöglichkeiten.

Das Eisenbahnnetz ist in Afrika sehr dürftig. Die wenigen Linien führen meist von der Küste ins Landesinnere, es gibt kaum Verbindungen in die Nachbarländer. Züge sind in Afrika langsam, überfüllt, doch gleichfalls ein gutes Transportmittel für Radfahrer. Mehr Details zu Bahnen stehen bei den Ländern.

Binnenschiffe

Nicht unwichtig für den Binnentransport Afrikas ist die See- und Flussschiffahrt in jenen Ländern, die über entsprechende Seen- bzw. Wasserstraßen verfügen. Schiffe kann man gut für das Weiterkommen nützen. Die meisten Seen liegen in Ostafrika. Flussschiffahrt ist z.B. möglich auf dem Niger in Westafrika und auf dem Nil in Ägypten, während auf dem Kongo nach längeren Kriegswirren derzeit praktisch keine Flussdampfer mehr verkehren (s. auch Seite 391).

6. Ethnien, Sprachen, Fotografieren

Sprachvielfalt

In Afrika gibt es über 800 Stämme und Völker, die mehr oder weniger ihre eigenen lokalen Sprachen und Dialekte sprechen. Eine Ausnahme unter den afrikanischen Sprachen ist das Suaheli (oder Kiswaheli) in Ostafrika, das über Ländergrenzen hinweg gesprochen wird. In Westafrika sind es das Haussa und Diula, die eine regionale Bedeutung haben. Es lohnt sich, in der jeweiligen afrikanischen Landessprache die wichtigsten Wörter zu kennen!

Englisch und Französisch, die Sprachen der früheren Kolonialmächte, fungieren deshalb in vielen Ländern als Sprachklammer (in Moçambique und Angola auch das Portugiesische). Wer Nord-, West- und Zentralafrika bereist, muss unbedingt Französischkenntnisse haben. Für Ost- und Südafrika braucht man Englisch. Hilfreich für arabische Länder sind Wörter, Sätze und Grüße in Arabisch, auch die Zahlen sollte man lesen können. Die Kauderwelsch-Sprachführer des Reise Know-How Verlags sind eine gute Hilfe, die kleinen Hefte gibt es auch für einige afrikanische Sprachen.

Fotografieren

Finde in einem Land immer zuerst heraus, wie empfindlich die Menschen gegenüber dem Fotografieren sind. Rücksichtsvoll muss man in den vielen islamischen Ländern Afrikas sein, aber auch z.B. bei den Massai in Kenia. Und vor allen Dingen Achtung vor den Bürokraten und Militärs! Das Ablichten von Polizeistationen, Flughäfen, Kasernen, Gefängnissen, Grenzen, Brücken etc. ist fast immer verboten, besonders in stramm militärisch-diktatorisch ausgerichteten Ländern! Es kann auch verboten sein, Dinge zu fotografieren, die das Land „herabsetzen" oder „entwürdigen" – was immer das auch sein mag (z.B. die Nationalflagge in Kenia). Mehr zum Thema Fotografieren auf der Radreise steht im Teil 2, C 6, s. Seite 93f.

7. Die Tierwelt Afrikas

Bei Reisen mit dem Rad durch Afrika liegt es nahe, an die Gefährdung durch Tiere zu denken, und dem Klischee entsprechend tauchen vor dem geistigen Auge dann immer gleich hungrige Löwen, Giftschlangen, Gorillas, angreifende Elefanten etc. auf.

Kleinwild

Doch die Wahrscheinlichkeit, von Schlangen gebissen oder gar von Großkatzen verspeist zu werden, geht gegen Null. Viel eher muss man sich in Afrika mit dem „Kleinwild" herumschlagen, mit Kakerlaken, Moskitos, Flöhen und sonstigen blutsaugenden Insekten. In der Wüste mag man evtl. auch mal einen Skorpion zu Gesicht bekommen.

„Termiten hatten schon nach wenigen Tagen im Urwald mein Zelt von unten her durchlöchert. Das öffnete vor allem den Ameisen auf der Suche nach Nahrung Tür und Tor ...", so schrieb schon Afrika-Radler Hartmut Fiebig. „Affen kann man vom Rad aus immer wieder mal entdecken, und man sollte vor den Herden Respekt haben, obwohl sie auf dem Land scheu sind, weil sie intensiv gejagt werden. An Plätzen, wo Touristen sie füttern, werden sie aggressiv und gefährlich, nichts ist vor ihren spitzen Zähnen sicher, kein noch so stabiler Vorratsbeutel. Nehmt euch besonders vor Pavianen in acht, die gerne Autotouristen – nicht nur in Wildparks – anbetteln. Was so possierlich aussieht, kann sich schnell zur großen Gefahr entwickeln, sie können furchtbar zubeißen ..."

Großwild

Im etlichen Ländern Afrikas (vor allem in Sambia, Simbabwe, Malawi, Botswana) kann man auf der Straße noch freien Elefanten begegnen, Straßenschilder weisen manchmal darauf hin. Auch Gazellen, Giraffen, Kleingetier, in den Flüssen Flusspferde und vor allen Dingen die vielen Vogelarten Afrikas kann man zu Gesicht bekommen.

Großwild findet sich aber hauptsächlich in den Nationalparks, und Radfahrer werden dorthinein – verständlicherweise – nicht immer eingelassen. Wenn ihr in Parks Tiere sehen wollt, müsst ihr schon mal bei motorisierten Touristen auf Mitnahme hoffen oder evtl. eine Bustour vom nächstgelegenen Ort eines Tierparks aus buchen bzw. dort ein Fahrzeug mieten (die meisten Tierparks gibt es übrigens in Ost- und Südafrika, Westafrika hat nur wenige Parks). Vorsicht in der Nähe von Tier- bzw. Nationalparks, die nicht fest begrenzt sind (keine Zäune, Flüsse), hier kann das Wild in das offene Nachbargebiet wechseln!

Die relativ gefährlichsten Tiere Afrikas sind Büffel, Flusspferde und Elefanten. Sollte tatsächlich einmal der (seltene) Fall eintreten, letztere außerhalb eines Parks zu erblicken, nicht zwischen eine Elefantenkuh und ihre Jungen geraten, auch nicht zwischen ein Flusspferd und das Wasser! Weil überraschte Tiere eher angreifen, nach Möglichkeit im offenen Gelände bleiben. Lärm und euer Geruch wird sie bei genügendem Abstand bewegen, weiterzuziehen. Kommt ihr ihnen jedoch zu nahe und wird ihre Fluchtdistanz unterschritten, ist mit einem Angriff zu rechnen.

Hartmut Fiebig: „Mit den potentiell gefährlichen Tieren, also den Großkatzen und den Hyänen z.B., wird man wenig Probleme haben, wenn man sich an den Rat der Afrikaner hält: Tagsüber – besonders in der heißen Mittagszeit – sind Wildtiere eigentlich nicht gefährlich. Nur nachts hat man draußen, sei es auf dem Fahrrad oder auch zu Fuß, einfach nichts zu suchen. Das kann ich aus eigenen Erfahrungen bestätigen, wobei ein Zelt auch eine gewisse abschreckende Wirkung auf Wildtiere zu haben scheint."

Ein Erlebnis von Afrika-Durchquerer (Senegal – Kenia) Tilmann Waldthaler in Mali: „Nach einer Nacht mit dem Gebrüll von einigen Löwen um das kleine Dorf gibt mit der Chef de Village zwei mit Gewehren bewaffnete Afrikaner als Begleitschutz mit auf die Reise. Löwen, meint der Dorfchef, laufen gerne entlang der Pfade und nicht, wie vermutet, durch das hohe Gras. Löwen werden nicht gerne nass. Entlang der Schlammpiste entdecken wir tatsächlich Löwenspuren von überdimensionaler Größe. Ich war enttäuscht, als unweit von uns ein Löwe ganz locker und gelassen den Weg überquerte. Ich hatte sogar das Gefühl, dass er versuchte, an uns vorbeizukommen, ohne entdeckt zu werden. Die beiden Afrikaner sahen sich gegenseitig an und blieben nicht einmal stehen. Am Flussbett angekommen, schleppten wir das Fahrrad, Taschen und Material durch das schmutzige Wasser auf die andere Seite und verabschiedeten uns …“

Schlangen

Hartmut Fiebig: „Die wenigsten Schlangen habe ich lebend gesehen, sondern meist überfahren und erschlagen – dann aber die giftigsten Kaliber: Puffotter, Gabun-Viper, Mamba und Kobra. Die Tiere sind ungeheuer scheu und flüchten, sobald sie die geringsten Bodenerschütterungen spüren (Schlangen können nicht hören). Deshalb im Busch oder im hohen Gras durch die Gegend stapfen oder einen Stock haben. Außerdem sind knöchelhohe Schuhe und lange Hosen wichtig. Einzige Ausnahme und deshalb besonders gefährlich: die Puffotter. Diese Schlange ist sehr träge und bleibt einfach liegen, lässt aber ein warnendes Geräusch ertönen, das wie Rauschen klingt. Für die Tierabwehr im Notfall – aber auch zur sonstigen Verteidigung – hatte ich kleine Signalraketen mit, nicht größer als ein Kugelschreiber, die am Lenker oder am Hals baumelten, immer griffbereit, wenn ich mit Tieren rechnen musste, sonst nützen sie nichts …!“

Weitere Tipps zu Schlangen und zur Abwehr von Hunden stehen im Teil 3, D 3, s. Seite 120f.

Tierparks mit dem Fahrrad

Weitere Erlebnisse von Afrikaradler Hartmut Fiebig: „In Afrika gibt es einige Nationalparks und Game Reserves, die man mit dem Fahrrad durchfahren darf, oder wo sich zumindest niemand darum schert, egal wie risikoreich das ist. Auf

Ganz schön neugierig! Begegnung in Namibia

meiner Tour fuhr ich u.a. am L'Akagera-Nationalpark in Ruanda entlang, durch den Queen Elizabeth- und den Kabalega Falls National Park in Uganda, durch den Saiwa Swamp (Antilopen, Vögel) und den Hell's Gate National Park (ausdrücklich mit dem Fahrrad erlaubt) in Kenia und auch durch den Mikumi National Park in Tansania. Ich richtete mich nach dem Verhalten von Einheimischen: Laufen sie tagsüber zu Fuß durch Teile des Parks, um z.B. zu einem abgelegenen Dorf zu kommen, traute ich mir das mit dem Rad ohne weiteres auch zu. Doch Vorsicht: Verschiedene Teile des gleichen Parks können auch unterschiedlich gefährlich sein!

Doch meine aufregendsten Tiererlebnisse hatte ich bezeichnenderweise alle außerhalb von Schutzgebieten. Wildtiere vom Fahrrad aus zu erleben, das ist eines der ganz großen Erlebnisse in Afrika, die einen für jede Anstrengung, für jeden Tiefpunkt, jeden Schweißtropfen und Plattfuß entschädigen. Das ist einfach irre. Ohne Glasscheibe und Metallhaut. Live. Mit akustischem und Geruchs-Erlebnis. Mittendrin eben!"

C Routen und Radreisen durch Afrika

1. Anreise

Per Flug

Um nach Afrika zu kommen, bieten sich mehrere Möglichkeiten an. Mit dem Flieger natürlich: Per **Linienflug** mit mehrfachem Umsteigen kommt ihr, wenn auch auf oft sehr teure Weise, in jedes afrikanische Land. Nahezu alle Möglichkeiten zeigt euch der Flugverbindungs-Planer bei *www.transafrika.org*; s. dazu natürlich auch die Links im Kapitel „Das richtige Ticket" auf Seite 26ff. Günstige **Charterflüge** gibt es zu beliebten Pauschal-Reisezielen z.B. in Marokko, Tunesien, Ägypten, Senegal, Kenia und Südafrika (dabei natürlich besonders genau die Fahrrad-Transportbedingungen checken!).

Per Schiff

Schöner aber, vor allem für Langzeit-Radler: Nach Spanien, Frankreich, Italien pedalen und dann mit der **Fähre** nach Marokko, Algerien, Tunesien oder Ägypten übersetzen. Oder ihr wählt die Landroute über den Balkan in die Türkei, von hier weiter über Syrien und Jordanien nach Ägypten. Da wird aber bereits die Anreise zum Abenteuer ... Alternativ nach Italien radeln, per Fähre nach Griechenland, dann nach Istanbul kurbeln, weiter wie oben. Oder gleich eine Direktfähre von Italien (Venedig) in die Türkei (Izmir) buchen. Eher schon eine kleine (nicht einmal allzu teure) Kreuzfahrt ist die 14-tägige Verbindung mit Grimaldi von Hamburg nach Dakar/Senegal und weiter mit ein paar Zwischenstopps bis Lagos/Nigeria (Route und Preise unter *www.grimaldi-freightercruises.com*).

Nicht alle Fähren verkehren ganzjährig. Für die Ferienzeiten lange genug vorausbuchen (in Reisebüros oder bei Woick, Plieninger Straße 21, 70794 Filderstadt-Bernhausen, *www.woick.de*). Zu den restlichen Zeiten ist die Fähr-Buchung auch am Ablegeort möglich, die Preise sind im Ablegeland billiger als von Deutschland gebucht. Praktisch alle Fährlinien der Welt listet die Website *www.routesinternational.com* auf. Nachteil: man muss unter dem Namen der Fährgesellschaft suchen. Alle Mittelmeerfähren findet man unter *www.faehren.info*.

- **Nach Marokko:** Von Spanien: Algeciras – Tanger oder Ceuta; Malaga – Ceuta oder Melilla; Almeria – Melilla oder Nador; Cadiz – Tanger. Von Frankreich: Sète – Tanger oder Nador (im Sommer). Die Fährhäfen der spanischen Enklaven Ceuta und Melilla sind weitaus ruhiger als Tanger. Bitte beachten: Mit dem Rad von Marokko weiter nach Algerien ist seit 1994 und wohl auch noch auf längere Zeit nicht möglich, die Grenze geschlossen!

- **Nach Algerien:** Von Spanien: Alicante – Oran. Von Frankreich: Marseille oder Sète – Oran, Algier, Bejaia, Skikda oder Annaba (*www.algerieferries.com* und *www.sncm.fr*).
- **Nach Tunesien:** Von Frankreich: Marseille – Tunis (mit SNCM, s. oben). Von Italien: Genua – Tunis (mit CTN, *www.ctn.com.tn* und SNCM); La Spezia, Neapel oder Trapani (Sizilien) – Tunis (mit Tirrenia, *www.tirrenia.it*).
- **Nach Ägypten:** Von Venedig über Piräus, Heraklion und Haifa nach Alexandria, teuer (*www.grimaldi-freightercruises.com*).

2. Gesamt-Afrikadurchquerungen

Schwierigkeiten

Internationale, durchgehende Nord-Süd- (und auch West-Ost-)Transkontinental-Straßen gibt es in Afrika keine. Gesamt-Afrikadurchquerungen von Nord nach Süd sind, ob mit Rad oder Auto, schon auf Grund der politischen Verhältnisse seit vielen Jahren sehr schwierig, und das wird sich wohl auch nicht so schnell ändern. Zudem riegelt die Sahara die Anreise in die schwarzafrikanischen Länder ab.

Wer, wie auch immer, ganz oder nur teilweise „per pedales", zum Kap der guten Hoffnung will, hat theoretisch (und mit leichten Variationsmöglichkeiten) drei Varianten zur Auswahl: Eine **Westafrika-**, eine **Trans-Sahara-** und eine **Ostafrika-Route**. Die beiden ersteren vereinigen sich in Nigeria. Komplette West-Ost-Durchquerungen werden etwa nördlich einer gedachten Linie Golf von Guinea – Horn von Afrika, also wo sich die Breite des Kontinents auf etwa ihre Hälfte verjüngt, noch für lange Zeit praktisch unmöglich bleiben; südlich davon gibt es mehrere Möglichkeiten. Doch zunächst zu den Nord-Süd-Achsen:

Westafrika-Route

Die Strecke durch die westliche Sahara, von Marokko nach Mauretanien und weiter nach Senegal, war wegen des kriegerischen Konflikts um das ehemalige Gebiet von Spanisch-Sahara lange Zeit blockiert. Man musste, um Westafrika mit dem Rad zu erreichen, von Marokko aus (von Casablanca) nach Nouakchott (Mauretanien) oder nach Dakar (Senegal) weiterfliegen. Seit Marokko das gesamte Gebiet Westsahara annektiert und seine Präsenz dort (trotz bislang ausstehender Anerkennung durch die Vereinten Nationen) gefestigt hat, ist die Durchfahrt nach Mauretanien und Senegal wieder offen. Ob für immer, das muss sich noch zeigen. Erkundigt euch nach dem aktuellen Stand der Dinge (gute und aktuelle Quellen sind z.B. *www.wuestenschiff.de* und *www.sahara-overland.com*). Dann weiter z.B über Guinea, Mali, Ghana, mehrere Möglichkeiten – bis Kamerun machbar. Seit Angola nach über 40-jährigen Bürgerkrieg gegenwärtig wieder zu Ruhe und Stabilität zurückfindet, sind seine Grenzen zu allen Nachbarländern wieder offen, aber die Infrastruktur liegt noch sehr darnieder. Zwischen Gabun und Namibia also immer noch schwierig, quasi Radler-Neuland (Stand 2009).

Trans-Sahara-Route

Die Zentralsahara mit dem Rad zu durchqueren ist derzeit nur auf der Hoggar-Route durch Algerien in den Niger möglich (wenn auch nur mit öfterem Verladen auf Fahrzeuge), aber nicht unbedingt empfehlenswert; Näheres im Länderkapitel „Algerien". Solange Libyen Radlern die Durchfahrt verwehrt und die Streitigkeiten im Grenzgebiet zwischen Sudan, Tschad und Zentralafrikanischer Republik nicht beigelegt sind (dort zudem kaum radelbare Pisten), wird das trotzdem die einzige Möglichkeit bleiben. Über den Straßenzustand der Trans-Sahara-Route, nicht asphaltierte Etappen, eingeschränkt auch über das Thema Sicherheit kann man sich bei *http://de.wikipedia.org/wiki/Algier-Lagos-Highway* ein Bild machen. Zudem ist der Norden Nigerias derzeit ein schwieriges Radler-Terrain (s. Seite 383f).

Ostafrika-Route

Seit Jahren die einfachste Strecke (das ist in Afrika natürlich relativ) und Favorit bei allen, die von Nordafrika bis ganz hinunter wollen (wie sich die Westafrika-Route seit der Öffnung von Angola entwickelt wird sich zeigen). Durch Ägypten nilaufwärts in den Sudan (teils mit der Fähre und evtl. mit der Bahn), dann Äthiopien, Kenia. Von dort mehrere Möglichkeiten, s. im Kapitel „Südliches Afrika" ab Seite 425. Die gängigste Variante ist aber Tansania, Malawi, Sambia, Botswana, Namibia. Vor allem Kenia bietet vieles: Strände am Indischen Ozean, klimatischgemäßigtes Hochland, Tierreservate, schöne Landschaften, eine gute Versorgung und englischsprechend (was wohl vielen Radlern entgegenkommt). Damit eignet sich dieses Land auch sehr gut als Startpunkt für alle, die „weiter unten" einsteigen wollen – Ägypten und Äthiopien sind wohl die schwierigsten Länder auf der Ostafrika-Route. Übrigens: im südlichen Afrika gibt es mit Sicherheit auch die besten Straßen des Kontinents!

West-Ost durch Zentralafrika

Radreisen in oder durch das zentrale Afrika (Demokratische Republik Kongo und angrenzende Länder) sind sowohl wegen infrastrukturellen als auch politischen Problemen schon immer sehr schwierig gewesen und werden es auch noch lange sein. Oft „brennt" es an allen Ecken und Enden, angefangen bei ethnischen Konflikten und Bürgerkriegen bis zu schwer durchschaubaren Grenzstreitigkeiten und Stellvertreterkriegen, in denen auch ostafrikanische Staaten mitmischen. Darunter hat auch die Infrastruktur der betroffenen Länder stark gelitten. Kurz, Zentralafrika ist zum jetztigen Zeitpunkt wegen seiner politischen Unstabilitäten, den äußerst schlechten Pisten und sonstigen unwägbaren Risiken nur etwas für gefahrenbewusste Afrika-Rad-Abenteurer! Vor (und während!) der Reise unbedingt neueste Informationen über die politische Lage und evtl. geschlossene Grenzen einholen (bei *www.transafrika.org* und *www.auswaertiges-amt.de*) und ggf. eine andere Route wählen oder einen Flug-Transfer einbauen!

Die nördlichste mögliche West-Ost-Route für Afrikadurchquerer führt von Kamerun über die Zentralafrikanische Republik, den Norden der Demokratischen Republik Kongo und Uganda nach Kenia. So schlug sich z.B. Adrian Guggisberg 2007 durch, s. seinen Erlebnisbericht im Zentralafrika-Kapitel auf Seite 387. Schon Äqua-Tour-Radler Tilmann Waldthaler radelte (und schob) einst von Yaoundé nach Batouri, Berbérati (Zentralafrik. Rep.), Bangui, Bambari, Bangassou, Bondo (Dem. Rep. Kongo), Buta, Kisangani, Bukavu (Ruanda), Kampala (Uganda), Kenia. Adrians Route ist am Anfang fast identisch, er fuhr dann aber nicht über Kisangani, sondern weiter nördlich (Isiro – Beni – Kasindi, dort über die Grenze nach Uganda).

Man könnte als Alternative auch von Kamerun nach Gabun und zur Republik Kongo radeln. Dann (in friedlichen Zeiten) von Brazzaville mit der Fähre nach Kinshasa (Dem. Rep. Kongo) übersetzen, weiter mit dem Kongo-Flussschiff bis nach Kisangani. Von da weiter nach Ruanda (Bukavu) und Burundi nach Bujumbura am Tanganjika-See. Von Bujumbura gehen Schiffe in viertägiger Reise nach Mpulungu in Sambia. Wer durch Malawi südlich will, fährt von da östlich zur Grenzstadt Chipita. Oder, zweite Alternative: Von Kinshasa auf dem Kongo und Kasai-Fluss mit dem Schiff und der Eisenbahn in die Südprovinz Katanga (Lumumbashi) der Dem. Rep. Kongo, von wo man nach Sambia weiterfahren kann. Letztere Route nahm einst Afrikaradler Helmut Hermann. Doch beide hier genannten Alternativen sind momentan (Stand Ende 2009) praktisch nicht mehr möglich, weil es in der Dem. Rep. Kongo außer ein paar sehr unregelmäßigen und extrem überfüllten Schubschiff-Verbänden keinen Flussschiff-Verkehr und auch keine funktionsfähige Eisenbahn mehr gibt.

3. Afrikas Straßen und Pisten

Schlamm und Wellblech

Typisch für Afrika, besonders in den Wüsten und Savannen, sind seine Pisten mit wellblechähnlich verformter Oberfläche, die die Autofahrer so fürchten. Gleichfalls charakteristisch sind die Lateritpisten (rötliche Verwitterungsböden) in der Savanne und im Regenwald, die, sofern sie trocken und nicht durch halbmetertiefe Lastwagen-Längsrinnen zerfurcht sind, mit dem Rad recht gut befahrbar sind, oft besser als eine schlaglochgespickte Asphaltstraße. Flott voran kommt man auch auf festgefahrenen Lehmstraßen, die hauptsächlich in den tropischen Regionen vorkommen.

Doch kein Rad dreht sich mehr nach wolkenbruchartigen Regenfällen, denn dann verwandeln sich innerhalb von Minuten Staub und Lehm in zähen Morast. Laterit-Schlamm ist klebrig wie Honig und glitschig wie Schmierseife. Man muss warten, bis alles wieder abgetrocknet ist, was Tage dauern kann. Für Autos bestehen dann mancherorts während dieser Trocknungszeit Straßensperren (Barrière de Pluie). In wüstenartigen Gebieten werden die Wellblechpisten von Zeit zu Zeit flachgehobelt, danach ist das Fahren wieder wesentlich besser.

Nach dem Wolkenbruch (Dem. Rep. Kongo)

Ein weiteres Handicap für Radfahrer auf Afrikas Straßen und Pisten sind Dornen (von Akazienbäumen), die nicht unbedingt noch an Zweigen hängen müssen, sondern die auch auf Asphaltstraßen liegen können oder die der Wind in den noch weichen Asphalt hineinblies, wo sie mit der Spitze nach oben steckenblieben. Das gibt dann auch auf Asphaltstraßen Plattfüße am laufenden Meter, wenn man nicht die richtigen Reifen hat (SmartGuard o.ä., s. Seite 80).

Die Tagesleistungen auf Afrikas Naturstraßen würden wir so etwa mit max. 50 bis 80 km ansetzen. Je näher man sich der Hauptstadt oder großen Städten nähert, desto besser werden in der Regel die Straßen.

Straßenauskünfte

Afrikanische Straßenbeläge können sich schnell ändern, besonders in der Regenzeit. Fragt ihr die Einheimischen – Autofahrer, Motorrad- oder Radfahrer –, werdet ihr jedesmal eine andere, sehr subjektive Auskunft über den Zustand erhalten, weil ein jeder eine Straße nach anderen Kriterien beurteilt: Für einen Autofahrer ist eine Schlaglochstraße schlimm, doch ein Radfahrer kann um die Löcher leicht herumzirkeln, und während sandige Abschnitte einen Autofahrer kaum aufhalten, können die für einen Radfahrer das „Aus“ bedeuten. Einem Auto macht auch eine Wellblechpiste relativ wenig aus, wenn der Fahrer nur mit genügend Speed darüberfliegt, doch für einen Radler sind Wellblechpisten furchtbar! Umgekehrt wiederum kommt ein Fahrradfahrer auch durch schlimmste Schlamm- und Wasserlochpassagen, denn er kann notfalls sein Rad darübertragen, ein Auto würde aber sofort steckenbleiben …

Deshalb bitte alle Pistenbeschreibungen aus Handbüchern oder Websites für Autofahrer differenziert und kritisch lesen! Das bezieht sich auch auf die Strecken- und Pistenbeschreibungen in den Därr-Büchern „Durch Afrika“. Unterwegs müsst ihr Streckenauskünfte von Autofahrern genau hinterfragen!

Fahrrad-Highways

Hartmut Fiebig: „Die verlässlichsten Informationen habe ich immer von den radfahrenden Händlern (in Ostafrika) bekommen. Sie können einen über Wegentfernungen, Versorgungsmöglichkeiten und Straßenzustand (Sand, Schlamm, Bach- und Flussüberquerungen etc.) informieren. Das waren unverzichtbare Infos, wenn man auf Wegen unterwegs sein will, die in keiner Karte eingezeichnet sind. Die Händler kennen auch alle Abkürzungen (Kiswaheli: ‚Shotkati‘, von engl. ‚Shortcut‘). Oft zieht sich ein eigenes Fahrrad-Händler-Wegenetz durch das Land, z.B. wenn die Autopisten zu sandig sind. Ich habe sie ‚Fahrrad-Highways‘ getauft, weil es sich meist sagenhaft darauf fahren lässt, ein maximales Fahrvergnügen. Vorsicht bei ‚Gegenverkehr‘ – auf den engen Wegen besteht kaum Ausweichmöglichkeit. An diesen Wegen hat sich zum Teil mit Reparaturstätten und Rasthäusern eine regelrechte Infrastruktur gebildet. Entfernungen in Afrika nie in Kilometern, sondern in Fußmarschdauer erfragen, die sich einfach in Kilometer umrechnen lässt. Dann erhält man erstaunlich präzise Auskünfte. Und Fragen nach der Richtung so stellen, dass die Höflichkeit es nicht zwangsläufig gebietet, etwas Falsches zu antworten. Also nicht: ‚Hujambo Baba. Hier geht es nach xy, oder?‘ (Falsch! Die Antwort ist dem Befragten bereits in den Mund gelegt, zu widersprechen wäre von ihm unhöflich). Richtig: ‚Wo geht es nach xy?‘ Ein Zögern deutet auf mangelndes Verständnis oder Unwissenheit hin. Dann jemanden anderen befragen.“

Fahrrad-Handelsweg

4. In Afrika mit dem Rad unterwegs

Früh starten!

In äquatornahen Ländern Afrikas geht die Sonne am Morgen gegen 6 Uhr auf und kurz nach 18 Uhr unter (plus/minus eine halbe Stunde). Versucht, möglichst früh zu starten und die Mehrzahl eurer Tagesetappen-Kilometer bis gegen Mittag hinter euch zu bringen. Am heißesten ist es gegen 14 Uhr. Nach einer längeren Mittagsrast dann am späten Nachmittag nochmals in die Pedale steigen. An frühes Zubettgehen muss man sich gewöhnen.

Südlich des Äquators sind die Jahreszeiten denen der nördlichen Hemisphäre bekanntlich genau entgegengesetzt. Je weiter südlich man kommt, (Südafrika), desto kürzer sind dort im Juni und Juli die Tage bzw. desto länger sind sie im Dezember und Januar.

„Radfahren am Sonntag empfand ich immer als unangenehm, weil einem überdurchschnittlich viele Betrunkene begegnen, die einen z.T. auf beängstigende Art und Weise anmachen …" (Afrika-Radler Hartmut Fiebig).

Schwieriges Reisen

Afrika ist ein „Outdoor"-Kontinent – hier spielt sich (fast) alles im Freien ab: Familienleben, Handeln und Händel, Kinder- und Tiergeschrei, chaotischer Verkehr in den Städten, Musik, Tanz und Freude, und als Radfahrer fährst du mitten hinein in dieses pralle afrikanische Leben.

Doch du darfst nicht annehmen, dass dich die Afrikaner in Ruhe deines Wegs ziehen lassen – als Weißer auf einem Fahrrad, noch vielleicht dazu mit einem Hightech-Modell mit 24 Gängen und Federung, bist du überall auf dem Land eine Sehenswürdigkeit und die Sensation des Tages. Du stehst stets im Blick- und Mittelpunkt. Die Leute winken, viele wollen dich anhalten und mit dir reden, in Dörfern rennen dir die Kinder und Hunde nach und mit der Zeit wirst du nicht mehr wissen, ob du nun eine sportliche Respektsperson bist, als die man dich nämlich auch ansieht, oder mehr ein exotischer Zirkusclown zum Spaß der Kinder. Es wird dir nicht gelingen, unauffällig zu reisen, also ein „Low Profile" zu wahren, egal, ob du nun die Straße entlangfährst, dich irgendwo in eine Warteschlange einreihst oder in Ruhe deine Bananen verspeisen willst (jetzt weißt du auch, wie es ist, wenn man berühmt ist …). Du kannst nicht durch Afrika mit dem Rad fahren, ohne mit den Menschen nicht in Kontakt kommen zu wollen! Einzelgänger mögen Afrikaner nicht (was man wohl aber einer sein muss, wenn man Afrika mit dem Rad durchqueren will …).

Wenn du also mit der direkten, spontanen Art afrikanischer Aufmerksamkeit nicht umgehen kannst, dich die stereotypen Fragen („What's your name? Where do you come from?"), wenn dich in Städten die dauernde Anmache der Händler, der Kinder und Jugendlichen, der Geldwechsler und Schlepper und der leichten Mädchen mit der Zeit immer mehr nerven, dann mag es sein, dass du deinen Entschluss, mit dem Rad durch Afrika zu fahren, bald bereuen wirst. Wer ohne seine tägliche Privatsphäre nicht auskommt, für den ist Afrika nicht ganz der richtige Radreise-Kontinent.

Der verrückte Weiße

Unterschiedlich sind auch die vielen Kulturen und Religionen: Der Hilfsbereitschaft in islamischen Ländern kann oft eine fast unverschämte Erwartungshaltung in schwarzafrikanischen Ländern gegenüberstehen. Afrikaner lernen in weiten Teilen erst, was Tourismus ist und was Touristen wollen. Tourismus ist ein Produkt der reichen, entwickelten Länder. „Fremde Länder kennenlernen", „Sightseeing machen", „sich selbst verwirklichen", „eine heile Natur und Umwelt erleben" (und sich dabei auch noch mit einem Fahrrad durch die Landschaft quälen, wo doch alle Weißen reich sind und Autos haben), das ist für den einfachen Afrikaner schlichtweg nicht zu begreifen. Für ihn hat jede Reise einen konkreten Sinn und einen wichtigen Anlass, „zum Spaß" und „einfach so" von Land zu Land reisen, mit dieser Erklärung wirst du meist nur Kopfschütteln und Unverständnis ernten. Lasse dir also beizeiten was einfallen, wenn du nach dem Grund deiner Reise gefragt wirst („armer Student ohne Auto“ wird dir aber niemand abnehmen).

Mit deinem Fahrrad bist du für die Afrikaner eine Mischung von, sagen wir mal, Student, Reporter, einem verschrobenen Weißen und einem Spion. Denn irgend jemand muss dich ja bezahlen für diese außergewöhnlich harte Aufgabe, mit dem Rad durch Afrika zu fahren, und du arbeitest ja auch nichts, kannst also zwischenzeitlich kein Geld verdienen („wer bezahlt dich? Warum bist du hier, what's your mission?“ werden sicherlich die meistgestellten Fragen in Afrika sein), und man hat dich beobachtet, wie du lange etwas in ein Buch geschrieben hast, und außerdem fotografierst du meist Dinge, die andere Touristen nie fotografieren ...

Viele Probleme

Solch ein „Kulturschock“ ist aber nur ein Teil deines afrikanischen Radel-Alltags. Es gibt auch noch dauernde Probleme im Umgang mit Polizisten und Behörden. Stempel, Visa-Beantragungen, Ein- und Ausreisen dauern oft stundenlang, Formulare müssen mehrfach ausgefüllt werden. Rechne in allen afrikanischen Ländern mit Straßenkontrollen durch Militär oder Polizei (Checkpoints), besonders vor der Hauptstadt. Das Verhalten der Typen reicht von „sehr freundlich“ (Anerkennung, Respekt) bis „unverschämt“ (penible Gepäckdurchsuchung).

Man muss es nehmen wie es kommt, selbst wenn dich Uniformierte schikanieren sollten – immer cool bleiben. Gib ihnen keinen Anlass, ihre lächerlichen Agenten-Vorstellungen zu bestätigen (wer mit zwei Pässen reist, muss besonders aufpassen). Halte dich von allem Militärischen fern. Ärger an den Grenzen kann es auch geben, wenn man nicht entsprechend der Landesmoral sittsam gekleidet ist oder sehr ungepflegt einreisen will. Doch nicht nur an den Grenzen, auch sonst solltest du immer saubere Kleidung anhaben, auch als Rad-Abenteurer. Afrikaner haben kein Verständnis, wenn sich die doch so reichen Europäer nachlässig kleiden, schmutzig daherkommen.

Schmiergeld

Korruption ist in Afrika weit verbreitet. Uniformierte beschuldigen Touristen gerne illegaler Dinge, um damit an ein Bakschisch zu kommen – mit Gelassen- und Höflichkeit löst sich das Problem spätestens nach einigen Stunden von selbst. Verlange den Namen deines Peinigers und versuche, seinen Vorgesetzten zu sprechen.

Mit drei Dingen kann man das afrikanische Bürokraten-Schneckentempo etwas beschleunigen: mit Geld, Wichtigkeit und Freundschaften. Bis du Gast beim Dorfchef oder bei einem stadtbekannten, einflussreichen Mann, kann der dir viel eher weiterhelfen, als wenn du als Einzelkämpfer auf deinem „Recht“ beharrst oder geduldig Schikanierungen über dich ergehen lässt. Geh gleich „zum Schmied“, und nicht „zum Schmiedle“ ... Das kann z.B. der Besuch bei der örtlichen Zeitung sein, die einen Bericht von deiner Reise bringt, die du ja in erster Linie „zur Vertiefung und Festigung der Freundschaft zwischen deinem Heimatland und X-land machst“. Plötzlich bist du „wer“, und es tun sich neue Türen auf, du erhältst Einladungen und Hilfe. Mache dich bei Schwierigkeiten zu einer wichtigen Person, der man einfach weiterhelfen muss (irgendwelche zuhause vorbereitete, stempelgeschmückte Empfehlungsschreiben, Zeitungsberichte und eindrucksvolle Briefköpfe können dabei eine wichtige Rolle spielen). Der Status des Einzelnen ist in Afrika viel wichtiger als bei uns, und hierarchisches Denken ist das A und O der afrikanischen Bürokratie. Voraussetzung für all diese Dinge sind natürlich gute Sprachkenntnisse.

Und da gibt es auch noch die „Positive Discrimination“, wie die Engländer sagen, die überzogene Ehrerbietigkeit der Schwarzen einem Weißen gegenüber, als Folge der langen Kolonialherrschaft. Dies kann man noch überall erleben, besonders in Ländern des südlichen Afrikas. Als „wichtige" Person bekommst du selbstverständlich den Sitz neben dem Fahrer im Buschtaxi angeboten, wirst zum Essen eingeladen, erfährst sonstige Privilegien. Ohne große Probleme kannst du mit deinem Rad auch vor noble Hotels vorfahren und drinnen was Kühles zum Trinken verlangen, die Toilette, den Pool oder die Dusche benützen, Kontakte suchen – selbstsicheres Auftreten ist alles.

Spannungsfelder

Aufgrund der krassen sozialen Spannungen und Missstände, der Arbeitslosigkeit, der Überbevölkerung, Landflucht und vielem mehr ist in Afrika die Diebstahlsgefahr besonders groß! Passt immer auf eure Dinge auf, besonders in Großstädten. Bezüglich der Kriminalität genießen Städte wie Lagos, Accra, Nairobi oder gar Johannesburg traurige Berühmtheit.

Jede Region und auch jedes Land hat Spitznamen für die Weißen: Im Senegal z.B. heißen sie Toubab, in Bénin Yovo, im Kongo Mundele, in Ost- und im östlichen Zentralafrika bzw. im gesamten Kiswaheli-Sprachraum Muzungu, in Simbabwe Murungu usw. – ihr werdet es oft genug zu hören bekommen …

Achtet beim Reisen in islamischen afrikanischen Ländern darauf, dass der offizielle Ruhetag meist am Freitag ist (Schließung von Ämtern, Banken etc. schon am Donnerstagnachmittag). In manchen islamischen Ländern ist aber der Ruhetag auch der normale Sonntag. Während des Fastenmonats Ramadan verlangsamt sich das öffentlich Leben, vieles Amtliche und Unamtliche wird schwieriger. Da dann für Muslime Essen und Trinken tagsüber tabu ist, bleiben viele Restaurants und auch Geschäfte bis zum Abend geschlossen.

Hoffentlich haben wir dir bei all den genannten Besonderheiten und Schwierigkeiten jetzt nicht völlig die Lust genommen, Afrika mit dem Rad zu erleben – denn Afrika nimmt nicht nur, es gibt auch: Gastfreundschaft, Spontaneität, Menschlichkeit, Ur-Erlebnisse. Doch nur wer bereit ist, Afrika mit seinen eigenen Maßstäben zu messen, wird diesen so oft missverstandenen Kontinent und seine Menschen wirklich begreifen – und mögen!

Immer wieder unvergessliche Erlebnisse. Nette Menschen in Guinea

D Nordafrika

Überblick

Afrika, Nordafrika, liegt quasi vor Europas Haustür und ist für jeden, der einmal das „gewohnte“ Europa mit dem Fahrrad verlassen will, ein ideales Ziel. Fast alle Länder am Mittelmeer bieten für jeden Geschmack etwas – wenn sie denn für Radler zugänglich sind. **Aber:** Die Maghreb-Länder (von „Al-Magrib“, „der Westen“, worunter man Marokko, Algerien, Tunesien, auch Libyen und manchmal noch das eigentlich zu Westafrika gehörende Mauretanien versteht) sind sich teilweise aufgrund der Westsahara-Problematik und sonstiger Rivalitäten spinnefeind. **Grenzüberschreitendes Reisen** und demnach auch Radeln ist dort nur **sehr eingeschränkt möglich!** Deshalb gibt es z.B. auch keinen eigentlichen Nordafrika-Reiseführer, und ein vorgezogenes gemeinsames Kapitel „Reisen, Visa usw.“ macht hier wenig Sinn – s. also die Infos bei den entsprechenden Länderkapiteln. Ägypten und der Sudan gehören zudem noch gänzlich anderen Kulturkreisen an und haben mit den Maghreb-Ländern zwar Berührungspunkte, aber nicht allzu viele Gemeinsamkeiten.

Gemeinsamkeiten gibt es trotzdem. In ganz Nordafrika ist der **Islam** die prägende Kraft. Ohne vorausgehende Beschäftigung mit ihm wird man kaum einen tieferen Einblick in die Kultur nordafrikanischer Länder bekommen. Ihr solltet auch zumindest die arabischen Zahlen lesen und sprechen können. Es kann nämlich Probleme geben, wenn man auf Hinweisschilder trifft, die ausschließlich auf arabisch geschrieben sind. Übrigens: auf (hoch)arabisch heißt Fahrrad „Daraja“ (in französischen Ländern „Biciclet“). Und, wie schon mehrfach erwähnt: In einem islamischen Land wirken Männer in kurzen Hosen lächerlich (kurze Hosen sind Unterhosen) und Frauen in Shorts grob sittenverletzend! Mehr dazu im Kapitel „Als Frau unterwegs in traditionell-islamischen Ländern“, Seite 114.

In den nordafrikanischen Ländern gibt es in den Orten Türkische Bäder, die sog. Hammams – die sind genau richtig, wenn ihr euch mit Dampf und Wasser den Schweiß und Staub eines Tages fortspülen und den krummgestrampelten Buckel und die lahmen Muskeln wieder regenerieren wollt.

Dann ist da noch die größte Wüste der Erde, die **Sahara**, an der jedes nordafrikanische Land seinen Anteil hat. Wie es möglich ist, sie mit dem Rad zu erleben, dazu nachstehend Erfahrungen und Tipps.

Wichtige Hinweise

Die von vielen Rad-Toureros als Traum im Hinterkopf gehegte **Mittelmeer-Umrundung** ist derzeit und wohl auch noch auf lange Jahre hin definitiv **nicht möglich!** Zumindest so lange, wie die Grenze zwischen Marokko und Algerien geschlossen ist (das ist sie immerhin schon seit 1994) und Libyen nur Gruppenreisende und keine Radler ins Land lässt. Und, wie schon auf Seite 315 unter **Trans-Sahara** angesprochen, ist die **Hoggar-Route** über Tamanrasset in den Niger die derzeit einzige für Fernradler wenigstens zeitweilig mögliche Strecke durch die Zentralsahara, und das, wenn überhaupt, nur mit längeren Auto-Zwischentransporten. Nicht ratsam bzw. wegen Sperrung nicht möglich ist es, von Algerien über die Tanezrouft-Piste nach Mali zu reisen (die ist allerdings mit dem Fahrrad auch in friedlichen Zeiten kaum machbar). Im Grenzgebiet wurden und werden wiederholt Touristen ausgeraubt, auch Entführungen hat es gegeben! Das betrifft auch das Grenzgebiet zwischen Mali und Niger, wo der Maghreb-Arm der Terror-Organisation Al-Kaida Anfang 2009 eine Touristengruppe in seine Gewalt gebracht hat.

Trotzdem nachfolgend alles über Sahara-Touren mit dem Rad (und im Anschluss an das Algerien-Kapitel ein Reisebericht aus dem Jahr 1992 als kleine Impression), in der Hoffnung, dass die Beschränkungen irgendwann wieder aufgehoben werden und freies Reisen wieder möglich wird. Informiert euch über die neueste Lage (auf *www.auswaertiges-amt.de*, *www.transafrika.org* und *www.wuestenschiff.de*), bevor ihr euch nach Afrika bzw. nach Algerien, in den Niger oder nach Mali aufmacht!

Radfahren in der Sahara und Nordafrika [CD]

Tipps und Erfahrungen von Christian Dupraz

Übersicht, Problematik

Vorab: Nordafrika ist durchaus nicht überall schon Wüste, wird aber in der Wahrnehmung oft mit Wüste gleichgesetzt. Der Teil nördlich der Sahara ist der eigentliche wirtschaftliche und gesellschaftliche Schwerpunkt der nordafrikanischen Länder. Er ist einfacher zu bereisen und bietet kulturell mehr – hier finden sich zahlreiche lohnende Reiseziele.

Die Sahara hingegen ist für so manchen nur ein trockener, öder Schutthaufen. Doch viele, die diese größte Wüste der Erde zum ersten Mal sehen, sind einfach überwältigt, und wer sich länger in ihr aufgehalten hat, den lässt sie kaum mehr los. Die Sahara hat viele Facetten, man kann die absolute Stille und Leere erleben, andererseits atembraubende Landschaften, Felswüsten mit bizarren Formationen, riesige Dünengürtel, die verschiedensten Farbtöne und auch unbändige Naturgewalten wie Sandstürme oder sogar, nach den seltenen Regengüssen, gewaltige Wassermassen.

Auf keinen Fall darf man die Sahara unterschätzen. Es gibt weitaus mehr Sahara-Durchquerungen mit tödlichen Folgen als man dann und wann in der Presse lesen kann. Die Pisten sind z.T. auch mit dem Rad befahrbar, man sollte aber sandige Pisten möglichst vermeiden. Wer meint, Sand sei kein Hindernis für einen „richtigen" Kerl, der soll sein Rad voll reisefertig packen – nicht tricksen, mit vollen Wasservorräten – und einen Weg mit mindestens knöcheltiefem Schotter und mindestens zehnprozentiger Steigung über -zig Kilometer fahren, das Ganze mit der Biergartenentfernung in der Sahara potenzieren und es sich dann noch mal gründlich überlegen. In der Wüste ist man schneller verdurstet als man denkt, das Wissen um eine gesicherte Wasserversorgung ist das A und O, gerade auf den einsameren Strecken. Auch können psychische Belastungen dort hoch sein, es sei denn man verdrängt das Risiko, womit man sich ihm aber noch mehr ausliefert.

Neben diesen objektiven Risiken gibt es momentan auch Risiken durch politische Instabilität und kriminelle Vereinigungen im Schararaum. Insbesondere entziehen sich derzeit fast alle nördlichen Regionen der Südsaharastaaten (Mauretanien bis Sudan) der Kontrolle ihrer Regierungen. Desweiteren können verschiedene terroristische Gruppen sich in einem Großteil des Schararaums frei bewegen. Gute Vorabklärungen sind daher bei Reisen in die Sahara unabdingbar.

Reisezeit

Im reinen Wüstenklima sind Herbst und Frühjahr die angenehmsten Reisezeiten. Im Winter wird es abends und morgens oft kühl; wer sich darauf einstellt (Ausrüstung), hat hier bei anspruchsvolleren Routen eine zusätzliche Zeitreserve, da der Wasserverbrauch u.U. niedriger ist. Genaue Monatsangaben sind schwierig, da z.B. im einen Jahr die März-Temperaturen 25 °C erweichen können, im anderen jedoch am Tag über 10 °C nicht hinauskommen und nachts auch Schnee fallen kann. Variabel auch der Niederschlag; in der Regel sind im Norden allerdings die Wintermonate oft regnerisch.

Im Sommer (ca. Mai bis September) kann man gar nicht soviel Wasser nachschütten wie man eigentlich bräuchte. Diese Zeit ist also absolut, aber wirklich absolut keine Radreisezeit (Hitzschlag, Dehydrierung u.a.)! Im Frühjahr, Herbst und Winter ist der Wasser-Tagesverbrauch etwa wie bei Sommertouren bei uns zuhause und es sind ähnliche Temperaturen anzusetzen.

Nicht vergessen sollte man, dass das Atlas-Gebirge hoch und somit kalt ist. Im Winter (und zum Teil in den Übergangszeiten) ist es auch verschneit; es gibt einige Skigebiete. Die Zone nördlich des Atlas entspricht klimatisch – und oft auch landschaftlich – der von Südfrankreich.

Transport

Außer Libyen besitzen die Mittelmeer-Anrainer auf den wichtigsten Strecken im Norden Eisenbahnlinien. Ansonsten werden die großen Städte von diversen Buslinien angelaufen. Für abgelegenere Orte kommen Kleinbusse zum Einsatz, und mit Taxis kommt man fast überall hin. Die Radmitnahme ist meist kein Problem, der Preis oft Verhandlungssache. Nur in den Wüstengebieten ist es in weniger frequentierten Ortschaften manchmal schwierig, einen Transport zu organisieren – das kann dann auch Tage dauern. Sobald Allrad ins Spiel kommt, wird es beim Transport meist teurer. Trampen im Sinne von kostenlos mitgenommen werden ist unüblich; das Entgelt sollte vor der Fahrt ausgemacht werden. Für größere Distanzen kann man durchaus auch an einen Flug denken.

Streckenwahl – Wüste erleben ohne Pistenfahrten?

Die Wüste ist heute eher wüster als einstmals. Nur sind jetzt Straßen gebaut und alles ist leichter erreichbar. Die Erreichbarkeit ist allerdings durch zahlreiche administrative Maßnahmen für Touristen teilweise wieder eingeschränkt – vor allem Algerien und Libyen sind (selbst für Touristen ohne Rad) keine einfachen oder gar billigen Reiseziele (s. dort).

Es gibt einige Routen, über die man auch asphaltiert durch die Wüste radeln kann. In Marokko muss man Strecken südlich des Atlas und Antiatlas suchen, um echte Wüste zu erleben. Allerdings sind die erwähnten Gebirge auch sehr lohnend. Ähnlich wie in Marokko kann man auch in Tunesien relativ einfach den Rand der Sahara erfahren, aber auch hier sind die nördlichen Regionen z.B. mit Schluchten und Römerruinen sehr interessant.

Die eindrucksvollsten asphaltierten Strecken in echter Wüstengegend gibt es in Algerien (z.B. nach Tamanrasset und Djanet). In Ägypten ist vor allem die Straße durch die westliche Wüste sowie der Sinai empfehlenswert. Libyen hat auf dem Weg zu seinen Highlights viele Strecken, die als sehr öde bezeichnet werden – allerdings gibt es solche Etappen auf den meisten Wüstenstrecken, das gehört auch zum Erlebnis. Nur auf der momentanen Trans-Sahara-Hauptroute durch die Westsahara wartet man vergeblich auf echte landschaftliche Höhepunkte. Die gibt es höchstens in Mauretanien, wenn man einen Abstecher in den Adrar macht (s. Seite 357). In Mauretanien können große Strecken von Marokko bis Mali und Senegal in der Wüste auf Asphaltaltstraßen geradelt werden.

Gelbe und rote Straßen auf den Michelin-Nordafrika-Karten (1:4 Mio.) sind asphaltiert; sie bilden mit den verkehrsärmeren Nebenstraßen und Pisten ein Netz, das theortisch weite Gebiete erschließt. Der Teer nimmt der Wüste einiges an Schrecken, da man schneller vorankommt und ein höheres Sicherheitsgefühl hat. Doch auch an größeren Straßen sind meist nur in den Randgebieten der Wüste nennenswerte Orte zu finden – die Pisten sind nicht nur deutlich einsamer, sondern man ist dort der Sahara unmittelbar ausgeliefert. Hier ist unbedingt darauf zu achten, dass der Sand-Anteil überschaubar ist.

Auf Pisten die Wüste erfahren kann man am Nordrand der Sahara in Marokko oder Tunesien, in Algerien lohnen Pisten durch eindrucksvolle Landschaften im Hoggar. Für alle gilt, dass man sich immer des Risikos bewusst sein sollte. Viele Pisten haben einen sehr unklaren Streckenverlauf und bestehen aus einer Unmenge weit verzweigter Spurenbündel, die sich dann in der Weite verlieren … GPS ist für Saharatouren unverzichtbar! Die Orientierung ist damit wesentlich leichter geworden, aber das bedeutet auch, dass eben nicht jeder zwangsläufig den gleichen Weg einschlägt. Für viele Regionen finden sich Routen und Wegpunkte im Internet – das ist oft einfacher, als die Punkte aus einem Führer abzutippen (s. auch im GPS-Kapitel, S. 37ff).

Schutz vor Sonne und Staub

Es sieht zwar seltsam aus, wenn Touristen die Kleidung der Einheimischen tragen, aber der Chech ist mit das Wichtigste bei Wüsten-Touren: Ein 3 m langer Baumwollstoff wird um den Kopf geschlungen (jeder Bewohner der Gegend zeigt gerne, wie man ihn fachmännisch anlegt). Der Chech, kombiniert mit einer Gletscherbrille, bietet hervorragenden Schutz vor Austrocknung, vor Sand, Sonne und im Winter auch vor Kälte. Wenn man sich richtig vor der Sonne und dem Wind schützt, glaubt einem zuhause im Schwimmbad keiner, dass man in der Wüste war („notfalls" am Ende der Reise ein paar Tage Strandaufenthalt einplanen).

Im Sandsturm. Erg Chebbi, Marokko

Sonstiges

Unterwegs in der Wüste lebt man am einfachsten von einer modifizierten „Karawanendiät". Bei den Bewohnern dort sind es Kamelmilch und Datteln, bei mir eher Pulvermilch mit Trinkschokolade, Keksen und Datteln, Datteln, Datteln. Ruhig die besseren kaufen (die billigen heißen auch „Kamelfutter"). Etwas Warmes gibt es in den Oasen. Äußerst wichtig: Mineralsalztabletten mitnehmen!

Den Kocher kann man sich in bewohnten Gegenden sparen, sofern man auch in den Ortschaften übernachtet, sonst sind natürlich ein Zelt (v.a. gegen Kriechtiere) und ein Kocher für das Wildzelten zu empfehlen. Zur Wasserdesinfektion nimmt man Mittel wie Micropur, Certisil etc., Wirkungszeit beachten! Für das Wasser von offenen Brunnen oder zweifelhaftes Leitungswasser ist ein Keramikfilter sinnvoll. Auf den Hauptstrecken kommt man aber meist mit Mineralwasser durch.

Wasser ist zusammen mit einem funktionierenden Rad und Fahrer das Wichtigste für Touren in der Wüste. Die Reserven auf dem Rad sind sehr begrenzt, auch für zwei Tage sind 15 Liter nicht zu viel. Ein Sandsturm (ein bis vierzehn Tage) oder eine Erkrankung lassen den Vorrat schnell schrumpfen. Die Brunnen auf den Karten existieren oft nicht mehr oder führen nicht immer Wasser. Selbst mit GPS-Koordinaten können sie schwer auffindbar sein. Zudem kann das Wasser in großer Tiefe sein (Seil und Eimer dabei?). Auf vorbeifahrende Autofahrer sollte man sich nicht immer verlassen: Bei schlechtem Wetter oder während kurzfristiger Streckensperrungen fährt keiner oder auf Pisten möglicherweise so weit abseits, dass er den Radler nicht sieht. Es muss also vor dem Start immer schon klar sein, wo auf der Etappe es sicher Wasser gibt. Manche schwanken auch mit 40 Litern auf dem Rad durch die Gegend, um die Reichweite zu erhöhen – hoffentlich kommt kein sandiger Abschnitt!

Zelten sollte man in der Wüste am besten immer weit weg von Wadis (wegen Überflutungen), Pflanzen und Felsen (wegen der Tiere). Zelte, die leichter als zwei Kilo sind, haben oft ein nicht abdeckbares Moskitonetz am Innenzelt. Das schützt vor dem Getier, vom Sand jedoch wird nur der Grobe ausgesiebt, der Feinsand pudert innen alles ein.

So, zum Schluss noch alles Gute bei deiner Reise in das faszinierende Nordafrika! Wenn man die Grenzen des Rades als Verkehrsmittel akzeptiert, kann man eine Flexibilität und Freiheit genießen, die höchstens durch Visa und die politischen Verhältnisse begrenzt ist. Und man ist sogar schon zuhause freier, da man nicht für die hohe Summe, die ein Geländewagen kostet, buckeln muss, plus Fährkosten, Sprit, Carnets usw. ... (Anmerkung: s. auch die Tipps im Kapitel: „Mit dem Rad durch Wüsten“ (Teil 3, B 1, S. 104ff).

Internet

Neben den in den jeweiligen Länderkapiteln genannten Führern und Karten gibt es auch einige Websites, die sich mit der Sahara beschäftigen. Bedingt durch die Reiseeinschränkungen der letzten Jahre ist die Community allerdings nicht so aktiv. Neben *www.wuestenschiff.de* ist auch der Bereich „Sahara“ des Motorradfahrer-Forums *www.horizonsunlimited.com/hubb* informativ.

Marokko [AB, JC]

I. Planung, Vorbereitung, Wissenswertes

Überblick

Marokko ist (neben Ägypten) das wohl landschaftlich schönste und kulturell interessanteste Land Nordafrikas – man hat Afrika und Orient in einem. Landschaftlich ist es sehr abwechslungsreich und aufgrund guter Straßen und Infrastruktur für Radtouren ideal, abseits der Hauptdurchgangsrouten aber auch für MTB-Freaks interessant. Ein weiterer Vorteil: Marokko ist schnell und kostengünstig zu erreichen (von Deutschland im „Billigflieger“ in ca. vier Stunden bis Agadir oder Marrakesch). Hauptstadt ist Rabat.

Marokko ist überwiegend gebirgig. Der Atlas ist das Rückgrat Marokkos, ein mächtiger, 700 km langer Gebirgszug, der sich von Nord nach Süd in den Mittleren, den Hohen und den Anti-Atlas aufteilt (höchster Berg über 4000 m!). Parallel zur Küste des Mittelmeers verläuft im Norden das Rif-Gebirge. Zwischen dem Rif und den Atlasketten liegt die Atlantik-Küstenebene. Südlich und östlich des Atlas beginnt die marokkanische Sahara.

Menschen, Sprache

In den fruchtbaren Küstengebieten und in den Flussebenen im Westen und Nordwesten des Landes drängen sich zwei Drittel der rund 32 Mio. Marokkaner. Die Menschen – Berber, arabische Berber und Araber – sind sehr gastfreundlich,

Stop-Schild im südlichen Marokko

hilfsbereit und kontaktfreudig, als Radfahrer wird man, nicht nur abseits der Hauptstrecken, immer wieder angesprochen und eingeladen werden. Je abgelegener die Route, desto herzlicher der Kontakt. In den abgelegenen Regionen des Atlas-Gebirges leben noch viele Berber als Hirten. Bettelnde Kinder („Dirham" oder „Stylo") und manchmal aufdringliche Souvenirhändler (und Schlepper in Touristenhochburgen) gehören aber auch zum Erscheinungsbild des Landes. Verzichten sollte man unbedingt auf das Fotografieren von Menschen (ohne vorheriges Einverständnis) und militärischen Einrichtungen.

Gesprochen wird Arabisch in unterschiedlichen Dialekten, verschiedene Bersprachen und Französisch, das fast jeder Marokkaner mehr oder weniger gut beherrscht. Im Hohen Atlas und in Südmarokko sind einige arabische bzw. berberische Sprachkenntnisse sehr nützlich.

Politische Lage

Das Königreich Marokko annektierte 1975 das Gebiet der ehemaligen spanischen Sahara (Westsahara) und riegelte es mit einem 2000 km langen Sandwall, einem Zaun und Minengürteln ab (Karten, die noch die Grenze zwischen Marokko und dem ehemaligen Spanisch-Sahara zeigen, können von den marokkanischen Behörden abgenommen werden!). Seit 1976 ist die Westsahara eine Republik, die „Demokratische Arabische Republik Sahara" (DARS), sie wurde aber von Marokko nie anerkannt. Die Exilregierung sitzt in Algier. Seit 1975 Kampf mit der Westsahara-Freiheitsbewegung Polisario um die Unabhängigkeit. 1991 Waffenstillstand mit der UN-Maßgabe, ein Referendum über die Zukunft der Republik abzuhalten, was Marokko bis heute zu verhindern wusste. Stattdessen förderte Marokko die Ansiedlung von Marokkanern; die einheimischen Saharaouis werden allmählich zur Minderheit im eigenen Land (s. auch unter *http://de.wikipedia.org/wiki/Westsahara*). Der Westsahara-Konflikt ist auch der Grund dafür, dass die Grenze zwischen Marokko und Algerien bis heute geschlossen ist.

Ein- und Anreise, Währung

Deutsche, Schweizer und Österreicher können für drei Monate visumsfrei einreisen (solange der Pass bei der Einreise noch wenigstens sechs Monate gültig ist). Aufenthaltsverlängerungen im Land sind nicht möglich; ggf. für ein paar Tage aus Marokko aus- und dann wieder einreisen.

Anreise: Fähren von Algeciras nach Tanger und Ceuta (span.), von Malaga nach Ceuta oder Melilla (gleichfalls span.) oder Nador, auch Cadiz – Tanger. Auch Fähren von Almeria nach Melilla oder Nador. Von Frankreich: Sète – Tanger und (im Sommer) Nador, von Italien: Genua – Tanger (die Häfen von Ceuta und Melilla sind weitaus ruhiger als Tanger). Zeitweise existieren auch Verbindungen von den Kanaren nach Marokko (z.B. 2008 Fuerteventura – Tarfaya). Oder gleich mit dem Rad im Flieger nach Marokko; billige Charterflüge gibt es von Europa nach Agadir und Marrakesch (Pauschal-Aufpreis für das Rad). Zahlreiche Flüge mit der nationalen RAM (Royal Air Maroc, *www.royalairmaroc.com*) aus Europa und afrikanischen Nachbarländern. Vorteil der RAM: Durch Anschlussflüge von Casablanca sind auch viele kleinere Städte in Marokko erreichbar; für Radfahrer sind auch Gabelflüge interessant. Alle aktuellen Anreise-Möglichkeiten und Preise per Flugzeug, Bahn und Fähren übers Mittelmeer stehen im (sehr dicken) Reise Know-How Buch „Marokko" von Erika Därr.

Währung ist der Dirham, unterteilt in 100 Centimes (Ein- und Ausfuhr nur bis max. 1000 Dirham erlaubt). Reiseschecks (in Euro oder US$) werden von vielen Banken gegen die üblichen Kommissionen akzeptiert, dasselbe gilt für Kreditkarten. An vielen Geldautomaten sind Bargeldauszahlungen möglich (auch mit EC-Karte). Der Schwarzmarkt lohnt nicht (Risiko, nur geringer Vorteil). Doch (nicht nur) für abgelegene Regionen im Atlas und Anti-Atlas oder in Südmarokko sollte stets Bargeld in kleinen Scheinen mitgenommen werden.

Sicherheit Bei der Ein- und Ausreise genaue Kontrollen wegen Haschisch (Kiff). Vor allem der Norden Marokkos (Rif-Gebirge) ist bekannt für seine Rauschgiftangebote an Touristen – auf alle Fälle heraushalten! Der Besitz auch von kleinen Mengen Drogen wird mit hohen Haftstrafen geahndet. Es wurden von Reisenden auch Diebstähle und Überfälle gemeldet, vor allem in und um Tanger und Marrakesch. Vorsicht vor Trickbetrügern in Großstädten!

Auch von steinewerfenden Kinder wird gelegentlich berichtet (wenn man z.B. keine Zigaretten, Kugelschreiber oder Dirhams herausrückt, für die man angebettelt wird). Radfahrer können (in besiedelten Gebieten) manchmal auch Hundeangriffen ausgesetzt sein (ein Paar Steine in der Lenkertasche mitzuführen ist empfehlenswert, s.auch „Hunde", Teil 3, D 3, s. S. 120f). Doch neueren Berichten zufolge sind die marokkanischen Hunde erfreulicherweise überwiegend recht faul geworden und an Radfahrer gewohnt.

Reisezeit Gemäßigtes Klima, doch wegen häufiger Regenfälle sind die Wintermonate nur beschränkt als Radreisezeit zu empfehlen (im Gebirge auch Schnee, Bergpässe sind teils bis ins Frühjahr gesperrt!). Besser sind Herbst und Frühjahr, je nach Landesteil Mai, Juni und September, Oktober. Die Sahara-Regionen sind im März und April und im Oktober/November am erträglichsten. Im Juli/August werden die südlichen Marokko-Regionen sehr heiß. Winde überwiegend von Nord bis West, im Winter an der Atlantikküste auch von West bis Süd.

Wie immer in arabischen Ländern auch in Marokko darauf achten, dass man nicht gerade im Ramadan unterwegs ist, doch: „Das kann auch durchaus interessant sein; für den normalen Überlandreisenden gibt es kaum Probleme. Zwar sind Cafés und Restaurants geschlossen, aber die Teilnahme an einem abendlichen Fastenbrechen und andere Erlebnisse bereichern auch sehr den interkulturellen Austausch" (Jan Cramer).

Gesundheit Impfungen sind nicht vorgeschrieben, doch empfehlenswert ist neben dem Trio Diphterie-Tetanus-Polio zumindest eine Schutzimpfung gegen Typhus und Hepatitis A und B. Tollwut ist in Marokko weit verbreitet (Hunde!), von Malariafällen jedoch wurde gemäß Auswärtigem Amt seit 2005 nichts mehr berichtet, sodass derzeit keine Notwendigkeit einer medikamentösen Malariaprophylaxe mehr besteht (s. wie immer bei *www.fit-for-travel.de*). Offenes Wasser zum Trinken entkeimen, auf Eis, Salate etc. verzichten, Obst immer schälen und alle Mahlzeiten gut garen (braten, kochen). Genügend Medikamente gegen Durchfallerkrankungen einpacken (könnt ihr aber auch in den Apotheken in Marokko nachkaufen). Bei starkem Schwitzen Mineraltabletten nehmen. Auf Kopf- und Hautschutz achten!

Übernachten, Verpflegung Die Versorgung mit Lebensmitteln und das Übernachten sind gut und preiswert und in der Regel problemlos. Billige, einfache Hotelzimmer gibt es im ganzen Land; sie sind selten ausgebucht. Auch ein paar Jugendherbergen (s. *www.hihostels.com*) und Backpacker's (*www.hostels.com*) sind vorhanden. Hammams, öffentliche Badeanstalten, wirken Wunder bei verspannten Muskeln und sind in jeder Stadt zu finden. Jan Cramer: „Übernachten auf dem Land in freier Natur mit dem Zelt ist eigentlich überall möglich, aber versteckten Plätze sind oft schwer zu finden. Oder bei Privatleuten fragen, was oft zu einer Einladung führt." In touristischen Städten gibt es manchmal (sehr einfache) Campingplätze; man kann auch bei Polizeistationen (Hôtel de Police) nachfragen und oft sein Zelt dort aufstellen.

Der Verpflegungs- und Wassernachschub ist in aller Regel problemlos; Trinkwasser in 1,5-Liter-Plastikflaschen und bunte Limonaden sind landesweit erhältlich. Bei Wasserflaschen auf einen unversehrten Verschluss achten, ab und zu wird auch Leitungswasser nachgefüllt! Nur auf langen, einsamen und heißen Strecken muss man einen entsprechenden Wasser- und Lebensmittelvorrat mitführen. Sonst gibt es zahlreiche Cafés, Straßen- und Markt-Garküchen mit guten Kebabs, mit Couscous, Meschui (Hammelbraten) und dem sehr leckeren, durchgegarten Nationalgericht Tajine (Gemüseeintopf mit Hammel- oder Rindfleisch). Frisch gebackenes Brot findet man in jedem Dorf (Boulangerie). Dazu passt der überall erhältliche Schmelzkäse, der ohne Kühlung auskommt (z.B. Kiri). Getrunken wird auch (wie oft in arabischen Ländern) viel stark gesüßter Pfefferminztee. Es gibt sogar leckeres Bier (Casablanca, Flag), und Marokko hat auch Wein-Anbaugebiete (um Meknès).

Fahrrad, Ausrüstung

Fahrradgeschäfte (mit einfachen Ersatzteilen) nur in größeren Städten; wichtigste Kleinteile, Kette, Schläuche und Faltreifen mitnehmen! Wer steinige Atlas-Pisten fährt, kommt um ein stabiles Trekkingrad (breitere Reifen aufziehen, ab 37-622) oder MTB nicht herum.

Regenzeug und warme Kleidung (lange Hose, Mütze, Handschuhe) müssen bei Fahrten in den Hohen Atlas dabei sein. Auch im Sommer sind weite, langärmlige Hemden und lange Hosen vorteilhaft (Sonnenschutz). Wer einen Gaskocher mitnehmen will: CampingGaz-Kartuschen (C 206/270/470) sind in Großstädten u.a. bei der Supermarktkette Marjane erhältlich.

Transport

Wenn die Waden und das Hinterteil schmerzen: Die Verladung des Rades in Kleinbusse, Sammeltaxis und Busse, die die größeren Städte verbinden, ist problemlos. Die Busse starten im Gare Routière, dem Busterminal; die nationale Busgesellschaft heißt „Compagnie de Transports Marocains" (CTM), ihre Busse verkehren landesweit zwischen allen Städten und sollen die besten sein (*www.ctm.co.ma*). Es gibt auch klimatisierte Expressbusse, z.B.von Supratours, doch bei ihnen kann die Radmitnahme schwierig werden.

Marokkos Eisenbahn (ONCF, *www.oncf.ma*, s. auch *http://de.wikipedia.org/wiki/ONCF*) ist eine der modernsten in Afrika. Es gibt verschiedene Wagenklassen, die sich hauptsächlich im Vorhandensein einer Aircondition unterscheiden. Die Tickets gelten fünf Tage, damit sind kürzere Fahrtunterbrechungen (Tagesausflüge) möglich, ohne dass das Ticket verfällt. Wollt ihr öfter den Zug benutzen, solltet ihr euch eine Rabattkarte zulegen („Carte Fidelité"). Eine Linie geht von Tanger über Rabat und Casablanca nach Marrakesch und weiter zum Atlantik (Safi). Von Tanger aus führt eine Linie östlich über Fès oder alternativ über die Mittelmeerküste an die algerische Grenze nach Ouidah. Das Rad kommt in den Gepäckwagen (sofern der Zug Räder mitnimmt).

Die RAM fliegt (wie oben erwähnt) von Casablanca aus auch kleinere Städte an: Verbindungen bestehen z.B. nach Essaouira, Agadir, Dakhla, Laayoune, Fes, Marrakesch, Ouarzazate, Oujda und Tanger. Mehrere Ermäßigungen sind erhältlich, z.B. für Passagiere jünger als 26 Jahre.

Bücher, Karten, Internet

Reiseführer: Nach wie vor die Bibel für Marokko-Reisende ist „Marokko" von Erika und Astrid Därr, Reise Know-How (mit Tipps für Radfahrer). Ein Kapitel zum Radfahren in Marokko findet sich auch im Buch „Marokko aktiv" der Praxis-Reihe von Reise Know-How. Kompakt und aktuell sind zudem das „Reisehandbuch Marokko" von Edith Kohlbach (Selbstverlag) und „Südmarokko: Reisehandbuch mit vielen praktischen Tipps" von Lutz Redecker, Michael Müller Verlag. Als Ergänzung eignet sich der Lonely Planet „Morocco" von Anthony Ham u.a. Von Footprint Publications gibt es das sehr gute „Morocco Handbook". Einen guten Einblick in den marokkanischen Alltag vermittelt „KulturSchock Marokko" von Muriel Brunswig-Ibrahim, Reise Know-How. Im Hohen Atlas und in Südmarokko hilft der RKH-Kauderwelsch-Sprachführer „Marokkanisch-Arabisch" weiter. In allen größeren Städten und Touristenzentren gibt es Büros der Tourismusbehörde ONMT (Office National Marocain du Tourisme, *www.visitmorocco.com*) – das Info-Material ist mehr oder weniger gut.

Karten: Marokko ist auf der Michelin 741 (1:4 Mio.) mit drauf. Die beste und aktuellste Übersichtskarte ist die Michelin 742 „Marokko“, 1:1 Mio., mit Hervorhebung der interessanten Routen. Gut für Radler: Der Bereich des Hohen Atlas ist größer dargestellt. Im selben Maßstab die Marokko-Karten von Reise Know-How und ITM Publications. Freie Vektorkarten für die GPS-Navigation gibt es bei *www.island-olaf.de/travel/marokko/gps.html*.

Internet: Internetcafés sind über das ganze Land verstreut und billig, in den Touristenzentren und Großstädten aber natürlich eher anzutreffen als in Oasenorten.

Internet-Infos: Die informativste Seite für Marokko-Radler ist *www.marokko-per-rad.de* von Co-Autor Jan Cramer, mit Reiseberichten, Forum und Linkliste. Informativ auch *www.forum.marokko.net* („Marokko Information und Diskussion“) und „The House of Morocco“ (*www.maroc.net*) mit einer Fülle von Infos und Links zu Marokko allgemein und zu einzelnen Städten. Die deutsche Website *www.marokko.com* bietet ebenfalls zahlreiche Links, auch zu Reiseberichten. Dann natürlich *www.wuestenschiff.de*, *www.transafrika.org* und Wikipedia (*http://de.wikipedia.org/wiki/Marokko*). Auf Englisch: *www.lonelyplanet.com/morocco*. Viele touristische Plätze im Lexikonstil führt *http://looklex.com/morocco/index.htm* auf, gut für einen ersten Überblick. Der Newsticker *http://allafrica.com/northafrica* bietet viele Tagesnachrichten, u.a. auch zur Westsahara. Auf Französisch: *www.routard.com/guide/code_dest/maroc.htm*.

II. Ziele, Routen, Strecken

Kultur, Sehenswertes

Die vier Königsstädte Marrakesch (Platz der Gaukler), Fès (Gerbereien), Rabat und Meknès (Stadt der 100 Tore). Bau- und Kunstzeugnisse islamischer und spanisch/maurischer Kultur (Moscheen, Ksare). Die Kasbahs (befestigte Dörfer der Berber, im Hohen Atlas, Antiatlas, Sous und an den Wadis des Draa). Sahara (Dünen und Steinwüste). Die Bergketten des Hohen Atlas. Die Souks (Händler und Handwerkerviertel). Die Oasen in Tafilalet. Tétouane, die „Weiße Stadt“.

An der Kasbah-Route

Straßen, Verkehr

Gut ausgebautes Straßennetz, überwiegend rauh asphaltiert. Auf Hauptstraßen muss man gelegentlich auf den teils schmalen Seitenstreifen ausweichen. Nebenstrecken sind manchmal noch unasphaltiert oder nur einspurig, doch da ist in den letzten Jahren viel getan worden. Zudem gibt es ein großes Netz an Naturpisten ins Hinterland und in die Berge. Gute Ausschilderung auf Hauptstrecken, sehr selten nur auf Arabisch. Der Straßenverkehr ist nur in den Städten und deren Einzugsgebiet lebhaft, draußen auf dem Land mäßig bis spärlich. Die Autofahrer sind sehr rücksichtsvoll gegenüber Radfahrern.

Streckenvorschläge

- Von Agadir über Inezgane, Taroudant den Hohen Atlas hoch, dann nach Marrakesch (ca. 310 km, 3 bis 4 Tage, Tizi-n-Test-Pass über 2000 m, hoher Temperaturunterschied Tag/Nacht, schöne Bergpanoramen). Rückreise nach Agadir mit dem Bus oder Marrakesch – Fès – Tanger (evtl. über Nebenstrecken, s. Därr-Reiseführer).
- Rundreise von Agadir: Nach Marrakesch, dann Beni Mellal, Azrou, Midelt, Ksar-Es-Souk, Tinerhir, Ouarzazate, Marrakesch oder Ouarzazate über Tazenakht nach Agadir. Abkürzen könnte man die Strecke mit der Straße zwischen Midelt und Kasba Tadla. MTB-Freaks queren den Atlas von El Ksiba abwärts nach Tinerhir (zuvor kommt man durch die Todra-Schlucht). Sehr rauhe Strecke ohne viel Versorgungsmöglichkeiten!
- Rundreise ab Marrakesch: Tizi-n-Tichka-Pass (über 2000 m), Weltkulturerbe Ait-Benhaddou, Ouarzazate, tolle Bergstrecke nach Agdz, Palmenhaine im Draa-Tal, Nekob, Oasen um Rissani, Dünenlandschaft Erg Chebbi, Tinejdad, Todra-Schlucht; Dades-Schlucht, Straße der Kasbahs, Ouarzazate (14 Tage, 1100 km). Weiter nach Agadir (s.o.) oder zurück nach Marrakesch.
- Tanger – Ceuta – Tétouane (schön) – tolle Küstenstraße bis El-Jebha – Ketama – Chefchaouen (sehr schön) – Tétouane – Larache – Asilah (tolle Altstadt), weiter entlang der strandreichen Atlantikküste nach Tanger (600 km, eine Woche).

Wüstentouren sind im Sahara-Randbereich möglich. Landschaftlich relativ uninteressant (bis auf den Abschnitt Essauoira – Agadir), dazu teilweise gefährlich verkehrsreich und schnell befahren ist die Atlantikküste. Weitere Routenvorschläge in den Marokko-Büchern von E. und A. Därr und Edith Kohlbach.

Durch die Westsahara nach Mauretanien [CD, AG]

Transitstrecke im Aufwind

Von Agadir nach Süden durch die Westsahara nach Mauretanien zu radeln ist derzeit möglich, aber nur für Transafrika-Biker interessant (Staub- und Steinwüste, Baden im vermeintlich nahen Meer selten möglich). Die Straße ist bis zur Grenze komplett asphaltiert und gut befahrbar, lediglich zwischen dem marokkanischen und dem mauretanischen Grenzposten gibt es noch ein kurzes Pistenstück durch einen Minengürtel. Hier sollte man sich an die teils schwer sichtbaren (weil verblasenen) Spuren halten. Glücklicherweise meistens Rückenwind, aber teilweise lange Etappen zwischen den Versorgungsstellen (bis 170 km), Wasser und Lebensmittel bunkern, Zelt unabdingbar! Viele Polizeikontrollen, dafür gibt es keine Konvoipflicht mehr. Südlich von Dakhla liegen entlang der ganzen Strecke noch Minen ohne genaue Ortsbezeichnung, daher entsprechende Vorsicht bei der Schlafplatzsuche walten lassen. Vor der Reise neueste Sicherheitshinweise in Erfahrung bringen! Gute Infos (wenngleich auch für Motor-Touris) findet man auf *www.transafrika.org* unter „Marokko" (Anreise/Grenze Mauretanien-Marokko). Siehe auch bei „Mauretanien, Anreise". Neuere Radler-Infos zur Westsahara-Route gibt es bei *www.chris-on-the-bike.de/dakar_2* und auf *www.worldbiking.info* (Länderaufstellung durchscrollen).

Service-punkte

Da derzeit die Zentralsahara-Route auch für motorisierte Reisende problematisch ist (s. Seite 315), ist die Westsahara-Strecke deutlich im Aufwind. Das heißt, es verbessert sich auch die Servicedichte. Viel Bautätigkeit, teilweise haben die Marokkaner komplett neue Siedlungen erstellt. Die sind aber manchmal Geisterstädte (weil die einst nach Algerien geflohenen Saharaouis sich weigern zurückzukommen) und daher ohne Versorgungsmöglichkeit. Bis Dakhla gibt es noch relativ viel Verkehr (auch einen Bus). Nachstehend eine grobe Entfernungstabelle ab der ehemaligen Grenze bei Tarfaya (Stand 2009, ohne Gewähr), aber bei Drucklegung dieses Buchs dürften noch ein paar Versorgungspunkte dazugekommen sein.

- **Tarfaya** km 0, alle Servicemöglichkeiten.
- **Tah** km 30, kleiner Ort, Café, Motel, Tankstelle. Hier war einst die Grenze.
- **Laayoune** km 110, relativ moderne Stadt, alle Servicemöglichkeiten, hilfreiche Tourist Info.
- **Lemsid** km 230, Tankstelle mit Restaurant.
- **Boujdour** km 310, großer Ort, Hotels und Verpflegung.
- **Echtoucan** km 480, Tank- und Raststätte.
- **Argoub** km 650, Übernachtung/Verpflegung (Dakhla besser, aber Sackgasse und dann 50 km gegen den Wind zurück).
- Tankstelle km 700 (nicht gesichert, erkundigen).
- **Barbas** km 860, Motel, Laden, Restaurant.
- **Guergarat** km 960, Grenze. 4 km nicht asphaltiert, Piste nicht verlassen, Landminen aus Kriegszeiten!
- **Nouâdhibou** km 1010, alle Servicemöglichkeiten.

Westsahara. Rechts das Meer und links der Durst

Algerien [CD]

I. Planung, Vorbereitung, Wissenswertes

Überblick

Algerien ist der zweitgrößte Staat Afrikas. Von den drei Atlasländern reicht er am weitesten nach Süden, die Sahara nimmt 85% der Landesfläche ein. Es ist *das* Land für Wüstenbegeisterte, die mit mehr oder weniger geländegängigen Fahrzeugen in den großen Süden bis nach Tamanrasset und zum Hoggargebirge fahren. Mit den bis zu 2000 m hohen Atlasbergen im Norden – im Winter schneebedeckt – und der Sahara im Süden stehen sich zwei grundverschiedene Landesteile gegenüber. Wirtschaftliche Hauptstützen des Landes sind Öl und Erdgas (in der Sahara). Nordalgerien ist überwiegend Agrarland. Hauptstadt ist Algier mit knapp 3.5 Mio. Einwohnern.

Algerien hat ca. 32 Mio. Einwohner – Araber, Berber und Tuareg. Über 95% der Bevölkerung lebt in einem ca. 300 km breiten Mittelmeer-Küstenstreifen. Amtssprache ist Arabisch, Handels- und Touristensprache (noch) Französisch. In der Zentralsahara wird Tamascheck, die Sprache der Tuareg, gesprochen. Arabisch-Kenntnisse sind vorteilhaft und nötig in abgelegenen Regionen. Über 99% aller Algerier bekennen sich zum Islam. Der sozial-religiös motivierte **Bürgerkrieg** mit bewaffneten islamischen Gruppen begann 1991 (und später in den Berber-Gebieten der Kabylei) und forderte bis heute über 120.000 Tote.

Einreise, Sicherheit, Währung

Fähren übers Mittelmeer s. Seite 315. Die meisten Sahara-Fahrer reisen über Tunesien an. Ein- und Ausreise über Marokko seit Jahren nicht möglich. Regelmäßige **Flüge** aus Europa nach Algier (2009 sogar mit TUIfly, *www.tuifly.com*), die nationale Fluggesellschaft heißt Air Algérie (*www.airalgerie.de*). Im Winter gibt es auch Flüge nach Djanet und Tamanrasset, günstige Charter bei Point-Afrique (*www.point-afrique.com*).

Bedingt durch den Bürgerkrieg im Norden in den 90er-Jahren zog Algerien lange Zeit kaum noch Reisende an. Um die Jahrtausendwende setzte dann im Süden wieder etwas mehr Tourismus ein, der durch die Entführung von 32 Touristen im Februar/März 2003 jäh gestoppt wurde. Das hat bis heute Auswirkungen; zum einen sind die Einreisebedingungen erschwert, zum anderen muss die aktuelle Sicherheitslage beachtet werden. Zwar sind die Massaker der 90er-Jahre heutzutage passé, dennoch gibt es in Nordalgerien immer noch sehr häufig Selbstmordattentate, Bombenanschläge und Überfälle. Hauptsächlich betroffen ist im Norden weiterhin die Kabylei sowie die Region um Algier und der Osten bis zur tunesischen Grenze. Auch die Sahara kann momentan nicht als sicher gelten, sie ist vielmehr ein Transitraum für allerlei zwielichte Gestalten, Schmuggler, Terroristen etc. Im Februar 2008 wurden wohl im algerisch-tunesischen Grenzgebiet zwei österreichische Touristen entführt und bis Mali verschleppt. Freies Reisen im Süden war daher bis heute nur in wenigen Ausnahmefällen möglich, normalerweise ist im Sahararaum (ab Ghardaia) eine Begleitung durch eine Agentur Pflicht (viele Kontrollen unterwegs).

Für Reisen nach Algerien muss rechtzeitig (mindestens zwei Wochen) vor Reiseantritt bei der algerischen Botschaft in Berlin oder beim algerischen Generalkonsulat in Bonn ein kostenpflichtiges **Visum** beantragt werden (vorherige telefonische Auskunft einholen, s. auch beim Auswärtigen Amt). Für Reisen in den Süden braucht man (Stand 2009) die Einladung einer Agentur und den Nachweis ihrer Begleitung. Auch für den Norden ist eine Einladung notwendig, hier langt aber eine Hotelbestätigung. Es ist sehr zu hoffen, dass sich Sicherheitslage und Einreisebestimmungen endlich wieder zum Positiven ändern.

Währung ist der Algerische Dinar. In großen Städten gibt es Bankautomaten, für eine Reise über Land ist allerdings Bargeld zum Tauschen sinnvoll (nicht auf dem Schwarzmarkt!). Reiseschecks können nur sehr selten eingelöst werden.

Transport Schwierige Pistenabschnitte mit Lkw bzw. Touristenautos überbrücken (doch Einheimische verlangen in der Regel Geld und die Geländewagen der Touristen sind mit Ausrüstung vollgestopft). Wer die harte Tour nach Tamanrasset vorhat, kann von dort mit Air Algérie nach Algier zurückfliegen. Das inneralgerische Flugnetz ist im Norden sehr dicht, Flüge zu den Oasen im Süden sind seltener. Busse nehmen Räder mit, auch größere Sammeltaxis.

Es gibt auch eine Eisenbahn; Linien ab Algier im Norden bis zur marokkanischen Grenze (Oran) und über Constantine und Annaba bis nach Tunis in Tunesien. Nach Süden z.B. nach Béchar bzw. nach Biskrah und Touggourt. Radtransport möglich, das Rad muss abgegeben werden.

Klima Entlang der Mittelmeerküste von April bis Oktober heiße Sommer. In den Atlas-Bergen sind die Temperaturen im Sommer gemäßigter, eine gute Zeit ist das späte Frühjahr und der Herbst. In der im Sommer extrem heißen Sahara ist die beste Radelzeit zwischen November und März. Hohe Temperaturschwankungen zwischen Tag und Nacht. Mit Staub- und Wüstenwinden muss immer gerechnet werden! (s.a. im obigen Beitrag „Radfahren in der Sahara und Nordafrika“ den Abschnitt „Reisezeit“).

Übernachten, Verpflegung Kein übermäßig großes Hotelangebot, Stadthotels sind nicht billig. Jugendherbergen im Süden in Blida, Laghouat, Adrar, Bechar, Ouargla, Metlili, Tamanrasset, Djanet, Illizi, Tougourt, El Oued und Ghardaia, im Norden an der Küste noch ca. 20 weitere (s. unter *www.hihostels.com*). Manche werden als Arbeiterunterkunft verwendet und sind nicht immer offen. Wenige Campingplätze, meist in den Oasen, wildes Zelten außerhalb von Kulturland und Siedlungen und in der Wüste meist kein Problem. Beachtet die Sicherheitshinweise für die einzelnen Regionen.

Gegessen wird Couscous, Meschui (Hammelbraten am Spieß), Brathähnchen, Datteln, Kekse, Weißbrot. Märkte und Versorgungsmöglichkeiten (Dosennahrung) gibt es auch in den Oasen. Offenes Wasser zum Trinken entkeimen, bei starkem Schwitzen Mineraltabletten einnehmen.

Fahrrad, Ausrüstung Eine Algerien-Radtour muss sorgfältig vorbereitet werden, besonders dann, wenn sie durch die Wüste führt. Breitere Reifen für Pistenfahrten. Zum Teil rauher Asphalt, deshalb auch für die langen Wüsten-Asphaltstrecken keine zu schmalen Reifen wählen. Für Sandfahrten möglichst eine Untersetzung montieren. Es gibt keine hochwertigen Ersatzteile für Hightech-Räder, alle wichtigen Ersatzteile und Werkzeug mitführen. Räder in Algerien sind überwiegend 26 Zoll.

Bücher, Karten, Internet Die meisten **Reiseführer** (außer dem Lonely Planet Algeria von 2007 und dem Bradt Travel Guide „Algeria“ von 2008) sind etwas älter, da derzeit nur wenige nach Algerien reisen. Gerhard Göttler, Erika Därr und Klaus Därr: „Algerische Sahara“, Reise Know-How. Chris Scott: „Sahara Overland“, Trailblazer Publications. Ursula und Wolfgang Eckert: „Richtig Reisen – Sahara“, DuMont (Routenbeschreibungen, Sehenswürdigkeiten und ausführliche Sahara-Hintergrundinformationen). Für Radler: „Bicycle Touring in Tunisia/Algeria Supplement“ (s. Seite 302 und bei *www.ibike.org*). Zum Verständnis den Kauderwelsch-Sprachführer „Algerisch-Arabisch“, RKH. **Karten:** Michelin 741, 1:4 Mio., Reise Know-How Karte „Algerien, Tunesien“, 1:1,7 Mio., für Nordalgerien und Tunesien Michelin 958, 1:1 Mio. Viele Detailkarten von IGN, TPC u.a. (z.B. 1:200.000). **Internet-Infos** bei Wikipedia (*http://de.wikipedia.org/wiki/Algerien*, mit Einblick in die aktuelle politische Situation Algeriens), *www.transafrika.org*, *www.wuestenschiff.de* und *www.lonelyplanet.*

com/algeria. Auf Französisch: *www.routard.com/guide/code_dest/algerie.htm*. Die algerische Botschaft in Berlin informiert über *www.algerische-botschaft.de*. Der „World Travel Guide" bietet eine gute und aktuelle Übersicht unter *www.wtgonline.com/data/dza/dza.asp*. Tagesnachrichten und vieles mehr unter *www.algeriadaily.com* und *www.algerie-monde.com*. Spezielle Fragen stellen kann man bei *www.algerien-forum.de*. Interessant der Algerien-Blog der Journalistin Martina Zimmermann: *http://martinazimmermann.blogspot.com*. Gute Bilder einer (wenn auch schon etwas länger zurückliegenden) Reise von Algier nach Agadez auf *www.reineccius.com/sahara/sahara00.htm*.

II. Ziele, Routen, Strecken

Sehenswertes

Algerien ist reich an islamischen und römischen Kulturdenkmälern. Interessant ist das orientalisches Leben, sehenswert sind römische Ruinen, die Altstadt von Algier (Kasbah), Ghardaia und die anderen Städte der Mozabiten (die strenggläubigen Mozabiten wurden von den anderen Muslimen vor Jahrhunderten in die tiefste Wüste nach Süden vertrieben und bauten dort ihre fünf Städte um Ghardaia; bis heute haben sie viele ihrer Traditionen beibehalten). Ouargla, die größte Dattelpalmenoase der Sahara. El Oued, die Stadt der Kuppeln, Hauptort des Souf. Biskra ist eine schöne Flussoase. In Tlemcen findet man Reste maurischer Kunst. Am eindrucksvollsten ist aber die Wüste – sowohl die Sanddünen als auch die Steinwüste –, das Hoggar-Gebirge und die Tuareg.

Straßen, Verkehr

Gutes Asphaltstraßennetz in Nordalgerien, außerhalb der Städte und Ballungsräume geringe Verkehrsdichte. Die Hoggar-Route ist bis El Meniaa (El Golea) in sehr gutem Zustand, von El Meniaa nach In Salah geht es dann 400 km über das früher gefürchtete Plateau de Tademait, die Gegend ist nicht spannender geworden. Von In Salah nach Tamanrasset abwechselnd gute, schlechte und sehr schlechte Asphaltstraße und Piste mit und ohne Wellblech. (Wie schon weiter oben erwähnt: Genaue Infos über den Straßenzustand der Trans-Sahara-Route bei *http://de.wikipedia.org/wiki/Algier-Lagos-Highway*).

Auf der ganzen Strecke bis Tam gibt es immer wieder Sandverwehungen. Radfahrer, die es von In Salah nach Tam wagten und schafften, benötigten plus/minus sieben Tage. Fahrzeugverkehr (überwiegend Lkw) nach Tam: pro Stunde ein bis zwei Fahrzeuge. Von Tamanrasset bis zum nigrischen Arlit sind es 600 km Sahara pur, ein Teil der Strecke wird aktuell geteert. Ebenfalls weit in die Sahara vordringen kann man auf der Strecke Tougourt – Hassi Messaoud – Illizi – Djanet, die vollständig geteert ist. Bis Illizi ist die Straße wegen der Ölexploration relativ gut frequentiert, bis Djanet ist es dann deutlich einsamer. Sowohl auf der Strecke nach Tam als auch nach Djanet sind teilweise längere versorgungsfreie Strecken zu überwinden (Wasser!).

Streckenvorschläge

Nicht nur in der Sahara, sondern auch in Nordalgerien lassen sich mit dem Rad interessante, eindrucksvolle Touren machen, z.B. entlang der Mittelmeerküste (von Algier zur marokkanischen Grenze), durch die Atlasberge oder Wüsten-Schnuppertouren zu den nördlichen Sahara-Oasen. **Rundreise-Vorschlag** (wie gesagt, vorher die Sicherheitslage checken): Von Algier in den Süden, nach Djelfa, Laghouat, Ghardaia, El Meniaa. Dann westwärts nach Timimoun abzweigen, weiter bis nach Béchar, von dort mit der Bahn zurück nach Algier. Sehr schöne, abwechslungsreiche, doch nicht immer einfache Strecke, um die Wüste, Dünen und die Wüstenbevölkerung kennenzulernen.

Die Strecke nach Tamanrasset ist nur etwas für erfahrene Wüstenradler. Von Tamanrasset kann man eine schwierige, aber schöne Rundreise in die Hoggar-Berge und zum Assekrem machen (mit dem Rad in ca. 3-4 Tagen). Achtung: Momentan ist Reisen im Süden Algeriens nur mit autorisiertem Führer (Agentur!) möglich.

Helmut Hermann 1973 an der Hoggar-Route. Hoffentlich mal wieder machbar!

Weiterreise Der Norden Nigers ist aktuell als sehr unsicher einzustufen (s. dort, Seite 375). Derzeit ist es möglich, von Tamanrasset aus über Assamakka in den Niger zu reisen, aber nur im Auto-Konvoi (aufladen!). Die Grenze nach Marokko ist geschlossen, nach Tunesien ist sie offen. Eine Ausreise nach Mali ist aktuell sicherheitsbedingt ebenfalls dringend abzuraten (man munkelt allerdings von Asphaltarbeiten auf der Tanezrouft-Piste).

Mit dem Fahrrad von Djanet nach Tamanrasset [AK]

Reisestory von Albert Kratzer

Die absolute Herausforderung meiner fünfmonatigen Radtour 1991/92, nämlich 11.000 km durch Nordafrika, war die 650 km lange Abschlussetappe Djanet –Tamanrasset. Beladen mit 30 Litern Wasser, 15 kg Verpflegung und ca. 15 kg Ausrüstung mache ich mich auf den Weg. Perfekte Vorbereitung ist lebenswichtig für eine solche Pistenstrecke! Unbedingt braucht man ein erstklassiges Equipment, Werkzeug, Ersatzteile und das Know-How, um sich bei jeder Panne allein helfen zu können. Mein MTB hat 2,3-mm-Speichen im Hinterrad, alle Komponenten sind bewährt und zuverlässig, und einschlägige Erfahrung habe ich auf meiner bisherigen Reise sicher auch genügend sammeln können. Trotz allem weiß ich, ich brauche auch noch „a bisserl" Glück (untertrieben ausgedrückt).

Die ersten 150 km bis Fort Gardel verlaufen auf einer relativ zivilen Wellblechpiste durch die traumhaft schöne Landschaft zwischen dem Tassili N'Ajjer und dem Erg d'Admer. Ab Fort Gardel wird es dann ernst …

Die 30 Liter Wasser, verteilt auf mehrere Wassersäcke, schwabbeln auf der immer schlechter werdenden Piste gewaltig hin und her. Zur Orientierung habe ich die 1:1 Mio. Michelin-Karte und einen Kompass auf der Lenkertasche sowie eine Routenbeschreibung.

Die Orientierung gestaltet sich zunehmend schwieriger, die Piste ist zwar alle 5 km durch eine Eisensäule (Balise) markiert (zumindest über den größten Teil der Strecke), aber die Hauptspur ist zu weich zum Radfahren, so dass ich teilweise kilometerweit neben der Piste über Kies-, Schotter- und Geröllflächen radle, weil der Untergrund dort fester ist. Dort lässt es sich besser fahren, aber oft heißt es auch absteigen – schieben – fahren, bis es wirklich nicht mehr weitergeht. Sturz – Rad hochheben – schieben – fahren im kleinsten Gang (24/30, 6 km/h!) – umfallen in den Sand ...

Etwa 150 km der Strecke sind mehr ein Kampf mit dem Sand als Radfahren. So passiere ich den Berg Tazat, eine wichtige Orientierungsmarke. Auf dem anschließenden Reg fädeln sich die Fahrspuren auf eine Breite von 10 km auf! Kein Wunder, dass ich die Abzweigung Richtung SSW verpasse! Über 15 km fahre ich zu weit, weil mein Tacho bei Geschwindigkeiten von weniger als 3 km/h nichts anzeigt (durch das Schieben im Sand)! Dazu die Abweichung durch das Zick-Zack-Fahren.

Dieser vierte Tag macht mich fertig. Ich mache einen Umweg von 40 km, bis ich wieder auf dem richtigen Weg bin (an einem Tag schaffe ich kaum mehr als 60 km). Kein Schatten bei 35–40 °C, ich mache nicht die gewohnte Mittagspause von 13 bis 16 Uhr, sondern radle, schiebe, stolpere, bis ich endlich die richtige Piste wieder erreicht habe. Dadurch verbrauche ich nicht wie üblich 7 Liter Wasser am Tag, sondern über 15! Das Wasser wird knapp, und ich weiß, daß ich mir einen solchen Fehler nicht mehr erlauben kann.

Über endlose Kiesfelder und durch sandige Queds mache ich mich am nächsten Tag etwas vorsichtiger auf den Weg. Gottseidank erblicke ich wieder Balisen!

Aber an diesem Tag habe ich ein anderes Problem – Gepäckträgerbruch! Während mein Stahlrohrgepäckträger klaglos 40–50 kg meistert, geht der Alu-Lowrider an diesem Tag mehrmals zu Bruch. Mit Draht kann ich ihn notdürftig reparieren, aber das Tagesziel, Serouenout, erreiche ich erst am Vormittag des nächsten Tages. Ein verlassenes französisches Fort mit einem Wasserloch – es schwimmt eine Wüstenmaus darin. Ich bin froh, dass mir ein vorausfahrender Jeep-Fahrer einen 40-Liter-Wasserkanister hier deponiert hat.

Ich mache erstmals Pause, mit Teilen eines Autowracks und einigen Metern Draht repariere ich den Lowrider, diesmal besser, er wird bis Tamanrasset halten. Dann verbringe ich die heißeste Zeit des Tages im Schatten des Forts mit Kochen und Essen, bevor ich am Spätnachmittag mein Rad noch ein paar Stunden durch den Sand schiebe.

Weiter, nach bewährtem Tagesablauf: Wecker auf halb fünf, radeln und schieben bis Mittag, 3–4 Stunden Siesta im Schatten eines Baumes, und am Abend noch ein paar Stunden vorwärtskämpfen. An diesem Tag bewältige ich 72 km, super! Ein sehr schöner Lagerplatz in einem baumreichen Qued am Berg Telertheba lädt zum Lagerfeuer und Brotbacken ein. Traumhafter Abschluss eines guten Tages, jetzt kann nicht mehr viel schief gehen. Ich habe noch fast 20 Liter Wasser und bis Idelès sind es noch 120 km, die ich dann auch in zwei weiteren Tagen schaffe. Mit zunehmender Routine und leichter werdendem Rad komme ich auf der endlosen Kieswüste immer besser zurecht.

Aber mir wird auch das große Risiko dieser Tour bewusst. Ich hatte in Djanet mit vier Gruppen Jeepfahrern ausgemacht, die einige Tage später auch die gleiche Strecke fuhren, dass wir uns unterwegs auf der Piste treffen – zur Sicherheit. Aber durch die Breite der Piste sind sie alle an mir vorübergefahren ohne mich zu bemerken! Ich sah von ihnen ein einzelnes Fahrzeug, als ich an einem Baum ein paar Kilometer abseits der Piste Mittagsruhe hielt. Es heißt also, alleine für alles gewappnet zu sein, und ein weiteres Verfahren hätte wahrscheinlich kein gutes Ende genommen. Es gibt immer Spuren, die in etwa in die gleiche Fahrtrichtung führen, doch diese Spuren können, wenn man sie blindlings verfolgt, ins absolute Nichts führen! Da gibt es dann keinen Wegweiser und kein Fahrzeug für viele Tage, wenn nicht Wochen. Die Chancen für ein tödliches Ende stehen dann ganz schön gegen einen.

Deshalb war ich dann nicht nur zufrieden, sondern auch heilfroh, als ich in Idelès am Rande des Hoggargebirges ankam. Auf nicht leichten, aber eindeutig markierten und vor allem fahrtauglichen Pisten machte ich mich auf den Weg zum Assekrem-Pass, dem landschaftlichen Höhepunkt meiner Sahara-Tour. Ein paar Tage später war ich in Tamanrasset und damit zurück in der Zivilisation. *Hamdullilah!*

Anmerkung: Die ersten 150 km der Strecke sind heute asphaltiert (Djanet ist von Norden her über Illizi ganz auf Asphalt zu erreichen, s. oben). Der Rest geht momentan nur per Geländewagen mit Führer – aktuelle Rad-Berichte gibt es also nicht, doch so interessant können Pistenfahrten sein ...

Tunesien [JC]

Überblick

Tunesien ist ein mit dem Rad für afrikanische Verhältnisse problemlos zu bereisendes Land mit guten Straßen und guter Infrastruktur und deshalb gerade für Reiseradler interessant, die das erste Mal ein wenig Afrika- und Saharaluft schnuppern wollen.

Im Norden von Tunesien erstrecken sich von Südwesten nach Nordosten die Ausläufer des Atlas mit Höhen über 1500 m, im Süden macht sich südlich der Linie Gafsa/Gabes die Sahara auf über 40% der Landesfläche breit. Die Nordküste ist felsig, die Ostküste flach und oftmals sandig. Im Süden des Landes gibt es große Becken mit Salzsümpfen (Chott el Jerid), die Straßen und Strecken sind dort monoton, aber aufgrund der kleinen Ausdehung des Landes in der Regel ohne Expeditionsausrüstung zu meistern. Das einzig nennenswerte Gebirge im Süden ist der Dahar, der sich in Nord-Südrichtung erstreckt und bis 600 m hoch wird.

Die Bevölkerung setzt sich aus Arabern und Berbern zusammen, Sprachen sind das Tunesisch-Arabische; verschiedene Berberdialekte und Französisch sind Handels- und Bildungssprache. Staatsreligion ist der Islam, bitte bei der Kleidung entsprechend anpassen und nachschauen, wann Ramadan ist, denn dann sind tagsüber Versorgungsengpässe zu erwarten. Landwirtschaft und Tourismus sind die wichtigsten Wirtschaftszweige.

Einreise, Währung

Linienflüge aus Europa und den afrikanischen Nachbarstaaten nach Tunis, die nationale Fluggesellschaft heißt „Tunis Air“. Günstige Charterflüge landen in Monastir und Jerba. Oder ihr radelt euch schon mal warm und setzt dann mit dem **Fährschiff** von Frankreich (Marseille) oder Italien (Genua, La Spezia, Neapel oder Trapani auf Sizilien) nach Tunis über. Die Grenzen nach Algerien und Libyen sind offen (vor der Reise unbedingt aktuelle Informationen über die Sicherheitslage einholen!). Libyen ist allerdings derzeit noch kein empfohlenes Reiseland und gestattet die Einreise nur für Gruppen (s. Seite 341). Das Auswärtige Amt rät für Tunesien (Stand Ende 2009) „von Reisen in entlegene, nicht hinreichend gesicherte Gebiete der Sahara und ihrer Randbereiche dringend ab“; informiert euch also vor der Reise.

Für einen Aufenthalt bis zu drei Monate brauchen Deutsche, Österreicher und Schweizer nur einen Reisepass, der noch mindestens sechs Monate gültig sein muss. **Währung** ist der tunesische Dinar. Reiseschecks von AmEx und VISA werden überall akzeptiert, Währung US$ oder Euro, daneben auch Kreditkarten. In jeder Stadt stehen Geldautomaten, doch vor Touren in den dünnbesiedelten Süden sollten ein paar Dinars gebunkert werden. Das Preisniveau ist geringfügig höher als in Marokko.

Radsaison

Norden: Mediterranes Klima. Radeln könnt ihr das ganze Jahr über, April und Mai sind aber die angenehmsten Monate mit ausgeglichenen Temperaturen an der Küste. Hochsaison ist von Juni bis September. Ab Oktober muss mit Regenfällen gerechnet werden. Sollte euch der Regen nerven, dann pedalt über die Atlas-Ausläufer, die wirken als Klimascheide. Im Winter kann es im Bergland sehr kalt werden.

Süden: Nur die Wintermonate sind empfehlenswert (dann jedoch kalte Nächte!). Sommers ist es zu heiß, es wehen auch Sandstürme (auch sonst ist Tunesien recht windig!). Die typische Sandsturmzeit der nördlichen Sahara ist Februar bis April, also Frühjahr. Wenn es mal regnet, dann gibt es teileweise sintflutartigen Regenfälle, die Oueds (Wadis) schwellen über und sind dann teilweise tagelang unpassierbar; die Pisten verwandeln sich in einen Zustand zwischen Matsch und Zement.

Übernachten, Verpflegung

Unterkünfte und Hotels, auch einfache, gibt es genügend, außerhalb der Touristensaison Preisabschläge, und je weiter weg vom Meer man kommt, desto preiswerter und weniger ausgebucht sind sie. Es gibt auch ca. 20 Jugendherbergen (s. bei *www.hihostels.com*, doch meist geringe Belegung, kaum empfehlenswert).

Campingplätze gibt es nur wenige, meist an der Küste und in den Oasen, sie spielen keine große Rolle und bewegen sich auf unterem Servicelevel. Guter Überblick: *www.offroad-reisen.com/REISEN/TUNESIEN/TUN-Camping/TUN-Camp.htm*. **Wildes Campieren** außerhalb kultivierten Landes ist problemlos, doch möglichst außerhalb der Sichtweite von Schulkindern bleiben. CampingGaz-Kartuschen sind in größen Orten erhältlich. Leitungswasser unbedenklich, aber stark gechlort, doch es gibt überall billiges Flaschenwasser. Wie in Marokko sind Couscous und Tajine auch in der tunesischen Küche allgegenwärtig. Probiert einmal Breek, einen dünnen mit Ei, Gemüse und Fisch gefüllten Teig. Brot wird zu jeder Mahlzeit gereicht. Allgemein wird sehr viel Gemüse gegessen, schönes Obstangebot auf den Märkten. Traditionelles Getränk ist Pfefferminztee, aber in Tunesien sind – trotz Islam – auch alkoholische Getränke (Bier) erhältlich.

Straßen, Verkehr, Transport

Das **Straßennetz** ist im Norden recht engmaschig und durchweg asphaltiert, die auf der Michelin-Karte rot eingezeichneten Straßen sind oft relativ stark befahren. Auch in den Bergen sind die Straßen gut ausgebaut. Im Süden gibt es gut befahrbare Pisten, der Verkehr ist dort wesentlich dünner. Die Ausschilderung ist gut.

Zum **Transport** (Rückfahrt aus dem Inland) kann auch auf Eisenbahn und Busse ausgewichen werden. Die Züge der SNCFT (Société Nationale des Chemins de Fer Tunisiens) sind ziemlich komfortabel und zuverlässig. Sie fahren mehrmals täglich von Tunis über Sousse und Sfax nach Gabès, eine andere Linie ist Metlaoui – Gafsa – Sfax. Dichtes Busnetz, die Busse der nationalen Busgesellschaft SNTRI (Société Nationale du Transport Interurbain) sollen die besten sein und haben – wichtig in der Sommerhitze – Klimaanlage. Radmitnahme könnte problematisch werden, es fahren aber auch noch regionale, weniger komfortable Busse. Während der Hochsaison und der islamischen Feiertage können Bustickets knapp werden (vorausbuchen!). Kleintransporter und Sammeltaxis („Louages") bieten gleichfalls Mitfahrgelegenheiten.

Fahrrad, Ausrüstung

Es gibt in den meisten Orten Werkstätten für Mopeds und Fahrräder. Die Fahrradkultur ist noch französisch geprägt, d.h., es gibt hauptsächlich französische Reifenmaße und Schläuche mit Sclaverandventil. MTBs setzen sich aber immer mehr durch und werden in Touristenzentren vermietet. Hightech-Ersatzteile und entsprechendes Werkzeug mitbringen, auch einen Schlauch und (Falt)Reifen. Für Touren im Norden und im Gebirge ist nicht unbedingt ein Mountainbike notwendig, mittelbreite Reifen (ca. 37 mm) reichen vollauf. Eine Übersetzung mit Berggang montieren, dann tut ihr euch auch leichter gegen den allgegenwärtigen Wind.

Restliche Ausrüstung nach der Jahreszeit auswählen, denkt daran, dass es im Gebirge auch im Sommer frostige Nächte geben kann. Die Kochutensilien könnt ihr, mit Ausnahme bei längeren Wüstentrips, ruhigen Gewissens auch zuhause lassen.

Sehenswertes, Routen

Der Norden ist im Küsteninland hügelig bis bergig und recht abwechslungsreich. Empfehlenswert ist eine Rundreise um das landschaftlich sehr ansprechende und fruchtbare Cap Bon. Sehenswert in Tunis sind die Souks der Medina. Sehr interessant ist Kairouan, eine heilige islamische Stadt. Matmata ist ein Berberdorf mit eigenartigen Häusern. Dann die Oasen El Oudiane, El Hamma, Tozeur (die größte) und Nefta (die schönste) beim Chott el Jerid. Die Ruinen von Dougga und Sbeitla. Die Altstadt von Sousse.

Touristen-Badeorte sind Hammamet und Monastir und die Insel Djerba. Schöne Rundreise von Tunis aus: Mehezel-Bab, Testour, Teboursouk, El Kef, Makthar, Kairouan, El Jem, Mahidia, Sousse, Hammamet, Cap Bon, Tunis. Achtung: der südlichste Saharazipfel, ab etwa Höhe Remada, ist militärisches Sperrgebiet, Durchfahrgenehmigung erforderlich! Infos dazu auf *www.wuestenschiff.de/phpbb/viewtopic.php?t=36681*.

Wer auf keinen Fall auf einige Berge verzichten möchte, der sollte auf dem Weg nach Süden die Strecke Tabarka – El Kef – Kasserine nehmen, hier geht es immerhin auf über 1000 m hinauf.

Die Region um Gafsa ist landschaftlich interessant, zwischen Djebel Biada (Sakketschlucht) und Djebel Bu Hedma warten interessante Landschaften auf Entdeckung. Im Süden bietet sich ein Besuch der inzwischen auf einer Teerstraße von Norden her erreichbaren Oase Ksar Ghilane an. Mehr Herausforderung bieten zahlreiche aus der Region des Dahar kommende Pisten. Der Chott el Djerid lässt sich auf einer recht eintönigen Asphaltstraße südlich umrunden. Alternativ zur Überquerung des Chott el Djerid bietet auch der Chott el Fejaj nördlich Kebili einen lohnenswerten Abstecher.

Bücher, Karten, Internet

Reiseführer: Reise Know-How „Tunesien“ von Ursula Eckert und Ingrid Retterath. DuMont „Tunesien“. Polyglott-Apa-Guide „Tunesien“. Lonely Planet „Tunisia“ von David Willett. Footprint „Tunisia Handbook“ von Justin McGuinness. Kauderwelsch-Sprachführer „Tunesisch-Arabisch“, RKH. Sympathie-Magazin „Tunesien verstehen“, Studienkreis Tourismus. Für Radler: „Bicycle Touring in Tunisia/Algeria Supplement“ (s. Seite 302 und bei *www.ibike.org*).

Karten: Michelin Nr. 956, 1:800.000 oder Nr. 958 (Tunesien und Nordalgerien), 1:1 Mio.; Reise Know-How: „Tunesien“; Freytag & Berndt „Tunesien“, 1:800.000; Tunesien Carte Routière, staatlich-amtlich, 1:500.000 (noch hier besorgen). In Ausrüsterläden sind auch amtliche topografische Karten, 1:200.000, erhältlich, insgesamt 30 Einzelblätter.

Die Verkehrsämter heißen „Office National de Tourisme Tunisien“ (ONTT) und sind in vielen Städten wie auch auf den internationalen Flughäfen zu finden. Übersicht aller Büros unter *www.tourismtunisia.com/guides/index.html*. In Deutschland: Fremdenverkehrsamt Tunesien, Goetheplatz 5, 60313 Frankfurt (Tel. 069-29-70640 u. 70625, Fax. 069-2970663; weitere in Düsseldorf, München und Berlin). Dort bekommt ihr Hochglanzprospekte und mit viel Glück auch eine tunesische Straßenkarte. **GPS:** freie Vektorkarte mit Routingfunktion unter *http://gps.4x4travel.org/*.

Internet: Die offizielle Homepage der Tourismusbehörde, der „Travel & Tourism Guide to Tunisia“, *www.tourismtunisia.com*, bietet einen sehr schönen und auch informativen Einstieg in die Internetrecherche. Gut ist *www.tunisiaonline.com*, wenn es um aktuelle Nachrichten geht, „News Updates“ anklicken. Hier findet ihr auch das Online-Angebot vieler tunesischen Zeitungen, allerdings wird in Tunesien die Presse zensiert. Der Newsticker *http://allafrica.com/northafrica* könnte da „freiere“ Meldungen liefern. Alles, was Sahara-Fahrer so bewegt, findet ihr nach Ländern geordnet bei *www.wuestenschiff.de* und *www.desert-info.ch*. Gut natürlich auch *http://de.wikipedia.org/wiki/Tunesien* und *www.transafrika.org*.

Libyen [TL]

Überblick, Reisebedingungen

Libyen war viele Jahre für Touristen praktisch nicht zugänglich. Seit 1999 das UN-Embargo aufgehoben wurde, entdecken immer mehr Reisende das Land und sind begeistert von den antiken Stätten an der Küste und vor allem von der

Freundlichkeit seiner Bevölkerung. Nur: Seit einigen Jahren dürfen Ausländer Libyen **ausschließlich im Rahmen von Gruppenreisen** besuchen, die durch professionelle Veranstalter organisiert werden und vor der Einreise von der Regierung genehmigt worden sind. Gut, es gibt auch Fahrrad-Gruppenreisen (siehe z.B. *www. omalrwoaheltours.com/biketoursgg.html*), aber **Fahrradreisen auf eigene Faust** sind in Libyen derzeit definitiv **nicht möglich!** Da sich dieses wohl auch nicht so schnell ändern wird, hier nur ein paar Basisinformationen – zusammengestellt von Thomas Longin, der 2000 als einer von wenigen die Gelegenheit hatte, dieses Land per Rad zu entdecken. Mehr Libyen-Info von ihm (und zu etlichen weiteren außereuropäischen Ländern) gibt es bei *www.cramers-web.de* unter „Länderinfos".

Rund fünfmal so groß wie Deutschland grenzt Libyen im Osten an Ägypten und Sudan, im Süden an Tschad und Niger, im Westen an Algerien und Tunesien. Hauptstadt ist Tripolis, Landeswährung der Libysche Dinar, die Amtssprache Arabisch, Fremdsprachen teilweise Englisch und bei älteren Leuten Italienisch. Alles Schriftliche erscheint nur in Arabisch, dafür mit den uns bekannten „arabischen" Ziffern.

Im Land gibt es eine Meldepflicht bei der Polizei innerhalb von sieben Tagen („Dreiecksstempel"). Ob, wo und wie man im Land Geld wechseln kann, muss man unbedingt vorher abklären, s. unter „Allgemeine Reiseinformationen" beim Auswärtigen Amt.

Landschaft, Sehenswertes

Im Norden Libyens erwarten den Radler die eher subtilen Reize eines flachen Steppengürtels mit etwas fruchtbarem Land; interessante Bergetappen stehen im Djebal Akhdar im Osten und evtl. im Djebal Nafusah im Westen in Aussicht. Den weitaus größten Teil des Landes dominiert die Sahara – diesen großen Sandkasten werden nur Extremisten erradeln wollen.

Sehenswert sind vor allem die antiken Stätten am Meer, die schon allein den Besuch lohnen: vor allem Sabratha, Leptis Magna (Labdah) und Cyrene (Shahat) mit fabelhaft erhaltenen Amphitheatern, Tempeln, Marktplätzen, Toilettenanlagen etc. in herrlicher Lage, kaum Besucher.

Routen

Eine Küstentour mit Besuch der Ausgrabungsstätten bietet sich an: Tripolis, am Sirtegolf entlang nach Bengazi, weiter nach Tolmatha am Meer, im Djebal Akhdar über Baida nach Shahat, wieder ans Meer nach Susa (Apollonia). Entfernung zwischen den Versorgungspunkten fast immer weniger als 100 km.

Von Libyen wird momentan der Bau einer Asphaltstraße via Sebha und Ghat nach Djanet in Südostalgerien vorangetrieben. Gerüchteweise hat sich das Land bereit erklärt, diese bis Agadez weiterzubauen, um damit Anschluss an das Straßennetz im Niger zu erhalten. Möglicherweise entsteht hier einmal (günstigere Radler-Reisebedingungen und eine bessere Sicherheitslage im algerisch-nigrischen Grenzgebiet vorausgesetzt, s. auch Seite 375) eine durchaus interessante neue Trans-Sahara-Route.

Bücher, Karten, Internet

Gerhard Göttler: „Libyen Reisehandbuch" mit vielen Routenbeschreibungen, Reise Know-How (zur Zeit wird die achte Auflage erwartet) und Lonely Planet „Libya". **Karten:** Michelin 741, 1:4 Mio., GeoProjects „Libya", 1:3,5 Mio., Reise Know-How Karte „Libyen", 1:1,6 Mio. Die sind detailliert genug, die Orientierung vor allem entlang der Küste ist einfach. Gute **Internet-Infos** bei Wikipedia (*http://de.wikipedia.org/wiki/Libyen*), *www.transafrika.org* und *www.wuestenschiff. de*. Die libysche Botschaft in Deutschland erreicht man unter *www.libyschebotschaft.de*. Interessant auch ein Blick auf die Seite *www.libyana.org* und auf *www.algathafi.org*, die offizielle Homepage von Staatschef Gaddafi.

Ägypten [TR, PS, TL]

I. Planung, Vorbereitung, Wissenswertes

Überblick

Ägypten ist das Brückenland zwischen Afrika und Asien und eines der ältesten Länder der Erde. Die Pyramiden und die anderen Zeugnisse uralter ägyptischer Kultur sind weltbekannt. Trotz weitgehender Industrialisierung ist Ägypten ein armes Agrar- und Entwicklungsland geblieben, mit akuten Problemen der Bevölkerungsexplosion, fast die ganze Bevölkerung von rund 85 Mio. drängt sich im Niltal und in Unterägypten (das ist die Region vom Mittelmeer bis Kairo; Oberägypten reicht von Kairo bis Aswan, Nubien erstreckt sich von Aswan bis Wadi Halfa). Kairo gehört mit geschätzten 16 Mio. Einwohneren zu den größten Städten der Welt, und das Nildelta weist mit rund 2500 Einwohnern pro Quadratkilometer eine der höchsten Bevölkerungsdichten der Erde außerhalb von Großstädten auf. Zudem nimmt Ägypten nach Nigeria den zweiten Rang unter den bevölkerungsreichsten Ländern Afrikas ein.

Frische Brezeln für den Stoßverkehr. Alltägliches Chaos in Kairo

An die 95% des Landes sind Wüste, der Nil ist der längste Fluss der Erde und die fruchtbare Lebensader Ägyptens (durch Landbewässerung). Im Osten liegt das Rote Meer und im Westen die Libysche Wüste. Das Land ist überwiegend flach, besonders das Niltal, doch östlich des Nils am Roten Meer wird es hügelig und bergig. Der Süden der Halbinsel Sinai ist gebirgig und ragt über 2000 m auf.

Sprache, Religion

Amtssprache ist das ägyptische Arabisch (viele Dialekte), Handelssprache Englisch (auch Französisch), doch auf dem Land können nicht viele Englisch. Wer aus seiner Reise mehr machen will, der sollte vorher unbedingt einiges an Arabisch lernen, zumindest die (ostarabischen) Zahlen muss man kennen! Helfen kann der Kauderwelsch-Sprachführer „Ägyptisch-Arabisch", Reise Know-How.

Über 90% der Ägypter sind Moslems, eine christliche Minderheit sind die Kopten (8-10%). Beduinen und Nomaden leben in den Wüstenzonen. Sehr positiv berichten alle Radler über die Gastfreundschaft und Ehrlichkeit der Ägypter; ägyptische Neugierde (und Anhänglichkeit) muss man aber auch aushalten können! Thomas Richter (*www.tour-en-blog.de*): „Sehr freundlich fanden wir vor allem die Menschen entlang der Oasenroute. Weihnachten in Luxor und Aswan jedoch war ein Spießrutenlauf zwischen massiv nervenden bis aggressiven Händlern, Kutsch- und Bootsfahrern – nicht selten wurde versucht, ein maßlos überhöhtes (das 4-fache) Entgelt zu kassieren …"

Einreise, Währung

Deutsche, Österreicher und Schweizer benötigen ein **Visum**, erhältlich derzeit gegen eine Gebühr von 22 Euro z.B. von der ägyptischen Botschaft in Berlin und den Generalkonsulaten in Frankfurt und Hamburg. Aufenthaltsdauer ein Monat, kann im Land bis zu sechs Monate verlängert werden. Das Visum wird auch bei der Ankunft in den Flug- und Seehäfen (z.B. Alexandria oder Aswan), nicht aber an den Landesgrenzen ausgestellt. Ausnahme: Sharm el-Sheikh, das Visum gilt aber nur zwei Wochen für den Ost-Sinai! Bei Einreise auf dem Landweg aus Israel oder per Fähre aus Jordanien und Weiterreise vom Sinai nach Ägypten sollte man ein Visum im Konsulat in Eilat/Israel oder Aqaba/Jordanien besorgen.

Währung ist das Ägyptische Pfund, unterteilt in 100 Piaster. Recht problemloser Umtausch von Euro in Banken und auch Hotels, manchmal werden US$ bevorzugt. Reiseschecks in Euro oder US$, Kreditkarten werden akzeptiert, in größeren Städten stehen Geldautomaten, die „Banque Misr" und „Bank of Egypt" zahlen auf die Plastikkarte auch Bargeld aus. Das Feilschen auf den Märkten und an Straßenständen nicht vergessen!

An- und Weiterreise

Linienflüge direkt nach Kairo, Alexandria und auch nach Luxor, günstige **Charterflüge** nach Hurghada und Sharm el-Sheik. „Egypt Air" ist die nationale Fluggesellschaft, Infos über Routen und Tarife unter *www.egyptair.com.eg/docs/home.asp*. Grimaldi-**Fähren** gehen ab Venedig und Piräus über Haifa nach Alexandria, das dauert aber immerhin sieben Tage, zurück dann über Izmir direkt nach Italien (*www.grimaldi-freightercruises.com*). Es gibt auch Schiffe von Limassol/Zypern über Haifa nach Port Said, s. *www.varianostravel.com/Cruises/ferry_service.htm*. Oder man reist auf dem **Landweg** über die Türkei, Syrien, Jordanien nach Aqaba, von dort mit der Fähre nach Nuweiba/Sinai (weitere Fähre von Aqaba nach Hurghada). Von Israel reist man über Taba/Eilat ein, früher auch über Rafah (Gazastreifen). Doch dieser Grenzübergang wird derzeit nur in unregelmäßigen Abständen aus humanitären Gründen für wenige Stunden geöffnet (von Reisen in die Nähe des Gazastreifens rät das Auswärtige Amt ohnehin seit längerem ab), und der rund 50 km südlich von Rafah gelegene Nitzana-Übergang ist seit Jahren nur für den Cargo- und nicht für den Personenverkehr geöffnet. In den Sudan fährt man mit der Fähre auf dem Nasser-Stausee von Aswan nach Wadi Halfa; das ist derzeit die einzige Verbindung in den Sudan auf dem Land- oder Wasserweg. Die Grenze nach Libyen (Sollum) ist offen, aber nicht für Radler (s. Seite 341).

Sicherheit

Ägypten ist sicher kein klassisches Taschendieb-Land; Diebstahlsgefahr besteht trotzdem an touristischen Orten (das Rad am besten immer mit ins Zimmer nehmen). Thomas Richter: „Uns wurden die Fahrradcomputer gestohlen, der einzige Diebstahl auf unserer ganzen 41.000 km langen Weltreise!" Viele Ägypten-Radler berichten auch von aufdringlichen Kindern, die sich ein Vergnügen machen, die komischen europäischen Radfahrer von ihren Stahlrössern zu holen – mit gezielten Steinwürfen oder gar mit Stöcken, die sie in die Räder stecken. Andere Radler wiederum hatten mit ihnen gar keine Probleme.

In den letzten Jahren gab es jedoch in Ägypten etliche Anschläge auf Hotels und Touristenziele. Seit der Bekämpfung des islamischen Fundamentalismus durch die Regierung befindet sich Ägypten immer mal wieder im Ausnahmezustand – einen traurigen Höhepunkt erreichte der Konflikt 1997 mit der Ermordung von 57 Touristen vor dem Hatschepsut-Tempel. Doch die ägyptische Regierung bemüht sich sehr und hat massive Sicherheitsvorkehrungen eingeführt. Alle für Touristen interessanten Ziele sind durch ein sehr großes Aufgebot von Sicherheitskräften praktisch abgeriegelt, etliche Strecken innerhalb des Landes dürfen nicht mehr individuell bereist werden. Thomas Longin: „Die Polizei eskortiert gelegentlich Touristen durch Städte (z.B. Marsa Matruh) oder sperrt Gegenden wie das Niltal und man muss sich ‚durchreden'". Informiert euch auf jeden Fall vor einer geplanten Ägypten-Reise (*www.auswaertiges-amt.de*) über die derzeitige Situation. Thomas Richter: „2006/2007 bestand Konvoipflicht auf der Nilstrecke, auf den Straßen zwischen Nil und Rotem Meer und abschnittsweise entlang dem Roten Meer, die Fahrt nach Abu Simbel war nur für organisierte Reisegruppen in Bussen zulässig. Die einzig mögliche Strecke durchs Land führte durch die Oasen westlich des Nils, doch auch dort Polizeikontrollen." Nach Information des AA wurde der Zwang zur Konvoibegleitung auf den Straßen entlang des Nils nach und durch Mittelägypten bis nach Oberägypten jedoch mit Ablauf des Jahres 2008 wieder aufgehoben.

Reisezeit, Gesundheit

Beste Reisezeit ist das Winterhalbjahr, Oktober bis März, vor allem für Oberägypten. In der Wüste kann es jedoch Nachtfröste geben! Die Mittelmeerküste und Kairo sind auch gut im Frühling und Herbst zu bereisen. Im Frühjahr gibt es öfter Sandstürme. Der Wind im Niltal und am Roten Meer bläst häufig aus Norden. Weihnachten und Ostern ist die Touristen-Hochsaison.

Wegen Bilharziosegefahr nie im Nil und in anderen Süßgewässern baden (und nie bei einer Bootsfahrt Arme oder Beine ins Wasser hängen)! Das Baden in den warmen Quellen der Oasen ist in der Regel risikofrei. Evtl. Schutzimpfung gegen Hepatitis und Tollwut (s. weiter bei *www.fit-for-travel.de*). Das Leitungswasser in den Städten ist stark bis ungenießbar gechlort, sollte aber dennoch wie das Brunnenwasser auf dem Land behandelt werden. Trink- bzw. Mineralwasser in Flaschen ist überall erhältlich (unbedingt auf einen unverletzten Verschluss achten!). Salate, rohes Gemüse, Eiswürfel und Speiseeis meiden, sonst erwischt euch „Pharao's Rache" ... Mitnehmen: Medikamente gegen Durchfall, Fieber und Erkältung. Sonnenschutz für Kopf und Haut (langärmelige Hemden) und eine gute Sonnen- oder Gletscherbrille als Staubschutz für die Augen.

Übernachten, Verpflegung

Hotels gibt es in allen Komfort- und Preisklassen, die ganz einfachen kosten nur wenige (1,50 bis 2) Euro. Im Niltal sind alle Orte mit Hotels in Tagesetappen erreichbar. Oft kann man wegen diversen Lärmquellen (Verkehrslärm, Hunde,

Freundlicher Gruß vom Lokführer. Camp an der Oasenroute

Gebetsrufe von der Moschee, aufgedrehte Radios und Fernseher etc.) und auch wegen der Moskitos nicht gut schlafen.

Thomas Longin: „Campingplätze gibt es nur wenige offizielle. **Wildzelten** in der Wüste ist problemlos (Achtung: viel Militär auf dem Sinai!), direkt an der Küste – mit weniger als 100 m Abstand zum Wasser – allerdings ausdrücklich verboten. Das wird auch kontrolliert." Man kann aber auch bei Restaurants oder Gaststätten zelten, aber sicher wird jeder wegen der Überbevölkerung (besonders auf der Niltalstrecke) ein Hotelzimmer vorziehen ... Jugendherbergen gibt es auch ein paar, u.a. in Alexandria, Kairo, Luxor und Aswan, s. bei *www.hihostels.com*.

Preiswertes und gutes **Essen** ist bei den zahlreichen Garküchen erhältlich, z.B. Bamia (Gemüsegericht), Fata (Hammelfleisch auf Fladenbrot), Kebab (am Spieß gegrilltes Hammelfleisch), Kufta, Falafel und Koushari, ein Gericht mit Linsen, Nudeln und Reis in Tomatensauce, mit Pfeffer und Chili pikant gewürzt u.v.a.m. Sehr viele Süßspeisen wie Pfannkuchen. Getrunken wird Tee und Kaffee, Alkohol nur in Touristen-Hotels. Viele Lebensmittelgeschäfte. Für Wüstentouren (Oasenroute, s.u.) sollten Lebensmittel für ein paar Tage mitgenommen werden, Wasser ist meist wenigstens alle 150 km erhältlich, doch die Entfernung zwischen zwei Oasen kann auch mal deutlich über 200 km betragen.

Fahrrad, Ausrüstung

In Ägypten gibt es überwiegend nur indische und chinesische Modelle und entsprechende Ersatzteile, Räder/Reifen meist 26 Zoll. Erhältlich sind auch 27er- und 28er-Reifen, doch die sind nicht unbedingt mit unseren Größen kompatibel (andere Felgenart). Peter Smolka: „Qualitätsteile (Shimano etc.) sind selbst in Kairo schwer zu finden. Die Fahrradläden in Kairo konzentrieren sich in der Gomhuriyya-Straße, die vom Ramses Square nach Süden abgeht. Dort habe ich auch ein Geschäft mit „Westwaren" entdeckt." In Kairo findet man auch MTB-Reifen.

Manchmal kann man auch sehr billig Räder mieten, z.B. von Luxor aus. Speziell für den Sinai ist wegen der langen Steigungen ein Rad mit vielen Gängen empfehlenswert. Es gibt viele einfache Radreparatur-Shops, besonders auf der Nilstrecke, doch wiederum keine Hightech-Ersatzteile und -Werkzeuge. Für einsame Wüstenstrecken sind Zeltausrüstung und Kocher nötig.

Transport

Gute Rad-Tramp-Möglichkeiten mit **Lkw** und mit den zahlreichen **Bussen** (dichtes Linienbusnetz, besonders in Unterägypten). Die wichtigen Routen durchs Land (Niltal und am Mittelmeer entlang) können auch mit der **Bahn** (Rad im Gepäckwagen) befahren werden. Auf langen Strecken gibt es Schlafwagen. Bahn-Vielfahrer legen sich einen Bahn-Pass zu. Busse und Züge sind meistens überfüllt. **Fähren** nach Jordanien und Sudan s. oben, recht dichtes Inland-Flugnetz mit Egypt Air u.a. Fluglinien.

Bücher, Karten, Internet

Der beste **Reiseführer** ist „Ägypten individuell" von den Tondoks, Reise Know-How. (Thomas Longin: „Das Buch enthält keine exakten Karten, aber alle für Radler benutzbaren Routen werden beschrieben oder zumindest erwähnt, auch mit Distanzen, darunter die Straßen von Al Alamain nach Wadi Natrun und vom südlichen Kharga ins Niltal südlich Luxor, die man auf den Straßenkarten oft vergeblich sucht"). Von Wil Tondok außerdem „Ägypten. Das Niltal von Kairo bis Abu Simbel". Etliche weitere in deutscher Sprache: DuMont Reise-Taschenbuch Ägypten – die klassische Nilreise, DuMont Kunstreiseführer, ADAC Reiseführer Ägypten usw. Auf Englisch: Matthew D. Firestone u.a.: „Egypt", Lonely Planet. Dan Richardson: „The Rough Guide to Egypt", Rough Guides Press. Von Footprint Publications gibt es das sehr gute „Egypt Handbook". Und in ihrem Buch „Ah, Agala" (s. Seite 303) beschreibt Bettina Selby ihre Radtour durch Ägypten nilaufwärts in den Sudan (Agala heißt im Ägyptisch-Arabischen „Fahrrad"). Sehr lesenswert für Ägyptenradler!

Karten: Freytag & Berndt: Ägypten-Autokarte 1:1 Mio., mit Kulturführer. Von diesem Verlag gibt es auch einen Kairo-Stadtplan. Reise Know-How Karte: „Ägypten", 1:1,25 Mio. Nelles-Karte „Ägypten", 1:2,5 Mio. Vom selben Verlag: Niltal in drei Sektoren, jeweils 1:750.000. **Internet-Infos:** Sehr gut ist die offizielle Homepage des Ministeriums für Tourismus: *www.touregypt.net*. Dort findet man übersichtlich gegliedert alles von allgemeinen touristischen Infos über Fahrpläne der Fähren, Anschriften der Konsulate (Visaformulare zum Herunterladen) und Reiseberichten bis hin zur Suchmaschine. Gute Landes-Infos wie immer bei Wikipedia (*http://de.wikipedia.org/wiki/Ägypten*) und *www.transafrika.org*. Eine eher kommerzielle Seite, aber mit guten Links ist *www.aegypten-online.de*. Viele Infos hauptsächlich zu Ägyptens Geschichte und Kunst gibt es auf *www.aegypteninfo.de*. Der „Egypt State Information Service" des Informationsministeriums beschränkt sich auf touristische Highlights (*www.sis.gov.eg*). Hier noch die Online-Ausgaben zweier englischsprachiger Zeitungen: *www.cairotimes.com* und *www.egypttoday.com*. Und unter *www.egyptian-embassy.de* firmiert die ägyptische Botschaft in Berlin. Apropos: **Internet-Cafés** sind in Kairo sehr günstig; in allen touristischen Orten gibt es eine größere Auswahl mit allerdings sehr unterschiedlichen Preisen.

Bei den Pyramiden

II. Ziele, Routen, Strecken

Sehenswertes

Kairo und die Pyramiden von Gizeh. Das Niltal (Nil-Bootsfahrt) und der Suezkanal. Die alten kulturhistorischen Stätten (Luxor, Karnak, Theben – das Tal der Könige usw.). Aswan und der Nasser-Staudamm mit Abu Simbel. Der Sinai (Katharinenkloster). Das Rote Meer. Alexandria. Die Sahara-Oasen. Im Niltal selbst keine besonderen landschaftlichen Attraktionen, doch ist das bäuerliche Leben dort ein schönes Erlebnis.

Straßen, Verkehr, Winde

Gutes, asphaltiertes Straßennetz, manchmal mit vielen Schlaglöchern verziert, manchmal auch nagelneu wie am Mittelmeer und auf der Oasenroute (s. unten). Auf den Hauptstraßen im Norden und im Großraum Kairo starker, chaotischer Verkehr, nicht nur Autos und Lkw, auch Eselskarren, Radfahrer, Fußgänger, Tiere, es wird immer fleißig gehupt – nichts für schwache Radler-Nerven! Thomas

Longin: „Hier herrschen ‚orientalische Verkehrsregeln' mit vielen Freiräumen für Radfahrer u.a. etwas langsamere Verkehrsteilnehmer. Die wichtigsten Regeln: immer gucken, gucken, gucken, nie den Überblick verlieren, zügig mitfahren, Freiräume erkennen und sofort nutzen!" Und weiter: „Autobahnschilder bedeuten nur, dass die Fahrbahnen baulich getrennt sind und evtl. eine andere Höchstgeschwindigkeit gilt, sonst nichts."

Je weiter man das Niltal hinauffährt, desto dünner wird der Verkehr. Die Ausschilderungen sind dürftig und nicht immer in lateinischer Schrift. Seid auf viele Militärkontrollen gefasst. Eine 300 km lange schnurgerade Straße verbindet die Siwa-Oasen mit der Mittelmeerküste. Es gibt auch Straßen durch militärische Sperrgebiete, die nicht verlassen werden dürfen (Näheres s. bei Tondok „Ägypten").

Der Wind weht fast immer vom Mittelmeer – das ist sehr ungünstig für Radler, die nilabwärts fahren. Heiße Wüstenwinde (Chamsin-Sandstürme im März und April) wehen im Frühjahr, im Sommer und im Herbst aus dem Süden und aus Südosten.

Strecken-vorschläge

Von Alexandria nach Kairo, dann **nilaufwärts** bis Aswan zur Staudammbesichtigung (Aswan – Abu Simbel ist eine sehr triste Strecke, per Rad wie oben beschrieben derzeit ohnehin nicht möglich). Oder gleich mit dem Zug nach Aswan (sehr billig), und dann nilabwärts, was den Vorteil hat, sich dem Chaos in Kairo und im Nildelta langsam zu nähern, doch der große Nachteil ist der ständige Gegenwind.

Oder von Kairo nilaufwärts bis Aswan: „Nach dem Pyramidenbesuch auf der Nilwestseite bis Memphis, dann über die letzte Nilbrücke auf die Ostseite. So vermeidet man die Industriegebiete von Helwan, auf der Ostseite ist weniger Verkehr als im Westen. Der Straße nach Beni Suef folgen, man fährt parallel zum Niltal, kurz vor El Minya kommt man wieder ins Niltal. Auf die Westseite überwechseln. In Asyut wieder auf die östliche Seite, in Nag Hamadi wieder zurück auf die westliche, bis hoch nach Idfu, von dort gibt es dann keine Alternative bis Aswan. Die jeweils kleinere Straße ist für die Autofahrer ein Graus, für einen Radfahrer sind die Schlaglöcher jedoch weiter kein Problem." (Ägyptenradler Hartmut Fiebig).

Geringen Verkehr und landschaftliche (bergige) Abwechslung hat man auf der **Sinai-Halbinsel**. Thomas Longin: „Spektakulär ist die Sinai-Durchquerung auf der Gebirgsstraße zum Katharinenkloster. Die Steigung von der Westküste her vollzieht sich fast unmerklich."

Für Wüstenfreaks: Auf der **Oasenroute** von Kairo zu den Sahara-Oasen Bahariya, Farafra (man durchquert die „Weiße" und „Schwarze Wüste", einige heiße Badequellen), El Quasr, Dhakla, Kharga und weiter über Bulaq nach Luxor und Karnak im Niltal. Wenn die Puste ausgeht: Es fahren auf der ca. 1400 km langen, gut asphaltierten Strecke auch Busse und Lkw. Manchmal ist die Straße versandet, dann nicht einfach. Genaue Streckenbeschreibung im Tondok-Ägypten-Buch. Einige Wüstenerfahrung ist notwendig, lange Distanzen. Thomas Longin: „Wassernachschub notfalls auch zwischen den Oasen in Kasernen, Kontrollposten, kleinen Minenorten oder Erste-Hilfe-Stationen, die liegen nur selten mehr als 100 km auseinander", Thomas Richter: „Ich erinnere mich an eher wenig Service zwischen den Oasen. Die Wassernachschub-Möglichkeiten können von Kairo kommend auf dem ersten Abschnitt schon 200 km auseinander liegen. Bei Rückenwind, flachem Profil und bestem Asphalt rollt man die großen Entfernungen aber schnell weg. Wir hatten sehr wenig Polizei- oder Militärkontrollen; bis auf eine Ausnahme alle unproblematisch." Erkundigt euch nach dem aktuellen Stand, bevor ihr diese Strecke unter die Reifen nehmt.

Eine Straße führt auch vom Suez-Kanal aus am Roten Meer entlang (Baden in Hurghada) bis zur Grenze von Sudan (darf aber derzeit nur bis Mersa Alam befahren werden); von ihr gibt es einige Querverbindungsstraßen zum Niltal.

Sudan [TR, PS]

Überblick

Größtes Land Afrikas, das zur Hälfte aus Wüste und Halbwüste besteht. Die Bevölkerung konzentriert sich um den Großraum Khartoum und das Gebiet zwischen Weißem und Blauem Nil. Ein Großteil der ca. 40 Mio. Sudanesen zieht als Nomaden durchs Land. Über 22 Jahre Bürgerkrieg zwischen dem arabisch-islamischen Norden und dem christlich-animistischen Süden haben das Land ausgeblutet. Trotz Friedensabkommen 2005 irren immer noch große Menschenströme als Flüchtlinge umher und sind von internationalen Hilfsorganisationen abhängig (aktuell s. *www.diakonie-katastrophenhilfe.de*, unter „alle Projekte" Sudan anklicken). Die Darfur-Region im Westen des Landes (Grenzgebiet zum Tschad und zur Zentralafrikanischen Republik) gilt nach wie vor als gefährlichstes Gebiet Afrikas (neben Somalia) und wird sicher noch eine Weile als absolute No-Go-Area gelten müssen; auch der Süden bleibt vorläufig tabu. Doch während noch vor wenigen Jahren nur Reisen im Norden des Sudan möglich waren (und auch das noch stark eingeschränkt), haben mittlerweile wieder etliche Radler relativ problemlos das Land auf der Route Wadi Halfa – Khartoum – Äthiopien durchquert (wie etwa Thomas Richter, *www.tour-en-blog.de*). Aber es gibt immer wieder Vorfälle wie etwa den Rebellenangriff auf Omdurman (Nachbarstadt von Khartum) im Mai 2008, und auch nach dem Erlass des Haftbefehls gegen den sudanesischen Staatspräsident Baschir durch den Internationalen Strafgerichtshof am 04.03.2009 ist weniger denn je geklärt, wann und ob das Land überhaupt jemals ganz zur Ruhe kommt. Informiert euch also unbedingt vor einer Radtour durch den Sudan über die aktuelle Lage (*www.auswaertiges-amt.de*).

Im Sudan wird Arabisch und Afrikanisch (in 100 Dialekten!) gesprochen, Englisch ist nur in den Städten etwas verbreitet. Alles ist sehr bürokratisch, dauernd braucht man Registrierungen, Stempel, Genehmigungen, für das Reisen sind Travel Permits nötig, auch zum Ausreisen. Fotografieren offiziell nur mit Fotoerlaubnis, doch „ ...bei der Einreise in Wadi Halfa konnte man uns dazu nicht weiterhelfen. Wir hatten keine Erlaubnis und haben trotzdem fotografiert, es wurde nie nachgefragt, doch in Khartoum wurde uns einmal das Fotografieren untersagt. Vorsicht hinsichtlich des Fotografierens jeglicher Infrastruktur scheint auf jeden Fall geboten" (Thomas Richter). Wer sicher gehen will: Die Foto-Erlaubnis erhält man für ein Passfoto und eine Kopie von Pass und Visum beim „Ministry of Tourism & Wildlife" in Khartoum, Abu Sinn Street.

Ein- und Weiterreise

Für die Einreise ist ein **Visum** nötig, das man von der sudanesischen Botschaft in Berlin erhält (*www.sudan-embassy.de*, „Konsular-Abteilung" anklicken). Das Visum ist auch in Kairo erhältlich; ein Empfehlungsschreiben der Deutschen Botschaft ist zur Antragsstellung notwendig, manchmal längere Wartezeit, Kosten um 40 Euro. Im günstigsten Fall gibt es das Visum neueren Berichten zufolge auch schon am selben Tag gegen kräftig Cash (Thomas Richter: 100 US$). Wer per Rad anreist, wird sich das Visum in Kairo besorgen müssen, denn es gilt in der Regel drei Monate nach dem Datum der Ausstellung für Aufenthalte von maximal einem Monat.

Der Pass muss noch mindestens sechs Monate gültig sein und sollte (so in vielen Quellen zu lesen) keinen Stempel von Israel enthalten, doch: „ ... 2007 hatten wir kein Problem mit israelischen Stempeln im Pass, und diese wurden auch wahrgenommen" (Thomas Richter). In der Gegenrichtung soll es fast unmöglich sein, ein Sudan-Visum in Äthiopien (oder in Uganda oder in Kenia) zu bekommen, endlose Wartezeiten (manchmal mehrere Wochen), und dann kriegt man allenfalls ein Transitvisum, mit dem man aus Zeitgründen nicht per Fahrrad durchs Land kommt. Es gibt Radler, die von Addis Abeba nach Kairo fliegen zwecks Visum und dann wieder zurück, um ihre Reise fortzusetzen.

Von Ägypten nur per Fähre. Am Nasser-Stausee

Drei Tage nach Ankunft im Sudan muss man sich offiziell innerhalb von drei Tagen entweder in Khartoum, Wadi Halfa, Port Sudan oder Gallabat registrieren. In Khartoum geschieht dies beim „Aliens Registration Office“ in der Al-Tayyar Murad Street. Thomas Richter: „Bei uns gab es keine Möglichkeit zur Registrierung in Wadi Halfa. Wir konnten nach Khartoum radeln, was deutlich länger als drei Tage dauert, und uns dann dort registrieren ohne spezielle Probleme.“

Grenzübergänge: Die einzige Einreisemöglichkeit von Ägypten her ist derzeit mit dem Schiff über den Nasser-Stausee nach Wadi Halfa, nach Äthiopien zwischen Gallabat und Metema. Die Grenzen zur Dem. Rep. Kongo, nach Kenia, Libyen, Uganda und zur Zentralafrikanischen Republik sind zwar theoretisch offen, aber in der derzeitigen regionalen Sicherheitssituation ist es nicht ratsam, sie zu benutzen (die Route über El Fasher, Umm Dafoq und Birao in die Zentralafrikanische Republik, die Afrika-Radler Hartmut Fiebig 1989 nahm, ist momentan definitiv nicht möglich). Die Grenze zum Tschad ist geschlossen, doch selbst wenn sie geöffnet wäre, würde der Darfur-Konflikt jede Reise in diese Region verbieten. Geschlossen ist momentan (Stand Ende 2009) auch die Grenze nach Eritrea.

Von Port Sudan gibt es Fähren nach Saudi-Arabien – mehr dazu auf Seite 478ff. Übrigens: **Khartoum Airport** (KRT) wird von etlichen Fluggesellschaften angeflogen, u.a. Ethiopian Airlines, Lufthansa, Egypt Air und British Airways. Doch das wird für die wenigsten Reiseradler in Frage kommen; für die meisten wird der Sudan wohl noch eine ganze Weile ein interessantes Durchreiseland von Ägypten nach Äthiopien bleiben. Wer das schwierige Reiseland Äthiopien auslassen will, kann auch von Khartoum nach Kenia fliegen (Nairobi).

Reisen im Land

Die beste **Reisezeit** ist Dezember bis Februar, im Frühjahr ist Chamsin-Zeit (schwere Staubstürme, ca. 50 Tage im März/April). Für **Essen und Unterkunft** ist man größtenteils auf die Gastfreundschaft der Bevölkerung angewiesen. Die Sudanesen sind sehr gastfreundlich und hilfsbereit, da sind sich alle Sudan-Radler einig. Aber: Die islamischen Sittlichkeitsregeln, auf die schon an verschiedenen Stellen hingewiesen wurde, gelten im (Nord-)Sudan in besonderem Maß;

freizügige Kleidung, Einfuhr von Alkohol, Besitz von Pornografie und Homosexualität stehen unter hohen Strafen!

Die **Landeswährung** ist das Sudanesische Pfund; Wechselmöglichkeiten bestehen in Banken und privaten Wechselbüros. Kreditkarten und ausländische Bankkarten können im Sudan nicht verwendet werden – also genügend Bargeld mitführen, am besten US$. Auch Reiseschecks werden nicht akzeptiert.

Die medizinische Versorgung im Sudan ist absolut unzureichend; man sollte eine gute Reiseapotheke dabei haben. Wegen **Impfungen** s. bei *www.fit-for-travel.de* – Teile des Landes gelten als Gelbfiebergebiet, und eine gültige Gelbfieberimpfung wird häufig an der Grenze verlangt. In einigen Landesteilen (Südsudan, Niltal, südl. Nasser-Stausee) besteht auch ein ganzjährig hohes Malariarisiko (Malariaprophylaxe dringend empfohlen).

Routenwahl

Hauptverkehrsstecken führen von Wadi Halfa nach Khartoum, von Atbara nach Port Sudan und von Khartoum nach Gedaref und weiter nach Gallabat. Obwohl gegenwärtig viele Straßen asphaltiert werden (von China finanziert), ist vor allem **Wadi Halfa – Khartoum** wohl noch lange nicht fertig und bislang nicht ganz unschwierig. Dazu, wie oben erwähnt, zunächst den Nil hoch bis Aswan, dann mit dem Schiff in einer knappen Tagesreise auf dem Nasser-Stausee nach Wadi Halfa. Das Schiff verkehrt einmal die Woche. Thomas Richter: „Für uns hat es sich maximal ausgezahlt, dass wir vorher die Tickets telefonisch reserviert hatten, sonst hätten wir keine bekommen, wären eine Woche in Aswan festgesessen, und zwischenzeitlich wäre das 100-Dollar-Sudan-Visum abgelaufen gewesen. Fährkosten: 37,50 Euro + 8,50 Euro für das Rad." In Wadi Halfa gibt es mehrere Hotels und eine Bank zum Geldtauschen.

Von Wadi Halfa verlaufen dann zwei Pisten nach Süden bzw. nach Khartoum. Die westliche (rund 1000 km) folgt anfangs dem Nil. Bis Dongola (450 km) schwierig, teilweise Weichsand, manchmal muss man schieben, evtl. kann man mit Bussen oder Lkw mitfahren. Von Dongola bis Khartoum dann 550 km überwiegend guter Asphalt. Gelegentlich gibt es Dörfer, wo öffentlich in Tonkrügen Wasser zur Verfügung steht (durch die Erde gefiltertes Nilwasser, einen Wasserfilter mitzuführen ist sicher nicht verkehrt). Thomas Richter: „Wir schafften mit unseren Liegerädern zwischen Wadi Halfa und Dongola max. 60-70 km am Tag. Am Bau der Asphaltstraße wird gearbeitet, 2007 wurde uns die Fertigstellung in näherer Zukunft angekündigt, das würde mich aber sehr wundern" (einfache handgezeichnete Karte auf *www.info.tour-en-blog.de*).

Die östliche Route wird über 900 km von der Bahnlinie begleitet. Das sind 370 km weicher Sand von Wadi Halfa bis Abu Hamed, s. dazu nachstehend den Bericht von Peter Smolka (Wasserproblem!). Von Abu Hamed bis Atbara dann leidlich fahrbare Sandpiste; die letzten ca. 300 km ab Atbara bis Khartoum sind asphaltiert.

Was bieten sich für Alternativen? Ihr könntet einen Direktflug von Wadi Halfa nach Khartoum nehmen oder gleich in Wadi Halfa mit dem Rad in den Zug nach Khartoum steigen (zweimal wöchentlich, in der ersten Klasse mit Schlafwagen, Fahrtdauer knapp zwei Tage, Vorräte mitnehmen). Nach einem Tag erreicht der Zug Atbara, von hier könntet ihr auf Asphalt vollends nach Khartoum pedalen.

Durch die Nubische Wüste [PS]

Reisestory von Peter Smolka

Sechs Uhr morgens, Sonnenaufgang über den Lehmhütten von Wadi Halfa. Das Fahrrad ist bepackt, alles fertig für den Aufbruch in die Nubische Wüste. „Wie fühlst du dich?“, fragt Ziad, der Sudanese, mit dem ich in den letzten Tagen mein kleines Zimmerchen im „Nile Hotel“ geteilt habe. Ich antworte ihm wortlos, indem ich mit der Faust vor der Brust Herzklopfen andeute.

„Musch mumkin! Unmöglich!“, hat jeder ausgerufen, den ich gestern nach meinen Chancen gefragt habe, das 370 Kilometer entfernte Abu Hamed zu erreichen. „Du wirst nicht durchkommen! Die Tage in der Wüste sind zu heiß, die Nächte zu kalt. Außerdem wimmelt es da nur so von Schlangen und Skorpionen.“

Ein Trost zu wissen, dass Afrikaner gern übertreiben. Es ist Dezember, also „Winter“, die Temperaturen steigen jetzt mittags nicht über 35 Grad. Wenn es nachts gegen den Gefrierpunkt geht, werde ich mein Zelt aufbauen und mich in den Schlafsack verkriechen. Schlangen fliehen gewöhnlich, wenn man nicht gerade auf sie drauftritt, und Skorpione kann man sich fernhalten, indem man Geröll meidet.

Auch die Orientierung sollte keine Schwierigkeiten machen, muss ich mich doch immer nur an der einsamen Bahnlinie halten, die Wadi Halfa und Abu Hamed verbindet. Auf halber Strecke zeigt meine Landkarte die Bahnstation No. 6 mit dem Vermerk „Good Water“. Bis dahin müssen die zwölf Liter Wasser reichen, die in drei Plastikkanistern auf dem Gepäckträger verteilt sind. Wenn mir der Drahtesel unterwegs zusammenbricht, kann ich immer noch auf den Zug hoffen, der in fünf Tagen auf dieser Strecke entgegenkommen soll.

Nein, Angst habe ich nicht. Aber es prickelt. Mein letztes Frühstück im Nile Hotel – wie gestern, vorgestern und vorvorgestern die gleichen dicken Bohnen mit Fladenbrot – hat damit doch ein wenig den Charakter einer Henkersmahlzeit. Dann geht es los. Ade Ziad, tschüss Wadi Halfa – Start in die Nubische Wüste.

Nach einer Stunde sind die Lehmhütten hinter mir zu winzigen Punkten zusammengeschrumpft. Noch immer fahre ich auf einer befestigten Piste, die ein gutes Tempo und „reges Verkehrsaufkommen“ verspricht. Vielleicht werden mir wirklich zwei oder drei Autos pro Tag begegnen, wie einige Männer in Wadi Halfa gestern meinten.

Doch meine Zuversicht ist nur von kurzer Dauer, denn ich fahre auf der falschen Piste! Wahrscheinlich ist es die zum Flugplatz von Wadi Halfa. Immer weiter rückt die Telegrafenleitung, die zusammen mit der Bahnlinie nach Abu Hamed führt, in die Ferne. Niemals darf ich die Masten aus den Augen verlieren! Als sie hinter dem Horizont zu verschwinden drohen, verlasse ich die bequeme Piste und fahre über ein weites Sandfeld zu den Gleisen zurück.

Entlang dem Bahngleis durch die Nubische Wüste

Dort gibt es nichts mehr, was man als Piste bezeichnen könnte. Streckenweise werden die Gleise von Reifenspuren begleitet, die sich dann aber wieder so weit entfernen, dass ich sie nicht mehr ausmachen kann. Bei schwierigen Passagen kehren ganze Spurenbündel zurück, mitunter haben die Autofahrer gar die Schienen zwischen die Räder genommen. Ab und zu benutze auch ich den festen Bahndamm als Hilfestellung: Wenn der Sand zu stark geriffelt, zu tief oder von Gestein durchsetzt ist, hebe ich das Rad zwischen die Schienen, um dann kilometerlang über die von etwas Sand bedeckten Schwellen zu hoppeln – langsam zwar, aber immer noch schneller als ein Fußgänger.

Andere Abschnitte wiederum lassen sich auf der Sandebene neben den Gleisen gut fahren. Allerdings ist sie mit ihrer dünnen Kruste zerbrechlich wie zartes Eis, das unter den Rädern wegbricht, wenn ich stehenbleibe, das Gewicht aber trägt, solange ich fahre. Sobald diese empfindliche Schicht nur im geringsten verletzt ist – etwa von Kamelhufen oder von Reifenspuren –, ist Vorsicht angeraten. Dies sind Stellen, an denen das Vorderrad manchmal urplötzlich einsinkt, was zum abrupten Stillstand und mehrmals auch zu einem Sturz führt. Zum Anfahren muss ich dann stets auf den Bahndamm zurückkehren, von dem ich mich erst wieder auf den Sand wagen kann, wenn die Geschwindigkeit ausreichend hoch ist.

Die Landschaft bleibt am ersten Tag sehr eintönig. Es gibt keine Bäume, keine Sträucher, nicht einmal Dornengewächse. Hier und da bezeugt ein Kamel-Kadaver auf paradoxe Weise, dass es dennoch auch in dieser unwirtlichen Gegend Leben gibt. Das nur ganz leicht gewellte Sandmeer dehnt sich bis hinter den Horizont und erscheint daher grenzenlos, wobei die Unendlichkeit hier eine linke und eine rechte Hälfte hat, getrennt vom Schienenstrang mit seiner treuen Telegrafenleitung. Und wenn ich mich umschaue, ist da noch die Spur eines Fahrrades, die am Abend dieses Tages 98 Kilometer lang ist …

Abwechslung endlich am zweiten Tag, als in der Ferne Berge auftauchen und in den Mittagstunden sogar Seen, völlig unvermutet hier in der Nubischen Wüste. Sie laufen zu den Rändern hin flach aus und mögen an der tiefsten Stelle vielleicht bis zum Bauchnabel reichen. Die Bergzüge im Hintergrund spiegeln sich in dem seichten Wasser, das offenbar glasklar ist.

Gern würde ich in diesen Seen baden oder mich wenigstens waschen, aber ich versuche erst gar nicht, an ihre Ufer zu gelangen. Sie haben nämlich die gespenstische Eigenschaft, sich zurückzuziehen, wenn man sich ihnen nähert, und schließlich verschwinden sie ganz – sie existieren nicht! Trotzdem bereiten mir diese Luftspiegelungen Freude, denn sie bringen Veränderung in das monotone Landschaftsbild.

Am Abend stehe ich vor einer Siedlung mit 30 Menschen: Station No. 6! Die Hauptstadt der Nubischen Wüste, gigantisch in dieser großen Leere! Durch den von Menschenfüßen weichgetretenen Sand zerre ich das Rad zu einer Teehütte, vor der vier Männer Domino spielen.

„Salam aleikum!"

„Aleikum salam!" wird mein Gruß im Chor erwidert.

Man schiebt mir einen Stuhl zu, auf dem ich noch gar nicht ganz Platz genommen habe, als mir schon einer der Männer anbietet, ich könne bei ihm übernachten. Es ist der gut Englisch sprechende Meteorologe, dessen Aufgabe es in dieser Einöde ist, im Sechs-Stunden-Rhythmus die Daten einer kleinen Wetterstation zu registrieren. In seiner Hütte kann ich mich waschen, bekomme ich eine warme Mahlzeit und zum Schlafen ein Bett. Für diese Nacht vergesse ich, dass ich mich mitten in der Wüste befinde.

Der dritte Tag wird etwas langweilig. Die Spannung und der Reiz des Unbekannten sind verflogen, ich ahne, dass ich es bis Abu Hamed schaffen werde. Die Luftspiegelungen in der Mittagszeit heitern mich nicht mehr auf, sondern sind zur Selbstverständlichkeit geworden.

Doch am vierten Reisetag werden die Kräfte von der Aussicht beflügelt, in die Zivilisation zurückzukehren – und tatsächlich ist die letzte Fata Morgana an diesem Tag gar keine: Ein langgestreckter Palmenwald mit Würfelhäusern an den Ufern eines breiten Flusses. Kein Trugbild! Wirklichkeit! Nach vier Tagen in der kargen Wüste habe ich bei Abu Hamed wieder den Nil erreicht!

Anmerkung: Die westliche Strecke über Dongola ist aktuell sicher die bessere, s. oben.

Bücher, Karten, Internet

Der einzige derzeit erhältliche **Reiseführer** über den Sudan ist der Bradt Travel Guide „Sudan" von Paul Clammer, aktuelle Auflage von 2005. Kein Reiseführer, aber ein interessantes Buch ist „Sudan: Ansichten eines zerrissenen Landes" von Bernhard Streck (einem Ethnologen), Hammer Verlag 2007. Von den RKH-Kauderwelsch-Sprachführern gibt es auch „Sudanesisch-Arabisch". Und in ihrem schon mehrfach erwähnten Buch „Ah, Agala" beschreibt Bettina Selby äußerst plastisch und realistisch ihre Reise von Ägypten über den Sudan nach Uganda. Sie fuhr mit dem Boot nach Wadi Halfa und von da mit dem Rad nach Dongola, dort nahm sie ein Nilboot nach Karima, dann weiter mit dem Zug und auf der Straße nach Khartoum. Sie schaffte es damals sogar, durch den Südsudan direkt nach Uganda zu kommen. **Karten:** Reise Know-How Karte „Sudan", 1:1,8 Mio., ITM Travel Reference Map „Sudan", 1:2,5 Mio., Geoprojects „Sudan Travel Map", 1:4 Mio., Michelin 745 (Nord/Ostafrika), 1:4 Mio. **Internet-Infos:** Landeskundliche Infos wie immer bei Wikipedia (*http://de.wikipedia.org/wiki/Sudan*), dito sowie aktuelle Reisebedingungen auf *www.transafrika.org*. Die Homepage der sudanesischen Botschaft in Deutschland (s.o.) bietet neben viel Propaganda auch ein paar Links. Offizielle Seite der sudanesischen Regierung: *www.sudan.gov.sd*. Auf *www.sudan.net* Infos zum Tourismus u.v.a. Themen, auch Links. Und das Auswärtige Amt nicht vergessen!

E Westafrika und Sahel-Länder

Überblick

Die westafrikanischen Länder werden im Vergleich zu den ost- oder südafrikanischen weit weniger vom internationalen Tourismus frequentiert. Die Gründe dafür sind unterschiedlich, doch trotz fortwährenden instabilen politischen Verhältnissen, wirtschaftlichen Problemen und einer meist kaum vorhandenen touristischen Infrastruktur haben die einzelnen Länder dennoch vieles zu bieten, was das alte Afrika prägt und auszeichnet – eine vielschichtige und vielseitige Kunst und Kultur, interessante Völker, sehenswerte Natur- und Landschaftsschönheiten und vor allen Dingen eine noch relativ wenig verfälschte afrikanische Lebensmentalität. Dazu kommt noch ein für Reiseradler ganz wesentlicher Aspekt: Seit das ehemalige Gebiet von Spanisch-Sahara auch Rad-Toureros für den Transit offensteht (s. unter „Gesamt-Afrikaduchquerungen" auf Seite 315 und auch den Reisebericht von Christian Dupraz auf Seite 358) ist auch wieder die **direkte Anreise per pedales möglich**, nicht mehr nur per Flieger quasi wie auf eine Insel – so entsteht jetzt für Radler, die von ganz oben bis nach Südafrika hinunter wollen, eine ernstzunehmende Alternative zur lange Jahre favorisierten Ostafrika-Route. Wie sich das entwickelt, bleibt abzuwarten.

Westafrika ist relativ dicht besiedelt, besonders die feuchttropischen Regionen entlang der Küste. Das grenzt wiederum die Privatsphäre ein; die Verpflegung ist dafür dort kein Problem, in den Sahel-Ländern schon eher. Gerade dort muss man aber besonders genaue Sicherheits-Infos einholen (bei *www.auswaertiges-amt.de*, *www.transafrika.org* usw.), vor allem im Grenzgebiet zwischen Algerien, Mali und dem Niger, wo der Maghreb-Arm der Terror-Organisation Al-Kaida verstärkt aktiv ist und es auch schon Entführungen gab.

Auch wenn Westafrika arm ist, so sind seine Länder nicht billig! Packt deshalb neben viel Zeit und einer gewissen Belastbarkeit auch genügend Dollars, Euros und Reiseschecks ein.

Welche Länder?

Man kann sich auf einer kürzeren Reise entweder direkt ein einzelnes Land vornehmen (z.B. Ghana) oder auch eine Reise durch mehrere Länder planen. **Der übliche Weg** für Long Distance Biker (wie die Co-Autoren Adrian Guggisberg und Joachim Held) führt über Mauretanien und Senegal nach Mali in die relativ einfach zu bereisenden Länder Burkina Faso, Togo und Benin. Für alle, die weiter nach Süden wollen, kommt dann mit Nigeria ein eher harter Brocken.

Auch für eine **Rundtour** sind sicher Teile von Mali, Burkina Faso, der Norden von Ghana, Togo und Benin den sehr schwülen und bevölkerungsreichen Regionen der Küstenländer vorzuziehen, wo die offene Landschaft meist durch dichten Busch und Wald verstellt ist und laute, menschenwimmelnde Städte (und Elendsquartiere) dem tieferen Erlebnis des ländlichen Afrikas entgegenstehen. Es gibt aber durchaus Variationsmöglichkeiten, z.B. unter Einbeziehung von Guinea oder auch Sierra Leone, das nach langem Bürgerkrieg wieder (wenn auch nicht einfach) bereisbar ist – Näheres bei den Länderkapiteln.

An- und Rückreise

Wer nicht, wie oben angesprochen, den **Landweg** einschlägt, nimmt den **Flieger**. Als Startpunkt für die Rundtour (oder zum Heimfliegen, wenn man von Europa hierher pedalt ist) eignen sich mit guten Flugverbindungen beispielsweise Dakar (Senegal), Banjul (Gambia), Bamako (Mali), Accra (Ghana), Lomé (Togo) oder Lagos (Nigeria). Ein Gabelflug, z.B. Hinflug nach Senegal, Rückflug von Togo oder Ghana, ist eine interessante Alternative. Condor fliegt z.B. von Frankfurt nach Dakar und Banjul; Lufthansa und LTU bedienen Accra, und sehr gute Verbindungen in alle Länder bietet Air France, meist über Paris. Ein guter Tipp ist der erstklassige Flugverbindungs-Planer auf *www.transafrika.org*. Interessante Alternative (s. Seite 314): An- oder Heimreise per **Schiff** alle 14 Tage mit Grimaldi (*www.grimaldi-freightercruises.com*) – vorbuchen!

Gesundheit, Visa, Ausrüstung

Für alle westafrikanischen Länder ist **Malariaprophylaxe** notwendig. Die „Deutsche Gesellschaft für Tropenmedizin und internationale Gesundheit" hat auf ihrer Website *www.dtg.org* eine Malaria-Verbreitungskarte. Auch sind z.T. Gelbfieber- und andere **Impfungen** Pflicht. Die besten und aktuellsten Informationen zu gesundheitlichen Risiken und notwendigen Impfungen finden sich wie immer länderspezifisch auf *www.fit-for-travel.de*. Denkt auch an einen guten Kopf- und Hautschutz gegen die stechende Sonne!

Erkundigt euch auch (gerade in West-, aber auch in Zentral- und Ostafrika) genau nach den aktuellen **Visabestimmungen**, z.B. beim Auswärtigen Amt oder über *www.visa-express.de*! Senegal und Gambia verlangen momentan von Deutschen kein Visum, aber alle anderen westafrikanischen Länder, und das zu teilweise stolzen Preisen. Für Langzeitradler interessant: Viele Visa lassen sich auch noch recht problemlos in den Nachbarstaaten besorgen (s. in den Länderkapiteln). Aber, Erfahrung des Schweizer Afrika-Radlers Adrian Guggisberg (2008): „In Bamako (Mali) konnte ich für 40 Euro (für schwedische Bürger ist das Visum gratis, andere bezahlen über 150 Euro …) das Nigeriavisum ohne Probleme erwerben". In Deutschland kostete es damals mit 75 Euro also halb so viel wie (für Deutsche) vor Ort. Aber ein Nigeriavisum gilt drei Monate ab Ausstellungsdatum … Ihr erkennt die Problematik: Es kann durchaus sinnvoll sein, einen zweiten Pass zu beantragen und ggf. das Visum über eine Agentur (s. Seite 50f) besorgen und den Pass dann per Kurierdienst zuschicken lassen – auch deshalb, weil Europäer jahrelang gerade das Nigeriavisum nur im Heimatland erwerben konnten, und wer sagt, dass solche Vorschriften nicht plötzlich und unangekündigt wiederkommen? Im Lonely Planet „West Africa" findet ihr eine Übersicht, in welchem Land welches Visum zu bekommen ist, aber ob die aktuell bleibt, das ist die Frage.

Zu **Rad und Ausrüstung** s. auf Seite 305f und bei den Länderkapiteln.

Bücher, Karten, Internet

Reiseführer: Falls keine zusätzlichen Reiseführer bei den einzelnen Ländern vermerkt sind: Standard-Reiseführer ist immer noch Reise Know-How „Westafrika", Band 1 (Sahelländer) von Erika Därr, und Band 2 (Küstenländer) von Thomas Baur, und (aktuell von 2008) „Sahel-Länder Westafrikas“ von Erika Därr. Zudem „West Africa“, von Lonely Planet, bringt Reise-Infos und praktische Tipps für alle westafrikanischen Länder südlich der Sahara bis Nigeria. Ein anderer guter englischsprachiger Westafrika-Globetrotter-Reiseführer ist „The Rough Guide to West Africa“, Rough Guides Press. Gut auch der Guide du Routard „Afrique de l'Ouest“ (die Franzosen bereisen doch immer noch am meisten ihre ehemaligen Kolonialgebiete), s. auch unter *www.routard.com*. **Karten:** Für alle Länder die Michelin Nr. 741 (1:4 Mio.), dazu noch IGN- Karten im Maßstab 1:1 Mio. jener Länder oder Regionen, die man ausführlicher beradeln will. Die bei Ausrüsterläden erhältlichen ONC- bzw. TPC-Fliegerkarten sowie die sowjetischen Generalstabskarten sind eigentlich eher für Wüstenfahrer interessant. Bei den einzelnen Ländern werden noch zusätzliche Karten genannt. **Internet-Infos** s. beim Gesamtafrika-Übersichtskapitel auf Seite 304f und bei den Länderkapiteln.

Mauretanien [CD]

Überblick

Drei Viertel Mauretaniens werden von der Sahara dominiert. Im Westen grenzt das Land an den Atlantik mit der fischreichsten Küste der Erde. Nach Süden geht die Wüste in Dornbuschsavanne über, der fruchtbarste Teil des Landes liegt am Senegalfluss, der die Grenze zum Senegal bildet. Die gemeinsame Nutzung des Flusswassers führte bereits öfter zu Konflikten zwischen Senegal und Mauretanien. Im Osten grenzt das Land an Algerien und Mali, im Norden an die Westsahara bzw. an Marokko.

Mauretanien ist ein sehr armes Land, das hauptsächlich vom Export von Fisch und Erz lebt. Das Erz wird in den Minen um Zouérat abgebaut und von dort mit bis zu 2 km langen Zügen an die Atlantikküste nach Nouâdhibou transportiert. In der Dornstrauchsavanne wird viel Viehzucht betrieben, durch Überweidung und fehlendes nachhaltiges Wirtschaften schreitet die Desertifikation schnell voran. Viele Lebensmittel werden nicht im Land hergestellt, sondern müssen importiert werden (v.a. aus Marokko), was sich preislich bemerkbar macht; das Gemüseangebot ist daher auch reduziert.

Ein Großteil der ca. 3 Mio. Einwohner lebt in der Hauptstadt Nouakchott und in Nouâdhibou. Das Land ist ein sog. Pufferstaat zwischen Weiß- und Schwarzafrika. Über drei Viertel der Mauretanier sind Mauren, zu den schwarzen Volksgruppen zählen die Wolof, Toucouleur, Soninké, Fulbe und Bambara. Ethnische Konflikte sind auch heute noch möglich.

Amtssprache ist Arabisch, Handelssprache Französisch. Hauptreligion ist der Islam. Währung ist der Ouguiya, nur Banken in Nouâdhibou und Nouakchott akzeptieren Reiseschecks in US$ und Euro, in Nouakchott gibt es mittlerweile einen Geldautomaten (Zuverlässigkeit?). Daher unbedingt Bargeld (US$, Euro) mitnehmen. Die besten Kurse bekommt man in der Hauptstadt, Wechseln am Schwarzmarkt ist üblich, für Rücktausch marokkanischer Dirham evtl bei marokkanischen Restaurants fragen. Die Mauren sind berüchtigt für ihr Verhandlungsgeschick, entsprechend muss nicht nur beim Wechsel, sondern auch bei Übernachtung, Transport, Essen und teilweise (Atar) sogar beim Nahrungsmittelkauf Paroli geboten werden.

Klima, Winde

Von der Temperatur die beste Radelzeit ist von November bis März, die Nächte und Morgen können kühl sein. Allerdings setzt im Winter auch der Harmattan, der Nordostpassat, ein und sorgt für trübe Sicht und entsprechenden Rücken-/Gegenwind. Niederschläge fallen nur im Süden von Juli bis September, im Sommer ist es sehr heiß mit Tagestemperaturen um die 45 °C.

Einreise

Radler aus D, A und CH benötigen ein **Visum**. Am sichersten ist es, das Visum bereits in Europa zu besorgen, es ist aber auch unterwegs in Senegal (Dakar), in Mali (Bamako) und in Marokko (Rabat) erhältlich. Ein 14-tägiges Visum ist momentan (Stand 2009) auch am einzigen Grenzübergang zwischen Marokko und Mauretanien bei Guerguerat zu bekommen; es kann in Nouakchott verlängert werden. Die Einfuhr von Alkohol ist verboten. An sämtlichen anderen (südlichen) Grenzübergängen ist kein Visum erhältlich und ohne Visum ist keine Einreise möglich.

An- und Weiterreise

Von/nach Europa: Linienflüge nach Nouakchott, im Winter teilweise Charterflüge von Frankreich nach Atar (mit Point-Afrique, *www.point-afrique.com*). **Von/nach Marokko:** Von Europa kommend reist man meist über Marokko und die Westsahara an (Atlantikroute). Die Straße ist bis zur Grenze komplett asphaltiert und gut befahrbar. Im Süden liegen die Versorgungspunkte immer weiter auseinander (bis zu 170 km – s. dazu Seite 332). Zwischen dem marokkanischen und dem mauretanischen Grenzposten gibt es noch ein kurzes Pistenstück durch einen Minengürtel; hier sollte man sich an die teils schwer sichtbaren (weil verblasenen) Spuren halten. Die Grenze ist auch in Gegenrichtung offen (aufgrund der vorherrschenden Nordostwinde muss man aber von dieser Fahrtrichtung dringend abraten). **Von/nach Senegal:** Grenze ist der Senegalfluss, Grenzübergänge bei Rosso (Fähre) und Diama. Rosso ist berüchtigt für Abzocke und Schlepper, ruhiger (aber auch nicht ohne Schmiergeld) ist die Barrage de Diama. Die Piste dorthin geht ab Rosso den Senegal entlang, oder aber 50 km vor Rosso dem Schild zum Parc National du Diawling folgen – ebenfalls ungeteert, aber kürzer. Ab der Grenze jeweils gute Asphaltstraße nach St. Louis. Als Radfahrer kann der Senegal auch per Piroge an anderen Stellen überquert werden (auf Ein- und Ausreisestempel achten!). Nicht jeder Posten muss besetzt sein, schlimmstenfalls muss man nach Rosso zurück. **Von/nach Mali:** Grenzen offen, aus Sicherheitsgründen momentan die Region um Nema meiden, Details s. „Mali, Einreise". **Von/nach Algerien:** Grenzen geschlossen; das Grenzgebiet ist gesperrt.

Sicherheit

Mauretanien ist eines der letzten verbliebenen Länder, in dem man unkompliziert die Sahara erleben kann (keine Führerpflicht, einfache Visumsbeschaffung). Allerdings gilt hier momentan genauso wie in den anderen Ländern, dass die Sicherheitslage schwierig eingeschätzt werden kann. Die weiten Wüstengebiete im Norden bis Westen Mauretaniens sind Aufenthaltsgebiet von allerlei zwielichtigen Gestalten (Schmuggler, Schlepper), auch die Al-Kaida au Maghreb islamique soll hier operieren. Vom Auswärtigen Amt wird daher auf das Entführungsrisiko hingewiesen. Im erweiterten Umkreis des Adrar gab es bisher Überfälle auf staatliche Institutionen (Militär), u.a. in Tourine, El Ghallouiya. Im Dez. 2007 wurden in Aleg vier französische Touristen an der Straße erschossen. Ende 2009 wurden zweimal Europäer von wichtigen Transitrouten (Ndb-Nkt und südlich von Ayoûn el Atroûs) entführt. Eine intensive Beschäftigung mit der Sicherheitslage ist daher vor einer Reise dringend geboten (*www.auswaertiges-amt.de*, *www.transafrika.org*, *www.wuestenschiff.de*). In Städten auch auf die üblichen Kriminalitätsmuster achten.

Ziele, Routen

Sehenswert ist die Wüste in all ihren Schattierungen. Die Plateaugebirge, allen voran das Adrar-Gebirge um Atar. Die Oasenstädte Chinguetti (heilige Stadt des Islam) und Ouadâne (mit eindrucksvollen Ruinen). Kamelritte in der Wüste und Nomadenleben. Der an der Küste gelegene und schwierig zu erreichende „Parc National du Banc d'Arguin" (Winterquartier zahlloser Zugvögel).

Das Straßennetz ist sehr weitmaschig und konzentriert sich auf den Süden, außerhalb der Städte ist wenig Verkehr. Die wichtigsten Achsen sind asphaltiert: Nouakchott – Atar; Nouakchott – Néma („Route d'Espoir") mit Abstecher nach Tidjikja sowie nach Nioro/Bamako; Nouakchott – Rosso und am wichtigsten Nouakchott – Nouâdhibou. Andere Straßen sind Pisten und oft durch Sand und

Morgenstimmung in Tazazmout

Wellblech für Radler nur schwer oder überhaupt nicht passierbar, abgelegene Oasen können nur mit Lkw oder Taxi brousse erreicht werden. Es gibt häufige Polizeikontrollen an den Straßen.

Streckenvorschläge

Nouâdhibou – Rosso (Senegal) ist mittlerweile durchgängig geteert; landschaftlich herausragend ist die direkte Strecke aber nicht. Spektakulärer ist der Abstecher über das Adrar-Gebirge. Man fährt mit dem Erzzug nach Choûm, in den offenen Erzwaggons gratis, zum Be- und Entladen sollte man zu zweit sein. Ab Choûm bis Atar sehr schöne Piste entlang der Felsstufe, am Anfang viele verschiedene Spuren, die sich zusammenfädeln, kurze sandige Abschnitte (daher breite Reifen empfohlen). Zwei Stufen à 150 m werden dann auf guter Piste überwunden, 25 km vor Atar kommt Teer (nicht die sandige Abkürzung über Azougui nehmen). Ab Atar bis Nouakchott erstklassige, aber oft eintönige Asphaltstraße (440 km). Von Atar kann man noch nach Chinguetti und Ouadâne fahren, der Besuch der Städte ist sehr lohnenswert, die Piste (Wellblech, wenig Verkehr) über das Plateau bietet, abgesehen von der geteerten Auffahrt auf das Plateau, keine herausragende Landschaft. Weiterführende Abstecher (El Beyyed, Guelb er Richat, Tazazmout) sollten nur von sehr erfahrenen Wüstenradlern nach sorgfältigster Vorbereitung unternommen werden. Ein kurzer, aber sehr lohnender Abstecher nahe Atar geht zur Oase Terjit.

Nouakchott – Néma („Straße der Hoffnung", 1100 km) ist durchgehend geteert, wenngleich die Belagsqualität stark schwanken kann. Bis Aleg zaubern weiße, rote und braune Sanddünen (hügelig) einen großen Flickenteppich über die Landschaft. Von Aleg kann man über Asphalt nach Bogué und Kaedi fahren und mit Pirogen über den Fluss setzen. Bis Ayoûn el Atroûs geht es weiter durch Dünen und schöne Berglandschaften. Zwar kann man noch weiter fahren bis Néma und dann nach Nara in Mali, mittlerweile ist es aber aus Sicherheitsgründen empfehlenswerter, die neue Asphaltstraße nach Nioro und Bamako zu nehmen.

Transport

Die nationale Fluggesellschaft Air Mauritanie fliegt von Nouakchott alle größeren Städte an. Selbst kleine Dörfer erreicht man mit dem Taxi brousse oder mit Lkw, die man auch unterwegs anhalten kann, Preise wie immer Verhandlungssache. Zwischen Nouâdhibou und Nouakchott gibt es auch Busse. Bahnlinie von Nouâdhibou über Choûm nach Zouérat (der erwähnte Erzzug), Personenwaggon einmal täglich, ca. 10-12 Stunden bis Choûm, meist auch ein zweiter Zug ohne Personenwaggon, Abfahrtszeiten werden nicht immer eingehalten.

Übernachten In den Städten meist preiswerte Unterkünfte und gehobenere Hotels. Wild Campen ist die beste Alternative und problemlos abseits der Städte und Dörfer möglich. Kommerzielle Campingplätze in Nouâdhibou und Atar, in Nouakchott bei manchen Herbergen. Die Mauretanier sind sehr gastfreundlich, ihr werdet oft eingeladen werden.

Fahrrad, Ausrüstung Auf den Asphaltstraßen kann im Prinzip jeder Radtypus gefahren werden, für Pisten sollten die Reifen mindestens 50 mm breit sein, um in weicherem Gelände nicht zu viel schieben zu müssen. Gerade im Süden empfiehlt sich ein guter Pannenschutz, da die dornenreiche Vegetation dort immer dichter wird. Ersatzteile sind in Mauretanien nur sehr beschränkt zu bekommen, und wenn, dann nur einfache, billige Teile in den großen Städten (Ndb, Nkt). Wie in der Westsahara liegen in Mauretanien die Versorgungspunkte teils weiter auseinander; es empfiehlt sich, großzügige Wasser-Reserven mitzuführen und den nächsten sicheren Versorgungspunkt zu kennen. Auf den Hauptstrecken kann man sich komplett mit Mineralwasser versorgen, für Brunnenwasser sollte man auf jeden Fall einen Filter mitnehmen.

Bücher, Karten, Internet Mauretanien ist meist Teil von Westafrika-Reiseführern, z.B. „Sahel-Länder Westafrikas" von Reise Know-How. Als **Karte** genügt im Grunde die Michelin Nr. 741 1:4 Mio., die IGN Carte Générale 1:2,5 Mio. bringt nicht mehr Infos. IGN-Detailkarten 1:1 Mio. Für Fahrten auf einsameren Strecken empfehlen sich die IGN-Karten im Maßstab 1:200.000, die teilweise auch im Internet verfügbar sind, sowie GPS zur Navigation. Gute **Internet-Infos** wie immer bei *http://de.wikipedia.org/wiki/Mauretanien*, beim Sahara- und Wüstenforum Wüstenschiff (*www.laenderinfos.wuestenschiff.de/mr.html*) und bei *www.transafrika.org* inkl. einer Aufstellung der mauretanischen Vertretungen in D, A und CH sowie in den mauretanischen Nachbarländern. Weiter: *www.lonelyplanet.com/mauritania* und *www.routard.com/guide/code_dest/mauritanie.htm* (auf Französisch). Homepage der mauretanischen Regierung: *www.mauritania.mr/fr/index.php*. Deutschsprachige Infos und ein paar gute Bilder auf der privaten Seite *http://kohlbach.org/mauretanien/asphalt.htm*.

Ein Abstecher zu den Mauretanischen Dünen [CD]

Reisestory von Christian Dupraz

Nach zweieinhalb Tagen auf anstrengender Wellblechpiste und mit teils heftigstem Gegenwind erreiche ich Ouadâne. Die wunderschön gelegene Oase mit ihren geschichtsträchtigen Ruinen befindet sich mitten in der mauretanischen Sahara, nur hatte der Hinweg eigentlich keine klassischen Wüstenlandschaften zu bieten.

Wenngleich ich jetzt für die Rückfahrt Rückenwind erwarten könnte, liebäugle ich mit einer Alternativstrecke. Die Südroute über Chinguetti geht mir durch den Kopf, aber die führt durch die Dünen und kommt daher nicht in Frage. Auch bei einer Nordroute schütteln die meisten Einheimischen den Kopf. Bis mir Ali, ein Touristenführer, den ich beim Abhängen an der Polizeistation getroffen hatte, von einem magischen Ort erzählt: Tazazmout, ein charakteristischer Felskopf an der Felsstufe, unterhalb der sich die großen Dünen ausbreiten. Von dort sei es kein Problem, mit dem Rad nach Atar zu rollen.

Nur das Hinkommen ist noch nicht gelöst. Kopfschütteln wieder bei allen Anwesenden, nur ein Jeep könne die steinige Strecke dorthin überhaupt schaffen, und der letzte Abstieg sei nur zu Fuß machbar, die Straße abgeschwemmt. Ohne Führer gehe sowieso nichts, zu viele Verzweigungen unterwegs, ich würde nur im Azilal landen, einem Regenfeldbaugebiet, wo alle Wege in einer Sackgasse enden …

Ich lasse mich nicht entmutigen, bunkere noch ordentlich Nahrungsmittel und Wasser in Ouadâne und mache mich am Nachmittag auf. Der Weg zu einer kleinen Nebenoase ist noch leicht zu finden, dann geht es auf das einsame Plateau hinauf, wo ich für die erste Nacht noch nicht mal einen Windschutz finde. Am nächsten Tag geht es die erste Zeit noch auf einem Track meines GPS dahin, bis ich diesen verlassen muss, da weder Karte noch GPS den von Ali beschriebenen Weg enthalten. Das war wohl ein Fehler, zumindest komme ich nach ein paar Stunden in ein recht grünes Gebiet – das Regenfeldbaugebiet, dessen Erreichen mir von den Führern als Verhauer prophezeit wurde. Gefrustet will ich wieder zurückfahren, doch dann entschließe ich mich mit Blick auf das GPS, doch noch einen Versuch zu wagen. Der Brunnen bei Tazazmout, den ich als Wegpunkt gespeichert habe, ist nur noch 30 km entfernt. Mit einer kurzen Querfeldeinfahrt sollte ich doch den von Ali erwähnten Weg finden!

Erst einmal muss ich mein Rad über einen gut 1,5 m hohen Zaun hieven, dann geht es zunächst einmal durch kniehohes, abgestorbenes Gras. Ich komme mir eher vor wie im Wilden Westen als in der Sahara; hier hatte es vor ein paar Wochen ordentlich geregnet. Doch die Freude bekommt einen Dämpfer, als sich ein Plattfuß einstellt. Schnell, den Schlauch gewechselt, doch fünf Minuten später hat es das andere Rad erwischt. Jetzt erst realisiere ich, dass sich zahllose kleine Dornen in den Reifen gefressen haben, die teilweise bis zum Schlauch reichen; ein übles Gestrüpp ist das hier! Und so kommt es, dass ich noch zweimal flicken muss, da mir die Schläuche ausgehen. Zum Glück ist die Dornenwiese nach ein paar km vorbei und es geht teils durch eine Kiesebene, teils durch gröberen Schotter. Am Abend im Zelt flicke ich an den beiden Schläuchen noch 20 Löcher.

Nur die Piste, die ich erwarte, zeigt sich nicht. Auf dem Plateau habe ich zwar immer wieder den Eindruck, Wegzeichen am Horizont zu sehen, doch die entpuppen sich meist als einzelner Strauch oder Stein. Nur selten kreuzt eine einsame Jeepspur, dafür zeugen einige angedeutete Steinmauern von einer früheren Besiedelung, als es hier wohl noch mehr regnete. Nach ein paar Stunden deutet sich dann endlich der gesuchte Geländeabbruch an, es wird steiniger, und nach einer kurzen Erkundung zu Fuß stehe ich an der Kante. Was für eine Aussicht! Der Abbruch, 250 m tiefer die roten Riesendünen und davor noch ein paar Akazien – Ali hatte nicht zu viel versprochen. Gleich neben mir entdecke ich auch einen Steinmann, endlich wieder auf dem richtigen Weg!

Aber was für ein Weg ist das, zuerst halte ich das nur für eine Runse. Doch weiter unten ist so etwas wie ein Pfad auszumachen. Hier ist wohl noch nie ein Fahrzeug heruntergekommen! Alle schweren Sachen und das Wasser müssen jetzt in den Rucksack, über die Felsstufen und das Geröll muss geschubtragen werden. Hoffentlich verzeiht das Rad mir das. Nach einer ordentlichen Plackerei komme ich unten an, den Weg gehe ich sicher nicht mehr hinauf! Dafür muss ich aber die angekündigten 200 km nach Atar auf noch unbekanntem Weg zurücklegen, denn neben diesem Abstieg gibt es erst nach 50 km wieder einen gangbaren Weg über den Abbruch.

Unten nahe den Dünen steht sogar ein einsames Nomadenzelt. Dort frage ich nach dem Brunnen, der hier sein soll; meine Wasservorräte sind schon sehr geschrumpft. Doch erst, als die Nomadin mir ein Kind mitschickt, finde ich das kleine Erdloch, wo in drei Metern Tiefe eine braune Brühe auszumachen ist. Endlich kann sich mein Wasserfilter auch mal beweisen! Trotz großer Filterkerze muss ich nach jeweils gut einem Liter den Filter säubern. Zu allem Überfluss verabschiedet sich dann noch ein wichtiger Dichtungsring. Zum Glück ist aber genau dieser als Ersatzteil beigelegt; der Filter hat noch sechs weitere Ringe in unterschiedlichen Größen.

Nach zwölf Litern bin ich reif für das Zelt. Mit einer großen Portion Couscous und der Schlauchreparatur geht ein intensiver Tag zu Ende. Nach zwei weiteren abwechslungsreichen Tagen mit Sandwinden, endlosen Sebkhen, einem interessanten Marabut und kleinen Dünenbefahrungen komme ich dann in Atar wieder in die Zivilisation.

Fazit: Die Wüste kann wunderschön (und) fordernd sein – man darf sie auf keinen Fall unterschätzen.

Mehr zu Christians Westafrika-Tour unter *http://flow-of-ghibli.blogspot.com*.

Senegal und Gambia [CD]

Überblick

Senegal und Gambia sind im Vergleich zu anderen Ländern Westafrikas politisch relativ stabil und westlich geprägt. Beide Länder sind überwiegend muslimisch. Amtssprache ist Französisch, in Gambia Englisch.

Tourismus ist in beiden Ländern ein wichtiger Wirtschaftsfaktor. Vor allem die Küsten südlich von Dakar bis an die Grenze von Guinea-Bissau (Petite Côte, Gambia, Cap Skirring) sind stark touristisch erschlossen (Strand-Ferienanlagen), da hier im Gegensatz zum Norden die Brandung niedriger ist und man besser baden kann. Sehr viel mit dem ursprünglichen Afrika hat das dann nicht zu tun. Senegal ist dennoch eine gute Ausgangsbasis für eine Radtour durch Westafrika – oder auch als „Afrika-Schnuppertour", die man anschließend am Atlantikstrand beim Baden erholsam abschließen kann. Das Gleiche gilt für Gambia, wo die Küstenregion noch stärker vom Tourismus geprägt ist. Eine geografische Besonderheit Gambias ist, dass das Land ganz von Senegal umschlossen ist. Der senegalesische Teil südlich von Gambia heißt Casamance, mit seinem tropisch-grünen Schwemmland und den Reisfeldern ist es eine völlig andere Region als der trockene Norden, der zwar nach einer Saharadurchquerung eine willkommene Abwechslung ist, aber der Casamance nicht das Wasser reichen kann. Die Savannenlandschaft im Norden ist flach und wird von zahlreichen Baobabbäumen und Palmen durchsetzt. Auf Nebenstrecken kann gut das ländliche Leben mitverfolgt werden.

Klima und Reisezeit

Das Klima ist subtropisch bis tropisch (die Grenze liegt ungefähr bei Gambia), hinsichtlich der Temperaturen herrschen große Unterschiede zwischen der Küste und dem Landesinneren. Während es an der Küste auch im Sommer aushaltbar ist, steigen die Temperaturen im Landesinneren vor allem gegen Ende der Trockenzeit bis auf 40 °C an. Beste Reisezeit sind daher die Monate November bis März. In den Wintermonaten weht der Harmattan, an der Küste können die Winde auch vom Atlantik her blasen.

Einreise, Geld

Für Deutsche und Österreicher ist kein Visum nötig, jedoch für Schweizer (Senegalvisum unterwegs z.B. in Nouakchott zu holen, Visum für Gambia an der Grenze). Gelbfieberimpfung vorgeschrieben, wenn man aus einem Gelbfiebergebiet einreist (Gesundheitstipps und Impfempfehlungen s. bei *www.fit-for-travel.de*).

Die **senegalesische Währung** ist der CFA, Bargeld kann in Großstädten an Bankautomaten abgehoben werden, in kleineren Orten ist Bargeld angesagt. **Gambia** hat als Währung den Dalasi, auch hier kann in den Küstenstädten mit Kreditkarte am Automaten Geld gezogen werden. Beide Länder sind nicht billig (viele Importe), dafür haben sie eine recht ordentliche touristische Infrastruktur mit guten Einkaufs- und Verpflegungsmöglichkeiten. Zudem lassen sich in Gambia für die Weiterreise einige Visa gut organisieren.

An- und Weiterreise

Es gibt viele Flugverbindungen von Senegal (Dakar) und von Gambia (Banjul International) nach Mitteleuropa. Je nach Jahreszeit und Charterangebot können diese auch relativ günstig sein. Von Dakar gibt es übrigens auch viele Verbindungen nach Südamerika und Flüge zu den Kapverden.

Zwischen Senegal und Gambia gibt es viele Übergänge, im Westen ist der erste Übergang Karrang im Norden, dann weiter von Barra per Fähre nach Banjul. Der südliche Übergang im Westen ist Brikama. Eine rasche Querung Gambias ist auch bei Farafenni/Senoba möglich, im Osten kommt man bei Basse-Santa-Su in die Casamance. Von Dakar kann die Casamance auch ohne Gambia zu queren per Schiff erreicht werden, einmal die Woche nach Ziguinchor. **Von/nach Mali:** Am einfachsten per Asphaltstraße (Tambacounda – Kidira – Kayes – Nioro

– Bamako), spannender per Piste über Kita, über Bafoulabé soll sehr sandig sein, besser entlang der Falaise de Tambaoura über Manantali (weiterer Zugang hierzu die nicht immer einfach zu findende Piste von Kedougou über Keniéba). Alternativ per Zug von Dakar über Tambacounda und Kayes bis Bamako (zwei Züge pro Woche, 1230 km, ca. 30 Stunden). **Von/nach Mauretanien**: s. Mauretanien. **Von/nach Guinea-Bissau:** Teerstraße von Ziguinchor nach Sao Domingos (Hauptübergang), weitere Übergänge auf Piste sind Tanaff/Farim, Saré/Cuntima und Ouassadou/Pirada. **Von/nach Guinea:** Großer Übergang Boundou/Sambailo auf Piste, auch Grenzübergänge von Kedougou zum Fouta Djalon nach Termesse und Mali-Ville (schlechte Piste).

Auf der Fähre von Barra nach Banjul.

Sicherheit, Ausrüstung

Senegal ist ein relativ stabiles Land, hat jedoch seit langem mit der Hypothek des Konflikts in der Casamance zu kämpfen. Hier kam es zu gewaltsamen Auseinandersetzungen zwischen der Armee und Separatisten; der Konflikt ist zwar wieder in den Hintergrund gerückt, aber nicht ganz ausgestanden. In der Casamance wurden während des Konflikts Minen gelegt, diese stellen noch eine Gefahr dar. Die Menschen, die man unterwegs trifft, können in Senegal manchmal etwas aufdringlich sein, „Cadeau"-Rufe sind nicht selten. Auch in Gambia kommt es häufig vor, dass man auf der Straße angeredet wird. Nicht jedes Hilfsangebot ist ohne Hintergedanken. Wenn dann aus einer Gefälligkeit ein zu bezahlender Service wird, ist ein kleines Entgelt angemessen; die Betonung liegt auf klein. Ohne Lehrgeld geht es meistens nicht.

In Senegal und Gambia sind Fahrräder sehr verbreitet, sodass man gut an Ersatzteile kommt. Insbesondere in Gambia fahren teilweise recht ordentliche Fahrräder herum, wie man sie auch in Europa gewohnt ist.

Ziele, Routen, Reisebedingungen

Senegals **Straßennetz** war lange Zeit eines der besten Westafrikas, mittlerweile haben manche Teerstraßen jedoch einige Schlaglöcher oder sind wieder Pisten. Die Situation ändert sich aber schnell, da laufend Straßen neu asphaltiert werden. Es verkehren viele Busse, Taxis und Lkw; Radmitnahme möglich.

Karte S. 296

Im Norden ist St. Louis das erste Highlight, eine Stadt der Fischer, die sich ihren kolonialen Charme erhalten hat, sehr empfehlenswert. Die Straße von Dakar nach St. Louis ist asphaltiert und führt noch weiter den Senegal entlang über Richard Toll bis nach Kidira an die Grenze nach Mali. Nordöstlich von St. Louis liegt der Nationalpark Djoudji, in dem eine Vielzahl von Vögeln beobachtet werden kann. Der große Rest des Landes nördlich von Gambia besteht vor allem aus von Baobabbäumen durchsetzter Trockensavanne. Wer die Teerstraße verlässt kommt hier ein bisschen näher an Land und Leute heran.

Die Straße von St.Louis nach Dakar ist in gutem Zustand. Wer keine Großstädte liebt kann Dakar auch auslassen. Sehenswert ist dort das Nationalmuseum, das Fischer- und Handwerkerdorf Soumbédioune, das weiter nördlich gelegene Fischerdorf Kayar sowie (im Standardprogramm jedes Dakarbesuchs) die Île de Gorée, eine ehemalige Sklavensammelstelle. Einen Kontrast zum Rest des Nordens bildet das Siné-Saloum-Delta, hier finden sich Mangroven und Lagunen. Das Delta kann über die Straße von Fatdick nach Foundiougne angeschnitten werden (Fähre).

Wer in den Osten will, z.B. auf dem Weg nach Mali, kann außer am Senegal entlang auch über Tambacounda fahren. Die Strecke bietet keine besonderen Sehenswürdigkeiten; diese finden sich hauptsächlich weiter im Südosten. Dazu muss man von Tambacounda nach Kedougou weiterfahren, wobei der Nationalpark Niokolo-Koba gequert wird. Es wird empfohlen, diesen nicht per Rad zu durchqueren (Bus, Lkw nehmen), da hier die Löwen und Hyänen nicht ganz so selten wie außerhalb des Nationalparks sind. Es bietet sich natürlich trotzdem an, Tiere im Nationalpark zu beobachten (an den Campements oder bei einer Safari). Von Kedougou aus empfiehlt sich ein Abstecher zum Wasserfall von Dindéfelo; dazu die Piste Richtung Bantafassi und dann auf der Straße Richtung Guinea bei Segou den richtigen Abzweig nehmen. Empfehlenswert ist es auch, in der Region um Kedougou ein wenig die Pisten zu erkunden, da hier recht hübsche Dörfer liegen und die Landschaft auch ein bisschen Relief bietet.

Ebenfalls schön zum Radeln ist der südlichste Teil Senegals, die Casamance. Ziguinchor hat sich noch ein bisschen koloniales Flair erhalten, ein Abstecher zum Cap Skirring bringt einen zu schönen Stränden (doch sehr touristisch). Von Zuiginchor nach Kolda und weiter nach Tambacounda kann die Casamance längs durchquert werden.

Viel Ähnlichkeit zur Casamance weist Gambia auf, auch hier sind viele Mangrovenwälder zu bewundern. Sobald man von der Küste wegkommt (bei Ebbe kann man auch am Strand entlang radeln), wird es weniger touristisch, dafür wird die Infrastruktur auch schlechter. Gambia kann man auf zwei Straßen der Länge nach abfahren, auf der Nordufer- und auf der Süduferstrecke. Am Nordufer gibt es relativ neuen Asphalt bis Farafeni, danach folgt Piste, von der aus man noch zwei neolithische Stätten mit Steinkreisen besuchen kann. Am Südufer ist die ursprünglich gute Teerstraße stark vernachlässigt. Je weiter man nach Osten fährt, desto mehr Schlaglöcher gibt es. Ein Highlight ist u.a. die alte Hauptstadt Georgetown.

Eine empfehlenswerte **Rundreise** wäre: Dakar – Kaolack – nach Süden in die Casamance durch Gambia (Banjul) zur Grenze von Guinea-Bissau (Bignona, Ziguinchor, Cap Skirring). Rückfahrt dann durchs Inland von Gambia nach Kaolack.

Übernachtung

In den touristischen Zentren (v.a. an der Küste) gibt es zahlreiche Übernachtungsmöglichkeiten, teilweise auch Zeltplätze. Im Landesinneren ist auf einsameren Strecken auch Zelten bei Dörfern möglich. Bekannte Traveller-Treffpunkte sind die Zebrabar (Camping) 15 km südlich von St. Louis und der Camping Sukuta nahe Serekunda in Gambia.

Bücher, Karten, Internet

Reiseführer: „Senegal/Gambia" oder „Sahel-Länder Westafrikas" von Reise Know-How. „The Gambia & Senegal", Lonely Planet. „The Gambia", Bradt Travel Guides. Für Radler: „Bicycle Touring in Senegal/Gambia/Guinea Supplement" (s. Seite 302 und bei *www.ibike.org*). **Karten:** Beide Länder sind auf der Michelin-Karte 741 (Nord-/Westafrika) mit drauf. Detaillierter: IGN Carte Touristique Senegal 1:1 Mio. ITM Travel Map Senegal & Gambia 1:800.000. Detailkarten von IGN. RKH Landkarte Senegal, Gambia 1:550.000. **Internet:** *http://de.wikipedia.org/wiki/Senegal* und *www.transafrika.org*. Senegal- (und Gambia-Infos) gibt es auch auf *www.lonelyplanet.com* und *www.routard.com*. Offizielle Homepage der senegalesischen Regierung: *www.gouv.sn*. Botschaft: *www.botschaft-senegal.de*. Dann: *www.senegal-info.de*. Eine kommerzielle, aber nicht schlechte Seite ist *www.senegal-tourism.com*. Für Gambia: *http://de.wikipedia.org/wiki/Gambia* und *www.gambia-erleben.de*.

Guinea [CD, AP]

Überblick

Guinea ist ein von den natürlichen Gegebenheiten gesegnetes Land. 50% der Weltvorräte von Bauxit, wichtige Vorkommen an Eisenerz, Uran sowie Gold (der Name der britischen Goldmünze „Guinee" ist von Guinea abgeleitet) verhindern dennoch nicht, dass Guinea zu den ärmsten Ländern der Welt gehört. Die oft noch traditionell betriebene Landwirtschaft kann trotz guter Voraussetzungen (reichlich Niederschlag, fruchtbare Böden) noch nicht einmal den Nahrungsbedarf des Landes decken.

Guinea hat noch immer mit der Hypothek der Misswirtschaft unter Sékou Touré zu kämpfen. Seine Nachfolger haben keine deutliche Besserung gebracht. Die Welt verfolgt mit Sorge, wie sich das Land nach dem Putsch vom Dezember 2008 (nach dem Tod des Staatspräsidenten Lansana Conté) und dem Attentat auf den nachfolgenden Militärmachthaber im Dezember 2009 weiterentwickeln wird. Das Bevölkerungswachstum ist hoch und die Lebenserwartung sehr niedrig, entsprechend sieht die Bevölkerungspyramide aus.

Die Infrastruktur ist in Guinea recht unterschiedlich entwickelt. Während die Mobilfunkfirmen an vielen Orten Handymasten aufstellen, haben die meisten Orte keine Elektrizität, selbst die zweitgrößte Stadt des Landes, Kankan, wird ausschließlich über private Generatoren versorgt. In den anderen großen Städten gibt es meist nur tagsüber Strom, nachts sind die Städte unbeleuchtet und entsprechend ruht das öffentliche Leben, Besorgungen können nur tagsüber gemacht werden. Das gilt auch für das Internet – in den größten Städten wie Mamou und Labé immerhin ist der Zugang tagsüber meistens gewährleistet. Oft liegen die Internetcafés in Bildungseinrichtungen.

Klima, Reisezeit

Das Klima in Guinea ist suptropisch bis tropisch, sodass allgemein als Reisezeit die Trockenzeit empfohlen wird, insbesondere die direkt an die Regenzeit anschließenden Monate November bis Januar. Die **Regenzeit** dauert etwa von Mai bis Oktober und ist an der Küste am intensivsten. Sie hat allerdings auch ihre Vorteile, das Fouta Djalon ist dann am grünsten, die Wasserfälle am eindrücklichsten und Tierbeobachtungen am wahrscheinlichsten. Manche Piste ist dann hingegen nicht mehr gut befahrbar.

Einreise, Sicherheit

Reisende aus D, A und CH benötigen einen Impfpass mit eingetragener Gelbfieberimpfung und ein **Visum** (nicht an der Grenze erhältlich). Das Visum kann in Europa beantragt oder unterwegs besorgt werden – positive Erfahrungen liegen u.a. für die Konsulate in Gambia (Serekunda), Mali (Bamako) und Senegal (Dakar) vor. Im Land werden Pass und Visum häufig kontrolliert.

Von Reisen nach Guinea wird (s. oben) vom Auswärtigen Amt seit längerer Zeit gewarnt, da die Lage nicht stabil ist. Es gab Generalstreiks aus Protest gegen die Regierung, teilweise gibt es Versorgungsengpässe bei Benzin. Nach dem Tod des Präsidenten (Dez. 2008) übernahm das Militär die Macht und will das Land in die nächsten Präsidentschaftswahlen führen. Dann wurde es zunächst wieder ruhig, doch Unruhen und ein Massaker im Herbst 2009 (erneute Reisewarnung) zeigen, dass die Lage sehr schnell instabil und gefährlich werden kann. Eine jeweils aktuelle Analyse der Sicherheitslage ist also vor einer Reise nach Guinea in jedem Fall nötig! Insbesondere in der Grenzregion zu Liberia wird auch vor Überfällen gewarnt, daher sollte die Nacht in Ortschaften verbracht werden.

Je nach aktueller Lage also evtl. auf einen Besuch Guineas verzichten! Doch das wäre schade, denn die Bevölkerung ist sehr angenehm und freundlich, nicht so aufdringlich wie in manchen anderen westafrikanischen Ländern. Einige Reiseradler waren in den letzten Jahren in Guinea unterwegs und sehr positiv von diesem Land überrascht, das zu Unrecht immer noch eines der unbekanntesten Länder Afrikas ist.

Reparatur in Kerouane

An- und Weiterreise

Von/nach Guinea-Bissau: Hauptübergang Kandika/Buruntuma, Piste bis Gabú, dann in Richtung Bissau gute Teerstraße, Übernachtung am Grenzübergang möglich, Geldwechsel in Koundara. Minen im Niemandsland zwischen den Grenzposten! Auch einige kleiner Übergänge sind machbar. Wichtig ist es, die Lage der Grenzstationen für den Ein- bzw. Ausreisestempel zu erfragen und die Orientierung auf den Minipisten zu behalten. **Von/nach Senegal:** s. dort. **Von/nach Mali:** Wichtigster Übergang Kourémalé (asphaltiert). **Von/nach Liberia, Sierra Leone und Elfenbeinküste:** Vorher Sicherheitslage prüfen! Zur Elfenbeinküste von Nzérékoré über Lola nach Man, für Liberia ist die Hauptroute ebenfalls von Nzérékoré ausgehend nach Ganta. Nach Sierra Leone gibt es einige Übergänge, allerdings alles Pisten.

Sehenswertes, Routen, Reisen

Christian Dupraz: „Guinea ist von seinen Möglichkeiten wohl **das für Radreisende interessanteste Land in Westafrika**. Man kann in Guinea problemlos mehr als einen Monat auf Tour verbringen. Bei einer Durchreise wird man je nach Situation in den Nachbarländern (Liberia, Elfenbeinküste) die Route unterschiedlich legen. Die Landschaft ist insbesondere im Fouta Djalon atemberaubend, auch die Bergländer (teilweise mit Resten tropischen Regenwaldes) im Süden sind wunderschön. Noch ist das Land vom Tourismus weitestgehend verschont (Instabilität), sodass nur wenig touristische Infrastruktur (gute Hotels und Restaurants, Agenturen etc.) vorhanden ist. Gerade für Individualreisende hat das aber den Vorteil, dass es vielerorts noch sehr ursprünglich ist und die Leute sehr angenehm sind. Außerdem kann man noch vieles selbst entdecken, weil die Reiseführer oft nicht alles exakt beschreiben."

Die wichtigsten Hauptverbindungsstraßen sind asphaltiert, das gilt jedoch nicht für die Strecke von Labé nach Koundara. Flussübergänge werden teils noch von Fähren (manchmal Einbäume) bewältigt.

Fouta Djalon ist das Sahnestück Guineas, ein bis zu 1537 m hohes grünes Bergland mit Wasserfällen, einsamen Pisten und Bilderbuchdörfern. Üblicher Zugang von Norden: Koundara – Labé, für Pkw-Fahrer eine üble Piste. Doch gibt es in Guinea für Radfahrer oft Alternativpfade, wenn die Piste ungünstig ist, so auch hier. Von Labé geht eine gute Piste nach Mali-Ville. Mali-Ville ist die höchstgelegene Stadt in Guinea und ein lohnendes Ziel; die Gegend eignet sich zum Wandern und Mountainbiken (Routen können noch selbst erfunden und entdeckt werden). Sehenswert ist die „Dame de Mali", eine Felsformation über dem Abbruch gegen die Ebene im Senegal. Der Weiterweg an der Dame vorbei ist die härtere Piste nach Senegal, die andere Piste geht über Gaya. Ein alternativer Zugang nach Mali-Ville geht von Koundara (Termesse – Touba – Madina Ouara) über eine selten durchgehend befahrene Piste (max. 1 Lkw pro Woche, sonst Mopeds und Räder). Die Steigungen sind ordentlich, die Orientierung nicht immer einfach (teilweise Singletrails), dafür ist die Landschaft hier auch traumhaft.

In der Gegend um Labé und Pita gibt es gigantische Wasserfälle: Sala, Kinkon und Kambadaga (am eindrucksvollsten, mehrstufig, Hängebrücke). Zu letzterem gibt es zwei Zugänge (mit einer Hängebrücke zu verbinden), einfacher vom Teer in Brouwaltape weg auf frisch geschobener Piste, die als kleiner Feldweg endet. Viele weitere Strecken sind im Fouta Djalon möglich (vgl. Karten und *www.foutapedia.org*).

Die **Waldregion** (Waldguinea) liegt im Süden des Landes. Von Labé kann man bis nach Nzérékoré auf Asphalt radeln (teils schlechter Zustand), gefällige Landschaft, zwischendurch um Faranah (Niger) eher flacher. Ganz im Süden gibt es noch Reste tropischen Regenwalds, insbesondere im Forêt classé de Ziama (bei Sérédou, Yirie, mit Führern sollen Waldelefanten zu sehen sein) und in den Nimbabergen. Bei Bossou (südlich von Lola) gibt es zudem eine bekannte Forschungsstation für Schimpansen, wo diese auch beobachtet werden können.

Von Nzérékoré nach Norden gibt es eine lohnende Piste über Beyla nach Kanka. Bei Autofahrern ist sie gefürchtet und hat wenig Verkehr. Christian Dupraz: „Sie ist aber gut radelbar, führt durch ansprechendes Bergland (trotzdem relativ flach) und offene Savannenlandschaft." Von Kankan führt eine gute Asphaltstraße nach Mali, alternativ kann auch ab Siguiri eine Piste den Niger entlang genommen werden, dabei verpasst man allerdings die schönen Mandingueberge um Sibi.

Küstenroute: Guinea soll nicht die schönsten Strände Westafrikas haben. Von Conakry bis Boké ist die Straße asphaltiert, ein schöner Strand liegt am Cabo Verga. Weiter nach nach Guinea-Bissau geht es dann nur auf kleinen Pisten mit Flussfurten.

Mit dem Rest des Landes ist Conakry über die Asphaltstraße nach Mamou verbunden, die ebenfalls durch schönes Bergland führt, in der Fortsetzung geht die Straße (weiterhin asphaltiert) über Dabola nach Niederguinea (Kouroussa, Kankan).

Übernachtung, Essen, Geld

Nur in den größeren Städten gibt es Hotels (billige 4 Euro, gehobenere 10 Euro und mehr, verhandeln), nicht immer mit fließend Wasser und Strom. Zelten ist bei jedem Dorf problemlos möglich, vor Dunkelheit beim Président du Village fragen, manchmal gibt es sogar eine Hütte für Ausländer. Vom wilden Zelten ist abzuraten, insbesondere im Süden in den Grenzgebieten zu Sierra Leone und Liberia.

In Guinea wird, wie in den meisten westafrikanischen Ländern, viel Reis gegessen. Unterwegs auf dem Land kann man sich auf Wochenmärkten versorgen, insgesamt ist das Angebot allerdings nicht sehr reichhaltig. In größeren Städten kann man manchmal ausgefallenere Produkte in den wenigen Supermärkten zu (für Guinea) hohen Preisen finden. Daher empfiehlt es sich, einen kleinen Vorrat ausgefallenerer Lebensmittel aus Nachbarländern mitzubringen (z.B. Brotaufstrich). An der Straßen werden überall Bananen und „Gateau“ (in Fett gebratene Teigbällchen) angeboten. Sauberes Wasser findet man in vielen Dörfern in den von verschiedenen ausländischen Kampagnen angelegten Pumpbrunnen. Das Wasser sollte man dennoch zumindest mit Tropfen versetzen, wer ganz sicher gehen will filtert. Mineralwasser (Flaschen, Tüten) findet sich in Läden größerer Ortschaften.

Die Währung in Guinea ist der Franc Guinéen (GNF), er unterliegt einer hohen Inflationsrate. Der größte Schein ist der 10.000-GNF-Schein, er ist weniger als 2 Euro wert, dementsprechend viele Geldbündel schleppt man mit sich herum. Außer in Conakry kann man nirgends Geld per Kreditkarte am Automaten beziehen, deshalb ausreichend Bargeld mitführen (auch CFA möglich). Die besten Kurse bekommt man in Conakry, je weiter weg man von der Hauptstadt ist, desto schlechter werden die Kurse. Manchmal ist es besser, CFA statt Euro zu tauschen.

Fahrrad, Ausrüstung

Fahrräder sind in Guinea ein wichtiges Transportmittel, entsprechend häufig finden sich am Straßenrand einfache Werkstätten. In den Städten gibt es einige Boutiquen mit Fahrradersatzteilen. Hochwertige und speziellere Ersatzteile wird man hier nicht finden. Kettenschaltungen sind zwar im Gebirge verbreitet, jedoch eher 5fach-Schaltungen.

Bücher, Karten, Internet

Es gibt nicht viele **Reiseführer**. Lonely Planet Westafrika ist relativ aktuell, jedoch starkes Gewicht auf dem Thema Städte und Unterkunft, oft nur wenige Details zu den Sehenswürdigkeiten, Weiterhin ist Guinea im RKH Westafrika aufgeführt (Band 2: Die Küstenländer). Für Radler: „Bicycle Touring in Senegal/Gambia/Guinea Supplement“ (s. Seite 302 und bei *www.ibike.org*). **Karten:** Michelin 741 (1:4 Mio.) zur Übersicht, die RKH-Karte „Westafrika Küstenländer“ (1:2,2 Mio.) ist auch nicht viel detaillierter. Genauer: IGN 1:1 Mio. Für mehr Details bei eigenen Entdeckungstouren wird es schwierig, evtl. Google Earth, oder für das Relief sehr alte US-Army-Karten 1:250.000, frei zu laden unter *http://www.lib.utexas.edu/maps/guinea.html*. Gute **Internet-Infos** zum Land wie immer bei Wikipedia (*http://de.wikipedia.org/wiki/Guinea*), auf *www.transafrika.org* und *www.lonelyplanet.com/guinea*. Auf der Seite der deutschen Botschaft in Conakry (*www.conakry.diplo.de*) findet sich auch eine kleine Landeskunde. Eine engagierte private Homepage mit netter Linkliste ist *www.web-und-net.de/jens/guinea*.

Gigantisch: Die Kambadaga-Fälle

Guinea-Bissau [CD, AP]

Überblick

Guinea-Bissau, gelegen am Atlantik zwischen Guinea und Senegal, ist ein relativ kleines Land. Dennoch läuft es dem größeren Nachbarland Guinea den Rang ab, wenn es um den Namen geht. Gewöhnlich ist nämlich Guinea-Bissau gemeint, wenn von „Guinea" gesprochen wird. Und das eigentliche Guinea wird eher nach seiner Hauptstadt Conakry bezeichnet.

Guinea-Bissau wurde erst relativ spät, nach einem längeren Unabhängigkeitskampf, 1974 von Portugal unabhängig. Die koloniale Vergangenheit ist noch gut in Bissau und den Provinzstädten in kolonial geprägten Stadtvierteln gegenwärtig. Das Land ist sehr arm, die Analphabetenrate bei über 60%. Hauptsprache ist Kreol, eine auf dem Portugiesischen aufbauende Sprache. Gebildete Leute verstehen auch Französisch oder Portugiesisch. Die Bezeichnung für den Weißen lautet hier oft „Branco Pelele", was soviel bedeutet, wie „Weißer Mann, ganz weiß". Die Bevölkerung ist sehr angenehm und nett, was wohl auch auf die geringe Frequenz von Touristen zurückzuführen sein dürfte.

Die Landschaft ist in großen Teilen eine Fortsetzung der von Senegal bekannten Casamance, also sehr grün, tropisch und mit Mangroven und einigem Reisanbau und auch größeren Baumplantagen. Gegen Osten wird es ein bisschen welliger und das Land wird weniger intensiv genutzt.

Obwohl die Infrastruktur eigentlich sehr schlecht ist, gibt es ausgezeichnete von der EU geförderte Straßen. Von Ziguinchor nach Bissau und von Bissau nach Gabú trifft man fast kein Schlagloch an (Stand Mitte 2009). Zudem wird gerade noch an einer riesigen Brücke (EU-Projekt) über den Rio Cacheu gebaut, jene über den Rio Mansoa ist bereits fertig. Ansonsten gibt es selbst in der Hauptstadt nur für wenige Gebäude Strom, von den Provinzstädten ganz zu schweigen – man behilft sich mit eigenen Generatoren oder Feuern. Internet ist höchstens in Bissau zugänglich.

Einreise, Sicherheit, Währung

Zur Einreise nach Guinea-Bissau ist ein **Visum** notwendig. Dieses ist auch unterwegs unkompliziert in Bakau (Gambia) oder in Ziguinchor (Senegal) erhältlich, innerhalb von 15 Minuten (wie üblich: Fotos nicht vergessen).

In Guinea-Bissau gab es um die Jahrtausendwende mehrere kurze Bürgerkriegsphasen, die zu einem Exodus vieler Ausländer führten. Wie aktuelle Ereignisse (November 2008 / März 2009) zeigen ist das Land nicht restlos stabil. Während es 2008 bei Schüssen auf das Haus des Präsidenten blieb, wurde er im März 2009, nach dem gewaltsamen Tod des Generalstabschefs, ermordet. Brennpunkt ist also jeweils die Hauptstadt, auf dem Land geht das Leben auch bei solchen Ereignissen normal weiter. Auch ist das Land in den letzten Jahren als Umschlagplatz für Drogen aus Lateinamerika in die Schlagzeilen geraten. Vor einer Reise nach Guinea-Bissau sollte also die aktuelle Sicherheitslage geprüft werden (*www.auswaertiges-amt.de*), evtl. besser auf einen Hauptstadtbesuch verzichten. Und: Im Grenzgebiet zum Senegal sind noch zahlreiche Minen vergraben. Das gilt ebenfalls für den Übergang nach Guinea bei Buruntuma.

Guinea-Bissau gehört zu den CFA-Ländern; am besten nimmt man von Senegal schon genügend mit. Natürlich kann man auch Bargeld tauschen, Bankautomaten gibt es aber (noch) nicht.

An- und Weiterreise

Von/nach Europa: Etliche Linienflüge, z.B. mit TAP – wem die Flüge nach Bissau, dem einzigen internationalen Flughafen des Landes, zu teuer sind, der kann auch auf Gambia ausweichen. **Von/nach Senegal:** s. dort. **Von/nach Guinea:** s.dort.

Obwohl Guinea-Bissau kein ausgesprochenes Radreiseland ist, lässt es sich dort gut radeln. Am einfachsten ist natürlich der Transit von Ziguinchor über Ingore und Bafata an die Grenze zu Guinea in Buruntuma, hier ist fast alles in gutem asphaltiertem Zustand. Ein Abstecher nach Bissau muss nicht sein, ist aber lohnend, das koloniale Viertel ist noch sehr hübsch. Zudem bietet sich von dort ein Abstecher zu einer der Hauptsehenswürdigkeiten des Landes an, dem Bijagos-Archipel. Von Bissau fahren Boote nach Bubaque, der größten Stadt der Inselgruppe. Obwohl die Inseln nicht riesig sind, kann auf einigen von ihnen ein Rad ganz nützlich sein. Die Inseln bieten schöne Strände und noch relativ ursprüngliches ländliches Leben (sowie natürlich die Fischerei), außerdem gibt es die Gelegenheit zu besonderen Tierbeobachtungen (Schildkröten, Flusspferde im Salzwasser).

In Bissau ist es nicht ganz einfach, ein Hotel zu finden. Dazu sei gesagt, dass es viele Hotels gibt, nur lassen sie es sich von außen oft nicht anmerken. Günstiger als in der Stadt findet man Motels in der Flughafengegend. Relativ zum Rest des Landes hat man hier die beste Versorgung, allerdings immer noch schlechter als in Senegal. Wer nicht die Teerstraße nach Osten ganz ausfahren will kann ab Bambadinca auch nach Süden fahren. Über Quebo (bis hierhin Asphalt) ist es möglich, auf Pisten (Flüsse mit Furten oder Kanu überqueren) nach Boké in Guinea zu fahren. Ein Abstecher über Catio nach Jemberem ist ebenfalls empfehlenswert; dort kann man mit etwas Glück Elefanten und Schimpansen sehen (Führer nehmen).

Außer in Bissau gibt es nur in den großen Ortschaften (Bafata, Bambadinca, Gabu) Hotels, teilweise recht einfach. Campen ist aber auch außerhalb der großen Städte gut möglich, am besten fragt man am Abend in einem Dorf nach einem Platz.

Als Verkehrsmittel gibt es in Guinea-Bissau viele Kleinbusse und Buschtaxis, bei denen Radtransport in der Regel problemlos möglich ist.

Bücher, Karten, Internet

Guinea-Bissau ist normalerweise in den gleichen Westafrikaführern beschrieben wie Guinea, z.B. im RKH Westafrika (Band 2: Die Küstenländer). Am aktuellsten ist derzeit wohl der Lonely Planet „West Africa". **Karten:** Michelin 741 (1:4 Mio.), die RKH-Karte „Westafrika Küstenländer" (1:2,2 Mio.) hat auch nicht viel mehr Details. Genauer: IGN 1:500.000. Gute **Internet-Infos** wie immer bei *http://de.wikipedia.org/wiki/Guinea-Bissau* und *www.transafrica.org*, auch *www.lonelyplanet.com/guinea-bissau*. Unter *www.guineabissau-government.com/index.php* firmiert die offizielle Homepage der Regierung; interessant ist der Reisebericht auf *www.abenaa.de/guineabissau.htm*, einer privaten Seite.

Sierra Leone [JH]

Überblick

Die Republik Sierra Leone, an der Westküste Afrikas gelegen, grenzt im Nordwesten, Norden und Nordosten an Guinea und im Südosten an Liberia. Das Land ist, abgesehen von der Hauptstadt Freetown und einigen Küstenabschnitten, touristisch noch nahezu unerschlossen, bietet aber schöne Landschaften und eine artenreiche Tierwelt. Seinen Namen verdankt es dem vom Meer aus sichtbaren Bergrücken (890 m) zwischen Cape Sierra Leone und Cape Shilling, der von weitem wie ein schlafender Löwe aussieht.

Nach langem Bürgerkrieg haben sich die politischen Verhältnisse in Sierra Leone erst seit kurzem beruhigt (Stand 2009). Reisen im Land sind wieder möglich, auch für Radler, aber wegen fehlender bzw. vielfach zerstörter Infrastruktur oft recht schwierig. Die Menschen sind freundlich, offen und hilfsbereit; sie freuen sich, wenn ein Radler daherkommt, denn viele waren es in den vergangenen Jahren nicht. Die Armut im Land ist allerdings bedrückend. Es gibt noch immer Kinder, die an Hunger sterben … Der Nordosten des Landes (Grenzgebiet zu Liberia und Guinea) gilt wegen der dort noch existierenden Diamanten-Mafia weiter als nicht vollständig „befriedetes" Gebiet. Auf jeden Fall ist eine intensive Beschäftigung mit der Sicherheitslage vor einer Reise nach Sierra Leone geboten (*www.auswaertiges-amt.de*). Gute Infos zum Land auch bei *www.transafrika.org* und *http://de.wikipedia.org/wiki/Sierra_Leone* sowie bei *www.lonelyplanet.com/sierra-leone*. Homepage der National Tourist Organisation: *www.welcometosierraleone.org*. Eine gute kommerzielle Seite ist *www.visitsierraleone.org*.

Ein- und Weiterreise

Reiseradler aus D, A und CH brauchen ein Visum. Einreisegenehmigungen und Visa sind für Aufenthalte von drei Monaten gültig. Das Visum kann man im Land verlängern lassen; die maximale Aufenthaltsdauer beträgt zwölf Monate. Visa für Sierra Leone sind auch bei der Botschaft in Banjul/Gambia für 75,- Euro zu erhalten (oder in Conakry/Guinea). Es gibt zwar einige Verbindungsstrecken in die Nachbarländer, diese können aber je nach aktueller politischer Lage gesperrt sein – aktuelle Infos bei den Botschaften in Deutschland (*www.konsulate.de/sierraleone.php*), Österreich und der Schweiz. Eine Gelbfieberimpfung ist bei der Einreise nachzuweisen.

Reisen im Land

Sieht man von den Hauptverbindungswegen ab (z.B. Freetown – Makeni – Kabala oder Freetown – Magburaka), sind fast alle Straßen Sierra Leones in sehr schlechtem Zustand. Im Landesinneren kann man (wo der Dschungel nicht zu dicht ist) wild campen, in den Dörfern um einen Zeltplatz bitten oder in katholischen Missionsstationen um Unterkunft anfragen. Hotels gibt es kaum, billige Hostals noch weniger. Auch Garküchen sind (anders als sonst fast überall in Westafrika) kaum verbreitet; Selbstversorgung ist also angesagt. In den meisten größeren Orten gibt es immerhin das Nötigste zu kaufen: Brot, Reis, Sardinenbüchsen, Obst der Saison …

Landeswährung ist der Leone. Internationale Kreditkarten werden derzeit nirgends akzeptiert, auch nicht an den wenigen Geldautomaten. Mit der VISA-Card kann man manchmal an Bankschaltern Bargeld abheben.

Einziger sich ausschließlich mit Sierra Leone befassender **Reiseführer** derzeit ist der Bradt Travel Guide „Sierra Leone", Bradt Publications, 1. Auflage Mai 2009. **Karte:** ITM Sierra Leone 1:560.000. Ansonsten ist Sierra Leone auf der Michelin 741 mit drauf.

Sehenswert

Tourvorschlag von Joachim Held: Besuch des Outamba-Kilimi-Nationalparks

Anreise über (siehe auch bei) Guinea: Grenzübergang hinter Forécariah; Formalitäten können je nach Lust und Laune der Beamten etwas zeitaufwenig werden. Den Beamten an der Grenzstation in Sierra Leone sollte man (wie eigentlich überall in Afrika) genau angeben, wo man hin will. Am besten, man sagt „Freetown". Geldwechsel gleich an der Grenze bei einem der „Straßenhändler" möglich (die kommen schon auf einen zu, man sollte vorher freilich den aktuellen Wechselkurs kennen).

Erste größere Stadt in Sierra Leone ist Kambia, etwa 10 km hinter der Grenze. Hier zweigt links eine Dschungelpiste nach Kamakwie und zum Outamba-Kilimi-Nationalpark ab.

Bis Kamakwie sind es jetzt noch rund 110 km auf roter Lateritpiste, immer nur Auf und Ab, teilweise sehr steil und die steilsten Abschnitte über riesige Felsvorsprünge oder durch tiefe Krater, dazu Sand oder tiefer Schotter, insgesamt also ziemlich anstrengend. Von Kamakwie bis zum Nationalpark sind es noch einmal rund 35 km, die letzten Kilometer zum Park noch eine Stufe steiler, felsiger und härter als vorher. Zweimal muss übrigens der Fluss Mongo mit Fähre oder Kanu überquert werden, einmal vor Kamakwie und einmal danach.

Der Nationalpark ist auf Touristen bisher (Stand Januar 2009) nur rudimentär eingerichtet. Man kann kleine Rundhütten für wenig Geld mieten oder auch das eigene Zelt aufschlagen. Es gibt allerdings weder Essen noch Trinken zu kaufen, man sollte sich also alles aus Kamakwie mitbringen. Wasser kann man (nach Entkeimung) auch aus dem am Camp vorbeifließenden Fluss trinken.

Der Park wirbt damit, man könne hier die letzten wild lebenden Elefanten und Büffel der Region sehen. Die Tiere sind allerdings oft so weit draußen im Busch unterwegs, dass man von den Wildhütern nur zu ihren Fußabdrücken geführt werden kann. Dafür gibt es Flusspferde, viele Affen und diverse Vogelarten zu sehen. Wer es bis zum Park geschafft hat und genug Proviant dabei hat, wird nach der anstrengenden Fahrt auch ein paar Tage bleiben, denn alles in allem ist der Ort eine herrliche Oase mitten im Dschungel Sierra Leones.

Vorschlag für die Weiterfahrt: Zurück nach Kamakwie und weiter nach Makeni. Von dort entweder nach Süden Richtung Freetown oder nach Norden (über Fadugu, Kabala und Falaba) zur Grenze bei Gberia-Fotombu nach Guinea.

Liberia

Überblick

Die Republik Liberia („Land der Freien"), eingerahmt von Guinea, Sierra Leone, der Elfenbeinküste und dem Atlantik, war ab dem Jahr 1822 ein Projekt zur Ansiedlung freigelassener farbiger Sklaven nach der Abschaffung der Sklaverei in den USA und einer der ersten unabhängigen Staaten in Afrika – aus dieser Zeit stammt auch der Name. Allerdings kam es schnell zu Konflikten zwischen den ehemaligen Sklaven und den einheimischen Völkern. Diese Auseinandersetzungen prägen Liberia bis heute. Doch wurde nach rund 14 Jahren Bürgerkrieg im November 2005 mit der offensichtlich fair verlaufenen Wahl der neuen Staatspräsidentin Ellen Johnson-Sirleaf der Grundstein für einen demokratischen Neuanfang Liberias gelegt – ein Hoffnungsschimmer.

Wenn sich die Situation in Liberia stabilisiert, werden Reisende ein faszinierendes Land entdecken können: Ein dichter Regenwald ist immer noch Heimat von hunderten Vogelarten, Waldelefanten, Schimpansen und Zwergflusspferden, wenngleich auch viel gerodet wurde. Das Innere Liberias besteht größtenteils aus Bergland. Die höchste Erhebung ist der Mt. Wuteve (1440 m) im Norden des Landes. An der Küste findet man einsame, weiße Sandstrände mit Flussdeltas und Lagunen, während die kulturellen Traditionen Liberias wie das Schnitzen von Masken im Inland immer noch lebendig sind.

Einreise, Reisen im Land

Trotz intensiver Suche im WorldWideWeb ist es uns nicht gelungen, auch nur einen einzigen Rad-Tourero zu finden, der in den letzten zehn Jahren in Liberia zugange war. Das Auswärtige Amt spricht aber (Stand Mitte 2009) keine generelle Reisewarnung mehr aus, die Sicherheitslage scheint weitgehend unter Kontrolle zu sein, es gibt sogar wieder eine deutsche Botschaft in der Hauptstadt Monrovia – dass es trotzdem keine Radreisenden nach Liberia verschlägt, dürfte auch daran liegen, dass dieses Land, mit 15.000 km² etwa halb so groß wie die Bundesrepublik, für Westafrika-Radler quasi eine Sackgasse darstellt, denn das Nachbarland Côte d'Ivoire ist auch sicherheitsmäßig nicht gerade einfaches Radler-Terrain, und so nehmen die meisten von Mali aus Burkina Faso und Ghana unter die Reifen. Auf jeden Fall: Wer Liberia in seine Afrika-Radreise einbaut, betritt mit Sicherheit Neuland – über jede Info würden wir uns freuen und werden diese gerne auf *www.weltweitradeln.de* ins Web stellen.

Nachstehend noch ein paar Fakten: Die **Haupt-Grenzübergänge** sind: Von **Guinea** bei Ganta, von **Sierra Leone** nahe der Atlantikküste bei Bo und bei Kolahun im Nordwesten Liberias (beide Grenzübergänge zeitweilig geschlossen, erkundigt euch bei *www.konsulate.de/sierraleone.php*) und nach **Côte d'Ivoire** bei Saniquellie im Norden des Landes, außerdem gibt es einen Grenzübergang im Osten zwischen Harper und Tabou. **Visum** erforderlich, s. ebenso wie **Geld** und aktuelle **Sicherheitslage** bei *www.auswaertiges-amt.de* und *www.transafrika.org*. Gute Länder-Info wie immer bei *http://de.wikipedia.org/wiki/Liberia* und *www.lonely planet.com/liberia*. Es gibt sogar eine Deutsch-liberianische Gesellschaft (*www. deutsch-liberianische-gesellschaft.de*, mit Linkliste).

Mali [CD, AG]

Überblick

Der zweitgrößte Staat Westafrikas ist geografisch quasi zweigeteilt: in den fruchtbaren Süden (mit ständig fortschreitender Verwüstung von Norden her) und in die riesigen Wüstenregionen der Sahara (zwei Drittel des Binnenstaats sind Wüste). Das ganze Land ist, mit Ausnahme der Bandiagara-Region und dem Westen, ziemlich flach. Das Nigerbecken mit seinem Binnendelta und fruchtbarem Schwemmland stellt den Hauptlebensraum Malis dar.

Mali ist ein sehr armes Land, das fast nur von seiner Landwirtschaft (Hirse, Baumwolle, Erdnüsse) zur Selbstversorgung lebt. In der Dornbuschsavanne wird Viehzucht betrieben (Fulbe-Hirten). Erheblicher Fischfang im Niger. Achtung, Bilharziosegefahr in den Gewässern! (Gesundheit s. wie immer bei *www.fit-for-travel.de*).

Mali ist schwach besiedelt. Zahlreiche Ethnien (Bambara, Malinké, Songhai, Senufo usw.), im Norden gibt es auch Touareg (und Konflikte). Amtssprache ist Französisch, Bambara ist weit verbreitet. Überwiegende Religion: Islam.

Klima, Winde

Der Regen im Süden fällt im Sommer, wenn der regenbringende Südwest-Monsun den trocken-heißen Nordost-Passatwind (Harmattan) ablöst. Die staubgeladene Luft des Harmattans trübt insbesondere im Januar und Februar an manchen Tagen die Sicht deutlich. Die Temperaturen in Mali sind sehr hoch, daher empfiehlt es sich, in der etwas kühleren Jahreszeit zu reisen (von November bis Februar), ab März wird es dann unerträglich warm. In der Regenzeit kühlt es zwar wieder etwas ab, dann sind allerdings viele Pisten nur schwer zu befahren.

Einreise, Sicherheit, Währung

Bürger aus D, A, und CH benötigen ein **Visum** sowie den Nachweis für eine Gelbfieberimpfung. Am sichersten (und teuersten) ist die Visa-Beschaffung in Europa. An einigen Grenzübergängen (u.a. Nioro, Kidira) ist das Visum momentan an der Grenze erhältlich (kann sich ändern, jeweils aktuell erkundigen!). In Nouakchott bekommt man das Visum relativ problemlos an einem Tag, in Dakar dauert es wohl länger, und in Kankan soll es an der Polizeistation am Markt ein Laissez-Passer für Mali geben.

Die Gebiete nördlich und östlich des Nigers (ohne Timbuktu und Gao) bis zur bzw. mit der Region Léré und Nampala sollte man (Stand Mitte 2009) strikt meiden (nicht nur wegen des Sandes, der das Radeln dort fast unmöglich macht), da ein hohes Anschlags- und Entführungsrisiko besteht – wie schon weiter oben erwähnt ist dort der Maghreb-Arm der Terror-Organisation Al-Kaida verstärkt aktiv. Auch bewaffnete Gruppierungen aufständischer Touareg lassen dort schon seit Jahren kein risikoloses Reisen mehr zu. Daher ist momentan auch keine Aus- bzw. Einreise über Algerien zu empfehlen.

Währung: Mali ist in der Westafrikanischen Währungsunion, sodass die Währung hier ebenfalls der CFA ist. In Bamako kann man prinzipiell mit VISA- und MasterCard am Automat abheben, zuverlässiger klappt es mit VISA. Ansonsten ist auch in Mali Bargeld empfehlenswert.

An- und Weiterreise

Von/nach Niger: Die Piste von Gao nach Ayorou im Niger (ca. 250 km) ist mittlerweile geteert, dennoch ist Vorsicht geboten; von der Straße wurden auf nigrischer Seite im Dez. 2008 zwei Diplomaten entführt. Das östlich angrenzende Gebiet (Menaka) gilt als gefährlich und bietet daher keinen alternativen Grenzübergang. Risikoärmer wäre es derzeit, über Burkina Faso in den Niger zu fahren. **Von/nach Mauretanien, Senegal und Guinea:** Siehe die entsprechenden Kapitel. **Von/nach Côte d'Ivoire:** Über Sikasso, es gibt aber auch noch zwei Nebenstrecken weiter westlich bei Tengréla und Tienko. Aktuelle Sicherheitslage checken! **Von/nach Burkina Faso:** Am einfachsten nach Bobo-Dioulasso, da geteert (über Koutiala), oder teils Piste von Sikasso (kann auch mit ein paar Sehenwürdigkeiten verbunden werden). Nach Ouagadougou kommt man von Mopti über Bandiagara, Koro und Ouahigouya auf schlechter Piste.

Ziele, Routen

Sehenswert sind **Djenné** (vor allem sein Montags-Markt und seine Moschee), Mopti (das „Venedig" Malis) mit seiner Lehmmoschee, und Ségou. Die Gondo-Ebene an der Falaise de Bandiagara (Plateauabbruch) bietet die Hauptattraktion Malis: das **Land der Dogon**, die in malerischen Dörfern mit spitzen Kegeldächern leben (zum Radfahren dort empfiehlt sich die IGN-Karte 1:1 Mio. und ein MTB). Diese Gegend wird von vielen Touristen besucht, sodass sich die üblichen Begleiterscheinungen einstellen. Am besten nimmt man einen Führer, um keine Tabus zu brechen und in alle Besonderheiten eingeführt zu werden (bei der Auswahl auf seine Kompetenz achten). Hombori mit der Felsformation „Hand der Fatima" ist ebenfalls sehr eindrucksvoll. Wenn man es mit seinem Terminplan vereinbaren kann, ist auch der Besuch eines der jährlich stattfindenden Festivals (z.B. in Ségou oder bei Timbuktu) lohnend.

An der Moschee in Djenné

Malis Straßennetz ist sehr weitmaschig und konzentriert sich auf den Süden. Pisten sind nur in der Trockenzeit befahrbar und werden bei starken Regenfällen gesperrt. Dornen, insbesondere von Akazien, können zu häufigen Platten führen. Oft sammelt der Reifen bei einem kurzen Abstecher ins Gelände so einiges auf, was sich dann langsam durch den Mantel arbeitet, daher auf entsprechend robuste Reifen achten (SmartGuard o.ä.).

Asphaltstraßen gibt es von Bamako nach Gao und von Bamako zur Elfenbeinküste (über Sikasso), auch die Strecke nach Bobo-Dioulasso (Burkina Faso) ist asphaltiert, ebenso wie die Strecken nach Guinea (Kourémalé) und Senegal (über Nioro und Kayes). Nach Bobo-Dioulasso ist die nördliche Route über Koutiala die bessere. Die Strecke Mopti – Ouahigouya (Burkina Faso) ist kaum befahren und eine schlechte Piste. Wer sich eine Reiserichtung aussuchen kann, sollte im Winter eher von Ost nach West radeln, da der Nordostpassat recht zuverlässig bläst.

Die Fahrt bis ins ferne Gao (wie gesagt, Asphalt) lohnt sich, da man hier durch sehr schöne Landschaften kommt (Hombori); zur richtigen Jahreszeit kann man zwischen Hombori und Gao manchmal sogar Wüstenelefanten beobachten. An Fatimas Hand kann man auch wandern und klettern. Ein Rad-Abstecher nach **Timbuktu** empfiehlt sich nur für leidensfähige Treter (sandig!), am besten geht es noch über Niafounké und Goundam, weil dann wenigstens ausreichend Versorgungspunkte auf der Strecke liegen. Es geht zum großen Teil durch Sanddünen oder über sehr harten, welligen, ausgetrockneten Boden. Achtung, Dornen! Auch die Anfahrt aus dem Süden von Douentza ist möglich (aber die 200 Pisten-km können schrecklich sein! Nach 100 km im Dorf Bambara Maoundé gibt es Wasser und einen Kleinstladen. Unbedingt Zustand der Piste erfragen! Mehrere Fahrzeuge täglich). Einfacher eventuell in Kombination mit einem sowieso beabsichtigten Transport kann Timbuktu mit Flussbooten von Mopti oder Gao angefahren werden. Viele Reisende, die sich Timbuktu als das Ziel ihrer Reise gesetzt haben, sind etwas enttäuscht von dem heutigen Erscheinungsbild der Stadt – besser, man fasst sie als eine von vielen Sehenswürdigkeiten in Mali auf.

Südlich der Teerstraße Douentza – Mopti liegt das **Dogonland**, eine der Hauptsehenswürdigkeiten Malis. Neben der eindrucksvollen Falaise de Bandiagara ist vor allem die Kultur des Volks der Dogon interessant, mit ihren besonderen Riten und kunsthandwerklichen Gegenständen. Anstatt die Asphaltstraße nach Mopti auszufahren kann man auch von Douentza direkt nach Bandiagara radeln. Dabei ist natürlich die Strecke entlang der Falaise schöner, allerdings ist die Orientierung aufgrund der Vielzahl der Wege nicht einfach. Zudem erschweren sandige Passagen das Vorwärtskommen, weshalb es empfehlenswert ist, zwischen Sanga und Douentza eher die Piste auf dem Plateau zu nehmen (über Nangari). Die Falaise kann nur an einigen Stellen relativ einfach überwunden werden, z.B. bei Kani Kombolé (befestigt) auf der Strecke Bankass – Bandiagara, bei Douro sowie zwischen Sanga und Banani. Etwas leidig ist die Führerproblematik; prinzipiell kann man sich zwar schon frei bewegen, muss allerdings bei den Dörfern auf allerlei heilige Orte achten. Zudem ist man mit dem richtigen Führer besser vor Geldwünschen geschützt und bekommt natürlich auch viel mehr von den Gebräuchen der Dogon mit. Es ist daher sicher nicht falsch, das Rad an einem Ort stehen zu lassen und zu Fuß mit einem Führer für ein paar Tage die Gegend zu erkunden.

Nordwestlich des Dogonlandes schließt sich das **Niger-Binnendelta** an. In dieser Senke verliert der Niger auf ca. 250 km nur 10 Höhenmeter, entsprechend verlangsamt sich der Fluss hier stark, teilt sich auf und lagert große Sedimentmengen ab. Die Region ist eines der wichtigsten Anbaugebiete Malis für Reis. Einige der schönsten Städte Malis liegen im oder am Rand des Binnendeltas, dazu zählen Mopti, Djenné und San. Ebenfalls sehr schön liegt etwas flussaufwärts Ségou. Insbesondere Djenné ist hervorzuheben als UNESCO-Weltkulturerbe mit bedeutenden Lehmziegelbauten (Moschee). Im Binnendelta findet man nur wenige asphaltierte Straßen. Vorteil: Man kann auch abseits der ausgetretenen Pfade das Binnendelta erfahren, z.B. auf dem direkten Weg von Djenné (nicht auf der Hauptstraße). Wer daran Gefallen findet, der kann dann gleich weiter am Niger entlang nach Bamako radeln. In Bamako ist wieder Vollversorgung gewährleistet. Wer nicht nach Guinea weiterfährt, kann von Bamako dennoch einen Ausflug in die Mandingoberge machen (ein paar km über Sibi hinaus fahren), dort gibt es nochmals schöne Felswände und -nadeln.

Wer nach Kayes nicht die Asphaltstraße fahren will, kann auch eine anstrengendere Pistentour vornehmen. Von Bamako nach Kita und dann weiter über Manantali zur Piste an der Falaise de Tamboura (hierher auch von Senegal, Kedougou); die Piste über Bafoulabé den Senegal-Fluss entlang soll recht sandig sein. Belohnt wird man aber mit einer wunderschönen, noch recht ursprünglichen Landschaft.

Reisen im Land

Transport: Eine Eisenbahn geht zweimal wöchentlich von Bamako über Kayes nach Dakar/Senegal (Minimum 35 Stunden). Der Schiffsverkehr auf dem Niger von Bamako (Koulikoro, 60 km nordöstl.) bis nach Gao (rd. 1300 km) ist abhängig vom Wasserstand des Flusses, in der Regel möglich nach Ende der Regenzeit von Juli bis Dezember. Viele Überlandbusse, Taxi brousse und Lkw, Radmitnahme problemlos.

Übernachten: Es gibt sowohl einfache als auch sehr gute Unterkünfte, besonders in touristischen Regionen. Ein Zelt oder Moskitonetz ist wichtig, doch offizielle Campingplätze finden sich meistens nur auf dem Gelände von Hotels oder Jugendherbergen. Wildes Campen ist jedoch außerhalb größerer Städte in den Dörfern in der Regel unproblematisch.

Bücher, Karten, Internet

Als **Lektüre** kann man „Timbuktu" von Bettina Selby empfehlen (s. Seite 303). Für Radler auch: „Bicycle Touring in Mali/Burkina Faso/Niger Supplement" (s. Seite 302 und bei *www.ibike.org*). Ansonsten ist auch Mali meist Teil von Westafrikaführern, z.B. Erika Därr / Thomas Baur: „Sahel-Länder Westafrikas", Reise Know-How (für Land und Leute) und „West Africa Travel Guide", Lonely Planet (für Hotels etc). Gut gerade für Mali auch der Guide du Routard „Afrique de l'Ouest" sowie der schon etwas ältere Bradt Travel Guide „Mali", aktuelle Auflage von 2004. **Karten:** Neben der Michelin 741 (1:1,4 Mio.) gibt es die IGN Carte Générale 1:2 Mio., IGN-Detailkarten 1:1 Mio. und die Reise Know-How Karte „Westafrika, Sahelländer" (1:2.200.000). Viele detailliertere Karten sind noch aus der Kolonialzeit. Für die Orientierung auf Nebenstrecken ist GPS sinnvoll, Daten können vorher von Karten oder Google Earth gewonnen werden. Ein paar Tracks sind auch im Wikiloc (*http://de.wikiloc.com/wikiloc/home.do*) zu finden. Gute **Internet-Infos** findet man bei *http://de.wikipedia.org/wiki/Mali*, *www.lonelyplanet.com/mali* und auf *www.transafrika.org*; dort auch ein paar ausgewählte Reiseberichte. Das Konsulat der Republik Mali in Deutschland informiert unter *www.mali-online.de*, der gemeinnützige Verein „Mali-Hilfe e.V." unter *www.mali-hilfe.de*. Auf Französisch: *www.routard.com/guide/code_dest/mali.htm*.

Niger

Überblick

Das Binnenland Niger ist eines der am wenigsten entwickelten Länder der Welt. Zwei Drittel dieses größten Landes in Westafrika gehören zur Sahara, die im Süden in die Savannen der Sahelzone übergeht. Existenzbedrohend für den größten Teil der nigrischen Bevölkerung sind regelmäßig wiederkehrende Dürren und Nahrungsmittelknappheit. Verschärft wird die Problematik durch menschliche Einflüsse wie Abholzung, Übernutzung der Nutzflächen und durch den Klimawandel.

Das (land-)wirtschaftliche Kerngebiet Nigers liegt im Süden und Südwesten entlang des Nigerflusses, wo auch der Großteil der Bevölkerung wohnt. Hauptstadt ist Niamey. Im Süden fällt zwischen Juni und September etwas Regen, sonst ist es heiß und es herrscht allgemein Wassermangel. Die beste Reisezeit ist zwischen November und März, der am wenigsten heiße Monat ist der September (wie gesagt, evtl. mit etwas Regen). Im Winter wehen die vorherrschenden Winde aus Osten.

Niger war immer hauptsächlich ein Durchreiseland für Saharadurchquerer, die weiter nach Mali, Nigeria oder an die Küste wollen – eher weniger ein Ziel für Radreisende. Das ist auch heute noch so und hängt mit der schwierigen politischen Situation in der südlichen Sahara zusammen, aber auch mit der Tatsache, dass Westafrika-Tourer auf dem (einfacheren) Weg nach Süden über Mali, Burkina Faso und Benin das Land Niger problemlos links liegen lassen können.

Einreise, Sicherheit, Währung

Ein **Visum** ist für Deutsche, Schweizer und Österreicher Pflicht – es ist an den Grenzen nicht erhältlich, aber in einigen Nachbarstaaten.

Im Niger stehen sich die Kultur der Wüstenbewohner (Tuareg, Tubu u.a.) und die Kulturen Schwarzafrikas (Hausa u.a.) gegenüber. Der Islam ist das verbindende Element. Doch bürgerkriegsähnliche Auseinandersetzungen mit den Tuareg erschüttern immer wieder das Land, worunter auch der Tourismus leidet.

Achtung: Der gesamte Norden Nigers war nach wiederholten Banditenüberfällen längere Zeit für Touristen gesperrt, der Grenzübertritt vom Aïr-Gebirge oder der Ténéré nach Algerien nicht möglich. Als einzige Grenze nach Algerien ist jetzt Assamaka/Tamanrasset wieder offen, aber es besteht Konvoipflicht für Autofahrer (s. auch bei „Trans-Sahara“ auf Seite 315 und bei Algerien); Radler müssen „aufladen“. Das Auswärtige Amt rät (Stand Ende 2009) generell von Reisen in die nigrische Sahara ab, speziell in alle Grenzregionen sowie nach Agadez und in das nördlich davon gelegene Aïr-Gebirge. Auch auf der Strecke Agadez – Zinder herrscht Zwang zur Fahrt im Konvoi, der vom Militär begleitet wird. Klärt also unbedingt vor einer eventuellen Reise die aktuelle Lage ab.

Amtssprache im Niger ist Französisch, Währung der CFA. Reiseschecks (Euro, US$) lassen sich in Niamey relativ problemlos, aber mit hoher Kommission in CFA tauschen, in kleineren Orten zählt nur Bargeld.

Ziele, Routen, Reisen im Land

Sehenswert ist Agadez, die alte Sahara-Handelsstadt, und in Niamey das Nationalmuseum und der Markt. Von Niamey geht eine recht interessante Strecke Richtung Norden nach Filingué und wieder zurück nach Süden bis nach Birnin-Gaouré.

Entlang der Hauptstraße von Niamey nach Zinder (900 km) gibt es kleine, aber gefällige Dörfer in großem Abstand. Doch ansonsten bietet das Land wenig Attraktionen, derentwegen es sich lohnen würde, die langen, heißen Strecken extra mit dem Rad abzufahren.

Im Norden und Nordosten Nigers gibt es fast nur Pisten, im südlichen Landesteil zwischen Niamey und Zinder und weiter bis zur Tschad-Grenze asphaltierte Straßen (1500 km). Von Birni N'Konni über Tahoua nach Agadez (ca. 500 km) und weiter nach Arlit (250 km) gleichfalls Asphaltstraße mit wenig Verkehr. Dornengefahr auf Straßen und Pisten! Von Dosso führt eine gute Asphaltstraße nach Benin. Nach/von Burkina Faso über Kantchari gute Asphaltstraße. Nach Nord-Nigeria auf Asphaltstraßen von Birni N'Konni, Maradi und Zinder, aber vorher Sicherheitslage checken (s. auch Seite 383f).

Vorsicht beim Zelten „en brousse“! Wildes Campen soll im Umkreis von 5 km um eine Stadt verboten sein. Campmöglichkeiten gibt es oft bei Hotels, in Dörfern oder an Mautstellen, in größeren Orten auch regelrechte Campingplätze. Das Angebot an Lebensmitteln ist z.T. sehr schlecht, Versorgung wie immer auf den Märkten; auf dem Land gibt es meist nur sehr bescheidene Restaurants. In größeren Dörfern gibt es immerhin meist sauberes Leitungswasser, außerdem Brunnen jeder Art. Entkeimen genügt, aber z.B. entlang des Niger gibt es nur Flusswasser – filtern!

Alternativ kann man auch das Rad auf Buschtaxis oder Lastwagen laden. Das Busnetz funktioniert gut und die Busse sind zahlreich. Eine Eisenbahn hat Niger nicht.

Bücher, Karten, Internet

Niger ist meist Teil von Westafrikaführern, z.B. Erika Därr/Thomas Baur: „Sahel-Länder Westafrikas“, Reise Know-How (für Land und Leute) und „West Africa Travel Guide“, Lonely Planet (für Hotels etc). Jolijn Geels: „Niger“, Bradt Travel Guides. Gut ist auch das Niger-Kapitel im Guide du Routard „Afrique de l'Ouest“. Für Radler: „Bicycle Touring in Mali/Burkina Faso/Niger Supplement“ (s. Seite 302 und bei *www.ibike.org*). **Karten:** Niger ist auf der Michelin-Karte 741 mit drauf (1:4 Mio.). Detaillierter: IGN 1: 2,5 Mio. Detailkarten IGN 1:200.000. **Internet-Infos** wie immer bei *http://de.wikipedia.org/wiki/Niger*, bei *www.transafrika.org* und bei *www.wuestenschiff.de*. Informativ auch *www.lonelyplanet.com/niger* und, auf Französisch, *www.routard.com/guide/code_dest/niger.htm*. Die offizielle Website des nigrischen Parlaments ist *www.assemblee.ne*. Interessant ist die Niger-Sparte auf der Seite des Deutschen Entwicklungsdiensts: *www.niger.ded.de*.

Burkina Faso [JH]

Überblick, Geografie

Burkina Faso, das frühere Obervolta, ist eines der ärmsten Länder nicht nur Afrikas, sondern der ganzen Welt (spärliche Landwirtschaft, immer wieder Dürrekatastrophen, kaum Industrie). Der Name heißt übersetzt „das Land der Unbestechlichen“, was man auch mit „der Freien“ übersetzen könnte. Die integrativen und liberalen Bestrebungen der Demokratischen Republik Burkina Faso spiegeln sich nicht nur im Landesnamen, sondern auch in der Verfassung wider – dass z.B. schon 1984 erste Schritte zur Gleichberechtigung der Frau in die Wege geleitet wurden, ist eher selten in Afrika, und inzwischen ist diese Gleichberechtigung sogar verfassungsmäßig garantiert. Außerdem ist das Land für Filmfreunde ein Begriff, denn in seiner Hauptstadt Ouagadougou findet alle zwei Jahre das größte Filmfestivals Afrikas statt – obwohl es im ganzen Land gerade mal zwölf Kinos gibt.

Im Land gibt es sehr viele ethnische Gruppen (Mossi, Bobo, Fulbe u.a.). Amtssprache ist Französisch. Der Nordosten des Landes ist gezeichnet durch die Halbwüste der Sahelzone, in der Mitte Trockensavanne, im Südwesten Feuchtsavanne. Starker Nord-Süd-Gegensatz in Klima und Vegetation. Im Winter weht von Nordosten der trocken-heiße Harmattan. Im Sommer kommt der Wind von Südwesten (Südwest-Monsun). Trockenzeit ist von Oktober bis Mai, beste Reisezeit Dezember bis Februar. Im April und Mai wird es sehr heiß!

Einreise, Währung, Sicherheit

Radler aus D, A und CH brauchen ein **Visum**. Dieses kann man auch in den Nachbarländern bekommen, zum Beispiel in Bamako (Mali) für ca. 40 Euro. Burkina Faso gehört zur CFA-Zone und gilt als relativ problemloses Reiseland, auch für Radler – s. auch beim Auswärtigen Amt und auf *www.transafrika.org*. Übrigens: In Burkina ist das Fahrrad nicht nur als Verkehrsmittel weit verbreitet, das ganze Land ist auch radsportbegeistert. Am Wochenende sieht man an den Ausfallstraßen von Ouagadougou Schwarzafrikaner in Rennradklamotten auf Tour. Seit 1987 findet auch jedes Jahr ein international besetztes Radrennen statt, die Tour du Faso – sowas wie die afrikanische Variante der Tour de France (nur mit weniger Bergetappen). Es gab sogar schon mal einen deutschen Sieger, Guido Fulst aus Sachsen-Anhalt 1996 (der nebenbei auch olympisches Gold in Sydney und Barcelona holte …).

Ziele, Routen, Reisen im Land

Burkina Faso besitzt ein Nebeneinander von islamischen und vielfältigen afrikanischen Kulturen in unterschiedlichen Regionen. Sehenswert ist die Hauptstadt Ouagadougou (Markt, Museum), Gorom-Gorom (Donnerstag-Markt), Bobo-Dioulasso (Maskenfeste) und die südliche Banfora-Region. Eine interessante Route ist die von Ouaga nach Norden, nach Yako und weiter nach Mopti in Mali. Burkina ist ein Durchreiseland von Mali zum Niger, oder es geht südlich weiter nach Benin, Togo, Ghana oder zur Elfenbeinküste. Eine Rundreise ist nicht gut möglich, trotzt des weitverzweigten Pistennetzes. Asphaltiert sind nur die Straßen zwischen den größeren Städten bzw. von der Hauptstadt zu den Nachbarländern Niger, Ghana, Mali und Togo. In der Regenzeit muss mit tagelangen Sperrungen der Pisten gerechnet werden.

Eine Eisenbahnlinie verläuft von Ouagadougou über Bobo nach Abidjan (Elfenbeinküste), eine weitere verbindet Ouaga und Kaya, doch haben beide den Passagierverkehr eingestellt. Es gibt jedoch recht komfortablen Überlandbusse; die größten Firmen sind STMB und TGV. Buschtaxis und Minibusse fahren überallhin im Land, auch zu kleineren Orten, etwas günstiger als Busse. Air Burkina fliegt die Hauptstädte der Nachbarländer an.

Routenempfehlung (von Joachim Held): Wer von Ouagadougou nach Ghana weiterfährt, kommt auf der gut ausgebauten Nationalstraße N5 durch den Nationalpark „Tambi Kaboré" und kann mit etwas Glück dort am Straßenrand Elefanten sehen. Wer das Glück nicht hat und trotzdem gerne Elefanten aus nächster Nähe und in freien Wildbahn erleben will, der sollte von Pô (im Süden de Landes) in der Trockenzeit in das Camp des Nazinga-Naturreservats radeln. Meist trifft man schon auf dem Weg dahin Elefanten, spätestens aber im Camp, das um einen See angelegt ist, an den die Dickhäuter jeden Abend zum Trinken kommen. Die Strecke von Pô bis zum Camp ist 55 km lang, die letzten 35 km führen auf zum Teil stark versandeter Piste durch das Naturreservat, also genug Wasser mitnehmen, das gibt es erst im Camp wieder, wo man in Zimmern übernachten oder auch das eigene Zelt aufschlagen kann.

Bücher, Karten, Internet

Burkina Faso ist meist Teil von Westafrika-Führern, z.B. in „Sahel-Länder Westafrikas" von RKH. Außerdem: Manson/Knight: „Burkina Faso", Bradt Travel Guides. Für Radler: „Bicycle Touring in Mali/Burkina Faso/Niger Supplement" (s. Seite 302 und bei *www.ibike.org*). **Karten:** IGN Carte Touristique et Routière 1:1 Mio., Detailkarten 1:200.000 und als Übersichtskarte Michelin 741 (1:4 Mio.). **Internet-Infos:** Gut wie immer die Länder-Infos auf *http://de.wikipedia.org/wiki/Burkina_Faso* und *www.transafrika.org*. Auch *www.lonelyplanet.com/burkina-faso* und *www. routard.com/guide/code_dest/burkina_faso.htm* (letztere auf Französisch) sind recht informativ, genauso wie das Nachrichtenportal *www.lefaso.net* und die Homepage der Landesregierung (*www.primature.gov.bf/burkina*).

Vitamin-Transport in Ouagadougou

Côte d'Ivoire (Elfenbeinküste)

Überblick, Sicherheit

Lange Jahre war die Elfenbeinküste ein relativ einfaches Reiseland mit sehr guter Infrastruktur. Das Land, schon seit jeher mit dem ehemaligen Mutterland Frankreich in guter Beziehung stehend und wirtschaftlich wesentlich weiter entwickelt als seine Nachbarstaaten, hat jedoch unter dem Verfall der Weltmarktpreise für Kakao und Kaffee besonders gelitten. Dann kam es in den 90er-Jahren zu politischen Unruhen, und seit 2002 gibt es in Abständen blutige Auseinandersetzungen zwischen dem Nord- und Südteil des Landes. Seit März 2007 hat sich die Lage zwar etwas entspannt, doch warnt das Auswärtige Amt auch weiterhin vor einem erhöhten Risiko plötzlicher politischer oder sozialer Unruhen, zumal die für November 2008 vorgesehenen Wahlen ein weiteres Mal auf einen nicht festgelegten Termin verschoben wurden. Von Reisen in den Westen und Norden des Landes wird zudem dringend abgeraten. Informiert euch also sehr genau, falls ihr mit dem Gedanken spielt, die Elfenbeinküste in eine Westafrika-Radtour mit einzubeziehen.

Die Landschaftsformen der Côte d'Ivoire ähneln denen ihrer Nachbarstaaten: Auf die schwülheiße Küstenebene folgt eine bis 500 m ansteigende Hochebene. Im Westen, an der Grenze zu Guinea um die Stadt Man, steigt sie bis fast 1300 m an (Nimbagebirge), klimatisch recht angenehm. Der Süden mit der Küste ist ganzjährig feuchtheiß, mit Lagunen, Sümpfen und Mangrovenwäldern. Im Landesinnern gibt es tropische Regenwälder, die weiter nach Norden in Feuchtsavanne und später in Busch- und Trockensavanne übergehen.

Reisende aus D, A und CH brauchen seit einigen Jahren ein **Visum** – früher war die visafreie Einreise möglich. Amtssprache ist Französisch.

Ziele, Routen, Reisen

Côte d'Ivoire hatte einst ein für westafrikanische Verhältnisse gut ausgebautes Straßennetz mit über 5600 km asphaltierten Straßen, doch seit den politischen Unruhen ist dieses starkem Verfall preisgegeben, auch die Pisten sind schlecht befahrbar. Viele Polizeikontrollen. Herausragende landschaftliche Besonderheiten bietet das Land nicht, dafür den zweifelhaften, riesigen Nachbau des Petersdoms von Rom in der neuen, ultramodernen Verwaltungshauptstadt Yamoussoukro. Eigentliches Zentrum des Landes ist nach wie vor die Hafenstadt und Wirtschaftsmetropole Abidjan, lange Zeit die modernste und europäischste Stadt und als das „Paris Westafrikas" bezeichnet. 16 km südöstlich der Stadt ist der Internationale Flughafen, bis heute mit guten Fluganbindungen an Europa.

Zahlreiche Linienbusse und Sammeltaxis fahren von allen Landesteilen nach Abidjan. Eine Eisenbahn geht von dort bis nach Burkina Faso (Bobo-Dioulasso und Ouagadougou), jedoch derzeit kein Personentransport. Frachtschiffe von Abidjan zu bzw. von europäischen Häfen.

Im Norden und Westen der Elfenbeinküste leben einige kulturell sehr interessante Volksstämme, z.B. die Senufo (Hauptort: Korhogo). Schöne Rundtour-Empfehlung im Nimba-Hochland (ca. 280 km), wenn man denn mal wieder dort reisen kann: Man, Biankouma, Sipilou, Danané. Beste Reisezeit ist November bis Mai, Regenzeit ist von Juli bis November.

Weitere Informationen

Die Elfenbeinküste ist meist Teil von Westafrika-Führern. Ein aktuelles (politisches) Buch über die Situation des Landes hat Lutz Höttler geschrieben (2007): „Côte d'Ivoire – Geteiltes Land", Horlemann-Verlag. **Karten:** Michelin Nr. 747, 1:800.000, und Detailkarten von IGN 1:1 Mio. **Internet-Infos** bei *http://de.wikipedia.org/wiki/Elfenbeinküste*, bei *www.transafrika.org*, auf der Seite des Honorarkonsulats der Côte d'Ivoire in München (*http://ourworld.compuserve.com/homepages/HKelfenbeinkueste*) und bei *www.xn—elfenbeinkste-5ob.net*. Informativ auch *www.lonelyplanet.com/cote-divoire* und, auf Französisch, *www.routard.com/guide/code_dest/cote_d_ivoire.htm*.

Ghana [JH, TW]

Überblick

Ein abwechslungsreiches Reiseland, derzeit politisch und wirtschaftlich recht stabil. Im wenig besiedelten Norden, der auch kaum erschlossen ist, prägen hügelige Savannen das Landschaftsbild. Traditionelle Lebensweisen bestimmen den Gang der Dinge. Im Süden wuchert tropischer Regenwald und es wird Landwirtschaft betrieben. Von Bedeutung für die Bewässerung des Landes ist der Volta-Stausee, der zweitgrößte der Welt. Hauptexportgüter sind Gold und Kakaobohnen. Im Westen erhebt sich die Akwapin Togo Range, ein Mittelgebirge, das die höchsten Wasserfälle Westafrikas aufweist.

Ghana, früher unter dem Namen „Goldküste" bekannt, grenzt an Côte d'Ivoire, Burkina Faso und Togo. Amtssprache ist Englisch, was sicher vielen Rad-Toureros entgegenkommt. Hauptstadt ist Accra, eine moderne Stadt mit sehr guter Fluganbindung an Europa. Übrigens: Am 6. März 1957 erklärte Ghana als erste schwarzafrikanische Kolonie überhaupt seine Unabhängigkeit (von England).

Aus einer Rundmail von Afrika-Radler Joachim Held, März 2009: „Ghana gilt unter westeuropäischen Regierungen als das Musterländle Westafrikas. Aber Vorsicht: Vor gar nicht allzu langer Zeit hieß das Musterländle noch Elfenbeinküste. Dann folgte dort ein Putsch dem nächsten und es entbrannte ein Bürgerkrieg, der nicht nur ethnisch und rassistisch, sondern auch religiös motiviert war. Vor solchen Konflikten fürchtet man sich inzwischen angeblich auch in Ghana" (Anmerkung: und im zweiten Musterländle Togo). Informiert euch also auch vor einer Ghana-Reise bei den üblichen Quellen.

Klima, Winde

An der Küste herrscht tropisches Klima, im Norden ist es heiß und trocken. Beste Reisezeit ist November bis Februar, im Süden auch noch Juli und August. Im Süden zwei kleinere Regenzeiten von April bis Juni und September/Oktober, im Norden kräftige Regenfälle von April bis Oktober. Vorherrschende Windrichtung an der Küste von Südwesten her. Im Inland weht während der trockenen Wintermonate der Harmattan von Norden her und bringt tonnenweise feinen Sand aus der Sahara mit sich, deshalb sind das Hauptmerkmal der Trockenzeit die trüben Tage – klarer, blauer Himmel ist von November bis Februar die Ausnahme. Während der Regenzeit weht der Wind von Süden.

Ein- und Weiterreise, Geld

Visum für Reisende aus D, A und CH erforderlich (erhältlich z.B. auch bei der Anfahrt in Ouagadougou / Burkina Faso). Eine Gelbfieberimpfung wird verlangt (s. wie immer auf *www.fit-for-travel.de*).

Eine asphaltierte Küstenstraße verbindet Lagos (Nigeria), Cotonou (Benin) und Lomé (Togo) mit Ghana. Einreise auf dem Landweg von allen drei Nachbarstaaten möglich, alle Grenzübergänge schließen um 18.00 Uhr.

An der Grenze nach Burkina Faso

Grenzübergänge, die wichtigsten: Nach **Côte d'Ivoire** über Berekum, zwischen Bole und Ferkessédougou oder auch am Meer entlang. Nach **Burkina Faso:** Paga bei Navrongo, außerdem sind Grenzübertritte bei Tumu und Lawra möglich. Nach **Togo** bei Aflao, nicht weit von Lomé (Togo) entfernt. **Nach/von Europa:** Der Internationale Flughafen von Accra ist sehr gut an transkontinentale Flugrouten angebunden. Ghana Airways verbindet Accra mit Europa und vielen afrikanischen Ländern. Von Frankfurt/M. kann man mit Lufthansa nach Accra fliegen, LTU fliegt ab Düsseldorf, Swiss und United von Zürich nach Accra. Außerdem wird Accra von Afriqiyah Airways, Royal Air Maroc, Egypt Air, Emirates, South African Airways und noch einigen anderen angeflogen – idealer Startpunkt also für eine Westafrika-Radtour. Anreise auch mit dem Schiff möglich (*www.grimaldi-freightercruises.com*).

Währung ist der Cedi, seine Ein- und Ausfuhr ist verboten. Der Cedi wurde nach heftiger Inflation im Juli 2007 auf die Basis 1:1 zum US$ gestellt. Reiseschecks (auf US$ oder Euro lautend) werden nur in Accra (und selbst dort nur in der Barclays Bank, dort kann man auch Geld mit der VISA-Karte abheben) und in wenigen anderen Städten akzeptiert. Bargeld lässt sich am einfachsten in den „Forex" genannten Wechselstuben tauschen. Geldtausch an Busbahnhöfen im Land ist ebenfalls unkompliziert möglich. Da der Schalter oft nicht zu erkennen ist, einfach die Leute fragen. Geldautomaten von Barclays und Standard Chartered gibt es in den größeren Städten Ghanas.

Ziele, Routen, Reisen im Land

Ghana hat ein relativ gutes und dichtes Straßennetz. Die Hauptstraßen sind asphaltiert, die Nebenstraßen im Norden jedoch meist Pisten, doch mit recht festem Kies-Untergrund und gut zu fahren. Die Nebenstrecken sind in aller Regel verkehrsarm. Von der zweitgrößten Stadt Ghanas, der alten Ashanti-Hauptstadt Kumasi im Süden, gehen gute Straßen nach Accra ans Meer und weiter nach Lomé in Togo. In westlicher Richtung geht es zur Elfenbeinküste und nach Norden über den Verkehrsknotenpunkt Tamale nach Burkina Faso (Ouagadougou). Westlich von Accra gibt es an der Küste zahlreiche Forts, in denen früher Sklaven gefangengehalten wurden (Axim, Dixcove, Elmina, Cape Coast, Apam, Senya Beraku u.a.).

Übers Land verteilen sich mehrere Nationalparks, größter ist der „Mole National Park" westlich von Tamale. Der küstennahe „Kakum National Park" gewährt einen Einblick in den tropischen Regenwald. Viele Nationalparks sind touristisch noch nicht erschlossen – für Abenteurer gibt es hier noch einiges zu entdecken. In der Mittelgebirgslandschaft des Westens ist es etwas kühler als im Rest des Landes, interessantes Landschaftsbild und (wie schon erwähnt) die höchsten Wasserfälle Westafrikas.

Viele Radreisenede fahren die Rund-um-den-Volta-See-Route: Accra – Akosombo – Hohoe (mit Wli-Wasserfällen) – Tamale (Abstecher Mole NP) – Kumasi (größter Markt in Westafrika) – Accra. Eine kürzerere Rundroute folgt von Accra erst der Küste bis Sekondi – Takoradi. Über Kumasi – Koforidua fährt man anschließend nach Accra zurück

Die **Versorgung** (Nationalgericht: Fufu) ist gut, überall gibt es Straßenrestaurants, Märkte und andere Futterstellen. **Hotels** („Catering Rest Houses") gibt es auch genügend in allen Städten, doch oft in einem landestypischen Zustand (Eimerdusche, kein Ventilator, kein Restaurant).

Rad: Nur in Accra finden sich Radgeschäfte mit moderneren Radtypen und besserer Auswahl an Ersatzteilen, z.B. Adjavon Cycles, westl. der Hauptpost im Zentrum. In Aburi gibt es einen Anbieter, der Tages- und auch Mehrtagesradtouren anbietet. Sehr freundlicher Besitzer, der einem bei Problemen sicherlich gerne weiterhilft.

Transport: Es verkehren viele Busse und Buschtaxis (die hier „Trotro" genannt werden). Oder man fährt mit „Mammy Lorries" (Lkw) durchs ganze Land – Radmitnahme (wie in ganz Afrika) kein Problem. Einige regionale Fluggesellschaften fliegen die großen Städte im Land an, meist kommen Propellermaschinen zum Einsatz (Radmitnahme könnte problematisch werden, vorher abchecken). Im Dreieck Accra – Kumasi – Sekondi – Accra verläuft eine Eisenbahn. Von Akosombo (Accra) kann man auch auf dem Volta-Stausee mit dem Schiff nach Yeji (Tamale) fahren, einmal die Woche. Die Fahrt dauert drei Tage (Abfahrt Sa. oder So., nur zwei Kabinen).

Bücher, Karten, Internet

Ghana ist meist in Westafrika-Reiseführern mit drin, unter anderem im RKH-Buch „Westafrika-Küstenländer". Außerdem: „Ghana Reisehandbuch" von Jojo Cobbinah, Peter Meyer Verlag. Philip Briggs: „Guide to Ghana", Bradt Travel Guide. Für Radler: „Bicycle Touring in Ghana/Togo/Benin Supplement" (s. Seite 302 und bei *www.ibike.org*). **Karten:** Ghana ist auf der Michelin 741 (1:4 Mio.) mit drauf. ITM Travel Map „Ghana", 1:500.000 (lückenhafte Kilometrierung). In Ghana erhältlich: Ghana Road-Map von Shell 1:1 Mio, veraltet. Besser sind die zwei IGN-Karten in gleichem Maßstab. **Internet-Infos** wie immer bei *http://de.wikipedia.org/wiki/Ghana*, *www.transafrika.org* und *www.lonelyplanet.com/ghana*. Die deutsche Botschaft in Accra informiert unter *www.accra.diplo.de.* Interessant auch *www.ghanaweb.com* und *www.abenaa.de/ghana.htm*, ein guter, wenn auch schon etwas älterer Reisaebericht. Eine eigene Homepage betreibt auch das Goethe-Institut in Accra: *www.goethe.de/ins/gh/acc/deindex.htm*.

Togo [JH]

Überblick

Togo ist das wohl touristisch erschlossenste Land Westafrikas mit ausgeprägten deutsch-(bayerischen) Beziehungen – es war etliche Jahre deutsche Kolonie, siehe z.B. unter *www.dhm.de/lemo/html/kaiserreich/aussenpolitik/togo/index.html* (Homepage des Deutschen Historischen Museums in Berlin) oder *http://de.wikipedia.org/wiki/Geschichte_Togos*. In der Hauptstadt Lomé können auch heute noch heimwehgeplagte Afrika-Radler im Restaurant „Chez Marox" und „Alt München" so ziemlich wieder alles essen, was man evtl. so lange vermisst hat. Nach dem Ersten Weltkrieg wurde Togo dann unter England und Frankreich aufgeteilt; Amtssprache ist heute Französisch.

Togo hat wie sein Nachbarland Benin die Form eines schmalen Handtuchs, und während an der tropischen Küste Palmwälder und Lagunen das Landschaftsbild bestimmen, schließen sich Richtung Norden Hügellandschaften und eine Hochebene an (Trockensavanne ab Kara). Trotz seiner schmalen Küste kann das Land mit einigen schönen Stränden und Strandhotels aufwarten, vor allem östlich von Lomé, dort auch der beliebte Ausflugssee Lac Togo.

Einreise, Reisezeit

Deutsche, Schweizer und Österreicher benötigen für die Einreise ein **Visum**, erhältlich z.B. beim togolesischen Konsulat in Berlin (*www.togo.de*) oder auch an der Grenze. Joachim Held bezahlte 2009 von Ghana kommend 15.000 CFA (23 Euro); das Visum galt für sieben Tage, dann konnte es ohne Zusatzkosten in Lomé verlängert werden. Vorgeschrieben ist eine Gelbfieber-Impfung, s. bei *www.fit-for-travel.de*. Und: Vor der Einreise beim Auswärtigen Amt nach der innenpolitischen Lage erkundigen! 2010 werden 50 Jahre Unabhängigkeit gefeiert, außerdem sind Wahlen, etliche unabhängige Beobachter befürchten Chaos und Gewalt.

Durch die Nord-Süd Ausdehnung gibt es in Togo verschiedene Klimate. Beste Reisezeit ist im Norden von November bis April (Trockenzeit), im Süden von Oktober bis April (der heißeste Monat ist der März) und Mitte Juli bis Mitte September.

In den anderen Monaten herrscht Regenzeit, dann ist es an der Küste saunaschwül. Von November bis Januar bläst im Norden der staubgeladene Harmattan aus der Sahara.

Ziele, Routen, Reisen im Land

Das Angebot an Restaurants, Verpflegung, Unterkünften und anderen für Reisende wichtigen Dingen ist befriedigend. Togo will Touristen(-geld), das macht sich für Reisende positiv bemerkbar. Es gibt auch einige Campingplätze, und es ist kein Problem, sein Zelt irgendwo aufzuschlagen.

Die wichtigsten Straßen Togos sind asphaltiert, aber nicht mehr in so gutem Zustand wie noch vor einigen Jahren. Die Hauptstrecke nach Norden führt von Lomé über Atakpamé, Sokodé, Dapaong nach Burkina Faso. Wer will, kann außerhalb der Regenzeit auf Seitenpisten und -straßen das Hinterland erkunden. Die stark befahrene Küstenstraße geht nach Accra (in Ghana, nur ein paar Kilometer von Lomé) und Cotonou (in Benin). Viele Polizei- und Militärkontrollen.

Von Lomé aus kann man zu einer empfehlenswerten Rundreise starten: Aného, Tabligbo und Tsévié. Oder Notsé, Atakpamé, Kpalimé und Assahoun. Die Region im Dreieck Kpalimé – Badou – Atakpamé ist interessant und abwechslungsreich. Es ist auch besser, von/nach Lomé über Kpalimé nach bzw. von Atakpamé zu radeln. Im mittleren Togo ist die Strecke zwischen Sokodé und Sansanné-Mango landschaftlich attraktiv. Wer genug vom Kurbeln hat, kann seinen Drahtesel auf Buschtaxis und Omnibusse verladen.

Bücher, Karten, Internet

Reiseführer: „Togo" von Norbert Eder, Velbinger-Verlag. Togo ist meist Teil von Westafrika-Führern. Für Radler: „Bicycle Touring in Ghana/Togo/Benin Supplement" (s. Seite 302 und bei *www.ibike.org*). **Karten:** IGN Carte Générale Togo 1:500.000 (sehr gut). ITM Travel Map Benin/Togo 1:864.000. IGN 1:1 Mio. **Internet-Info:** Gut wie immer Wikipedia (*http://de.wikipedia.org/wiki/Togo*) und *www.transafrika.org*. Deutsche Botschaft in Lomé: *www.lome.diplo.de*. Unter *http://togo.ded.de* informiert der Deutsche Entwicklungsdienst über seine Projekte in Togo. Dann *www.lonelyplanet.com/togo*, und auf Französisch *www.routard.com/guide/code_dest/togo.htm*.

Benin [JH]

Überblick

Armes Entwicklungs- und Agrarland mit ca. 9 Mio. Einwohnern; flächenmäßig ist es etwa so groß wie Deutschlands neue Bundesländer. In den weniger besiedelten nördlichen Landesteilen kann man noch ursprüngliches Afrika kennenlernen. Dort liegt der tierreiche „Parc National de la Pendjari" und der „Parc National du W". Saharadurchquerer fahren, vom Niger kommend, meist durch Benin ans Meer (von Niamey nach Cotonou). Für Radler auf der Westafrika-Route ist das kleine Land im Allgemeinen eine problemlose und angenehme Zwischenetappe auf dem Weg von Burkina Faso bzw. Togo nach Nigeria.

Der Norden Benins ist dünn besiedelt. Größte ethnische Gruppen sind die Fon, Yoruba, Adja, Bariba und Somba. Rund 60 Sprachen, Amtssprache Französisch. Naturreligionen, Heimat des Voodoo-Kultes. Hauptstadt ist Porto Novo, Regierungssitz Cotonou. Auf dem Land einfachste Billig-Hotels, in den Städten ein besseres und auch teures Angebot, einige einfache Campplätze. Wildes Campieren soll verboten sein.

Radler aus D, A und CH benötigen ein **Visum**. Dieses gilt für 30 Tage; Einreise innerhalb von drei Monaten nach Ausstellung, erhältlich bei der Botschaft in Berlin (*www.botschaft-benin.de*) oder auch beim Konsulat in Lomé/Togo für 15.000 CFA (23 Euro).

Geografie, Klima

Küstenstreifen mit Feuchtwäldern, Lagunen und Sümpfen, im Norden ansteigendes Tafelplateau mit den Atakora-Bergen (ca. 600 m) und Trockensavanne. An der Küste tropische Schwüle mit zwei Regenzeiten, hohe Luftfeuchtigkeit. Im Norden nur eine Regenzeit, etwas trockener.

Im Süden und Norden ist die beste Reisezeit in den trockenen Monaten von Dezember bis März, im Süden Trockenzeit auch im Juli und August. Die Winde wehen im Dezember hauptsächlich von Nord/Nordost, im Sommer von Süd/Südwest.

Ziele, Routen, Reisen

Das Land bietet kaum touristische Anziehungspunkte, der nördliche und nordwestliche Landesteil ist am interessantesten. Sehenswert ist Abomey, die alte Hauptstadt des Königreiches Dahomey (Königspalast, Museum). Gleichfalls interessant ist die Stadt Ouidah. Sehr schön sind Fischerdörfer auf Stelzen in Lagunen (Ganvié, in der Nähe von Cotonou). Lohnenswert ist die Schleife Cotonou, Ouidah, Lokossa, Abomey, Cotonou.

Die Nord-Süd-Hauptstraße ist durchgehend asphaltiert, abzweigende Pisten gehen nach Osten und Westen. Die westliche Nord-Südverbindung Dassa – Savalou – Djougou – Natitingou wurde mittlerweile ausgebessert und ist ab Djougou asphaltiert. Die Küstenstraße nach Togo und Nigeria ist ebenfalls asphaltiert und sehr gut (doch viel Verkehr!). Im nördlichen Landesteil gibt es weitgehend Erdpisten, die während der Regenzeit (Mai bis Oktober) nur schlecht zu befahren sind.

Von Parakou nach Cotonou verläuft eine Eisenbahnlinie, Rad-Transport ist möglich. Auf den wichtigsten Straßen verkehren auch Busse; Minibusse und Buschtaxis fahren von Ort zu Ort.

Bücher, Karten, Internet

Benin ist in RKH „Westafrika/Küstenländer“ mit drin. Auf Englisch: Bradt Travel Guide „Benin“. Für Radler: „Bicycle Touring in Ghana/Togo/Benin Supplement“ (s. Seite 302 und bei *www.ibike.org*). **Karten:** ITM „Benin/Togo, 1:864.000, IGN Carte Générale 1:600.000. Den meisten wird die Michelin 741 (1:4 Mio.) ausreichen. **Internet-Info:** Gut wie immer *www.transafrika.org* und *http://de.wikipedia.org/wiki/Benin*. Dann *www.lonelyplanet.com/benin* und auf Französisch *www.routard.com/guide/code_dest/benin.htm*, die Regierungs-Website *www.gouv.bj* sowie Infos zum Pendjari-NP unter *www.pendjari.net*. Unter *http://benin.ded.de* informiert der Deutsche Entwicklungsdienst über seine Projekte in Benin.

Nigeria [JH, AG]

Überblick

Nigeria ist das mit Abstand bevölkerungsreichste Land Afrikas (140 Mio. Einw.). Durch den Ölboom der 70er-Jahre plötzlich reich geworden, saugte es alle westlichen Einflüsse gierig auf, doch durch Korruption, Misswirtschaft, Staatsverschwendung, laufende Regierungsumstürze und auch wegen der Bevölkerungsexplosion sieht Nigeria sich heute sehr großen Problemen gegenüber. Der Moloch **Lagos** ist nach Kairo die größte Stadt Afrikas (ca. 15 Mio. Einw.) und mit seinen riesigen Slums und höllischem Verkehr eine der chaotischsten und gefährlichsten Städte der Welt – für Radfahrer absolut kein Ziel! Die neue Hauptstadt im Landesinnern heißt Abuja.

Es gibt etwa 250 verschiedene Völker im Land, zu den größten und politisch einflussreichsten gehören die Hausa und Fulbe, die zusammen 29% der Bevölkerung ausmachen, die Yoruba (20%) und die Ibo (12%). Religionen: Im Norden Islam, sonst Christentum und Naturreligionen. In den Nordprovinzen Zamfara und Kaduna kommt es immer wieder zu ethnischen Unruhen, Konfliktpunkt ist z.B. die Einführung der Scharia, des islamischen Rechts. Die Lage ist sehr unsicher;

das Auswärtige Amt spricht eine **deutliche Reisewarnung** für die nördlichen und zentralen Regionen Nigerias aus – und auch für die Küstenregion; mehr dazu s. unten. Da Nigeria auch für die nächsten Jahre sicher noch ein recht schwieriges Reiseland und für Radler eher ein Durchgangsland bleiben wird, beschränken wir uns hier auf die angegebene Routenempfehlung. Auch wer mit der Trans-Sahara-Route (Algier-Lagos-Hwy.) liebäugelt, sollte unbedingt beim Auswärtigen Amt die aktuelle Lage checken!

Das **Klima** an der Küste ist dauernd schwül und heiß mit zwei Regenzeiten von April bis Juli und September/Oktober, im Norden mit einer langen Regensaison von Mai bis Oktober. Schlecht zu ertragen sind neben der Schwüle auch die korrupten Beamten, die kassierfreudigen Polizisten, und es wird von hohen Diebstahl- und Überfall-Risiken berichtet!

Einreise, Visum, Geld

Reisende aus D, A und CH brauchen ein **Visum**, das früher nur von den Botschaften im Heimatland ausgestellt wurde. Das ist heute passé, Visa sind auch in Bamako/Mali und in Accra/Ghana erhältlich. Joachim Held bekam ein Visum für 60 Tage bei der nigerianischen Botschaft in Lomé/Togo für 44.000 CFA (ca. 66 Euro). Er benötigte dafür ein Empfehlungsschreiben der Deutschen Botschaft in Lomé und musste außerdem ein persönliches, formales und getipptes Bewerbungsschreiben verfassen. Der Text lautete kurz und knapp wie folgt und reichte in dieser Form aus: „Dear Visa Officer, I (voller Name, Pass-Nr., Adresse in Deutschland) wish to visit the Federal Republic of Nigeria for tourist purposes. I could not apply for visa in Germany because I left it in October 2008 for a round-trip in Africa and did not know when I will entry in Nigeria." (März 2009).

Amtssprache in Nigeria ist Englisch, das aber beileibe nicht überall verstanden wird. Die **Währung** heißt Naira. Problematisch ist der Geldwechsel. Es empfiehlt sich die Mitnahme von US$ in bar. Die meisten Banken wechseln nicht, ganz selten gibt es offizielle Wechselstuben. Man kann es in besseren Hotels probieren, doch meist bleibt nur der Geldwechsel auf der Straße (Schwarzmarkt, hier immer die Augen aufhalten!). Kreditkarten und Reiseschecks sind praktisch wertlos.

Weitere Tipps und Routenempfehlung [JH]

von Joachim Held

Das Auswärtige Amt warnt vor Reisen durchs Nigerdelta, also entlang der Küstenstrecke zwischen Lagos und Port Harcourt. Grund dafür ist unter anderem, dass in dieser Region immer wieder Mitarbeiter ausländischer Firmen entführt werden, um Lösegeld zu erpressen, außerdem gibt es eine erhöhte Gefahr, überfallen zu werden. Meine Meinung ist, man sollte diese Hinweise ernst nehmen und die Küstenstrecke meiden. Nach allem, was ich gehört habe, dürfte sie für einen Fahrradfahrer auch wegen des höllischen Verkehrs nicht besonders angenehm zu bereisen sein. Wer trotzdem durch Nigeria fahren will, etwa um von Benin nach Kamerun zu kommen oder umgekehrt, dem sei die nachfolgende Tour empfohlen. Ich fuhr sie in elf Tagen im April 2009 (von Benin nach Kamerun).

Die Tour im Überblick

Savé – Iganna – Iseyin – Oyo – Iwo – Oshogbo – Ilesha – Ado Ekiti – Ikare – Auchi – Idah – Nsukka/Obolo – Nkalagu – Abakaliki – Ugep – Calabar. Gesamtlänge 1011 km (meist Asphalt, Verkehr gering bis erträglich), die gesamte Strecke ist sehr hügelig, zu bewältigende Höhenmeter knapp 7000, dazu kommt eine Bootsfahrt über den Niger bei Idah.

Hinweis: Von Calabar (wohin ich geradelt bin, um mir mein Visum für Kamerun beim dortigen Konsulat für 110 US-Dollar zu erkaufen) nahm ich eine Fähre nach

Joachim Held in Nigeria

Tiko (bzw. Limbe) in Kamerun (Kosten incl. Fahrrad rund 60 Euro). Alternativ kann man auch von Calabar bis zur Grenze nach Ekang/Otu radeln (164 km) und dort nach Kamerun einreisen. Die Strecke von der Grenze bis Mamfe in Kamerun (ca. 90 km) soll allerdings eine Katastrophe sein, vor allem in der Regenzeit.

Die Tour im Einzelnen

- von Savé in Benin (ca. 250 km nördlich von Cotonou) über die Grenze nach Iganna in Nigeria. Das sind 98 km Piste, durch schöne Landschaft, immer im Auf und Ab, aber kaum befahren. Achtung: im Grenzort (ca. 25 km hinter Savé) Wasservorräte auffüllen, danach gibt es auf etwa 40 anstrengenden Pisten-Kilometern kein Wasser mehr.
- von Iganna nach Oyo, 96 km Asphalt.
- von Oyo nach Oshogbo, 95 km Asphalt, es wird bergiger, und ab jetzt sind immer wieder einige steile Rampen zu erklimmen.
- von Oshogbo nach Ado Ekiti, 102 km Asphalt, mehr Verkehr, aber erträglich, allein auf diesem landschaftlich sehr schönen Abschnitt sind rund 900 Höhenmeter zu bewältigen.
- von Ado Ekiti nach Ikare, 75 km Asphalt, erst leicht bergab, dann erneut hügelig, Verkehr wieder geringer.
- von Ikare nach Auchi, 93 km (ca 20 km Piste und 73 km sehr guter Asphalt, reger Verkehr).
- von Auchi nach Idah, 53 km, wenig Verkehr, am Ende der Strecke geht es bergab zum Niger, dort nach einem Boot fragen, Preis aushandeln (ich zahlte umgerechnet etwa 2,50 Euro) und übersetzen (Dauer etwa 30 min).
- von Idah nach Obolo 100 km, zum Teil sehr schlechter Asphalt, vor allem zwischen Nsukka und Obolo.
- von Obolo über Nkalagu nach Abakaliki 109 km, (zwischen Obolo und Nkalagu wechseln sich sehr schlechter Asphalt, guter Schotter und schlechter Schotter ab); von Nkalagu nach Abakaliki wieder meist guter Asphalt, aber erstmals richtig viel Verkehr, da es sich um eine Hauptverbindungsstraße handelt.

- von Abakaliki bis Ugep 70 km (von Abakaliki ca. 40 km Asphalt, dann biegt links eine schlechte (z.T. im Bau befindliche) Piste nach Ugep ab, über den Cross River gibt es inzwischen eine neu fertiggestellte Brücke (auf meiner Michelin-Karte noch nicht eingezeichnet).
- Von Ugep nach Calabar, 120 km Asphalt, stark befahren, wieder etliche Auf- und Abfahrten, etwa 700 Höhenmeter zu bewältigen.

Praktisches

Bargeld ist Trumpf entlang dieser Strecke – und zwar US$. Einen funktionierenden VISA-Automaten habe ich erst in Calabar gefunden. Es ist im Übrigen möglich, einige CFA aus Benin mitzubringen und sie im ersten Dorf unmittelbar nach der Grenze bei Straßenhändlern gegen Naira einzutauschen (Kurs vorher im Internet checken, *www.oanda.com*); ich habe das so gemacht und dann erst in Ado Ekiti wieder Geld getauscht.

Übernachtungen: Wildcampen ist immer wieder möglich, manche Streckenabschnitte, etwa zwischen Ilesha und Ado Ekiti, sind aber stark bevölkert, so dass man hier entweder in einem Dorf anfragt oder ein Guesthouse/Motel/Hotel aufsucht, die es in fast jedem größeren Ort gibt (Preise von umgerechnet 5-20 Euro).

Essen und Trinken: Je nach Jahreszeit werden entlang der Strecke die Früchte der Saison zum Kauf angeboten: Mangos, Ananas, Bananen, Avocados. In fast jedem Ort gibt es Garküchen, wo man Reis oder Spaghetti mit meist scharfen Soßen bekommt. Auch gibt es in jeder Ortschaft Wasser in kleinen Plastiktüten zu kaufen (unbedenklich zu trinken, wenn auf den Tüten der Name einer Abfüllfirma aufgedruckt ist). Kaltes Wasser bekommt man leider nicht überall, da die Stromversorgung immer wieder für Stunden oder Tage unterbrochen ist. Wasser aus 1,5l-Plastikflaschen erhält man nur in größeren Städten. Sie sind ungleich teurer (bis zum Zehnfachen) als das Wasser aus den kleinen 0,5l-Plastiktüten. Eine 1,5l-Plastikflasche kostet etwa 50-75 Eurocent, drei Tüten Wasser (gleich 1,5l) dagegen nur 7,5 Eurocent. Der Geschmack des Wassers ist allerdings (vor allem wenn es warm ist) gewöhnungsbedürftig. Ein paar Magnesium- oder Calcium-Tabletten können das aber wettmachen.

Erfahrungen auf dieser Strecke: Viele Polizei- und Militärposten, sehr nette und außergewöhnlich hilfsbereite Menschen und eine schöne Landschaft. Und: Nigeria wird mir auch aus einem anderen Grund in besonderer Erinnerung bleiben: Es ist das bisher einzige Land auf meiner Reise, in dem ich tatsächlich keinen einzigen Weißen traf – nicht einen auf über 1000 Kilometern. Ich sah sie (anders als sonst) weder in Bussen noch in Geländewagen vorbeirauschen, ja selbst in der Hafenstadt Calabar konnte ich kein einziges Bleichgesicht entdecken. So ist das wohl, wenn ein Land einen schlechten Ruf hat …

Bücher, Karten, Internet

Lizzie Williams: „Nigeria“, Bradt Travel Guides 2008. Tamara B. Orr: „Nigeria (A to Z)“, Childrens Press 2006. Das sind die derzeit einzigen erhältlichen Nigeria-Reiseführer; auf Deutsch gibt es nichts. **Karten:** ITM Travel Map „Nigeria“, 1:1,6 Mio., IGN 1:1 Mio. Nigeria ist auch auf der Michelin 741 (1:4 Mio.) mit drauf. **Internet-Info:** Länderkundliches wie immer bei Wikipedia (*http://de.wikipedia.org/wiki/Nigeria*); aktuelle Informationen beim Auswärtigen Amt und *www.transafrika.org*. Gut auch *www.lonelyplanet.com/nigeria*. Nigerianische Botschaft in Berlin: *www.nigeriaembassygermany.org*; die offizielle Regierungs-Website ist *http://nigeria.gov.ng*. In Lagos gibt es ein Goethe-Institut: *www.goethe.de/Ins/ng/lag/deindex.htm*. Last, but not least: Gute Nigeria-Infos findet man auch auf der Homepage von Co-Autor Adrian Guggisberg: *www.to-adi.ch*.

F Zentral- und Ostafrika

Überblick Zentralafrika

Aufgrund der instabilen politischen Lage und wegen den geografisch-klimatischen bzw. den infrastrukturellen Problemen sind die meisten Staaten Zentralafrikas als da seien Kongo, Demokratische Republik Kongo (das frühere Zaire), Zentralafrikanische Republik, Tschad und derzeit auch Burundi keine Länder, die man als Rad-Reiseländer empfehlen könnte. Das Reisen, egal mit welchem Verkehrsmittel, ist dort (falls überhaupt möglich) schwierig bis sehr schwierig, vgl. die Routenbeschreibungen in Kapitel C 2 „Gesamt-Afrikadurchquerungen" auf Seite 316. Doch sind das Länder, die man auf einer längeren Afrika-Tour ohne weiteres auch umgehen kann, z.B. über Gabun und Angola, das langsam wieder zum Reiseland wird, oder über die Ostafrika-Route (ostafrikanische Länder s. ab Seite 395). Eine Ausnahme ist bzw. war Burundi, das „Land der 1000 Hügel". Burundi besitzt eigentlich sehr gute Asphaltstraßen und ist dicht besiedelt, doch ist die politische Lage nach den schweren Unruhen der 90er-Jahre immer noch instabil und das Auswärtige Amt spricht eine deutliche Reisewarnung aus. Wer sich trotzdem für Burundi interessiert: Unter *www.worldbiking.info/countryinfo.html* gibt es neuere Radler-Infos (Länderaufstellung durchscrollen).

Anmerkung noch – auch für alle zentralafrikanischen Länder gilt natürlich: Gesundheitsrisiken, Impfungen, Malaria-Prophylaxe s. bei *www.fit-for-travel.de*. Und jetzt zunächst einmal ein Reisebericht – damit ihr mal seht, was es momentan heißt, durch die Zentralafrikanische Republik und den Kongo pedalen zu wollen … Im Anschluss dann ein paar Infos zu den zentralafrikanischen Ländern, die sich etwas besser bereisen lassen.

Mit dem Fahrrad durch die Vierte Welt [AG]

Reisestory von Adrian Guggisberg

Seit einer Viertelstunde werde ich in der verlotterten Zollbaracke festgehalten. Mein Pass ist beschlagnahmt. Ich kämpfe um meine Jungfräulichkeit. Nein, ich bezahle kein Schmiergeld! Auch nicht, um in die Zentralafrikanische Republik zu kommen. Unerwartet leitet der Hilfsgendarm plötzlich ihre Niederlage ein. Er legt meinen Pass auf den Tisch, als der Chefgendarm gerade nicht aufpasst. Jetzt! Mit einer schnellen Bewegung erobere ich meine zum Glück schon gestempelten Dokumente zurück. Der Chef, seine Aufmerksamkeit mehr seinem Motorrad als der Tür schenkend, ermöglicht das Entwischen aus dem Büro. Mit eingezogenem Nacken, den Pfiff erwartend und bereit für das „Händehoch" schleiche ich davon. Steige auf und gebe dem Drahtesel die Sporen. Der Pfiff kommt nicht, und ich bin endliche unterwegs, unterwegs in der Vierten Welt, unterwegs ins Herz der Finsternis.

Vom Beginn an hing ein Damoklesschwert über meiner geplanten Reiseroute. Wie komme ich durch das grüne Herz des schwarzen Kontinents? Zentralafrikanische Republik, Demokratische Republik Kongo, Darfur-Region – Länder und Gebiete, die seit Jahren nur wegen Rebellen, Krieg, Seuchen, Hungersnöten und kollabierter Infrastruktur in den Medien auftauchen, machen das Queren Afrikas zu einer der größten Herausforderungen für Tourenradler. Wage ich es, wage ich es nicht? Alle möglichen Leute habe ich kontaktiert, UNO-Personal, Ärzte ohne Grenzen, Leute, die ich via Skype-Suche in Kisangani ausmachen konnte, um Informationen über Straßenzustand und Sicherheit im Zentralen Afrika zu bekommen. Immer dieselbe Antwort. „Unmöglich – viel zu gefährlich!". Schnell habe ich diese bewertenden Aussagen satt. Bitte versorgt mich mit Daten, mit Facts! Aber Facts von wem? Wegen dem Überfallrisiko, den geldgierigen und oft besoffenen Beamten und der ständigen Benzinknappheit reist kaum einer mit dem Auto. Die Pisten in der Dem. Rep. Kongo sind völlig überwuchert und nur gerade noch mit dem Fahrrad zu bewältigen; Missionare und Entwicklungshelfer werden eingeflogen. Eine Person, die mehr als nur ein kleines Stückchen Zentralafrika kennt, habe ich bis heute nicht getroffen.

Auf der „Hauptpiste"

Nach langem Hinausschieben der Routenwahl treffe ich die Entscheidung, die genaugenommen schon bei der Abfahrt in der Schweiz feststand: Ich werde es versuchen. Jetzt bin ich froh, endlich unterwegs zu sein. Und froh, von Bangui aus meinen Bruder Urs als Reisegefährten zu haben, den idealen Partner für ein solch heikles Unternehmen.

Noch bin ich alleine und habe erst die Grenze überwunden. Das kleinere Problem, wie sich herausstellt – vor zwei Tagen ist ein kamerunischer Lkw-Fahrer von Banditen erschossen worden. All die schrecklichen Geschichten und Warnungen im Hinterkopf kurble ich nervös und verängstigt ins Ungewisse. Die Lastwagen fahren aus Sicherheitsgründen für 600 km im Konvoi, beschützt von Soldaten mit Kalaschnikows. Zwischen den Konvois mein Rad und ich. Alleine. Bewaffnet mit Steinen in der Lenkertasche und Pfefferspray unter den Radlerhosen. Ich atme auf, als mir bereits nach zehn Minuten drei Mangos geschenkt werden. Auch hier gibt es menschliche Menschen.

Die Hauptpisten – Asphaltstraßen gibt es nur um die Hauptstadt Bangui – sind gespickt mit Checkpoints. Alle 50 km werde ich angehalten und mit absurden Geldforderungen konfrontiert. Stundenlang wird mein Material angeblich auf Waffen untersucht, die Zahnpasta gekostet, der Kugelschreiber auseinander geschraubt und am Deodorant geschnüffelt. Eigentlich wollen sie nur eins – mich so lange belästigen, bis ich Geld bezahle. Unendliche Geduld, ein paar Brocken Sango (Landessprache), Witze und reden, reden, reden bringt immer Erfolg. Ein Kantersieg ist, wenn ich zuerst nach Geld gefragt und schlussendlich zum Essen eingeladen werde. Und bitte, Herr Polizei- und Justizminister, beim neuen Schweizer Pass die wunderschönen farbigen Kantonswappen und Sehenswürdigkeiten weglassen! 26 Wappen x 10 Sekunden x 4 Beamte x 12 Posten ergibt für Schweizer eine zusätzliche Wartezeit von 3 Stunden und 28 Minuten.

Endlich, in Bangui, wo gerade für Tage kein Tropfen Benzin verfügbar ist, treffe ich meinen Bruder. Dann geht es auf die größte Piste, die das Land quert. Sie verschlechtert sich täglich, bis sie einem miesen Schweizer Feldweg entspricht. Die Statistik der Autos, denen wir begegnen, liegt bei 5:4 pro Tag. Nur dank den Missionsfahrzeugen liegen die fahrenden Vehikel noch knapp vor den am Pistenrand in Reparatur stehenden. Wegen der prekären Sicherheitslage verzichten wir auf das Campieren und fragen in jedem Dorf den Chef du Village nach einer Übernachtungsmöglichkeit. Ein Platz unter einem Dach wird für uns frei gemacht, oft werden lokale Speisen zubereitet, und die Gespräche am Feuer dauern dann bis tief in die Nacht. Die Leute freuen sich über die Abwechslung und wir saugen gierig die Informationen über Land und Leute auf. Leider bekommen wir immer das selbe zu hören: Seit 30 Jahren geht es mit dem Land bergab.

Um Darfur zu vermeiden biegen wir rechts ab, in die abgelegensten Gebiete der Demokratischen Repbulik Kongo. Mit einem veralteten „Durch Afrika"-Führer, den Tipps eines Tierschützers und dem Buch von Claude Marthaler, dem wohl letzten Radler, der dieses Gebiet vor Jahren durchfuhr (s. Seite 723), versuchen wir eine Route auszuarbeiten. Es gilt den unzähligen Rebellengruppen auszuweichen, die schlimmsten Schlammpisten zu vermeiden und größere Häuseransammlungen mit ihren gierigen Beamten zu umfahren. Ohne Ausreisestempel, weil wir nicht bezahlen wollten, setzten wir mit mulmigem Gefühl in einem wackligen Einbaum über den Grenzfluss. Auf alles gefasst, eine Reise ins Ungewisse.

Die erste Registrierungsgebühr können wir noch ausschlagen. Doch der Zollbeamte, der je 20 US$ Schmiergeld verlangt, ist hartnäckiger. Eine heftige Diskussion entbrennt. Man darf sich da aber nicht zwei hasserfüllte, sich bis aufs Messer bekämpfende Parteien vorstellen, schließlich sind wir in Afrika. Nach drei Stunden Verhandeln werden wir vom Zöllner zum Abendessen eingeladen. Wir plaudern und zeigen Fotos von der Schweiz, bis das Thema wieder auf das eigentliche Problem kommt. Verbittert wird wieder gekämpft. Müde vom Diskutieren dürfen wir uns im Zollhäuschen, immer noch ohne Pässe, aufs Ohr legen. Im Morgengrauen werden die Verhandlungen fortgeführt. Wir kämpfen wie die Löwen um unsere Ehre und Überzeugung. Meinen MP3-Player setzen wir als Satelliten-Telefon ein und ich „telefoniere", halb auf Deutsch, halb auf Französisch, mit dem Botschafter. Der Zöllner ist beeindruckt und wütend, von den 20 US$ will er aber nicht abrücken. Deutlich zeigt er, dass es ihm sehr egal ist, ob wir hier eine Woche oder drei Monate um unsere Pässe betteln. Mit wehenden Fahnen gehen wir unter. In 24 Stunden konnten wir ihm immerhin das Versprechen abringen, dass es keine weiteren Kontrollen mehr gäbe, eine Quittung fürs bezahlte Schmiergeld und ein Schulterklopfen mit der anerkennenden Bemerkung, dass er in seinem Leben noch nie so sture und hartnäckige Personen gesehen habe.

Endlich, wir ergreifen die Räder und wollen los. Nichts da! Ab ins nächste Büro. Versicherungspapiere für die Fahrräder werden verlangt, ein Trick, auf den wir vorbereitet sind. Wortlos überreichen wir unsere Schweizer Krankenkassenkarten. Zähneknirschend werden die Krankenversicherungsnummern aufs Fahrzeugformular übertragen. Noch mehr hungrige Beamte! Sämtliche elektronischen Geräte müssen registriert werden. Ein Fotoapparat schlägt mit 30 US$ zu Buche – welch ein Glück, dass die im Schlafsack versteckten Kameras bei der Durchsuchung nicht gefunden werden. Als noch weitere Taxen für andere Geräte gefordert werden verliere ich die Nerven und zitiere wütend den Zollchef: „Es gibt keine weiteren Taxen mehr, wir gehen!" Zu unserem großen Erstaunen lassen die afrikanischen Beamten, die sonst immer spiegelbildlich reagieren, uns gewähren.

Die Piste, immerhin auf unser Michelin-Karte (1:4 Mio.) eingezeichnet, ist ein gerade noch 50 cm breiter „Wanderweg". Unzählige Male balancieren wir über halb verfallene, glitschige Baumstammbrücken. Am späten Nachmittag erreichen wir einen größeren Ort und versuchen sofort, bei der Kirche unterzutauchen. Zu langsam! Ein Beauftragter der Immigrationsbeamten erwischt uns und schleppt uns zurück auf den Posten. Wieder alles durchsuchen, langwierige Registrierung, und nun will auch noch der Beamte vom Transportministerium 100 US$ für die fremden Fahrräder. Das Fass zum Überlaufen bringt dann der Kalaschnikow-tragende Radbewacher, der plötzlich die hohle Hand macht, weil für ihn nach 18.00 Uhr die Überzeit beginnt. Diesmal verliert Urs die Nerven. „Wir gehen!" Der Transportbeamte solle morgen mit dem Gesetzesartikel zur Kirche kommen. Noch vor Sonnenaufgang steht der Beamte mit dem verlangten Artikel vor uns. Voiture de l'étranger: 50 US$. „Ce sont des voitures avec deux roues" (das sind Autos mit zwei Rädern)! Da er den Kalaschnikow-Typen nicht dabei hat, lachen wir ihn aus, besteigen unsere Autos und fliehen.

Das Nahrungsangebot unterwegs ist karg. Wir können wählen zwischen mit Sand durchsetztem Maniok, Maniok und Maniok. Luxus sind Bananen, Erdnüsse und Betabeta (Kekse aus Bananen und Maniok). Auf größeren Pisten verkehren so viele Velotransporteure, die Waren aus China bis zu 600 km durch den Dschungel treten, dass es sogar Straßenrestaurants gibt mit Mais, Maniok, Reis, Bohnen und Affenfleisch im Angebot. Die Unterkünfte für die Transporteure, Palmblätterdächer mit Feuerstellen, sind auch für uns wie gemacht.

Hier jeden Zwischenfall mit den Beamten festzuhalten, die selbst mit Formularen aus Mobutus Zeiten an uns verdienen wollten, würde die Seitenzahl dieses Buches verdoppeln. Natürlich verstehen wir auch ihre Lage. Wovon leben, wenn von zwölf Monatslöhnen in den letzten Jahren im Schnitt nur vier ausbezahlt wurden? Ist nicht jeder, der dem reichen Weißen Geld abluchsen kann, ein kleiner Robin Hood?

Unsere „Wanderwege“ führen jetzt durch zauberhafte Bambustunnels oder durch klassischen, leider leer gejagten Regenwald. Immer wieder müssen wir absteigen, uns über oder unter wegversperrenden Baumriesen durch kämpfen oder durch Schlammpfützen waten. Mehrmals täglich gilt es die Kette zu reinigen und neu zu schmieren.

In Isiro lädt uns ein Mann mit vielen Beziehungen ein und bewirtet uns wie die Könige. Unsere Räder werden gereinigt, die Kleider gewaschen, dann fährt er uns auf seinem Motorrad durch die Stadt. Nicht ganz überraschend erzählt er uns dann, dass er gerade 14 Kilogramm Gold gekauft habe. Er möchte uns mit kiloschwerem Armschmuck in die Schweiz fliegen lassen und uns ganz allgemein als Handelspartner gewinnen. Sein Ziel ist es, bald Politik zu studieren ... Spannend zu sehen, aus welchem Elfenbein die kongolesische Elite geschnitzt ist.

Die nächsten Etappen bestätigen, nein übertreffen noch alle Gerüchte über die haarsträubenden Pistenzustände. Bis anhin waren es nur Radfahrer, jetzt wühlen auch Lastwagen im Schlamm; mit verheerenden Folgen. Die Camions fahren rein in die bis zu drei Meter tiefen Schlammbäder, bleiben stecken. Der Dreck wird mit Kesseln am Pistenrand angehäuft, die Räder mit Holz und Bambus unterlegt, und wenn der Truck nach stundenlanger Plackerei aus dem Loch ist, fährt er 100 Meter weiter und ersäuft im nächsten. Laster brauchen für die schlimmsten 137 km ganze ELF Tage!

Im zähflüssigen Dreck ist es jetzt einer Person alleine unmöglich, das Rad zu schieben. Hebelt man das Vorderrad heraus, versinkt das hintere. Ist das hintere oben, so ankert das vordere. Bringt man es mit letzten Kräften fertig, das Rad zu heben, steht der Morast bis zu den Waden und verunmöglicht einem, auch nur einen Schritt zu tun. Gelingt dies dennoch, bleibt sicher eine Sandale im Dreckloch stecken. Mit Schnüren zurren wir die Sandalen an den Füßen fest. Mist, nun bleiben Steinchen zwischen Fußsohlen und Sandalen klemmen und scheuern die Füße blutig. Zum Glück erreichen wir alle paar Tage eine nicht verlassene Missionsstation. Eine Dusche, ein Dach über dem Kopf und eine andere Speise als Maniok, das ist für uns der Himmel in der Schlammhölle.

Am meisten aber leidet das Material. Bremsbeläge, die sonst drei bis vier Monate halten, sind in sechs Tagen durchgeschliffen. Kaum aus dem Kongo heraus müssen wir Kette, Kränze

Durch die Schlammhölle

und Kassette ersetzen. Die Erleichterung war dann auch riesig, als wir plötzlich den dunkelsten Dschungel verließen und die UNO-Stadt Beni vor uns lag. Eingeladen in einer WG russischer Piloten galt es, wieder zu Kräften zu kommen. Und das taten, ja mussten wir. Die Sirupgläser voll Wodka konnten wir meist noch umgehen, beim Essen ließen sie aber keine Ausreden mehr gelten. Obwohl wir schon mehr als die doppelte für Radler übliche Portion verdrückt hatten, wurden die Teller nocheinmal randvoll gefüllt. Einer der wenigen französischen Ausdrücke, die die Russen beherrschten, war: „recharger les batteries". Und noch das Dessert oben drauf.

Dann die Grenze, die letzten Schmiergeldforderungen abwehren, geschafft! Wir liegen uns in den Armen, dann falle ich in päpstlicher Geste auf den Boden und küsse die ugandische Asphaltstraße. Wir sind der Hölle entronnen.

Ah, die Definition der vierten Welt? Wenn die drittgrößte Stadt des Landes seit zwei Jahren keinen Strom und seit zwei Monaten kein fließendes Wasser mehr hat. Wenn der abgehackte Kopf eines erwischten Banditen auf der Motorhaube eines Polizeijeeps der Bevölkerung vorgeführt wird. Oder ein unbeliebter Metzger im Gefängnis schmort, weil die Leute behaupten, er habe verstorbene Familienangehörige in Schweine verwandelt und ihr Fleisch auf dem Markt verkauft.

Genauere Strecken- und Länder-Infos zur Zentralafrikanischen Republik und zur Demokratischen Republik Kongo gibt es auf Adrians Website *www.to-adi.ch* (Länderinfos anklicken) sowie auf *www.transafrika.org*, *http://de.wikipedia.org* und auf *www.auswaertiges-amt.de*, auf letzteren drei auch zum Tschad, zu Burundi usw. Sehr engagiert wird über alles Aktuelle aus der Dem. Rep. Kongo auf der privaten Website *www.kongo-kinshasa.de* berichtet. Deutsche Botschaft in Kinshasa: *www.kinshasa.diplo.de*. Die kongolesische Botschaft in Deutschland (für Visa zuständig) hat keine Homepage – Adresse: Im Meisengarten 133, 53179 Bonn. Info auf Englisch: *www.lonelyplanet.com/democratic-republic-of-congo*.

Nachtrag (von Adrian): „Die Dem. Rep. Kongo ist ein Land, für welches einzig die Bezeichnung ‚Failed State' zutrifft, zumindest für den von uns durchradelten Nordosten. Das einmal funktionierende Post- und Telefonnetz gibt es nicht mehr. Pisten, die vor 15 Jahren noch mit dem Auto befahrbar waren, sind heute noch 50 cm breit, vom Urwald zurückerobert. Brücken wurden im Krieg zerstört, die Dacher der versenkten Fähren schauen noch aus dem Wasser. Nur vereinzelt gehen noch Schiffe von Kinshasa bis Kisangani (völlig überfüllte Pontons mit Schubschiff). Die Gleise der Eisenbahn sind komplett zugewachsen und die Hauptverbindungspisten in katastrophalem Zustand. Ein Lastwagen braucht in der Regenzeit über einen Monat, um von der Grenze zu Uganda 600 km ins Landesinnere zu kommen. Hauptverkehrs- und Transportmittel ist das Fahrrad. Kolonnen von Veloschiebern versorgen die Dörfer über hunderte von Kilometern hinweg, selbst Medikamente für die Krankenstationen oder Benzin, das pro Liter bis zu 3 US$ kostet, wird auf den bis zu 100 kg schweren Rädern gebracht. Das an Bodenschätzen reichste Land Afrikas ist gleichzeitig das zerrüttetste und wildeste. Ob Gold, Diamanten, Öl, Kupfer, Kobalt oder Holz, alles ist zu finden und wird oft illegal aus dem Land geschmuggelt oder von Nachbarländern geplündert. Weite Gebiete werden wegen mangelnder Sicherheit und Unzugänglichkeit nicht einmal von den sonst überall in Afrika präsenten Hilfsorganisationen unterstützt. Die einzigen, die geblieben sind, sind Missionare, und auch die besetzen seit der Rebellion einige Zentren nicht mehr."

Literatur: Sean Rorison: „Congo, Democratic Republic and Republic", Bradt Travel Guides, aktuell von März 2008. Sehr interessant der Reisebericht „Blood River – ins dunkle Herz des Kongo" von Tim Butcher, National Geographic 2008. Butcher, Journalist beim „Daily Telegraph", vollzog 2006 die Reise des Forschers Stanley nach und durchquerte auf abenteuerliche Weise das Land, immer auf oder nahe beim Fluss Kongo. Nicht umsonst ein Bestseller!

Weitere zentralafrikanische Länder

Kamerun [JH, AG]

Überblick

Kamerun, am Schnittpunkt zwischen West- und Äquatorialafrika gelegen, hat mehrere Klima- und Vegetationszonen. Der südliche Teil zählt zu den Tropen mit gleichmäßig warm-heißen Temperaturen, die im mittleren Landesteil durch die Höhenlagen (1000 bis 1500 m) etwas gemildert werden. Weiter nördlich schließt sich die Savanne an, unterbrochen von Grasländern. Höchster Berg ist der Kamerun-Berg (4070 m).

Der attraktivste Teil Kameruns ist der Norden, das schöne Hochland von Adamoua. Hier leben die Ethnien der Haussa und Kirdi oder das interessante Hirtenvolk der Fulbe, das bekannt ist für seine schöne Lehmarchitektur und sein Kunsthandwerk.

Kamerun ist wirtschaftlich und politisch relativ stabil, trotzdem ist es touristisch kaum bekannt. Hauptstadt ist Yaoundé, am größten aber ist die Hafenstadt Douala (1,5 Mio.). Die Amtssprachen sind Französisch (von 80% der Bevölkerung gesprochen) und Englisch (20%).

Reisende aus D, A und CH benötigen ein Visum. Dieses ist auch in Nigeria erhältlich (in Lagos und Calabar, nicht aber in der Hauptstadt Abuja). Adrian Guggisberg: „Je nach Laune des Beamten kriegt man das Visum innerhalb 24 h für einen bis drei Monate ausgestellt, Kostenpunkt 100 US$ (2007). Verlängern soll nur in Yaoundé möglich sein; hängt von den Beamten ab."

Beste Reisezeit: Im Norden von November bis April, im Süden von November bis Februar. Dort viel Regen von Juli bis Oktober.

Ziele, Routen, Reisen

Die Verkehrserschließung ist dürftig. Größtenteils Pisten, nur wenige asphaltierte Straßen (von Douala nach Yaoundé, Limbé, Buéa, Bafoussam und Bamenda). Der nördlichste Teil von Kamerun ist für einen Radfahrer kaum zu erreichen, höchstens, dass man von Nord-Nigeria aus einreist oder von Yaoundé den Zug nach Ngaounderé nimmt und dann auf guter Straße nach Garoua fährt. Von dort geht es auf landschaftlich attraktiver Strecke nach Mokolo (schön ist die Kapsiki- und Mandara-Region!). Evtl. Besuch des Waza-Nationalparks (*www.parcdewaza.com*).

Lohnend ist auch die reizvolle Berglandschaft von Bamenda und das Bamiléké-Land. Eine empfehlenswerte Rundreise dort ist: Bamenda – Wum – Nkambé – Kumbo – Bamenda (leider teils miserable Bergpisten, auch mit viel Schlamm).

Auch das sehenswerte Foumban und das Dreieck Bafoussam – Bafang – Bangangté ist landschaftlich attraktiv (die Anfahrtstrecke von Douala oder Yaoundé nach Bafoussam ist ebenfalls asphaltiert). Es fahren auch Omnibusse.

Eine weitere Streckenempfehlung ist die (Teil-)Auffahrt zum Kamerunberg nach Buea (1000 m). Hier oben erholten sich schon die Deutschen in Kameruns Kolonialzeit von der sehr schwülen Hitze der Küste.

Wie schon erwähnt kann man mit dem Zug von Yaoundé nach Ngaoundéré in den Norden fahren oder man kann sich mit dem Zug von Douala her die kontinuierliche Auffahrt nach Yaoundé ersparen. Kribi ist bekannt als Badeort mit Stränden.

Nach **Gabun** fährt man über Ebolowa und Ambam, eine gut befahrbare Piste, die sukzessive asphaltiert wird. Von/nach **Nigeria**: An der Küste entlang führt keine Straße. Entweder man nimmt eine Fähre von Limbé nach Calabar oder radelt nach Mamfé – Otu – Ekang – Calabar (vor allem in der Regenzeit oder kurz danach nach dem Zustand der Piste fragen!).

Bücher, Karten, Internet

Reiseführer: Regina Fuchs. „Kamerun", Reise Know-How. Ben West: „Cameroon", Bradt Travel Guides. Für Radler: „Bicycle Touring in Cameroon Supplement" (s. Seite 302 und bei *www.ibike.org*). **Karten:** RKH „Kamerun/Gabun", 1:1,3 Mio. Freytag & Berndt: Kamerun-Autokarte 1:1,5 Mio. ITM Travel Map „Cameroon" 1:950.000. Detailkarten von IGN. **Internet-Infos:** Wikipedia (*http://de.wikipedia.org/wiki/Kamerun*), *www.transafrika.org* und *www.auswaertiges-amt.de*. Das „Netz der Deutschsprachigen in Kamerun" erreicht man unter *www.kamerun.net*. Auf Englisch: *www.lonelyplanet.com/cameroon*. Auch zu Kamerun neuere Radler-Infos auf *www.worldbiking.info/countryinfo.html* (Länderaufstellung durchscrollen).

Gabun

Kurz-Charakteristik

Sicher das politisch stabilste Land in Zentralafrika – Reisen ist hier einigermaßen problemlos möglich, (mit Einschränkungen) auch für Radfahrer. Die Hauptstadt ist Libreville. Eine Straße führt von der Grenze Kameruns (Ambam/Bitam) bis zur Grenze der Republik Kongo (Ndendé), ab Lambaréné nur Piste, doch gut befahrbar.

Gabun wird oft als eines der kommenden Ökotourismus-Ziele angesehen, etwa 10% der Landesfläche wurden unter den Schutz von Nationalparks gestellt. Am bekanntesten ist die Réserve de la Lopé, aber auch im Ivindo-Nationalpark oder im Loanga-Nationalpark gibt es einmalige Möglichkeiten, die Tierwelt der Tropen zu erleben: So kann man auf einer Reise im Regenwald Tiefland-Gorillas oder Waldelefanten sehen, an der Atlantikküste hingegen lassen sich Wale, Delphine und Meeresschildkröten beobachten. Sehenswert ist natürlich auch Lambaréné, das Urwaldkrankenhaus von Albert Schweitzer (s. unter *www.schweitzer.org*), das heute noch in Betrieb ist.

Visum erforderlich, s. *www.botschaft-gabun.de*. **Karte:** RKH „Kamerun/Gabun", 1:1,3 Mio. ITM Travel Reference Map „Gabun", 1:980.000. **Internet-Info:** Wikipedia (*http://de.wikipedia.org/wiki/Gabun*), *www.transafrika.org* und *www.auswaertiges-amt.de*. Deutsche Botschaft in Libreville: *www.libreville.diplo.de*. Auf Englisch: *www.lonelyplanet.com/gabon*. Neuere Radler-Infos unter *www.worldbiking.info/countryinfo.html* (Länderaufstellung durchscrollen).

Angola

Überblick

Nach 40-jährigem Bürgerkrieg kehrt gegenwärtig Ruhe und Stabilität nach Angola zurück. Natürlich ist die Infrastruktur immer noch schlecht und der Tourismus steckt in den Kinderschuhen, aber es ist jetzt wenigstens wieder hinreichend sicher, durch das Land zu reisen. Allgemein liest man, Reisen durch Angola seien eine wunderbare Erfahrung – die Menschen sollen zu den freundlichsten in Afrika gehören, es gebe Traumstrände, viel unberührte Natur, atemberaubende Aussichten ... Leider liegen uns bislang kaum Radler-Berichte für dieses sicherlich sehr interessante Land vor – wir bitten um Zuschriften und Hinweise, dann werden wir diese gerne auf *www.weltweitradeln.de* ins Web stellen.

Angola liegt an der südwestlichen Küste von Afrika und grenzt im Norden an die Demokratische Republik Kongo, im Osten an Sambia, im Süden an Namibia und im Westen an den Atlantischen Ozean. Das Land besteht aus einer schmalen Niederung entlang der Küste, die in Richtung Osten im Landesinneren zu einem Hochland ansteigt. Nach Norden, Osten und Süden entwässern mehrere große Flüsse dieses Hochland, das fast die gesamte Landesfläche bedeckt. In Osten von Angola dehnt sich eine weite Ebene mit Trockensavannen aus, die nur gering besiedelt ist. Zu Angola gehört auch die nördliche Exclave Cabinda, von der Demokratischen Republik Kongo und der Republik Kongo umgeben. Nach der Entdeckung von mehreren Erdölfeldern vor der Küste ist Cabinda ins Zentrum ausländischer Geschäftsinteressen gerückt.

Hauptstadt Angolas ist Luanda, die Amtssprache Portugiesisch! Englisch und Französisch werden nur vereinzelt verstanden.

An- und Einreise, Visa, Reisen im Land

Deutsche Staatsangehörige benötigen für die Einreise nach Angola ein Visum, das vor der Einreise bei der angolanischen Botschaft in Berlin (*www.botschaft angola.de*) beantragt werden muss.

Etliche Airlines fliegen den Flughafen von Luanda an – Lufthansa, Air France, British Airways etc. Doch wird wohl kaum jemand seinen Afrika-Biketrip gerade in Angola starten wollen. Aber mit der Öffnung Angolas tun sich interessante Perspektiven für Transafrika-Radler auf (Westafrika – Kamerun – Gabun – ein relativ kurzes Stück Kongo, dann Angola – Namibia). Bitte prüfen (*www.auswaertiges-amt.de*, *www.transafrika.org* usw.) – bei Drucklegung dieses Buchs waren alle Grenzübergänge in die Nachbarländer wieder geöffnet. Ein großer Teil des Straßennetzes wurde jedoch im Bürgerkrieg zerstört, etliche Strecken waren vermint. In letzter Zeit wurden mit chinesischer Unterstützung viele Brücken instandgesetzt und die wichtigsten Strecken wiederhergestellt – die Fernstrecke von Kinshasa (Dem. Rep. Kongo) nach Luanda und weiter über Huambo und Lubango nach Namibia (Oshikango) dürfte befahrbar sein, ist aber auf langen Etappen nicht asphaltiert – aktuelle Infos einholen! Das Straßennetz ins Landesinnere, das großenteils aus üblen Pisten besteht, ist insbesondere während der Regenzeit (September bis April) schwer befahrbar und sehr stark beschädigt.

Weitere Informationen

Karte und Buch: Neu (von 2009) ist die Angola-Karte von RKH (1:1.4 Mio.) und der Bradt Travel Guide „Angola". **Internet:** s. im Text, dazu wie immer Wikipedia (*http://de.wikipedia.org/wiki/Angola*). Transafrika-Radler Sebastian Woitsch (*www.vom-wind-getragen.de*) kam auf seiner Tour 2007 auch durch Angola – sehr spannend! Er reiste von Kinshasa her ein, auf der oben genannten „Hauptroute". Homepage der deutschen Botschaft in Luanda: *www.luanda.diplo.de*. Auf Englisch: *www.lonelyplanet.com/angola*.

Kongo (Republik)

Kurz-Charakteristik

Die Republik Kongo (immerhin fast so groß wie Deutschland) wird gern mit der wesentlich größeren Dem. Rep. Kongo verwechselt und deshalb auch oft nach ihrer Hauptstadt als Kongo-Brazzaville bezeichnet. Beide Staaten sind nur durch den Fluss Kongo und seinen Nebenfluss Ubangi getrennt.

Die Atmosphäre in Kongo-Brazzaville ist wesentlich freundlicher und weniger bedrohlich als im Nachbarland – dennoch ist die (teure) Republik derzeit bestenfalls ein Durchgangsland auf dem Weg von Gabun nach Angola. Hauptübergang ist Ndendé (Gabun) / Doussala, dann auf Piste nach Brazzaville; die letzten 80 km sind asphaltiert. Von dort verkehrt eine Fähre auf dem kilometerbreiten Kongofluss nach Kinshasa (Dem. Rep. Kongo). Eine Eisenbahnlinie geht von Brazzaville zur Küste nach Pointe-Noire; von dort ist die Ausreise in die Angola-Enklave Cabinda möglich (mit gleichnamiger Hafenstadt; es gehen Fährschiffe nach Luanda).

Visum erforderlich, dieses wird von der Botschaft der Republik Kongo in Berlin ausgestellt, die keine eigene Homepage hat (Adresse: Grabbeallee 47, 13156 Berlin). **Infos** beim Auswärtigen Amt, Wikipedia (*http://de.wikipedia.org/wiki/Republik_Kongo*) und *www.transafrika.org*. Auf Englisch: *www.lonelyplanet.com/congo*. Unter *www. worldbiking.info/countryinfo.html* auch neuere Radler-Infos zum Kongo (Länderaufstellung durchscrollen).

Überblick Ostafrika

Lange Tourismus-Tradition

Im Gegensatz zu Zentralafrika hat der Tourismus in Ostafrika eine sehr lange Tradition. Die ersten Touristen kamen bereits Anfang des 20. Jahrunderts und waren Reiche aus Europa und Amerika, die auf Großwildjagd gingen. Darunter waren auch Prominente wie Winston Churchill und US Präsident Theodore Roosevelt, welcher 500 Träger benötigte, u.a. für die Unmengen des mitgeführten Champagners. Schriftsteller wie Ernest Hemingway verewigten die Großwildjagd-Abenteuer in Erzählungen („Die grünen Hügel Afrikas"), die auch oftmals verfilmt wurden. Die Großwildjagd blieb bis in die 60er-Jahre exklusiv; dabei entstand bereits ein gut ausgebautes Netz an Hotels und Lodges.

Der Massentourismus begann in den späten 60er-Jahren. Die Zahl der ausländischer Besucher stieg etwa in Kenia zwischen 1963 und 1971 von 110.000 auf 400.000 an. Großwildjagden wurden dann verboten, und man ging auf Fotosafari („Jagd mit der Kamera"). Begriffe wie Masai Mara, Serengeti, Ngorongoro, Kilimandscharo und Victoria-See kennt heute jeder, (nicht nur) dank Tierfilmer und Verhaltensforscher Bernhard Grzimek („Serengeti darf nicht sterben"). Die Top-Ziele konzentrieren sich auf die Länder Kenia und Tansania, die sich, ggf. zusammen mit Uganda, auch recht gut für eine Rad-Rundtour eignen. Die Ostafrika-„Hauptroute" für Transafrika-Treter führt von Äthiopien über Kenia, Tansania und Sambia weiter nach Botswana und Namibia, doch es gibt etliche Variationsmöglichkeiten – s. bei den nachstehenden Länderkapiteln.

Durch die Savanne. Peter Smolka im Rift Valley

Außerdem noch zu Ostafrika zählen Ruanda, das schon auf Seite 387 kurz beschriebene und derzeit recht gefährliche Burundi sowie am Horn von Afrika die Länder Eritrea, Djibouti und Somalia. Doch letzteres ist momentan neben der Darfur-Region das mit Abstand gefährlichste Gebiet Afrikas und damit eine absolute No-Go-Area.

Übrigens: In den ehemals englischen Kolonien Kenia, Tansania, Uganda und auch im südlichen Afrika herrscht Linksverkehr!

Bücher und Karten

Ostafrika-Reiseführer: Einziger derzeit erhältlicher Gesamt-Ostafrikaführer ist „Ostafrika" von Horst und Wally Hagen, Verlag Tecklenborg. Auf Englisch: „East Africa" von Mary Fitzpatrick u.a., Lonely Planet (Kenia, Tansania, Uganda, Burundi und Ruanda für Rucksack- und Individualreisende). Auch von Lonely Planet: „Trekking in East Africa" von Matthew Fletcher u.a. Mehr natürlich bei den einzelnen Ländern. Und: Für die in nahezu ganz Ostafrika verbreitete Verkehrssprache empfiehlt sich der Kauderwelsch-Sprachführer „Kisuaheli Wort für Wort", Reise Know-How.

Karte S. 296

Übersichtskarte: Michelin (1:4 Mio.) macht gerade in Ostafrika seinen Blattschnitt: Äthiopien, Somalia und ein Teil von Kenia (bis zum Victoria-See) sind auf der 745 mit drauf, ganz Kenia, Tansania und die Staaten südl. davon auf der 746, dazu der größte Teil von Zentralafrika. Außerdem: East Africa Road Map 1:2,5 Mio. von MapStudio (Kenia, Tansania und Uganda). Das sind die einzigen derzeit halbwegs aktuellen Gesamtkarten; mehr bei den Länderkapiteln.

Äthiopien [PS]

Überblick

Äthiopien, das frühere Abessinien, liegt am Horn von Afrika und ist etwa dreimal so groß wie Deutschland. Mit der Unabhängigkeit Eritreas 1993 hat das Land seinen direkten Zugang zum Meer verloren. Äthiopien ist landschaftlich äußerst kontrastreich: Im Nordwesten erstreckt sich das abessinische Hochland mit einer durchschnittlichen Höhe von 1800 bis 2400 Metern und vielen Bergspitzen über 4000 Metern. Flüsse wie der Blaue Nil und der Omo zerfurchen das Hochland canyonartig. Der Blaue Nil entspringt im Tana-See bei Bahir Dar und fließt – nach einem südöstlich führenden Bogen – in den Sudan, wo er sich bei Khartoum mit dem Weißen Nil vereinigt. Der in Nord-Süd-Richtung verlaufende Afrikanische Grabenbruch (Rift Valley) durchschneidet das Hochland ebenfalls. Südlich von Addis Abeba bildet er eine Seenkette, die viele Vogelarten anzieht.

Das Hochland fällt nach Westen und nach Osten hin steil ab, das Tiefland im Osten und Südosten ist steppen- bis wüstenhaft. Die Danakil-Wüste im Nordosten – eine der heißesten Gegenden der Erde – liegt teilweise unterhalb des Meeresspiegels.

Die Bevölkerung setzt sich aus über 80 Volksgruppen zusammen. Stärkste Gruppe mit zwei Fünfteln der Einwohner sind die Oromo im Süden, ein Drittel sind Amharen im nordwestlichen Hochland und um die Hauptstadt Addis Abeba, zehn Prozent sind Tigriner, die hauptsächlich im Norden angesiedelt sind. Amtssprache ist Amharisch, Orominya und Tigrinya sind zwei weitere verbreitete Sprachen. Insgesamt gibt es etwa 80 Sprachen und 200 Dialekte. In den Städten kommt man mit Englisch gut durch, auf dem Land eilen oft die Lehrer herbei, um bei der Konversation zu helfen. Die Analphabetenrate liegt bei gut 60 Prozent.

Der überwiegende Teil der Hochlandbevölkerung bekennt sich zum orthodoxen Christentum (ca. 45% aller Äthiopier), das beispiellose Kulturdenkmäler wie etwa die Felsenkirchen von Lalibela hervorgebracht hat. Die moslemische Bevölkerung (ca. 35%) besiedelt vor allem die tieferen Lagen im Westen, Süden und im Osten. Eine Perle des Islam ist im Osten des Landes Harar (auch Harer, *http://de.wikipedia.org/wiki/Harar*) mit seiner ummauerten, von über 300 Gassen durchdrungenen Altstadt.

Reisezeit, Einreise, Währung

Die Temperaturen und Niederschläge werden von der Höhenlage bestimmt. Tropisch-heiß ist es bis etwa 2000 m Höhe (in der Danakil-Ebene im NO sind bis über 50 °C möglich), im Hochland erfreuen europäische Sommertemperaturen mit angenehm kühlen Nächten. Generell steigt die Regenwahrscheinlichkeit mit der Höhe. Während der Hauptregenzeit von Juni bis September sind viele unbefestigte Straßen nicht passierbar; die kleine Regenzeit von März bis Mai macht weniger Probleme. Beste Reisezeit ist nach dem großen Regen, also ab Oktober.

Es besteht **Visumpflicht.** Das Visum für die Überland-Einreise muss zuvor bei einer äthiopischen Botschaft beantragt werden, da es nicht an der Grenze erhältlich ist. Nur bei der Einreise über den „Bole International Airport“ in Addis Abeba können Angehörige bestimmter Nationen (darunter Schweizer, Österreicher und Deutsche) das Visum auch direkt erhalten.

Adresse in Deutschland: Botschaft der Demokratischen Bundesrepublik Äthiopien, Booth-Straße 20a, 12207 Berlin, Tel. 030-772060 (*www.aethiopien-botschaft.de*). Verschiedene Visa-Typen für bis zu sechs Monate Gültigkeit (ab dem Datum der Ausstellung!) und mehrmalige Einreise. Eine Gelbfieberimpfung wird empfohlen, aber nicht mehr verlangt (zu Impfungen und gesundheitlichen Gefahren s. wie immer unter *www.fit-for-travel.de*).

Mehrmals pro Woche gehen Flüge von Frankfurt und anderen deutschen Städten nach Addis Abeba. Die nationale Fluggesellschaft „Ethiopian Airlines" (*www.ethiopian-airline.com*) unterhält ein dichtes Flugnetz zu anderen afrikanischen Staaten.

Währung ist der Birr, unterteilt in 100 Cents. US$-Reiseschecks werden in allen Städten getauscht, Euro-Reiseschecks gewinnen an Bekanntheit. Allerdings haben die meisten Banken außerhalb Addis Abebas noch keine Prüfgeräte für Euroscheine. Bei Reisen in abgelegene Gebiete sollte man Bargeld in US$ und Birr mitnehmen. Kreditkarten werden an einigen wenigen Automaten akzeptiert – die Dashen-Bank ist Vorreiter. Das Preisniveau ist allgemein niedrig; trotzdem das Feilschen nicht vergessen.

Reisen im Land, Gefahren, restriktive Gebiete

Äthiopien war viele Jahre lang kein Reiseland. Hungerkatastrophen, Bürgerkrieg und dann der blutige Grenzkonflikt mit Eritrea machten eine Reise zeitweise unmöglich oder unberechenbar. Mittlerweile ist der Grenzkrieg beigelegt, die Grenzen zu Eritrea sind allerdings noch immer geschlossen. Das Grenzgebiet sollte bis zur endgültigen Grenzziehung gemieden werden, unter anderem wegen der Minengefahr. Im Süden treiben bewaffnete Banden und im Grenzgebiet zu Somalia Rebellen ihr Unwesen. Einige Grenzübergänge zu Kenia (Moyale, Omorate), zum Sudan (Metema) und nach Djibouti (Galafi, Gelille) sind geöffnet, auch nach „Somaliland" (Tog Wajale) – das ist *nicht* identisch mit Somalia, s. weiter unten.

Vor dem Start sollte man unbedingt aktuelle Informationen einholen (Auswärtiges Amt, *www.transafrika.org*, siehe auch unter „Sudan") – und bereits gute Reiseerfahrung besitzen. Denn ganz besonders für Radler ist Äthiopien auch heute noch gewiss kein einfaches Reiseland! Teilweise miserable Straßen, große Höhenunterschiede sowie aufdringliche Kinder und Jugendliche können einem den Tag schwermachen. Besonders heikel ist der Umgang mit Kindern, die einen kilometerlang in Gruppen und mit viel Geschrei verfolgen und leider auch oft mit Steinen bewerfen. Die Äthiopier an sich sind aber nette und sehr hilfsbereite Menschen, auch wenn sie eine für uns selbstverständliche Distanz nicht kennen – die Privatsphäre ist stark eingeschränkt in Äthiopien. Das trifft zwar auf viele afrikanische Länder zu, gilt aber nirgends so sehr wie hier!

Oft recht schwierig: Anhängliche Kinder

Karte S. 296

Zu beachten auch: In Äthiopien gelten restriktive Fotografierbestimmungen, die nicht nur alles Militärische betreffen, sondern auch öffentliche Anlagen. Bereits das Ablichten einer Brücke, eines Tunnels oder einer strategisch wichtigen Straße kann strafbar sein.

Übernachten, Verpflegung Auch in kleinen Dörfern findet man meist eine Herberge. Gewöhnlich sind es spartanisch eingerichtete Zimmerchen, die um einen ebenerdigen Innenhof gruppiert sind. Kosten: zwischen 80 Eurocents und 3 Euro; im Preis enthalten oft auch ein Heer ausgehungerter Flöhe und anderes Ungeziefer. In Städten wie Addis Abeba, Gonder, Bahir Dar, Harar besteht eine weitaus größere Auswahl an Hotels. Wasser ist in manchen Landesteilen knapp und sollte nicht vorausgesetzt werden, lässt sich jedoch in der Regel organisieren.

Grundlage aller traditionellen äthiopischen Gerichte ist *Injera*, ein aus *Teff* (einer einheimischen Getreidesorte) zubereiteter lappiger, säuerlicher Teigfladen. Dazu werden unterschiedliche Beilagen gereicht. Ansonsten haben die Italiener als frühere Kolonialherren ihre Spuren hinterlassen: In Addis Abeba gibt es verschiedene Nudelgerichte und Pizza, auf dem Land zumeist Spaghetti Napoli. Ein ganz besonderes Erlebnis ist die Kaffeezeremonie, für die man viel Zeit mitbringen sollte. Tee und die üblichen Softdrinks sind überall erhältlich.

Fahrrad, Ausrüstung In Addis Abeba gibt es in der Piazza-Gegend einige Fahrradgeschäfte, die Billigräder und dazugehörige Ersatzteile verkaufen. Ein robustes MTB ist erste Wahl; wegen der großen Höhenunterschiede braucht es eine Schaltung mit etlichen Berggängen. Für die schlechten Pisten breite (Stollen-)Reifen montieren, alle nötigen Ersatzteile und Werkzeuge mitführen – vergesst nicht, dass Sand und Regen auf Abfahrten euren Felgen und Bremsbelägen ganz besonders zusetzen!

Straßen, Verkehr, Transport Das Straßennetz in Äthiopien ist lückenhaft und teils in sehr schlechtem Zustand. Die Erdpisten sind in der Regenzeit oft unpassierbar. Viele Hauptverbindungsstraßen sind jedoch in den letzten Jahren ausgebaut und mit guter Asphaltdecke versehen worden. Wenn man es drauf anlegt, kann man inzwischen ohne Pistenfahrten durch das Land kommen.

Das Fahrzeugaufkommen in Addis Abeba wird von Jahr zu Jahr größer. Inzwischen sind Staus in und aus Richtung Meskal Square alltäglich, die Luft ist schwer vom ungefilterten Dieselausstoß. Mit der Entfernung von der Hauptstadt nimmt der Straßenverkehr deutlich ab. Die Fahrer sind für afrikanische Verhältnisse sehr rücksichtsvoll.

Radmitnahme in Überlandbussen und Lkw ist möglich. Es gibt nur eine Eisenbahnlinie, von Addis Abeba nach Dire Dawa und weiter nach Djibouti im Osten. Von Moyale Richtung Nairobi durch den Norden Kenias bestand zeitweilig Konvoipflicht, s. im Kenia-Kapitel unter „Routenvorschlag".

Routen und Touren

- **Historische Route:** Addis Abeba – Lalibela (mit den weltberühmten Felsenkirchen) – die heilige Stadt Axum – Gonder (Fasilidas Palastanlage, lebhafter Markt) – Bahir Dar (Nil-Fälle, Tana-See mit zahlreichen Klöstern) – Addis Abeba.
- **Östliche Route:** Besuch des Grabenbruchs um den Awash-Nationalpark und der Stadt Harar (islamische Altstadt; bunte, lebhafte Märkte; Hyänen-Mann) – auf dieser Strecke reist man durch den Lebensraum verschiedener Völker wie der Oromo, Afar, Issa, Äthiosomalis sowie der Adare.
- **Südliche Route:** Durch den Grabenbruch zu den großen Seen Ziway, Abiyata, Shala und Lagano und zum Bale Nationalpark. Vorbei am Lake Awasa, Lake Abaya und Lake Chamo weiter nach Kenia. Ein Paradies für Vogelfreunde!

Raubtierfütterung – der Hyänen-Mann in Harar

- **Der Südwesten:** Ganz im Trend liegt der Besuch der kleinen, bunten Volksstämme im Südwesten (am bekanntesten sind die Mursi mit den Tellerlippenfrauen). Peter Smolka: „Aus meiner Sicht äußerst problematisch, weil die Gegend zu einem Menschen-Zoo verkommt."

Bücher, Karten, Internet

Reiseführer: „Äthiopien", von Hildemann/Fitzenreiter, Reise Know-How – viel Hintergrund-Info. Matt Phillips, Jean-Bernard Carillet: „Ethiopia & Eritrea", Lonely Planet – stark und relativ aktuell auf der reisepraktischen Seite. „Guide to Ethiopia", von Philip Briggs, Bradt Travel Guides. Für Radler: „Bicycle Touring in Ethiopia/ Eritrea Supplement" (s. Seite 302 und bei *www.ibike.org*). Kauderwelsch-Sprachführer „Amharisch", Reise Know-How. Es gibt auch etliche Bücher, die sich mit Äthiopiens Situation und Hintergründen befassen, etwa „Äthiopien, das vergessene Paradies" von Remke/Fischer u.a. **Karten** von Äthiopien sind ein spezielles Kapitel. Peter Smolka: „Etwa zehn verschiedene Karten hatte ich bisher in den Händen – und die waren auch wirklich *sehr* verschieden! Gravierende Fehler besonders im Südwesten, da wandern Ortschaften 50 km hin oder her." Trotz des kleinen Maßstabs mit am besten: Michelin Nr. 745, „Nordost-Afrika/Arabien", 1:4 Mio. – Außerdem: „Äthiopien, Horn von Afrika", 1:1,8 Mio., Reise Know-How. „Ethiopia" 1:2 Mio., ITM Publications. „Ethiopia", mit Eritrea und Djibouti, 1:2,5 Mio., Cartographia-Verlag, Budapest. – Karten großen Maßstabs erhält man bei der „Ethiopian Mapping Authority", Menelik Avenue, Addis Abeba (gegenüber dem Hilton Hotel); sie sind zum Teil aktuell, zum Teil uralt.

Das **Internet** verbreitet sich in Äthiopien, aber die Bits und Bytes rutschen nur sehr langsam durch die Leitung. In der Provinz heißt es häufig: „No connection". Wegen der Stromausfälle regelmäßig zwischenspeichern! **Internet-Infos:** Einen Überblick über Äthiopien bietet der „World Travel Guide" (*www.worldtravelguide.net/country*). Am besten aber beginnt man seine Internet-Recherche auf *www.cyberethiopia.com*. Die Seite liefert jede Menge Links zu allen nur denkbaren Themen. Dann natürlich *www.transafrika.org* und Wikipedia (*http://de.wikipedia.org/wiki/Äthiopien*). Es gibt auch einen Deutsch-Äthiopischen Verein (*www.deutsch-aethiopischer-verein.de*). Weitere Tourbeschreibungen (aus 2008) s. auf *www.cycle-generation.org* unter Blog/Äthiopien.

Eritrea, Djibouti, Somalia [PS, TL]

Eritrea

Ein attraktives und sehr abwechslungsreiches Land – oft grandios wie das Beste aus Jordanien, Marokko, Jemen und Iran zusammen. Zugängliche, offene Leute aus mindestens neuen Ethnien, angenehmes Radeln: Il Bellissimo Paese! Doch aufgrund des immer noch schwelenden Grenzkonflikts sind alle Übergänge nach Äthiopien schon seit Jahren geschlossen, die Grenze zum Sudan ist auch nur sporadisch geöffnet – einzig von Djibouti aus ist die Anreise derzeit möglich, oder per Flieger (mit Eritrean Airlines ab Frankfurt, Rom oder Mailand z.B.). Seit 2006 benötigt man zudem für Reisen außerhalb der Hauptstadt Asmara ein Permit des Tourismusministeriums (s. aktuell bei *www.auswaertiges-amt.de*.) Damit ist Eritrea derzeit leider für Radler kein Reiseland bzw. eine Sackgasse, und die hier von Thomas Longin zusammengetragenen Infos beziehen sich auf das Jahr 2003.

Eritrea liegt im Norden der riesigen Grabenbrüche Ostafrikas. Hinter seiner um 1000 km langen Küste erstreckt sich das wenige Dutzend km breite, durchaus nicht überall ebene Küstentiefland. Nach Westen steigt man sehr schnell ins Hochland auf 1500 bis über 2500 m – sehr anstrengend! Im Norden des Landes liegen aufregend schroffe, eher kleinräumige Felsgebirge mit manchmal ungewohnten Farben und Formen; nach Süden, am deutlichsten um Adi Keyh und Senafe, beginnt das Äthiopische Hochland mit Hochplateaus, Canyons und den typischen kleinen Tafelbergen (Ambas). Weiter nach Westen verliert man mit viel Auf und Ab langsam an Höhe; die Landschaft wird zur Savanne. Die gängige Bezeichnung „Western Lowlands" täuscht aber: Plattes Land ist das Gelände keineswegs, und erst bei Agordat gerät man wesentlich unter 1000 m Meereshöhe. Die feuchteste und am intensivsten genutzte Region Eritreas findet man in den mittleren Lagen des Aufstiegs zum Hochland, vor allem um Ghinda oder um Filfil, wo es sogar noch schüttere Reste tropischen Waldes gibt.

Ein **Visum** war 2003 in Berlin problemlos erhältlich; es konnte im Land ebenso einfach verlängert werden. Die **Amtssprachen** sind Tigrinya, Arabisch und Englisch; Hauptsprache das schwierige Tigrinya; Arabisch vor allem im Küstentiefland. Man wird meist Englisch sprechen, mit älteren Leuten evtl. Italienisch. **Risiken:** Als Relikt des 30-jährigen Freiheitskampfes sind die Grenzgebiete teilweise noch vermint. Gesundheit, Impfungen, Malaria-Prophylaxe s. wie immer bei *www.fit-for-travel.de*.

Routen: Die Hauptstrecken Eritreas können den Radler viele Wochen lang beschäftigen; einige wird/würde er sicher gerne mehrmals radeln. Hier nur eine kurze Zusammenstellung; mehr Details z.B. auf *www.cramers-web.de* unter „Länderinfos".

- **Aufstieg ins / Downhill vom Hochland:** auf Asphalt Massawa – Gahtielay – Asmara, angenehme Steigungen, überall Wasser und Cafés; auf Piste Filfil – Serejeka (zwischen Asmara und Keren), unten lehmig, oben staubig, evtl. bei Reparaturen geschlossen, Wasser lokaler Qualität bei Soldatencamps; auch auf Piste von der „Gahtielay-Sheeb Road" 115 km nördlich von Gahtielay links ab nach Afabet, breit, neu, recht geradlinig, weiter nach Keren sehr schön gewunden. Meist liegt übrigens ein Teil der 2000-2500 Höhenmeter im Nebel.
- **Hochland-Savannen-Runde:** Asmara – Mendefera – Barentu – Agordat – Keren – Asmara: erschließt fast den ganzen „Rumpf" Eritreas.
- **Trainingsrunde über gut 100 km:** Asmara – Dekemhare – Nefasit – Asmara: bevorzugt in der angegebenen Richtung wegen perfekter physiologischer und szenischer Dramaturgie mit Finale furioso.
- **Zur äthiopischen Grenze:** Asmara – Dekemhare – Adi Keyh – Senafe, sehr viele Höhenmeter, zunehmend brachiale Canyon-Landschaft, viele Aussichtspunkte.

- **Küstenroute entlang des „Pfannenstiels" Eritreas:** Assab – Massawa, ca. 600 km Piste, meist küstennah, oft direkt am Strand, extrem salzig-schwül, Windrichtung eher Süd-Nord, sehr sehenswert die Fahrt um den Zula-Golf, weiter nach Süden auch eintönig, ein paar kleine Orte, Fischerhütten, Checkpoints, Baustellen.

Reiseführer: Matt Phillips, Jean-Bernard Carillet: „Ethiopia & Eritrea", Lonely Planet. „Eritrea", von Philip Denison, Bradt Travel Guides. Für Radler: „Bicycle Touring in Ethiopia/Eritrea Supplement" (s. Seite 302 und bei *www.ibike.org*). Gute **Karten** von ITM, 1:900.000, farbige Höhenstufen; Eritrea ist auch auf der 1:1,8 Mio. „Äthiopien, Horn von Afrika" von RKH mit drauf. **Internet:** *www.insideeritrea.com*, *www.transafrika.org* und *http://de.wikipedia.org/wiki/Eritrea*.

Djibouti

Djibouti liegt – strategisch wichtig – am Bab al Mandab („Tor der Tränen"), dem Ausgang des Roten Meeres in den Golf von Aden. Mit 23.000 qkm ist Djibouti etwa so groß wie Hessen und damit einer der kleinsten Staaten Afrikas. Das Land ist umgeben von Eritrea, Äthiopien und Somaliland (dem völkerrechtlich nicht als eigenständig anerkannten Norden Somalias – s. weiter unten). Djibouti wurde erst 1977 in die Unabhängigkeit entlassen, zuvor stand es als „Französisch Somaliland" unter der Kontrolle von Paris. Die Umbenennung in „Französisches Territorium der Afars und Issas" zehn Jahre vor der Unabhängigkeit war den beiden Hauptbevölkerungsgruppen gewidmet: ca. 60% der 500.000 Einwohner sind Issa-Somalis, etwa 35% Afar, die auch in Äthiopien und Eritrea siedeln. Daneben leben Jemeniten und Europäer im Land. Offizielle Sprachen sind Französisch und Arabisch. Mehr als 90% der Bevölkerung sind Muslime.

Wie an der gesamten Rotmeerküste herrscht in Djibouti ein heißes Klima mit hoher Luftfeuchtigkeit (Gesundheit, Impfungen, Malaria-Prophylaxe s. wie immer bei *www.fit-for-travel.de*). Am erträglichsten sind die Monate November bis März. Ansonsten ist das kleine, im Gegensatz zu seinen Nachbarn recht stabile Land aber gut zu bereisen und wird eigentlich zu Unrecht oft nur als Transitland genutzt.

Das **Visum** muss vor der Einreise beantragt werden, es ist erhältlich auf djiboutischen und französischen Botschaften. Die Grenzen zu allen Nachbarländern sind derzeit offen. Somit bildet Djibouti die indirekte Verbindung zwischen Äthiopien und Eritrea, deren direkte Übergänge auch nach dem Ende der kriegerischen Auseinandersetzungen noch geschlossen sind. **Grenzstationen** zu Äthiopien bei Galafi (Asphaltstraße mit starkem Lastwagenverkehr) und bei Gelille Richtung Dire Dawa. Parallel zu letzterer Route verläuft die Eisenbahnlinie Djibouti – Addis Abeba. Übergang Richtung Assab in Eritrea an der Rotmeerküste bei Rahaita. Der Übergang zu Somaliland liegt ebenfalls am Meer, bei Loyada (siehe weiter unten bei Somalia).

Regelmäßige Schiffsverbindungen nach Jemen gibt es nicht, aber die Chancen, auf einer Dhau mitfahren zu dürfen, sind gut. Zielhäfen im Jemen sind Al Mukha und Aden. Flüge von Europa nach Djibouti-Stadt gehen ab Paris.

Der Djibouti-Franc ist an den Dollar gekoppelt (1US$ ca. 175 DFr). Genügend Bargeld in Dollar oder Euro als Reserve mitbringen, da die wenigen ATMs oft außer Betrieb sind und Reiseschecks nicht überall akzeptiert werden. Djibouti ist im Vergleich zu den umliegenden Ländern teuer. Auch eine einfache Unterkunft ist in Djibouti-Stadt kaum unter 20 US$ zu bekommen.

Karten und Infos: Trotz des kleinen Maßstabs von 1:4 Mio. eignet sich die Michelin 745 (Nordost-Afrika / Arabien) für Reisen im Land. Auch RKH „Äthiopien, Horn von Afrika" und ITM „Ethiopia" decken Djibouti ab. Das „East Africa Handbook" aus dem Footprint-Verlag enthält ein Kapitel zu Djibouti, ebenso Lonely Planet „Africa". Der Lonely Planet „Ethiopia & Eritrea" enthält nur noch ein paar Seiten „Transitting Through Djibouti". **Internet:** *www.transafrika.org*, *http://de.wikipedia.org/wiki/Dschibuti*.

Somalia

Dieses Land bildet das eigentliche Horn von Afrika. Seine Küstenlinie ist ca. 3000 Kilometer lang, sie zieht sich vom Südzipfel des Roten Meeres bis nach Kenia. An den Nordwesten des Landes grenzt Djibouti, an den Westen Äthiopien (mit dem von den Somalis beanspruchten Ogaden-Gebiet), an den Südwesten grenzt Kenia. Mit 640.000 qkm ist das Land etwa doppelt so groß wie Italien. Die Einwohnerzahl wird auf 10 Mio. geschätzt.

Bis 1960 war der südliche Teil Somalias italienisches UN-Mandatsgebiet (mit der Hauptstadt Mogadischu), der Norden war britische Kolonie (Hauptstadt: Hargeisa). Mit der Unabhängigkeit 1960 wurden beide Teile zu einem Staat vereinigt, der sich seit 1979 „Republik Somalia" nennt. 1969 putschte sich General Siad Barre an die Macht; er wurde 1991 durch die Rivalitäten der verschiedenen Clans aus dem Land vertrieben – seitdem gibt es keine reguläre Staatsmacht mehr in Somalia.

Die aktuelle Situation ist vergleichbar mit der in Afghanistan: Zahlreiche Gruppen kämpfen um die Macht, während der offiziell eingesetzte Präsident nur einen kleinen Teil des Landes beherrscht – der Einfluss endet zeitweise schon an den Grenzen der Hauptstadt. In der Provinz regieren lokale Warlords, weite Gebiete sind ohne Recht und Gesetz. Durch diese Situation ist räuberisches Banditentum in Somalia verbreitet. Daneben sind Entführungen in Mode gekommen, die keinen politischen Hintergrund, sondern allein die Lösegelderpressung zum Ziel haben. Auch das kaum einzudämmende Piratentum in den angrenzenden Gewässern hat seinen Ursprung in diesem rechtsfreien Raum. Aus diesen Gründen bleibt Somalia nach wie vor **ein „No-Go-Land"**.

Somaliland

Nicht ganz so gefährlich stellt sich die Lage im Norden dar, der sich 1991 als „Somaliland" mit der Hauptstadt Hargeisa für unabhängig erklärt hat (allerdings von der Weltgemeinschaft bisher nicht als souveräner Staat anerkannt wurde). Die Grenzübergänge zu Djibouti (bei Loyada) und zu Äthiopien (bei Tog Wajale) sind geöffnet. Das Land hat mit dem Somaliland-Shilling eine eigene Währung eingeführt und eine Vertretung in Addis Abeba eingerichtet, die sich wegen der Nichtanerkennung allerdings nicht „Botschaft" nennen darf. Diese Vertretung stellt Einreise-Visa für Somaliland aus.

Peter Smolka: „Im Frühjahr 2007 habe ich via Tog Wajale einen Abstecher nach Hargeisa unternommen. Auch hier ist die Situation entfernt vergleichbar mit der in Afghanistan: Die überragende Mehrzahl der Bewohner ist ausgesprochen freundlich und hilfsbereit, doch es gab vereinzelt auch offene Anfeindungen. Die Entführungsgefahr ist nicht unerheblich. Daher rate ich vorerst auch von einem Besuch Somalilands ab". Siehe auch *www.transafrika.org* und *www.auswaertiges-amt.de*.

Hargeisa, Somaliland

Kenia [AR, TR, HL]

Peter Smolka überquert den Äquator

Überblick

Kenia, das am besten entwickelte ostafrikanische Land, liegt beidseits des Äquators und hat seinen Namen vom zweithöchsten Berg Afrikas, dem gletscherbedeckten Mt. Kenya (5199 m). Kerngebiete sind das klimatisch gemäßigte Hochland und die Senke am Victoria-See. Es bestehen starke Gegensätze zwischen den Landesteilen, die viele Naturschönheiten bieten. Eine Besonderheit ist das Rift Valley, eine erdgeschichtlich-geologische Einmaligkeit (Naivasha – Nakuru). Der bis zu 80 km breite und 1200 m tiefe Graben wird von Beckenlandschaften und erloschenen Vulkanen geprägt. Der flächenmäßig größte Teil von Kenia, der wüstenartige Nordwesten in Richtung Äthiopien, Sudan und Somalia (Chalbi-Wüste, Turkana-See etc.), ist kaum erschlossen und wird bis heute hauptsächlich von Nomaden besiedelt.

Nationalparks der Weltklasse, traumhafte Strände am indischen Ozean – besonders beliebt ist Kenia bei Pauschaltouristen, die aber selten über die voll organisierten Safaris inkl. folkloristischem Massai-Dorfbesuch und anschließenden Badeurlaub hinaus kommen. Tourismus ist neben Tee- und Kaffeeexport der wichtigste Devisenbringer des Landes. Doch das Land, das Karen Blixen zu ihrem Weltbestseller „Jenseits von Afrika“ inspiriert hat, bietet auch abenteuerlustigen und erfahrenen Radreisenden wildes und unvergessliches Afrika, bei guter Infrastruktur und einem gut ausgebauten Straßennetz.

Im Gegensatz zum mindestens genauso schönen südlichen Nachbarland Tansania gibt es in Kenia jedoch deutlich mehr ethnische Konflikte und auch eine merklich höhere Kriminaltät als in den anderen ostafrikanischen Ländern. In der Hauptstadt Nairobi (Spitzname: Nairobbery) hat sich das in den letzten Jahren zwar gebessert, aber abends sollte man ausschließlich im Taxi unterwegs sein, nicht zu Fuß oder per Rad (tagsüber kann man sich allerdings gut und sicher zu Fuß bewegen, solange man sich mit einem Geldgürtel o.ä. gegen Taschendiebe schützt und einsame Gegenden meidet). Mombasa am Indischen Ozean ist die zweitwichtigste Stadt und Sprungbrett zu den Strandzielen; auch dort erhöhte Diebstahlsgefahr. Die blutigen Unruhen nach der Präsidentschaftswahl Anfang 2008 (besonders stark im westlichen Rift Valley, z.B. Eldoret, Kisumu) zeigen ebenfalls, dass man die Sicherheitslage vor und während der Reise im Auge behalten sollte (s. beim Auswärtigen Amt oder auf *www.transafrika.org*). Gesundheitsrisiken, Impfungen, Malaria-Prophylaxe s. wie immer bei *www.fit-for-travel.de*.

Menschen, Sprache, Religion

Dominierend sind die Kikuyu und Luo sowie andere Ethnien, von denen die Massai die bekanntesten sind. Gesprochen wird überwiegend Englisch (Handelssprache) und Kisuaheli (Amtssprache; es lohnt, einige Worte zu lernen; Standardredewendung ist „hakuna matata“ – soviel wie: macht nichts, kein Problem). Neben vielen Indern, die überwiegend den Handel beherrschen, gibt es auch noch eine Menge Weiße („Wazungus“) im Land. An der Küste auch arabischer Einfluss (Islam). Vorsicht beim Fotografieren von Muslimfrauen und Massai!

Reise- und Radelzeit

Das Klima ist äquatornah warm, aber aufgrund der Höhenlage (meist über 1500 m) und geringer Luftfeuchtigkeit im Inland (feuchter am Victoria-See und an der Küste) für ein Äquatorland gut geeignet zum Radfahren – es ist kühler und weniger feucht als z.B. in Uganda. In den Höhenlagen kann es sogar recht frisch werden. Ganzjährig ist es recht angenehm; insbesondere das südliche Hochland sowie die Küstengebiete haben relativ wenig wetterbedingte Veränderungen. Regenzeit ist von März bis Mai sowie von November bis Dezember; die Temperaturen variieren von von etwa 25 bis 35 °C, leicht kühler im Hochland und wärmer in Richtung Victoria-See. Die Hauptwindrichtung kann ebenfalls eine Rolle spielen. Amiram und Ragna: „Wir haben die Erfahrung gemacht, dass der Wind von etwa Mai bis September tendenziell aus südlicher Richtung bläst und im Lauf des Jahres um 180 Grad dreht. Es ist deshalb (wie überall) sehr sinnvoll, die Höhenlage und die Klimadaten zu beachten." Siehe auch auf *www.transafrika.org* und auf *www.klimadiagramme.de/index_2.html*.

Nach der ersten Regenzeit (Juni/Juli) kann man die Migration tausender Gnus und Zebras aus der Serengeti in den Masai-Mara-NP erleben. Allgemeine Touristenhochsaison ist von Dezember bis März und von Juni bis Oktober.

An- und Einreise, Währung

Radler aus D, A und CH brauchen ein **Visum**, erhältlich am Grenzübergang oder am Flughafen für 25 US$. Kenya Airways fliegt mehrmals wöchentlich von Frankfurt, Wien und Zürich nach Nairobi und Mombasa; auch Lufthansa, British Airways, Swiss, Air France und etliche weitere Airlines haben Verbindungen – Nairobi ist *die* Flugdrehscheibe für Ostafrika.

Auf dem Landweg erreicht man Kenia von **Äthiopien** über Moyale (bessere Unterkünfte auf äthiopischer Seite) auf zum Teil schlechter, aber befahrbarer Straße. Ein weiterer Übergang ist beim Lake Turkana, doch aufgrund der unsicheren Situation im südlichen Sudan muss von der Einreise auf diesem Weg abgeraten werden (alle Grenzübergänge zum Sudan sind ohnehin geschlossen). Das gesamte Grenzgebiet nach Äthiopien gilt als gefährlich; mehr dazu weiter unten bei „Routen".

Nach **Uganda** kommt man von Tororo (Unterkünfte) und Busia (Unterkünfte), evtl. von Kisumu per Schiff über den Victoria-See (falls die Fährlinie mal wieder den Betrieb aufnimmt). Der Übergang am Mount Elgon ist immer noch unsicher wegen Rebellen (LRA), speziell in Uganda. Nach **Tansania** sind alle Grenzübergänge offen; die wichtigsten sind Namanga (nach Arusha und zum Kilimandscharo) und Taveta (von Mombasa her).

Währung ist der Kenya-Shilling. Geldautomaten gibt es in größeren Städten (VISA, MasterCard, EC-Karte). US$ sind nach wie vor die bevorzugte internationale Währung. US$- und Euro-Reiseschecks werden vielfach akzeptiert, doch bare Dollars (vor allem 50er-Scheine und größer) bringen bessere Umtauschraten. Wechselstuben („Forex") geben einen geringfügig besseren Kurs als die Banken. Auch Bar-Auszahlungen auf Kreditkarten sind möglich.

Sehens- und Erlebenswertes

Kenia bietet Afrikaradlern fantastische und abwechslungsreiche Landschaften sowie die seltene Möglichkeit, Wildtiere vom Fahrrad aus zu beobachten. Eine **Rundtour um den Mt. Kenya** (drei bis fünf Tage) führt von tropischer Vegetation im Osten in die klassische afrikanische Savanne im Westen, bei stets prächtigem Blick auf den majestätischen vergletscherten Nationalgipfel – wer Wanderschuhe mitbringt, kann noch eine 5-tägige wunderschöne Wanderung anhängen. Hauptattraktion sind natürlich die Tierparks **Tsavo, Amboseli, Masai Mara** u.a., doch dort dürfen nur Autos rein (evtl. eine kommerzielle Safari buchen oder versuchen, in Touristenautos mitzukommen). Im **Hells Gate Nationalpark** hingegen kann man zu Fuß oder per Fahrrad ohne Ranger unterwegs sein und vor der Kulisse des Rift Valley zwischen den Giraffen, Gazellen und Zebras campen (es gibt hier weder Elefanten noch Löwen). Ein weiterer Höhepunkt liegt direkt um die Ecke außerhalb des Parks, am **Lake Naivasha**, wo im sehr schönen Fishermans Camp nur ein winziger Elektrozaun Camper und nachts grasende Flusspferde voneinander trennt. Weitere Ziele sind die Kaffee- und Teeplantagen in den steilen, grünen Hügeln der **Aberdare-Berge** oder auf dem Weg nach Kericho und Kenias letzter tropischer Urwald, der **Kakamega-Wald**. Toll natürlich auch die **Küste**, von Mombasa nach Malindi etwa oder noch weiter nördlich bis zur sehenswerten (arabisch geprägten) Inselstadt Lamu. Eine gute Aufstellung von Kenias Naturparks und weiteren Zielen findet man auf *www.transafrika.org* (Kenia/sehenswert).

Baobab

Routenvorschlag

Hier Tipps und Empfehlungen von Ragna Schmidt-Haupt und Amiram Roth-Deblon (*www.cycle-generation.org*), die sich auch gut in die **Gesamt-Afrikatour** auf der **Ostroute** einbauen lassen: Von Äthiopien (Moyale) via Marsabit und Archers Post nach Isiolo (hier beginnt die Asphaltstraße und das „sichere" Kenia). Diese Strecke ist eine der gefährlichsten (bewaffnete Überfälle von Shiftas/Banditen) und schwierigsten Strecken für Transafrika-Radler (Wassermangel, Hitze, extreme Wellblechpiste auf oft scharfem vulkanischem Gestein oder in Sand, tiefe Fahrrinnen, dünne Besiedlung). Der Abschnitt ist machbar, aber eine echte Expedition mit erhöhtem Risiko – man sollte sich gut informieren und überlegen, ob man die Räder hier nicht lieber auf einen Bus oder Lkw packen will. Das ist immer noch abenteuerlich und gefährlich genug; zeitweilig besteht Konvoipflicht.

Dazu Thomas Richter: „Berichte von Rebellen, Überfällen und Konvoipflicht auf diesem Pistenabschnitt gibt es zahlreiche. Das hieße, Rad auf einen Lkw verladen, auf dem bewaffnetes Militär mitfährt. Wir hatten aber auch in Erfahrung gebracht, dass es keinen Konvoizwang gibt, nicht derzeit (Mitte 2006). Das Ganze stellt sich für uns eher als Einnahmequelle für die Lkw-Fahrer dar. Auch das Überfallrisiko hält sich unserer Meinung nach in Grenzen – andere Reisende sind auch allein unterwegs." Bericht dazu unter *www.tour-en-blog.de/?p=376*. Wie gesagt, am besten vorher genau über die aktuelle Lage informieren. Weiter Amiram und Ragna: Ab Isiolo geht es durch klassische Savanne, immer leicht bergauf, vorbei an der privaten Game Reserve Lowa Downs bis zu einer Kreuzung, an der man sich entscheiden kann, ob man östlich oder westlich um den Mt. Kenya herum radeln will. Im Westen warten kühlere Höhenlagen, riesige Weizenfelder und je nach Jahreszeit ein unglaublich blauer Himmel, während im etwas tiefer liegenden Osten tropisches Klima mit Bananenstauden (und in

Höhenlagen Bambuswäldern) dominiert. Die Westroute fürht von Isiolo zunächst zur Timau River Lodge (ca. 70 km, 1500 Höhenmeter, wunderschöne Strecke, nicht zuviel Verkehr, Rubbelasphalt mit hoher Reibung, traumhaftes Camp, im Dorf Supermarkt). Dann weiter über Nanyuki (ca. 30 km, guter Supermarkt, Internet, Hostels, Strecke ebenfalls mit Rubbelasphalt, dafür fantastische Aussichten auf den Mt. Kenya) bis Naro Moro (ca. 45 km, kleine günstige Guesthouses, erreichbar auf Piste ca. 3 km abseits der Hauptstraße, teure Campsite rechter Hand). Von Naro Moro dann entweder weiter auf der Hauptstraße in Richtung Nairobi via Thika (ca. 250 km), die allerdings zum Schluss eine vierspurige Autobahn ist, auf der man (theoretisch) nicht radeln darf. Alternative: durch die sehr schönen, aber teilweise sehr steilen Aberdare-Berge via Nyeri (Unterkünfte, Supermärkte). Auch die Ostroute um den Mt. Kenya (über Meru, Chuka und Embu) ist sehr schön und weniger befahren. Einfache Unterkünfte, Campsites und Supermärkte sind vorhanden.

Von Nairobi aus lassen sich gut Rundreisen planen. Treffpunkt für Überlandreisende in Nairobi sind die Jungle Junction Campsite etwas außerhalb des Zentrums und die Upper Hill Campsite, die 2008 ebenfalls aus dem Zentrum umgezogen ist. Von Nairobi in Richtung Westen führt die Strecke nach Naivasha über die Limuru Road, vorbei am UN-Hauptquartier (sehr gute Route, um die Großstadt zu verlassen, wenig Verkehr, 98 km, zum Schluss 20 km abwärts, Hostels, Supermärkte). Von Naivasha dann zum Fisherman's Camp / Hell's Gate Nationalpark (knapp 30 km, einfache Strecke, traumhafte Campsite mit den schon erwähnten grasenden Hippos direkt am See). Man sollte einen oder zwei Tage (ohne Guide) mit Rad und Zelt im Hell's Gate Nationalpark verbringen, ein einmaliges Erlebnis!

Vom Fisherman's Camp dann weiter am Naivasha-See entlang zum Elmenteita See, vorbei an privaten Game Reserves (10 km Asphalt, Rest Piste, Route etwas knifflig zu finden, Giraffen, Zebras, Flamingos, Flusspferde, Impalas, alles außerhalb des Nationalparks, Campen am See bei Lodges). Dann über Nakuru nach Molo (79 km, in Nakuru große Supermärkte, ca. 30 km auf Hauptstraße, teilweise Seitenstreifen, dann auf schöner und wenig befahrener Nebenstraße durch grüne Hügel, nettes Guesthouse in Molo). Schließlich nach Kericho (knapp 65 km, sehr schöne Strecke, am Ende Teeplantagen, campen z.B. beim Tea Hotel, Supermärkte). Weiter nach Kisumu (Hostels, Supermärkte) dann auf schlechter Straße mit viel Verkehr; es wird merklich heißer und feuchter. Von Kisumu geht es dann in den Kakamega-Wald (ca. 70 km, starke Steigungen, sehr schlechter Asphalt, später Piste, günstig campen im Waldschutzgebiet oder Rundhütte nehmen, tolle Waldwanderung mit Guide, betrieben von lokaler Umweltgruppe KEEP). Vom Kakamega-Wald in den Ort Kakamega sind es 15 km auf Piste (campen beim Resort). Von Kakamega dann nach Busia an der Grenze zu Uganda (94 km, Lodges auf beiden Seiten, sehr guter Asphalt, Verkehr okay).

Die extrem befahrene Strecke Nairobi – Mombasa soll bis 2011 ausgebaut sein. Momentan quält sich ein massives Lkw-Aufkommen viele km weit über staubige Seitenpisten, deshalb ist dieser Abschnitt derzeit eher ungeeignet zum Radeln. Entlang der Küste gibt es ebenfalls sehr schöne Strecken, von Mombasa nach Malindi wie erwähnt und noch weiter nördlich auf die Insel Lamu. Sehenswert ist nördlich von Mombasa der Bamburi Nature Trail, das zu einem Öko-Park umgewandelte Abbaugebiet einer ehemaligen Zementfabrik. Von Mombasa geht es südlich bis zur Grenze von Tansania nach Shimoni. Ein beliebter Treffpunkt für Afrika-Overlander, Tramper etc. ist der Camp-Platz bei der Twiga-Lodge am Tiwi-Beach, ca. 25 km südlich von Mombasa.

Übernachten, Versorgung

Zum **Übernachten** gibt es in Touristenzentren immer Campplätze und Lodges. Auf dem Land sind die Unterkünfte so zahlreich wie etwa in Äthiopien, zusätzlich findet man recht oft ein Resort, wo man sein Zelt aufstellen kann. Wegen der hohen

Kriminalität und der recht dichten Besiedlung ist wildes Campen riskant und die Ersparnis nicht wert, denn Kenia ist erstaunlicherweise günstiger als Uganda oder Tansania; das Campen oder Übernachten in einer einfachen Lodge kostet 3-10 US$. Youth Hostels gibt es in Nairobi (auch YMCA) und Malindi, weitere Hostels s. im Tourvorschlag oben. Zahlreiche Hotels, Hostels und Camps führt die Website *www.letsgosafari.com* auf.

Zur **Versorung** gibt es in Kenia recht gute Supermärkte, die neben frischen Produkten sogar günstige Milchprodukte und Müsli im Angebot haben. In Nairobi gibt es Malls und rund um die Uhr geöffnete Nakumatt- oder Uchumi-Hypermarkets, die europäischen Supermärkten in nichts nachstehen. Selbst in kleinen Orten findet man oft einen lokalen Supermarkt mit immer noch gutem Angebot. Die **Küche** ist allerdings eher bescheiden, was die Auswahl angeht. Ugali (fester Maisbrei) mit Bohnen, oder Gemüse (Sukuma Wiki) oder auch Fleisch sind die Landesgerichte. Chapatis (indische Pfannkuchen) oder Samosas (frittierte indische Teigtaschen mit Kartoffeln oder Fleisch) sowie Reis sind oft die einzige Alternative. Wettgemacht wird das aber durch ein erstklassiges Angebot an Früchten (z.B. riesige Ananas, Avocados oder Papayas etc.), die man sehr günstig in fast jedem Dorf kaufen kann. Kenia hat auch eine sehr bekannte eigene Brauerei (Tusker); das Bier ist bei Travellern beliebt.

Fahrrad und Ausrüstung

Gebräuchlich sind meist 28-Zoll-Räder, manchmal auch 26-Zoll, meist chinesischer Bauart. Mountainbikes gibt es vor allem in großen Städten. Viele Reparatur-Shops. In Nairobi gibt es auch MTB-Reifen zu kaufen, aber man sollte sich nicht darauf verlassen, High-End-Ersatzteile zu bekommen. CampingGaz-Kartuschen oder Kocher kann man in großen Supermärkten in Nairobi finden. Wer vom Rad aufs Bergsteigen umsteigen will oder Camping-Equipment braucht (warmen Schlafsack, Schuhe etc.) wird in Nairobi oder Nanyuki fündig. Sonnenschutz (Sonnencreme, Hut) sowie Moskitoschutz und Regenschutz sind in Kenia sehr angebracht (Moskitospray, Netz und entsprechende Kleidung).

Transport

Überland- und Minibusse („Matatus") fahren in jede Landesecke; Mitnahme des Rades auf dem Dachgepäckträger möglich, wenn vorhanden. Immer verhandeln! Die *Kenya Railways Corporation* betreibt Passagierzüge auf den Hauptstrecken Nairobi – Mombasa und Nairobi – Kisumu (einmal tägl., Fahrtdauer jeweils ca. 12 Std., Radmitnahme sollte möglich sein). Die Linie nach Uganda wurde eingestellt. Passagierschiffe über den Victoria-See gibt es derzeit keine mehr. Von Mombasa gibt es unregelmäßige Schiffsverbindungen nach Mumbai in Indien (sehr schwierig herauszufinden), Dhau-Segelboote (riskant, Boote kentern immer wieder, extreme Sonne, da meist keine Kabinen), z.B. nach Sansibar oder Dar-es-Salaam, nur im Sommerhalbjahr mit dem Südwestmonsun.

Bücher, Karten, Internet

Reiseführer: Hartmut Fiebig: „Kenia" und „Kenia kompakt – Urlaubshandbuch für individuelles Entdecken", Reise Know-How – zwei erstklassige Reisehandbücher des einstigen Kairo-Kapstadt-Radlers. Nelles Guide Kenia, Stefan Loose Travel Handbuch Kenia u.v.m. – zu kaum einem afrikanischen Land gibt es so viel Reiseliteratur. Etliche Führer schließen auch noch Tansania und Sansibar mit ein, z.B. DuMont Richtig Reisen und Merian Live. Auf Englisch: Tom Parkinson u.a.: „Kenya", Lonely Planet. „Kenya Handbook", Footprint Publications. Als **Radführer** kann man versuchen, das Buch „Cycling Kenya", von Kathleen Bennett, Bicycle Books (1992) antiquarisch aufzutreiben – sehr nützlich, wenn auch im Detail veraltet. Für Radler auch: „Bicycle Touring in Kenya Supplement" (s. Seite 302 und bei *www.ibike.org*). **Karten:** Kenia ist auf der Michelin 746 (Zentral- und Südafrika, 1:4 Mio.) mit drauf. Reise Know-How Karte „Kenia", 1:950.000. Nelles-Karte „Kenya", 1:1 Mio. ITM Kenya Travel Reference Map, 1:920.000.

Von MacMillan die „Kenya Traveller's Map" 1:750.000 und Nationalpark- sowie weitere Detailkarten. Am besten schon von daheim mitbringen. Karten kleineren Maßstabs (1:250.000 etc.) unterliegen in Kenia staatlicher (militärischer) Kontrolle. Survey of Kenya-Nationalparkkarten und Stadtpläne erhält man beim Public Map Office in Nairobi, Thika Road. **Internet-Infos:** Interessante Erlebnisberichte und tabellarische Streckeninfos zur Kenia-Etappe ihrer Radreise (aus 2008) haben Amiram Roth-Deblon und Ragna Schmidt-Haupt auf *www.cycle-generation.org* ins Web gestellt (unter Blog/Kenia). Gut wie immer auch *www.transafrika.org* und Wikipedia (*http://de.wikipedia.org/wiki/Kenia*). Es gibt auch gute afrikanische Websites wie "Jambo Kenya - Gateway to East Africa" (*www.jambokenya.com*) oder *www.kenyaweb.com* und *www.cyber-africa.net*. Die offizielle Homepage des „Kenya Tourist Board" (*www.kenyatourism.org*) lohnt gleichfalls einen Blick. Unter *www.kws.go.ke* firmiert der Kenya Wildlife Service, zuständig für die Nationalparks und den Tierschutz. Auf Englisch auch *www.lonelyplanet.com/kenya*.

Uganda [AR]

Überblick

Uganda ist mit seinen einzigartigen Naturschönheiten und der Gelegenheit zu faszinierenden Tierbeobachtungen (Schimpansen, Berggorillas und die gesamte „Big Five") immer noch ein Geheimtipp und eines der faszinierendsten Länder Afrikas – vor allem für Radreisende mit Pistenefahrung, Lust auf grüne Tropen in angenehmer Höhenlage und einer gewissen Flexibilität hinsichtlich Unterkünften. Landschaftliche Highlights sind die traumhaften Bergregionen im Süden und Südwesten (Virunga-Vulkane und das über 5000 m hohe Ruwenzori-Gebirge), die Quelle des Nils bei Jinja (Rafting, Kayak etc.) und das Semliki-Tal bei Fort Portal mit Blick ins Kongobecken mit seinem Dschungel, in dem auch heute noch Pygmäen leben.

Amtssprache ist u.a. Englisch, das von den meisten Ugandern verstanden und gesprochen wird; Kisuaheli hingegen weniger als etwa in Tansania. Die Bevölkerung ist grundsätzlich respektvoll und sehr freundlich, Besucher und Neugierige während Radelpausen sind aber trotzdem möglich, auch „Muzungu-„Rufe speziell von Kindern werden euch wahrscheinlich nicht erspart bleiben. Keine Geschenke an Kinder vergeben, da das späteren Reisenden das Leben sehr erschwert!

Malariagefahr besteht ganzjährig; Uganda ist ein Hochrisikoland, hauptsächlich im Westen und Südwesten sowie am Viktoria-See. Näheres, auch zu anderen gesundheitlichen Risiken, s. wie immer bei *www.fit-for-travel.de*.

Klima, Reisezeit

Das Klima ist äquatornah natürlich tropisch warm und feucht, aber trotzdem durch die Höhe von meist mehr als 1200 m nicht zu heiß. Im Osten und in tieferen Höhenlagen ist es grundsätzlich wärmer als in den Bergregionen im Westen und Südwesten. Dort kann es je nach Saison deutlich kühler werden und es regnet regelmäßig. Speziell nahe der Virungas kann es fast ganzjährig regnen. Es ist deshalb, wie überall, sehr sinnvoll, die Höhenlage und die Klimadaten zu beachten (z.B. auf *www.transafrika.org* und *www.klimadiagramme.de/index_2.html*). Der Norden in Richtung Sudan ist heißer und trockener. November bis März ist eine gute Radelzeit, allerdings hat Kampala von Juni bis August weniger Regen und ist kühler. Die Regenzeit dauert im Norden von April bis Oktober, im Süden von April bis Mai und Oktober bis November. Einige Pisten sind dann unpassierbar.

Einreise, Währung, Sicherheit

Visapflicht für Reisende aus D, CH und A. Ein Visum ist auch an den Landesgrenzen erhältlich, 35 US$ in 2008. **Währung** ist der Uganda-Shilling; die beste Raten gibt es in der Regel an Geldautomaten (in allen größeren Städten). US$- und Euro-Reiseschecks werden akzeptiert; bare Dollars und Euros (vor allem

50er-Scheine und größer) bringen bessere Umtauschraten. Bargeldauszahlung auf Kreditkarten ist in Kampala möglich.

Sicherheit: Solange man tagsüber fährt kann man Uganda als sicheres Reiseland betrachten (trotzdem wie immer Infos beim Auswärtigen Amt und *www.transafrika.org* einholen). Die Grenzregionen zur Dem. Rep. Kongo und zum Sudan sind schwierig wegen Rebellen (z.B. Lord Resistance Army); nach Kenia (Busia und Tororo) sowie nach Ruanda (Cyanika und Kabale) weitgehend problemlos. Grundsätzlich gilt: Nicht nachts mit dem Rad oder zu Fuß unterwegs sein. Vorsicht speziell in Städten!

Sehens- und Erlebenswertes

„The Pearl of Africa", wie Winston Churchill Uganda nannte, bietet Afrikaradlern wunderschöne Landschaften speziell im Westen (Ruwenzori-Gebirge) und Südwesten des Landes (Berge, Seen, Virunga-Vulkankette und Nationalpark). Kaum entdeckte Nebenstraßen und sehr schöne Nationalparks mit Schimpansen und den berühmten Berggorillas machen das Land zu einem phantasischen Naturerlebnis. Uganda baut den Tourismus sukzessive immer weiter aus und wird deshalb speziell bei jungen Abenteuerreisenden aus dem angelsächsichen Raum immer beliebter. Radreisende sind eher selten. Die Hauptrouten für Afrikareisende führen von bzw. nach Kenia im Osten und Ruanda im Südwesten.

Die Hauptfernstraße geht von Tororo bzw. Busia (Grenze Kenia) über Kampala bis nach Kabale (Grenze Ruanda, alternativ via Fort Portal im Westen) und ist voll aspahltiert. Bauarbeiten zwischen Jinja und Busia oder Tororo sollten Ende 2009 abgeschlossen sein. Weitere Asphaltstraßen Richtung Norden (Sicherheitslage checken!): Kampala – Gulu (Murchison Falls National Park) und Tororo – Soroti. Viele gute Pisten, die aber während der Regenzeit schmierig und schwer passierbar sein können (Laterit). Außerhalb Kampalas generell wenig Verkehr, Ausnahmen sind der Abschnitt Kampala – Jinja (Lkw-Verkehr aus Mombasa) und auch Richtung Mbarara. Die Grenzen in die Dem. Rep. Kongo sind zwar offen, aber wie schon im Zentralafrika-Kapitel angesprochen für Reiseradler nicht unbedingt zu empfehlen.

Routenvorschlag

Diese Empfehlung von Ragna Schmidt-Haupt und Amiram Roth-Deblon (*www.cycle-generation.org*) schließt am Kenia-Kapitel an und eignet sich zum **Einbau in eine Rund- oder Gesamtafrika-Tour**: Von Busia (Grenze Kenia) via Iganga (Hotels) nach Jinja (Nilquelle, Bujagali Falls) – Kampala – Mityana (sehr schön dort die Kolping Lodge) nach Fort Portal. Dort ein Abstecher ins Semliki-Tal (Hardcore-Piste, Rückweg evtl. besser mit Pickup). Dann eine Seitentour in den Kibale-NP (Lateritpiste, rutschig und klebrig bei Regen, sonst sehr schön und machbar – Schimpansen). Weiter zu den Ruwenzori-Bergen und zum Ruboni Community Camp via Hima (Lodges), dann via Kasese in den Queen Elizabeth National Park (letzte 23 km sandige Piste, davon 8 km durch dichten Busch – VORSICHT, viele Elefanten!). Campen bei Kazinga Channel und Lodge (25 US$) im Park; möglich mit Fahrrad bis Kazinga Channel, da geringere Löwengefahr (Löwen wahrscheinlicher in Richtung Isasha, diese Strecke ist deshalb gefährlich und nicht empfehlenswert).

Am Lake Bunyjoni

Karte S. 296

Von Kazinga Channel 26 km zurück bis Katunguru (außerhalb dem Park kleine Lodge und Shops) – Kalinzu Forest Community Camp 37 km (Schimpansen und andere Affen, günstiger als in Kibale) – via Mitooma (39 km, sehr einfaches Guesthouse) nach Rukungiri (37 km, alles Piste, bergig, sehr schöne Landschaft). Weiter via Kisizii Hospital (schöne, günstige Lodge, tolle Wasserfälle) auf sehr bergiger Piste, traumhafte Landschaft (oft Kronenkraniche zu sehen) nach Kabale (Bunyonyi-See mit Eco Lodge, *solar powered*, *www.lakebunyonyi.net*, keine Bilharziose!). Die letzten 9 km von Kabale zum Lake Bunyoni sind extrem steil, aber möglich. Berggorillas im Mgahinga- und im Bwindi-Nationalpark, vorher Sicherheitslage klären!

Dann weiter nach Kisoro, Piste am See entlang, sehr schöne Route, Wald, dann die riesigen Virunga-Vulkane (Piste von Kisoro zum Eingang des Mgahinga-Parks am Ende extrem schlecht, gleicht einem Flussbett, sehr anstrengende Kinder, mit Rad nicht empfehlenswert) zur Grenze nach Ruanda bei Cyanika (Piste okay bis Ruanda, dann aspahltiert).

Statt bei Tororo/Busia könnte man auch bei Suam einreisen und um den Mt. Elgon radeln (Sipi Falls, landschaftlich wunderbar, aber nur in der Trockenzeit machbar, Sicherheitslage prüfen). Besonderer Tipp: Lake Nkuruba Nature Reserve (wundervoller Kratersee, Wanderwege, Vogelbeobachtung und verschiedene Affenarten).

Übernachten, Verpflegung

Die relativ dichte Besiedlung macht wildes Zelten schwierig bzw. unsicher. Campingplätze finden sich in Jinja, Kampala und im Südwesten. Die „Uganda Community Tourism Association“ (*www.ucota.or.ug*) unterhält eine Reihe von Zeltplätzen rund um die Nationalparks. Campen ist oft auch bei Hotels möglich. Einfache Guesthouses sind in den meisten kleinen Orten vorhanden. Generell ist alles etwas teurer als Kenia, doch günstiger als in Tansania oder Ruanda. Außerhalb der Touri-Zentren deutlich günstiger. Einfache Unterkunft im Dorf 2-5 Euro, Camping in Kampala 5-10 Euro, Camping im Nationalpark etwas teurer.

In Kampala gibt es mittlweile große Supermärkte (z.B. Uchumi) und Shops, in denen fast das gesamte westliche Warenangebot erhältlich ist (auch Camping Gaz-Kartuschen). Auch außerhalb von Kampala besteht ein gutes Angebot, vor allem an Früchten und Obst (Ananas, Mangos, Bananen etc.). An Straßenständen und auf Märkten findet man Chapati, Matoke (Kochbananen) mit Bohnen, Samosas sowie Hähnchen, Fleischspieße usw.

Fahrrad, Ausrüstung, Transport

Selbst in Kampala findet man nur die verbreiteten chinesischen Billigräder ohne Gangschaltung und entsprechende Ersatzteile zu kaufen. In den größeren Städten gibt es jedoch immer findige Radmechaniker, die recht kreativ reparieren. Regenschutz, Sonnenschutz (Sonnencreme und Hut) sowie Moskitoschutz (Moskitospray, Netz und entspr. Kleidung) sind in Uganda sehr wichtig.

Überland- und Minibusse fahren in jede Landesecke. Zumindest auf Minibussen mit Dachgepäckträger ist der Radtransport kein Problem. Immer verhandeln!

Bücher, Karten, Internet

Reiseführer: Christoph Lübbert: „Uganda, Ruanda, Ruwenzori: Das komplette Reisehandbuch“, Reise Know-How. „Guide to Uganda“ von Philip Briggs, Bradt Publications. Lonely Planet „East Africa“ oder „Uganda“, und weitere Trekking- und Naturführer. In ihrem schon öfter erwähnten Buch „Ah, Agala“ beschreibt Bettina Selby ihre Radreise durch Uganda (sie fuhr von Ägypten über den Sudan). Für Radler auch: „Bicycle Touring in Malawi/Tanzania/Uganda Supplement“ (s. Seite 302 und bei *www.ibike.org*). Das „Uganda Tourist Board“ (UTB) hat eine Reihe von sehr guten Naturführern zu den Nationalparks herausgegeben; die „Uganda Wildlife Authority“ (UWA) hinter dem Sheraton Hotel in Kampala bietet viel Info-Material über die Nationalparks. In Hostels liegt das kostenlose vierteljährliche Magazin „The Eye“ mit vielen nützlichen Infos aus. **Karten:** Nelles Travel Map Uganda, 1:700.000; ITM Uganda Travel Reference Map, 1: 800.000, Macmillan Uganda Traveller's Map, 1:1,35 Mio., oder die gute Michelin 746 (Zentral- und Südafrika, 1:4 Mio.) – am besten mitbringen, evtl. erhältlich in Kampala. **Internet-Infos:** Interessante Erlebnisberichte und tabellarische Streckeninfos zur Uganda-Etappe ihrer Radreise haben Amiram Roth-Deblon und Ragna Schmidt-Haupt auf *www.cycle-generation.org* ins Web gestellt (unter Blog/Uganda, aus 2008). Gute Länder-Info wie immer bei Wikipedia (*http://de.wikipedia.org/wiki/Uganda*) und *www.transafrika.org*. Unter *www.visituganda.com* findet man die Website des Uganda Tourist Board. Auch *www.lonelyplanet.com/uganda* ist wie gewohnt gut.

Ruanda [AR]

Überblick

Das sogenannte „Land der tausend Hügel“ wird seinem Namen mehr als gerecht, angefangen mit den majestätischen Virunga-Vulkanen an der Grenze zu Uganda und der Dem. Rep. Kongo bis zu den schier endlosen Bergketten und Seen an der Grenze zwischen Ost- und Zentralafrika. Ruanda hat seit dem grauenhaften Völkermord von 1994 (s. *www.zeit.de/2004/15/Ruanda*) eine erstaunlich positive Entwicklung hinter sich und scheint progressiv und optimistisch in die Zukunft zu blicken. Internet gibt es in fast jeder Kleinstadt für weniger als 0,5 Euro/Stunde, und bereits Kinder lernen – im Gegensatz zu den Nachbarländern – den Umgang mit dem WorldWideWeb.

Ruanda ist eines der kleinsten Länder Afrikas, extrem dicht besiedelt und verfügt über ein sehr gut ausgebautes Netz erstklassiger Asphaltstraßen. Trotzdem sind Radler in Ruanda stark gefordert – durch das bergige Terrain, aber auch durch Horden von Kindern, die in fast jedem Dorf auf langsame und schwitzende Radler zu warten scheinen. Amiram und Ragna: „Man muss sich mental darauf vorbereiten, dass Kinder für Kilometer schreiend mitlaufen und auch Rad und Gepäck anfassen, vor allem von 7 bis 9 und 12 bis 14 Uhr, vor und nach der Schule. Wutausbrüche helfen leider nicht. Gefährlich ist das Ganze eher nicht, fliegende Steine à la Äthiopien sind sehr selten, aber Radeln in Ruanda ist eine starke psychische Anstrengung“.

Klima, Reisezeit

Das Klima ist äquatornah warm und feucht (Gesundheitsrisiken, Impfungen, Malaria-Prophylaxe s. wie immer bei *www.fit-for-travel.de*), aber trotzdem durch die Höhe von meist mehr als 1400 m nicht zu heiß – es ist z.B. kühler und weniger feucht als im benachbarten Uganda. Speziell nahe der Virungas kann es ganzjährig stark regnen und dadurch deutlich kühler werden als man es für die jeweilige Höhe erwartet (Klimadaten s. bei *www.transafrika.org* und *www.klimadiagramme.de/index_2.html*). Die beste Reisezeit ist in der der großen und kleinen Trockenzeit, also zwischen Juni und Mitte September und zwischen Dezember und Januar.

Einreise, Währung, Sicherheit

Keine Visapflicht (Stand Anfang 2009), Einreise mit Reisepass an der Grenze (evtl. gebührenpflichtig). Allerdings sollte man die aktuelle Situation prüfen, seit Ende 2008 eine hochrangige ruandische Regierungsbeamtin auf Frankreichs Gesuch hin in Deutschland verhaftet und nach Frankreich überführt wurde. Französische Staatsbürger haben sicher mehr Probleme aufgrund der schlechten diplomatischen Beziehungen der beiden Länder. Selbst die Amtssprachen sind seit 2008 Kinjarwanda und Englisch, nicht mehr Französisch. Französisch wird allerdings außerhalb der Hauptstadt öfter gesprochen als Englisch.

Grenzübergänge nach Uganda sind Cyanika und Kibale, nach Tansania Rusumu, in die Dem. Rep. Kongo Gisenyi/Goma, nach Burundi Kayanza Haut zwischen Butare und Kayanza (Burundi). **Achtung:** Wie schon auf Seite 387 angesprochen ist Burundi aufgrund der instabilen politischen Lage derzeit (Stand Mitte 2009) kein Reiseland!

Währung ist der Ruandische Franc. In Kigali gab es 2008 keine Geldautomaten, die mit VISA, MasterCard und EC-Karte funktionieren. Alternative: Bargeldauszahlung auf Kreditkarten in den Banken der größeren Städte. US$- und Euro-Reiseschecks werden akzeptiert. Bare Dollars, vor allem 50er-Scheine und größer, bringen bessere Umtauschraten. Schlechtere internationale Anbindung der Banken als in Uganda, Kenia und Tansania.

Sicherheit: Kriminalität ist auf dem Land kein ernsthaftes Problem, solange man sich nicht in unzugänglichem Terrain an der kongolesischen Grenze befindet und nicht nachts radelt. Ruanda inklusive Kigali kann dehalb als deutlich sicherer als Kenia oder auch Tansania eingestuft werden (trotzdem wie immer Infos beim Auswärtigen Amt und *www.transafrika.org* einholen). Im Osten nach der Grenze (auf tansanischer Seite) und im Süden (Burundi) gibt es immer wieder Probleme mit flüchtigen ehemaligen Rebellen. Auf der Route von Cyanika nach Gisenyi waren Ende 2008 noch Flüchtlingslager.

Ziele und Routen

Ruanda bietet Afrikaradlern schöne Berglandschaften, die fast perfekt geformten Virunga-Vulkane und sehr schöne Seitenrouten am Kivu-See, der die Grenze zur Dem. Rep. Kongo bildet. In den Virungas (Parc National des Volcans) leben auch die letzten ca. 700 Berggorillas, berühmt geworden durch die Primatologin und Umweltschützerin Dian Fossey, die dort auf tragische Weise ums Leben kam (*http://de.wikipedia.org/wiki/Dian_Fossey*). Für Radler mit dickerem Portemonnaie ist das sicher ein Highlight (500 US$ in 2008). Das Land baut den Tourismus sukzessive aus, hat aber Budget-Reisende weniger im Fokus als andere ostafrikanische Länder. Radreisende sind eher selten.

Die **Hauptrouten** für Afrika-Radler führen von bzw. nach Uganda im Norden und Tansania im Südwesten. Reisende in Richtung Kongo oder Burundi sind die Ausnahme – die Grenze von Gisenyi nach Goma in die Dem. Rep. Kongo ist zwar offen, aber wie schon anderweitig erwähnt für Reiseradler nicht unbedingt zu empfehlen. Ein Tagestrip mit Visum an der Grenze (35 US$) ist jedoch möglich und man kann dort einen aktiven Vulkan besteigen (Nyiragongo). Informiert euch über die aktuelle Sicherheitslage, beim Auswärtigen Amt und *www.transafrika.org*.

Routenvorschlag

Von Uganda via Ruanda nach Tansania fuhren Ragna Schmidt-Haupt und Amiram Roth-Deblon (*www.cycle-generation.org*); hier ihre Tipps und Empfehlungen: Von Cyanika (Grenze Uganda) nach Ruhengeri (Virunga-Vulkane, mehrere Hotels, Virunga Hotel 5000 RFr, Internet, Geldwechsel, Buffet-Restaurant, Markt). Dann nach Gisenyi, sehr schön am Kivu-See (*Centre d'Accueil Presbyterien*, ein Missionshotel, Internet, Markt, Buffet-Restaurant). Weiter nach Rubengera (auch Mabanza genannt) ca. 10 km auf extrem steiler Hauptstraße aus Gisenyi heraus, dann rechts ab auf Piste mit schönen Aussichten, Teeplantagen, vergleichsweise wenig Besiedlung, km-Angabe auf Karten falsch (90 statt 72 km), 1500 Höhenmeter, extrem harter Tag! Einfaches Hotel in Rubengera rechts an der Hauptstraße nach Kibuye (oder unterwegs in einem Dorf zelten). Dann Kibuye (17 km, Hostels, schönstes auf der Halbinsel mit der Kirche, Missionsstation, oft ausgebucht, Buffet-Restaurant) – Gitarama (guter Asphalt, wenig Verkehr, viele Kinder, sehr bergig, Restaurants, super Christian Guest House 5000 RFr in Nebenstraße von Bushaltestelle, Shops) – Kigali (guter Asphalt, mehr Verkehr, bergig, in Kigali full service). Dann weiter nach Kayonza (sehr guter Asphalt, etwas Verkehr, sehr einfaches Hostel, Buffet-Restaurant) und nach Rusumu (Grenze Tansania, guter

Asphalt, wenig Verkehr, bergig, einfaches Hotel, sehr kleine Shops, schlechte Restaurants, Geldwechsler). Eine sehr schöne **Alternative** ist von Kibuye weiter entlang des Kivu-Sees nach Cyangugu. Braucht mehr Zeit, sehr bergig, aber traumhafte Route. Dann auf dem Weg nach Osten via Butare (Universität, intellektuelles Zentrum) in Richtung Kigali durch intakten Urwald (Nationalpark *Foret de Nyungwe*). Zelten auf halber Strecke bei Park Headquarter im Wald möglich.

Übernachten, Verpflegung

Unterkünfte sind teurer und in geringerer Dichte vorhanden als z.B. in Uganda. Missionsstationen betreiben oft schöne und relativ preiswerte Guesthouses (*Centre d'Accueil*). In größeren Städten gibt es YMCAs und Hotels. Zeltplätze sind kaum vorhanden, aber man kann in Dörfern den „Chef de Village" nach einem sicheren Plätzchen fragen. Die sehr dichte Besiedlung macht wildes Zelten sehr schwierig bzw. unsicher.

In der Hauptstadt Kigali sehr gute Auswahl an Supermärkten (teilweise 24 h geöffnet) und Shops, die auch importierte Ware anbieten. Auch außerhalb von Kigali besteht ein gutes Angebot, vor allem an Früchten und Obst. Eine fantastische Besonderheit Ruandas sind die Buffet-Restaurants, die es in fast jeder kleinen Stadt gibt. Dort wird pro Teller für 0,5-1,5 Euro eine große Auwahl an Gerichten angeboten (besonders gut für Vegetarier): Reis, gebackene Cassava, Kartoffeln, Matoke (Kochbananen), Gemüse, Bohnen und Linsen, Chapati, Samosas, auch Hähnchen und Fleischspieße usw.

Fahrrad, Ausrüstung, Transport

In Ruanda gibt es eine wachsende Rennradgemeinde und es findet jährlich die internationale *Tour de Ruanda* statt. Sonst dominieren chinesischen Billigräder ohne Gangschaltung den Markt; das Ersatzteilangebot ist entsprechend und man sollte sich auch in Kigali nicht darauf verlassen, einen guten Radladen zu finden. Doch es gibt immer findige Radmechaniker, die recht kreativ reparieren. Regenschutz, Sonnenschutz (Sonnencreme und Hut) sowie Moskitoschutz (Moskitospray, Netz und entspr. Kleidung) sind in Ruanda sehr wichtig.

Minibusse fahren in jede Ecke des Landes. Mitnahme des Rades auf dem Dachgepäckträger kein Problem. Immer verhandeln!

Bücher, Karten, Internet

Reiseführer: Christoph Lübbert: „Uganda, Ruanda, Ruwenzori: Das komplette Reisehandbuch", Reise Know-How. „Rwanda" von Philip Briggs und Janice Booth, Bradt Publications. Lonely Planet „East Africa" und weitere Trekking- und Naturführer. **Karten:** Reise Know-How „Tansania" deckt auch Ruanda mit ab (1:950.000); Nelles-Karte „Tanzania, Rwanda, Burundi" (1:1,5 Mio.); Michelin 746 (Zentral- und Südafrika, 1:4 Mio.) – am besten mitbringen, evtl. auch erhältlich in Kigali. In Kigali gibt es auch einen sehr guten Buchladen. **Internet-Infos:** Erlebnisberichte und Streckeninfos zur Ruanda-Etappe ihrer Radreise haben Amiram Roth-Deblon und Ragna Schmidt-Haupt auf *www.cycle-generation.org* ins Web gestellt (unter Blog/Ruanda, aus 2008). Gute Länder-Info wie immer bei Wikipedia (*http://de.wikipedia.org/wiki/Ruanda*) und *www.transafrika.org*. Botschaft Ruandas in Deutschland: *www.rwanda-botschaft.de*. Website der Regierung: *www.gov.rw*. Gut auch (auf Englisch) *www.lonelyplanet.com/rwanda*.

Tansania [AR, HL]

Überblick

Tansania ist mit seinen vielen Tierparks (Serengeti, Ngorongoro u.a.) zum Inbegriff des wilden Afrikas geworden. Neben der unglaublichen Wildtierdichte im Ngorongoro-Krater bietet das größte ostafrikanische Land (mehr als doppelte so groß wie Deutschland) aber noch eine Menge weitere Superlative: den Kilimandscharo, mit 5895 m höchster Berg Afrikas, Traumstrände und Märchen aus 1001 Nacht auf der Insel Sansibar …

Das Ganze hat seinen Preis, nicht nur sprichwörtlich: Ngoronogoro kaum unter 250 US$, Kilimandscharo-Besteigung ab 1000 US$ aufwärts, und dann die große Zahl an Pauschaltouristen in schicken Safari-Jeeps, die mit Trinkgeldern um sich werfen und damit den Individualreisenden das Leben schwer machen. Tansania ist merklich teurer als Kenia und immer noch teurer als Uganda. Trotz allem kann man dem ganzen Pauschalzirkus immer wieder ein Schnippchen schlagen, jede Menge authentische Begegnungen haben und u.U. mehr wilde Tiere sehen als vom Fahrradsattel aus komfortabel ist. Allerdings ist Tansania auch eine Herausforderung: Große Distanzen, teilweise sehr schlechte Pisten und sehr einfache Unterkünfte mit Reis und Bohnen warten auf den abenteuerlustigen Radler, der das volle Programm „Ländliches Afrika" erleben will. Die Straßen zu und in den Touristenzentren (Arusha, Dar-es-Salaam, Sansibar) sind allerdings gut ausgebaut. Darüberhinaus gibt es eine voll asphaltierte Hauptverkehrsstraße von Dar-es-Salaam in Richtung Malawi/Sambia und eine weitgehend asphaltierte Ost-West-Route in Richtung Ruanda und Burundi. Ansonsten sind die Straßen so schlecht wie in keinem anderen Land im östlichen oder südlichen Afrika – selbst die administrative Haupstadt Dodoma (im Zentrum des Landes) hat keine geteerte Straßenanbindung in Nord-Süd-Richtung.

Menschen, Sprache, Religion

Es leben mehr als 130 verschiedene Ethnien in Tansania, darunter sogar sehr wenige Khoisan (Buschmänner). Die größten Gruppen sind die Haya, Makonde, Suaheli und das farbenfrohe Hirtenvolk der Massai, die man hier wahrscheinlich öfter trifft als in Kenia. Positiv ist der recht gute Zusammenhalt der vielen Volksgruppen; die politische Stabilität ist traditionell besser als bei allen ostafrikanischen Nachbarn. Amtssprachen sind Kisuaheli und Englisch, wobei sich Englisch auf die Touristenregionen beschränkt. Die Küste hat einen merklichen arabischen Einfluss (Zentrum der Suaheli-Kultur, Islam) mit indischen Elementen. Es gibt deutlich weniger Weiße („Wazungus") als in Kenia. Vorsicht beim Fotografieren von Muslimfrauen und Massai!

Reise- und Radelzeit

Das Hochland im Norden hat gemäßigtes Klima, an der Küste und im Süden ist es schwülheiß – Eckdaten und Windrichtung s. bei Kenia (Gesundheitsrisiken, Impfungen, Malaria-Prophylaxe s. wie immer bei *www.fit-for-travel.de*). Beste Reisezeit ist von Juli bis Oktober, allerdings ist das auch die Hochsaison mit entsprechenden Preisen.

Einreise, Währung, Sicherheit

Visumpflicht für Bürger aus D, CH und A; am besten das Visum schon im Heimatland besorgen (s. auf *www.tanzania-gov.de*), es ist aber auch noch bei der Ankunft auf dem Flughafen von Dar-es-Salaam und an den großen Grenzübergängen erhältlich. Dar-es-Salaam wird von vielen Fluggesellschaften aus Europa angeflogen, allerdings zu nicht ganz so günstigen Preisen wie Nairobi. Air Tanzania fliegt regelmäßig in alle Nachbarländer; wegen der großen indischen Minderheit bestehen gute und günstige Flugverbindungen auch nach Indien (Mumbai, Neu-Delhi). Auch der Kilimanjaro International Airport nahe Arusha ist gut an Europa angebunden.

Grenzübergänge gibt es verschiedene im Norden von **Kenia** aus; die wichtigsten sind Namanga bei Arusha und Himo bei Moshi (beide sicher). Im Westen aus **Uganda** Mutukula beim Victoria-See. Von **Ruanda** Grenzübergang Rusumu (große Wasserfälle, Unterkunft auf ruandischer Seite, Radeln auf tansanischer Seite mit leicht erhöhtem Überfallrisiko auch am Tag, evtl. Lift mit Container-Trucks bis Isaka in Erwägung ziehen). **Malawi** im Süden erreicht man über Tukuyu (sicher, nette Unterkünfte in Tansania, schöne grüne Berglandschaft, in Karonga/Malawi kleine Superettes und Unterkünfte) und mit der Fähre „MV Songea" über den Malawi-See (von Mbamba Bay nach Nkhata Bay, einmal pro Woche). Nach **Sambia** gibt es Grenzübergänge bei Tunduma und Mbala; einmal wöchentlich fährt auch das Fährschiff „MV Liemba" auf dem Tanganjika-See von Kigoma nach Mpulungu. Nach **Moçambique** Fähren über den Rovuma bei Kilambo südlich von Mtwara, abhängig vom Wasserstand. Seit Juli 2009 gibt es auch im Westen eine neue Rovuma-Brücke; von Songea südlich über gute Schotterstraße zu erreichen. An der Küste gibt es auch Dhaus nach Kenia und Moçambique (s. bei Kenia).

Währung ist der Tansania-Shilling. Geldautomaten für VISA, MasterCard und EC-Karte in größeren Städten. US$- und Euro-Reiseschecks werden akzeptiert, doch Bar-Dollars (vor allem 50er- Scheine und größer) bringen die besseren Umtauschraten. Neben den Banken wechseln auch Wechselstuben („Forex"); Bargeldauszahlungen auf VISA und MasterCard sind möglich.

Sicherheit: Kriminalität ist in Tansania weniger ein Problem als in Kenia – außerhalb der Zentren und mit Ausnahme der Grenzgebiete zu Ruanda und Burundi ist es ziemlich sicher. In Dar-es-Salaam verschlechtert sich die Lage; nachts besser nicht alleine oder nur im Taxi unterwegs sein. Manche Strände sind auch tagsüber unsicher. Sansibar ist recht sicher, selbst zu Fuß spätabends in der Innenstadt. Wie immer die aktuelle Situation beim Auswärtigen Amt und *www.transafrika.org* prüfen.

Sehens- und Erlebenswertes

Trekking- und Safaritouristen gleichermaßen zieht es in den Norden, zum Kilimandscharo, zum Ngorongoro-Krater, zum Arusha- und Serengeti-Nationalpark. Die Nationalparks dort sind nicht mit dem Fahrrad zugänglich (doch man kann versuchen, bei motorisierten Touristen mitzukommen). Und, wie schon im Überblick angesprochen: Lange Touren *ausschließlich* per Rad sind in Tansania eine echte Herausforderung und nur empfehlenswert für erfahrene Tourer. Trotzdem

Arusha, Blick auf den Mt. Meru

kann man einige sehr sehenswerte Gegenden per pedales erreichen, wobei es sich empfiehlt, kleinere Touren ggf. mit anderen Verkehrmitteln (Bus, evtl. Bahn) zu kombinieren. **Tipps:** Besonders empfehlenswert ist eine Tour vorbei an **Mt. Meru** und **Kilimandscharo** und durch die **Massai-Steppe**; dann **Lusotho**, ein wunderbarer Ort in den Usambara-Bergen; **Bagamoyo**, ein netter kleiner Ort an der Küste mit sehr gutem Museum zur Sklaverei und das **Sansibar**-Archipel (arabisch geprägte Städtchen, palmengesäumte Strände, gute Tauchgründe). Sehr ansprechend auch die **südlichen Berge** (vor allem um Mbeya).

Routenvorschlag

Die nachfolgend von Ragna Schmidt-Haupt und Amiram Roth-Deblon (*www.cycle-generation.org*) beschriebene Strecke beginnt in **Arusha** unweit der kenianischen Grenze (sowohl von Nairobi als auch von Mombasa zu erreichen) und führt nach **Mbeya**, von wo man gut zur Grenze nach Sambia und Malawi kommt – also die **wichtigste Strecke für Transafrika-Radler**, natürlich mit den schönsten Abstechern: Von Arusha (interessante Stadt: *http://de.wikipedia.org/wiki/Arusha*, von dort Besteigung Mt. Meru sowie Besuch des Serengeti- und Arusha-Nationalparks möglich) nach Moshi (80 km, Basis für Kilimandscharo-Besteigungen, siehe z.B. *www.kilimandscharo-besteigung.de*). Dann weiter nach Lembeni (75 km, sehr kleines Guesthouse) vorbei an den Pare-Bergen, schließlich nach Hedaru (Guesthouse mit Fan). Weiter geht es nach Mombo (Sandali Guesthouse sehr nett) mit dem Abzweig nach Lushoto in die Usambara-Berge (steil bergauf, ca. 1000 m, wunderschöne Route, wenig Verkehr, guter Asphalt, tolles Klima, tolle Lodges und gutes Essen, Irente Viewpoint mit Blick auf die Massai-Steppe). In den Usambara-Bergen empfiehlt sich ein Abstecher in den Mazumbai-Urwald (zunächst Teer, dann sehr schöne und recht gute, aber bergige Piste) via Bumbuli. Im Mazumbai-Wald kann man campen oder im Forest Resthouse übernachten (nur Wasser, kein Essen). Dann zurück nach Bumbuli (einfache Guesthouses) und weiter nach Korogwe (62 km, wunderschöne Strecke mitten durch die Usambaras, durch Wälder und Teeplantagen, Piste okay, tolle Lodge auf Teeplantage etwa auf halber Strecke als Alternative zu Bumbuli). Von Korogwe sind es ca. vier Tage nach Dar-es-Salaam oder man nimmt den Bus.

Von Dar-es-Salaam geht die Fähre nach Sansibar (Räder 25 US$), wo sich verschiedene schöne Routen anbieten (Stone Town – Jambiani Beach, oder auch Kendwa Beach, schöner via Inland-Route als an der Küste).

Weiter dann von Dar-es-Salaam nach Morogoro (ca. 200 km), dann in vier bis fünf Tagen nach Iringa (via Doma – Mikumi – Crocodile Camp oder Baobab Camp – Engen Service Station Guesthouse). Die Straße durchquert dabei den tollen und tierreichen Mikumi-Nationalpark (*http://de.wikipedia.org/wiki/Mikumi-Nationalpark*, für Radler auf der Hauptstraße erlaubt). Wenig Verkehr, recht guter Asphalt, Iringa nette Stadt mit Internet und Läden. Von Iringa sind es dann noch drei bis vier Tage nach Mbeya (Asphalt okay, etliche Abschnitte mit Bauarbeiten). Mbeya liegt schön in den Bergen (Wandermöglichkeiten, Lodges, Internet). Die Strecke nach Tukuyu ist bergig, aber wunderschön (73 km, Pass über 2000 m, nette Guesthouses, Strom und Internet nicht immer, tolles Wandergebiet). Die Straße von Tukuyu zur Grenze nach Malawi ist dann ein 93-km-Downhill (sehr schön auf tansanischer Seite, in Malawi dann flach und heißer, Guesthouses und Superettes in Karonga). Oder via Tunduma nach Sambia.

Von **Ruanda** im Westen (s. dort): Rusumu – Isaka – Nzega – Igunga – Misigiri – Singida (alle mit Guesthouses und Märkten, am Weg Baobabs, 2008 komplett asphaltiert). Achtung (s. oben): Erkundigt euch nach der aktuellen Sicherheitslage! Evtl. Lift mit Lkw-Fahrern bis Isaka.

Die Strecke von Singida nach Arusha ist dann höchstens was für Hardcore-Biker (sehr schlechte Piste, Sand, Wellblech, Dornen, auf weiten Strecken keine Unterkunft). Von Singida geht es nach Dar-es-Salaam über Dodoma und Morogoro (Singida – Dodomo noch ohne Asphalt). Die direkte Nord-Süd-Strecke von Arusha über Dodoma nach Iringa, obwohl in etlichen Karten dick eingezeichnet, ist eine extreme Piste und höchstens für hartgesottene Landrover Enthusiasten tauglich!

Übernachten, Verpflegung

Günstige Guesthouses findet man praktisch in jeder Stadt, größere Städte haben ein entsprechend besseres Angebot an gehobenen Hotels und auch oft Campplätze. Auf dem Land mehr Unterkünfte als in Kenia; evtl. beim Dorfchef fragen. Wildes Campen ist riskant, aber in entlegenen Gebieten möglich (besser in einem Dorf schlafen). Campen oder einfache Lodges kosten von 5 bis 15 US$. In Zentren auch Youth Hostels und YMCA/YWCA.

Zur Versorgung gibt es zentral organisierte und überdachte Märkte mit Gemüse und Obst und auch kleine Supermärkte oder Läden, die Haferflocken, Kekse, importierte Äpfel etc. anbieten. Große Supermärkte (Shoprite) gibt es nur in Arusha und Dar-es-Salaam, dort sogar mehrere und einen Game Supermarket mit CampingGaz-Kartuschen. Die Küche ist eher bescheiden: Reis mit Bohnen und etwas Gemüse (Sukuma Wiki) oder Fleisch, Chips Mayai (Pommes in Rührei), Ugali (fester Maisbrei). Chapatis (indische Pfannkuchen), oder Samosas (frittierte indische Teigtaschen mit Kartoffeln oder Fleisch) sind hier meist die einzige Alternative. An der Küste und auf Sansibar ist die Küche durch den arabischen und indischen Einfluss deutlich abwechslungsreicher. Eine Spezialität ist die Sansibar-Pizza, eine gebratene, gefüllte Teigtasche (vegetarisch oder mit Fleisch). Es gibt auch eine Reihe von lokalen Bieren (Kilimanjaro, Serengeti, Safari etc.). Gutes Flaschenwasser ist überall und preiswert erhältlich.

Fahrrad und Ausrüstung

Siehe bei Kenia. Eine besondere Ausnahme für ganz Ostarika ist Arusha, wo es viele teilweise sehr gute MTBs gibt, die auch stolz von jungen Leuten genutzt werden. Grund: Ein Second Hand Shop importiert die Bikes containerweise und verkauft auch Ersatzteile. Wer vom Rad aufs Bergsteigen umsteigen will oder Camping-Equipment braucht (Winterschlafsack, Schuhe etc.) wird in Arusha oder Moshi fündig. Sonnenschutz (Sonnencreme, Hut) sowie Regen- und Moskitoschutz sind auch in Tansania sehr angebracht (Moskitospray, Netz und entsprechende Kleidung). Malaria-Prophylaxe nicht vergessen!

Es gibt auch „richtige" Fahrräder. Fahrrad-Vermietung in Moshi/Tansania

Transport

Air Tanzania und Precision Air fliegen von Dar-es-Salaam alle größeren Städte an. Eine recht schnelle und bequeme Art, das Land zu durchqueren (wegen oft schlechter Straßen) ist die Reise mit der Bahn (*www.trctz.com*), z.B. mit der TAZARA von Dar-es-Salaam über Mbeya bis Sambia (Kapiri Mposhi). Herbert Lindenberg: „Sehr authentisch und mit vielen Eindrücken von Land und Leuten verbunden. Preis für Schlafwagen 1. Klasse mit Radtransport Ende 2009 ca. 80 Euro für die ganzen 1860 km." Weitere Linien gehen von Arusha zum und vorbei am Kilimandscharo nach Dar-es-Salaam und von Dar-es-Salaam via Dodoma und Tabora nach Kigoma am Tanganjika-See (Näheres siehe unter *www.bahn. fernweh.com/detail/tansania-TZ.htm*). Die Buslinie „Scandinavian" (große, gute Überlandbusse) und andere nehmen Räder im Gepäckfach mit; Minibusse (hier „Dalla-Dalla" genannt) auf dem Dachträger (sofern vorhanden). Die Züge sind aber bequemer und auch sicherer. Drei

Schnellboote (Sea Star, Sea Express und Sea Bus) verkehren täglich zwischen Dar-es-Salaam und Sansibar (Fahrzeit 60-90 Min.), die Katamaranfähre „Flying Horse“ benötigt für diese Strecke etwa vier Stunden.

Bücher, Karten, Internet

Reiseführer: Jörg Gabriel: „Tansania, Sansibar“, Reise Know-How, sehr gut. Nelles Guide Tansania, Stefan Loose Travel Handbuch Tansania u.v.m. Auf Englisch: Mary Fitzpatrick: „Tanzania“, Lonely Planet. Phillip Briggs: „Tanzania with Zanzibar, Pemba & Mafia“, Bradt Travel Guides. Gut auch „Tanzania“ von Footprint Publications. Für Radler: „Bicycle Touring in Malawi/Tanzania/Uganda Supplement“ (s. Seite 302 und bei *www.ibike.org*). **Karten:** Tansania ist auf der Michelin 746 (Zentral- und Südafrika, 1:4 Mio.) mit drauf. Reise Know-How Karte „Tansania“, 1:1, 2 Mio. Nelles-Karte „Tanzania, Rwanda, Burundi“, 1:1,5 Mio. ITM Tanzania Travel Reference Map, 1:920.000. Straßenkarten, Stadtpläne und Trekkingkarten werden auch vor Ort in Buchläden und Touristenbüros verkauft. **Internet-Infos:** Interessante Erlebnisberichte und tabellarische Streckeninfos zur Tansania-Etappe ihrer Radreise (aus 2008) gibt es bei Amiram Roth-Deblon und Ragna Schmidt-Haupt auf *www.cycle-generation.org* (unter Blog/Tansania). Gute Länder-Infos bei Wikipedia (*http://de.wikipedia.org/wiki/Tansania*) und *www.transafrika.org*. Die Seite der tansanischen Botschaft (*www.tanzania-gov.de*) hat auch einige Infos zum Thema Tourismus. Die „Tanzania Tourist Board Official Website“ findet man unter *www.tanzania-web.com*. Unter *www.tanzania-network.de* informieren deutschsprachig verschiedene Gruppen, die sich mit Tansania beschäftigen. Dann die offizielle Seite der tansanischen Nationalparks: *www. tanzaniaparks.com* (auch auf Deutsch). Auf der privaten Homepage *www.afrika-pur.de* (mit Schwerpunkt auf Tansania) gibt es ebenfalls Nationalpark-Infos; sehr viele Links zu Sansibar auf *www.zanzibar.net*. Gut auch *www.lonelyplanet.com/tanzania*.

Madagaskar [PR]

Überblick

Madagaskar – schon der Name suggeriert die ferne Exotik duftender Gewürze, Piratenromantik („Wir lagen vor Madagaskar …“) und verträumtes Dahindämmern an den Gestaden des Indischen Ozeans …

Die viertgrößte Insel der Welt überrascht mit einer Vielzahl von Landschaftsformen und Klimazonen, wie sie wohl nirgendwo sonst auf der Erde zu finden sind: Im Hochland um Antananarivo wechseln saftig-grüne Reisfelder mit kargen roterdigen Ebenen. Im Osten findet man noch undurchdringliche Regenwälder mit Naturreservaten; im Süden lange Sandstrände und weite Lagunen; im Südwesten Dornenwälder, riesige Baobabs, ausgedörrte Steppen und Kakteenwälder.

Madagaskar ist in vielerlei Beziehung ein Unikum: Bereits in Urzeiten löste sich die Insel vom indischen (!) Festland, Flora und Fauna nahmen eine ganz eigene Entwicklung, viele Arten sind heute endemisch. Bekannt wurde Madagaskar in Europa als die Heimat exotischer Gewürze, z.B. des Weißen und Schwarzen Pfeffers, Vanille, Zimt oder Ylang-Ylang, dem Grundstoff edler Parfüms.

Vor rund 1500 Jahren kamen die ersten Bewohner in ihren kleinen Auslegerbooten aus dem heutigen Indonesien über den Indischen Ozean nach Madagaskar. Später mischten sie sich mit den Einwanderern vom afrikanischen Festland. Damals wie heute ist Madagaskar ein Schmelztiegel der Kulturen: Über 20 verschiedene Bevölkerungsgruppen leben auf der Insel, jede mit ihren eigenen Sitten und Gebräuchen. Allen gemeinsam ist ihre schier unerschöpfliche Fröhlichkeit und Gelassenheit, die uns „Vazahas“ (Fremde) immer wieder in ihren Bann zieht.

Etwa neun Zehntel aller Madagassen leben von dem, was sie als Kleinbauern oder Fischer erwirtschaften. Hauptexportgüter sind Kaffee, Fisch, Textilien, Mineralien und Vanille.

Entlang Madagaskars Vanilleküste [PR]

Reisestory von Pascal Heimberg und Rebecca Grunder

Wie wir auf die Idee gekommen sind, ausgerechnet Madagaskars wilde Ostküste mit dem Rad zu bereisen, wissen wir heute nicht mehr so genau. Vielleicht reizte uns die Einzigartigkeit der Pflanzen- und Tierwelt, die sich auf der viertgrößten Insel der Welt nach der frühen Ablösung vom afrikanischen Kontinent in Eigenständigkeit entwickelt hat. Oder gab die Aussage eines Madagaskar-Kenners den Ausschlag, wonach unsere geplante Route wohl noch nie mit einem Tourenrad bereist worden sei?

Anfang September 2006 landen wir jedenfalls in Antananarivo (kurz: Tana), der Vier-Millionen-Stadt im zentralen Hochland des Inselstaats, um am nächsten Tag mit einem Inlandflug die Nordostküste Madagaskars zu erreichen. Unser Plan ist es, vom kleinen Küstenort Antalaha in Richtung Süden zu fahren und die Masoala-Halbinsel zu umrunden. Laut Lonely Planet soll dies mit dem Rad „machbar" sein. Danach wollen wir weiter der Vanilleküste folgen, um rund einen Monat später wieder in Tana einzutreffen. Doch wie sich bald zeigt, sind Flexibilität und Improvisationstalent in Madagaskar weit mehr wert als ein in wochenlanger Vorbereitung durchdachter Plan.

Nach Antalaha verwandelt sich die einzige Verbindung an die Südspitze der Masoala-Halbinsel in eine schmale, sandige Piste zwischen Regenwald und Indischem Ozean. Tiefer Sand, faustgroße Steine und kurze, aber steile Anstiege zwingen uns oft zum Schieben, und die zahlreichen zerfallenen Holzbrücken erfordern einen ausgeprägten Gleichgewichtssinn. Dort, wo es keine Brücken gibt, stellen Pirogen die einzige Verbindung zwischen den Dörfern dar. Uns bleibt nichts anderes übrig, als mehrmals täglich unsere Räder und über 60 kg Gepäck in einen kippeligen Einbaum zu laden. Während wir uns an den Bootsrand klammern steigen weitere Dorfbewohner zu, bepackt mit Reissäcken, Bananen, Kokosnüssen und lebenden Hühnern, bis die Piroge so voll ist, dass unsere Fingerspitzen die Wasseroberfläche berühren. Unsere durchaus berechtigte Frage nach Krokodilen wird einmal lachend bejaht und dann wieder kopfschüttelnd verneint. Eine eindeutige Antwort bekommen wir nicht.

Als Weiße mit schwer beladenen Rädern und Anhängern ziehen wir an der kaum bereisten Küste die Aufmerksamkeit auf uns. Lange bevor wir die ersten Strohhütten erblicken hören wir schon die lauten Rufe der Kinder, welche die Ankunft der „Vazahas" ankünden. Mit Erstaunen und Gelächter werden wir in den kleinen Dörfern begrüßt und sind sofort umringt von Dutzenden von Kindern – und davon gibt es viele, denn rund die Hälfte der Bevölkerung Madagaskars ist unter 15 Jahre alt. Da auf der Masoala-Halbinsel kaum jemand Französisch spricht, lernen wir aus dem Kauderwelsch-Führer ein paar Wörter Madagassisch und kennen so bald nicht nur die Bezeichnungen für die wichtigsten Lebensmittel, sondern können auch unseren Unmut über die schlechten Straßen ausdrücken und uns nach den Neuigkeiten erkundigen, ohne allerdings die ausführlichen Antworten zu verstehen. Beides trägt sehr zur weiteren Belustigung der Madagassen bei.

Nach drei Tagen kommen wir in Cap Est an, dem östlichsten Punkt Madagaskars, im Parc National de Masoala gelegen (*www.masoala.org*, *www.freundemasoalas.ch*). Unsere Karte zeigt von hier nur noch einen schmalen Fußpfad weiter nach Süden, der über weite Strecken an Sandstränden entlang führt, um dann wieder im Regenwald zu verschwinden. Vor unserer Weiterreise erkundigen wir uns bei Paulin, einem der beiden Nationalpark-Führer, nach der Möglichkeit, bis Cap Masoala und weiter entlang der Westküste der Halbinsel zu fahren. Seiner Meinung nach ist es nicht unmöglich, das Cap mit dem Rad zu erreichen, wenn auch stundenlanges Schieben in Kauf genommen werden muss. Die wesentlich steilere und dichter bewachsene Westküste sei dagegen nur zu Fuss zu bereisen. Die einzige Option für uns, vom Cap Masoala weiterzukommen, ist mit einem der oft überladenen Cargo-Boote, welche die Küste in unregelmässigen Abständen passieren. Gerade im September ist aber von Fahrten auf offener See abzuraten, da das Meer zu dieser Jahreszeit besonders unruhig ist. Im Vertrauen auf das Improvisationstalent von Paulin entschließen wir uns trotz großer Ungewissheit, die Reise in seiner Begleitung fortzusetzen.

Nach ein paar anstrengenden Tagen mit einer Tagesleistung von maximal 30 km erreichen wir das kleine Dorf Vinanivao an der Südspitze der Halbinsel, wo Paulin versucht, ein Boot für die Weiterreise zu organisieren. Nach intensiven Verhandlungen erklären sich drei Fischer bereit, uns frühmorgens in den nächsten größeren Ort Maroantsetra zu fahren. Unsere anfängliche Freude wird dann doch etwas getrübt durch den Anblick des kleinen, hölzernen Fischerboots, auf dem wir zwei Tage auf rauer See ausharren sollen. Zögernd und angesichts mangelnder Alternativen sagen wir zu. Aufgeregt stehen wir um sechs Uhr morgens mit Rad und Gepäck bereit, nur um zu erfahren, dass es im Dorf kein Benzin gibt. Unser Versuch, eine Meldung an einen Bootsbesitzer in Maroantsetra abzusetzen, scheitert vorläufig am fehlenden Sonnenlicht für die Solarzellen der Funkstation. Unser Capitaine sieht wohl angesichts unseres Funkversuchs seine Chancen auf ein gutes Geschäft schwinden und „findet" schließlich doch noch genügend Benzin für die Überfahrt. Gegen Mittag fahren wir bei bereits bedrohlichem Wellengang in die Baie d'Antongil hinaus.

Entlang der Vanilleküste

Bereits bei unserer Abfahrt entdecken wir das Wasser im Bootsrumpf, beruhigen uns aber mit dem Gedanken, dass es sich um angesammeltes Regenwasser handle. Als der Capitaine jedoch im Halbstundentakt Wasser schöpft, realisieren wir, dass unser Boot ein Leck hat. Unsere Besorgnis wächst weiter, als wir feststellen, dass die auffallend gute Laune des Capitaines nicht nur auf die frohe Natur der Madagassen, sondern vor allem auf übermäßigen Konsum selbstgebrannten Rums zurückzuführen ist. Auch das kulinarische Angebot, bestehend aus einer Packung feuchter Kekse jenseits des Verfallsdatums, trägt nicht zur Verbesserung unserer Lage bei. Doch für die misslichen Bedingungen auf der zwölfstündigen Überfahrt werden wir mit dem Anblick der türkisfarbenen Lagunen und mehrerer springender Buckelwale aus nächster Nähe mehr als entschädigt.

In Maroantsetra erholen wir uns zwei Tage von den Strapazen und bereiten uns auf die Weiterfahrt entlang der Vanilleküste vor. Unterwegs riechen wir immer wieder den intensiven, süßlichen Geruch der Vanille, die in den Dörfern zum Trocknen ausgelegt wird. Die Vanille ist das Hauptexportgut Madagaskars – ca. 90% der weltweit konsumierten Vanille stammt von Madagaskars Ostküste. Dies erstaunt vor allem deshalb, weil die Vanille in Madagaskar nicht endemisch ist und daher jede Pflanze von Hand bestäubt werden muss.

Den Abschluss unserer Reise bildet ein mehrtägiger Besuch der Nationalparks Andasibe und Mantadia im Hochland. Die Parks (*www.madainfo.de/andasibe.htm*) bieten ausgezeichnete Möglichkeiten, verschiedene Lemuren- und weitere endemische Tierarten zu beobachten (*http://de.wikipedia.org/wiki/Lemuren*). Da wir nach vier Wochen Einsamkeit vom Touristenrummel im nahegelegenen Hotel überfordert sind, entschließen wir uns kurzerhand, unser Zelt beim Parkeingang aufzustellen. Am Morgen ist es neblig und empfindlich kalt – Andasibe liegt auf ca. 1000 m ü.M. Wir erwachen durch den langgezogenen, kilometerweit hörbaren Ruf des Indri Indri, der größten Lemuren- bzw. Halbaffenart, wie man sie früher nannte. Die Tiere sehen nicht nur putzig aus in ihren schwarz-weißen Teddybären-Kostümen, sondern beeindrucken uns auch mit bis zu zehn Meter weiten Sprüngen hoch oben in den Baumkronen.

Nach fünf Wochen und knapp 800 Radelkilometern, mehrheitlich auf Sandpiste, verabschieden wir uns schweren Herzens von Madagaskar, seiner lebensfrohen Bevölkerung, der vielfältigen und einzigartigen Tierwelt und den liebgewonnenen frittierten Maniok- und Reiskuchen der Straßenstände. Und sicher ist, dass der Madagasse, der uns eine baldige Rückkehr voraussagte, Recht behalten wird.

An- und Einreise, Währung

Die besten Flugverbindungen nach Madagaskar führen über Paris (Air Madagascar, Air France oder Air Austral) oder Mailand (Air Madagascar). Der Flug dauert 11 Stunden. Für Deutsche, Schweizer und Österreicher besteht **Visumpflicht**. Das Visum kann entweder auf der magadassischen Botschaft im Heimatland oder bei Ankunft am Flughafen in Antananarivo eingeholt werden (2009 ca. 65 Euro). Die Aufenthaltsdauer beträgt höchstens 90 Tage.

Währung ist der Ariary, die früher üblichen Madagaskar-Francs können seit 2009 nicht mehr eingelöst werden, also Vorsicht! Bargeld und Reiseschecks in US$ können in Banken und größeren Hotels eingetauscht werden; letztere sollten in US$, Euro oder Schweizer Franken ausgestellt sein. **Geldautomaten** gibt es in Tana und in anderen größeren Städten; VISA wird häufiger akzeptiert als MasterCard. In ländlichen Regionen sollten Radreisende genügend Bar-Ariary dabeihaben. Unbedingt feilschen, auch um die Preise der Hotelzimmer!

Straßen, Reisen im Land

Nur ca. ein Zehntel der Straßen sind asphaltiert (Hauptverbindungen sind Tana – Toamasina; Tana – Fianarantsoa – Toliara; Tana – Mahajanga). Die übrigen Strecken sind befestigte Pisten, die in der Regenzeit kaum befahrbar sind. Lange Schotter- und Sandpisten zwingen zudem insbesondere in Küstennähe oft zum Schieben. Die Masoala-Halbinsel an der Ostküste ist nur zu Fuß, mit dem Fahrrad oder Boot zu bereisen. Abseits der Städte und Hauptverbindungsstrecken hat es nur wenig Verkehr.

Rundreisen mit dem Fahrrad sind nur schwer möglich und man kommt oft nicht umhin, auf dem Rückweg auf ein anderes Verkehrsmittel auszuweichen, will man nicht dieselbe Strecke zweimal radeln. Zwischen den Provinzstädten verkehren „Taxi brousse" (Buschtaxis) und „Taxi Be" (Kollektivtaxis). Die Buschtaxis legen größere Überlandstrecken zurück und verkehren regelmäßig, sind aber immer überladen. Sie fahren los, wenn alle Plätze besetzt sind. Eventuell können restliche freie Plätze aufgekauft und unterwegs an zusteigende Passagiere „weiterverkauft" werden. Air Madagascar, die staatliche Fluggesellschaft, verfügt zudem über ein sehr dichtes Flugnetz. Achtung: Gepäcklimit auf Inlandflügen z.T. deutlich unter dem für internationale Flüge!

Strom gibt es in allen größeren Ortschaften (220 Volt Wechselstrom). Mit Stromausfällen ist zu rechnen. Die Stromversorgung an der Ostküste ist minimal und oft nur dank Dieselgeneratoren möglich.

Wasser kann in den meisten kleinen Dörfern gekauft werden, sonst muss man es aus Brunnen oder Flüssen filtern. Das Nahrungsmittelangebot auf dem Land ist z.T. sehr beschränkt (Reis, Bananen, Kokosmilch, Tomatenmark, Kekse). Wildes Campieren ist schwierig, Übernachtungsmöglichkeiten gibt es in kleinen Palm- und Holzhütten (Hotelys).

Reisezeit In Madagaskar herrscht ein tropisches Klima mit einer Jahresdurchschnittstemperatur von 25 °C, wobei die Temperaturen an den Küsten höher liegen und im Hochland unter den Gefrierpunkt sinken können. Die Niederschläge nehmen von Ost nach Südwest kontinuierlich ab. Die Ostküste ist die regenreichste Region der Insel. Beste Reisezeit für die Ostküste ist der Südwinter (Trockenzeit Mai bis Oktober). Die Pfade und Straßen sind in der Regenzeit oft unbefahrbar. Außerdem besteht zwischen Anfang Dezember und Ende Februar die Gefahr von heftigen Zyklonen.

Ziele, Routen Sechs Nationalparks und mehr als 30 Naturreservate (s. *www.madainfo.de/naturparks.htm*) mit einzigartigem Tier- und Pflanzenreichtum. Fischerdörfer an wunderbaren Palmenstränden. Neben der von Rebecca und Pascal beschriebenen Tour noch ein weiterer Routenvorschlag: Tana – Isalo NP – Toliara; per Flugzeug über Tana nach Antsiranana; Antsiranana – Montagne d'Ambre NP – Tana (so kann man die Hauptwindrichtung im Winter nutzen).

Bücher, Karten, Internet Gut sind der Führer „Madagaskar" von Reise Know-How und der sehr empfehlenswerte „Madagaskar Insel-Reiseführer", von Susanne Roessler, Iwanowski's Reisebuchverlag (letzte Auflage von 2007, wird leider nicht mehr gedruckt). Tom Parkinson u.a.: „Madagascar & Comores", Lonely Planet. Hilary Bradt: „Guide to Madagascar", Bradt Travel Guides. Kauderwelsch-Sprachführer: „Madagassisch", Reise Know-How. **Karten:** Michelin 746, 1:4 Mio.; Reise Know-How Karte "Madagaskar", 1:2 Mio. IGN Carte Générale 1:2 Mio.; ITM Travel Map 1:1,64 Mio. **Internet-Info:** Länderkundliches und viel Geschichte auf *http://de.wikipedia.org/wiki/Madagaskar*. Gut wie immer auch *www.transafrika.org*. Oben schon mehrfach genannt: *www.madainfo.de*, mit vielen Infos zu Madagaskars Natur. Nützliche Reiseinformationen sind zudem auf der guten Homepage des Schweizer Madagaskar-Kenners Franz Stadelmann (*www.priori.ch*) zu finden. Die Botschafts-Website bietet eine gute Einführung ins Land mit weiterführenden Links (*http://embassy.org/madagascar/index.html*). Übersichtlich aufbereitet sind die Madagaskar-Infos des „World Travel Guides" unter *www.wtgonline.com/data/mdg/mdg010.asp*.

Insel-Ziele: Mauritius, Rodrigues, Réunion [UE]

Tipps und Informationen von Uwe Ellger

Mauritius Eigentlich wollten wir in Mallorca in den Frühling radeln. Dann waren die Flüge dorthin recht teuer, und Emirates hatte ein Sonderangebot nach Mauritius. Isabel meinte, nun würde ich wohl endgültig alt werden …

Viele rümpfen die Nase, wenn sie von einem Urlaub auf Mauritius hören. Unwillkürlich fallen einem da Bilder ein von Luxushotels, All-Inclusive und Faulenzen am Strand. Selbst die Reiseführer bestätigen dies und raten von selbst organisierten Touren und Radurlaub dringend ab. Ob das daran liegt, dass der Autor des verbreitetsten deutschen Führers gleichzeitig auch Reiseveranstalter für andere Inselziele im Indischen Ozean ist?

Gut, Mauritius ist genauso wenig typisches Afrika wie etwa die Kanaren. Aber die Insel eignet sich durchaus gut als Urlaubsziel für Pedalritter, auch wenn in den Führern wegen des starken Verkehrs von Radtouren abgeraten wird. Außer auf der M2 und den Hauptstraßen A1-9 lässt es sich wunderbar radfahren. Gerade an der Südküste liegen viele einsame grasbewachsene Traumstrände direkt an der Straße. Die Straßen sind gut. In den Bergen warten neben vielen knackigen Steigungen Regenwälder, Seen und Wasserfälle. Ein Großteil des Landes ist mit Zuckerrohr bewachsen. Schöne Wege führen durch die riesigen Plantagen. An den Wochenenden trainieren auch viele Einheimische auf Rennrädern. Dann fühlt man sich tatsächlich ein bisschen wie auf Mallorca.

Mauritius liegt südlich des Äquators knapp 1000 km östlich von Madagaskar und 4000 km westlich von Indien. Die Insel ist etwa halb so groß wie Mallorca – 1850 km², 65 km lang, 47 km breit. Die Jahreszeiten sind den unseren konträr. Der Sommer von November bis Mai ist feuchtheiß (25-33 °C, Wasser 28°C), der „Winter" von Juni bis Oktober kühler mit 18-25°C, aber meist trocken. Im Bergland ist es etwa 5 °C kühler.

Gut zum Radfahren: Mauritius

Die Bevölkerung ist ein Mix aus etwa 70% Indischstämmigen, 25% Kreolen, der Rest sind Chinesen und Weiße. Es gibt kaum Kriminalität. Obwohl ab 1810 fast 150 Jahre die Engländer hier waren wird viel mehr Französisch als Englisch gesprochen – leider eher englisch gekocht, aber zum Glück gibt es ja viele asiatische Restaurants.

Geschäfte, Restaurants, Radwerkstätten und Unterkünfte sind reichlich vorhanden. Zelt und Kocher werden nicht gebraucht. Das Preisniveau liegt irgendwo zwischen Europa und Asien – viel billiger als Mallorca, und viel schöner und exotischer.

Rodrigues

Wer es noch einsamer haben möchte fliegt noch einmal 600 km nach Osten. Dort liegt die charmante, gerade mal 100 km² große Schwesterinsel Rodrigues. Die Fahrradmitnahme macht auch in den kleinen Maschinen keine Probleme (ca. 20 Euro pro Strecke). Die Inselbevölkerung von 40.000 Einwohnern besteht fast zu 100% aus freundlichen Kreolen. Kriminalität ist praktisch unbekannt. Nach zwei Tagen auf der Insel kennt man jeden – und umgekehrt. Der höchste Punkt der Insel ist gerade mal 400 m hoch, aber Vorsicht, es gibt reichlich steilste Anstiege! Das Haus, das wir uns gemietet hatten, lag genau 1000 m vom Meer in 200 m Höhe. 20% Steigung im Schnitt! Dafür entschädigt Rodrigues mit guten Straßen und unzähligen einsamen Traumstränden.

Fahrräder würde ich mitbringen. Es werden zwar Räder vermietet, meist aber schlechter Qualität und noch schlechter gewartet. Einige Luxushotels haben gute Räder, vermieten sie aber nur an ihre Gäste oder zu horrenden Preisen.

Reiseführer zu Mauritius gibt es etliche, u.a. DuMont Richtig Reisen und Lonely Planet**. Internet-Infos** z.B. zu den Themen An- und Einreise, Klima, Sehenswürdigkeiten u.v.m. am besten unter *www.transafrika.org*, *http://de.wikipedia.org/wiki/Mauritius* und *www.info-mauritius.com*. Einen im Tour-Magazin 2004 erschienenen recht guten Reisebericht (aus Rennradler-Sicht) kann man sich unter *www.tour-magazin.de/?p=796* herunterladen, mit Routenvorschlägen.

Réunion

Zwischen Madagaskar und Mauritius (200 km östlich) liegt dann noch Réunion – französisches Übersee-Department und eher ein Geheimtipp, weil diese Insel (2512 km², 70 km lang und 50 km breit) sich nicht so gut als Badeziel eignet wie Mauritius. Réunion ist vielmehr ein Naturparadies mit Vulkanen, Bergkesseln, Regen- und Nebelwäldern, die zum Wandern einladen – und zum Radfahren, vor allem für Fans von Bergen und Serpentinien. Zu erreichen über etliche Flugverbindungen, vor allem ab Paris, und per Fähre zweimal pro Woche von Mauritius. **Reiseführer:** Meist in Mauritius- und Seychellen-Büchern mit drin. **Internet-Infos:** *www.transafrika.org*, *http://de.wikipedia.org/wiki/Réunion* und *www.insel-reunion.de*. Eine interessante Radtour ist beschrieben unter *www.afrikaaktuell.de/LaReunion/rep2.html*.

G Südliches Afrika

Überblick

Das südliche Afrika besteht nicht nur aus der Republik Südafrika, sondern noch aus einigen interessanten Staaten mehr. Wer sie kennenlernen möchte, macht dies am besten in Form einer Rundreise – man kann natürlich auch nur ein Land mit seinem Drahtesel bereisen; da bietet sich vor allem Südafrika an. **Transafrika-Radler** auf der **Ostafrika-Route** kommen meistens von Tansania herunter, dann streben sie über Sambia und Botswana hinüber in Richtung Namibia. Eine „Haupt-Durchfahrtsroute" zu empfehlen macht für das südliche Afrika aber weniger Sinn, denn es gibt mannigfache Möglichkeiten, so viele wie in keiner anderen afrikanischen Großregion. Am besten stellt ihr euch eure Traumroute aus den Tourvorschlägen in den nachfolgenden Länderkapiteln zusammen.

Außer Portugiesisch in Moçambique (und Angola, s. weiter oben unter Zentralafrika) ist Englisch die Hauptumgangssprache; in Südafrika wird auch Afrikaans gesprochen, besonders auf dem Land. Einige Sätze zu können ist vorteilhaft (Schwarze auf dem Land können dort meist nur Afrikaans). Alle Länder sind relativ dünn besiedelt.

Das Klima wird nach Süden zu trockener und heißer, das Pedalen, selbst auf den guten Straßen, kann zur endlosen Treterei werden. Die touristische Infrastruktur ist je nach Land befriedigend bis sehr gut.

Literatur und Karten

Reiseführer für das südliche Afrika: Friedrich Köthe u.a.: „Südliches Afrika: Südafrika, Namibia, Simbabwe, Botswana", Vista Point. Das ist der derzeit einzige halbwegs aktuelle überregionale Reiseführer in deutscher Sprache, der aber die Großregion anhand zweier festgelegter Reiserouten erschließt. Detailliertere Bücher bei den Länderkapiteln. Auf Englisch: Alan Murphy u.a.: „Southern Africa Travel Guide", Lonely Planet: Botswana, Lesotho, Malawi, Moçambique, Namibia, Südafrika, Swaziland, Sambia und Simbabwe. Im bewährten Lonely-Planet-Stil, vorrangig für Backpacker geschrieben, aber auch Globetreter profitieren von der Fülle der Informationen. Nur noch antiquarisch gibt es von Hilary Bradt: „East & Southern Africa – The Backpackers Manual" (von 1998). Trotzdem auch heute noch ein sehr nützliches Buch mit detaillierten Infos nicht nur für Rucksackreisende, sondern auch für Radler, die Afrika wirklich erleben wollen. Behandelt werden Kenia, Tansania, Uganda, Ost-Kongo (Dem. Rep.), Ruanda, Burundi, Sambia, Malawi, Simbabwe, Botswana, Südafrika, Namibia, Swaziland und Lesotho.

Karten: Als Mindestausstattung für Afrikas Süden benötigt man die Michelin Nr. 746, die die beste Übersichts-Straßenkarte ist. Bei einem Maßstab von 1:4 Mio. geht es natürlich recht eng her auf dieser Karte, so dass nur Fernverbindungsstraßen und wichtige Nebenstrecken erfasst sind. Distanzen, Streckenzustände und Übernachtungshinweise sind jedoch ziemlich gut dargestellt. Für unterwegs gibt es mehrere Optionen: Ihr könnt euch einerseits genauere Straßenkarten aller Länder zulegen (erhältlich in Buch- und Ausrüsterläden), diese werden bei den einzelnen Ländern aufgeführt. Oder ihr beschränkt euch auf Übersichtskarten mehrerer Länder. Anbieten würde sich einmal die ITM „Southern Africa Travel Map" (Südafrika, Botswana, Namibia), 1:2,125 Mio., und der etwas unhandliche „Southern Africa Road Atlas" (Südafrika, Botswana, Simbabwe, Namibia, Sambia, Malawi, Moçambique, Lesotho, Swaziland) von Lonely Planet im Maßstab 1:2 Mio.

Radreisen im südlichen Afrika [HL]

Tipps und Erfahrungen von Herbert Lindenberg

Fahrrad

Fraglos ist ein stabiles **Mountainbike** das vorteilhafteste Gefährt für Touren im südlichen Afrika. Pisten lassen sich nie ganz vermeiden (allein schon die kilometerlangen Umleitungen von Straßenbaustellen ...). Rückspiegel, Computertacho, Hinterradständer und – je nach Jahreszeit – Steckschutzbleche sind sinnvolle Extras. Auch eine Klingel ist in Stadtzentren und auf belebten Landstraßen nützlich. Eine Lichtanlage ist trotz der kurzen Tageslichtspanne selten erforderlich. Ein **Fahrradhelm** hingegen ist nicht verkehrt. Außerdem besteht in Südafrika und Namibia Helmpflicht, die sogar kontrolliert wird! Und wenn wir schon dabei sind: Nehmt ein **Moskitokopfnetz** mit, das so groß ist, dass man es über den Helm ziehen kann. Und zwar weniger gegen die Moskitos als gegen die Fliegen, die in manchen Gegenden, ganz ähnlich wie in Australien, furchtbar lästig sein können und dann noch nicht mal eine entspannte Pause zulassen – es sei denn, man zieht den Joker.

Nur in den südafrikanischen Städten haben sich gut sortierte **Fahrradläden** etabliert, da Radsport bei der weißen Bevölkerung sehr populär ist. Ansonsten sind Ersatzteile für moderne Fahrräder in Simbabwe, Malawi, Sambia, Botswana und Namibia so gut wie nicht erhältlich. In diesen Ländern werden praktisch nur indische Lastenfahrräder und einfachste chinesische MTBs verkauft. Lediglich die einheimischen 26 und 28-Zoll-Reifen können im Notfall von Nutzen sein.

Speziell auf sandigen Pisten können die **Dornenkapseln** des Erdburzeldorns verheerende Plattenserien verursachen (Tribulus terrestris, unscheinbares, niedrig wachsendes Blümchen). Ähnlich einer Reißzwecke schieben sich die immer nach oben weisenden Dornen unbemerkt in den Reifen. Bevor du Gefahr läufst, dass dir das Trinkwasser beim Löchersuchen ausgeht, ziehst du besser schon zu Hause „unplattbare" Reifen auf (s. Seite 80). Du kannst aber auf solchen Pisten auch einen mitgenommenen Reifenprotektor einlegen. Da diese zähen Kunststoffstreifen aber dazu neigen, den Schlauch durch Walkarbeit anzunagen, können sie keine Dauerlösung sein.

Wer in der Regenzeit auf Lehmpisten unterwegs ist, sollte auch Kette und Ritzel als Ersatz mitnehmen, da die Lebensdauer dann drastisch reduziert wird. Zur Not kann man auch mit einer zunehmend „eckiger" laufenden Kette noch eine Weile fahren, aber Spaß macht es nicht.

Grenzen

Zu den Ländern, für die Deutsche, Österreicher und Schweizer ein **Visum** brauchen, gehören Malawi (nur Österreicher u. Schweizer), Moçambique, Sambia (nur Österreicher) und Simbabwe. Die Grenzen sind für afrikanische Verhältnisse ziemlich einfach zu passieren, da die Visa in den meisten Fällen direkt an der Grenze erteilt werden (s. in den jeweiligen Länderkapiteln). Die Einreise nach Botswana, Namibia und Südafrika ist kostenlos (ebenso Malawi für Deutsche). Dass man einen Pass vorweisen muss, der noch mindestens sechs Monate lang gültig ist, dürfte bekannt sein. Prinzipiell sollte man aber auch an jeder Grenze ein Flugticket und ausreichende Geldmittel (Kreditkarte tut's auch) vorweisen können; das wird jedoch nicht immer verlangt.

Auch wenn dies alles langjährige Praxis ist, solltest du immer noch einmal aktuell recherchieren – etwa auf *www.diplo.de*. Der Zoll wird dich als Radler in der Regel sehr nachsichtig behandeln. Auspackorgien musst du nicht befürchten.

Wenn in einem Land eine Cholera-Epidemie ausbricht, kann u.U. ein entsprechender Impfnachweis bei der Einreise verlangt werden. Einzig und allein deshalb ist eine Cholera-Impfung sinnvoll. Zu anderen (wesentlich sinnvolleren) Impfungen wie auch zur Malaria-Prohpylaxe und sonstigen aktuellen Gesundheitsgefahren bitte länderspezifisch auf *www.fit-for-travel.de* informieren!

Verkehr, Straßenverhältnisse

Im südlichen Afrika (Südafrika, Namibia, Sambia, Botswana, Malawi) wird **auf der linken Straßenseite** gefahren. Außerhalb der Ballungsräume ist der Verkehr erfreulich gering und das Radeln entsprechend sicher. Grässlich ist nur, dass auch dann überholt wird, wenn gerade ein Radler entgegen kommt. Ungeschriebenes Gesetz: Wenn's eng wird, haben alle anderen immer Vorfahrt!

Je nach Land und Unternehmungslust lassen sich der Radreise sandige, lehmige oder steinige Pisten in nahezu beliebiger Dosierung beimengen. Großen Anteil daran hat Namibia. Pisten sind dort so normal, dass sie als „Straßen" bezeichnet werden. Egal ob C- oder D-Piste, der Wartungszustand ist nicht immer der jüngste. Sie sind aber durchaus radelbar. Denn das berüchtigte „Wellblech", das sich auf jeder Sandschotterpiste irgendwann bildet (hat was mit den Stoßdämpfern der Autos zu tun), reicht selten bis zum äußersten Pistenrand.

Der seit 2004 asphaltierte Trans-Caprivi-Highway (Namibia) ist immer noch sehr wenig befahren. Die Hauptstraße von Rundu bis Windhoek (Namibia, B8, B1)

Straße in Namibia

schon mehr. Schlecht sah es mit Straßen lange in Botswana aus. Mittlerweile sind aber der Trans-Kalahari-Highway (Gaborone – Windhoek) sowie die einstige botswanische „Zentralpiste“ (Maun – Ghanzi – Gobabis/Namibia) und auch die nördliche Verbindung zum Caprivizipfel (Maun – Popafalls) mit einer erstklassigen Asphaltdecke versehen. Schon lange gut ausgebaut ist das Straßennetz in Südafrika und Simbabwe sowie – mit etlichen Abstrichen – in Sambia und Malawi. Der Transafrika-Radler kann also (so er denn will) Pisten-Etappen im südlichen Afrika weitgehend vermeiden, und auch etliche größere „staubfreie“ Rundtouren lassen sich zusammenstellen. Was nicht immer vorhersehbar ist, sind Straßenbaustellen, die sich über viele Kilometer hinziehen können und Pisten als Umleitung anbieten. Wenn der Unterbau der neuen Straße schon fertig ist, sollte man nicht zögern, darauf zu radeln. Was erfahrungsgemäß auch toleriert wird.

Das wohl bescheidenste Straßennetz im südlichen Afrika hat immer noch Moçambique. Außer der Magistrale Maputo – Mtwara und der Straße durch den so genannten Tete-Korridor gibt es keine durchgehend asphaltierten Fernstraßen. Und an vielen Stellen ist der Asphalt ziemlich marode.

„Road block ahead!“

Zu den positiven Veränderungen der letzten Jahre und Jahrzehnte gehört das weitgehende Verschwinden fliegender Straßensperren der Polizei (Road Blocks) mit blöden Fragen wie: „What did you bring for the police?“ Polizeikontrollstellen gibt es zwar weiterhin, aber Radler werden gutmütig durchgewunken, denn die Aufmerksamkeit gilt dem motorisierten Verkehr. Eine Ausnahme bilden Kontrollpunkte an Veterinärgrenzen. An deren Schlagbäumen müssen auch Radler anhalten und nach dem Woher und Wohin Auskunft geben.

Essen und Trinken

Die Verpflegung ist selbst in den ärmeren Ländern des südlichen Afrikas (Malawi, Simbabwe, Moçambique) prinzipiell unproblematisch. Zu beachten sind bei der Bevorratung jedoch die unterschiedlichen Besiedlungsdichten der Länder und die Tatsache, dass einfache Camps (Nationalparks etc.) nicht immer mit Lebensmitteln versorgt werden. Ein eigener Herd (robuster Benzinkocher, bspw. MSR) ist von Vorteil.

Eine weitere postive Veränderung im südlichen Afrika ist die weitgehende Verfügbarkeit von sicherem Trinkwasser in PET-Flaschen bzw. -kanistern (immer schön versiegelt, damit keiner auf dumme Gedanken kommt). Aber auch Brunnen- und Leitungswasser ist in dichter besiedelten Gegenden erfreulich oft ohne vorherige Desinfektionsmaßnahmen genießbar. Dennoch gehört ein Mittelchen wie Micropur o.ä. unbedingt ins Gepäck. Klares Flusswasser lässt sich damit schnell in sicheres Trinkwasser verwandeln. Bei trübem Wasser lagert sich Micropur jedoch an die Schwebstoffteilchen an und versagt! Trotzdem kannst du, wenn du nicht gerade extrem abgelegene Strecken im Sinn hast, auf einen Wasserfilter verzichten, wenn du auf einen großzügig bemessenen Trinkwasservorrat achtest. Zwei 4-Liter-Wassersäcke sollten daher zur Ausrüstung gehören. Die nächste „Durststrecke“ kommt bestimmt!

Übernachten

Je nach Kontaktfreudigkeit und Situation hast du die Möglichkeit, in der offenen Landschaft zu zelten, ein Zimmer zu mieten oder bei einer Schule, Kirche, Tankstelle, Polizeistation, Farm usw. um Unterschlupf zu bitten. Am universellsten, praktischsten und wohl auch schönsten ist das Zelten, das seltener auf Campingplätzen stattfindet, dafür um so häufiger „im Busch“ oder auf Farmland.

Wildes Zelten ist im südlichen Afrika problemloser möglich als vermutet. Natürlich muss man bei der Platzsuche die Augen offen halten und darf in manchen Gegenden auch nicht zu wählerisch sein; etwa in Malawi und Sambia, wo der Grasbewuchs oft sehr dicht ist, oder in Südafrika, wo die Gattertore zu den weitläufigen Farmen häufig verschlossen sind.

Zimmer bzw. Schlafplätze mit Dach überm Kopf werden in Malawi und Simbabwe ab 5 Euro pro Person vermietet. In den anderen Ländern sind Übernachtungsmöglichkeiten teurer und rarer. Womit wir wieder beim Zelt wären. Auch hier hat sich, zumindest für Soloradler, etwas verbessert: Auf den meisten Campingplätzen zahlst du nur noch pro Person und nicht mehr pro Stellplatz! Neben Klima- und Wetterschutz, Mücken- und Schlangenschutz bietet das Zelt in freier Wildbahn eine relativ hohe Gewähr, nicht zufällig von Löwen oder Hyänen angenagt zu werden – vorausgesetzt, der Reißverschluß ist auch wirklich zu und das Zelt ist blickdicht. Mit einer Unterlegplane könnt ihr den Zeltboden vor Termiten und scharfkantigen Steinen schützen. Falls ihr an einem Fluss zeltet, achtet darauf, das Zelt nicht dussligerweise auf den Trampelpfad eines Flusspferdes zu stellen. Das kann Ärger geben, ganz gefährlichen sogar!

Wildreservate

Grundsätzlich wird Radlern die Zufahrt in solche Wildreservate verwehrt, die gefährliches Großwild beherbergen, insbesondere wenn es sich um Angehörige der „Big Five" handelt: Löwen, Leoparden, Elefanten, Nashörner, Büffel. Da dies praktisch in allen bedeutenden Wildreservaten der Fall ist, ist man/frau hier auf Mitfahrgelegenheiten angewiesen. Zu den wenigen Ausnahmen, wo man mit dem Rad fahren darf, gehören der Matopos Nationalpark in Simbabwe (Weiße Nashörner, Leoparden) und der Elefanten führende Bwabwata-Nationalpark im namibischen Caprivi-Zipfel (s. auch B 7 – „Die Tierwelt Afrikas", Seite 313f). Reservate mit „ungefährlichem" Wild bilden weitere Ausnahmen – bspw. das Tshabalala-Gehege in Simbabwe bei Bulawayo oder der Namib-Naukluft-Park in Namibia.

Sambia [AR, HL]

Überblick, Klima

War Sambia früher eher ein Durchgangs- als ein spezielles Reiseland, so rückt es mittlerweile immer mehr in den Blickpunkt der Touristen – es bietet deutlich mehr als die berühmten Victoria-Wasserfällen, die es sich mit Simbabwe teilt. Neben einigen interessanten Nationalparks gibt es im Norden eine schöne Landschaft mit Wäldern, Savannen, Wasserfällen, Seen, heißen Quellen und fast touristenleeren Parks. Dazu sehr freundliche und fröhliche Menschen; als Radler wird man hier respektvoll behandelt und fast nie angebettelt. Schreiende Kinder wie in Äthiopen, Ruanda oder auch in Malawi erlebt man ebenfalls nicht, eher ein freundliches und neugieriges Winken oder ein „Hello". Amiram Roth-Deblon: „Eine der besten Raddestinationen in Afrika, ein angenehmer Kontrast für alle Langzeit-Afrikaradler".

Sambia ist außerdem nahezu frei von ethnischen Spannungen und berechtigterweise stolz auf seine friedliche Geschichte. Es leben 73 offiziell anerkannte Ethnien im Land. Hauptsprachen sind Bemba im Norden und im Zentrum, Tonga im Süden, Nyanja im Osten und Lozi im Westen. Englisch ist Amtssprache und wird selbst in abgelegeneren Gegenden gut gesprochen. Hauptstadt ist Lusaka (1,3 Mio. Einw.).

Da Sambia auf einem Plateau in durchschnittlich 1200 m Höhe liegt, wird es nur selten unangenehm heiß. Sonnig und warm ist es von Mai bis August, heißer von September bis November (Herbert Lindenberg: „Heißester Monat ist der Oktober; in Sambia nennen sie ihn den ‚Suicide Month'"). Regen fällt von Dezember bis April. Beste Reisezeit: Mai bis September. Klimadaten auf *www.transafrika.org* und *www.klimadiagramme.de/index_2.html*.

Ein- und Weiterreise, Währung

Radler aus D, A und CH brauchen ein **Visum**, erhältlich an Grenzübergängen und internationalen Flughäfen. Kosten 50 US$ (2008/09). Internationale **Grenzübergänge:** Aus **Tansania** über Mpulungu, wo die Schiffe über den Tanganjika-See anlegen, oder über Nakonde. Von **Malawi** über Chipata. Von **Moçambique** über Chanida. Von **Simbabwe** über Chirundu, Kariba oder Victoria Falls. Von **Botswana** über Kazungula (Sambesi-Fähre). Von **Namibia** über Katima Mulilo (gleichfalls Fähre) im Caprivi-Zipfel. Von allen Orten dann Verbindungen nach Lusaka. Übergänge in die **Dem. Rep. Kongo** gibt es auch; Chililabombwe, Kashiba u.a., doch alle Reisen dorthin bzw. nahe der kongolesischen Grenze sind noch mit erheblichen Sicherheitsrisiken verbunden. Aktuelle Infos beim Auswärtigen Amt und bei lokalen Quellen einholen!

Währung ist der Kwacha, der 2008/09 starken Schwankungen unterlag. Geldautomaten für VISA und MasterCard gibt es in den größeren Städten (Chipata, Lusaka, Livingstone), dort werden auch Reiseschecks und Bargeld in US$ akzeptiert; in Lusaka sind auch Bargeldauszahlungen auf Kreditkarten möglich. Viele Dienstleistungen (Safaris, teure Hotels etc.) werden in Devisen abgerechnet.

Ziele, Straßen, Transport

Hauptattraktion sind natürlich die einmaligen **Victoria-Fälle** (1855 auf abenteuerlicher Reise entdeckt von David Livingstone, interessant zu lesen, s. *http://de.wikipedia.org/wiki/Victoriafälle*) im Südwesten des Landes. Daneben bietet Sambia aber auch wunderschöne Nationalparks wie South Luangwa (Joachim Held: „Einer der großartigsten Tierparks ganz Afrikas"), Lower Zambezi oder Kafue. Alle lassen sich bei Wikipedia anklicken (*http://de.wikipedia.org/wiki/Sambia*), teilweise mit Link zu den offiziellen Websites.

Die wichtigsten **Straßen** sind leidlich gut asphaltiert, aber nur selten frei von Schlaglöchern. Sambias Hauptroute, die auch die meisten Transafrika-Radler nehmen, verläuft in Ost-West Richtung von der malawischen Grenze über Chipata, Lusaka und Livingstone nach Namibia und ist fast voll asphaltiert (nur 30 km östlich von Livingstone sind noch im Bau, sollte 2010 fertig sein) mit erstklassiger Oberfläche. Es gibt sogar zeitweise einen breiten Seitenstreifen. Amiram Roth-Deblon: „Die Ausfahrt aus Lusaka nach Westen ist vierspurig und stark bis sehr stark befahren. Speziell schwere Lkw kommen rücksichtslos nah und sind eine Gefahr. Ansonsten ist das Verkehraufkommen sehr gering und der Fahrstil nicht besonders gefährlich. Eine schöne Alternative sind die Routen von Tansania her (s. oben, Grenzübergänge und auf Seite 416). Diese Region sieht fast keine Touristen und ist landschaftlich schön und bergig." Exakte Streckeninfos aus 2009 mit km-Angaben (und Abstechern), Höhenprofil, Straßenbelag, Unterkünften, Preisen etc. auf *www.cycle-generation.org* (unter Blog/Sambia/Route Info).

In Kapiri Mposhi endet die TAZARA-**Bahn**linie aus Tansania. Ein Zug fährt täglich von Kitwe über Lusaka nach Livingstone, ein Expresszug mehrmals wöchentlich zwischen Livingstone und Lusaka (s. *www.bahn.fernweh.com/detail/sambia-ZM.htm*). Von Liviongstone auch Bahn-Anschluss nach Simbabwe. Es gibt auch große Überland- und auch Minibusse; weniger öffentlichen Verkehr allerdings als in den ostafrikanischen Ländern.

Übernachtung, Versorgung

Hotels sind sehr teuer, viele erlauben aber freies Campieren auf ihrem Terrain, oder ihr fragt auf Farmen, in Missionen oder in Dörfern um Zelterlaubnis. Es gibt auch Government Resthouses und einige Backpacker's (s. *www.hostels.com*). Wildes Campen ist westlich von Lusaka schwierig, da viel Land eingezäunt ist.

In den großen Städten gibt es gute Supermärkte mit vollem Sortiment (Shoprite, Spar, Game), westlich von Lusaka sogar in mehreren kleinen Städten. Östlich von Lusaka ist die Versorgung spärlicher, meist nur kleine Shops und kaum Märkte. In Lusaka im Game-Supermarkt sind auch CampingGaz-Kartuschen (C 206) erhältlich (auch in Livingstone). Lusaka bietet überhaupt alles, nur keine anständigen Radersatzteile: Indische Radläden verkaufen indische Ersatzteile für indische Fahrräder.

Die Küche ist eher bescheiden. Grundnahrung ist die Mais- und Maniokpampe Nshima, die mit Bohnen, Fleisch, Huhn oder Kapenta, einem Fisch aus dem Tanganjika-See, „verfeinert" wird. Wahlweise wird auch Reis angeboten, wenn man Glück hat indische Chapatis oder Samosas. Immerhin gibt es ein lokales Bier mit dem Namen *Mosi*. „Mosi-oa-Tunya" heißen die Victoria-Fälle in der lokalen Sprache Kololo, übersetzt „Rauch, der donnert" ...

Bücher, Karten, Internet

Reiseführer: Ilona Hupe: „Sambia und Malawi", Hupe Verlag, mittlerweile 10. Auflage. Chris McIntyre: „Guide to Zambia", Bradt Travel Guides. **Karten:** RKH „Sambia", 1:1 Mio.; ITM Travel Map 1:1,5 Mio.; eine „Tourist Map of Zambia" und Karten der Nationalparks sind in Lusaka im Map Sales Office, Government/Nationalist Rd, erhältlich. **Internet-Infos:** Wikipedia (s. oben) und *www.transafrika.org*. Gut auch *www.zambiatourism.com* und *www.lonelyplanet.com/zambia*. Die Website der sambischen Regierung erreicht man unter *www.statehouse.gov.zm*.

Malawi [AR, HL, TG]

Überblick, Klima

Ein kleines, abwechslungsreiches, buntes Land mit sehr freundlicher Bevölkerung (wenn auch verschiedentlich von nervigen Geld und Kugelschreiber fordernden Kids berichtet wird), das sich gut für Radtouren eignet und in dem das Fahrrad immer noch ein wichtiges Transport- und Verkehrsmittel ist. Mit dem Rücktritt des greisen Diktators Hastings Banda anno 1994 wurde auch der legendäre strenge „Dress Code" zu Grabe getragen – damals wurden Reisende mit etwas längeren Haaren oder Radlerinnen in Hosen an den Grenzen abgewiesen ...

Der **Malawi-See** im Osten, der drittgrößte See Afrikas, ist mit seinem kristallklaren Wasser und wunderschönen Stränden die Hauptattraktion des Landes (doch Vorsicht, Bilharziose!). Hochplateaus bis 1500 m Höhe prägen die Landschaft im Westen, im milden Bergklima wächst viel Tabak und Tee. Besuchenswert ist auch Livingstonia (*http://de.wikipedia.org/wiki/Livingstonia*), eine historische Mission im Norden, und das Mulanje-Plateau (Wandergebiet bis auf 3000 m) im Süden Malawis. Zudem hat das Land fünf Nationalparks ausgewiesen.

Am angenehmsten radelt es sich zwischen April und Oktober; September und Oktober sind ziemlich heiß. Hauptregenzeit ist von Dezember bis März; die Trockenzeit von Mai bis September ist für Tierbeobachtungen in den Nationalparks gut geeignet. Hauptstadt Malawis ist Lilongwe, der dortige Flughafen wird auch von europäischen Fluglinien (KLM, British Airways etc.) angeflogen. Amtssprachen sind Englisch und Chichewa.

Am Malawi-See

Einreise, Währung, Gesundheit

Deutsche erhalten bei der Einreise 30 Tage Aufenthalt, die in Blantyre und Lilongwe verlängert werden können, Radler aus A und CH benötigen ein Visum. Adrian Guggisberg: „Bei Einreise von Tansania muss das Visum auf der malawischen Botschaft in Dar-es-Salaam beantragt werden. 2008 zahlte ich 72 US$ für ein Dreimonatsvisum".

Die **Landeswährung** heißt Kwacha. Reiseschecks und Bargeld (US$ und südafrikanische Rand) lassen sich problemlos wechseln. VISA und MasterCard werden von Automaten der Stanbic und National Bank akzeptiert (in allen größeren Städten). Bei diesen beiden Banken und in einigen Wechselstuben kann auch mit Kreditkarten Bargeld abgehoben werden; die Prozedur kann allerdings Stunden in Anspruch nehmen.

Malawi hat mit die höchste AIDS-Todesrate im südlichen Afrika, über 15% der Bevölkerung sind infiziert. Also ggf. Vorsicht bei Bluttransfusionen! Weitere gesundheitliche Risiken s. wie immer unter *www.fit-for-travel.de*.

Straßen, Reisen im Land

Die Nord-Süd-Hauptroute Malawis führt an der Westseite des Malawi-Sees entlang. Von da gibt es viele Möglichkeiten in die Berge, zu den Nationalparks oder zum See hinunter zu fahren, jedoch mit teils kräftigen Steigungen, die man besser nicht mit dem chinesischen Eingang-Fahrrad aus dem Radladen in Lilongwe angeht (Livingstonia z.B. liegt 750 Höhenmeter höher als die Hauptstraße!). Die Hauptstraßen von Karonga (Nordspitze des Sees) bis Blantyre und am See entlang von Mzuzu über Salima und Monkey Bay bis Mulanje erfreuen mit recht gutem Asphalt; das Stück zwischen Karonga und Rumphi jedoch war 2008 kräftig von Schlaglöchern durchsetzt. In der Regenzeit sind viele Pisten lehmig.

Ein reguläres Passagier- und Frachtschiff (die „Ilala") befährt den Malawi-See von Nord nach Süd (Karonga – Monkey Bay), die Reise dauert drei Tage (1200 km!). Herbert Lindenberg: „Unbedingt 1. Klasse fahren, alles andere ist eine Tortur!" Wer mit dem stets überfüllten Dampfer das zeitlose Likoma Island ansteuern will muss bedenken, dass er dann erst fünf Tage später wieder zurück kann, da sonst kein Boot vorbei kommt. Ein weiteres Schiff quert den See von Nkhata Bay nach Mbamba Bay/Tansania. Air Malawi fliegt mehrmals wöchentlich von Lilongwe nach Blantyre und Mzuzu. Nonstop zwischen Blantyre und Lilongwe fährt auch die Luxusbuslinie Coachline, einfachere Express- und Minibusse holpern zu kleineren Orten. Die (langsamen) Züge der *Malawi Railways* sind für Radler weniger interessant, die Verbindung nach Beira (Moçambique) ist schon seit Jahren geschlossen.

Hotels können in Malawi sehr teuer sein, doch die meisten Orte haben entweder ein Government-, District-, Council- oder Forestry-Resthouse mit Camp-Möglichkeiten. Auch sonst gibt es gute Möglichkeiten zum Zelten (auch am Malawi-See) oder man übernachtet in Missionen. Verpflegungsmäßig verfolgt einen der unvermeidbare Maisbrei mit Rindfleisch, Bohnen oder Huhn, der in Malawi Nnsima heißt. Es gibt aber auch viel Reis, am See natürlich leckeren frischen Fisch. Das Obst- und Gemüseangebot auf den Märkten ist enorm, im Oktober ist Mango-Zeit.

Bücher, Karten, Internet

Reiseführer: Ilona Hupe: „Sambia und Malawi", Hupe Verlag, mittlerweile 10. Auflage. David Else: „Malawi", Lonely Planet. Philip Briggs: „Guide to Malawi", Bradt Travel Guides. Von Reise Know-How gibt es auch einen Kauderwelsch-Sprachführer „Chichewa für Malawi". Für Radler: „Bicycle Touring in Malawi/Tanzania/Uganda Supplement" (s. Seite 302 und bei *www.ibike.org*). **Karten:** ITM Travel Map „Malawi" 1:900.000; RKH „Mosambik/Malawi", 1:1,2 Mio. **Internet-Infos:** Gut wie immer Wikipedia (*http://de.wikipedia.org/wiki/Malawi*) und *www.transafrika.org*. Auf Englisch: *www.lonelyplanet.com/malawi*. Die offizielle Regierungs-Website ist *www.malawi.gov.mw*.

Moçambique [AG, TG]

Überblick, Klima

Die ehemals portugiesische Kolonie (Unabhängigkeit 1975) litt bis 1992 an einem verheerenden Bürgerkrieg und muss fast jährlich große Überschwemmungen erdulden. Doch langsam geht es aufwärts, manche bezeichnen Moçambique sogar als „touristischen Geheimtipp“, vor allem den Süden des Landes. Im Norden und vor allem im Zentrum, wo sich der Wiederaufbau dahinzieht, kommt es vor, dass Kinder vor dem weißen Mann noch davonrennen. Radeln ist immer noch risikobehaftet, schon allein wegen einem erhöhten Diebstahl- und Überfallrisiko und auch wegen der immer noch zahllosen verborgenen Landminen. Manche Reiseradler durchqueren deshalb lediglich den Nordwestzipfel des Landes über den so genannten „Tete-Korridor“. Weil das Nachbarland Simbabwe aber längere Zeit als eine nicht ganz unproblematische Destination galt, fahren viele von Malawi kommend auch gleich weiter über Sambia.

Moçambique besitzt etwa 2500 km Küsten, die zu den schönsten in Afrika gehören sollen. Die Küstenebene im Süden ist mehrere hundert Kilometer breit, steigt an der Grenze zu Simbabwe bis auf 2500 m an und geht im Norden, auf Höhe von Malawi, in ein dünn besiedeltes, kaum erschlossenes Hochplateau über. Hauptstadt ist das noch stark portugiesisch geprägte Maputo am südlichen Zipfel des Landes, nur ca. 80 km von Swaziland entfernt. Amtssprache ist Portugiesisch, daneben werden Kisuaheli, Makua, Nyanya und weitere Dialekte gesprochen. Mit Englisch kann man hier nicht viel anfangen.

Es herrscht tropisches Klima, am erträglichsten ist es noch in der Trockenzeit von April bis September. In der Regenzeit gibt es heftige Niederschläge vor allem an der Küste und häufige Zyklone, die schwere Schäden anrichten können. Richtung Westen wird das Klima erträglicher.

Einreise, Währung

Globetreter aus D, CH und A benötigen ein **Visum**, das problemlos von den Botschaften z.B. in Harare (Simbabwe) oder Liliongwe bzw. Blantyre (Malawi) ausgestellt wird. Adrian Guggisberg: „An der Grenze (von Malawi) ist das Visum etwas günstiger (28 US$ für einen Monat 2008), dafür musste ich lange auf den Chef warten.“ Achtung: Das Visum läuft ab dem Tag der Ausstellung, nicht der Einreise! Durch den Tete-Korridor ist aber die Strecke von Harare zur Grenze Malawi in vier bis fünf Tagen, die von Blantyre zur Grenze Simbabwe in drei bis vier Tagen durchaus machbar. Ein an der Grenze ausgestelltes Sieben-Tage-Transitvisum sollte also reichen. Thomas Gand: „Auf dieser Strecke gibt es ohnehin nichts, wo man länger Pause machen wollen würde.“

Von Malawi her gibt es etliche **Grenzübergänge**, der wichtigste ist Mwanza – Zobué, der „Eingang“ zum Tete-Korridor, der „Ausgang“ ist Changara – Nyamapanda. Ein weiterer wichtiger Grenzübergang nach **Simbabwe** ist Manica – Mutare („Beira-Korridor“). Von **Swaziland**: Lomahasha – Namaacha. Von **Südafrika** Komatipoort – Ressano. Von **Tansania**: Fähre Mwambo – Namiranga über den Grenzfluss Rovuma (nicht immer, stark wasserstandsabhängig) und über eine neue Brücke auf der Strecke Songea – Lichinga.

Währung ist der Neue Metical, der 2006 den stark inflationsgeschädigten alten Metical ablöste. Travellercheques (American Express) können in den Städten eingelöst werden, allerdings gegen hohe Gebühren, ansonsten zählt Bargeld. Es empfiehlt sich die Mitnahme von US$ oder südafrikanischen Rand. In Maputo gibt es neben den Banken auch Wechselstuben, die meist bessere Kurse bieten. Kreditkarten werden nur selten akzeptiert, und wenn, dann vorwiegend VISA, auch von den wenigen Geldautomaten.

Ziele, Routen, Reisen im Land

Die Verkehrserschließung ist eher dürftig: Die einzige Asphaltstraße schlängelt sich immer in Küstennähe von Südafrika bis nach Tansania, teilweise neuer Belag. Asphaltiert sind auch der Beira- und der Tete-Korridor. Pistenritte enden meist bald im Sand, auch die Strände sind für Radler oft nur mit viel Schieben über Sandpisten erreichbar. Vor Abstechern in den Busch und zum Wildzelten unbedingt die lokale Bevölkerung befragen (wegen der Landminen)!

Auf den Hauptstraßen fahren Busse, Nebenstrecken werden mit umgebauten Lkw (sog. „Chapas") und Pickups bedient. Dhaus segeln bei genügend Wind zu den vorgelagerten Inseln. Mozambique Airlines fliegt von Maputo und Beira aus auch Städte im Norden an, z.B. Pemba, Nampula oder Lichinga. Dazu gibt es Bahnlinien; für Radreisende interessant sein könnte z.B. der Nachtzug von Durban (Südafrika) über Swasiland nach Maputo oder Johannesburg – Maputo (Zugwechsel an der Grenze). Mehr s. unter *www.bahn.fernweh.com/detail/mozambique-mz.htm* und auf *www.transafrika.org*.

Sehenswert ist die Hauptstadt Maputo mit ihrem von Eiffel konstruierten Bahnhof, dazu die Küstenlinie mit Palmenstränden und Lagunen, wie aus dem Bilderbuch. Außerdem: Halbinsel Inhambane, Bazaruto-Archipel (hervorragende Tauchgründe), Parque Nacional da Gorongosa, Ilha Moçambique (Weltkulturerbe) und Cabora Bassa (einer der größten Staudämme der Welt, s. *http://de.wikipedia.org/wiki/Cabora-Bassa-Talsperre*).

An der Südküste von Maputo bis etwa Vilanculos gibt es ein relativ gutes Unterkunftsangebot, dann lässt es immer mehr nach. Geboten werden Backpacker's, Guesthouses („Pousadas"), Hotels aller Preisklassen und „Complexos Touristicos" für die Südafrikaner. Besonders viele organisierte Campplätze („Campismos") direkt am Strand. Im Norden wird man öfter mal in einem Dorf nach einem Zeltplatz fragen müssen. Auch in Moçambique gibt es meist Reis oder Maisbrei mit Bohnen, dazu Meeresfrüchte an der Küste, teilweise auch Restaurants mit Burgern, Omelettes etc. Auf den Märkten wird viel Obst und Gemüse angeboten, in den Städten Supermärkte mit importierten Lebensmitteln. Trinkwasser in Flaschen ist überall erhältlich. Auf Pisten gibt es oft über lange Strecken keine Versorgungsmöglichkeiten.

Bücher, Karten, Internet

Reiseführer: Ilona Hupe: „Reisen in Mosambik", Hupe Verlag. Mary Fitzpatrick „Mozambique", Lonely Planet. Philip Briggs: „Mozambique", Bradt Travel Guides. **Karten:** RKH „Mosambik/Malawi", 1:1,2 Mio., ITM Travel Map Mozambique 1:1,9 Mio. **Internet-Infos:** Gut wie immer *www.transafrika.org* und Wikipedia (*http://de.wikipedia.org/wiki/Mosambik*). Interessant auch die kommerzielle Seite *www.mosambiktourismus.de*. Das Auslandsbüro Mosambik/Malawi der Konrad-Adenauer-Stiftung informiert unter *www.kas.de/proj/home/home/34/1/index.html*. Auf Englisch: *www.lonelyplanet.com/mozambique*. Auf Französisch: *www.routard.com/guide/code_dest/mozambique.htm*.

Simbabwe [AG, TG]

Überblick, Sicherheit

Simbabwe machte (bis 2008) eine tragische Entwicklung durch, von einem Land mit guter touristischer und radelfreundlicher Infrastruktur zum innenpolitisch und wirtschaftlich gebeutelten Staat mit exorbitanter Inflation von zuletzt unglaublichen 230 Millionen(!) Prozent und fast 90% Arbeitslosen. Nach der missglückten Landreform mit illegalen Besetzungen weißer Farmen und blutigen Ausschreitungen blieben die Touristen weg. Seit Anfang 2009 immerhin gibt es aber (auch nach Information des Auswärtigen Amts) einen kleinen Hoffnungsschimmer: Trotz eigentlich verlorenen Wahlen 2008 konnte sich der seit 1987 quasi diktatorisch regierende Robert Mugabe (kleine Charakteristik: *www.spiegel.de/politik/ausland/0,1518,559769,00.html*) zwar an der Macht halten, musste jedoch eine Koalitionsregierung mit der Opposition eingehen. Ob ein Wiederaufbau der Wirtschaft und des Tourismus in dieser instabilen Lage möglich ist muss sich erst noch zeigen, doch die Sicherheitslage und die Lebensmittelknappheit hat sich etwas entspannt. Nachdem zwischenzeitlich der Simbabwe-Dollar aufgrund der Hyperinflation und mangels Kaufkraft vom Markt verschwunden ist, werden alle Produkte und Dienstleistungen bar in Devisen bezahlt, in US$ und südafrikanischen Rand.

Auf jeden Fall vor einer Radtour durch Simbabwe unbedingt genau über *www.auswaertiges-amt.de* die aktuelle Lage checken! Besonders kritisch einzuschätzen wird wohl auch in Zukunft die Zeit um die Wahlen sein. Auf einem Transafrika-Trip kann man Simbabwe auch ganz gut umgehen, via Malawi – Sambia – Caprivi-Zipfel (Namibia) bzw. über Botswana oder auch über den touristisch an Bedeutung gewinnenden Süden Moçambiques. Aber, so sagen viele, das wäre schade, denn Simbabwe ist ein recht abwechslungsreiches Land mit gutem Straßennetz, weiten Steppen- und Buschlandschaften, den Bergen der Eastern Highlands und einigen schönen Tierparks. Und die Bevölkerung ist trotz allen schlechten Nachrichten ganz sicher nicht Weißen gegenüber feindlich gesinnt.

Simbabwe ist etwas größer als Deutschland, hat aber nur ca. 12 Mio. Einwohner, zum überwiegenden Teil sind es Shona, aber auch etwa 150.000 Weiße. Amtssprache ist Englisch. Beste Reisezeit: April bis November. Von November bis April Regen, am meisten von Januar bis März. September bis November sind die heißesten Monate.

An- und Einreise, Reisen im Land

Radler aus D, CH und A benötigen ein **Visum**, das auch an den Grenzen ausgestellt wird (30-Tage-Visum). Grenzübergänge gibt es nach Tansania, Malawi, Südafrika, Moçambique, Botswana und Sambia (s. jeweils dort). Die Hauptstadt Harare ist (immer noch) gut an das internationale Flugnetz angeschlossen (Flüge mit Lufthansa, Swiss, British Airways, Air Zimbabwe u.v.a.). Auch **Bahn**-Anreise möglich; von Pretoria/Südafrika nach Bulawayo und Victoria Falls, dort Bahn-Anschluss nach Sambia. Kein Bahn-Personenverkehr mehr nach Botswana (s. unter *www.bahn.fernweh.com/detail/simbabwe-ZW.htm*).

Wie erwähnt, das **Straßennetz** ist gut ausgebaut. Die Überlandstraßen sind asphaltiert; die Pisten waren mal in recht gutem Zustand. Doch in den letzten Jahren wurde kaum in den Unterhalt investiert; jetzt also viele Schlaglöcher und auch recht wellige Pisten. Busverbindungen zwischen den Städten.

Sehenswert sind vor allem die Victoria-Fälle (Adrian Guggisberg: „Regenbogen bei Vollmond!") und die Alt-Simbabwe-Ruinen (um den schönen Mutirikwi See radeln). Aber auch einige Tierparks (Matapos bei Bulawayo), der Nyanga National Park im bergigen Osten des Landes (Umtali), der Chimanimani National Park an der Grenze zu Moçambique, der Mana Pools National Park am Sambesi und noch einige Naturparks mehr lohnen einen Umweg.

Unterkunft, Verpflegung

Die einst hervorragende touristische Infrastruktur hat unter den Unruhen gelitten. Doch es gibt einige Backpacker's (s. unter *www.hostels.com*) und auch Hotels, dazu private und staatliche Camp-Plätze. Auch manche Hotels gestatten das Campen auf ihrem Grundstück. Zum Wildcampen Thomas Gand: „Ich habe mich (2007) zwar nie unsicher gefühlt, aber ich hätte nur sehr ungern und nur im Notfall wild gezeltet. Es gab immer genügend günstige Unterkünfte, so dass Zelten wirklich nur in sehr abgelegenen Gebieten nötig ist". Etliche Hotels und Backpacker's mussten aber wegen der ausbleibenden Touristen bereits schließen.

Supermärkte und Läden auf dem Land verkauften einst viele Importwaren aus Südafrika und Europa, auch die Märkte waren gut bestückt. Adrian Guggisberg: „2008 standen viele Regale leer, Lebensmittel waren generell knapp. Viele

Menschen waren nicht nur fehlernährt, sie hungerten!" Seit Mitte 2009 soll sich, wie erwähnt, die Versorgungslage etwas entspannt haben. Das Essen der Einheimischen besteht meist aus Sadza, einer faden, nährstoffarmen Maispampe mit zerkochtem Gemüse, oder aus Reis.

Bücher, Karten, Internet

Reiseführer: Das einzige aktuelle Buch in deutscher Sprache, das Simbabwe wenigstens mit einbezieht, ist „Südliches Afrika – Südafrika, Namibia, Simbabwe, Botswana" von Friedrich Köthe u.a., Vista Point. Sonst Fehlanzeige, noch nicht mal Lonely Planet oder Bradt hat ein aktuelles Simbabwe-Buch im Programm. Es gibt aber eine Menge politische Bücher à la „Im Land des Hasses – Undercover durch Simbabwe" von Hans-Joachim Löwer, Herbig Verlag, oder „Afrikanische Tragödie" usw. Für Radler, schon etwas älter: „Bicycle Touring in Zimbabwe/ Botswana Supplement" (s. Seite 302 und bei *www.ibike.org*). **Karten:** RKH „Simbabwe", 1:800.000. IGN Carte Générale, 1:1 Mio. ITM Travel Reference Map „Zimbabwe", 1:1,1 Mio. **Internet-Infos:** Auf der Homepage des „M-Web" (*www.mweb.co.zw*) findet man tagesaktuelle Nachrichten mehrerer englischsprachiger Zeitungen (Standard, Zimbabwe Independent). Auch das „Government of Zimbabwe" hat eine Homepage: *www.gta.gov.zw*. Doch erbaulicher sind Wikipedia (*http://de.wikipedia.org/wiki/Simbabwe*) und *www.transafrika.org*. Zur aktuellen Lage 2009 *www.zeit.de/2009/13/Simbabwe*. Auf Englisch: *www.lonelyplanet.com/zimbabwe*.

Botswana [AG, TG]

Überblick, Klima

Botswana (geringfügig größer als Frankreich, doch nur 1,8 Mio. Einwohner) ist wegen seiner Diamantminen ein reiches, aber kein billiges Land und eine stabile Demokratie. Der größte Teil des Landes besteht aus Halbwüste; zum Reiseradeln ist es eigentlich nur eingeschränkt geeignet, zumal die einzigen Sehenswürdigkeiten, die Nationalparks (Okavango-Delta), mit dem Fahrrad nicht zugänglich sind. Doch auch außerhalb der Parks „hat man manchmal alles an Wildlife ums Zelt, was das Herz begehrt", so Adrian Guggisberg (*www.to-adi.ch*). Auf jeden

Durch den Chobe National Park

Fall lässt sich gerade in Botswana die Weite der afrikanischen Steppen eindrucksvoll erradeln – wem sich die Faszination des Radelns durch auf den ersten Blick eintönige Wüstenlandschaft und endlose Weiten erschließt, der wird Botswana schätzen. Mit Ausnahme der wenigen größeren Städte fährt man scheinbar oft mitten durchs Nirgendwo, allein mit der Steppe und dem endlosen Asphaltband.

In Botswana herrscht trockenes Savannen- und Halbwüstenklima; ganzjährig ist es sehr heiß, besonders von Oktober bis April (Regenzeit). Doch die Trockenzeit ist mit sechs bis neun Monaten sehr lang.

Einreise, Geld

Deutsche, Schweizer und Österreicher brauchen **kein Visum**, lediglich einen noch für sechs Monate gültigen Reisepass. Landeswährung ist der Pula, unterteilt in 100 Thebe. Geldautomaten in größeren Orten; funktionieren vorwiegend mit VISA. Banken geben Bares auch für MasterCard und AmEx; für Reiseschecks wird eine hohe Gebühr verlangt.

Straßen, Reisen im Land

Eine gute Straße verläuft im etwas mehr besiedelten Osten von der Hauptstadt Gaborone nach Francistown in Richtung Simbabwe (auch eine Eisenbahn bis Bulawayo in Simbabwe, jedoch seit April 2009 kein Personenverkehr mehr), nach Kasane (Sambia) und nach Süden (Südafrika). Eine ebenfalls asphaltierte Straße in hervorragendem Zustand verläuft von Francistown nördlich über Nata, das lediglich aus ein paar Häusern und zwei Tankstellen besteht, und dann westlich durch die Halbwüste oft schnurgerade dem Horizont entgegen nach Maun (voller Service), dem Ausgangspunkt für Flüge über und Bootstrips in das Okavango-Delta (*http://de.wikipedia.org/wiki/Okavangodelta*). Auch der 1400 km lange Trans-Kalahari-Highway von Maun in südwestlicher Richtung nach Namibia ist asphaltiert und in sehr gutem Zustand; eine langweilige und recht öde Straße, die sich am ehesten noch als Transitstrecke eignet.

Anders als in den meisten umgebenden Ländern sind die Entfernungen zwischen den Versorgungspunkten wesentlich größer. Unverzichtbar sind daher ein Zelt (und ein Kocher) sowie Wasser und Verpflegung für zumindest zwei Tage. Zur Not lässt sich aber auch immer ein Auto anhalten und um Hilfe bitten. Die großen Städte wie Gaborone, Francistown und Maun jedoch bieten vor allem dem aus dem Norden und Nordwesten Afrikas kommenden Reiseradler eine seit langem nicht gesehene westliche Infrastruktur mit riesigen Supermärkten und Shopping-Malls. Thomas Gand: „Das ungewohnt reichliche Warenangebot verschlägt dem Afrika-Radler da schnell die Sprache – wer gar aus Simbabwe kommt, für den sind die endlosen gefüllten Regale kaum fassbar!" Günstige Unterkünfte fehlen dafür fast gänzlich.

Bücher, Karten, Internet

Reiseführer: Christoph Lübbert: „Botswana", Reise Know-How. Paula Hardy: „Botswana & Namibia", Lonely Planet. Chris McIntyre: „Botswana: Okavango Delta, Chobe, Northern Kalahari", Bradt Travel Guides 2007. Für Radler: „Bicycle Touring in Zimbabwe/Botswana Supplement" (s. Seite 302 und bei *www.ibike.org*). **Karten:** RKH „Botswana", 1:1 Mio. ITM Travel Map 1:1,5 Mio.; Freytag & Berndt Straßenkarte 1:1,75 Mio. An Tankstellen und in Buchläden in Botswana ist die sehr gute „Shell Tourist Map of Botswana" im Maßstab 1:1,75 Mio. erhältlich. Die Automobile Association führt die Straßenkarte „Motoring in Botswana", 1:2,5 Mio., für ADAC-Mitglieder kostenlos. **Internet-Infos:** Wikipedia (*http://de.wikipedia.org/wiki/Botsuana*) und *www.transafrika.org* lassen kaum eine Informationslücke. Einige Informationen und schöne Bilder auch auf der deutschen Seite des Botswana Tourism Board (*www.botswanatourism.de*). Auf Englisch: *www.lonelyplanet.com/botswana*. Auf Französisch: *www.routard.com/guide/code_dest/botswana.htm*.

Namibia [AB, AR, AG, TG]

Momentaufnahmen einer Reise durch Namibia [AB]

Reisestory von Andreas Bugdoll

Endlich ist es soweit. Nach vier Tagen Leihwagen und etlichen Autokilometern im Etosha Park sitzen wir auf unseren Rädern. Noch auf dem Gelände der Mokuti Lodge, wo wir den Mietwagen abgaben, begegnet uns die erste Giraffe. Obwohl wir schon in den letzten Tagen etliche Tiere bewundern konnten, ist der Anblick jetzt, ohne das störende Blech um uns herum, bei weitem beeindruckender. Doch während die Tiere beim Herannahen von Autos nicht mit der Wimper zucken, ergreifen sie bei den sonderbaren Wesen auf zwei Rädern gleich die Flucht, um uns aus sicherer Distanz neugierig zu beobachten. Um es vorwegzunehmen: Das Gleiche spielte sich auf der ganzen Reise auch bei anderen Tieren ab, unsere anfängliche Sorge bezüglich wilder Tiere war also völlig unbegründet.

Der gute Asphalt ist eine Wohltat, es fahren auch kaum Autos. Nur wird es schon am Vormittag richtig heiß, das Thermometer überschreitet bald 30 °C. Landschaftlich ist die Strecke eher eintönig, und so freuen wir uns über die kleine Stadt Tsumeb mit dem schönen Rasencampingplatz (es sollte der letzte Rasenplatz sein). Besonders ab Mitte September ist Tsumeb einen kleinen Abstecher wert, dann stehen die vielen Jacarandabäume in voller zartblauer Blüte. Ein erstes Highlight ist der Aufenthalt auf der Bambatsi-Gästefarm, die auf einem Hügel mit toller Fernsicht über den Mopanewald gelegen ist. Ein erfrischendes Bad im Pool und ein tolles Essen auf der Terrasse unter dem wunderbaren Sternenhimmel lassen die Strapazen der letzten Tage schnell vergessen.

Kurz vor Khorixas verlassen wir fürs erste den Asphalt. Schlagartig fällt unsere Durchschnittsgeschwindigkeit dramatisch, und in gleichem Verhältnis steigt der Wasserverbrauch. Die einsame Landschaft wird karg und trocken, nur kurz unterbrochen vom grünen „Rivier“ des Ugabflusses. Zwischen Uis Mine und der Küste wird die Landschaft vollends zur Wüste. Auf dieser Mammutetappe verläuft die Strecke zwar durchweg leicht fallend, aber auf halber Strecke dreht wie üblich der Wind in Gegenrichtung. So müssen wir mehr kämpfen als uns lieb ist. Die glatte, feste Salzpiste ab Henties Bay ist danach für uns und die Räder die reinste Wohltat.

In Swakopmund hat uns die Zivilisation nach der Einsamkeit der letzten Tage wieder. Uns reicht ein Nachmittag in deutscher Vergangenheit, bevor wir auf stark befahrener Asphaltpiste Walvis Bay entgegenradeln. Eine der größten Herausforderungen unserer Reise steht bevor: die Durchquerung der Wüste Namib. Vollbepackt mit Proviant und über 40 Litern Wasser für die nächsten drei bis vier Tage geht es los. Leider zählen die Pisten im Namib Naukluft Park nicht zu den besten. Am Ende der ersten Etappe erreichen wir früh den markanten Granitklotz namens Vogelfederberg, der als Kulisse unseres heutigen Nachtlagers dient. Nach dem Zeltaufbau erklettern wir gleich den Felsen, um wieder einmal den glutroten Sonnenuntergang zu bewundern. Außer uns ist hier kein Mensch, wir genießen die absolute Stille der Wüste.

Die Nacht ist klar und bitterkalt, der Morgen hält eine Überraschung für uns bereit. Obwohl wir schon knapp 50 km von der kühlen Küste entfernt sind, reicht der Einfluss des Meeres aus, alles in dichten Nebel zu hüllen, bis die steigende Sonne wieder für klare Verhältnisse sorgt. Auch auf der zweiten Etappe schonen wir uns ein wenig, denn die schwerste Strecke liegt noch vor uns.

In weiser Voraussicht starten wir bereits mit dem ersten Licht des Tages. Nur ein Schild mit der Aufschrift „Kuiseb Pass“ kündigt die Schlucht an, die an Wildheit kaum zu überbieten ist. Die Straße führt auf sehr schlechtem Untergrund so steil hinunter, dass wir steife Finger vom Bremsen bekommen. Staunend radeln wir an bizarren Felsen am Grunde des Canyons entlang. Von der Brücke aus sehen wir im Bett des Kuiseb blühende Kameldornbäume und sogar einige Wasserkolke, die die Trockenzeit überdauert haben. Die heulende Motorbremse eines Lkw erinnert uns dann, dass noch ein schönes Stück Arbeit vor und liegt. Vor der Auffahrt werden nochmals die Trinkflaschen aufgefüllt.

Nicht nur die Hitze und der fehlende Wind machen uns zu schaffen. Auch die enorme Steigung geht kräftig in die Beine, die Kurbeln lassen sich trotz der 28/32er-Untersetzung kaum noch bewegen. Dauernd halten wir an, um den brennenden Schweiß aus den Augen zu wischen und gierig zu trinken. Endlich oben! Für eine längere Pause bleibt aber keine Zeit, schließlich wollen wir das geplante Ziel, die Rostock Ritz Lodge, noch heute erreichen. Die nächsten Kilometer durch wellige Landschaft kosten viel Kraft. Am Abzweig zum Gamsbergpass reicht es uns eigentlich schon, aber die nächste Unterkunft ist gebucht. Also weiter zum spektakulären Gaub Canyon, der trotz nachlassender Kräfte gut zu bewältigen ist. Eine letzte flache Steigung quält uns. Das Schild am Straßenrand ist aber nicht zu übersehen: „Tired?" Was für eine Frage nach der heutigen Strecke! Bald das nächste Schild: „Hungry?" Schon beim Lesen knurrt uns der Magen! Das letzte Schild ist leicht zu erraten: „Thirsty?" Ja, wir sind durstig, und das fade, warme Wasser total leid. Von da sind es noch lange 5 km bis zur Lodge. Doch dort gibt es einen Empfang, der alle Strapazen für einige Momente vergessen lässt: Kücki, der Besitzer, hat uns mit dem Fernglas auf den letzten Kilometern beobachtet und begrüßt uns freudig mit einem Glas Sekt! Nach zwei Minuten haben wir einen mächtigen Schwips und schaffen es kaum noch unter die Dusche. Im außergewöhnlichen Ambiente des Rostock Ritz belohnen wir uns für die vergangenen Entbehrungen mit einem Ruhetag am tollen Pool, mit atemberaubender Aussicht und mit erstklassigem Essen.

Gerne würden wir noch bleiben, aber der Höhepunkt der Reise, das Sossusvlei, liegt noch vor uns. Die Piste ist glatt und radfreundlich flach. Auf halbem Weg machen wir Rast in Solitaire, einer Tankstelle mit Restaurant und etwas heruntergekommenem Rastlager. Hier hält fast jeder an, um Erfahrungen auszutauschen und um zumindest einen kalten Appetizer zu trinken. Leider erzählten uns Farmer, dass die Besitzer pleite sind und diese Institution so einer ungewissen Zukunft entgegensieht.

Drei Tage später stehen wir auf einer der höchsten Dünen der Welt am Sossusvlei und blicken fasziniert über ein schier endloses Sandmeer. Gegen Abend arbeiten die schrägen Sonnenstrahlen mehr und mehr die wellige Struktur der roten Dünen heraus. Nicht minder beeindruckt uns der große See im Vlei inmitten der Wüste. Die starken Regenfälle des vergangenen Herbstes haben für dieses extrem seltene Naturschauspiel gesorgt, in den letzten 25 Jahren kam das nur zweimal vor! Mit ein bisschen Wehmut machen wir uns auf den Rückweg nach Windhoek. Farmer hatten uns nichts Gutes über den Spreetshoogte-Pass erzählt. Ist der mit den Rädern zu schaffen? Na ja, immerhin haben wir schon viele Alpenpässe bezwungen, schlimmer wird es schon nicht kommen. Doch es kommt schlimmer! Bereits vom Fuß des Passes sieht man einige Steilstücke, die erste Rampe erleben wir schon nicht mehr im Sattel. Selbst Schieben artet in Schwerstarbeit aus. Die Schuhe finden auf dem losen Geröll keinen Halt, und immer wieder rutschen wir zurück. Stehenbleiben, verschnaufen, 10 m schieben, stehenbleiben, trinken – so vergehen die nächsten 80 Minuten. Lohn aller Mühen ist ein letzter fantastischer Panoramarückblick über die Namib. Dann folgen langgezogene Hochtäler, und in Windhoek endet dann unser erstes, aber bestimmt nicht letztes Afrika-Abenteuer – s. auf *www.bikedoll.de*.

Im Sossusvlei

Überblick

Namibia ist ein weitläufiges Halbwüsten- und Wüstenland mit faszinierenden Landschaften und herben Naturschönheiten. Erst 1990 wurde das Land unabhängig. Bis zum ersten Weltkrieg war es die Kolonie Deutsch-Südwestafrika, danach kam es unter südafrikanische Verwaltung, und 1994 wurde auch Walvis Bay, die letzte südafrikanische Enklave, an Namibia übergeben. Amtssprache ist Englisch, doch wird auch Deutsch und Afrikaans gesprochen bzw. verstanden. Diamanten-Bergbau ist heute – neben dem Tourismus – der wichtigste Wirtschaftszweig des jungen Landes.

Mit nur knapp 2 Mio. Einwohner ist das große Land (mehr als doppelt so groß wie Deutschland) sehr dünn besiedelt. Für einen Radfahrer heißt das, immer mit genügend Verpflegung und Wasser auf die langen Strecken zu gehen. Die Bevölkerung und die weißen Farmer sind sehr gastfreundlich, es gibt ca. 20.000 deutschsprechende Namibier. Die stärksten schwarzen Ethnien sind die Ovambo (hauptsächlich im Norden) und die Herero (im Osten). Dazu kommen noch die San (bekannter als Buschmänner, im Osten zur Wüste Kalahari), die fotogenen Himba an der Grenze zu Angola, u.a.

Die schönsten Sehenswürdigkeiten sind mit dem Rad ansteuerbar, doch es sind überwiegend sehr lange, einsame und auch manchmal langweilige Anfahrten. Es sei betont, dass Namibia mit dem Rad nur jenen zu empfehlen ist, die eine Vorliebe für solche Einsamkeit und Wüstenlandschaften haben! Ein Zelt ist unbedingt notwendig. In Windhoek gibt es Ausrüsterläden mit guten Campingartikeln und auch Ausrüstungsvermieter. Übrigens: In Namibia wurde vor ein paar Jahren doch tatsächlich für Radler die Helmpflicht eingeführt! Adrian Guggisberg: „Bei Straßensperren auf den Hauptverkehrsachsen wurden Radler schon in die letzte Stadt zurückgeschickt, um sich einen Helm anzuschaffen. Der Eifer der Ordnungshüter scheint aber abzuklingen."

Reisezeit, Einreise, Währung

Beste **Radelzeit** ist der dortige Frühling (Anfang September bis Mitte Oktober) und auch der Herbst (Mitte März bis Anfang Mai). Im Herbst steht allerdings nach den Sommerniederschlägen das Gras sehr hoch und es gibt sehr viele Wasserlöcher, was Tierbeobachtungen erschwert. Im Winter, also von Mai bis September, kann es nachts sowohl in mittleren Höhenlagen (Windhoek) als auch in den Wüsten und Halbwüsten sehr kalt werden! Sehr heiß im Dezember und Januar. Regen gibt es von Oktober bis April, nördlich mehr als im Süden. Am Atlantik ist es ganzjährig frisch und neblig. Wind vorwiegend aus westlichen Richtungen.

Keine Visumspflicht für Deutsche, Schweizer und Österreicher; an den Grenzübergängen erhält man i.d.R. eine für drei Monate gültige Aufenthaltsgenehmigung. Direktflüge von Europa mit Air Namibia u.a. Fluggesellschaften nach Windhoek (günstiger sind Charterflüge der LTU, auch hinsichtlich des Radtransports).

Grenzübergänge: Von **Angola** ist der Hauptübergang bei Oshikango. Von **Botswana** Buitepos am Trans-Kalahari-Highway sowie Ngoma und Monembo am Caprivi-Zipfel. Adrian Guggisberg: „Wer die ausgetretenen Pfade verlassen will, kann auch von Maun über Shitwa, Nokaneng, den Dobe Border Post und Tsumkwe nach Grootfontein durch das elefantenreiche Buschmannsland radeln. Die Piste ist auf der Botswana-Seite sehr sandig, zeitweilig wird man das Rad schieben müssen." Von **Sambia** über Sesheke bei Katima Mulilo. Sambia wird von Namibia durch den Sambesi getrennt. Mit einer Autofähre und kleinen privaten Booten kann der Fluss überquert werden. Nach **Südafrika** sind die wichtigsten Übergänge Ariamsvlei/Nakop und Noordoewer/Vioolsdriv (nahebei kann man auch mit einer kleinen Fähre in Sendelingsdrift über den Oranje setzen).

Währung ist der Namibia-Dollar, der 1:1 an den ebenfalls akzeptierten südafrikanischen Rand gekoppelt ist. Hotels, Lodges, Supermärkte und Safariveranstalter akzeptieren Kreditkarten (VISA, MasterCard), in den größeren Städten warten Geldautomaten auf Plastikfutter. Reiseschecks in US$ und Euro sind gleichfalls okay. Namibia ist kein ausgesprochenes Billigreiseland und der Tourismus boomt. Während das Preis-Leistungs-Verhältnis im Allgemeinen recht gut ist, sind einige Angebote völlig überteuert, also aufpassen.

Sicherheit, Übernachen, Verpflegung

In Anbetracht der großen Entfernungen und der geringen Bevölkerungsdichte wird man, wie schon erwähnt, nicht ohne Zelt auskommen. Wildzelten sollte man aber möglichst nur, wenn man ein von der Straße nicht einsehbares Plätzchen hat; es gab ein paar Überfälle auf Wildcamper in den letzten Jahren. Ein Problem sind dabei in Farmgebieten die Stacheldrahtzäune, die oft beidseitig parallel zur Straße verlaufen. Private Campgrounds bieten meist eine gute Infrastruktur vom Restaurant bis zum Pool. Ganz nah dran am Alltag der weißen Farmer ist man beim Camping auf den Gästefarmen und Lodges; eine nicht ganz billige Alternative. Besonders beliebt und herrlich gelegen sind die Camps in den Nationalparks (Vorausbuchung bei Namibia Wildlife Resorts zwingend erforderlich, auch schriftlich möglich! Infos unter *www.nwr.com.na*). Einige Gemeinden betreiben sog. Community Camps, meist einfache Plätze ohne weitere Infrastruktur, Verpflegung muss mitgebracht werden. In größeren Städten (Windhoek, Walvis Bay, Swakopmund, Lüderitz u.a.) gibt es Backpacker's und B&B's. Das Namibia Tourism Board in Frankfurt versendet auf Anfrage den „Beherbergungsführer für Touristen“, online zu bestellen unter *www.namibia-tourism.com*.

Die Versorgungslage ist gekennzeichnet durch Wasserknappheit, eine magere Auswahl an frischem Obst und Gemüse, dafür ein großes Angebot an hochwertigen Fleischsorten (z.B. Strauß, Oryx, Kudu). Fastfood ist abseits der Touristenstädte kaum zu finden. Während im Norden meist noch Städtchen oder Dörfer mit Einkaufs- oder Einkehrmöglichkeiten im Abstand von Tagesetappen zu finden sind, ist man besonders in den westlichen Wüstengebieten oder der Kalahari fast ausschließlich auf mitgeschleppten Proviant und Lodges bzw. Gästefarmen angewiesen.

Besonders auf den Strecken zwischen Walvis Bay und Solitaire, Khorixas und Swakopmund sowie südwestlich des Fish River Canyons ist die Mitnahme von ausreichend Wasser (7–10 Liter pro Person und Tag) und Proviant (Trockengerichte) notwendig. Für Selbstversorger sind die vielen deutschen Bäckereien eine willkommene Abwechslung (Tipp: Café Probst in Walvis Bay, knusprige Brötchen mit Roastbeef).

Wasser kommt in Namibia meist aus tiefen Bohrlöchern, ist fast immer trinkbar, schmeckt aber manchmal etwas seltsam. In Supermärkten und Tankstellen kann man aber 5-l-Wasserkanister kaufen. Bier nach deutschem Reinheitsgebot gibt es in fast jeder Unterkunft, oft sogar vom Fass!

Zu erwähnen noch: Namibia ist in Afrika das Land mit der größten Schlangendichte. Wenn auf einer Piste ein Stecken liegt, sollte man ihm genügend Beachtung schenken. Und Vorsicht beim Zelten in den Trockenflüssen („Riviere“)! In der Regenzeit können sie innerhalb kürzester Zeit zu reißenden Strömen werden, es reicht auch ein Wolkenbruch, der viele Kilometer entfernt niedergeht. Nach Statistiken sollen in Namibia mehr Menschen in der Wüste ertrinken als verdursten …

Straßen, Verkehr, Transport

Die Hauptstraßen sind asphaltiert, der größere Teil des Straßennetzes besteht aus Pisten in unterschiedlichster Qualität, die aber für afrikanische Verhältnisse extrem gut ausgeschildert sind (Auskünfte von 4x4-Fahrern kritisch beurteilen!). Der Verkehr außerhalb von Swakopmund und Windhoek ist sehr gering, auf vielen Pisten sind Fahrzeuge eine Seltenheit. So kann man sich oft auf der gesamten Fahrbahn die besten Stellen suchen. Die einzige subjektiv gefährliche Strecke liegt zwischen Swakopmund und Walvis Bay. Hier wird auf der schmalen Asphaltbahn erbarmungslos gerast.

Lange, starke Steigungen sind die Ausnahme, meistens geht es lang und flach ansteigend bzw. fallend weiter. Kräftezehrend sind auf manchen Strecken die erwähnten Riviere, die meist kurz, aber steil hinunterführen und manchmal mit tiefem Sand aufwarten. Spektakuläre Beispiele hierfür sind der Kuiseb- und der Gaub Canyon. Der Etosha-Nationalpark ist für Radfahrer gesperrt (Auto mieten oder bei anderen Touristen mitfahren).

Zur Not kann man auch auf Buslinien und die Bahn ausweichen. Züge fahren von Kapstadt und Johannesburg nach Windhoek (s. unter *www.bahn.fernweh.com/detail/namibia-NA.htm*). Von Windhoek gibt es auch eine Linie nach Tsumeb, nach Walvis Bay, nach Gobabis und von Keetmanshoop nach Lüderitz. Oft wird euch auch eine Mitnahme im Auto angeboten. Ein Mietauto ist bei abgelegeneren Zielen eine gute Alternative zum Fahrrad.

Sehenswertes, Routen und Touren

Hauptattraktionen sind die höchsten Dünen der Welt, Sossusvlei, der Fish River Canyon, einer der tiefsten Canyons der Erde, der Tierpark in der Etosha-Pfanne (in der Trockenzeit) und neben der Hauptstadt Windhoek und Swakopmund am Atlantik (mit sehr schönen Häusern in deutschem Holzbaustil) auch noch Lüderitz (sehr, sehr windig!) mit der Diamanten-Geisterstadt Kolmanskoppe. Beeindruckend auch die die riesigen Grantifelsen der Spitzkoppe, die unweit von Swakopmund wie eine Fata Morgana aus der Ebene herausragen, und die Epupa-Wasserfälle nahe der angolanischen Grenze.

Eine lohnenswerte **Vier-Wochen-Tour** (s. die obige Reisestory): Mietauto ab Windhoek, zwei bis drei Tage Etosha Park, Auto an der Mokuti Lodge oder in Tsumeb abgeben (AVIS), Tsumeb, Otjiwarongo (B&B Falkennest), Outjo, Bambatsi Gästefarm (tolle Lage), Khorixas, Uis Mine, Hentiesbay, Walvis Bay, Namib Naukluft Park (kein Service!), über die Rostock Ritz Lodge (tolles Essen, spektakuläre Aussicht vom Pool) bis Sossusvlei und zurück über den Spreetshogte Pass (sehr anstrengend!) nach Windhoek. Ohne die Autostrecke sind das 1700 km. Wer mehr Zeit hat, fährt von Sossusvlei weiter nach Lüderitz, zum Fish River Canyon und Oranje River. Von dort nach Windhoek oder weiter nach Südafrika.

Die Spitzkoppe kommt in Sicht

Adrian Guggisberg: „Eine weitere Attraktion ist das (bereits erwähnte) Volk der Himba im Nordwesten. Wer mehr als die Touri-Dörfer und Himba-Fotomodellfrauen sehen will, muss tief ins harsche, aber schöne Kaokoveld eindringen. Eine mögliche, aber sehr schwierige Route (Sand, Wellblech, 120 km ohne Hütte und Wasser) ist Opuwo – Orupembe – Purros – Sesfontein."

Afrikadurchquerer werden wohl meist von Botswana oder Sambia kommen und über den Trans-Kalahari-Highway oder den Caprivi-Zipfel in Richtung Südafrika steuern. Genaue Streckeninfos aus 2009 mit km-Angaben (und Abstechern), Höhenprofil, Straßenbelag, Unterkünften, Preisen etc. haben Amiram Roth-Deblon und Ragna Schmidt-Haupt auf *www.cycle-generation.org* ins Web gestellt (unter Blog / Namibia / Route Info).

Bücher, Karten, Internet

Reiseführer: Man könnte mehrere Regalmeter mit Reise-, Natur- und Unterkunftsführern zu Namibia füllen. Für Radler sehr gut geeignet: Schetar/Köthe: „Namibia", Reise Know-How (für alle interessanten Strecken kilometergenaues Roadbook mit fast allen Übernachtungsmöglichkeiten, sehr umfangreiches Unterkunftsverzeichnis). Michael Iwanowski: „Namibia", Iwanowski Verlag, Nelles Guide „Namibia" u.v.m. Auf Englisch: McIntyre: „Guide to Namibia", Bradt Travel Guides. Ballard/Santcross: „Namibia Handbook", Footprint Publications (mit Schwerpunkt auf den Nationalparks, sehr empfehlenswert). Paula Hardy: „Botswana & Namibia", Lonely Planet. Was fürs Auge: Geo-Special „Namibia und Botswana" und der Polyglott-APA-Guide „Namibia". In Namibia selbst ist der Shell-Führer „Tourist Guide Namibia" sowie der „Namibia Accommodation Guide for Tourists", jährlich neu, recht gut. Ein Buch für lange Abende unterwegs: „Wenn es Krieg gibt, gehen wir in die Wüste", von Henno Martin. Abenteuerbericht aus dem Kuiseb Canyon. Erhältlich vor Ort, u.a. in Swakopmund und Windhoek. Das Namibiana-Buchdepot in Delmenhorst (*www.namibiana.de*) besorgt alle nur erdenklichen Namibia-Bücher und -Landkarten. **Karten:** RKH „Namibia", 1:1,2 Mio. Freytag & Berndt Straßenkarte, 1:2,4 Mio. ITM Travel Map 1:2 Mio. Kostenlos von Namibia Tourism: Tourist Road Map, 1:2 Mio., mit allen Pistennamen, Gästefarmen etc., sehr gut. In Namibia erhältlich: Shell Road Map mit allen Pisten, und Automobile Association of Namibia (AAN) Road Map 1:2,5 Mio. Topografische Karten im Maßstab 1:250.000 und 500.000 sind beim Surveyor General in Windhoek erhältlich oder bereits hier (s. Adressen: Karten-Schrieb etc.). **Internet:** Das Angebot an Websites, Linklisten usw. zu Namibia ist erschlagend. Hier als Einstieg nur ein paar wenige Empfehlungen: „Namibia Travel Online" (*www.natron.net*) und „NAMIBIA-online" (*www.namibia-online.de*) haben zahllose Links zu Campingplätzen, Unterkünften, Autovermietern etc. Gut wie immer auch Wikipedia (*http://de.wikipedia.org/wiki/Namibia*) und *www.transafrika.org*. Unter *www.az.com.na* erreicht man die „Allgemeine Zeitung Namibia – Nachrichten auf gut Deutsch". Informativ sind auch die Homepage des Namibia Tourism Board (*www.namibia-tourism.com*) und die Namibia-Infos von Lonely Planet (*www.lonelyplanet.com/namibia*). Eine schön gemachte Homepage ist *www.namib.de*. Viele Namibia-Bike-Homepages gibt es auch, z.B. von Co-Autor Julius Grossmann (*www.juloase.homepage.t-online.de/allgemein_right.htm*) oder von Thomas Schleicher (*www.bicycletraveller.de/2000rd/index.htm*), und viele mehr!

Südafrika [AR, AG, TG]

Überblick

Südafrika ist das vielfältigste Reiseland im südlichen Afrika, und dies entdecken auch immer mehr Tourenradler. Attraktionen sind herrliche Landschaften, Naturschönheiten, Wildparks, Strände und unzählige Dinge mehr. Zum Reisen und Radfahren lädt ein für afrikanische Verhältnisse sehr gutes Straßennetz und die beste touristische Infrastruktur des Kontinents ein, außerdem ist Südafrika auch ein gutes Land für „Afrika-Einsteiger". Und Transafrika-Biker mit dem Ziel Kapstadt sind jetzt endlich am Ziel ihrer Strapazen angelangt …

Transafrika-Tour geschafft! Adrian Guggisberg am Kap

Südafrika hat knapp 50 Mio. Einwohner, davon 4,5 Mio. Weiße, ca. 39 Mio. Schwarze (Zulu, Xhosa, Sotho, Tswana u.a.) sowie Asiaten (Inder und Malaien) und ist damit eines der ethnisch vielfältigsten Länder des afrikanischen Kontinents. Amtssprachen sind Englisch, Afrikaans (ein altes Holländisch) und neun „schwarze" Sprachen.

Es gibt jede Menge Reiseführer, Karten und Broschüren über das Land (für Radfahrer jedoch nur einige Regionalführer), die man in Südafrika in großer Auswahl z.B. bei der CNA-Ladenkette (*www.cna.co.za*) kaufen kann. In Städten und Ortschaften gibt es bei den Publicity Bureaus touristische Auskünfte, Karten und Prospekte. Das südafrikanische Fremdenverkehrsamt in Frankfurt (über *www.southafrica.net*) verschickt gleichfalls reichlich Broschüren und Karten.

Politische Lage

Mit der friedlichen Abschaffung der Apartheid-Gesetze und ersten freien Parlamentswahlen entstand 1994 das neue Südafrika (Erster Präsident: Nelson Mandela). Die wirtschaftliche Lage ist allerdings bis heute angespannt. Die armen (schwarzen) Bevölkerungsschichten haben bisher vom politischen Wechsel kaum profitiert, die Kriminalität hat erschreckende Ausmaße angenommen. Direkte Sicherheitsprobleme für Touristen gibt es jedoch selten, sofern man vorsichtig ist. Risikoreich sind vor allem die sog. Townships, besonders die in der Nähe von

Großstädten! Dort sehr hohe Überfall- und Diebstahlsgefahren, aber auch in allen Großstädten allgemein, auch in deren Zentrum, wobei besonders die Provinz Chauteng mit dem Ballungsraum Johannesburg negativ auffällt (macht am besten um die ganze Region Johannesburg einen großen Bogen!). Transafrika- und Langzeit-Radler Adrian Guggisberg (*www.to-adi.ch*): „Gerade für Radler, die aus dem nördlicheren Afrika einreisen, ist die rassistische Vergangenheit immer noch spürbar. Anstelle des afrikanischen Lachens ist manchmal Skepsis, Reserviertheit und auch weniger Interesse zu spüren."

Einreise, Währung

Kein Visum für Deutsche, Österreicher und Schweizer; an der Grenze erhält man i.d.R. eine **Aufenthaltsgenehmigung** für drei Monate. Ein Ausreiseticket wird meist nur verlangt, wenn man mit dem Flugzeug ins Land kommt. Sollte man keines haben, wird oft die Hinterlegung eines Geldbetrags verlangt, den man erst nach der Ausreise bei jeder beliebigen südafrikanischen Botschaft zurückerstattet bekommt. Höhe abhängig von der Nationalität, Adrian bezahlte 2008 als Schweizer 7500 Rand (ca. 700 Euro). Adrian weiter: „Eine einfache Visumsverlängerung kann sich über Wochen dahinziehen, kostet ca. 40 Euro und ein Ausreiseticket oder das oben erwähnte Deposit wird verlangt. Preisbewusste Radler können auch in ein Nachbarland aus- und wieder einreisen. Diese Praxis soll aber gestoppt werden, daher muss nun das ZA-Visum im Nachbarland auslaufen und der Aufenthalt dort etwas mehr als zwei Tage dauern."

Währung ist der bereits mehrfach erwähnte Rand. Kreditkarten aller Gesellschaften werden akzeptiert, Geldautomaten gibt es nahezu überall (auch in Shopping Malls, Tankstellen u.a., auch die EC-Karte funktioniert). AmEx-Reiseschecks kann man bei den AmEx-Vertragsbüros gebührenfrei zu Bargeld machen. Auch in Südafrika sind Betrügereien mit Kreditkarten gang und gäbe, also Vorsicht! Essen, Trinken und Transport sind im Vergleich zu Deutschland billiger.

Geografie

Südafrika, etwa 3,5-mal so groß wie Deutschland, grenzt an den Atlantik und an den Indischen Ozean. Die Küstenlinie ist über 2500 km lang, dahinter liegt ein ziemlich schmaler Küstensaum von nur etwa 20 km Breite, dem landeinwärts eine bis zu 2000 m hohe Randstufe folgt. Dauernd vom Inland zur Küste hin- und herzufahren ist deshalb für Radfahrer wenig sinnvoll, das sollte man bei der Routenplanung beachten. Das Südafrikanische Binnenland selbst, das Highveld, ist eine sehr ausgedehnte Plateau-Landschaft (Johannesburg liegt 1753 m hoch). Die höchste Erhebung sind die Drakensberge (über 3000 m), gelegen zwischen Johannesburg und Durban bzw. um Lesotho herum. Bergig ist es auch im Osten, Richtung Swaziland.

Reisezeit

Touristische (Inland-)Hochsaison ist von 15. Dezember bis 15. Januar. Beste Radelzeiten für die Küste von November bis April (im Januar/Februar ist es ab Durban nördlich sehr warm und schwülheiß). Weniger günstig sind die Monate Mai bis Oktober (vor allem in der Kap-Region), dann ist es an der Küste kühl, regnerisch, stürmisch (besonders von Juni bis August, in diesen Monaten ist die Tageslichtzeit auf ca. 11 Stunden verkürzt).

Günstige Radelzeiten fürs Inland: Mai bis September, im dortigen trockenen Winter. Doch dann kann es in Hochlagen arg kalt werden, besonders von Juli bis in den September hinein! Weniger günstig: Dezember bis März, sehr heiß ist es im Dezember und Januar. Mehr zum Klima unter *www.klimadiagramme.de/index_2.html* und *www.transafrika.org*.

Erwähnenswert sind noch die oft starken Winde; das kann auf den langen, offenen Strecken sehr frustrierend sein. Im Inland-Sommer (Dezember bis März) wehen die Hauptwinde aus Nordwesten. An der Küste bläst der Passat aus Südosten.

Übernachten, Verpflegung Zelten auf den unzähligen Camp-Plätzen des Landes (auch gibt es vielerorts sog. Municipal Campgrounds, billiger). Besonders viele Campings gibt es an der Küste von Natal. Übernachten auch in Youth Hostels (*www.hihostels.com*) und zahlreichen Backpacker's (*www.hostels.com*) möglich. Auf der Seite *www.backpacking.co.za* gibt es gleichfalls einen Überblick, auch über Preisermäßigungen.

Unterkommen kann man auch in Hotels, Pensionen sowie in B&Bs (Bed and Breakfast, s. unter *www.bedandbreakfast.co.za*), private Zimmer werden durch die zahlreichen in touristischen Orten anzutreffenden örtlichen „Publicity Associations" vermittelt (auch Touristenhilfe, Karten etc.). Aus Sicherheitsgründen möglichst nicht wild zelten bzw. höchstens mit äußerster Vorsicht an einer nicht einsehbaren Stelle.

Keine Problem gibt es mit der Verpflegung. Südafrikaner machen gerne ihr „Braai", das gesellige Fleisch- und Wurstgrillen. Eine Spezialität ist Biltong, das ist luftgetrocknetes, salziges Fleisch von Gazellen, Kudus u.a. Ein Steak vom Vogel Strauß sollte man mal probieren! Vielfältiges und sehr reichhaltiges Früchteangebot. In und um Durban gibt es viel indische Küche, in Kapstadt auch malaiische. Leitungswasser kann man überall gefahrlos trinken, in öffentlichen Einrichtungen gibt es auch Wasserspender.

Südafrika ist ein sehr gottesfürchtiges, calvinistisch geprägtes Land, an Wochenenden sind viele Restaurants und Läden geschlossen. Alkoholika werden vielfach nur in „Bottle Stores" (Afrikaans: „Drankwinkel") verkauft – probiert mal die guten Kapweine!

Verkehr, Rad An den Linksverkehr gewöhnt man sich schnell. Nebeneinanderfahren ist verboten. An „Stop"-Schildern hat man wirklich zu stoppen! Viele Kreuzungen haben „Four-Way-Stops" wie etwa in den USA, d.h., jedes Fahrzeug aus jeder Richtung muss anhalten. Es fährt derjenige zuerst weiter, der zuerst ankam, dann die anderen. Eine gewisse Verrohung der Verkehrssitten macht auch vor Südafrika nicht Halt, wobei man als Radler besonders von den agressiven Taxifahrern öfter an den Rand gedrängt wird.

Fürs Fahren im Land auf den breiten, asphaltierten Straßen genügt ein leichtes, gutes Reiserad, selbst ein Rennrad kann eingesetzt werden. Radfahren wird in Südafrika immer beliebter, es gibt einen südafrikanischen Radführer für die Umgebung von Kapstadt. In allen größeren Städten gibt es Bikeshops und „Fietswinkel" (Afrikaans für Fahrrad-Läden, das „Fiets" ist das Fahrrad). Bei Nachtfahrten (vermeiden!) möglichst Reflektoren am Rad anbringen, weil die Straßen, außer in den Städten, kaum beleuchtet sind. Es besteht Helmpflicht.

Radler-Events und Infos: Ein Mega-Ereignis ist jedes Jahr die Cape Argus Cycle Tour (*www.cycletour.co.za*) in Kapstadt, das größte Jedermann-Rennen der Welt – über 30.000 Teilnehmer in 2009! Infos über Radreisen in Südafrika und viele weitere Radler-Themen kann man von der „Pedal Power Foundation of Southern Africa" erhalten (*www.pedalpower.co.za*). Der gewerbliche deutschsprachige Anbieter „African Bikers" in Kapstadt (*www.africanbikers.com*) bietet interessante Touren und Routen. „Bicycling" ist Südafrikas größte Radzeitschrift (*www.bicycling.co.za*). Für Mountainbiker gibt es *www.mtbsa.co.za*, „South Africa's leading MTB Website". Eine Übersicht von MTB-Trails landesweit bietet *www.linx.co.za/trails/lists/bikelist.html*.

Ziele, Routen, Reisen Eine vielgefahrene Route ist Port Elizabeth – Kapstadt. Besonders schön ist dabei der Abschnitt der Garden Route zwischen Plettenberg und Mossel Bay. Abstecher zu den Cango Caves machen (bei Oudtshoorn). Eindrucksvoll ist auch die Provinz KwaZulu-Natal. Das Landesinnere (die Strecke Johannesburg – Kapstadt über Kimberley) hingegen ist öde und wenig abwechslungsreich (Halbwüste Karroo; Hauptwindrichtung dort von Nordwesten).

Sehenswert sind Kapstadt (Tafelberg) und das Kapland (die Kap-Halbinsel mit dem Rad zu umrunden ist traumhaft – auf dieser Strecke findet auch die Cape Argus Cycle Tour statt), die Drakensberge (Royal Natal National Park), der Osten Mpumalangas mit der „Panorama-Route“ (Graskop, Blyde River Canyon), die vielen Tierparks (s. unter *www.sanparks.org/parks*, der größte ist der Krüger-Park; fast alle nicht per Rad zugänglich).

Das Straßennetz ist hervorragend, die Überlandstraßen sind breit und haben meist breite Seitenstreifen, der Verkehr außerhalb der Städte ist dünn. Keine oder nur einige kurze Radwege. Um weite Strecken zu überbrücken, kann man auch auf Eisenbahn, Busse und Flüge ausweichen, billig sind Nachtflüge innerhalb Südafrikas. Die modernen Überlandbusse nehmen aber oft keine Fahrräder mit. Besser geeignet und ein sehr guter Tipp sind die sog. Baz- bzw. Backpackerbusse (Anhänger für Räder, dazu lockere Atmosphäre und Stopps an Sehenswürdigkeiten). Routen, Preise etc. unter *www.bazbus.co.za*. Alles rund um die Eisenbahn: *www.spoornet.co.za* und *www.bahn.fernweh.com*.

In Südafrika lassen sich auch viele schöne Wanderungen machen, es gibt bekannte Trails, z.B. den Otter- und Tsitsikamma-Trail; Trekking ist auch in den Drakensbergen beliebt. Für Radler ist auch der kleine, bergige Binnenstaat Lesotho (s. unten) einen Abstecher wert, der einem ein wesentlich traditionelleres Afrika zeigt (kalt im Winter von Mai bis September). Und an der Grenze zu Moçambique befindet sich das Königreich Swaziland (s. danach), das sich zur Durchquerung anbietet, wenn man z.B. vom Osten Mpumalangas (Krüger-Park) nach Durban will. Für MTBler ist auch „the wild ride“ entlang der Wild Coast durch die Transkei extrem schön, aber mit Gepäck sehr anstrengend.

Auch zu Südafrika haben die Co-Autoren Amiram Roth-Deblon und Ragna Schmidt-Haupt genaue Streckeninfos aus 2009 mit km-Angaben, Höhenprofil, Straßenbelag, Unterkünften, Preisen etc ins Web gestellt – s. auf *www.cycle-generation.org* (unter Blog / Südafrika / Route Info).

Bücher, Karten, Internet

Reiseführer: Etliche Regalmeter in jeder Buchhandlung, auch viele Gebietsführer. Hier nur exemplarisch eine kleine Auswahl: Christine Philipp: „Südafrika“, Reise Know-How; sehr ausführlich, ein Standardwerk! Nelles Guide, Iwanowski, APA Guide „Südafrika“ (letzterer mit guten Bildern, einfühlsamen Background-Infos und DVD). RKH-Gebietsführer: „Vom Krügerpark nach Kapstadt“ sowie „Kapstadt, Garden Route und Kap-Provinz“, beide von Elke und Dieter Losskarn. Helmut Hermann: „KwaZulu Natal“. Auf Englisch: Mary Fitzpatrick u.a.: South Africa, Lesotho & Swaziland“, Lonely Planet. Tony Pinchuck u.a.: „The Rough Guide to South Africa“, Rough Guides Press. „South Africa Handbook“, Footprint Publications. In Südafrika: Glynis van Rooyen: „Rand Wise Guide for South Africa“. „Cycling in and around Capetown“ (Struik). Als Kauderwelsch-Sprachführer von Reise Know-How: „Afrikaans“ und „Zulu“. **Karten:** „Südafrika“, 1:1,4 Mio., Reise Know-How. ITM Travel Map „South Africa“, 1:1,5 Mio. Vor Ort bekommt man überall (in CNA-Läden) Straßen- und Detailkarten, z.B. die Leisure Map Series vom Map Studio (Western Cape, Garden Route, Natal Drakensberg u.a.). Karten auch vom Automobilclub AA (*www.aa.co.za*), der Verkaufstellen in den größeren Städten hat, und bei Tankstellen (z.B. Shell). **Internet-Infos:** Gleichfalls eine riesige Auswahl. Neben den schon im Text genannten und Wikipedia (*http://de.wikipedia.org/wiki/Südafrika*) sowie *www.transafrika.org* ist noch der Online-Reiseführer *www.suedafrika.net* zu erwähnen, gleichfalls *www.suedafrika-guide.de* und *www.southafrica.co.za* (mit guter Linkliste zu allen möglichen Themen). Eine interessante deutschsprachige Seite mit unzähligen Verzweigungen und Links ist auch *www.kapstadt.de*. Gut wie immer: *www.lonelyplanet.com/south-africa*.

Lesotho [AR, AG]

Überblick, Klima

„Königreich im Himmel" wird Lesotho genannt, und das zu Recht: Kein Landesteil liegt unter 1350 m Höhe, im Osten türmt sich der Thabana Ntlenyana bis zu 3482 m in den Himmel, und das alles auf der Fläche von der Größe Belgiens. Reiseradler, die auf Südafrikas perfekte Infrastruktur verzichten können, erwarten hier spektakuläre Bergszenerien, frische, klare Luft und teils anspruchsvolle Gebirgspisten durch die Maluti- und Drakensberge. Aber bei (Rad-)Notfällen ist der nächste Grenzübergang ja nie sehr weit (insgesamt zwölf Übergänge, nur fünf davon sind asphaltiert). Einer der Höhepunkte jedes Lesotho-Besuchs ist die Fahrt vom Sani-Pass hinunter nach Südafrika. Das dramatische Panorama dort bietet sicher einen der spektakulärsten Gebirgshorizonte auf unserem Planeten.

Am Sani-Pass

Im Gegensatz zu seinem umgebenden Nachbar mussten die Basotho-Hirten, die man oft in Decken gehüllt auf ihren Pferden vorbeigaloppieren sieht, niemals die Apartheid ertragen. Das erleichtert den Kontakt zur Bevölkerung sehr – wer etwas Zeit mitbringt bekommt viel afrikanische Gastfreundschaft zu spüren. Amiram Roth-Deblon: „Der grundsätzlich höfliche Umgang ist ein deutlicher und angenehmer Kontrast zu manchen anderen afrikanischen Ländern wie etwa Äthiopien oder Ruanda."

Lesotho gehört zu den ärmsten Ländern Afrikas und lebt zu einem großen Teil von den Geldüberweisungen seiner Gastarbeiter in Südafrika. Der überwiegende Teil der Bewohner (insges. 2,1 Mio.) betreibt Subsistenzwirtschaft (Wasser hat das Land zur Genüge). Auf dem Land gibt es viele Märkte, in den wenigen Städten auch Supermärkte. Hauptstadt ist Maseru (320.000 Einw.), Amtssprachen sind Englisch und Sesotho.

Lesotho weist statistisch 300 Sonnentage im Jahr auf. Beste Radelzeiten sind im Frühjahr (September/Oktober) und Herbst (März/April). Im Sommer kann es in den Tälern sehr heiß werden. Die Winter sind kalt und klar, im Hochland liegt Schnee. Regenzeit ist von Oktober bis April. Achtung: Man muss jederzeit, auch im Sommer, mit extremen Wetterumschwüngen und Schnee in den Bergen rechnen!

Besonders gefürchtet sind die gewaltigen Gewitter; in den Höhenlagen in der meist baumlosen Landschaft und speziell auf Pässen sind sie eine ernstzunehmende Gefahr.

Einreise, Geld

Deutsche, Schweizer und Österreicher brauchen **kein Visum**, doch wegen immer mal wieder aufflackernder innenpolitischer und wirtschaftlicher Turbulenzen sollte man vor der Anreise die aktuelle Lage erfragen (*www.auswaertiges-amt.de*). **Währung** ist der Loti (Plural: Maloti), der im Verhältnis 1:1 an den südafrikan. Rand gekoppelt ist. Mit Rand kann überall bezahlt werden. Geldautomaten gibt es ein paar in Maseru, aber nicht alle akzeptieren internationale Karten.

Straßen, Reisen im Land

Lesotho bietet mit seinen traumhaften und entlegenen Bergschlandschaften jede Menge Tour-Möglichkeiten, doch ist der Schwrierigkeitsgrad sehr hart bis extrem. Nur wer sich auch mal in den Bergen quält und die Ausrüstung auf ein Minimum reduziert wird die endlosen Steigungen nicht verfluchen; Tourenradler mit 40 bis 50 kg Zuladung werden trotz gestählter Beine schieben müssen. Das Straßennetz jedoch ist vergleichsweise dicht. Seitdem das Lesotho Highlands Water Project, ein gigantischer Stausee im Hochland, in Angriff genommen wurde, hat sich der Zustand vieler Straßen merklich gebessert und manche wurden neu asphaltiert. Geblieben ist die hohe Abgasbelastung durch den allgemein schlechten Zustand der Fahrzeuge; ihr werdet oft in schwarzen Rußwolken nach Luft schnappen.

Von Mafeteng bis Maseru (A2) ist alles asphaltiert und in gutem Zustand. Die Hauptroute im Norden des Landes (A1) via Oxbow ist ebenfalls geteert bis Mokhothlong. Die Hauptroute durch das Zentrum ist bis Thaba Tseka außer ca 30 km auch asphaltiert, von dort bis zum Sani-Pass Piste (mit großen losen Steinen). Seitenrouten sind möglich, jedoch sollte man sich genau über Straßenzustand, Steigungen und die Distanz zwischen den Dörfern bzw. Versorgungsstellen informieren. Die Strecke von Malealea nach Semonkong ist (wenn überhaupt) nur eine MTB-Tour und nichts für beladene Tourenradler.

Auf harten Pisten durch Lesotho

Genaue Streckeninfos aus Mitte 2009 mit km-Angaben, Höhenprofil, Straßenbelag, Unterkünften, Preisen etc. haben Amiram Roth-Deblon und Ragna Schmidt-Haupt unter *www.cycle-generation.org* ins Web gestellt (unter Blog/Lesotho).

Unterkunft, Verpflegung

Das **Hotelangebot** ist recht mäßig und vergleichsweise sehr teuer, manche Hotels gestatten jedoch das Campen auf ihrem Anwesen. Oder man fragt bei Missionen, bei sog. *Farmer Training Centres* oder bei *Church Centres*. Manche vermieten für wenig Geld ein Bett oder ein Plätzchen zum Zelten. **Verpflegung:** In den wenigen Städten gibt es gute Supermärkte (Shoprite). Kleinere Orte haben meist auch einen kleinen Laden, oft von Chinesen betrieben. Die Auswahl an Obst ist selbst in entlegenen Orten erstaunlich gut (zumindest importierte Äpfel oder Bananen). Etwas Gemüse gibt es fast immer, auch meist Fertigsuppen, Konserven etc. Kleine Restaurants gibt es ebenfalls immer wieder, doch ein eigener Kocher ist nicht verkehrt.

Bücher, Karten, Internet

Nahezu alle Südafrika-Reiseführer enthalten auch ein Kapitel zu Lesotho, z.B. der von Reise Know-How. Auch die Bücher von Rough Guide, Bradt oder Lonley Planet decken Lesotho grob ab. Das wahrscheinlich beste Buch für selbstorganisierte Reisen jedoch ist „A Backpacker's Guide to Lesotho" von Russel Suchet, der nahe dem Sani-Pass das Sani Lodge Backpacker's betreibt. **Karten:** Lesotho ist in Südafrika-Übersichtskarten integriert. Am besten ist die Landes-Straßenkarte im Maßstab 1:250.000 vom Lesotho Tourist Board in Maseru. Der AA of South Africa hat ebenfalls eine gute Karte. Topografische Karten 1:50.000 im Tourist Board oder vom Department of Land Surveys in Maseru. **Internet-Infos:** Eine gut aufgemachte Website, vollgepackt mit Infos zu Lesotho, ist *www.africa-insites.com/lesotho*. Dann Wikipedia (*http://de.wikipedia.org/wiki/Lesotho*) und *www.transafrika.org*. Auf Englisch: *www.lonelyplanet.com/lesotho*.

Swaziland [AG]

Überblick

Swaziland ist der kleinste Staat im südlichen Afrika, ein Königreich mit vielen natürlichen und kulturellen Schönheiten. Außer im Osten, wo es an Moçambique grenzt, wird es ganz von Südafrika umschlossen. Topografie: überwiegend hügelig mit bewaldeten Regionen und Grassavannen, Höhenlage zwischen 500 und 1500 m. Im flachen und wegen der Malariagefahr wenig besiedelten Osten wird viel Zuckerrohr angebaut. Die Lebombo-Berge bilden die natürliche Grenze zu Moçambique.

Aufgrund der Höhenlage gemäßigtes Klima, Regenzeit Dezember bis April, angenehm zum Radeln sind die Monate Mai bis August mit gelegentlichen Frostnächten im Juni und Juli.

Besonders sehenswert sind die verschiedenen Naturreservate im Osten, sie sind preiswerter und viel ruhiger als die in Südafrika (im „Mlilwane Wildlife Sanctury" kann man sich auch auf dem Rad fortbewegen). Lobamba ist Standort des Königspalastes (Fotografierverbot!).

Währung ist der Lilangeni (Plural: Emalangeni), der 1:1 an den Rand gekoppelt ist. Der Rand wird überall akzeptiert. Reiseschecks wird man nur in der Hauptstadt Mbabane und in Manzini gegen hohe Gebühren los, Geldautomaten zahlreich (auch für EC-Karte). Das Visum wird kostenlos an den Landesgrenzen in den Pass gestempelt.

Anreise, Straßen, Reisen im Land

Von Südafrika gibt es elf **Grenzübergänge** (einige nicht asphaltiert), von Moçambique nur einen (Namaacha). Die Grenzen schließen nachts. Amtssprache ist Siswati, mit Englisch kommt man nur in den Städten durch.

Die wichtigsten (Durchgangs-)Straßen sind gut asphaltiert, aber es gibt auch viele Pisten, deren Zustand stark von der Witterung abhängt. Einige sind während der Regenzeit kaum passierbar. Bis auf die Städte geringes Verkehrsaufkommen. Landschaftlich schöne Strecke: von Barberton (Südafrika) nach Piggs Peak (Piste, bei starkem Regen nicht passierbar!) weiter auf Asphalt zur Hauptstadt Mbabane, dann durch das schöne Ezulwinital nach Manzini – Big Bend – Lavumisa (Grenze Südafrika) oder, noch schöner, Manzini – Hlatsikhulu – Nhlangano – Grenze.

Busse und Minibusse verbinden Swaziland mit etlichen Destinationen in Südafrika (evtl. muss man an der Grenze wechseln). Der Baz Bus (s. Südafrika) fährt dreimal in der Woche von Johannesburg nach Manzini. Auch die Bahn-Hauptstrecke Durban – Maputo führt durch Swaziland.

Übernachten und Verpflegung sind problemlos: Campingplätze, günstige Backpacker's, kirchliche Hostels und Hotels (beim freien Campen immer erst den Dorfältesten um Erlaubnis bitten). Supermärkte führen Artikel aus Südafrika und haben auch deren Preise übernommen.

Bücher, Karten, Internet

Reiseführer: Swaziland ist Teil der allermeisten Südafrika-Reiseführer (auch von Reise Know-How). „Swaziland Jumbo Tourist Guide", von Hazel Hussey, in Buchläden vor Ort oder in SA erhältlich. **Karten:** ITM Travel Map „Swaziland", 1:250.000. Der Automobilclub „AA of South Africa" gibt eine gute Straßenkarte im Maßstab 1:535.000 heraus. Sonst wie bei den Reiseführern: siehe „Südafrika". **Internet-Infos:** Recht gut mit vielen Infos ist *www.swazi.com*. Die „Swaziland Tourism Authority" erreicht man über *www.welcometoswaziland.com*. Die offizielle Regierungs-Homepage ist *www.gov.sz*. Ein paar Infos zum Land gibt es auch auf *www.swaziland-direct.com*. Dann wie immer Wikipedia (*http://de.wikipedia.org/wiki/Swasiland*), *www.transafrika.org* und *www.lonelyplanet.com/swaziland*. Auf *www.worldbiking.info/countryinfo.html* gibt es auch neuere Radler-Infos zu Swaziland (Länderaufstellung durchscrollen).

Asien

0 km 300 600 900 km
Kara Sea
Novaya Zemlya
NORWAY
FINLAND
Murmansk
ARCTIC CIRCLE
Nar'jan-Mar
Vorkuta
Salechard
Noril'sk
Archangel
Uchta
WEST SIBERIAN PLAIN
URAL MOUNTAINS
Lake Ladoga
Lake Onega
Petrozavodsk
Kotlas
Syktyvkar
Surgut
Helsinki
St Petersburg
RUSSIA
Tallinn
ESTONIA
Novgorod
Vologda
Kirov
Tobol'sk
Kostroma
Jaroslavl'
Perm
Riga
LATVIA
Tver'
Moscow
Kazan'
Jekaterinburg
T'umen'
Tomsk
Kaunas
LITHUANIA
Smolensk
Kaluga
Ufa
Kurgan
Omsk
Kemerovo
Novosibirsk
Minsk
BELARUS
Tula
CENTRAL RUSSIAN UPLANDS
Saransk
Penza
Samara
Magnitogorsk
Kustanaj
Petropavlovsk
Barnaul
Orel
Voronezh
Saratov
Orenburg
Pavlodar
Akmola
Gorno-Altajsk
Kiev
Kharkiv
Ural'sk
Orsk
Semipalatinsk
UKRAINE
Dnipropetrovsk
Volgograd
KIRGHIZ STEPPE
Karaganda
Ust'-Kamenogorsk
MOLDOVA
Kishinev
Odesa
Donets'k
Rostov-on-Don
Elista
Astrachan'
Aterau
Lake Zaysan
KAZAKHSTAN
Balchash
ROMANIA
Bucharest
Sea of Azov
Krasnodar
Majkop
UST-URT PLATEAU
Aral Sea
Kzyl-Orda
Lake Balkhash
Sofia
BULGARIA
Black Sea
Caspian Sea
Grozny
Machačkala
UZBEKISTAN
Nukus
Almaty
Yining
GEORGIA
Tbilisi
Edirne
Istanbul
Ankara
ARMENIA
AZERBAIJAN
Yerevan
Baku
TURKMENISTAN
Krasnovodsk
KYZYL-KUM
Bishkek
KYRGYZSTAN
Salonika
Bursa
TURKEY
KARA-KUM
Tashkent
Kashi
TAKLA MAKAN DESERT
Athens
GREECE
Izmir
ASIA MINOR
TAURUS
Tabriz
Ashkabad
Samarkand
Dushanbe
TAJIKISTAN
PAMIRS
Shache
Aegean Sea
Aleppo
MESOPOTAMIA
Mary
Mashhad
Nicosia
CYPRUS
Homs
SYRIA
Tehran
GREAT SALT DESERT
Herat
HINDU KUSH
KARAKORAM
CHINA
Mediterranean Sea
Beirut
LEBANON
Damascus
Hamadan
Kabul
Islamabad
Srinagar
Tel Aviv-Jaffa
Jerusalem
ISRAEL
Amman
IRAQ
Baghdad
Bakhtaran
Esfahan
AFGHANISTAN
Lahore
Amritsar
PLATEAU OF TIBET
Alexandria
Cairo
Suez
Dead Sea
JORDAN
SYRIAN DESERT
Basra
Abadan
IRAN
Qandahar
Faisalabad
Quetta
HIMALAYAS
Kuwait
KUWAIT
PLATEAU OF IRAN
Delhi
New-Dehli
NEPAL
Kathmandu
SAUDI ARABIA
EGYPT
Red Sea
Bandar-e'Abbas
Persian Gulf
Sukkur
PAKISTAN
THAR DESERT
INDO-GANGETIC PLAIN
Lucknow
Kanpur
Patna
Manama
BAHRAIN
Doha
QATAR
Abu Dhabi
UNITED ARAB EMIRATES
BALUCHISTAN
Jaipur
INDIA
Aswan
TROPIC OF CANCER
Medina
Riyadh
Muscat
Gulf of Oman
Karachi
Ahmadabad
Indore
Bhopal
Calcutta
Lake Nasser
NUBIAN DESERT
Mecca
Arabian Sea
Jamnagar
Nagpur
Cuttack
RUB AL-KHALI
OMAN
Bombay
Arabian Basin
Hyderabad
Bay of Bengal
SUDAN
Omdurman
Khartoum
Kassala
ERITREA
Asmera
YEMEN
Sana
WESTERN GHATS
EASTERN GHATS
Madras
Bangalore
Wad Madani
al-Ubayyid
DARFUR
Aden
Gulf of Aden
Socotra
Indian Ocean
DJIBOUTI
ETHIOPIA
30°
45°
60°
75°
90

Asien

A Planung, Vorbereitung, Wissenswertes

1. Überblick

Nach Osten pedalen ...

Großes Asien, weite, lockende Ferne, der Kontinent, den man von Europa direkt erreichen kann, pedalt immer nur dem Sonnenaufgang entgegen – wenn es nur so einfach wäre! Erfreulich aber ist, dass zu der früher einzigen Anreisestrecke über den Bosporus/Türkei mit dem Fall des Eisernen Vorhangs auch die Möglichkeit über die GUS-Staaten (Russland und die früheren sowjetischen Teilrepubliken) hinzugekommen ist. Die Islamische Republik Iran öffnet sich langsam wieder dem internationalen Tourismus, während Afghanistan (nach dem Ende des Talibanregimes 2001/2002 keimte zunächst Hoffnung auf) wohl noch recht lange als Transitland ausfällt. Ein Problem ist nach wie vor der Dauerkonflikt zwischen Pakistan und Indien um Kashmir, auch die Taliban-Aktivitäten in Pakistan, was in Zukunft evtl. die Durchquerung dieses Landes umöglich macht. Wesentlich bessere Bedingungen als noch vor ein paar Jahren finden Reiseradler hingegen in China vor (abgesehen von Tibet), während der Landweg von Indien bzw. Bangladesh durch Myanmar (Burma) nach Südostasien weiterhin versperrt bleibt. Heinz Helfgen, der 1951 mit seinem Fahrrad von Deutschland bis nach Indochina (und dann vollends ganz um den Globus) radelte, hatte es da noch wesentlich leichter ...

2. Reisen in Asien

Extreme

Asien vereint sämtliche klimatischen und landschaftlichen Schönheiten und Extreme unserer Erde. Es ist der Kontinent mit den meisten Menschen, der drei großen Religionen und der ältesten Staatsgebilde, der größten Länder, der höchsten Berge und der vielfältigsten Landschaften. Faszinierend die verschiedenartigen asiatischen Völker und ihre unterschiedlichen Kulturen; Religionen und Sitten und Namen wie Indien, China, Buddhismus, Hinduismus u.a. wirken für viele wie magische Worte. Wen philosophische, spirituelle oder religiöse Dinge, Kunst und jahrtausendealte Kulturen interessieren, der pedalt in Asien auf dem „richtigen" Kontinent.

Übervölkerung

Reisen in Asien ist im Vergleich zu Afrika weniger „hart", vor allem deshalb, weil Übernachtungsmöglichkeiten und Verpflegung, die täglich wichtigsten Dinge für einen Globetreter, fast überall vorhanden sind. Doch Reisen in Asien heißt auch, ständig mit vielen Menschen in Berührung zu kommen; freies, einsames Radeln, wie es auf vielen Strecken durch Nord- und Südamerika, durch Australien und auch durch Afrika möglich ist, ermöglichen die meisten asiatischen Länder kaum oder gar nicht (es sei denn, man nimmt sich ausschließlich einsame Wüsten- oder Gebirgsregionen vor). Solltest du in Ländern wie Indien, Bangladesh oder Indonesien radeln wollen, wirst du kaum mehr ein Privatleben führen können, wird man dich und dein Fahrrad oftmals wie ein vierköpfiges Kalb bestaunen, und auf den Straßen solcher übervölkerten Staaten führst du einen ständigen Überlebenskampf gegen die Autos, Busse und Lastwagen (siehe dazu den Abschnitt „Radfahren im Straßenverkehr Südostasiens" bei Indonesien, s.S. 624). Die wohl wichtigste „Benimm-Regel" für Asien: Man sollte nie sein „Gesicht verlieren" (falls es mal zu Konfrontationen kommen sollte).

Wer also mit sich, seinem Rad und seiner Camp-Ausrüstung am liebsten alleine ist, für den ist Asien nicht ganz der richtige Kontinent.

3. Ziele und Routen

Nach Indien und Nepal

Wer es auf der klassischen **Hauptroute**, also Anfahrt über den Balkan und die Türkei, durch den Iran geschafft hat, muss (solange Afghanistan noch schwierig bleibt) in Teheran nach Südosten abbiegen. Über Qom, Isfahan, Kerman und Zahedan geht es direkt nach Pakistan (Quetta) und weiter nach Indien (Details s. bei „Iran").

Alternative: „Oben rum": Die Strecke über die südlichen GUS-Staaten nach China, Nepal und nach Indien ist abhängig von der politischen Lage in Tibet bzw. China. Knackpunkt ist dabei der Torugart-Pass, der Grenzübergang von Kirgisistan nach China (der auf der chinesischen Seite seit einigen Jahren nicht mehr mit dem Fahrrad befahren werden darf – es muss ein überteuerter Transport in Anspruch genommen werden). Dann gibt es noch den Irkeshtam-Pass, erst seit 2002 für den Personenverkehr geöffnet, über den die Europa-Route E 60 verläuft (den konnte man bislang immer im Sattel queren). Die beiden Strecken treffen sich in Kashgar in der westchinesischen Provinz Xinjiang.

Kirgisistan erreicht man (grob gesagt) auf zweierlei Routen. Entweder über den Iran, von Teheran nordöstlich bis Mashad, dann geht es durch Turkmenistan (Karakum-Sandwüste, 500 km!) nach Usbekistan (durch die sehenswerten Seidenstraßen-Städte Buchara und Samarkand) nach Taschkent, weiter nach Bischkek in Kirgisistan. Das Problem bei dieser Version: Turkmenistan rückt derzeit (wenn überhaupt) nur extrem knapp bemessene Transit-Visa heraus (s. Seite 515f). Schon deshalb wird die zweite Route, nämlich über das südliche Russland und Kasachstan, immer beliebter.

Bei beiden genannten Versionen lohnt sich sehr der Umweg durch Tadschikistan (Duschanbe) und über den Pamir Highway nach Kirgisistan, dann gleichfalls weiter nach Kashgar. Von Kashgar geht es dann über den legendären Karakorum Highway (Khunjerab-Pass) nach Pakistan (Rawalpindi), Indien und Nepal.

Nach Tibet kommen Radler derzeit (Ende 2009) nur mit geführten Touren, s. Seite 591. Damit ist der direkte Weg von China nach Nepal versperrt – aktuelle Lage checken!

Alternative Zwei: „Unten rum": Über Nordostafrika bis Djibouti, übersetzen nach Jemen und von Oman (Salalah) per Schiff nach Karachi oder Mumbai bzw. Bombay. Doch gibt es keinen Linienverkehr, und Frachtschiff-Mitfahrgelegenheiten sind auf dieser Strecke schwierig geworden – keine echte Alternative also. Mehr dazu unter Oman, s. Seite 485.

Nach China

Auch das große China ist mittlerweile zu einem beliebten Radziel geworden. Einreise im „Normalfall" mit Direktflug nach Beijing bzw. Peking oder Hongkong. Im Sattel über Pakistan (Karakorum Highway), über Kirgisistan (s. oben), über Kasachstan direkt (Almaty – Khorgas – Urumqi/Provinz Xinjiang) – oder über Nepal nach Tibet, falls die Grenze einmal wieder offen sein sollte. Auch möglich: Mit der Transsib über Russland. Die Radmitnahme im Zug stellt kein Problem dar (es muss jedoch teilweise zerlegt und klein verpackt werden; Einreiseprobleme für Radler s. im China-Kapitel auf Seite 585f). Auch über Almaty nach Urumqi ginge es per Bahn, also von Europa über Moskau direkt bis in die chinesische Stadt Lianyungang (Xinpu) am Pazifik.

Weiter nach Südostasien

Wer Indien erreicht hat und weiter nach Ost- und Südostasien will, muss mit dem Flieger weiter nach Bangkok oder Singapur, weil Myanmar (Burma) nach wie vor für Überlandreisen gesperrt ist. Von Thailand pedalt man dann die Malayische Halbinsel bis nach Georgetown (Insel Penang) oder Singapur runter, setzt über nach Indonesien und fliegt evtl. anschließend (von Bali) nach Australien.

Seit die südöstlichsten Staaten Asiens (Laos, Kambodscha und Vietnam) wieder bereisbar sind, könnte man auch von China über Vietnam (die Grenzen sind für

Einzelreisende geöffnet) durch Kambodscha nach Thailand radeln, dann weiter wie oben. Wer nach Taiwan, Korea, auf die Philippinen oder nach Japan will, dem bleibt jedoch nur der Flug, meist über Bangkok oder Singapur, es gibt aber in alle vier Länder auch Direktflüge von Europa.

Empfehlenswerte Länder Wer sich ein weniger „schwieriges" Land oder eine weniger langdauernde Radel-Route in Asien aussuchen will, dem könnte man Malaysia, Thailand, Nepal oder Bali empfehlen (und als „Geheimtipp" die Philippinen). Denkt auch an einen Gabelflug, hin z.B. nach Bangkok und zurück von Singapur. Für kürzere Radreisen (vier bis sechs Wochen) sind z.B. besonders beliebt auch der Nahe Osten, Südtürkei bis Ägypten etwa, oder die zentralasiatischen Länder (Tadschikistan und Kirgisistan hauptsächlich) – abhängig natürlich von individuellen Vorlieben. Auch eine mehrwöchige Tour durch Indien oder einen Teil Chinas kann man natürlich immer machen, und vieles mehr.

Radfahren in Asien heißt sonst meistens, gewaltige Entfernungen zu überwinden. Wer viele Länder sehen will und weniger Zeit hat, muss auch Flüge, Bahnen und Busse in seine Reiseplanung mit einzubeziehen. Trans-Asien-Radler haben aber, wie man sieht, doch etliche Möglichkeiten, sich ihre individuelle Route zusammenzubasteln – mehr dazu in den Länderkapiteln.

4. Beste Reisezeiten in Asien

Grobplanung Hier zunächst ein Überblick für die grobe Planung. Bei den einzelnen Ländern stehen genauere Angaben.

- **Indischer Subkontinent:** Günstig ist das Winterhalbjahr zwischen Oktober und März. Weniger günstig ist es zwischen Juni und September, dann viel Regen. Sehr heiß von März bis Mai.
- **Südostasien:** Günstig im Winterhalbjahr. Indonesien, die Südostküste von Thailand und die Ostküste von Malaysia sind auch von Juni bis September gut radelbar. Weniger empfehlenswert ist das Sommerhalbjahr, dann ist es sehr schwül, große Hitze.
- **Ostasien:** Günstig von März bis Oktober. Doch sehr kalt ist es im Winter in Tibet, Nordchina, Nordjapan und Korea. Heiß und regenreich ist es im Juli/August in Südchina, Japan, Taiwan.
- **Südliches GUS-Gebiet, Sibirien:** Günstig von Mai bis September, weniger günstig von Oktober bis April. Schöner Herbst, sehr kalte Winter mit viel Schnee.
- **Naher Osten / Orient:** Günstig im Frühjahr und Herbst. Hochlandregionen auch im Sommer, Wüstenländer im Winter.

5. Übernachten, Verpflegung, Weiterkommen

Gute Versorgungslage Damit hat man in Asien, bis auf wenige Ausnahmen, keine Probleme. Sehr gut ist die Hotel- und Quartiersituation auf dem Indischen Subkontinent und in Südostasien, dort gibt es überall preisgünstige und billige Übernachtungsmöglichkeiten, in Großstädten natürlich teurer als auf dem Land. Campingplätze sind selten und Campen ist außer in wenigen Ländern auch nicht ratsam (z.B. aber in Japan, wo Hotels sehr teuer sind).

Restaurants gibt es in Asien an jeder Straßenecke, und auch die Versorgung mit Dingen des täglichen Bedarfs ist gut bis sehr gut. Ausnahmen bilden sehr arme Länder wie z.B. Bangladesh oder Laos, doch auch dort bekommt man überall seinen Reis. Das Angebot an Früchten ist in entsprechenden Zonen meist hervorragend.

Auf die **Transportmöglichkeiten** wird in den einzelnen Ländern hingewiesen – meistens gibt es ein dichtes Busnetz und oft auch Eisenbahnen; die Mitnahme des Rades bereitet fast nie Schwierigkeiten (abgesehen davon, dass Busse und Bahnen oft brechend voll sind). Zu **Fahrrad, Ausrüstung** usw. lassen sich hier keine generellen Angaben machen, s. gleichfalls in den Länderkapiteln.

Visa- und andere Bestimmungen

Ein Problem in Asien sind oft die vielen unterschiedliche **Visa-** und auch **Regionen-Sonderbestimmungen**, die je nach der innen- bzw. der außenpolitischen Großwetterlage recht schnell wechseln können. Neben den länderspezifischen Angaben in diesem Buch solltet ihr euch also aktuelle Infos der Botschaften bzw. Fremdenverkehrbüros eurer Reiseländer zu Gemüte führen (und eventuelle Updates auf *www.weltweitradeln.de* beachten). Für einen ersten Überblick reichen auch die Angaben auf der Website des Auswärtigen Amts (*www.auswaertiges-amt.de*).

6. Gesundheit, Sprachen, Geld

Gesundheitsgefahren

Impfungen sind in vielen asiatischen Ländern wichtig und teilweise auch vorgeschrieben – am besten informiert ihr euch vor der Reise länderspezifisch über *www.fit-for-travel.de*. Essen kann man alles, was frisch gebraten, gesotten oder gekocht ist, vermeiden muss man in Ländern mit niedrigem Gesundheitsstandard Eis, Salate, Meeresfrüchte etc.; offenes Wasser muss vor dem Trinken behandelt werden. Gesundheitsgefahren lauern vor allem auf dem Indischen Subkontinent, wo sogar in Flaschen abgefülltes Trinkwasser verkeimt sein kann, während Thailand, Malaysia und andere südostasiatische Staaten bzw. Länder mit höherem Entwicklungsstand hinsichtlich Gesundheitsgefahren weniger problematisch sind. **Malaria** gibt es in Asien vielerorts, Info gleichfalls über „Fit for Travel"; zudem gibt es auf der Homepage der Deutschen Gesellschaft für Tropenmedizin (*www.dtg.org*) eine Malaria-Verbreitungskarte. In Tropenregionen nicht in stehenden oder in schwach fließenden Gewässern baden – Bilharziosegefahr! Lest nochmals die Gesundheits-Tipps und Hinweise im Teil 1, Seite 66f.

Sprachen

Unabdingbar für die meisten Länder Asiens ist **Englisch**, damit kommt man fast überall durch, zumindest kann man sich in den bekannteren Tourismusländern und ehemals englischen Kolonien damit verständlich machen. Wer abseits der gängigen Routen reist, sollte einige Sätze der Landessprache erlernen und einen RKH-Kauderwelsch-Sprachführer in die Packtasche stecken. Hilfreich zur Orientierung sind auch Reiseführer, die Ortsnamen und Touristenziele in der Landesschrift aufführen. Dann könnt ihr Straßenschilder vergleichen oder das Buch Einheimischen unter die Nase halten. Als **Reisewährung** werden US$ – mit Abstrichen auch Euro und Schweizer Franken – in Asien so gut wie überall akzeptiert.

7. Literatur, Karten, Internet

Reiseführer

Gesamt-Asienführer gibt es keine; das macht aufgrund der Größe dieses Kontinents und der Vielfalt seiner Kulturen keinen Sinn. Interessant ist aber der **Lonely Planet** „Central Asia: Kazakhstan, Tajikistan, Uzbekistan, Kyrgyzstan, Turkmenistan", der bis dato einzige umfassende Reiseführer zu den asiatischen GUS-Staaten. Dann gibt es noch ein paar länderübergreifende Bücher zu Südostasien wie etwa den Lonely Planet „Southeast Asia on a Shoestring" oder das „Southeast Asia Handbook" von Footprint Publications (*www.footprintbooks.com*). Generell ist zu sagen, dass die **Footprint Travel Guides** (das ist die Reihe, in der auch das klassische South American Handbook in mittlerweile 86ster Auflage herausgegeben wird) zur Vorbereitung und Durchführung einer Asienreise wegen ihrer Aktualität die wohl besten sind. Für Asien gibt es mittlerweile eine ganze Reihe von Bänden wie etwa das „India Handbook", das „Thailand Handbook" oder das „Malaysia Handbook". Auch die Lonely-Planet-Reihe wird ständig um neue

Länder-, Regional- und Trekkingtitel erweitert. Dazu kann man dort (wie schon bei Afrika beschrieben) auch einzelne Länder Asiens für wenig Geld als PDF-Datei erwerben, die so genannten „Pick & Mix Chapters". Näheres zum Verlagsprogramm s. auf *www.lonelyplanet.com* (Pick & Mix Chapters unter „Shop – Buy by Chapter"). Gute Reiseführer zu den einzelnen asiatischen Ländern, da gibt es dann auch einige auf Deutsch, sind bei den Länderkapiteln aufgeführt.

Radbücher Während es doch etliche Bücher von Transafrika- oder Amerika-Radlern gibt, ist die Auswahl an reinen Asien-Raderlebnis-Büchern gemessen an der Größe dieses Kontinents deutlich geringer (dafür ist aber jeder Weltumradler irgendwie durch Asien gekommen, s. die Aufstellung „Bücher von globalen Radtouren" auf Seite 722ff – wohl die ergiebigste Quelle, wenn jemand gedruckte Radel-Erfahrungen über Asien sucht). Ein paar Asien-Radberichte gibt es aber trotzdem, hier eine Auswahl (teilweise nur noch antiquarisch erhältlich, über *www.zvab.de* probieren):

- **Andreas Wipper: „Von Hongkong nach Nepal".** Pietsch-Verlag 1992. Von Hongkong nach Tibet und Nepal, ein 6000-km-Radbenteuer, das so heute mit Sicherheit nicht mehr möglich wäre. Damals (1987) war das Reich der Mitte überhaupt erst seit kurzem für den westlichen Tourismus geöffnet; an Rad-Toureros dachte noch keiner. Gut geschriebener Erlebnisbericht.
- **Mark Jenkins: „Infernalische Reise".** Piper-Verlag 1995. Wladiwostok – Leningrad, von Ost nach West durch ganz Sibirien fuhren 1989 die Amerikaner Mark Jenkins, Tom Freisem und Torie Scott mit vier russische Begleiter/innen, ohne die in der Endzeit der Sowjetunion diese Tour nicht möglich gewesen wäre. Spannend und persönlich geschrieben – das schwierigste Teilstück waren die straßenlosen 1200 km zwischen Blagoveshchensk und Chita.
- **Frank Mrotzek: „Auf nach Asien".** Reise Know-How 1997. Der Autor tourte in Pakistan, Indien, China, auf den Philippinen und in Indonesien. Realistisch und ironisch erzählte Raderlebnisse, gute Bettlektüre, wenn auch nicht mehr topaktuell.
- **Josie Dew: „Tour de Nippon. Mit dem Fahrrad allein durch Japan".** National Geographic (Frederking & Thaler) 2002. Seit Jahren radelt die Engländerin durch die Welt und berichtet davon auf humorvolle Weise, diesmal aus Japan.
- **Markus Fix / Sarah Pendzich: „Radnomaden – Mit dem Fahrrad nach China".** Herder-Verlag 2005. 14.333 km von Freiburg nach Peking, dabei ein gutes Stück über die legendäre Seidenstraße. Gut geschrieben, vor allem das Iran-Kapitel.
- **Erika Warmbrunn: „Wo alle Wege enden. Allein mit dem Fahrrad durch die Mongolei, China und Vietnam".** National Geographic (Frederking & Thaler) 2006. Die Autorin träumte von einem Engagement beim Theater. Als Schauspielerin blieb sie unentdeckt, dafür fand sie das Land ihrer Träume: die Mongolei. Ihre Reise endete nach 8000 Kilometern in Saigon.
- **Matthias Rückert / Tina Scheible: „Rückenwind – mit dem Fahrrad zwischen Neuseeland und Baikalsee".** Traveldiary 2006. Tagebuch einer 14.000-km-Radreise von Neuseeland über Indonesien bis in die Weiten Sibiriens, dann zurück in den Süden über den Himalaya hinein in den indischen Subkontinent.
- **Stephan Rankl: „Kürzlich in Asien".** Begegnungen, Entdeckungen und Erlebnisse einer Radreise von Pakistan quer durch Tibet bis nach Bangkok", BoD 2008.
- **Roswitha Söchtig: „Mit den Augen einer Frau: Veloreise von Braunschweig nach Peking".** Projekte-Verlag 2009. Eine 15.000-km-Tour über die Türkei, Georgien, Aserbaidschan, Turkmenistan, Usbekistan, Kirgisistan und Kasachstan nach China.

Karten

Als Übersichtskarte eignet sich gut die Kümmerly+Frey „Asien“, 1:12 Mio. Länder- und Detailkarten bekommt man von Reise Know-How, dem Nelles- und ITM-Verlag. Eine Auswahl länderübergreifender Karten: RKH „Zentralasien“, 1:1,7 Mio. Nelles „Central Asia“, dto. ITM „Southeast Asia“, 1:4 Mio. Nelles „Southeast Asia“, 1:4,5 Mio. Für die GUS-Staaten gibt es die Hildebrand's Urlaubskarte 1:3,5 Mio. und die Freytag & Berndt „Russland/GUS“ (europäischer Teil 1:2 Mio., asiatischer Teil 1:8 Mio.), für den Nahen und Mittleren Osten die Freytag & Berndt „Naher Osten“ (1:2 Mio.), die Kunth-Karte „Naher und Mittlerer Osten“ (1:4 Mio.) und die „Middle East“ (1:4 Mio.) von Collins. Mehr bei den Länderkapiteln. Dann gibt es auch für ganz Asien die **russischen Generalsstabskarten** und **amerikanischen Flugnavigationskarten** (erhältlich z.B. bei Därr, *www.daerr.de*, s. auch Seite 35) – die machen aber im dicht besiedelten Asien eher wenig Sinn, höchstens in Wüsten- und Bergregionen. Wer sich einen ersten Überblick über Asiens Länder und Regionen verschaffen will, der kann auch ein bisschen durch die riesige Landkarten-Kollektion der University of Texas surfen: *www.lib.utexas.edu/maps/map_sites/country_sites.html*. Wer mit **GPS** unterwegs ist: Siehe z.B. auf *www.asiagps.org*, *www.gpsinasia.com* und *www.asiangps.net*.

Internet

Der Zugang zum WorldWideWeb unterliegt in etlichen asiatischen Ländern noch immer Restriktionen, vor allem im Iran und in China. In Touristenhochburgen werdet ihr aber immer Zugang zum Internet erhalten, sei es in Cybercafés, Tourist Offices oder in Telefonläden, wenn vielleicht auch zensiert. Doch der Fortschritt macht auch vor Asien nicht Halt – Co-Autor Beat Heim (*www.betzgi.ch*) berichtet von seiner *Asian Odyssey*: „Auf meiner ganzen Reise war ich vielleicht 10-mal in einem Internetcafé. In Ländern wie Russland, Kasachstan, Japan, Korea, Vietnam und auch in China habe ich immer WiFI gefunden, nicht gerade an jedem Ort und auch nicht gerade in Tibet, aber doch recht regelmäßig“. **Internet-Infos:** Da wäre (neben dem Auswärtigen Amt) zunächst das Asien-Portal der Online-Enzyklopädie Wikipedia (*http://de.wikipedia.org/wiki/Asien*) zu nennen, dann *www.transasien.org* mit genauen und aktuellen Infos zu jedem asiatischen Land. Eine gute Adresse ist die Deutsche Gesellschaft für Asienkunde (*www.asienkunde.de*), die auch für ihre Mitglieder schon seit fast 30 Jahren die Zeitschrift „Asien“ herausgibt. Dann *www.asien-auf-einen-blick.de*, eine zwar eher kommerzielle Seite, doch gut geeignet für den Überblick. Recht gute Länderinfos in Englisch gibt's auf der Homepage des Verlags Lonely Planet (*www.lonelyplanet.com*, auf der Karte Asien anklicken). Auch *www.asia.com* lohnt einen Blick, mit kurz gefassten Länderinfos und einer Übersicht über Flugverbindungen. Last, but not least eine kleine Auswahl neuerer guter **Websites von Asien-Radlern** (einige davon sind Co-Autoren hier im Buch): Patrizia und Brö (*www.somewhereonearth.org*) – Jemen, Oman, Emirate, Iran, Zentralasien, Pakistan, China, Nepal, Indien. Beat Heim (*www.betzgi.ch*) – Kirgisistan, Kasachstan, Russland, Mongolei, Japan, Südkorea, Vietnam, Laos, Kambodscha, China. Ernst Christen (*www.ernstchristen.ch*) – von der Schweiz über Russland, Kasachstan, Kirgisistan, China und Laos nach Thailand, dort in ein buddhistisches Kloster eingetreten – mit GPS-Daten. Uli und Bine (*www.pedalglobal.net*) – in Wien gestartet, u.a. Kaukasus-Republiken, Zentralasien, China, Laos, Kambodscha, Thailand, dann weiter nach Amerika. Mit sehr guten Länderinfos (Visa usw.) und Linkliste zu anderen Globetretern. Markus Wagner (*www.grenzenlosradeln.de*) – Start im Schwarzwald, Ziel Gelbes Meer über die Türkei, den Kaukasus, Iran, Zentralasien, dann quer durch China. Mandy und Benny (*www.globecyclers.de*) – mit dem Tandem nach Südostasien durch die Türkei, Iran, Pakistan, Indien und China, dabei mussten die beiden im März 2008 während der Aufstände in Lhasa Tibet verlassen und mit dem Zug nach Südchina reisen. Julia und Holm (*www.strassenkreuzer.org*) – von daheim nach Neuseeland, über die Türkei, Iran, Zentralasien, China, Nepal, Indien, Südostasien, Taiwan, Philippinen. Tobias und Daniela (*www.weltperrad.de*) – Kaukasus, Iran, Zentralasien, China, Pakistan, dann Weiterreise nach Afrika geplant. Gute Infos z.B. zur Visa-Beschaffung. Olaf und Livia (*www.sabbatrad.de*) – Ukraine, Russland, Kasachstan, Kirgisistan, Mongolei, China. Matthias und Veronika (*www.radwandernde.de*) – von Heidelberg nach Ulm, dann mit dem Kanu (!) auf der Donau zum Schwarzen Meer, weiter per Rad durch die Türkei, den Kaukasus, Iran und Zentralasien in Richtung Baikalsee, Mongolei und Peking.

B Naher Osten / Orient

Türkei [TW]

Überblick

Die Türkei ist die Brücke zwischen Europa und Asien. Viele Reiseradler machen hier eine erste Erfahrung mit dem asiatischen Kulturkreis, die Lust auf mehr macht. Und wer von Europa nach Indien oder noch weiter biken möchte, kann (und muss) sich bereits hier ein wenig an die asiatische Lebensweise gewöhnen. Das gilt auch für den Stellenwert der Religion im täglichen Leben. Die Türkei ist ein islamisches Land – die Kenntnis und die Beachtung islamischer Sitten ist notwendig, besonders wenn die Route durch (konservative) ländliche Gebiete führt (für Frauen siehe Teil 3, C 6, Seite 114; Radlerinnen sollten nicht alleine fahren).

Im Orient.
Alte Karawanserei östlich von Kayseri

Die Menschen sind sehr gastfreundlich („hoz geldiniz“ – „herzlich willkommen!“), und in fast jedem Dorf gibt es jemanden, der Deutsch oder Englisch spricht. Dann wird eine Runde Cay (Tee) bestellt und über Gott und die Welt geplaudert. Auch Schulkinder können oft etwas Englisch. Es lohnt sehr, einige türkische Worte und Sätze zu erlernen (praxisnah: Kauderwelsch-Sprachführer!).

Größte Minderheit sind die Kurden (ca. 15 Mio.), die von der Türkei offiziell kaum zur Kenntnis genommen werden (ihre Sprache darf z.B. nicht verbreitet werden). Ihr Streben nach einem eigenen Staat (auch im Irak) wird vom türkischen Militär immer wieder blutig niedergeschlagen.

Geografie, Reisezeit

Die Türkei ist mehr als doppelt so groß wie Deutschland, sie misst von West nach Ost immerhin knapp 1600 km. Nur 3% der Fläche, die Provinz Thrakien im NW, zählt noch zu Europa. Das türkische Hauptgebiet, Anatolien, ist ein mit Senken, Becken, Bergen und vielen Seen gegliedertes 800 bis 1000 m hohes Hochplateau, das zum Osten stetig ansteigt (höchster Berg an der Grenze zum Iran ist der 5165 m hohe Ararat). Es wird eingeschlossen von Randgebirgen, die bis zu 3000 m ansteigen und zu den Küsten hin steil abfallen (Pontisches Gebirge und Taurus-Gebirge).

Beste Radreisezeiten sind an den Küsten von April bis Juni und von September bis November (mediterranes Klima), an der Schwarzmeerküste auch von Juni bis September mit gelegentlichen Regenfällen und schwüler Hitze. Zentralanatolien ist wegen der höheren Lage nur günstig in den Sommermonaten (kontinentales Steppenklima). In Ostanatolien fällt im Winter viel Schnee. Winde meist aus Meeresrichtung.

An- und Einreise, Währung

Flug: Istanbuls „Atatürk Havalimani"-Flughafen ist die türkische Drehscheibe für Flüge in alle Welt. Viele internationale Linien- und Charterflüge landen auch in Ankara, Izmir, Antalya, Adana, Trabzon und Dalaman. Günstige Tarife in der Zwischen- und Nebensaison, auch zahlreiche Last-Minute-Angebote. Erkundigt euch nach weiteren Sparangeboten (Studententarife o.ä.) z.B. bei Turkish Airlines (THY; *www.turkishairlines.com*) und den anderen Fluggesellschaften. Für den Radtransport wird meist eine Pauschale verlangt.

Bahn: Früher fuhr der „Istanbul-Express" (*http://de.wikipedia.org/wiki/Istanbul-Express*) täglich ab München bis zum „Sirkeci"- Bahnhof in Istanbul. Dieser berühmte Zug wurde aber im Lauf der Jugoslawien-Kriege eingestellt; heute besteht nur noch eine umsteigepflichtige Verbindung. Die Züge Richtung Anatolien starten dann auf der anderen, „asiatischen" Seite des Bosporus im Bahnhof „Haydarpasa". Zugverbindung von Teheran/Iran s. Seite 489. Einmal wöchentlich fährt auch ein Zug von Damaskus/Syrien über Aleppo und Gaziantep nach Istanbul.

Es gibt auch (Auto-)**Fähren**, z.B. von Italien (Venedig, Ancona, Brindisi, Bari), Griechenland (Piräus und einige Ägäis-Inseln). Dazu s. unter *www.marmaralines.com* (Ancona – Cesme), *www.mesline.com* (Brindisi – Cesme), *www.tdi.com.tr* (Venedig – Izmir) und *www.ido.com.tr* (Yenikapi/Thrakien zu diversen Destinationen in Anatolien). Eine Übersicht aller Fährgesellschften findet man unter *www.seereisenportal.de*.

Für die **Einreise** reicht ein gültiger Personalausweis. Die **Währung** ist die Türkische Lira (TRY). Sie wurde durch eine Währungsreform zum 1. Januar 2005 eingeführt und löste die stark inflationsgeplagte alte Lira ab. Reiseschecks werden von Banken und Wechselstuben akzeptiert, auch bare Euro und US$ sowie alle Kreditkarten. Dichtes Netz von Bankautomaten. Viele Hotels und Pensionen schreiben ihre Preise auch in Euro und Dollar aus und sind froh, wenn ihr damit bezahlt. Auf den Märkten ist Handeln üblich.

Gefahren, restriktive Gebiete

Die Gefahren im türkischen Straßenverkehr sind selbst dem AA (*www.auswaertiges-amt.de*) eine Notiz wert. Wegen der weiter schwelenden Kurdenproblematik in der Osttürkei gelten dort verschärfte Sicherheitsbestimmungen; der Generalstab hat sechs Gebiete in den Provinzen Siirt, Sirnak, Mardin und Hakkâri (insbesondere das Gebiet südöstlich von Hakkâri an der Grenze zum Irak und südöstlich der Ortschaft Cizre im Dreiländereck Türkei – Syrien – Irak) zu Sicherheitszonen und zeitweilig zu militärischen Sperrgebieten erklärt. Das heißt nicht, dass Radeln dort nicht möglich wäre; man sollte nur nicht bei Nacht fahren (auch in der restlichen Türkei ein eher zweifelhaftes Vergnügen), auf keinen Fall wild zelten und jederzeit mit Militärkontrollen rechnen. Haltet euch über den Konflikt auf dem Laufenden. Steine werfende Kinder, früher der Schrecken jedes Anatolien-Bikers, haben sich nach letzten Erfahrungen dagegen neuen Herausforderungen gestellt (wahrscheinlich üben sie jetzt ihre Treffsicherheit an Gameboy und Co.), doch Einzelfälle gibt es immer noch. Dazu Dorothee Krezmar und Kurt Beutler (Buch „Odyssee ins Glück", RKH): „Der Abschied von der Türkei passte nicht zu den Erlebnissen, die wir dort gehabt hatten. Auf den letzten Kilometern vor der Grenze zum Iran liefen uns drei halbwüchsige Hirtenjungen hinterher und bewarfen uns mit Steinen. Dabei lernten wir gleich die Hilfsbereitschaft der Iraner zum ersten Mal kennen, denn der Fahrer eines iranischen Sattelschleppers, der den Vorfall gesehen hatte, verlangsamte sein Tempo und veranstaltete ein lautes Hupkonzert, worauf die Bande das Weite suchte." Thomas Weis: „In Ostanatolien können auch freilaufende Hirtenhunde zur Gefahr werden, wenn sie ihre Herde bedroht sehen."

Auf dem Land besteht kaum Diebstahlsgefahr, doch aufpassen in den Städten und in touristischen Orten. Vorsicht vor neuen „Freunden", die euch mit präparierten Drinks betäuben und ausrauben. Radlerinnen sollten sich bewusst sein, dass sie sich in einer islamischen Männerwelt bewegen, die nach dem Konsum zu vieler amerikanischer Seifenopern einen recht verkorksten Eindruck vom (westlichen) weiblichen Geschlecht hat. Frauen sollten auf keinen Fall wild campen und wie schon erwähnt nicht alleine radeln!

Übernachten, Verpflegung Es gibt sowohl staatliche Campingplätze („Milli parki") als auch private; die letzteren sind meist einfacher, billiger, aber oft auch schlechter zu finden. An Küstenorten bzw. in touristisch erschlossenen Gebieten sind die Plätze zahlreich, im Landesinnern spärlich, im Osten gibt es kaum welche. Die meisten sind nur zur Touristensaison von Mai bis Oktober geöffnet. Wildes Campen ist möglich (am besten die Leute fragen), in SO-Anatolien aber generell nicht ratsam bzw. in den Sicherheitszonen verboten! Es gibt nur eine Handvoll offizieller Jugendherbergen, aber einige Backpacker's (s. unter *www.hostels.com*) und ein sehr gutes Angebot an Hotels aller Kategorien, viele davon sehr preiswert („Pansiyon", „Bos odar var" = „Zimmer frei"). Oft wird man auch zum Übernachten in ein Haus eingeladen werden.

Tipp: Häufig gibt es Picknickplätze an den Hauptstraßen. Am Wochenende verbringen ganze Familien ihre Nachmittage dort. Es hat einfachste Toiletten und meist noch einen Wasseranschluss. Zum Thema Wasser: Es ist ein Brauch, am Straßenrand einen Brunnen zu errichten, daher ist eine Versorgung auch außerhalb der Ortschaften häufig möglich.

Die türkische Küche ist überaus vielfältig, ein kulinarisches Paradies auch für Radler, sie bietet mehr als nur „Döner Kebab" – z.B. Joghurt, Ayran, Hammelfleisch, Gemüse, Fisch und leckeres, sonnenverwöhntes Obst. Und immer wird viel „Cay" (Tee) getrunken; auch die Biere und Weine sind gut. Leitungswasser schmeckt oft stark nach Chlor, aber man kann es bedenkenlos trinken. Abgefülltes Trinkwasser ist auch erhältlich. Wer nicht querwegein touren will braucht kaum eine Kochausrüstung.

Fahrrad, Ausrüstung Ein stabiles Reiserad ist ausreichend, breite Reifen (mind. 37 mm) für schlechte Nebenstrecken und eine Berguntersetzung sind von Vorteil. Höherwertige Radersatzteile gibt es noch am ehesten in Istanbul; mehrere Radshops mit Shimano-Teilen verstecken sich im Gassengewirr gegenüber dem Eingang zum Sirkeci-Bahnhof. In Ankara bzw. in den Städten des Westens fragt ihr am besten in den Touristenämtern nach Rennradvereinen, manchmal trifft man auch einen Rennradler auf der Straße, die wissen auf jeden Fall, wo es Teile zu kaufen gibt. Allgemein fahren die Türken sehr wenig Rad. Thomas Weiß: „Ersatzteile in Baumarkt-Qualität für 26"-Räder sind jedoch in jeder Stadt erhältlich."

Für längere Touren in den Osten und auf Nebenstrecken alle wichtigen Werkzeuge (Ritzelabzieher) und Ersatzteile mitführen, nebst Kette auch Schläuche und einen Ersatzreifen. Falls im fernen Ostanatolien ein wichtiges Teil den Dienst quittiert, muss es ziemlich wahrscheinlich in Istanbul bestellt werden.

Straßen, Verkehr, Transport Überland- und Hauptstraßen sind gut ausgebaut, doch sehr verkehrsreich, voller Busse und Lkw, die Radlern kaum Chancen lassen, teils sehr gefährlich, immer ausweichbereit sein! Ein Rückspiegel ist absolute Pflicht! Ausfahrtsstraßen der Großstädte (z.B. Izmir, Istanbul) sollte man vor allem zur Rush Hour vermeiden. Um Istanbul verkehrsärmer zu verlassen entweder am Bosporus entlang nach Norden fahren oder vom Zentrum die Katamaran-Fähre nach Bandirma nehmen.

Der Straßenbelag der Hauptstraßen besteht meist aus sehr grobem Asphalt, Nebenstrecken sind oft Schotter- oder Erdpisten. Gute und schlechte Straßenabschnitte wechseln häufig. Die allgemeine Verkehrsfrequenz nimmt nach Osten hin ab, wie auch die Qualität der Straßen.

Gut funktionierendes, dichtes **Busnetz**, Räder werden (meistens) mitgenommen. Dazu fahren reichlich private Sammeltaxis („Dolmusch"). Überlandbusse sind meist recht komfortabel, doch hinsichtlich der Radtransportmöglichkeiten beschränkt auf den Laderaum (bei der fünften Tasche auf dem Rad kommen euch garantiert die Tränen, also vorher klären). Leider ereignen sich immer wieder schwere Busunfälle, an denen überhöhte Geschwindigkeit und übermüdete Fahrer gleichermaßen schuld sind. Die Konkurrenzsituation unter den Busgesellschaften ist brutal – solange diesen Wettrennen nicht staatlicherseits ein Riegel vorgeschoben wird, ist eine Bahnfahrt sicherer.

Zuglinien gibt es relativ viele, vor allem zwischen Istanbul und Ankara, aber auch von Ankara Richtung Osten nach Erzurum, Diyarbakir und Van, von Ankara zur Schwarzmeerküste (Samsun) und zwischen Izmir und Istanbul bzw. Ankara. Teils werden auch Schlafwagen eingesetzt. Die „Ekspresi" sind wesentlich langsamer als Busse, und nicht immer kann das Rad im gleichen Zug mitkommen. Ticketkauf und Reservierungen gestalten sich meist unproblematisch; irgendeiner der Angestellten kann bestimmt ein paar Brocken Deutsch. Alles zum Schienenverkehr: *http://de.wikipedia.org/wiki/Schienenverkehr_in_der_Türkei*.

Von Istanbul und Ankara bietet Turkish Airlines preiswerte **Flüge** in viele Provinzhauptstädte. Konkurrenz machen ihr regionale Fluglinien wie Pegasus (*www.flypgs.de*), Anadolu Air oder Onur Air mit nicht ganz so dichten Streckennetzen. Die Sicherheit soll nun angeblich meist internationalem Standard entsprechen (in den der 80er-Jahren standen die Passagiere manchmal bei Inlandsflügen noch im Gang …).

Ab Istanbul und entlang der Küsten regelmäßiger **Schiffsverkehr** nach Izmir (ganzjährig), Samsun und Trabzon bis Rize (Mai bis Oktober). Weitere Linien über das Marmara-Meer. Interessant für alle, die von Istanbul Richtung Südküste wollen, ist die schon erwähnte Katamaran-Fähre nach Bandirma.

Viele gute Infos, Streckennetze, Fahrpläne usw. zu den innertürkischen Bus-Bahn- Flug- und Schiffverbindungen findet man unter *www.turkeytravelplanner.com/trans/index.html*.

Sehenswertes

Ein bekanntes Naturwunder sind die Sinterterrassen von Pamukkale, Thermalbecken, gut für verkrampfte Radlermuskeln (das gilt übrigens auch für die überall zu findenden Dampfbäder, die „Hammams"). Weitere interessante Orte sind z.B. Göreme mit seinen einzigartigen Höhlenlandschaften, Amasya (Felsengräber), Tokat (28-türmige Burg), Sivas (Kreuzungspunkt der alten Karawanenstraßen), Ürgüp (unterirdische Katakomben), dazu zahlreiche antike Städte (Ephesus, Pergamon, Troja) an der Ägäis und auch an der Südküste – ganz zu schweigen von Istanbul, sicher eine der interessantesten Städte der Welt und allein schon eine Reise wert. Die Türkei ist ein Land, in dem sich etliche Hochkulturen die Klinke in die Hand gegeben haben – unmöglich, hier alle Sehenswürdigkeiten aufzuzählen. Eine Übersicht über alle interessanten Ziele findet sich in Reiseführern oder auch auf *www.reiseland-tuerkei-info.de* und *www.turkeytravelplanner.com*.

Traumhaft schön – die türkische Südküste

Routen, Touren, Grenzübergänge

An der buchtenreichen türkischen Westküste liegen viele Ferienzentren und die genannten antiken Stätten. Thomas Weis: „Die Strecke **entlang der Ägäis** ist eine der schönsten Nord-Süd-Verbindungen der ganzen Türkei." Wer es ursprünglicher mag hält gleich Kurs zur Südküste, wobei auch dort stellenweise der Massentourismus bereits angekommen ist.

Richtung Osten, Iran: Die große transanatolische Straße führt von Istanbul über Ankara, Sivas nach Erzurum und weiter bis zur iranischen Grenze (Gürbulak/ Bazargan), ca.1500 km. Je weiter östlich man kommt, desto karger und trockener wird es. Diese Straße (E 5) hat einen überaus starken Lkw-Verkehr und ist weniger zu empfehlen. Es gibt auch eine schwächer befahrene Südroute über Konya, Kayseri, Maltaya, Elazig nach Mus. Von da weiter südöstlich am Van-See (schönes Gebiet) entlang in den Iran (Esendere). Klärt vorher für diese Strecke die Situation in der Grenzregion (restriktive Gebiete, s.o.). Dritte West-Ost-Alternative: An der Schwarzmeerküste entlang bis Trabzon (bis dahin wie erwähnt auch Schiffe), dann weiter nach Erzurum und Dogubayazit (Grenzübergang Bazargan), Distanz 2000 km. Vor allem die ersten 800 km von Istanbul bis Sinop sind wunderschön, verschlafene Schwarzmeerstädtchen und eine teils einspurige Straße, die sich das Küstengebirge rauf- und runterschraubt. Von Samsun bis Trabzon wird es eher hektisch, ab Trabzon Richtung Erzurum und Iran dann richtig gebirgig.

Im Osten sind die Entfernungen zwischen den Orten groß, die Besiedlung ist spärlich, einsame Etappen. Überwiegend gebirgig (s. das Buch von Herbert Lindenberg). Aufpassen muss man wie schon erwähnt vor den scharfen anatolischen Hirtenhunden; sie greifen vor allem gerne Einzelfahrer an.

Von Trabzon weiter an der Schwarzmeerküste geht es nach **Georgien** (wichtigster Grenzübergang bei Sarp), auch Busverkehr zwischen Trabzon und Batumi. **Richtung Süden nach Syrien** s. im Syrien-Kapitel auf Seite 467.

Literatur, Karten, Internet

Reiseführer: „Türkei" von Michael Bussmann u.a., Michael Müller Verlag. Wer von Deutschland über Italien und Griechenland radelt, findet im selben Verlag etliche weitere gute Reiseführer. Dann Iris Alanyali „Gebrauchsanweisung für die Türkei", Verlag Piper – ein gutes, lehrreiches und amüsantes Buch für alle Türkei-Novizen. Von Reise Know-How gibt es den beliebten und umfassenden Stadtführer „Istanbul und Umgebung", dazu ein Buch über die türkische Mittelmeerküste sowie „KulturSchock Türkei" und die Kauderwelsch-Sprachführer „Türkisch" und „Kurdisch". Ein Standardwerk auf Englisch ist „Turkey" von Lonely Planet. **Radbücher:** Ein zwar nicht mehr aktuelles, aber sehr lesenswertes Buch ist „Mit dem Fahrrad in die Türkei" von Herbert Lindenberg, Frederking & Thaler (Route entlang des Schwarzen Meers über Erzurum ins Van-See-Gebiet). Leider nur noch im Antiquariat, genauso wie „Radwandern Türkei", von Buttkereit, Hayit-Verlag. Und in fast jedem Weltumradler-Buch gibt es ein Türkei-Kapitel. **Karten:** Zur Reiseplanung „Türkei" 1:1,1 Mio., RKH, dto. für den Westteil „Türkei, Mittelmeerküste und Zypern", 1:700.000. Falk Länderkarte „Türkei", 1:800.000. **Internet-Infos:** Die Homepage der Türkischen Botschaft in Berlin beantwortet viele Fragen (*www.tuerkischebotschaft.de*), im Unterkapitel „Tourismus" hält sie eine Vielzahl weiterer Links parat. Ganz interessant und mit einigen Links auch die Seite der deutschen Botschaft in Istanbul: *www.istanbul.diplo.de*. Die offizielle Seite des Türkischen Tourismusministeriums (*www.turizm.gov.tr*) ist gut für einen schnellen Überblick. Unendlich viele Infos (in Englisch) gibt es auf der erstklassigen und schon mehrfach erwähnten Website *www.turkeytravelplanner.com*. Recht brauchbar auch die Infos bei Lonely Planet: *www.lonelyplanet.com/turkey*. Auf Deutsch kommt *www.reiseland-tuerkei-info.de* – nicht in jeder Hinsicht aktuell, aber gute Infos zu den Sehenswürdigkeiten. Interessant auch die private Seite *www.tuerkeiteam.de*. Tote Hose in Istanbul? Nicht mit *www.istanbulcityguide.com*!

Orient-Express. Eine Radreise durch Syrien und Jordanien [AW]

Reisestory von Andreas Wever

Der Charterjet spuckt uns im türkischen Antalya aus. Von hier bringt uns der Nachtbus nach Antakya, unserem Ausgangsort für unser Radabenteuer Orient.

Nieselregen vermiest unseren Auftakt Richtung syrischer Grenze. Unsere Augen suchen in der Dämmerung nach einem Platz für unser Zelt. Plötzlich stoppt vor uns ein Jeep. Zwei Uniformierte der Provinzpolizei eskortieren uns in ihre nahe gelegene Kaserne, in denen sie mit ihren Familien leben. Während ich inmitten einer ständig wachsenden Männerrunde Tee trinke, wird Astrid in eine vielköpfige Frauenschar zur Zubereitung von Köfte integriert. Es wird mein Geburtstag gefeiert! Woher haben sie den nur spitzgekriegt?

Nach einem reichlichen Kantinenfrühstück machen wir uns am Morgen auf den Weg zur Grenze. Kaum auf syrischen Boden verfahren wir uns. Zwei Jungs auf einem Moped lotsen uns unermüdlich durch Olivenhaine und Kiefernwälder zu den Ruinen des Klosters St. Simeon. Dieser verbrachte hier um etwa 400 n. Chr. die letzten 30 Jahre (!) seines Lebens als Asket auf einer Säule. Für das Foto wird Astrid bereits nach wenigen Sekunden zappelig.

Vor unseren Augen erstreckt sich bald die geschichtsträchtige Handelsstadt Aleppo. Das ockerfarbende Häusermeer wird von den mächtigen Wehrmauern der alten Zitadelle auf einem Hügel überragt. An dessen Fuß stürzen wir uns in das Labyrinth der weltberühmten Souks. Gerüche unzähliger Gewürze und der Duft der beliebten Olivenseife steigen im Gewimmel von Händlern in unsere Nasen. Nur Lastenesel schaffen es, die kleinen Läden in diesem Gedränge zu beliefern. Schnell machen wir Bekanntschaft mit der außerordentlichen Hilfsbereitschaft der Syrer. Fragst du hier nach dem richtigen Weg, zeigt man dir nicht nur die Richtung – man bringt dich persönlich ans Ziel, ob du willst oder nicht!

Mit jedem Kilometer Richtung Osten steigert sich die ohnehin schon außergewöhnliche Gastfreundschaft. Die unentwegten Einladungen zum Tee und Essen können wir nur zum Bruchteil annehmen, sonst kämen wir gar nicht mehr vom Fleck. Wir folgen dem Euphrat bis zur Provinzhauptstadt Dairazuur, nahe der irakischen Grenze. Hier geht es gemächlich zu. Männer sitzen schwatzend um Wasserpfeifen beisammen. Nach zwei Tagen Verschnaufpause wartet dann die Wüste auf uns.

Unsere Blicke verlieren sich in menschenleeren Weiten; Sand und Geröll bis zum Horizont. Das schwarze Band der Straße löst sich flimmernd in der Ferne auf. Die Sonne brennt erbarmungslos auf unsere Schädel. Wir machen es wie die Beduinen und wickeln unsere Köpfe in Turbane. Die kühlen Nächte verbringen wir ohne Zelt unter einem grandiosen Sternenhimmel.

Wir haben das schönste Ruinenfeld Syriens erreicht! Die von Palmenhainen umsäumte Oasenstadt Palmyra wirkt in der Wüstenlandschaft fast grotesk. Selbst nach zwei Jahrtausenden rauben die Überreste römischer Baukunst jedem Ankömmling den Atem. Schon der Emir von Katar war einst überzeugt, dies müsse das Werk überirdischer Geister gewesen sein.

Nach Hama, der Stadt mit ihren berühmten Wasserrädern, den Norias, überwinden wir schwitzend die nördliche Verlängerung des Libanongebirges. In Tartus, einem schmucken Mittelmeerhafen auf kreuzritterlichem Boden, lassen wir unsere Räder einen Tag ruhen. Mit einer Kombination von Minibussen, Autostopp und Fußmarsch gelangen wir nach Qalaat al Husn. Hoch über diesem Ort thront die wohl schönste und besterhaltene Kreuzritterburg „Krak des Chevaliers". Neben uns stoppt ein verwegen wirkender Traktorfahrer und winkt uns unter seinem Turban zu. Sofort springen wir links und rechts auf die hinteren Kotflügel und los geht's. Wir hätten nie gedacht, dass ein Traktor, selbst bergauf, soviel Gas geben kann! Entsetzt starren wir uns an. Dennoch erreichen wir lebend das Eingangsportal, küssen den Boden und stürmen die Burg.

Schon bald verlassen wir die Küste und nehmen wieder das Gebirge in Angriff. Malerische Bergdörfer zeichnen sich kaum von den schroffen Felsen ab. Eine wildromantische Küstenstraße bringt uns zurück in die Türkei. Voller Wehmut verabschiede ich mich in Antakya von meiner Partnerin Astrid, deren Reisezeit zu Ende ist, und mache mich auf den Weg zurück nach Syrien.

Schon der Name ist ein Mythos – Damaskus, die „Perle des Orients"! Über hoffnungslos verstopfte Einfallstraßen erkämpfe ich mir den Weg ins Herz der Stadt und finde eine gemütliche Unterkunft in einem Altstadtviertel. Ringsherum wird genäht, gehämmert und geschmiedet was das Zeugs hält. Die große Umayyaden-Moschee ist das Wahrzeichen der Stadt. Wie eine Insel in tobender See liegt sie inmitten des großen Souks. Die vielen Tauben, Säulen und der eckige, hohe Turm des Innenhofes erinnern mich an den Markusplatz in Venedig.

Dann verlasse ich die Haupstadt Richtung Süden durch eine braune Steinwüste. Nach einem Zwischenstopp im antiken Bosra erreiche ich die Grenze bei Dera'a. „Welcome in Jordan!" jubelt mir der Grenzer zu und ist entzückt von meinem Stahlross und meinem Reisepass. Begeistert zählt er deutsche Fußballclubs auf. Leider die falschen – seinen erstaunten Kuhaugen halte ich meine blauweiße Fahne (schützt umwickelt meine Kamera) aus der Lenkertasche unter die Nase. Ich höre ein fast akzentfreies „Schalke 04" – na, geht doch!

Über Jerash mit weiteren imposanten Römerruinen quäle ich mich bei heftigem Gegenwind und einem nervtötenden Stakkato aus Hügeln zur Hauptstadt Amman. Zum Frühstück in meinem kleinen Hotel am Fuße des Zitadellenhügels gesellt sich Uli, ein drahtiger 50-jähriger Radler aus Aachen, an meinen Tisch. Gemeinsam setzen wir den Weg Richtung Süden fort. Schon nach einer Tagesetappe befinden wir uns in einer Mondlandschaft, die sich im Westen in einem graublauen Dunst aufzulösen scheint. Wir campieren am Abgrund zum tiefsten Punkt der Erde. Das Tote Meer liegt fast 400 m unter dem Meeresspiegel! Am Morgen rollen wir die Serpentinen hinab und treiben schon bald rücklings auf dem Wasser für das obligatorische Foto. Allerdings ohne Zeitung, stattdessen mit meiner Fahne. Aufgrund des hohen Salzgehalts geht wenigstens hier nichts unter. Aus dieser Tiefe strampeln wir die Kehren hinauf zur Festungsstadt Kerak. Wir folgen der „Straße der Könige" durch bizarre Berglandschaft südwärts, bis wir den Ort Wadi Musa erreichen, am Rande eines Weltkulturerbes!

Ehrfürchtig wandern wir durch die lange Schlucht. Nahezu 100 m ragen die engen Felswände über unseren Köpfen hinweg empor; sie scheinen sich oben zu berühren. Dann plötzlich werden wir von einer Lichtfülle geblendet. Uns stockt der Atem – von der Fassade der ins Sandstein gemeißelten Schatzkammer des Pharaos! Nabatäische Steinmetze hauten hier vor 2000 Jahren in unglaublicher Fleißarbeit etwa 800 Tempel und Gräber ins farbenprächtige Gestein. Wir befinden uns inmitten der sagenhaften Felsenstadt Petra.

Das Schatzhaus von Petra

Von der Höhe schweifen unsere Blicke über ein riesiges Wadi. Bis zum Horizont ragen rotbraune Felsgiganten in den Himmel. Nach einigen Kilometern auf dem Desert-Highway nehmen wir den Abzweig ins Wadi Rum. Vor uns erstreckt sich eine der faszinierendsten Wüstenlandschaften der Welt.

Der schallende Ruf des Muezzin treibt uns noch in der morgendlichen Dunkelheit aus unseren Schlafsäcken. Vor unseren Zelten am Rand eines kleinen Dorfes wartet bereits unser Kamelführer. Hastig stopfe ich ein paar Sachen in eine Packtasche. Vorsichtig und mit gehörigem Respekt nähere ich mich meinem Höckertier. Zur Begrüßung raunzt er mir gleich ein paar kehlige Laute zu. Kaum habe ich ein Bein über sein Rücken gehoben, schwingt es grölend sein Hinterteil in die Höhe. Ruckartig folgt das Vorderteil, meine Hände graben panisch in dem rauen Fell nach Halt, und schon bald schaukeln wir durch die skurrile Felsenwüste. Nach und nach gelingt es mir, das Kommando über mein Wüstenschiff zu erlangen, während Uli schon jetzt auf offene Ablehnung seines Reittiers stößt.

Völlig surreal, wie aus Schokoguss, türmen sich entlang unserem Weg Granit- und Sandsteingipfel in den Himmel. Lawrence von Arabien gab ihnen einst so poetische Namen wir die „Sieben Säulen der Weisheit“, bevor er von hier mit seinen Beduinenkämpfern zum Angriff auf Aqaba blies. Ein Sonnenuntergang im Wadi Rum ist immer ein prachtvolles Farbenspektakel. Unser Nachtlager bereiten wir am Fuß eines steil aufragenden Felsens unter freien Himmel. Während unser Guide Achmed uns ein köstliches Hühnchen auf Reis zaubert, bringe ich mit Uli ein Lagerfeuer in Gang.

Der Abschied vom Kamelrücken fällt uns leichter, als dieses einmalige Fleckchen Erde nach ein paar Tagen zu verlassen. Zurück auf dem Desert Highway rauschen wir hinab nach Aqaba, am Zipfel des Roten Meeres. Vom Balkon unserer Unterkunft erblicken wir zur Rechten, zum Greifen nah, das israelische Eilat, und gegenüber der Bucht liegt bereits Ägypten. Ich bin am Ziel meiner Reise. Am Morgen nehme ich nach herzlichem Abschied von Uli die Fähre rüber zum ägyptischen Sinai. Mit verschiedenen Bussen gelange ich nach Marsa Alam, dem Taucherparadies im Süden. Ein Urlauberjet bringt mich zurück ins winterliche Deutschland.

Syrien [AW, TL, PS]

Überblick

Während der Tourismus in der Türkei boomt, bleibt Syrien ein Geheimtipp, obwohl es eine ähnliche Fülle von antiken Stätten aus der Römerzeit, von Burgen, Schlössern, Klöstern und Moscheen aufzuweisen hat. Vielleicht liegt es auch daran, dass die Mühlen der Bürokratie in diesem sozialistisch geprägten Land noch langsamer als in den Nachbarstaaten mahlen.

Das Reiseradeln ist in Syrien in den letzten Jahren einfacher geworden, auch wenn die Ausschilderung besonders auf Nebenstraßen verbesserungsbedürftig ist (aber die Straßen sind mittlerweile in recht gutem Zustand). Jedoch spricht die arabische Bevölkerung oft nur wenig Englisch oder Französisch. Andreas Wever: „Bei der Touristenpolizei in Aleppo sprach niemand eine Fremdsprache. Nach einem Diebstahl suchte ich mir einen Übersetzer von der Straße“. Ähnliches gilt manchmal auch für das Personal von Touristeninformationen. Doch wer einmal hier war, berichtet begeistert von der Liebenswürdigkeit und Hilfsbereitschaft der Araber, den unzähligen Einladungen zum traditionellen Tee oder Kaffee, die manche Tagesetappe viel früher als geplant enden ließ.

Gesundheitlich bestehen keine Risiken, evtl. ab Mai im Euphrat-Tiefland geringe Malariagefahr. Da Syrien seit der Besetzung der Golan-Höhen durch Israel im Nahostkonflikt recht stark engagiert ist, sollte die politische Entwicklung unbedingt genau verfolgt werden – schaut vor der Reise auf die Webseite des AA (*www.auswaertiges-amt.de*). Das Grenzgebiet zu den Golan-Höhen bleibt für Touristen mit Ausnahme des National-Mahnmals Qunaitra (Permit erforderlich!) bis auf weiteres gesperrt.

Anreise, Geografie

Die **Grenzübergänge** von der Türkei, vom Libanon und von Jordanien sind geöffnet. **Türkei:** schnell und einfach bei Kilis/Azaz nördlich von Aleppo und bei Bab al-Hawa westlich von Aleppo (der Übergang am Euphrat bei Jarabulus ist nicht benutzbar). **Libanon:** siehe dort. **Jordanien:** zwei Übergänge, von Dera'a nach Ramtha und weiter östlich Nasib/Jabber. Es gibt auch einige Grenzübergänge in den Irak, aber der seit 2004 verhängte Ausnahmezustand lässt Reisen dort nicht zu.

Syrien hat zwei internationale Flughäfen, einen bei Damaskus, den anderen bei Aleppo. Linienflüge mit z.B. Turkish Airlines oder anderen Fluggesellschaften gibt es ab ca. 400 Euro. Günstiger geht es mit einem Charterflug nach Antalya und Weiterreise mit dem Bus nach Antakya oder Gyanzetepe.

Generell ist die Anreise mit Bahn und/oder Bus aus den Nachbarländern gut möglich. Einmal die Woche fährt ein Direktzug von Istanbul über Aleppo nach Damaskus, alternativ mit Zug von Istanbul über Ankara und Adana nach Iskenderum und von hier mit dem Bus über die Grenze nach Latakia. Einmal wöchentlich (montags) verbindet ein Passagierzug Amman mit Damaskus, mehrere Busse fahren die Strecke dagegen täglich. Weitere von Beirut und Tripoli. Vor dem Ticketkauf unbedingt abklären, ob Fahrradmitnahme möglich ist! Wöchentlicher Fährdienst zwischen Famagusta/Zypern und Latakia (*www.akgunler.com.tr*).

Syrien hat ca. 18 Millionen Einwohner, ist etwa halb so groß wie Deutschland und besteht fast gänzlich aus kargem, wüstenhaftem Hochland. Entlang des Mittelmeers erstreckt sich ein schmaler, dicht besiedelter Küstenstreifen. Unmittelbar dahinter steigt ein Küstengebirge an, dessen südliche Ausläufer, der Antilibanon, an der Grenze zum Libanon immerhin über 2800 m Höhe erreicht. Im Südosten schließt sich die Syrische Wüste an. Syriens längster Fluss und wichtigster Wasserlieferant ist der Euphrat; er fließt in Nord-Ost-Richtung durch das versteppte Euphrattiefland. Seit dem Bau des Atatürk-Staudamms im Süden der Türkei ist er eine Quelle ständiger Dispute um Wasserrechte und -mengen.

Reisezeit, Einreise, Währung

Beste Reisezeit ist der Herbst, besonders auch für Fernradler mit dem Ziel Ägypten oder Afrika, und der Frühling. Alternativ der Frühsommer, allerdings radelt ihr in den Süden dann direkt in den Glutofen! Mediterranes Klima an der Küste mit heißen, trockenen Sommern und milden, feuchten Wintern. Im Hochland herrscht kontinentales Klima mit heißen Sommern und kalten Wintern, die auch Schnee bringen können. Selbst in der Wüste müsst ihr dann mit Temperaturen unter dem Gefrierpunkt rechnen! Die Regengebiete erreichen im Frühjahr und Herbst durchaus auch Palmyra! Winde je nach Wetterlage aus wechselnden Richtungen, in der Wüste gelegentlich recht heftig, im Frühjahr drückend heiße Staubstürme aus südlichen Richtungen (Arabische Wüste).

Da sich die **Visa**bestimmungen nicht selten ändern, bitte einen aktuellen Reiseführer (s.u.) zur Hand nehmen oder sich ggf. bei der Botschaft informieren (*www.syrianembassy.de*). Bei Visaantrag in Deutschland vorsichtshalber genügend Zeit einplanen, da die Bearbeitung bisweilen schleppend verläuft. Außer auf dem Konsulat in Istanbul oder bei den Botschaften in Kairo oder Amman ist neuerdings das Einreisevisum auch an den wichtigsten Grenzübergängen erhältlich, Multiple für etwa 45 US$. Das Visum ist sechs Monate gültig. **Achtung:** Euer Reisepass darf weder einen Stempel von Israel aufweisen noch die Aus- bzw. Einreisestempel einer Grenzübergangsstelle eines Nachbarlandes zu Israel. Das gilt für Visumantrag und Einreise gleichermaßen! Meldepflicht bei der Polizei (Sûreté) innerhalb von 30 Tagen. Solltet ihr vor Ablauf ausreisen, z.B. in den Libanon, und mit demselben Visum (mehrere Reisen) wieder einreisen, beginnt die 30-Tage-Frist erneut. Die in manchen Visa angezeigten 15 Tage sind veraltet! Bei der Ausreise wird eine Gebühr von 500 Syrischen Pfund erhoben.

Währung ist das Syrische Pfund, Reisewährung der US$ oder Euro. Reiseschecks werden akzeptiert, Kreditkarten finden zunehmend Verbreitung. Geldautomaten, die VISA, MasterCard und teilweise auch EC-Karten akzeptieren, finden sich immer häufiger in den größeren Städten. Das Geldtauschen ist in vielen Banken möglich. Beachtet, dass der Rücktausch von Syrischen Pfund in US$ praktisch unmöglich ist! Devisendeklaration unbedingt korrekt ausfüllen, sonst kann es Probleme bei der Devisenausfuhr geben.

Die Eintrittspreise für Touristen sind stark überhöht, reduzieren sich bei Vorlage eines Internationalen Studentenausweises aber auf ein Zehntel oder weniger. Feilschen auf den Märkten nicht vergessen!

Übernachten, Verpflegung

Es gibt viele sehr günstige Hotels und Pensionen; Adressen bitte einem guten Reiseführer entnehmen. Wenige organisierte Campingplätze. Ein einfacher, doch sehr netter Platz befindet sich in Palmyra inmitten eines Oasengartens hinter dem Baal-Tempel am Rande des Ruinenfeldes. Wildes Zelten ist im Hochland und den Wüstenregionen gut möglich. Auch in einigen Klöstern kann man übernachten. Eine Erholung für schlappe Beinmuskeln und krumme Radlerrücken sind die öffentlichen Badeanstalten („Hammams"), die es in jeder Stadt gibt, auch für Frauen (sie sollten allerdings klar auf einen weiblichen Bademeister bestehen).

Die Versorgung mit Lebensmitteln ist überall gut und sehr günstig. Bier, Wein und Spirituosen gibt es in lizenzierten Läden in den meisten größeren Städten, die allerdings nicht immer leicht zu finden sind. Gegessen wird, wie in anderen arabischen Ländern, mit der rechten Hand. Lecker und sättigend ist Mezza, eine Tafel aus vielen kleinen Gerichten (gewürztes Fleisch, eingelegtes Gemüse, Oliven, versch. Pasten, Brot). Ein idealer Snack für Zwischendurch sind Falafel, die praktisch immer irgendwo an Straßenständen angeboten werden. Weiteres siehe „Jordanien" oder unter *www.syriatourism.org/cuisine.htm*.

Fahrrad und Ausrüstung

Syrien ist kein Land zum Radfahren – das meinen zumindest die Einheimischen. So gibt es nur wenige und einfache Fahrradgeschäfte in den Städten. Kleine Reparaturwerkstätten sind meist an den Ausfallstraßen zu finden. Alle nötigen Ersatzteile und auch Spezialwerkzeuge besser mitbringen. Dank (welt)weiter Verbreitung chinesischer Billigimporte lässt sich aber ein 26-Zoll-MTB mit etwas Improvisation auch hier zumindest wieder in fahrbereiten Zustand bringen.

Im Küstengebirge (aber auch im übrigen Hochland) teils starke Steigungen, entsprechende Übersetzung montieren! Auch wer mit einem Trekkingrad unterwegs sein will braucht für die guten Straßen keine besonders breiten oder profilierten Reifen.

Wasser ist in Syrien fast ganzjährig knapp, die Qualität nicht sonderlich gut. Entweder desinfiziert ihr alles Trinkwasser oder weicht auf Flaschenwasser aus. Für Selbstversorger sind Gaskartuschen oder Spiritus für den Kocher in größeren Orten erhältlich. Die Wörter dafür lässt man sich am besten auf Arabisch notieren – das erleichtert das Finden!

Straßen, Verkehr, Transport

Das Straßennetz ist relativ dünn. Dichter Verkehr nur im Umkreis der Städte, außerhalb zumeist Lkw. Auf den Überlandrouten oft breite Seitenstreifen. Radeln auf der Autobahn ist in Syrien möglich; zunehmend starker Verkehr jedoch auf der Strecke Aleppo – Damaskus. Weitere Autobahnabschnitte: Homs – Beirut, Homs – Tartus – Latakia, Latakia – Aleppo (in Teilen), von Damaskus zur libanesischen Grenze und zur jordanischen Grenze bei Dera'a. Neu ausgebaut (asphaltiert) wurden die Wüstenstrecken Palmyra – Deir ez-Zor und Palmyra – Damaskus. Mäßige Ausschilderung, manchmal auch in lateinischer Schrift. Legt euch einen kleinen Sprachführer (s.u.) zu, um die Leute nach dem Weg fragen zu können.

Fahrten mit der **Eisenbahn** sind empfehlenswert, pünktlich und sehr billig, allerdings ist es oft nicht leicht, Auskünfte über den Fahrplan zu bekommen. Hauptlinie von Damaskus via Homs, Aleppo, Deir ez-Zor und Al-Hassakah nach Kamechli mit täglichen Zügen zwischen Aleppo und Damaskus. Etliche Nebenlinien (z.B.

3x täglich Aleppo – Latakia mit Anschluss nach Banias, Tartus und Homs, 1x täglich Damaskus – Zabadani). 1x wöchentlich wie erwähnt auch Damaskus – Amman.

Komfortable und schnelle **Busse** und Sammeltaxis fahren praktisch jeden Ort in Syrien an. Die Flüge zwischen Aleppo, Damaskus, Latakia und weiteren Städten sind im Vergleich zu den Bussen verhältnismäßig teuer.

In einem syrischen Bergdorf

Sehenswertes, Streckenvorschläge

Die beiden größten Städte Damaskus und Aleppo mit ihren weltberühmten Souks. Bosra ash-Sham, ein zur Zitadelle umgewandeltes, perfekt erhaltenes römisches Theater (Übernachtungsmöglichkeit nebenan im Café). Das Küstengebirge von Kasab an der türkischen Grenze bis zur imposanten Kreuzfahrerfestung Krak des Chevaliers (ausgeschildert Al-Hosn oder Al-Hisn). Wer die Herausforderung der manchmal steilen Anstiege auf der Gebirgsstrecke nicht scheut, wird nicht selten mit großartigen Ausblicken belohnt; sie ist allemal die lohnendere Alternative zur mit Güterverkehr stark frequentierten Autobahn! Zu empfehlen ist auch die Strecke durch Steppe und Wüste von Damaskus nach Palmyra, zum schönsten Ruinenfeld Syriens. Schöne Nebenstraße: Südlich von Homs bei An-Nabk die Autobahn verlassen und über den malerischen Ort Maalula inmitten herrlicher Berglandschaft nach Damaskus radeln. Der Norden und Osten des Landes ist weniger spektakulär, jedoch reizvoll, um ein unverfälschtes Syrien kennenzulernen. Viele weitere Burgen, Klöster, Wüstenschlösser und Ausgrabungsstätten. Interessant ist auch die Gegend um den Dschebel ad-Duruz (Drusengebirge).

Reiseführer, Karten, Internet

Bücher: Muriel Brunswig-Ibrahim: „Syrien“, Reise Know-How. Gut sind auch die Hintergrundinformationen im Nelles-Guide „Syrien-Libanon“. Terry Carter u.a.: „Syria & Lebanon“, Lonely Planet. Wer mehrere Länder im Nahen bzw. Mittleren Osten beradeln und Gewicht sparen möchte, ist mit dem Lonely Planet „Middle East“ am besten bedient. Länderübergreifend auch „KulturSchock Vorderer Orient“ von Muriel Brunswig-Ibrahim, Reise Know-How. Kauderwelsch-Sprachführer „Palästinensisch-Syrisch-Arabisch“, Reise Know-How. Andreas Wever: „Sehr geholfen bei der Verständigung hat mir auch ein Büchlein mit Zeigebildern, wie es sie von Langenscheidt oder Pons gibt“. **Karten:** RKH „Syrien, Libanon“, 1:600 000. ITM Travel Map „Jordan/Syria“, 1:700.000. Eine gute, wenn auch schon etwas ältere Übersichtskarte ist die Hildebrand's Urlaubskarte „Jordanien, Syrien, Libanon“, 1:1.25 Mio. Denselben Maßstab hat die vor Ort beim Tourismusministerium und bei den Touri-Infos erhältliche „Map of Syria“. Das **Internet** hält Einzug in immer mehr syrische Städte, die Preise fallen im Vergleich zu den vergangenen Jahren. Die offizielle Website des Ministry of Tourism, *www.syriatourism.org*, ist recht informativ.

Sehr gut sind die Syrien-Infos auf *www.wuestenschiff.de* und bei Wikipedia (*http://de.wikipedia.org/wiki/Syrien*). Informationen zu vielen Aspekten rund um Syrien unter *www.cafe-syria.com*. Eine Vielzahl syrischer Websites (teils in deutscher Sprache) findet man auf *www.syria-net.com*. Deutsche Botschaft Damaskus: *www.damaskus.diplo.de*. Auf Englisch: *www.lonelyplanet.com/syria*.

Libanon [AW, TL]

Überblick

Auf kleinster Fläche – der Libanon ist gerade halb so groß wie Hessen – gibt es hier für jeden Radler etwas: Schöne Strände, Hochgebirge (bis zu 3000 m!) mit atemberaubenden Gebirgspässen und verkehrsarmen Sträßchen, dazu eine Vielzahl antiker Stätten und einige hervorragende Museen.

Die politische Lage ist inzwischen ruhiger, kann aber jederzeit auch wieder eskalieren. Nur ein Fünftel aller Libanesen leben heute noch in ihrem Land, ein Viertel der rund 4 Mio. Einwohner sind Flüchtlinge, viele davon aus Palästina. Amtssprache ist Arabisch, Wirtschaftssprachen sind Englisch und Französisch. Im Gegensatz zu vielen anderen arabischen Staaten hat der Islam nicht die gesellschaftlich dominierende Rolle im Libanon, neben Schiiten und Sunniten gehören immerhin 40% der Bevölkerung christlichen Konfessionen an.

Beste Reisezeiten sind das Frühjahr (Mai) oder der Herbst (Oktober), im Hochgebirge auch noch der Sommer. An der Küste typisches Mittelmeerklima mit stets sehr hoher Luftfeuchtigkeit. Winter mild und regenreich, die Sommer sind unerträglich schwül. Im Libanon-Gebirge (auch Beqaa-Ebene und Antilibanon) trockeneres Kontinentalklima mit heißen Sommern und sehr kalten, schneereichen Wintern.

An- und Einreise

Überland derzeit nur von Syrien möglich, z.B. auf der Hauptstraße von Damaskus oder südwestlich des Krak des Chevaliers (Wiedereinreise nach Syrien nur mit Mehrfachvisum möglich!). Keine Einreisemöglichkeit für Touristen derzeit entlang der Beqaa-Ebene von Homs. Busse und Servicetaxis verkehren mehrmals täglich zwischen Damaskus und Beirut. Flüge mit Middle East Airlines und weiteren Fluggesellschaften von Europa, Asien und Afrika nach Beirut. Es gehen auch Schiffe von Limassol/Zypern nach Beirut.

Visa sind bei den libanesischen Auslandsvertretungen (*www.libanesische-botschaft.info*), am Beiruter Flughafen und an den syrisch-libanesischen Grenzübergängen erhältlich. In der Regel haben sie eine Gültigkeit von 30 Tagen. Es gibt auch ein günstigeres 15-Tage-Visum. Auf keinen Fall die Fristen überschreiten, ohne sie bei der General Security verlängert zu haben! Aufenthalte bis zu drei Monate sind möglich. Wegen Israel-Stempel siehe Syrien.

Gefahren, restriktive Gebiete

Als unsicher gelten die Beqaa-Ebene nördlich und einige Orte auch südlich von Baalbek, die Flüchtlingslager und der Nordlibanon mit Stadt und Kreis Tripoli sowie die Bezirke Akkar und Diniyye. Die Hauptstraße kann aber gefahrlos beradelt werden. Auch nach dem Abzug der israelischen Soldaten und dem Einzug der UNIFIL-Einheiten bleibt der Süden des Landes für Touristen gesperrt. Nach dem Abzug der syrischen Truppen haben sich im Land zwei große, politische Blöcke gebildet; die daraus resultierenden Spannungen können die allgemeine Lage im Libanon jederzeit wieder zum Kippen bringen! Erst 2008 forderten Konflikte in Beirut, die sich bis in den Nordlibanon und das Schuf-Gebirge ausweiteten, zahlreiche Opfer. Weiterhin besteht in einigen Gebieten Minengefahr. Ein Blick auf *www.auswaertiges-amt.de* ist unerlässlich, wenn man den Libanon in seine Orient-Radtour einbeziehen will!

Reisen im Land

Die libanesische **Küche** gilt als die beste in der arabischen Welt! Die Versorgung mit Lebensmitteln ist überall hervorragend, es gibt sehr viel Frischobst. Auch **Hotels** oder **Pensionen** sind überall zu finden, jedoch nicht unbedingt billig. Es gibt nur wenige Campingplätze (z.B. bei Amchit nördlich Jbail). Vom Wild zelten ist im Libanon eher abzuraten – weniger, weil das Land zu dicht besiedelt ist, sondern weil es schon tödliche Verwechslungen mit militärischen Zeltcamps gab! Wer sich davon nicht abschrecken lässt, sollte sich wenigstens vor Ort genau erkundigen.

Währung ist das Libanesische Pfund. Das Tauschen von Bargeld oder Reiseschecks gehört in dem Land, das früher eines der wichtigsten Bankenzentren war, immer noch zu den leichteren Übungen. Zahlreiche Geldautomaten, viele Wechselstuben und Banken (US$ und Euro, Wechselstuben geben bessere Kurse).

Straßen, Fahrrad, Transport

Das Straßennetz ist in der Küstenebene sehr dicht und in guter Qualität, in den Bergregionen weniger (demzufolge braucht es ein bergtaugliches, robustes Rad). In und um Beirut nervt dichter Verkehr, Radeln ist hier nur mit Einschränkungen möglich. Allgemein sind alle Hauptstraßen verkehrsreich, z.B. die Küstenautobahn, die Straße von Beirut nach Damaskus und in der Beqaa-Ebene, es wird schnell und rücksichtslos gefahren. Ausschilderung von mangelhaft bis nicht vorhanden, meist nur in arabischer Schrift. Wo immer möglich solltet ihr auf kleinere Nebenstraßen ausweichen, die in den Bergen noch eher als an der Küste zu finden sind und eine gute Straßenkarte und ggf. Arabisch-Kenntnisse erfordern. Die Pass- und Gebirgsstraßen (außer den Hauptstraßen) sind nur im Sommer sicher befahrbar! Alle Orte in dem kleinen Land lassen sich mit Bussen, Sammeltaxis oder Lkw gut erreichen. Der Zugverkehr ist eingestellt.

Bikeshop in Beirut: La Bicyclette, Sin El Fil, gegenüber dem Futuroscope (*www.la-bicyclette.com*). Führt überwiegend MTBs und vermittelt auch MTB-Touren in den Bergen.

Sehenswertes, Streckenvorschläge

Die Hauptstadt Beirut (Omari-Moschee, Nationalmuseum). Byblos, eine der am längsten bewohnten Städte der Erde (schöne Altstadt). Die beeindruckenden römischen Tempelruinen von Baalbek (gutes Museum!), daneben etliche weitere antike Stätten und Burgen.

Sehr schön ist der Küstenabschnitt nördlich von Batrun mit teilweise mediterranen Fischerdörfern. Trotz des Verkehrs muss man ab Beirut auch die Autobahn benutzen, sollte dann aber ab etwa Jounie auf Nebenstraßen ausweichen. Südlich von Beirut lohnt sich ein Abstecher in die Schuf-Berge mit dem Palast von Beit ed Dine. Ebenfalls empfehlenswert ist eine Tour über die fruchtbare Beqaa-Ebene mit herrlichen Gebirgspanoramen. Auf entdeckungsfreudige (und wegen der miserablen Straßen leidensfähige) Radtourer warten im Mittel- und Hochgebirge einige spektakuläre Gebirgspässe, z.B. von Baalbek nach Bcharré (im Winter gesperrt) und viele kleine und kleinste Gebirgsstraßen auf der Westseite des Libanongebirges. Zedernwälder, herrliche Täler und Karsthöhlen laden zu Seitenabstechern ein.

Reiseführer, Karten, Internet

Bücher: Laila Atrache: „Libanon“, Reise Know-How. Rest und **Karten** s. bei Syrien. Es gibt auch eine ITM Travel Map „Lebanon“ 1:220.000. **Internet:** Internetcafes schießen an jeder Ecke wie Pilze aus dem Boden. Ausführliche deutschsprachige Reiseinformationen gibt es unter *www.libanon-info.de*, auch auf *www.libanon.info* und natürlich wie immer bei Wikipedia (*http://de.wikipedia.org/wiki/Libanon*). Deutsche Botschaft in Beirut: *www.beirut.diplo.de*. Sehr gut sind die Libanon-Infos auf *www.wuestenschiff.de*. Auf Englisch: *www.lonelyplanet.com/lebanon*.

Israel [AW]

Überblick

Israel ist ein kleines Land und doch vollgepackt mit Heiligtümern dreier Weltreligionen. Auf Schritt und Tritt begegnet man Relikten von einer jahrtausendealten Vergangenheit. In keinem Land des Nahen Ostens treten die Gegensätze so offen zu Tage wie im „Heiligen Land“ – hier die Basare Alt-Jerusalems, dort „Big Orange“, die pulsierende Metropole Tel Aviv, die Stadt, die niemals schläft. Oder fruchtbare Landschaften mit Wäldern im Norden und pittoreske Wüstenregionen im Süden.

Reisen in Israel ist nicht immer einfach. Das Land lebt im ständigen Ausnahmezustand. Leibesvisitationen, Taschenkontrollen und Militärpräsenz gehören zum Alltag und können dem Reisenden den letzten Nerv rauben. Doch die bunte Vielfalt, die dieses Land bietet, lässt manche Unannehmlichkeit schnell in den Hintergrund treten.

Geografie, Klima

Israel ist etwa so groß wie das Bundesland Hessen und mit 7 Millionen Einwohnern etwa gleich dicht besiedelt. Von Norden bis zum Süden ans Rote Meer misst das Land 470 km. An der breitesten Stelle sind es 135 km, an der schmalsten nur 15 km. Das Land lässt sich in vier Regionen einteilen: die fruchtbare Mittelmeerküste, das Hügelland im Zentrum mit durchschnittlichen Höhen um 600 m bis zum Berg Meron (1208 m), das regenarme Tal des Jordan (der ins Tote Meer mündet, am mit -397 m tiefsten Punkt der Erde) und die Negev-Wüste, die ca. 50% der Landesfläche ausmacht.

Der Norden des kleinen Landes ist eher gemäßigt, der Süden dagegen heiß und wüstenhaft. An der Mittelmeerküste herrscht subtropisches Klima, das sich durch heiße, trockene Sommer und milde, regenreiche Winter auszeichnet. An der Küste und an den Binnenseen kann es sehr schwül werden. Die Niederschlagsmenge nimmt nach Süden stark ab. In den Wintermonaten ist in Höhenlagen mit Schnee zu rechnen. Ein sehr heißer und trockener Wüstenwind, der Sharav, bläst besonders im Frühjahr und Herbst heftig aus Südost bis Ost. Trotzdem sind Frühjahr und Herbst die besten Reisezeiten; der Sommer von Juni bis September ist nur ratsam für Hitzeerprobte!

An- und Einreise, Währung

Es gibt zahlreiche **Flüge** nach Israel (Linien- und Charterflüge). Vergleichen lohnt! Auf dem **Landweg** kann man nur über Jordanien oder Ägypten einreisen. Die Grenzen zum Libanon und nach Syrien sind für Zivilisten geschlossen. Offizielle **Grenzübergänge** mit Jordanien sind die Allenby-Brücke bei Jericho (Westjordanland), die Sheik-Hussein-Brücke bei Bet Sch'an und der Aravaübergang zwischen Eilat und Aqaba. Ofizielle Grenzübergänge mit Ägypten sind der Kerem-Shalom-Übergang beim Gaza-Streifen (Rafah, derzeit nicht ratsam, s. bei Ägypten), der Nitzana-Übergang (bei Beer Sheva, derzeit nur für den Güterverkehr geöffnet) und Taba südlich von Eilat. Eine Übersicht über die israelischen Grenzübergänge findet man auf *www.iaa.gov.il/Rashat/en-US/Rashot* (eigentlich die Seite der israelischen Airport Authority). Per **Schiff**: Grimaldi-Fähren gehen ab Venedig und Piräus nach Haifa (und weiter nach Alexandria/Ägypten), s. bei *www.grimaldi-freightercruises.com*. Von Limassol/Zypern nach Haifa (und weiter nach Port Said/Ägypten) s. *www.varianostravel.com/Cruises/ferry_service.htm*.

Deutsche Staatsangehörige benötigen für eine Aufenthaltsdauer bis zu drei Monaten **kein Visum**. Sollten im Reisepass Visa arabischer Staaten vorhanden sein, so muss man vor der Einreise mit einer sehr strengen und längeren Sicherheitsbefragung durch israelische Sicherheitskräfte rechnen (Ausnahme: Jordanien und Ägypten). **Währung** ist der Neue Israelische Schekel (NIS), der in 100 Agorot unterteilt ist.

Übernachtung, Verpflegung

In Israel gibt es **Hotels** und **Hostels** (s. unter *www.hostels.com*) für jeden Geldbeutel und ein Netzwerk von rund 30 **Jugendherbergen** (*www.hihostels.com*) an nahezu allen interessanten Orten. Zudem bieten Gästehäuser der **Kibuzzim**

(s. bei *http://de.wikipedia.org/wiki/Kibbuz*) Schlafstellen. **Campingplätze** gibt es in allen Kategorien. Achtung beim Wildcampen, Reiseradler berichteten von nächtlichen Besuchen der Militärs!

Israel ist ein Schmelztiegel verschiedenster Kulturen. Das gilt auch für die Küche! Es gibt keine typische israelische Küche, so wenig wie es den typischen Israeli gibt. An der Küste wird ausgesprochen guter Fisch in allen Variationen serviert. Ansonsten Schischlikim (Spieße mit gegrilltem Lamm- oder Rindfleisch), Kebabs (Hackfleischbällchen), verschiedenste Gemüsegerichte und Salate.

Fahrrad und Ausrüstung

Da man nicht selten die Wahl hat zwischen stark befahrener Schnellstraße und Schotterpiste ist als Reiserad ein MTB oder zumindest ein Trekkingrad zu empfehlen; damit lässt sich auch eine Wüstenpiste in Angriff nehmen. Wer sich nur auf Israel beschränkt, kann leicht auf Campingzubehör verzichten. Das Warenangebot ist auf dem Niveau westlicher Industrieländer. Auch spezielle Bike-Ersatzteile lassen sich finden. Sommerliche Bekleidung sowie warme Sachen für kalte Nächte in Wüsten oder Bergregionen mitnehmen!

Straßen, Verkehr, Transport

Die meisten Straßen sind asphaltiert, oft auch mit Seitenstreifen. Trotzdem ist das Radeln in Ballungsräumen, insbesondere in und um Tel Aviv, sehr stressig. Die Busgenossenschaft Egged (*www.egged.co.il*) unterhält ein dichtes Netz von Verbindungen im ganzen Land. Auch die zentralen Busbahnhöfe tragen meist diesen Namen. Das Terminal in Tel Aviv gilt als das größte der Welt! Gefährliche Strecken bedient Egged mit gepanzerten Fahrzeugen. Fahrräder können mitgenommen werden, wenn genügend Platz im Laderaum vorhanden ist. Israel hat auch ein sehr gut ausgebautes Eisenbahnnetz: Dichter Takt mit schnellen Verbindungen zwischen Naharia, Akko, Haifa, Tel Aviv, Jerusalem, Ashod und Beer Sheva. Fahrradmitnahme möglich. **Achtung:** Der Bus- und Eisenbahnbetrieb ruht in Israel zwischen Freitag nach Sonnenuntergang und Samstag nach Sonnenuntergang vollständig (im Winter früher, im Sommer später)! Nur ein paar Stadtbusse verkehren, jedoch nicht überall.

Sehenswertes, Streckenvorschläge

Die vielen Sehenswürdigkeiten Israels auch nur ansatzweise aufzuzählen würde den Rahmen dieses Kapitels sprengen. Wer durch das kleine Land reisen will sollte einen guten Reiseführer im Gepäck haben (oder sich über *www.goisrael.de* informieren, die sehr gute Seite des staatlichen israelischen Verkehrsbüros) und seine persönliche Route danach auswählen.

Der Israel National Trail, INT, führt vom Dan Nationalpark im Norden auf einer Gesamtlänge von 850 km bis nach Eilat am Roten Meer. Für Mountainbiker gibt es mehrere anspruchsvolle und ausgewiesene Singletrails in reizvollen Berglandschaften. In der Zeit zwischen den Sonnenuntergängen von Freitag und Samstag (siehe oben unter „Transport") sollte man vor allem in orthodoxen Vierteln und Stadtteilen, besonders in Jerusalem, nicht Rad fahren – im schlimmsten Fall werden Steine geworfen!

Reiseführer, Karten, Internet

Bücher: Wil Tondok und Burghard Bock: „Israel und Palästina", Reise Know How. Nelles-Guide „Israel-Jordanien". Unmöglich, hier alle aufzuzählen! Viele Hintergrundinformationen zur Geschichte des Landes in „ISRAEL – Ein Staat sucht sich selbst" von Igal Avidan, Diederichs Verlag. „KulturSchock Vorderer Orient" von Muriel Brunswig-Ibrahim, Reise Know-How befasst sich auch mit Israel. Kauderwelsch-Sprachführer „Hebräisch" und „Jiddisch", Reise Know-How. **Karten:** RKH „Israel", 1:250.000. ITM Travel Map „Israel/Palestine", 1:220.000. Freytag und Berndt: „Israel, Palästina, Heiliges Land", 1:150.000 (mit ein paar Stadtplänen) und andere. Online-Regionalkarten von Israel findet man auf *www.worldofmaps.net/middle_east/israel_maps.htm*. **Internet:** Internetcafes sind in allen Städten und touristischen Gegenden zu finden. Die beste und informativste

Website über Israel ist das schon erwähnte Internetportal *www.goisrael.de*. Gut natürlich auch Wikipedia (*http://de.wikipedia.org/wiki/Israel*). Auf *www.rachel.israel.de* erklärt im Comic-Stil ein kleines Mädchen das Land und das Judentum – sehr amüsant und trotzdem lehrreich! Ernsthafter geht es zu auf *www.israel-heute.com*, dort findet man alles von der Archäologie bis zum Wetter und zudem aktuelle Nachrichten. Ein umfassendes Israel-Portal (das sich allerdings über weite Strecken an Wikipedia orientiert) ist *www.hagalil.com/israel*, mit kleinem Online-Hebräischkurs. Natürlich gibt es auch eine Menge Websites, die sich unter politischen oder religiösen Aspekten mit Israel befassen; stellvertretend sei hier nur mal *www.israel-ag.de* genannt. Auf Englisch: *www.lonelyplanet.com/israel-and-the-palestinian-territories*.

Jordanien [AW, TL, PS]

Überblick

Das Haschemitische Königreich ist mit knapp 6 Mio. Einwohnern nur etwa ein Drittel größer als Bayern. Mehrheitlich bevölkern Araber das Land, dazu etliche Minderheiten wie Tscherkessen, Kurden und Armenier. Fast die Hälfte des arabischen Anteils sind Palästinenser, größtenteils Flüchtlinge aus dem Westjordanland. Abgesehen von einigen traditionellen Nomaden im Osten und Süden lebt die restliche Bevölkerung in Städten, die größte ist die Hauptstadt Amman.

Jordanien besticht mehr noch als Syrien durch eindrucksvolle Landschaften, ist auch touristisch wesentlich weiter entwickelt. In den Städten und in Touristenzentren sind Englischkenntnisse weit verbreitet. Einzigartige kulturelle Höhepunkte wie etwa die Felsenstadt Petra haben das Land zu einem „Geheimtipp" unter Globetretern gemacht; viele berichten auch begeistert von der Freundlichkeit und Herzlichkeit der Jordanier. Nur einige halbwüchsige Steinewerfer, vor allem zwischen Tafila und Madaba (historische Landschaft Moab) steigern nach wie vor den Adrenalinspiegel.

Geografie, Reisezeit

Jordaniens Topografie ist von Wüste und Gebirge geprägt. Der Jordangraben im Westen bildet die Grenze zu Israel und verläuft in Nord-Süd-Richtung vom See Genezareth zum Toten Meer. Östlich steigen Gebirge bis auf etwa 900 m an und gehen an der Grenze zu Syrien, dem Irak und Saudi-Arabien in die Syrische Wüste über. Vor allem das Arabische Plateau im Süden mit Höhen über 1500 m und tiefeingeschnittenen Canyons begeistert Biker und Trekker gleichermaßen. Beste Reisezeit ist im Frühjahr und Herbst. Während der Jordangraben ganzjährig

Mondlandschaft. Canyon im jordanischen Bergland

trocken und warm bis extrem heiß ist, sinken die Temperaturen in der Syrischen Wüste und im Gebirge im Winter oft unter den Gefrierpunkt. Von Oktober bis April muss man mit plötzlichen Temperaturstürzen und Schneefällen im Gebirge rechnen. Der Wind weht gelegentlich sehr heftig aus westlichen Richtungen.

An- und Einreise, Währung

Linienflüge mit Royal Jordanian Airlines (*www.rja.com.jo*), noch günstiger mit Turkish Airlines (ein Zwischenstopp) u.a. Fluggesellschaften von Deutschland nach Amman oder per Charter nach Eilat (Israel, aber teure und evtl. langwierige Grenzabfertigungen bedenken) oder Sharm el Sheik (Ägypten). Zwischen Nuweiba auf dem Sinai und Aqaba pendelt fast täglich eine schnelle und eine langsamere Fähre im Wechsel. Fahrradmitnahme auf beiden möglich; Zeiten und Tarife unter *www.abmaritime.com.jo*.

Die Grenzen nach Israel und Syrien sind offen. **Grenzübergänge** nach Israel: Aqaba/Eilat, im Norden die Sheik-Hussein-Brücke (Jordantal) sowie die King-Hussein-Brücke (in Israel Allenby-Brücke genannt) bei Jericho im Westjordanland. Nach Syrien: Ramtha bzw. Jabber nördlich von Amman. Die Grenze nach Saudi-Arabien bleibt für Individualreisende weiterhin (fast) hermetisch geschlossen. Die Grenzübergänge in den Irak werden oftmals ohne Ankündigung geschlossen, abgesehen davon lässt der Ausnahmezustand im Irak Reisen dorthin ohnehin nicht zu.

Es besteht **Visumpflicht.** Das Visum ist (mit Ausnahme der King-Hussein-Brücke im Westjordanland) auch problemlos an der Grenze erhältlich und vier Wochen gültig; Verlängerungen bis auf sechs Monate sind einfach möglich. **Achtung:** Finden sich in eurem Reisepass Hinweise auf einen Israel-Besuch (israelisches Visum oder jordanischer Aus- und Einreisestempel) wird euch die Einreise nach Syrien oder in den Libanon verweigert! Israel-Visum deshalb in einen Zweitpass oder auf ein Extrablatt stempeln lassen und den Abstecher nach Israel nur über die King-Hussein- alias Allenby-Brücke machen, da nur dort „verräterische" jordanische Aus-/Einreisestempel vermieden werden.

Währung ist der Jordan-Dinar, unterteilt in 100 Piaster. Als Reisewährung US$ wählen, aber auch Euro werden akzeptiert. Es gibt zahlreiche Geldautomaten für EC-Karte, VISA und MasterCard. Travellercheques werden von den meisten Banken gegen Kommission akzeptiert. Jordaniens Preisniveau liegt höher als in Syrien.

Übernachten, Verpflegung

Es gibt viele günstige **Hotels**; auch einige **Jugendherbergen** (s. *www.hihostels.com*) und **Backpacker's** (*www.hostels.com*). Dazu einige private „Zeltplätze", die Infrastruktur ist aber nur mäßig. Wildes Campen ist in der Wüste, im Bergland und am Toten Meer gut möglich. Die Versorgung mit Lebensmitteln ist überall problemlos und recht günstig. Gegessen wird ähnlich wie in Syrien mit viel Reis, Fleisch (Lamm und Huhn) und Gemüse (je nach Saison Tomaten, Zwiebeln, Kohl etc.), dazu gibt es immer frisches Brot, meist Fladenbrot. Nationalgericht ist Mansaf, Reis mit Lamm und Joghurtsoße, das auf einer großen Platte für die ganze Tischrunde serviert wird. Man isst dann mit der rechten Hand von der Platte – die linke Hand gilt als unrein. Beliebt ist auch Kebab, richtig lecker Sakhan, Huhn in Olivenöl mit Zwiebeln und Gewürzen. Werdet ihr eingeladen, solltet ihr immer einen Rest der Mahlzeit auf eurem Teller lassen. Das zeigt dem Gastgeber, dass ihr satt geworden seid. Und noch etwas: Es ist üblich und gilt als höflich, Einladungen bis zu dreimal abzulehnen, bevor man schließlich annimmt!

Fahrrad und Ausrüstung

In Anbetracht der vielen zum Teil extremen und sehr langgezogenen Steigungen braucht es eine gute Übersetzung. Ein MTB oder Trekkingrad mit mittelbreiter Bereifung genügt (die Seitenstreifen sind aber oft mit Scherben und Abfall übersät). Ansonsten gilt dasselbe wie für Syrien: Basiskomponenten für 26 Zoll (MTB) hier und da erhältlich; die nötigen Ersatzteile mitbringen, es gibt nur einfache Radläden und Werkstätten.

Im Sommer genügt Bekleidung für heiße Tage und laue Nächte, im Winter aber teils extreme Temperaturunterschiede im Bergland und in der Wüste; entsprechende Kleidung und Schlafsack mitnehmen! Selbstversorger finden zumindest in größeren Städten Nachschub an Spiritus und Gaskartuschen für ihren Kocher. Wasser desinfizieren (Filter oder Tabletten, Wasser in Flaschen überall erhältlich).

Straßen, Verkehr, Transport

Das Straßennetz ist dünn, aber für die Verkehrsdichte ausreichend, und schwankt zwischen perfekt und noch erträglich. Gute Ausschilderung, meist in arabischer, teils auch in lateinischer Schrift. Nur im Nahbereich der Städte ist der Verkehr richtig dicht.

Passagierzüge verkehren 1x wöchentlich von Amman nach Damaskus, ansonsten staatliche und private Busse (sehr billig), Sammeltaxis und Lkw. Trampen mit dem Fahrrad auf Pickups ist gut möglich. Das innerjordanische Flugnetz beschränkt sich auf die Verbindung Amman – Aqaba und wird von Royal Jordanian Airlines und Royal Wings (*www.royalwings.com.jo*) bedient.

Sehenswertes, Streckenvorschläge

Die Hauptstadt Amman ist eine interessante Mischung aus Basar-Atmosphäre und moderner Metropole (Tipp: herrlicher Rundblick von der ehem. Zitadelle auf dem Hügel Qala!). Dann Aqaba und die Küste am Roten Meer (angenehm trockenheißes Klima). Unvergleichliche Fels- und Wüstenlandschaften im Wadi Rum, Ausgangspunkt zu Wüstenwanderungen, mehrtägigen Kameltouren, Freeclimbing etc., und natürlich Petra, die sagenhafte 2000-jährige Nabatäer-Felsstadt (geht bereits morgens um 6 Uhr rein, extrem „gesalzene" Eintrittspreise, dennoch ein „Muss"!). Zwei gigantische Canyons (Wadi Hasa und Wadi Mujib). Ausgrabungsstätten im NW (vor allem Jerash) und Kreuzritterburgen (Karak, Shawbak). Totes Meer.

Andreas Wever: „Die Nationalstraße 15 ab der syrischen Grenze ist anfänglich unspektakulär. Wer jedoch die Autobahn bereits an der Ausschilderung ‚Jerash North' verlässt, genießt den schönsten Ausblick auf das antike Gerasa vor der rasanten Abfahrt." Entlang dem King-Hussein-Highway, der sich in Nord-Süd-Richtung von Amman bis Aqaba durchs Bergland zieht, liegen die attraktivsten Sehenswürdigkeiten. Sehr, sehr hügelig, aber mit relativ wenig Verkehr! Der parallel verlaufende Desert Highway hingegen ist die Hauptverkehrsachse mit starkem Lkw-Verkehr. Sehenswert sind u.a. Madaba mit einer antiken Mosaikkarte des Nahen Ostens, die großartige Kreuzritterfestung bei Karak und ein noch recht ursprünglicher Naturpark mit herrlichen Wanderwegen südlich von Tafila. Lohnenswert ist ein Abstecher zum malerischen Dana mit fantastischem Ausblick ins Wadi bis zum Toten Meer. Von dort winden sich mehrere spektakuläre Straßen ins Gebirge, z.B. vom Südufer nach Karak oder nördlich (über die Allenby-Brücke) nach Salt, westlich von Amman; außerdem eine relativ neue Verbindung zwischen dem Wadi Araba und dem Hochland (südlich von Safi nach Tafila, auf etlichen Karten noch nicht eingezeichnet).

Um von Aqaba nach Norden Richtung Wadi Rum zu fahren nicht den stark befahrenen Desert Highway Richtung Amman nehmen, sondern die neue Aqaba Back Road, die einige Kilometer südlich am Containerhafen von der Küstenstraße in die Berge abzweigt (dann bei Einmündung in die neue Autobahn nach Saudi-Arabien nach links einbiegen). Zwar zusätzliche Höhenmeter, aber ziemlich verkehrsfrei.

Reiseführer, Karten, Internet

Bücher: Wil Tondok: „Jordanien – Reisen zwischen Jordan, Wüste und Totem Meer", Reise Know-How. Nelles-Guide „Israel-Jordanien". DuMont Kunstreiseführer Jordanien. Jenny Walker u.a.: „Jordan", Lonely Planet. KulturSchock Vorderer Orient (s. Syrien), Sympathie-Magazin „Jordanien verstehen", Studienkreis für Tourismus und Entwicklung e.V. **Karten:** RKH „Jordanien", 1: 400.000 (größere Orte in arab. Schrift). ITM Travel Map „Jordan/Syria", 1:700.000. Für die Übersicht in Nahost die Karte von Hildebrand's (siehe Syrien) 1:1,25 Mio. **Internet:** In Amman viele günstige und schnelle Verbindungen, teurer in Wadi Musa (Petra) und Aqaba. Mit vielen Infos (z.B. zu den Grenzübergängen, zur Anreise mit dem Flugzeug oder zum Reisen im Land) wartet die Website des Jordan Tourism Board North America auf (*www.seejordan.org*). Auf Deutsch: *www.jordanien-online.de* und Wikipedia (*http://de.wikipedia.org/wiki/Jordanien*). Sehr gut die Jordanien-Infos auf *www.wuestenschiff.de*. Es gibt auch eine Deutsch-Jordanische Gesellschaft: *www.d-j-g.com*. Deutsche Botschaft in Amman: *www.amman.diplo.de*. Jordanische Botschaft in Berlin: *www.jordanembassy.de*. Und *www.kingabdullah.jo* ist die offizielle Homepage des jordanischen Königs Abdullah II. Auf Englisch noch *www.lonelyplanet.com/jordan*.

Saudi-Arabien

Mit Sicherheit ist und bleibt Saudi-Arabien noch für eine ganze Weile eines der für Reiseradler am schwersten zugänglichen Länder der Welt. Deshalb hier keine weiteren landeskundlichen Informationen - der nachfolgende Beitrag von Peter Smolka sagt alles. Mehr zum Land auf *www.auswaertiges-amt.de* und bei Wikipedia (*http://de.wikipedia.org/wiki/Saudi-Arabien*). Deutsche Botschaft in Riad: *www.riad.diplo.de*. Die Reisestory ist ein Auszug aus Peters Buch „Rad ab! – 71.000 km mit dem Fahrrad um die Welt", RKH-Verlag. (s. auch unter *www.lemlem.de*).

Auf der Non-Moslems Road – per Rad durch Saudi-Arabien [PS]

Reisestory von Peter Smolka

„TOD FÜR DROGENSCHMUGGEL" steht groß und fett ganz oben auf dem Einreiseformular für Saudi-Arabien. Was für eine herzliche Begrüßung! Da bleibt nur zu hoffen, dass einem niemand unbemerkt was ins Gepäck steckt.

Trotzdem bin ich überglücklich, dieses Formular endlich in Händen zu halten. Drei Wochen lang habe ich mich in Damaskus vergeblich um das saudische Visum bemüht. Fehlschlag auch auf der Botschaft in Amman. Zwei Wochen Hoffen und Bangen dann in Kairo. Am Ende machte das saudische Außenministerium die große Ausnahme und genehmigte meine Durchreise mit dem Fahrrad.

Jedoch besteht man auf einer exakten Planung: Als Einreiseort wird der Hafen von Jeddah festgelegt, den Einreisezeitpunkt und die weitere Route nach Jemen darf ich selbst wählen, muss aber alles genau angeben. Ein paar Tage später drückt mir der Botschaftsbeamte meinen Pass mit dem „Transit Visa by Land" in die Hand: „Sie müssen unbedingt mit dem Schiff am 2. Februar in Jeddah ankommen – da wartet jemand auf Sie." Ich frage gar nicht weiter nach, freue mich einfach nur über das Visum.

Auf der „Pride of Salam" reisen neben mir ausschließlich Araber mit. Die meisten sind ägyptische Pendler, die in Saudi-Arabien gutes Geld verdienen, das sie an ihre Familien in Ägypten überweisen. Ein paar Pilger auf dem Weg nach Mekka sind auch an Bord. Die Hauptpilgerzeit „Hajj" im letzten Monat des moslemischen Kalenders hat aber noch nicht begonnen.

Nach 40-stündiger Fahrt laufen wir im „Jeddah Islamic Seaport" ein. Als Fremder genieße ich beim Verlassen der Fähre den Vortritt. Die Einreise-Formalitäten werden zügig abgewickelt, und auch die Zollkontrolle bleibt harmlos. Zwar wird jede einzelne Packtasche geöffnet, aber der Zöllner kratzt überall nur ein bisschen an der Oberfläche herum. Dann bin ich durch.

Vor dem Hafengebäude schiebe ich das Fahrrad über einen belebten Platz in Richtung Hauptstraße. Noch immer kann ich es kaum glauben: Ich habe saudischen Boden unter den Füßen!

Die Menschen auf dem Platz gehen gleichgültig an mir vorüber. Ganz anders als in Syrien, Jordanien und Ägypten erweckt der hochbepackte Drahtesel hier überhaupt kein Interesse. Doch plötzlich löst sich ein etwa 40-jähriger Mann in Jeans und T-Shirt aus dieser anonymen Menge und schreitet direkt auf mich zu:

„Are you Mister Peter?"

Ich zucke zusammen. Wer kann meinen Namen hier kennen?

Ach ja, ich werde doch erwartet! –

Mister Abdullah streckt mir seine Hand zum Gruß entgegen: „Das Ministerium für Wohlfahrt hat mich geschickt." Er steigt in einen zerbeulten roten Mercedes und geleitet mich über die Autobahn zwölf Kilometer hinaus zur Jugendherberge. Schon mit den ersten Pedalumdrehungen bricht mir der Schweiß in Strömen aus. Jetzt, im Frühjahr, mag das Klima hier wohl noch am erträglichsten sein, herrschen doch nur um die 30 Grad; angenehm ist es bei fast 100 Prozent Luftfeuchtigkeit aber nicht. „We have a summer and a super summer“, kommentiert der Manager der Jugendherberge. Im Supersommer möchte ich hier wirklich nicht gegart werden.

Die Jugendherberge könnte von ihrem Äußeren her durchaus das Jeddah Sheraton sein. Sie ist großzügig angelegt, hat einen Swimmingpool und quasi unbegrenzte Sportmöglichkeiten. Man erklärt mir, dass auch alle anderen Herbergen, die auf dem Weg nach Jemen liegen, mir einen angenehmen Aufenthalt bereiten werden.

Östlich von Jeddah, 20 Kilometer vor Mekka, muss ich von der Autobahn runter – weil ich kein Moslem bin. Die Stadt mit der heiligen Kaaba ist für Andersgläubige weiträumig gesperrt. Riesige Schilder hängen über der Straße. Wie wir auf der Autobahn Richtung Norden lesen: „Würzburg geradeaus, Kassel rechts ab“, steht hier unübersehbar: „Moslems geradeaus, Non-Moslems rechts raus“.

Non-Moslems rechts raus …

Nach einigen Kilometern auf der Non-Moslems Road, die Mekka im weiten Halbkreis umgeht, stoppt mich ein Polizist. Er will meine Papiere sehen. Ich reiche ihm den Pass und ein Schreiben des Deutschen Konsulats aus Jeddah, das in arabischer Sprache meinen Aufenthalt hier erklärt. Der Polizist liest sich das Papier aufmerksam durch und diskutiert dann über Funk mit irgendjemandem. Danach folgt er mir mal in größerem, mal in kleinerem Abstand, überholt und fährt einige Kilometer voraus, lässt sich dann überholen und folgt mir wieder. Per Handzeichen gestikuliert er, dass er auf mich aufpassen soll. Was ich zu diesem Zeitpunkt noch nicht weiß: Es ist der Beginn einer Polizeieskorte, die mich rund 1000 Kilometer weit bis zur Jemen-Grenze begleiten wird!

Am Ende der Non-Moslems Road übernimmt ein Kollege seinen Job. Er folgt mir bis zum nächsten Checkpoint am Fuße einer mächtigen Gebirgskette. Hier übernachte ich. Am folgenden Morgen geht es in langen Serpentinen hinauf nach At Taif, fast 2000 Meter über dem Meeresspiegel gelegen. Geduldig zuckelt wieder ein Polizeiwagen im Schritttempo hinter mir her.

Wenn ich nur wüsste, wer diese Eskorte befohlen hat. Ist es wirklich nur eine Kettenreaktion, die auf der Non-Moslems Road eher zufällig begann? Alle 30 bis 40 Kilometer lösen sich die Polizeiwagen ab, oft im fliegenden Wechsel. Mitunter werden meine Bewacher hinter mir ausgetauscht, ohne dass ich es merke; dann schaue ich unvermittelt in ein neues Gesicht, wenn ich mich umdrehe. Einige der Polizisten finden es spaßig, mich begleiten zu dürfen – einmal springen noch zwei fröhliche Kollegen zusätzlich in den Wagen –, anderen ist die

Zuckelei langweilig. Will ich an einem Ort länger verweilen, fragen meine Begleiter, an welchem Tag und um wie viel Uhr ich weiterfahren möchte. Spätestens zehn Minuten vor der Abfahrt wartet dann ein weißblauer Wagen mit kreisendem Blaulicht vor der Unterkunft.

Oder ist etwa das Wohlfahrtsministerium für meine Begleitung verantwortlich? Eine Antwort auf diese Frage gibt es nicht. Die Polizisten sprechen nicht ein Wort Englisch, und die Offiziellen in den Jugendherbergen sind anscheinend selbst von der Polizeipräsenz überrascht. Der nette Abdul Aziz, der mir im Auto die Umgebung von Al Baha zeigt, macht aber keinen Hehl daraus, dass die ständigen Anrufe auf seinem Handy von der „Security" kommen: „You don't see him, he follows us in a normal car." Aber ‚er' muss wohl noch ein bisschen üben. Seine Anrufe sind immer von der Art: „Sie waren eben am Aussichtspunkt über der Talstraße, jetzt sind Sie im Restaurant. Wo waren Sie zwischendurch?"

Ist es Überwachung oder die Furcht, dass mich die hemmungslosen saudi-arabischen Autofahrer umbringen? Wahrscheinlich beides. Wobei die Sorge um mein Leben nicht ganz unbegründet ist. Es gibt hier einfach keine Radfahrer auf den Überlandstraßen, und selbst in den Städten sieht man nur gelegentlich einen der Gastarbeiter aus Ostasien auf einem Drahtesel. Was man dagegen häufig sieht, sind zusammengedrückte Autowracks am Straßenrand, die nur wenig Raum zum Überleben ließen.

Die Motoren der Polizeiwagen laufen ständig, auch während unserer Pausen an den kleinen Shops der Überland-Tankstellen. Die meisten Fahrer sind zwar freundlich, doch sie drücken aufs Tempo, weil sie nicht verstehen, dass ich ein Reisender bin, der nicht unablässig radeln will. So sehr ich mich bemühe, den brummenden Motor während der Fahrt hinter mir mental auszuschalten – immer gelingt es nicht. An dem Tag, an dem wir zusammen Al Baha verlassen, treiben sie den Kilometerzähler bis zum Abend auf „208". Um diese Jahreszeit ist das ziemlich viel, da doch der Tag keine elf Stunden lang ist.

Der letzte Polizist verabschiedet sich drei Kilometer vor der Grenze von mir. Das ist schon etwas bitter: Durch eines der sichersten Länder der Erde hat man mich Tritt um Tritt begleitet – aber in den Jemen, der durch die vielen Entführungen in die Schlagzeilen gekommen ist, entlassen sie mich nun ohne Leibwächter.

Gut beschützt durch Saudi-Arabien:
1000 km Polizeieskorte.

Jemen [PJ, AP]

Überblick, Sicherheit

Für viele ist der Jemen, dieses Landes an der Weihrauchstraße (*http://de.wikipedia.org/wiki/Weihrauchstraße*) mit seiner uralten Kultur, das schönste arabische Land überhaupt, *Arabia Felix* … Sanaa, das Wadi Hadramaut, Shibam – so wie Margrit und Pius Jörger auf ihrer Welt-Radtour (s. nächste Seite) kann sich wohl keiner der Faszination dieser Orte entziehen, deren Namen schon allein beim Lesen Fernweh erzeugen.

Doch aus dem Hadramaut kommt auch der Stamm Osama Bin Ladens. Leider kann man den Jemen nicht gerade zu den sichersten Ländern auf unserem Planeten zählen. In den vergangenen Jahren kam es öfter zu Entführungen mit Lösegelderpressung, die nicht immer glimpflich abgingen. Im Januar 2008 wurden belgische Touristen und ihr Führer erschossen, im März 2009 wurden bei einem Selbstmordanschlag bei Shibam vier Touristen aus Südkorea und ein jemenitischer Reisebegleiter getötet. Letzterer Anschlag war nur eine der immer wieder auftretenden Aktionen des Terrornetzwerks Al-Kaida. Beachtet bei der Reise also unbedingt die aktuelle Einschätzung des Auswärtigen Amts (*www.auswaertiges-amt.de*) und auch Sperrungen der jemenitischen Regierung für bestimmte Routen oder Gebiete.

Unbedingt solltet ihr vor einer Tour durch den Jemen auch etwas Arabisch lernen, zumindest die wichtigsten Worte, Sätze und Zahlen. Kaum einer spricht Englisch! Und: Der Jemen ist ein armes Land, wundert euch nicht über Müll an jeder Ecke. Das fällt jedem auf, der z.B. aus Oman kommt.

An- und Weiterreise

Sofern möglich einen **Direktflug** nach Sanaa wählen, Egypt-Air fliegt über Kairo. Oder auf dem **Landweg** von **Oman**, auf der Straße Salalah – Al Mukalla! Die war Mitte 2009 selbst bei Google Map noch nicht ganz drauf; sie ist nagelneu und von bester Qualitat, aber sehr bergig. Andreas Plock: „Wer möchte, kann auch trampen (auch mit dem Rad). Bei mir waren schon Ende Februar die Temperaturen tagsüber auf über 35 Grad! Das **Visum** bekommt man an der Grenze. Für Oman (11 Euro für einen Monat) und den Jemen (25 Euro für drei Monate, Verhandlungssache). Beide Richtungen sind ohne Probleme möglich. Die Grenze zu Saudi-Arabien jedoch ist für Touristen dicht. Also fast! Wenn, dann klappt das nur mit einem Transitvisum und mit guten und schlagkräftigen Argumenten beim Saudischen Botschafter." (s. dazu auch die Reisestory von Peter Smolka auf Seite 478).

Wenn man von Oman kommend Mukalla erreicht hat braucht man ein **Permit**, das man bei der lokalen Touristen-Polizei erhält. Ohne Permit schickt einen die Polizei schon beim nächsten Kontrollpunkt zurück (Kopien des Permits machen, denn an jedem Kontrollpunkt muss eine Kopie agegeben werden). Der Staat will so die Touristen schützen – ob das was nützt, im Fall einer Entführung? Auf als gefährlich eingestuften Strecken werden die Radfahrer ohnehin von der Polizei in ihre Autos verladen und erhalten einen Gratis-Transport (z.B. teilweise auf der Küstenstraße Mukalla - Aden, s. unten). Generell bemühen sich die jemenitischen Behörden sehr um die Sicherheit der Touristen, das berichten alle Jemen-Radler.

Von Aden (oder Al Mukha) kann man relativ leicht nach Djibouti kommen – Afrika ist nur einen Katzensprung weit weg. Fähren gibt es derzeit keine, aber Dhaus gehen regelmäßig, wenn auch ohne festen Fahrplan.

Radelzeiten, Regionen

Beste Radelzeit: Oktober bis März (doch dann kalte Nächte in den Höhenlagen über 1200 m). Regenzeit ist im April/Mai und Juli/August. In den Sommermonaten von Mai bis Oktober ist es an der Küste des Roten Meers wahnsinnig heiß (50 °C!) und dunstig! Sehr schön ist es im Spätherbst, wenn die Terrassenfelder noch grün sind. Beachtet auch den Ramadan-Monat und die Ihd-Feierwoche, denn dann erstirbt das öffentliche Leben.

Der westliche Jemen wird geprägt von drei großen Landesregionen: Von der Küstenebene Tihama, vom inneren Gebirgsland (Berge bis zu 3000 m, stechende Sonne und kühler Wind) und von der den Osten beherrschenden Sandwüste.

Übernachten, Verpflegung Hotels mit europäischem Standard nur in Städten und in touristisch interessanten Orten, im ehemaligen Südjemen nur sehr beschränkt. Auf dem Land gibt es die *Funduks*, einfache bis einfachste jemenitische Herbergen mit Gemeinschafts-Schlafsaal (Helmut Hermann: „Oft lagert man auf dem Boden, Nächte zwischen Qat-kauenden Männern und glucksenden Wasserpfeifen sind mir unvergesslich, die Kalaschnikows und die Messer waren beim ‚Herbergsvater' abzugeben ..."). Campingplätze gibt es keine im Jemen, bei Touren abseits der Straßen benötigt man jedoch ein Zelt. Andreas Plock: „Draußen schlafen ist nur bedingt möglich. Wenn einen die Polizei entdeckt, wird man „mitgenommen", zur Sicherheit! Ich habe aber oft einen Platz in der Wache bekommen. Die Polizei war immer freundlich, nur das Freiheitsgefühl leidet ein bisschen bei all den Kontrollen und Permits."

In der Nähe von Dörfern bei Bauern um Zelt-Erlaubnis fragen. Mit Unverständnis und Neugierde der Kinder ist zu rechnen, doch ernste Probleme sollte es keine geben. Häufig wird man auch zum Übernachten eingeladen werden und der Dorflehrer kommt extra vorbei. Durch Jemens geografische Lage, seine Nähe zu Saudi-Arabien gibt es einen sehr strengen Islam, und das heißt auch arabische Gastfreundschaft (Tipps für Frauen s. S. 114ff, „Als Frau unterwegs in traditionell-islamischen Ländern").

Jemenitisches Essen (Fladenbrot, Eintopf, Reis, Gemüse etc.) ist schmackhaft und wenig scharf. Es gibt kaum Restaurants in unserem Sinne, dafür viele billige Garküchen (doch kaum in kleineren Dörfern) mit schneller „Massenabfertigung". In den Souks und in kleinen Läden kann man zur Selbstversorgung Konserven, Kekse, Fischdosen, Obst, Nudeln etc. kaufen. Getrunken wird Tee, auch Softdrinks und Mineralwasser sind erhältlich, Alkohol gibt es höchstens in größeren Hotels. Salate meiden, Leitungswasser vorher behandeln.

Von Sanaa nach Oman [PJ]

Reisestory von Pius Jörger

Jemen, das schon in der Bibel erwähnte legendäre Land der Königin von Saba. Einer unserer kühnsten Träume erfüllt sich und wir lassen uns von Beginn weg verzaubern von der Hauptstadt Sanaa im Norden der Republik, auf 2000 Höhenmetern gelegen und umrahmt von hohen Bergen. Die Medina – die mittelalterliche Altstadt, welche einem Märchen aus 1001 Nacht entsprungen scheint – mit ihren engen Gassen voller Leben, den fünf- bis sechsstöckigen Lehmhäusern mit hübschen Stuckverzierungen und bunten Oberlichtern, mit dem Souk, in welchem lautstark gehandelt, gefeilscht und geschrien wird, das alles mutet uns sehr orientalisch an. Nur für Qat wird nicht diskutiert, es scheint ein fester Preis zu gelten. Qat, die Volksdroge Nummer eins. Die jungen grünen Blätter des Strauches sorgen jeden Nachmittag bei den jemenitischen Männern für Hamsterbacken und eine narkotisierende und halluzinatorische Wirkung.

Jeden Morgen um 5 Uhr werden wir vom Muezzin (und danach von all seinen Kollegen der vielen Moscheen ringsum) geweckt durch seinen Allahu-akbar-Ruf (Gott ist groß). Unterwegs auf dem Land sehen wir Frauen beim Ziegen Hüten, eingehüllt in ihre Abbeya (das schwarze Gewand, das den ganzen Körper verdeckt), den Shayla (Schleier) und im Hadramaut noch zusätzlich einen hohen Strohhut oben drauf gesteckt (sieht aus wie ein Hexenhut). Die Männer tragen eine Art Wickelrock und zeigen sogar Bein. Im reich bestickten Gürtel steckt immer der Krummdolch, und auf dem Kopf sitzt je nach Ortschaft eine Art Turban oder ein geschlungenes Kopftuch. Wir beginnen unseren Tag möglichst mit Fasuliya und Schai (Bohnengericht und Tee). In den Restaurants ist es immer extrem lärmig. Das Personal verschafft sich lauthals Gehör und der Gasbrenner mit seiner meterhohen Flamme erreicht unglaubliche

Lautstärken. Als Tischdocke dient meist eine Zeitung, als Besteck die rechte Hand. Mit einem vom noch heißen Brotfladen abgerissenen Stückchen wird der Bohnenbrei aus dem Aluteller aufgetunkt und in den Mund geschoben.

Unsere Fahrt Richtung Süden verläuft problemlos, da wir unsere Bewilligung, ausgestellt durch die Touristenpolizei, jedem Kontrollposten vorlegen können. Eine Passstraße führt uns auf ein Hochplateau von etwa 2500 Metern Höhe, und von hier haben wir eine atemberaubende Aussicht auf Terrassenfelder, tief eingeschnittene Wadis und Dörfer, welche malerisch auf den Felskuppen angesiedelt sind. Der Besuch eines wegen seiner Steinbau-Architektur berühmten Dorfes ist ein Highlight und die Einladung zum Tee bei einer jemenitischen Familie sehr interessant. Die immer wieder erlebte Gastfreundschaft der Jemeniten ist großartig.

In Aden, der ehemaligen Hauptstadt des kommunistischen Südjemen, stocken wir die Vorräte auf und fahren los, der Küste entlang. Rechts das Meer, links Wüste und später Gebirge. 60 km weiter bei einem Kontrollposten nützt alles Argumentieren nichts. Die nächsten 500 km werden wir etappenweise von bewaffneter Polizei kostenlos von Kontrollposten zu Kontrollposten gefahren. Meist werden wir mit unseren Velos in einen Jeep gezwängt und los gehts. Eine dieser Etappen war haarsträubend und unvergesslich. Während der Fahrer mit einem gewaltigen Tempo über die Straße donnert, bricht er gleichzeitig sein Qat ab, tippt es mit dem Finger an und stopft es in die linke Backe, trinkt Wasser, telefoniert, betätigt die Sirene – und wäre es nötig, uns zu verteidigen, so liegt auch die Kalaschnikow auf dem Nebensitz griffbereit.

Der Besuch im Hadramaut ist beeindruckend, Shibam berühmt als das sogenannte Manhattan Arabiens. Die etwa 500 Lehmbauten stehen mitten im Wadi auf engstem Raum zusammengebaut; die meisten davon weisen acht Stockwerke auf. Die ältesten Hochhäuser sind etwa 400 Jahre alt, gebaut aus gehäckseltem Stroh, Holz und Lehm; die Dächer sind mit weißem Kalkguss verputzt, um vor dem Sommermonsun zu schützen. Die höchsten Lehmhäuser der Welt – eine Architektur, die fasziniert (*www.gtz.de/de/praxis/6296.htm*).

Zurück am Meer nehmen wir noch die letzten 600 km im Jemen in Angriff, immer gegen den Wind kämpfend. Doch es ist herrlich hier, und die Plätze, die wir zum Campieren finden, sind einfach traumhaft – genauso wie das ganze Land. Vom letzten Dorf aus sind es nur noch 14 km bis zur Grenze, aber was für welche! Die letzten 2 km müssen wir, bei einer Steigung von 18 bis 22%, die Fahrräder zu zweit hochschieben. Außer uns sind nur noch ein paar Kamele unterwegs und einmal sogar ein Auto. Die Beamten am Grenzübergang sind sehr freundlich und speditiv – das einzige Problem ist, dass es auf keiner Seite möglich ist, Geld zu wechseln. Dann geht es in rasanter Fahrt vom Hochplateau auf 1000 Meter über eine aus dem Fels gehauene imposante Straße auf Meereshöhe hinunter. (Mehr unter *www.joergersvelotour.ch*).

Straßen, Verkehr, Rad

Zu allen wichtigen Städten gibt es (manchmal schmale) Asphaltstraßen, zum berühmten Schahaara führt nur eine Piste (Anfahrt nicht immer problemlos, Lage erkundigen!). Auf Bergstrecken viele Serpentinen, enge Kurven, moderater Verkehr. Qualitativ sind die Hauptstraßen gar nicht so schlecht, nur dort gibt es übrigens eine Ausschilderung. Zu den Dörfern führen nur Pisten mit Erd-, Kies- und Lehmbelägen oder ausgetrocknete Flusstäler. An der Küste vielfach Sandstrecken. Das Finden von abgelegenen Orten und Dörfern ist nicht einfach, unterwegs gibt es viele Abzweigungen, Umwege, Kreuzungen, und in offener Landschaft kann man niemanden fragen, man muss warten, bis ein Fahrzeug kommt (und das kann dauern). Auf den Straßen defensiv fahren, Vorsicht im dichten Verkehr der Städte, Autofahrer sind Radfahrer nicht gewöhnt! Streunende Hunde können gleichfalls zu einem Ärgernis werden.

Aufgrund der ständigen Steigungen im Landesinnern und wegen der schlechten Pisten abseits der Asphaltstraßen kann man im Jemen selten mehr als 100 km pro Tag schaffen. Gute Kondition ist vonnöten. Notfalls das Rad auf einen der vielen Pickups oder auf Sammeltaxis verladen. Es gibt auch „fahrradtaugliche" Busse (allerdings fast immer voll), wenn man große Distanzen überbrücken will.

Wegen den vielen Pisten und den nicht immer so guten Nebenstraßen sind breite Reifen und ein stabiles Rad erforderlich, Typ Trekking oder MTB. Übliche Radersatzteile mitführen, einen Reifen, Werkzeug, evtl. Kocher, mehrere Trinkflaschen, Entkeimungsmittel, Notproviant, einen kleinen Rucksack zum Wandern. Es gibt nur einfachste Radwerkstätten.

Routen, Touren, Orte

Von Sanaa bietet sich eine Rundreise über Dhamar, Ibb, Taiz, Mocha, Hocha, Hais, Bait al Fakki, Hudaida, Menaacha, Sanaa an. Nach Norden hin ist Saada interessant, auch Abstecher nach Schahaara, Machwiet und Hadscha. Geschichtsbewusste machen einen Abstecher nach Osten nach Marib („Königin von Saba"). Doch unbedingt Erkundigungen einziehen, wenn ihr nördlich von Saana radeln wollt, die Region Marib ist meist recht gefährlich!

Sehens- und erlebenswert sind im Jemen die kleinen Dörfer, oft hoch oben auf Bergspitzen, nur durch Fußwege erreichbar. Ein Erlebnis sind die Märkte (z.B. in Bait al Fakki – Markttage beachten), die Souks und Altstädte (Sanaa, Saada). Radelt also hauptsächlich im ehemaligen Nordjemen, der ehemalige Südjemen ist heiß und bietet für Radfahrer relativ wenig. Doch sehr schön und lohnenswert ist dort das Wadi Hadramaut (Schibam und Sejuhn, Hinfahrt von Mukalla aus, nähere Beschreibung im unten erwähnten „Jemen"-Buch).

Bücher, Karten, Internet

Alle anderen Fragen – wie Krankheitsvorsorge, Geld, Einreiseformalitäten (**Visum** notwendig) etc. – stehen ausführlich in dem mit Abstand besten **Reiseführer** über den Jemen: Gerd Simper und Petra Brixel: „Jemen", Reise Know-How. Dort auch weitere Literaturhinweise. Als Ergänzung: RKH-Kauderwelsch-Sprachführer „Jemenitisch-Arabisch". Unter den englischsprachigen Reiseführern sei erwähnt: Daniel McLaughlin: „Yemen", Bradt Travel Guides. Empfehlenswert ist auch das Sympathie-Magazin „Jemen verstehen" (Studienkreis für Tourismus, Starnberg). Weitere Informationen erhält man von der Deutsch-Jemenitischen Gesellschaft in Freiburg (*www.djg-ev.de*), dort sind auch Jemen-**Karten** 1:1 Mio. erhältlich, die für den Normal-Radler ausreichend sind (doch km-Angaben; Abzweigungen, Höhen und Orte sind nicht immer richtig eingezeichnet). Andere Karten: RKH „Jemen", 1:850.000, ITM Travel Map „Yemen", 1:1,4 Mio. Wer querbeet Pisten fahren will, sollte ONC- bzw. TPC-Karten mitnehmen (s. Teil 1, C 5, Seite 35f).

Internet-Infos: Sehr gut wie immer *http://de.wikipedia.org/wiki/Jemen*. Gute Bilder und eine Linksammlung auf der privaten Seite *www.ringlers-reisebilder.de/jemen*. Dann *www.lonelyplanet.com/yemen*. Die jemenitische Botschaft in Deutschland informiert unter *www.botschaft-jemen.de*. Ein engagierter Reiseveranstalter, der auch eine Trekkingtour im Programm hat, ist *www.jemen-reisen.de* – vielleicht eine gute Ergänzung zur Radtour, wenn es zeitlich hineinpasst.

Interessante Architektur: Jemenitische Lehmhäuser

Oman [AP, PJ, TW, PB]

Überblick

Oman – viele denken da an Sindbad, Weihrauch, die Wüste, an Kamele und an den Sultan. Doch Oman, erst seit den 90er-Jahren überhaupt für den Tourismus geöffnet, ist ein Land auf dem Sprung in die Moderne. Aus dem Beduinenzelt in die moderne Konsumwelt – trotzdem ist es hier gelungen, die ursprüngliche Kultur zu bewahren, so im Vergleich zu etlichen Plätzen in den Emiraten.

Die Omanis wohnen in Häusern, die oft aussehen wie kleine Schlösser, haben Bedienstete aus Malaysia, Bangladesh oder Indien. Sie sind gebildet durch ein sehr gutes Schulsystem (viele sprechen Englisch!). Sultan Qabus hat in England studiert und kennt sich in der Welt aus. Er versucht, sein Land behutsam in die neue Zeit zu steuern.

Andreas Plock: „Oman ist ein ruhiges Land, wo man ungestört radeln kann. Viele warme Quellen laden zum Baden unter Dattelpalmen ein, meist zusammen mit der Dorfjugend. Das Land ist nicht touristisch kommerzialisiert, man fühlt sich wirklich noch als Gast (hoffentlich bleibt es so). Abseits der kleinen Städte scheint die Zeit stehengeblieben zu sein. Auf dem Land, in der Wüste, gibt es immer noch das traditionelle Beduinenleben, da ist vom Ölzeitalter nicht viel zu spüren. Trotzdem werden manche das Land sicher als zu westlich empfinden, vor allem, wenn sie aus dem Jemen kommen."

Ein- und Weiterreise

Derzeit ist die Einreise nach Oman problemlos, per Flug oder auf dem Landweg. **Visum** gibt's an jeder Grenze (Emirate, Jemen), einen Monat für 11 Euro. Oder Visum schon vorab besorgen, dann kriegt man auch zwei Monate oder mehr.

Andreas Plock: „Die Zeiten, wo man mit dem Frachtschiff (nach Indien) mitfahren konnte, sind vorbei! Ich habe es in Dubai, Muskat und in Salalah versucht, ich war bei allen offiziellen Stellen (Maersk), leider keine Chance. Der einzige Weg ist mit einem Privatsegelboot. Da ist der Bowling Club in Salalah die richtige Stelle, um eine Mitfahrgelegenheit zu finden. Aber man muss an den Monsun denken – im Februar fährt keiner nach Indien oder Thailand, da ist nur Afrika möglich (Madagaskar z.B.). Selbst der Zutritt in einen internationalen Hafen ist heute sehr schwierig; man braucht einen speziellen Gate Pass dafür."

Übernachten, Verpflegung

Andreas Plock: „Oman ist kein billiges Land für Übernachtungen. Unter 20 Euro pro Nacht geht in Städten nichts, genau wie in Dubai! Aber ich wurde oft von der Straße geangelt. Oman ist ein sehr sehr gastfreundliches Land. Auch Zelten war nie ein Problem. Die Leute sind aufgeschlossen, gebildet und nicht aufdringlich.

Viele Restaurants werden von Indern oder Pakistanis betrieben, das Essen ist billig und lecker – meist Reis mit Gemüse, südindische Gerichte. Man muss nie hungern; in jedem Dorf gibt es einen Laden und ein Restaurant. Und in Muskat im LULU-Supermarkt gibt es fast alles – außer Schweinefleisch und Frankfurter Würstchen natürlich ... Viele leckere Bäckereien findet man auch. Die Omanis sind auf dem besten Weg, rund und dick zu werden. Jeder Meter wird mit dem Auto zurückgelegt, man lässt sich vom Personal bedienen. Das ist die Kehrseite des Ölreichtums."

Wasser gibt es oft kostenlos, oder abgefülltes in Läden zu kaufen. Und natürlich Coca Cola & Co.!

Radeln im Land, Strecken, Sehenswertes

Radläden gibt es so gut wie keine – die Omanis fahren praktisch nicht Rad. Thomas Weis: „Die paar wenigen Läden sind alle am Ruwi-Kreisverkehr. Westliche Ware ist nahezu unbekannt. Nur ein einziger Radhändler traute sich zu, einen Höhenschlag zu zentrieren: Saif Said Al-Rashdy & Sons, 1746 Ruwi." Der nächste gute Radladen ist in Dubai. Trotzdem ist Oman ein gutes Land zum Radeln. Die

Straßen sind sehr gut, man kann mit dem Trekkingrad oder Mountainbike fahren. Für Oman braucht es nicht unbedingt ein besonders stabiles Rad. Wenn man aber in den Jemen weiter will, dann schon …

Rad-Toureros können von den Emiraten her jeden Grenzübergang benutzen (Hauptübergang bei Al-Ain), weiter in den Jemen siehe dort. Empfehlenswert: Eine Runde um das Gebirge des Jebel Akhdar. Der Jebel Shams (Berg der Sonne), die Spitze des Jebel Akhdar, ist über 3000 m hoch, da gibt es sogar an manchen Tagen Nebel. Sehenswert ist die extreme Felswand, von der man vorsichtig in die Tiefe schauen kann.

Oman ist weitgehend flach, mit Ausnahme dieses einen Gebirges im Norden. Wer es überqueren will, sollte es von Süden angehen. Eine super Teerstraße (Made by Strabag/Germany) führt zum Pass hinauf, dann geht es über Piste 30 km bergab, durch malerische Dörfer. In Ar Rustaq kommt man wieder auf die Hauptstraße. Heiße Quellen!

Andreas Plock: „Ich würde keine genaue Route vorschlagen. Der Reiz in Oman sind mehr die Leute, die man kennen lernt. Es gibt ja nicht so viele Städte – einfach drauflosradeln, das Land durchqueren und genießen."

Muskat ist eine Reise wert – die weiße Stadt am Meer, und doch mit so viele Grün; Heimat von Sindbad, dem Seefahrer. Doch der Basar ist nur für Touristen. Weihrauch wird verkauft, Kopien von altem Seefahrerkrempel. Die Straßen sind breit, der Verkehr ist rücksichtsvoll. Und es gibt alle Botschaften – Muskat ist ein wesentlich besserer Ort für Visa-Angelegenheiten als Dubai. Pius Jörger: „2008 erhielten wir hier problemlos Iran-Visa."

Wer dann nach Salalah (und weiter in den Jemen) radeln will, hat zunächst 1200 km Wüste vor sich. Restaurants gibt es alle 100 km. Man kann selber strampeln, mit den öffentlichen Bussen fahren, aber auch sehr gut trampen. Die Omanis fahren gerne riesige Pickups, und die sind meistens leer. Man braucht nur mit der Hand zu winken und der Fahrer hält an – jemanden nicht mitzunehmen, obwohl man Platz hat, würden die Omanis wohl als grobe Unhöflichkeit auffassen. Von Salalah sind es dann nochmal 200 km bis in den Jemen, recht bergig!

Salalah liegt im Monsunbereich. Es regnet im Sommer, vom Klima her ist es schon ein bisschen tropisch, es wachsen Bananen, Kokosnüsse … Die Leute aus Dubai machen hier zwischen Juni und September gerne Urlaub, weil es da regnet und nicht so viel Sonne gibt.

Reiseführer, Karten, Internet

Kabasci/Franzisky: „Oman – Geheimnisvolles Sultanat zwischen Gestern und Übermorgen", Reise Know-How. DuMont: „Richtig Reisen Oman" und etliche Reiseführer mehr. „Islam erleben", „KulturSchock Islam" und „KulturSchock Golf-Emirate-Oman", alle von RKH. Von Lonely Planet gibt es den „Oman, UAE & Arabian Peninsula Travel Guide". **Karten:** RKH „Oman", 1:850.000. Oxford Map Oman 1:1,3 Mio. **Internet-Infos:** Gut wie immer *http://de.wikipedia.org/wiki/Oman*. Der Reiseradler Thilo Maeck war schon mehrfach mit dem Rad in Oman unterwegs. Auf seiner Homepage *www.radwahn.de* gibt es gute Infos, dazu Höhenprofile und GPS-Tracks. Auf der Seite *www.omanet.om* informiert das omanische Informationsministerium. Interessante Infos zum Land auch auf der kommerziellen Seite *www.omantourism.de* und auf *www.lonelyplanet.com/oman*.

Vereinigte Arabische Emirate [AP, TW, PB]

Überblick

Die VAE sind eine Föderation von sieben autonomen Emiraten, sprich arabischen Fürsten- bzw. Scheichtümern (s. unter *http://de.wikipedia.org/wiki/Vereinigte_Arabische_Emirate*), lt. Definition des Auswärtigen Amts ein „patriarchalisches Präsidialsystem mit traditionellen Konsultationsmechanismen". Die bekanntesten dieser Emirate sind **Dubai** und **Abu Dhabi**; sie haben eine gemeinsame Verfassung, und Abu Dhabi ist faktisch die Hauptstadt. Die Scheichs beschäftigen sich mit Pferde- und Kamelrennen und mit der Falkenjagd – und scheffeln Petro-Dollars; das Brutto-Inlandsprodukt der Emirate gehört zu den höchsten der Welt. Bekannt ist Dubai vor allem durch Luxusschuppen wie das Burj Al Arab Hotel, die größte Skihalle der Welt und die künstlichen *Palm Islands* (s. unter *www.dubaitourism.ae*).

Landschaftlich geben die Emirate nicht viel her. Sie bestehen größtenteils aus Wüste, Sanddünen und dem Nord-Ausläufer des Hadschar-Gebirges mit dem Djebel Yibir (1527 m) als höchster Erhebung. Doch nahe Dubai entsteht gerade *Dubai World Central*, der größte International Airport der Welt. Die Airline *Emirates* ist heute die weltweit am schnellsten wachsende Fluglinie; man geht davon aus, dass sie in wenigen Jahre auch die größte sein wird. Auf jeden Fall ist Dubai also ein guter Ort zum An- oder Weiterkommen für Rad-Toureros, die sich die Arabische Halbinsel erschließen oder weiter Richtung Iran und zum Indischen Subkontinent wollen.

Visa, Reisen im Land

Seit Ende 2008 erhalten Staatsangehörige aus D, A und CH bei Einreise in die VAE ein kostenloses **Visum** für 30 Tage. Dieses Visum kann um weitere 30 Tage verlängert werden, doch das kostet dann 650 DAE-Dirham, rund 130 Euro, und ist damit eines der teuersten Visa der Welt. Also, weiter – z.B. für 12 Euro mit dem Bus nach Muskat/Oman. Oder natürlich per Rad. Aber: Es gibt fast nur autobahnähnliche Überlandstraßen (die sind sogar fast alle nachts beleuchtet!) oder Pisten. Die Fernstraßen sind bekannt für ihre hohe Verkehrsdichte und die aggressive Fahrweise der ansässigen Bevölkerung. Die Regierung hat deshalb entschieden (um der Pkw-Flut vorzubeugen), für diverse Personengruppen als da seien etwa Arbeitsimmigranten ohne akademischen Grad (Handwerker, Köche, Hausmädchen, Wachleute etc.) die Ausstellung von Führerscheinen zu verweigern – kein Witz, s. bei Wikipedia! Nicht unbedingt ein gutes Pflaster für Radler also.

Trotzdem gibt es eine kleine Radlerszene, und Wolfis Bike Shop (*www.wbs.ae*). Unter diesem Namen betreibt der gebürtige Schwarzwälder Wofgang Hohmann seinen Radladen (Pius Jörger: „eine erstklassige Adresse"), verkauft gute Teile und organisiert auch Radtouren. Sonst gilt, wie auch für Oman: Die besten Radler-Infos zu den Emiraten stellt der Reiseradler Thilo Maeck auf seiner Homepage *www.radwahn.de* ins Web – gute Infos, dazu Höhenprofile und GPS-Tracks.

Weitere Infos

Andreas Plock: „Dubai ist sehr teuer, aber im Stadtteil Deira gibt es Doppelzimmer für 20 Euro, recht nahe beim Stadtzentrum. Ein schlechter Platz auch für die Visa-Beschaffung, zumindest für Indien und Pakistan; Muskat ist besser! Nach Oman kann man auch ganz gut mit dem Rad trampen; Tankstellen sind gute Orte. Das Schiff nach Bandar-e'Abbas im Iran ist stark vom Seegang abhängig – Wartezeiten einkalkulieren!" **Reiseführer:** Kirstin Kabasci u.a.: „Vereinigte Arabische Emirate", Reise Know-How. Nelles Guide dito. Merian, ADAC-Reiseführer und etliche weitere. Auf Englisch: „Oman, UAE & Arabian Peninsula Travel Guide", Lonely Planet. **Karten:** RKH „Vereinigte Arabische Emirate", 1:470.000, mit Stadtplänen von Dubai und Abu Dhabi. Aber eigentlich reicht die Michelin 745 „Nordost-Afrika, Arabien", 1:4 Mio. **Internet:** s. oben, auch auf *www.transasien.org* und *www.uae-embassy.de* (VAE-Botschaft in Deutschland). Auf Englisch: *www.lonelyplanet.com/united-arab-emirates*.

Iran [PB, AP]

Überblick

Religiöse Eiferer, Golfkrieg, Frauen im schwarzen Tschador, Revolutionswächter, Gebetsrufe der Muezzins, Studentenrevolten – das ist die eine Seite des Iran. Und nur die halbe Wahrheit. Wie der Name „Islamische Republik Iran“ schon andeutet, ist das gesamte öffentliche und mehr oder weniger auch private Leben von der Religion durchdrungen. Wer sich damit arrangieren kann, und das gilt ganz besonders für Radlerinnen, lernt aber ein Land kennen, das so gar nicht zu den Klischees der Zeitungsmeldungen passt: Gastfreundliche Menschen, eine jahrtausendealte Kultur, wundervolle Moscheen, beeindruckende Gebirgslandschaften – und die besten Straßen in ganz Asien! Ein Visum für Einzelreisende und selbst für unverheiratete Pärchen (dennoch besser ein wenig schwindeln ...) ist relativ problemlos erhältlich. Damit ist die Transasien-Bikeroute von Europa nach Indien nach langer Zeit endlich wieder offen! Mitte der 80er-Jahre wurde Clemens Carle noch an der türkisch-iranischen Grenze die Einreise verwehrt, damals ein bitterer Moment nach mehreren 1000 km im Sattel ...

Erstaunlich viele Iraner sprechen Englisch (allerdings nur in größeren Städten), Amtssprache ist Neupersisch (Farsi), obwohl nur die Hälfte der Bevölkerung tatsächlich persischer Abstammung ist. Die andere Hälfte besteht aus Aserbaidschanern, Kurden, Luren, Bachtiaren und Turkmenen mit ihren eigenen Sprachen. Viele Straßenschilder sind zweisprachig in Farsi und unserer Schrift, wenn nicht, hilft eine Straßenkarte, oder das Problem wird bei einer Tasse Cay (Tee) mit den Einheimischen ausführlich und gestenreich erörtert.

Geografie, Reisezeit, Klima

Der Iran ist fast fünfmal so groß wie Deutschland, hat gemeinsame Grenzen mit dem Irak und der Türkei im Westen, mit Armenien, Aserbaidschan und Turkmenistan im Norden sowie mit Afghanistan und Pakistan im Osten. Im Süden grenzt der Iran an den ölreichen Persischen Golf. Rund die Hälfte der Fläche sind menschenleere Wüsten, Steppen und Gebirgszüge. Das zentrale iranische Hochplateau besteht aus vielen Becken zwischen 200 und 800 m Höhe – eine wenig attraktive Salz- und Steinwüste, die irgendwann jeder Iran-Radler hassen wird; mit Ausnahme absoluter Wüsten-Fans höchstens. Berüchtigt ist vor allem die große Salzwüste Dasht-el-Lut zwischen Kerman und Zahedan; im Sommer wird es dort irrsinnig heiß!

Markant ist das regenreiche Alborz-Gebirge, das das zentrale Hochplateau von der fruchtbaren Küstenebene am Kaspischen Meer trennt und als Klimascheide wirkt. Lagen über 2000 m sind dort im Winter schneebedeckt, dann wird in mehreren Resorts sogar Ski gefahren. Der höchste Gipfel (Damavand, 5671 m) ist vergletschert. Im Westen dominieren die steil gefalteten Gebirgsketten des Zagros-Gebirges mit Gipfeln über 4000 m.

Im Iran herrscht ein ausgeprägtes Kontinentalklima mit heißen Sommern und kalten Wintern, allerdings mit großen regionalen Schwankungen. Günstig: März bis Mai und Oktober/November mit angenehmen Temperaturen im Zentraliran,

Schattensuche im Iran

Schneefälle sind allerdings im Zagros-Gebirge auch im Mai noch möglich. Der Sommer ist extrom heiß, am Persischen Golf sehr unangenehm schwülheiß. Im Winter müsst ihr im Zagros-Gebirge mit tagelangen Schneefällen und eingeschneiten Straßen rechnen, in der Wüste kann das Thermometer nachts bis zur Frostgrenze fallen.

An- und Einreise, Währung

Der Internationale Flughafen von Teheran ist die Drehscheibe für alle europäischen und asiatischen Flüge. Weitere Flughäfen in Isfahan, Mashad, Shiraz und Bandar-e'Abbas mit mehr regionalem Charakter (Flüge in die Nachbarländer). Viele Flüge von und nach Istanbul. Keine Flüge in die USA! Bei Flügen mit Iran Air (*www.iran-air.de*) gelten bereits an Bord islamische Sitten (z.B. kein Alkohol) und Bekleidungsvorschriften!

Die meisten Radler werden den Iran wohl eher als Durchgangsland betrachten und auf dem Landweg ein- und ausreisen. Am günstigsten ist der türkische Grenzübergang bei Bazargan in Ostanatolien (35 km südwestl. von Dogubayazit), es gibt auch noch einen Übergang weiter südlich (Esendere), s. dazu im Türkei-Kapitel auf Seite 463. Auch die Zugverbindung von Istanbul über Ankara und Van nach Teheran ist nach jahrelangen Kurdenkonflikten wieder geöffnet – einmal pro Woche rumpelt der Expresszug bis Tatvan am Van-See, per Fähre geht es dann nach Van an das Ostufer und von dort weiter bis Teheran. Diese Eisenbahnstrecke ist auch interessant für alle Biker, die das im Winter schneebedeckte Zagros-Gebirge auf iranischer Seite umgehen wollen.

Von Bandar-e'Abbas verkehren Fährschiffe der staatlichen Gesellschaft Valfajr-8 (*www.irantravelingcenter.com*, Ferry Ticket anklicken) in der Regel mehrmals wöchentlich über den Persischen Golf nach Schardscha/VAE (s. auch dort). Das gilt auch für Bandar-e'Abbas – Karachi/Pakistan und für die Passage über das Kaspische Meer von Baku/Aserbaidschan nach Bandar-e'Anzali (einmal wöchentlich). Unter *www.itto.org* listet die Tourismusbehörde die Telefonnummern verschiedener Reedereien auf.

Ausreisepunkte: Nach **Pakistan** über Mirjaveh; nach **Turkmenistan** über Bajgiran, Lotfabad und Sarakhs (jedoch werden turmkenische Transitvisa in der Regel nur für Sarakhs erteilt); **Armenien** über Jolfa nach Noordoz, rund 200 km ab Tabriz; **Aserbaidschan** über Astara, Jolfa (Enklave Nakhichevan). Bitte vorher die Botschaften kontaktieren! Weiterhin hermetisch abgeriegelt sind die Übergänge in den Irak; nach Afghanistan war die Grenze Mitte 2009 offen.

Anfahrt zum Karakorum Highway (s. „Pakistan"): Optimal wäre März (aber Schneegefahr!), dann im April durch Pakistan zum Karakorum-Gebirge, der KKH wird Anfang Mai geöffnet.

Anfahrt nach Indien: Optimal wäre Mitte September. Im Iran wird es euch noch gut warm werden, das Industal im Oktober ist angenehm, November in Nordindien ist dann optimal.

Visumpflicht: Überhaupt ein Visum zu erhalten war einst die höchste Hürde für die Radtour durch den Iran. Meist gelang das nur durch Einschaltung eines Reise- oder Visabüros. Patrizia und Brö (*www.somewhereonearth.org*): „Nach unserer Erfahrung wird ein Touristenvisum von den Botschaften und Konsulaten nun recht problemlos für bis zu 30 Tage ausgestellt (manchmal auch bloß 15 Tage). Kein Visum an den Grenzen erhältlich! Bei der Ankunft am Int. Flughafen Teheran gibt es nach Auskunft der Botschaft ein Visum *on arrival*, allerings nur für sieben Tage." Radler berichteten, dass sie das Visum auch noch in Istanbul, Ankara, Erzurum, Abu Dahbi, Muskat (Oman) oder Islamabad erhalten hätten, aber darauf sollte man sich nicht immer verlassen – sicherer (wenn auch teurer) ist es, sich über *www.iranianvisa.com* einen Code geben zu lassen. Das Visum kann dann in Provinzhauptstädten (z.B. Isfahan oder Mashad) um eine oder mehrere Wochen verlängert werden, vorausgesetzt, es ist nur noch wenige Tage gültig. Die Behörden in Teheran sind jedoch außerordentlich unkooperativ! Die Bearbeitung der

Visa-Anträge kann mehrere Wochen oder sogar Monate dauern; dies bei der Tourenplanung berücksichtigen. Radlerinnen müssen auf den einzureichenden Passfotos den islamischen Vorschriften entsprechend gekleidet sein (Kopftuch, Schultern und Arme bedeckt!). Je nach politischer Wetterlage sind Änderungen/ Reisebeschränkungen auch kurzfristig möglich. Auf jeden Fall empfiehlt es sich, die iranische Botschaft (*www.iranischeskonsulat.de*) und die Website des Auswärtigen Amts (*www.auswaertiges-amt.de*) zu kontaktieren.

Währung ist der Rial, unterteilt in 100 Dinars. Viele Preise werden in Tuman genannt, was 10 Rial entspricht und anfangs ganz schön verwirrend sein kann. Der Euro hat sich mittlerweile zur bevorzugten Fremdwährung entwickelt (und den US$ abgelöst). Man kann problemlos Bar-Dollars/Euros in Banken, Wechselstuben (am unkompliziertesten) oder gar in Läden zu momentan annähernd gleichen Kursen tauschen. Geldwechsler auf dem Schwarzmarkt bieten nur wenig bessere Kurse und lohnen das Risiko nicht (berüchtigt für ihre Tricks sind die an der Ferdosi Ave. in Teheran!). Achtung: Reiseschecks sind wertlos, American Express-Kreditkarten werden nirgends akzeptiert (Visa und MasterCard auch nur sporadisch)! Keine Bankautomaten.

Der Iran ist ein relativ günstiges Reiseland, vor allem Tickets für Inlandsflüge, Bahn und Bus sind spottbillig, solange sie im Land gekauft werden.

Übernachten, Verpflegung

Verglichen mit den Ländern etwa in Südostasien ist das Angebot günstiger Übernachtungsplätze im Iran eher dürftig. In vielen Provinzstädtchen gibt es nur ein Hotel. Und da ist noch die Sprachbarriere, denn Hotels der unteren Kategorie sind meist nur in Farsi beschriftet und entsprechend schwer zu finden. Die Iraner helfen aber gerne bei der Suche. Patrizia und Brö: „Die Zeiten, als sich unverheiratete Pärchen als verheiratet ausgeben mussten, um unangenehme Besuche der ‚Revolutionswächter' (Pasdaran) in der Herberge zu vermeiden, scheinen vorbei zu sein – zumindest momentan (2009) handhabt man das recht relaxed." Radlerinnen werden das eigene WC schätzen lernen, denn sonst muss bei jedem Gang zum Örtchen der islamischen Kleidersitte entsprochen werden (s. unten), auch mitten in der Nacht! Zelten ist oft eine ganz angenehme Alternative, auch weil Billighotels nicht unbedingt sauber und schon gar nicht leise sind. Dazu Andreas Plock: „Ich habe sehr oft bei Privatleuten geschlafen (der Iran ist ein recht gastfreundliches Land) oder mein Zelt im Schutz von Moscheen aufgestellt."

Die iranische Alltagsküche überzeugt nicht eben durch kreative Vielfalt. Brot, Reis und Kebab, Hammel- oder Lammfleisch sind die Grundnahrungsmittel und kommen in allen möglichen Variationen auf den Tisch. Abgusht und Xoresht sind ziemlich fettige Fleisch-Gemüse-Eintöpfe, Celo Kebab gegrillte Fleischspieße mit Reis. Viel beliebter scheinen Kebab-Hamburger zu sein, die teils auch richtig gut schmecken. Viele Lokale sind unbeschildert, Speisekarten oft nicht vorhanden. Dennoch wird man kaum übervorteilt, eher gibt es noch einen Nachschlag auf Kosten des Hauses. Bäckereien backen mehrmals täglich frisches Brot (Nan), oft stehen die Leute schon Schlange und warten auf Lavash, Taftan und Sangak, die sich hauptsächlich in der Dicke unterscheiden und nur ofenwarm richtig lecker sind.

Lebensmittel werden in kleinen Tante-Emma-Läden verkauft, Supermärkte mit Selbstbedienung gibt es höchstens in Teheran. Gemüse, Obst und Früchte auf den Märkten sind hervorragend (nicht vergessen zu feilschen!), Cay wird eigentlich den ganzen Tag getrunken. Es gibt auch eine große Vielfalt von Limos, selbst Coca Cola. Lecker, aber oft sehr süß sind die Milchshakes. Bier findet sich auch überall – aber nur alkoholfreies.

Gefahren, Verbote, Bekleidungssitten

Der Iran ist ein relativ sicheres Reiseland. Lediglich in den Grenzgebieten zu Turkmenistan, Afghanistan und Pakistan (Provinzen Kerman und Sistan-Balutschestan) ist nach mehreren Touristen-Entführungen und auch Raubüberfällen erhöhte Vorsicht geboten. Nicht wild zelten, notfalls bei einem Polizeiposten nach einem Schlafplatz fragen.

Zu den Kleidervorschriften für Radler Patrizia und Brö: „Kurzärmliges T-Shirt und kurze Hosen für Männer sind meist okay. Für Radlerinnen: Kopftuch, langärmliges T-Shirt und lange Hosen auf dem Fahrrad (auch bei über 40 °C!), ansonsten ein Mantel oder ein langes Shirt, das mindestens über den Po reicht. Barfuß in Sandalen ist für Frauen zumindest beim Besuch von Moscheen problematisch."

Die Iraner suchen förmlich das Gespräch mit den Ausländern und beklagen sich erstaunlich offenherzig über das schikanöse System. Denkt dran, dass Geheimpolizisten und Spitzel mithören könnten, provoziert nicht solche Gespräche, die Folgen für euren Gesprächspartner könnten verheerend sein!

Unbedingt meiden sollte man die Zeit des Ramadan. Tagsüber sind alle Restaurants und Lebensmittelläden geschlossen, Fastenbrecher werden vom Pasdaran verfolgt. Vorsicht mit dem Fotografieren von „Militärischem" und vermummten Frauen! Demonstrationen und Menschenaufläufe meiden!

Fahrrad, Ausrüstung

Radfahren gilt im Iran als eher exotische Sportart. Das Angebot der Läden beschränkt sich auf Kinderräder, professionelleres Material kriegt man in einigen wenigen Läden in Teheran, Tabriz (Andreas Plock: Guter Radladen im Zentrum, fünf Minuten von der Tourist Info entfernt) und Isfahan. Besser alle erforderlichen Ersatzteile einpacken. Stollenreifen sind auf den guten Asphaltstraßen nicht notwendig, aber eine Handvoll Gänge sollte man für die Steigungen im Zagros- und Alborz-Gebirge schon zur Auswahl haben. Zelt und Kocher sind (je nach Route) essentiell.

Straßen, Verkehr, Transport

Rechtsverkehr. Die **Überlandstraßen** sind für asiatische Verhältnisse hervorragend asphaltiert, glatt und breit, teils gar mit Seitenstreifen. Leider nimmt auch der Verkehr rapide zu, oft wird man von Lkw auf den sandigen Seitenstreifen abgedrängt oder in dichten Dieselqualm gehüllt. Nebenstrecken weisen viele Schlaglöcher auf. Es gibt auch viele Polizeikontrollen, die aber mit dem Rad problemlos passierbar sind. Fürchterlich ist der Verkehr in Teheran, man sollte als Radler einen weiten Bogen um die uninteressante Hauptstadt machen oder notwendige Dinge per Taxi erledigen. Teheran ist aber der Knotenpunkt für alle Inlandsflüge, Bus- und Zugfahrten.

Zug: Die interessanteste Strecke führt von Tabriz nach Teheran und weiter über Yazd nach Kerman. Am letzten Teilstück von Kerman nach Zahedan wird offenbar immer noch gebaut (und derzeit kein Zug auf pakistanischer Seite nach Quetta). Doch wäre das evtl. eine interessante Möglichkeit, das Land schnell zu durchqueren, wenn man ein Visum für nur wenige Tage bekommt (Apropos: Das Tourismusbüro von Nassav ist in Tabriz *der* Treffpunkt aller Reisenden! Nassav spricht sechs Sprachen fließend und organisiert alles, besonders Pakistan-Visa). Weitere Bahnstrecken von Teheran nach Mashad (dort weiter nach Turkmenistan radeln) und an den Persischen Golf bei Ahvaz. Sehr niedrige Fahrpreise. Radlerinnen sollten, vor allem bei Nachtfahrten, auf Plätze im sog. Frauenabteil bestehen. Radtransport im selben Zug ist grundsätzlich nicht möglich. Das Rad muss ein paar Tage im Voraus (nicht abgeschlossen) aufgegeben werden und wird separat transportiert.

Bus: Hervorragendes Busnetz in alle Landesteile, die Busse sind bequem, bei Fernfahrten werden nur so viele Tickets verkauft wie Plätze zur Verfügung stehen. Spottbillige Fahrpreise. Die Geschlechter sitzen getrennt, Ehepaare aber immer nebeneinander. Die Fahrräder müssen in den Laderaum, das könnte je nach Gepäck Probleme bereiten (und relativ teuer werden). Die Busgesellschaften sind in Kooperativen organisiert und nummeriert (von 1 bis 15). Je nach Fahrtziel starten die Busse in den Städten von unterschiedlichen Busterminals, großer Andrang.

Flug: Die bereits erwähnte staatliche Fluggesellschaft Iran Air hat einen sehr guten Ruf und die meisten Flüge. Eigentlich alle Provinzhauptstädte sind über das Drehkreuz Teheran miteinander verbunden. Von einigen Städten (s.o. „Anreise") auch Flüge in die Nachbarländer. Im Land gekaufte Flugtickets sind wesentlich günstiger.

Routen und Touren

Die Mehrzahl aller Radtoureros wird den Iran nur durchqueren wollen, auf dem Weg nach Pakistan oder Turkmenistan.

- **Türkei – Pakistan:** Wer von der türkischen Grenze (Bazargan) einreist, fährt auf gebirgiger und auch wüstenhafter, eintöniger Straße über Tabriz bis nach Teheran. Tabriz – Teheran ist öde und verkehrsüberlastet. Viel schöner ist die etwas längere und teils sehr gebirgige Alternativroute über Ardabil am Kaspischen Meer entlang bis Calus und dann über einen 2800-m-Pass quer durchs Alborz-Gebirge nach Teheran. Von da geht es südlich über Qom nach Yazd und weiter über Kerman nach Zahedan (alternativ könnte man auch zwischen Qom und Yazd einen lohnenden Abstecher nach Isfahan machen; oder von Isfahan über Shiraz nach Bandar-e'Abbas am Persischen Golf, um von dort mit einem Schiff nach Karachi zu gelangen). Dann über den Grenzort Mirjaveh zum pakistanischen Nok Kundi. Derzeit (Ende 2009) auf pakistanischer Seite nur mit Aufladen, mehr dazu im Pakistan-Kapitel auf Seite 541f. Distanzen: Bazargan – Teheran 900 km, alternativ am Kaspischen Meer entlang 1180 km. Teheran – Mirjaveh 1650 km, über Isfahan ca. 80 km mehr.
- **Türkei – Turkmenistan:** Bis Teheran wie oben, besser gleich am Kaspischen Meer entlang radeln (starker Lkw-Verkehr) und gar nicht nach Teheran abbiegen. Auf gebirgiger Straße folgt man von Calus dem Pilgerstrom nach Mashad, sicher einer der faszinierendsten iranischen Städte. Die Straße nach Sarakhs an der turkmenischen Grenze ist asphaltiert und landschaftlich reizvoll. Die Grenzübergänge Bajgiran und Lotfabad lohnen nicht und kommen wegen der turkmenischen Visa-Problematik ohnehin nicht in Betracht. Distanzen: Bazargan – Calus 980 km, bis Mashad 900 km, bis Sarakhs 205 km.
- **Emirate – Teheran:** Mit der Fähre von Schardscha nach Bandar-e'Abbas. Via Larestan nach Shiraz, dann via Persepolis und über das Zagros-Gebirge nach Yazd. Weiter nach Isfahan und von dort aus erst in nördlicher Richtung und dann über die Hügel nach Kashan, Qom und Tehran. Eine vielfältige Strecke mit guten Straßen und relativ wenig Verkehr, die Irans interessanteste Städte mit einschließt.

Bücher, Karten, Internet

Reiseführer: Aktuell und gut sind Hartmut Niemann, Ludwig Paul: „Iran Reisehandbuch", Reise Know-How. Andrew Burke u.a.: „Iran", Lonely Planet. „KulturSchock Iran", „KulturSchock Islam", „Islam erleben", Kauderwelsch-Sprachführer „Persisch (Farsi)", alle Reise Know-How. **Background:** Jason Elliott: „Persien – Gottes vergessener Garten. Meine Reisen durch den Iran", Piper (2009). **Karten:** RKH „Iran", 1:1,5 Mio.; ITM „Iran", 1:1,8 Mio. **Internet:** Das Angebot an Internetcafés ist mittlerweile recht gut, selbst in kleinen Ortschaften findet sich ein „Coffeenet". Allerdings sind die Verbindungen dank der Zensur oft recht langsam und viele Inhalte sind geblockt. **Websites:** Geschichte, Politik, Landeskunde usw. wie immer sehr ausführlich bei Wikipedia (*http://de.wikipedia.org/wiki/Iran*), mit Linkliste. Die offizielle Homepage der iranischen Tourismusbehörde ist *www.itto.org*; sie könnte aber mehr Infos bieten. Eine weitere offizielle staatliche Seite ist *http://en.iran.ir*; dort gibt es neben dem heiligen Koran und anderen religiösen und politischen Inhalten immerhin auch ein paar ganz brauchbare Übersichtskarten. „The Iranian Cultural & Information Center" (*http://tehran.stanford.edu*) der Stanford University in San Francisco ist der genaue Gegensatz dazu und klagt die Verletzung der Menschenrechte im Iran an. Hier noch ein paar Seiten von Rad-Toureros, die in jüngerer Zeit im Iran unterwegs waren: *www.somewhereonearth.org* (Co-Autoren Patrizia und Brö), *www.weltperrad.de* (Co-Autoren Daniela Schmidt und Tobias Klein), *www.joergersvelotour.ch* (Co-Autoren Pius und Margrit Jörger), dazu *www.grenzenlosradeln.de*, *www.grandtour.at*, *www.radwandernde.de* und *http://itchy-wheels.exploder.org*.

C GUS-Staaten / Zentralasien

Überblick

Die meisten der ehemaligen Staaten der Sowjetunion haben sich – nach der Auflösung der UdSSR im Dezember 1991 – zur GUS, zur „Gemeinschaft Unabhängiger Staaten“, zusammengeschlossen. Gleich vorab: Hier soll der **asiatische Teil der GUS-Staaten** behandelt werden – Weißrussland, die Ukraine, Moldawien und der europäische Teil Russlands (also westlich des Urals) werden im Fahrrad-Europaführer (Herbert Lindenberg, RKH) behandelt. Außerdem bröckelt es zwischenzeitlich im GUS-Gefüge; Georgien z.B. ist nach den Querelen mit Einmarsch russischer Soldaten seit August 2009 kein Mitglied mehr, andere Austritte mögen folgen (zur aktuellen GUS s. etwa bei *http://de.wikipedia.org/wiki/Gemeinschaft_Unabhängiger_Staaten*). Es geht also um die asiatischen GUS-Staaten Stand Dezember 1991 – ein griffigeres Kriterium zur Zusammenfassung gibt es einfach nicht; schon wegen der gemeinsamen Vergangenheit dieser Länder. Deshalb also die eigentlich nicht ganz richtige Überschrift dieses Kapitels.

Auch Afghanistan wird am Schluss dieser Aufstellung angesprochen – aktuell zwar absolut kein Radreiseland und natürlich auch nie ein GUS-Staat gewesen, doch dieses Land gehört geografisch genauso zu Zentralasien wie etwa seine Nachbarn Usbekistan und Tadschikistan; auch gibt es starke ethnische Gemeinsamkeiten.

Bürokratische Probleme

Touristisch sind die GUS-Staaten zwar alle keine „weißen Flecken“ mehr, wer aber eine oder gleich mehrere dieser neuen selbständigen Republiken mit dem Rad bereisen will, lässt sich sicherlich immer noch auf ein Abenteuer ein. Das beginnt schon mit den bürokratischen Problemen, denn jedes dieser Länder hat eigene Einreise- und Touristikbestimmungen geschaffen, oder es gelten noch die alten, restriktiven UdSSR-Bestimmungen, wo es ein Einzelreise-Visum nur durch eine private bzw. durch eine Geschäftseinladung gab. Den neuesten Stand der Dinge können die Botschaften der einzelnen Länder sagen, oder man kontaktet ein Visumbüro, das sich auf die GUS spezialisiert hat, wie z.B. Vostok-Reisen, Ackerstr. 157, 10115 Berlin, Tel. 030- 30871022, oder Visa-Dienst Bonn GmbH, Koblenzer Str. 85, 53177 Bonn, Tel. 0228-367990, *www.visum.de*. Bestimmungen für individuell Radreisende gibt es aber heute kaum noch.

In den neuen GUS-Ländern wird überall noch Russisch verstanden und gesprochen. Mit Englisch kommt man nur in wenigen Hauptstädten und Touristenzentren weiter. Zumindest ein wenig Russisch sollte man also schon sprechen und die kyrillischen Schriftzeichen auf Wegweisern und Fahrplänen entziffern können, um in den GUS-Ländern zurechtzukommen. Wer deshalb lieber mit Gleichgesinnten losradeln möchte: Der „Russian Cycle Touring Club“ veranstaltet regelmäßig Biketrips, Infos unter *www.rctc.ru/de*.

Da von den zentralasiatischen Staaten jeder sein eigenes „Visumsüppchen“ kocht und die Visumsregeln eher restriktiv auslegt, sind Rundtouren durch alle Staaten nicht ganz einfach durchführbar. Ideal wäre deshalb ein Gabelflug, z.B. hin nach Taschkent (Usbekistan) oder Duschanbe (Tadschikistan), zurück von Almaty (Kasachstan). Dann könntet ihr alle kulturellen und landschaftlichen Sehenswürdigkeiten in eine Tour einbauen, ohne einige Strecken zweimal fahren und manche Visa doppelt einholen zu müssen. Erkundigt euch in einem Flugreisebüro nach Fluggesellschaften, die solche Flüge anbieten. Denkbar wäre auch ein innerzentralasiatischer Flug, dies ist aber mit größeren bürokratischen Problemen wegen eures Fahrrades verbunden. Stellt euch dann auf „Extragebühren“ ein.

Radel-Bedingungen

Günstige **Reise- und Radelzeiten** für die überwiegend kalten Gegenden (Sibirien) oder Hochgebirgsregionen (Tadschikistan, Kirgisistan) ist der Sommer. Für Mittelasien sind Frühjahr und Herbst am besten, soweit die Hochgebirgsregionen nicht berührt werden. Einige 3000er-Pässe, z.B. Ansob (Duschanbe-Samarkand) und Chabu-Rabot (Duschanbe-Khorog) sind in manchen Jahren von September bis Mai total zugeschneit!

Das **Rad**, die **Ausrüstung**, das Werkzeug und alle mitzuführenden Ersatzteile müssen sorgfältigst zusammengestellt werden, weil es weder in Russland noch in den anderen GUS-Staaten Radläden nach unseren Vorstellungen gibt. Immerhin gibt es aber manchmal Werkstätten mit durchaus fähigen Schraubern – Johannes Galow: „Ich habe in großen russischen Städten (Ekaterinburg, Novosibirsk) Speichen tauschen und mein Hinterrad zentrieren lassen. Die richten dir die Felge aus wie ein Klavierstimmer zu einem Preis (200 Rubel mit Autogramm!), für den du hier gerade mal einen Speichenschlüssel bekommst." Doch in kleineren Orten würden wir uns darauf nicht verlassen. Ihr solltet in der Lage sein, alle Service- und Reparaturarbeiten selbst durchzuführen, und die Vorgabe für Rad und Zubehör heißt Stabilität, Robustheit und Einfachheit.

Russland - asiatischer Teil [HG]

Informationen, Eindrücke und Reisetipps von Johannes Galow

Schön, dass du bis hier gekommen bist. Nur noch über die Grenze der Russischen Föderation, dann geht es weiter. Weiter, ohne so schnell wieder eine Grenze überqueren zu müssen, außer die eigenen Grenzen und evtl. die Grenze der Technik an deinem Rad. Weiter Richtung Osten, wenn du willst durch 11 Zeitzonen, durch ein Land, wie jeder es aus Bilderbüchern oder russischen Märchen kennt, oder auch durch Gegenden, die von großer Zerstörung zeugen, die sich keiner so recht vorstellen möchte. Wenn ich heute von Russland spreche, dann meine ich die Russische Föderation, den Rechtsnachfolger der Sowjetunion. Die Begriffe Russland und Russische Föderation werden hier synonym verwendet.

I. Planung, Vorbereitung, Wissenswertes

Überblick, Anreise, Geografie

Russland – dieses große und geheimnisvolle Land hatte schon lange mein Interesse geweckt. So richtig klar wurde mir das bei einer Radtour entlang der Donau, abends am Lagerfeuer, während des Gesprächs mit einem Sportsfreund, der mir von seiner Russlandtour erzählte. Ein Jahr später ging es dann los.

Meine Tour begann Mitte März 2007 in Wien, dann radelte ich entlang der Donau und bis Odessa dem Frühling entgegen. Eine sehr empfehlenswerte Variante. Von Odessa fuhr ich dann mit dem Zug bis Charkow und überquerte die Grenze der Russischen Förderation bei Belgorod. Vor mir lag nun das flächenmäßig größte Land der Erde. Über 17 Mio. km² mit über 142 Mio. Menschen. Fast 4 Mio. km² davon in Europa und über 13 Mio km² in Asien.

Wenn du über Polen und das Baltikum, die Ukraine oder durch Weißrussland (Belarus) einreisen willst, gibt es an der Genze keine Probleme, sofern du im Besitz eines Reisepasses mit Visum bist. Fährst du durch Weißrussland, ist dort ein extra Visum erforderlich. Wer in Moskau starten will: Es gibt von Deutschland aus günstige Flüge (Air Berlin, Germanwings u.a.), bei denen das Fahrrad als Sportgepäck für um die 25 Euro mitfliegt. Bei der russischen Airline S7 zählt das Fahrrad als Übergepäck bzw. als Sperrgut und wird für 7 Euro pro Kilogramm mitgenommen. (Ergänzung von Ernst Christen: „Auf dem Schwarzen Meer gibt es etliche Fähren zwischen der Türkei, Georgien, Bulgarien, Rumänien, der Ukraine und Russland – eine weitere Möglichkeit zur Anreise, s. unter *www.ferrylines.com*.").

Weiter geht es, bis zur Wolga und zum Uralgebirge. Hier radelst du meist durch flaches, teils auch etwas hügeliges Land, es gibt jedoch auch einige markante

Gebirgszüge. Im Süden zieht sich der Kaukasus vom Schwarzen zum Kaspischen Meer mit einigen Vier- und Fünftausendern (höchster Gipfel ist der Elbrus mit 5642 m). Die Grenze zwischen Europa und Asien bildet der Ural, der sich vom Nordpolarmeer 2100 km nach Süden entlang dem 60. Längengrad bis an die kasachische Grenze erstreckt und meist Mittel-, stellenweise aber auch Hochgebirgscharakter aufweist (höchster Gipfel ist der Narodnaja mit 1895 m im Nordural). Auf der östlichen Seite, ab Ekaterinburg oder Tscheljabinsk, geht es dann durch eine sehr flache Ebene über Omsk weiter nach Novosibirsk. Dabei kann leicht der Eindruck entstehen, dass du bis kurz vor Novosibirsk fast unter dem Meeresspiegel entlang radelst. Wenn du von Novosibirsk einen Abstecher in südlicher Richtung machst, kommst du nach etwa 400 km ins Altaigebirge.

Novosibirsk gilt als die Mitte der Russischen Föderation. Keine Stadt mit langer historischer Tradition, denn sie wurde mit der Verlängerung der Eisenbahnstrecke über den Ob weiter in den Osten erst im Jahre 1893 aus dem Boden gestampft. Heute ist das Russlands drittgrößte Stadt. Wer soweit gekommen ist, sollte sich ein paar Tage Zeit nehmen und sich diese schöne Stadt näher anschauen – ich bin mittlerweile sehr oft hier.

In Russland fährst du weite Strecken immer geradeaus. Von einer Anhöhe kannst du schon die weitere Straße sehen, wie sie sich wie eine Schnur über die Hügel zieht. Macht die Straße auch nur einen kleinen Bogen, kommt es nicht selten vor, dass an dieser Stelle ein Lkw im Graben liegt. Bis hinter Krasnojarsk geht es, im Gegensatz zu der Ebene vor und hinter Omsk, durch abwechslungsreiche Landschaften. Bist du über den Jenissei, ist die Tendenz wieder ansteigend, wobei die vielen kleinen Flüsse, die den Straßenverlauf kreuzen, immer um einiges tiefer liegen, so dass du erst runter und nachher wieder hinauf radeln musst.

Auf der Hauptstraße M 53. Nach Irkutsk rechts ab!

Jetzt mehren sich die Streckenanteile, auf denen am Straßenbelag gespart wurde – Schotter, Sandwege, die sich nach einem Regen in Matsch und bei Trockenheit in Staubpisten verwandeln. Doch bei meiner Tour 2007 wurde kräftig gebaut; so wirst du jetzt bestimmt etwas bessere Straßenverhältnisse vorfinden. Vor Kansk, ca 1000 km hinter Novosibirsk, gibt es eine Umgehungsstraße. Das sind etwa 20 km mehr als wenn du durch das recht nette Städtchen fährst.

In Taischet, 1160 km hinter Novosibirsk, sollte die Entscheidung gefallen sein: Willst du hier abbiegen und über die BAM (Baikal-Amur-Magistrale) zum nördlichen Baikalsee oder weiter auf der M 53 zum südlichen Baikalsee nach Irkutsk?

Von Irkutsk (ca. 70 km) lohnt sich der Abstecher nach Listvyanka, um sich am Ufer des Sees etwas zu erholen. Für den Radler ist in Listvyanka erst mal Endstation. Ich habe nach ein paar Tagen Pause mich und mein Rad auf das Schnellboot geladen und war schnell wieder in Irkutsk. Auf der südlichen Seite gibt es in Richtung Ulaan-Ude die Möglichkeit, bis Tolbazhikha in Ufernähe entlangzuradeln. Von Ulaan-Ude geht es dann weiter in Richtung Chita – oder südwärts Richtung Mongolei.

Einreise, Registrierung

Ein **Visum** ist Pflicht. Das muss man sich schon vor der Reise **im Heimatland** besorgen, auch wenn man aus einem anderen Land nach Russland einreisen will. An der Grenze oder bei den russischen Vertretungen in anderen Ländern ist das Visum nicht erhältlich! Je nach Art des Visums ist es zur Zeit möglich, sich bis zu 30 Tage (Touristenvisum) oder bis zu 90 Tage (Besucher- bzw. Privatvisum oder Visum für Geschäfts- und Dienstreisen) in Russland aufzuhalten. Länger als 90 Tage ist der Aufenthalt in Russland zusammenhängend nicht möglich. Selbst wenn du ein Jahresvisum bekommst gilt die 90/180-Tage-Regelung, das heißt, du kannst dich während eines Zeitraums von 180 Tagen 90 Tage in Russland aufhalten. Und für das Privatvisum, also das mit der längeren Aufenthaltsdauer, mehr als 30 Tage, ist bis heute eine förmliche Einladung aus Russland nötig.

Das Visum (und ggf. die notwendige Einladung) kannst du dir auch über einen Visa-Dienst (s. oben und Seite 50f) besorgen lassen oder selbst mit den dazu nötigen Unterlagen im für deinen Wohnsitz zuständigen Konsulat beantragen (s. unter *www.russisches-konsulat.de*). Die Bearbeitungszeit beträgt bis zu zehn Tage. Da sich die Vorschriften sehr schnell ändern können unbedingt vor der Reise über die genannte Konsulats-Website oder über *www.auswaertiges-amt.de* informieren! Von Experimenten mit zwei Pässen rate ich übrigens ab, wenn du später wieder einmal nach Russland einreisen willst (bis zu sieben Jahre Sperre).

An der Grenze wird dann eine Immigrations-Doppelkarte ausgefüllt. Der eine Teil verbleibt an der Grenze, der andere Teil wird während der Reise mitgeführt. Nach der Einreise besteht in Russland eine Anmelde- bzw. **Registrierungspflicht**. Wer sich länger als drei Werktage an einem Ort aufhält, muss sich registrieren lassen. Registrierungen bekommt ihr in größeren Hotels (meist kostenlos), bei der Post (gebührenpflichtig) und bei der Ausländer-Behörde UFMS, früher OVIR (kostenlos). Dort kann es allerdings zu langen Wartezeiten kommen. In St. Petersburg und Moskau (Ulitsa Pokrovka 42) gibt es Registrierungsbüros.

Ich habe mich auf meiner Tour einmal am Ort meiner Gastgeberin registriert, von der ich die Einladung hatte. Es gab keine Probleme. Bist du mit dem Fahrrad unterwegs, ist es nicht immer möglich und notwendig nachzuweisen, wo du dich mehr als drei Werktage aufgehalten hast. Kontrolliert wurde ich in Russland (außer an der Grenze) nur einmal in Atschinsk (nach ca. 5000 km).

Geld und Währung

Landeswährung ist der berühmte **Rubel** (unterteilt in 100 Kopeken). Den aktuellen Wechselkurs findet ihr auf *www.oanda.com* und unter *www.russlandjournal.de* (unter „Services/Wechselkurs"). Nachtanken könnt ihr an fast jedem Geldautomaten mit EC-Karte, MasterCard und VISA. Automaten gibt es mittlerweile viele, auch in Kleinstädten, in Supermärkten, Metrostationen und natürlich bei Banken. Achtet auf eventuelle Manipulationen an den Automaten und passt auf, dass euch beim Eingeben der PIN niemand beobachtet! Die Kosten für das Abheben sind sehr unterschiedlich. Einige deutsche Banken wie Raiffeisenbank, Deutsche Bank und Citibank haben auch Filialen in Russland. Mit der VISA-Karte der DKB z.B. ist das Abheben an den russischen Bankautomaten kostenlos – erkundigt euch vor der Reise bei eurer Hausbank!

Bargeld (Euro) nach Russland mitzunehmen ist bis zu einem Gegenwet von 10.000 US$ ohne Deklaration möglich. Ich würde jedoch davon abraten; zuviel Geld mit sich herumzutragen ist nicht ungefährlich und der Bargeld-Wechselkurs ist auch nicht günstiger. Kleinere Banken tauschen zudem manchmal die Euro- oder Dollarscheine nur ungern ein mit der Begründung, dass sie zu alt seien, und wollen eine Sondergebühr berechnen. In diesem Fall also ab zur nächsten Bank! Noch immer gibt es auch die Möglichkeit, Euro und US$ gegen Rubel auf der Straße einzutauschen. Finger weg!

Reisezeit und Klima

Durch das kontinentale Klima kannst du in Russland mit extremen Wetterverhältnissen rechnen. Im Sommer wird es selbst in Sibirien gerne mal über 40 °C heiß. Wenn es regnet, dann meistens sehr heftig. Die Straßen sind aber durch die meist niedrige Luftfeuchtigkeit sehr schnell wieder trocken. Zwischen März und April kann es auch im Westen noch sehr frisch und regnerisch sein. Im Mai lag im Ural an manchen Stellen noch Schnee. Dann wird es sehr schnell Sommer in Russland, der von Ende Mai bis September dauert. September und Oktober werden die Tage, an denen ihr gerne mit dem Rad unterwegs sein wollt, schon weniger. Bei mir herrschte meistens Westwind (Rückenwind), nur an wenigen Tagen hatte ich mit Gegenwind zu kämpfen.

In der Zeit von November bis März sinken die Temperaturen bis auf unter -30 °C. Zwar werden die meisten Trassen, weil sie etwas höher liegen als die Umgebung, vom Wind und von den Räumfahrzeugen meist schnee- und eisfrei gehalten, aber der russische Winter ist dann doch eher was für Skilangläufer.

Übernachten, Verpflegung

In Russland wird im Allgemeinen bei Verwandten oder Freunden übernachtet, sehr selten in Gaststätten oder Hotels. Darum gibt es in kleineren Städten nicht allzu viele **Hotels**, die dann auch noch sehr veraltet sind und einen niedrigen Standard haben. An den Hauptstrecken werden jedoch immer mehr „Motels" gebaut, die dann durchaus auf westlichem Standard liegen. **Preise:** Einfache Unterkunft 300-450 Rubel, Hotel mittlerer Kategorie 500-1500 Rubel, Luxushotel ab 2000 Rubel pro Nacht.

Gastfreundschaft wird in Russland sehr groß geschrieben, auch wenn die Menschen zunächst eher distanziert wirken. Ich bin von sehr vielen Leuten einfach eingeladen worden, bei ihnen zu Gast zu sein. Die Russen lieben es zu feiern, zu essen und zu trinken. Erklingen auf dem Akkordeon oder der Balaleika die ersten Töne eines Liedes, dann wird gesungen und getanzt. Jeder hat ein riesiges Repertoire an Liedern und Texten, ausreichend, um so manchen gemütlichen Abend damit zu füllen. Ich hatte immer den Eindruck, die Russen sind mit dem wenigen, was sie haben, glücklicher als wir mit unserem Überfluss.

Schon vor der Reise hatte ich auch Kontakte über das Internet geknüpft. Gerade in großen Städten gibt es viele Leute, die einem der Hospitality Clubs wie Warmshowers etc. (s. Seite 98) angehören; in punkto Gastfreundschaft und Hilfsbereitschaft könnten die Russen vielen von uns als Beispiel dienen! Mit vielen war ich auf der gesamten Reise in Kontakt und bin es heute noch. Es ist sehr hilfreich, bei Fragen und Problemen jemanden zu haben, an den du dich wenden kannst.

Je weiter ihr nach Osten kommt, desto größer werden die Abstände zwischen Städten, Cafés, Übernachtungsmöglichkeiten. Das Zelt wird dann immer wichtiger. Die Fertigkeit, dieses in kürzester Zeit aufzustellen, sein Gepäck und sich selber darin zu verstauen wächst mit der zunehmenden Mückenplage, so dass ich auch schon mit Regenjacke und Handschuhen das Zellt aufgestellt und wieder abgebaut habe. An der Trasse stehen zwar hin und wieder mal Schilder mit dem Zeichen eines Campingplatzes; ich habe jedoch tatsächlich nur sehr wenige gesehen und mein Zelt immer etwas abseits der Straße oder an den Cafés an der Strecke aufgebaut. So war auch das Abendessen und das Frühstück gesichert.

Zum Thema Verpflegung: Folgende Worte sollte sich jeder einprägen: Кафе, Столовая, Магазин, Продукты. In fast jedem Dorf gibt es mindestens einen

Laden (Магазин) mit Lebensmitteln (Продукты), meistens recht gut sortiert. Obst und Gemüse ist je nach Jahreszeit mehr oder weniger vorhanden. Dafür gibt es stets viele geräucherte Fleischwaren. In der Orts-Kantine (Столовая) gibt es eine Auswahl an recht günstigen Gerichten. In den Cafés (Кафе) an der Hauptstraße, vergleichbar bei uns mit den Raststätten, braucht ihr auch nicht zu verhungern. Hier serviert man meistens die leckeren russischen Teigtaschen (Pelmeni), Pfannkuchen (Blinis), Suppen, Gulasch, Kotelett (Frikadelle), Huhn vom Grill mit verschiedenen Beilagen und natürlich Schaschlik. Brot (Хлеб) wird zu jedem Essen genommen. Für Feinschmecker ist jedoch eher selten etwas dabei. Gegessen wird oft mit Plastikbesteck, in der Regel ohne Messer, von Plastiktellern und -bechern. Trinkgeld ist in Russland nicht üblich. Übrigens, ganz wichtig: Auf jeden Fall beim Verlassen des Cafés „Spasiba“ (Danke) sagen! Und: Naseputzen in der Öffentlichkeit, vor allem in Cafés und Restaurants, das darf man in Russland auf keinen Fall bringen! Obgleich andere Geräusche wie das herzhafte Schlürfen von Kaffee, Tee oder Suppe oft zu hören sind. Preise: Einfache Mahlzeit (Kantine, Café) 200-350 Rubel, Restaurant mittlerer Kategorie 350-450 Rubel, Luxusrestaurant ab 500 Rubel.

Kalorien tanken! Café an der Hauptstraße

Im Westen gibt es mehr Raststätten, so alle 20 km etwa, je weiter du nach Osten kommst können dann aber schon mal 80 km dazwischen liegen. Es empfiehlt sich, mindestens zwei Tagesrationen für die Selbstverpflegung dabei zu haben. Ich habe mit meinem Hobo-Ofen in Russland sehr gute Erfahrungen gemacht: klein, schnell aufgebaut, Brennstoff ist überall vorhanden, kein Stress mit Gas- oder Brennstoffbehältern im Flieger. Dazu in kürzester Zeit kochendes Wasser, und er verscheucht auch noch durch den Qualm die Mücken.

Wasser ist (vor allem in den Städten) ohne Filter nicht zu genießen! Ich habe mich immer mit Flaschenwasser eingedeckt. In den Bergen (Altai) gibt es auch Quellen, aus denen ihr sehr gut trinken könnt. Das russische Nationalgetränk „Kvas“, das aus Brot hergestellt wird, ist sehr erfrischend und wird im Sommer fast an jeder Ecke aus gelben Tankwagen verkauft, manchmal auch in Flaschen.

Gesundheit, Gefahren, restriktive Gebiete

Zu empfohlenen Impfungen und **Gesundheitstipps** s. wie immer bei *www.fit-for-travel.de*. Angemerkt werden muss noch, dass gerade in Russland beim Zelten im Wald die Gefahr durch Zeckenbisse sehr groß ist. Auch besteht eine gewisse Tollwutgefahr – weniger durch die vielen halbwilden Hunde, die viel kläffen, aber selten beißen, jedoch durch Füchse.

Die Notfallbehandlungen in staatlichen Kliniken sind laut Gesetz grundsätzlich kostenlos. Hilfe kann über die Notfall-Nummer 03 gerufen werden. Die staatlichen Kliniken entsprechen aber in Ausstattung und Know-How nicht dem deutschen Standard; wenn möglich also an eine private Einrichtung wenden.

Sicherheit: Auf meiner Tour fühlte ich mich trotz vieler Warnungen genauso sicher wie in jedem westeuropäischem Land. Selbst von den Russen wurde ich dauernd vor Räubern, Banditen und korrupten Polizisten gewarnt und gefragt, ob ich davor nicht Angst hätte. Doch die erste Kontrolle hatte ich erst nach ca. 5000 km, und dabei hielt mich die Polizei nur aus Interesse an und wollte wissen, wohin ich fahre und woher ich käme. Bei Menschenansammlungen und in öffentlichen Verkehrsmitteln ist natürlich die übliche Vorsicht nicht verkehrt. Auch solltet ihr eure Fahrräder immer und überall im Blick behalten, im Hotel oder bei den Gastgebern mit auf das Zimmer oder in die Wohnung nehmen oder bei der Security einschließen lassen.

In Russland gibt es teils riesige **Sperrgebiete**. Die sind wegen ihrer Größe nicht immer und überall umzäunt und auch nicht immer mit entsprechenden Schildern versehen. Darum ist es sicherer, sich vor oder während der Reise entsprechende Infos zu besorgen. Eine Aufzählung der Sperrgebiete findet man bei Wikipedia (*http://de.wikipedia.org/wiki/Geschlossene_Stadt*).

Von Reisen in den Nordkaukasus (Inguschetien, Tschetschenien, Dagestan, Nordossetien und Kabardino-Balkarien) rät das Auswärtige Amt generell ab. Informiert euch ggf. über die aktuelle Lage.

Straßen, Verkehr, Transport

Die **Straßen** in Russland sind sehr unterschiedlich ausgebaut. Hinter Krasnojarsk sind selbst die Hauptstrecken oft schlechter als in Deutschland die Wald- und Feldwege. Von frisch asphaltiert bis unbefestigt ist alles zu haben! Und manchmal hat es in den Straßen Löcher, in denen selbst ein Lkw-Rad verschwinden kann.

Städte und Fernstraßen haben ein recht hohes **Gefahrenpotential**. Russen fahren sehr schnell, halten am liebsten keinen Sicherheitsabstand ein und sind die „Könige" der Straße. Verkehrsregeln gibt es zwar, sie werden jedoch nicht oder nur kaum beachtet. Nichtmotorisierte Verkehrsteilnehmer zählen da nicht viel. Bist du mit dem Fahrrad unterwegs, dann am besten nur mit gelber Warnweste und Helm, so kannst du auch aufgrund des breiten Gepäcks als Mopedfahrer angesehen werden.

Um die großen Städte sind die Hauptstraßen teils vier- bis sechsspurig und autobahnähnlich ausgebaut. Wenn nicht anders gekennzeichnet ist es nicht verboten, auf diesen Trassen mit dem Fahrrad zu fahren. Neben der Fahrbahn gibt es in Russland meist einen recht breiten Streifen. Dieser Seitenstreifen ist geschottert und lässt sich oft besser und sicherer befahren als die verkehrsreiche Straße daneben. Ich habe es erlebt, dass mich ein Lkw praktisch auf Tuchfühlung überholte, als ich neben der Straße auf der weißen Linie fuhr. Kaum hatte ich das wirklich registriert, hatte mich schon ein Pkw auf dem Schotterstreifen rechts überholt. Reine Nervensache!

Von den Rechtsabbiegern wirst du immer geschnitten, darauf solltest du dich sicherheitshalber schon mal einstellen. Würden die Autofahrer darauf achten, würden sie dich durch ihre oft stark getönten Scheiben sowieso nicht sehen. Je weiter du gen Osten kommst, desto mehr rechtsgelenkte Importfahrzeuge sind unterwegs.

Augen auf! Es kommt nicht selten vor, dass Gully- oder Schachtdeckel abgesackt sind oder gleich ganz fehlen. Und wenn sie vorhanden sind, verlaufen die Rippen mitunter parallel zur Fahrtrichtung und ihr könntet sie auch mit breiten Reifen gut als Fahrradständer benutzen. In den Städten gibt es kaum oder nur eine sehr schlechte **Beschilderung**. Einen Orientierungsplan solltet ihr euch vorher ausdrucken. Und die Angaben auf den Wegweisern an der Straße sind oft ungenau; in Russland kommt es da auf 100 km nicht so an. Die angezeigten Distanzen bis zur nächsten Stadt betreffen meist die Station der Straßenpolizei (ДПС) am Ortseingang, dann sind es nochmal 25 km bis ins Zentrum. Ich war nur mit einem meist nicht funktionierenden Kilometerzähler ausgestattet. Würde ich die Tour jetzt noch einmal machen, wollte ich mein Navi nicht mehr missen. Damals war der Weg das Ziel.

Radtransport

In den **Bussen** bedarf es schon sehr guter Argumente, dass ein Fahrrad mitgenommen wird. Innerorts mit der **Tramwei** (Straßenbahn) oder den **Trolleybussen** ist es mit speziellem Fahrschein kein Problem. Die **Metro** z.B. in Novosibirsk nimmt Räder nur auseinandergebaut als Handgepäck mit. Mit der **Elektritschka** (S-Bahn) ist es hingegen kein Problem; gleicher Tarif wie für Vögel und Hunde. Das Gepäck vor dem Einsteigen abnehmen, da der Einstieg sehr hoch ist, sonst steht ein großer Kraftakt bevor. Die Radmitnahme im **Personenzug** auf Langstrecken ist, wenn überhaupt, nur mit Überredungskunst vor allem beim Schaffner möglich. Ich musste für meinen Abstecher nach Abakan das Fahrrad in der Gepäckaufbewahrung in Atschinsk lassen. Also ein großer Unsicherheitsfaktor, wenn im Zug nicht ein Gepäckwagen mitgeführt wird.

Einschub von Ernst Christen: „Züge verkehren regelmäßig zwischen Berlin und Moskau bzw. St. Petersburg. Es gibt sogar direkte Wagen von Berlin nach Novosibirsk. Offiziell können Fahrräder nicht mittransportiert werden. Ist das Rad jedoch zerlegt und im Karton verpackt, dürfte es gehen. Per Bahn kann man auch aus der Mongolei und aus Kasachstan einreisen.

Die bekannteste Bahnfahrt Russlands ist natürlich die mit der **Transsibirische Eisenbahn** zwischen Moskau und Wladiwostok (fast 9500 km!). Es gibt verschiedene Züge, jedes (Asien-)Reisebüro kann Details, Reisedauer und Preise nennen. Man kann auch über die Mongolei nach China fahren. Die Transsib ist meist stark belegt im Juli/August. Info über diverse Bücher (z.B. Doris Knop: „Ratgeber Transsib“, RKH) oder unter *www.transsib.de*, *www.trans-sib.de* und *www.russia-travel.com/train.htm*.

Mit der Transsib am Baikalsee entlang

Zwischenzeitlich ist es auch möglich, mit der Eurasia-Eisenbahn von Europa (über Almaty) bis nach China zu fahren. Dabei (und bei der Transsib) sind auch Zwischenstopps möglich, Reisebüros nennen Details."

Fahrrad im **Flieger** ist bei der Anreise nach Moskau oder St. Petersburg wie schon oben erwähnt kein Problem. Weiter wird es schon schwieriger. Die russischen Airlines bieten keinen besonderen Sportgepäck- oder Radtarif an. Das Fahrrad muss zerlegt und verpackt werden, wobei bei manchen Gesellschaften (z.B. S 7) ein unübliches Gepäckmaß von 200 cm (L +B +H) für das reguläre Gepäckstück gilt. Wenn man darin sein Rad unterbringt (und wenn die Freigepäck-Grenze nicht überschritten wird, meist 20 kg, also wohl kaum möglich) kann man es aufpreisfrei mitnehmen, sonst fallen Übergepäck-Gebühren an, in der Regel so um die 7 Euro pro Kilogramm. Erkundigt euch auf jeden Fall genau nach den aktuellen Regelungen!

Hier eine Aufstellung von Airlines, die **Inlandflüge** in Russland durchführen:

- Aeroflot (*www.aeroflot.de*)
- S 7 (*www.s7.ru/de*)
- Rossiya Airlines (*www.rossiya-airlines.com*)
- Ural Airlines (*www.uralairlines.ru*)
- Transaero Airlines (*www.transaero.com*)
- KD Avia (*www.kdavia.de*)
- Kavminvody Avia (*www.kmvavia.aero*)
- Vladivostok Avia (*www.vladavia.de*).

Bücher, Karten, Internet

Reiseführer: Roland Bathon, Sandra Ravioli: „Russland auf eigene Faust. Ratgeber für Urlaub und Business" und „Russland anders. Geheimtipps von Moskau bis Magnitogorsk", BoD. Lonely Planet „Russia". Heike Mall, Roger Just: „Baikalsee und Region", RKH. „KulturSchock Russland" und Kauderwelsch-Sprachführer „Russisch", gleichfalls RKH. Sehr lesenswert ist die „Infernalische Reise" von Mark Jenkins, s. Seite 457. Auch das Buch „Durchgetreten" von Markus Möller und Ronald Prokein (s. Seite 723) zeichnet sehr stimmungsvolle Russland-Bilder. **Karten:** Mit dem Kartenmaterial, das es in Deutschland in den Läden gibt, kommt ihr gerade mal bis zum Ural, dann ist Schluss (abgesehen von der RKH „Baikalsee", 1:550.000). Ich habe meine Karten aus Russland. Dort gibt es Auto-Atlanten, in denen alle Republiken und Oblasten verzeichnet sind. Es gibt auch gute Faltkarten der einzelnen Oblasten (1:200.000). Am besten aus Russland kommen lassen oder über die Karten-Bezugsquellen auf Seite 37 probieren. Oder auf der Reise in der ersten größeren Stadt im Buchladen nachfragen. Für die Planung Google Earth und Google Maps nutzen. Der Online-Atlas *www.eatlas.ru* und für die Städte Dubl Gis (*www.2gis.ru*) sind auf Russisch. OpenStreetMap (*www.openstreetmap.org*) wird auch für Russland immer besser. Es gibt auch recht brauchbare OSM-Karten von Russland für das Navi.

Zum Thema **GPS** eine Anmerkung von Ernst Christen: „Im Internet (*www.mapcenter2.cgpsmapper.com*, *www.mapsntrails.com* u.a.m.) sammeln sich von den vielen GPS-Enthusiasten immer mehr detaillierte Daten an (Karten, Tracks und Waypoints), die durchaus hilfreich sind. Auf dem Markt erscheinen nun auch die ersten detaillierten Russlandkarten, allerdings ohne Sibirien. In Großlandschaften leisten aber auch die üblichen Weltkarten der verschiedenen Anbieter (z.B. Garmin) gute Dienste, kombiniert mit Routenplanung in Google Earth."

Internet: Zugang zum Web gibt's auf der Post und in Internetcafés (die man mittlerweile in jeder Kleinstadt findet) sowie oft in den Shops der Telefongesellschaften und Internetprovider. **Internet-Infos:** Wikipedia (*http://de.wikipedia.org/*

wiki/Russland) ist informativ wie immer. Umfassend auch die Infos auf *www.russland.ru*, inkl. der übrigen GUS-Staaten. Dann gibt es die Internet-Zeitung „Russland Aktuell" (*www.aktuell.ru*), mit gutem Forum für alle Fragen, die bei der Planung entstehen können. Eine sehr informative Seite über Russland ist auch *www.russlandjournal.de*, gleichfalls mit Forum. Viele Reiseinformationen findet man auf *www.nachrussland.de*. Immer einen Blick wert ist auch die im Eingangskapitel erwähnte Seite des „Russian Cycle Touring Club", *www.rctc.ru/de*. Die russische Eisenbahngesellschaft erreicht man über *www.eng.rzd.ru*; Fahrpläne gibt es auf *www.timetable.tsi.ru/index.php*.

II. Ziele, Routen, Strecken

1. Hier einige lohnenswerte **Touren**, die sich auch **für den kürzeren Radurlaub** eignen.

Goldener Ring

Eine der wichtigsten Sehenswürdigkeiten Russlands ist der Goldene Ring. Dies sind mehrere alte russische Städte, entstanden zwischen dem 11. und 17. Jahrhundert, in der Umgebung von Moskau – Schauplätze verschiedener Ereignisse der russischen Geschichte, unzählige Kirchen und Klöster als Zeichen früheren Reichtums. Beschrieben im Fahrrad-Europaführer.

Der Ural

Sowohl von den beiden Hauptstrecken Perm – Ekaterinburg oder Samara – Tscheljabinsk wie von zahlreichen Nebenstrecken durch den Ural kann man einen bleibenden Eindruck von der Natur dieses Gebirges, seinem Wald, seinen Bächen, kleinen Seen und Dörfern mitnehmen. Jenseits der Hauptstrecken besonders auf Sperrgebiete achten!

Ekaterinburg als Hauptstadt des Urals, der Oblast Swerdlowskaja und gleichzeitig die viertgrößte Stadt Russlands lohnt einen Besuch – eine der schönsten und interessantesten Städte des Landes.

Novosibirsk – Altai

Von Novosibirsk kann man entlang des Ob und des Obmeers Richtung Altai radeln. Über die M 53 kommt man nach Barnaul. Weiter geht es nach Biysk am Zusammenfluss von Katun und Biya, wo aus den beiden Flüssen der Ob wird. Weiter entlang dem Katun in das schöne Altaigebirge.

Krasnojarsk – Abakan

Südlich von Atschinsk und Krasnojarsk liegt eines der schönsten Gebiete Russlands, die Republik Chakassien. In der Nähe der Hauptstadt Abakan fließt der Fluss Abakan in den Jenissei. Südlich der kleinen Stadt Sayanogorsk steht der größte Staudamm Russlands. In Shushenskoye befindet sich ein sehr schönes Museumsdorf (*www.russianmuseums.info/M1395*). Hier war einst Lenin im Exil.

Region Baikalsee

Von Irkutsk aus hat man viele Möglichkeiten, sich diesen faszinierenden See (*http://de.wikipedia.org/wiki/Baikalsee*) und seine Umgebung zu erschließen. Fährt man vom Flughafen gleich in südöstlicher Richtung, erreicht man nach 70 km (bergauf, bergab) Listvyanka. Der kleine Fischer- und Urlaubsort bietet einen schönen Blick über den See. Fährt man bis ganz hinten durch, gibt es im Wald die Möglichkeit, sich zu anderen Campern dazu zu stellen. Weiter kommt man dort nicht mit dem Reiserad.

Von Listvyanka aus lassen sich schöne Wanderungen oder Schiffsfahrten unternehmen, z.B. zur Insel Olchon und bis in die nördlichsten Teile des Baikalsees nach Severobaikalsk oder Nizhneangarsk. Zurück nach Irkutsk dann über die Straße oder mit dem Schnellboot. Auf der südlichen Seite des Sees geht es nach Ulaan-Ude, von dort weiter nach Osten (Chita) oder südlich in Richtung Mongolei.

2. Fernrouten

Ergänzungen von Ernst Christen

Seidenstraße

Wer die Seidenstraße von Europa nach Fernost auf ihrer nördlichen Route befahren will, fährt ein Stück durch Russland. Die Strecke verläuft nördlich vom Schwarzen und vom Kaspischen Meer, d.h. sie führt in Russland über Krasnodar und Elista nach Astrachan und dann weiter durch Kasachstan nach Zentralasien. Siehe dazu auch die Reisestory „Auf der Seidenstraße" auf Seite 521. Auf der Website *www.ernst-christen.ch* gibt es Fotos und ausführliche GPS-Daten (Tracks und Waypoints) auch für den Russland-Abschnitt Kertsch – Krasnodar – Elista – Astrachan.

Trans-Sibirien (Moskau – Wladiwostok)

Das ganze Land von Europa nach Fernost oder umgekehrt zu befahren ist natürlich noch immer die „Königsdisziplin" und eines der größeren Fahrrad-Abenteuer. Von Europa her über St. Petersburg oder Moskau, über den Ural nach Omsk, Novosibirsk und Irkustsk zum Baikalsee s. oben, und weiter nach Chita. Die allermeisten Rad-Fernfahrer biegen dann in Ulaan-Ude ab und fahren durch die Mongolei nach China. Wer jedoch nach Wladiwostok weiterfährt (von dort gibt es Fähren nach Japan), lässt sich auf ein echtes Abenteuer ein. Auch wenn kräftig an der Straße gebaut wird, ist die Route zwischen Chita und Blagoveshchensk noch immer eine Herausforderung (Stand 2010). Früher, in den 90er-Jahren, musste man noch entlang der Einsenbahntrasse fahren, weil es kaum etwas gab, das man als Straße bezeichnen konnte (s. dazu das Buch „Infernalische Reise"). Eine weitere Herausforderung auf dieser Route ist aber auch administrativer Natur: Es gibt kein Tourist- oder Business-Visum, das es ermöglicht, länger als drei Monate in Russland zu bleiben, und in dieser Zeit ist die ganze Strecke kaum zu schaffen. Eventuell könnte man nach Kasachstan oder in die Mongolei ausreisen, den Pass von dort nach Hause schicken und jemanden beauftragen, ein neues Russland-Visum zu beschaffen. Damit reist man dann wieder nach Russland ein und nimmt die restliche Strecke unter die Räder.

Johannes Galow will im Sommer 2010 vom Baikal weiter nach Osten radeln. Sein Kommentar: „Die Strecke von Chita nach Blagoveshchensk ist jetzt zumindest so ausgebaut, dass dort die ganzen rechtsgelenkten Gebrauchtwagen aus Japan, die man mittlerweile häufig in Russland sieht, von Wladiwostok aus in den Westen gefahren werden." Sobald uns neue Erfahrungen vorliegen gibt es ein Update auf *www.weltweitradeln.de*.

Entfernungen

Zum Abschluss noch ein paar Distanzangaben:

- Smolensk – Moskau (M 1): 400 km
- Moskau – Ufa (M 7): 1300 km
- Ufa – Tscheljabinsk (M 5): 400 km
- Moskau – Tscheljabinsk (M 5): 1900 km
- Tscheljabinsk – Novosibirsk (M 51): 1150 km
- Novosibirsk – Irkutsk (M 53): 1850 km
- Irkutsk – Chita (M 55): 1100 km
- Chita – Chabarowsk (M 58): 2200 km
- Chabarowsk – Wladiwostok (M 60): 770 km

Die Kaukasus-Republiken: Georgien, Armenien, Aserbaidschan [DT]

Überblick

Der Kaukasus ist ein etwa 1500 km langes Hochgebirge zwischen Schwarzem und Kaspischem Meer, das in der Antike als Grenze zwischen Europa und Asien galt und heute als zugehörig zu Vorderasien betrachtet wird (die genaue Grenze zwischen Europa und Asien ist nach wie vor umstritten). Der Grenzlage zwischen den Kontinenten begegnet man hier jedenfalls immer wieder – einer Mischung aus Europa, Asien und Überbleibseln der Sowjetunion.

Der Kaukasus unterteilt sich in den Großen Kaukasus im Zentrum und den Kleinen Kaukasus im Süden. Zwischen beiden Hochgebirgen dehnt sich im Westen die Kolchische Tiefebene, im Osten liegt die Transkaukasische Senke. An der Nordseite des Großen Kaukasus liegen die Teilrepubliken der russischen Förderation (u.a. Tschetschenien, Dagestan, Inguschetien und Nordossetien). Am Südhang liegen die ehemaligen Sowjetrepubliken Georgien und Aserbaidschan, südlich davon Armenien.

Die Kaukasus-Region ist seit dem Zusammenbruch der Sowjetunion Heimat zahlreicher blutiger Konflikte, die zur Zeit (2009) entweder mehr oder weniger ruhig sind (z.B. der Ngorni-Karabach-Konflikt zwischen Aserbaidschan und Armenien), immer wieder aufflackern (z.B. im Sommer 2008 der Abchasien- und Südossetien-Konflikt in Georgien) oder auch ständig akut sind (z.B. Tschetschenien). Auf den Nordkaukasus soll hier wegen seiner instabilen Lage gar nicht näher eingegangen werden, wir beschränken uns auf **Georgien**, **Aserbaidschan** und **Armenien**.

Kulturell bestehen zwischen diesen Ländern Gemeinsamkeiten, aber auch sehr viele Unterschiede. Während Georgien und Armenien Heimat zweier der ältesten christlichen Kirchen der Welt sind, sind die Menschen in Aserbaidschan mehrheitlich schiitische Muslime. Jedes Land hat seine eigene Sprache (Georgisch und Armenisch besitzen jeweils ein eigenes Alphabet), durch die sowjetische Vergangenheit hilft Russisch im Reisealltag weiter. In der jüngeren Generation wird eher Englisch gesprochen, am besten in Georgien.

An- und Weiterreise

Landweg: Wer viel Zeit hat, kann die Region mit dem Rad oder einer Bahn/Bus-Kombination erreichen. Da zur Zeit die Einreise über Russland nicht möglich ist und die Grenzen zwischen Türkei und Armenien (noch) geschlossen sind, bleibt nur die Möglichkeit, von Europa aus über die **Türkei** entlang der Schwarzmeerküste nach Georgien zu fahren und von dort in die anderen Länder (s. dazu auch das Kapitel „Türkei"). Von der Türkei kann man auch in die aserbaidschanische Exklave Nachitschewan einreisen, von dort aber nur weiter in den **Iran** (s. dort). Die Weiterreise in den Iran ist auch von Armenien und Aserbaidschan aus möglich.

Flug: Die Flughäfen der Hauptstädte werden von etlichen Fluggesellschaften angeflogen. Günstig sind die Flüge von Air Baltic (über Riga) und Aeroflot (über Moskau). Turkish Airlines bietet recht preiswerte Flüge über Istanbul an, weitere Verbindungen in die Region werden z.B. von Lufthansa und Georgian Airways unterhalten.

Schiff: Wer mit der Fähre (siehe *www.ferrylines.com*) über das **Schwarze Meer** kommen möchte, kann in Bulgarien (Burgas, Varma), in der Ukraine (Ilichevsk, Kerch) oder Russland (Novorossiysk, Sochi) starten. Fährhäfen in Georgien sind Poti und Batumi. Von Baku in Aserbaidschan gehen unregelmäßig Fähren über das **Kaspische Meer** nach Turkmenbashi (Turkmenistan) und Aktau (Kasachstan). Bei der weiteren Reise- und Visaplanung unbedingt beachten, dass die Abfahrt der Fähre in Baku sich um bis zu zwei Wochen verschieben kann. Damit fällt die Fähranfahrt über Turkmenistan wegen dessen restriktiver Visa-Politik (s. Seite 515ff) schon mal aus.

Einreise und Währung

Für einen maximal dreimonatigen Aufenthalt in **Georgien** reicht ein Reisepass. Für **Aserbaidschan** benötigt man ein **Visum**, für das ein Einladungsschreiben nötig ist (zu erhalten z.B. in Istanbul, Wartezeit dort drei Tage). Wer ein Visum von Armenien im Pass hat, muss mit längeren Wartezeiten an der Grenze rechnen, mit Stempel der „Republik Ngorni-Karabach" im Pass erhält man überhaupt kein Visum. **Visa** für **Armenien** mit einer Gültigkeit von 120 Tagen werden an den internationalen Flughäfen des Landes sowie an den offiziellen Straßen-Grenzübergängen zu Georgien und Iran (nicht bei Einreise mit dem Zug) direkt ausgestellt. Die Einreise nach **Ngorni-Karabach** ist von Armenien aus möglich, ein Visum erhält man nachträglich in der Hauptstadt Stepanakert. Das alles kann sich ändern, vor Reisebeginn klären!

Die **Währung** in Georgien heißt Lari (GEL), in Aserbaidschan Manat (AZN) und in Armenien Dram (AMD). Geldautomaten (die akzeptieren Kredit- und EC-Karten) gibt es in größeren Städten, an manchen bekommt ihr auch US$. Wechselstuben gibt es ebenfalls in den meisten Städten, hier werden sowohl Euro, US$ oder Rubel getauscht, in Grenzorten auch die Währungen der Nachbarländer. Mit Kreditkarten könnt ihr nur in besseren Hotels und Restaurants bezahlen, Travellercheques kann man nur in einigen wenigen Banken tauschen.

Straßen, öffentlicher Verkehr

Die Straßen sind in Armenien und Aserbaidschan besser als in Georgien, wo einige Schlaglöcher auf euch warten (man ist aber bemüht, die Straßenqualität zu verbessern). Der Großteil des öffentlichen Verkehrs wird weniger mit Überlandbussen bewältigt, sondern wie in vielen Ländern der ehemaligen Sojwetunion durch **Kleinbusse**, sogenannte Marschrutkas. Diese übernehmen sowohl Kurz- als auch Langstrecken; wenn genügend Platz ist, ist auch die Mitnahme von Fahrrädern möglich. Es gibt auch einige **Bahnlinien** (Radmitnahme gegen Aufpreis kein Problem), die vor allem im grenzüberschreitenden Verkehr am unkompliziertesten sind: So gehen von Tbilisi z.B. Züge nach Baku, Yerevan, Batumi und Kutaisi.

Übernachten, Verpflegung

In größeren Städten sowie touristischen Orten (entlang der Schwarzmeerküste, im Großen und Kleinen Kaukasus) gibt es Hotels in allen Kategorien. Tobias und Daniela: „Campingplätze haben wir keine gesichtet. Wildzelten ist möglich, am besten versteckt in dünner besiedelten Gegenden. Private Einladungen sind häufig!" Zu Armenien Veronika (*www.radwandernde.de*): „Mit Übernachtungseinladungen muss gerechnet werden, mit Wodka auch." Dies trifft auch für die anderen beiden Kaukasus-Staaten zu (ersetze „Wodka" durch „Wein" bzw. „Tee"). Siehe dazu die Georgien-Reisestory unten. Wer eingeladen wird, sollte sich mit einem kleinen Geschenk (z.B. Süßigkeiten für die Kinder) erkenntlich zeigen.

Georgische Gastfreundschaft

Kulinarisch unterscheiden sich die drei Länder deutlich. Die **georgische Küche** ist vielfältig, lecker und galt einst als Haute Cuisine der sowjetischen Küche, das Nationalgetränk ist (süßer) Wein. Wenn ihr zu Gast seid, wird die Festtafel von einem *Tamada* (Tischmeister) geleitet, der während der Mahlzeit Trinksprüche ausbringt (und euch gegebenenfalls dazu auffordert, das gleiche zu tun). Nach jedem Spruch wird das Glas vollständig geleert und nachgeschenkt.

Die **aserbaidschanische Küche** ist fleisch-, vor allem kebablastig und weniger originell. In den zahlreichen Teehäusern entlang der Straßen könnt ihr einen guten, süßen Tee genießen. Die **armenische Küche** vereint Einflüsse aus den anderen kaukasischen Staaten mit türkischen (u.a. Börek und Köfte) und iranischen und ist sehr abwechslungsreich. In allen drei Ländern findet man Supermärkte nur in Großstädten, aber viele kleine Läden auf dem Land.

Literatur, Karten, Internet

Die Auswahl an **Reiseführern** über den Kaukasus ist (noch) sehr übersichtlich. Wenn ihr die Region komplett bereisen wollt, bietet sich der Lonely Planet „Georgia, Armenia & Azerbaijan" an. Mehr Hintergrundinformationen zu den einzelnen Ländern findet ihr in den Reiseführern des Trescher-Verlags: Jasmine Dum-Tragut: „Armenien entdecken: 3000 Jahre Kultur zwischen West und Ost", Thea Kvastiani u.a.: „Georgien entdecken: Unterwegs zwischen Kaukasus und Schwarzem Meer" und dem sehr schönen „Aserbaidschan: Unterwegs im Land der Feuer" von Philine von Oppeln u.a. Von Reise Know-How gibt es „Georgien" und die Kauderwelsch-Sprachführer „Georgisch", „Armenisch" und „Aserbaidschanisch". Wer mehr über die komplizierten Strukturen des Kaukasus wissen will, dem sei das informative Werk "The Caucasus – an Introduction" von Frederik Coene (Routledge Contemporary Russia and Eastern Europe Series) ans Herz gelegt. **Karten:** RKH „Kaukasus" und ITM „Caucasus", jeweils 1:650.000, sowie die „Caucasus Road Map" von Gizi, 1:1 Mio. **Internet-Infos:** Umfassende Infos zu allen drei Ländern bieten Wikipedia (*http://de.wikipedia.org*) und *www.schwarzaufweiss.de*. Die Websites der Botschaften in Deutschland sind *www.botschaft-armenien.de*, *www.azembassy.de* (Aserbaidschan) und *www.berlin.mfa.gov.ge* (Georgien). Auf *www.georgien-nachrichten.de* und *www.georgienseite.de* findet ihr ausführliche Informationen zu Georgien; ähnliches bietet *www.armeniapedia.org* für Armenien und *www.azer.com* für Aserbaidschan (auf Englisch). **Für Radler:** Tobias und Daniela haben die Route über Georgien und Aserbaidschan genommen und den weitaus größten Teil der Infos für dieses Kapitel beigesteuert; auf ihrer Seite *www.weltperrad.de* findet ihr auch die Routen im Detail sowie Höhenprofile. Veronika und Matthias (*www.radwandernde.de*) sind von der Türkei nach Georgien und weiter über Armenien in den Iran gefahren. Da die Kaukasus-Republiken in letzter Zeit generell bei Reiseradlern immer beliebter werden, findet man auch im Forum auf *www.bikefreaks.de* eine Menge Infos – einfach unter „Länder" den betreffenden Staat in die Suchmaschine eingeben.

Bitte folgen Sie diesem Wagen! – Unterwegs in Georgien [DT]

Reisestory von Daniela Schmidt und Tobias Klein

Georgien ist großartig. Nicht die holprigen Straßen oder der verschneite Pass, der uns zur Umkehr zwingt, werden uns in Erinnerung bleiben. Die Georgier sind die Attraktion des Landes, herzlich, gastfreundlich und trinkfreudig. Nur ein kleiner Makel ist uns aufgefallen, der uns warnen lässt: Fragt keinen Georgier nach dem Weg, er könnten ihn euch zeigen wollen.

Unser Sicherheitshinweis bezieht sich auf das „Wie" des Wegweisens. Fragen wir nach einer Destination, so reicht es dem Georgier nicht, mit Worten oder Handbewegungen die Richtung anzugeben. Nein, statt nach rechts oder links zu weisen greift die Hand erst zum Zündschlüssel, dann nach einem ermunterndem Winken zum Lenkrad – „Folgt mir!"

Unser „erstes Mal" haben wir in Kutaisi, der zweitgrößten Stadt des Landes, auf der Suche nach der richtigen Ausfahrt. Bergauf und bergab hetzen wir auf Kopfsteinpflaster einem

Wagen über einige Kilometer hinterher – und sind froh, als der Fahrer uns an der richtigen Ausfallstraße freundlich verabschiedet, während wir uns den Schweiß von der Stirn wischen. Als wir in Tbilisi die Polizei nach unserer Zieladresse fragen, ist es zum zweiten Mal so weit – eine flotte 10-Kilometer-Verfolgungsjagd wartet auf uns. Vor dieser sportlichen Herausforderung am Ende eines langen Tages wird uns angeboten, im mit zwei Menschen besetzten Mittelklasse-Polizeiauto Platz zu nehmen und unsere Räder im Kofferraum unterzubringen. Erst als dort offensichtlich überraschend vier Ersatzreifen auftauchen, sehen die Freunde und Helfer, dass das nicht funktionieren kann – und fahren voraus.

Das soll das letzte Mal gewesen sein, schwören wir uns. Weit gefehlt! Unsere Abfahrt aus Tbilisi lässt sich gut an – nach etwa 70 km sind wir schon fast auf Zeltplatzsuche, als ein heftiger Rückenwind einsetzt und uns bis zu Kilometer 90 schiebt. Gerade beginnt es zu nieseln und wir ziehen am Straßenrand unsere Jacken über, als ein älterer Herr sein Auto neben uns anhält. Die Fragen sind klassisch: „Wo kommt ihr her? Wo wollt ihr hin? Wo schlaft ihr, im Hotel?" „Nein, wir haben ein Zelt mit uns", antworten wir. Das Wort „Zelt" weckt in dem Mann wohl einen Beschützerinstinkt. „Nein, ihr müsst doch nicht zelten", sagt er, „kommt mit zu mir, dort gibt es ein Zimmer, es gibt Essen, es gibt Wein." So ein verlockendes Angebot können wir natürlich schlecht ausschlagen, obwohl die gewohnte Verfolgungsjagd inklusive ist.

Nach fünf Kilometern auf der Straße hinter einem überraschend schnellen Lada und weiteren zwei auf einem schlammigen Feldweg wartet auf einem Bauernhof ein einfaches Zimmer auf uns. Elektrizität und fließendes Wasser gibt es nicht, ein kleiner Ofen wärmt den Raum. Nach mehreren Tage in Tbilisis Expat-Szene, in der jeder morgens von seiner schicken Wohnung im weißen SUV zum gut bezahlten Job fährt, fragen wir uns, ob wir wirklich noch im selben Land sind. Am Abend sitzen wir mit den Arbeitern in einer von einer Petroleumlampe erleuchteten Hütte und trinken Wein (so viel Kontinuität muss sein). Ein Toast nach dem anderen (das kennen wir auch schon) wird vom einzigen Familienmitglied ausgerufen, das gut russisch spricht. Die Mitglieder unserer Gastfamilie gehören zur 300.000 Köpfe zählenden Gruppe der in Georgien lebenden Aserbaidschaner – Völkerflickenteppich Kaukasus.

Den nächsten Tag verbringen wir nach herzlichem Abschied mit der Besichtigung von Sighnaghi, einer im 18. Jahrhundert errichteten, wunderbar gelegenen und schön restaurierten Stadt. Uns empfängt ein Polizist, offenbar zeitgleich Touristenguide, der uns gleich zu einem Restaurant und den wichtigsten Sehenswürdigkeiten führt. Zum Abschied sagt er: „Ach ja, ich habe den Kollegen der Nachbarstadt Bescheid gegeben, dass sie euch den Weg zeigen. Sie warten dann auf euch!" „Oh, das wäre doch nicht nötig gewesen!" antworten wir mit schiefem Lächeln und steigen auf unsere Räder.

Diesmal halten es unsere Führer sogar 20 Kilometer aus, vor einem mit 15-20 km/h dahinrollenden Fahrrad herzutuckern. Wir sind inzwischen schon echte Profis und lassen uns nicht stressen, sondern fahren einfach unser eigenes Tempo. Wir sind nur froh, als sie verschwinden, damit wir uns alleine einen Zeltplatz suchen können.

Doch da haben wir die Rechnung ohne den Wirt respektive ohne die Georgier gemacht. „Was, ihr wollt im Zelt schlafen? Kommt doch mit zu mir!" sagt der Ladenbesitzer, bei dem wir noch einige Sachen einkaufen. Na gut! Fahren wir ihm also zu seinem Haus hinterher, lernen seine Familie kennen und enden essend, Wein trinkend und minütlich toastend am Küchentisch. Wir trinken auf den Frieden, die Gesundheit, die Familien, die Verstorbenen, alle guten Menschen gleich welcher Nationalität, kurz, auf die zentralen Dinge des Lebens. Djemal, unser Gastgeber, hat in diesem Jahr 3000 Liter Wein eingelagert, von denen er bereits 1000 in seinem Laden verkauft hat, aber den Rest, gibt er uns zu verstehen, könnten wir gerne trinken, wenn wir wollten.

Ganz so arg treiben wir es dann doch nicht. Nachdem wir einen Bruchteil Wein vernichtet haben und Djemal uns stolz seine Pistole gezeigt hat („Hier seid ihr sicher!") sagen wir Gute Nacht und verschwinden unter den für uns bereit gelegten riesigen Daunendecken. Unser letzter Abend in Georgien, denken wir wehmütig, als wir mit dem Geschmack süßen Weines auf der Zunge einschlafen. Aserbaidschan wartet auf uns. (Mehr zur Reise von Daniela und Tobias unter *www.weltperrad.de*).

Detail-Infos

Georgien

Georgien wird von seiner Bevölkerung als „Balkon Europas" bezeichnet und erinnert kulturell auch mehr an Europa als an Asien. Vielerorts sieht man eine alte Kirche auf einer Bergspitze vor atemberaubender Landschaft. Bis auf die Landesteile Abchasien und Südossetien ist das Land sicher zu bereisen, auch die autonome Republik Adscharien im Südwesten des Landes ist stabil.

Georgien ist recht gebirgig – 87% der Landesfläche ist Gebirge oder Vorgebirge. Die höchsten Berge erreichen die 5000-Meter-Marke; zudem besitzt Georgien mit der Voronya-Höhle die mit 2190 m tiefste bekannte Höhle der Welt.

Seit die offiziell zu Georgien zugehörigen Gebiete Abchasien und Südossetien 1993 ihre Unabhängigkeit erklärten, besitzt die georgische Regierung hier keinerlei Einfluss mehr. Es kommt häufig zu Spannungen, die 2008 in einem bewaffneten Konflikt zwischen Georgien und Russland gipfelten. Georgien betrachtet Grenzübertritte aus Russland in beide Gebiete als illegal, sie können Geld- oder Gefängnisstrafen nach sich ziehen. Der Rest des Landes gilt als sicher. Die Hauptverbindungsstraße M1 zwischen Ost und West, die nahe der Grenze zu Südossetien verläuft, kann problemlos befahren werden. Trotzdem vor einer Reise noch einmal beim Auswärtigen Amt die aktuelle Lage checken!

Überlandradler werden wahrscheinlich von der Türkei über den Grenzübergang **Sarpi** am Schwarzen Meer nach Georgien gelangen (oder man probiert den kleinen Grenzübergang bei Vale im Landesinneren – eine abenteuerliche, schlechte Straße über einen 2500-Meter-Pass). Die einfachste Variante, von Sarpi das Kaspische Meer zu erreichen, führt über die georgische Schwarzmeermetropole **Batumi** bis kurz vor Poti entlang der Küste und dann ins Landesinnere Richtung **Kutaisi**. Hinter Kutaisi geht es nach dem höchsten Punkt (auf etwa 900 m wartet ein Tunnel auf den Radler) weiter bis in Stalins Heimatstadt **Gori** und vorbei an der alten, sehenswerten Hauptstadt Mtskheta nach **Tbilisi**. Vom lebendigen Tbilisi ist es dann nicht mehr weit bis zur aserbaidschanischen Grenzstation **Krasny Most** und von dort durch die unspektakuläre Kura-Ebene ans Kaspische Meer.

Weitaus schöner, mit weniger Verkehr, aber auch mit schlechteren Straßen ist die Variante von Batumi Richtung Osten nach **Akhaltsikhe**. Hier wartet ein steiler 2000er-Pass, der auch im März noch wegen Schnee geschlossen sein kann. Weiter über Borjomi nach Gori. Eine sehr schöne Variante, um nach Aserbaidschan zu kommen, wäre die Route von Tbilisi über Lagodekhi und den Grenzübergang **Tsodna** (dabei unbedingt einen Abstecher in das schön restaurierte Sighnaghi machen), am Fuß des Großen Kaukasus entlang. Spektakulär ist der sogenannte Military Highway, der von Tbilisi nach Vladikavkaz in Russland führt. Da der Grenzübergang momentan gesperrt ist (2009), ist in **Kazbegi** vorläufig Endstation. Kazbegi ist ein toller Ausgangspunkt für Wanderungen und zum Bergsteigen. Bei Touren in dieser Gegend aber unbedingt vorher Informationen zur Sicherheitslage einholen.

Richtung Armenien kann man entweder der A306 von Akhalkalaki nach **Gyumri** (Grenzübergang Bavra) folgen oder von Tbilisi aus über den Grenzübergang Sadakhlo – Bagratashen zum südlichen Nachbarn reisen. Die Grenzübergänge von Russland nach Südossetien und Abchasien werden von Georgien nicht anerkannt. Ein Grenzübertritt von und nach Georgien ist nicht möglich.

Aserbaidschan

Das konservative, im öffentlichen Leben sehr männerdominierte Land mit der modernen, sich ständig wandelnden Hauptstadt Baku am Kaspischen Meer ist der „uneuropäischste" der drei Kaukasus-Staaten und eine gute Vorbereitung für diejenigen, die weiter Richtung Zentralasien wollen. Zwischen den riesigen und allgegenwärtigen Portraits des ehemaligen Präsidenten Heydar Aliyev und den weiten Steppen gibt es viel zu entdecken.

Aserbaidschan ist wesentlich flacher als die beiden anderen Kaukasus-Staaten – die Kura-Ebene nimmt einen Großteil der Landesfläche ein und fällt zum Kaspischen Meer hin bis unter Meeresniveau ab. Im Norden hat das Land Anteil am Großen Kaukasus und die Berge reichen bis auf über 4000 m, im Südwesten liegt der Kleine Kaukasus, im Süden an der Grenze zum Iran das Talysch-Gebirge. Abgetrennt durch Armenien liegt die Exklave Nachitschewan. Zur Zeit werden etwa 15% des Landes durch Karabach-Armenier besetzt, hauptsächlich das Gebiet um Ngorni-Karabach. Dort und an den weiteren Grenzen zu Armenien (auch in der autonomen Republik Nachitschewan) kommt es immer wieder zu Schusswechseln. Zudem besteht nahe Ngorni-Karabach Gefahr durch Minen. Ausländer in diesen Gebieten können das besondere Interesse der Polizei wecken.

Überlandradler aus Georgien können entweder über die Hauptroute bei Krasny Most einreisen oder die weitaus spannendere Variante entlang des Großen Kaukasus (Route größtenteils flach) über den Grenzübergang Postbina probieren. Über Zakatala geht es dann über die A315 nach **Yevlakh** (ein Abstecher nach **Shäki**, um in der alten Karawanserei zu übernachten, lohnt auf jeden Fall). Von Yevlakh kann man über die etwas hügeligere M1 Richtung **Baku** fahren oder die langweilige M4 durch die Kura-Ebene ans Kaspische Meer wählen. Hier findet man nahe **Qobustan** Höhlenzeichnungen und lustige Schlammvulkane (mit guten Wildcamp-Möglichkeiten). Wer direkt in den Iran will, kann auch in Yevlakh nach Süden abbiegen und über die A316 nach **Länkäran** fahren (die Küste am Kaspischen Meer ist nicht so spannend; man verpasst aber den Sirvan-Nationalpark mit den letzten freilebenden kaukasischen Antilopen). Kurz vor der iranischen Grenze bei Astara gibt es noch die "brennende Quelle" **Yanar Bulaq** zu bestaunen. Ein Abstecher in die **Talysch-Berge** ist ebenfalls empfehlenswert.

Die Grenze nach Armenien ist gesperrt. Auch der Grenzübertritt nach Russland ist für Nicht-GUS-Staatsangehörige nicht möglich.

Tor zum letzten Anstieg

Armenien

Armenien – weltoffen und verschlossen zugleich. Verschlossen durch seine geschlossenen Grenzen zum großen Nachbarn Türkei (wegen des Völkermords an den Armeniern 1915) und zum nicht ganz so großen Aserbaidschan (wegen des Konflikts um die Region Ngorni-Karabach, die hauptsächlich von ethnischen Armeniern bewohnt ist). Weltoffen durch enge politische Beziehungen zum Iran, zu Russland und den USA und durch den Einfluss seiner großen Exil-Community. Willkommen im kleinsten Kaukasus-Staat!

Armenien ist ein ausgeprägtes Gebirgsland, geprägt von Kleinem Kaukasus und Armenischem Hochland, mehr als 90% der Landesfläche liegen auf über 1000 m. Der höchste Berg ist der erloschene Vulkan Aragaz mit gut 4000 m. Östlich von Yerevan liegt der Sewan-See, der immerhin 3% der Landesläche bedeckt.

In den Grenzgebieten zu Aserbaidschan kommt es immer wieder zu Auseinandersetzungen und Schusswechseln, teilweise besteht Minengefahr. Davon betroffen ist auch der Abschnitt Nojemberjan-Ijevan der H26/M4.

Überlandradler aus Georgien haben verschiedene Möglichkeiten: Entweder über die A306 von Akhalkalaki (Grenzübergang Bavra) nach Gyumri und weiter nach **Spitak**, oder aber aus Richtung Tbilisi über den Grenzübergang Sadakhlo-Bagratashen. Von dort aus bietet sich die Route durch den Debed-Canyon bis nach **Vanadzor** an.

In ganz Armenien kann man entlang seines Weges beziehungsweise einige Höhenmeter darüber viele Klöster und Kirchen besichtigen – besonders hingewiesen sei auf die beiden sehenswerten Klöster Haghpat und Sanahin in der Nähe Alaverdis. Von Vanadzor aus dann weiter nach Spitak, wo sich die beiden aus Georgien kommenden Routen treffen. Einen steilen Pass (mit Aussicht auf den Aragaz) und eine sanfte Abfahrt später erreicht man Ashtarak, Ejmiatsin und schließlich **Yerevan**. Schön ist auch die östliche Route vom Grenzposten Sadakhlo-Bagratashen aus an der aserbaidschanischen Grenze entlang über Ijevan nach Dilijan (Erkundigungen zur Sicherheitslage einholen, Minengefahr!).

Von Yerevan durch die Hrazdan-Schlucht oder direkt von Spitak/Dilijan kann man sich auch auf den Weg zum schönen, wenn auch touristischen **Sevan-See** in 1900 m Höhe machen (dort kann man sowohl dem Ufer an der West- als auch dem an der Ostseite folgen). Von Martuni am südlichen Ufer des Sees geht es Richtung Iran entlang der Straße nach Yegheghadzor, dann passiert man nach dem **Selim-Pass** die gleichnamige Karawanserei. Von dort aus führen viele teils steile Pässe über Goris, Kapan und Meghri in Richtung Iran (Agarak). Von Kapan aus führt auch eine neue Straße über Tsav zum Grenzfluss; sie endet nur wenige Kilometer östlich von Meghri. In Goris besteht auch die Möglichkeit, nach Ngorni-Karabach abzubiegen, erkundigt euch zuvor nach der Sicherheitssituation!

Zur Türkei und nach Aserbaidschan (auch zur aserbaidschanischen Exklave Nakhtchevan) sind die Grenzen geschlossen. Mit der Türkei findet momentan (2009) eine diplomatische Annäherung statt.

Kasachstan [CD, EC]

Überblick, Geografie

Kasachstan als Bindeglied zwischen Europa und Asien zu bezeichnen ist keineswegs vermessen. Es reicht vom Ural bis zum Altai und ist der größte Binnenstaat der Welt. Wer ohne Russland zu berühren nach Osten will, kann vom Kaukasus über das Kaspische Meer nach Kasachstan einreisen und nach China oder Kirgisistan ausreisen. Kasachstan wird daher von manchen Rad-Toureros vor allem als Transitland genutzt, doch im Süden bietet es mit dem Tien Shan-Gebirge ähnlich malerische Landschaften wie Kirgisistan. Im Nordosten liegt das ebenfalls sehenswerte Altai-Gebirge.

Wer gerne weite Wüsten- und Steppenlandschaften durchquert, kommt in Kasachstan auf seine Kosten. Das Straßennetz ist aber unterdurchschnittlich, etliche Abschnitte wichtiger Fernstraßen sind über mehrere hundert Kilometer in katastrophalem Zustand und stellen massive Herausforderungen an Material und Fahrer (speziell von Nord nach Süd oder umgekehrt). Die Versorgung ist außerhalb der großen Städte oft karg.

Durch den Öl- und Gasboom in Kasachstan ist viel Geld in das Land geflossen, so dass die Lebenshaltungskosten nicht ganz so niedrig sind wie in den Nachbarländern. Kasachstan hat dafür zum Teil einen höheren Lebensstandard. Der Dollarfluss hat auch zu Sonderentwicklungen wie der Retortenhauptstadt Astana geführt, welche von Nasarbajew, dem ewigen Präsidenten Kasachstans, plötzlich Almaty vor die Nase gesetzt wurde. Obwohl die Architektur ausgefallen ist, werden die meisten Radler sich hierher nur verirren, weil der Transport es ergibt oder weil Formalitäten erledigt werden müssen.

Ein längerer Aufenthalt in den Gegenden von Aral und Semipalatinsk ist aus gesundheitlichen Gründen nicht zu empfehlen. Die Gebiete sind stark verseucht: Pestizide in Aral (s. weiter unten im Usbekistan-Kapitel und in der Reisestory „Seidenstraße") und nukleare Verseuchung durch sowjetische Atomtests in Semipalatinsk. Eine Durchquerung dieser Gebiete per Fahrrad sollte aber kein gesundheitliches Risiko darstellen.

In Aral, am trockengefallenen Aralsee

Kasachstan ist ein Vielvölkerstaat. Einen großen Bevölkerungsanteil machen die Russen aus (30%), von denen viele schon zu Sowjetzeiten nach Kasachstan kamen, um die Bodenschätze auszubeuten oder Neuland zu gewinnen (Chruschtschow lässt grüßen). Dementsprechend gut kommt man überall mit Russisch durch. Das Land ist kulturell und wirtschaftlich stark in Süd und Nord geteilt. Im Norden gibt es separatistische Bewegungen, die sich Russland anschließen möchten.

Klima, Reisezeit

Entsprechend der Größe des Landes gibt es ein weites Spektrum an klimatischen Bedingungen. Während es im Sommer in der Mitte des Landes brütend heiß wird (bis zu 45 °C), ist der Norden wesentlich angenehmer, dazu zählt auch die Gegend um Astana. Auch im Altai und Tien Shan lässt sich der Sommer gut aushalten, während die vorgelagerte Steppe dann besser gemieden wird. Hier sind April/Mai und September/Oktober die angenehmsten Monate, da die Temperaturen im Winter oft bis auf -20 °C sinken.

Einreise, Sicherheit, Geld

Für Kasachstan ist ein **Visum** notwendig, das günstiger ist als jene der Nachbarländer und für 30 Tage relativ unkompliziert in den meisten Konsulaten zu bekommen ist. 90-Tage-Visa sind in aller Regel nur für Familienbesuche (z.B.

Ehepartner aus Kasachstan) mit offizieller Einladung erhältlich, wer aber dem Beamten freundlich erklärt, dass er das Land gerne mit dem Fahrrad durchqueren will, kriegt meistens problemlos ein 90-Tage-Visum (für eine Durchquerung des ganzen Landes sind 30 Tage äußerst knapp). Wie in fast allen ehemaligen Sowjet-Republiken beinhaltet das Visum ein Zeitfenster für die Gültigkeit; bei verspäteter Einreise hat man dann weniger als die beantragte Zeitdauer zur Verfügung. Wer mit einem 30-Tage-Visum das ganze Land ausschließlich auf dem Fahrrad durchqueren will, muss daher minutiös planen. In Almaty bekommt man übrigens auch unkompliziert ein Kirgisistan-Visum. Allerdings sind Visa für China in Almaty und Astana für Europäer kaum zu kriegen. In Taschkent (Usbekistan) funktioniert das in aller Regel besser.

Die OVIR-Registrierung (Reisende mussten sich bis anhin innerhalb von fünf Arbeitstagen nach der Einreise bei der OVIR registrieren lassen) war 2009 nicht mehr notwendig. Da sich die Einreisebestimmungen aber wieder ändern können, sollte man sich vor der Reise genau unter *www.auswaertiges-amt.de* informieren (Kasachstan / Reise- und Sicherheitshinweise) und auch bei der Visa-Ausstellung dieses Thema auf der jeweiligen Botschaft ansprechen, spätestens aber beim Grenzübertritt.

Sicherheit: Wie auch in Krigisistan kann es in Einzelfällen zu unangenehmen Kontakten mit Offiziellen kommen; die Motivation ist meist die übliche Korruption. Die allermeisten Offiziellen sind aber sehr hilfsbereit.

Abgesehen von der üblichen Großstadtkriminalität (Diebstahl, Trickbetrügerei) hat Kasachstan ansonsten sicherheitsmäßig keinen schlechten Ruf. In den letzten Jahren gab es jedoch vereinzelte Überfälle fernab der Zivilisation, bei denen Radreisende unter Gewaltandrohung um ihre Habschaft erleichtert wurden (Bargeld, Kamera, Laptop, etc.). Wird man in der Steppe draußen angehalten, was oft vorkommt (viele gastfreundliche Autofahrer schenken einem kühle Getränke und Früchte), soll man sich also die Leute genau anschauen (z.B. eine Gruppe angetrunkener Jugendlicher wirkt verdächtig). Bei ungutem Gefühl einfach freundlich winken und weiterfahren. Die allermeisten Kasachen sind sehr gastfreundlich und hilfsbereit. Auch beim Zelten etwas Vorsicht walten lassen.

Auf den wenigen Strecken Südkasachstans mit starkem Verkehr stellen die rasenden und klapprigen Reisebusse und die schlechten Straßen (holpriger und ausgefranster Asphalt) ein gewisses Sicherheitsrisiko dar. Nachtfahrten sind generell nicht zu empfehlen.

Geld, die **Währung** hier heißt Tenge, scheint in Kasachstan reichlich vorhanden zu sein, und so verwundert es weniger, dass man auch leicht drankommt. Christian Dupraz: „Bereits in vielen mittelgroßen Städten findet man Bankautomaten. Dennoch ist Bargeld als Backup sinnvoll; nicht immer funktioniert der Automat auch.“

Grenzübergänge, An- und Weiterreise

Durch die lange Grenze und Größe des Landes kann Kasachstan oft Lösungen für Visa- und Ein-/Ausreiseprobleme seiner Nachbarländer bringen. Insbesondere kann man die Route über Turkmenistan und den Iran bei Blockade umgehen. Von Aktau am Kaspischen Meer gibt es eine Fähre nach Baku in **Aserbaidschan** (in umgekehrter Richtung: kasachisches Visum in Baku erhältlich) mit sehr unregelmäßigen Abfahrtszeiten (Abfahrt wenn voll, oft 1-2 Wochen Wartezeit). Am Kaspischen Meer gibt es auch nördlich von Bekdash einen Grenzübergang nach Turkmenistan.

Obwohl Kasachstan mit **Usbekistan** eine lange Grenze hat, gibt es nur einen nennenswerten Übergang zwischen Schymkent und Taschkent. Weiter ist die Grenzüberschreitung mit dem Zug im Westen von Beyneu nach Kungrad möglich (für die parallel verlaufende Piste sollte man sich vorher genau über die Versorgungsmöglichkeiten erkundigen).

Übergänge nach **Kirgisistan** sind im Kirgisistan-Kapitel beschrieben. Christian Dupraz: „Zu erwähnen ist noch die Möglichkeit, den Tien Shan quergebirgsein zu queren. Das Problem dabei ist jedoch, dass es dort keine Grenzstationen gibt und somit eine illegale Einreise vorliegt. Wer diese Route dennoch versuchen will (nur für echte Bergradler) sollte sich an eine Agentur wenden." Siehe auch unten bei „Routen".

Die Grenzübergänge nach **China** sind relativ einfach zu meistern. Der einfachste Übergang ist dabei Khorgas. Ein weiterer Übergang bei Jeminay wird hauptsächlich von Einheimischen benutzt, ist aber auch für Touristen offen. Die zahlreichen Übergänge nach **Russland** stellen kein Problem dar, wenn die Papiere in Ordnung sind.

Die Anreise nach Kasachstan ist auch mit der **Bahn** möglich (rund vier Tage) über Moskau (Strecke Berlin – Moskau – Astana/Almaty) oder über Kiew (Strecke Berlin – Kiew – Saratow – Astana). Räder werden ungern im Zug gesehen, also klein machen und nicht nachgeben! Zur Weiterfahrt nach China gibt es Züge zwischen Almaty bzw. Astana und Urumqi/China; die Fahrzeit beträgt ca. eineinhalb Tage. **Flug:** Zahlreiche Verbindungen nach Astana und Almaty mit Air Astana, Lufthansa, Air Berlin u.v.m., täglich. Radtransportkosten checken!

Übernachtung, Verpflegung

In Nordkasachstan sind **Hotels** in aller Regel teuer bis sehr teuer, in Südkasachstan sind sie etwas günstiger. Immerhin gibt es ein paar Backpacker's (s. unter *www.hostels.com*), ein Homestay-Netz existiert noch nicht. Bei einer Durchquerung des Landes übernachtet man aber eh meistens im **Zelt**, Wildcampen ist kein Problem. Aufgrund der langen einsamen Steppen-Strecken empfiehlt es sich, genügend **Verpflegung** zu bunkern. Zwar hat praktisch jedes Dorf seinen kleinen Laden, doch Beat Heim (*www.betzgi.ch*) berichtet von seiner *Asian Odyssey*: „Das erste, was ich in Kasachstan lerne, ist: Wenn hier auf der Karte nichts eingezeichnet ist, dann ist da auch wirklich nichts, gar nichts! Unglaublich diese Weite, dieser Platz hier!"

In Kasachstan ist das Hauptnahrungsmittel Fleisch, alles anderes ist Beilage. Das Nationalgericht heißt Beshbarmak (mehr dazu im Kirgisistan-Kapitel). Vegetarier haben in Restaurants kaum eine Chance, etwas Ordentliches zu essen zu kriegen. Im Norden des Landes ist die abwechslungsreichere russische Küche noch üblich.

Sehenswertes, Routen

Almaty ist der wichtigste Flughafen der Region und wird daher bei kleineren Touren in Zentralasien oft als Ausgangspunkt gewählt, alternativ kann man auch mit der Bahn von Moskau anreisen (wie oben beschrieben). Nach Kirgisistan gelangt man am direktesten über die stärker befahrene Straße nach Bischkek. Eine Alternative ist die Strecke von Almaty nach Kegen (von Kegen kann man über Narynkol nach Bayankol am tiefsten in den zentralen Tien Shan vordringen, eindrucksvolle Sackgasse!). Allerdings sind die ersten Kilometer auf der Hauptstraße auch hier verkehrsreich (nach dem Abzweig der A 352 Richtung China wird es besser), und interessant wird die Strecke erst hinter Chilik, wo man einen Abstecher zum Charyn Canyon machen kann (ausgeschilderte Piste, westlich der Querung des Flusses Charyn). Bis Kegen sind noch zwei kleinere Pässe und das Flusstal des Charyn zu überwinden. Für berggeprüfte Radler gibt es von Turgen bis Kökpek (Raststation) eine anstrengende, aber lohnende Alternative (2000 Höhenmeter). Sie führt durch das wunderschöne Turgental auf das idyllische Asi-Plateau. Dieses Plateau erinnert an die Gegend um den kirgisischen Song Kul, nur ohne See. Hier tummeln sich zahlreiche Schaf-, Rinder- und Pferdeherden; viele Jurten sind zu sehen. Durch die Nähe zu Almaty ist die Strecke jedoch auch bei Offroadern beliebt (es hat sogar einen Lebensmittelladen am Plateau), daher besser das Wochenende meiden. Aus der Gegenrichtung gelangt man über den

Bartogay-See (Abzweig der anfänglichen Asphaltstraße bei Kökpek) über eine schlechte und teils extrem steile Piste zum Asi-Plateau (gutes Kartenmaterial notwendig).

Ordentlich Höhenmeter kann man auch mit Abstechern von Almaty zu den Skistationen im Tien Shan machen, zum Bolschoe-Almatinskaya-See oder nach Chimbulak. Nach Kirgisistan (Chong-Kemin-Tal) führt ein Jeep-Track (Zustand extrem schlecht); auch hier ist gutes Kartenmaterial, eine Vorort-Erkundigung sowie eine Ein-/Ausreisestrategie notwendig.

Wer direkt nach Usbekistan will kann die gut ausgebaute Straße von Almaty über Schymkent (Basar) nach Taschkent nehmen. Ernst Christen: „Ein Abstecher nach Türkistan sollte dabei nicht fehlen; das Mausoleum von Khoja Ahmed Yasawi (1103-1165) sucht seinesgleichen in ganz Kasachstan!"

Über Türkistan führt auch die lange Strecke vom Nordwesten des Landes in den Süden. Die Einreise erfolgt entweder bei Astrachan nach Atyrau oder bei Uralsk. Beide Strecken treffen erst in Aqtöbe aufeinander. Die Straßen von Astrachan nach Aqtöbe sind über weite Strecken in katastrophalem Zustand und die oft karg ausgerüsteten Versorgungspunkte (Tschaikanas = Straßencafes, in denen man zum Teil auch übernachten kann) weit auseinander. Das ändert sich auch auf dem langen Weg von Aqtöbe nach Aral nicht, weshalb die Bahn durchaus als Alternative in Betracht zu ziehen ist. Allerdings übt die tagelang gleich bleibende, monotone Landschaft auf so manchen Radler auch einen besonderen Reiz aus.

Die Strecke von Aqtöbe nach Türkistan (Bilder und GPS-Daten siehe *www.ernst-christen.ch*) mag für den versierten und asketischen Tourero eine willkommene Herausforderung sein, die unendliche und wüstenähnliche Großlandschaft mag tief beeindrucken, doch die Straßen sind über weite Strecken ein Desaster und die karg ausgerüsteten Tschaikanas oft weiter als 100 km auseinander. Im Sommer (Juli und August) kommt erschwerend die glühende Hitze von bis zu 45 °C hinzu.

Landschaftlich ist die Strecke von Astana nach Almaty ähnlich der über Aral. Allerdings wurde da in den letzten Jahren eine neue Straße gebaut. Ernst Christen: „Die einzige in ganz Kasachstan, die europäischen Standards entspricht."

Ein wenig abseits der üblichen Routen liegt das Altai-Gebirge. Ob für Reisen in die Grenzregion noch immer ein Permit nötig ist, klärt man am besten auf der

West-kasachstan, an der Hauptstraße

Botschaft in seinem Heimatland ab (wenn ja: langwieriger Antrag, über eine Agentur rechtzeitig versuchen). Der Grenzübertritt nach Russland (Barnaul) sollte aber möglich sein (s. *www.betzgi.ch*, „Asian Odyssey"); China nicht gesichert, erkundigen! Die ursprüngliche Landschaft bietet viel Einsamkeit, und mit dem Rad kann man z.B. über eine von österreichischen Kriegsgefangenen gebaute Straße den Markakolsee erreichen (ab Katon Karagay). Weitere interessante Abstecher in diesem äußersten Landzipfel Kasachstans sind auch zu Fuß möglich. Von Ust-Kamenogorsk gibt es auch einen Kurzstreckenflug (rund 500 km) nach Olgiy in der West-Mongolei (Fahrrad-Mitnahme unbedingt vorher abklären).

Rad und Ausrüstung

Je nach Strecke ist ein robustes Rad sinnvoll. Obwohl sportliches Radfahren in Kasachstan öffentlich gefördert wird (siehe Team Astana) sieht man außer in Almaty und Astana kaum jemals Rennradler oder Moutainbiker herumdüsen. Aber man kommt (zumindest in Almaty) besser als in den Nachbarländern an gute Ersatzteile ran. Die wenigen Läden stehen hiesigen Bikeshops in nichts nach, so gibt es zwei Extremal-Filialen (*www.extremal.kz*), die können auch Teile nach Astana schicken. Ansonsten braucht man Zelt, Kocher, den ganzen *Outdoor Gear*.

Bücher, Karten, Internet

Für Kasachstan gibt es eine **Karte** von RKH mit dem Maßstab 1:2 Mio.; der südliche Teil wird auch von der Zentralasienkarte von RKH abgedeckt. **GPS**-Nutzer können Tracks und Waypoints (Übernachtungsmöglichkeiten, Straßencafes, Wasser, Shops, etc., Stand 2008) einer Kasachstan-Durchquerung (Atyrau – Aqtöbe – Aral – Schymkent – Almaty – Kegen) bei Ernst Christen (*www.ernst-christen.ch*) herunterladen (für Garmin und Google Earth) – gut für die detaillierte Planung.

Reiseführer: Kasachstan ist im Lonely Planet „Central Asia" mit drin – erste Wahl auch für Reiseradler! Auf Deutsch gibt es „i" von Dagmar Schreiber und Detlev von Oppeln, Trescher Verlag. Hilfreich für alle zentralasiatischen Länder ist der Kauderwelsch-Führer „Russisch", Reise Know-How.

Internet: Internetcafés sind in Kasachstan recht verbreitet und auch in Provinzstädten zu finden. Die Verbindungen sind aber oft langsam und instabil. Etliche Beherbergungsbetriebe haben WiFI. **Internet-Infos:** Eine gute Informationsquelle ist wie immer Wikipedia (*http://de.wikipedia.org/wiki/Kasachstan*), mit Links. Die kasachische Botschaft in Deutschland erreicht man über *www.botschaft-kasachstan. de*. Nicht schlecht sind auch die Infos auf *www.reiserat.de/reisen_welt/gus/kasachstan*. Auch die Seiten des Sport- und Tourismus-Ministeruims (*www.kazakhstan-tourist.com*), *www.asien-auf-einen-blick.de/kasachstan* und *www.kasachstan.ch* enthalten viele wertvolle Infos (Tourenvorschläge, Konsulate, Adressen, etc.). In Almaty gibt es auch ein Goethe-Institut: *www.goethe.de/ins/kz/alm/deindex.htm*. Eine sehr interessante Seite mit Infos und Reportagen zu ganz Zentralasien ist *www.tengri.de* (Kasachstan anklicken).

Turkmenistan [PB]

Überblick

Wer vom Iran kommt und weiter in Richtung Zentralasien oder China will, muss durch Turkmenistan. Früher südlichster Staat der Sowjetunion, grenzt das Land im Westen an das Kaspische Meer, im Süden an den Iran und Afghanistan, im Norden und Osten an Usbekistan und Tadschikistan. Flache Wüstenlandschaften (Karakum-Wüste) dominieren diesen Staat, der etwa so groß wie Spanien ist. Nicht gerade das klassische Fahrradland – vor allem aber aufgrund seiner sehr restriktiven Visa-Politik. Deshalb wird Turkmenistan hier nur kurz behandelt – praktisch alles sagt der nachstehende Reisebericht.

Turkmenistan-Eiltransit [PB]

Reisestory von Partizia und Brö (www.somewhereonearth.org)

Nach langem Hin und Her mit dem Visum, dem Vor- und Zurückverschieben der Daten und den endlosen Gängen zu Turkmenistans Außenposten in den Emiraten und im Iran hat es am Schluss doch noch geklappt. Wir hatten die Idee, per Rad Turkmenistan zu durchqueren, zeitweise bereits abgeschrieben, vor allem, nachdem unser erster Visa-Antrag abgelehnt worden war und wir viele frustrierte Reisende trafen, denen dasselbe passierte. Jetzt standen wir aber mit einem gültigen Fünftages-Transitvisum an der Grenzkontrolle. Die überdimensionalen Mützen haben die zahlreich vorhandenen Funktionäre wohl noch aus dem guten alten Sowjet-Fundus – und auch die Bürokratie. Wir wurden von Schalter zu Schalter weitergereicht, wo unsere Pässe und Einreiseformulare, Zolldeklaration und weiß der Kuckuck was von unzähligen eifrigen und weniger eifrigen Mitarbeitern des Beamtenstabes durchgeblättert, kontrolliert und gestempelt wurden. All unser Gepäck wurde durch den Scanner geschleust und – wie immer aus purer Neugier – unsere Lenkertaschen mit all ihrem Krimskrams penibel untersucht. Es ging zähfließend voran, aber angenehmerweise waren wir die Einzigen zugegen und hatten die ganze Mannschaft für uns alleine und nach einer guten Stunde den turkmenischen Einreisestempel im Pass.

Da auch die Ausreise aus Iran nicht besonders speditiv vonstatten ging, war es inzwischen bereits Mittag geworden und wir gönnten uns als Erstes ein kühles Cola in einem *Kafe*, bevor wir uns auf den Weg machten. Fünf Tage für fünfhundertfünfzig Kilometer bei fünfzig Grad im Schatten (witzig – wo soll es hier schattig sein?), in konstantem Gegenwind – noch nicht sicher, ob wir das schaffen würden. Da konnte man jede Energiezufuhr an einem vergleichsweise kühlen und windgeschützten Ort gebrauchen, sagten wir uns.

Zielsicher stemmten wir uns anschließend in den Gegenwind und fuhren auf holpriger Straße, Asphalt zwar, aber in desolatem Zustand, in nördlicher Richtung. Was wir zu dem Zeitpunkt noch nicht wussten, und was sich erst am nächsten Tag herausstellen sollte, war, dass es zwei Straßen hatte, die von hier aus in nördlicher Richtung führten! Murphy schlug zu und da Brö Patrizias Bedenken betreffend der Abzweigung in den Gegenwind schlug, wählten wir natürlich die falsche Route. Wir realisierten unser Malheur tatsächlich erst nach gut hundertfünfzig Kilometern und eher per Zufall, als uns jemand etwas verwirrt ansah, als wir ihm unsere Destination mitteilten. Bei der nächsten ähnlichen Reaktion kam es uns dann schon langsam etwas suspekt vor und wir konsultierten mal vorsichtshalber die Karte und das GPS. Ups – wir waren Richtung Aschgabat unterwegs und nicht nach Mary. Ihr könnt euch jetzt mal das klitzekleine Argument ausmalen, das entbrannte ... Dieser kleine Umweg, auch wenn er zugegebenermaßen landschaftlich recht schön und abwechslungsreich war, war natürlich nicht ganz optimal für unseren eh schon recht knappen Zeitplan und die einzige Alternative, die Grenze noch vor Ablauf des Visums zu erreichen, war, ein Stück per Anhalter zu überbrücken.

Als wir tags darauf in der Fahrerkabine saßen, realisierten wir, dass der brüchige und löchrige Straßenbelag den Lastwagen noch mehr zu schaffen machte als unserem Velo und wir fürchteten, dass unser Tandem, das auf einem Berg von Traktorenreifen, die der Kipper geladen hatte, runterhüpfen würde. Nach einem Mittagessen – offeriert von den Chauffeuren – setzten wir unsere Reise am südlichen Rand der Karakum-Wüste fort. Es war zwar superheiß und staubig und der Wind blies uns nach wie vor direkt ins Gesicht, aber ansonsten war es herrlich zum Radeln. Die Straße schnitt sich durch die mit einzelnen Büschen bewachsenen Sanddünen, und um der Monotonie des Strampelns entgegenzuwirken ging es stetig leicht auf und ab. In angemessenem Abstand, etwa alle fünfzig Kilometer, tauchte ein *Kafe* auf, wo wir uns – je nach Tageszeit – verköstigten, aber sicher immer was Kühles tranken. Das Essen hier lag so schwer auf dem Magen (Hauptzutat: Schafsfett), dass man sich eine ausgiebige Siesta auf dem Diwan gönnen musste – das war aber angesichts der Mittagstemperaturen sowieso angebracht. Die Turkmenen, vom Zöllner bis zum Bauern, von den Kids bis zum Opa waren durchs Band weg freundlich, bisweilen richtig herzlich. Und was das Beste war: Die

Frauen zeigten ihre Schönheit. Nach dem ganzen schwarzen Tschador-Einerlei im Iran war es eine richtige Wonne, die Mädchen und Frauen in ihren langen, figurbetonenden und farbigen Kleidern zu sehen. Vor allem, wenn sie uns mit strahlenden Goldzähnen anlächelten. Zahnärzte scheinen in Turkmenistan eher der Goldschmiede-Gilde zu entstammen … Kaum ein Gebiss über dreißig Jahre, in dem es an Edelmetall mangelt.

Vielleicht ist dies ein Vermächtnis sowjetischer Zahnreparaturtechnik, oder widerspiegelt das etwa des Ex-Präsidenten Vorliebe für Gold? Nachdem die Russen 1991 abgezogen sind und die Staaten Zentralasiens in ihre Unabhängigkeit entlassen wurden, füllten überall kleine und meist nicht gerade zimperliche Diktatoren das Machtvakuum. Im Falle von Turkmenistan wurde das Land vom selbst ernannten „Turkmenbashi" („Vater der Turkmenen") Nyazov mit eiserner Hand regiert. Der ließ hunderte von Goldstatuen seiner selbst aufstellen und hatte sonst noch so einiges auf dem Kasten, um seinen Personenkult zu schüren. Unter anderem, alle anderen Parteien außer seiner eigenen (und alle Andersdenkenden wohl auch) zu verbieten, das Foltern und Verschwindenlassen von politischen Gegnern und Dissidenten oder die komplette Kontrolle der Medien. Turkmenistan belegt in Sachen freie Presse den zweitletzten Platz, knapp vor Nordkorea. Dagegen ist der Iran schon richtig demokratisch! Und da fragt man sich manchmal schon ein bisschen, wieso in den westlichen ach so liberalen und politisch korrekten Medien bloß gewisse Länder an den Pranger gestellt werden, wieso hier und dort und nicht da interveniert wird von der „Weltpolizei", wieso sich Freidenker und Politiker so empören können in einer Ecke der Welt und in der anderen Ecke häuft sich der Dreck, ohne dass sich jemand darum schert. Vielleicht ist es halt einträglicher sich ebendort zu engagieren und einfacher, andernorts wegzuschauen. Die weltpolitische Agenda, die verstehen wir nicht. Wenn uns das mal jemand in einfachen Worten erklären könnte, da würden wir schon das eine oder andere Bier springen lassen …

Nichtsdestotrotz, „Turkmenbashi" ist Geschichte, sein Nachfolger zwar auch nicht viel besser, aber die Leute hier haben vermutlich andere Sorgen, als sich um Politik zu kümmern – wohl im Wissen, dass es sowieso nichts nützt und besser ist, man exponiert sich nicht. Wir auf jeden Fall erlebten in Turkmenistan ein paar schöne, wenn auch anstrengende – und lange – Radeltage, herrliche Nächte hinter Sanddünen (mal abgesehen vom Tandem-Schieben dorthin …) und wir werden die netten Bekanntschaften nicht so schnell vergessen. Auch wenn diese wegen der Einsamkeit der Gegend relativ rar waren. Ein Land im Eilverfahren.

Weitere Informationen

Die **Transitroute** verläuft vom iranischen Mashad über den Grenzübergang Sarakhs, dann über Mary nach Tschardschou und über den Grenzübergang Alat/Farab weiter ins usbekische Buchara. Parallel läuft die Bahnlinie, Umsteigen also möglich, doch wird berichtet, dass der Ticketkauf auch zum stundenlangen Albtraum werden kann; häufig sind die Fahrkarten ausverkauft. Also im Bedarfsfall besser einen Bus nehmen oder trampen wie Patrizia und Brö. Außer Zelten kann man an der Traniststrecke auch in bescheidenen Zimmern in den *Kafes* am Straßenrand übernachten.

Das **Transitvisum** ist nicht an den Grenzen erhältlich. Man erhält es (wenn überhaupt, wurde vereinzelt auch schon abgelehnt) auf fünf bis sieben Tage beschränkt bei der turkmenischen Botschaft im Heimatland (*www.botschaft-turkmenistan.de*) oder in Istanbul, Teheran bzw. in Taschkent (Usbekistan). Eine längere Frist gibt's nur für Gruppenreisende oder evtl. bei persönlicher Einladung. Wie bei anderen zentralasiatischen Visa auch ist der Aufenthaltszeitraum genau per Datum fixiert. Achtet unbedingt darauf, dass das Visum räumlich nicht auf einzelne Orte beschränkt wird. Ggf. eine Visa-Agentur einschalten. Informiert euch auch über den aktuellen Stand bei *www.auswaertiges-amt.de*. Falls das Transitvisum verweigert werden sollte: Die Alternative ist ein Flug mit Iran Air von Teheran nach Taschkent.

Turkmenistans **Klima** wird von der Wüste bestimmt, mit irre heißen Sommermonaten (bis 50 °C!), im Winter kann es in den höheren Lagen schneien. Günstigste Reisezeit im Frühjahr (April bis Juni) und Herbst (September bis November). Radler mit Ziel Usbekistan sollten beachten, dass im Sommer ein relativ starker Wind aus nordöstlicher Richtung weht, der einem das Leben ganz schön schwer macht. Dieser kontinentale Wind bläst über die gesamte zentralasiatische Ebene von Kasachstan bis Turkmenistan.

Währung ist der Manat, Reisewährung der US$. Mit Reiseschecks und Kreditkarten kommt man in Turkmenistan nicht weit, hier zählt nur Bargeld. Übernachten, Verpflegung, Ausrüstung, Literatur usw. s. nachstehend bei Usbekistan. Einen weiteren guten **Turkmenistan-Reisebericht** gibt's auf *www.weltperrad.de* von Daniela und Tobias. Eine detaillierte Beschreibung der Transitstrecke Iran-Usbekistan findet sich auf *www.travellingtwo.com/resources/turkmenistan/turkmenistan-on-a-transit-visa*.

Usbekistan [PB]

Überblick, Geografie

Das Kernland Zentralasiens ist geprägt von großen Wüsten- und Steppengebieten im Westen und Ausläufern des Tien Shan- und Pamir-Gebirges im Osten (Reisezeit und Klima s. Kasachstan und Turkmenistan). Das fruchtbare und wegen seiner Seidenraupenzucht bekannte Ferganatal liegt abgetrennt durch den 2267 m hohen Kamtschik-Pass im Osten des Landes. Großflächige künstlich bewässerte Baumwollplantagen haben Usbekistan zu einem der weltgrößten Baumwollexporteure gemacht. Durch die Umleitung seiner einzigen Zuflüsse Syr-Darja und Amu-Darja, die im Pamir entspringen, wurde eine der verheerendsten Umweltkatastrophen ausgelöst: Der Aralsee (s. auch *http://de.wikipedia.org/wiki/Aralsee* und unten in der Reisestory „Seidenstraße"), einst das viertgrößte Binnengewässer der Welt und 120 mal so groß wie der Bodensee, ist mittlerweile wegen Austrocknung in mehrere Teile zerfallen.

Interessant sind in Usbekistan die alten Seidenstraßen-Städte **Buchara** und **Samarkand** sowie das abseits der Hauptroute gelegene Chiva. Schon die Namen dieser Orte rufen fast mystische Bilder von Bauwerken aus Tausendundeiner Nacht hervor, und man wird nicht enttäuscht werden! **Taschkent** nahe der kasachischen Grenze ist die Hauptstadt Usbekistans und mit über 2 Mio. Einwohner gleichzeitig die größte Stadt in Zentralasien. Doch hier sucht man, anders als in Samarkand und Buchara (alle drei Städte sind gut beschrieben in *http://de.wikipedia.org*, mit Sehenswürdigkeiten und Links), vergeblich nach alter Seidenstraßen-Romantik. Taschkent besteht großteils aus Gebäuden sowjetischer Bauart und superbreiten Alleen, eine Folge des verheerenden Erdbebens von 1966, das die alten Viertel fast vollständig zerstörte. Der Besuch lohnt eigentlich nur, falls man noch Visa für die Nachbarländer benötigt. Doch Patrizia und Brö: „Ein China-Visum ist momentan (2009) am einfachsten in Bischkek (Kirigisistan) zu erhalten."

Russen stellen die größte Minderheit in Usbekistan, Amtssprache ist Usbekisch. Russisch wird überall verstanden, mit Englisch oder Französisch wird man dagegen hier – trotz steigender Touristenzahlen – nicht viel weiter kommen. Die usbekische Regierung hat mit ihrer Anordnung, alle russischen Namen durch usbekische zu ersetzen, eine heillose Verwirrung gestiftet. Teils wurden Straßen mehrmals umbenannt, da blicken auch viele Einheimische nicht mehr durch und verwenden weiterhin die alten russischen. Die usbekischen Beamten standen zeitweilig im Ruf, bei jeder Gelegenheit die Touristen abzukassieren; das soll sich aber gebessert haben.

Gefahren, restriktive Gebiete

Das Ferganatal im Osten war wiederholt Schauplatz erbitterter Kämpfe zwischen Truppen der Regierung und aus Tadschikistan einmarschierten Rebellen der IMU (Islamic Movement of Uzbekistan). Derzeit (Ende 2009) ist die Lage ruhig, die Grenzübergänge sind offen. Die usbekischen Behörden haben ihre intensiven Sicherheitsvorkehrungen (Checkpoints, Personenkontrollen) jedoch beibehalten. Checkt am besten die aktuelle Lage (*www.auswaertiges-amt.de*).

An- und Einreise, Währung

Der Flughafen von Taschkent ist Zentralasiens Drehscheibe für alle internationalen Flüge. Uzbekistan Airways fliegt von hier zu vielen Städten in Usbekistan und in den Nachbarstaaten. Für Rundtouren durch Usbekistan und/oder weitere Nachbarstaaten liegt Taschkent aber eher ungünstig. Evtl. öffentliche Transportmittel – bevorzugt die Bahn – einbeziehen; die Straßen sind zu schlecht und zu langweilig, um sie sich zweimal antun zu müssen.

Mehrmals die Woche gibt es Zugverbindungen zwischen Taschkent und Duschanbe/Tadschikistan, Almaty/Kasachstan und Bischkek/Kirgisistan, auch Aschgabad/Turkmenistan (bringt aber derzeit nichts wegen Visa-Problematik). Mindestens einmal täglich rollen auch Züge von Moskau in Taschkent ein (via Kzyl-Orda quer durch Kasachstan oder südlich um den Aralsee via Urgentsch und Tschardschou).

Überland sind alle Grenzübergänge in die Nachbarländer offen. Beachtet, dass die Hauptverbindung von Taschkent nach Bischkek (Kirgisistan) für einige hundert Kilometer über kasachisches Gebiet führt. Dafür braucht man ein Transitvisum (gilt für drei Tage, aber recht knapp für rund 450 km). Alternativ verkehren auch Busse zwischen Taschkent und Bischkek.

Einreise nur mit **Visum** (Visatypen s. unter *www.uzbekistan.de/de/E_Visa.htm*). Touristenvisa mit einer Gültigkeitsdauer von bis zu einem Monat werden mittlerweile auch ohne Einladung und Hotel-Vorbuchung von allen Botschaften bzw. Konsulaten ausgestellt. Für Trans-Asien-Biker gut geeignet sind Istanbul, Teheran, Almaty oder auch Baku/Aserbaidschan (bei Fähranfahrt nach Aktau/Kasachstan). Der Zeitraum muss bereits beim Antrag genau festgelegt werden. Für längere Aufenthalte ist auch weiterhin die Buchungsbestätigung einer usbekischen Agentur (z.B. per Internet oder mit Hilfe eines Visumbüros) erforderlich. Achtet darauf, dass auf eurem Visum die landesweite Gültigkeit vermerkt ist.

Nach der Einreise muss man sich innerhalb von drei Tagen beim UVViOG (ehemals OVIR, Verwaltung für Ein-/Ausreise und Staatsbürgerschaft) registrieren lassen. Bei einem Hotelaufenthalt übernimmt das Hotel die Registrierung. Diese Vorschriften können sich ändern – informiert euch über das Auswärtige Amt und die usbekische Botschaft (*www.uzbekistan.de*).

Währung ist der Sum, Reisewährung – wie in Turkmenistan – der US$. Es empfiehlt sich die Mitnahme von Bargeld (US$ oder auch Euro) – der Umtausch sollte in Banken und zugelassenen Wechselstuben erfolgen. Der Rückumtausch von Sum in US$ ist bei Vorlage von entsprechenden Umtauschbelegen grundsätzlich möglich, ein Rücktausch in Euro allerdings nicht (Stand 2009). Kreditkarten sind noch unüblich, Geldautomaten sind kaum verbreitet.

Übernachten, Verpflegung

Hotels sind oft noch aus der Sowjetära, mit völlig überteuertem Preis-Leistungs-Verhältnis. Billige Hotels nehmen oft keine Ausländer auf. In besseren Hotels muss in Devisen bezahlt werden. Rechnet mit leckenden Toilettenspülungen, fehlenden Duschköpfen, schmutziger Bettwäsche, zerschlissenen Polstermöbeln, Mäuseplage und unfreundlichem Personal. Zimmer immer besichtigen, oft stellt auch die Fahrradunterbringung ein großes Problem dar. Immerhin gibt es ein paar Backpacker's in den touristischen Städten (s. unter *www.hostels.com*, schaut in einem aktuellen Reiseführer wie dem Lonely Planet nach oder fragt herum); ein Homestay-Netz existiert noch nicht. Bei der Durchquerung des Landes übernachtet man aber wahrscheinlich meistens im **Zelt**, Wildcampen ist kaum ein Problem. Im Zweifelsfall fragt die Einheimischen nach einem Platz. Jede Stadt hat zumindest ein öffentliches Bad, da könnt ihr euch stundenlang für wenig Geld in heißem Wasser suhlen.

Aufgrund der langen einsamen Steppen-Strecken empfiehlt es sich, genügend **Verpflegung** zu bunkern (und Wasser!). Ein kleiner Laden findet sich in vielen Ortschaften, gut ist das Lebensmittelangebot aber nur in Taschkent (mehrere Supermärkten im westlichen Stil) und den größeren Städten. Ansonsten bieten Märkte die beste und frischeste Auswahl.

Essen kann man auch in kleinen **Straßenrestaurants** oder an den Hauptstraßen in Fernfahrerkneipen, die sind meist bereits von weitem an der Kühltruhe im Coke-Design und den Betten zu erkennen. Man speist dann im Liegen oder im Schneidersitz auf diesen Betten. Schuhe ausziehen! Serviert werden bevorzugt Lammgerichte, z.B. das Nationalgericht Plov, ein Eintopf aus Reis, Lamm, Zwiebeln und Karotten. Vielleicht werdet ihr einmal von einer Familie zum Plov-Essen eingeladen werden, dann könnt ihr feststellen, wie gut Plov wirklich schmecken kann ... Beliebt sind auch Suppen wie Laghman, eine kräftig gewürzte Nudelsuppe mit Lamm, Tomaten, Zwiebeln. Es gibt viele regionale Spezialitäten und Milchprodukte, zu allen Mahlzeiten wird leckeres, ofenfrisches Fladenbrot (Nan) serviert, manchmal auch die russische, kastenförmige Variante (Khleb). Ganzjährig trinkt man grünen Tee (in Teehäusern, den sogenannten Choyxonas), im Sommer dagegen eher Ayron, einen gekühlten Joghurt, und Fruchtsäfte. Alkoholische Getränke finden keinen großen Zuspruch, außer Wein, von dem (für ein überwiegend muslimisch bevölkertes Land) ausgesprochen viel getrunken wird. Softdrinks sind überall erhältlich. Leitungswasser wird oft mit Kohlensäure versetzt oder mit Cola vermischt in Plastikflaschen angeboten. Das ist okay, solange die Flasche versiegelt ist. Ansonsten Leitungswasser immer desinfizieren (Tabletten, Wasserfilter).

Routen, Verkehr, Transport

Usbekistan ist wesentlich dichter besiedelt als Turkmenistan, der Verkehr auf den Hauptstraßen rund um die Städte mithin auch spürbar stärker. Besonders in Taschkent braucht man als Radler einiges Durchsetzungsvermögen im dichten Verkehr.

Hauptstraßen sind die Nord-Süd-Verbindung von Taschkent (bzw. von Bischkek und Almaty) über Samarkand und Buchara an die turkmenische Grenze bei Tschardschou sowie die West-Ost-Verbindung von Taschkent über den Kamtschik-Pass nach Andischan im Ferganatal, von dort weiter nach Osch/Kirgisistan. Oder direkt von Samarkand nach Penjikent/Tadschikistan und weiter entlang dem Pamir Highway, s. Seite 531f. Die öde Wüstenstrecke von Buchara westwärts nach Nukus hingegen wird wohl kaum ein Radler freiwillig unter die Reifen nehmen wollen.

Die erstere, klassische Seidenstraßenroute ist durchgehend asphaltiert/betoniert, teils mit getrennten Richtungsfahrbahnen. Links und rechts der Straße wird man von endlosen Baumwollfeldern begleitet. Obwohl das die Hauptschlagader ist, ist der Verkehr recht angenehm. Die Durststrecken durch unbewässertes Gebiet sind die einzigen unangenehmen Seiten dieser Route. Plant für die Besichtigung von Buchara und Samarkand jeweils mehrere Tage ein!

Die Straße über den Kamtschik-Pass steigt ab Taschkent erst über -zig Kilometer durch das Angren-Tal kontinuierlich an, um sich dann die letzten Kilometer in Serpentinen zur Passhöhe zu schrauben. Hier sollte man schon ein robustes Trekkingrad oder MTB mit bergtauglicher Übersetzung haben.

Die Bahnstrecken (s. auch oben) folgen mehr oder weniger den Hauptstraßen, wichtigste Linien sind die von Tschardschou via Buchara und Samarkand nach Taschkent und von Taschkent ins Ferganatal. Momentan wird an einer neuen Trasse von Nukus quer durch die Kyzylkum-Wüste über Utsch Kuduk nach

Taschkent gebaut. Es gibt auch ein dichtes Busnetz, das sich von Taschkent sternförmig übers Land ausbreitet.

Bücher, Karten, Internet

Reiseführer: Der gute Lonely Planet „Central Asia" deckt auch Usbekistan mit ab. Auf Deutsch: „Usbekistan – entlang der Seidenstraße nach Samarkand, Buchara und Chiwa" von Judith Peltz u.a., Trescher Verlag und „Usbekistan – Land zwischen Orient und Okzident: Der Reiseführer für den Hintergrund" von Peter Franke und Britta Wollenweber, Wostok Verlag. Gut auch das Geo-Special „Die Seidenstraße". Kauderwelsch-Sprachführer „Usbekisch" und „Russisch", RKH. **Karten:** Ausreichend für die Hauptstraßen ist die RKH-Karte „Zentralasien", 1:1,7 Mio. oder die Nelles „Central Asia", 1:1,75 Mio. **Internet-Infos:** Einen guten Überblick bietet wieder Wikipedia (*http://de.wikipedia.org/wiki/Usbekistan*). Die offizielle Seite der Republik Usbekistan findet man unter *www.gov.uz*, die usbekische Botschaft in Deutschland unter *www.uzbekistan.de*. Viele gute Infos und Reportagen auch auf *www.tengri.de* (Usbekistan anklicken). Gute Reiseeindrücke ihrer Usbekistan-Durchquerung haben die Co-Autoren Tobias und Daniela ins Web gestellt (*www.weltperrad.de*, Usbekistan anklicken). Eine detaillierte Beschreibung der Strecke Turkmenistan-Samarkand-Taschkent findet sich auf *www.travellingtwo.com/resources/uzbekistan*.

Auf der Seidenstraße [EC]

Reisestory von Ernst Christen

Die Seidenstraße, diese geschichtsträchtige und weitverzweigte Handelsroute zwischen Europa und Fernost, auf der durch die Jahrtausende hindurch nicht nur allerlei Handelswaren transportiert wurden, sondern auch Religionen, Wissenschaft und Kultur ihre Verbreitung fanden, bietet sich als Interkontinentalquerung für jeden ambitionierten Tourenfahrer geradezu herausfordernd an – faszinierend schon deshalb, weil sie eine der unwirtlichsten Strecken der ganzen Welt ist, mehrheitlich durch versengtes, wasserloses Land, wo sie eine Oase mit der nächsten verbindet.

Knappe zwei Jahre dauerte die Vorbereitung, bis ich meinen Projektleiterjob los war, mein gesamter Besitz veräußert war und ich als haus- und besitzloser Radfahrer vor meiner nun ehemaligen Haustür abfahren konnte. Vor mir breitete sich ganz Eurasien aus, d.h. knapp 17.000 Kilometer Fahrradtour durch endlose Steppen und glühende Wüsten, eiskalte Gebirge und die wohl bald letzten Urwälder unserer schönen Erde. Eine unermüdliche Liebe zur Straße trieb mich fort. In rund acht Monaten, so die Planung, sollte mich meine Radwanderung von der Schweiz nach Nordthailand führen, wo ich in einem buddhistischen Waldkloster Mönch werden wollte. Im Jumbojet dorthin zu düsen hielt ich für unpassend, eine ausgedehnte Radwanderung schien mir weitaus angemessener. Mehr noch, da ich am allerliebsten mit entleertem und freiem Kopf wochenlang durch menschenleere und berauschende Landschaften radle und die haltlose Weite und dröhnende Stille der Wüste in meinen Geist aufsauge. Da ist Frieden – tiefer Frieden. Und diesen inneren Frieden wollte ich unter keinen Umständen gefährden – schon gar nicht durch ehrgeizige Ziele oder gar noch eine geregelte Arbeit.

An einem sonnigen Maitag fuhr ich am Jurasüdfuß in der Schweiz ab, trat kräftig in die Pedale, ließ die Schweiz und die Donau in halber Länge hinter mir, durchquerte die ungarische Puszta und fuhr durch die ukrainischen Karpaten auf die Halbinsel Krim am Schwarzen Meer. Voilà! Der Anfang der Tour war geglückt. Knapp fünf Wochen nach Tourstart stand ich in Kalmückien am Anfang der unendlichen und glühenden Steppen und Wüsten Zentralasiens. Erst in der Gegend von Lanzhou in China, rund 8000 Kilometer weiter, sollte ich wieder grüne Wiesen und Wälder zu Gesicht bekommen. Bis dahin galt es Kasachstans Steppen, die Takla Makan- und die Gobi-Wüste zu durchqueren. Darauf freute ich mich sehr, denn nirgendwo anders als in wüstenähnlichen Großlandschaften sind die Selbstbegegnungen als Radfahrer so intensiv und eindrücklich.

Die autonome Republik Kalmückien zwischen den Schwarzen und Kaspischen Meer ist ein erstes Highlight auf dem langen Weg nach Osten. Jenseits der Manytsch-Niederung, einem sumpfigen Tiefland zwischen dem Schwarzen und dem Kaspischen Meer, veränderte sich die Landschaft schlagartig. Weg waren die weiten, endlosen Weizenfelder, es gab nur noch unendliche, unberührte Steppe, ein Land, das sich in seiner eigenen Weite und Ferne verliert. Ich freute mich über den Landschaftswechsel, doch noch viel spannender war die kulturelle Veränderung. In Divnoye, dem letzten Dorf vor der etwa 20 km breiten Manytsch-Niederung, im Oblast Stavropol, lebten noch ethnische Russen, allesamt Menschen mit bleichen, kantigen Gesichtern und langen Nasen. Jenseits der Manytsch-Niederung aber leben Kalmücken, ein westmongolisches Volk mit goldbraunen und asiatischen Gesichtern, Mandelaugen und flachen Nasen. Welch kultureller Kontrast! Mit dem Fahrrad von Europa nach Fernost in nur einer Stunde! Ich konnte es kaum glauben. Am Rand von Priyutnoye, dem ersten Dorf in Kalmückien, stand zu meiner freudigen Überraschung ein Chörten, ein buddhistischer Sakralbau, bunt dekoriert mit flatternden Gebetsfahnen und einem Foto Seiner Heiligkeit des 14. Dalai Lama. „Om mani padme hum“, dachte ich und eine große Freude überkam mich in Anbetracht der Tatsache, dass ich mich auf meiner Fahrradtour nach Osten nun bereits in Buddhas Land befand, zudem noch im einzigen mehrheitlich buddhistischen Landstrich Europas.

In Atyrau, an der Nordküste des Kaspischen Meeres, überquerte ich den Fluss Ural und erreichte bei Kilometerstand 4928 asiatischen Boden. Das Allerletzte, das ich von Europa noch sah und roch, war ein überfahrener Hund mit zerfetztem Brustkorb, der sicher schon über zehn Tage in der sengenden Sonne langsam in Moder und Fäulnis überging. Maden und Krähen weideten sich an seinem faulen Fleisch. Der süßliche und widerwärtige Geruch der Verwesung verflog erst auf der anderen Seite der Brücke. Dort roch die Luft wieder gut. Ich war in Asien.

Dann drang ich endgültig in die Endlosigkeit der kasachischen Steppe ein. Die Strecke vom Kaspischen Meer bis nach Aral ist eine der größeren Herausforderungen für jeden sattelfesten Tourenfahrer. Einsamkeit, katastrophale Straßen, kärglichste Versorgung und flimmernde Hitze sind sein Prüfstein. In dieser Landschaft wurde mein Dasein als Radnomade karger und die gewünschten Selbstbegegnungen umso intensiver. Da war oft tagelang keine rettende Zivilisation in greifbarer Nähe, die mir in schwierigen Stunden Zuflucht hätte bieten können. Gefühle von Verdruss, Mühe und Unannehmlichkeit konnten nicht mehr durch den Rückzug in die Zivilisation überwunden werden. Ich war ab hier wochenlang allein in den unendlichen Weiten der Steppe und die einzige Zuflucht, die sich bot, konnte nur ich selbst sein. Versteht man in Anbetracht von Schwierigkeiten, mögen sie groß oder klein sein, sich selbst eine Zuflucht zu sein, so findet man im kargen Dasein des einsamen Radfahrers ein unvergleichliches Paradies. Innere Freiheit, Weisheit, Frieden und Glück waren keine leeren Worte mehr. Genau deswegen ziehe ich immer wieder durch die berauschenden Landschaften unserer Erde.

In Aral besuchte ich den Weltuntergang. Die Kasachen nennen das Gebiet um den Aralsee „die Todeszone“. Das hat nichts mit den katastrophalen Straßen und der kargen Versorgungslage zu tun, sondern mit einer gigantischen und todbringenden Umweltverschmutzung, die der von Tschernobyl in nichts nachsteht. In Moskau suchte man während der Stalin-Ära nach Möglichkeiten, unabhängig von importierter Baumwolle zu werden und sah schließlich in Zentralasien die Lösung, wo riesige Flächen Landes brachlagen. Zwar gab es dort nicht genügend Wasser, aber Sowjetingenieure wussten eine Lösung, nämlich die Umleitung der beiden größten Flüsse Zentralasiens, des Amur-Darja und des Syr-Darja. Da beide Ströme den abflusslosen Aralsee speisten, war klar, dass eine exzessive Wasserentnahme das ökologische Gleichgewicht des Sees zerstören würde. Doch die Unabhängigkeit von fremder Baumwolle hatte Vorrang. Der längste Bewässerungskanal der Welt, der Wasser über 1100 km bis zu den neu geschaffenen Baumwollanbaugebieten in die turkmenische Wüste brachte, vollendete das prestigeträchtige Jahrhundertprojekt. Anfang der 90er-Jahre waren die zentralasiatischen Republiken der Sowjetunion das drittgrößte Baumwollanbaugebiet der Welt. Erfolg auf ganzer Linie.

Durch die kasachische Steppe

Infolge der Wasserentnahme aus den beiden großen Zuflüssen sank die Wasserzufuhr von 55 km^3 auf weniger als 4 km^3. Die ehemaligen Fischerdörfer liegen schon seit Jahren über 100 km entfernt der Wasserlinie. Die Landschaft verwüstet und das Verschwinden von fast 40.000 km^2 See blieb nicht ohne Auswirkungen. Höhere Durchschnittstemperaturen, weniger Regentage, geringere Luftfeuchtigkeit, ein sinkender Grundwasserspiegel und ein steigender Salzgehalt in Wasser und Boden sind die Folgen. Von dem nun freiliegenden Seeboden wehen jedes Jahr unglaubliche 43 Millionen Tonnen Pestizide, Herbizide, künstliche Düngemittel und Salze über die Steppen, setzen sich in Nahrungsmitteln fest und gelangen ins Grundwasser. Die Folge sind Fälle von Tuberkulose, Hepatitis, Kehlkopfkrebs und anderen Krankheiten, deren Häufigkeit weit über dem landesweiten Durchschnitt liegt. Zwei Drittel der weiblichen Bevölkerung und fast die Hälfte der Kinder der Region leiden nach Informationen der kasachischen Gesundheitsbehörden an Anämie. Ein Drittel aller Schwangerschaften endet mit Totgeburten. Erfolg auf ganzer Linie.

Die Gebirgszüge des Tien Shan und des Pamir an der Grenze zu China brachten eine willkommene Abwechslung. Nach wochenlangem Geradeausfahren ging es nun durch berauschende Berglandschaften nur noch rauf und runter. Sehr beeindruckend waren der Issyk-Kul-See und der Gebirgszug des hohen Pamir an der kirgisisch-tadschikischen Grenze mit seinem über 7000 m hohen Pik Lenin. Dann überschritt ich die Grenze nach China, vorbei war die Reise durch die ehemalige Sowjetunion.

In Kashgar, der alten Karawanenstadt an der Seidenstraße, begrub ich endgültig die vage Hoffnung, doch noch durch Tibet fahren zu können. Keine Chance. Die ganze Region war seit den Mönchsprotesten vom März 2008 hermetisch abgeriegelt und die Volksbefreiungsarmee machte in den Städten und Dörfern Tibets Jagd auf die Anführer der Demonstrationen. Menschenjagd. Ausländische Zeugen waren nicht geduldet.

Also radelte ich weiter durch endlose Weiten der Takla Makan- und der Gobi-Wüste. Tag für Tag fuhr ich entleerten Geistes durch die leere Landschaft, machte ab und zu einen Tag Rast in einer der geschäftigen Oasen und fuhr dann wieder weiter. Es war aber bereits November und der zentralasiatische Winter drohte jeden Tag hereinzubrechen. Radfahren bei 15 Grad unter Null war kein Spaß! Also beeilte ich mich. Doch als ich die unendlichen Wüsten der Seidenstraße hinter mir hatte und in Lanzhou am Gelben Fluss ankam, rieselte leise der Schnee. Es war bitterkalt! Der Winter hatte mich eingeholt. Ich fuhr aber unverdrossen weiter. Im Minshan Gebirge dann begann es im Aufstieg eines Passes in klirrender Kälte zu schneien, heftiger und heftiger, bis ich mich mitten in einem Schneesturm befand. Zügig überquerte ich den Pass und nahm die Abfahrt in Angriff. Schneesturm! Napoleon Bonaparte und Waterloo kamen mir in den Sinn. Doch ich schaffte es unbeschadet in tiefere Regionen und konnte die Tour auf einer anderen Route fortsetzen. Die geplante Strecke war geschlossen! Die Pässe waren zugeschneit.

Nach einer abwechslungsreichen Fahrt durch das tiefer gelegene Qingling-Gebirge erreichte ich die Ebene des Roten Beckens mit seiner Millionenstadt Chengdu. Endlich war ich in wärmeren Gebieten angekommen, es war wie Frühling. Geschafft! Nach einem Abstecher nach Leshan fuhr ich über den Jangtsekiang in die südlichste chinesische Provinz auf meinem Weg: Yunnan. Zwar hatte ich auf meinem Weg nach Kunming im Wulianfeng-Gebirge ein paar hohe Pässe zu überqueren, doch Südostasien lag in greifbarer Nähe. Durch die berühmten Teegebiete von Pu-Erh kam ich nach wenigen Fahrtagen in Xishuangbanna an die Grenze von Laos. Lachende Gesichter begrüßten mich in den Dörfern, Kinder schrien bei meinem Anblick vergnügt „sabai dii, sabai dii“. Weg war Chinas gespannte Atmosphäre der Unterdrückung. Hier durfte man lachen! Ich freute mich.

Nach drei Tagen Fahrt, in denen ich die meisten Höhenmeter auf der ganzen Tour machte, erreichte ich in Huai Xai den Mekong, den Grenzfluss zwischen Laos und Thailand, und fuhr in weiteren drei Tagen nach Chiang Mai, meinem vorläufigen Endpunkt der Tour. Hier war ich. Der Kilometerzähler zeigte die Zahl 16.834. Die Reise hatte mich verändert. Ich war nicht mehr ich, und Nicht-Ich wurde buddhistischer Mönch.

Anmerkung: Auf der Homepage von Ernst Christen (*www.ernst-christen.ch*) gibt es zu dieser Route viele Fotos und Hintergrundinfos, ausführliche GPS-Daten (Tracks mit Höhenprofilen und Waypoints zu Übernachtungsmöglichkeiten, Shops und Restaurants). Ernst Christen ist immer als Radfahrer und Autor irgendwo in der Welt unterwegs. Etliche Bücher mit den Themen „Interkontinentales Radfahren“ und „Buddhismus“ sind von ihm erschienen, zu beziehen über seine Homepage und über den Buchhandel. Allgemeine Infos zum Thema **Seidenstraße**, ihren Verzweigungen, ihrer Geschichte u.v.m. finden sich unzählige im Web, z.B. bei Wikipedia (*http://de.wikipedia.org/wiki/Seidenstraße*, mit einer Menge Links) und in vielen Büchern.

Kirgisistan: Spontane Foto-Session am Ala-Bel-Pass

Kirgisistan [CD, EC]

Überblick

Kirgisistan, oft auch als Kirgistan bezeichnet, ist das bei Radfahrern und Bergsteigern beliebteste Reiseziel in Zentralasien. Hauptgrund dafür ist eine sehr abwechslungsreiche Landschaft mit Hochgebirge, ausgedehnten Seen und weiten Bergwiesen. Die noch immer vorherrschende halbnomadische Weidewirtschaft verleiht zudem großen Landesteilen einen idyllischen Reiz mit weit verstreuten Jurten, reitenden Hirten und frei herumstreifenden Schaf- und Kuhherden sowie freilaufenden Pferden. Kirgisistan war auch frühzeitig bemüht, durch die Abschaffung von Formalitäten Reisehemmnisse zu reduzieren.

Das ganze Land ist von Bergen dominiert, selbst die flacheren Gegenden wie das im Osten gelegene Ferganabecken, die Region um Bischkek und der Issyk-Kul-See sind von Bergketten begrenzt. Der Naryn, Kirgisistans längster Fluss, durchfließt das Zentrum des Landes, einen mäßig besiedelten Raum mit Berggruppen, Hochebenen und dem touristisch beliebten auf 3000 m Höhe gelegenen Song-Kul-See. Eindrucksvolle Berge gibt es an vielen Enden des Landes, besonders imponierend sind der Pamir im äußersten Süden sowie ganz im Westen der zentrale Tien Shan, wenngleich bei letzterem eine vollständige Annäherung mit dem Rad schwierig ist. Aber auch die Gebirge südlich von Bischkek und jene bei Karakol sind sehr lohnend. In Kirgisistan empfiehlt sich durchaus auch das wesentlich authentischere Pferd; gewisse Strecken sind für Pferdetrekking deutlich geeigneter als für eine Radtour. Vielfach kann man das Trekking vor Ort organisieren.

Klima, Reisezeit

Wer das ganze Land sehen will sollte zwischen Juni und September unterwegs sein. Zwar ist es dann in tieferen Landesteilen und im Ferganabecken recht warm, dafür sind dann die Gebirgspisten schneefrei. Einige hoch hinauf führende Pisten können aber je nach Winterverlauf auch im Juni noch Schnee haben. Einsame Offroad-Abenteuer mit anspruchsvollen Flussquerungen sollte man am besten im August angehen. Auch außerhalb dieses Zeitfensters kann Kirgisistan bereist werden, wenngleich dann eher als Transitland, da man sich an die asphaltierten Hauptverbindungsrouten von Dschalalabat nach Bischkek und weiter nach Almaty oder nach Osten zum Issyk-Kul-See halten muss. In diesen Bereichen ist es in den Übergangsjahreszeiten (April/Mai und September/Oktober) sowieso angenehmer. Im Bergland muss man sich auch im Sommer auf teils sehr wechselhaftes Wetter einrichten, mächtige Gewitter ziehen schnell auf und ebenso schnell vorüber. Ab 3000 m kann auch im Sommer Schnee auftreten.

Einreise, Geld, Sicherheit

Das **Visum** sollte man sich vorher besorgen (man erhält es problemlos auch in Almay/Kasachstan), nur am Flughafen gibt es Visa *on Arrival*. Eine OVIR-Registrierung ist für die meisten Touristen (fast alle europäische Länder) schon länger nicht mehr nötig. Für Reisen in das Grenzgebiet (50-km-Zone) zu China wird ein **Border Permit** verlangt, welches man sich am besten von einer Agentur besorgen lässt. Aus der Ferne am besten einige Wochen vorher anfragen (eventuell Hinterlegungsort ausmachen), oder vor Ort mit ein paar Tagen Wartezeit. Das ganze Procedere ist recht undurchsichtig, und manchmal wird man trotz korrekter Papiere zurückgeschickt. Agenturen in Bischkek besorgen für verschiedene Rayons und Oblaste (=Verwaltungsgebiete) das Permit (Christian Dupraz: „Reiseroute angeben; je großzügiger, desto mehr Freiheit hat man danach"). Man kann es aber auch oft lokal mit etwas Wartezeit in der entsprechenden Provinzhauptstadt besorgen.

Währung ist der Som, unterteilt in 100 Tyjyn. In den größeren Städten gibt es erwartungsgemäß ausreichend Bankautomaten (für VISA, MasterCard und EC-Karte), darüber hinaus muss getauscht werden, wobei nicht jede Bank Euro nimmt. US$ sind daher vorteilhafter. Es sind Bestrebungen im Gang, das Automatennetz zu verdichten. Kreditkarten zur Bezahlung werden nur selten akzeptiert.

Sicherheit: Bislang gab es in Kirgisistan kaum politische Unruhen – doch exakt zum Redaktionsschluss im März 2010 flimmerten Meldungen von gewaltsamen Auseinandersetzungen zwischen Regierungsgegnern und Sicherheitskräften in Bischkek über den Äther, deren Auswirkungen in der Kürze nicht mehr absehbar waren. Ein Blick auf *www.auswaertiges-amt.de* ist also vor einer geplanten Reise auf jeden Fall anzuraten. In Bischkek sollte man auch sonst bei Dunkelheit nicht mehr unterwegs sein und auch tagsüber Polizisten möglichst meiden. Unangenehm können in Kirgisistan vor allem auch Betrunkene werden, von denen man sich am besten fern hält. Auch im Verkehr sollte mit großer Umsicht gefahren werden. Christian Dupraz: „Der Anteil rücksichtsloser Fahrer (knappes Überholen) schien mir in Kirgisistan überdurchschnittlich hoch zu sein. In Acht nehmen muss man sich auch vor den Hunden; Hundeattacken kommen oft mehrmals am Tag vor. Es ist dann besser anzuhalten, meist lassen die Hunde dann von einem ab. Ein Steinwurf hilft meist nur der Gemütsfassung des Radlers."

Grenzübergänge

Nach **Kasachstan** gibt es einige Übergänge; nördlich von Bischkek, bei Korday, geht es am direktesten (und verkehrsreichsten) nach Almaty. Westlich von Bischkek liegt der Grenzübergang Chaldybar, wo auch die Bahn Bischkek-Schymkent-Taschkent die Grenze passiert. Noch etwas westlicher kann man von Kyzyl Adyr nach Taraz oder umgekehrt fahren. Ein weiterer Übergang befindet sich ganz im Osten bei Kegen. Übergänge nach **Tadschikistan** sind im entsprechenden Länderkapitel beschrieben. Im Ferganabecken gibt es mehrere Übergänge nach **Usbekistan**, bei einem reinen Transit empfiehlt sich die Umgehungsstraße Dschalalabat – Uzgen – Osch. Für Transasienradler am wichtigsten sind jedoch die beiden Übergänge nach **China**, der Torugart-Pass und die E 60 über Irkeshtam (s. Seite 454 und 586).

Übernachtung, Verpflegung

In Bischkek gibt es den beliebten Treff für Radfahrer und andere Reisende im „Nomads Home" an der Drevesnaya 10 hinter dem alten Busbahnhof. Man kann dort im Zelt, im Schlafsaal oder in der Jurte übernachten, kann selber kochen und vor allem viele Infos von anderen Radfahrern und Reisenden einholen. Keine Homepage; Tel: (+996 312) 29 99 55, (+996) 772 74 24 20 (mobile).

Neben den Hotels in den Städten gibt es in Kirgisistan ein gutes Netz von Homestays, welche vor allem von CBT (Community based Tourism, *www.cbtkyrgyzstan.kg*) betrieben werden. Bei CBT bekommt man nicht nur ein Dach über dem Kopf, sondern auch viele andere touristische Dienstleistungen (vom Reiten bis zum Torugart-Transfer). Der Preis ist dafür relativ einheitlich, ein Frühstück ist dabei. Auch „Jurtstays" bieten sich für die Nacht an, neben der spontanen Übernachtung privat gibt es gerade an den touristischeren Flecken (Tash Rabat, Song-Kul-See) Jurten-Camps von Agenturen. Abseits der Ortschaften ist das Zelten problemlos möglich. Christian Dupraz: „Möglichst sollte man nicht direkt in einer Kuhherde zelten, die Viecher können schon recht nahe kommen." In dichter besiedeltem Gebiet empfehlen sich Homestays oder man fragt bei Privatleuten.

Die Versorgungslage in Kirgisistan ist weitgehend gut, natürlich wird es im Hinterland spärlicher. In den größeren Städten gibt es auf den Märkten eine deutlich bessere Auswahl als in Einzelläden – nicht nur Essen, auch Kleidung ist dort günstig zu bekommen. Nationalgericht ist der Beshbarmak („Fünf Finger", weil mit den Händen gegessen wird). Christian Dupraz: „Wenngleich ihr häufiger auf einen Tee eingeladen werdet, kann auch eine Einladung zum Beshbarmak durchaus vorkommen. Ein Problem für Vegetarier, doch auch dem Normaleuropäer wird es beim Anblick der Fleischhaufen etwas mulmig, dafür lernt man bisher noch unbekannte Organe der Tiere kennen und schmecken, eine kleine Portion

Nudeln gehört dazu. Neben Tee wird man oft auf den obligaten Kymys (vergorene Stutenmilch) eingeladen, etwas bitter, aber mit der Zeit gewöhnt man sich daran." Dazu Ernst Christen: „Das Getränk schmeckt säuerlich, prickelnd, kühl erfrischend, hat einen mandelartigen Abgang, ist leicht alkoholhaltig und eine Vitamin- und Mineralienbombe. Unbedingt ausprobieren!"

Sehenswertes, Routen

Kirgisistan bietet so viele verschiedene Routenmöglichkeiten, dass hier nur ein Teil erwähnt werden kann. Die zwei **Hauptachsen** sind Bischkek – Osch und Bischkek – Karakol (GPS-Link siehe unten bei den Internet-Infos). Von **Bischkek** (*http://de.wikipedia.org/wiki/Bischkek*) geht eine asphaltierte Straße über Toktogul nach Dschalalabat und weiter um Usbekistan herum nach Osch. Sie wird auch im Winter offen gehalten, einer der beiden Pässe (Tör Ashuu) ist untertunnelt. Diese abwechslungsreiche Strecke ist dank ihres ordentlichen Ausbaus gut geeignet für eine Tuchfühlung mit dem Land, vor allem das Hochtal von Otmök ist sehr malerisch. Ebenso wie auf der Strecke nach Karakol kann der Verkehr jedoch unangenehm werden. In Osch fängt der **Pamir Highway** an, der über Gultcha (Chrychryk-Pass, 2300 m) und Sary Tash (Taldyk-Pass, 3600 m) nach Tadschikistan führt (siehe dort) oder über Irkeshtam nach China. An der Strecke wird eifrig gebaut, so dass bereits 2010 durchgehender Asphalt von Osch nach Sary Tash zu erwarten ist. Die Rumpelpiste von Sary Tasch nach Irkeshtam hingegen, entlang der atemberaubenden Kulisse des über siebentausend Meter hohen Pik Lenin (hoher Pamir), wird wohl frühestens 2011 fertiggestellt sein. Wer will, kann zwischen Gultcha und Uzgen die Nebenstrecke über Togus Bulak und Sary Bulak als Abkürzung nehmen, verpasst dabei aber den interessanten Basar von Osch.

Die direkte Route von Bischkek nach Karakol führt über Balykchy und über Cholpon Ata, dem Mallorca Kirgisistans, am Nordufer des Issyk-Kul-Sees entlang. Das Südufer ist lohnender und entspannter zu radeln; beide Strecken sind asphaltiert. Karakol ist das wichtigste touristische Zentrum im Osten des Landes, dementsprechend gut sind die Versorgung und auch die Angebote für den Reisenden. Abstecher in die Berge südlich von Karakol empfehlen sich teils auch zu Fuß, nur nach Inylchek (ehemalige Minenstadt) geht eine gute Piste/ Asphaltstraße. Die in vielen Karten eingezeichnete Verbindung zwischen Inylchek und Ak Shyrak hat aber wohl nie bestanden. Erfahrene Offroader können es teils weglos über das Utschkol-Tal versuchen (ab Juli, nach der Schneeschmelze, wegen heftiger Furten). Ab Inylchek ist ein Border Permit notwendig. Als Radler bekommt man den Khan Tengri (eindrucksvollster Berg Zentralasiens) jedoch nur auf der Strecke über Ekcyly Tasch (Militärposten) zum Karkaratal zu sehen. Auch hierfür ist ein Border Permit notwendig. Die Strecke über den Chon-Asuu-Pass (3800 m) nach Inylchek ist zum Teil asphaltiert und landschaftlich sehr lohnend, jedoch keine Versorgung in den Bergen. Von Karakol oder Cholpon Ata gelangt man zum kasachischen Grenzübergang bei Karkara und weiter nach Kegen. Je näher die Straße zur Grenze kommt, desto schlechter wird sie. Von Taldy Suu bis nach Karkara gibt es, wenn überhaupt, nur zerbröselten Teer. Die Strecke ist aber landschaftlich sehr schön.

Zentral-Kirgisistan bietet wiederum eine riesige Auswahl an Pisten, wichtigster Knotenpunkt ist die alte Seidenstraßen-Stadt Naryn (s. unter *http://de.wikipedia.org/wiki/Naryn*, mit ein paar Drei-Sterne-Sehenswürdigkeiten). Wer Pisten mag kann sich hier austoben und etliche davon alternativ zu den Hauptachsen verwenden. Der Zustand der Pisten ist meist nicht so schlecht, die Versorgung jedoch, wie der Verkehr, manchmal recht spärlich.

Von Dschalalabat gelangt man über den 3000 m hohen Kaldama-Pass (Westanfahrt bis zum Berganfang geteert) in knapp 400 km nach Naryn. Kazarman auf halber Strecke ist die erste größere Stadt, ab der zwei Wege nach Naryn möglich sind, südlich über Kosh Döbö oder nördlich über Dödermöl, beide gehen nochmals ins Bergland, aber da ist es ja trotz der Mühen am schönsten. Bei Aktal komen beide Strecken wieder zusammen. Die auf der RKH-Karte eingezeichnete Strecke von Salamalik nach Kosh Döbö ist allerdings höchstens ein Jeep-Track und daher als Alternative vom Ferganabecken nach Zentral-Kirgisistan nicht brauchbar.

Der schnellste Weg von Naryn nach Bischkek geht über den Dolon-Pass (3000 m) nach Sary Bulak und über Kochkor und Tokmak in die Hauptstadt; er ist asphaltiert. Diese Route ist aber zeitweilig stark von riesigen chinesischen Lkw frequentiert, die ziemlich ruppig fahren. Natürlich kann man auch über Susamyr nach Bischkek fahren.

Die Verbindung von Naryn nach Karakol ist schon deutlich anspruchsvoller, wenn man nicht über Balykchy fährt. Dafür ist die Landschaft aber auch atemberaubend und sehr empfehlenswert. Die anfangs noch asphaltierte Straße geht am Fluss Naryn entlang bis zur Einmündung des kleinen Naryn, dem man dann in einer sehr schönen Schlucht teils mit Gegensteigungen folgt. Nachdem die Schlucht und einige weitere Taleinengungen vorbei sind geht es flacher weiter auf einer von Bergen gesäumten Hochebene. Zum Tosor-Pass (3900 m) geht es wieder mehr in die Berge hinein, die Steigung ist aber meist angenehm und die Landschaft sehenswert; ein paar Flussquerungen sind dabei. Erst am Schluss wird es sehr steil und die Piste sehr schlecht, so dass man teilweise schieben muss. Bei der 2200-m-Abfahrt zum unten schon blitzenden Issyk-Kul-See können die Arme dann Krämpfe vom vielen Bremsen bekommen. In Gegenrichtung ist der Anstieg mindestens einen Tag härteste Arbeit (besser also in der beschriebenen Richtung). Am See hat man dann wieder die volle Versorgung, zwischendurch gibt es fast nichts außer natürlich viele Jurten und Herden, lediglich ein kleines Bedarfslager in Oruk Tam (fragen) auf halbem Weg (besser in Naryn oder am Issyk-Kul-See ordentlich bunkern). Eine heiße Quelle hat es am letzen Gebäude vor dem Pass (ca. 30 km davor).

Von Naryn aus kann man zudem zwei von Kirgisistans Hauptsehenswürdigkeiten besuchen, Tash Rabat und den Song-Kul-See. Nach Tash Rabat

September-Schnee im Ostpamir

(*http://de.wikipedia.org/wiki/Tash_Rabat*), wohl eine Karawanserei noch ungeklärter Herkunft, versteckt in der At Bashy Kotto gelegen, gelangt man über die zunächst noch großteils asphaltierte Straße zum Torugart-Pass. Am Weg empfiehlt sich noch ein Abstecher zu den Ruinen von Koshy Korgon (nahe Kara Suu). Noch lange vor dem ersten Checkpoint geht es links über eine kleine Piste in die Bergkette hinein nach Tash Rabat, wo natürlich die touristische Versorgung nicht schlecht ist (Jurtcamps, Pferdetrekking). Die At-Bashy-Kette bietet auch sonst sehr reizvolle Landschaften, eine Umrundung ist jedoch nur mit Border Permit möglich. Die garantiert einsame Piste bietet einige interessante Flussquerungen, versorgen muss man sich spätestens in Kara Suu oder At-Bashy.

Am **Song-Kul-See** (ein bekanntes Postkartenmotiv) ist eine Sommerweide, die auf vielen Wegen erreicht werden kann. Einer davon (mühsam, 1800 Höhenmeter) führt von Aktal an der Kazarmanstrecke durch ein schönes Tal zum Steilstück des Moldo-Ashuu-Passes. Nahe der südlichen Zufahrt geht die nach Westen führende Piste nach Chaek ab. Häufig wird jedoch von der Bischkek-Naryn-Straße der Abzweig bei Sary Bulak nach Keng Suu und weiter zum Song-Kul-See genommen. Eine weniger bekannte Alternative ist der direktere Weg nach Naryn, am Südostende des Sees geht diese Piste vor dem Song-Kul-Fluss ab und führt über zwei Pässe zur Hauptstraße Naryn – Bischkek. Obwohl der Song-Kul-See in einer flachen Landschaft liegt sind alle Zufahrten mit einigen Steigungen verbunden, doch es lohnt sich. Ruhe findet man in der Nebensaison, wenngleich auch dann viele Hirten unterwegs sind und ihre Jurten aufgestellt haben. Aber das ist Teil der Idylle.

Ausrüstung

Für Pistenstrecken empfehlen sich auch in Kirgisistan nicht allzu schmale Reifen, es muss aber nicht unbedingt ein MTB sein. Klar ist, dass nur in den wenigsten Städten Ersatzteile für das Rad gut zu bekommen sind. Gute Anlaufstellen in Bischkek sind „Red Fox“ oder aber Oleg Yuganov in der Serova 14a. Kocher und Zelt sind selbstverständlich; für das Hochland sollte man auch im Sommer mit Temperaturen um den Gefrierpunkt rechnen.

Bücher, Karten, Internet

Ein Wörterbuch für Russisch ist auch in Kirgisistan sinnvoll, noch besser sind natürlich Grundkenntnisse der Sprache. Für den praktischen Gebrauch ist auch hier der Central-Asia-Führer von Lonely Planet am besten. Eher prosaisch ist der Kirgisistan-Führer des Trescher-Verlages, der dafür sehr umfangreiche Hintergründe präsentiert. Als **Karte** ist für die Hauptstrecken die RKH-Karte brauchbar, alte sowjetische Karten als Backup sind aber kein Fehler, hier kommt der Verlauf der Straßen im Gelände besser zur Geltung. Da Schilder Mangelware sind, muss man sich oft durchfragen.

Die Versorgung mit **Internet** ist relativ weitmaschig, in den großen Städten kein Problem. Manchmal haben selbst mittelgroße Ortschaften wie Gultcha keine Internetcafés oder aber die Verbindung ist langsam (Naryn). **Internet-Infos:** Gut ist Wikipedia (*http://de.wikipedia.org/wiki/Kirgisistan*). Weitere Länder-Info auf *www.transasien.org*. Unter *www.botschaft-kirgisien.de* firmiert die kirgisische Botschaft in Deutschland. Die Seiten von Allianz Consulting (*www.allianz-consulting.info*) und „Asien auf einen Blick“ (*www.asien-auf-einen-blick.de/kirgisistan*) enthalten viele wertvolle Infos (Tourenvorschläge, Konsulate, Adressen, etc.). Die gute Seite *www.tengri.de* hat auch Infos und Reportagen über Kirgisistan zu bieten. Bei Co-Autor Ernst Christen gibt es unter *www.ernst-christen.ch* Fotos und GPS-Daten (Tracks mit Höhenprofil, Waypoints für Übernachtungen etc. für Garmin und Google Earth) für die Transitstrecke Bischkek – Toktogul – Dschalalabat – Osch – Irkeshtam und für die Issyk-Kul-Tour Bischkek – Bokonbaev – Karakol – Kegen. Infos über eine Kirgisistan-Radtour auch auf *www.digeda.gs/kg01/de*, etliche weitere Kurzbeschreibungen bei Tristan Wegner unter *www.radventure.de*.

Karte S. 452

Tadschikistan [CD]

Überblick

Von den fünf „Stans" ist Tadschikistan mit Sicherheit das für den Gebirge liebenden Radfahrer eindrucksvollste Land. Die bekannteste Fernstraße des Landes, der schon oben im Kirgisistan-Kapitel angesprochene Pamir Highway, wird von immer mehr Radfahrern auf dem Weg nach Osten und von manchen auch in Gegenrichtung benutzt.

Die Bevölkerung besteht zum Großteil aus Tadschiken, zum Teil dank der Stalinschen Formgebung in Sughd (auch heute noch teilsweise Leninabad genannt) aus Usbeken sowie einigen Kirgisen auf den Hochflächen des Pamir. Von den anderen Völkern des ehemals sowjetischen Zentralasiens heben sich die Tadschiken durch ihre persische Sprache ab; mit Russisch kommt man jedoch gut durch, es wird immer noch in der Schule gelernt.

Lange Zeit war Tadschikistan aufgrund des Bürgerkrieges im eigenen Land nicht zu bereisen, später störte bei einer groben Kartenbetrachtung die Nähe zu Afghanistan. Mittlerweile ist das Land zwar noch kein Standardreiseziel, aber mit ein bisschen Vorbereitung ohne größere Probleme zu bereisen.

Klima, Reisezeit

Das Dilemma der geeigneten Klimawahl für Tiefland oder Hochgebirge sollte in Tadschikistan zugunsten des Hochgebirges entschieden werden, also für Pamirquerungen frühestens Mitte Juni (besser Ende) und spätestens im September unterwegs sein. Dann sind zwar um Duschanbe bis Kulyab und im Ferganabecken teils Temperaturen bis 40 °C zu erwarten, aber die Wahrscheinlichkeit für nicht zu kaltes Wetter im Hochland sind höher. Die Temperaturen im Winter fallen dort auf bis zu -40 °C, trotzdem ist die Straße meist frei, da auf den Hochplateaus wenig Schnee fällt, nur die Pässe können blockiert sein. Auch im Sommer kann es jederzeit Schnee geben. Gegen Ende des Sommers sind im Pamir etliche Bäche ausgetrocknet, so dass die Wassermitnahme gut geplant werden muss. Für Reisen außerhalb der Gebirgsregionen sind die Übergangs-Jahreszeiten besser geeignet, die Routenwahl ist dann allerdings stark eingeschränkt.

Einreise, Geld, Sicherheit

Für Tadschikistan ist ein **Visum** notwendig, welches vorher eingeholt werden muss. Nur bei Einreise über den Flughafen besteht die Möglichkeit, mit entsprechenden Unterlagen (Einladung) ein Visum direkt zu erhalten (vorher genau checken). Reisende, die im Hochgebirge (Pamir, autonome Provinz Gorno-Badachschan) unterwegs sein möchten, brauchen ein **GBAO-Permit**, das im Visum eingetragen werden muss. Da mittlerweile das GBAO-Permit auch schon von europäischen Konsulaten (v.a. in Wien) ausgestellt wird, ist es besser, dort Visum und Permit zu beantragen. Bei Besorgen des Visums unterwegs muss das GBAO-Permit meist noch über eine Agentur in Duschanbe besorgt werden. Am besten erledigt man das vorher per Mail und Überweisung, sonst wartet man in Duschanbe. Wichtig ist hierbei auch, dass alle Distrikte der Provinz angegeben sind oder zumindest die, in die man reisen will. Für Bürger der meisten Länder Europas ist eine OVIR-Registration in Tadschikistan hingegen nicht mehr notwendig. Auf jeden Fall vor der Reise genau informieren, z.B. über *www.auswaertiges-amt.de*.

Die **Währung** ist der Somoni. Geldautomaten sind zwar nicht sehr zahlreich, mittlerweile gibt es aber sogar in Khorog einen Automaten. Dennoch ist Bargeld ein guter Notanker, US$ werden bevorzugt.

Neben den auf Reisen üblichen **Gefahren** (Verkehr, Diebstahl) sind in Tadschikistan außerdem beschilderte Minenfelder im Panj-Tal und in Grenzregionen zu Usbekistan zu berücksichtigen. Zudem kann es (selten) zu unangenehmen Begegnungen mit Militärs oder Polizisten kommen. Kleine Bestechlichkeiten sind auch unter Einheimischen weit verbreitet, werden von Touristen jedoch nicht unbedingt erwartet. In ganz seltenen Fällen kam es schon zu Androhung von Gewalt, falls nicht gewisse Geschenke (Essen, Geld, Ausrüstung) gemacht wurden.

Grenzübergänge, An- und Weiterreise

Momentan kommen, wie schon seit längerem, nicht alle Grenzübergänge auf der Karte in Frage. Nach **Kirgisistan** reist man am einfachsten über den Kizil-Art-Pass des Pamir Highway bei Sary Tash (GBAO-Permit auch in Gegenrichtung notwendig). Im Ferganabecken ist zudem der Übergang bei Isfara nach Batken möglich, jedoch muss beachtet werden, dass durch die Fragmentierung der Region wichtige Straßen über usbekische Enklaven führen, so dass die Route zur Umfahrung genau geplant werden muss oder entsprechende Mehrfachvisa vorhanden sein sollten. Der Grenzübergang von Garm nach Daroot-Korgon ist für Ausländer gesperrt.

Dasselbe gilt für den Kulmapass bei Murghab, so dass es keine Ein-/Ausreisemöglichkeit für Ausländer von bzw. nach **China** gibt. Dafür gibt es viele Möglichkeiten, um von bzw. nach **Usbekistan** zu kommen. Der auf großer Reise am häufigsten benutzte Übergang dürfte jener von Samarkand nach Penjikent sein; näher an Duschanbe ist aber der bei Tursanzade. Im Ferganabecken gibt es noch zahlreiche weitere Übergänge nach Usbekistan.

Momentan bietet sich eine Weiterreise nach **Afghanistan** zwar nicht an; der wichtigste Übergang wäre jener bei Panj-e-Payon. Mittlerweile gibt es aber einige Übergänge am Panj flussaufwärts von Kalaikhum, unter anderem bei Ishkashim, wo man an Markttagen ohne Visum auf den Markt in Afghanistan kommt. In Khorog hat es ein afghanisches Konsulat, welches auch Visa ausstellen kann.

Die **Bahn**-Anreise ist über Usbekistan möglich; das wird aber sicher kaum ein Reiseradler in Erwägung ziehen. **Flug:** Tajikistan Airlines bietet Direktflüge von Deutschland nach Duschanbe. Viele weitere Flugverbindungen über russischen Flughäfen.

Übernachtung, Verpflegung, Transport

Prinzipiell ist Tadschikistan außer den Gebühren für Visum und Permit recht günstig. Die **Versorgung** in den größeren Städten ist gut, auf dem Land wird die Auswahl mit größerer Entfernung zu den Zentren dünner. Das gilt insbesondere für Obst und Gemüse, die Ernährung ist stark brotlastig. Die Auswahl in den Dorfläden ist nicht sehr groß. Unterwegs kann man dafür oft Tee trinken.

Im Bereich des Pamir haben sich in den letzten Jahren viele einfache **Homestays** entwickelt, für kleines Geld gibt es eine Übernachtung mit Mahlzeiten. Nur in größeren Städten gibt es alternativ dazu **Hotels**. Christian Dupraz: „Prinzipiell ist es möglich, den ganzen Pamir Highway nur mit Nächtigung in Herbergen, Homestays und Jurten zu befahren. Als Sicherheit darf dennoch die normale Campingausrüstung nicht fehlen. **Wildzelten** ist auf der Hochebene kein Problem, es gibt allerschönste Plätze. In den besiedelten Bereichen sollte nach vorherigem Fragen jeweils bei einem Haus gezeltet werden."

Der **Transport** in Tadschikistan erfolgt fast ausschließlich über Sammeltaxis, bei denen gegen Aufpreis auch Fahrradmitnahme möglich ist. Viele Radfahrer sparen sich einen Teil der Strecke von Duschanbe nach Khorog, sei es wegen der Berge, weil das Visum knapp wird oder weil man schneller zum Highlight kommen will. Berühmt-berüchtigt ist auch der tägliche Flug von Duschanbe nach Khorog, der allerdings nur bei gutem Wetter stattfindet. In der Sowjetunion war das angeblich die einzige Flugroute mit Gefahrenzulage.

Sehenswertes, Routen

Die übliche Radler-Transitroute, auf der man fast das ganze Land sieht, führt von Penjikent über den Anzobpass (3372 m) nach Duschanbe und den **Pamir Highway** entlang bis Kirgisistan. Für viele ist der Anzobpass eine willkommene Abwechslung zu den Steppen Zentralasiens; die anschließenden Fan-Berge sind ein schönes Trekkinggebiet. Seit kurzem ist der Anzob untertunnelt und daher prinzipiell das ganze Jahr offen. Der Tunnel ist jedoch unbeleuchtet und mit starken konstruktiven Mängeln behaftet (Wassereinbrüche), so dass dringend empfohlen wird, entweder einen kurzen Transfer im Auto zu machen oder im Sommer den alten Passweg (Abzweig schon vor dem Tunnel) zu nehmen. Wer von Khojand kommt, darf vorher den landschaftlich gleichfalls hervorragenden Shakhirstanpass (3378 m) fahren. Beide Passstrecken sind meistens von November bis Mai gesperrt (außer der Anzob-Tunnel).

Der Pamir Highway (nachstehend beschrieben von Christian Dupraz, s. auch auf *www.betzgi.ch* unter Routeninfos/Tadjikistan) ist in West-Ost-Richtung einfacher zu fahren, da man tendenziell mehr Rückenwind hat und langsamer sowie mit besserer Versorgung in die Berge hoch kommt. Für die Wakhan-Route ist die Auffahrt zum Khargush-Pass zudem in Gegenrichtung sandiger.

Von **Duschanbe** nach Kalaikhum am Fluss Panj (Schreibweise auch Pjandsch) gibt es zwei Wege. Der kürzere und weniger anstiegsreiche führt über den höheren Saghir-Dasht-Pass (3252 m, auch Khaburabot genannt, Scheitelstrecke schlechte Piste), der andere über Kulyab, wobei es zunächst zwei Bergketten um den Nurek-Stausee (höchste Staumauer der Welt!) zu überwinden gilt, dann folgt bis Kulyab eher unspektakuläre Steppe. Nach Kulyab wird es interessanter, es geht noch einmal auf über 2000 m hinauf nach Shuroabad, dann kommt die Abfahrt ins Tal des Panj. Dieses ist zunächst etwas weiter, mit einigen Dörfern, dann folgt eine äußerst eindrucksvolle Schlucht. Kurz vor Zigar beginnt eine perfekt ausgebaute Asphaltstraße, ab Shuroabad wechseln Teer und Pistenabschnitte, in der Schlucht gibt es nur (gute) Piste. Hinter Kalaikhum fand man 2009 überwiegend älteren Asphalt vor, mit kurzen Pistenabschnitten; Gerüchte sprechen von einem Neubau der Straße. Bis Khorog folgen dann kürzere Schluchtpassagen und leichte Talweitungen mit idyllischen Dörfern. Faszinierend ist der Blick auf das zum Greifen nahe Afghanistan, mit teils schön herausgeputzten Dörfern, intensiver Landnutzung und einem abenteuerlichen Saumpfad. Vor Khorog gibt es Möglichkeiten für Abstecher in das Vanj- und das Bartang-Tal. In Khorog sollte man unbedingt seine Vorräte auffüllen; hier hat man die mit Abstand größte Auswahl im Pamir, dazu Banken und Internet.

Von Khorog gibt es zwei Wege, um nach Murghab zu kommen. Immer beliebter bei Radfahrern ist der Weg über das **Wakhan**. Das bedeutet weitere 270 km entlang des Panjs und entlang der afghanischen Grenze. Bis Ishkashim, dem Hauptort des Wakhan, ist das Tal wieder etwas enger, dafür sind einige Abstecher möglich (heiße Quellen). In Ishkashim gibt es dann zum letzten Mal eine halbwegs gute Auswahl beim Einkaufen. Wer samstags da ist, kann auch den Markt im afghanischen Ishkashim ohne Visum besuchen. Bis Langar fährt man nun im spektakulären Wakhan-Tal, mit dem **Hindukusch** vor Augen und dennoch durch schöne Dörfer und intensiv genutzte Felder, zudem mit einigen interessanten

Im Panj-Tal

Sehenswürdigkeiten (alte Forts der Seidenstraße und andere Altertümer). Auf halbem Weg hört der altersschwache Asfalt definitiv auf. Erst hinter Langar, dem letzten Ort mit wenigen Läden fast ohne Auswahl, geht es dann steiler in die Berge. In Khargush (Militärposten) werden die Papiere geprüft, bevor es über den gleichnamigen Pass zu den Hochebenen des Pamir geht (der Abzweig zum Nationalpark Zorkul geht nur mit Nationalpark-Permit, welches in Khorog oder Murghab bei META erhältlich ist, 50 US$, oder beim zuständigen Ministerium in Duschanbe). Hier trifft man wieder auf den asphaltierten eigentlichen Pamir Highway, der von Khorog durch das enge Gunt-Tal mit einigen Ortschaften auf den ersten 4000er-Pass geführt wird. Kurz vor dem Treffpunkt der beiden Routen geht ein lohnender Abstecher über Bulunkul zum Yashil-Kul ab (schön gelegene Seen, heiße Quellen und eine Karawanserei), der über eine einsame Nebenpiste an einem kleinen Geysir vorbei nach Alichur (Homestay) abgerundet werden kann. Der nächste 4000er-Pass (Herberge kurz danach) fällt erst durch seine lange Abfahrt zum Tal des Murghab-Flusses auf. Vor Murghab gibt es noch eine Passkontrolle, im Ort am Basar eine ordentliche Auswahl und sogar mit viel Glück bei META (außerhalb Richtung Osch) ein bisschen Internet.

Während bis Murghab immer wieder Jurten oder Gehöfte am Straßenrand sind, wird die Gegend nun einsamer. Jetzt beginnt der mühsamste Anstieg des Pamir Highway auf den Akbaitalpass (4600 m). Wenige km hinter Murghab ist nochmal ein Abstecher zum Shor Kul möglich (See und Mustagh-Ata-Blick). Kurz vor dem Pass gibt es eine weitere sehr hoch gelegene Herberge. Der Asphalt hört auf und beginnt erst nach 25 km wieder bei Muskol; die Strecke hat teils anstrengendes Wellblech. Kurz darauf geht nach links eine Piste ab, die einsam und mühsam bis ins Bartang-Tal führt – damit ist auch eine größere Rundtour im Pamir möglich. Geradeaus folgt bald der letzte Ort vor der Grenze, Karakul, am gleichnamigen See gelegen. Zwei Pässe liegen noch vor Kirgisistan; die Höhe hört sich schlimmer an, als effektiv Höhenmeter gemacht werden müssen. Die Abfertigung erfolgt knapp vor dem zweiten Pass, dem Kizil Art. Die kirgisische Abfertigung erfolgt erst 20 km später nach einer teils steilen Abfahrt. In Sary Tash kann man dann wieder einkaufen. Ein paar US$ sollte man bereit halten, um diese zu wenn auch schlechtem Kurs zu wechseln.

Ausrüstung

Für eine Tour in Tadschikistan empfiehlt sich ein robustes Tourenrad. Wer auf dem Pamir Highway bleibt, braucht noch nicht direkt ein MTB, für Abstecher und Varianten empfehlen sich aber breitere Reifen (ab 50 mm). Mit Ersatzteilen darf man abseits von Duschanbe (dort auch nicht viel Auswahl) nicht rechnen, höchstens einfachste Teile für chinesische Räder sind verfügbar. Warme Kleidung und ein guter Schlafsack sind im Pamir kein Fehler, auch im Sommer ist Schneefall an den Pässen keine Seltenheit. Auch ein Wasserfilter ist sinnvoll, im Süden des Landes zudem Mückenschutz (geringe Malariagefahr).

Bücher, Karten, Internet

Als **Reiseführer** kommt für Tadschikistan wieder der Lonely Planet „Central Asia" in Frage. Deutlich detaillierter ist jedoch der Middleton „Tajikistan and the High Pamirs". **Karten** für den Überblick gibt es von RKH und von Nelles, für den Pamir ist die Karte „The Pamirs" (1:500.000) von Gecko Maps sehr zu empfehlen, damit kann man noch einige schöne Abstecher einplanen. Für Geländedetails kann man die alten sowjetischen Karten herunterladen *(http://en.poehali.org/maps/100k—j43-102.html)*. Gute Karten oder Tracksammlungen für das GPS gibt es aktuell noch nicht. **Internet-Infos:** Informativ ist wie immer Wikipedia (*http://de.wikipedia.org/wiki/Tadschikistan*). Auf der guten Seite *www.tengri.de* gibt es Infos und interessante Reportagen auch über Tadschikistan. Die tadschikische Botschaft in Deutschland erreicht man über *www.botschaft-tadschikistan.de*. Viele gute Infos wie Tourenvorschläge, Konsulate, Adressen etc. finden sich auf *www.asien-auf-einen-blick.de/tadschikistan*.

Afghanistan

Gefährliche Tour – Radler-Eindrücke aus Afghanistan [PS]

Reisestory von Peter Smolka

Neu-Delhi im Winter 2004. Leichter Nebel liegt über dem Botschaftsviertel der indischen Hauptstadt. Visa-Shopping ist wieder einmal angesagt, ich brauche die Einreisegenehmigungen für Pakistan und den Iran.

Bei der Fahrt durch die gepflegten Anlagen fällt mein Blick auf eine schwarz-rot-grüne Flagge. Das Schild neben dem Eingangstor verrät, dass es sich um die afghanische Botschaft handelt. Mehr aus Neugier gehe ich hinein und bitte um ein Touristenvisum. Die Reaktion des Beamten überrascht mich – er sagt nicht: „Gibt es nicht", sondern fragt: „Wollen Sie 15 oder 30 Tage?"

Na so was! Es gab schon viel harmlosere Länder, die mir aus „Sicherheitsgründen" das Visum verwehren wollten. Saudi-Arabien zum Beispiel, das vorgab, mich vor den Verkehrsrowdies schützen zu müssen.

Knapp ein Jahr ist vergangen, seit die Taliban von der Macht verdrängt wurden. Man hört zu dieser Zeit nicht viel aus Afghanistan – vielleicht ist inzwischen ja tatsächlich wieder Ruhe eingekehrt. So wie in Albanien und im Jemen, zwei Ländern, vor denen mich auch alle Welt warnte. Zwei Ländern, die jedenfalls ein ungerechtfertigt schlechtes Image haben.

Afghanistan – wahrscheinlich auch kein Problem! Frohen Mutes verlasse ich an einem Januarmorgen Delhi in nordwestlicher Richtung. Mein Ziel ist Kabul. Es lässt sich allerdings nicht leugnen: In diesem Fall habe ich mich gründlich getäuscht.

Hinter dem Khyber-Pass muss ich nach den afghanischen Grenzern regelrecht suchen, um an den Einreisestempel zu kommen. Ein Lastwagenfahrer schickt mich zu einer unscheinbaren Hütte, in der drei Uniformierte Tee trinken. Einer von ihnen stempelt nebenbei den Pass ab und gibt ihn mir zurück. „Ist das alles?" schaue ich ihn überrascht an. „Ja, was sollte noch sein?" gestikuliert er mit offenen Händen und zuckenden Schultern. Zollkontrolle scheint man hier auch nicht zu kennen. Und ein Hinweis, dass ab jetzt wieder Rechtsverkehr herrscht, ist überflüssig – das erkennt ja jeder ziemlich schnell selbst.

Die ersten Begegnungen in Afghanistan stimmen mich optimistisch. Die Paschtunen gehen neugierig und friedfertig auf mich zu. Als ich nachmittags in Jalalabad im „Kahlid Modern Guest House" einkehre, wird schnell ein Sohn des Hotelbesitzers aus einem anderen Stadtteil herbeigeholt, da er gut Englisch spricht. Asim, Anfang 30, hat in der pakistanischen Hauptstadt Islamabad den Koran studiert und ist inzwischen in seine Heimat zurückgekehrt. Es entwickelt sich eine sehr angeregte und offene Unterhaltung. Auf die Anwesenheit der fremden Streitkräfte angesprochen, meint er: „Es ist gut, dass die Taliban vertrieben wurden; das war schon eine sehr harte Zeit."

Die Auslegung des Korans durch die Taliban ging auch den meisten strenggläubigen Moslems zu weit: Nichtreligiöse Musik war verboten, Fernsehen, Lippenstift, Krawatten, Karten- und Schachspielen, menschliche Abbildungen in jeglicher Form, sei es auf Papier, auf Münzen oder als Statuen. In der Folge dieses Verbots wurden im März 2001 auch die weltberühmten Buddhastatuen von Bamiyan gesprengt.

Mädchen durften nicht mehr zur Schule gehen, Frauen waren gezwungen, in der Öffentlichkeit die Burqa überzuwerfen, Männer mussten Bärte tragen, die mindestens faustlang waren. Allein schon wegen all dieser Zwänge und Restriktionen war die Vertreibung der Taliban für die meisten Afghanen eine Erlösung.

Wir unterhalten uns noch lange an diesem Abend. Dann falle ich müde auf die schwere Matratze, die auf dem Boden meiner Kammer liegt. Was für ein Tag! Keine Probleme bei der Einreise, nicht die geringste Spur von Anfeindungen, selbst bei Dunkelheit habe ich mich in

Afghanische Soldaten zwischen Jalalabad und Kabul

den Straßen von Jalalabad sicher geführt; und dann diese freundschaftliche, aufschlussreiche Unterhaltung. Ja, ich bin happy an diesem ersten Tag in Afghanistan. Hab's doch gewusst: ist gar nicht so gefährlich hier.

Doch diese Einschätzung ändert sich in den beiden folgenden Tagen gewaltig. Als ich am nächsten Abend in das Dorf Sarowbi einfahre, spüre ich sofort eine feindselige Stimmung, die wie Elektrizität in der Luft liegt. Männer schauen finster aus den Hauseingängen herüber, andere lachen hämisch, machen sich mit irgendwelchen Sprüchen über mich lustig, so dass auch die Umstehenden gehässig zu lachen beginnen. Am Ortsausgang, wo die Stimmung etwas entspannter ist, bleibe ich stehen, um nach Unterkunft zu fragen. Sofort umringen mich 30 Menschen, die unangenehm dicht aufrücken. Einer von ihnen spricht glücklicherweise Englisch. Schnell reiche ich ihm die Hand und begrüße ihn umschweifend. Auch wenn es ihm vielleicht nicht bewusst ist: Er ist jetzt mit dafür verantwortlich, diese unberechenbare Menschenmasse im Zaum zu halten.

Ein Hotel? Da müsse ich zurück, sagt er. – Zurück in dieses finstere Dorf zu diesen finsteren Leuten? Das will ich nicht! Zumal ich auf der steinigen Piste nur im Schritttempo vorankomme und niemandem davonfahren könnte. „Gibt es denn noch eine Unterkunft an der Straße nach Kabul?" – „Ja, ein paar Kilometer von hier ist ein Restaurant. Da kannst du auch übernachten."

Auch in diesem einsam stehenden Gebäude herrschen „bad vibrations". Einige der Männer machen anzügliche Bemerkungen, die sexistisch zu sein scheinen. Gerade eben erst, auf dem Weg vom Dorf zu diesem Restaurant, hatte ein Mann aus einem vorbeifahrenden Auto heraus an meinen Hintern gefasst. Weiterfahren kann ich nicht. Es ist fast dunkel, und durch die Nacht zu radeln, wäre noch gefährlicher als hierzubleiben. Ich bluffe, so gut es geht, behaupte unter anderem beiläufig, dass es die Polizei in Sarowbi war, die mich hierher geschickt hat. Dass ich alles andere als schwul bin, nehmen sie mir hoffentlich ab, als ich von meiner Frau und meiner großen Familie berichte.

Die Nacht vergeht ohne unangenehme Vorfälle. Wochen später wird David, der für „Ärzte ohne Grenzen" im Norden Afghanistans arbeitet, nach meinen Erfahrungen in diesem Land fragen. Von vollkommen unterschiedlichen Stimmungen werde ich ihm erzählen. – „Wo gab es denn diese ‚bad vibes'?" wird er dann wissen wollen. – „Zum Beispiel in Sarowbi zwischen Jalalabad und Kabul, auch in den Außenbezirken der Hauptstadt selbst und außerdem nördlich des Salang-Passes." – Und David wird von der jüngsten politisch motivierten Gewalttat berichten, bei der fünf afghanische Mitarbeiter einer Hilfsorganisation aus dem Auto gezerrt und erschossen wurden. Das war ganz in der Nähe von Sarowbi.

Da auf der rauhen Piste zwischen Jalalabad und Kabul der rechte Lowrider bricht, mache ich mich in der Hauptstadt auf die Suche nach Metallteilen, mit denen man den Träger schienen oder klammern kann. Nach einer Weile stoße ich bei einem Fahrradhändler auf ein buntes Sortiment von Schrauben, Muttern und Metallplättchen. Als ich mir eine kleine Auswahl zusammengestellt habe, frage ich den Mann in Dari, einer der beiden Hauptsprachen in Afghanistan, wie viel das alles kostet. Er zögert ein wenig – es sieht so aus, als wolle er mir die Kleinteile kostenlos überlassen. Aber dann flüstert ihm sein kleiner Sohn etwas zu. Und Vater spricht es sogleich laut aus: ten Dollars.

Das ist echt süß! Mit ziemlicher Sicherheit weiß er überhaupt nicht, wie viel „ten Dollars" sind. Aber die Afghanen haben schnell mitbekommen, dass die unzähligen Ausländer, die inzwischen hier leben – über 100 Hilfsorganisationen tummeln sich in Kabul –, praktisch nur in der US-Währung rechnen. Innerhalb kürzester Zeit haben die Fremden mit den großen Gehältern und gigantischen Risikozulagen hier auch das Preisgefüge kaputtgemacht, haben bei den Einheimischen den Eindruck hinterlassen, dass für einen aus dem Westen Geld überhaupt keine Rolle spielt.

Ten Dollars. Ich erkläre dem Händler, dass wir doch hier in Afghanistan sind und nicht in Amerika: „Ich habe nur Afghani." In seiner Währung sind die Kleinteile nun schon wesentlich billiger – am Ende einigen wir uns auf 20 Afghani, 40 US-Cents.

Nach mehreren Attacken in der Gegend um den Salang-Pass, der nördlich von Kabul über das Hindukusch-Gebirge führt, fühle ich mich hinter dem Städtchen Dowshi wieder einigermaßen sicher. Einzig ein deutscher Polizei-VW-Bus wird mir gleich nach der Abfahrt aus Dowshi gefährlich. Der Fahrer ignoriert mich, als er – entgegenkommend – ein Fuhrwerk überholt, und ich kann mich wirklich nur durch einen Sprung von der Straße retten. Am Steuer des von Deutschland gestifteten Fahrzeuges sitzt freilich ein einheimischer Polizist.

Das Gefühl relativer Sicherheit verleitet mich auch auf diesem Streckenabschnitt nicht, die Wahrheit zu sagen, wenn die Menschen nach meiner Route fragen. Vor dem Hindukusch habe ich behauptet, zu den gesprengten Buddhastatuen nach Bamiyan zu fahren. Jenseits der Abzweigung gab ich Kunduz als Ziel an. Jetzt muss ich fast 200 Kilometer lang „Usbekistan" behaupten, weil es auf diesem langen Abschnitt keine weitere Verzweigung gibt. So oft lüge ich inbrünstig, ich würde nach Usbekistan radeln, dass eine gute Idee lange Zeit blockiert ist: Ich könnte doch tatsächlich nach Usbekistan ausreisen! Und von dort über Turkmenistan weiter in den Iran fahren.

In Mazar-e-Sharif stellt sich heraus, dass nur 240 Kilometer entfernt auch ein direkter Grenzübergang nach Turkmenistan liegt. Er ist zwar auf keiner Karte verzeichnet, aber es muss ihn geben, denn die Hilfsorganisationen erhalten ihren Nachschub auf diesem Wege. Mit etwas Glück bekomme ich nach fast zwei Wochen Wartezeit ein 7-Tage-Transitvisum für Turkmenistan. Der Grenzposten liegt, von Allah verlassen, in wüstenhafter Steppe. Außer mir wühlen sich nur zwei Lastwagen durch die sandige Piste. Als mich der afghanische Beamte ausgestempelt hat, bin ich erleichtert – hinter mir liegen die gefährlichsten Wochen meiner gesamten Weltumradlung.

Diese Reisestory ist ein Auszug aus Peters Buch „Rad ab! – 71.000 km mit dem Fahrrad um die Welt", RKH (s. auch unter *www.lemlem.de*). Neuere Radler-Infos aus Afghanistan gibt es nicht – dieses Land wird wohl für Rad-Toureros noch eine ganze Weile off limits bleiben. Es gibt aber, man höre und staune, sogar einen recht neuen Lonely Planet „Afghanistan" (erschienen 2007). Mehr s. auf *www.auswaertiges-amt.de* und unter „Afghanistan" in den Web-Suchmaschinen.

D

Indischer Subkontinent

Pakistan [DT]

I. Planung, Vorbereitung, Wissenswertes

Überblick

Der Staat Pakistan entstand 1947 aus den mehrheitlich muslimischen Teilen des damaligen Britisch-Indien, bis 1971 gehörte auch Bangladesch dazu. Über 60 Sprachen werden im Land gesprochen, Nationalsprache ist Urdu (eng verwandt mit Hindi), zweite Amtssprache Englisch (was aber v.a. im ländlichen Süden kaum verbreitet ist).

Pakistan besteht – von Nord nach Süd – aus den Regionen Northern Areas, North-West-Fronier-Province, Azad Jammu und Kashmir (nur mit spezieller Permit zugänglich!), Punjab, Belutschistan und Sindh. Hauptstadt ist Islamabad.

Seit seiner Gründung wird das Land immer wieder von Krisen geschüttelt. Ein Grund ist der immer wieder aufschwelende Konflikt mit Indien um Kashmir, der zuletzt 2002 in kriegerische Auseinandersetzungen mündete. Seit den Anschlägen vom 11. September 2001 steht die pakistanische Regierung offiziell an der Seite der USA im „Kampf gegen den Terror" und muss sich mit teilweise militanter Kritik an dieser Linie sowie mit von Afghanistan einsickernden Taliban auseinandersetzen.

Einendes Element des Landes ist der Islam, dem über 95% der Bürger angehören und der Staatsreligion ist. Euer Verhalten und eure Kleidung sollten den religiösen und kulturellen Gegebenheiten angepasst sein, vor allem außerhalb der touristischen Regionen Nordpakistans und der Großstädte. Daniela Schmidt und Tobias Klein (*www.weltperrad.de*): „Lasst enge Radhosen lieber zu Hause – Bekleidung sollte für Männer und Frauen möglichst locker fallen sowie die Beine (bei Frauen auch die Arme bis mindestens zu den Ellenbogen) bedecken. Ein Kopftuch kann in vielen Situationen für Radlerinnen praktisch sein. Einen *Shalwar Kameez*, das traditionelle aus weiter Hose und Oberteil bestehende Gewand für Männer und Frauen, kann man sich schon für 5-10 Euro schneidern lassen – und erhält viele Komplimente Einheimischer dazu. Achtet darauf, einen möglichst leichten Baumwollstoff zu wählen." Siehe dazu auch „Als Frau unterwegs in traditionell-islamischen Ländern" auf Seite 114ff.

Geografie, Klima, Reisezeiten

Pakistan ist etwa doppelt so groß wie Deutschland und Österreich zusammen. Es gliedert sich im zentralen und südlichen Teil in die große Indus-Tiefebene, im Südosten erstreckt sich die Wüste Thar, im Westen, zur afghanischen und iranischen Grenze hin, liegt das Bergland Belutschistans, und ganz im Norden ragen die Hochgebirge von Karakorum, Pamir und Hindukusch auf.

Das Klima ist innerhalb des Landes recht unterschiedlich, darum richten sich günstige **Reisezeiten** nach der Region, die ihr bereisen wollt. Für Nordpakistan sind März bis Mai und August bis Oktober ideal – im Juni und Juli wird es v.a. südlich von Gilgit zu heiß, November bis Februar sind zu kalt. Im Frühling blühen die zahllosen Aprikosenbäume im Hunzatal, im August folgt dann die Ernte (lecker!). Der Khunjerab-Pass nach China ist von 1. Mai bis 30. November geöffnet, die Zeiten können sich aber wegen Schneefalls ändern. Je weiter ihr nach Süden wollt, desto später im Jahr solltet ihr unterwegs sein. Islamabad und Lahore sind bereits im Oktober erträglich, im Südpunjab und Sindh kann es dann immer noch bis zu 40 Grad heiß sein. Hier ist es von November bis Februar angenehm. Von April bis Mitte September ist es an der Küste schwül. Monsunbeginn etwa Juli.

An- und Einreise, Währung

Die **Einreise** überland ist von allen Nachbarländern möglich. Da Afghanistan als Radreiseland momentan praktisch ausfällt hier dazu keine weiteren Informationen. Nach Indien existiert derzeit nur der Grenzübergang Wagah/Amritsar. Von Kashgar/China fährt ein direkter Bus über den Karakorum Highway (KKH) nach Gilgit, der u.a. in Tashkurgan und Sost hält. Internationale Flüge gehen nach Islamabad und Karachi, z.B. mit PIA (Pakistan International Airlines, *www.piac.com.pk*). Inlandsflüge, u.a. nach Gilgit oder Skardu, sind recht günstig.

Ein **Visum** ist erforderlich. Die pakistanische Botschaft in Deutschland (*www.pakistanembassy.de*) stellt Touristenvisa innerhalb eines Tages aus. Von China kommend erhaltet ihr derzeit ein 30-Tage-Visum (Passbild mitbringen!) unkompliziert am Grenzübergang Sost, an den anderen Grenzen (inkl. Flughäfen) gibt es dieses Verfahren nicht. In Neu-Delhi können mit einem Empfehlungsschreiben der Heimatbotschaft Visa für Pakistan ausgestellt werden. Die deutsche Botschaft in Teheran stellt keine Empfehlungsschreiben zur Erlangung des pakistanischen Visums aus. Wenn ihr diese Route überland fahren wollt, müsst Ihr Euch das Visum schon vorher besorgen – dasselbe gilt umgekehrt in Islamabad für das Iran-Visum! In Islamabad können sowohl das indische Visum (Dauer:ca. eine Woche) als auch das chinesische (ca. vier Tage) beantragt werden. Pakistanische Visa können in größeren Orten im Land relativ unkompliziert und kostenfrei kurz vor Ablauf verlängert werden. Informiert euch vorher, das alles kann sich schnell ändern!

Währung ist die (inflationsgeplagte) Pakistanische Rupie. Die besten Umtauschraten erhält man für den US$, Euro können häufig auch getauscht werden. In größeren Orten akzeptiert meist ein Geldautomat VISA und MasterCard, um diesen zu finden, müsst ihr aber manchmal einige ausprobieren. Pakistan ist ein günstiges Reiseland.

Reise-Restriktionen, Gefahren

Vor jeder Reise nach Pakistan solltet ihr Erkundungen zur Sicherheitslage einholen (*www.auswaertiges-amt.de*). Die Situation in allen Landesteilenn kann sich – zum Guten wie zum Schlechten – sehr schnell ändern, informiert euch auch während der Reise bei anderen Travellern und bei der Polizei. Eine gute Informationsquelle ist die PTDC (Pakistan Tourism Development Corporation, *www.travel-culture.com/ptdc*), die Informationen zu Sicherheit und Unterkünften auf der gewählten Strecke geben kann.

Zur Zeit (Ende 2009) gelten die „Northern Areas", durch die der nördliche Teil des KKH führt, als sicher, ebenso der Punjab mit den Großstädten Islamabad, Rawalpindi und Lahore – wobei es in allen drei Orten immer wieder zu Anschlägen kommt, meist auf Regierungseinrichtungen. Die North-West-Frontier-Province (die Grenzregion zu Afghanistan, in der auch der südliche Teil des KKH liegt) ist politisch instabil; besonders in der Hauptstadt Peshawar kam es im Jahr 2009 zu vielen blutigen Anschlägen. Auf dem südlichen Teil des KKH wie in der Provinz Sindh im Süden des Landes besteht die Polizei teilweise darauf, Radreisende zu eskortieren. In Belutschistan geht man (außerhalb von Quetta) von einem erhöhten Entführungsrisiko für Ausländer aus und Fahrräder müssen auf Busse oder die Bahn verladen werden. Polizeikontrollen kommen überall im Land vor, sind aber weitgehend unkompliziert.

Verkehr, Transport

In Pakistan herrscht Linksverkehr. Das Straßennetz ist recht gut ausgebaut, die Hauptverkehrsstraßen (Great Trunk Roads) besitzen meist mehrere Spuren, einen recht guten Belag und einen Seitenstreifen. Der Verkehr ist dicht und für europäische Verhältnisse chaotisch, am rücksichtslosesten verhalten sich dabei die Busfahrer. In den Städten kann der Verkehr eine Belastungsprobe für die Nerven darstellen. Viele Radler berichten von steinewerfenden Kindern, vor allem vom KKH südlich von Gilgit, auch auf der Strecke nördlich des Babusar-Passes.

Im Industal

Durch die **Bahn** sind die Großstädte Lahore, Peshawar, Quetta, Karachi, Sukkur, Rawaldpindi, Multan u.a. verbunden. Es gibt drei Zugklassen, der Radtransport sollte kein Problem sein. Das **Busnetz** ist gut ausgebaut, sowohl große wie auch Minibusse (schön bunt bemalt) verbinden größere und kleinere Orte. Der Fahrradtransport muss zwar extra bezahlt werden, ist aber, sofern Platz vorhanden, unkompliziert.

Unterkunft, Verpflegung

In Nordpakistan ist die Dichte an **Unterkünften** hoch und das Preis-Leistungsverhältnis gut, in größeren Orten findet man Unterkünfte aller Kategorien. In den Berggebieten ist ein Zelt zumeist nicht unbedingt erforderlich, aber zeitweise praktisch – man kann es bei Restaurants aufschlagen, bei Anwohnern oder an Polizei-Checkpoints um Erlaubnis fragen. Die „International Camp Site“ in Islamabad ist ein Overlander-Treffpunkt.

Im dicht bevölkerten Süden (Punjab, Sindh) ist Wildzelten schwer möglich. Die Dichte an Hotels ist nicht allzu hoch, einfache nehmen häufig keine Ausländer auf, da sie deren Anwesenheit der Polizei melden müssen.

Das **Essen** ist in Pakistan recht gut und einfache Gaststätten gibt es beinahe überall. Dort werden Dhal (ein Linsengericht, wie auch in Indien), Gemüse (v.a. Kartoffeln, Spinat), Fleisch (meist Hammel oder Hühnchen) und Chapati zu sehr günstigen Preisen serviert. In größeren Orten und auch im touristischen Norden gibt es eine breitere Auswahl. Für Vegetarier bieten sich oft nur geringe Variationsmöglichkeiten. Das Früchte- und Gemüseangebot ist regional unterschiedlich (Aprikosen im Hunza-Tal, Bananen in Punjab und Sindh). In Läden findet man eine recht gute Auswahl, Supermärkte gibt es nur in den Großstädten. Es wird viel (Milch-)Tee getrunken. Vorsicht bei ungefiltertem Leitungswasser! Mineralwasser und Softdrinks sind fast überall erhältlich, Bier nur mit einer speziellen Lizenz für Ausländer.

Rad und Ausrüstung

Ein stabiles Reiserad ist bei den teilweise schwierigen Streckenverhältnisse erforderlich. Wenn der Karakorum Highway einmal komplett fertiggestellt ist, wird er (wie auch die großen Straßen des Südens) auch mit einem Rennrad befahrbar sein. Man sieht praktisch ausschließlich indische oder chinesische 28er-Eingang-Räder, MTBs oder Tourenräder gibt es keine. Nehmt also am besten alle nötigen

Ersatzteile mit! Einfache Fahrradwerkstätten gibt es v.a. im flacheren Südpakistan viele. Achtet besonders bei Reisen in Nordpakistan darauf, warme sowie regendichte Bekleidung dabeizuhaben, ebenso Sonnencreme mit hohem Lichtschutzfaktor. Ein Rückspiegel ist auf den stark befahrenen Straßen Pflicht!

II. Ziele, Routen, Strecken

1. Der Karakorum Highway

Daniela und Tobias: Der KKH (zwischen Kashgar in China und Havelian nahe Rawalpindi) ist jung und doch schon legendär. Er wurde erst 1982 eingeweiht, 1986 dann die Grenze zu China geöffnet. 25.000 Pakistanis und Chinesen bauten innerhalb von 20 Jahren diese traumhafte, etwa 1300 km lange Bergstraße entlang von Sieben- und Achttausendern. Viele bezahlten mit ihrem Leben.

Der KKH ist ständig in Bewegung, sein Bau geht nie zu Ende. Hangrutsche und Überschwemmungen machen regelmäßige Instandsetzungsarbeiten nötig. Sperrungen können von wenigen Minuten bis zu mehreren Tagen dauern, auch unangekündigt. Auf chinesischer Seite ist der Asphalt inzwischen sehr gut. Auch in Pakistan bemühen sich chinesische Arbeiter, die Qualität der Strecke dauerhaft zu verbessern. Ab etwa 2011 solltet ihr durchgehenden Asphalt vorfinden. Anmerkung: Höhenanpassung beachten (Hinweise dazu siehe bei „Bolivien").

Strecken-Infos

Von Kashgar (1240m) aus geht es zunächst gut 100 km recht eben, dann weitere 80 km die Ghez-Schlucht hinauf bis zum wunderschönen Karakul-See (3733 m), an dessen Ufer sich der Muztag Ata erhebt. An den Checkpoints (großer in Ghez, dort auch einfache Unterkünfte) wurden auch schon Radler zurückgewiesen! Beim Wildzelten in China auf versteckten Platz achten (kann sonst Probleme mit der Polizei geben). Das nördliche Ufer des Sees empfiehlt sich am ehesten.

Von hier aus sind es 100 km bis Tashkurgan (3083 m), die über den 4270 m hohen Ulugh-Rabat-Pass führen. In Tashkurgan befindet sich, gut 120 km vor dem **Khunjerab-Pass**, die chinesische Grenzkontrolle (die einige Zeit in Anspruch nehmen kann). Aktuell (Stand 2009) müssen hier die Fahrräder auf einen Bus verladen werden, der nach Sost fährt. Bei gutem Willen des Fahrers kann man am Pass den Bus verlassen und den Weg hinab im Sattel zurücklegen. Der Radtransport muss zusätzlich zur Fahrkarte bezahlt werden; der Preis richtet sich nach Gutdünken.

Wenn Ihr das Glück habt, fahren zu können: Nach den Formalitäten geht es bis zum Checkpoint nach Pirali (3930 m) etwa 92 km bergauf. Von dort sind es noch 32 km bis zum Pass, von denen die letzten zehn besonders steil sind. Mit dem Khunjerab-Pass und der Grenze zu Pakistan wird die Strecke (Stand 2009) schlagartig schlechter, und so ist die Abfahrt gerade zu Beginn kein Spaß. Beim Khunjerab National Park sind 4 US$ Eintritt pro Person zu entrichten (zahlbar auch in Yuan oder Rupien). Bis zur pakistanischen Immigration in Sost, 90 km ab dem Pass, findet man kaum Einkaufsmöglichkeiten. Wasser gibt es in einigen klaren Bächen, Übernachtungsmöglichkeiten eventuell bei Checkpoints. Die Grenzkontrolle in Sost sollte unkompliziert vor sich gehen. In Sost können (inoffiziell) Yuan in Rupien getauscht werden, der erste Geldautomat befindet sich in Gilgit (oder, wenn man von Süden kommt, in Kashgar).

Die Landschaft ist nun grüner, es geht in das Hunza-Tal. Passu und Karimabad (2450 m) sind Orte mit guter touristischer Infrastruktur, von denen aus man schöne Tages- oder Mehrtageswanderungen unternehmen kann. Gut 100 km weiter liegt dann Gilgit (1490 m). Um andere Reisende zu treffen, sind das „Old Hunza Inn" in Karimabad und das „Madina Guest House" in Gilgit gute Adressen.

Südlich von Gilgit sind die Temperaturen im Sommer hoch, die Strecke bis Chilas am Nanga-Parbat-Massiv vorbei ist recht grau. Von Chilas aus geht es in die North-West Frontier-Province, hier solltet ihr Informationen zur Sicherheitslage einholen. Besonders die Bevölkerung der Region bis Besham (Kohistanis) hat den Ruf, Touristen gegenüber nicht unbedingt freundlich gesinnt zu sein. Ab Abottabad nimmt der Verkehr dann stark zu, bis schließlich Havelian und einige Kilometer später Rawalpindi und Islamabad erreicht sind.

Für diejenigen, die weiter nach Indien möchten, führt die Strecke über die stark befahrene Grand Trunk Road (ca. 300 km) nach Lahore. Von dort aus sind es noch einmal ungefähr 30 km nach Wagah – dort unbedingt die Grenzschließungs-Zeremonie anschauen, bevor ihr (am nächsten Tag) nach Indien weiterreist!

Umweg-Alternativen

Etwa 5 km östlich von Chilas geht die Strecke zum **Babusar-Pass** (4130 m, kann lange verschneit sein) vom KKH ab. Die 30 km bis dorthin sind extrem steil, teilweise von steinewerfenden Kindern gesäumt und waren 2009 noch in schlechtem Zustand. Bauarbeiten sind jedoch im Gang und sollten in den nächsten Jahren abgeschlossen sein. Diese Strecke soll dann den entsprechenden Teil des KKH ersetzen. Es gibt keinen Busverkehr zum oder über den Pass (nur bis zum Ort Babusar), in Chilas kann evtl. ein Jeep organisiert werden. Vom Pass dann eine schöne Strecke durch das Kaghan-Tal bis nach Garhi Khan und in Mansehra wieder auf den KKH.

Momentan aus Sicherheitsgründen nicht möglich, aber sehr abenteuerlich: Von Peshawar das **Panjkora-Tal** hoch, hinauf nach Chitral. Von Peshawar nach Chitral in 1530 m Höhe sind es 350 meist unbefestigte Pistenkilometer. Man muss dabei über den 3100 m hohen Lawari-Pass, und von Chitral ist der wilde Trekking-Pfad durch den Hindukusch bis Gilgit nochmals etwa 370 km lang. Es geht über den Shandur-Pass (3730 m) an den Flüssen Mastuj, Ghizar und Gilgit entlang bis nach Gilgit am KKH. Die Mitnahme von genügend Lebensmitteln für ca. eine Woche ist notwendig. Unterwegs nur einige kleine Orte, die Route ist sehr schwierig.

Ausgehend vom KKH könnt ihr auch eine schöne Runde Richtung **Skardu** drehen. Wenige Kilometer nördlich der Mündung des Hunza-Flusses in den Indus (30-40 km südlich von Gilgit) geht es auf asphaltierter Strecke ca. 150 km durch das enge Industal bis nach Skardu. Von dort fahrt ihr auf Pisten durch das kulturell und landschaftlich an Tibet erinnernde Deosai-Hochland und über den 4266 m hohen Chacher-Pass ins Astar-Tal. Von Astar weiter stromabwärts erreicht ihr in Jaglot wieder den KKH (170 km ab Skardu).

2. Von Lahore Richtung Südpakistan

Parallel-strecken

Wer von Lahore aus nach Südpakistan statt nach Indien radeln möchte, fährt die Nationalstraße 5 über Multan und Bahawalpur nach Sukkur (über 800 km). Es gibt viele kleinere Parallelstrecken mit schlechterer Straßenqualität und Infrastruktur, aber weniger Verkehr. Richtung Karachi habt ihr von Sukkur aus zwei Möglichkeiten: Entweder ihr bleibt auf derselben Straße und reist über Moro nach Hyderabad (350 km), oder ihr fahrt auf der westlichen Seite des Indus über den alten Indus-Highway und Larkana (Besuch der prähistorischen Ausgrabungsstätte Moenjo Daro sehr empfehlenswert) und Dadu (35 km südlich davon könnt ihr in den Schreinen von Sehwan den Tanz der Derwische bestaunen) nach Hyderabad; etwas länger. Auch hier gibt es eine Menge kleinerer Parallelstrecken. Von Hyderabad erreicht ihr Karachi über Tatta nach 200 km.

3. Von Iran kommend Richtung Industal

Durch Belutschistan

Wie bereits erwähnt ist es momentan (2009) nicht möglich, vom Iran kommend mit dem Fahrrad in Belutschistan zu reisen (Tobias und Daniela: „Wir haben aber Leute getroffen, die die Strecke mit dem Auto gemacht haben. Mit Aufladen sollte es also gehen."). Für den Fall, dass sich die Situation ändert, eine (evtl. nicht mehr ganz aktuelle) Routenbeschreibung: Vom Iran her heißt der Grenzort Qila Safed (Taftan). Über Nok Kundi, Dalbandin und Nushki geht es verkehrsarm und auf sehr schlechtem Asphalt nach Quetta (gut 600 km). Die Ortschaften bestehen meist nur aus einem oder zwei Lehmhäusern. Unterwegs öde Steinwüste, viele Polizeikontrollen, angegliedert meist ein Resthouse, in dem ihr für ein paar Rupien schlafen könnt. Die Bahn zwischen Qila Safed und Quetta fährt nicht mehr, aber Busse. Von Quetta kann man auf schlechter Strecke nach Lorelai fahren (entlang der Bahnlinie im Tal oder kürzer durch die Berge, ca. 250 bzw. 180 km). Von dort aus nach Multan sind es nochmal 350 km. Von Quetta geht ebenfalls der Zug und eine Straße über Pässe hinab in die Indus-Ebene nach Sukkur (ca. 400 km), wo es dann endgültig mit der verkehrsarmen Straße vorbei ist.

Literatur, Karten, Internet

Bücher: Der „Lonely Planet Pakistan & the Karakoram Highway", Sarina Singh u.a., enthält detaillierte Angaben für den KKH (auch Wanderungen), die Süd-pakistan-Infos sind aber eher schwach. Doch dieses Buch (letzte Auflage 2008) ist der einzige aktuelle allgemeine Pakistan-Führer. Mit detaillierten Karten, GPS-Daten und Höhenprofilen ist „Himalaya by Bike" von Laura Stone (2008) eine große Hilfe bei der Touren- und Etappenplanung am KKH (auch für China, Tibet, Indien, Nepal, Sikkim und Bhutan). Im Buchhandel nur schwer erhältlich, Info über *www.himalayabybike.com*. Zum kulturellen Verständnis: Susanne Thiel: „Kulturschock Pakistan", RKH. Interessante Einblicke in verschiedene Welten Pakistans bietet Hajo Bergmann in seinem Buch „Indus-Welten. Eine Reise durch Pakistan: 3000 Kilometer von Karatschi bis Kaschgar", National Geographic (2009). Auch etliche Weltumradler haben den KKH unter die Reifen genommen, z.B. Carsten Janz („Beinhart", s. Seite 723).

Karten: Reise Know-How „Pakistan" 1:1,3 Mio., ITM „Pakistan", 1:1,2 Mio., Nelles „Pakistan" 1:1,5 Mio. Für den gesamten KKH: John Callanan „Karakoram Highway (China-Pakistan Friendship Highway)" 1:1 Mio. Es gibt auch detaillierte Trekking-Karten von der Nordregion Pakistans und dem Karakorum Highway im Maßstab 1:200.000, Bezugsquellen s. Seite 37.

Internet-Infos: Umfassende Info wie immer bei Wikipedia (*http://de.wikipedia.org/wiki/Pakistan*, mit vielen Links). Interessant auch *www.tourism.gov.pk*, die offizielle Tourist-Office-Seite. Aktuelle Neuigkeiten aus Pakistan hat *www.dawn.com*. **Radler-Seiten:** Von Indien nach China reisten 2009 Erin und Sam: *www.crazyguyonabike.com/doc/bikingbarkleys* (über den Babusar-Pass und den KKH). Frank Bienewald (*www.frankbienewald.de*, Bericht unter „Nepal") radelte im selben Jahr von Süd nach Nord und wieder zurück. Die Co-Autoren Tobias und Daniela reisten von Kashgar nach Karachi (ohne Gilgit-Islamabad) und haben ihre Pakistan-Eindrücke unter *www.weltperrad.de* ins Web gestellt („Pakistan" anklicken). Mandy und Benny Jacob (*www.globecyclers.de*) waren 2007 von Wagah bis Kashgar unterwegs. Auch eine Radler-Seite, aber schon länger nicht mehr aktualisiert, ist *www.karakorum-highway.de*.

Unglaubliches Indien – Impressionen während einer Weltumradlung [TG]

Reisestory von Thomas Gand

Flug von Argentinien nach Indien, Ankunft 1.15 Uhr nachts in Bangalore, eine halbe Stunde Preisverhandlungen fürs Taxi, das mich mit Radkarton zur Herberge mit angeblicher „24-Std.-Rezeption“ bringen soll. Um 3.30 Uhr nach langem gemeinsamem Suchen Herberge endlich gefunden, alles dunkel und zu. Ich rufe die „24-Std.-Rezeption“ an, nach einer Ewigkeit geht jemand verschlafen dran, nach einer weiteren Ewigkeit lässt man mich endlich rein. Ich beziehe mein Bett für umgerechnet 1,10 Euro pro Nacht und endlich ist Ruhe – ich bin in Indien!

Mit der Ruhe sollte es von nun an aber vorbei sein, mit Temperaturen unter 30 °C ebenfalls. Nach vier Tagen befand ich, mich ausreichend an den unvorstellbar lauten und chaotischen Verkehr, das beste Essen seit Monaten und an die oft lächerlich niedrigen Preise gewöhnt zu haben und radelte los.

Nachmittags kam ich in Mysore an und hatte riesiges Glück, sofort zwei andere Radler zu treffen: Hugo aus Belgien und Douglas aus England. Hugo zog leider weiter nach Norden, während Douglas und ich noch blieben, um den Maharaja-Palast am nächsten Tag von 97.000 Glühbirnen erleuchtet zu erleben. Mit Douglas fuhr ich zusammen weiter nach Süden durch den Banduri-Nationalpark und hinauf in die Nilgiri Hills zur 2300 m hoch gelegene Hill-Station Udhagamandalam (Ooty), wo es zur Freude von Douglas etwas erträglichere Temperaturen gab. Mir konnte es nach der langen kalten Zeit in Patagonien hier nicht heiß genug sein, aber auch das sollte sich noch ändern …

Durch Teeplantagen rauschten wir wieder hinunter in die heiße Ebene. Leider fuhr Douglas weiter nach Osten, ich nach Westen. Ich verließ Tamil Nadu und stieß in Kerala auf die Arabische See, wo ich nach Norden drehte, noch 600 km bis Goa! In Goa genoss ich das Leben unter Palmen und wurde morgens von der Sonne geweckt, die durch die Bambuswand meiner kleinen Hütte am Strand schien. Dann ging es weiter nach Mumbai (Bombay). Ich fuhr zum Sonnenuntergang an den Chowpatty Beach, besuchte die über 5000 Männer, die im Mahalaxmi Dhobi Ghat täglich tausende Kilo von Mumbais Wäsche waschen, und schaute mir einige Tempel und Märkte an, bevor ich mich durch den höllischen Großstadtverkehr auf den Weg weiter nach Norden Richtung Rajasthan machte. Die Tage bestanden eigentlich nur aus Radfahren in brütender Hitze und, wie überall in Indien, darin, hemmungslos wie ein kleines grünes Männchen von einem anderen Stern begafft zu werden. Die Temperaturen stiegen noch vor Mittag über 40 °C, in der Großen Thar-Wüste bis 46 °C im Schatten, in dem man aber ja leider nie fährt! So stoppte das kleine grüne Männchen dann immer mal wieder an einfachen Restaurants an der Straße, ließ sich auf einen Stuhl unter einem Ventilator irgendwo im Schatten fallen und bestellte sich einen Tee oder etwas zu Essen. Wenn das kleine grüne Männchen dann auch noch das normale aus dem Boden gepumpte Trinkwasser gleich kübelweise in sich hineinschüttete anstatt wie sonst alle anderen grünen Männchen abgepacktes Trinkwasser zu kaufen, da wurde die es umgebende Menschenmenge gleich noch größer. Woher es denn komme, wollte man üblicherweise als erstes wissen. Ah, aus Germany, das sei ja das Land, das die Atombombe auf Hiroshima abgeworfen habe, wusste man stolz und mit einem breiten Grinsen im Gesicht zu berichten.

Indien ist bunt – auf dem Markt in Mysore

Das kleine grüne Männchen guckte ganz entsetzt und überlegte, wie es jetzt geschichtliche Grundaufklärung hinbekäme, ohne den anderen das Gesicht verlieren zu lassen, schüttelte dann aber doch den Kopf, murmelte sowas wie „ne ne, die USA ..." und wechselte schnell das Thema. Wenn sich die Körpertemperatur des kleinen grünen Männchens dann wieder auf die normalen 37 °C abgesenkt hatte und alle anderen üblichen Fragen nach Anzahl der Kinder, woher, wohin, wie lange unterwegs und Preis des Fahrrads mehr oder weniger wahrheitsgemäß beantwortet waren (mein Rekord an Kindern war sieben, was man anerkennend zur Kenntnis nahm), tauchte das kleine grüne Männchen nochmal T-Shirt und Kopftuch ins Wasser, um der mörderischen Hitze wenigstens kurzzeitig etwas entgegensetzen zu können, und machte sich wieder auf den Weg.

Acht Tage später fuhr ich in die Wüstenstadt Jaisalmer in der Großen Thar-Wüste nahe der pakistanischen Grenze ein. Ich wanderte durch das gigantische und atemberaubende Sandsteinfort über der Stadt und fuhr hinaus in die Sanddünen. Weiter ging es nach Jodhpur mit seiner Altstadt aus unzähligen blauen Häusern und dem schrecklichen indischen Gemisch aus engen Gassen, vollgepfropft mit lärmenden Motorrädern, Motor-Rikschas, Kühen, Gestank, Menschenmassen, Staub und Dreck. Zudem streckte mich ein dubioser Fruchtsaft von einem der Straßenstände mit Magenkrämpfen für einen Tag nieder, und so war ich froh, als es endlich weiter ging nach Pushkar, einer Oase mit über 400 Tempeln um einen heiligen See herum und mit einer irgendwie passenden Mischung aus Travellern und Pilgern.

Mit einem vermutlich selbst ernannten Priester beging ich die Hindu-Prozedur am See, wo wir alle meine Familienmitglieder, tot oder lebendig, durchgingen und für deren Glück baten. Ich bekam ein Armband und mit dem Werfen der letzten Lotusblüten in den See einen großen Wunsch frei für mich selbst. Dass das Handy des Priesters während der Prozedur dreimal klingelte und wir für die ausgedehnten Gespräche unterbrechen mussten nahm dem Ganzen zwar ein wenig den authentischen Spirit. Aber der war ganz schnell wieder da, als eine Frau, deren Mann gestorben war und die sich hier an diesem heiligen See von ihm verabschiedete, in Tränen um des Priesters Beistand bat (nicht ohne ihm natürlich, so wie ich, ein paar Scheine für seine Dienste zuzustecken).

Über Jaipur fuhr ich nach Agra zum „Wahrzeichen" Indiens, dem Taj Mahal. Ein magischer und unglaublich schöner Ort, wie in einem Märchen, wenn man es schafft, die Touristenmassen auszublenden, die das Mausoleum täglich von Sonnenauf- bis Sonnenuntergang bevölkern.

In Varanasi am Ganges streifte ich stundenlang an den Badestellen entlang, die das gesamte Flussufer säumen, und schaute den zumeist von sehr weit hierher gepilgerten Menschen zu, wie sie im heiligen Wasser badeten und beteten. Ich beobachtete Verbrennungszeremonien am Ufer, bei denen täglich etwa 250 Leichen verbrannt werden, um ihre Asche als größtmögliche Ehre in den Ganges zu streuen. Ein paar Tage später fuhr ich dann noch 100 km gen Osten, bevor die Straße nach Norden drehte, Richtung Himalaya. Noch 250 km bis Nepal!

Indien war unglaublich gewesen! Es schockt mit seiner unvorstellbaren Armut und die Menschenmassen, die einen ständig umgeben, zehren manchmal an den Nerven. Der Verkehr brachte mir etliche Nahtoderfahrungen und ist wohl so mit das Schlimmste, was man sich als Reiseradler auf dieser Erde antun kann. Die mörderische Hitze kurz vor dem Monsun ist schier unerträglich. Seit über zwei Monaten hatte ich nachts quasi nur noch Zimmertemperaturen über 30, meist um die 35, 36 °C! Schlafen war auch wegen Malaria nur mit Moskitospiralen und unter voll aufgedrehtem Ventilator möglich, wenn denn nicht mal wieder Stromausfall war. Aber Indien macht auch unheimlich glücklich, allein schon das überwiegend vegetarische Essen vor allem in Südindien ist die Reise hierher wert! Doch vor allem sind es seine Menschen, die Indien so einzigartig machen, wenn man mit Kindern erzählt und lacht oder mit alten Menschen irgendwas hin und her murmelt. Indien schafft es, dich zu inspirieren, zu frustrieren und zu begeistern, und das alles gleichzeitig! Nach einem Abstecher durch Nepal wartete dann die vielleicht weltweit spektakulärste Straße auf mich, der Manali-Leh-Highway durch den indischen Himalaya über die höchsten Pässe dieser Erde! Ganz anders und doch auch einfach unglaublich – Indien eben! (Mehr zu Thomas' Weltreise, die ihn zweieinhalb Jahre auf über 45.000 km durch 28 Länder führte, s. *www.reiseleben.de*.)

Indien [TG, AP]

I. Planung, Vorbereitung, Wissenswertes

Überblick

Indien mit dem Fahrrad, radeln im Traumland der Maharajas, Sadhus und Paläste … Kaum ein anderes Land Asiens ist so ausgefallen vielseitig und kaum ein zweites wird so verklärt, verdammt und gelobt wie Indien. Eine Reise und Radfahrt durch Indien begeistert und „schafft" jeden, und was es dort nicht gibt, gibt es nirgendwo mehr. Indien ist zu groß, als dass man hier alle Aspekte einer Radreise durch dieses riesige Land beschreiben könnte, und auf alle Dinge vorbereiten kann man sich für eine Indienreise sowieso nicht. Wer Indien wirklich kennenlernen will, muss sehr viel Zeit mitbringen! Es braucht schon eine Weile, sich an das Land zu gewöhnen und mit der Mentalität der Menschen klar zu

kommen. Eine Privatsphäre gibt es für den Radler nicht! Ständig ist man von Menschenmassen umringt, die einen auch nachts nicht in Ruhe lassen.

Indien ist ein Vielvölkerstaat, aufgesplittert in hunderte von Ethnien, Religionen und Sprachen. Glaube und Gesellschaft sind untrennbar miteinander verbunden, religiöse Normen und das Kastenwesen bestimmen das Leben Tag und Nacht, vom Beginn bis zum Tod. Und Indien ist mit 1,2 Milliarden Einwohnern (2009) das zweitbevölkerungsreichste Land und nebenbei auch noch die zehntgrößte Industrienation der Welt, mit einem fürchterlichen Lkw-Verkehr auf den Hauptstraßen und nebligem Smog in den Großstädten. Eine Reise nach Indien, erst recht mit dem Rad, ist eigentlich nur denjenigen zu empfehlen, die schon Dritte-Welt- oder Asienerfahrung mitbringen, sonst mag der Kultur- und vor allem der Verkehrsschock für direkt aus Europa Ankommende zu groß sein. Ständig werden die Sinne mit neuen Eindrücken bombardiert, mit Überraschungen, Farben, Gerüchen, Schockierendem, Schönem, Chaotischem und Hässlichem. Vielleicht sollte man gerade Indien mit dem Rad am besten nur zu zweit machen.

In Delhi

Geografie, Klima

Man unterscheidet vier geografische Großräume: Im Nordwesten die hohen Berge des Himalaya- und des Karakorum-Gebirges, im Nordosten die Ganges-Tiefebene, im Westen die Große Thar-Wüste und auf der großen Dreieck-Landmasse des Südens das Plateau von Deccan, das entlang der Küsten von den Höhenzügen der Eastern und Western Ghats (ca. 1500 m) begrenzt wird. Die Ausdehnungen Indiens betragen jeweils ca. 3000 km in West-Ost- und in Nord-Süd-Richtung.

Das **Klima** Indiens reicht von alpin bis tropisch, doch die Temperaturen schwanken wesentlich mehr mit der Höhenlage als mit der geografischen Breite! Das Klima prägt vor allem der **Monsun**, ein jahreszeitlich wehender Wind, der Regen bringt. Vom Juni bis September rückt er langsam vom Südwesten des Landes nach Nordosten vor, von Oktober bis Dezember zieht er sich wieder zurück, das ist dann der Nachmonsun. Von Januar bis März weht ein trockener, kühler Wind aus dem Nordosten Indiens, der Nordost-Monsun, auch Nordost-Passat genannt.

Bei einer Nord-Süd bzw. Süd-Nord-Indientour sollten diese Windrichtungen – mit den Zeiten der höchsten Niederschläge bzw. der größten Hitze – gleichfalls beachtet werden. Beste **Reisezeiten** sind in **Nordindien** außer der Himalayaregion von Oktober bis März. Nicht gut ist es in der Monsunzeit von April bis September.

Im April/Mai große Hitze, von Juli bis September ist es sehr schwül, viel Regen und Hitze.

Die **Himalayaregion** ist günstig (bzw. geht eigentlich nur) von Juli bis September. Ab Oktober bis irgendwann Ende Mai/Anfang Juni ist alles zugeschneit, der Manali-Leh-Highway dann voll gesperrt. Dann ist kein Verkehr über Land mehr möglich und weite Teile der Region sind von der Außenwelt abgeschnitten. Leh kann man dann nur noch per Flugzeug erreichen, und manchmal nicht mal das. Die Monsunwolken regnen sich an den südlichen Ausläufern des Himalaya ab, Hoch-Ladakh und Zanskar sind staubtrocken. Darjiling im Nordosten dagegen wird vom Monsun voll erwischt und weist eine der höchsten Niederschlagsmengen ganz Indiens auf.

Südindien, Westküste: Günstig von Oktober bis Mitte Februar, weniger von März bis September; Anfang Juni Monsunregen. Die Ostküste ist günstig von November bis April, weniger von Juni bis September; im August und September gibt es starken Monsunregen.

Exakte Klimadaten für über 30 indische Städte bzw. Regionen findet man unter *www.klimadiagramme.de/Asien/indien.html*.

Einreise, Währung

Ein **Visum** ist Pflicht und bei einer indischen Auslandsvertretung zu beantragen (z.B. in Berlin, s. *www.indischebotschaft.de*, oder bei Anreise über Land in Islamabad/Pakistan; Thomas bekam seines in Buenos Aires). Antragstellungen an der Grenze oder am Flughafen sind nicht möglich! Touristenvisa werden mit einer Gültigkeitsdauer von sechs Monaten ab dem Tag der Ausstellung bewilligt, wobei mehrmalige Einreisen möglich sind (Multiple Entry Visa). Erkundigt euch nach dem aktuellen Stand, z.B. über *www.auswaertiges-amt.de* oder über die genannte Seite der indischen Botschaft. Vorsicht – wer nicht innerhalb der Gültigkeitsdauer seines Visums ausreist, muss mit einer Haftstrafe und mehrjährigem Wiedereinreiseverbot rechnen!

Währung ist die Indische Rupie, unterteilt in 100 Paisa. Die Ein- und Ausfuhr von Rupien ist verboten. Indien ist, abgesehen von den Eintrittspreisen zu den Kulturstätten und Museen, ein relativ billiges Reiseland. Gelautomaten sind inzwischen recht verbreitet; die Akzeptanz von VISA und MasterCard ist am größten, auch mit der EC-Karte kann man oft (aber nicht immer!) Rupien abheben. Die Reisewährungen (auch für den Umtausch in den Banken) sind US$, Euro, Pfund und Schweizer Franken (aber nirgendwo zum Bezahlen verwendbar, nur zum Wechseln).

Gesundheit

Man müsste in Indien gesundheitsbewusst und hygienisch leben, doch dies wird nicht immer möglich sein. Vorher alle nötigen Impfungen durchführen lassen (s. auf *www.fit-for-travel.de*), auch eine Malariaprophylaxe ist notwendig (außer im Himalaya über 2500 m). Medikamente sind in Indien leicht erhältlich und sehr günstig, doch Vorsicht vor Imitaten! Thomas Gand: „Am besten Doxycyclin nehmen; spottbillig (somit kein Imitat), zeitlich unbegrenzt einnehmbar, keine Nebenwirkungen (außer bei manchen Personen eine etwas höhere Sonnenempfindlichkeit der Haut), positiver Nebeneffekt und als Antibiotikum gleich noch ein Dauer-Schutzschild gegen etliche Übeltäter im Essen und im Wasser." Kein unbehandeltes Wasser aus der Leitung trinken! Nehmt einen kleinen Filter mit, die gibt's mittlerweile schon mit wenigen 100 Gramm und sie sind auf Dauer günstiger als Entkeimungstabletten. Der größte Vorteil: Kühles Wasser aus einem Brunnen könnt ihr gleich genießen, während Tabletten immer eine gewisse Einwirkzeit benötigen, und bis dahin ist das Wasser eklig lauwarm. Ansonsten ein Entkeimungsmittel auf Jodbasis (engl. „Iodine") nehmen, nur dieses vernichtet einigermaßen die Amöben (in Indien in Pharmacies unter dem Namen „Lugol's" erhältlich, ca. fünf bis acht Tropfen auf den Liter).

 Karte S. 545

Auch in Flaschen abgefülltes Wasser bietet keinen hundertprozentigen Schutz. Es wurden schon Fabrikbesitzer erwischt, die verkeimtes Leitungswasser abgefüllt hatten … tolle Rendite! Dazu Thomas Gand: „Ich habe alles getrunken, was auch die Inder getrunken haben, also eben das indische Trinkwasser, das man überall umsonst bekommt. Doch irgendwann erwischt es jeden Indien-Radler mal – ich glaube nicht, dass das dann oft am Trinkwasser gelegen hat, sondern eher am Essen."

Die linke Hand ist in Indien beim Essen und Händeschütteln tabu, denn mangels Toilettenpapier reinigt man mit ihr (und mit Wasser) den Hintern. Gefahr droht auch von dem Staub am Straßenrand, den Lastwagen und Busse aufwirbeln. Der kann mit Krankheitserregern und Bakterien durchsetzt sein, weil Mensch und Tier für gewöhnlich an den Straßenrand kacken und die Felder mit Exkrementen gedüngt werden. Auch auf der Website des Auswärtigen Amts gibt es gute Gesundheits-Infos für Indien.

Bevölkerung, Reisen im Land

Hier auch nur einige der zahllosen Eigenarten, Sitten und Mentalitäten der vielen Ethnien in Indien intensiver darzustellen ist kaum möglich. Eines aber ist unzweifelhaft: Du bist für die Inder auf der Straße das permanente Objekt ihrer penetranten Neugier! „Das Anstarren von Personen, selbst wenn du dich wäschst, pinkelst oder kackst, stellt anscheinend für die Inder keine Verletzung der Privatsphäre dar (gibt es die in Indien überhaupt?). Und wer unpassend angezogen ist (Radlerhose), der verursacht in manchen Gegenden gleich einen Volksauflauf. Meist ist es nur harmlose Neugier, man will dir helfen und man ist auch freundlich, doch oft wird auch alles betastet und angefasst, die Ausrüstung, der Kilometerzähler, die Klingel probiert, und die Kinder können dich vollends verrückt machen …", so ein Indien-Radler.

Tilmann Waldthaler berichtete schon von seiner Äqua-Tour: „Radfahren durch Indien kann öfter ganz schön stressig werden. Schmutzige Billighotels, chaotischer Verkehr, Lärm, Gestank und eine anscheinend nie endende Armut machen das Radfahren in Indien zum absoluten Über-Ereignis. Neugierig und wissenshungrig stehen freundliche Leute bei jedem Stopp um mich und meinen Radfernlaster herum. Am Abend bin ich froh, ein bisschen Ruhe hinter Schloss und Riegel in einem Hotelzimmer zu finden, selbst wenn ich die halbe Nacht damit verbringe, mir die Ratten, Kakerlaken und Stechmücken vom Leibe zu halten. Auf meiner 2000 km langen Fahrt von Mumbai nach Madras verbringe ich manche Nächte in kleinen Dörfern und übernachte bei den Dorfbewohnern, doch auch dies kann ziemlich anstrengend werden. Stets dieselben Fragen, dieselben Antworten, nur der Platz und die Leute sind verschieden. Ich habe das Gefühl, meine Individualität zu verlieren, ein Reise- bzw.

Händler in Fatehpur Sikri

Tourist-Objekt zu werden, wie eine Informationsbroschüre, die von hunderten Leuten gelesen wird und am nächsten Tag, getrieben vom heißen Wind, durch die Straßen Indiens flattert … Individualität, Abenteuer oder schlicht und einfach ‚anders' zu sein scheint für die Menschen Indiens ein unvorstellbarer Begriff zu sein …"

Das Reisen in Indien wird jedoch erleichtert, weil Englisch als Sprache der früheren Kolonialherren weit verbreitet ist. Einige Worte Hindi, das überwiegend in Nordindien verbreitet ist, sollte man jedoch bei einer Indienreise können. Wichtig sind Zahlen und Fragen zu Richtungen, Begrüßung, Danksagung usw.

Das Fotografieren der Menschen bereitet in Indien kaum Probleme, oft wird man dazu sogar aufgefordert. Vorsicht jedoch bei militärischen Dingen. Indien und die Inder sind unberechenbar, es gibt immer wieder neue Überraschungen, positive wie negative.

Und passe wie gesagt auf, wo du hintrittst und drauffährst, nicht nur die Kühe machen mit ihrem Dung die Straßen rutschig.

Übernachten Ist in Indien kein Problem, es gibt unzählige Hotels aller Preis- und Komfortklassen, von sehr billig (dann aber auch meist sehr schäbig) bis extrem teuer. Zimmer immer vorher ansehen. Die billigen Absteigen haben den Vorteil, dass man das Rad immer mit ins Zimmer nehmen kann. Entlang der Durchgangsstraßen stehen an Raststätten zahllose Seil-Bettpritschen (Charpoits), doch dort ist es dort zum Schlafen viel zu laut, die sind nur gut für den Notfall. Daneben gibt es unterwegs und auch in Städten viele Government-Resthouses in unterschiedlicher Qualität und unter diversen Namen: Traveller Lodges, Tourist Bungalows, Tourist Lodges, Boarding Houses, PWD-Resthouse, Circuit House, Holiday Homes etc., meist in touristischen Gebieten. Man findet in Indien auch etlich Hostels (s. unter *www.hostes.com*) und in den Städten YMCA's. Die Youth Hostels Association of India erreicht man *www.yhaindia.org*.

Verpflegung Hinsichtlich der Verpflegung ist Indien eines der billigsten Länder Asiens, und die Vielfalt der indischen Küche braucht hier nicht weiter beschrieben zu werden. Regional gibt es verschiedene Spezialitäten – überall findet man Dhal (Linsen) und Chapatis, das wohlschmeckende Fladenbrot (in Nordindien gibt es auch anderweitige Brotsorten). Früchte jeglicher Art gibt's natürlich auch. Vor allem in Südindien isst man überwiegend vegetarisch. Überall gibt es Tee, der an den Straßen in *Tea Stalls* ausgeschenkt wird. Es gibt auch gutes Bier, doch in überwiegend moslemischen Bundesstaaten nicht immer. Wer trotz gutem und günstigem Essen einen Kocher mitführen will: Petroleum (Kerosene/Paraffin) ist überall erhältlich. Eine gute Idee ist ein Tauchsieder (in Indien kaufen), damit kann man selbst Tee machen oder Wasser abkochen. Strom gibt es in den Hotels fast überall, allerdings kann die immer größere Zahl von Klimaanlagen während der heißen Jahreszeit auch mal für teils stundenlange Stromausfälle sorgen.

Gefahren, restriktive Gebiete In Indien artet immer wieder der schon seit jeher vorhandene Zwist zwischen militanten Hindus und Moslems (die ca. 12% der Bevölkerung ausmachen) zu Unruhen aus, die sich oft zu mörderischen Gewaltorgien steigern (Brennpunkte sind Mumbai – das frühere Bombay –, Ayodhya u.a.). Im Bundesstaat Punjab, wo die bärtigen Sikhs die Bevölkerungsmehrheit stellen, gab und gibt es auf Grund dortiger militanter Sikh-Gruppen (sie kämpfen für einen eigenen Staat „Khalistan") gleichfalls immer wieder Unruhen und Terroranschläge (in Amritsar), und auch in Zukunft kann es sein, dass dieser indische Bundesstaat nicht immer uneingeschränkt bereisbar ist. Achtet auf Verhängung von Ausgangssperren (Curfew), die Ausrufung von Generalstreiks (Bandh), meidet unbedingt Demonstrationen, es wird oft schnell gewalttätig und es wird auch geschossen! Nach einer Zeit mit schweren Terroranschlägen 2008 in größeren Städten, die sich erstmals auch gezielt gegen Touristen und Geschäftsleute richteten, hat sich die Lage mittlerweise wieder beruhigt, aber man sollte wachsam bleiben.

Ein extrem unsicheres Gebiet ist nach wie vor Indiens nördlichste Provinz Jammu and Kashmir. Dort strebt die überwiegend islamische Bevölkerung einen eigenen Staat an (gleichzeitig wird Kashmir auch von Pakistan beansprucht). Das Auswärtige Amt rät derzeit (2009) von Reisen nach Kashmir ab. Auch Ladakh stand durch Überfalle auf Touristen immer wieder in den Schlagzeilen, denn auch die Ladakhis fordern mehr Autonomie von Neu-Delhi. Ein weiteres Unruhegebiet sind die Provinzen im äußersten Nordosten Indiens, Assam, Manipur, Pradesh usw., in die man oft nur mit einer Sondergenehmigung reisen darf. Für das schöne kleine Sikkim, eingeklemmt zwischen Nepal und Bhutan, bestehen gewisse Reisebeschränkungen. Aktuelle Reiseführer sagen Genaueres, erkundigt euch in Indien vor der Weiterfahrt in diese Gebiete nach der augenblicklichen Lage, z.B. auf *www.auswaertiges-amt.de* oder beim US-Außenministerium unter *www.travel.state.gov/india.html* (noch ausführlicher, aber in Englisch).

Räuberbanden, *Dacoits* genannt, treiben ihr Unwesen hauptsächlich in Bihar, Uttar Pradesh und in einigen anderen Regioen mehr. Möglichst nicht wild campen (nicht nur wegen eventueller Gefahren, man hätte auch ständig Besucher und Zuschauer), das Rad und sonstige Sachen nie ohne Aufsicht lassen. Doch Thomas Gand: „Ich halte Indien für ein relativ sicheres Land. Im Vergleich zu anderen Ländern ist die Wahrscheinlichkeit, in Indien bestohlen zu werden, eher gering. Doch Diebstahlgefahren bestehen wie immer an allen touristischen Orten und in größeren Städten."

Trotz allem, nehmt euer treues Rad am besten mit aufs Hotelzimmer. Das wird euch selten verwehrt werden; das Personal dort kennt die begehrliche Attraktivität westlicher Fahrradtechnik. Abschließen allein genügt oft nicht; auch einzelne Fahrradteile wie z.B. Spiegel finden sonst über Nacht einen neuen Besitzer.

Rad und Ausrüstung

Wer nicht in den Berggebieten des Himalaya zu radeln gedenkt braucht kaum viele Gänge. Ein Touren- oder Trekkingrad mit stabilem Gepäckträger und verstärkten Speichen ist okay. Hochwertige Ersatzteile bzw. Ersatzteile für Hightech-Räder findet man – falls überhaupt – nur in größeren Städten (in Indien gibt es auch Rennrad-Clubs). Gewinde sind in Zoll, deshalb ein paar wichtige Schrauben und Muttern dabeihaben. Die indischen Räder rollen auf Tiefbettfelgen mit entsprechend größerem Reifendurchmesser (ein indischer Reifen mit der Dimension 28x1½ benötigt 635 mm messende Felgen, bei uns entsprechen 28 Zoll dagegen 622 mm!). Nur mit viel Glück werdet ihr Importreifen und -felgen auftreiben, also zumindest noch einen Ersatz-(Falt-)Reifen einpacken. Auch Ketten – made in China – gibt es fast überall, nur leider nicht für moderne westliche 8- und 9fach-Getriebe. Indische Räder sind schwer und robust (Marke „Hero", *www.herocycles.com*, „Avon" und „Hercules"); voran kommt man mit ihnen ohne Gangschaltung natürlich nur im Tiefland. In jedem Ort gibt es einen Rad-„Mechaniker" und auch Radgeschäfte, die auf die lokalen Stahlrösser spezialisiert sind und alle anfallenden Arbeiten mit Hammer, Schraubendreher und notfalls mit Gewalt erledigen.

Andreas Plock: „Mir ist an der Grenze zu Nepal die Felge gebrochen. Ich war in fünf Geschäften in Neu-Delhi, alle verkauften nur Teile für Hero und Hercules. Fündig wurde ich nach langer Suche bei Merida Bikes/Fitness, A59/A, Central Market, Lajpat Nagar II, New Delhi 110024 (Tel. 9310-637432)."

Ansonsten braucht man die übliche Tropen- und auch Kälteausrüstung, wenn es ins extreme hohe Gebirge geht. Statt einem Zelt sollte man für das tropische Indien ein gutes Moskitonetz mitnehmen.

Interessante Verkehrsteilnehmer. Laster in Rajasthan

Straßen und Verkehr

Linksverkehr! Der gesamte Indische Subkontinent verfügt eigentlich über ein sehr gutes Straßennetz (bezüglich der Dichte, weniger in punkto Beläge bzw. Asphaltierung). Es gibt drei Kategorien: Die National Highways verbinden die Großstädte miteinander, die State Highways sind die Bundesstraßen, die (meist unbefestigten) Nebenstraßen heißen District- oder Village Roads.

Jeder halbwegs interessante, größere Ort ist in Indien auf asphaltierten Straßen zu erreichen, von Dorf zu Dorf gibt es meist nur Wege. Die allgemein besseren Straßen weist der Norden Indiens auf, da sind auch die Seitenstreifen besser befestigt, auf die du immer runter musst, wenn dich Fahrzeuge von der Straße abdrängen. Der Staat im Zentrum Indiens, Madhya Pradesh, ist ziemlich arm, und so sehen dort auch die Straßen aus. Nach dem Monsun sind in Indien immer viele Straßen beschädigt.

Es gibt in Indien giftige Schlangen und schreckliche Krankheiten, doch die eigentliche Gefahr für den Radler sind die indischen Autofahrer! In jeder Großstadt werden alljährlich tausende von Fußgängern totgefahren; Indien hält einsam den Weltrekord an Verkehrstoten! Zitat aus einer Tageszeitung: „Fremder, kommst du nach Indien und sollte dich der frivole Gedanke anspringen, dort am Straßenverkehr teilzunehmen, so vergegenwärtige dir: Du betrittst, befährst oder beradelst rechtloses Land. Auf den indischen Straßen herrscht bestenfalls das Faustrecht; vorsätzlicher Mord ist eine Alltäglichkeit. Die über alles Recht erhobene Autofahrerkaste hat, zusammen mit der Übermotorisierung, eine Situation geschaffen, die auch in der dramatischsten Beschreibung nicht übertrieben werden kann …!"

Indiens Straßen sind Kampfarenen, ein Verhau von Autos, Bussen, Lkw, Transportkarren, Rädern und Rikschas, heiligen und unheiligen Tieren, beispielsweise Kühen (vorfahrtsberechtigt), Wasserbüffeln, Kamelen, Ziegen etc. (ab und zu ist auch ein Elefant darunter), dazu immer zahllose Fußgänger. Jeder überholt jeden, selbstverständlich bei gleichzeitigem Gegenverkehr, und das alles in ohrenbetäubendem Krach und Gehupe, ein realer Horrorfilm. Und du mit deinem Fahrrad steckst da mitten drin, unter dir in der Hackordnung kommen nur noch Fußgänger, Kinder, Blinde, Lahme, Verkrüppelte, Hühner und Hunde. Es gibt auf Indiens Straßen nur ein ehernes Gesetz, und das heißt: Recht hat immer der Stärkere. Wer in Indien einen TATA-Lkw oder einen Bus chauffiert, hat alles Recht der Welt, hier fährt der Teufel persönlich. Die Lkw sind aufs doppelte überladen, hoch aufgetürmt stehen Ladungsteile seitlich und hinten weit über. Mit ihren Kompressorfanfaren blasen die Fahrer die Fahrbahn frei, scheuchen dich gnadenlos in den Straßengraben oder in ein sumpfiges Reisfeld. Halte deshalb immer nach einem Notausgang Ausschau, wenn du einen herannahen hörst! Man muss auf Indiens Straßen wirklich und immer aufpassen, sonst kann das fatal enden! Besonders eklig ist auch der Dieselqualm, den man auf vielbefahrenen Straßen dauernd einatmet und der sich als schwarze, schmierige Schicht auf Gesicht und Haut legt.

Ein eigenartiges Verhalten zeichnet die indischen Radfahrer aus, so berichten einige Indienradler: Wenn du sie überholst, werden sie dich bald wieder überholen, dann lassen sie sich zurückfallen und überholen erneut. Das Spiel kann so über viele Kilometer gehen, und das kann ganz schön nerven; bei dichtem Verkehr ist es auch nicht immer ungefährlich.

Die Inder transportieren auf ihren schweren Hero-Rädern, von denen Abermillionen auf den Straßen fahren, nicht nur Lasten, sondern auch Mitfahrer. Frauen dagegen sind weniger privilegiert; sie müssen laufen und die Lasten schleppen.

Meide die Hauptachsen zwischen den großen Städten, die Great Trunk Roads, vergiss auch das Herumfahren in den großen Städten, lade dein Rad lieber am Stadteingang in ein Taxi und lasse dich zu einem Hotel in die Innenstadt fahren. Nie nachts fahren, da ist das Chaos noch gefährlicher, und vor dem schnellen Einbruch der Dämmerung sollte man sein Nachtquartier gefunden haben. Wenn du keine Straßenschilder lesen kannst – falls an einer Kreuzung überhaupt welche stehen –, immer mehrere Personen nach der Richtung fragen.

Transport Indien besitzt das zweitgrößte Eisenbahnnetz der Welt, doch die Züge sind – bis auf die Schnellzüge – fast immer hoffnungslos überfüllt und langsam (die Erste Klasse ist um einiges besser). Es gibt verschiedene Spurbreiten und Bahngesellschaften.

Zugfahren ist in Indien ein Abenteuer für sich, das schon beim Kauf des Tickets anfängt. Wer die Nerven dazu hat, okay, doch allzuoft würden wir auf unseren Routen keine Zugstrecken miteinplanen. Andererseits sind Zugfahrten immer noch besser (und sicherer!) als das Reisen in überfüllten Bussen. Probiert es halt mal aus, immer früh am Bahnhof sein, Reservierung ist aber auch möglich. Das Rad kommt in den Gepäckwagen. Alles Klaubare vorher mit ins Handgepäck nehmen!

Wer Radfahren und Eisenbahnfahrten in Indien kombinieren will, besorgt sich am besten vorher den Indrail Pass; der hat viele Vorteile und das Anstehen nach einem Ticket entfällt. Fahrpläne und vieles mehr findet ihr auf der Website der Indian Railway: (*www.indianrail.gov.in*).

Der Nahverkehr wird mit gleichfalls ständig überfüllten Bussen bewältigt. Die Räder kommen auf den Dachgepäckträger, das alles ist gleichfalls ein indisches Abenteuer. Vielleicht könnt ihr auch bei einem Truckdriver gegen ein paar Dollar mitkommen, Ansprechorte sind die großen Tankstellen und Truckstops.

Nach langer Pause existiert wieder eine internationale Busverbindung zwischen Indien (Delhi) und Pakistan (Lahore). Der recht teure Luxusbus startet um 6 Uhr in der Frühe in Delhi (Di, Mi, Sa, So) und braucht 12 Stunden für die Fahrt durch den Punjab. Tickets eine Woche vorher reservieren, rechtzeitig zum Check-in da sein. Ob Räder mitgenommen werden, muss man vor Ort abklären.

Das Inlandflugnetz der Indian Airlines ist hervorragend ausgebaut. 25% Ermäßigung für unter 30jährige („Youth Fare India", Infos und Flugpläne unter *http://indian-airlines.nic.in*). Eine ganze Reihe regionaler Airlines bedient auch kleinere Flughäfen. Die größten internationalen Flughäfen sind Neu-Delhi, Mumbai (Bombay), Kalkutta, Madras, Trivandrum, Goa u.a.

Bücher, Karten, Internet

Reiseführer: Es gibt hunderte von Indien-Büchern. Das „India Handbook“, Footprint Publications, ist sicher die erste Wahl. Gut und aktuell auch „India“ und weitere Indien-Teilregionen von Lonely Planet. Als Einstiegslektüre empfehlenswert: „KulturSchock Indien“ von Rainer Krack, Reise Know-How (erscheint bereits in 11. Auflage!). Gleichfalls von RKH: „Indien – Der Norden“, mit Goa und Mumbai, „Indien – Der Süden“, „Kerala mit Madurei“, „Rajasthan“, u.a. Reihe RKH-PRAXIS: „Hinduismus erleben“ und „Heilige Stätten Indiens“. RKH-Kauderwelsch-Führer „Hindi“, „Urdu“, „Pandschabi“, „Bengali“, „Tamil“, „Singhalesisch“ u.a. Nordindien: s. „Ladakh und Zanskar“. Hier noch zwei interessante **Radbücher:** Michael und Wolfgang Gressmann: „Abenteuer Ganges“, Moby Dick 1994. Auf indischen Hero-Rädern am Ganges entlang von Allahabad nach Kalkutta. Ein Kapitel des liebevoll aufgemachten Buches widmet sich den indischen Hero-Pedallastern. Bettina Selby: „Himalaya“, Piper-Verlag. Allein als Frau in den 80er-Jahren von Karachi nach Kathmandu. Beide leider nur noch im Antiquariat. Gedruckte Indien-Radelerfahrung findet sich auch in fast jedem Weltumradler-Buch (s. Seite 722ff).

Karten: Übersichtskarte zur Planung: „Indien“, von Reise Know-How (auch Teilkarten, z.B. „Indien-Süd“, „Indien-Nordost“, „Indien-Nordwest“ u.a.). Indian Subcontinent“, 1:4 Mio., von Nelles (dazu noch die relativ guten, 5-teiligen Nelles-Touristen- und Straßenkarten – Nordost, Nord, West, Süd, Ost –, 1:1,5 Mio. Umfangreich, aber detailliert ist der „Road Atlas of India“ von Eicher. Vor Ort gibt es Karten von den Automobil-Clubs – für den Süden von der „Automobil Association of Southern India“, Madras (*www.aasindia.in*), für den Norden von der „AA of Upper India“, New Dehli (*www.vigyanprasar.gov.in*), für den Westen von der „AA of Western India“, Mumbai (*www.wiaaindia.com*) und für den Osten von der „AA of Eastern India“, Kalkutta (*www.uraaei.org*). Karten kann man auch in größeren Orten in Buchhandlungen kaufen. Im Internet: *www.mapsofindia.com*.

Internetcafés gibt es mittlerweile wie Sand am Meer, selbst in kleineren Orten meist mehrere. Die Minutenpreise sind niedrig, die Verbindungen manchmal erstaunlich flott. **Internet-Infos:** Sehr gut wieder Wikipedia (*http://de.wikipedia.org/wiki/Indien*), mit umfangreicher Linkliste. Unter *www.indischebotschaft.de* erreicht man, wie schon oben erwähnt, die indische Botschaft in Berlin. Es gibt auch ein indisches Fremdenverkehrsamt in Deutschland: *www.india-tourism.de*. Auch lohnt es sich, mal über *www.indienaktuell.de* zu surfen; dort gibt es z.B. viele Hintergrundinformationen und ein Forum. Einen ausführlichen Blick wert ist auch die Seite *www.indienerlebnis.de*. Das Ministerium für Tourismus hat eine eigene Webpage: *www.tourisminindia.com*. Empfehlenswert, nicht nur für den kurzen Überblick, ist der WorldTravelGuide: *www.wtgonline.com/data/ind/ind100.asp*. Auch auf der Lonely-Planet-Seite findet man gute Infos: *www.lonelyplanet.com/india*. Die „Times of India“ (*www.timesofindia.com*) ist die angesehenste englischsprachige Tageszeitung:. Und die Website *www.templenet.com* bietet einen tieferen Einblick in die Welt der indischen Götter und Tempel, ohne bekehren zu wollen. Der Radclub „Ride 2026“ hat unter *www.ride2026.com* einige MTB-Trailvorschläge ins Web gestellt. Wer sich nicht eigenverantwortlich per pedales ins indische Verkehrsgewühl stürzen will, findet auf *www.infohub.com* einige ganz interessante Vorschläge von kommerziellen Touranbietern.

II. Ziele, Routen, Strecken

Ihr habt einen halben Kontinent vor euch und die freie Auswahl. Generell: Meidet die Megastädte, dort nur Chaos, Dreck und Gefahren, entdeckt Indien über die Nebenstraßen auf dem Land. „Quer-durch-Indien“-Reiserouten stehen im „India Handbook“ (etwa 10 Stück).

Der Westen des Landes ist reich an Tempeln und interessanten Städten, im Wüstenstaat Rajasthan an der pakistanischen Grenze sind bekannte Stadtziele Udaipur, Jaisalmer und Jaipur (Palast der Winde, Bild s. Seite 451). Gerade für kürzere Trips oder zum Reinschnuppern eignet sich dieser Bundesstaat ganz besonders (s. Reiseführer „Rajasthan mit Delhi und Agra", Reise Know-How, und „The Government of Rajasthan's Official Web Site", *www.rajasthan.gov.in*). Startet ihr in Delhi, solltet ihr die National Trunk Roads sowie den Highway 8 unbedingt meiden! Das ist leichter gesagt als getan, denn alle Stadtausfallstraßen münden in diese verkehrsüberlastete, abgasverpestete und schlicht lebensgefährliche Hauptverbindung. Wer direkt aus Europa kommt und noch nie zuvor asiatische Highways unter den Reifen hatte, wird tausend Tode sterben. Tipp: Bus oder Taxi für die ersten 50 km nutzen, dann auf Nebenstraßen abdrehen.

Rajasthan

Zu diesem Bundesstaat im Nordwesten einige Eindrücke von Indien-Radler Dieter Rahmann: „Als besonders schönes Radel-Revier habe ich Rajasthan empfunden, einen Staat mit einer Vielzahl von Vegetationszonen. Intensive Landwirtschaft, Wüsten und Halbwüstenregionen wechseln einander ab, dazwischen regelrechte Gartenlandschaften, die auch vom Ackerbau noch nicht geprägt sind. Auf der Strecke von Udaipur über Rajsamand nach Bhilwara konnten wir fantastische Panoramen erleben. Das Gedränge und die Armut der indischen Großstädte findet man hier nicht. Kleine Dörfer säumen die sehr gut befahrbaren Asphaltstraßen, auf denen wenig Verkehr herrscht. Die Sozialstruktur ist hier längst nicht so zerstört wie in den großen urbanen Zentren. Eine Unterversorgung an Nahrungsmitteln oder gar Hunger habe ich auf dem Land nicht bemerkt. Tatsächlich wird am Straßenrand eine Vielzahl von Nahrungsmitteln feilgeboten. Wenn man auf die sehr scharfe, aber gut schmeckende indische Küche verzichten will, bieten „Plain Rice" und leckeres Obst einen vollständigen Ersatz, und saftige Früchte decken auch zum Teil den Flüssigkeitsbedarf. Leitungswasser haben wir nie trinken müssen."

Nordindien

Nordindien ist gleichfalls reich an Bauwerken, Forts und Palästen (Sikh-Stadt Amritsar im Bundesstaat Punjab, dort sind die Straßen flach und gerade). Der berühmte Taj Mahal (*http://de.wikipedia.org/wiki/Taj_Mahal*) und auch das Rote Fort befinden sich in Agra im Staat Uttar Pradesh. Mehrere Hindu-Pilger-Zentren (Haridwar, eine der sieben heiligen Städte der Hindus, und Rishikesh, mit einer Vielzahl von Ashrams) schmiegen sich an den Oberlauf des Ganges, die Luft ist in den Ausläufern des Himalaya schon etwas erfrischender. Noch weiter in den Bergen im Staat Himachal Pradesh liegt Dharamsala, Sitz des Dalai Lama und der tibetischen Exilregierung und seit 40 Jahren Wohnort von fast 10.000 Exil-Tibetern. Für Nordindien-Radler ist (wie auch für Rajasthan) ebenfalls Delhi der Brückenkopf.

Zentral- und Ostindien

Im Osten Indiens liegt die heilige Hindu-Stadt Varanasi (Benares, *www.nnvns.org/index.php*) am Ganges. In der Gangesebene gibt es keine Steigungen – gut zu radeln, denkt man zunächst, doch sie ist total überbevölkert. Kalkutta wird keinen unbeteiligt lassen, ein indischer Mikrokosmos, höllisch faszinierend und abstoßend zugleich. In Zentralindien ist die Tempelstadt Khajuraho (*http://de.wikipedia.org/wiki Khajuraho*) ein bekanntes Ziel. Sie liegt im Bundesstaat Madhya Pradesh, der auch eine offizielle Tourismus-Seite hat: *www.mptourism.com*.

Sikkim

Der teils gnadenlos schlechte Highway 34 führt 600 km von Kalkutta Richtung Norden bis Siliguri, hier beginnt das Anbaugebiet des berühmten Darjiling-Tees. 70 schweißtreibende Kilometer und fast 2000 Höhenmeter schraubt sich nun eine Bergstraße weiter in den Himalaya hinein, immer entlang den Schmalspurgleisen des legendären „Toy Trains". Ihr erreicht Ghoom auf 2438 m Höhe und nach weiteren 10 km Darjiling (2134 m). Früh starten, dann ist es angenehm ruhig auf der Straße. Schon die Engländer flohen vor der heißesten Jahreszeit hier in die Berge. Darjiling ist das Tor nach Sikkim, einem kleinen Königreich, das 1973 von Indien annektiert wurde und wegen der gemeinsamen Grenze mit China nur mit einem Permit bereist werden darf. Wer mehr dazu lesen will: Unter *http://de.wikipedia.org/wiki/Sikkim* findet man eine Vielzahl erstklassiger Links.

Die Hauptstrecke führt von Darjiling nach Gangtok, der Hauptstadt von Sikkim. Man kann nie sicher sein, ob man ein Permit erhält und für wie weit. Leider sind auch nur wenige Klöster in Sikkim mit dem Permit zugänglich, erkundigt euch beim Permit-Antrag in Darjiling, welche das im einzelnen sind. Wenn ihr wirklich nach Sikkim wollt, am besten hinfahren und schauen, was gerade geht – und notfalls umdisponieren. Bis Gangtok sollte es aber keine Probleme geben.

Übrigens gibt es auch Rad-Gruppenreisen nach Sikkim, das bietet Vorteile beim Permit. Siehe *www.biketeam-radreisen.de*, *www.devendra-reisen.eu* und *www.fahrrad-wandern.de*.

Südindien

Südindien ist weniger chaotisch und etwas ruhiger als der Norden; durch kleine Dörfer zu fahren ist dort sehr schön. Relativ viel Verkehr von Mumbai (Bombay) entlang der Küste über Goa zur Südspitze Indiens (aber immer noch wenig im Vergleich zu der Strecke von Mumbai nach Norden, auf der 8 nach Ahmadabad). Alternative durchs hügelige Landesinnere: Mumbai – Poona, dann auf der 4 bei wechselnder Asphaltqualität über Satara und Kolhabur nach Belgaum, von dort bringt euch eine herrliche Nebenstraße westwärts nach Amboli. Dann geht es in rasender Fahrt die Hänge der Western Ghats hinab in die Küstenebene von Goa (*www.goacom.com*).

Das einstige Globetrotter- und Partymekka Goa ist anders – die ehemalige portugiesische Kolonie ist alles, aber bestimmt nicht indisch. Neben überfüllten Stränden für internationale Pauschaltouristen findet man aber auch sehr schöne Palmenstrände mit günstigen Bambushütten direkt am Meer. Der ideale Ort für eine kleine Auszeit von Indiens Verkehrschaos!

Auch in der Nähe finden sich noch viele sehr schöne Strände. Entlang der Südküstenstraße passiert man viele Palmenoasen, Reisfelder, Fischerorte. Dann einen Abstecher hinauf zu einer der schönsten Städte Südindiens machen, nach Mysore. Oder gleich ab in die Western Ghats: Das ist Indien „light" mit prickelnder

Goa, am Strand von Anjuna

Bergluft, lieblichen Teeplantagen, Nationalparks, verkehrsarmen (teils aber verheerend schlechten) Pisten und einer himmlischen Ruhe, von der ihr an der Küste nicht einmal zu träumen wagt. Bekannt und schön sind auch die Badestrände von Kovalam (südl. von Trivandrum, Bundesstaat Kerala). Die Stadt Cochin, durch die man noch zuvor kommt, vereint viele verschiedene Kultureinflüsse. Gut in eine Tagesetappe einbauen läßt sich ab Aleppey eine Bootstour durch Keralas Backwaters (Radmitnahme kostet je nach Verhandlungsgeschick extra). Südlichster Zipfel Indiens ist Cape Comorin (der Sonnenuntergang verursacht hier ein allabendliches Spektakel mit hunderten indischer Touristen). Im östlichen Bundesstaat Tamil Nadu setzen sich Palmen und Strände fort. Unbedingt sehenswert: die Tempelstadt Madurai, der Sri Aurobindo Ashram in Pondicherry und die Modellstadt Auroville 15 km weiter im Norden.

Kashmir, Zanskar und Ladakh

Ganz im Norden Indiens im Himalaya befinden sich Kashmir, Zanskar und Ladakh, das sind Gebiete für Bergfahrer, dort gibt es die höchsten Pässe und Passstraßen der Welt! Kashmir, ein gemäßigtes Hochland im Himalaya (1500-2000 m), war seit jeher ein Lieblingsort aller Indienfahrer. Srinagar mit dem Dal- und Nagin-See heißt das Ziel (wenngleich dort die schönsten Jahre schon lange vorbei sind). Vom Tiefland führt die Straße über Amritsar nach Srinagar (520 km) in dieses größte Hochtal des Himalaya, das fast ausschließlich von Muslimen bewohnt wird.

Von Srinagar geht eine Straße in die Hochgebirgsregion (Höhenlagen zwischen 3000 und 5000 m!) von Ladakh und Zanskar, wegen den dort lebenden tibetischen Buddhisten auch „Klein-Tibet" genannt. Die Straße von Srinagar nach Leh, der Beacon Highway, ist 470 km lang, größtenteils asphaltiert und führt über drei Pässe, die zwischen 3500 und 4100 m hoch sind. Bei Radfahrern ist diese Strecke – auch die evtl. Weiterfahrt von Leh nach Manali – trotz ihrer Schwierigkeiten inzwischen recht beliebt geworden. Alle wichtigen Ersatzteile und auch Werkzeug sollte man aber an Bord haben, da es in diesen Regionen für moderne westliche Räder keinerlei Ersatzteil-Kaufmöglichkeiten gibt! Unterwegs finden sich bis Leh ausreichende Unterkunfts- und Verpflegungsmöglichkeiten (doch ein Zelt dabeizuhaben ist nicht verkehrt). Auch die richtige Kleidung gegen Kälte, eine Hochgebirgsausrüstung (Sonnenbrille, Sonnencreme, Kopfschutz, Handschuhe, etliche Trinkgefäße etc.) sind wichtig!

Srinagar nach Leh

Von Srinagar geht es zunächst durch das dicht besiedelte, noch grüne Kashmir-Hochtal entlang des Sind-Flusses. Über Kangan wird nach rund 80 km Sonamarg erreicht (2740 m), das ist die letzte größere Ortschaft. Hier beginnt der Aufstieg zum historisch bedeutungsvollen Pass Zoji La (3529 m, auf ca. 10 km 750 m Höhenunterschied), dessen geschotterte und immer wieder von Bergrutschen in Mitleidenschaft gezogene Spitzkehren bei Auto- und Lkw-Fahrern gefürchtet sind, deshalb besteht zwischen den beiden Orten Sonamarg und Dras Einbahnverkehr. Hinter dem Pass beginnt dann Ladakh; die wenigen Dörfer bestehen meist nur aus ein paar Hütten. Dras soll der kälteste Ort in ganz Indien sein. Im Tal entlang des Flusses Dras weiter nach Kargil (2650 m, viele Läden), das die Religionsgrenze zwischen Islam und Buddhismus bildet. Hinter Kargil gibt es eine Abzweigung ins Suru-Tal nach Zanskar; die ersten 40 km bis Sanku sind gut asphaltiert. Dann folgen 200 km harte, einsame Hochgebirgspiste vor traumhafter Kulisse über den 4400 m hohen Penzi La bis Padum. Nur von Juli bis September schneefrei, einige eiskalte Bachdurchquerungen, Zelt und Lebensmittel erforderlich! Auch Busverkehr, je nach Bus- und Pistenzustand mindestens 18 Stunden. Ab Padum führen dann nur noch Trekkingpfade weiter, entweder nach Lamayuru an die Hauptstraße Srinagar – Leh, oder nach Darsha an die Straße Manali – Leh.

Weiter nach Mulbekh mit seinem Kloster, die Landschaft bleibt öde, eine fast vegetationslose Hochgebirgslandschaft, doch die Straße ist gut. Dann der lange Anstieg zum Namika La (3723 m). Alsdann der letzte und höchste Pass, der Fotu La (4108 m). Hinter Lamayuru (das Kloster liegt etwas abseits) geht es in ca. 20 Spitzkehren 16 km durch eine wild-schroffe Landschaft hinab ins Indus-Tal und von da auf guter Asphaltstraße, vorbei an bewässerten Feldern und kleinen Siedlungen, vollends nach Leh (3500 m). Abstecher: Am Ortseingang von Saspol, 65 km vor Leh, führt eine Brücke über den Indus, 4 km leicht bergauf liegt das nette Dörfchen Alchi (Kloster mit wunderschönen Fresken, angenehme Guesthouses, Teestuben und Shops).

Leh, die Hauptstadt Ladakhs (ca. 28.000 Ew.), bietet wieder die entbehrten Annehmlichkeiten. Viel Militärpräsenz (1962 verlor Indien das Gebiet nördlich von Leh an China). Man sollte Ausflüge zu den Klöstern in die Umgebung machen, z.B. nach Thiksey (19 km) und Spituk (13 km). Die schönsten Sonnenuntergänge erlebt ihr von der Shanti-Stupa, die 100 plus x Treppenstufen oberhalb von Leh liegt. Farbenprächtige Maskenfeste in den Klöstern, traditionell allerdings meist in den Wintermonaten. Das Kloster Phiyang macht da eine Ausnahme, erkundigt euch nach dem Termin.

Abstecher: Für Biker mit dicken Lungen und für Höhenmeter-Fetischisten ist der Pass Khardung La der wahre Höhepunkt in Ladakh, 5606 m, der welthöchste Straßenpass! Zumindest wird er in vielen Quellen so bezeichnet, doch Thomas Gand: „Das stimmt nicht – er ist „nur" 5385 m hoch! Das wird jeder bestätigen, der mit GPS dort war, diese Zahl habe auch ich mit meinem Höhenmesser ermittelt. Selbst auf älteren Karten in Leh im Tourist-Office an der Wand steht die „alte" Zahl 5385 m. Diese 5606 m hat man wohl irgendwann im Zuge einer indischen Liebe zu Rekorden eingeführt, vielleicht aber auch, um das Interesse vom eigentlich höchsten Pass (Marsimik La) abzulenken. Der Khardung La ist also allenfalls der „höchste für Nicht-Inder erreichbare Straßenpass". Der wirklich höchste Straßenpass der Erde ist besagter Marsimik La mit 5582 m nordöstlich des Khardung La – nur mit Permit erreichbar, das Ausländer grundsätzlich nicht erhalten. Man sagt auch, dass der Marsimik La nicht wirklich mit einem normalen motorisieren Fahrzeug befahrbar sei, weil er in zu schlechtem Zustand und somit bestenfalls mit Allradfahrzeugen zu machen sei. Also kann man trotzdem sagen, höher als am Khardung La kommt man als Radler nirgends auf der Welt, zumindest nicht auf einem Straßenpass." (P.S.: Dass es trotzdem noch höher geht, z.B. in Bolivien, hat Julius Grossmann bewiesen, s. auf *www.bikeamerica.de* unter „Weitere Touren / Auf den Uturuncu").

Am Khardung La

Zurück zum Khardung La: One way 40 km, die ersten 25 km Rauhasphalt, dann Sand und Geröll und immer dünnere Luft … Seid euch darüber im Klaren, dass in solchen Höhen schon Trekker an der Höhenkrankheit gestorben sind und jederzeit ein Wetterumschwung Eiseskälte mit Hagel und Schnee bringen kann. Also volles Bekleidungsprogramm! Bisher durfte die Straße nur mit einem Gruppenpermit befahren werden (mindestens vier Biker, Antrag bei ausgewählten Reisebüros, Kontrolle am Ende der Asphaltpiste). Thomas Gand: „Das ist offiziell immer noch so, kontrolliert hat allerdings niemand."

In der Saison viele (fantastische) Flüge über die Himalaya-Berge nach/von Delhi, Chandigarh, Jammu und Srinagar. Die Radmitnahme sollte möglich sein, doch sind die Flüge oft ausgebucht. Auch täglicher Busverkehr zurück nach Srinagar oder weiter nach Manali (Dauer je zwei Tage) mit problemlosem Radtransport.

Zurück zur Hauptroute. Die Straße bzw. die Pässe von Srinagar nach Leh sind nur zwischen Juni und September/Oktober offen, beste Zeit so Anfang Juli bis Mitte September. Man kann auch mit Lastwagen oder Bussen mitfahren, teilweise recht starker Verkehr, hin und wieder Konvois mit Militärfahrzeugen. Nach kräftigen Regenfällen müssen Behinderungen einkalkuliert werden (Verschlammung, Bergrutsche, nicht nur am Zoji La).

Zieht wegen den unasphaltierten, geschotterten Abschnitten (über die Pässe) möglichst breite Reifen auf. Im Schnitt wird man täglich kaum mehr als 50, 60 Kilometer machen können. Immer viel Wasser mitführen, weil die Region sehr trocken ist! Rechnet mit zahlreichen Militärkontrollen, die Soldaten sind aber sehr korrekt und freundlich und oft mehr an einem Schwätzchen als an eurem Ausweis interessiert.

Manali nach Leh

Sollte in Kashmir mal wieder – wie schon des Öfteren in der Vergangenheit – wegen Unruhen der Ausnahmezustand verhängt werden und Reisen dort nicht möglich sein oder die Straße Srinagar – Leh gesperrt werden, kann Ladakh bzw. Leh auf der Manali-Route dennoch erreicht werden. Man fährt dazu von Simla nach Mandi und 120 km weiter ins schöne Manali (Traveller-Treffpunkt, 1900 m). Nach ca. 50 km geht es auf vielen langgezogenen Kehren auf mäßig guter Straße über die erste Hürde, den 3955 m hohen Rohtang-Pass (oben Versorgungszelte). Viele Tagesausflügler, die einen zuvor in einer endlosen Karawane von Geländewagen und Bussen überholt haben. Holper-Abfahrt ins Lahaul-Tal mit dem Chandra-Fluss, 20 km hinter dem Pass der Ort Koksar (Einfachstunterkünfte, Einmündung der längeren,

Auf dem Manali-Leh-Highway

fahrtechnisch schwierigeren und viel einsameren Strecke von Simla durch Spiti), 34 km weiter das etwas größere Tandi. 10 km hinter Tandi wird der Hauptort des Lahaul-Tales, Keylong, erreicht (3100 m, Guesthouses, alle Versorgungsmöglichkeiten). Weiter am Bhaga-Fluss entlang 30 km bis zum kleinen Darsha (Restaurant-Buden, einfache Übernachtungsmöglichkeit).

Dann geht es den Baralacha La (4900 m) hoch, wie üblich an der höchsten Stelle Gebetsfahnen, bei gutem Wetter grandiose Aussicht. Vegetationslose, äußerst trockene Landschaft mit schönen bunten Gesteinsformationen. Nächster Ort in einer weiten Talebene ist Sarchu (4220 m, Übernachtungs- und Verpflegungsmöglichkeit in Zelthotels), jetzt beginnt Ladakh. Nun geht es über die 21 Gata-Loops hoch zum Doppelpass Namika La (4900 m) und Lachalung La (5030 m). Dann die 20 km lange, mäßig steile Abfahrt auf mieser Straße nach Pang (Zelthotels). Hier sich unbedingt mit Wasser für die nächsten 90 km eindecken! Jetzt steigt die Strecke 7 km steil an zur sanft geneigten, kargen Moore-Hochebene, ca. 4800 m hoch, bei Gegenwind können die folgenden 35 km zur üblen Plackerei werden. Schließlich und endlich der Anstieg zur zweithöchsten Passstraße der Welt, zum 5317 m hohen Taglang La (wie gesagt, wenn man den Marsimik La außer Acht lässt).

Die letzten 10 km zum Pass sind nur Schotter, so dünn habt ihr Luft noch nie geatmet! Es ist eisig kalt, in Minutenschnelle kann das Wetter umschlagen und Hagelschauer bringen. Nach dem Pass erst 15 km Schotterabfahrt, dann weitere 7 km Asphalt zu einem Fluss (4615 m), toller Blick auf die Karakorum-Kette. Hier herrliche Wiese zum Campen, für Radler aus der Gegenrichtung das ideale Übernachtungsplätzchen vor dem Gipfelsturm. Über Rumtse (4235 m) erreicht man in Upshi (Kontrollpunkt, 3700 m) endlich das Indus-Tal, es ging 1600 Höhenmeter abwärts. Von dort sind es dann noch ca. 60 problemlose Kilometer bis Leh, die Straße ist ziemlich eben. Unterwegs sind Abstecher zu den Klöstern Thiksey, Stak und Shey möglich, sehr schön ist auch Hemis, das 44 km vor Leh in einem Seitental versteckt liegt (ab der Indus-Brücke 6 km sehr steil bergauf).

Gesamtstrecke von Manali bis Leh: 465 km. Die wohl für viele Radfahrer höchste machbare Strecke der Welt ist nur etwas für zähe und höhengewöhnte Biker (siehe dazu auch die Höhengefahren-Hinweise bei „Nepal" und „Bolivien"), doch ein unvergessliches Erlebnis! Tagesetappen im Schnitt auch hier wieder wohl selten über 60 km! Unterwegs lange Strecken ohne Wasser – doch in diesen Höhen muss man viel trinken! Hier ist ein Filter ideal. Die kleinen Orte liegen weit auseinander, doch es gibt einige Verpflegungszelte und Teehäuser. Eine Campingausrüstung mit Kocher ist hilfreich, in den Orten gibt es aber immer wieder warme Mahlzeiten, manchmal auch in Zelten unterwegs. Die Pässe der Manali-Route sind gleichfalls nur im Sommer offen, die Straße ist überwiegend asphaltiert, doch es gibt auch einige Schotterabschnitte und viele Schlaglöcher.

Die Strecke Manali – Leh ist schwieriger als die obengenannte Route über Srinagar. Zähigkeit und Radelerfahrung sind für die Rundreise Manali – Leh – Srinagar bzw. vice versa ein unbedingtes Muss! Aber dafür radelt man die vielleicht spektakulärste Straße dieser Erde – ein unvergessliches Erlebnis!

Eine Reise von Nordindien nach Kashmir und Ladakh ist auch deshalb sehr interessant und höchst eindrucksvoll, weil man nacheinander die drei großen Kulturen und Religionen Asiens, nämlich Hinduismus, Islam und Buddhismus, auf engstem Raum kennenlernen kann. Viel Zeit mitbringen! Und nehmt Rücksicht auf die Kultur Ladakhs, betretet die Klöster beispielsweise nur passend gekleidet!

Ladakh-Literatur, Karten, Internet-Infos

Reiseführer: Jutta Mattausch: „Ladakh & Zanskar", Reise Know-How. Dieses Buch ist mit seinen vielen Hinweisen und Tipps für die Planung und Durchführung einer Ladakh-Reise unverzichtbar! Schon allein wegen seiner vielen Streckendetails; z.B. ist darin die Strecke Srinagar – Leh – Manali in Etappen für Radfahrer beschrieben. Auch das Buch „Himalaya by Bike" von Laura Stone ist hilfreich

(s. im Pakistan-Kapitel). Dann „Indian Himalaya" mit bekannt aktuellen Infos aus dem Footprint Verlag. Sonst gibt es vorwiegend Trekking-Führer, z.B. „Garhwal-Zanskar-Ladakh: Trekkingrouten im indischen Himalaya" vom Bergverlag Rother oder den Lonely Planet „Trekking in the Indian Himalaya". **Karten:** Himalaya-Trekkingkarten 1:200.000 in acht Blättern, brauchbar. Ladakh-Zanskar 1:350.000 (Artou-Ed, sehr gut auch zum Trekking). Ladakh und Kaschmir 1:250.000 in zwanzig Blättern. RKH: „Kaschmir Ladakh". Nelles Nord-Indien, mit einer Detailkarte von Ladakh und Zanskar, 1:650.000. Himachal Pradesh (Himachal Pradesh Tourist Development Cooperation), in Buchhandlungen vor Ort (Kartenbezug s. Teil 1, C 5., Seite 37). **Internet-Infos** zu Jammu und Kashmir bei Wikipedia (*http://de.wikipedia.org/wiki/Jammu_und_Kashmir*, mit vielen Links) und unter *www.suedasien.info/laenderinfos/464*. Der Bundesstaat hat auch eine offizielle Website: *www.jammukashmir.nic.in*. Die „Official Website of Ladakh Autonomous Hill Development Council" erreicht man über *www.leh.nic.in*; dort kann man auch den aktuellen Straßenzustand abfragen. Co-Autor Beat Heim hat etliche Infos zu den Himalaya-Strecken ins Web gestellt, u.a. ein komplettes Höhenprofil für die Strecke von Srinagar nach Leh: *www.betzgi.ch/de/veloreisen/hoehenrausch/strecke.html*. Auch sonst gibt es etliche Radler-Erfahrungen im Web, gebt z.B. mal im Forum bei *www.bikefreaks.de* unter der Rubrik „Länder" die Begriffe Ladakh, Zanskar, Manali o.ä. ein – jede Menge Treffer!

Weiterreise von Indien

Nach **Nepal** hauptsächlich auf drei Straßen: von Raxaul nach Kathmandu, von Sunauli nach Pokhara und von Siliguri in den Terai. In das überaus bevölkerungsreiche, flache und sehr wasserreiche **Bangladesh** fährt man am besten über Kalkutta nach Dhaka (man kann auch, von Nepal kommend, im Norden einreisen). Nach **Pakistan** ist nur die Strecke über Amritsar/Lahore (Wagah) möglich, auch Schiffsverkehr von Mumbai nach Karachi. Nach **Sri Lanka** s. dort. Eine Weiterreise über Land von der ostindischen Provinz Assam nach **Myanmar** (Burma) ist nicht möglich, s. dort. Nach **Afrika**: Kein Linien-Schiffsverkehr mehr. Ab und an verkehren Privatsegler, meistens von Mumbai nach Salalah in Oman.

Nepal [TG, AP, PB]

Überblick

Namasté! Wer dem Menschengewimmel Indiens und seiner Hitze entfliehen will, der macht sich auf den Weg in dieses kleine und faszinierende Land, bis vor kurzem das einzige Hindu-Königreich im Himalaya, seit dem Sturz des Königs im Jahr 2007 zur Demokratischen Bundesrepublik Nepal geworden.

Nepals Hochtäler, seine buddhistisch-hinduistischen Tempel, seine Menschen, Feste, Berge (acht der zehn höchsten Gipfel der Erde liegen in Nepal) und Landschaften locken jedes Jahr Hunderttausende an, Nepal wird förmlich überlaufen (und hat mit entsprechenden Tourismus-Problemen zu kämpfen). Dennoch ist und bleibt der Tourismus Nepals Wirtschaftsmotor, als eines der ärmsten Länder der Erde wird es ansonsten dominiert von den übermächtigen Nachbarn Indien und China. Die sehenswerte Hauptstadt Kathmandu (1300 m) ist einer der besten Plätze zum guten Essen zwischen Europa und Fernost (auf dem Land gibt es überwiegend Kartoffeln und Linsen mit Reis – Dal Bhaat). Das Angebot an preiswerten Hotels und Lodges ist gleichfalls bestens, Englisch wird weitgehend verstanden (jedoch nicht auf abgelegenen Routen).

Das Trekking-Land Nepal ist nicht nur sozusagen die größte Fußgängerzone der Welt, sondern auch ein gutes Land für Radtouren. Auch die MTB-Welle hat Nepal längst erreicht, in Kathmandu kann man gefederte und ungefederte MTBs kaufen oder mieten (doch der Natur zuliebe bitte auf den Wegen bleiben!).

Am Grenzübergang Sunauli/ Bhairawa

Geografie, Klima, Reisezeiten

Nepal weist drei Landschaftszonen auf: Im Norden die alpinen Hochgebirgsregionen des Himalaya, in der Landesmitte als Herzstück das 1000 bis 2000 m hohe, fruchtbare Hügelland mit dem Kathmandu-Tal und im Süden den tropischen, flachen Terai-Streifen.

Nepals **Klima** ist (s. auch bei Indien) vom Monsun geprägt. Im Terai sind November bis April warme und trockene Monate, gegen Ende der Trockenzeit wird es sehr staubig, in der Monsunzeit sehr schwül. Beste Reisemonate im Bergland sind Oktober und November sowie im März und April (klare Sicht, weniger Touristen). Von Dezember bis Februar können die Nachttemperaturen unter den Gefrierpunkt fallen bei weiterhin sehr guter Fernsicht. Weniger günstig ist die Monsunzeit von Ende Mai bis Mitte September, dann ist es dunstig und schwül in den Tälern, die Berge sind dick in Wolkenwatte eingepackt und die Straßen verschlammt oder wegen Erdrutschen gleich ganz gesperrt.

Einreise, Währung, Sicherheit

Gültiger Reisepass sowie ein **Visum** erforderlich, das bei der Einreise an den Grenzübergangsstellen nach Nepal oder am Flughafen Kathmandu erteilt wird. Im Moment gibt's einen Stempel für 30 oder 90 Tage in den Pass, Kosten: 40 bzw. 100 US$ in bar. Eine Verlängerung um 15 bis 90 Tage kann man recht unkompliziert beim Department of Immigration in Kathmandu oder beim Immigration Office in Pokhara beantragen. Aktuelle Infos zur Einreise, Sicherheitslage und vielem mehr s. *www.auswaertiges-amt.de*, beim Nepal Department of Immigration (*www.immi.gov.np*) oder bei der nepalesischen Botschaft in Berlin (*www.nepalembassy-germany.de*).

Währung ist die Nepalesische Rupie, unterteilt in 100 Paisa (übrigens wunderschöne bunte Geldscheine, die sich auch gut als Erinnerung im Tagebuch machen). Reiseschecks in US$ werden auf allen Banken gewechselt, auf VISA- und MasterCard-Kreditkarten erhaltet ihr auch Bargeldauszahlungen. Geldautomaten in Kathmandu und Pokhara und einigen anderen größeren Orten.

Straßen, Routen

In Nepal herrscht wie in Indien Linksverkehr (eine Umstellung für alle, die von China kommen), doch er ist bei weitem nicht so chaotisch wie der indische Verkehr; es gibt auch weniger Privatautos. Auf die (vorfahrtsberechtigten) Kühe muss man aber genauso aufpassen, bzw. die Autofahrer tun das und sie können dich so zu schnellem Bremsen zwingen.

Das Straßennetz besteht im Wesentlichen aus sechs (nicht allzu guten) **Hauptstraßen**, den *Rajmargs*. Die längste, „Mahendra Rajmarg" genannt, zieht sich entlang der indischen Grenze durchs Tiefland von West nach Ost und eine andere, die „Prithvi Rajmarg", verbindet Kathmandu und Pokhara. Von beiden Städten führt je eine Straße hinab ins Tiefland zur indischen Grenze, und zwischen diesen beiden Straßen gibt es noch eine mittlere, sie führt von Mugling nach Narayangadh.

Von Indien kommend nimmt man üblicherweise den **Grenzübergang** Raxaul/Birganj und pedalt auf der „Tribhuvan Rajmarg" durch schöne Berglandschaft die 190 km bis nach Kathmandu hoch. Der zweite Einreisepunkt ist Sunauli/Bhairawa, von dort geht es auf der „Siddharta Rajmarg" gleichfalls sehr kurvenreich und steil hoch nach Pokhara (190 km). Der von Bikern am wenigsten frequentierte Grenzübergang ist Siliguri/Kakarbhitta ganz im Osten des Landes. Er bietet sich für alle an, die von Sikkim oder Kalkutta kommend auf der „Mahendra Rajmarg" weiter nach Kathmandu (610 km) pedalen und so dem indischen Verkehrsinferno entkommen wollen. Teils eine üble Holperpiste, die schon seit Jahren über weite Strecken repariert wird, aber landschaftlich sehr abwechslungsreich, und der 30-km-Abstecher nach Janakpur (Janaki-Tempel) ist fast schon ein Muss. Ladakh-Radler, die von Delhi direkt nach Nepal einreisen und keinen Abstecher nach Varanasi machen möchten, können auch auf den Grenzübergang von Mahendrenagar/Banbassa im äußersten Westen zurückgreifen. So kann man der übervölkerten Ganges-Ebene entgehen und den noch nicht so überlaufenen Royal Bardia National Park besuchen. Die Straße ist nach mehreren Jahren Bauzeit nun komplett asphaltiert.

Im Kathmandu-Tal lassen sich gut kürzere und längere **Radtouren** in die Umgebung machen, z.B. nach Bodnath, Bhaktapur und Patan, aber ein rechter Genuss ist das Radeln im Großstadtverkehr nicht. Nach Pokhara, der zweitgrößten und tiefer liegenden Stadt in Nepal (900 m) sind es 200 km, die Straße ist kurvenreich, in relativ gutem Zustand, aber vor allem zwischen Kathmandu und Mugling sehr stark befahren. Ein Abstecher unterwegs nach Gorkha (22 km, Königspalast) ist lohnend. Auch nach Bandipur lohnt sich ein Abstecher, allerdings zieht sich die kleine Seitenstraße in 70 ziemlich steilen Haarnadelkurven bis hinauf auf den Bergkamm. Belohnt wird der unerschrockene Reiseradler dann mit einem kaum für möglich gehaltenen Idyll der Ruhe, Gastfreundschaft und Ursprünglichkeit. Ein idealer Ort, um ein, zwei Tage Seele und Radlerbeine baumeln zu lassen!

Man könnte auch auf einen großen **Nepal-Rundkurs** gehen: raus aus Kathmandu (km 0) auf dem „Prithvi Rajmarg", gleich über einen kleinen Pass (1500 m, ätzende Holperpiste, Staub und Dieselqualm satt), bei Naubise auf den schmalen, aber landschaftlich wunderschönen „Tribhuvan Rajmarg" abbiegen, vielleicht auf 2322 m am Daman Viewtower (km 77, Mt. Everest-Panorama!) euer Zelt aufstellen ... Der höchste Straßenpunkt ist noch ein Stück weiter auf 2400 m. Von dort dann bis Hetauda im Terai-Tiefland (km 133) nur noch bergab, über 2000 Höhenmeter! Am „Mahendra Rajmarg" lädt der dschungelartige Royal Chitwan National Park (Tiger, Leoparden, Nashörner) zu einem Besuch ein. Sauraha (km 205) am Rapti River ist der Ausgangspunkt für Elefantenausritte oder Ranger Walks in den Nationalpark jenseits des Flusses. Zurück zur Hauptstraße nach Narayangadh (km 225), weiter durchs Fieberland Terai bis Butwal (km 345), dann durch fotogene Bergkulisse dem „Siddharta Rajmarg" bis nach Pokhara (km 508) folgen. Kathmandu ist noch 200 km und zahllose Kurven entfernt. Achtung: Nach starken Monsun-Regenfällen können Teilabschnitte des „Tribhuvan-" und „Siddharta Rajmargs" für Biker unpassierbar sein!

Die „Arniko Rajmarg", die „Freundschaftsstraße", führt von Kathmandu hinauf nach Kodari und weiter nach Lhasa in Tibet. Bis zur tibetischen Grenze sind es ca. 120 km, die Straße ist in Grenznähe nach Unwettern öfter verschüttet oder weggerissen. Bis Lhasa pedalen kann man aber derzeit sowieso nicht, s. Seite 591.

Fahrrad, Ausrüstung

Ein Rad für Nepal muss zuverlässig und robust sein, mit einer gebirgstauglichen Untersetzung, und sollte breite Reifen haben. Mit den üblichen Radersatzteilen je nach individuellem Reisestil auch ein Zelt, eine Iso-Matte und einen Kocher mit führen (z.B. Petroleum; CampingGaz-Kartuschen sind in Kathmandu erhältlich, aber teuer). Wegen den immensen Klimaunterschieden auch warme Kleidung einpacken. Kleine Radläden findet man im Basargewirr rund um die New Road in Kathmandu, hier gibt's auch mal Shimano-Teile und Reifen/Felgen von anderen Bikern. Thomas Gand: „Die beste Adresse und bekannt bei allen Langzeitradlern ist der ‚Dawn till Dusk Mountain Biking Store' von Sonam in Kathmandu Thamel. Hier wird euch auf jeden Fall mit Know-How und guten Radteilen geholfen! Unbedingt vorbeischauen und in einem der zahllosen Bücher mit Einträgen von anderen Reiseradlern stöbern oder sich selbst verewigen." Und Andreas Plock: „In Pokhara habe ich doch tatsächlich indische Kopien von Schwalbe-Marathon-Reifen entdeckt (26x1,75). Sehen nicht schlecht aus – nicht nur die Chinesen machen alles nach!"

Trekking

Für evtl. kommende (magere) Radelwochen durch die dünne Höhenluft solltest du dir in Kathmandu genügend Kraft und Reserven anfuttern; vorheriges Höhen-Trekking baut gleichfalls die Kondition auf! Trekking-Ausrüstung kann man sich in Kathmandu kaufen oder mieten.

Ausgangspunkt für zahlreiche Trekking-Touren sind Kathmandu und Pokhara, von dort kann man z.B. den Jomsom-, Manang- oder Annapurna-Trek machen. Der Jomsom-Trek rund um das Annapurna-Massiv ist wohl der populärste (und überlaufenste) in Nepal. Extrem-Biker haben ihn auch schon mit dem MTB bewältigt, doch dies ist nur etwas für Spezialisten! Pokhara hat gute Unterkunfts- und Verpflegungsmöglichkeiten. Von Kathmandu aus ist der Helambu-Langtang-Trek populär, von Jiri oder Lukla aus geht es zum Basislager des Mount Everest (auf nepalesisch: „Sagarmatha" – „Spitze, die den Himmel berührt").

Für das Everest-, Annapurna- und Helambu-Langtang-Gebiet ist inzwischen kein Trekking Permit mehr erforderlich (allerdings fällt die Eintrittsgebühr für die Conservation Parks weiterhin an, und die kann nur in Kathmandu oder Pokhara entrichtet werden!). Für alle anderen freigegebenen Trekking Areas dürft ihr weiterhin beim Department of Immigration in Kathmandu stundenlang um ein Permit anstehen. Für Mustang und Dolpo (Westnepal) gelten weiterhin strenge Sonderbestimmungen.

Beachtet die Vorsichtsmaßnahmen gegen die Höhenkrankheit („Acute Mountain Sickness")! Nur langsam aufsteigen, dazwischen immer wieder einen Tag ausruhen. Ärzte empfehlen, in Hochlagen über 3000 m pro Woche nicht mehr als 1000 Höhenmeter aufzusteigen. Für dauernde 5000 m braucht man mindesten zwei Wochen Akklimatisationszeit. Ab 5500 beginnt die „Todeszone". Immer wieder Ruhetage einlegen und viel trinken! Bei verdächtigen Symptomen sofort wieder runter! Mehr zur Höhenkrankheit und den Gefahren beim Radfahren in Extrem-Höhen steht bei „Bolivien" auf Seite 256f.

Bücher, Karten, Internet

Reiseführer: Alle Fragen zur Reiseausrüstung und natürlich auch zu Nepal, den Einreiseformalitäten, Geld, interessante Hintergründe etc. beantwortet das sehr gute „Nepal-Handbuch" von Rainer Krack, Reise Know-How, mit Trekkingrouten. Sehr gut (und wie immer aktuell) ist auch das „Nepal Handbook" aus dem Footprint Verlag. Dann gibt es von Lonely Planet „Nepal" und „Trekking in the Nepal Himalaya". Kauderwelsch-Führer „Nepali", Reise Know-How. „Gebrauchsanweisung für Kathmandu und Nepal" von Christian Kracht und Eckhart Nickel, Piper. Das Buch „Himalaya by Bike" von Laura Stone ist auch eine Hilfe bei der Touren- und Etappenplanung in Nepal (s. im Pakistan-Kapitel). **Karten:** RKH „Nepal", 1:500.000. Nelles „Nepal", 1:480.000, beide mit div. Detailplänen. Nelles-Map „Himalaya" (1:1,5 Mio) mit Tibet, Kashmir, Nepal, Sikkim und Bhutan. Bezug von Trekking-Karten s. Teil 1, C 5., Seite 37, oder auch in Kathmandu. Siehe auch „Maps" im Nepal Handbook.

Internet: Inzwischen gibt es in jedem mittelgrößeren Ort Internetcafés (und auch Möglichkeiten, international zu telefonieren). In Kathmandu und Pokhara allein hunderte, alle 50 Meter eines. **Internet-Infos:** Sehr gut und mit einer Vielzahl an guten Links zeigt sich wieder Wikipedia (*http://de.wikipedia.org/wiki/Nepal*). Auch *www.suedasien.info/articles/c62* lohnt einen Blick. Die offizielle Website der Nepalesischen Tourismusbehörde („Nepal Tourism Board") ist nicht nur wegen der wunderschönen Fotos und der aktuellen Infos einen Mausklick wert: *www.welcomenepal.com*. Eine Fülle von Informationen und weiterführende Links bieten *www.travel-nepal.com*, *www.visitnepal.com* und *www.explorenepal.com* u.v.a. Last, but not least existiert auch eine sehr rührige deutsch-nepalesische Gesellschaft, zu erreichen über *www.deutsch-nepal.de*.

Einreise nach Tibet

Die Einreisemöglichkeit nach Tibet ist abhängig von der aktuellen politischen Lage in Tibet bzw. China, auf alle Fälle braucht man ein Visum (s. auch Seite 574). Die Botschaft in Kathmandu ist da ein ganz unergiebiger Ort, denn sie stellt Visa nur für Gruppenreisende (auch Radler) mit sehr teurer chinesischer Reiseleitung aus, und selbst das ist erst seit Oktober 2009 wieder möglich. Der Grenzübergang Kodari von Nepal nach Tibet steht definitiv nur Reisegruppen zur Verfügung; er ist für nordwärts reisende Einzelpersonen nicht geöffnet. Die Hoffnung auf Einzelvisa für Tibet haben viele seit Jahren …

Butterlampen im Goldenen Tempel, Kathmandu

Bhutan

Genauso wie vom Tibet-Einzelvisum träumen Reiseradler von Bhutan, dem „Land des Donnerdrachens". Das geheimnisvolle kleine Himalaya-Königreich (etwas kleiner als Niedersachsen), eingezwängt zwischen Indien und Tibet, war für viele Jahre ein Hort religiöser Abgeschiedenheit, eine Bastion des Vajrayana-Buddhismus, dessen Lehre auch heute noch alle Aspekte des täglichen Lebens beeinflusst. Langsam öffnet sich Bhutan jedoch einem recht regulierten Tourismus – Einzelreisen dorthin sind quasi unmöglich, erst recht für Rad-Toureros. Deshalb hier nur der Verweis auf ein paar brauchbare Links für alle, die (etwa von Kalkutta aus, per Bus) einen Abstecher machen möchten.

Nirgends ist Bhutans Landescharakter besser und treffender beschrieben als bei Lonely Planet: *www.lonelyplanet.com/bhutan*. Alles zu An- und Einreise, Visa-Beschaffung usw. findet man gut zusammengefasst bei *http://wikitravel.org/de/Bhutan* und auf *www.auswaertiges-amt.de*. Sehr gut sind alle Aspekte Bhutans dargestellt auf *www.schwarzaufweiss.de/bhutan*. Das „Tourism Council of Bhutan" erreicht man unter *www.tourism.gov.bt*. Was für (Gruppen-)Radler: *www.crw.org/tours/Bhutan/index.html* und *www.cyclingaroundtheworld.nl/bhutan*. Organisierte Radtouren in Bhutan gibt's auf *www.himalayan-adventures.com* und *www.fahrradreisen-wanderreisen.de*.

Bangladesh

Trotz intensiver Recherchen ist es uns nicht gelungen, aktuelle Radler-Infos aus Bangladesh aufzutreiben. In dieses Land, eines der ärmsten der Erde und ohnehin kaum ein Touristenziel, verirrt sich kaum ein Rad-Tourero – schon deshalb, weil es von Indien kommend eine Sackgasse ist; das angrenzende Myanmar erlaubt weiterhin die Einreise nur per Flieger. Deshalb hier lediglich die über zehn Jahre alten Eindrücke von Gaby Hönig und Peter Bär aus der vorherigen Auflage.

Mit dem Fahrrad im Rikscha-Stau

„Nach zwei Monaten Fahrradtour durch Indien dachten wir eigentlich, dass es keine Steigerung mehr geben könnte. Menschenmengen und Verkehrschaos waren uns inzwischen zur Gewohnheit geworden. Wer konnte da schon ahnen, dass es einen Ort gab, an dem unsere bisherigen Erlebnisse noch übertroffen würden …

Dhaka, die Hauptstadt Bangladeshs. Eines der ärmsten Länder der Welt. Gekennzeichnet durch seine Abhängigkeit vom mächtigen Nachbarn Indien, durch bitterarme Menschen, durch regelmäßig zur Monsunzeit überflutete Straßen und durch archaische Juteherstellung. Und durch sein zweifellos unübertreffliches Verkehrschaos.

Ein infernalisches Durcheinander herrscht auf den Straßen. Rostige Autos, zerbeulte Busse, Fußgänger, Kühe und Hunde, knatternde Motorroller und unzählige Fahrradrikschas quälen sich über den löchrigen Asphalt der Metropole. Mittendrin wir mit unseren bepackten Drahteseln. Die Rikschas sind einfach überall. Vor uns, hinter uns, neben uns. Kein Entrinnen. Alle um uns herum scheinen ineinander verkeilt, verhakt, verknotet. Abgasschwaden, Staub und Hitze machen das Atmen unerträglich. In der Mitte der Straße eine verkümmerte „Baumreihe". Die Bäumchen sind kaum als solche zu erkennen, verkümmert im täglichen Giftcocktail. Ein verrostetes, zerbeultes Gitter schützt sie vor dem Ansturm der Blechkarawanen. Auf einem kleinen Schild lese ich auf Englisch: ‚Trees are your real friends'. Na prima, wenn die schon so behandelt werden … Selbst mit dem Fahrrad müssen wir kapitulieren und stehen im Stau. Nichts geht mehr. Weder vor noch zurück. Ein Unfall in diesem Chaos wäre der Super-Gau. Ein Arzt bräuchte Stunden, bis er vor Ort wäre.

Magisch werden unsere Blicke von einer Ampel angezogen. Nein, keine Fata Morgana im Abgasgewaber, die Ampel funktioniert tatsächlich – geputzt und poliert von täglichen Reinigungstrupp! Der ganze Stolz der Stadt. Und dennoch, trotz des immensen Prestiges, das diese ja eigentlich zur Verkehrsregelung gedachten Lampen offensichtlich genießen, beachtet sie niemand. Ganz im Gegenteil: Wer das Rotlicht beachtet, hat schon verloren, wird überrannt oder überfahren. So zumindest unsere zum Glück noch glimpflich verlaufene Erfahrung. Unser Fazit? Erfreut euch am funkelnden Metall, am kräftigen Rot der Lampe – und radelt um Himmels Willen weiter!"

Hier noch ein paar **Internet-Infos:** Wikipedia (*http://de.wikipedia.org/wiki/Bangladesch*) bietet die umfassendste Information zum Land, mit Links. Bangladeshs Botschaft in Berlin erreicht man unter *www.bangladeshembassy.de*. Auch ein Blick auf *www.auswaertiges-amt.de* ist nicht verkehrt. Kaum zu glauben – es gibt sogar einen Radclub: *www.dhakacyclingclub.com*. **Reiseführer:** Lonely Planet „Bangladesh" und Mikey Leung u.a.: „Bangladesh", Bradt Travel Guides. Von RKH gibt es den Kauderwelsch-Führer „Bengali". **Karte:** ITM „Bangladesh", 1:750.000. Ist auch auf „North East India" (1:1,5 Mio.) mit drauf.

Karte S. 545

Sri Lanka [UE]

I. Planung, Vorbereitung, Wissenswertes

Überblick

Sri Lanka liegt wie eine Träne vor der Südspitze Indiens, knapp nördlich des Äquators. Von Indien ist Sri Lanka nur durch die flache, schmale Palk Strait (auch Adam's Bridge genannt) getrennt. Tee-Liebhaber werden die Tropeninsel eher mit „Ceylon Tea" verbinden, Seefahrer nannten sie „Serendip", die Griechen „Taprobane".

Das tropische Klima, die überschaubare Größe (etwa so groß wie Bayern), dazu die landschaftlichen und kulturhistorischen Sehenswürdigkeiten sowie eine gute touristische Infrastruktur und freundliche Menschen machen Sri Lanka zum idealen Reiseland, gerade auch für radelnde Asien-Neulinge. Das verhinderte in der Vergangenheit der brutale Bürgerkrieg zwischen den tamilischen LTTE („Liberation Tigers of Tamil Eelam") und der singhalesisch dominierten Regierung, der Sri Lanka fast 30 Jahre lang regelmäßig in die Schlagzeilen der Weltpresse brachte und das Land fast von der touristischen Weltkarte verschwinden ließ. Doch der Krieg endete glücklicherweise im Mai 2009, und seither hat selbst das Auswärtige Amt seine Reisewarnung aufgehoben. Jetzt wartet eines der faszinierendsten und sympathischsten Länder Asiens darauf, von den Rad-Toureros entdeckt zu werden.

Alle Infos und Tourvorschläge in diesem Kapitel stammen von Uwe Ellger. Sein Statement: „Achtung: Sri Lanka ist meine zweite Heimat! Seit 1978 war ich unzählige Male hier, habe hier einige meiner besten Freunde und natürlich jede Menge Sympathie für Land und Leute. This is my country!"

Geografie, Klima, Reisezeit

Sri Lanka ist 445 km lang und 225 km breit. Sein größtes Kapital sind die herrlichen Sandstrände im Osten, Süden und Westen, 1340 km Küstenlinie mit Stränden, Lagunen und Kokoshainen. 90% des Tourismus spielt sich an der tropisch feucht-heißen West- und Südwestküste ab. Der äußerste Norden mit der Halbinsel Jaffna ist fast wüstenähnlich; die Tieflandebene im Osten und Norden savannenähnlich trocken-heiß. Herz des Landes ist das zentrale Hochland mit viel Niederschlag und entsprechend vielen Wasserläufen und -fällen. Hier dominieren Teeplantagen; höchster Berg ist der wenig spektakuläre Pidurutalagala (2524 m). Wesentlich bedeutsamer aus spiritueller Sicht und eines der wichtigsten Pilgerziele überhaupt ist aber der 2243 m hohe Adam's Peak.

Sri Lanka liegt wie Indien im Einflussbereich des Monsuns (siehe dort). In der Küstenregion ist es eigentlich das ganze Jahr über gleichmäßig heiß mit durchschnittlich knapp unter 30 °C, hierdurch liegt auch die Wassertemperatur ganzjährig so um angenehme 28 °C. Im zentralen Bergland dagegen steigen die Tagestemperaturen selten mal über 25 °C, nachts und bei wolkigem Wetter kann es dann schon richtig frostig werden. Während der Monsunzeit ergießen sich wahre Sturzbäche über die Berge. Beste Reisezeit sind die trockenen Monate, im Süden und Westen von Dezember bis März, mit Einschränkung auch bis April, allerdings wird es dann im „Golden Triangle" um Anuradhapura schon irre heiß, bis über 40 °C.

An- und Einreise, Geld

Die Anreise findet praktisch ausschließlich über den Flughafen Colombo statt, der von vielen Fluglinien angeflogen wird. Für einen Aufenthalt von bis zu 30 Tagen reicht ein noch mindestens sechs Monate gültiger Reisepass, das **Visum** gibt es bei der Ankunft am Flughafen. Wer länger als 30 Tage bleiben möchte, sollte sich schon vorher ein 90-Tage-Visum ausstellen lassen (derzeit 33 Euro), z.B. von der Botschaft in Berlin (*www.srilanka-botschaft.de*).

Währung ist die srilankische Rupie. Am günstigsten reist man mit Kreditkarte. Man erhält so den besten Wechselkurs. Banken tauschen ohne weiteres bare Euro oder US$ oder Travellercheques. Die in größeren Städten und in touristischen Orten vorhandenen Geldautomaten nehmen VISA und MasterCard, damit kann man auch in größeren Hotels bezahlen. EC-Karten sind oft einsetzbar, aber relativ hohe Gebühren. Am Airport bereits Geld wechseln! Ein gewisses Quantum an Bargeld (Euro, US$, Sfr.) gibt unterwegs Sicherheit.

Gesundheit

Als eines der saubersten Länder Asiens erfordert Sri Lanka keine besonderen Impfungen. Wegen Gesundheitsvorsorge und Malaria-Prophylaxe s. wie immer auf *www.fit-for-travel.de*. Achtet auf einen guten Mückenschutz! Sehr gut und angenehm riechend ist Citronella, das in jeder Apotheke in Sri Lanka erhältlich ist. Das altbewährte Autan tut's aber auch.

Die staatlichen Krankenhäuser sind ein Alptraum und erinnern ans Mittelalter. In Colombo und Kandy gibt es aber gute Privatkliniken.

Bevölkerung und Bürgerkrieg

Von der ursprünglichen Bevölkerung, den Veddas, leben nur noch einige wenige in abgelegenen Gebieten. Vor etwa 2500 Jahren drangen Singhalesen aus Nordwestindien ein, während die Tamilen erst einige hundert Jahre später aus Südindien einwanderten. Im 19. Jahrhundert holten dann die Engländer für ihre Plantagen arme Arbeiter aus dem südindischen Tamil Nadu. Diese indischen Tamilen erhalten auch nach mehr als 100 Jahren keine srilankische Staatsbürgerschaft; Tamilen und indische Tamilen haben kaum Beziehungen untereinander. Neben etwa 75% meist buddhistischen Singhalesen und etwa 20% hinduistischen und christlichen Tamilen gibt es etwa 3% moslemische Moors und 1% Burghers aus Mischehen mit Weißen.

Seit fast 2000 Jahren währt der Kampf zwischen Tamilen und Singhalesen. Immer wieder führten sie erbitterte Kriege, aber es gab auch Zeiten der friedlichen Koexistenz. Die englischen Kolonialherren handelten nach dem Prinzip „Teile und herrsche". Auslöser des Bürgerkriegs war dann 1983 ein Anschlag auf das Militär mit vielen getöteten singhalesischen Soldaten, worauf vom singhalesischen Mob tausende Tamilen ermordet wurden. Die Tamil Tigers (LTTE) vernichteten moderatere Vertreter ihrer Volksgruppe und eroberten immer größere Teile im Norden und im Osten Sri Lankas. Die Vernunft blieb auf beiden Seiten auf der Strecke – nachzulesen in allen Einzelheiten unter *http://de.wikipedia.org/wiki/Bügerkrieg_in_Sri_Lanka*.

Wider Erwarten endete der Bürgerkrieg dann durch Hilfe der Chinesen mit einer Vernichtung der LTTE und Erschießung ihres Führers Prabhakaran im August 2009. Die Zahl der Todesopfer dieses Kriegs liegt bei ca. 100.000. Der Aufbau der Infrastruktur im Osten und besonders im Norden wird noch Jahre dauern.

Uwe Ellger: „Auch wenn es jetzt zynisch klingt – im Allgemeinen verstehen sich die Bevölkerungsgruppen gut. Ich habe Freunde aus allen Volksgruppen, und diese verstehen sich auch untereinander bestens. Hindus und Buddhisten feiern das Ende des Ramadan. Muslime feiern Weihnachten. Jesus und Buddha stehen im Hindutempel, und alle feiern das buddhistische Neujahr."

Gefahren und Risiken, Reisen im Land

Im Bürgerkrieg kamen kaum Touristen zu Schaden; zu groß war immer die Angst vor negativen Public Relations. Außerdem verdienten selbst die Tamil Tigers gut am Tourismus. Eine Gefahr stellen noch die Landminen im früheren Kriegsgebiet, also im Norden und Osten der Insel, dar. Einheimische sagen euch vor Ort, wo ihr euch bewegen könnt und wo eher nicht.

Die Kriminalitätsquote ist äußerst gering. Kleinere Gaunereien und Diebstähle am Strand kommen vor. Normale Vorsicht reicht aus.

Indien-Radler werden das Reisen auf Sri Lanka als total relaxed und einfach erleben. Den wahnsinnigen Bevölkerungsdruck des indischen Subkontinents gibt es hier nicht; man hat sehr wohl Möglichkeiten, den gaffenden Massen einmal zu entgehen, zumal die Einheimischen den Anblick von Touristen nicht mehr als die Sensation ihres Lebens empfinden.

Wie in vielen Ländern Asiens verliert man auch in Sri Lanka leicht „sein Gesicht", wenn man starke Emotionen zeigt. Nicht nur Zorn und Aggressivität, auch Liebesbekundungen, Trauer und lautes Lachen gehören sich nicht. Lächeln hat nicht denselben Stellenwert wie bei uns; es dient eher dazu, die eigenen Emotionen zu verbergen. Man sollte es z.B. bei Beschwerden ebenso halten: Lächeln, und freundlich, aber bestimmt erklären, was einem missfällt. Eine verwirrende Geste ist das Kopfschütteln – eigentlich ist es kein Schütteln, sondern ein Wiegen des Kopfes und gilt als Zustimmung.

Viel Wert wird auf eine angemessene Bekleidung gelegt. Auf dem Rad und am Strand ist die kurze Hose toleriert, aber topless Baden ist eine Verachtung der Kultur unserer Gastgeber. Sehr begeistert wird es zur Kenntnis genommen, wenn sich der Gast bemüht, wenigstens einige wenige Worte in Singhalesisch zu sprechen. Der RKH-Kauderwelsch-Sprachführer „Singhalesisch Wort für Wort" hilft. Die Sprache der englischen Kolonialherren ist immer noch im Alltag präsent, in den Touristenorten sogar manchmal Deutsch, sonst neben der offiziellen Landessprache Singhalesisch auch Tamil, das eine eigene Sprache ist. Die Straßenschilder sind meist zweisprachig englisch/singhalesisch, an Nebensträßchen aber oft nicht vorhanden.

Straßen, Verkehr, Transport

Linksverkehr! Trotzdem gilt aber Rechts vor Links. Die Straßen sind okay, manche Hauptstrecken sind gut asphaltiert, der Rest rangiert von rauh asphaltiert, aber schlaglochfrei bis zu üblen Speichenbrecherpisten im Bergland, auf denen in der Regenzeit auch noch Erdrutsche hinzukommen können. Die kurvenreichen Bergstraßen gewähren teils fantastische Ausblicke, sind aber mit häufig deftigen und kilometerlangen Steigungen garniert.

Uwe Ellger: „Das Schlechteste an diesem Land ist der Verkehr. Er sieht nicht nur gefährlich aus – er ist es! Wahrscheinlich sind in den Bürgerkriegsjahren mehr Menschen auf den Straßen gestorben als bei Kriegshandlungen. Ganz oben auf der Hitliste stehen die total durchgedrehten Minibus-Driver. Sie überholen auch vor den unübersichtlichsten Kurven. Dass es nicht ein Hundertfaches an Verkehrsopfern kostet, liegt nur daran, dass jeder jederzeit mit diesen Kamikazes rechnet, dazu nachts mit unbeleuchteten Ochsengespannen, Radlern, Fußgängern. Und wer nicht direkt bei einem Unfall stirbt, hat gute Chancen, einem Lungenleiden zu erliegen. Die Lkw und Busse pusten solch immense Auspuffwolken in den vorher blauen Himmel, dass wir bei mancher Bergtour mehr Rußpartikel inhaliert haben als bei einem ganzjährigen Sitzplatz-Abo an Münchens Mittlerem Ring.

Sollte bis hierhin noch jemand weiter lesen, hier die Entwarnung: Es wird trotzdem ein Traumurlaub! Vermeidet einfach die größten Straßen. Das sind gar nicht so viele. Sucht kleine Straßen aus und genießt den Rest. Und zur Not die Räder auch mal mit dem Zug oder Bus mitnehmen. Geht nicht immer – aber meistens."

Eine Fahrt mit der **Bahn** von Colombo über Kandy bis Badulla ist ein Traum für jeden Eisenbahnfan! In der 3. Klasse kann man in der Tür sitzen und sich den Fahrtwind um die Nasen wehen lassen. Acht Stunden Zugfahrt für 2-3 Euro – die landschaftlichen Highlights des ganzen Landes inklusive. 1. und 2. Klasse gibt es natürlich auch. **Busse** erreichen auch den kleinsten Weiler und nehmen meist auch Räder mit.

Fahrrad und Ausrüstung

Selbst die Hauptstraßen haben oft Schlaglöcher. So sollte man am besten ein robustes Fahrrad haben. In jedem kleinen Ort gibt es einen Fahrradladen, meist mit durchaus fähigen Schraubern, allerdings radelt man auf Sri Lanka fast ausschließlich mit 28-Zoll-Bikes, so dass ein Felgen- oder Speichenbruch zum Problem werden kann. Also ein paar Speichen und ggf. einen Faltreifen als Ersatz mitführen!

Wer nicht sein eigenes Rad mitbringen will: Es gibt überall Räder zu mieten, aber meist ungepflegte Gurken, mit denen man höchstens ein paar Meilen fahren möchte. Manche Reiseveranstalter (z.B. Lanka Sports Reizen, *www.lsr-srilanka.com*), auch manche große Hotels vermieten bessere Räder. Das hat aber seinen Preis.

Ausreichend sind zwei Trinkflaschen, weil man alle ein bis zwei Kilometer an einem Geschäft vorbeikommt. Zelt und Kocher nach Sri Lanka mitzunehmen lohnt sich im Allgemeinen nicht; evtl. aber ein Leinenlaken als Decke und ein Moskitonetz.

Übernachtung und Verpflegung

Saubere Zimmer (meist mit Dusche) gibt es für wenige Euro. Etwa 10-20 Euro pro Nacht zahlt man für ein wirklich schönes Doppelzimmer mit Frühstück in schönster Lage am Strand oder in den Bergen – es geht viel billiger, aber auch viel teurer. Guesthouses kosten ab vier Euro aufwärts. Achtet je nach Saison darauf, ob ein Moskitonetz vorhanden ist.

Das Essen in Sri Lanka ist gnadenlos scharf mit Curry und Chili gewürzt. Zu trinken gibt es viel Tee, dazu wird Wasser serviert, das man beruhigt trinken kann. An alkoholischen Getränken wird meist gutes Bier (Lion Lager, Toddy), vergorener Palmsaft oder auch Arrack serviert, ein aus Reis oder Palmwein gebrannter Schnaps. Ansonsten könnt ihr auf die überall erhältlichen Cola und Co. ausweichen.

Eine Mahlzeit ist sehr üppig und kostet rund drei Euro. Zum Frühstuck gibt es meistens Toast, Butter, Marmelade, Ei und „String Hoppers“ (ein Reismehlgericht, das wie Nudeln aussieht und gleichfalls mit höllischen Gaumenbrennern serviert wird) sowie Früchte. Auf Sri Lanka wächst eine unglaubliche Vielfalt davon! Es macht viel Spaß, mal auf einem Markt unbekannte Sorten zu probieren. Im Zweifel sollte man sich allerdings von Einheimischen zeigen lassen, was man von der Frucht wie isst. Zudem wird in vielen kleinen Lokalen Kuchen angeboten.

Bücher, Karten, Internet

Reiseführer: „Sri Lanka“ von Rainer Krack, Reise Know-How. Enthält auch mehrere Routenvorschläge. Am aktuellsten ist der Lonely Planet „Sri Lanka“, gut auch „The Rough Guide to Sri Lanka“, Rough Guides Press und das „Sri Lanka Handbook“ von Footprint Publications. Daneben gibt es noch zahllos weitere Reise- und Kulturführer. **Karten:** „Sri Lanka“, 1:500.000, Reise Know-How. Nelles Map „Sri Lanka“, 1:50000. In Sri Lanka bietet das Survey Department, Map Sales Branch, Kirula Road, Narahenpita, Colombo großformatige Karten an.

Internet-Info: Gut wie immer, mit vielen Links und Infos auch zu den einzelnen Provinzen ist der Web-Auftritt von Wikipedia: *http://de.wikipedia.org/wiki/Sri_Lanka*. Eine Menge Info bietet auch „The Gateway to Sri Lanka“ (*www.infolanka.com*). Eine Art Suchmaschine für srilankische Websites hingegen ist *www.info-lanka.com*. Auf *www.srilankatourism.org* gibt es schöne Bilder und Touri-Links, dito auf Deutsch auf der privaten Seite *www.srilankatravel.de*. Empfehlenswert, unter anderem mit einer Aufzählung Sri Lanka anfliegender Airlines, ist *www.lonelyplanet.com/sri-lanka*. Unter *www.gov.lk* firmiert die offizielle Regierungs-Homepage. Last, but nout least: Eine Menge Informationen und Fotos findet ihr auch auf Uwe Ellgers Seite *www.laufsportreisen.de*.

II. Ziele, Routen, Strecken

Sehens- und Erlebenswertes

Das Sri Lanka der Reisekataloge befindet sich zwischen dem Flughafen bzw. Negombo und der West- und Südwestküste bis etwa Hikkaduwa. Je weiter man sich vom Flughafen entfernen, desto weniger Hotels und Touristen trifft man und desto ursprünglicher wird das Land. Vielleicht die schönsten Strände ziehen

Unawatuna Beach an der Südküste

sich im Süden hin, von Hikkaduwa bis Tangalle. Dieser Ort ist auch nach 30 Jahren noch ein Geheimtipp!

Auch entlang der Ostküste findet man traumhafte Küsten und Tauchgebiete. Heute (2010) liegt dort die Infrastruktur nach dem Bürgerkrieg noch am Boden – kaum Unterkünfte, wenig Restaurants, die Häuser ohne Türen und Dächer. Bald aber werden Nilaveli, Trincomalee und Kalkudah wieder erblühen und die von ungezählten Fähren unterbrochene Küstenstraße wird ein Highlight für den hitzeerprobten und abenteuerlustigen Radler sein.

Die wahren Highlights Sri Lankas warten im Mittel- und Hochgebirge. Atemberaubend schöne Gebirgslandschaften gilt es zu entdecken, mit Reisterrassen, Bambusdickichten, Bananenstauden, Gemüsefeldern, einer wunderschönen Monokultur von Teeplantagen, dazu die unzähligen Wasserfälle. Schließlich der Höhepunkt: die Besteigung des Adam's Peak (Sri Pada), des Berges, der Hindus, Buddhisten, Moslems und Christen heilig ist.

In riesigen Nationalparks (*www.info.lk/srilanka/srilankanature/nationalparks.htm*, und telweise auch außerhalb) sieht man Affen, Warane, Flughunde, Elefanten, Büffel, Krokodile, Axishirsche – Leoparden allerdings eher nicht. Der Sinharaja Forest ist seit 1988 Weltkulturerbe mit immenser Artenvielfalt und lohnt unbedingt den Besuch.

Sri Lanka ist auch reich an Kultur mit vielen Orten, die gleichfalls von der Unesco zum Weltkulturerbe erklärt wurden. Über das ganze Land sind tausende von Tempeln, Statuen und anderen Kulturdenkmälern verteilt. Die berühmtesten befinden sich im „Cultural Triangle" zwischen Anuradhapura, Polonnaruwa und Kandy. Anuradhapura (Gründung ca. 400 vor Christus) und Polonnaruwa (gegründet ca. 1070) sind die ältesten singhalesischen Königsstädte. Oft kommt der Kick aber gerade im kleinen, unbekannten Dorftempel.

Eine Radtour durch Sri Lanka kann eine Woche, aber ohne weiteres auch zwei Monate dauern. Sie ist leicht selbst zu planen und durchzuführen.

Tourvorschläge

Uwe Ellger: „Colombo ist ein Alptraum für mich! Wenn ich mit dem Rad unterwegs bin (aber eigentlich auch sonst) vermeide ich diese Stadt, gleichfalls die A3 vom Flughafen nach Colombo und die A2 von Colombo entlang der Westküste mindestens bis hinter Kalutara. Danach ist die A2 eigentlich eine wunderschöne Straße, die immer wieder den Blick auf z.T. unberührte Strände freigibt. Wenn nur der Verkehr nicht wäre! Ähnlich verhält es sich mit der A1 von Colombo nach Kandy – sie mutierte von der Traum- zur Alptraumstraße. Für diese Strecken wäre ein Transfer nicht verkehrt! Der Rest des Landes ist ziemlich gut per Rad zu erkunden, je kleiner die Straßen, desto schöner.

Getränke und Speisen bekommen wir unglaublich billig auch im kleinsten Ort. Die größten Probleme bei allen unseren Touren haben wir mit der Hitze. Wir starten deshalb stets beim ersten Morgengrauen, auch wenn wir sonst nicht zur senilen Bettflucht neigen. Im Flachland kann die Mittagshitze unerträglich werden, so dass wir bis nachmittags eine Rast einlegen. In den Tropen sind die Tage kurz. Abends um halb sieben ist es dunkel. Bis dahin sollte man eine Unterkunft gefunden haben. Die Berge sind kühler, aber dafür warten knackige Steigungen."

Zu allen hier aufgeführten Tourvorschlägen gibt es detaillierte Infos und Tipps auf Uwe Ellgers Seite *www.laufsportreisen.de*!

Tour 1 **Colombo – Kandy**

Vom Flughafen über die A3 nördlich nach Negombo, am besten per Transfer. Strand und viele Übernachtungsmöglichkeiten. Von dort soweit möglich immer nördlich der A1 auf kleinen Straßen durch erst wunderschöne, grüne, landwirtschaftlich genutzte Gegend, später durch sanfte Mittelgebirgslandschaft ins kulturelle Zentrum des Landes, die letzte Königsstadt Kandy, wo im Tempel des Zahns (Temple of the Tooth) der obere linke Eckzahn von Buddha aufbewahrt wird. Das Nationalheiligtum! Das Klima in Kandy, das auf etwa 500 m Höhe liegt, ist schon deutlich angenehmer als im Flachland.

Nur sechs Kilometer von Kandy entfernt liegt Peradeniya, berühmt für seinen botanischen Garten, sicher einer der schönsten der Welt!

Tour 2 **Kandy – Nuwara Eliya**

Wem es auch in Kandy noch zu warm ist, dem wird es in Nuwara Eliya gefallen, der früheren Bergfrische der Engländer, die sich hier auf fast 1900 m Höhe ihr kleines England schufen, mit Hotels, Golfplatz, Forellen fischen u.v.m. Die A5 des starken Verkehrs wegen meiden und stattdessen über die B413 oder die B364 Kandy verlassen. Beide erreichen später die B332 und Nuwara Eliya. Diese Straßen sind richtig ruhig, traumhafte Landschaft, Wasserfälle; Teeplantagen und -fabriken am Weg können besichtigt werden. Entfernung Luftlinie nur 40 km, aber man kommt auf der Straße leicht auf das Doppelte und reichlich Höhenmeter. Ausnahmsweise etwas Verpflegung und Getränke mitnehmen und nicht zu spät ein Quartier suchen.

Tour 3 **Nuwara Eliya – Horton Plains – Ohiya – Haputale**

Nur 16 km in Richtung Badulla liegt rechts der gleichfalls wunderschöne Botanische Garten von Hakgala in mehr als 1600 m Höhe. Über kleine z.T. unbefestigte Wege geht es dann auf die in 2000 m Höhe gelegene Hochebene Horton Plains mit letzten Resten des einstigen Bergnebelwalds. Viele Tiere! Das Highlight ist der Fußmarsch von etwa 90 min. durch einen Wald voller Flechten und Baumfarne, vorbei an Rhododendronbäumen zum World's End. Die Erde stürzt 1000 m in die Tiefe, fantastische Sicht! Früh losgehen, zwischen 8.30 Uhr und 9.30 Uhr zieht es sich zu. Dann abwärts auf schöner Straße nach Ohiya. Bessere Unterkünfte gibt es im reizenden Bergort Haputale.

Tour 4 **Haputale – Bandarawela – Ella – Wellawaya – Beragala – Haputale**

Eine Rundtour von ca. 100 km mit reichlich Höhenmetern durch die verschiedensten Landschaften und Vegetationszonen. Viel Reis, Tee, Bananen, Wasserfälle, Wälder, zwischenzeitlich auch mal kurz heißes Tiefland. Wer fit ist macht das in einem Tag, besser aber in zweien.

Bei Sonnenaufgang Fahrt von Haputale nach Bandarawela. Dort kann man im Resthouse wunderbar frühstücken. Ella bietet sich dann als Etappenort an, reichlich günstige Guesthouses; viele von ihnen bieten einen atemberaubenden Rundumblick und traumhafte Sonnenuntergänge. Die Häuser ein wenig ab vom Schuss sind bedeutend günstiger. Am nächsten Morgen fast 1000 Höhenmeter hinab durch eine sich ständig verändernde Vegetation, vorbei an etlichen

Wasserfällen, in den kleinen Ort Wellawaya, wo es schon wieder richtig heiß ist. Etwa 1 km vor dem Ort bietet sich das Resthouse für ein Frühstück an, dann kommt lange nichts mehr. Bis nach Beragala sind es auf der A4 etwa 1000 Höhenmeter, dann nur noch weitere 400 Höhenmeter bis Haputale. Ganz schön knackig, wenn man das an einem Tag gepackt hat! Wären nicht die Dieselschwaden der Busse und Lkw, dann wäre das die schönste Strecke der ganzen Welt.

Tour 5 **Wellawaya – Tissamaharama – Tangalle – Galle – Colombo**

Von Wellawaya folgen wir der A2 zur Südküste. Nach 5 km kommt man an den sieben aus Fels gemeißelten wunderschönen Statuen von Buduruwagala vorbei, die mit über 15m Höhe seit der Zerstörung der Bamiyan-Statuen in Afghanistan durch die Taliban als die größten der Welt gelten.

Wenn man den Yala National Park besuchen will (*http://en.wikipedia.org/wiki/Yala_National_Park*, einer der größten und schönsten der Insel), fährt man bis Tissamaharama. Dort werden von etlichen Veranstaltern Touren angeboten. Nahebei in der Stadt Kataragama befindet sich das wohl wichtigste Hinduheiligtum der Insel. Wenn der Strand allerdings bereits zu laut ruft fährt man weiter bis Hambantota, bekannt für den besten (Büffel-)Joghurt des Landes. Parallel zum Meer geht es durch heißes, steppenartiges Land vorbei an Salinen nach Tangalle. Wenige Kilometer vor Tangalle ändert sich schlagartig die Vegetation; es ist wieder tropisch grün und feucht. Tangalle ist vielleicht der schönste Strandort Sri Lankas! Ein wunderschöner kilometerlanger Strand erstreckt sich östlich des Orts (wer am Busbahnhof ankommt, ist ein wenig zu weit gefahren) – kleine Guesthouses, himmlische Ruhe! Die größeren Hotels liegen westlich des Orts an felsigen Buchten.

Von Tangalle der A2 folgen, oft direkt am Meer entlang. Bis Hikkaduwa findet man die schönsten Strandabschnitte der ganzen Südwestküste. Am Dondra Head sind wir dem Äquator am nächsten, das ist der südlichste Punkt Sri Lankas. Nahebei werden durch so genannte „Blow Holes" Fontänen viele Meter hoch in die Luft geschleudert. Vor Weligama liegt nur wenige Meter vor dem Strand die bewohnte Märcheninsel Taprobane. Und bei Koggala sitzen die berühmten Stelzenfischer stundenlang auf Pfählen in der Brandung, um ein paar kleine Fische zu fangen.

Kurz vor Galle der kleine Strand von Unawatuna, einst als einer der zehn schönsten Strände der Welt gewählt und noch immer traumhaft. Wenige Kilometer weiter erreichen wir die Stadt Galle mit ihrem Fort, das zu Recht als Weltkulturerbe ausgewiesen ist. Viele Übernachtungsmöglichkeiten! 20 km weiter ein weiteres bekanntes Strandressort, Hikkaduwa. Dann wird leider der Verkehr wieder ziemlich heftig. Zurück zum Flughafen? Am besten mit dem Bus oder einem privaten Transfer.

Tour 6 **Von Wellawaya zur Ostküste**

Zunächst zur Arugam Bay mit dem Hauptdorf Pottuvil – Südsee pur! Bei den Surfern bekannt für die besten Wellen der Inseln. Eine gute Seite ist *www.arugambay.com*.

Dann entlang der wenig erschlossenen Ostküste auf schlechten Straßen, unterbrochen von etlichen Fähren nach Batticaloa und Trincomalee bis Nilaveli. Diese Tour wird (noch) leicht zur Tortur! Sie ist momentan nur etwas für erfahrene Abenteurer. Hier empfiehlt sich auf jeden Fall ein Zelt, auch Verpflegung, viel Zeit und noch mehr Getränke sollten mitgenommen bzw. eingeplant werden. Vor dem Bürgerkrieg war das eine der schönsten Routen der Insel – derzeit sollte man sich unbedingt über die Machbarkeit erkundigen. Die schönsten Strände sind Kalkudah und Passikudah Bay nördlich von Batticaloa, auch Nilaveli nördlich von Trincomalee. Wenn alles friedlich bleibt, boomt hier bald wieder der Tourismus. Erste Schritte sind getan!

E ZENTRAL- UND OSTASIEN

China [EC, GH, BZ]

I. Planung, Vorbereitung, Wissenswertes

Überblick

China, das „Reich der Mitte", mit dem Fahrrad zu bereisen, das ist der Traum vieler. China ist ein Land der Extreme und aller nur erdenklicher geografischer Gegensätze. Auf der einen Seite gibt es schöne, ländliche Gebiete, auf der anderen Seite brodelnde Millionenstädte. Ernst Christen: „Eine Freude sind die Begegnungen mit den Menschen, egal ob behördlich oder zivil. Es ist zwar auf Grund sprachlicher Barrieren nicht einfach, mit den Leuten in Kontakt zu kommen, sie sind aber in aller Regel freundlich und hilfsbereit – ein entsprechend freundliches Auftreten natürlich vorausgesetzt." Etliche Radler berichten aber auch von vielen Polizeikontrollen und einer nervtötenden Bürokratie. Auf jeden Fall sind Einzelreisen durch China sehr anstrengend und manchmal auch

vorgehen, aber auch

entnervend. Doch unbestritten ist China mit seinen einzigartigen Kulturen und Traditionen eine Reise wert – trotz des immer noch autoritären Regimes.

Chinas Übergang zur (kontrollierten) Marktwirtschaft verläuft trotz interner Probleme immer schneller. Mit aller Macht hat auch der Tourismus das Land erfasst und diesbezüglich verändert es sich rasant. Auskünfte über Reisemöglichkeiten und neueste Einreisebestimmungen (besondere Bestimmungen für Tibet!) erhält man von den Botschaften und Konsulaten (in Deutschland: *www.china-botschaft.de*), über *www.auswaertiges-amt.de* und vom Fremdenverkehrsamt der VR China in Frankfurt/Main (*www.fac.de*).

Einreise, Währung

Ein **Visum** ist bei den chinesischen Botschaften und Konsulaten erhältlich (Patrizia und Brö: Bei der Anreise von Europa her 2009 besonders gut in Bischkek/Kirgisistan). Gültigkeitsdauer je nach politischer Lage zwischen einem und drei Monaten, Verlängerungen im Land sind beim PSB (Public Security Bureau) möglich. Vor allem in Hongkong ist ein Visum einfach und schnell zu bekommen. Eine Ausreise nach Hongkong und Visums-Neuausstellung dort kann den China-Aufenthalt unter Umständen nochmals verlängern. Darauf ist aber kein Verlass. Auf den Anträgen nicht erwähnen, dass man mit dem Rad durch China will, vermeidet auch „Xinjiang" bzw. „Tibet" anzugeben, da diese Gebiete politisch unruhig sind und Einzelreisen dorthin offiziell gar nicht erlaubt sind.

Für die **Verlängerung** des Visums sieht die Praxis zur Zeit so aus, dass man frühestens sieben Tage vor Ablauf des Visums bei einem PSB einen Verlängerungsantrag stellt. Hierzu ist ein Passfoto sowie eine Hoteladresse nötig. Die Bearbeitung dauert in der Regel fünf Tage, in kleineren Städten kann man die Verlängerung mit etwas Glück auch am gleichen Tag noch erhalten. Ob man das Visum jedoch überhaupt verlängert bekommt und für wie viele Tage, liegt im Ermessen der jeweiligen Dienststelle, und spätestens nach der zweiten Verlängerung ist Schluss. Manchmal braucht man da recht starke Nerven!

Begegnung in Westchina: Freundliche Trucker

Visumverlängerung [CH]

Reisestory von Gabi Hirsemann

Neue Runde im Bürokratenmonopoly mit dem PSB. Es ist Montag. Zunächst Frühstück im Hotel „Soaring Dragon", Buffet, chinesisch natürlich: Reissuppe, allerlei vor rotem Öl triefendes, angebratenes Gemüse, Fleisch, Tofu, Nudeln, außerdem Mantou und Bouze, die chinesischen Hefeklöße. Das Ölzeug ist nur etwas für Feuerschlucker, Geschmacksrichtung Chili, und die Reissuppe ist zum Löschen zu dickflüssig, aber mit den Hefeklößen habe ich im Laufe der Wochen dicke Freundschaft geschlossen. Es gibt sie in allen Formen und Farben. Egal, ob natur, mit Fleisch, Gemüse, Tofu oder Glasnudeln gefüllt, gelb, lila, kariert oder gepunktet, Hauptsache Mantou und Bouze. Den Unterschied habe ich nie ganz verstanden. Lecker! Danach gleich mit dem Rad zum PSB, dem Büro für Visumangelegenheiten. Lage bereits gestern abend bei Ankunft in dieser Stadt ausgekundschaftet und ein gepflegtes Hotel in der Nähe gesucht. Strategisch günstig. Nicht direkt nebenan, aber in wenigen Minuten per Rad erreichbar. Und es ist ein Hotel, das offiziell Ausländer aufnehmen darf, ein wichtiger Punkt im Zusammenhang mit dem PSB. Vielleicht der wichtigste. Niemand weiß es. Heute großer Tag. Bin bislang immer vertröstet worden. Hauptargument: zu früh. Eine Bearbeitung erfolge frühestens sieben Tage vor Visumverfall und die Bearbeitung dauere in der Regel fünf. Aber es gibt zahllose Nebenargumente, einige davon durfte ich bisher schon kennenlernen.Und irgendwo las ich, dass es Touristen gibt, die beträchtliche Summen bei einer chinesischen Bank hätten einzahlen müssen, um eine 30-tägige Visumverlängerung für ein touristisches L-Visum durchzubekommen. Ich hörte von 20.000 RMB, 2000 Euro. Bürokratenmonopoly für Fortgeschrittene.

Mein Rückflugtermin drückt. Offen, wie es weitergeht. Heute hoffentlich endgültige Klärung, danach Flug- und sonstige Reisearrangements treffen. Bis Peking sind es noch runde 1600 Kilometer, wie gesagt, alles ist offen. Meine bisherigen Erfahrungen mit dieser Behörde hier haben bei mir den leisen Verdacht erregt, es könnte sich hierbei um ein fortgeschrittenes Stadium jenes Spieles handeln, welches letztlich auf folgende Aufgabenstellung hinausläuft: Wenn man jetzt gleich losläuft und es schafft, bereits gestern anzukommen, hat man den Jackpot geknackt. Garantiert. Darauf gibt es Brief und Siegel. Um beurteilen zu können, ob mein Visumverlängerungsbestreben eine reelle Chance hat, oder ob es letztlich auf das soeben beschriebene Endstadium hinausläuft, dazu fehlen mir die internen Kenntnisse der chinesischen Bürokratie in Bezug auf Ausländerfragen.

Punkt 9 Uhr stehe ich also, frisch gebügelt und gestriegelt, beim PSB auf der Matte. Meinen Pass in der rechten, mein Reisewörterbuch in der linken Hand. Entschlossen gehe ich auf Schalter eins zu, an dem ein Mann mittleren Alters in Uniform sitzt. Noch ist das Büro wenig frequentiert. Nebenan Schalter zwei mit einer älteren Dame. Natürlich wird hier nur chinesisch gesprochen. Und verstanden. Aber damit habe ich mich im Laufe der Wochen längst arrangiert. Ich schlage die Passseite mit dem eingeklebten Visum auf, blättere in meinem Reisewörterbuch und zeige auf das Wort „Visumverlängerung". Nach Durchsicht des Passes werde ich zur Kollegin geschoben. Den Pass bekommt sie gleich mit rübergereicht. Sie weiß nicht so recht etwas anzufangen damit und blättert lustlos darin herum. Um meinem Ersuchen Nachdruck zu verleihen, zeige ich erneut auf das Wort Visumverlängerung. Ich bemerke, die Stelle darunter ist schon ganz fleckig. Fast so fleckig wie die unter den Wörtern „Hotel" und „Zimmer" (beide gleichauf). An dritter Stelle das Wort „Wasser". Und dann kommen schon die heißgeliebten Mantous. Schließlich schiebt sie mich wieder zum Kollegen zurück. Der greift in eine Schublade, händigt mir das bereits bestens bekannte Formular aus und schickt mich zum Ausfüllen an einen Nebentisch. Es ist zweisprachig: Chinesisch und Englisch. Ganz wichtig: Hoteladresse mit Telefonnummer sowie Angaben zur geplanten Reiseroute. Welche Orte will ich noch besuchen? Ehrliche Antwort: die, die die ich noch schaffe in den Tagen, die mir hier genehmigt werden. Ich trage Xi'an und Peking ein. Als ich das ausgefüllte Formular herüberreiche, werde ich mitsamt demselben wieder zur Kollegin rübergeschoben. So langsam füllt sich das Büro. Chinesische Antragsteller in verschiedenen Visumangelegenheiten drängeln. Aber das zählt heute nicht. Und wenn ich bis morgen früh hier stehen muss, ich will diese Visumverlängerung, und dafür dürfen sich auch hundert Chinesen vordrängeln. Abwarten. An Schalter drei tut sich was. Ich werde zur jüngeren Kollegin rübergeschoben. Die verdreht die Augen. Sieht nach Schwarzer-Peter-Spiel aus. Jeder versucht, ihn wieder los zu werden. Karriereknick, falls der so harmlos erscheinende Antragsteller im Nachhinein als Topspion eines feindlichen Nachrichtendienstes enttarnt werden sollte. Alle Stempel in meinem Pass werden erneut ausführlich begutachtet. Von vorne nach hinten und von hinten nach vorne. Mein Gott, da sind welche aus der Türkei, Serbien, Bulgarien drin. Hoffentlich ist keiner darunter, der sich auf der Abschussliste befindet. Zum Glück ist der Pass relativ neu. Dann ein Lichtblick: Die Dame geht den Pass kopieren. Der erste Meilenstein ist erreicht. Danach erneute Durchsicht aller Stempel. Ab und zu stellt sie auf Chinesisch eine Frage. Eins ist klar, ohne mein Reisewörterbuch hätte ich hier schon längst kapituliert. Es ist 10.30 Uhr. Endlich der zweite Meilenstein: Die Dame greift zum (von mir für diesen Zweck bereitgelegten und auf Format geschnittenen) Passfoto und klebt es in die rechte, obere Ecke meines Antragsformulars. Ich beginne heimlich aufzuatmen. Aber aus Erfahrung mit dieser Behörde weiß ich, dass das Rennen noch längst nicht gelaufen ist. Ich stehe nach wie vor unter Hochspannung. Jedesmal, wenn sie mir auf Chinesisch irgendetwas erklärt, das ich nicht gleich auf Anhieb verstehe, oder mir versucht, etwas mitzuteilen, bei dem ich eigentlich mit den Zähnen knirschen müsste, blättere ich in meinem Reisewörterbuch und zeige auf das Wort „Visumverlängerung". Ansonsten habe ich kein Wort verstanden. Derweil geht vor der offenen Tür ein kräftiger Regenschauer nieder. Alle blicken nach draußen. Ich versuche, mich zu entspannen. Wieder Drängeleien anderer Antragsteller. Zeile für Zeile prüft die Frau das Antragsformular und vergleicht dabei mit meinem Reisepass. Ich zeige ihr die Boarding Card, weil sie das Einreisedatum moniert. Der Einreisebeamte hatte am Airport in Peking schlampig gestempelt, und nun ist das Datum unlesbar. Das Argument kenne ich schon, daran könnte alles scheitern nach meinen bisherigen Erfahrungen. Nach weiteren 30 Minuten Diskutieren und Warten habe ich einen weiteren Meilenstein erreicht: Sie schaltet den Drucker ein. Ich stehe immer noch unter Hochspannung. Sie klammert und heftet. Dann gibt sie die Daten am PC ein. Ich bemerke eine kleine Webcam, die auf mich gerichtet ist, und konzentriere mich nochmal auf einen möglichst neutralen und unangespannten Gesichtsausdruck. Wer jetzt lacht wird endgültig disqualifiziert beim Bürokratenmonopoly mit dem PSB. Schließlich rattert der Drucker und spuckt ein Blatt Papier aus. Sie geht zum Nebentisch, holt einen Stempel und setzt ihn unter das Dokument. Ein Stempel!!! Der mit Abstand wichtigste Meilenstein heute. Ich stehe immer noch unter Hochspannung. Jetzt bitte keinen Patzer machen so kurz vor dem Ziel. Sie händigt mir das Dokument aus und erklärt mir, dass ich am Freitag wiederkommen soll. Der Vorgang kostet 160 RMB, zahlbar am Freitag und in bar. Der Pass bleibt solange beim PSB. Emotionslos packe ich meine Sachen wieder in den Rucksack und verlasse unauffällig das Büro. Jedes weitere Nachfragen inopportun, es könnte die sofortige Disqualifikation zur Folge haben. Dann hätte ich endgültig verloren beim Bürokratenmonopoly – Time out. Die sieben Sachen packen und sehen, dass ich schleunigst zum Flughafen nach Peking komme. Irgendwie, mit Bus, Bahn, egal. Das Visum dürfte bei Ankunft am Flughafen bereits abgelaufen sein. Bei diesen Straßenverhältnissen hier, da braucht der Bus für 300 Kilometer einen Tag. Sofern ein Platz verfügbar und die Radmitnahme geklärt ist. Alles abgesoffen die letzten Tage, Straßen unpassierbar, Brücken beschädigt. Was noch kommt, niemand weiß es.

Draußen schließe ich das Rad auf. Ein Blick auf die Uhr sagt mir, es ist 11.48 Uhr. Ich habe das Bedürfnis, ziellos durch die Gegend zu laufen und die Lage neu zu überdenken. Deshalb schiebe ich das Rad. Im Kopf rattert es:

1. Rückflugtermin arrangieren: Zu früh, eigentlich dringend, aber es hilft nichts, muss bis Freitag warten. Wichtigste Frage nach wie vor offen: Gibts was? Und wenn ja, wieviel?
2. Hotelwechsel in was Günstigeres. Schwierig ohne Pass bzw. zu riskant wegen des laufenden Antrags.
3. Was mache ich hier bis Freitag?

Nicht jeder hat so ein problematisches Bürokratenmonopoly durchzustehen wie Gabi Hirsemann – zum Glück! Dass das auch mit weniger Frust ablaufen kann zeigt der Bericht von Beat Heim weiter unten. Die Behörden sind in aller Regel hilfsbereit und korrekt. Mehrfach-Ein- und Ausreisevisa gibt es allerdings nur noch für Geschäftsreisende. Und die Visabestimmungen können sich schnell ändern, meist zu Ungunsten der in China eher ungern gesehenen Einzelreisenden.

Chinas **Währung** heißt Renminbi (das frühere Devisengeld für Ausländer, „FEC“ = Foreign Exchange Certificate, wurde abgeschafft). 1 Yuan entspricht 10 Jiao, 1 Jiao wiederum 10 Fen – aber Fen-Scheine und -Münzen werdet ihr nur noch ganz selten in die Hand bekommen. RMB-Umtauschbelege für evtl. Rücktausch aufbewahren. US$ (auch Reiseschecks) werden sowohl in Banken als auch in (größeren) Hotels eingetauscht. Euro-Umtausch ist weniger üblich. Die Banknoten müssen in gutem Zustand sein, Einrisse z.B. werden zurückgewiesen. Geld am Automaten ziehen ist die bessere Alternative (in jeder größeren Stadt finden sich etliche Geldautomaten). Das geht mit der EC-Karte und den gängigen Kreditkarten; mit letzteren kann man auch bei der Bank of China Bargeld abheben, in größeren Hotels bezahlen, etc.

Geografie

Die Volksrepublik China ist flächenmäßig das drittgrößte Land der Erde. Die Ost-West- und die Nord-Süd-Ausdehnungen betragen mehr als 5000 km. China ist in 30 Provinzen aufgeteilt (ohne Taiwan, darunter fünf sog. „autonome“ Provinzen).

Die Landschaften sind sehr unterschiedlich: Im Südwesten liegt das höchste Gebirge der Welt, der Himalaya, und das Hochland von Tibet. Im Nordwesten breiten sich große Wüsten aus (Takla Makan und Gobi) und im Süden das Südchinesische Bergland. Im äußersten Südosten, in Xishuangbanna, findet sich auch tropischer Regenwald.

Das Land fällt treppenartig vom Qinghai-Tibet-Plateau im Südwesten (Durchschnittshöhe 4500 m) zu Hochländern und Becken (1000–2000 m) und schließlich zu Hügelländern und Tiefebenen (unter 1000 m) ab.

Klima, Reisezeiten

Die **Klimata** Chinas sind sehr unterschiedlich, genauso wie die Landschaften. Dementsprechend sind auch die Anforderungen an einen Radreisenden.

Das tropisch-subtropische **Südchina** ist im Winter ideal zum Radfahren, Luftfeuchtigkeit und Temperatur sind angenehm, doch im Sommer wird es dort unerträglich schwülheiß! Der **Jangtsekiang**-(Changjiang-)Fluss ist Chinas „Heizungsgrenze“. Nördlich dieser Linie wird im Winter geheizt und es besteht, zumindest in den teureren Hotels, die Möglichkeit, sich aufzuwärmen. Südlich dieser Linie kennt man keine Heizung, was das Reisen dort im Winter etwas unangenehm werden lassen kann, da es dann doch recht kalte Nächte geben kann. Das **Qinghai-Tibet-Plateau** im Südwesten Chinas, die größte Hochebene der Welt, ist nur im Sommer zu empfehlen, doch auch dann sind die Straßen oft durch heftige Regenfälle und Bergrutsche blockiert. Mit plötzlichen Wintereinbrüchen muss hier das ganze Jahr gerechnet werden.

Die Wüsten im **Norden** und in **Nordwestchina** sind im Sommer glühend heiß und im Winter eisig kalt (minus 20 °C sind keine Seltenheit). Die ideale Reisezeit dort ist im Mai und im September/Oktober.

Der **Nordosten** des Landes hat ebenfalls eisige Winter. Die Gegend um Peking ist am angenehmsten im Herbst und Frühjahr zu bereisen, sommers ist es dort heiß und schwül. Begibt man sich im Sommer in die Hochgebirgsregionen, kann es auch dort empfindlich kalt sein!

Mit Ausnahme von Südchina ist der Winter also generell keine angenehme Reisezeit. Viele Bergstraßen in Zentralchina, z.B. durch das Qinling-Gebirge, sind dann vereist oder gar tagelang zugeschneit.

Kalt! Spätherbst an der Mauer in Nordchina

Bevölkerung Viele Regionen Chinas gehören zu den am dichtesten besiedeten Gebieten der Welt, wobei 96% der Bevölkerung in der östlichen Hälfte des Landes leben und nur gerade 4% in der westlichen. Fast 92% von Chinas Bevölkerung sind Han-Chinesen. Die nationalen Minderheiten, von denen es 55 anerkannte Gruppen gibt, stellen in einigen Gebieten Chinas die Mehrheit. Trotz verfassungsmässig vebriefter Vorrechte wird Chinas Regierung, sicherlich nicht ungerechtfertigt, immer wieder vorgeworfen, besonders die tibetischen und muslimischen Minderheiten stark zu unterdrücken, auch mit massiver Waffengewalt. Gerade in Xinjiang und den tibetischen Provinzen kommt es immer wieder zu Protestaktionen der unterdrückten Bevölkerung, die von der Volksbefreiungsarmee ohne Rücksicht auf Menschenleben zumeist blutig und äußerst brutal niedergeschlagen werden.

Ein Großteil der chinesischen Bevölkerung lebt immer noch von der Landwirtschaft, und bei über 1,3 Milliarden Menschen muss jeder mögliche Quadratmeter Boden genützt werden (nur etwa ein Fünftel der Fläche Chinas ist landwirtschaftlich nutzbar, der Rest ist zu trocken, zu kalt oder zu hoch gelegen). Doch nur besonders unwirtliche Gebiete sind kaum besiedelt.

Kontakt mit der Bevölkerung Als Radtourist ist man in China – ähnlich wie in Indien – so gut wie nie alleine und unbeobachtet, Chinesen sind generell sehr neugierig – und recht fotografier-„freudig" (doch beachtet das Verbot „militärischer" Motive!). Wenn man vom Rad steigt, wird man sofort von einer Menschenmenge umzingelt und angestarrt. Von staatlicher Seite wird versucht, durch Restriktionen die Begegnung mit Ausländern in kontrollierten Bahnen verlaufen zu lassen. Doch ein westlicher Tourist auf einem so ungewöhlichen Reisemittel wie dem Fahrrad weckt vor allem in entlegenen Gebieten großes Interesse. Dass jemand, zumal als reicher Ausländer, nur so zum Spaß mit dem Fahrrad durch die Lande fährt, kann die ländliche Bevölkerung kaum nachvollziehen. Für die Masse der Chinesen ist ein Rad kein Reise- oder Sportgerät, sondern ein wichtiges Transportmittel.

Trotzdem wird man als Reiseradler wohlwollend zur Kenntnis genommen, was den Zugang zu den Menschen erleichtert. Doch sprachliche Barrieren sind ein großes Hindernis. Einladungen nach Hause sind die große Ausnahme, da dies einerseits für die Einheimischen mit gesellschaftlichen Unannehmlichkeiten verbunden sein kann und andererseits das Zuhause in vielen asiatischen Kulturen der Familie vorbehalten ist. Vor allem Chinas nationale Minderheiten können jedoch sehr gastfreundlich sein. In islamisch geprägten Gebieten auf zurückhaltende Kleidung achten!

Ernst Christen: „Etliche China-Reisende machen in Sachen Kultur auch persönliche Grenzerfahrungen. Dazu gehören das Vordrängeln der Leute, die Bedienung im Restaurant kommt nicht (zu schüchtern, möglicher Gesichtsverlust), geräuschvolle Essenslaute, Gespucke, Lärm und öffentliche (Steh-)Toiletten ohne Trennwände, die zudem noch jeglicher Hygiene spotten. Es gibt immer wieder Reisende, die sich wegen solchen kulturellen Unterschieden nerven und ärgern, zuweilen sogar beleidigend werden. Das ist nicht die richtige Herangehensweise an eine fremde Kultur – in diesem Fall bleibt man besser zu Hause."

Der von allen China-Radlern meist gehasste Ausspruch war immer ein kurzes „mei you!", dann hörbar, wenn es etwas nicht gab, oder erst morgen, oder man momentan keine Lust hatte, sich drum zu kümmern oder das Gespräch mit dem „Farang", dem Ausländer, zu anstrengend schien. Doch Gabi Hirsemann: „Das einstige Desinteresse in Hotels und Restaurants gibt es nicht mehr, vermutlich wegen der Wirtschaftslage. Im Gegenteil – heftiges Interesse, dem Gast alles recht zu machen. Man steht sofort im Mittelpunkt des Interesses."

Sprache und Schrift

Neben vielen Sprachgruppen und Dialekten ist heute die offizielle Hochsprache Chinas das Mandarin-Chinesisch. Die Schriftzeichen sind im ganzen Land gleich und dienen bei Verständigungsproblemen als Kommunikationsmittel (wenn man sich nicht versteht, werden Schriftzeichen mit dem Finger in die Luft geschrieben). Die Umschrift geschieht mit der latinisierten Hanyu-Pinyin-Umschrift, die aber auf dem Land nicht gebräuchlich ist.

Geografische Begriffe und Städtenamen wurden umgestellt, doch auf Karten und in Büchern existieren noch unterschiedliche Bezeichnungen (z.B. Peking – Beijing, Jangtsekiang – Changjiang etc.). Außerhalb der großen Städte und Touristenzentren wird man kaum lateinische Schriftzeichen bzw. in Englisch Geschriebenes sehen. Unbedingt nötig ist also eine Straßenkarte mit chinesichen Schriftzeichen. Nur so bekommt man ohne Chinesisch-Kenntnisse die Karte mit den chinesischen Namen auf den Wegweisern zusammen. Zweisprachige Straßenschilder sind längst nicht überall zu finden.

Chinesische Sprachkenntnisse zu haben ist zwar nicht unbedingt überlebensnotwendig, doch je weiter man abseits reist – und auf längeren Radtouren ist dies der Fall –, desto mehr sind sie von Nutzen. Ohne Sprach- und Schriftkenntnisse ist man „blind" und „stumm". Vor allem Sprachkenntnisse werden von den Menschen honoriert. Ist man allein unterwegs, sind diese doppelt wichtig, weil man oft länger keinen Ausländer trifft und ein Reiseleben ohne Konversation auf die Dauer sehr frustrierend sein kann. Die allermeisten Chinesen sprechen kein Wort Englisch, doch man trifft in Großstädten immer wieder Studenten oder Lehrer, die mit einem Ausländer Englisch üben wollen und hilfsbereit sind. Gabi Hirsemann: „Doch selbst mit denen, die etwas Englisch können, ist die Verständigung oft ausgesprochen mühsam. Viele können Wörter schreiben und lesen, sie aber nicht aussprechen oder Gesagtes verstehen. Aber in den Schulen wird Englisch unterrichtet; es tut sich viel im Land."

Spricht man kein Chinesisch, was wohl bei den meisten Rad-Toureros der Fall sein dürfte, sollte man **unbedingt** einen **Sprachführer** mitnehmen, der einem im Restaurant, auf Hotelsuche und bei anderen alltäglichen Handlungen hilft. So ein kleines Büchlein vereinfacht einen China-Aufenthalt enorm. In China gibt es den nützlichen „Pocket Interpreter Chinese", von Lydia Chen und Ying Bian, er ist auf die Belange von Rucksackreisenden zugeschnitten. Erhältlich in Hongkong und in den Foreign Language Bookstores der Provinzhauptstädte.

Wer schon zu Hause Chinesisch zu lernen beginnt, sollte dies nur mit gleichzeitiger Sprachkassette tun, weil die richtige Aussprache und Betonung sehr wichtig sind. Vor zu großen Hoffnungen sei allerdings gewarnt: Sinologie-Studenten brauchen Jahre, um den richtigen Ton zu treffen, und ohne diesen wird man nicht verstanden.

Übernachten Es gibt in China keine offiziellen Campingplätze, und außer in den Wüsten Takla Makan und Gobi und auf der tibetischen Hochebene macht **Camping** keinen Sinn, da man in jeder größeren Ansiedlung angemessene Unterkunftsmöglichkeiten findet. Im Osten Chinas ist auf Grund der intensiven landwirtschaftlichen Tätigkeiten sowieso kaum ein ruhiges Plätzchen zu finden. In den oben genannten Gegenden ist man aber auf ein Zelt angewiesen.

In China gibt es eine unglaubliche Dichte an **Hotels**, die alle einen guten bis hervorragenden Standard haben. In kleinen Orten gibt es bescheidene Zimmer für ein paar Euro, in größeren luxuriöse Zimmer für rund 10 bis 15 Euro. Die Ausländerhotels in touristischen Orten haben höhere Preise, die bis zum fünf- und zehnfachen gehen (dafür ist der Komfort auch sehr viel höher). Die einfachen Kategorien sind Doppel- oder Mehrbettzimmer mit gemeinsamer, oft sehr einfacher Waschgelegenheit und Toilette. Billig und sehr gut sind die Regierungshotels (Tsung loy se), doch die gibt es nicht überall. Gabi Hirsemann: „Generell zum Preisniveau: Mit 500 Euro monatlich (inkl. Wohnen) kann man in China ein Leben im Luxus führen. Mit 800 Euro lebt man dort wie der Kaiser von China." Wichtig jedoch: Die an der Rezeption angeschlagenen Preise gelten fast nie und müssen stets runtergehandelt werden (manchmal bis zu 50%).

Zimmer mit Heizung. In einem einfachen Guesthouse

Alles in allem bieten die Hotels in China einiges und die Zimmer sind sauber. Allerdings brauchen die Hotels eine Lizenz, um ausländische Gäste aufnehmen zu können, was in gewissen Gegenden zu einer ausgedehnten Suche führen kann. Vielerorts wird diese Bestimmung recht lax gehandhabt, in anderen Gegenden jedoch sehr strikt (z.B. Xinjiang). In kleineren Ortschaften, in denen es kein Hotel mit Lizenz gibt, kann es sein, dass vor dem Beziehen des Zimmers die Polizei vorbeischaut und den Pass zur Registrierung abholt oder dass man selbst auf den Posten muss. Es ist ratsam, für diese Prozeduren Kopien des Passes mitzuführen, die man der Polizei an Stelles des Passes mitgeben kann. Geht man freundlich um mit den Beamten, entstehen dadurch machmal ganz angenehme und lustige Begegnungen.

Wer für Ausländer geschlossene Gebiete durchquert, übernachtet besser nicht in Hotels, da die Registrierungsformulare an die Polizei abgegeben werden müssen. Ist man zwei, drei Tage in so einem Gebiet unterwegs, sollte man besser im Freien übernachten. Allerdings greift die Polizei seit 2008 vor allem in Tibet und im Kunlun-Gebirge hart durch und seither ist kaum jemand noch mit dem Rad durchgekommen (mehr Infos dazu siehe „Ziele, Routen, Strecken"). Wird man erwischt, kann dumm Stellen helfen, freundlich bleiben sollte man sowieso (auf alle Fälle!), man muss aber damit rechnen, mit dem nächsten Bus in eine „freie" Stadt befördert zu werden. Etliche mussten auch schon Bußgeld bezahlen.

Verpflegung

Selbst kochen lohnt nicht (außer in den siedlungsarmen Gegenden im Westen, in Tibet und in anderen gebirgigen bzw. wüstenhaften Gebieten), da es überall von morgens (ab sechs Uhr) bis abends Straßenküchen und Restaurants gibt, die gutes, verträgliches und unglaublich preiswertes Essen verkaufen (vorher ein wenig die hygienischen Verhältnisse checken, ggf. eigenes Essbesteck verwenden). Fast immer sind Nudeln oder Reis erhältlich (die Reis-Nudel-Grenze läuft entlang des Flusses Jangtsekiang, nördlich von ihm Weizenanbau, südlich davon Reisanabau), oder es gibt Huhn und Gemüse in allen Variationen. Fleisch ist oft minderer Qualität. Kein Problem gibt es mit Getränken, heißen (grünen) Tee und gutes Bier gibt es überall, ebenso Flaschenwasser und Limonade lokaler und internationaler Hersteller.

In chinesischen Hotels, Zügen und Bahnstationen ist es auch üblich, dass immer eine Thermoskanne mit heißem Wasser zur freien Bedienung zur Verfügung steht. In vielen Gästehäusern und Hotels stehen praktische Wasserkocher auf den Zimmern, ideal für Tee, Instantkaffee oder Instantsuppen. Bei Strecken durch weniger besiedelte Gebiete sollte man immer genügend Proviant und Wasser am Rad haben, Wasserentkeimungsmittel können nützlich werden.

Gesperrte und offene Gebiete

Wie erwähnt sind in China nicht alle Städte und nicht alle Gebiete für ausländische Besucher zugänglich. Zonen, die strategisch wichtig sind, Grenzregionen, Gebiete mit schlechter Lebensmittelversorgung und politisch instabile Gebiete (Tibet, z.T. Xinjiang) dürfen nur mit einer entsprechenden Erlaubnis, mit einem ATP (Aliens Travel Permit) besucht werden. Doch dieses ist nur selten erhältlich oder nur für Gruppenreisende. Die Liste der neuesten offenen Gebiete und Städte ist erhältlich beim Fremdenverkehrsamt der VR China (mit kurzfristigen Änderungen ist immer zu rechnen).

Diese Liste ist also eine erste Hilfe beim Abstecken der Reiseroute. Tatsächlich sind aber mehr Orte geöffnet als auf dieser Liste angegeben sind (s. auch die Tibet-Reisestory von Beat Heim, weiter unten). Die aktuellsten Infos sind in der jeweiligen Provinzhauptstadt bei der Ausländerpolizei zu bekommen. Verstöße werden meist mit (geringen) Geldstrafen geahndet (s.a. Anmerkungen bei „Übernachten"). Es hängt von euren Tricks und eurem Einfallsreichtum ab, mit dem Rad „geschlossene" Gebiete zu durchqueren, wenn es denn sein muss.

Sicherheit

China ist im Großen und Ganzen ein sehr sicheres Reiseland. Doch die Chinesen scheinen einander nicht sonderlich zu trauen. Alles wird ein- und abgeschlossen, Fahrräder werden niemals unbewacht abgestellt. Die Kriminalitätsrate steigt an, nicht zuletzt durch die erwachte Konsumhaltung der Leute. Die Gefahr, als Ausländer bestohlen zu werden, ist jedoch gering, da die Strafen dafür drakonisch sind. In Städten ist die Diebstahlsgefahr (Taschendiebe) größer. In billigen Hotels sollte man das Fahrrad mit aufs Zimmer nehmen, in teureren (falls nicht möglich) kann es auch im abgeschlossenen Aufbewahrungsraum deponiert werden. Die Hotels sind seriös.

Alleine die Tatsache, dass westliche Ausländer oftmals körperlich größer sind als Chinesen, erzeugt einen gewissen Schutz und ein Sicherheitsgefühl. Dies gilt auch für Frauen, für die China in aller Regel sehr sicher ist. Im Vergleich mit anderen asiatischen Ländern werden in China Meinungsverschiedenheiten offener ausgetragen, doch wie in ganz Ostasien ist die Wahrung des Gesichts sehr wichtig.

Mit Beleidigungen, auch im Straßenverkehr, egal in welcher Sprache, sollte man sich unbedingt zurückhalten! Aggressive Reaktionen können die Folge sein.

Ein Problem können für Radfahrer die Wachhunde sein, besonders in Gebieten mit tibetischer Bevölkerung. Stellt euch auf Angriffe ein! Zumeist sind die Hunde aber angekettet oder werden von ihren Besitzern zurückgepfiffen. Ansonsten hilft ein Steinwurf, im Notfall auch ein gezielter.

Es versteht sich von selbst, dass man sich als Tourist aus politischen Protesten raushält (Xinjiang und Tibet).

Rad, Ersatzteile

Ein Rad für China muss zuverlässig und robust sein (MTB- oder Trekkingrad), und es sollte wegen den vielen qualitativ unterschiedlichen Straßenbelägen (bzw. den nicht vorhandenen) breite Reifen (47 mm) oder Off-Road-Reifen haben. Ernst Christen: „Da mehrere taiwanesische Hersteller inzwischen auch in China herstellen lassen (mit Shimano-Komponenten made in China), gibt es in größeren Städten Bikeshops, die im Notfall ein paar brauchbare und vor allem kompatible Komponenten verkaufen. MTB-Reifen (in fraglicher Qualität) sind überall erhältlich, ein guter Ersatzreifen gehört aber auf längeren Touren dazu. Kleine Werkstätten gibt es an jeder Straßenecke, die Preise sind niedrig, aber dort mehr als einen Platten reparieren zu lassen ist nicht zu empfehlen. Man muss imstande sein, sein Rad selbst zu reparieren. Die gut ausgerüsteten Bikeshops in den Städten leisten in der Regel aber gute Arbeit."

Ausrüstung

Zu den üblichen Radersatzteilen und der Ausrüstung sollte man bei individueller Reise auch ein Zelt, eine Schlafmatte und einen Kocher (Benzin) mitnehmen (CampingGaz-Kartuschen sind nur in Hongkong erhältlich). Je nach Route kann auch ein Winterschlafsack und Winterbekleidung angemessen sein. Eine Trillerpfeife für Notsituationen macht Sinn.

Die Mitnahme von Fotos von zuhause, von der Familie und dem Heimatort, sind wichtige Kommunikationsmittel. Nehmt Bilder von euch mit eurem Rad mit und lasst hinten von einem Chinesen auf Chinesisch ein „Dankeschön" für Freunde und die Helfer unterwegs draufschreiben. Wer nach Tibet will, sollte unbedingt Bilder vom Dalai Lama einpacken (sind auch in Hongkong erhältlich), sich damit aber nicht erwischen lassen (werden konfisziert).

Fahrrad in China kaufen

Chinesische Fahrräder können in jedem größeren Kaufhaus oder in speziellen Radläden gekauft werden. Die Preise für die klassischen chinesischen Modelle „Golden Lion", „Phoenix" oder „Flying Pigeon" sind für Ausländer sehr tief. Doch damit eine ernsthafte Tour zu absolvieren ist kaum denkbar. Ernst Christen: „Seit verschiedene taiwanesische Hersteller in China Räder mit Shimano-Komponenten made in China produzieren, machen etliche Radfahrer damit auch längere Touren durch das ganze Land. Der Vorteil ist, dass man in vielen Städten Ersatzteile kriegt. Der Nachteil ist, dass die Räder qualitativ nicht ausreichend sind und meist lausig montiert wurden (z.B. kein Fett in den Lagern). Wenn man sich erst in China ein Rad kaufen will, sollte man nur das beste MTB-Modell nehmen (erhältlich sind ‚Giant' und ‚Diamond Back') und den (eingefahrenen) Sattel von zuhause mitbringen."

Soll das Rad später wieder verkauft werden, ist der Kaufbeleg unbedingt aufzubewahren, damit der Käufer sein Rad auch ordnungsgemäß anmelden kann (chinesische Räder müssen registriert werden und bekommen ein Nummernschild). Der Preisverfall für ein gebrauchtes Rad ist in China jedoch recht hoch. Ausländer brauchen keine Rad-Registrierung.

Wer nicht sein eigenes Rad mitbringen will, kauft ein gutes und preiswertes Neugerät am besten in Hongkong; dort findet man etliche erstklassige Bikeshops. Die beste Adresse ist die „Flying Ball Bicycle Company" in Kowloon (*www.flyingball.com*). Dieses Geschäft ist Anlauf- und Treffpunkt für alle China-Radler, dort gibt

Westliche Radtechnik – einfach zum Lachen! Rad-Service am Straßenrand

es auch die neuesten China-Infos (Routen und Erfahrungsberichte von anderen Radlern) und die Belegschaft ist sehr hilfsbereit! Weitere gute Radläden und auch viele sonstige Radler-Links findet man unter *www.bikesutra.com/hk_cycling.html*.

Straßen, Verkehr

Rechtsverkehr (theoretisch). In China werden schneller neue Straßen gebaut, als Straßenkarten gedruckt werden können. Im Südwesten Chinas sind die Straßen in relativ gutem Zustand, nach Westen hin dünnt das Straßennetz aus und wird auch schlechter. Am besten sind noch die Straßen mit dem G davor (entspricht der deutschen Bundesstraße), es gibt aber riesige Unterschiede im Straßenzustand. Zur Zeit werden die Straßen mit dem G nach und nach erneuert. So findet man nur mühsam passierbare Abschnitte mit -zig Kilometern Straßenbaustelle genauso wie sechsspurig ausgebaute „Rennpisten" mit bester Asphaltdecke.

Zu den meistbefahrenen Strecken gibt es in der Regel wenig Alternativrouten. Die Hauptverkehrsstraßen sind in aller Regel asphaltiert, trotzdem muss man sich ab und zu mit vielen Schlaglöchern, unbefestigten Seitenstreifen, ausgefransten Fahrbahnrändern und tiefen Steilkanten neben der Straße arrangieren. Der Asphalt wird bei starker Sonnenstrahlung oft weich und klebrig, die Straßenränder sind öfter mit Glasscherben übersät.

An den Straßen wird ständig gebaut und repariert. Die Gebirgsstraßen im Südwesten sind im Sommer manchmal durch Erdrutsche blockiert und gefährlich!

China verfügt inzwischen über ein dichtes Netz von Autobahnen (Expressways). Diese sind für Radler eigentlich tabu; das wird durch die Polizei streng kontrolliert. Leider werden immer mehr Hauptverbindungsstraßen, vor allem in entlegenen Gebieten (Gobi, Xinjiang, etc), ersatzlos in Autobahnen umgewandelt. Ernst Christen: „Mit etwas freundlicher Frechheit kommt man oft durch die Kontrolle (z.B. nett winken), doch die Polizei wird einen irgendwo auf der Strecke mit Sicherheit anhalten und kontrollieren. Freundlich bleiben und nicht viel verstehen (was ja eh der Fall sein dürfte) hilft auf alle Fälle weiter. Freundlich auf der Weiterfahrt bestehen. Gibt es aber zu der Autobahn eine alternative Hauptstraße, so hat man keine Chance und die Polizei weist einen von der Autobahn oder führt einen in die nächstgelegene Ortschaft. Das Thema ist etwas heikel, doch mit dem geeigneten Fingerspitzengefühl und viel Freundlichkeit kommt man durch."

Alle Straßen haben Kilometersteine, die die Orientierung erleichtern (Kilometer = „Gongli"). Nebenstraßen sind schmal und meist unbefestigt, nach ausgiebigem Regen können sie sich in Schlammstrecken verwandeln.

Fahrradwege, Radplätze

In den großen Städten gibt es breite Fahrradwege, die man mit tausenden anderer Radfahrer teilen muss, das ist ein endloser (gemächlicher) Fahrrad-Strom, der zu den Stoßzeiten noch mehr anschwillt. Diese Radwege – besser gesagt Radstraßen – nehmen oft die Hälfte der eigentlichen Straße ein, vom übrigen Verkehr sie sind meist getrennt. Mit steigendem Autoverkehr werden aber in den Städten die Straßen immer mehr ganz den Autos überlassen. In den Großstädten gibt es bewachte, billige Fahrradparkplätze, die benutzt werden müssen. Freies Parken ist oft nicht erlaubt.

Rent a Flying Pigeon!

Straßenverkehr

Auf chinesischen Straßen drängt und tummelt sich alles, was Räder hat oder bewegt werden kann: Autos, Lastwagen, Minitraktoren, Fahrräder in allen Variationen (es gibt viele dreirädrige Lastenfahrräder), Fußgänger, Gespannfahrzeuge mit Tieren, Mopeds etc. Privatautos sieht man immer häufiger, und viele Fahrzeuge sind in einem technisch schlechten Zustand – vertraut also nicht darauf, dass Autos und Lkw immer bremsen können.

Der Verkehr ist nicht allzu hektisch, trotzdem muss man sehr aufpassen, Unfälle gibt es viele. Die Verkehrs-Hauptregel ist einfach: Der Stärkere und der Größere haben Vorfahrt bzw. sie erzwingen sie sich. Doch man bremst für Radfahrer (sofern man sie denn rechtzeitig gesehen hat). Andere Gegenden Asiens sind da schlimmer.

Gabi Hirsemann: „Die ständige Huperei ist extrem gewöhnungsbedürftig. Wer zur Schreckhaftigkeit neigt, braucht Ohrstöpsel." In größeren Städten wird der Verkehr durch die Pollizei geregelt, die Drängelei und das Gehupe relativieren sich dadurch. In entlegeneren Gebieten ist es aber noch immer angesagt, dass Lkw und Autos einfach hupend durch die Dörfer fahren und die Leute mit Kind und Kegel von der Fahrbahn rennen müssen.

Ansonsten gelten fast die gleichen Verkehrsregeln wie bei uns, nur dass sie weniger streng gehandhabt werden. Die Ampellichter sind nebeneinander angeordnet, bei Rot darf auch nach rechts abgebogen werden. Radfahrer geben beim Ausscheren, Ab- oder Einbiegen keine Handzeichen, und sie tun dies alles unvermutet und plötzlich, ohne den Kopf in eine evtl. Gefahrenrichtung zu wenden. Im Verkehrsgewühl daher immer auf die Vorderleute achten! Manche Kreuzungen dürfen Radler nicht überqueren, sondern sie müssen sich den Fußgängern anschließen.

Nachts wird ohne Licht gefahren (und wenn, dann nur mit Standlicht). Bei Gegenverkehr wird kurz aufgeblendet. Chinesische Fahrräder haben keine Lichter. Die Straßen und Gassen sind oft kaum beleuchtet. Also vergiss Nachtfahrten!

Orientierung

Wie schon angesprochen: Wer unterwegs in den Dörfern die Leute nach dem Weg fragen will (und darum kommt niemand herum), muss unbedingt eine chinesische Karte dabei haben (fast alle Buchläden verkaufen Straßenatlanten in allen Formaten). Am besten fragt man Polizisten, Auto- und Lastwagenfahrer nach dem Weg. Zeigt man auf der Karte auf die chinesichen Schriftzeichen, ist allen alles klar und es wird klar die Richtung gewiesen. Am besten fragt man diskret gleich drei- oder viermal, um Missverständnisse auszuschließen. Mit Karten mit lateinischen Buchstaben kommen die Leute nicht klar, und wenn man ihnen die Ortschaft nennt, die man ansteuert, wird es nicht verstanden, weil unsere Aussprache nicht stimmt. Die Karte braucht man auch, um die Wegweiser zu entziffern. Ein GPS-Gerät tut ebenfalls sehr gute Dienste, denn damit ist die eingeschlagene Richtung immer klar ersichtlich und man kann sich somit kaum noch verfranzen (leider gibt es aber bislang für China nur ungenaue Karten).

Fahrrad-Transport

Ein Rad kann in China mit dem Zug, mit Bussen oder auch auf dem Schiff mitgenommen werden. Die Mitnahme in Flugzeugen der chinesischen Airline CAAC scheint eher problematisch zu sein.

Für eine Bahnfahrt sollte das Rad zwei bis drei Tage vorher aufgegeben werden, oder man wartet am Zielort die entsprechende Zeit. Die Mitnahme im gleichen Zug ist aber oft auch möglich. Vorsichtshalber die Pedale abschrauben, damit niemand mit dem Rad herumfahren kann, doch es nicht abschließen. Der Kauf des Tickets ist manchmal eine Geduldss- und Nervenprobe, s. die Reisestory von Beat Heim weiter unten.

Ein bisschen schwieriger kann sich die Radmitnahme bei einer Busfahrt gestalten (Platzproblem). Das Rad sollte beim Kauf des Tickets erwähnt werden. Die Mitnahme auf Schiffen ist in aller Regel problemlos.

Telefon und Internet

In wenigen Jahren entwickelte sich China zu einer der weltweit größten Internet-Gemeinden. Inzwischen findet man riesige Internetcafés in fast allen größeren Ortschaften. Das Netz ist zwar zensiert und überwacht, sogenannte „subversive" Websites sind gesperrt, doch die Netzverbindungen sind in aller Regel superschnell. Weiteres s. unter „Internet" auf der Suchmaschine *www.chinasite.com*. Pass mitnehmen, wenn man ins Internetcafé geht.

Am wenigsten Probleme bereiten Ferngespräche von Touristenzentren aus, meist steht da in den Travellercafés ein Telefon und eine Zeituhr gut sichtbar auf einem Tischchen am Eingang bereit. Die zweitbeste Möglichkeit sind Vier-Sterne-Hotels, da gibt es teilweise (wie auch in den Internetcafés) einen Faxanschluss. Die Gebühren können aber astronomisch hoch sein. In den Telegrafenämtern werdet ihr ohne Sprachkenntnisse allein gelassen.

II. Ziele, Routen, Strecken

Radreisen in China, Anreisemöglichkeiten

Eine Urlaubs-Radreise in China wird man wegen der Größe des Landes und wegen bürokratischer Schwierigkeiten im „Normalfall" auf ausgewählte Ziele bzw. auf bestimmte Regionen beschränken – doch man könnte auch größere Distanzen mit anderen Verkehrsmitteln zurücklegen (Bahn, Bus, Schiff, ggf. Flugzeug). Offiziell darf man in China nicht mit dem eigenen Fahrzeug reisen – es sei denn, man hat eine Genehmigung. Radfahren wird jedoch in aller Regel problemlos toleriert. Früher gab es vereinzeilte Berichte, wonach die Direkteinreise mit dem Flugzeug und dem Fahrrad nach Peking Probleme machte – neuere negative Berichte hierzu liegen allerdings nicht mehr vor.

Bei der Einreise über Hongkong gibt es keine bürokratischen Hindernisse, allerdings kommt man vom Flughafen per Rad nicht in die Innenstadt (Autobahn) und die Airport-Express-Bahn nimmt auch keine Radfahrer mit (es sei denn, das Rad ist noch im Karton). Ansonsten mit einem Taxi-Van in die Stadt fahren. Eine Weiterreise mit Passagierschiffen von Kowloon nach „China Mainland" ist möglich (Guangzhou und Macao) und ist wohl die beste Wahl. Aus Hongkong hinaus führen fast ausschließlich Autobahnen.

Die Einreise mit dem Schnellzug nach Guangzhou ist problematisch, das Rad muss als Gepäck aufgegeben werden. Dies ist zwar schon einigen gelungen, aber mit sehr viel Ärger und Ungewissheit. Eine andere Möglichkeit ist die Fahrt mit dem Zug und dem Rad zur Grenzstation Lo Wu. Dann geht man zu Fuß durch den Zoll, besteigt in der VR China den Zug oder radelt los.

Die Ein- und Ausreise nach China mit der Transsibirischen Eisenbahn über die Mongolei stellt kein Problem dar. Das Rad muss für die Mitnahme im Abteil jedoch möglichst klein verpackt werden; der Rückreisetermin von China nach Europa muss früh gebucht werden! Von Peking mit der Transsib über Ulaanbaatar (Ulan-Bator, Mongolei) nach Moskau und Berlin dauert ca. sechs Tage. Von Europa nach China kann man in Reisebüros buchen (weitere Details u. Kosten stehen in China-Reiseführern oder z.B. im PRAXIS-Büchlein von Reise Know-How „Transsib – Moskau – Peking").

Die Ein- und Ausreise über den Karakorum Highway von und nach Pakistan hängt von der politischen Wetterlage ab. In der Regel ist dieser Übergang aber problemlos, im Winter ist der Pass aber mehrere Monate geschlossen. Die ersten bzw. letzten paar Kilometer auf chinesischer Seite dürfen nicht mit dem Rad befahren werden (s. dazu Seite 540).

Die Einreise über Nepal (s. dort) richtet sich nach der aktuellen politischen Situation in Tibet. Ist Tibet für Einzelreisende geöffnet, ist es meist auch möglich, ein Rad mitzunehmen. Sind Einzelreisen wie in jüngerer Vergangenheit nicht möglich, kann man sich evtl. pro forma einer Reisegruppe von Kathmandu aus anschließen. Große Hoffnungen sollte man sich allerdings nicht machen, die Reisebüros haben viel zuviel Angst, ihre Lizenz zu verlieren. Auch wurden Reiseradler, die von Kathmandu nach Lhasa flogen und dort ihr Fahrrad auspackten, postwendend wieder zurückgeschickt ...! Das chinesische Visum sollte man sich auf jeden Fall schon zuhause besorgen.

Die Einreise von Kasachstan (Almaty) ins chinesische Yining (Gulja) oder nach Urumqi klappt problemlos. Offiziell dürfen Touristen noch immer nicht durch die Provinz Xinjiang radeln. Ernst Christen: „Die Regelung wurde aber seit Jahren nicht mehr durchgesetzt, und man bleibt auf dem ganzen Weg durch Xinjiang unbehelligt. Es kann allerdings sein, dass neue politische Entwicklungen dies wieder ändern – in aller Regel aber öffnet sich China mehr und mehr."

Auch in Kirgisistan gibt es zwei Grenzübergänge nach China, von Naryn über den 3752 m hohen Torugart-Pass nach Kashgar und von Sary Tash über den Irkeshtam-Pass ebenfalls nach Kashgar (s. Seite 527). Der Torugart-Pass darf allerdings auf der chinesischen Seite nicht mit dem Rad befahren werden, der Irkeshtam bereitet keine Probleme und ist daher die bessere Wahl.

Die Grenze von Vietnam (Lao Cai – Hekou, Lang Son – Pingxiang und Mong Cai - Dongxing) ist für Einzelreisende geöffnet, auch die Bahnlinie Nanning – Hanoi ist geöffnet.

Die Einreise über Laos (Boten – Mengla) ist problemlos möglich und ist eine wunderbare Möglichkeit, von den traumhaften Stränden Thailands durch die Berge von Südwestchina nach Tibet zu gelangen.

Eine Anmerkung noch zum Thema „Anreise mit dem Flieger": Es gibt in China kaum Reisebüros, so kann das Umbuchen eines Flugtermins schon zum Problem werden. Hotlines zumeist nur auf Chinesisch. Tipp: Jemanden suchen, mit dem man sich auf Englisch verständigen kann und ihn bitten, bei der Hotline anzurufen.

Routen und Touren

Bei der Ausarbeitung eurer Radtour durch China sind der Fantasie keine Grenzen gesetzt – die setzt jedoch die chinesische Fremdenpolizei (s. Liste der „offenen" Gebiete und Städte). Doch einmal unterwegs sieht vieles anders aus. Um eure Route überhaupt erstmals abzustecken, empfiehlt sich der Blick in einschlägige Bildbände und Reiseführer mit Reiserouten-Planungshilfen. Plant auch evtl. Teiletappen mit Booten auf den großen Flüssen Huang He (Gelber Fluß) und Changjiang (Jangtse), z.B. von Chongqing bis Wuhan oder gar Shanghai, mit ein. Dies ist evtl. auch eine Möglichkeit, um „geschlossenen" Gebieten oder Städten auszuweichen! Wer von Hongkong einreist, sollte wegen neuester China-Infos im oben erwähnten „Flying Ball"-Radgeschäft vorbeischauen.

Haupttouristenstädte in China sind Guilin, Chengdu, Chongqing, Datong, Guangzhou (Kanton), Kunming, Lijiang, Beijing (Peking), Suzhou, Xi'an, Shanghai und einige andere mehr.

Reisevorschläge

- **Südchina:** Hongkong, Guangzhou und die chinesische Provinz Guangdong. Guilin (Provinz Guangxi) mit seinen berühmten kegelförmigen Karstbergen, ein Standardziel für China-Touristen. Verschiedene Minoritätengebiete südöstlich von Guiyang (Provinz Guizhou).
- **Nordostchina:** Peking und Große Mauer. Zur alten Kaiserstadt Xi'an (Tonsoldaten-Armee) und Luoyang (Altstadt, Shaolin-Kloster).
- **Südwestchina:** Hongkong, Guangzhou, Wuzhou, Guilin, Liuzhou (mit Bahn von Guilin nach Liuzhou, sonst über Longsheng und Chang'an), Kunming (dorthin von Liuzhou evtl. weiter mit der Bahn – ca. 30 Stunden, ein Härtetest!). Kunming, die „Stadt des ewigen Frühlings" liegt knapp 2000 m hoch, hier kann man Chinareisende treffen, in der Umgebung viele ethnische Minderheiten mit andersartiger, buntfarbener Kleidung; Tempel, Märkte etc. Nach Westen, nach Dali, führt über Chuxiong die gebirgige alte „Burma-Straße". Um Dali lebt das farbenprächtig gekleidete Volk der Bai. Weiter nach Nordwesten geht es dann auf Hochgebirgsstraßen, vorbei an Lijiang, nach Markham, Richtung Tibet. Oder man hält sich von Lijiang Richtung Nordosten, nach Chengdu (wer nicht mehr radeln mag: Unterwegs stößt man auf die Bahnlinie Kunming – Chengdu). Das gebirgige Südwest-China ist nicht einfach!

Reiserouten quer durch China

Es bieten sich im Wesentlichen drei große Durchgangsrouten an, darüber gibt es Bücher und auch schon Radreisebücher.

- **Route 1:** Von Hongkong nach Peking (und dann ggf. mit der Transsib über die Mongolei und Russland nach Europa zurück).
- **Route 2:** Von Kashgar (Westgrenze China) nach Peking. Start in Pakistan, den Karakorum Highway hoch, dann entlang der Nördlichen Seidenstraße (Route 2a) oder entlang der südlichen Seidenstraße (Route 2b) bis nach Peking (und wie oben nach Europa ggf. mit der Transsib). Oder man fährt von Peking noch runter bis Hongkong, sofern im Nordosten nicht schon Schnee liegt.
- **Route 3:** Von Hongkong durch Tibet nach Nepal (oder man beginnt damit in Peking oder Shanghai, ggf. auf dem Jangtse per Boot bis Chongqing). Sehr schwierig im Hochland von Tibet, und momentan nicht machbar. Details s. „Tibet".
- **Route 4:** Von Kashgar nach Lhasa. Start in Kirgisistan oder Pakistan, in China ein Stück der südlichen Seidenstraße folgen und dann quer durch das Kunlun-Shan- und Gangdise-Shan-Gebirge bis nach Lhasa. Dito, s. „Tibet".

Jede dieser Routen könnte man auch von „rückwarts" machen, sie abändern oder sie miteinander kombinieren. Man muss nur beachten, dass man zur richtigen Jahreszeit in der richtigen Region unterwegs ist. Ist Tibet mit eingeschlossen, hat die dortige günstigste Reisezeit Planungsvorrang!

Route 1

Hongkong – Peking

Das Einfallstor Chinas macht es relativ leicht, eine China-Radtour dort zu beginnen. Evtl. schöne Bahnfahrt von Guiyang nach Chongqing und Schiffahrt auf dem Jangtse von Chongqing bis Wuhan einplanen (die Pisten durch die Minoritätengebiete im Südosten von Guiyang und die „Hauptstraße" von Guiyang nach

Peking, am Tian'anmen-Platz

Chongqing sind in verheerendem Zustand). In Peking die Große Mauer, die Ming-Gräber und andere Umgebungsziele anradeln. Von Guangzhou (Kanton) kann man auch per Schiff nach Wuzhou fahren (ca. 16 Stunden).

Route 2 **Kashgar – Peking (Seidenstraße)**

Anfahrt von Pakistan über den Karakorum Highway (s. Pakistan) nach Kashgar. Oder von Kirgisistan (s. Seite 527). Kashgar ist eine ziemlich trostlose, doch sehr alte Handelsstadt und heute ein Außenposten der China-Traveller in der riesigen autonomen Ostprovinz Xinjiang. Es gibt dort alle reisewichtigen Dinge, großer Sonntagsmarkt.

Route 2a: Auf asphaltierter Straße geht es von Kashgar durch Steppe und Wüste zwischen dem Tien-Shan-Gebirge und der Takla-Makan-Wüste (Tarim-Becken) über die Borohor-Shan-Berge und Dushanzi (Maytag) zur Wüstengroßstadt Urumqi. Die Abstände zwischen den Orten bzw. Oasen Sanchakou, Aksu, Kuqa u.a. sind recht groß. Man erreicht aber bei einer Tagesleistung von 120 bis 150 km jeden Tag eine Oase. Das ist ein Abschnitt der alten Seidenstraße, Distanz Kashgar – Urumqi ca. 1500 km.

Kurz nach Kuqa (in Luntai) führt eine über 500 km lange und einsame Straße nach Süden mitten durch die Takla Makan. Sie wurde gebaut, um die Ölfelder in der Wüste zu erschließen. Diese Querverbindung zwischen der nördlichen und südlichen Seidenstraße ist eine echte Herausforderung für jeden Wüstenfahrer, die jedoch ohne einschlägige Erfahrung nicht angegangen werden sollte (es gibt auf der Strecke keine Versorgung).

Von Urumqi kann man Ausflüge ins Tien-Shan-Gebirge zum Tianchi-See machen (höchster Berg ist der Bogda Feng, 5445 m). Dann geht es weiter nach Osten, über die Oasenstadt Turpan (Turfan, Turpan-Pendi-Senke, minus 154 m!), Shanshan, Qijijaojing zur Oasenstadt Hami in der Provinz Gansu. Dies ist eine endlose und bergige Wüstenstraße, sommers wird es, nicht nur an den Anstiegen, sehr, sehr heiß! Auch blasen starke Winde bzw. Sandstürme, meist von Osten! Diese Strecke durch die Takla-Makan-Wüste muss jahreszeitlich richtig geplant werden, also nicht im Sommer! Bei starkem Gegenwind evtl. die Bahn benützen, die fährt von Urumqi über Hami u.a. Orte bis Lanzhou (Hauptstadt der Provinz Gansu) und noch weiter über Xi'an bis zur Ostküste Chinas.

In Hongliuyuan gabelt sich die Straße, südwärts erreicht man die recht große, angenehme Oasenstadt Dunhuang (große Sanddünen, Mogao-Höhlen). Hier teilte sich einst die historische Seidenstraße in eine Nord- und Südroute (s.u., Route 2b). In dem unten aufgeführten Buch „Fahrrad-Abenteuer im Himalaya" ist die Route von Dunhuang bis Urumqi und Manas (Shihezi) beschrieben.

Von Dunhuang dann weiter in die dichter besiedelten Gebiete Ostchinas: Über Anxi, Yumen, Wuwei bis nach Lanzhou, nach Xi'an (Terrakotta Armee) und zum Gelben Fluss (Huang-He) bis Peking. Von Xi'an konnte man auch nach Süden abbiegen, über Chengdu, Linxia bis nach Hongkong, oder bis Wuhan, von dort ein Flussschiff nach Chongqing nehmen und den Rest nach Hongkong radeln.

Lhasa-(Tibet-)Radler fahren von Dunhuang über Aksay, Da Qaidam nach Golmud (dazwischen einige Pässe zwischen 3000 und 3700, auch regelmäßiger Busverkehr, allerdings braucht ihr dann ein Permit) und von dort weiter bis nach Lhasa (s.u., „Nach Lhasa"). Golmud hat einen Eisenbahnanschluss nach Ostchina.

Distanzen: Urumqi – Turpan (190 km) – Hami (405 km) – Hongliuyuan (290 km) – Dunhuang (126 km) – Jiayuguan (385 km) – Lanzhou (775 km) – Xi'an (850 km) – Peking (nochmals 1300 km).

Auf der Homepage von Co-Autor Ernst Christen (*www.ernst-christen.ch*) gibt es für die Route Kashgar – Urumqi – Lanzhou – Chengdu – Kunming (Seidenstraße) ausführliche GPS-Daten (Garmin und Google Earth, Tracks und Waypoints zu Oasen, Übernachtungsmöglichkeiten, Pässe) und viele Fotos. Seine Fahrstrecke war über weite Teile mit Route 2a identisch.

Ernst Christen auf der nördlichen Seidenstraße

Route 2b: Die südliche Seidenstraße von Kashgar nach Golmud ist weniger frequentiert. Bis nach Minfeng (Abzweigung der Trans-Takla-Makan-Strecke zur nördlichen Route) ist die Straße komplett asphaltiert. Über das Teilstück von Minfeng bis nach Qarkilik liegen uns keine neuen Informationen vor. Bis vor wenigen Jahren war da noch eine anspruchsvolle Wüstenpiste, die bei Sandstürmen gefährlich werden konnte (Orientierung). Ab Qarkilik ist die Straße wieder durchgehend asphaltiert. Wer sich für diese Route entscheidet, muss gut vorbereitet sein und sollte sie ohne einschlägige Wüsten- und Navigationserfahrung nicht angehen. Die nördliche Route ist einfacher zu meistern.

Einen älteren, aber interessanten Bericht über diese Strecke findet man auf der Homepage *www.globetreter.de* (Expedition „Südliche Seidenstraße").

Route 3

Hongkong – Nepal

Eigentlich sollte man diese Tour in Kathmandu/Nepal beginnen, denn dort kann man sich in Ruhe an die Höhe gewöhnen und kann sich genügend Kraft für die kommenden mageren Wochen durch Tibet anfuttern (Voraussetzung ist natürlich, dass man auch mit dem Rad von Nepal aus nach Tibet einreisen kann; notfalls mit einer Gruppe probieren).

Route von Osten: Hongkong – Wuzhou (Guangzhou – Wuzhou auch per Schiff) – Guilin – Guiyang – Luzhou – Chengdu – Kangding (ab da, bzw. schon vorher in Ya'an, wird es sehr bergig!). Hinter Kangding geht eine Straße nach Norden, eine andere Abzweigung führt nach Süden über Markham (Gartog) und trifft in

Bamda wieder mit der Nordroute zusammen. Von Kangding also über die Nordroute über Qianning und den 5000er-Pass Khola-San nach Dege (Derge), dahinter liegt die Sichuan/Tibet Grenze am Jangtse (Jinsha Jiang).

Wenn Reisen in Tibet nicht erlaubt ist, also momentan (2009), ist hier die Weiterfahrt für Ausländer gesperrt. Abenteurer haben hier auch schon eine unbemerkte Flussüberfahrt versucht, s. Buch „Von Hongkong nach Nepal". Trotz allem kann man auch in Osttibet unvergessliche Radtouren machen, s. dazu weiter unten die Reisestory von Beat Heim.

Über Jomda und Qamdo erreicht man dann Bamda. Das alles ist schon schwierigstes Hochgebirgs-Radeln zwischen 3000 und 5000 m! Nach dem Jangtse kommen hintereinander die parallel fließenden, tief eingeschnittenen Flusstäler des Lancang Jiang (Mekong) und des Nu Jiang (Salween). Zwischen den Flüssen einige sehr hohe Pässe und eine urtümliche, irre Landschaft!

In Bamda trifft die Südroute von Kangding/Markham ein. Weiter über Baxoi – Rawu – Bomi – Tangmai – Nyingchi. In Nyingchi gabelt sich die Straße nach Lhasa in eine südliche und nördliche Route, die südliche führt am Flusstal des Zangbo (Yarlung, später Brahmaputra) entlang, die nördliche folgt gleichfalls einem Fluss.

Von Chengdu bis Lhasa ist die Strecke (ca. 2500 km) unbefestigt, es ist ein Staub-, Schotter- und Erdbelag (wenn Regen fällt, viel Schlamm), die Höhenlage beträgt so zwischen drei- und viertausend Meter, bis Lhasa müssen ca. 15 Pässe zwischen 4000 und 5000 m – einige auch bis 5400 m – überquert und tiefeingeschnittene Flusstäler überwunden werden. Die Steigungen zu den Pässen können 20, 30 Kilometer lang sein! Nur vor Lhasa (3600 m) gibt es wieder eine Asphaltstraße. Unterwegs viele Armee-Camps. In dem Buch „Von Hongkong nach Nepal" benötigten die zwei Radler für die Strecke von Hongkong nach Lhasa (ca. 4500 km) etwa dreieinhalb Monate, davon ca. zwei Monate von Chengdu nach Lhasa. Vorher in Chengdu genügend Geld wechseln!

Man könnte von Hongkong Richtung Tibet auch jene Route nehmen, wie sie oben bei „Südwestchina" beschrieben ist. Strecke von Lhasa nach Nepal siehe unten.

Route 4

Kashgar – Lhasa

In Kashgar kann man nochmals richtig die Packtaschen mit allen essbaren Schätzen (Schokolade!) füllen. Wer von Pakistan oder Kirgisistan kommt, hat zumindest schon eine gewisse Höhenanpassung. Ob die Route bis Lhasa machbar ist, hängt u.a. auch von den Armee-Checkposten ab, die schon in früheren Zeiten immer mal Reiseradler zurückgeschickt, auf einen Lkw verfrachtet oder einfach durchgewunken haben. In den Jahren 2008 und 2009 war diese Route jedenfalls nicht zu machen. Wann und ob überhaupt Radfahrer wieder toleriert werden auf dieser Route ist derzeit nicht absehbar. Bei Ernst Christen (*www.ernst-christen.ch*) gibt es für diese Route eine komplette und sehr ausführliche GPS-Streckenplanung (Garmin und Google Earth). Und bei Beat Heim (*www.betzgi.ch*) gibt es viele Streckeninfos über ganz Tibet.

Route: Kashgar – Yecheng (ca. 250 km, hier Abzweigung von der asphaltierten G 315; weitere 90 km der G 219 sind noch teilweise asphaltiert) – Mazar (km 495) – Xaidulla (km 615) – Sumxi (km 990) – Rutok (km 1200) – Ali (km 1330) – Misar (km 1550) – Barga (km 1650) – Paryang (km 1900) – Saga (km 2150) – Lhaze (km 2350) – Shigatse (km 2500) – Lhasa. Pro Tag werdet ihr kaum mehr als 40 bis 60 km schaffen, für die Gesamtstrecke von rund 2850 km solltet ihr mit zwei bis drei Monaten rechnen.

Bis Yecheng folgt die Route der südlichen Seidenstraße (s. oben, Route 2b), die G 219 führt dann südlich in das Kunlun-Shan-Gebirge hinein. Die ersten ca. 90 km sind meist noch asphaltiert, der Rest ist knallhartes Radeln oder auch Schieben über Geröll, Staub, Waschbrett, durch Matsch, Schlamm und Sand bei Höhen zwischen 4000 m und 5450 m! Unzählige Pässe! Einer der absoluten Höhepunkte ist sicherlich der Anblick des heiligen Kailash (6656 m) zwischen Misar und Barga. Einmal im Jahr ist er das Ziel tausender gläubiger Hindus und Buddhisten. Unterwegs passiert ihr viele Camps von Straßenbauarbeitern, auch mal kleine Dörfer oder auch nur Zelte, aber nicht immer gibt es da auch etwas zu essen. Eher findet ihr Restaurants oder Shops in den obengenannten Orten. Einzige Geldwechselmöglichkeit in Rutok (Bank of China), besser in Kashgar bereits genügend Geld für die gesamte Tour wechseln. Ali ist die Hauptstadt des gleichnamigen Distrikts, der bis nach Shigatse reicht. Reisende hatten sich hier schon beim PSB gemeldet und dann gegen eine „Strafgebühr" bis zu 100 Euro (verhandelbar) ein Permit für die Weiterreise erhalten …

In Lhaze erreicht ihr den Friendship Highway Lhasa – Kathmandu, von da sind es noch ca. 500 km bis Kathmandu. Aber eher wird es euch nach Lhasa ziehen. Um nicht die gesamte Strecke zweimal radeln zu müssen, kann man ja ab Shigatse einmal die Nordroute und einmal die Südroute am Yamdrok-Tso-See entlang wählen.

Tibet

Strenge Auflagen

Tibet ist wie erwähnt derzeit nur sehr eingeschränkt bereisbar (2009 für Radler nur im Rahmen einer Gruppenreise), vor der Reiseplanung nach den aktuellen Bestimmungen erkundigen, die ändern sich ständig! Die Auflagen sind sehr streng und die Genehmigungsprozedur sehr umständlich. Patrizia und Brö: „Es gibt organisierte Radtouren (mit obligatorischem Führer) von Golmud nach Lhasa, Chengdu nach Lhasa und von Lhasa nach Kathmandu/Nepal. Natürlich wäre es auch möglich, eine individuelle Tour von Kashgar nach Lhasa zu organisieren. Für die Bewilligung braucht es einfach eine Routenbeschreibung, ein Begleitfahrzeug und einen einheimischen Führer. Was mit mindestens 200 US$ pro Tag zu Buche schlägt."

Ohne Probleme sind zur Zeit die östlichen und nördlichen Gebiete mit tibetischer Kultur zu bereisen, die zu den Provinzen Sichuan, Yunnan und Qinghai gehören. Auch dort gibt es Tibet pur, jedoch ohne all den Stress mit Genehmigungen und Behörden. Busreisen nach Lhasa sind für Ausländer ohne Genehmigung derzeit nicht möglich. Auch ist es kaum möglich, unterwegs in einem Bus oder Lkw zuzusteigen, da die Mitnahme von Ausländern strengstens untersagt ist.

Begegnung in Tibet

Das tibetische Hochland (zwischen 3000 und 5000 m) ist die ausgedehnteste Höhen-Landmasse der Erde. Die südliche Begrenzung dieses überwiegend baumlosen und unfruchtbaren Hochlandes bilden die Himalaya-Gebirgsketten mit ihren Sieben- und Achttausendern, der Norden besteht aus unbewohnten Hochlandsteppen und Höhenwüsten. Das Klima ist extrem: Heiße, kurze Sommer, und eisige, lange Winter. Beste Reisezeit von April bis Oktober (vorzugsweise im Frühjahr und Herbst), große regionale Klimaunterschiede und extreme Tag-und-Nacht-Temperaturdifferenzen.

Tibet (chin. „Xizang Zizhiqu") wurde 1951 von China annektiert, in der Folge wurden sehr viele Klöster und buddhistische Heiligtümer zerstört. Der Dalai Lama, das religiöse Oberhaupt der Tibeter, floh 1959 ins Exil nach Dharamsala (Indien). Noch heute hoffen die Tibeter auf eine Wiederherstellung ihres selbständigen Staates oder zumindest auf eine echte Autonomie. Durch den Zuzug von Chinesen werden sie langsam zu einer Minderheit im eigenen Land. Die zweitgrößte Stadt nach Lhasa ist Shigatse (Xigatze). Tibets heiliger Berg ist der 6656 m hohe Kailash (Gangrinpochhe) im westlichen Hochland. Sehenswert sind die vielen Klöster. Gabi Hirsemann „Heißer Tipp: Kangding an der G 318 (liegt noch in Sichuan). Hier gibt es all das, was man in Chengdu vergeblich sucht. Trekkingausrüstung ist hier erhältlich, außerdem Tibet-typische Reiseandenken, Tonträger mit tibetischer Musik usw. Der Ort ist bereits tibetisch geprägt, dito die Lebensweise der Menschen. Überall tibetische Mönche. Man ist auf Touristen eingestellt."

Radfahren in Tibet

Die Straßen Tibets sind überwiegend nur Pisten, die des öfter durch Schlamm, Schnee, Abbrüche oder Überschwemmungen unpassierbar sind. Dies beginnt bereits hinter Kangding (Provinz Sichuan). Wer in der rauhen, unerbittlichen Natur Tibets mit dem Rad reisen will, muss eine eiserne Konstitution, Durchhaltewillen und beste Nerven haben! Viel Improvisationstalent und Sprachkenntnisse des Tibetischen sind gleichfalls nötig. In den Landesteilen über 4000 m, und davon gibt es genügend, droht ständig Höhenkrankheit (Anmerkungen dazu stehen bei „Nepal" und „Bolivien")! Auch die Beschaffung von Verpflegung ist schwierig, die kleinen Siedlungen können 100 Kilometer und mehr auseinander liegen. Wegen der Kälte und als Schutz vor der Höhensonne sind wärmende Gesichtsmasken und Schneebrillen mit Nasenschutz nötig. Aufgrund der klaren, dünnen Luft lassen sich Entfernungen nur schwer schätzen bzw. erscheinen kürzer als sie wirklich sind.

Tibetisches Grundnahrungsmittel ist Tsampa, geröstetes und gemahlenes Gerstenmehl, das mit Bötscha, einem salzigen Buttertee, zu einem Teigklumpen verknetet wird. Dazu gibt es Yak-Butter. Getrunken wird Chang, Gerstenbier. Gut schmecken Momo, ravioliähnliche Teigtaschen. Jedes noch so kleine Restaurant serviert Tukpa, Nudeln in Brühe mit oder ohne Fleisch. Immer eigene Vorräte mitführen (Instantsuppen, Trockennahrung, Teebeutel, Dosen, Schokolade etc.), sich in Lhasa bzw. noch in Ost- bzw. Westchina damit eindecken.

Radreise-Tipps

Radersatzteile für westliche Räder sind in Tibet nicht erhältlich. Kleidung für jedes Wetter und gegen starke Kälte sowie eine Ausrüstung für autarkes Reisen (Zelt, Kocher) sind notwendig, nützlich ist auch ein Kompass bzw. GPS und ein Höhenmesser. Ein Sonnenschutzmittel mit hohem Lichtschutzfaktor, eine Kopfbedeckung, Toilettenpapier, genügend Lebensmittel- und Wasservorräte sind unerlässlich. Generell möglichst leichtgewichtig fahren, in der dünnen Luft zählt jedes Gramm doppelt. Immer viel trinken, doch Vorsicht mit unbehandeltem Wasser (auch beim Essen in zweifelhaften Restaurants); keine Durchfall-Erkrankung riskieren, wenn ihr sowieso schon durch die Höhe und die Anstrengung geschwächt seid! Genügend Medikamente, Elektrolytlösung und Vitaminpillen mitführen! Außerhalb der wenigen touristischen Orte gibt es kaum medizinische Hilfe und Hotels. Bei den Tibetern sind, wie schon erwähnt, Bilder vom Dalai-Lama begehrt.

Asian Odyssey: Durch Osttibet [R7]

Reisestory von Beat Heim

In Lijiang hatte ich schon erste Gerüchte gehört, dass die Straße nach Litang für Ausländer nicht offen sein soll. Im ersten Dorf nach Zhongdian sehe ich voraus einen Checkpoint und – werde freundlich durchgewunken! Später erfahre ich, dass eben erst vor ein paar Tagen die Straße wieder geöffnet wurde.

Im chinesischen Sinne gehört das hier nicht zu Tibet. Historisch gesehen ist es aber die osttibetische Provinz Kham. Das hat den großen Vorteil, dass das Reisen in diesem Gebiet einfacher ist.

Ich passiere die ersten Mani-Mauern und Chörten und auf dem ersten Pass flattern die Gebetsfahnen. Motorradfahrer rufen mir laut „Tashi delek!" zu und auf den Wiesen grasen Yaks. Ich kann mein Glück kaum fassen. Eigentlich wollte ich die ganze Zeit immer nur hierher. Es war die treibende Kraft über all die letzten Monate. Nach fast genau einem Jahr bin ich nun da, angekommen. Die Freude ist grenzenlos. Tibet ist und war für mich immer mehr als nur ein Ort auf der Landkarte. Mit diesem Ort fühle ich mich auf eine Art verbunden, die schwierig in Worte zu fassen ist.

Zur Begrüßung gibt es gleich das Fest-Programm: Eine holprige Piste, endlos lange Steigungen zum ersten richtig hohen Pass und in der ersten Nacht dort oben werde ich auch gleich noch eingeschneit – yiiha!

Auf den gut 400 km bis Litang gibt es von allem etwas: weite Wälder, tolle Berge, karge Hochebenen und weites Grasland. Als Krönung darf ich bereits über fünf 4000er-Pässe fahren. Der Pass, wo ich eingeschneit werde, ist 4728 m hoch. Auch wenn das am Morgen danach nicht gerade angenehm ist, freue ich mich. Denn ich weiß, was mir nach Neuschneefall bevorsteht: eine Fahrt durch eine frisch verschneite Märchenlandschaft, die mit Worten nicht zu beschreiben ist. Es sind diese Bilder, die sich so hartnäckig in meinem Kopf festkrallen und die mich immer wieder hierher ziehen.

Litang ist eine lustige Stadt. Die Khampas (Bewohner der Provinz Kham) waren schon immer bekannt dafür, wilde Kerle zu sein und waren früher gefürchtete Banditen. Wild sehen sie noch immer aus, mit den langen schwarzen Haaren und dem Dolch, den die meisten tragen. Es sind die Cowboys Tibets. Und die Stadt macht auch etwa den Eindruck einer Wildwest-Stadt.

Ich habe schnell den (scheinbar) einzigen Englisch Sprechenden der Stadt gefunden, den Besitzer einer kleines Restaurants. Er kocht mir nicht nur das beste Yak-Steak, das ich je gegessen habe, sondern weiß auch allerhand von der Umgebung zu erzählen.

Weiter geht die Fahrt – passauf, passab. Grasland und alpine Täler wechseln sich ab. Wenn immer möglich zelte ich direkt auf den Pässen. Da ist es zwar windiger und kälter, aber die Abendstimmung da oben ist einfach jedesmal unbeschreiblich. Zudem habe ich hier oben den besten Kurzwellenempfang, womit auch für mein Nach-Sonnenuntergangs-Programm gesorgt ist.

Das Wetter hat einen eigenartigen Rhythmus angenommen. Tagsüber ist es immer wolkenlos schön, und sobald ich abends im Zelt bin, regnet oder schneit es, je nach Höhe. Mir ist es recht so, besser als umgekehrt.

Langsam, aber sicher komme ich an den Rand des Tibetischen Plateaus. Hier vermischen sich Han-chinesische und tibetische Stile immer mehr miteinander. Da gibt es dann Tempel mit einem tibetischen Gebäude, welches von einem geschwungenen Ziegel-Giebeldach bedeckt ist. Vor etwa zwei Jahren war es, als ich das erste Mal Bilder der „Four Girls Mountains" sah. Unglaubliche Bilder waren das, ich war sofort begeistert. Da musste ich unbedingt einmal hin. Nun bin ich in der Gegend und will mir das Ganze natürlich in natura ansehen. Das Velo kann ich gleich beim Parkeingang stehen lassen. Nach einer kurzen Umpackerei starte ich zu Fuß.

Am ersten Tag gehe ich durch eine schönes, grünes Tal bis zu einem See. Außer großen Yakherden ist die Gegend völlig verlassen. Über Nacht werde ich wieder einmal kräftig eingeschneit. Sieht wunderschön aus am nächsten Tag, aber die Berge sind in den Wolken und wollen sich nicht zeigen. So schnell gebe ich mich aber nicht geschlagen. Noch einmal zelte ich am Fuß eines Berges und hoffe, dass er sich am nächsten Tag zeigt. Über Nacht gibt es eine weitere heftige Ladung Schnee aufs Zelt, aber am Morgen danach ist es wolkenlos. Wow, und ob sich das Warten gelohnt hat! Vor meinem Zelt ragt der Mt. Siguniang (Fourth Girl) mit 6250 m majestätisch in die Höhe.

Über einen letzten hohen Pass verlasse ich das Tibetische Plateau (fürs Erste). In der Anfahrt zum Pass habe ich das Gefühl, dass ich ständig auf einer Baustelle fahre. Auf und neben der Straße wird ständig gebaut. Ich finde heraus, dass das immer noch die Folgen des schweren Erdbebens von vor einem Jahr sind.

In den Tälern, durch die ich nun fahre, leben Tibeter und Qiang. Es dauert nicht lange und ich bin wieder mitten in dem, was ich an China so liebe: diese kleinen, ländlichen Dörfer mit den einfachen, schönen Häusern, wo die Leute in Gruppen zusammensitzen und mit großen Augen den fremden Velofahrer anschauen, bis einer ein etwas schräg tönendes „Hello" ruft, worauf alle in schallendes Gelächter ausbrechen – ich eingeschlossen, wo der meiste Verkehr aus diesen kleinen, knatternden Traktoren besteht, auf dessen Anhänger oft zehn Leute sitzen, die in lautes Gejohle ausbrechen, wenn ich vorbeifahre. Unbezahlbare Momente.

Nach einem nun wirklich letzten hohen Pass geht es dann doch runter in die Ebene. Auf der Karte suche ich eine Route nach Chengdu, die nicht durch die ganz großen Orte, aber auch nicht durch die noch vom Erdbeben betroffenen Gebiete führt. Durch chinesische Großstädte zu fahren ist nicht immer ganz einfach. Es hat zwar immer Schilder, doch in den Stadtzentren sind das bloß immer irgendwelche Straßen, die da drauf sind. Schilder für die nächsten Orte gibt es dann immer erst am Stadtrand.

Es gibt verschiedene Strategien, da durchzufahren. Meine bevorzugte Methode (nebem dem Meiden der Städte generell) ist, dass ich vorher in Google Earth die Route suche und mir dann einen GPS-Track mache, dem ich dann folgen kann. So komme ich fast im Blindflug durch die kompliziertesten Städte. Noch besser in Mianyang. Hier treffe ich am Stadtrand ein paar Velofahrer, welche mich dann gleich quer durch die Stadt eskortieren und mir die richtige Ausfahrt zeigen!

Natürlich bin ich nicht ganz ohne Grund hier herunter in die Stadt gekommen. Es war nicht der Pandas wegen, die es hier in Chengdu gibt (auch wenn die zugegeben wirklich lustig waren) – ich brauche ein neues Visum. Dazu fahre ich mit dem Zug für ein paar Tage nach Hongkong und wieder zurück.

Beat Heim in Osttibet

Wenn es etwas gibt, von dem ich dofinitiv keine Ahnung habe, dann ist das der öffentliche Verkehr in China, brauche ich ja sonst nie. Im Hinterkopf habe ich noch die Bilder einer Dokumentation, die ich kürzlich gesehen habe, über einen Bahnhof während des chinesischen Neujahrs, wenn alle Chinesen unterwegs sind – das pure Chaos. Also los, erstmal die richtige Schalterhalle finden. Dort habe ich keinen Zweifel mehr, dass China das bevölkerungsreichste Land ist. Bei welchem der 30 Schalter stelle ich mich nun an? Die Leute können mir aber helfen. Während ich anstehe, kann ich auf der riesigen Anzeigetafel den Zug erkennen, den ich will. Auf der anderen Seite hat es eine Art Live-Ticker, wo für jeden Zug die Anzahl noch verfügbarer Tickets aufgelistet ist. Als ich den Schalter erreicht habe, ist „meine"' Zahl auf unter 10 gefallen. Mit Hilfe von ein paar Wörtern, die ich mir aufgeschreiben habe, kann ich erklären, was ich will. Hurra, ich kriege noch ein Ticket für denselben Tag!

Das Reisen mit dem Zug war eine interessante Erfahrung und auch spannend, weil man ganz andere Leute kennenlernt, aber eigentlich habe ich von der gesamten Strecke kaum etwas mitbekommen. Genau das Gegenteil wie wenn ich mit dem Velo unterwegs bin, wo ich nicht in erster Linie ankommen, sondern unterwegs sein will. Ich freue mich, wieder aufs Velo zu sitzen wann immer ich will und auf die vielen kleinen Begegnungen und Erlebnisse entlang des Weges.

Anmerkung: Beat erhielt dann ein Dreimonats-Visum und fuhr nach Chengdu zurück. Dann schwang er sich wieder in den Sattel, in Richtung Berge, über Garze, Derge, immer am nördlichen Rand des Tibetischen Plateaus entlang. Die Fahrt nach Lhasa blieb ihm im Frühjahr 2009 natürlich verwehrt. Er drehte dann seinen Lenker nach Norden und erreichte bei Xining den südlichen Ast der Seidenstraße. Mehr zu Beats „Asian Oyssey" auf seiner sehr guten Homepage *www.betzgi.ch*.

Literatur, Karten, Internet

Reiseführer: Das Standardwerk ist der Lonely Planet „China". Oliver Fülling: „Richtig Reisen China", DuMont. Aufgrund der Größe des Landes und der Vielzahl kultureller Sehenswürdigkeiten gibt es ansonsten hauptsächlich Gebiets-Reiseführer, z.B. „Chinas Osten mit Beijing und Shanghai" und „Hongkong, Macau und Kanton" von Reise Know-How oder den Lonely Planet „China's Southwest". Zur Vorbereitung: „KulturSchock China" und „Daoismus erleben", Reise Know-How, oder Françoise Hauser „Reisegast in China – fremde Kulturen verstehen und erleben", Iwanowski-Verlag,. Speziell für **Tibet**: Lonely Planet „Tibet", desweiteren das „Tibet Handbook with Bhutan", Footprint Publications. Aufgrund der besonderen Situation Tibets sollte man sich vorher gut einlesen, es gibt viel Tibet-Literatur. Der absolute Klassiker ist „Sieben Jahre in Tibet" von Heinrich Harrer, National Geographic (Frederking & Thaler). Sollte jeder Tibet-Fan gelesen haben! **Sprachführer:** RKH-Kauderwelsch „Hochchinesisch" und „Kantonesisch" (beide auch als Audio-CD zwecks Erlernen der Aussprache) und „Tibetisch". Auch der Chinesisch-Sprachführer von Langenscheid ist gut. Von Lonely Planet gibt es das „Tibetan Phrasebook".

Radbücher: Roswitha Söchtig: „Mit den Augen einer Frau – Veloreise von Braunschweig nach Peking", Projekte-Verlag (2009). Stephan Rankl: „Kürzlich in Asien. Eine Radreise von Pakistan quer durch Tibet bis nach Bangkok", BoD (2008). Erika Warmbrunn: „Wo alle Wege enden. Allein mit dem Fahrrad durch die Mongolei, China und Vietnam", National Geographic (2006). Markus Fix / Sarah Pendzich: „Radnomaden – Mit dem Fahrrad nach China", Herder-Verlag (2005). Andreas Wipper: „Von Hongkong nach Nepal", Pietsch-Verlag (1992). Alle diese Bücher sind näher beschrieben auf Seite 457, das letztere ist nur noch antiquarisch erhältlich. Genauso wie Angela Kahl: „Tibets Wilder Osten", Frederking & Thaler. Erlebnisbericht einer Lkw-Reise von Chengdu nach Lhasa, von dort nach Kathmandu mit dem Fahrrad. Weitere: „Cycling to Xi'an" von Michael

Buckley, Crazyhorse Press, Vancouver (Radreise von Shanghai via Xi'an, Chengdu, Lhasa nach Kathmandu) und „China By Bike", von Roger Grigsby, The Mountaineers, Seattle. Auch viele der auf Seite 722ff angeführten Weltreise-Bücher beziehen China und speziell Tibet mit ein.

Karten: RKH „China" (1:4 Mio.) sowie „China Ost" und „China West" (jew. 1:2,7 Mio.). Alle größeren Orte auch in chinesischer Schrift! Nelles-Maps „China Central", „North", „Northeast" und „South" (jew. 1:1,5 Mio.). Stadtpläne „Peking" und „Hongkong" von Freytag & Berndt. RKH „Tibet" (1:1,5 Mio.). Nelles-Map „Himalaya" (1:1,5 Mio) mit Tibet, Kashmir, Nepal, Sikkim und Bhutan. Wie erwähnt gibt es auch in China gute Straßenatlanten zu kaufen.

Internet-Infos: Die gute Suchmaschine *www.chinasite.com* findet eigentlich auf jede China betreffende Frage eine Antwort. Überwältigend! Mindest genauso umfangreich ist die deutsche Website *www.chinaweb.de* (auch sehr viele Reiseberichte!). Das „Hongkong Tourism Board" informiert unter *www.discoverhongkong.com*, und umfassende China-Infos sowie viele Links hat wie immer auch Wikipedia (*http://de.wikipedia.org/wiki/Volksrepublik_China*). Für Radler sehr gut: *www.bikechina.com*. Weitere Seiten s. im Text. **Für Tibet:** Sehr empfehlenswert ist die Seite *www.tibet.com* und die Homepage der „Gesellschaft Schweizerisch-Tibetische Freundschaft (GSTF, *www.tibetfocus.com*). Außerdem ist gut und informativ das Tibet Information Network (*www.tibetinfo.net*). Der Verein „Tibetisches Zentrum e.V." in Hamburg informiert auch über viele Aspekte des Buddhismus (*www.tibet.de*), schaut mal auf die Seite mit den Links!

Mongolei [TF]

Bike & Ski Mongolia – Auf den Spuren Dschingis Khans [TF]

Reisestory von Tobias Fischnaller

Ich schließe die letzte Schnalle an meinem großen Expeditionssack. Daneben steht noch eine flugtaugliche Bikebox, vollgestopft mit Ausrüstung für die nächsten drei Monate. Nach der zweimonatigen intensiven Vorbereitungszeit ist es nun endlich soweit: In wenigen Stunden werde ich in einem russischen Flieger mit dem Ziel Ulaanbaatar sitzen, Hauptstadt der Mongolei.

Ich starre auf meine Ausrüstung und gehe im Kopf nochmals jedes Detail durch. Im Bauch ein kribbelndes Gefühl: Das erste Mal wirklich allein und auf mich gestellt. Was mich wohl erwarten wird? Und wird es mir gelingen, die Mongolei wie geplant in drei Monaten von Ost nach West mit dem Mountainbike zu durchqueren, die höchsten Berge mit Skiern zu besteigen und abzufahren?

Es ist der 26. März, Mittagszeit und noch Winter in Ulaanbaatar. Die alte Iljuschin setzt mit einiger Verspätung hart auf dem Asphalt des Flughafens auf. Ich hole ganz tief Luft und schlucke, als der Flugkapitän die derzeitige Temperatur bekanntgibt: minus 16 °C!

Die Mongolei liegt zwischen Russland und China und ist ein selbständiger Staat. Heute ist es Individualtouristen erlaubt, das Land frei zu bereisen. Das mag schön klingen, aber das Radeln in der Mongolei wird einem nicht leicht gemacht: In einem Land, das viereinhalb mal so groß ist wie Deutschland, gibt es gerade an die 800 km asphaltierte Straßen, der Rest sind Fahrspuren ... Statistisch verlieren sich auf jedem Quadratkilometer 1,7 Einwohner. In neun von zwölf Monaten herrscht Winter, die Jahresdurchschnittstemperatur beträgt schlappe -2,5 °C. Die weite, abwechslungsreiche und farbenfrohe Landschaft mit ihren weichen Linien ist eine der schönen Seiten der Mongolei. Weitere die 260 Sonnentage pro Jahr, der immer blaue Himmel und die interessante und einzigartige Lebenskultur der mongolischen Nomaden.

Tatsächlich kurble ich dann 3000 km mit dem Bike durch die Mongolei, besteige zwei Berge. Ich konnte mir hier in Europa sehr wenig Informationen über dieses Land beschaffen, geschweige denn über Straßenverhältnisse und Berganstiege. So muss ich mich unterwegs auf meine Erfahrung verlassen. Sehr schnell lerne ich zu improvisieren und spontan zu handeln, denn in diesem Land kommt vieles anders als man denkt. Zum Glück war ich auf die Temperaturen vorbereitet, die zwischen -30 und +20 °C schwanken, oft innerhalb weniger Stunden. Kein Tag vergeht ohne Wind, und der ist wahrlich eisig bei diesen Temperaturen. Jeden Morgen ist das Wasser in den Radflaschen gefroren. Die Fahrspuren sind morgens noch vereist und recht gut zu befahren, gegen Mittag verwandeln sie sich dann aber in tief zerfurchte Schlammpisten. Häufig beträgt die Distanz zum nächsten Dorf und zum nächsten Lebensmittelladen bis zu 400 km!

Zwischendurch treffe ich nur Nomaden, die in ihren „Ger“ genannten Zelten weit verstreut in der Steppe leben. Kein Tourist weit und breit, niemand, der Englisch spricht. So bin ich immer froh, wenn mich die Nomaden in ihr Zelt einladen. Bei einer Schale gesalzenem Milchtee und einigen Stücken hartem Ziegen- oder Schafskäse „diskutieren“ wir dann oft stundenlang in Mongolisch und hauptsächlich in Körpersprache über Gott und die Welt, oder ich lasse mir den weiteren Weg erklären. Meist wird auch für mich gekocht. Essen ist ein sehr einfaches Thema für die Nomaden: Es gibt nur Fleisch. Meist gekochtes Hammelfleisch ohne Beilagen. Dazu bekommt man ein schönes Stück reines Fett, das einem, wie die Mongolen glauben, Wärme schenkt. Gemüse oder sogar Früchte gibt es in diesen Gefilden nicht, die Vegetationsperiode ist viel zu kurz. Die fehlenden Vitamine und Nährstoffe holen sich die Mongolen aus Kymys, gegorener Stutenmilch, die dem Gast selbstverständlich aus der größten Schale gereicht wird. Lustig wird es dann für alle Beteiligten einer Kymys-Runde nach der dritten Schale. Da Kymys die Verdauung kräftig anregt, muss dann einer nach dem anderen das Zelt verlassen und, wie die Mongolen sagen, „nach den Pferden schauen“ …

Die Gastfreundschaft der Mongolen verblüfft mich immer wieder. So hilft mir ein mongolischer Grenzbeamter mit sehr viel Zeitaufwand und Umständen alle Papiere aufzutreiben, um in das Gebiet des Tavan Bogd Uul, des höchsten Berges der Mongolei, zu kommen. Und bei Orientierungsproblemen tauchen oft Reiter wie einst das Heer von Dschingis Khan aus dem Nichts auf und bringen mich auf den richtigen Weg zurück. Alles lebensnotwendige Dienste in einem Land wie der Mongolei.

Der Begriff „Abenteuer“ hat in der Mongolei wahrlich seine Bedeutung behalten, selbst für erfahrene Globetreter ist dieses Land noch eine wirkliche Herausforderung! Falls ihr mehr über mich und meine Touren erfahren wollt: Bitte schaut nach auf meiner Homepage *www.tofisch.com*.

Unter freundlichen Mongolen. Tobias Fischnaller auf seiner Tour

Geografie, Bevölkerung, Reisezeit

Die Mongolei ist ein Binnenland und wird von der Russischen Föderation und China vollständig umschlossen. Etwa 85% des Landes liegen über 1000 m Höhe, der Norden besteht aus Hochland-Taiga, der Westen ist von bis über 4000 m hohen Gebirgen geprägt (der Tavan Bogd Uul bringt es auf 4374 m). Im Osten erstreckt sich ein Hochplateau mit der typischen Kurzgras-Steppe, und im Süden liegt die Wüste Gobi. Von Nord nach Süd nehmen die Niederschläge und damit auch die Üppigkeit der Vegetation ab.

Wie schon von Tobias angesprochen besitzt die Mongolei ein extremes Kontinentalklima mit außerordentlich kalten, langen Wintern (mittlere Januartemperatur -20 Grad, gelegentlich bis -50 Grad!) und nur mäßig warmen Sommern. Beste Reisezeit im Norden ist von Juni bis September, im Süden (Wüste Gobi) eher September und Oktober. Der Permafrostboden taut auch im Sommer nur oberflächlich auf, viele Pisten sind dann sehr schlammig. Wer Kälte und eisige Flussdurchquerungen nicht scheut, radelt besser im späten Frühjahr durch die Mongolei, die Pisten sind dann noch gefroren. Schnee fällt auch im Winter nur selten, aber das Land wird ab und an von heftigen Schneestürmen heimgesucht.

Knapp 90% der Bevölkerung sind Mongolen, davon der größte Teil Ostmongolen („Chalcha"). Weitere mongolische Ethnien sind die Bajat, Burjat, Dariganga, Dsachtschin, Durwut, Öölt und die Torgut. Etwa 7% der Bevölkerung zählen zu den Turkvölkern (vor allem Kasachen). Die größten Ausländergruppen bilden die Russen und Chinesen. Verbreitetste Religion ist der tibetische Buddhismus. Mit Englisch kommt man kaum durch, erste Fremdsprache ist Russisch. Etliche Mongolen, die einst in der DDR studiert haben, sprechen jedoch Deutsch.

Einzige Großstadt ist die Hauptstadt Ulaanbaatar (Ulan Bator), hier leben über ein Drittel aller Mongolen. Weitere ansehnliche Städte sind Erdenet und Darchan.

An- und Einreise, Geld

Die nationale Fluggesellschaft „MIAT – Mongolian International Air Transport" bietet regelmäßig Flüge an, u.a. von Berlin, Peking, Osaka, Seoul, Moskau und Irkutsk zum internationalen Flughafen Bujant-Ukhaa, ca. 17 km westlich von Ulaanbaatar (Flugpläne s. bei *www.miat.com*). Weitere Flüge von Peking mit Air China, von Seoul mit Korean Air und von Moskau mit Aeroflot. Eine sehr interessante Alternative wäre die Transsibirische Eisenbahn von Moskau über Irkutsk nach Ulaanbaatar oder aus der Gegenrichtung von China, von Peking bzw. Hohhot. In der Regel fahren die Züge zweimal pro Woche. Die mongolisch-chinesische Grenze (Zamyn-Uud – Ereen) und die mongolisch-russische Grenze (Sükhbaatar – Naushki) kann man auch mit dem Fahrrad überqueren – Einreisebestimmungen akutell klären!

Visumpflicht besteht für fast alle Staatsbürger der Welt. Visa werden von den mongolischen Botschaften für 30 oder 90 Tage oder als Transitvisa ausgestellt (*www.botschaft-mongolei.de*). Das soll auch in Peking möglich sein, wichtig, falls man mit der Transsib aus China anreist! Seid kurzem ist bei Ankunft am Flughafen in Ulaanbaatar ein „Single Entry Visa" nach Anmeldung per Mail erhältlich, Info über *www.mngimmigration.mn*.

Achtung: Bei einem Aufenthalt über 30 Tage müsst ihr euch innerhalb von sieben Tagen bei der Ausländerpolizei („Citizens Information and Registration Bureau") in Ulaanbaatar registrieren lassen! Vor eurer Ausreise muss die Registrierung bei derselben Stelle wieder gelöscht werden! Diese Vorgabe könnte im Zuge der Liberalisierung fallen, bitte klärt den aktuellen Stand, bei der Botschaft oder über *www.auswaertiges-amt.de*.

Währung ist der Tugrik, der 100 Mongo entspricht. Banken tauschen bare US$, aber auch Euro und Schweizer Franken, Reiseschecks in US$ werden ebenfalls (gegen Kommission) gewechselt. Wechselstuben bieten etwas bessere Kurse als Banken. Kreditkarten werden vereinzelt von Geschäften, Hotels und Fluggesellschaften in Ulaanbaatar akzeptiert. In der Hauptstadt gibt es auch Geldautomaten, an denen mit VISA, teilweise auch mit der EC-Karte Tugrik bezogen werden können. In größeren Banken kann man mit Kreditkarten auch Geld abheben. Auf dem Land ist eine derartige Geldversorgung derzeit noch nicht möglich; bei Touren abseits der Städte also genügend Bargeld in nicht zu großen Scheinen mitführen. Auf Märkten das Feilschen nicht vergessen, ihr werdet auch so mehr als die Einheimischen zahlen müssen.

Übernachten, Verpflegung Wie bei vielen anderen Dingen auch besteht auf dem Hotelsektor ein immenses Gefälle zwischen der Hauptstadt und den Provinzen (Aimags). In Ulaanbaatar konkurrieren zahlreiche Hotels und auch private Guesthouses um die Touristen. Man könnte sich aber auch in einem Apartement einmieten oder seine Nächte in einer Jurte im Sektor des Gandan Klosters sehr angenehm verbringen. Außerhalb der Kapitale werdet ihr nur in den Aimag- (Provinz-)Hauptstädten einfache Hotels und bei touristischen Sehenswürdigkeiten (recht teure) Ger-Camps finden. Ansonsten empfiehlt sich eine gute Campingausrüstung, Platz zum wild Zelten ist in der weiten Landschaft ja genug vorhanden. Camping in den mittlerweile fast 50 Nationalparks ist nur eingeschränkt möglich, erkundigt euch vorher bei der entsprechenden Parkverwaltung (meist in der Aimag-Hauptstadt).

Die Versorgung mit Lebensmitteln hat sich spürbar verbessert. In Ulaanbaatar wurden einige Supermärkte eröffnet, viele kleine Straßenkioske verkaufen Dinge des täglichen Bedarfs, und auf dem Mercury-Markt werden Gemüse und Obst angeboten. Der State Department Store verkauft auch importierte Lebensmittel (Schokolade!). Außerhalb der Hauptstadt bestehen in vielen Bereichen immer noch große Versorgungsdefizite. Grundnahrungsmittel sind hauptsächlich Fleisch und Milch, Joghurt und Käse. Strenge Vegetarier finden nur ein geringes Angebot.

Ein traditionelles mongolisches Gericht ist Khorkhog („Milchkanne mit Fleisch und heißen Steinen"). Hierzu werden glühend heiße Steine mit frischem Fleisch vom Schaf oder Rind in eine Milchkanne gegeben und diese verschlossen. Nach einer Stunde Garzeit ist das leckere Mahl zubereitet. Zu dem saftigen Fleisch werden verschiedene Soßen und Kartoffeln gereicht. Einfacher ist Guriltai Shul („Mongolischer Eintopf"), eine kräftige Nudelsuppe mit viel Fleischeinlage. Seit Dschingis Khan sind verschiedene Arten der Zubereitung von Fleisch berühmt. Das in dünne Streifen geschnittene Fleisch wird an der Luft getrocknet. Zu Fleischpulver verrieben und mit Wasser und Salz vermischt ist dann im Nu eine einfache und stärkende Mahlzeit fertig. Auch die uns bekannten Maultaschen gibt es in der Mongolei; sie heißen hier Booz. Nationalgetränk der Mongolen ist Airag (bzw. Kymys) – gegorene, saure Stutenmilch, die exakt 3000-mal geschlagen werden muss … Schmeckt wie saure alkoholisierte Milch, ist jedoch sehr nahrhaft und reich an Vitaminen und gilt als Lebenselixier. Guten Appetit!

Gesundheit, Gefahren Durchfallerkrankungen sind aufgrund der mongolischen Ernährungsweise nie ganz auszuschließen. Leitungswasser sollte man nur entkeimt oder abgekocht trinken oder besser auf abgefülltes Wasser zurückgreifen. Auch „offene" Milch, die an Ständen oder in den Städten frisch verkauft wird, wegen der Brucellose-Gefahr besser meiden und abgepackte Milch und Milchprodukte aus der Molkerei kaufen. Zur Gesundheitsvorsorge und empfohlenen Impfungen s. wie immer bei *www.fit-for-travel.de*.

Die Mongolei gilt generell als sicheres Reiseland, nur in Ulaanbaatar hat die übliche Kleinkriminalität mit den Touristenzahlen zugenommen. Auf dem Land ist bei der geringen Bevölkerungsdichte jeder Mongole froh, mal wieder einen Menschen zu treffen und wird ihn nicht gleich beklauen. Betrunkenen Mongolen besser aus dem Weg gehen, um nicht versehentlich mit einem Russen verwechselt zu werden. Die liegen den Mongolen nicht sonderlich am Herzen!

Reiseradler sind auf dem Land noch ein seltener Anblick, auch für alle mongolischen (Hirten-)Hunde. Um die „Treibjagden" abzukürzen, eine weiche Fahrradflasche als Wasserspritze oder einen derben Holzstock griffbereit am Rahmen montieren. Tollwutgefahr! Das Gesundheitssystem auf dem Land ist miserabel, nennenswerte Hospitäler gibt's nur in Ulaanbaatar (Adressen bei den Botschaften erfragen).

Fahrrad, Ausrüstung

Fahrrad und Ausrüstung sollten den harten Straßen- und Witterungsbedingungen angepasst sein. Also hochwertiges Material einsetzen; breite Offroad-Reifen helfen auf verschlammten Pisten. Sämtliche Ersatz- und Verschleißteile mitbringen, es gibt nur billiges Material aus chinesischer Fertigung zu kaufen, und das nur in Ulaanbaatar. Dort kann man auch chinesische 18-Gang-MTBs kaufen oder mieten. Die reichen für Ausfahrten in die Umgebung, nicht aber für die Fahrt über Land auf unwegsamen Pisten. Den Schlafsack ruhig eine Stufe wärmer wählen und Klamotten für nasskaltes Wetter einpacken. Zum Aufladen der Akkus funktioniert ein Solarpanel hervorragend!

Straßen, Verkehr, Transport

Straßen im eigentlichen Sinn sind in der Mongolei eine Seltenheit, eine Asphaltdecke gilt noch als mittlere Sensation. Nur die Nord-Süd-Verbindung von Sükhbaatar an der russischen Grenze über Ulaanbaatar bis Zamyn-Uud an der chinesischen Grenze ist asphaltiert oder wird zumindest darauf vorbereitet. Teilstücke der West-Ost-Hauptroute von Bajan Ulgji nach Ulaanbaatar werden momentan ausgebaut, fertig asphaltiert ist Arvaykheer – Ulaanbaatar. Ansonsten nimmt man Pisten oder Jeepspuren unter die Stollenreifen oder fährt einfach wie die Mongolen quer durch die Steppe. Mit nennenswertem Verkehr ist nur auf den breiten Alleen der Hauptstadt zu rechnen, auf dem Land fließt er nur spärlich.

Die MIAT fliegt von Ulaanbaatar fast alle Provinzhauptstädte an, allerdings fallen oft Flüge wegen schlechter Witterung oder Pannen aus. Viele der Start- und Landebahnen sind noch nicht asphaltiert. Radtransport möglich, ein Problem wird sicherlich die geringe Gewichtsbeschränkung sein. Auf Hauptrouten kommen teils recht moderne Minibusse (Furgons) und klapprige Staatsbusse zum Einsatz, Sammeltaxis rumpeln auch noch in den hintersten Steppenwinkel, sofern sich genügend Mitfahrer finden. Viel Geduld mitbringen, manche Orte werden nur alle paar Tage angesteuert. Für Extratouren können in Ulaanbaatar auch russische Jeeps gemietet werden, fragt mal in den Guesthouses nach, oft suchen Traveller noch Mitfahrer. Manchmal nehmen auch Lkw-Fahrer Radler mit, am besten probiert man es an den Tankstellen an den Ausfallstraßen.

Die Bahn hat keinen sonderlich hohen Stellenwert im Transportsystem. Die Trans-Mongolian durchquert die Mongolei auf dem Weg von Irkutsk nach Peking. Auf derselben Strecke fahren auch lokale Züge bis zur Grenze nach China; Stichstrecken führen in die Industriezentren Baganuur und Erdenet.

Routen und Touren

Nachfolgend drei Routenvorschläge, die natürlich ganz nach Belieben erweitert werden können:

- **Gobi Loop** (UB = Ulaanbaatar – Mandalgov – Dalanzadgad – Elyn Am – Khongoryn Els – Bayanzag; unendliche Weiten, Einsamkeit, Dünen, Gletscher in der Wüste).
- **Zentraler Westen** (UB – Kharakorum – Orkon Wasserfall – Arvaykheer – UB).
- **Natural Tour** (UB – Bulgan – Tulga Mountain Reserve – Moron – Khövsgol-See).

Bücher, Karten, Internet

Reiseführer: „Mongolei", von Forkert/Stelling, Reise Know-How. Wisotzki u.a.: „Mongolei: Unterwegs im Land der Nomaden", Trescher Verlag. Lonely Planet „Mongolia", Bradt Travel Guide „Mongolia". Gegen Verständigungsprobleme gibt's die RKH-Kauderwelsch-Führer „Mongolisch" und „Russisch". **Karten:** RKH-Karte

„Mongolei", 1:1,6 Mio. „Mongolia Travel Reference Map", 1:2,5 Mio., ITM Publishing. Landkarten (in kyrillisch) kann man auch in den Straßen von Ulaanbaatar kaufen, eine gute Ergänzung, um die Einheimischen nach dem Weg zu fragen oder um einfach ins Gespräch zu kommen. Wer Touren abseits der Pisten plant, sollte sich sowjetische Generalstabskarten zulegen, Maßstab 1:500.000 und 1:1 Mio. (s. Seite 35f).

Internet: In Ulaanbaatar recht zahlreiche Internetcafés und Terminals in Guesthouses sowie in Ger-Camps im Gandan Distrikt. Auch von den Aimag-Hauptorten kann man in aller Regel ins WorldWideWeb gelangen. **Internet-Infos:** Gute Länder-Infos gibt's wie immer bei Wikipedia (*http://de.wikipedia.org/wiki/Mongolei*). Die private Homepage *www.mongolei.de* eignet sich gut als Startseite für die Online-Recherche (viele Links auch zu Projekten und Organisationen, Reiseberichte auch von Radlern, gute, leider manchmal nicht mehr ganz aktuelle Infos). Gute Mongolei-Reiseberichte (wenngleich nicht aus Radlersicht) mit schönen Bildern finden sich auch auf *www.reiseberichte-mongolei.de*. Es gibt auch eine „Deutsch-Mongolische Gesellschaft" mit Sitz in Berlin (*www.mongolei.org*). Die offizielle Website des „Mongolian Tourism Board" (*www.mongoliatourism.gov.mn*) berichtet erstaunlich objektiv über das Land, empfehlenswert. Kulturelle und aktuelle Aspekte werden bei „MongoliaOnline" (*www.mol.mn*) angesprochen, z.B. auch Veranstaltungstermine. Dann lohnt noch ein Blick in die Mongolei-Infos bei Lonely Planet (*www.lonelyplanet.com/mongolia*). Zu guter Letzt gibt es einen sehr guten (wenn auch schon länger zurückliegenden) Radreise-Bericht mit vielen schönen Bildern auf der Website von Andreas von Heßberg und Waltraud Schulze; sie pedalten 1996 knapp zwei Monate durch die Mongolei: *www. mountainbike-expeditionteam.de/Mongolia/mongo.html*.

Südkorea

Überblick

Seit über einem halben Jahrhundert ist Korea geteilt in die (kommunistische) Demokratische Volksrepublik Korea und die Republik Korea, auch Südkorea genannt. Südkorea gehört heute zu den reichsten und am dichtesten besiedelten Staaten Asiens, gut zu erkennen auch am Bild der Städte (hypermoderne Konsumtempel, Wolkenkratzer, weite Betonsiedlungen am Stadtrand) sowie an den überdimensionierten Verkehrsachsen mit starkem Verkehr. Demgegenüber blieb das ländliche Bergland sowie die Inselwelt entlang der Südküste „unverbraucht schön" erhalten. Trotz der Technisierung hat sich, jedoch nicht so deutlich wie in Japan, die Tradition und Religion behaupten können. Etwa ein Drittel der Bevölkerung sind protestantische Christen, es folgen Buddhisten (25%) und Konfuzianer (25%). Etwa 5% sind Anhänger des Chundo Kyo, eines koreanischen Schamanismus.

Gemeinsame Amtssprache und noch verbindendes Element zwischen Nord- und Südkorea ist Koreanisch, die Schrift heißt Hangul, ein vereinfachtes Chinesisch. Im Alltag werden Koreanisch (bzw. Hangul) und Chinesisch bunt gemischt, was das Überleben für Reisende nicht eben erleichtert. Handelssprachen sind Englisch und Japanisch.

Geografie, Reisezeit und Klima

Südkoreas Landschaft wird von Gebirgen dominiert: Entlang der Ostküste zieht sich das mächtige Taebaek-Gebirge von Nord nach Süd, Bergzüge und tief eingeschnittene Täler reichen bis weit in die breite Küstenebene im Westen hinein, West- und Südküste sind wild zerklüftet. Im flachen Westen boomt die Wirtschaft, leben 85% aller Südkoreaner, findet man Megastädte wie die Hauptstadt Seoul im Nordwesten oder die Hafenstadt Pusan im Südosten. Weitere Großstädte verteilen sich in den Niederungen des hügeligen Landes.

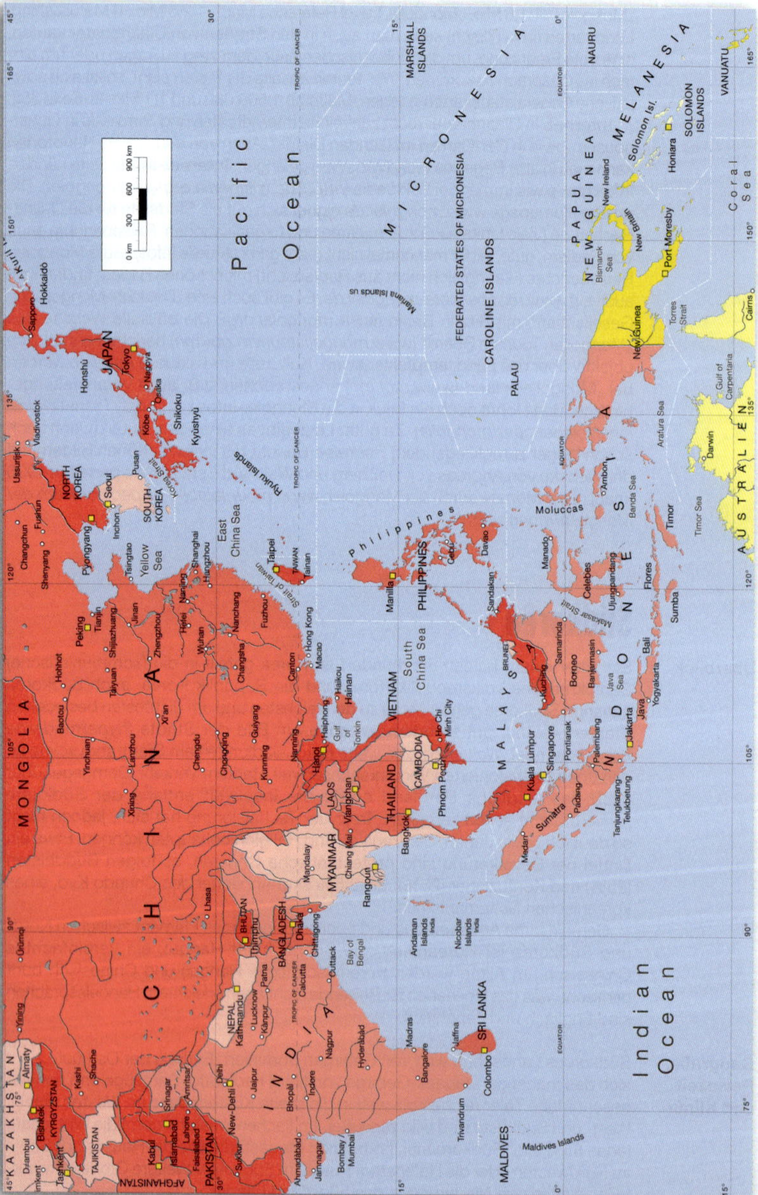
Pacific Ocean
Indian Ocean
0 km 300 600 900 km
MONGOLIA
CHINA
JAPAN
NORTH KOREA
SOUTH KOREA
TAIWAN
PHILIPPINES
VIETNAM
LAOS
CAMBODIA
THAILAND
MYANMAR
BANGLADESH
BHUTAN
NEPAL
INDIA
SRI LANKA
MALDIVES
PAKISTAN
AFGHANISTAN
TAJIKISTAN
KYRGYZSTAN
KAZAKHSTAN
MALAYSIA
BRUNEI
INDONESIA
PAPUA NEW GUINEA
SOLOMON ISLANDS
VANUATU
NAURU
MARSHALL ISLANDS
FEDERATED STATES OF MICRONESIA
CAROLINE ISLANDS
PALAU
MICRONESIA
MELANESIA
AUSTRALIEN
Mariana Islands US
Ryukyu Islands
Philippines
Moluccas
South China Sea
East China Sea
Yellow Sea
Bay of Bengal
Java Sea
Banda Sea
Arafura Sea
Timor Sea
Coral Sea
Bismarck Sea
Gulf of Tonkin
Gulf of Carpentaria
Strait of Taiwan
Korea Strait
Makassar Strait
Torres Strait
Andaman Islands India
Nicobar Islands India
Maldives Islands
Solomon Isl.
New Ireland
New Britain
New Guinea
Hokkaidō
Honshū
Shikoku
Kyūshū
Hainan
Borneo
Sumatra
Java
Celebes
Bali
Flores
Sumba
Timor
Kurilen
Sapporo
Tokyo
Nagoya
Osaka
Kobe
Vladivostok
Ussurijsk
Pusan
Seoul
Inchon
Pyongyang
Changchun
Fushun
Shenyang
Peking
Tianjin
Tsingtao
Jinan
Shijiazhuang
Taiyuan
Hohhot
Baotou
Yinchuan
Lanzhou
Xining
Xi'an
Zhengzhou
Nanjing
Shanghai
Hangzhou
Hefei
Wuhan
Nanchang
Fuzhou
Changsha
Chengdu
Chongqing
Guiyang
Kunming
Nanning
Canton
Hong Kong
Macao
Haikou
Taipei
Tainan
Lhasa
Ürümqi
Yining
Kashi
Shache
Almaty
Bishkek
Tashkent
D-ambul
Kabul
Islamabad
Srinagar
Lahore
Amritsar
Faisalabad
Sukkur
New-Dehli
Delhi
Jaipur
Ahmadabad
Jamnagar
Bhopal
Indore
Bombay / Mumbai
Nagpur
Hyderabad
Bangalore
Madras
Trivandrum
Jaffna
Colombo
Lucknow
Kanpur
Patna
Kathmandu
Thimphu
Dhaka
Chittagong
Calcutta
Cuttack
Mandalay
Rangoon
Chiang Mai
Vientiane
Bangkok
Phnom Penh
Ho Chi Minh City
Hanoi
Haiphong
Manilla
Cebu
Davao
Sandakan
Kuching
Kuala Lumpur
Singapore
Medan
Padang
Palembang
Pontianak
Samarinda
Banjarmasin
Jakarta
Yogyakarta
Tanjungkarang Telukbetung
Ujungpandang
Manado
Ambon
Darwin
Cairns
Port Moresby
Honiara
TROPIC OF CANCER
EQUATOR
45°
30°
15°
0°
75°
90°
105°
120°
135°
150°
165°

Angenehmste Radelzeit ist der Herbst (Oktober und November). Dann zeigt sich die Natur von ihrer schönsten Seite, die Luft ist kühl und klar, Niederschläge sind selten und das Laub strahlt in den herrlichsten Herbstfarben. Im Frühjahr (April und Mai) muss man mit häufigeren Niederschlägen rechnen. Die Sommer sind unangenehm schwülheiß, die Winter kalt und schneereich.

An- und Einreise, Geld

Aus naheliegenden politischen Gründen ist Südkoreas Lage isoliert; auf dem Landweg kann man nicht hinkommen. Das ist auch einer der Gründe, warum das Land bislang kaum ein Radlerziel war – es finden sich auch im Web so gut wie keine Berichte von Rad-Toureros. Schiffs- und Flugverbindungen sind jedoch gut ausgebaut. Es gibt eine Menge preisgünstige Flüge z.B. mit den Fluggesellschaften Korean Air (*www.koreanair.com*) und Asiana (*www.flyasiana.com*) von Europa oder SO-Asien nach Seoul (der int. Flughafen Incheon liegt auf einer Insel 52 km westlich der Hauptstadt). Der 8-spurige Highway ins Zentrum ist für Radler gesperrt, bleibt also nur einer der zahlreichen Busse (Probleme s.u., „Transport") oder ein Taxi.

Von China kommend sind Fähren eine interessante Alternative zum Flugzeug. Sie verkehren von Tianjin (aus Richtung Peking, alle vier Tage), Weihai (3x wöchtl.), Qingdao (nördl. von Shanghai, 2x wöchtl.), Shanghai (wöchtl.), Dandong oder Dalian (je 2x wöchtl.) nach Incheon, das auch als Seouls Hafenstadt fungiert.

Wer weiter nach Japan will, dem sei die tägliche Nachtfähre von Pusan nach Shimonoseki (südlichster Ort der Hauptinsel Honshu) zu empfehlen. Das Rad fährt auf dieser Strecke sogar kostenlos mit. Weitere Verbindung nach Japan: Pusan – Hakata (tägl.); nach China: Pusan – Yantai (wöchtl.). Es gibt auch Fährverbindungen nach Russland.

Keine Visumpflicht. Bei der Einreise erhalten Touristen aus D, A und CH eine Aufenthaltsgenehmigung von 90 Tagen. Will man länger bleiben, sollte man vor Reisebeginn ein Visum bei der Botschaft (in Berlin: *http://deu.mofat.go.kr*) beantragen.

Die südkoreanische **Währung** heißt (wie auch in Nordkorea) Won, ein Won entspricht 100 Chon. In größeren Geschäften und Restaurants werden alle gängigen Kreditkarten akzeptiert, genauso an den zahlreichen Geldautomaten. Abheben mit der EC-Karte geht jedoch nur bei sehr wenigen Automaten (diese sind meist mit „Global ATM" gekennzeichnet). US$-Travellercheques können bei den Banken eingelöst werden, doch hohe Gebühr. Das Preisniveau ist höher als in nahezu allen Nachbarstaaten, nur Japan und Taiwan sind noch teurer.

Gefahren, Gesundheit

Die Republik Korea gilt als vergleichsweise sicheres Reiseland. Die größte Gefahr geht vom schnellen und dichten Verkehr aus (s.unten). Sonst ist das Land ohne Einschränkungen zu beradeln, mit Ausnahme des Grenzgebiets zu Nordkorea. In die Nähe des Eisernen Vorhangs kommt man nur mit Sondergenehmigung. Es gibt aber geführte Touren zu ausgewählten Stellen an der Grenze.

Impfungen sind keine vorgeschrieben. Die Region um die innerkoreanische Grenze gilt als Malariagebiet, dazu und zu weiteren Gesundheitstipps s. bei *www.fit-for-travel.de*. Wasser filtern oder Flaschenwasser kaufen, auch wenn der Hygienestandard im Land vergleichsweise hoch ist.

Eine gefährliche Besonderheit ist die häufig in Hotelzimmern im Bergland vorhandene „Fußbodenheizung". Hier unbedingt das Fenster offenlassen, damit das Kohlenmonoxid der Holzkohle-Verbrennung abziehen kann (Vergiftungsgefahr!).

Übernachten, Verpflegung

In nahezu jeder Ortschaft findet man ein **Yogwan**, eine traditionelle koreanische Herberge mit einfachen Zimmern mit Fernseher und Bad/WC, frisch bezogener Matratze auf dem Boden, in größeren Städten auch mit einem „westlichen" Bett. Preise variabel, ob ländlich oder städtisch. Einfacher und preisgünstiger sind die *Yoinsuk* (Dusche öfter über den Gang). Interessant sind die *Minbak*, Zimmer in

Privathäusern. Sie sind allerdings schwer zu finden (meist nur im ländlichen Raum), bieten aber den besten Blick hinter die Kulissen des koreanischen Alltags. Hier habt ihr noch am ehesten die Möglichkeit, die authentische Landesküche kennenzulernen, da man oft das Abendessen mitbestellen kann (die Hausfrau kocht selbst).

Die meisten der momentan 82 **Youth Hostels** (s. unter *www.hihostels.com*) findet man im Nordwesten und Westen, im restlichen Land ist das Netz sehr dünn, und sie sind oft von Schülergruppen belegt. Also reservieren, sofern möglich. Auch **Backpacker's** gibt es einige, s. unter *www.hostels.com*. Wie oben beschrieben gibt es auch Alternativen, die nicht unbedingt viel teurer und oft recht authentisch sind. Tipp: Wenn dich die vielen Schriftzeichen „erschlagen", nach Bii-sa-gii ahn-nuun-baang fragen (günstiges Hotel), oder nach dem Symbol für Warmwasser (dampfendes ovales Becken) Ausschau halten! Nützlich ist der Kauderwelsch-Sprachführer „Koreanisch" von Reise Know-How.

Organisierte Campingplätze gibt es nur in den Nationalparks, wildes **Campen** in den Bergen sollte aber kein Problem sein. Schaut auf die Homepage der Nationalparkverwaltung („National Parks of Korea", *www.npa.or.kr*) oder besser bei Wikipedia (*http://en.wikipedia.org/wiki/National_parks_of_South_Korea*, dort kann man jeden Park einzeln anklicken), da sind alle fürs Camping freigegebenen Gebiete aufgeführt.

Essen gehen ist in Südkorea nicht so einfach. Es gibt kaum Lokale mit einer Speisekarte in unserer Schrift und auch keine Nachtmärkte wie in anderen asiatischen Ländern … Generell ist das Essen, wie in nahezu allen asiatischen Staaten, relativ scharf, Gewürze haben einen hohen Stellenwert, und oft wird Fleisch oder Fisch serviert. Vielen schmeckt *Bibimbap* recht gut, ein meist fleischloses Allerlei aus verschiedenen Gemüsesorten, oder *Kamtscha Patschim* (Pfannkuchen aus Kartoffeln mit Sojasauce). Fleischfreunden ist *Pulgogi* (marinierte Beef-Streifen, die man dann selbst auf dem Holzkohlegrill braten kann) zu empfehlen. Zu fast allen Gerichten wird *Kimchi* serviert (gut gewürzter Kohl), an welchem jeder koreanischer Koch gemessen wird. Wer sich schon mal Appetit anlesen will: *http://de.wikipedia.org/wiki/Koreanische_Küche*. Außerdem überzieht ein dichtes Netz von Fastfood-Ketten amerikanischer und koreanischer Firmen das Land. Für den späten Hunger gibt es zahlreiche „Convenience Stores", kleine Läden wie z.B. 7-Eleven, die bis spät abends geöffnet haben.

Fahrrad, Ausrüstung

Südkorea ist ein Land der Autofahrer, Fahrräder werden nur noch in der Freizeit und dann auch nur abseits der Straßen eingesetzt. Noch am ehesten erhältlich sind Billig-MTBs aus chinesischer Fertigung und Ersatzteile entsprechender Qualität. Gute Fahrradläden sind selten. Südkorea-Biker sollten alle Verschleißteile wie z.B. Bremsklötze und eine Ersatzkette mitbringen, zur Sicherheit vielleicht auch einen Faltreifen. 28-Zoll-Radler sollten zudem genügend Schläuche im Gepäck haben – keine Ersatzteile für 28er erhältlich! Ein MTB wird nur selten nötig sein, eher schon eine Schaltung mit einem „Rettungsring" für steile Rampen. Nicht schlecht wäre eine Lichtanlage oder wenigstens ein LED-Rücklicht wegen der vielen unbeleuchteten Tunnel.

Radfahren, Verkehr, Transport

Wie in China Rechtsverkehr. Das Straßennetz ist sehr gut ausgebaut, für Radler fast zu gut! Generell dichter Verkehr und dicke Luft rund um die Metropolen im Tiefland. Zur Radler-Sicherheit im Straßenverkehr gibt es recht kontroverse Eindrücke. Gaby Hönig und Peter Bär, die das Südkorea-Kapitel für die Vorauflage verfassten: „Es wird schnell, rücksichtslos und aggressiv gefahren. Für Reiseradler ist da kein Platz mehr, also äußerst vorausschauend fahren. Vorsicht vor allem vor den Taxi- und Busfahrern! Die stoppen ohne zu schauen am Straßenrand, wenn sie einen potentiellen Fahrgast entdecken." Sascha Normann (*www.fietspad.de*) hingegen: „Während unserer Radtour durch Korea sind wir zu der Ansicht gelangt, dass die Koreaner die rücksichtsvollsten Autofahrer sind, die wir kennen." Saschas

Seite ist nebenbei bemerkt eine der wenigen, die ein paar umfassendere Infos aus Radlersicht bereit halten (*www.fietspad.de/berichte/koreaguam2005/infoKorea.html*). Eine weitere betreibt der Holländer Jan Boonstra: *http://user.chollian.net/~boonstra/korea/cycle.htm*.

Es gibt nur wenige Radwege, z.B. in Seoul den 35 km langen asphaltierten Han River Bikeway, eine der besten Möglichkeiten, von West nach Ost durch die Hauptstadt zu kommen. Am besten meidet man die vielspurigen Super-Highways in den Tälern ganz, fährt mit Bus oder Zug aus Seoul heraus und rettet sich schnell ins landschaftlich schönere Bergland mit seinen nur schwach befahrenen Straßen.

Das Busnetz ist hervorragend, die Busse sind schnell, pünktlich und preisgünstig. Fast von jeder Ortschaft gibt es eine direkte Verbindungen nach Seoul und im Süden des Landes auch nach Pusan. Die großen Städten haben oft mehrere Busterminals, die die Orte in den jeweiligen Himmelsrichtungen bedienen. Die Fahrradmitnahme erfordert allerdings Verhandlungsgeschick, da die Busse nicht über Dachgepäckträger verfügen. Die Bahn (*http://de.wikipedia.org/wiki/Korail*) ist nur eine Alternative für das Reisen zwischen den größten Städten. Es gibt schnelle Züge mit AirCon (Sämol-ho), langsamere mit AirCon (Mugungwha) und langsame ohne AirCon (Tongil). Reservierungen bekommt man in der Regel noch einige Stunden vor Abfahrt (abgesehen von Ferien und Feiertagen). Das Fahrrad kann man am Bahnhof aufgeben, jedoch nicht in den Zügen mitnehmen. In Seoul und Pusan gibt es auch moderne U-Bahnen mit hoher Taktfrequenz (*http://de. wikipedia.org/wiki/U-Bahn_Seoul*); die Mitnahme von Fahrrädern ist allerdings verboten. Zwischen den Inseln im Süden viele Fährverbindungen. Inlandsflüge lohnen in einem Land, das nicht viel größer als Portugal ist, wegen der geringen Entfernungen nicht, am ehesten noch zwischen Pusan und Seoul oder zur Insel Cheju.

Sehenswert, Routen und Touren

Abseits der Millionenmetropolen findet der potentielle Südkorea-Radler noch wenig befahrene, allerdings sehr bergige Straßen vor, dazu kulturelle Höhepunkte wie buddhistische und konfuzianische Kloster- und Tempelanlagen, entspannende Badehäuser sowie die zahlreichen sehenswerten Nationalparks (s.o.).

Sehr reizvoll ist die südliche Küstenlandschaft; jedoch sind dort kleinere Straßen eher schwer zu finden. Von der vielleicht interessantesten Stadt Kjongju (ca. 100 km nördlich von Pusan, *http://en.wikipedia.org/wiki/Gyeongju*) mit ihren Tempelanlagen (Pulguksa) bieten sich mehrere Möglichkeiten: Die Küstenstraße nach Norden sowie nach Pusan mit einigen weniger stark befahrenen Straßen oder nach Westen ins Bergland. Dort befinden sich einige landschaftlich reizvolle Nationalparks mit eingestreuten Klosteranlagen. Den dichter besiedelten nordwestlichen Raum zwischen Taejon und Seoul sollte man mit dem Rad besser meiden.

Bücher, Karten, Internet

Reiseführer: Der beste ist der Lonely Planet „Korea", gefolgt vom „Rough Guide to Korea". Zur Einstimmung „Reisegast in Korea", Iwanowski Reisebuchverlag. Kauderwelsch „Koreanisch", Reise Know-How. **Karten:** ITM Travel Map „South Korea", 1:550.000, mit Stadtplan von Seoul. Nelles-Karte „Korea", 1:1,5 Mio. In Korea sind nur Straßenkarten mäßiger Qualität und in Hangul (Koreanisch) erhältlich, einige Touristenbüros der KNTO (z.B. am Int. Flughafen) haben auch eine Gratis-Straßenkarte, 1:1 Mio., auf Lager.

Internet-Infos: Die „Korea National Tourism Organization" präsentiert sich unter *www.visitkorea.or.kr/intro.html* – hier könnt ihr Info-Material (Reiseführer, Stadtpläne, Karten etc.) bestellen. Gibt's auf Deutsch, doch die englische Version ist umfangreicher, z.B. mit einem Fahrplan aller Fähren). Die Botschaft der Republik Korea in Deutschland gibt unter *www.koreaheute.de* ein monatlich erscheinendes Info-Magazin heraus. Gut auch *www.schwarzaufweiss.de/Korea/kurzportrait1.htm*. Und natürlich Wikipedia: *http://de.wikipedia.org/wiki/Südkorea*. Rest im Text.

Japan [AB, TW]

Überblick

Japan ist der krasse, hochindustrialisierte Gegensatz eines asiatischen Drittwelt-Landes (von denen hier im Asien-Teil ja überwiegend die Rede ist), weshalb wohl vergleichsweise wenige Radler dieses Land als ein Reiseziel auswählen. Vielen, die dort radelten, hat es jedoch gut gefallen. Ein radelnder Tourist kommt vielleicht in diesem seit jeher für Individualtouristen nicht einfachen Reiseland eher zurecht als jemand, der ausschließlich auf öffentliche Verkehrsmittel angewiesen ist.

Japan ist bekanntermaßen teuer, besonders das Übernachten in Unterkünften und auch das Essen in „richtigen" Restaurants. Doch bei reduzierten Ansprüchen kann man auch mit schmalem Etat durchkommen. Erste Infos enthält die gute Homepage der Japan National Tourist Organisation (JNTO, *www.jnto.de*). Für die Zusendung von Unterlagen ist es besser, direkt bei JNTO in Frankfurt anzurufen und persönlich den Infobedarf abzuklären (Telefonnummer auf o.a. Homepage unter „Kontakt"). Andreas Bugdoll: „Nach Zusendung der „Standardunterlagen" und grober Festlegung der Route unbedingt noch telefonisch nachhaken. Meist gibt es dann zusätzliche detailliertere Unterlagen und Übersichtskarten der Präfekturen." Besonders wichtig für Radler ist außerdem die Seite „Japan Cycling Navigator" (*www.japancycling.org*) mit vielen hilfreichen radspezifischen Infos, Routen, Unterkunftshinweisen und Links. Nützliches Japan-Forum: *www.embjapan.de*.

Vielleicht hat mancher auch die Idee, in Japan sein Traum-Rad zu kaufen. Nur sollte man dann keine allzugroße Körpergröße haben, denn die japanischen Modelle sind nicht auf „lange Kerls" eingestellt! Außerdem sind moderne Räder dort zur großen Überraschung fast gar nicht verbreitet. Man trifft häufig auf ziemlich altmodisch wirkende Standardräder, die mehr nach „Made in China" als nach „Hightech of Shimano" aussehen.

Am Fuji-San

Was bietet Japan?

Zunächst mal eine zweieinhalbtausendjährige Geschichte, festverwurzelte Traditionen und verschiedene Kulturepochen, die überaus vielschichtig und facettenreich sind. Japan hat aufgrund langer Abschottung in der Vergangenheit die wohl homogenste Bevölkerung der Welt. Hochentwickelte Kunst und Kultur sind auch im heutigen modernen Japan allgegenwärtig. Stichworte wie Schinto-Religion, Tempel, Samurai, Geisha, Fujijama, Kirschblüte, Shogun, Sumo-Ringer, Ikebana, Kimono etc. sind auch bei uns bekannt, doch es bräuchte sehr viele Seiten, um die sehr spezielle japanische Kultur und die japanische Seele zu erklären. Japan ist nicht so offenherzig wie die meisten anderen asiatische Länder und benötigt mehr Zeit zum „richtigen" Kennenlernen. Informiert euch daher unbedingt vor der Reise durch entsprechende Literatur, auch um evtl. Enttäuschungen durch falsche Erwartungen zu vermeiden. Als handliche Übersicht empfiehlt sich „KulturSchock Japan", Reise Know-How. Es gibt auch ein Buch mit dem Titel „Darum nerven Japaner", Eichborn Verlag. Andreas Bugdoll: „Überspitzt, aber teilweise recht lustig. Obwohl das Buch von ‚Japankennern' in Foren oft zerrissen wird, konnten wir als Neulinge im Land etliche Details vor Ort bestätigen!"

Den Radfahrer erwarten mannigfaltige Landschaften, die besonders im Frühling und Herbst herrlich sind, aber auch endlose und öde Fahrten durch gesichtslosen Städtebrei und viel Regen. Es gibt 28 Nationalparks und unzählige Naturparks mit großen Wäldern, Heißquellengebieten, kochenden Seen, Schlammkratern etc. Berühmt ist die japanische Kirschblütenzeit, und auch die feurig-bunten Herbstwälder sind geradezu touristische Synonyme für Japan.

Anreise, Geografie

Nach Japan gelangt man nicht nur auf etlichen internationalen Routen mit dem Flugzeug, sondern ggf. auch mit der Transsib: Von Europa in sechs Tagen nach Wladiwostok, von dort mit dem Schiff nach Niigata. Es gibt auch Fährschiffe z.B. von Pusan (Südkorea) und von Shanghai (China) zu diversen japanischen Häfen. Unbedingt beachten, dass der Narita Airport über 80 km von Tokyo-Mitte entfernt ist. Außerdem sollte man wissen, dass der Kansai Airport von Osaka ebenfalls außerhalb und zudem auf einer künstlichen Insel liegt, die mit der Hauptinsel über eine für Radler und Fußgänger gesperrten Brücke verbunden ist. Vom Kansai Airport geht eine Fähre der Kaijo Access Line in einer halben Stunde rüber aufs „Festland", unbedingt aktuelle Mitnahmevorschriften für das Rad abfragen!

Die japanische Inselkette ist etwa 3000 km lang, die Hauptinseln Hokkaido, Honshu, Shikoku und Kyushu liegen auf der Höhe München – Marokko. Die Inseln sind sehr berg- und schluchtenreich, es gibt kaum Ebenen, dafür (meist an den Berghängen) ausgedehnte Waldbestände aus Laub- und Nadelbäumen. Im Süden, auf der Insel Kyushu, wachsen auch Palmen. Die Küsten sind vielfach stark gegliedert. Die größten Städte sind Tokyo, Yokohama, Osaka, Nagoya, Sapporo und Kyoto. Die Inseln sind in 47 Präfekturen unterteilt.

Klima, Reisesaison

Die große Nord-Süd-Ausdehnung hat ein entsprechend vielfältiges Klima zur Folge. Die schönsten Monate (regional jedoch unterschiedlich) sind wegen der Kirschbaumblüte der April und Mai und wegen der bunten Herbstbäume der Oktober und November. Japaner machen meist Ende April/Anfang Mai Urlaub sowie von Mitte Juli bis Mitte August (Schulferien), was überfüllte Unterkünfte bedeutet.

Die Regenzeit – die wirklich eine ist! – beginnt in Zentraljapan von Süden kommend Anfang Juni und sie dauert bis Mitte Juli, ihr folgt Hitze und Schwüle bis zum Ende des Augusts. Im September können Taifune drohen. Von November bis Ende März ist wegen Kälte und Schnee Radfahren im nördlichen Teil der Hauptinsel Honshu und auf Hokkaido nicht empfehlenswert.

Einreise, Geld

Bei Reisen von bis zu sechs Monaten ist ein **Visum nicht erforderlich**. Allerdings müsst ihr euch die Aufenthaltserlaubnis bei über 90 Tagen Reisezeit bei der Immigration verlängern lassen. Dass Japan ein teures Land ist, davon war schon die Rede, auch die Besichtigung der Tempel, Schreine, Kulturschätze etc. kostet viel Eintrittsgeld! (Radler berichteten 2009 von etwa 30 Euro pro Person und Tag, ohne Anreise und Übernachtung, bei sparsamer Lebensweise). Währung ist der Yen. Travellercheques werden von einigen Banken angenommen, Kreditkarten nur in Banken und größeren Hotels/Geschäften akzeptiert. Es gibt etliche Bankomaten, auch an Postämtern (unbedingt auch Yen mitnehmen, falls mal ein Automat außer Betrieb ist, Banken geschlossen haben, die Geldkarte nicht funktioniert, oder ...). Niederlassungen deutscher und schweizerischer Banken sind in Tokyo vertreten.

Bevölkerung Mit rund 130 Mio. Einwohner auf einer relativ kleinen Landmasse gehört Japan zu den am dichtesten besiedelten Ländern der Welt. Auf Grund des überwiegend gebirgigen Landesinneren konzentrieren sich die Ballungszentren und die Megastädte fast ganz auf die wenigen Ebenen und in Küstennähe. Auf Honshu leben etwa 80% aller Japaner. Auf Hokkaido gibt es noch etwa 25.000 Ainu, die alte Urbevölkerung, die sich deutlich von den Japanern unterscheidet.

Sprache Junge Japaner können meist ein wenig Englisch lesen und schreiben. Andreas Bugdoll: „Sie sind aber oft sehr gehemmt, Englisch zu sprechen, was insbesondere außerhalb der Ballungszentren auffällt. Doch mit Papier und Bleistift lassen sich Sprachprobleme oft schnell lösen. Ein paar Höflichkeitsfloskeln auf Japanisch sollte man unbedingt können, denn bereits wenige Worte auf Japanisch lösen oft spontan die Zurückhaltung der Japaner!" Unbedingt notwendig ist ein deutsch-japanisches Wörterbuch mit japanischen Schriftzeichen und Lautschrift (sehr informativ und nützlich z.B. Kauderwelsch „Japanisch Wort für Wort", Reise Know-How). Sinnvoll ist es, sich die Zahlen und die wichtigsten Wörter dort herauszukopieren und übersichtlich in die Lenker-Kartentasche (Unterseite) zu legen. So hat man alles bei Bedarf schnell griffbereit. Sehr nützlich sind auch kleine Karteikarten zum Vorzeigen, auf die man jeweils nur eine wichtige Frage groß in Deutsch, Englisch und Japanisch schreibt/klebt (Gibts hier einen Campingplatz/YUH/Hotel? Was kostet das? Bitte aufschreiben! Wie kommen wir nach ...? etc.).

Umgangsformen Absolut alles ist in Japan geregelt, man sollte unbedingt die japanischen Sozial- und Benimm-Regeln beachten (z.B. vor dem Betreten eines Hauses und der Räume die Schuhe ausziehen, Verbeugen statt Händeschütteln, nur frisch gewaschen ins Gemeinschafts-Bad steigen, u.v.a.m.). Sauberkeit, saubere Kleidung und allgemein ein ordentliches Erscheinungsbild ist in Japan oberstes Gebot! Einen hohen Stellenwert hat auch die zwischenmenschliche Harmonie: Man ist zueinander immer sehr höflich, freundlich und zurückhaltend. Überaus nützlich sind deutsch-japanische Visitenkarten (*Meishi*, schon hier drucken lassen). Für zu erwartende Einladungen kleine Gastgeschenke mitnehmen, wobei die Verpackung wichtiger ist als der Inhalt (Einladungen sind in Japan eine Auszeichnung!).

In Japan herrscht ein ausgeprägtes Hierarchie- und Obrigkeitsdenken vor, das bei Problemen auch für Radler von Belang sein kann: Ausgeprägte Hilfsbereitschaft zeigen die Japaner insbesondere bei Reisenden aus Ländern, die in ihren Augen hohes Ansehen genießen, wie etwa Deutschland und die USA. Andreas Bugdoll: „Allerdings legen die Japaner aufgrund ihrer oft vorhandenen Unsicherheit gegenüber Fremden beim Hilfsbemühen nicht die von Europäern gewohnte Eigeninitiative an den Tag. Man sollte daher immer dezent deutlich machen, was man vom Gegenüber an Hilfestellung erbittet und zur Not auch ein wenig hartnäckig bleiben." Sehr kontaktfördernd hatte sich bei einigen Reisenden auch ein großer Aufkleber auf dem Fahrradrahmen mit der Aufschrift „Deutschland" in japanischen Lettern erwiesen. Vielfach wandelten sich Japaner nach Erkennen der Schriftzeichen plötzlich von zurückhaltenden zu aufgeschlossenen und interessierten Weggenossen!

Falls es doch mal Probleme geben sollte: Wählt die Nummer des (gebührenfreien) Touristen-Telefons an, das „Japan Travel Phone", und lasst euch von einem englischsprechenden Berater telefonisch aus der Klemme helfen! Die aktuelle Nummer gibt's bei der JNTO.

Übernachten Auch wenn Japan ein teures Reiseland ist, kommt man mit etwas Planung auch preiswert unter. Wichtig ist es, immer auch nach einem sicheren Stellplatz für die Räder zu fragen, die nie mit aufs Zimmer dürfen! Dazu Thomas Weis: „Diebstahl ist in Japan zwar nahezu unbekannt, allerdings werden falsch parkende Fahrräder abgeschleppt."

In wichtigen Städten oder Regionen gibt es vielfach (oft schöne landestypische) **Jugendherbergen** („Yusu Hosuteru", mehr als 300 insgesamt, etwa 3500-4000 Yen p.P. ohne Frühstück). Sie liegen oft nahe von Bahnhöfen oder Metro-Stationen und sind auch gut zum Info-Austausch. Eine übersichtliche Karte mit allen YUH und einer Liste in Englisch mit den Kontaktdaten auf der Rückseite gibt es bei der JNTO. Wichtig: Man benötigt die YUH-Mitgliedskarte des Herkunftslandes, sonst muss man vor Ort Mitglied werden! Info und Buchung auch auf der Website des japanischen Verbands (*www.jyh.or.jp*). In den Ferienzeiten sind die Hostels oft voll, außerhalb der Reisezeiten kommen auch japanische Business-Reisende hier unter. Anfrage und Ameldung einige Tage vorher ist daher immer ratsam! Thomas Weis: „Ein Vorteil der Jugendherbergen ist auch, dass der Herbergsvater immer ein paar Worte Englisch spricht."

Familienpensionen heißen Minshuku, meist in japanischem Stil, also mit papierenen Schiebewänden, Tatami-Schlafmatten oder Futons. Am sinnvollsten ist es, vor Ort nach Minshukus nachzufragen, die Kosten pro Zimmer liegen bei 5000-10000 Yen. Eine echt japanische, traditionelle Übernachtungsstätte ist ein Ryokan (meist teuer mit über 10000 Yen pro Übernachtung, doch es gibt auch preiswerte, Liste unter *www.ryokan.or.jp/index_en.html*). In einigen Städten findet man auch YMCA-Hotels, doch die sind gleichfalls nicht billig. Unterkommen kann man zudem in den Cycling Centers (s. „Routen und Touren") oder in Übernachtungsstätten von öffentlichen Organisationen wie Krankenkassen, Versicherungen, Studentenorganisationen etc. Sogar Tempel bieten manchmal eine Möglichkeit zum Übernachten an. Gut zum Kennenlernen der Japaner und zum Übernachten bei gastfreundlichen Japanern ist die im Teil 1, A 3. erwähnte „Servas"-Institution (s. S. 98).

Thomas Weis: „Eine weitere japanische Form der Übernachtung sind die **Schlafkabinen**. Auf den ersten Blick meint man, dass man dort wenig Platz hat, dem ist aber nicht so. Aber Achtung, das Gepäck wird verwahrt, die Kabinen sind nur zum Schlafen und Entspannen gedacht. Preislich unter den Businesshotels." Viele preiswerte Unterkünfte sind auch in den u.a. Reiseführern enthalten. Auch die JNTO gibt eine Liste mit preiswerten Übernachtungsstätten heraus.

Camping Es gibt über 3000 Campingmöglichkeiten in Japan. Die meisten werden von öffentlichen Einrichtungen bzw. von Gemeinden und Städten betrieben und sind nicht mit den europäischen Plätzen zu vergleichen. Oft ist der Platz Teil eines öffentlichen Parks oder eine Grünfläche in Stadtnähe bzw. mitten im Dorf, immer mit Toiletten, jedoch selten mit Duschen ausgestattet. Außerhalb der Ferien ist man meist alleine. Es gibt selten eine Rezeption und dann niemanden, der Geld fürs Zelten verlangt. Die wenigen bewirtschafteten Plätze sind in einer Liste der JNTO aufgeführt und kosten alle eine geringe Gebühr, auch gibt es einige private Plätze. Hier hat man für meist unter 2500 Yen pro Zelt oft auch warme Duschen. Auskunft über die preiswerten und kostenlosen Plätze können die Touristenbüros in Städten und Orten geben, viele sind jedoch auch in der Touring Mapple eingetragen (siehe unter Karten). Andreas Bugdoll: „Wildcampen auf dem Land ist selten ein Problem, zumal außerhalb der Großstädte ab 19 Uhr die Bürgersteige hochgelappt werden, niemand mehr auf der Straße ist und man so auch in Stadtnähe seine Ruhe hat." Für Kocher gibt es Petroleum und Reinbezin, selten Gaskartuschen zu kaufen (Sportgeschäfte, Tankstellen). Campen kann pro Woche Reisedauer mehrere hundert Euro gegenüber den sonstigen preiswerten Übernachtungsformen sparen!

Imbiss unterwegs

Verpflegung Hauptnahrungsmittel sind Reis, Nudelsuppe, Fisch, Gemüse etc., bekannt sind Ramen, Sukiyaki und Sushi (roher Fisch). Speisenmodelle aus Wachs und Plastik machen das Bestellen einfach (nehmt halt euer Besteck, wenn das Essen mit Stäbchen zu langsam geht …). Es gibt auch viele japanische und amerikanische Fastfood-Ketten. Wenn Sparen angesagt ist, kocht euch selber was, die großen Supermärkte in den größeren Städten sind gut bestückt. Ansonsten gibt es fast in jeder Ecke des Landes unzählige Mini-Supermärkte, vergleichbar mit den Shops in großen deutschen Tankstellen (Lawson, 7-Eleven …). Billig essen gehen kann man auch an Ständen in Bahnhöfen, Kaufhäusern etc. Brot und Brötchen sind lecker, aber nur selten außerhalb von Großstädten zu finden, dort dann meistens am Eingang großer Supermärkte. Großes Angebot an Softdrinks und auch Bier, insbesondere auch aus den in ganz Japan allgegenwärtigen Automaten. Achtung Radler: Das sehr leckere „Strong Zero" ist keine vermeintlich alkoholfreie Grapefruit-Limo, sondern kräftig mit Schnaps veredelt! Das Nationalgetränk Sake, gebraut aus vergorenem Reis, wird warm getrunken. Und natürlich gibt es immer viel Tee, eine japanische Tee-Zeremonie ist ein ästhetischer Genuss! Verdursten oder verhungern kann man in Japan nicht!

Verkehr, Straßen Linksverkehr! Gut ausgebautes Verkehrsnetz, die Straßenqualität ist sehr gut, doch die Straßen sind in den Ballungsräumen total überlastet und die Landstraßen oft recht eng. Japaner fahren gegenüber Radlern meist sehr rücksichtsvoll, auch wenn man auf der Fahrbahn fährt. Gerast wird weniger, denn auf Landstraßen gilt Tempolimit 40 bis 70 km/h, auf den Express-Straßen 100 km/h. Oft führt in einigem Abstand zur dicht befahrenen Hauptstraße eine Regionalstraße oder ein asphaltierter Wirtschaftsweg verkehrsärmer dahin. Es gibt unzählige schmale, mehr oder weniger beleuchtete Tunnel, teils mit breitem, radelbarem Bürgersteig oder Seitenstreifen. Oft aber auch nur mit einem schmalen Bordstein, auf dem selbst das Schieben schwerfällt. Hierfür ist eine gute Beleuchtung mit Standlicht nach vorne und insbesondere nach hinten überlebenswichtig! Ab und zu gibt es auch spezielle Radfahrertunnel. Vielfach führt als Alternative zum Tunnel auch noch die alte Straße auf einsamem und landschaftlich schönem Umweg zum Ziel. Um diese Wege zu finden ist eine gute Karte unabdingbar (siehe unten)! Tandems dürfen übrigens nur auf extra ausgewiesenen Straßen fahren. Oft ist der Bürgersteig neben der Straße als Radweg ausgeschildert, ist aber nicht immer gut zu befahren (Hindernisse, teils sehr schmal, Belagsschäden …) und daher ziemlich zeitraubend. Jedoch auf Strecken mit starkem Lkw-Verkehr trotzdem nervenschonend.

Transport

Die öffentlichen Transportmittel sind bestens ausgebaut, Busse fahren überall hin. Die Großstädte verfügen über Metros. Zwischen den Inseln gibt es Fährenverkehr. Das Binnenflugnetz ist gleichfalls bestens. Für die Mitnahme im Flieger im Land muss ein Rad in der Regel auseinandergebaut und verpackt werden, es besteht meist ein 15-kg-Gewichtslimit (abhängig von der Airline, prüfen!).

Bevorzugtes Massenverkehrsmittel sind in Japan die Eisenbahnen (z.B. Japan Railways, JR). Berühmt sind die (teuren) Shinkansen-Expresszüge, mit denen man mittlerweile quer durchs ganze Land fahren kann (Infos bei der JNTO, Fahrpläne unter *www.japanrail.com/index.php?page=JR-timetable-fare*). Vielleicht plant man auch einen Teil der Tour ohne das Fahrrad, dazu bietet der Japan Rail Pass (muss vorab außerhalb Japans gekauft werden) beste Voraussetzungen. Um ein Rad mit in den Zug zu nehmen, muss es in der Regel auseinandergenommen und in einer speziellen (!) Tasche verpackt werden.

Routen und Touren

In Japan gibt es ausgewiesene Radstrecken und -touren von Städten aus, ein- oder mehrtägig. Die Touristenbüros haben von diesen Touren Karten und Infoblätter. In manchen Städten wie Tokyo, Nagoya u.a. gibt es kurze Rad-Rundkurse und Radwege durch Parks und Grünanlagen (z.B. in Tokyo den „Palace Cycling Course", Info unter *http://cycle-tokyo.cycling.jp/course.html*).

Wie erwähnt ist Japan überaus bergig und hügelig. Auf dem Land radelt man vorbei an Reisfeldern, Flüssen, Bergen und alten Dörfern (aber auch schon mal stundenlang durch gesichtslose Urbanisationen ohne jeglichen Flair). Und Japan ist, ungeachtet der vielen Autos, durchaus aufs Radfahren eingestellt. Neben den schon erwähnten Radrouten gibt es computerüberwachte Parkhäuser für Räder an Bahnhöfen, in denen Tausende von Rädern parken, und landesweit verstreut findet man rund 60 Cycling Terminals und Cycling Centers, wo man Räder mieten, kaufen und auch günstig übernachten und essen kann! Eine Liste dieser Häuser gibt es unter *www.cycle-info.bpaj.or.jp/english/begin/st.html*, wo man auch weitere Radlerinfos z.B. zu Radrennen findet.

Von Tokyo nach Süden

Zunächst das Rad in Narita in der Gepäckaufbewahrung stehen lassen und mit dem Zug nach Tokyo zur Stadterkundung. Danach bietet sich die Fahrt auf die im Süden schöne Boso-Halbinsel südlich von Chiba zur Umfahrung des Großstadtmolochs Tokyo-Kawasaki-Yokohama an. Im Südwesten der Halbinsel gibt es eine preiswerte Autofähre von Hota nach Yokosuka (1h). Dann nach Kamakura an der Sagami-Bucht mit seinen Tempelanlagen und dem großen Buddha und einem großen Strand, ca. 40 km südl. von Tokyo. Auch hinauf zum Berggebiet um Hakone am schönen Ashinoko-See, ein gleichfalls bekanntes Ausflugsziel. Dann die Izu-Hanto Halbinsel umrunden, die zum großen Nationalpark Fuji-Hakone-Izu gehört, eine Mischung aus Wald-, Berg- und Küstenlandschaften. Anschließend weiter zum berühmten Vulkankegel Fuji (3776 m), Japans Wahrzeichen, ca. 120 km südwestlich von Tokyo; er wird sommers von hunderttausenden bestiegen. Hier alternativ weiter nach Westen (siehe „Von Tokyo nach Westen und Norden") oder nach Süden.

Die alte (touristenreiche) Kaiserstadt Kyoto mit ihren hunderten von schönen Tempelanlagen, Schreinen und Palästen ist die kulturell und geistig wichtigste Stadt Japans. Sie liegt ca. 450 km südöstlich von Tokyo. Nara, 40 km südlich von Kyoto, gilt als die Wiege der japanischen Kunst, gegründet 710, gleichfalls viele bedeutende historische Bauwerke, ältester Tempel Japans. Hikone, 60 km nördlich von Kyoto am Biwa-See, kann mit seiner Burganlage gleichfalls lohnend sein.

Von Tokyo nach Westen und Norden

Start in Tokyo wie oben beschrieben und weiter bis zum Fuji. Nordwestlich des Fuji liegen dann die japanischen Alpen mit den Städten Takayama (zahlreiche Tempel, Schreine, Paläste) und Nagano sowie dem historischen Matsumoto,

Ausgangspunkt für Bergtouren. Weiter hoch pedalend sollten Tempelliebhaber dann Nikko (mit dem Toshogu-Schrein) nicht versäumen („Man soll nicht sagen, etwas wäre schön, wenn man Nikko nicht gesehen hat …“, jap. Sprichwort). Schönstes Gebiet im Nordosten von Honshu ist die Tohoku-Region: viele Nationalparks, Seen, Urlaubsorte, Freizeitmöglichkeiten, Mineralbäder, Kirschbäume. Schöne Strände und wilde Küsten mit malerischen Landschaften findet man vor allem nördlich von Sendai. Insgesamt wird es von Tokyo nach Norden hin immer ruhiger. Am Nordende Honshus führen Fähren von Aomori und Hachinohe hinüber nach Hokkaido. Von dort (Tomakomai) gibt es dann wieder Fährverbindungen nach Sendai und Orai (nördl.von Tokyo), so dass man sich die lange Fahrt zurück mit dem Rad sparen kann.

Viel Grün. In den Japanischen Alpen

Hokkaido

Die Nordinsel ist etwa doppelt so groß wie die Schweiz, es gibt dort schöne Landschaften, viel Landwirtschaft, zahlreiche Natur- und Nationalparks mit Urwäldern, Vulkanen, Küstenstraßen, heiße (Bade-)Quellen, Seen und Berge über 2000 m Höhe. Im Winter viel Schnee. Die Insel hat ein gutes Straßen- und Schienennetz, Nebenstraßen sind teilweise unbefestigt. Zum Übernachten bietet Hokkaido genügend Jugendherbergen und auch sechs Cycling Terminals bzw. Cycling Centers (siehe wie erwähnt unter *www.cycle-info.bpaj.or.jp/english/begin/st.html*). Auch freies Campen ist überall sehr gut möglich. Hokkaido ist weniger teuer als die Hauptinsel, sommers gibt es frisches Obst und Gemüse, gute Wandermöglichkeiten. Radläden gibt es in größeren Orten, wichtigste Ersatzteile sollte man jedoch an Bord haben.

Wer nicht die ganze Strecke durch den Norden Honshus hochradeln will, kann nördlich von Tokyo von Oarai oder Sendai auch mit dem Fährschiff nach Hokkaido fahren (Tomakomai). Auch von der Westküste der Hauptinsel (Naoetsu, Niigata, Akita, Tsuruga, Maizuru) gibt es Fährschiffverbindungen nach Muroran und Otaru. Oder man fliegt gleich nach seiner Ankunft in Tokyo nach Sapporo weiter (Hauptstadt von Hokkaido) und lässt dann auf dem Flugplatz dort (der südöstlich in Chitose liegt) bei der Gepäckaufbewahrung evtl. seine Radverpackungs-Tasche.

Eine Rundreise um die Insel geht man am besten entgegen dem Uhrzeigersinn an; die Strecke entlang der Küste ist ca. 2500 km lang (im Norden – ab Abashiri – kann man auch ins Inland). Unterwegs sind Abstecher in fünf Nationalparks möglich (der Daisetsuzan ist der größte NP von Japan: drei Vulkane, heiße Quellen, Flüsse). Zeitbedarf: etwa vier bis fünf Wochen. August ist der beste Monat, doch dann gibt es auch viele japanische Touristen. Auf Regen muss man eingestellt sein!

Die Ostküste ist wild, zerrissen, mit Klippen und Buchten (die Ostseite der nördlichen Shiretoko Halbinsel mit dem gleichnamigen Nationalpark ist weniger interessant). An der Nordwestspitze kann man auf die beiden Inseln Rishiri und Rebun übersetzen und dann mit dem Schiff runter nach Otaru (bei Sapporo) fahren. Im Süden ist der Toya-See attraktiv.

Shikoku

Shikoku ist die kleinste der japanischen Hauptinseln. Ein bis zu 2000 m hoher Gebirgszug bildet ihr Rückgrat. Vor allem die Südküste ist wild zerklüftet mit Klippen und Buchten, die sich gut abseits der stark befahrenen Hauptrouten auf Nebenstraßen und Cycle Paths erkunden lassen. Zahlreiche harte Steigungen, verträumte Fischerdörfer, gute Campingmöglichkeiten, einige Jugendherbergen, Radshops in den größeren Städten und nicht so touristisch wie Hokkaido. Der Norden ist weniger interessant, mehr Industrie, flacher. Shikoku eignet sich auf Grund seiner Größe ideal für einen kürzeren Biketrip, in drei Wochen kann man die Insel locker umrunden (ca. 1200 km), besser im Uhrzeigersinn, da tendenziell der Wind aus Osten kommt. Osaka eignet sich gut als Ausgangspunkt, Fähren legen direkt vom Kansai Int. Airport Richtung Tokushima ab (alternativ auch Fährverbindung von Tokyo, Richtung Kyushu Fähren von Yawatahama).

Bücher, Karten, Internet-Infos

Standard-**Reiseführer:** „Japan“, Reise Know-How, recht detailliert, mit Übersichtskarten im Anhang. Lonely Planet „Japan“, „Tokyo mit Kyoto und Yokohama“, Reise Know-How. Die Japan National Tourist Organisation JNTO gibt umfangreiches und hilfreiches Material über Regionen, Städte, Sehenswürdigkeiten, Unterkünfte etc. ab, auch Führer für spezielle Gebiete (s. oben). Das kleine engl.-japanische Wörterbuch von der JNTO, „The Tourist's Language Handbook“, ist sehr nützlich (neben dem schon genannten RKH-Kauderwelsch-Sprachführer). In Japan gibt es auch viele „Tourist Information Centers“ (TIC) mit Info-Material; Adressen stehen in Reiseführern.

Karten: Zur Vorbereitung und Übersicht unterwegs gut geeignet ist die (wasserfeste und unzerreißbare) RKH-Karte „Japan“ 1:1,2 Mio. Andreas Bugdoll: „Eine bessere Karte lässt sich in Deutschland kaum auftreiben. Gewiss kann man mit einiger Mühe über japanische Bezugsquellen auch interessantes Kartenmaterial für Radler auftreiben, am einfachsten ist es jedoch für die meisten, sich für die ersten Tage einige Kartenausschnitte über die bekannten Internet-Routenplaner ausdrucken zu lassen. Dann sollte man vor Ort den ersten Buchladen ausfindig machen und die etwa DIN-A-4 großen Kartenwerke „Touring Mapple R“ (ca. 200 Seiten, 1:120.000, plastifiziertes wasserfestes Papier, Ringbindung) für je 2700 Yen kaufen. Die eigentlich für Motorradfahrer gedachten Karten teilen die Hauptinseln Japans in sieben sich überlappenden Bänden auf. Sie sind zwar komplett japanisch beschriftet, aber größere Orte sind auch in Englisch eingetragen. Außerdem sind die Straßen in Japan mit arabischen Ziffern durchnummeriert, so dass man sich durch den Vergleich mit den Nummern auf den Straßenschildern und der oben genannten Übersichtskarte einfach orientieren kann. Wichtiges Detail ist eine Unmenge von eingetragenen Symbolen wie Campingmöglichkeiten oder Jugendherbergen sowie von einigen Mini-Supermärkten und Fastfood-Ketten. Außerdem lassen sich ohne diese Karten kaum ruhigere Straßen oder mögliche Tunnelumfahrten finden. Also einer der wichtigsten Käufe für eine Japan Radreise!“

Die wichtigsten **Internet-Infos** stehen weiter oben im Text. Gut wie immer ist Wikipedia (*http://de.wikipedia.org/wiki/Japan*, mit Links), auch *http://wikitravel.org/de/Japan* und der Online-Japan-Führer *www.japan-tipp.de*. Auch die Seite *www.japanlink.de* ist einen Blick wert. Die japanische Botschaft in Deutschland erreicht man unter *www.de.emb-japan.go.jp*.

Sayonara!

Taiwan [TW, LG]

Überblick

Taiwan gehört zu den stärksten Wirtschaftsmächten der Welt. Eine unglaubliche Entwicklung, bedenkt man, dass die „Republik China" erst 1950 von Chiang Kaischek, dem Führer der Kuomintang, nach der Flucht aus der VR China gegründet wurde und seitdem eine erbitterte Rivalität um den Anspruch der Alleinvertretung Chinas besteht. Taiwan, die Wiege der weltweit größten Fahrradindustrie, ist nach den Erfahrungen einiger Radler trotz seiner hohen Bevölkerungsdichte und seinen vielen Städten ganz gut zum Radreisen geeignet, zumindest ist es einen Stopover wert.

Die gut ausgebaute Infrastruktur erleichtert das Reisen erheblich, allerdings bleibt, wie in der Volksrepublik China, die Sprach- und Schriftbarriere eines der Haupthindernisse für alle Radler (wenigstens sind aber die Ortsschilder und Wegweiser auch in lateinischer Schrift ausgeführt). Amtssprache ist Hochchinesisch (Mandarin), Umgangssprache aber Taiwanesisch, die Sprache der chinesischen Einwanderer. Englisch etabliert sich zunehmend als erste Fremdsprache und wird vor allem in den Städten verstanden. Ein Kauderwelsch-Sprachführer im Gepäck (s.u.) und viel Fantasie bei der Zeichensprache wirken immer noch wahre Wunder. Das Alltagsleben ist noch tief im Daoismus und Buddhismus verwurzelt, den beiden Hauptreligionen in Taiwan. Buddhistische Tempel, Feste und Prozessionen (am schönsten im Südwesten in Tainan) sind denn auch neben den landschaftlichen Schönheiten (vor allem entlang der Ostküste) die Hauptattraktionen für jeden Reiseradler.

Geografie, Reisezeit und Klima

Taiwan, das ehemalige Formosa, liegt am Südausgang des Ostchinesischen Meers genau unter dem Wendekreis des Krebses und ist durch die 170 km breite Taiwanstraße von China getrennt. Flächenmäßig lässt es sich etwa mit Baden-Württemberg vergleichen, zählt aber mit ca. 23 Mio. Einwohnern zu den zehn am dichtest besiedelten Staaten der Erde.

Der Westen der Insel wird von einem breiten und fruchtbaren Schwemmlandgürtel dominiert; hier wird Reis und Zuckerrohr angebaut, stehen die Millionenstädte, boomt die Wirtschaft. Im Osten und getrennt durch einen Waldgürtel erstreckt sich das wild gefaltete und weitgehend unzugängliche Chungyang-Gebirge bis auf knapp 4000 m Höhe. Höchster Gipfel ist der Yü Shan mit 3997 m im gleichnamigen Nationalpark. Nur wenige Kilometer von den Millionenmetropolen entfernt findet man hier viele schöne Wanderwege.

Taiwan liegt außerdem am Rand der eurasischen Kontinentalplatte, also Erdbebengefahr! Leichtere Erdbeben sind fast schon alltäglich und schwere nie ganz auszuschließen. Neuere Gebäude müssen heute erdbebensicher gebaut werden.

Das **Klima** im Norden der Insel ist subtropisch, im Süden tropisch, abhängig von den Hochlagen. Die günstigsten Radelmonate sind März bis Mai und Oktober/November. Dann ist es nicht so heiß und feucht wie im Sommer, im Winter wird es im Gebirge empfindlich kalt (doch muss man im Gebirge auch im Sommer immer mit Wetterstürzen rechnen). **Achtung:** Taiwan wird im Sommer (Juli bis Oktober) regelmäßig von Taifunen heimgesucht – ein weiterer Grund, den Sommer zu meiden!

An- und Einreise, Währung

Taiwan hat zwei internationale **Flughäfen**, der wichtigere liegt nahe der Hauptstadt Taipei, der andere bei Kaohsiung im Süden. Kaohsiung wird auch regelmäßig von Fährschiffen aus Okinawa/Japan angelaufen.

Die **Einreisebestimmungen** sind offensichtlich auf Geschäftsreisende ausgelegt, sind aber auch für Rad-Touris bei einem Stopover praktisch. Für einen Aufenthalt bis zu 30 Tagen braucht man nämlich nur einen Reisepass, der noch mindestens sechs Monate über das Ausreisedatum hinaus gültig ist, ein Lichtbild und ein Rück-/Weiterflugticket. Dieses sogenannte „Landing Visa" gibt es nur am

In der Taroko-Schlucht

int. Flughafen Taipei, keine Verlängerungsmöglichkeit. Bei über 30 Tagen muss man vor der Einreise ein Visum beantragen. Mehr bei der Taipei Vertretung in der Bundesrepublik Deutschland (*www.roc-taiwan.org/DE*) und beim Auswärtigen Amt.

Währung ist der Neue Taiwan-Dollar (NT$). US$ in bar oder als Travellercheques werden von Banken gegen Kommission getauscht; auf Kreditkarten (VISA, MasterCard etc.) sind Barauszahlungen möglich, auch an Bankautomaten. Bei Fahrten ins Gebirge oder an die nicht so dicht besiedelte Ostküste sollte man allerdings vorher einen kleinen Bargeldvorrat anlegen. Dem hohen Lebensstandard entsprechend ist Taiwan ein recht teures Reiseland.

Übernachten, Verpflegung

Sehr gute touristische Infrastruktur. Der Tourismus beschränkt sich aber zur Zeit noch auf taiwanesiche, koreansiche und japanische Reisende (abgesehen von Geschäftsreisenden). In jeder Stadt gibt es ausreichend **Hotelzimmer**, oft auch in relativ preisgünstigen Business-Hotels.

In größeren Städten findet man auch eine Reihe günstiger **Hostels** und Youth Hostels. Meist werden Schlafsaalbetten, Einzel- und Doppelzimmer gleichermaßen angeboten, dem internationalen Publikum entsprechend kann auch immer jemand vom Personal Englisch. Viele Betten in den Hostels sind aber von Austauschstudenten etc. auf Wochen oder Monate ausgebucht.

Thomas Weis: „**Wildcampen** Ist überhaupt kein Problem. Es empfiehlt sich ein selbststehendes Zelt, da speziell iIm Gebirge nur asphaltierte Parkplätze zur Verfügung stehen. Kaum Diebstahlgefahr, wenn man eine (mehrtägige) Wanderung macht. Die Taiwanesen praktizieren das selbst."

Verpflegung s. „China". Läden verschiedener amerikanischer Filialketten (z.B. „7-Eleven" oder „Family Mart") sind über die ganze Insel verstreut zu finden. Thomas Weis: „Das Angebot an Garküchen ist groß, allerdings gestaltet sich das Bestellen für den Europäer schwierig. Man wird sicherlich das eine oder andere ‚Überraschungsmenü' erhalten. Die Restaurants sind für große Personenzahlen ausgelegt. Das Essen für den Einzelreisenden kann dann schnell recht teuer werden, weil man verschiedene Beilagen ordern muss." Tipp: Im RKH „Taiwan" sind mehrseitig Gerichte mit chinesischer Schrift aufgeführt. So lässt sich das Sprachproblem „umgehen".

Fahrrad, Ausrüstung

Für eine Inselumrundung reicht ein Trekkingbike mit ein paar Gängen und mittelbreiten Reifen. Bei Touren ins Landesinnere und auf dem „Central Cross Island Highway" sollte man ein Ritzelpaket mit breiterem Übersetzungsbereich montieren. Bei der Ausrüstung kann man sich aufs Notwendigste beschränken, i.d.R. wird man in Hostels übernachten und in Restaurants oder an Straßenständen essen.

Alle erforderlichen Werkzeuge mitnehmen, auch Ersatzschlauch und ggf. Faltreifen. Wer noch kein Bike hat, könnte sich eines direkt bei einem der vielen bekannten taiwanesischen Hersteller kaufen. Mehr Radel-Infos gibt es auf *www.taiwanderful.net/guides/cycling-taiwan-links* und bei der „Chinese Taipei Amateur Cycling Association", 3, Lane 153, Chang An East Rd, Sec. 2, Taipei 104 Taiwan, China. Tel. 886-2-721-0459.

Straßen, Verkehr, Transport

Rechtsverkehr. Das Straßennetz ist gut ausgebaut, die Straßen sind mit Nummern beschildert. In der Tourist Information erhält man eine kostenlose Straßenkarte, die äußerst hilfreich ist. Der West Coast Highway und alle Großstädte leiden unter Verkehrsüberlastung, besser meiden (Taipei hat eine U-Bahn). Der East Coast Highway ist nach den Erfahrungen einiger Reiseradler dagegen gut zum Radeln geeignet; spektakulär und gebirgig ist der Central Cross Island Highway durch das Chungyang-Gebirge (85 Tunnels, 112 Brücken!). Während der Regenzeit häufige Erdrutsche!

Thomas Weis: „Je größer die Stadt, desto angenehmer lässt es sich radeln! Aufgrund der hohen Bevölkerungsdichte ist der Motorroller das meistgenutzte Fahrzeug in Taiwan. Es existieren für Motorroller separate Fahrspuren." Lutz Gebhardt: „Die sind oft auch für Radfahrer ausgelegt."

Mehrere Fluggesellschaften halten den Inlandsflugverkehr zwischen den Provinzhauptstädten und den vorgelagerten Inseln (P'enghu Ch'üntao u.a.) aufrecht, Tickets sind nur am Flughafen erhältlich, Radtransport möglich. Die Züge der Taiwan Railway sollen – mit Ausnahme der 4. Klasse – recht komfortabel sein; für die Überbrückung kürzerer Strecken sind sie auf jeden Fall besser geeignet als ein Flugzeug. Eine Rundstrecke verbindet alle Städte entlang der Küste, weitere kurze Stichstrecken in das Chungyang-Gebirge, z.B. Chiayi – Alishan. Die Website der „Taiwan Railway Administration" (*www.railway.gov.tw*) gibt über Streckennetz, Ticketkauf und vieles mehr Auskunft. Vor dem Ticketkauf über die Radmitnahme informieren. Auch Busse verbinden alle Ecken der Insel, die Unfallstatistik spricht aber klar für die Bahn, und auch die Radmitnahme ist bei den Bussen teilweise problematisch, da nur die engen Gepäckabteile zur Verfügung stehen. Dasselbe gilt für die Sammeltaxis.

Sehenswürdigkeiten, Routen und Touren

Thomas Weis: „Wer Berge liebt muss nach Taiwan! Die Ostküste zeichnet sich durch nahezu senkrechte Berghänge aus, unterbrochen durch Badebuchten und -strände am Pazifik. Die Straße durch die Taroko-Schlucht gehört sicherlich zu den schönsten Straßen auf diesem Planeten. Und wo schafft man es schon, von 0 auf 3300 Höhenmeter zu radeln?

Spektakuläre Ausblicke auf das Chungyang-Gebirge hat man auch von Alishan (*http://wikitravel.org/en/Alishan*). Dort gibt es Riesenzedern, fast wie im US-amerikanischen Sequoia National Park, auf 2700 m Höhe. Von der Topografie her bietet sich eine Inselumrundung an, mit Schlenkern ins Gebirge vor allem. Der Osten der Insel ist dünn besiedelt und die Taiwanesen fahren sehr zurückhaltend. Den Ballungsraum im Osten kann man auf Nebenstraßen durchqueren, aber landschaftlich reizvoller ist eine Tour entlang der westlichen Ausläufer des Chungyang-Gebirges, über das man ein weiteres touristisches Highlight, den Sonne-und-Mond-See, erreicht.

Für kulturell Interessierte: Das Nationalmuseum in Taipei sollte man nicht verpassen! Dort werden Gegenstände der 2000-jährigen Sammlung der chinesischen Kaiser ausgestellt. Sebst in der Volksrepublik China findet man nichts Vergleichbares!"

Für die Besteigung einiger Gipfel (z.B. Yü Shan) und Trekkingtouren sind Permits der örtlichen Polizei erforderlich. Erste Infos bei der Ausländerpolizei („Foreign Affairs Police") in Taipei, 96 Yenping S Road.

Bücher, Karten, Internet

Reiseführer: „Taiwan", von Werner Lips, Reise Know-How (Thomas Weis: „Einer der ‚Top Five' des Verlags!"). Gleichfalls gut der englische Lonely Planet „Taiwan". „KulturSchock China", „Daoismus erleben", Kauderwelsch „Hochchinesisch" alle RKH. **Karten:** Gut zum Radeln eignen sich die ITM-Karte „Taiwan", 1:386.000, mit kleinem Stadtplan von Taipei, und die Nelles „Taiwan", 1:400.000. **Internet-Infos:** Das „Tourism Bureau" hat eine sehr nette Website: *www.tbroc.gov.tw*. Nicht ganz so schön (aber informativer) die deutsche Version: *www.taiwantourismus.de*. Touri-Infos findet man auch auf *www.gio.gov.tw*. Gute deutschsprachige Infos und viele Links gibt's auf *www.taiwan-info.de*. Mehr s. oben im Text.

F Südostasien

Indonesien [MB, TG]

Überblick

Indonesien ist der größte Inselstaat der Erde, er zieht sich 5000 km entlang des Äquators. Für Radfahrten kommen in erster Linie die Hauptinsel Java, das touristische Bali und das große Sumatra in Frage. Vor allem als Einstieg in das „Raderlebnis Indonesien" eignen sich aber auch die an Bali anschließenden östlichen Kleinen Sunda-Inseln Lombok, Sumbawa und Flores gut; sie bieten noch urwüchsiges Indonesien (Thomas Gand: „Meine Zeit auf diesen Inseln empfand ich als die intensivste in Indonesien hinsichtlich Kontakt zur Bevölkerung und Erlebnissen beim Radeln").

Wer zum erstenmal nach Java oder Bali kommt, durchleidet einen „Menschenmassen-Schock". Die beiden Inseln zählen zu den dichtestbesiedelten Regionen der Erde. Auf Java, das nur halb so groß ist wie die alte BRD, leben ca. 130 Mio. Menschen (das sind rund 60% aller Indonesier auf einer Fläche, die nur 7% des Staatsgebietes ausmacht!). Die indonesische Regierung begegnet dem Bevölkerungsdruck mit großangelegten Umsiedlungsprogrammen, die allerdings ihrerseits zusammen mit wirtschaftlichen Problemen zu einer Verschärfung separatistischer und religiöser Konflikte auf verschiedenen Inseln führten. Besonders betroffen sind mit West-Kalimantan, den Molukken, Irian Jaya und Osttimor für Radler eher uninteressante Inseln, allerdings haben sich die Konflikte zeitweise auch auf Südsulawesi, Lombok und Nordsumatra (Provinzen Aceh und Riau) ausgeweitet. Bitte also unbedingt vor Reisebeginn über *www.auswaertiges-amt.de* die Sicherheitslage checken!

Sumatra

Die Rieseninsel Sumatra (1800 km lang, 300-400 km breit) ist geprägt von Gebirgen und tropischen Wäldern, es ist teilweise noch eine richtige „Grüne Hölle", die leider immer mehr riesigen Ölpalmenplantagen weichen muss. Trotzdem gibt es noch Tiger und Nashörner, und sogar Elefanten kommen noch in geringer Zahl vor. Bekannt ist auch das „Bohorok Orang Utan Rehabilitation Centre" (*www.orangutans-sos.org*) nahe Bukit Lawang am Rand des Leuser-Nationalparks. Es gibt viele erloschene und noch tätige Vulkane, (Krater-)Seen und traditionelle Dörfer (eine Attraktion sind die Dörfer der Batak am Toba-See). Entlang der waldreichen Westküste zieht sich eine Bergkette von Nord nach Süd, die Bukit Barisan. Die Ostküste ist zwischen Medan und Palembang sumpfig und der Südosten ist, wie die ganze Insel, nur dünn besiedelt. Die Ortschaften liegen meist weit auseinander.

Das Straßennetz ist trotz asphaltierter Hauptstraßen schlecht, auch der Trans-Sumatra-Highway, und während der Regenzeit werden fast alle Nebenstraßen unpassierbar, besonders im Süden. Die Nord-Süd-Straße an der Westküste entlang ist zwischen Padang und Bandar Lampung streckenweise noch schieres

Traumhaft schön! Sumatra, am Toba-See

Abenteuer! Es gibt Fischerdörfer, Urwald, einsame Strände und die schlechte Straße.

Von der Hauptstadt Medan kann man zur Nordspitze (Leuser-Nationalpark) oder direkt zum Toba-See fahren, der inmitten einer schroffen Bergkette auf ca. 900 m Höhe liegt, der See ist das Haupt-Touristenziel der Insel. Die dortige Halbinsel Samosir ist seit langem Traveller-Treffpunkt – gute Verpflegung, herrlich gelegene Losmen (Gästehäuser). Distanz von Medan rund 190 km, Fähre (45 Min.) von Prapat nach Tomok, die Travellerszene trifft sich ein paar km nördlich in Tuk Tuk. Zur Weiterfahrt Richtung Süden lohnt eine Umrundung der nördlichen Halbinsel nach Pangururan (50 km).

Ein zweites Touristenziel ist das höhergelegene Bukittinggi nördlich von Padang, 525 km von Pangururan entfernt. Viele Schlaglöcher, aber eine wunderschöne, abwechslungsreiche Streckenführung.

Bis zur Südspitze und der Fähre von Bakauheni nach Merak (Java) erwarten euch weitere teils abenteuerliche 1400 km.

Von Medan gibt es Flugverbindungen nach Singapur, Thailand und Malaysia (Georgetown auf Penang), man kann Medan bzw. den Hafen Belawan auch per Schiff von Jakarta, Penang (Malaysia) und Singapur anlaufen. Außerdem gibt es noch eine Bootsverbindung zwischen dem malaysischen Melaka nach Dumai und von Singapore nach Pekanbaru (wem die Zeit ausgeht, s. unten bei „Einreise“, der kann von Pekanbaru kurz nach Singapur aus- und wieder einreisen, Rad derweil zurücklassen). Zwischen Sumatra und Java verkehren Fähren, von Srengsem und Bakauheni nach Merak. Außerdem fährt ein Pelni-Schiff von Padang nach Jakarta (rechtzeitig vorher Fahrplan recherchieren!).

Alles in allem ist Sumatra keine „einfache“ Radinsel, besonders der Südwestteil, der ist nur für „Könner“ und Abenteurer! Wegen der geringeren Bevölkerungsdichte und dem meist mäßigen Verkehr sei sie aber als Einstieg in die indonesische Inselwelt ganz besonders empfohlen. Ein paar Sprachkenntnisse sind dabei anzuraten, s. unten.

Java

Die Insel ist überwiegend gebirgig, mit vielen noch tätigen und erloschenen Vulkanen (Bromo), das abgeholzte Hügelland ist sehr fruchtbar. Man trifft weitaus weniger Touristen als auf Bali. Das Straßennetz ist gut ausgebaut, doch die Qualität der Straßen schwankt ständig und stark, von gut bis katastrophal ist alles vertreten.

Benjamin Jacob: „Die Hauptstadt Jakarta sollte man so schnell wie möglich verlassen oder besser ganz meiden. Die 10-Millionen-Stadt (nahezu 23 Mio. in der Metropolregion) ist fürchterlich, stinkend und laut, die Straßen sind verstopft, man braucht ewig, bis man endlich raus ist."

Die Durchquerung Javas von West nach Ost (oder umgekehrt) kann entweder an der Nordküste entlang oder durchs Inland erfolgen (mit Abstechern zum Meer). Die Inlandroute ist bergig und führt durch Reisfelder, über die Städte Bogor, Bandung und das kulturelle Zentrum Yogyakarta (Batikkunst, Gamelan-Musik, Stabpuppen- und Schattenspiel wie Wayang Golek und Wayang Kulit, s. *http://de.wikipedia.org/wiki/Wayang*). Yogya ist auch Traveller-Treff. Bei der Weiterfahrt nicht den Borobodur-Tempel versäumen, den größten buddhistischen Tempelkomplex Südostasiens! Auch das Dieng-Plateau und die Besteigung des Bromo-Vulkans ist erlebenswert.

Zwischen Yogyakarta und Surakarta hat die Hauptstraße Seitenstreifen für Radfahrer – eine Erholung im ewig dichten Verkehr der Insel. Wer von den Hauptstraßen die Nase voll hat, weicht auf Nebenstraßen aus, aber die sind meist auf keiner Karte verzeichnet, man muss sich durchfragen. Doch so lässt sich wenigstens noch das andere, unbekannte Java entdecken. Von Ketapang, 8 km nördlich von Banyuwangi an der Ostküste, gehen dann Fähren nach Bali.

Bali

Die hinduistische Insel mit ihren vielen Tempelanlagen im sonst moslemischen Indonesien hat eine zauberhafte Landschaft (Reisterrassen), bietet für jeden etwas, und Bali mit dem Rad ist wie eine Reise durch ein tropisches Paradies. Unbedingt frühmorgens lospedalen, wenn die Dörfer zum Leben erwachen und die Reisfelder noch in sattem Grün schimmern! Wem es an der Küste zu heiß und zu voll ist, der fährt ins Hochland, doch die inneren Gebirgsketten ragen mit ihren Vulkanen (Batur und Agung) bis zu 3142 m auf. Bali-Radler müssen bergtauglich sein (z.T. bis zu 15 km lange und sehr steile Steigungen). Von den Vulkanseiten fließen vielen Flüsse, und wer dazu „quer" fährt, muss ständig die Flusstäler rauf- und runterpedalen ...). Müde Radler verladen ihre Drahtesel auf ein Bemo. Die Übernachtungs- und Verpflegungsmöglichkeiten sind hervorragend!

Das Leben der Balinesen bestimmt die Hindu-Kultur (viele schöne Tänze). Man fertigt viel Kunsthandwerk, Ubud ist das kulturelle und künstlerische Zentrum Balis. Die schönsten Badestrände befinden sich südlich der Hauptstadt Denpasar, Legian und Kuta sind heute total überlaufene Touristenorte und haben mit dem eigentlichen Indonesien nicht mehr viel zu tun. Im Norden ist Lovina für seinen Strand bekannt.

Eine empfehlenswerte Rad-Rundtour (ca. 550 km) wäre: Legian, Ubud, Penelokan, Air Panas, Batur, Besakih, Putung, Limpah, Candi Dasa, Bat Cave, Bangli, Peliatan, Legian bzw. Kuta. Wer Wert auf abgasfreies Radeln legt, fährt auf (holprigen, meist unausgeschilderten) Nebenstraßen. Dann braucht es eine gute Karte, und man sollte sich mit den Leuten verständigen können.

Von Bali bestehen beste Flugverbindungen nach Australien, Singapur und Hongkong.

Sunda-Inseln

Von Bali kann man mit dem Schiff (oder Flugzeug) weiter nach Lombok, das nicht ganz so grün und auch sonst anders ist als Bali. Man sollte sich dort noch mehr als sonst an die moslemischen Verhaltensregeln halten (Kleidung)! Das Straßennetz ist passabel, die Hauptstraßen sind asphaltiert, viele Nebenstraßen aber nur geschottert. Im Gegensatz zu Bali gibt es aber keine extremen Steigungen.

Mit Fährbooten geht es weiter über Sumbawa nach Flores. Flores ist eine sehr schöne Insel, das ist noch Indonesien pur. Die kurvenreiche West-Ost-Verbindung von Labuhan Bajo über Ruteng, Ende und Maumere nach Larantuka (ca. 700 km) ist gut asphaltiert, die Nebenstraßen lassen aber auch hier noch viel Raum für

Abenteuerfeeling. Teils äußerst kräftige Steigungen, die die auf Bali oft noch deutlich übertreffen. Vom Hafenort Maumere kann man wieder nach Bali oder Jakarta zurückfliegen, die Radmitnahme im Flugzeug sollte kein Problem sein (doch rechtzeitig vorher um das Rückflug-Ticket kümmern). Außerdem fährt ein Pelni-Schiff in drei Tagen nach Surabaya auf Java (rechtzeitig aktuellen Fahrplan recherchieren). Von Maumere und von Larantuka weiter im Osten gibt es auch eine Schiffsverbindung nach Celebes (Sulawesi).

Nach Komodo (dort leben die berühmten riesigen Komodo-Warane, s. *http://de.wikipedia.org/wiki/Komodowaran*, Vorsicht!) fährt kein öffentliches Fährschiff mehr. Thomas Gand: „Man muss sich bei den Fischern in Sape (Sumbawa) ein Boot und eine Besatzung zusammensuchen und anheuern und sich hinfahren lassen; dauert etwa drei Tage mit Weiterfahrt nach Flores. Einfach bei den Fischern fragen, ob jemand ein Boot hat und bereit wäre, die Fahrt zu machen. Ist ein tolles Erlebnis mit so einer Nussschale auf hoher See!"

Reisezeit und Klima in Indonesien

Indonesien hat fast ganzjährig gleichmäßig tropisch warme Temperaturen und eine hohe Luftfeuchtigkeit. Der Monsun bringt reichlich Niederschläge. In höheren Regionen ist es etwas kühler. Auf den oben beschriebenen Inseln sind die Monate von Mai bis Oktober günstig (auf Java und Bali ist es klimatisch am besten im Juli/August, doch dann auch Touristen-Hochsaison). Weniger günstig sind die Monate von November bis März, da herrscht Regenzeit, besonders stark im Januar/Februar auf Java und Bali, im November regnet es an der Westküste Sumatras. Dann artet das Radeln auf Nebenstrecken zur Schlammschlacht aus.

Stärkere Winde gibt es auf Java und Bali kaum, und wenn sie wehen, dann meist von Osten bzw. vom Meer her, und sie erfrischen mehr als dass sie stören.

Einreise, Geld

Bis 2004 durfte man ohne Visum einreisen; das hat sich zwischenzeitlich geändert. Jetzt gilt: **Visum bei der Einreise** für 30 Tage, kostet 25 US$, keine Verlängerung möglich! Verschiedentlich wurde schon ein Rück- oder Weiterflugticket verlangt. Wer länger bleiben möchte, muss das Visum vor der Einreise bei einer Botschaft beantragen (*www.botschaft-indonesien.de*). Dann sind auch 60 Tage möglich. Alternative: Aus- und wieder einreisen, am günstigsten per Flugzeug oder Schiff nach Malaysia oder Singapur. Hohe Strafgebühren für jeden überzogenen Tag!

Währung ist die stark inflationsgeplagte Indonesische Rupie. Keine großen Beträge wechseln; mit den üblichen Betrügereien ist zu rechnen (präparierte Taschenrechner, überhöhte Kommission etc., s. dazu mehr in Reiseführern). Reiseschecks in US$ und Euro werden am ehesten akzeptiert. Verbreitete Kreditkarten sind VISA, American Express und MasterCard, mit denen man in Touri-Orten und größeren Städten Geld aus den Bankomaten ziehen kann (auch mit EC-Maestro-Card). Indonesien ist ein billiges Reiseland, trotzdem wird um Preise gehandelt. Mit einem internationalen Studentenausweis bekommt man bei Flügen und bei Schiffspassagen manchmal Ermäßigungen.

Übernachten, Verpflegung, Gesundheit

Java und Bali (besonders letzteres) sind voll von billigen Hotels, die Losmen oder Wisma heißen, auch Homestays. Selbst auf Sumatra findet man eigentlich in jedem Dorf eine Unterkunft. Ein Zelt ist nur selten nötig und nur einsetzbar, wenn man abseits befahrener Routen unterwegs ist. Doch Ruhe und Privatsphäre wird es beim Campen nicht geben! Fragt bei einer Polizeistation oder in Dörfern bei einer Amtsperson. Der Dorfvorsteher heißt Kepala Desa. Oft werdet ihr auch eingeladen werden, dann ist ein Gastgeschenk, z.B. Lebensmittel, angebracht.

Zimmer vorher immer ansehen, es gibt schon arge Buden. Statt Duschen werdet ihr in den Badezimmern meist ein Mandi vorfinden, ein Becken mit Wasser, aus dem man mit einer Plastikschüssel Wasser schöpft. Abseits der Touristenzentren ist Toilettenpapier selten, die Indonesier benutzen (wie etwa auch die Inder) die linke Hand und Wasser zur Reinigung. Vorsicht in touristischen Zentren, hohe Diebstahlsgefahr! Rad immer mit ins Zimmer nehmen.

Mit der Verpflegung gibt es auf Java, Bali und Sumatra überhaupt keine Probleme, Basis sind Reis und Nudeln, vieles wird mit Kokosmilch und Erdnuss zubereitet, so wie z.B. das bekannte vegetarische Gericht „Gado-Gado" (mit Erdnusssoße). Alles ist sehr schmackhaft und bekömmlich. Buden und Handkarren mit einfachen Gerichten (Warungs) gibt es zuhauf, Restaurants heißen „Rumah Makan". Selbstkochen ist auf Java und Bali überflüssig, auf den kleinen Sunda-Inseln kann die Distanz bis zum nächsten Kaloriendepot aber schon einmal eine Tagesetappe ausmachen.

Frischer Fisch. Gutes Essen überall

Märkte bieten herrliche Früchte und leckere Fruchtsäfte an. Achtet, wie immer in tropischen Ländern, auf das Angebot von frischen Kokosnüssen! Softdrinks werden in jedem Dorf verkauft, Trinkwasser gibt es in Plastikflaschen, man kann auch abgekochtes Wasser erhalten oder man behandelt es selbst.

Große Teile Indonesiens sind Malaria-Gebiet – informiert euch dazu wie immer auf *www.fit-for-travel.de*, auch zu empfohlenen Impfungen und weiteren gesundheitlichen Risiken.

Bevölkerung, Religion, Sprache

Die Indonesier sind sehr freundlich, dauernd wirst du gefragt werden: „Hello Mister, where do you go?" – „Where you come from?" Das kann mit der Zeit auch ganz schön nerven. Man will eben sein Englisch üben, dir etwas verkaufen oder ein Hotel vermitteln. „Und dann kommen auch noch 25-mal am Tag Leute und fragen, wie du heißt. Ich sage dann immer ‚Johnny Bagus', und dann lachen sie. ‚Bagus' heißt in Indonesien nämlich ‚gut', und ‚Johnny' nennen sie jeden Europäer, der nach Indonesien kommt. Aber wenn das den ganzen Tag so geht, platzt einem bald die Hutschnur …", so schrieb schon Tilmann Waldthaler in seiner „Äqua-Tour".

Alleinreisende Radlerinnen haben außerdem von penetranter, nervtötender Anmache der indonesischen Männer auf Java und Bali berichtet. Hier helfen nur selbstbewusstes Auftreten und deutliche Worte (natürlich auf Indonesisch), die können auch ruhig lauter sein, der Angesprochene verliert so sein Gesicht.

Wie erwähnt ist die Hauptreligion der Islam, nur Bali ist hinduistisch. Wundert euch also nicht, wenn ihr frühmorgens durch einen Gebetsruf geweckt werdet. Beachtet die Zeit des Ramadans, dann kann Reisen schwieriger werden. Verhungern werdet ihr dennoch nicht, die chinesischen Restaurants sind weiterhin tagsüber geöffnet. Zurückhaltung auch bei der Kleidung – kein Papageien-Outfit, du bewegst dich in einem sehr sensiblen Land. Es gilt auch einige wichtige Verhaltensregeln zu beachten, z.B. in den Tempeln von Bali einen Sarong um die Hüfte zu haben (Details in Reiseführern).

Amtssprache ist Bahasa Indonesia, eine Sprache mit einfachster Grammatik und einfacher Aussprache. Man sollte unbedingt vorher einiges davon lernen (z.B. gibt es von RKH einen Kauderwelsch-Sprachführer „Indonesisch"), besonders wenn man vorhat, in entlegeneren Gebieten zu radeln (Sunda-Inseln, auch Sumatra). Mit Englisch kommt man nur auf Bali bzw. in den Touri-Zentren zurecht.

Straßen, Verkehr, Transport

Linksverkehr! In den dicht besiedelten Zentren und Städten von Java, Bali und Sumatra kann der indonesische Straßenverkehr ein Schreckenserlebnis werden, ein Alptraum für jeden Radfahrer. Außer den immer hupenden und halsbrecherisch fahrenden Autos, Kleinbussen und Lkw, die dir beim Überholen nur ein paar Zentimeter Platz lassen (und Wolken von schwarzem Auspuffqualm hinter sich herziehen), drängen sich auf den Straßen noch Bemos und Becaks, Motorräder und Mopeds, Fahrräder, Ochsen- und Handkarren, Dokars (Pferdekutschen), und in dörflichen Gegenden irren auch noch Hühner und andere Tiere auf der Fahrbahn herum (s. unten „Radfahren im Straßenverkehr Südostasiens").

Transport: Busse und Bemos gibt es auf Java und Bali zuhauf, die meisten altersschwach und klapprig, das Rad kann aufgeladen werden. Auf Java fährt auch eine Eisenbahn (Radmitnahme kein Problem). Internationale Flughäfen haben Jakarta und Denpasar (Bali). Innerindonesische Airlines sind Garuda, Merpati, Bouraq, Mandala und einige mehr, wobei Garuda hauptsächlich internationale Ziele anfliegt.

Zwischen den größeren Inseln verkehren regelmäßig und relativ pünktlich die schon erwähnten Pelni-Schiffe, moderne Passagierschiffe der staatlichen Schiffsgesellschaft (*www.pelni.co.id*). Der Hafen von Jakarta heißt „Tanjung Priok". Manche Häfen werden nur alle zwei Wochen angefahren. Schaut vor Tourbeginn in einem Pelni-Büro nach einem aktuellen Fahrplan und reserviert eure Tickets im voraus.

Fahrrad, Ausrüstung

Die Indonesier auf Java und Bali fahren viel Rad, doch für sie ist es in erster Linie ein Transportmittel. Nicht wundern, wenn ihr nach einer Steuer-Plakette an eurem Rad gefragt werdet, für indonesische Räder soll dies Vorschrift sein.

Erforderlich für die hier beschriebenen Inseln ist ein robustes Tourenrad mit genügenden Gängen für die Bergstrecken, breite Reifen sind wegen den unbefestigten Strecken empfehlenswert. Übliche wichtige Ersatz- und Reparaturteile mitnehmen, man bekommt nur einfachere Radersatzteile (sonst bleibt nur der Weg nach Singapur …). Einfache Rad-Reparaturläden findet man oft am Straßenrand. Thomas Gand: „Ein Rückspiegel ist in Indonesien besonders wichtig!"

Indonesien ist auch ein Rikscha-Land; Rikschas sind das wichtigste Transport- und Verkehrsmittel der kleinen Leute. Doch dessen ungeachtet ließ die Verwaltung in Jakarta in der Vergangenheit auch schon mal hunderte von Rikschas ins Meer kippen, „weil sie einer Hauptstadt unwürdig seien", wie es hieß. Auf Bali kann man auch Räder mieten, auch Mountainbikes.

An Ausrüstung das übliche für Tropenländer, dazu ein Moskitonetz. Zelt und Iso-Matte sind nur nötig, wenn man Java und Bali oder die Sunda-Inseln abseits der Touri-Routen entdecken will. Für einsame Sumatra-Straßen bzw. Pisten muss man einigermaßen autark sein. In touristischen Orten sind CampingGaz-Kartuschen erhältlich.

Off Duty. Rikschafahrers Mittagspause

Bücher, Karten, Internet

Reiseführer: Günter Nelles: „Indonesien: Sumatra, Java, Bali, Lombok und Sulawesi", Nelles Verlag. Stefan Loose Travel Handbuch "Bali und Lombok", DuMont. Standardwerk ist der Lonely Planet „Indonesia". Von RKH gibt es neben dem schon genannten Kauderwelsch-Sprachführer noch „KulturSchock Indonesien". Dann gibt es zum vorher Einlesen etliche recht interessante Reisebeschreibungen wie etwa „Unterwegs in Indonesien" von R. Neukäter u.a. oder „Abenteuer Indonesien" von D. Wirz. **Aus Radlersicht:** Frank Mrotzek widmet in seinem Buch „Auf nach Asien!" zwei Kapitel den Inseln Sumatra und Sulawesi. RKH, nur noch antiquarisch erhältlich. **Karten:** Von Reise Know-How die Karten „Indonesien 1-4": Sumatra (1:1,1 Mio.), Java (1:650.000), Bali, Lombok, Komodo (1:150.000) und Sulawesi (1:800.000). Auch von Nelles und ITM gibt es ähnliche Inselkarten. Zur Übersicht die ITM „Indonesia" (1:2,4 Mio.). Die beste Karte von Bali ist die „Bali Path Finder", auf Bali in Buchläden und Tourist Offices erhältlich.

Internet-Infos: Wikipedia (*http://de.wikipedia.org/wiki/Indonesien*) ist informativ wie immer, auch mit guten Links. Dort gibt es auch eine Liste indonesischer Nationalparks: *http://en.wikipedia.org/wiki/List_of_national_parks_of_Indonesia*. Das Online-Angebot der indonesischen Tourismusbehörde findet man unter *www.indonesia-tourism.com*. Einiges an Info kann man auch der privaten Seite *www.indonesia-portal.de* entnehmen. Auf „Travelling in Indonesia" (*www.emp.pdx.edu/htliono/travel.html*) gibt es viele weiterführende Links. Die „Jakarta Post" bietet aktuelle Meldungen zu Politik und Wirtschaft: *www.thejakartapost.com*. Sehr gut zum Einstieg auch die Indonesien Infos von Lonely Planet unter *www.lonelyplanet.com/indonesia*.

Radfahren im Straßenverkehr Südostasiens

Den Haupt- bzw. den gravierendsten Denkfehler, den ein Radfahrer aus dem europäischen Kulturkreis beim Radfahren im Straßenverkehr südostasiatischer Länder machen kann, ist die Annahme, dass er im Straßenverkehr ein gleichberechtigter Verkehrsteilnehmer ist – dies sollte man ganz schnell vergessen! Als Radfahrer auf den Straßen Indonesiens, Malaysias, Thailands, Vietnams (oder auch Indiens) gehört man zu den Rechtlosen, man ist ständig gefährdet.

Straßenverkehr auf den (überwiegend engen und löchrigen) Straßen Asiens heißt: Außer den Autos, Lastwagen und Bussen auf der Straße gibt es auch noch Fußgänger, Rad- und Rikschafahrer, Pferde- und Ochsengespanne, Groß- und Kleinvieh mit und ohne Hirten, Hühner, Hunde und Enten, Verkaufsstände auf Rädern, Lastenträger und Karrenschieber und noch manches mehr. Alles fährt, schiebt, rast, quetscht und drängt sich mit den unterschiedlichsten Geschwindigkeiten vorwärts.

Wer zum ersten Mal, direkt aus Europa kommend, in solch einen Verkehr mit seinem Rad gerät, und das auch noch bei Linksverkehr, der hat meist einen Schock weg. Wenn überholende Autos, Busse und Lkw Abstände von 10 cm einhalten, wenn du geschnitten wirst und dir laufend die „Vorfahrt" genommen wird, hältst du alle diese Fahrer entweder für betrunken oder verrückt und du meinst, es gebe überhaupt keine Verkehrsregeln.

Doch z.B. auf Java, wo die Menschen auch im „normalen" Leben wie die Sardinen aufeinandersitzen, gibt es naturgemäß auch auf den Straßen für den einzelnen Verkehrsteilnehmer weitaus weniger Platz als bei uns. Wir im Westen haben formale Straßenregeln und jeder hält sich daran, weil beim Nichtbeachten harte Strafen folgen. Doch wer wollte Asiens brodelnden Verkehr kontrollieren und Strafen verhängen? Man verhält sich nach einem informellen Regelsystem: Die kleinen und langsameren Verkehrsteilnehmer haben die Bahn für die großen und schnelleren freizumachen. Dieses System ist für einen Westler auf den ersten Blick nicht sofort durchschaubar, selbst wenn man meint, genügend Verkehrserfahrung zu haben.

Wie bei uns, so gibt es zudem auch in Asien Irre auf vier Rädern: „Einmal hat mich ein Kleinbus überholt, sich vor mich gesetzt und dann abrupt gebremst. Ich habe mein Fahrrad gerade noch herumreißen können, und während ich knapp an dem Bus vorbeifahre, sehe ich im Seitenspiegel, wie der Fahrer lacht. Wie oft ist mir das jetzt schon passiert! Da habe ich eine derartige Wut bekommen, dass ich den Spiegel mit der Hand runtergerissen habe. Als Reaktion darauf hat mich der Busfahrer wieder überholt und angefahren. Er ist mir gegen die Packtaschen gefahren und hat mich damit in den Graben geboxt. Ich bin genau auf einen Stein geflogen. Als ich wieder aufstand und mich säuberte, stellte ich fest, dass mir ein Zahn fehlte ..."

So Weltumradler Tilmann Waldthaler bei seiner Fahrt durch Java. Er ging dann zum Gegenangriff über: „Ich kaufte mir einen Korb frischer Eier, und ist dann einer zu dicht aufgefahren, habe ich einfach ein Ei genommen und es so über den Kopf nach hinten geworfen. Plaaatsch! Da haben die aber dann schnell die Bremsen gezogen! Eierspeis' an der Windschutzscheib' – das war meine Rache! Aber was sollte ich denn auch sonst tun? Irgendwie musste ich mich als Radfahrer doch behaupten, sonst hätten die mich noch umgebracht ..."

Nochmals die wichtigsten Regeln:

Regel 1: Es gibt keine Gleichberechtigung, der Größere/Stärkere hat Recht.

Regel 2: Man muss jederzeit auf alles gefasst sein, weil sich jeder alles erlauben kann. Auf Vorfahrt zu bestehen ist lächerlich.

Regel 3: Allen Verkehrsampeln misstrauen, sie sind eher Empfehlungen als Vorschriften. ROT gilt meist nur für diejenigen, die es nicht eilig haben.

Malaysia und Singapur [MB, TG]

Überblick

Malaysia besteht aus der Malaiischen Halbinsel und dem Nordwestteil der Insel Borneo (Provinzen Sabah und Sarawak). Doch Radeln wird man wahrscheinlich eher auf der Malaiischen Halbinsel wollen. Dieser lange Finger wird von bewaldeten Gebirgs- und Höhenzügen (bis knapp 2200 m) in Nord-Süd Richtung durchzogen, die schmalen Küstenebenen und der Süden sind flach. An ihrer Südspitze liegt auf einer Insel der Stadtstaat Singapur.

Malaysia hat einen relativ hohen Lebensstandard, es ist ein aufstrebendes Schwellenland mit einiger Industrie (Elektronikteile, Maschinen, Zinn, Kautschuk, Ölpalmen u.a.), und es bietet eine Vielfalt an Kulturen. Als Radfahrer erregt man in diesem Land relativ wenig Aufmerksamkeit, und es gibt mit allem wenig Probleme. Mancher gestandene Asien-Biker wird Malaysia vielleicht als langweilig empfinden und andere Länder vorziehen, z.B. Indonesien oder die Philippinen. Radler, die aus Indien oder Thailand kommen, können dagegen mal wieder so richtig „durchatmen".

Malaysia ist ein Vielvölkerstaat mit überwiegend (moslemischen) Malaien und mit einer starken chinesischen und indischen Minderheit. Beachtet die Verhaltensregeln des Islam und des Buddhismus! Wegen den verschiedenen Religionen gibt es viele Feste im Land. Die Sprache Bahasa Malaysia ist relativ einfach zu lernen; es lohnt sich, einige Brocken zu können (z.B. Kampong = Dorf). Englisch wird vielerorts verstanden. Straßenschilder sind in Bahasa Malaysia beschriftet, im unten erwähnten Reise Know-How Führer werden Verkehrs- und Hinweisschilder erklärt.

Benny und Mandy Jacob: Alles klar in Malaysia

Reisezeit, Klima, Gesundheit

Tropisches Klima. Die Ostküste und das Inland sind günstig von März bis September. Weniger günstig von Oktober bis Februar, dann ist Monsun-Regenzeit. Die Westküste ist ganzjährig bereisbar, mit Ausnahme des südlichen Teils, dort gibt es von Mai bis September einen (kleinen) Monsunregen. In den Bergregionen kühler. Südwest-Winde von April bis September, Nordost-Winde von Oktober bis März.

Die an der Küste und auf den Inseln allgegenwärtigen Moskitos bekämpft man am wirkungsvollsten mit einem feinmaschigen Moskitonetz. Auch Malaysia ist Malaria-Gebiet, dazu wie zu empfohlenen Impfungen usw. s. *www.fit-for-travel.de*. Ansonsten gilt: Malaysia ist ein relativ sauberes Reiseland; für Radler ist der Straßenverkehr bei weitem gefährlicher als sämtliche herumschwirrenden Viren und Bakterien. Trotzdem empfiehlt es sich auch hier, vor der Zimmermiete die Matratzen anzuheben und drunterzuschauen.

Einreise, Währung

Für Westmalaysia ist **kein Visum** nötig. Bei der Einreise bekommt ihr eine dreimonatige Aufenthaltsberechtigung in den Pass gestempelt (der wie fast überall noch mindestens sechs Monate über den geplanten Aufenthalt hinaus gültig sein muss). Eine Verlängerung ist nicht möglich. Wollt ihr länger bleiben, bleibt nur die Aus- und erneute Einreise, günstigstenfalls per Express-Bus von Johor Bharu nach Singapur (Fahrzeit eine Stunde, malaysische Grenzkontrolle direkt beim Busterminal).

Währung ist der malaysische Ringgit (RM). Travellercheques werden überall gewechselt, Kreditkarten werden gleichfalls akzeptiert, das Netz an Bankautomaten ist dicht. Die Lebens- bzw. Reisekosten sind nicht ganz so niedrig wie in Indonesien oder Thailand, vergleichsweise teuer ist das oben erwähnte Johor Bharu durch seine Nähe zu Singapur.

Übernachten, Verpflegung

Es gibt sehr viele (chinesische) Hotels aller Standards und Preisklassen, etwas teurer als in Thailand. Einfach-Unterkünfte heißen Rumah Tumpangan oder Guest Houses. Es gibt auch staatliche „Government Resthouses" (Rumah Persinggahan) und einige Youth Hostels. An der Ostküste finden sich zahlreiche Bungalow-Anlagen. Die staatliche Tourismus-Organisation, das „Malaysia Tourist Promotion Board" (MTPB), gibt die Broschüre „Budget Accommodations" heraus. Camping ist unzweckmäßig und kaum nötig (höchstens auf dem East-West-Highway durch den Regenwald im Norden). Im Taman Negara Nationalpark kann man sich auch eine Ausrüstung leihen. Malaysische Ferienzeiten sind im April, August und im Dezember/Januar, dann kann manches voll sein.

In kulinarischer Hinsicht ist Malaysia ein Schlaraffenland! Wegen den vielen verschiedenen Bevölkerungsgruppen gibt es eine unglaubliche Vielfalt von Gerichten und Zubereitungsarten: malaiisch, chinesisch, indisch, indonesisch und Thai Food. Überall warten Straßenküchen (Food Stalls) und Nachtmärkte (Hawker Centres), in modernen Einkaufszentren oft im unteren Stockwerk. Da setzt man sich an einen Tisch und ordert vom nächstgelegenen Stand sein Essen, ein anderer wiederum bietet Getränke und die Nachspeise oder tropische Früchte (bringt euer eigenes Besteck mit, das ist hygienischer und lässt die Müllberge nicht so anschwellen). Beim Essen die übliche Sorgfalt walten lassen. Also „cook it, peel it or forget it" ... Das Essen auf den Nachtmärkten wird aber allabendlich frisch zubereitet und kann bedenkenlos genossen werden.

Tee heißt Teh und Kaffee Kopi. Bier bzw. alkoholische Getränke sind nicht überall erhältlich (muslimisches Land), Softdrinks dagegen sind flächendeckend vertreten. Zum Mitnehmen werden die Getränke in Plastiktüten mit Strohhalm abgefüllt (und nach Gebrauch achtlos weggeworfen). Überall angeboten werden frisch gepresste Fruchtsäfte. Gekühlte Kokosnuss-Milch ist bei schwülen 35 °C ein wahrer Genuss! Leitungswasser sollte selbst in Kuala Lumpur gefiltert bzw. desinfiziert werden.

Reiseziele

Malaysia hat sich rasant entwickelt; die Spuren der Industrialisierung sind im ganzen Land sichtbar. Ein Großteil des Regenwalds in der Küstenregion wurde durch Ölpalmen- und Kautschukplantagen ersetzt. Selbst an der Ostküste der Malaiischen Halbinsel, die insgesamt ruhiger und urtümlicher als die Westküste ist, passiert ihr schon mal ausgedehnte, hässliche Industriegebiete. Dennoch findet ihr hier immer noch kleine Fischerdörfer, Palmen, Mangroven-Flussmündungen und endlose Strände. Badeinseln mit weißen Stränden sind die beiden Perhentian-Inseln bei Kota Bharu, Hauptorte an der Ostküste sind Kota Bharu, Kuala Terengganu und Kuantan, als Traveller-Treffpunkte gelten Marang, Rantau Abang und Cherating.

An der Westküste liegen die touristisch erschlossenen Inseln Pangkor, Langkawi (nahe der thailändischen Grenze, ein Strand- und Schnorchelparadies) und Penang (malaiisch: Pulau Pinang), das durch einen Damm mit dem Festland verbunden ist (von Norden günstig per Fähre von Butterworth zu erreichen, 15 Min.). Benjamin Jacob: „Interessant ist der Hauptort Georgetown, eine alte britische Kolonialstadt mit hübscher Altstadt und leckeren indischen, malaiischen und chinesischen Restaurants; lohnenswert auch die 75 km lange Inselrundfahrt. An der Nordwestseite der Insel befindet sich ein kleiner Nationalpark, wo sich die kurze Wanderung zum Strand an der Westseite lohnt.“ Von Penang könnte man mit dem Fährschiff nach Medan auf Sumatra/Indonesien fahren. Die Spuren einer wechselvollen Kolonialgeschichte findet man in der Hafenstadt Melaka, wogegen die Hauptstadt Kuala Lumpur relativ wenig interessant ist. Von Melaka kann man mit dem Schiff nach Dumai auf Sumatra übersetzen.

Im Zentrum von Malaysia liegen die Cameron Highlands, dort erstrecken sich Teeanbaugebiete, gibt es Riesenfarne, herrscht frühlingshaftes Klima – ein beliebtes Erholungsziel und ein starker Kontrast zum übrigen Land. Die Straße zweigt in Tapah vom Highway 1 nach Tanah Rata ab, sie ist schmal und kurvenreich und windet sich 60 km ins 1500 bis 2000 m hohe Bergland. Je höher man kommt, desto mehr wechselt die Vegetation (Farnbäume). Wer die Auffahrten nicht scheut, lernt ein ganz anderes Malaysia kennen.

In Zentralmalaysia liegt auch der große Taman Negara Nationalpark (Primärregenwald, mit einer faszinierenden Fauna und Flora, s. unter *http://de.wikipedia.org/wiki/Taman_Negara*), in dem man mehrtägige (Fuß-)Touren machen kann. Anmeldung vor der Anreise in Kuala Tembeling nötig. Anfahrt von Norden, von Kota Bharu über Gua Musang, Kuala Lipis und Benta Seberang nach Jerantut. Von Jerantut nach Kuala Tembeling und dann mit dem Boot zum Park weiter. Kürzere Anfahrt von Westen, von Kuala Lumpur über Raub und Benta Seberang nach Jerantut, oder von Osten, von Kuantan (hinter Maran, 80 km von Kuantan, führt eine verkehrsruhige und idyllische Nebenstraße durch Regenwald nach Jerantut). In Jerantut mehrere gutsortierte Supermärkte, ein kleineres Angebot an Lebensmitteln auch im Park. Von Kota Bharu bzw. von Kuala Lumpur geht auch ein Zug nach Tembeling. Bringt genug Bargeld in den Nationalpark mit, keine Wechselmöglichkeit.

Wer in Singapur zu einer Rundreise startet, sollte die Ostküste (wesentlich schöner als die Westküste) bis Kota Bharu fahren, dann rüber bis Penang und über die Cameron Highlands, Kuala Lumpur, Melaka wieder nach Singapur. Oder in Kota Bharu über den Taman Negara Park nach Melaka zur Westküste und wieder zurück nach Singapur.

Straßen, Verkehr, Transport

Linksverkehr. Das Straßennetz ist gut bis sehr gut ausgebaut, doch auf allen Hauptstrecken und rund um die Großstädte herrscht starker Verkehr. Die Ostküstenstraße von Johor Bharu bis zur thailändischen Grenzstation Kota Bharu (770 km lang) ist anfangs hügelig bis Mersing, dann überwiegend flach, eintönig, viele Kautschukplantagen, nur wenige Reste Urwald. Letztes Drittel wieder etwas hügelig. Im Frühjahr weht der Wind meist von Süden. In Kuantan Abzweigung (Highway 2) nach Kuala Lumpur, ab da mehr Verkehr. Wer nach K.L. hochfährt oder von dort kommt, kann auf der 2 einen Abstecher zum Chini-See machen (Tasek Chini, 60 km südlich). An der Küste bei Rantau Abang gibt es ein interessantes Schildkröten-Infozentrum. Von Oktober bis Februar während der Monsunzeit ist hier tote Hose, das gilt auch für weitere Touristenziele an der Ostküste.

Auf der Weststraße von Alor Setar über Ipoh und Kuala Lumpur nach Singapur herrscht sehr starker Verkehr, sie ist auch hügeliger. Sofern möglich auf Nebenstrecken ausweichen (direkt an der Küste entlang, Strecke etwas länger, z.B. Highway 5 von Kuala Lumpur über Melaka nach Johor Bharu, 500 km). Johor Bharu ist die malaysische Grenzstadt zu Singapur.

Im Norden (Kota Bharu – Georgetown) verbindet der bergige und breit ausgebaute East-West-Highway über Gerik und Pengkalan Hulu die Ost- mit der Westküste (Distanz ca. 390 km); den höchsten Punkt erreicht ihr etwa 20 km vor dem riesigen Temengor-Stausee bei 1100 m (nicht von dem Schild „1050 m – Highest Point of the Highway" irritieren lassen, dahinter geht's weiter bergauf ...). Lkw-weise wird auch hier der Dschungel abtransportiert, das Urwaldfeeling hält sich in Grenzen. Früh starten, an den schattenlosen Steigungen wird es mittags irre heiß! Thomas Gand: „Hier lohnt sich auch ein Zelt, es gibt nur eine teure Unterkunft am Stausee!" Von Kota Bharu geht auch eine bergige Straße durch den tropischen Wald diagonal durchs Inland nach Kuala Lumpur.

Grenzübergänge nach Thailand s. dort. Die Eisenbahnlinie von Johor Bharu (Singapur-Grenze) kommend verzweigt sich in Gemas in eine Ost- und Westlinie, beide gehen bis zur Grenze von Thailand (Kota Bharu im Osten). Die Radmitnahme in Normalzügen ist kein Problem. Fahrpläne und Ticketpreise gibt's auf *www.ktmb.com.my*, der Homepage der malaysischen Eisenbahngesellschaft. Das Busnetz ist ausgezeichnet, Expressbusse nehmen aber keine Räder mit. Es gibt auch ein Binnenflugnetz.

Der moderne Subang International Airport, 24 km westlich von Kuala Lumpur, ist hervorragend mit dem Fahrrad zu erreichen. Vor der Einmündung in den vierspurigen Highway 2 beginnt eine „Bike Lane", die euch zusammen mit vielen knatternden Mopeds gefahrlos um jeden Kreuzungspunkt herumführt.

Fahrrad, Ausrüstung

Ein einfaches Touren- oder Trekkingrad genügt, breitere Bereifung ist empfehlenswert, schon wegen den unbefestigten Straßenschultern, auf die man oft abgedrängt wird. In Malaysia gibt es sehr viele Räder (alte englische Raleigh-Modelle, 27 Zoll) und Radreparaturläden, in den Städten auch Geschäfte mit High-Tech-Bikes. Aber die sind wohl eher „Geheimtipps" und recht schwer zu finden. In Kuala Lumpur ist empfehlenswert das Bike Pro Centre (*www.bikeprobicycle.com*) in Petaling Jaya (das ist ein Vorort von K.L., 15 km von Chinatown entfernt). Wegen immer möglichen kurzen tropischen Güssen Regenschutz nicht vergessen! Im hügeligen Inland wird es kühl! CampingGaz-Kartuschen sind in großen Städten erhältlich.

Bücher, Karten, Internet

Reiseführer: Klaudia Homann u.a.: „Malaysia, Singapur, Brunei", Reise Know-How, ein ausgezeichnetes Buch! Gleichfalls von RKH gibt es einen Singapur-Stadtführer und den Kauderwelsch-Sprachführer „Malaiisch Wort für Wort". Gut ist auch das Stefan Loose Travel Handbuch „Malaysia, Singapore, Brunei", DuMont, der Lonely Planet „Malaysia, Singapore & Brunei" und der Rough Guide (dito). **Karten:** Reise Know-How „Malaysia", 1:800.000. „Malaysia Travel Reference Map" ITM, 1:700.000. Einige Straßenkarten gibt es zudem vor Ort an Tankstellen. Siehe auch das „GPS-Portal of Malaysia & Singapore": *www.malsingmaps.com*.

Internet-Infos: „The Official Homepage of the Malaysia Tourism Promotion Board" (*www.tourism.gov.my*) bietet erste Infos, auch die Tourist Offices vor Ort lassen sich über diese Seite ausfindig machen. Informativ sind auch *www.visitmalaysia.com*, die Veranstalter-Seite *www.journeymalaysia.com* und *www.lonelyplanet.com/malaysia*. Auf Deutsch: *www.tourismmalaysia.de* und *http://de.wikipedia.org/wiki/Malaysia*.

Singapur

Kontrast!

Ein 1056 m langer Verbindungsdamm (Causeway) verbindet die Singapur-Insel (ca. 40 x 20 km) mit dem malaysischen Festland. Man kann in dem Stadtstaat mit dem Rad gut umherfahren, der Verkehr ist diszipliniert. Doch durch die Stadt kommt man am besten mit den hervorragenden öffentlichen Verkehrsmitteln

(Busse, die U-Bahn heißt MRT). Singapur ist Südostasiens ehrgeizigste Handelsmetropole, hochmodern, perfekt, keimfrei und effizient und ein gutes Flug-Sprungbrett in alle Nachbarstaaten und weiter.

Man sollte Singapur gesehen haben, wenn man schon in diesem Teil der Welt ist, schon wegen dem gewaltigen Kontrast zu den Städten in den benachbarten Ländern. Ein paar Tage reichen aber aus (in der Regel gibt's zwei Wochen Aufenthalt). Hier kann alles Wichtige für die Weiterreise organisiert und gekauft werden – Kameras, ggf. auch Filme, Flugtickets, Landkarten von halb Asien (z.B. von China, falls ihr dorthin weiterreisen wollt) etc., und natürlich gibt es auch Räder und Radersatzteile aller Art (Adressen von Geschäften s. „Yellow Pages"). Die Preise (Währung ist der Singapur-Dollar, S$) erreichen allerdings locker westliches Niveau, man sollte schon die deutschen Preise genau kennen, um hier „Schnäppchen" zu machen (Feilschen nicht vergessen, Geschäftssprache ist Englisch). Relativ billige Unterkünfte sind vorhanden.

Über die kleine vorgelagerte (indonesische) Insel Batam kann man mit Booten nach Dumai (Pekanbaru) auf Sumatra übersetzen. Wer in Singapur mit dem Flugzeug ankommt und Malaysia beradeln will, fährt am besten die Ostküste hoch (s. „Reiseziele" oben). Ein nervenschonender Einstieg unter Umgehung von Johor Bahru ist die Fährverbindung von Singapur (Fähranleger hinter dem „Changi International Airport") nach Desaru/ Kampong Penggerang am SO-Zipfel von Malaysia. Rund 70 km weiter erreicht ihr dann den Highway 3 Richtung Mersing.

Thailand [EC, MB]

Gastfreundschaft [MB]

Reisestory von Mandy und Benjamin Jacob

Es ist schon fast Sonnenuntergang, als wir irgendwo in Ostthailand nach einem langen, heißen und staubigen Radeltag noch immer keine Unterkunft gefunden haben. In China erkannten wir Unterkünfte immer problemlos an den protzigen Rezeptionen und den goldenen Uhren an der Wand, aber in Thailand müssen wir an untouristischen Orten immer erst mal nachfragen. In einem Posten der Verkehrspolizei sagt uns der freundliche Polizist, dass nach ca. 10 km ein „Ressort" komme, wir aber auch gerne auf dem Tempelgelände neben der Polizeistation zelten könnten. Ein Mönch zeigt uns einen Platz, wo unser Zelt überdacht stehen kann und wo sich nebenan sogar eine Klo- und Duschbaracke befindet. Und ein älterer Polizist stellt uns Wasserflaschen und Kuchen hin, einfach so, und lädt uns zum Abendessen ein. Die Einladung nehmen wir natürlich gerne an! Ein paar Kollegen von ihm gesellen sich noch dazu, und so haben wir völlig unerwartet einen geselligen Abend bei netter Gesellschaft und leckerem Essen. Da wir mit der Einladung nicht gerechnet hatten und weit und breit kein Laden ist, bringen wir kurzerhand zwei Teller mit frischer Ananas und aufgeschnittenen Drachenfrüchten mit, die wir jeden Tag voller Genuss essen. Doch nach zwei Stunden steht das Obst immer noch da. Am Ende nimmt jeder höflich ein Stück Obst, aber das meiste müssen wir in unsere ohnehin schon vollen Bäuche stopfen. Am nächsten Tag geht uns beiden ein Licht auf – das in unseren Augen exotische Obst gehört hier in Thailand zum Alltag, und wir beide wollen uns fast kugeln vor Lachen wenn wir uns so vorstellen, wie jemand in Deutschland zum Essen eingeladen wäre: „Hallo, liebe Freunde, wir haben euch leckere Äpfel und Möhren mitgebracht!" Wahrscheinlich würden unsere Gastgeber auch höflich ein Stück nehmen, seltsam gucken und sich fragen, warum wir keine Flasche Wein mitgebracht haben. Wir nehmen uns fest vor, für spätere ungeplante Einladungen eine kleine Flasche Schnaps zu kaufen, denn der wird in Asien immer gerne getrunken. (Mehr zur Reise von Mandy und Benny unter *www.globecyclers.de*).

Überblick

Sawaddee – Herzlich Willkommen in Thailand! Thailand, das ist das Land, von dem viele Globetrotter und Pauschaltouristen schwärmen, das einfach alles hat, was Reisende sich wünschen: Prächtige Tempelbauten, sanftmütige, tolerante Menschen, bezaubernde Landschaften, traumhafte Strände, gutes Essen und viele andere kulturelle und exotische Attraktionen mehr. Ein Paradies! Und mit seinem guten Verkehrsnetz, den verkehrsarmen Nebenstraßen und seinen radtransporttauglichen öffentlichen Verkehrsmitteln ist Thailand auch ein gutes Land für Radfahrer. Allerdings muss man es wagen, sich richtig auf Thailand einzulassen, auf die Schwierigkeiten bei der Verständigung, auf die Thai-Mentalität, das Nichtlesen-Können der Thai-Schrift und auf einige Besonderheiten mehr.

Ernst Christen kurz vor Chiang Mai

„…meine eindrucksvollsten Erlebnisse und Begegnungen machte ich jedoch in den ländlichen Gebieten, die vom Zug- oder Busfenster so gleichförmig erscheinen. Unvergesslich sind für mich die Abende auf der Veranda eines Holzhauses beim Plaudern mit einigen Dorfbewohnern oder eine kleine Feier bei einer Einheit der Grenzpolizei unweit von Laos, die einfachen Dorftempel, spielende Kinder in den Wassergräben etc. Jeden Tag gab es etwas Neues zu erleben".

Dies steht im Vorwort des – leider nicht mehr aktuellen – Radführers „Thailand per Rad" von Matthias Thomes, Kettler Verlag. Natürlich muss man, wie schon angedeutet, die Begeisterung für das Land relativieren, denn nicht alles ist eitel Sonnenschein in Thailand. Der Verkehr in Bangkok ist z.B. mörderisch, die Luftverschmutzung furchtbar und der Verkehr auf den Überland-Hauptstraßen ganz schön nervig. Bei guter Planung kann man solche Probleme schon von vornherein reduzieren. Aber leider kam auch dieses sonst immer so friedliche Land schon negativ in die Schlagzeilen (2008 und auch 2010), wegen gewalttätigen Demonstrationen rivalisierender politischer Gruppen. Also auch vor der Thailand-Tour über *www.auswaertiges-amt.de* die aktuelle Sicherheitslage klären.

In Thailand bestimmt der Buddhismus das Leben. Eine große Minderheit sind die Chinesen. Mit Englisch kommt man nur in Touristenzentren weiter, beim Reisen durchs Land sollte man ein wenig Thai können, ansonsten einen Sprachführer mitnehmen. Das Übernachten und die Versorgung machen keine Probleme, zumindest nicht in besiedelten Gegenden. Zelt und Kochgeschirr sind nicht nötig. Alle weiteren hier nicht aufgeführte Dinge – Preise, Flüge etc. – bitte einem guten, aktuellen Globetrotter-Handbuch entnehmen.

Geografie, Klima

Thailand ist überwiegend ein Agrarland. Lebensader in der fruchtbaren Zentralebene ist der von Norden nach Süden fließende Chao Phraya, der mit seinen Nebenflüssen für die nötige Be- und Entwässerung sorgt. Im Norden und im ärmeren Nordosten steigt das Land an, im Süden erstreckt sich Thailand auf der schmalen Malaiischen Halbinsel. Deren Rückgrat ist eine langgezogene Bergkette, die zugleich die Wettergrenze darstellt. Dort liegen vor endlosen Küsten üppige tropische Inseln.

Das **Klima** ist tropisch. Beste Reisezeit ist von November bis Anfang März, für Nordthailand und die Ostküste Südthailands auch von Mai bis August. Weniger günstig: Von April bis Oktober, mit Ausnahme der Ostküste und Nordthailands. Im April und Mai ist im Norden auch mit viel Smog zu rechnen (vom Abbrennen der Felder), Radfahren in dieser Zeit ist nicht zu empfehlen. Im April und Mai ist es sehr heiß, ab Juni Regenzeit, die im Süden heftiger ausfällt als im Norden.

Einreise, Währung

Ein **Visum** ist Pflicht. Bei der Einreise über einen internationalen Flughafen erhaltet ihr ein „Visa on Arrival" von 30 Tagen in den Pass gestempelt, das nicht verlängert werden kann. **Achtung**: Bei einer Einreise über Land gibt's nur noch ein „Visa on Arrival" für 14 Tage! Wer von vornherein eine längere Tour plant, muss ein Touristenvisum bei der Botschaft beantragen, das zu zwei Monaten Aufenthalt berechtigt und um einen Monat verlängert werden kann. Mit einem Double Entry Visa kann man ganze sechs Monate in Thailand verbringen (bedingt allerdings eine Aus- und Einreise, solange das Visum noch gültig ist). Es gibt noch viele weitere Sonderregelungen. Nachfragen bei der Botschaft (*www.thaiembassy.de*) lohnt, falls ihr weitere Nachbarländer besuchen wollt, auch zwecks aktuellem Stand.

Währung ist der Baht. Am besten bedient seid ihr mit Travellercheques in US$, dafür gibt's auch einen besseren Kurs als für Bargeld, allerdings verlangen die Banken oder Wechselstuben unterschiedlich hohe Kommissionsgebühren. In den Touristenzentren auch Euro. Ein Vergleich der Wechselkurse lohnt sich. Kreditkarten sind weit verbreitet, aus Bankautomaten kann überall Bargeld gezogen werden.

Reisen, Sehenswertes

Bangkok ist Anlaufsstadt und wirtschaftlicher Mittelpunkt des Landes – laut, stinkend, nervend – und nicht ungefährlich! Trotz der schönen Tempel immer aufpassen! Radfahren in den Zentren Bangkoks sollte vermieden werden.

Vom Flughafen zum Hotel (ca. 30 km) am besten ein Taxi nehmen. Vorausgesetzt, das Rad ist in einer Box und ihr seid bereit, einen Gepäckzuschlag zu zahlen. Insgesamt immer noch billiger als die Airport-(Taxi-)Minibusse. Radlern ist es auch schon gelungen, außerhalb der Stoßzeiten mit einem der Flughafenbusse mitzukommen. Benjamin Jacob: „Vielleicht ist auch der neue Sky Train schon eröffnet, wenn ihr diese Zeilen lest (es hieß, 2010)."

Der Osten Thailands ist auf einigen Strecken schön, z.B. die Fahrt von Nakhon Ratchasima Richtung Nong Khai und dann entlang des Mekong-Flusses nach Süden, dort wird man auch kaum auf westliche Touristen stoßen. Langzeit-Thailand-Radelnde sollten die Ostregion mit einplanen. Im dortigen Surin gibt es alljährlich im November die bekannten Elefanten-Wettkämpfe.

Routenplanung

Fast jeder kommt in Bangkok mit dem Flugzeug an, und die meisten fliegen von dort auch wieder ab. Daraus ergibt sich das Problem, dass man in Thailand nur schlecht eine Rad-Rundreise durchs ganze Land planen kann. Man fährt entweder, wie üblich, in den Norden oder nach Süden. Will man eine Strecke bzw. eine Hauptrichtung nicht zweimal fahren, muss man mit Bus, Bahn oder Flugzeug wieder nach Bangkok zurück. Dabei ist besonders die Südstrecke zur malaysischen Grenze (1000 km) zwischen Bangkok und Chumphon eine richtige „Einbahnstraße". Hier wäre ein Gabelflug (Hinflug nach Bangkok, Rückflug von Kuala Lumpur / Malaysia, oder umgekehrt) eine Überlegung wert; man eröffnet sich damit vielfältige Routenmöglichkeiten.

Drei Routen sind für Biker besonders interessant (als Anregung für die Benutzung von Nebenstrecken ist auch der o.g. Radführer noch brauchbar):

Der Norden: Wer Richtung Norden radelt, denkt wohl zuerst an einen Besuch der Bergstämme im Grenzgebiet zu Myanmar. Doch auch ohne dieses touristisch eher zweifelhafte Vergnügen lohnt die wunderbare Landschaft jeden vergossenen Schweißtropfen. Von Bangkok pedalt ihr über Sukhothai nach Mae Sot an die Grenze zu Myanmar. Die schönste Szenerie erlebt ihr auf der sehr bergigen und manchmal recht schlechten, aber verkehrsarmen Straße entlang der Grenze nach Mae Hong Son, das durch seine burmesische Atmosphäre verzaubert. Pai mit seiner schönen Umgebung ist auch einen Besuch wert, und in Thathon kann man einen ganzen Berg voller Tempel bestaunen. Zwischen Thathon und Chiang Rai verkehren auf dem Kok-Fluss sogenannte Longtail-Boote, die auch Fahrräder mitführen. Unterwegs hat es Elefantencamps. Mae Sai ganz im Norden an der Grenze zu Myanmar ist einen Abstecher wert, auch wegen der anschließenden Fahrt ein Stück am Mekong River entlang (zwischen dem Goldenen Dreieck und Chiang Khong. Das „Goldene Dreieck" könnt ihr getrost auslassen, das ist ein touristischer Treppenwitz mit hunderten Souvenirständen, aber nichts zu sehen). Auf dem Rückweg nach Bangkok bieten sich einige Abstecher zu Nationalparks an.

Ein Highlight ist jedoch eine Bootsfahrt (Achtung: nicht die Speedboote buchen – das ist lebensgefährlich!) auf dem Mekong von Chiang Khong nach Luang Prabang in Laos und weiter mit dem Rad nach Vientiane (Hauptstadt von Laos) und durch den Isaan zurück nach Bangkok (siehe „der Nordosten"). Achtung: Für diese Reise unbedingt ein Double Entry Visum für Thailand mitbringen oder in Vientiane eine neues Thai-Visum besorgen (dauert zwei Tage). An der Grenze gibt es, wie schon erwähnt, nur noch „Visa on Arrival" für 14 Tage.

Der Nordosten: Das Khorat Plateau im Nordosten ist (immer noch) touristisch eher unbekannt und bietet neben einigen Nationalparks viel ländliches Flair. Startpunkt ist wieder Bangkok oder besser der Flughafen. Über Saraburi (hier lässt der Verkehr schon spürbar nach) und Phetchabun radelt ihr dann nach Chiang Khan am Mekong River. In Nong Khai besteht die Möglichkeit eines Abstechers nach Vientiane/Laos (weiter entlang des Mekong möglich). Die teils sehr einsame Straße folgt noch lange dem Mekong-Fluss, über Ubon Ratchathani geht es dann nach Bangkok zurück, oder ihr wählt schon vorher Nebenstraßen quer übers Plateau und an einigen Nationalparks vorbei.

Der Süden: Habt ihr ein Rückflugticket von Bangkok, müsstet ihr den Streckenabschnitt bis Chumphon hin und zurück radeln. Kein angenehmer Gedanke, ist das doch einer der verkehrsreichsten Strecken in Thailand überhaupt (aber immerhin vierspurig mit breitem Seitenstreifen ausgebaut). Also besser für eine Strecke den Zug nehmen. Oder ihr habt einen Gabelflug von/nach Malaysia. Dann solltet ihr vom Highway 4 auf kleine Nebenstraßen am Meer entlang ausweichen, die allerdings nicht immer leicht zu finden und auch nicht durchgehend vorhanden sind. Ab Chumphon könnt ihr eine „kleine" Runde durch den wunderschönen Süden drehen, leider gibt es hier nur wenige verkehrsärmere Nebenstrecken, aber dafür umso mehr Möglichkeiten, sich auf Tropeninseln vom Radelstress zu erholen. Von Chumphon gibt es eine Fährverbindung nach Koh Tao und weiter nach Koh Panghan, Koh Samui und Surath Thani.

Straßen, Verkehr

Linksverkehr! Das Straßennetz ist gut ausgebaut, doch im Norden weniger als im Zentrum des Landes. Die größte Verkehrskonzentration besteht um Bangkok, für Neulinge ist der Verkehr chaotisch, doch er ist weitaus disziplinierter als z.B. in Indien. Von Bangkok führen vier große Fernstraßen durchs Land: Nach Norden nach Chiang Mai, nach Nordosten nach Nong Khai, nach Südosten die Küste entlang über Trat bis zur Grenze von Kambodscha und eine nach Süden entlang der Westküste bis zur Grenze von Malaysia. In Chumphon gabelt sich diese, eine Abzweigung führt nach Westen nach Phuket und weiter an der Westküste entlang zur Grenze von Malaysia. Zwischen Phuket und Surat Thani gibt es eine West-Ost-Verbindung. Ausweichen auf Nebenstrecken ist zwischen Bangkok und Chumphon kaum möglich.

Fahrrad, Ausrüstung, Transport

In Touristenzentren kann man Räder leihen, doch die sind nur für Tagesausflüge gedacht, für lange Touren bringt man sein Rad mit. In Chiang Mai gibt es auch Verleih von MTBs. Räder kaufen kann man in Bangkok und auch in Chiang Mai, auch High-Tech, meist aus taiwanesischer und japanischer Fertigung. Ein wirklich empfehlenswerter Bike-Shop mit guter Auswahl an westlicher Fahrradtechnik (auch Reparaturen und sogar Radtaschen) ist Probike Co. in Bangkok (*www.probike.co.th*). Der Laden liegt etwas versteckt am Lumpinee Park. Oder wendet euch an den Cycling Club of Thailand in Bangkok, die Leute dort sollen sehr hilfsbereit sein. Adresse: Thailand Cycling Club, 94/11 Soi Rajkru, Phaholyothin Rd, Phyathai, Bangkok 10400, Thailand, oder *www.thaicycling.com*.

In Chiang Mai veranstaltet der Sunday Bicycle Club jeden Sonntag ab 7 Uhr Radtouren, Start am Platz vor dem Tha-Phae-Tor am östlichen Rand der Altstadt, Infos in Radshops. Mittlerweile soll es über hundert Radclubs in ganz Thailand geben, fragt in den Radläden nach deren Adressen, auch der bereits sehr viele Jahre bestehende, sehr engagierte Thailand Cycling Club (s.o.) sollte ein Verzeichnis der meisten Thai-Radclubs und Empfehlungen für gute Bikeshops haben.

Nur das Nötigste an Kleidung mitnehmen, in Thailand kann man alles nachkaufen. Auf ein Moskitonetz würden wir nicht verzichten. Viele Hütten lassen sich nur mit einem Vorhängeschloss sichern, immer das eigene benutzen! Für den Besuch der Nationalparks dicke Socken und dicht schließende Hosen (notfalls mit Gummi oder Riemen) einpacken, die Wälder wimmeln vor durstigen Blutegeln und ätzenden Raupen!

Eisenbahnen und Busse sind bequem und es ist kein Problem, das Rad aufzuladen, auch nicht auf Kleinbusse oder Kombis, die als lokale Taxis fungieren (Achtung: nicht alle Expresszüge haben Gepäckwagen, vor dem Ticketkauf abchecken!) Alle Bahnen starten und enden in Bangkok, die Linien gehen hoch bis nach Chiang Mai; runter bis nach Malaysia und auch nach Osten führen zwei Linien (Nong Khai und Warin Chamrap). Seid bei den kurzen Stopps in kleinen Orten rechtzeitig im Gepäckwagen, um das Rad auszuladen. Fahrpläne der „State Railway of Thailand" unter *www.railway.co.th*.

Fast jedes Nest in Thailand ist mit den staatlichen Bus-Transportgesellschaften mit der Außenwelt verbunden. Daneben gibt es noch viele private Gesellschaften. Meidet mit dem Rad die Luxusbusse. Thai Airways hat ein dichtes Inland-Flugnetz. Weitere Infos, auch zu günstigen Coupons für mehrere Inlandsflüge unter *www.thaiair.com*. Bangkok Airways (*www.bangkokair.com*) ist eine noch relativ junge Fluggesellschaft, die u.a. Direktflüge nach Ko Samui und weiter nach Phuket anbietet. Verkehrsknoten für alle Transportarten ist Bangkok, darüber läuft alles.

Weitereisen Nachbarländer

Eine Weiterfahrt durch die Nachbarländer Thailands ist heutzutage, mit Ausnahme von **Myanmar**, problemlos möglich. Im früheren Burma ist jedoch nur die Stadt Tachilek auf einer fest vorgeschriebenen Route zu erreichen, von dort muss man ggf. mit dem Flieger weiter.

In **Kambodscha** kann man z.B. die berühmten Angkor-Wat-Anlagen in Siem Reap besuchen und über die Hauptstadt Phnom Penh weiter nach Vietnam fahren (Grenzübergänge s. bei Kambodscha).

Ein Abstecher nach **Laos** ist für viele das Highlight ihrer Thailandreise. Das Land ist noch sehr jungfräulich und entsprechend unverbraucht. Der Tourismus fängt dort erst an. Es gibt verschiedene Grenzübergaänge im Norden (Chiang

Khong). Im Isaan (Nong Khai, Mukdahan, etc) und an der Grenze kriegt man problemlos ein Visum für 30 Tage (Passfotos mitnehmen!).

Unkompliziert geht es auch nach **Malaysia**: Im geschäftigen Hat Yai im Süden muss man sich entscheiden, ob man nach Malaysia östlich oder westlich weiter will. Westlich gibt es vier Übergänge (Wangprachan, Padang Besar, Sadao und Betong), auf der Ostseite zwei (Sungai Golok und Tak Bai). Die Ostroute von Kota Bharu durch Malaysia entlang der Küste ist im Allgemeinen empfehlenswerter, doch man sollte dort zur richtigen Jahreszeit pedalen. Falls man von Thailand zuerst zur Westküste Malaysias will (nach Penang), könnte man in Nordmalaysia anschließend auch noch zur malaysischen Ostküste überwechseln (Routen s. „Malaysia").

Literatur, Karten, Internet

Als **Reiseführer** empfiehlt sich „Thailand" von Rainer Krack und Tom Vater, Reise Know-How, (bereits in 14. Auflage!), auch „Thailands Süden mit Bangkok", „Reiseführer Bangkok", „Phuket" und „KulturSchock Thailand", dto. sowie das Thailand Travel-Handbuch vom Stefan Loose Verlag. Auf Englisch: Lonely Planet „Thailand", „The Rough Guide to Thailand" und das "Thailand Handbook" von Footprint Travel Guides. Ein paar Thai-Kenntnisse schaden nie: Kauderwelsch-Sprachführer „Thai" von RKH. **Karten:** Reise Know-How „Thailand", 1:1,2 Mio., Nelles „Thailand" 1:1,5 Mio. und die Thailand Travel Reference Map" von ITM, 1:900.000. Weitere Karten in Bangkoks Buchläden, so soll die „Thailand Highway Map", 1:1 Mio., auch bzgl. der Nebenstraßen recht aktuell sein. **GPS:** Garmin bietet eine äußerst detaillierte und routingfähige Karte an (kann man auch in Thailand kaufen). Damit findet man jede Dorf- und Nebenstraße. Homepages mit GPS-Datensammlungen sind voll mit Infos zu Thailand. Bei Co-Autor Ernst Christen (*www.ernst-christen.ch*) gibt es eine routingfähige Nordthailand-Karte für Garmin und andere GPS-Daten (Tracks und Wayponits) für Nordthailand. **Internet-Infos:** Gibt es en masse. Wikipedia (*http://de.wikipedia.org/wiki/Thailand*) ist gut wie immer, mit vielen Links. Das Thailändische Fremdenverkehrsamt in Frankfurt hat eine tolle Homepage, die schon viele Fragen beantwortet und zahlreiche weiterführende Links bietet: *www.thailandtourismus.de*. Vorab Lust auf die thailändische Küche macht *www.leckerbisschen.de*, hier auch viele allgemeine Links.

Kambodscha [TG]

Überblick

Das Königreich Kambodscha erholt sich immer noch vom furchtbaren Schreckensregime der Roten Khmer (1975–1991) mit ca. 1,7 Millionen Toten, die Spuren des Krieges sind noch überall sichtbar und die politische Vergangenheitsbewältigung ist bei weitem noch nicht abgeschlossen. Kambodscha ist sehr arm, und es ist kein „leichtes" Land für Individual- bzw. Radtouristen. Die Straßen, die Nationalstraßen eingeschlossen, sind teilweise in miserablem Zustand, und wegen der Minengefahr solltet ihr auf keinen Fall von den Wegen abweichen. Die Haupt-Touristengebiete sind aber von Minen geräumt.

Die allermeisten Touristen reduzieren das Land Kambodscha auf einen Besuch der weltberühmten Angkor-Wat-Tempelbauten (bei Siem Reap) und fliegen dann schnell zurück nach Phnom Penh und weiter in eines der Nachbarländer. Diese Tempel sind auch wirklich interessant (s. *http://de.wikipedia.org/wiki/Angkor_Wat* und *http://wikitravel.org/de/Angkor_Archäologischer_Park*), doch der eigentliche Reiz des Landes, seine freundlichen und hilfsbereiten Menschen, die Ursprünglichkeit und Unberührtheit, das wird sich nur demjenigen erschließen, der sich etwas mehr Zeit nimmt und sich nicht nur auf die drei Touristenzentren Siem Reap, Phnom Penh und Sihanoukville beschränkt.

Miserabel: Straße nach Siem Reap

Größte Volksgruppe sind die Khmer, gefolgt von Vietnamesen und Chinesen. Im Bergland im Nordosten leben noch ca. 75.000 Khmer-Loeu mit eigener Sprache und Religion. Staatsreligion ist der Buddhismus. Französisch ist heute noch die Handels- und Bildungssprache, wird aber auf dem Land so gut wie nicht gesprochen und allmählich von Englisch und Thai verdrängt. Der Einfluss der früheren Kolonialmacht Frankreich ist auch heute noch im Alltag zu spüren (z.B. beim Essen), wirtschaftlich gibt dagegen Thailand heute den Ton an. Kambodscha ist ein Agrarstaat (Reisanbau) mit nur wenigen städtischen Zentren (Phnom Penh, Battambang, Siem Reap und Sihanoukville). Aber auch in den Dörfern findet man Stände mit kühler Limo und ein Bett für die Nacht. Aufs Zelten sollte man wegen der Minengefahr ganz verzichten.

Geografie, Klima, Anreise

Kambodscha hat gemeinsame Grenzen mit Thailand, Laos und Vietnam, im Südwesten grenzt es an den Golf von Thailand. Dominiert wird das Land vom riesigen und sehr fruchtbaren Kambodschanischen Becken, das nur wenige Meter über dem Meeresspiegel liegt und während des Monsuns zu weiten Teilen überschwemmt ist. Hier lebt ein Großteil der Bevölkerung, hier wird traditionell Reis angebaut. Im Zentrum der äußerst fischreiche, große See Tonle Sap, der durch den gleichnamigen Fluss mit dem mächtigen Mekong verbunden ist. Alljährlich zur Monsunzeit schwillt der See durch Rückstaueffekte des Mekongs auf ein Vielfaches seiner Größe an. Viele Fischer leben in schwimmenden Dörfern. Umrahmt wird das Tiefbecken von mehreren Gebirgszügen, im Norden das Dangrek-Gebirge, im Südwesten das Kardamom-Gebirge mit dem 1771 m hohen Phnom Aoral, im Süden die Elefantenberge.

Das **Klima** ist tropisch. Günstig zum Radeln ist die Trockenzeit von Mitte November bis Mitte März, von März bis Mai ist es heiß und schwül. Monsunzeit ist von Juni bis November, dann gibt es starke, oft tagelange Regenfälle. Viele Straßen sind dann unpassierbar (allerdings ist das die beste Zeit, um Kambodscha auf den Flüssen kennenzulernen).

Innenpolitisch ist Kambodscha weitgehend stabil, die Grenzen sind offen, einer (Rund-)Tour durch das frühere französische Indochina (Kambodscha, Laos, Vietnam) steht nichts mehr im Weg, in jedes Nachbarland führt zumindest ein Grenzübergang (s.u. bei „Einreise"). Die meisten Rad-Toureros kommen aber per pedales von Bangkok und benutzen die Grenze bei Poi Pet. Es gibt tägliche Flüge zwischen Bangkok und Phnom Penh, Bangkok Airways (*www.bangkokair.com*) steuert von Bangkok aus Siem Reap an. Weitere Flüge nach Kambodscha von Ho-Chi-Minh-Stadt (Saigon), Kuala Lumpur, Shanghai, Guangzhou, Hongkong und Singapur mit verschiedenen Fluglinien. Reisebüros in der Khao San Rd. in

Bangkok verkaufen auch Touren im Minibus (Problem der Radmitnahme) und offenen Pickup bis nach Siem Reap, doch sollte man bedenken, dass die Straßen in Kambodscha oft katastrophal sind und die Fahrt zur Tortur werden kann.

Einreise, Währung

Ein **Visum** ist erforderlich, erhältlich bei einer kambodschanischen Auslandsvertretung oder bei Einreise an den int. Flughäfen Phnom Penh und Siem Reap sowie an den meisten Grenzübergängen. Momentan erhält man vier Wochen, die Verlängerung soll in Phnom Penh problemlos möglich sein. Erkundigt euch genau vor der Reise, z.B. bei der kambodschanischen Botschaft (*www.kambodscha-botschaft.de*) oder über *www.auswaertiges-amt.de*, da die Bedingungen sich in der Vergangenheit öfter geändert haben.

Grenzübergänge, an denen man auch ein Visum erhält (Stand 2010, wie gesagt, überprüfen – und ein Passfoto mitbringen): Mit **Thailand:** Cham Yeam an der Küste, Prum in der Provinz Pailin, Poi Pet (der wichtigste), Chrom im Norden und Dong in der Provinz Battambang. Mit **Laos:** Stung Treng (Dong Kralor) / Veun Cham. Mit **Vietnam:** Bavet / Moc Bai und Kaam Samnor / Vinh Long.

Währung ist der inflationsgeplagte Riel. US$ und thailändische Baht werden aber gleichermaßen akzeptiert. Es kann also passieren, dass ihr in Baht bezahlt (vor allem in den Provinzen, die an Thailand angrenzen), und als Rausgeld Riel und US$ bekommt. Travellercheques in US$ werden in den Städten von den Banken gegen Kommission gewechselt. Auf dem Land zählen Riel oder bare Dollars, Geldwechsler findet man auf den Märkten. Kreditkarten, am ehesten noch VISA, werden nur sporadisch akzeptiert. Bankautomaten gibt es inzwischen in Phnom Penh, Siem Reap und Sihanoukville; das Netz soll weiter ausgebaut werden. Manche Automaten geben auch US$ aus. Idealerweise reist man also mit baren US$ in kleinen Scheinen, wenn man damit bezahlt, bekommt man eh Riel als Wechselgeld. Kambodscha ist ein günstiges Reiseland, mit Ausnahme der Eintrittsgelder zu den Ruinenstädten.

Übernachten, Verpflegung, Gesundheit

Das Angebot an Guesthouses ist noch eher dürftig und beschränkt sich auf die Touristenzentren. Bei Mittelklassehotels jedoch besteht teils ein Überangebot mit kräftigem Preisverfall. Im Moment ist die Szene so schnell im Umbruch, dass selbst aktuelle Globetrotter-Handbücher schon beim Erscheinen wieder veraltet sind. Thomas Gand: „Ich bekam quasi in jedem kleinen Ort irgendwo ein günstiges Zimmer." Wegen der Malaria-Gefahr sollte man aber Wert auf ein gutes, lochfreies Moskitonetz legen; am besten selbst mitbringen (zur Not in Phnom Penh erhältlich).

Auf den Essenstisch stellt die Khmer-Küche alles, was das Land hergibt, also in erster Linie Reis und Fisch. Gegessen wird mit Stäbchen. Bereits morgens schlürft der Khmer seine Nudelsuppe und trinkt dazu wässrigen Tee. Globetreter werden da lieber zu den knusprigen Baguettes mit oder ohne Belag greifen, die viele Marktstände morgens ofenfrisch anbieten. Überhaupt sind diese Stände auf Märkten und an vielen Straßen eine ergiebige Quelle für kleine Leckereien, für Fruchtsäfte und Früchte in Hülle und Fülle. Limos und Trinkwasser in Flaschen sind überall erhältlich. Kambodscha braut auch verschiedene Biersorten, eines der besten ist „Angkor Beer". In den Touristenzentren hat sich auch Traveller Food durchgesetzt. Supermärkte gibt es nur in den Städten.

Der größte Teil von Kambodscha ist Malariagebiet – Info (auch über andere gesundheitliche Risiken und Impfungen) am besten über *www.fit-for-travel.de*. Wasser entkeimen oder abkochen!

Gefahren, restriktive Gebiete

Nach dem Bürgerkrieg haben sich versprengte Einheiten der Roten Khmer in die Grenzgebiete zu Thailand zurückgezogen; wiederholt kam es hier zu Scharmützeln mit kambodschanischen Regierungstruppen. Unterbezahlte Soldaten betätigen sich als Wegelagerer, verlangen vom Verkehr „Zoll" oder beschießen auch mal die Flussboote. Waffen sind teilweise noch immer allgegenwärtig, man weiß nur nie so recht, ob sie dem Schutz oder der Unterstreichung eigener Forderungen dienen ... Für aktuelle Warnhinweise ist ein Blick auf *www.auswaertiges-amt.de* anzuraten, auch die Seiten des US Außenministeriums (*http://travel.state.gov*) und seines englischen Pendants (*www.fco.gov.uk/travel*) sind hier hilfreich.

Generell sollte man nur tagsüber radeln und bereits vor Einbruch der Dunkelheit ein Dorf erreicht haben. Nicht im Freien übernachten! Minen-Gefahr besteht noch immer; Schätzungen gehen von vier bis sechs Millionen vergrabenen und bisher noch unentdeckten Minen aus! Außerhalb der Touristenzentren nie die Wege verlassen (auch nicht fürs „Geschäftchen"!), die Minen-Warnschilder und die Warnungen der Bevölkerung ernst nehmen! Wie im restlichen Indochina sind Fahrten mit Speedbooten auf dem Tonle-Sap-Fluss eine heikle Sache, da lebensgefährlich! Bei Geschwindigkeiten über 80 km/h reicht ein übersehenes Hindernis, ein langsameres Boot für die direkte Fahrt ins Jenseits, und Rettungswesten sind eigentlich nie an Bord. Letzteres gilt zwar auch für die langsameren Transportboote, die schon einmal kentern oder nach Motorschaden manövrierunfähig im Wasser treiben können, doch sie sind bei Flussfahrten die bessere Option.

Straßen, Verkehr, Transport

Rechtsverkehr. Die Straßen, auch die **Routes Nationales** (RN), sind teilweise Naturpisten, manchmal fehlen Brücken oder sie wurden nur notdürftig repariert. Und was der Bürgerkrieg noch nicht zerstört hatte, das waschen die Monsun-Regenfälle weg. Radler haben schon von bis zu metertiefen Löchern in der Fahrbahn berichtet, von riesigen Steinen im Weg und vom Verkehr, der von den Straßen auf die Felder ausweicht ... Relativ gut sind die Straßenverhältnisse nur im Umkreis von etwa 50 km um Phnom Penh und zwischen den größeren Städten.

RN 1: Phnom Penh – Moc Bai / Vietnam: Der Zustand verschlechtert sich zur vietnamesischen Grenze hin kontinuierlich, aber asphaltiert und passabel zu radeln.

RN 3 und **RN 4:** Phnom Penh – Kampot bzw. Sihanoukville: Das sollen die besten Straßen in ganz Kambodscha sein (Thomas Gand: „Sie waren in der Tat ganz gut.").

RN 5 und **RN 6:** Beide führen von Phnom Penh nach Sisophon, die R 5 südlich des Tonle Sap über Battambang (Thomas Gand: „In passablem Zustand"), die R 6 nördlich über Siem Reap (Angkor). Letztere war 2005 die ersten ca. 50 km ab Phnom Penh recht gut, bis Siem Reap und Sisophon dann aber eine Herausforderung für stabile MTBs (Erdpiste, zur Monsunzeit verschlammt). Von Sisophon geht die vereinigte Straße dann weiter als RN 5 bis Poi Pet / Grenze Thailand (2005 passabel, Asphalt mit Schlaglöchern).

RN 7: Phnom Penh – Kampong Cham – Kratie – Stung Treng – Dong Kralor (Grenze Laos). Diese Route soll auch heute noch sehr unsicher sein (Banditenüberfälle), sie führt durch die wildeste Region von Kambodscha wie auch von Laos. Radeln ab Kampong Cham nicht empfehlenswert, besser das Linienboot nehmen.

An allen Straßen wird seit Jahren – teils mit internationaler Hilfe – gearbeitet, aber schnell schreiten die Verbesserungen nicht voran. Die Verhältnisse werden sich wohl noch auf Jahre hinaus nicht grundlegend ändern. Recht aktuell in dieser Hinsicht sind immer die Infos auf *www.lonelyplanet.com* („Cambodia" und „Getting around" anklicken).

Mit richtig dichtem Verkehr werdet ihr nur in Phnom Penh konfrontiert. Der besteht dort überwiegend aus -zigtausend Honda-Mopeds, die als modernes Statussymbol laut und nervig durch die staubigen Straßen fetzen. Sie haben die

Karte S. 602

traditionellen Cyclos, die Rikschas, fast vollständig verdrängt. Verkehrsregeln gibt es offenbar nicht, es herrscht die pure Straßenanarchie.

Passagierboote bieten sich noch am ehesten als Alternative für schlechte Straßenabschnitte an. Eine der lohnendsten Sehenswürdigkeiten, der See Tonle Sap mit seinen weitverzweigten Kanälen und pittoresken Stelzendörfern, lässt sich sowieso nur vom Boot aus erleben. Wichtige **Bootsrouten:** Auf dem Tonle Sap von Phnom Penh nach Siem Reap (nur während der Monsunzeit machbar, bei Niedrigwasser wird von Kampong Chnang gestartet). Weiter per Expressboot nach Battambang. Täglich fahren auch Boote von Phnom Penh den Mekong aufwärts nach Kampong Cham, weiter über Kratie und Stung Treng zur laotischen Grenze.

Die beiden **Bahnlinien** Kambodschas haben 2008 den Personentransport eingestellt. **Busse** und Minibusse sind zahlreich und oft überfüllt, aber es gibt gute Verbindungen; Radtransport verhandelbar. Auch auf Pickups kann man mitkommen.

Routen und Touren

Viele Touristen setzen Kambodscha gleich mit den Angkor-Wat-Tempeln. Das ist bisher auch das einzige Touristenzentrum mit entsprechender Infrastruktur. Andere Touri-Ziele sind per Fahrrad nur sehr beschwerlich oder gar nicht erreichbar. Rund um Sihanoukville laden weiße Traumstrände zum Relaxen und Mangrovenwälder zum Entdecken ein. Auch einen Nationalpark hat man dort eingerichtet, die gesamte Infrastruktur ist aber noch weit von thailändischer Perfektion entfernt. Trekkingtouren in das Kardamom- und Elefantengebirge sollten aus Sicherheitsgründen nur mit einheimischem Führer unternommen werden.

Die meisten Radler werden Kambodscha wohl auf dem Weg von Thailand nach Vietnam durchqueren. Poi Pet ist sicherlich der unkomplizierteste Grenzübergang dafür, von dort dann nach Siem Reap radeln (teils schlechte Straße, s. oben). Hier kann man locker eine Woche mit Besichtigungstouren in den Angkor-Wat-Ruinen und mit Bootstouren auf dem See Tonle Sap zubringen. Weiter nach Phnom Penh auf der RN 6, alternativ mit dem Expressboot. Eine tolle Kombination ist auch das Passagierboot über den Tonle Sap und weiter auf dem Fluss nach Battambang, dann per Rad weiter auf der RN 5 nach Phnom Penh. Oder man pedalt bis Kampong Cham und fährt dann mit dem Linienboot auf dem Mekong in die Hauptstadt hinein.

Die Strände um Sihanoukville könnte man von Phnom Penh aus auf einer Rundtour (RN 3 und RN 4) erreichen. Die Straße von Kampot nach Veal Renh war lange in miserablem Zustand; wurde aber zwischenzeitlich gerichtet.

Vietnam ist nur zwei oder drei Tagesetappen von Phnom Penh entfernt. Kambodscha ließe sich auch in eine Rundtour von Bangkok in Thailands Osten einbauen: Poi Pet – Siem Reap – Phnom Penh – Sihanoukville, mit dem Boot nach

Angkor Wat

Koh Kong, Ausreise über den Grenzübergang Cham Yeam nach Hat Lek, vielleicht mit einer Stippvisite auf Ko Samet zurück nach Bangkok (Re-Entry-Visum für Thailand erforderlich).

Bücher, Karten, Internet

Reiseführer: Andreas Neuhauser u.a., „Kambodscha", „KulturSchock Kambodscha" und Kauderwelsch-Sprachführer „Khmer"; alle Reise Know-How. Travel-Handbuch „Kambodscha", Stefan Loose Verlag. Gut sind auch der Lonely Planet „Cambodia", das „Cambodia Handbook" von Footprint Publications und der „Rough Guide to Cambodia". Dann gibt es etliche Indochina-Reiseführer, die mehrere Länder umfassen wie etwa „Richtig Reisen Laos-Kambodscha" oder den „Kunstreiseführer Vietnam, Kambodscha und Laos", beide DuMont, oder den Lonely Planet „Vietnam, Cambodia, Laos & the Greater Mekong". **Karten:** „Kambodscha", 1:500.000 und „Indochina (Laos, Kambodscha, Vietnam)", 1:1,2 Mio, beide RKH. „Vietnam, Laos, Cambodia", 1:1,5 Mio., Nelles (zeigt das Gebiet von Bangkok bis Ho-Chi-Minh-Stadt). Zum Reisen im Land ist auch die „Cambodia and Laos Travel Map", 1:800.000, von ITM nicht schlecht. Straßenhändler und Kinder verkaufen in den Touristenzentren Karten aus vietnamesischer Produktion. Hier noch ein Kartenlink: *http://mapcenter2.cgpsmapper.com/mapview.php?id=1365*. **Internetcafés** findet man heute zumindest in größeren Orten. **Internet-Infos:** Gut wie immer, mit vielen Links und Hintergrund-Informationen, ist Wikipedia (*http://de.wikipedia.org/wiki/Kambodscha*). Aktuelle Infos und Tipps zum Reisen vor Ort findet man bei Wikitravel (*http://wikitravel.org/de/Kambodscha*) und auf der privaten Website *www.kambodscha-info.de*, dabei auch ein Forum. Eine Fülle weiterführender Links bietet die „Cambodian Information Center Homepage", *www.cambodia.org*. Sehr informativ ist auch die Seite „Tourism of Cambodia", *www.tourismcambodia.com*.

Laos [EC, TG]

Überblick

Laos bietet auch heute noch, lange nach der Öffnung seiner Grenzen, einen unverfälschten Blick hinter den Bambusvorhang. Die Demokratische Volksrepublik Laos, so der offizielle Name, gehört zu den ärmsten Ländern der Erde, z.T. abhängig heute vom Geld der Nationen, die Jahrhunderte mit dem alten Königreich ihre machtpolitischen Spielchen getrieben hatten. Der Tourismus brachte bislang nur der Hauptstadt Vientiane (Viangchan, je nach Schreibweise) den erhofften Aufschwung. Fast jeder zehnte Laote lebt in dieser „Metropole", die im Vergleich zu anderen asiatischen Großstädten eher den Charme eines zu groß geratenen Dorfes besitzt. Rund 7 Mio. Laoten verlieren sich in einem Land von der Größe Großbritanniens und siedeln hauptsächlich in den fruchtbaren Ebenen entlang des Mekong-Flusses. Für den entdeckungsfreudigen Radler bedeutet das eine in Asien ungewohnte Weite und Leere, abgeschieden lebende Bergstämme, eine starke kulturelle Identität – und knüppelharte Bergpisten.

Den „Laoten" an sich gibt es nicht, die Bevölkerung setzt sich aus über 70 Volksgruppen und Stämmen zusammen, mit ihren eigenen Sprachen und Gebräuchen, aber doch tief verwurzelt im Buddhismus und Animismus. Lao hat sich zur Verkehrssprache in Laos entwickelt, vor allem die Bildungsschicht spricht aber auch heute noch Französisch, Englisch ist stark im Kommen. Wer Thai spricht, kommt auch in Laos problemlos durch.

Nach einer einst recht restriktiven Tourismuspolitik kann sich der Radler nun frei im Land bewegen, die Grenzen setzen nur die knappe Aufenthaltsfrist und die eigene Leidensfähigkeit. Einige Straßen werden zwar kontinuierlich ausgebaut, die restlichen verwandeln sich dagegen regelmäßig zur Monsunzeit in schmierige Lehm-Achterbahnen und stellen die übrige Zeit hohe Ansprüche ans Material. Entlang der Touristenpfade ist die Infrastruktur hervorragend ausgebaut, hier kann man getrost Zelt und Kocher zuhause lassen. Auf Nebenstrecken bewährt sich eine autarke Ausrüstung.

Geografie, Klima, Anreise

Laos hat gemeinsame **Grenzen** mit Thailand, Myanmar, China, Vietnam und Kambodscha, aber keinen Zugang zum Meer. Die Nord-Süd-Ausdehnung beträgt fast 1000 km, gut 70% des Landes bestehen aus zerklüfteten Gebirgen und isolierten Hochebenen bis über 2000 m, höchster Berg ist der Phou Bia (2819 m). Nördlich davon, in der Provinz Xiang Khoang, liegt die Ebene der Tonkrüge, eine der herausragenden Sehenswürdigkeiten von Laos. Längster Fluss ist der Mekong, traditionell die Hauptverkehrsachse des Landes mit regem Bootsverkehr. In den nächsten Jahren wird sich das aber im Zug des Straßenausbaus schnell ändern, schon heute fährt praktisch kein Passagierboot mehr zwischen Vientiane und der einstigen Königsstadt Luang Prabang. Entlang des Mekong liegen mehrere fruchtbare Ebenen, die überwiegend für den Reisanbau genutzt werden. Weite Teile des Berglandes sind noch von Wäldern bedeckt, einige Bergstämme leben noch heute von der Opiumproduktion.

Tropisches Klima. Der **Monsun** diktiert die Reisezeiten (s. „Kambodscha"). In der Trockenzeit kann es in den Bergen sehr kühl werden, während des Monsuns sind viele Straßen unpassierbar.

Am einfachsten ist Laos auf dem **Landweg** von **Thailand** zu erreichen (Grenzübergänge s. „Thailand"). Von **China**: Mengla – Botene. Von **Vietnam** (sechs Übergänge) am besten über Cau Treo (ca. 100 km südwestlich von Vinh) an der Route Nationale (RN) 8 von Vinh nach Laksao oder Lao Bao an der RN 9. Über den Grenzübergang nach/von **Kambodscha** kursieren widersprüchliche Angaben von Behördenseite und Radreisenden, am besten die laotische und kambodschanische Botschaft kontaktieren (die kambodschanische RN 7 bis Phnom Penh galt immer als sehr unsicher, s. „Kambodscha").

Die int. **Flughäfen** in Vientiane und Luang Prabang werden von allen asiatischen Nachbarn angeflogen. Allerdings kann hier die recht niedrige Freigepäckgrenze von teilweise nur 15 kg Verdruss bereiten – also genau informieren! Die nationale Fluglinie Lao Aviation (*www.laoairlines.com*) hatte nicht immer den besten Ruf in Sachen Sicherheit, das soll sich aber gebessert haben.

Einreise, Währung

Visumpflicht. An der Grenze gibt es „Visa on Arrival" für 30 Tage. Das Visum lässt sich in Vientiane verlängern. Ernst Christen: „Wer von Nong Khai (Thailand) nach Laos einreist, nimmt die Dienste der „Visabüros" besser nicht in Anspruch. Das ist kompletter Nepp; man kauft dadurch nur eine überteuerte Fahrt nach Vientiane. Visa können und dürfen die Büros eh nicht ausstellen." Botschaft der Demokratischen Volksrepublik Laos in Berlin: Bismarckallee 2A, 14193 Berlin, Tel.: 030/89060647.

Währung ist der Kip – aber das ist nur noch ein theoretischer Wert, der US-Dollar hat sich zur Zweitwährung entwickelt, gefolgt vom thailändischen Baht. Reiseschecks in US$ werden gegen Kommission von allen Banken gewechselt, Kreditkarten (VISA, AmEx und MasterCard) werden akzeptiert. Manche Banken zahlen Bargeld auf die Kreditkarte aus. Geldautomaten gibt es vorwiegend in Vientiane (Thomas Gand: „Auch in Vang Vieng und Luang Prabang, mit Cirrus und Maestro"). Wechselstuben auf dem Markt und Hotels geben einen geringfügig besseren Kurs für bare US$. Beim Schwarztauschen auf der Straße sollte man sich des Risikos bewusst sein, die Jungs sind echt trickreich und ihr seid schnell ein paar Dollars zuviel los.

Laos ist ein günstiges Reiseland, die Übernachtung ist aber je nach Konkurrenz vor Ort etwas teurer als in Thailand.

Übernachten, Verpflegung Die Laoten haben sich schnell auf den Touristen-„Ansturm“ eingestellt, innerhalb weniger Jahre hat sich das Bettenangebot der Guesthouses und Hotels verzigfacht. Abseits der Touristenzentren Vientiane, Luang Prabang und auch Vang Vieng (an der RN 13 nördlich von Vientiane) und entfernt der wenigen Städte sieht es da nicht so gut aus, dann muss man häufig zelten oder mit einer sehr einfachen Bleibe vorlieb nehmen.

Übliches Angebot an Traveller Food: Pancakes, Pizza und Spaghetti. Grundlage eines jeden laotischen Gerichts ist Klebereis, dazu werden Fleisch (oft Huhn) oder Fisch, verschiedene meist recht scharfe Soßen, Gemüse und erfrischend-säuerliche Suppen serviert. Kräuter in allen Variationen gehören immer dazu (ungedünstet, nichts für sensible Mägen!). Gegessen wird traditionell mit den Fingern, aber für Touristen liegt Besteck bereit. Die laotische Küche ist sehr abwechslungsreich, lecker ist z.B. Khao Phun, Reisnudeln mit einer scharfen Kokosnusssoße und kleingehacktem Gemüse. Es lohnt, einmal eines der teureren laotischen Spezialiätenrestaurants in Vientiane oder Luang Prabang zu besuchen. Laoten bestellen immer viele kleine Gerichte, die sie dann gemeinsam essen. Viele Garküchen bieten chinesische, vietnamesische und thailändische Küche, falls keine englische Speisekarte aushängt, muss man halt in die Töpfe schauen. Nicht vom Äußeren abschrecken lassen, viele Etablissements ähneln eher einer umfunktionierten Garage, bieten aber oft bessere Qualität als protzige (Hotel-)Restaurants. Empfehlenswert ist ein Rundgang über den Markt in Vientiane für einen ersten Überblick, hier gibt es neben recht exotischen Zutaten auch sehr viele Früchte. Morgens kann man sich in den Städten ofenfrische Baguettes oder Croissants direkt in den Bäckereien besorgen oder sie in den Cafés mit Milchkaffee, Eiern oder gefüllt mit Paté essen. Pepsi und Co. sind in ganz Laos erhältlich, auch in Flaschen abgefülltes Trinkwasser und Bier.

Wer Touren abseits der Touristenzentren plant – und dazu gehört schon die Fahrt entlang des Mekong von Vientiane Richtung Süden –, sollte Lebensmittel mitnehmen. Das Angebot in den Dörfern ist sehr kärglich, auch wenn man nirgends gleich verhungern wird.

Gesundheit, Gefahren, restriktive Gebiete Außer in den höchstgelegenen Regionen ist Malaria in ganz Laos ein Problem (mehr dazu wie auch über Impfempfehlungen bei *www.fit-for-travel.de*). Ein intaktes Moskitonetz ist Pflicht! Trinkwasser entkeimen oder Flaschenwasser kaufen.

Mit Kriminalität gegenüber Touristen muss man kaum rechnen. Die Sicherheitslage hat sich erheblich gebessert, die Hauptstraßen sind gefahrlos benutzbar. In den Bergregionen treiben teilweise noch Hmong-Rebellen ihr Unwesen, das gilt vor allem für die Region um die „Ebene der Tonkrüge“ und deren Anfahrtswege, vor allem die RN 7. Hier kann es zu kurzfristigen Reisebeschränkungen kommen – informiert euch vor der Reise beim Auswärtigen Amt (*www.auswaertiges-amt.de*) und ggf. beim US-Außenministerium (*http://travel.state.gov*). Im Nordwesten in der Grenzregion zu Myanmar wird traditionell Opium geschmuggelt. In der Grenzregion zu Vietnam muss man mit explosiven Relikten aus dem Indochinakrieg rechnen! Hier sollte man besser nicht abseits der Straße zelten und Ausflüge erst nach Absprache mit den Einheimischen unternehmen.

Tipps zu den beliebten „Speedbooten“ s. bei Kambodscha. Auch in Laos gab es bereits mehrere tödliche Touristen-Unfälle durch Kentern; nun verteilt man Helme, am Steuer sitzen aber weiterhin meist jugendliche Draufgänger. Und der infernalische Lärm ist geblieben. Wegen Beschwerden wurden die Anlegestellen bereits aus den Stadtzentren verbannt (wie z.B. in Luang Prabang geschehen).

Fahrrad, Ausrüstung Euer Fahrrad sollte stabil sein und breite Profilreifen (ab 47 mm) und Gänge für extreme Steigungen besitzen. Das Terrain ist unglaublich gebirgig! In den Touri-

Zentren vermietet bald jedes zweite Guesthouse sog. „Mountain Bikes" aus chinesischer oder vietnamesischer Fertigung (schwer, primitiv, nachlässig zusammengeschraubt). Zu mehr als zu einer Stadtrundfahrt taugen die nicht. Alle Ersatzteile mitbringen, zur Sicherheit zumindest einen (Falt-)Reifen in Reserve haben! Flickzeug ist aber in fast jedem Dorfladen erhältlich.

Abgesehen von speziellen Campingartikeln wie Zelt, warmer Schlafsack und Iso-Matte (auf den Hochebenen kann es nachts empfindlich kalt werden) sind alle Artikel aus chinesischer oder thailändischer Produktion in Vientiane erhältlich (in Läden und auch auf dem Markt).

Straßen, Verkehr, Transport

Jeder Radler kann auf einer Tour durch die Berge seine eigene Leidensfähigkeit testen. Ohne Schnörkel und Kurven erobern die Pisten jeden Hang und jede Bergflanke, steigungsmindernde Kurven scheinen für laotische Straßenbauer verzichtbarer Luxus zu sein. Roter Staub hat bald auch den hintersten Winkel in den Radtaschen erobert, Sandabschnitte und grober Schotter zwingen zu Schiebeeinlagen. Nur Mut, Asphalt gibt es auch: Die RN 13 von Vientiane nach Luang Prabang ist komplett asphaltiert, von Vientiane den Mekong abwärts bis Pakse sind die Arbeiten zwischenzeitlich auch abgeschlossen. Die RN 9 von Savannakhet zur vietnamesischen Grenze bei Lao Bao glänzt durch Abwechslung von Asphalt bis hin zu Schotter. In der Regenzeit mutieren die Gebirgspisten zu roter Schmierseife.

Rechtsverkehr. In den Städten scheinen alle Verkehrsregeln, wenn es sie denn überhaupt gibt, aufgehoben zu sein. Radler auf der falschen Straßenseite, fünf Leute auf einer Honda, nächtliche Autofahrten ohne Licht, ungesicherte Baustellen, alles ist möglich und auf alles müsst ihr gefasst sein! Aber das ist im restlichen Indochina auch nicht viel anders. Immerhin kann sich Laos mit dem bei weitem gefährlichsten Verkehr (doppelt so viele Verkehrstote wie im restlichen SO-Asien!) brüsten. Doch außerhalb der Städte ist das Verkehrsaukommen sehr gering, und wenn, dann sind es nur Busse und Pickups. Auf beide kann man sein Fahrrad problemlos aufladen. Von Vientiane nach Luang Prabang verkehren moderne japanische Busse, Richtung Süden und im restlichen Land unkomfortable Busse auf Lkw-Fahrgestellen. Am schönsten sind natürlich die Flusstouren, aber nicht in den Speedbooten (s.o.), die sind eh zu eng für ein Fahrrad, sondern in den langsam dahintuckernden Lastenkähnen. Interessante Routen: Houayxai (Thailand) – Luang Prabang, Luang Prabang – Vientiane (ganzjährig), Vientiane – Savannakhet (während der Regenzeit). In den nächsten Jahren und mit dem weiteren Ausbau der Straßen wird die Flussschiffahrt sicherlich weiter eingeschränkt werden.

Routen und Touren

Laos bietet noch viel Platz für Entdecker isoliert lebender Bergstämme und Liebhaber einsamer Bergpisten. Abgesehen von den Tiefebenen entlang des Mekong und einzelner Hochebenen ist das Land für südost-asiatische Verhältnisse relativ dünn besiedelt, und das macht neben der teilweise verheerenden Pistenqualität die Hauptschwierigkeit aus. So liegen uns auch keine Berichte von Biketrips durch das Bergland im Osten vor.

Eine gerne befahrene Strecke mit guter Straßenqualität ist die von Houayxai (Thailand) über Luang Namtha und Luang Prabang nach Vientiane (Houayxai – Luang Prabang lässt sich auch per Schiff auf dem Mekong zurücklegen), dann wieder Ausreise über die Freundschaftsbrücke nach Thailand. Länge ca. 900 km. Von Luang Namtha bietet sich ein Abstecher nach Muang Sing an (nette Guesthouses, Trekkingtouren zu Bergvölkern). Luang Prabang, die einstige Königsstadt, verzaubert durch ihre Atmosphäre (UNESCO-Weltkulturerbe). In den Tempelanlagen und in der herrlichen Umgebung kann man locker eine Woche verbringen, die Infrastruktur ist inzwischen hervorragend. Von dort sind es bis Vientiane auf

Mit dem Longtail-Boot über den Fluss

der Neubaustrecke gut 400 km, die Strecke ist sehr bergig. Vang Vieng, 160 km vor Vientiane in wunderbarer Bergszenerie gelegen, hat sich zu einem neuen Touristenziel entwickelt.

Von Vientiane kann man auch Richtung Süden auf der RN 13 dem Lauf des Mekong folgen, wobei man den Fluss nur selten zu Gesicht bekommt. Bis zur vietnamesischen Grenze bei Lao Bao sind es 730 km (Pakxan 150 km – Thakhek 185 km – Savannakhet 130 km – Lao Bao 265 km).

Von Houayxai bis an die chinesiche Grenze gibt es eine brandneue Straße mit kaum Verkehr, dafür aber mit vielen harten Steigungen. Von Boten kann man mit chinesischem Visum in die Provinz Yunnan einreisen und weiter Richtung Dali und Tibet pedalen. Für diese Strecke gibt es bei Ernst Christen (*www.ernst-christen.ch*) ausführliche GPS-Daten (Tracks mit Höhenprofil und Waypoints zu Übernachtungsmöglichkeiten). Er ist in entgegengesetzter Richtung gefahren, also von Boten (chinesische Grenze) nach Houayxai (thailändische Grenze).

Nochmal Ernst Christen: „Wer auf der oben beschriebenen Route von Thailand aus einen Laos-Abstecher machen und von Vientiane wieder Bangkok ansteuern will, sollte besser mit Double Entry Visa reisen, denn an Thailands Grenze gibt es nur ‚Visa on Arrival' für 14 Tage!"

Bücher, Karten, Internet

Reiseführer: Michael Schultze: „Laos", „KulturSchock Laos" und Kauderwelsch-Sprachführer „Laotisch"; alle von Reise Know-How. Travel-Handbuch „Laos", Stefan Loose Verlag. Empfehlenswert sind auch der Lonely Planet Guide „Laos" und das „Laos Handbook" von Footprint Publications. Siehe auch unter Kambodscha und Vietnam. In Vientiane werden auch Sprachführer Englisch/Laotisch mit laotischen Schriftzeichen angeboten – kann man die Wörter schon nicht aussprechen, so kann man doch zumindest auf die Schriftzeichen zeigen. **Karten:** „Laos", 1:600.000 und „Indochina (Laos, Kambodscha, Vietnam)", 1:1,2 Mio, RKH. „Cambodia and Laos Travel Map", 1:800.000, ITM. „Vietnam, Laos, Cambodia", 1:1,5 Mio., Nelles.

Internetcafés beschränken sich hauptsächlich auf die Touri-Zentren Vientiane, Luang Prabang und Vang Vieng. **Internet-Infos:** Wikipedia (*http://de.wikipedia.org/wiki/Laos*, mit Links). Auch *http://wikitravel.org/de/Laos* ist interessant. Guter Einstieg: *www.visit-laos.com*, dort findet man auch die aktuellsten Visabestimmungen (diese natürlich auch beim Auswärtigen Amt) und *www.visit-mekong.com/laos*. Zu empfehlen ist auch die private Seite *www.laostagebuch.net*, mit einer Menge guter Links.

Vietnam [MM]

Rad im Reisfeld – Mit dem Fahrrad durch Vietnam [MM]

Reisestory von Martin Moschek

Müde plätschert das Wasser gegen die Bootsplanken. Ich stehe auf dem Hauptdeck der Dau, mit der ich seit einem Tag durch die Halong-Bucht fahre. Umgeben von einzigartig geformten Felsen, die wie die Zacken eines Drachenschwanzes aussehen und sich hier im chinesischen Meer ausbreiten, liegt das Boot vor Anker. Der Himmel ist bedeckt, aber es regnet nicht. Seitdem ich den 496 Meter hohen Wolkenpass zwischen Da Nang und der alten Kaiserstadt Hue überquert habe, ist die tropische Hitze Südvietnams verschwunden und einem nasskalten Wetter mit Temperaturen um die 20 Grad gewichen.

Mitte Dezember landete ich in Saigon, dem heutigen Ho-Chi-Minh City. Die unglaublich lebendige, quirlige und sehenswerte Stadt hatte es mir sofort angetan, und als ob ich nie etwas anderes gemacht hätte, fädelte ich mich sofort in den immerzu fließenden Strom der Mopeds und Fahrräder ein und schwamm durch die Stadt. Die Menschen waren im Weihnachtsfieber, und an jeder Ecke wurden die Häuser und Geschäfte geschmückt. Bei fast 40 Grad Hitze eine skurrile Szenerie. Etwas Abkühlung bot nur der Saigon River, auf dem ich wenig später mit einem alten Schnellboot russischer Herkunft nach Vung Tao fuhr, um von dort aus meine Radreise nach Norden, nach Hanoi, zu beginnen.

Stetig bergauf ging es dann auch für mich in Richtung Berge. Mein erstes Ziel war das Hochland von Dalat, der ehemaligen Sommerfrische der Franzosen und heute ein beliebtes Ausflugsziel für viele Vietnamesen. Der Ort an sich beeindruckt nur durch einen Funkturm, dessen Ähnlichkeit mit dem Pariser Eiffelturm gewollt ist. Viel sehenswerter ist das Umland hier in 1500 Metern Höhe. Eine fast schon europäisch anmutende Berglandschaft mit dichtem Nadelwald weicht urplötzlich dichtem Dschungel, der nur wenige Meter von der Straße entfernt undurchdringlich scheint. Über zahlreiche Serpentinen verlasse ich dieses Bergidyll und stürze mich hinab in die heiße Ebene am Ufer des chinesischen Meeres.

Moped-Stampede in Saigon

Von hier an folge ich der großen Lebensader Vietnams, der Nationalstraße 1A, nur unterbrochen von einer Eisenbahnfahrt an Weihnachten, um eine Teilstrecke nach Norden zu überbrücken. Heiligabend in der Holzklasse gehört zu den intensivsten Erlebnissen meiner Radtour durch dieses Land. Eng hockten wir beieinander, teilten unser Essen, tauschten Bilder und Geschichten aus, mit Händen und Füssen oder in brüchigem Englisch. Die anfängliche beiderseitige Distanziertheit wich schnell einer freundlichen Verbundenheit, zu der meine Runde Brausetabletten maßgeblich beitrug.

Zurück auf der 1A lernte ich schnell, die Straßenunordnung zu respektieren. Schilder mit Geschwindigkeitsbegrenzungen sind nur Schattenspender für müde Fußgänger, die sich wie selbstverständlich den schmalen Seitenstreifen mit Fahrradfahrern teilen. Diese weichen meist auf die Mopedspur aus, was heftiges Gehupe der motorisierten Zweiradfahrer auslöst. Manche treiben ihre Gefährte ans äußerste Limit, um heftig winkend und den Gegenverkehr völlig ignorierend den netten europäischen Radfahrer zu überholen. Hello, Hello, Hello! Ist das geschafft, wird den zahlreichen Lkw und Bussen, die aus der zweispurigen Straße oft auch mal eine vierspurige machen, ausgewichen. Wieder Glück gehabt und sich nicht in die Reihe der jährlich über 12.000 Verkehrstoten Vietnams eingereiht. Unfälle sah ich oft, doch diese gingen relativ glimpflich aus oder ich kam erst später an den Ort des Geschehens und konnte nur noch die Wracks sehen.

Hoi An, zu Recht als schönstes Dorf Vietnams bezeichnet, liegt weit ab dieses Wahnsinns und bezaubert durch eine nahezu vollständig erhaltene Altstadt. Hier lässt sich ein Vietnam erleben, wie es vor mehr als 100 Jahren war, und man wohnt sogar in diesem lebendigen Museum vergangener (kolonialer) Zeiten. Zahlreiche Kunstläden, Restaurants und Hostels säumen die engen und verwinkelten Straßen dieses wirklich sehenswerten Ortes. Hier genoss ich sehr die letzten Sonnenstunden, von denen ich damals noch nicht wusste, wie sehr sie mir fehlen würden. Dann kam der Wolkenpass und mit ihm meine Ankunft im regnerischen Hue.

Hue steht für eine der blutigsten Schlachten des Vietnamkrieges, aber auch für seine beeindruckende Kaiserstadt. Umgeben von zehn Kilometer langen dicken Mauern lag die ehemalige Residenz der vietnamesischen Kaiser nahezu perfekt erhalten da. Vier Tore führen ins Innere und damit in eine andere Zeit. Die Besucher verlaufen sich auf dem riesigen Gelände und man kann ungestört umherstreifen, in den zahlreichen Tempeln rasten und sich in die Zeit der Kaiser hineinversetzen.

Der Dauerregen hielt auch noch die nächsten Tage an, in denen ich durch landwirtschaftlich geprägtes Land mit zahllosen Reisfeldern und Dörfern radelte. Über Haiphong kam ich dann nach Halong City, dem Ausgangspunkt der Bootstouren durch die Bucht. Mit zehn anderen Touristen fand ich schnell einen Platz an Bord einer Dau, doch die Berge, für die diese Landschaft berühmt ist, verschwanden im Regen und Dunst, der sich nur einmal lichtete, als ich eine kleine Paddel-Ausfahrt mit einem Kanu machte.

Der nächste Tag brachten aber endlich wieder die Sonne und damit ideales Radelwetter für die letzten Kilometer nach Hanoi. Auf einer vierspurigen Autobahn ging es in die Stadt, aber auch nicht wirklich, da die Straße abrupt endete und ich mich mühsam ins Zentrum durchfragen musste. Ich hatte das Gewimmel an Menschen, Tieren und Mopeds in Saigon schon fast wieder vergessen. Hanoi stand dem in nichts nach. In der wirklich sehenswerten Altstadt schoben sich tausende durch die engen Gassen. Begleitet vom permanenten Gehupe machte ich Pause vom Stadtbummel, erholte mich vom Besuch des Ho-Chi-Minh-Mausoleums und trank einen guten vietnamesischen Kaffee in einem der zahlreichen Cafés. 56 Gilden bildeten vor vielen hundert Jahren den Kern des heutigen Hanois. Nicht umsonst zählt diese Stadt zum Weltkulturerbe.

Das neue Jahr wurde ohne Knaller und Feuerwerk eingeläutet. Bereits 30 Minuten nach Mitternacht war Hanoi wie leergefegt und es herrschte wieder Ruhe, nur unterbrochen durch vereinzelte Rufe feiernder Touristen. Höhepunkt war das Steigenlassen von unzähligen Laternen um Null Uhr – der nächtliche Himmel war bedeckt von tausend Lichtern. Damit endete auch meine tolle Radreise durch Vietnam. Nach 1250 Kilometern und 15 Tagen flog ich wieder ins winterliche Deutschland zurück.

Vietnam – Überblick

Wer an Vietnam denkt, hat natürlich zuerst die schrecklichen Bilder des Indochina- und späteren Vietnamkriegs vor Augen. Zahlreiche Filme haben nach dem Ende des Wütens unser Bild von diesem Teil Südostasiens geprägt. Auch heute noch, über 30 Jahre später, sind die Folgen des Kriegs hier und da noch sichtbar, dominieren aber nicht mehr im Land.

Die „Sozialistische Republik Vietnam", so der offizielle Name, hat sich nach der vorsichtigen Öffnung des letzten Jahrzehnts zu einem dynamischen und wirtschaftlich aufstrebenden Land entwickelt. Besonders der Tourismus ist die Triebfeder dieser Entwicklung. Nach Vietnam zu reisen ist „in". Ob Nobelurlaub der Luxusklasse oder unterwegs als Backpacker – Vietnam gilt als sicheres Land in dieser Region und bietet für jeden Geschmack etwas. Die Infrastruktur wurde enorm ausgebaut, Internet und Mobiltelefone sind normaler Bestandteil des Alltags. Viele Firmen verlagerten ihre Produktionen nach Vietnam, das derzeit noch über billigere Arbeitskräfte als China verfügt, und kurbelten so die Wirtschaft des kleinen Landes an.

Die Gesellschaft ist – wie oft in solchen Ländern – noch sehr zerrissen durch die Geschwindigkeit dieser Entwicklungen. Neben zur Schau gestelltem Wohlstand und so etwas wie einer vermögenden Mittelschicht mit großen Häusern und Autos herrscht vor allem abseits der großen Städte teilweise noch bittere Armut in der Landbevölkerung. Vietnam ist immer noch ein Agrarland und leidet besonders unter stark zunehmenden Unterschieden zwischen Arm und Reich.

Für Radfahrer ist Vietnam ein gut beradelbares Reiseland. In den letzten Jahren wurden viele Straßen neu gebaut und sind in teilweise guter Qualität. Martin Moschek: „Selbst die 1A, die Hauptverkehrsschlagader des Landes, ließ sich erstaunlicherweise gut und relativ sicher befahren." Abseits der Hauptrouten trifft man aber auch auf Straßen in desolatem Zustand, Schotterpisten oder Sandwege. Dies kann man aber meist bereits in der Karte am Straßenstatus erkennen und erlebt so eigentlich kaum eine Überraschung. Die Verkehrsschilder sind gut lesbar und – sofern sie da sind und richtig stehen – eigentlich immer verständlich. Und wenn man da nicht weiterkommt, dann helfen gerne die Vietnamesen weiter, die sich sofort um einen scharen.

In den Städten ist eine Verständigung mit Englisch, Deutsch („DDR-Vietnamesen") oder Französisch kein Problem. Auf dem Land wird fast nur Vietnamesisch gesprochen, aber man kommt mit Händen und Füßen als universelle Weltsprache ganz gut durch.

Geografie, Klima und Reisezeit

Vietnam ist etwas kleiner als Deutschland, erstreckt sich aber über knapp 2000 km von Nord nach Süd. An seiner schmalsten Stelle misst es gerade mal 50 km! Wie ein Rückgrat zieht sich das Annamitische Hochland entlang der Grenze zu Laos und Kambodscha und läuft im Osten zum Südchinesischen Meer hin in einer fast flachen Küstenebene aus. Die höchsten Gipfel findet man im Gebirge Hoang Lien im Nordwesten; der bei Trekkern beliebte Fan Si Pan misst immerhin 3143 m. Überhaupt ist Vietnam, abgesehen von der Küste, sehr bergig und fordert den Radler durch ein ewiges Auf und Ab.

Für Radler, die das Land entlang der Küste durchqueren, stellt der 500 m hohe Wolkenpass nördlich von Da Nang die einzige „ernstzunehmende" Barriere dar. Er lässt sich gut beradeln, da der Hauptverkehr durch einen neuen Tunnel geführt wird. So ist man auf den Serpentinen hinauf relativ ungestört und bleibt von den Autoabgasen verschont. So unscheinbar dieser Pass auch sein mag, er ist eine Wetterscheide. So kann es sein, dass auf der einen Seite die Sonne scheint und hinter dem Pass der Regen dominiert, verbunden mit einem Temperaturgefälle von mehreren Grad.

Das fruchtbare Mündungsdelta des Song Hong (Roten Flusses) im Norden und des Mekong im Süden prägen das Land ganz besonders. Diese Schwemm-

Am Wolkenpass

landgebiete sind dicht besiedelt, hier steht ein Dorf neben dem anderen, viele Stelzenhäuser auch im Wasser, man lebt vom Fischfang und vom Reisanbau, die Gezeiten und jährlichen Überschwemmungen bestimmen den Lebensrhythmus der Menschen.

Das **Klima** ist tropisch (Vietnam liegt im Einflussbereich des SW- und NO-Monsuns), schwankt innerhalb des Landes aber sehr: So kann es im Norden durchaus kalte Winter geben und gleichzeit im Süden tropische Wärme. Beste **Reisezeit** ist die Trockenzeit von Dezember bis März. Im Norden und vor allem im Bergland sinken die Temperaturen dann schon einmal unter den Gefrierpunkt, selbst an den Stränden der Halong-Bucht sind dann Pullover angesagt. Ab März steigen Temperatur und Luftfeuchtigkeit, von Mai bis Oktober regnet es häufig und stark. Nicht so stark, dass Radeln nicht möglich wäre, aber Touren ins Mekong-Delta können buchstäblich ins Wasser fallen. Zwischen September und Anfang Dezember suchen immer wieder schwere Taifune die Küstenregionen von Zentral- und Südvietnam heim.

Für Trekkingtouren im nordwestlichen Bergland sind Oktober/November und März/April günstig.

An- und Einreise

Vietnam hat insgesamt zwölf Grenzübergänge, davon sechs nach Laos und jeweils drei nach Kambodscha und China. Alle offiziellen Grenzübergänge von oder in die Nachbarstaaten sind mittlerweile für Radler offen. Klärt bei der Weiterfahrt nach Kambodscha, ob es am gewählten Übergang „Visa on Arrival" gibt, s. dort.

Ein **Visum** ist Pflicht. Die Einreisebestimmungen sind mittlerweile sehr transparent. Der Visaantrag kann im Internet heruntergeladen werden. Das Touristenvisa hat eine Gültigkeit von 30 Tagen und kostet um die 40 Euro (den genauen Preis in der Botschaft erfragen, *www.vietnambotschaft.org*). Visa werden in der Regel schnell und ohne Probleme ausgestellt. Eine Visaverlängerung ist möglich, man sollte dies aber über ein örtliches Reisebüro erledigen lassen, da der bürokratische Aufwand sehr hoch ist. Nach Angaben anderer Reisender dauert die Verlängerung um die 2-3 Tage. Möchte man in die Nachbarländer reisen und wiederkommen, wird auch ein Re-Entry Visum ausgestellt. Das sollte bereits vor der Einreise beantragt werden. Ansonsten helfen auch hier Reisebüros in Hanoi und Ho-Chi-Minh-Stadt, die vor Ort Re-Entry Visa organisieren. Dauer hierfür ebenfalls um die 2-3 Tage.

Vietnamesische Botschaften bzw. Konsulate gibt es auch in Bangkok, Phnom Penh, Vientiane, Kuala Lumpur, Singapur und Guangzhou.

Vietnam hat drei internationale **Flughäfen**: Tan Son Nhat in Ho-Chi-Minh-Stadt, Noi Bai in Hanoi und Da Nang, das als Tor für Zentralvietnam fungiert. Diese Flughäfen werden regelmäßig von internationalen Fluggesellschaften angeflogen und vor allem der Flughafen Ho-Chi-Minh-Stadt gilt mittlerweile neben Bangkok als Drehkreuz für innerasiatische Flüge. Vietnam Airlines (*www.vietnam-air.de*) fliegt sechsmal wöchentlich ab Frankfurt und war 2010 recht günstig im Fahrrad-Transport. Viele weitere Airlines fliegen Vietnam an, manche auch über Bangkok, gelegentlich mit einem weiteren Zwischenstopp in Kambodscha. Gabelflüge, beispielsweise nach Ho-Chi-Minh-Stadt und zurück von Hanoi, sind kein Problem. Das kommt Reiseradlern, die die Küstenroute von Hanoi nach Ho-Chi-Minh-Stadt oder anders herum unter die Räder nehmen wollen, entgegen. Alternativ kann man auch vor Ort einen Inlandsflug buchen, oder man entscheidet sich für eine Überlandfahrt mit dem Zug, was durchaus schön und interessant, aber auch sehr anstrengend sein kann.

Busse fahren von Phnom Penh / Kambodscha über Moc Bai nach Ho-Chi-Minh-Stadt, von Vientiane / Laos über Vinh nach Hanoi, von Savannakhet / Laos über Lao Bao nach Hué und Da Nang. **Züge** verkehren nach/von China, so zum Beispiel von Nanning / China über Dong Dang (nördlich von Lang Son) nach Hanoi, aber auch von Kunming via Lao Cai nach Hanoi. Nach Laos und Kambodscha gibt es keine Zugverbindung. **Boot:** Von Phnom Penh / Kambodscha nach Chau Doc, weiter mit Boot oder Fahrrad nach Ho-Chi-Minh-Stadt.

Geld

Währung ist der vietnamesische Dong, Zweitwährung der US$. Der Euro ist zunehmend akzeptiert. Travellercheques in US$ werden von Filialen der staatlichen Vietcom-Bank gegen Kommission gewechselt. Kreditkarten, vor allem VISA und MasterCard, sind mittlerweile weit verbreitet; man kann auch in kleineren Hotels und Hostels damit bezahlen. Geldautomaten finden sich in allen größeren Städten, vor allem in den Touristenzentren. Überland kommt man allerdings nur mit Bargeld weiter. Die besseren Tauschraten bekommt man für große Dollar- oder Euronoten (am besten sind Scheine ab 50 Euro bzw. Dollar).

Touristen zahlen, angefangen von Hotelübernachtungen über Flug- und Bahntickets bis hin zu allen Eintrittsgeldern, ein Vielfaches mehr als Einheimische. Viele Leistungen werden in Dollar oder Euro angegeben und dann zum aktuellen Kurs in Dong umgerechnet.

Abseits der Hauptzentren sind auch die Preise für Essen und Übernachtung oft Verhandlungssache. Hier gilt es, im Voraus den Preis abzustimmen. Manchmal geht es dabei zu wie auf einem Basar, aber immer freundlich.

Übernachten, Verpflegung, Gesundheit

In keinem anderen Land wurden in so kurzer Zeit so viele neue **Hotels** hochgezogen. Das gilt für Luxus-Resorts wie für Billighotels gleichermaßen. Eine gemütliche Guesthouse-Kultur wie in anderen südostasiatischen Ländern konnte sich da nicht entwickeln, zumal die Regierung gut zahlende Pauschaltouristen immer noch klar favorisiert. In Billighotels habt ihr meist die Wahl zwischen Zimmern mit Deckenventilator und solchen mit Klimaanlage. Viele Billighotels in den Küstenorten vermieten ihre Zimmer auch stundenweise, was nur selten für ungestörten Schlaf sorgt.

Am günstigsten übernachtet man bei Familien: Jeder will am Wirtschaftsboom und den Touristendollars teilhaben und räumt dafür einfach ein Zimmer frei. In Ho-Chi-Minh-Stadt gibt es ganze Viertel mit solchen Unterkünften.

Die meisten Unterkünfte sind sauber und ordentlich. Teilweise verfügen die Zimmer sogar auf dem Land über einen Fernseher mit sehr vielen internationalen Kabelkanälen.

Zelten ist, außer im bergigen Nordwesten, nicht nötig und auch selten möglich. Das Land ist zu dicht besiedelt und die Preise für gute Hostels oder Hotels fangen bereits schon bei fünf Dollar pro Nacht an.

Auffallend wenige Hotels bieten Moskitonetze, hier solltet ihr auf jeden Fall vorsorgen, denn Vietnam gehört zu den stark malariagefährdeten Regionen. Daher auch eine entsprechende Schutzcreme nicht vergessen. Informiert euch (wie auch zum Thema „empfohlene Impfungen") am besten über *www.fit-for-travel.de*.

Grundlage der vietnamesischen **Küche** ist Reis, gegessen wird mit Stäbchen. Als Beilagen gibt es Fisch und Fleisch (meist vom Huhn oder Schwein, selten auch Exotisches wie Fledermaus oder Schlange), dazu verschiedene Soßen und Gewürze. Nuac Mam, die traditionelle Fischsoße, riecht schon unangenehm streng. Beliebt als Frühstück ist Pho, eine Nudelsuppe mit verschiedenen Gemüse- und Fleischsorten. Touris werden lieber den nächsten Straßenstand mit knusprigen Baguettes aufsuchen und dann Schmelzkäse oder Marmelade vom Markt draufschmieren. Auch Vegetarisches gibt es, man muss sich nur verständlich machen können. Lecker ist Nem Rau, Frühlingsrollen ohne Fleisch und in Reispapier eingewickelt.

Saisonal schwankend ist das Früchteangebot, probieren sollte man mal die grünen Bananen, die aromatischer als die gewohnt gelben sind. Trinkwasser in Flaschen ist überall erhältlich („La Vie"), Softdrinks gibt es in allen Farben und Geschmäckern. Nuac Dua (Kokosmilch), am besten gut gekühlt, ist eine Köstlichkeit.

Radreisende werden in Vietnam nicht verhungern. Entlang der Straßen, vor allem an großen Kreuzungen, gibt es mehr als genug Garküchen und kleine Restaurants, die selbstgemachte Pho oder Fleisch und Fisch anbieten. In Ho-Chi-Minh-Stadt und Hanoi gibt es sogar Döner!

Gefahren

Vietnam ist ein relativ sicheres Land, allerdings hat sich in den Touristenzentren zwischenzeitlich die übliche Kleinkriminalität (Diebstähle, Betrügereien) ausgebreitet. Räder sollte man grundsätzlich mit aufs Zimmer nehmen oder wenigstens in einem geschlossenen Raum abstellen, bei Besichtigungstouren gut anschließen oder vom Angebot eines bewachten Fahrrad-Parkplatzes Gebrauch machen. Das kostet in der Regel nur ein paar Dong.

Die größte Gefahr geht von Blindgängern und sonstiger Munition aus dem Krieg aus. Besonders entlang der ehemals hart umkämpften Demarkationszone am 17. Breitengrad (etwas nördlich der RN 9 von Lao Bao bis Dong Ha) liegt auch heute noch viel Explosives herum. Man schätzt, dass seit dem Ende des Vietnam-Krieges weitere 5000 Vietnamesen durch Minen etc. getötet oder verstümmelt wurden. Touren in unbekanntes Gelände sollte man also vermeiden.

Eine weitere Gefahr stellt der Straßenverkehr dar. Vietnam steht mit jährlich um die 12.000 Toten weltweit auf einer Spitzenposition. Besonders die Nationalstraße 1A gilt als gefährlich, da sich hier der Hauptverkehr des Landes entlangwälzt. Bei Überholvorgängen kommt es häufig zu schweren Unfällen, da viele Autofahrer viel zu dicht auffahren und zu schnell unterwegs sind.

Fahrrad und Ausrüstung

In allen Städten kann man Fahrräder mieten oder kaufen. Meist handelt es sich dabei aber um einfache und billig gefertigte Mountainbikes oder Damenräder aus chinesischer Produktion. Für Tagesausflüge sind diese vielleicht noch ganz gut geeignet, aber gewiss nicht für längere Strecken und schon gar nicht für Bergetappen. Radreisende sollten also besser das eigene Gerät mitbringen. Je nach Route und Region lohnt es sich auch, Ersatzteile mitzubringen, denn vor Ort gibt es entweder keine oder nur Teile minderer Qualität. Für Touren abseits der großen Straßen sollten breite Reifen die erste Wahl sein.

Packesel-Treffen

Vietnam ist ideal geeignet fürs Reiseradeln mit leichtem Gepäck. Man braucht weder Zelt noch Kochausrüstung, weder einen (dicken) Schlafsack noch Lebensmittel für mehrere Tage. Dinge des täglichen Bedarfs sind überall erhältlich.

Straßen, Verkehr, Transport

In Vietnam herrscht Rechtsverkehr. Wie einst in China ist auch in Vietnam das Fahrrad für die Menschen das wichtigste Verkehrs- und Transportmittel. Allerdings wird es immer mehr durch die Mopeds verdrängt. Martin Moschek: „Verkehrsregeln gibt es, wenn sie auch nicht auf den ersten Blick ersichtlich sind. Fast undurchdringlich schieben sich Menschen, Fahrräder und Mopeds durch die Straßen der Städte. Abbiegen oder Überholen erfolgen plötzlich und ohne Rücksicht auf andere Verkehrsteilnehmer. Auf keinen Fall abrupt bremsen! Damit rechnet niemand, und es kann zu Zusammenstößen kommen. Beherzigt man aber diese Regeln, so macht es richtig Spaß, wie ein Fisch mit dem Strom mitzuschwimmen. Überland gelten die gleichen Regeln, jedoch sollte man sehr weit vorausschauend fahren und auch einen Blick für den rückwärtigen Verkehr haben. Durch waghalsige Überholmanöver entstehen immer wieder gefährliche Situationen für alle Verkehrsteilnehmer. Und nicht versuchen, in der Straßenmitte zu überholen! Das ist nämlich die Spur der ständig hupenden Autos und Lkw/Busse, die im Zentimeterabstand mit dem Recht des Stärkeren an den Radlern vorbeibrausen. Nicht ungewöhnlich sind nebeneinander fahrende Lkw oder Busse, die während eines Überholvorganges die gesamte Straßenbreite in Anspruch nehmen. Da heißt es schnell ausweichen und an den äußersten Rand fahren – oder ganz von der Straße. Nachts sollte man auch nie radeln, da viele Auto- und Mopedfahrer ohne Licht fahren."

Die Nationalstraßen sind recht gut ausgebaut, im Süden tendenziell besser als im Norden, mit teils breiten Seitenstreifen, aber eigentlich nie frei von Schlaglöchern und Bodenwellen (Vorsicht bei schnellen Abfahrten!). In den letzten Jahren sind viele Straßen erneuert und neu gebaut worden. So führt aus dem Bergland um Dalat eine neue Serpentinenstraße europäischen Niveaus hinunter nach Nha Trang am Südchinesischen Meer. Auch viele Nebenstraßen wurden und werden erneuert. Doch bislang gibt es da noch alles von berüchtigten Beton-Rüttelpisten bis hin zu Erdpfaden. Vor allem die Pisten im NW-Gebirge sind nach wie vor sehr schlecht!

Mit dem Zug in Vietnam zu reisen ist eine besondere Erfahrung. Ob in der niedrigsten (Holz-)Klasse oder im komfortablen Luxuszug – so nah wie beim Bahnfahren kommt man den Vietnamesen nicht oft. Viele Radreisende überbrücken einen Teil der Strecke von Nord nach Süd mit dem Zug. Nicht alle Züge zwischen Saigon und Hanoi nehmen das Rad die gesamte Strecke mit; vorher beim Kartenkauf klären! Man gibt das Fahrrad am Gepäckschalter (meist außerhalb der Schalterhalle gelegen) ab, und von dort wird es automatisch in den gebuchten Zug transportiert. Am Zielort wird es auch wieder durch das Bahnpersonal ausgeladen und nach Prüfung der Transportscheine übergeben. Empfehlenswert für Langstrecken sind die recht komfortablen Expresszüge mit Schlaf- und Liegewagen (Fahrtdauer ca. 32 Stunden, Tickets und Plätze einige Tage vorher reservieren!). Wer per Bahn weiter zur chinesischen Grenze will sollte abklären, ob die Räder im gleichen Zug mitreisen, sonst eine andere Verbindung wählen.

Mit Booten kommen Radler primär auf zwei Strecken in Berührung: Das ist einmal die Tour von Saigon ins Mekong-Delta über My Tho und Can Tho nach Chau Doc (von hier Bootsverbindung nach Kambodscha) und zum zweiten die Verbindung Haiphong – Cat Ba (Nationalpark Cat Ba). Es gibt aber noch weitere Verbindungen, z.B. von Mong Cai an der chinesischen Grenze nach Bai Chay (Halong-Bucht).

Wer nicht mit dem Rad aus Ho-Chi-Minh-Stadt hinausradeln möchte, der kann auch mit dem Tragflügelboot auf die Halbinsel Vung Tau übersetzen. Die Fahrt dauert ca. 2,5 Stunden, führt den Saigon-Fluss hinab ins Meer und entlang der Küste nach Osten. Die Radmitnahme ist meist kein Problem, sollte aber beim Fahrkartenkauf geklärt werden. Ins Mekong-Delta tuckern auch langsamere Frachtkähne mit wesentlich mehr Flair. Da kann man sich für ein paar Dong extra eine Hängematte mieten und ganz entspannt das Flussleben an sich vorbeiziehen lassen.

Sehenswürdigkeiten, Routen und Touren

Etliche Sehenswürdigkeiten hat Martin bereits in seinem Reisebericht beschrieben. Fast alle Radler nehmen die 1A von Hanoi nach Ho-Chi-Minh-Stadt (oder umgekehrt) unter die Reifen, viele überbrücken auch längere Strecken mit dem Zug (s.o.). Das gilt vor allem für den recht ereignislosen Abschnitt von Ninh Binh bis Hué. Die Gesamtdistanz dieser Route beträgt knapp 1800 km. Die Strecke ist bis auf gelegentliche Hügel und den Wolkenpass eben und meist dicht besiedelt. Mit entsprechend viel Verkehr um die Städte und auf der 1A an sich muss gerechnet werden. Wer noch die Halong-Bucht einbaut, kann so die größten Sehenswürdigkeiten (Hué und Hoi An) abradeln und noch ein wenig Strandleben in Nha Trang genießen.

Wer Bergluft schnuppern möchte und der schwülen Hitze des Mekong-Deltas entkommen will, für den lohnt sich der Anstieg hinauf nach Dalat, 130 km ab Phan Rang. Auf dem Weg liegt der Deo-Song-Pass mit 980 m, dahinter folgt ein liebliches Hochtal, bevor es auf der RN 20 nochmals 22 km bis Dalat kräftig zur Sache geht. 1500 Höhenmeter an einem Tag bei drückender Schwüle sind allerdings eine ziemliche Herausforderung. Zumindest ist die RN 20 bis Ho-Chi-Minh-Stadt wesentlich verkehrsruhiger als die RN 1 und auch landschaftlich weit interessanter.

Von Ho-Chi-Minh-Stadt aus (oder als kleine Rundtour von Phnom Penh) lohnt der Besuch des Mekong-Deltas. Hier gibt es schwimmende Märkte und Dörfer, die komplett im Wasser stehen, außerdem Fischer und viel ländliche Idylle. Eine mögliche Route wäre: Saigon – My Tho – Vinh Long – Can Tho – Chau Doc, etwa 300 km, per Boot zurück oder weiter nach Phnom Penh.

Der Nordwesten Vietnams ist Lebensraum von annähernd 60 Bergstämmen. Radler sind hier immer noch sehr selten und die Pisten schweißtreibend. Interessante Orte sind Dien Bien Phu, das das Ende des französischen Indochina-Engagements markiert. Sa Pa im Schatten des 3143 Meter hohen Phan Si Pan ist Ausgangspunkt vieler Trekkingtouren. Der Ort Bac Ha bietet lebhafte Minoritätenmärkte. Über schlechte Bergpisten sind diese Orte miteinander verbunden, man könnte aber auch die Bahnverbindung von Hanoi bis Lao Cai in die Planung integrieren. Achtung: Im Winter wird es hier richtig kalt, während der Monsunzeit ist manche Piste unpassierbar verschlammt! Und die Samstagsmärkte besser meiden, dann ist halb Hanoi hier versammelt.

Nicht nur James-Bond-Fans sollten bei einem Vietnamaufenthalt unbedingt die Halong-Bucht besuchen. Unzählige Felsen liegen im Golf von Tonkin verstreut und bilden ein einzigartiges Naturschauspiel, das man sich nicht entgehen lassen sollte. Am besten lässt sich die Halong-Bucht mit einem der vielen Boote besuchen. Am Hafen von Halong-Stadt legen diese jeden Tag mit unzähligen Touristen an Bord ab. Ein- bis mehrtägige Rundfahrten kann man direkt vor Ort buchen und auch gleich in Dollar oder Euro bezahlen. Eine gute Tour kostet um die 100 US$, an Bord gibt es Vollverpflegung und Zwei-Bett-Kabinen (Getränke gehen extra). Das Fahrrad lässt sich gut in einem der Hotels vor Ort unterstellen, während man zwei oder drei Tage durch die Bucht fährt. Unterwegs werden Höhlen besucht und mit dem Kajak wird auch gepaddelt. Höhepunkt sind die Floating Villages (schwimmende Dörfer) und ein Besuch der James-Bond-Höhle aus dem Film „Der Mann mit dem goldenen Colt".

Bücher, Karten, Internet

Reiseführer: Gut ist das „Vietnam-Handbuch" von Bühler/Kothmann, Reise Know-How; auch der Lonely Planet „Vietnam". Viel Insider-Wissen bietet der Band „KulturSchock Vietnam", gleichfalls RKH. Für Trekking- und Biketouren im bergigen NW hat sich „The Rough Guide to Vietnam" bewährt. Als Radführer ist „Cycling Vietnam" von Lonely Planet zu empfehlen. Der RKH Kauderwelsch-Führer „Vietnamesisch", hilft bei Sprachproblemen weiter. Der Klassiker „Tod im Reisfeld" von Peter Scholl-Latour gehört zu den lesenswertesten Büchern über Vietnams Geschichte in der Zeit des Krieges. **Karten:** Zur Vorbereitung und für einen guten Gesamtüberblick bietet sich die Karte „Indochina (Laos, Kambodscha, Vietnam)", 1:1,2 Mio von RKH an, auch die Nelles „Vietnam, Laos, Cambodia", 1:1,5 Mio. Zum Reisen im Land sind die RKH-Karten „Vietnam Süd" und „Vietnam Nord" im Maßstab 1:600.000 bestens (viele Details); auch die ITM Travel Refernce Map „Vietnam", 1:1 Mio. ist gut.

Internetcafés findet man mittlerweile in allen größeren Städten, meist in der Nähe der Touristenhotels. Manchmal sind in den Zimmerpreisen bereits Gratisminuten enthalten. Für gewöhnlich funktionieren die Leitungen gut. Oft sind die Cafés gefüllt mit jungen Vietnamesen, die dort ausgiebig spielen, chatten oder skypen. Die Preise sind sehr niedrig. **Internet-Infos:** Gut wie immer Wikipedia (*http://de.wikipedia.org/wiki/Vietnam*), mit vielen Infos zur Geschichte des Landes. Viele aktuelle Infos und Tipps zum Reisen vor Ort gibt's bei Wikitravel (*http://wikitravel.org/de/Vietnam*), gleichfalls auf *www.vietnam-freunde.net*, dazu vieles über Vietnams Kultur, Religionen und über seine Menschen. Die offizielle Website der nationalen Tourismusbehörde firmiert unter *www.vietnamtourism.com* und bietet einen guten Überblick über allgemeine Themen wie Einreisebestimmungen, Transport, Flugpläne, Telefonnummern, Reiseveranstalter etc. Vietnam News (*http://vietnamnews.vnagency.com.vn*) ist der Internet-Ableger der englischsprachigen Tageszeitung und bietet News aus dem ganzen Land.

Myanmar (Burma)

Überblick

Myanmar (früher Birma oder Burma) ist eines der ursprünglichsten (buddhistischen) Länder Asiens. Jahrzehntelang schottete es sich konsequent vom Lauf der Welt ab, man bekam immer nur eine oder zwei Wochen Aufenthaltserlaubnis. Das Land am Fluss Ayeyarwady (Irrawaddy) besitzt große Kulturattraktionen wie z.B. die Pagodenlandschaft von Bagan, die „Goldene Stadt" Mandalay, die Gegend um den Inle Lake oder das Hochland von Maymyo. Wer einmal Burma gesehen hat, wird es nicht vergessen!

Nach den restriktiven Jahren öffnet sich nun das Land, die Aufenthaltsdauer, auch für Individualtouristen, wurde auf vier Wochen erhöht. Selbst Tourenradler sind inzwischen kein ganz so seltener Anblick mehr (früher nahm der Zoll das Rad bis zur Wiederausreise unter Verschluss und man musste auf öffentliche Verkehrsmittel ausweichen). Doch es gibt immer noch Gebiete mit Reisebeschränkungen. Aktuelle Infos dazu erhält man beim staatlichen Reisebüro Myanmar Travels and Tours (MTT, *www.myanmartravelsandtours.com*).

Außerhalb der Touristenzentren ist die ländliche Infrastruktur immer noch sehr einfach, die Straßen sind teils katastrophal und in der Regenzeit unpassierbar, aber vieles ist hier noch mit etwas Improvisation und einem Lächeln machbar, was in den Nachbarländern schon lange reguliert ist. Das Reisen in Myanmar bleibt schwierig und die Verhältnisse können je nach politischer Wetterlage schnell wieder ins Gegenteil umschlagen. Das Land wird von einem sozialistischen Militärregime regiert, dessen Politik wegen der Einschränkung grundlegender Menschenrechte weltweit kritisiert wird. Etwa ein Drittel der Bevölkerung gehört ethnischen Minderheiten an, wie die Shan, Mon, Chin oder die nach Unabhängigkeit strebenden Karen im Grenzgebiet zu Thailand. Der Buddhismus ist Staatsreligion, Birmanisch die Landessprache. Mit Englisch kommt man nur in den Touristenzentren durch. Zahllose Orts- und Straßennamen wurden/werden geändert, teils neue oder frühere Namen wieder eingeführt (die Hauptstadt Rangun heißt nun Yangon). Manche Karte zeigt noch die alten Namen und auch die Bevölkerung ist sich – und damit wird das Durcheinander perfekt – nicht immer einig.

Stromversorgung. Haushalts-Batterien werden zum Aufladen gebracht

Geografie, Reisezeit und Klima

Myanmar hat gemeinsame Grenzen mit Bangladesh, Indien, China, Laos und Thailand. Grob lässt sich das Land in drei Regionen einteilen: Die Reiskammer um das riesige Mündungsdelta des Ayeyarwady im Süden des Landes mit der Hauptstadt Yangon, im Zentrum die großen Ebenen um die alten Königsstädte Bagan und Mandalay und das unzugängliche Bergland im Norden (höchster Berg: Hkakabo Razi, 5881 m) mit dichten Wäldern.

Myanmar liegt im Einflussbereich des Südwest-Monsuns, je nach Höhenlage wirkt sich dies unterschiedlich stark auf die Regenhäufigkeit aus. So wird Yangon und das Mündungsdelta des Ayeyarwady von kräftigen Regenfällen heimgesucht, die flussaufwärts immer mehr nachlassen. Mandalay ist relativ trocken. Nördlich von Mandalay in den Ausläufern des Himalaya nimmt die Regenwahrscheinlichkeit dann wieder kräftig zu.

Beste **Reisezeiten** sind von Mitte Oktober bis März, dann ist es kühl und die Luft klar. April und Mai sind sehr heiß, Monsunregen im Juni bis September mit unangenehmer Schwüle und grauem Himmel. Natürlich könnt ihr auch während der Monsunzeit radeln, müsst aber dann mit überschwemmten Straßen und eingeschränktem Flugverkehr rechnen. Andererseits kann während der Trockenzeit der Bootsverkehr durch Niedrigwasser beeinträchtigt werden. Nachts kann es in den Bergregionen empfindlich kalt werden! Zu jedem Vollmondtag finden Feste in den Pagoden statt, erkundigt euch bei MTT nach den Terminen.

Anreise

In der Vergangenheit hielt Myanmar generell seine Grenzen dicht – alle Grenzübergänge liegen in Unruhegebieten, das Militär verwehrte Radlern ohne spezielles Permit die Durchfahrt. Doch mittlerweile gibt es Ausnahmen: Von China sind über den Grenzübergang Ruili/Muse zwischenzeitlich (Stand 2009) schon Reiseradler nach Myanmar gelangt, brauchten dann aber auf burmesischer Seite einen Guide durch das angrenzende Sperrgebiet. Von Thailand aus ist die Stadt Tachilek auf einer fest vorgeschriebenen Route zu erreichen – ob auch per Rad, dazu liegen uns keine Informationen vor. Die Weiterfahrt von Tachilek auf dem Landweg ist aber mit Sicherheit nicht möglich; es gibt Flugverbindungen von dort in andere Städte Myanmars.

Ein **Myanmar-Transit** per pedales ist also definitiv **nicht möglich** – die durchgehende Route von Europa bis nach Singapur bleibt ein Traum; ihr müsst weiterhin über China ausweichen. Vielleicht ändert sich das ja irgendwann mal, dann hättet ihr folgende Möglichkeiten, von und nach Thailand zu kommen: Kawthaung – Ranong im Süden des Landes, der Three Pagoda Pass, Myawaddy – Mae Sot und Tachilek – Mae Sai im „Goldenen Dreieck“. Nach China die Grenzübergänge Mong La und Muse. Der Grenzübergang Mong La befindet sich ca. 140 km nördlich von Kengtung, Muse ist über das ca. 200 km entfernte Lashio zu erreichen. Voraussetzung: Ein gültiges China- bzw. Myanmar-Visum. Die Grenzen nach Indien und Bangladesh sind hermetisch abgeriegelt!

Die Haupt-Anreisevariante für Rad-Toureros bleibt also weiterhin der Flieger. Internationale Flughäfen gibt es in Yangon und Mandalay. Yangon wird von allen Nachbarstaaten zumindest einmal die Woche angeflogen, die meisten Flüge von Bangkok bestreiten „Myanmar Airways“ und „Thai Airways“. Mandalay hat einen neuen int. Flughafen fast 40 km außerhalb, im Moment landen da hauptsächlich Flieger aus Chiang Mai/Thailand.

Einreise, Währung, Infos

Es besteht **Visumpflicht**. Maximale Aufenthaltsdauer vier Wochen, das Visum kann nicht verlängert werden. Visa werden von allen Auslandsvertretungen der Union Myanmar erteilt, z.B. von der Botschaft in Berlin (*www.botschaft-myanmar.de*); sie sind auch in Bangkok und anderen asiatischen Hauptstädten erhältlich.

Myanmar ist ein sehr günstiges Reiseland. **Währung** ist der inflationsgeplagte Kyat (gesprochen: „Tschat“), unterteilt in 100 Pyas. Der US$ hat sich zur vielfach akzeptierten Zweitwährung entwickelt, sehr gute Kurse auf dem Schwarzmarkt gegen Kyat. Der Euro ist noch nicht so verbreitet. Offiziell ist der Schwarztausch illegal, wird aber offensichtlich toleriert. Bedenken solltet ihr, dass auch viele Billighotels, Mietwagenfirmen etc. inzwischen in US$ abrechnen, eure Kyats also hauptsächlich nur für Essen und Trinken benötigt werden.

Kreditkarten und Travellercheques werden in Myanmar nicht akzeptiert! Man sollte sich für den Urlaub mit ausreichend Dollars in bar ausstatten. Keine Bankautomaten.

Die meisten Reisenden wird es nach der Ankunft zuerst in das Büro der MTT in Yangon ziehen (77–91, Sule Pagoda Road). Dort gibt es vielfältige Infos, angefangen von Fahrplänen über Prospekte und Stadtpläne bis zum Veranstaltungskalender, ihr könnt (überteuerte) Ausflüge und Hotels sowie alle Tickets buchen, aber das geht jetzt an Ort und Stelle billiger und ebenso einfach. Wichtig sind Auskünfte über gesperrte Gebiete!

Bevölkerung, Sprache

Myanmar ist ein Agrarland. Ein Großteil der 48 Mio. Einwohner siedelt im fruchtbaren Mündungsdelta des Ayeyarwady und entlang der Flüsse in den zentralen Ebenen. Wie schon erwähnt zählt ein Drittel der Landesbewohner zu den Minderheiten, die hauptsächlich in den bergigen, bewaldeten Grenzgebieten leben und ihre eigenen Sprachen sprechen.

Englisch ist nur in den Touristenorten wie Bagan, Mandalay und Yangon verbreitet. Auf dem Land bleibt oft nur die Zeichensprache. Die Menschen sind aber sehr freundlich und hilfsbereit und freuen sich über jeden erfüllten Wunsch! Auch nicht jeder Immigration-Officer kann Englisch. Der RKH-Kauderwelsch-Sprachführer „Burmesisch“ ist hilfreich.

Übernachten, Verpflegung

In Myanmar gibt es zwischenzeitlich die üblichen touristischen Vorzeigeprojekte, meist Luxushotels und Resorts, erstellt mit dem Geld ausländischer Investoren und superteuer. Ihr werdet aber keine Mühe haben, ein günstiges und für Touristen zugelassenes Guesthouse oder Hotel zu finden. In Yangon sind die Preise allgemein höher. Die Stromversorgung ist oft unregelmäßig. Nachts gibt es schon mal öfter Stromausfall; dann geht natürlich auch die Klimaanlage nicht.

Die für Ausländer lizensierten Unterkünfte erfährt man beim MTT; sie stehen z.B. auch im aktuellen Lonely Planet. Wild Zelten ist nicht immer ganz einfach; etliche Radler berichteten von einer Art Rundum-Überwachung durch die Behörden.

Die burmesische Küche konnte sich dem Einfluss der großen Nachbarn Indien und China nicht entziehen. Das bedeutet in erster Linie einmal Schärfe und Essen mit den Fingern (wem das nicht gefällt, der bringt sein eigenes Besteck mit). Grundlage ist immer Reis, dazu werden scharfe Curries mit Fisch oder Fleisch serviert, je nach Saison auch Gemüse. Getrunken wird viel Tee und Wasser. Garstände findet ihr überall an der Straße, andere verkaufen Limos und Trinkwasser in Flaschen. Unbedingt probieren solltet ihr den köstlichen, frischgepressten Zuckerrohrsaft.

Gesundheit

Myanmar ist Malariagebiet. Dazu und zu empfohlenen Impfungen s. unter *www.fit-for-travel.de*. Zudem hat das Land eine überdurchschnittlich hohe Aids-Zuwachsrate und auch die Hygiene-Standards sind unterdurchschnittlich. Wasser entkeimen oder Flaschenwasser kaufen!

Gefahren, restriktive Gebiete

Zwei Reiseradler berichten: „In den größeren Städten kam oft sofort ein Vertreter des Immigration Office auf uns zu, notierte aber nur die Angaben aus Pass und Visum und war um unsere Sicherheit besorgt. Einmal erlebten wir gar, dass uns so ein Officer in der Nacht regelrecht hinterherlief, über 12 km, nur um uns auf unserem ‚Zeltplatz‘ in einer Bananenplantage zu registrieren. Sogleich wollte er uns einen nächtlichen Wachschutz abstellen, den wir nur mit Mühe abwehren konnten …“

Das klingt nun alles nach großer Gefahr, richtig ist aber das Gegenteil, dass man noch recht unbesorgt durchs Land pedalen kann – leider aber nur durch die für Touristen geöffneten Gebiete. Wer es genau wissen möchte, sollte nach der Ankunft gleich das MTT-Büro in Yangon aufsuchen. Grob gesagt sind die Gebiete südlich von Mandalay/Bagan für den Tourismus freigegeben, tendenziell werden es auch ständig mehr, aber die Grenzgebiete bleiben wegen schwelender ethnischer Konflikte mit den Minderheiten gesperrt. Manche Gegenden sind nur auf dem Luftweg und mit Führer zu besuchen. Es gibt sehr viele Kontrollen, praktisch jede Brücke wird von den Militärs bewacht und ein ggf. erforderliches Permit kontrolliert.

Fahrrad, Ausrüstung

In den Touristenzentren kann man nun auch Fahrräder leihen, meist „Lastesel" aus indischer oder chinesischer Fertigung, MTBs sollen aber auch schon gesichtet worden sein. Für lange Strecken besser das eigene Fahrrad mitbringen. Breite Reifen sind ein Muss, weniger viele Gänge, denn die meisten Routen folgen den Ebenen. Ausnahme: Die Hillstations westlich von Mandalay und der 900 m hoch gelegene Inle Lake. Ersatzteile für westliches Rad-High-Tech sind nicht erhältlich! Dinge des täglichen Bedarfs gibt es in allen größeren Städten, die Ausrüstung sollte den Temperaturen entsprechen. Empfohlen seien ein Moskitonetz und ein Vorhängeschloss.

Straßen, Verkehr, Transport

Das Verkehrsnetz entspricht noch bei weitem nicht dem Standard der asiatischen Nachbarländer (das Verkehrsaufkommen aber auch nicht). Die Straßen sind löchrig, Flüsse werden, insbesondere auf Nebenstrecken, häufig mit Fähren gequert. Das kann neue Probleme bedeuten, denn es gibt keine Stege oder Auffahrten. Gestoppt wird direkt an der steilen Böschung oder an der Seite eines anderen Bootes. Entfernungsangaben sind in Meilen, Kreuzungen – wenn überhaupt – vorwiegend in Birmanisch ausgeschildert.

Bevorzugtes Massen-Verkehrsmittel sind altersschwache und überfüllte **Busse**, zwischen den Touristenzentren Yangon, Mandalay, Bagan und Taunggyi (Inle Lake) verkehren auch neuere Expressbusse. Die sind auf Grund der miesen Straßen nicht unbedingt schneller, aber immerhin komfortabler. Radmitnahme möglich.

Auf langen Strecken ist zweifellos angenehmer die **Bahn**, Fahrradmitnahme kein Problem. Zumindest in Yangon und Mandalay wird euch der weit teurere Touristenpreis abgeknöpft, steigt man unterwegs zu, z.B. in Thazi, wird meist nur der Einheimischenpreis fällig. Verkehrsknotenpunkt ist Yangon, von hier starten Züge nach Pyay (Prome), dreimal täglich nach Mandalay mit Anschluss nach Lashio im NO und Myitkyina im N, nach Mawlamyine (Moulmein) im SO, ein weiterer Zug verkehrt zwischen Mandalay und Bagan.

Das **Binnenflugnetz** unterliegt einem steten Wandel und hängt auch von der Ersatzteilverfügbarkeit ab. „Air Mandalay" soll die besseren Flugzeuge haben und fliegt u.a. zwischen Yangon und Mandalay (*www.air-mandalay.com*). Die meisten Binnenflughäfen sind für Touristen nicht zugänglich.

Auf dem Ayeyarwady verkehren auch **Passagierboote**, ein komfortableres Touristenboot fährt zwischen Mandalay und Bagan. Mehrere Verbindungen rund um Yangon, eine weitere zwischen Yangon und Pathein (Bassein).

Wer es eilig hat, kann auch einen Pickup mit Fahrer mieten und sein Fahrrad auf der Ladefläche transportieren. Dort ist Platz für bis zu vier Räder und Passagiere. Preise sind Verhandlungssache, aber gemessen an der Entfernung immer noch günstig. Weitere Details in guten Reiseführern, s.u.

Routen und Touren

Vier Wochen sind verflixt wenig Zeit, um all die Kulturschönheiten des Landes zu sehen und dazu auch noch das Leben der Menschen auf dem Land kennenzulernen. So wird man doch die eine oder andere Strecke mit öffentlichen Verkehrsmitteln zurücklegen müssen, vorzugsweise mit Bahn oder Schiff. Die alten Königsstädte Bagan und Mandalay mit ihren unzähligen Pagoden sind die Hauptattraktion des Landes, man kann allein hier Wochen zubringen. Die Shwedagon-Pagode in Yangon ist die größte und vermutlich wertvollste Pagode der Welt, vom Sockel bis zur Spitze mit Gold bedeckt. In der heißen Jahreszeit lohnen Ausflüge in die Berge östlich und südöstlich von Mandalay.

Eine **Rundreise von Yangon** könnte so aussehen: Per Zug nach Pyay (ca. 300 km), weiter mit dem Fahrrad über Taungdwingyi nach Bagan (420 km). Zwischen Bagan und Mandalay fahren regelmäßig Linienboote. In Mandalay eignet sich ein Fahrrad ganz besonders als Nahverkehrsmittel. Nach Mandalay wird die Zeit wahrscheinlich schon knapp. Entweder ihr schwingt euch auf die Bikes und radelt nach Yangon zurück, oder macht noch einen Abstecher zum Inle Lake und steigt in Toungoo in den Zug nach Yangon. Mit individuellen Pickups lässt sich die Route noch wesentlich flexibler gestalten. Von Mandalay besteht auch eine Flugverbindung nach Chiang Mai/Thailand.

Auf der Seite *www.staxon.de/jakubith/Burma/index.htm* hat Sven Jakubith eine Tour ins Web gestellt, die alle dieser Highlights mit einschließt – mit Streckendaten und erstklassigen Fotos. Eine geführte 30-tägige Radtour „Von China nach Myanmar“ bietet der Veranstalter Myanmar Reisen (*www.myanmar-reisen.de*) an.

Bücher, Karten, Internet

Reiseführer: Brigitte Blume: „Myanmar/Burma“, Reise Know-How. Bewährt hat sich auch der bereits genannte Lonely Planet „Myanmar (Burma)“. **Karten:** RKH „Myanmar“, 1:1,5 Mio. Nelles „Myanmar“, 1:1,5 Mio. Freytag & Berndt „Myanmar“, 1:1,2 Mio.

Internet: Durch die strenge Isolierungspolitik der Regierung ist der Zugang zum Internet noch immer beschränkt. Trotzdem bieten immer mehr Internetcafés und Hotels (vor allem in Yangon, Mandalay und Bagan) Internetzugänge für ihre Gäste an. Die sind aber meistens langsam und oft instabil. **Internet-Infos:** Gut ist Wikipedia (*http://de.wikipedia.org/wiki/Myanmar*), mit Links. Schön bunt, mit vielen Fotos und einigen englischen Infos: *www.burmaguide.net*. Die offizielle Seite der Regierung heißt *www.myanmar.gov.mm*. Die recht gute Homepage *www.pmgeiser.ch/myanmar* bietet neben ersten Informationen auch viele Fakten wie Flugpläne, Reisemöglichkeiten im Land etc. Eine weitere gute private Seite ist *www.myanmar-guide.de*.

Am Inle Lake

Philippinen [UE]

Überblick

Die Philippinen locken mit tausenden von wunderschönen Tropeninseln, kilometerlangen menschenleeren Stränden, super Tauchgründen, einer faszinierenden Bergwelt mit vielen noch aktiven Vulkanen, teilweise noch mit unberührter Natur und mit den freundlichsten Menschen, ein Land des Lächelns. Doch, so Uwe Ellger: „Wir trafen dort noch nie auch nur einen anderen Radtouristen. Wirklich ein Wunder, dass die Fernradlergemeinde diese Traumdestination bisher noch nicht entdeckt hat!"

Die philippinische Inselwelt scheint auf den ersten Blick nicht gerade zum Radfahren prädestiniert. Doch sind besonders die Visayas (etwa in der Mitte), Palawan, aber auch viele andere Inseln bestens geeignet, auch wenn es manchmal über bergiges oder hügeliges Land geht. Die Straßen sind in einem erstaunlich guten bis hervorragenden Zustand. Meist sind sie asphaltiert, dennoch gibt es genügend Spielmöglichkeiten für Mountainbiker und Liebhaber von „Rough Roads". Zudem hat der für das Land wichtige Tourismus überall genügend preiswerte Unterkünfte geschaffen.

Die Filipinos sind überwiegend malaiischen Ursprungs, daneben leben noch Chinesen, Inder und viele ethnische Minderheiten auf den Inseln. Es gibt zwei Amtssprachen, Englisch und Pilipino. Pilipino wurde aus dem Tagalog auf Luzon abgeleitet und soll die Verständigung im gesamten Inselreich erleichtern (insgesamt zählte man 988 verschiedene Sprachen). Als einzige Nation in Asien sind die Filipinos überwiegend christlichen Glaubens. Naheliegend also, dass das Land stark europäisch-amerikanisch ausgerichtet ist. Dadurch fehlt zwar etwas die Exotik mancher anderer südostasiatischer Länder, dafür sind die Philippinen aber das wohl am einfachsten zu bereisende Land dieser Region und mit Ausnahme von Mindanao und den Sulu-Inseln auch ein ziemlich sicheres Reiseland.

Die Verkehrsverbindungen sind meist pünktlich und bringen einen (auch mit Rad) in die entlegensten Winkel des Landes. Überall kann man sich mit Englisch gut verständigen, und außer in wenigen Touristenregionen fühlt man sich nirgendwo übervorteilt und ausgenutzt. Es wird praktisch nicht gebettelt.

Geografie, Klima und Reisezeit

Die Philippinen sind flächenmäßig etwas kleiner als Deutschland, bestehen aber aus 7107 Inseln, von denen ca. 860 bewohnt sind. **Luzon** mit der Hauptstadt Manila im Norden und **Mindanao** im Süden sind die beiden größten Inseln des Archipels, manche andere messen nicht einmal einen Quadratkilometer. Alle sind vulkanischen Ursprungs und die Gipfel eines unterseeischen, von Nord nach Süd verlaufenden Gebirges. Der höchste Berg ist der Mt. Apo auf Mindanao mit 2954 m.

Mehr als 20 Vulkane sind auch heute noch aktiv; Vulkanausbrüche und Erdbeben kommen immer wieder vor. Doch ziehen die Vulkane viele Reisende auch magisch an. Vulkanbesteigungen – am besten und sichersten mit Führer – werden auf vielen Inseln angeboten.

Das **Klima** ist tropisch, schwül-heiß mit einer ausgeprägten Regenzeit von Juni bis November, dann auch Gefahr von Taifunen. Angenehm ist die etwas kühlere Trockenzeit von Dezember bis Februar. Uwe Ellger: „Man kann aber beinahe das ganze Jahr hindurch das Land per Rad bereisen, auch in der Regenzeit. Dann ist alles wunderschön grün, die Wasserfälle sind gigantisch. Und es gibt kaum etwas schöneres als durch 30 °C warmen Regen zu fahren. Die heißesten Monate März bis Mai sollte man allerdings meiden, da schmilzt der Asphalt!"

An- und Einreise, Währung

Der int. Flughafen von Manila ist die Drehscheibe für Flüge aus aller Welt. Doch Uwe Ellger: „Ich rate, dem Moloch Manila wenn irgend möglich aus dem Weg zu gehen. Die bevölkerungsreiche Hauptinsel Luzon wäre trotz der berühmten Reisterrassen von Banauo (*www.philsite.net/banaue.htm*) wirklich nicht meine erste Wahl in der philippinischen Inselwelt. Zum Glück fliegen auch etliche Fluglinien den beschaulichen Flughafen von Cebu City auf der Ferieninsel Mactan an (internationale Verbindungen u.a. mit Qatar, Singapore Airlines, Malaysian Airlines, Cebu Pacific, Asiana und Cathay Pacific). Hier fängt der Urlaub bereits am Ausgang des Flughafens an. In nur 15 Minuten radelt man zum nächsten Strandresort. So schön, dass man hier länger verweilen sollte, ist Mactan auch nicht gerade, aber zum Verschnaufen nach einem langen Flug bietet sich diese Insel ebenso an wie die (trotz ihrer 2 Mio. Einwohner) gegenüber Manila richtig beschaulich-schöne Stadt Cebu City."

Anmerkung: Die nationale Interkontinental-Fluggesellschaft heißt Philippine Airlines (*www.philippineairlines.com*). Interessant, falls ihr die Philippinen in eine längere Süsostasien-Reise einbinden möchtet, sind die mehrmals wöchentlichen Flüge von Davao/Mindanao nach Manado auf Nord-Sulawesi/Indonesien (das indonesische Visum gibt's bei der Einreise) – ihr könntet dann über Sulawesi und die Sunda-Inseln Richtung Bali radeln, optimale Reisezeit Mai bis Oktober, weiteres s. „Indonesien".

Für die Philippinen besteht **keine Visumpflicht.** Bei der Einreise wird eine Aufenthaltsgenehmigung für 21 Tage erteilt; eine (gebührenpflichtige) Verlängerung auf max. 59 Tage ist bei einem der vielen Immigration Offices möglich.

Währung ist der Philippinische Peso. Bare US$ und Euro und ggf. Travellercheques werden von Banken und Wechselstuben überall problemlos getauscht. In den Städten findet man genügend Bankautomaten (VISA, MasterCard). Leider sind die ATMs aber häufig gestört und auf dem Land sucht man sie vergeblich. Deswegen immer genügend Bargeldreserven mitführen. Auch Bargeld-Auszahlung auf Kreditkarten ist möglich.

Gefahren, Gesundheit

Trotz allgemein guter Sicherheitslage gibt es Gegenden auf den Philippinen, deren Besuch man sich ernsthaft überlegen sollte. Mindanao ist zwar wunderschön, aber aktuell (Anfang 2010) besteht eine Reisewarnung wegen Anschlägen der islamistischen „Moro Islamic Liberation Front" (MILF) und der „Abu-Sayyaf-Gruppe" (ASG). Reiseradler sollten genau die Sicherheitshinweise auf *www.auswaertiges-amt.de* checken! Und die Sulu-Inseln machten schon Schlagzeilen durch Entführungen und Piraten; sie sollten vorläufig nicht bereist werden.

In den Großstädten und Haupt-Touristengebieten kommt Kleinkriminalität wie Taschendiebstahl und Diebstähle von sorglos am Strand zurückgelassenen Gegenständen vor. In den Rotlichtvierteln der Großstädte werden wohl ab und an auch K.O.-Tropfen benutzt. Auf dem Land aber, wo sich Rad-Toureos wohl hauptsächlich bewegen, ist Kriminalität praktisch unbekannt.

Fährüberfahrten sind wegen starker Strömungen und plötzlicher Wetterumschwünge nicht ungefährlich, es gab schon einige schwere Fährunglücke. Plant ihr Fahrten mit Auslegerbooten, solltet ihr bei Schlechtwetterprognosen den Trip verschieben!

Teile der Philippinen sind Malariagebiet; dazu und zu empfohlenen Impfungen s. wie immer bei *www.fit-for-travel.de*. In den größeren Städten gibt es eine ordentliche und günstige medizinische Versorgung sowie gut bestückte Apotheken.

Übernachten, Verpflegung

Übernachten stellt generell kein Problem dar. Es gibt eine weite Bandbreite von Billigstunterkünften bis hin zu Nobelschuppen, in den Städten auch einige Backpacker's (siehe *www.hostels.com*). Uwe Ellger: „Wir zahlten üblicherweise ab 4 Euro für ein Doppelzimmer ohne und 8-20 Euro für eines mit AC. Die allermeisten sind gut bis okay. Meist ist es nicht schwierig, eine Unterkunft zu finden – zur Not sorgt der Kapitan des Dorfs dafür, dass der Fremde eine Unterkunft und Verpflegung bekommt. Bitte jedoch eine solche Freundschaftsgeste nicht schamlos ausnutzen und trotzdem eine angemessene Bezahlung leisten! Auch wenn es eigentlich nicht notwendig ist führen wir immer gerne ein Zelt mit uns. Zum einen gibt es Sicherheit, auch zogen wir es manchen schmuddeligen Unterkünften vor. Und es ist einfach herrlich, an einsamen Stränden unter dem Sternenhimmel zu nächtigen."

Die Küche kann nicht ganz mit der Qualität der thailändischen oder der vietnamesischen mithalten. Andererseits ist sie aber auch längst nicht so schlecht wie sie oft gemacht wird. Amerikanische Truppen, Einwanderer und ethnische Minderheiten haben allerorten ihre kulinarischen Spuren hinterlassen. In Touri-Orten und größeren Städten werdet ihr die ganze Bandbreite vom Standard-Travellerfood über die chinesische, malaiische u.a. bis hin zur einheimischen Küche genießen können. Reis kommt immer auf den Tisch, dazu Fisch, Hühnchen, Rind- oder Schweinefleisch. Beliebt sind auch Fleischspieße. Liebhaber von Seafood kommen voll auf ihre Kosten. Aber auch Vegetarier brauchen nicht hungrig ins Bett zu gehen. Nationalgericht ist Adobo, ein süß-saurer Eintopf mit Huhn oder Schwein und recht viel Knoblauch. In den Garküchen – sie heißen „Carinderia" – könnt ihr in die Töpfe schauen und auswählen (spottbillig und oft auch gut). Märkte bieten leckere Früchte in großer Vielfalt. Das Leitungswasser ist stark gechlort, Trinkwasser in Flaschen aber überall erhältlich, dazu Limos in allen Sorten und Farben und auch gutes Bier („San Miguel"). In Großstädten gibt es gut sortierte Supermärkte. Sogenannte Sari Saris – Stände mit einfachen Lebensmitteln und Getränken – findet ihr (außer in abgelegenen Gegenden Palawans) überall, mit etwas Glück sogar mit eiskalten Getränken/Bier.

Fahrrad, Ausrüstung

Kein Filipino würde in Anbetracht der hügeligen Topografie auf die Idee kommen, mit dem Fahrrad zum nächsten Markt radeln zu wollen – gibt es dazu doch überall die klapprig-bunten, den US-amerikanischen Armeejeeps nachempfundenen „Jeepneys". Radfahren wird nur als Sportart betrieben; die einheimischen Radler fahren entweder Mountainbikes oder Rennräder. Der Sport ist im Kommen – man freut sich ein Loch in den Bauch, wenn Fremde an Wettkämpfen teilnehmen. Das Reiseradeln ist auf den Philippinen jedoch (noch) unbekannt. Uwe Ellger: „Auch wenn du auf das ‚Woher?' antwortest, du kommst aus dem 1000 km entfernten Cebu City, wird dir versichert, du könnest unmöglich in die 30 km entfernte Nachbarstadt radeln, das sei viel zu weit und zu bergig!"

Das Radeln ist in Großstädten (Manila!) nervig und nicht ungefährlich (s. „Radfahren im Straßenverkehr Südostasiens", Seite 624), doch weiter Uwe Ellger: „Wir erlebten auf mehr als 1000 km keine einzige gefährliche Situation, nicht ein agressives Hupen oder Geschimpfe hinter dem Lenkrad, dafür höfliche und rücksichtsvolle Verkehrsteilnehmer, die nicht auf ihrem Recht bestehen. Selbst die allgegenwärtigen Hunde waren ausnahmslos freundlich. Ihr fahrt durch ein Land des Lächelns, und das „Hey Joe" der Dorfjugend ist halt die Begrüßungsformel für alle Weißen."

Euer Rad sollte robust und einfach zu warten sein, am besten bringt ihr die wichtigsten Werkzeuge und Ersatzteile mit. Die Mechaniker sind aber extrem einfallsreich und billig. Für steinige Pisten breite Reifen aufziehen. Empfehlenswert ist ein Rückspiegel. Apropos: Für alle Fragen zu Bikes, Werkstätten, guten Radregionen, Wettkämpfen etc. ist **Jens Funk** von den Bugoybikers ein erstklassiger Ansprechpartner (s. weiter unten).

Eigentlich kann man auf den Inseln mit leichtem Gepäck touren. Zelt, Schlafmatte und Kochausrüstung können auch zuhause bleiben, ein leichter Schlafsack (oder Bettbezug) reicht bei den Temperaturen allemal, und ein Moskitonetz sorgt für ruhigen Schlaf. Schützt eure Kamera vor feinem Staub, der in der Luft hängt und vor allem bei Pistenfahrten aufgewirbelt wird. Auf der Seite *www.philippinecycling.com* gibt es alle möglichen Links für Philippinen-Radler, von „Shops" bis zu „Bike Clubs" und „Tips", auch auf *www.filipinolinks.com* (unter „Sports" und „Cycling").

Straßen, Verkehr, Transport

Das Straßennetz wurde in den letzten Jahren ständig verbessert. Uwe Ellger: „Auf den wichtigsten Verbindungen hat es kaum noch unasphaltierte Straßen und auch nicht mehr Schlaglöcher als jetzt kurz nach dem Winter rings um München.

Außerhalb der Städte gibt es praktisch keinen Individualverkehr – die Straßen gehören euch! Sie führen nur selten über höhere Berge, aber oft gibt es kurze, giftige Steigungen. Unser Durchschnitts-Radeltag hatte 80 km und meist zwischen 1000 und 1500 Höhenmeter. Wegen der großen Tropenhitze am besten schon eine Stunde vor Sonnenaufgang (gegen 5 Uhr) starten und früh aufhören. Das Meer ist nie weit. Nehmt euch anfangs nicht zu viel vor; die Sonne sticht schon brutal!“

In den Städten gibt es unzählige Busse, Jeepneys und Tricycles (Motorräder mit Eigenbau-Beiwagen für etwa 10-20 Personen mit Gepäck). Weder beim Anfahren noch Anhalten wird geschaut. Dafür ist der nachfolgende Verkehr verantwortlich. Hat man das einmal kapiert, kommt man auch in der Großstadt gut zurecht – except Manila!

Gut besetzt. Jeepneys nehmen jeden mit

Transport: Die Jeepneys holpern selbst in die hintersten Winkel der Inselwelt, Radtransport ist kein Problem, die Fahrpreise sind minimal. Überlandbusse bewältigen die größeren Strecken auf Luzon und Mindanao. Zwischen den Inseln besteht ein dichtes Netz von relativ pünktlich verkehrenden Fähren jeder Größe. Eigentlich alle bewohnten Inseln sind mit Fähren oder einfacheren Booten erreichbar, Radmitnahme immer möglich. Info mit Fahrplänen, Tarifen etc. im fantastischen Philippinen-Reiseführer von Jens Peters (s. unten). Zu abgelegeneren Zielen können auch private Boote, sog. „Bankas“, gemietet werden. Auch bei den günstigen Inlandsflügen werde die Räder mitgenommen.

Routen, Touren, Radler-Infos

Erste Ansprech-Adresse für potentielle Philippinen-Radler ist das bereits erwähnte Bugoy-Team (*www.bugoybikers.de*), eine Tour-Agentur in Cebu City, geführt durch den Deutschen Jens Funk. Der lebt seit 2002 vor Ort, ist sehr hilfsbereit und hat einen prima Radführer geschrieben (s. unten). Auf Wunsch arbeitet er auch individuelle Touren aus. Für Asien-Einsteiger eine geniale Sache! Eine mögliche Reiseroute ist noch im schon in die Jahre gekommenen und nur noch antiquarisch erhältlichen Buch von Frank Mrotzek beschrieben (s. ebenfalls unten). Sonst gibt es praktisch nichts – selbst im WorldWideWeb lässt sich kaum mehr finden als ein paar gewerbliche MTB-Vermieter.

Die wohl beste Gegend für eine Fahrradtour sind wohl die Visayas, also die Inselwelt zwischen Luzon und Mindanao, sowie die sogenannte „Last Frontier", die noch weitgehend bewaldete und wenig bevölkerte Trauminsel Palawan. Ob wilde Mountainbike-Pisten, palmengesäumte Feinsand-Strände, landschaftliche Highlights wie etwa die Chocolate Hills auf der Insel Bohol oder tolle Tauchreviere – es gibt vieles zu entdecken! Die Philippinen sind und bleiben ein sehr beliebtes internationales Tourismus-Ziel, auch wenn sie von der Radlerwelt bislang absolut zu Unrecht kaum entdeckt wurden – ihr könnt also noch Pioniere sein.

Uwe Ellger: „Unsere letzte Tour sah so aus: Flug ab München nach Cebu/ Mactan. Cebu City – Negros – Guimara – Panay – Cuyo – Palawan – Cebu – Bohol – Cebu, von dort zurück nach München. Wir hatten 21 Tage Philippinen. Etwas mehr Zeit wäre schön gewesen! Reichlich Bilder findet Ihr unter *www.picasaweb.google.de/uweellger*."

Bücher, Karten, Internet

Reiseführer: Bewährt und gut ist das „Philippinen Reise-Handbuch" von Jens Peters im gleichnamigen Verlag; sicher der beste Philippinen-Führer in deutscher Sprache. Empfehlenswert noch der Lonely Planet „Philippines" und das „Philippines Handbook", Moon Travel Handbooks. Hilfreich sind die Kauderwelsch-Sprachführer „Tagalog (Pilipino)" und „Cebuano (Visaya)" von Reise Know-How. **Radbücher:** Funk/Langevoord: „Cycling Philippines", pro literatur (auf Englisch, allseits empfohlen, erhältlich über *www.bugoybikers.de*, s. oben). Darin sehr viele Touren auf den Visayas und Palawan mit Höhenprofil, Schwierigkeitsgrad, touristischen Highlights, Adressen von Clubs, Radwerkstätten u.v.m. Eigentlich unverzichtbar! Und Frank Mrotzek hat mehrere Inseln der Philippinen durchradelt, u.a. Luzon, Mindoro, Panay, Negros, Cebu, Bohol und Mindanao. Nachzulesen in seinem Buch „Auf nach Asien!", Reise Know-How (vergriffen, über *www.zvab.de* probieren). **Karten:** RKH „Philippinen", 1:1,2 Mio. Nelles „Philippines", 1:1,5 Mio, ITM-Karte 1:1,2 Mio. Für **GPS** siehe *http://roadguide.ph* („Free Mapping Community").

Internet-Infos: Wikipedia (*http://de.wikipedia.org/wiki/Philippinen*) ist wie immer gut, mit speziellen Infos zu jeder Insel und einer Menge Links.

Sehr gut auch die Website von Jens Peters, der den o.g. Reiseführer herausgibt (*www.travelphil.com*). Die philippinische Botschaft in Berlin erreicht man unter *www.philippine-embassy.de*. Unter *www.philippinenforum.net* firmiert, wie schon der Name sagt, ein Forum, wo man (nach Anmeldung) speziellere Fragen loswerden kann; desgleichen unter *www.philippinenportal.com*. Tagesaktuelle Nachrichten, Veranstaltungen und mehr bietet die Website der englischsprachigen Tageszeitung „Philippine Star", *www.philstar.com*. Ein neuerer Radler-Reisebericht über die Philippinen findet sich auf der Website *http://blog.erikabaumann.ch*. Uwe Ellgers Reisebericht kann man auf seiner Seite *www.laufsportreisen.de* sowie in *www.rad-forum.de* nachlesen.

Australien

CORAL SEA
PAPUA NEW GUINEA
CORAL SEA ISLANDS TERRITORY
Gulf of Carpentaria
QUEENSLAND
NORTHERN TERRITORY
WESTERN AUSTRALIA
SOUTH AUSTRALIA
NEW SOUTH WALES
VICTORIA
TASMANIA
TASMAN SEA
INDIAN OCEAN
SOUTHERN OCEAN
Great Australian Bight
Bass Strait
TROPIC OF CAPRICORN
Darwin
Perth
Kalgoorlie
Adelaide
Broken Hill
Melbourne
Geelong
Frankston
CANBERRA
Sydney
Wollongong
Newcastle
Brisbane
Gold Coast
Rockhampton
Townsville
Cairns
Hobart
AUSTRALIA

Australien

A Planung, Vorbereitung, Wissenswertes [AK]

1. Überblick, Landesnatur

Staat und Kontinent

Die größte Insel der Welt ist gleichzeitig der kleinste Kontinent, und er besteht nur aus einem Staat, unterteilt in sechs Bundesstaaten, alle mit eigener Regierung und Verwaltung: Western Australia (WA), South Australia (SA), Queensland (QLD), New South Wales (NSW), Victoria (VIC), die Insel Tasmanien (TAS) und zwei Territorien, nämlich das Northern Territory (NT) und das kleine Capital Territory (ACT) der Hauptstadt Canberra. **Sydney** als Publikumsmagnet und die zweitgrößte Stadt **Melbourne** sind die zwei wichtigsten Handels- und Finanzplätze.

Die Nord-Süd Ausdehnung Australiens beträgt etwa 3700 km, Ost-West 4000 km (Australien hat drei Zeitzonen!). Die drei großen Regionen sind das **westaustralische Tafelland**, die sehr trockene **inneraustralische Senke** und das **ostaustralische Hochland**. Der Süden und vor allem das Zentrum sind überwiegend trockenes Wüsten- und Steppengebiet (immerhin zwei Drittel des Landes!), mit Dornbüschen, Akazien und Eukalyptuswäldern. Im Norden Australiens wuchert tropische Vegetation. Der Ostküste vorgelagert ist das rund 2000 km lange **Great Barierr Reef** mit zahlreichen kleinen Inseln, ein nationales und internationales Sonne-und-Strand-Touristenziel. Eine weitere Attraktion Australiens ist der **Ayers Rock**, der rote Felsmonolith im Zentrum, doch auch Australiens einmalige Flora und Fauna mit ihrer Artenvielfalt (Kängurus, Koalas, Emus u.a.) sind weltbekannt.

Flach und heiß

Australien ist größtenteils ein **flaches Tafelland**, dessen Ränder wie eine Untertasse leicht aufgewölbt sind, diesbezüglich also ideal zum Radfahren. Als einzige nennenswerte Erhebung zieht sich die **Great Dividing Range** an der Ostküste von Cairns – mit unterschiedlichen Höhen zwischen 1000 und 2000 m – bis runter nach Melbourne. Südlich von Perth an der Westküste ist noch das Hügelland der **Darling Range** erwähnenswert.

Hauptwirtschaftsgüter sind landwirtschaftliche Produkte wie Wolle und Getreide, aber auch Bergbau- und Industrieerzeugnisse. Weit verbreitet ist die Rinder- und

Lange Fuhrwerke in Australien

Karte S. 664

Schafzucht. Wenngleich auch Australien heutzutage mit einigen wirtschaftlichen und sozialen Problemen zu kämpfen hat, so bestimmen immer noch die Weite des Landes, die Unberührtheit der Natur und der alte Pioniergeist das Leben. Und dies besonders draußen im „Outback“, im australischen Busch, in den rotsandenen, endlosen Weiten oder den anderen Gegenden jenseits der Zivilisation.

2. Ein-, An- und Rückreise

Einreise

Grundsätzlich ist für alle Australien-Traveller (außer für neuseeländische Staatsbürger) ein **Visum** erforderlich. Dieses kann man bei der australischen Botschaft seines Lands beantragen (für Deutschland in Berlin, *www.germany.embassy.gov.au*, „Visa und Einwanderung“ anklicken). Man kann das Visum jedoch seit einigen Jahren auch elektronisch beantragen, der unbedingt einfachere Weg, von dem deshalb auch die allermeisten Gebrauch machen. Seit Ende Oktober 2008 gilt jetzt das neue **Online-Verfahren „eVisitor“**, das das bisherige ETA-Verfahren ersetzt. Unter *www.immi.gov.au* müssen in einem elektronischen Formular die Passdaten und eine E-Mail-Adresse angegeben werden. Die Reisenden werden dann per E-Mail benachrichtigt, ob sie als eVisitors einreisen dürfen – in den meisten Fällen erfolgt die Nachricht innerhalb von wenigen Minuten. Das eVisitor-Visum wird bei den Grenzübergängen und anderen Stellen elektronisch gespeichert und tritt an die Stelle eines vor der Reise einzuholenden Visumaufklebers oder Stempels im Pass. Es ist zwölf Monate gültig und berechtigt zu einem Aufenthalt von maximal drei Monaten in Australien. Von australischer Seite wird das Visum kostenlos erteilt; man kann es aber auch über ein Reisebüro oder einen autorisierten Australien-Visa-Dienst wie z.B. *www.fastozvisa.com/deutsch.html* ausstellen lassen; dann wird eine (geringe) Gebühr fällig. Apropos: Alles Aktuelle, auch eventuelle Änderungen der bestehenden Einreisebedingungen, erfährt man zuverlässig auf *www.auswaertiges-amt.de* und auf der sehr guten Website *www.australien-info.de*.

Impfungen sind bei einer Einreise aus Europa nicht vorgeschrieben, aber evtl. nach einem Aufenthalt in asiatischen Ländern. Der Reisepass muss nach Ablauf des Visums noch mindestens drei Monate gültig sein. Bei einer Aufenthaltsdauer von nur drei Monaten ist die Verlängerung auf sechs Monate in Australien nur mit Aufwand, Geldnachweis und hohen Gebühren möglich. Manchmal muss man dann auch ein genügend hohes Reisebudget nachweisen, besonders Überlandreisende aus Asien. Auch ein Ausreiseticket will die Immigration hin und wieder sehen.

Räder dürfen zum persönlichen Gebrauch zollfrei eingeführt werden. Doch Achtung, der australische Kontrolleur nimmt es mit der Sauberkeit deines Rads (Reifen, Schutzbleche innen, Pedale) und auch der Ausrüstung (Schuhe) sehr genau! Es sollen keine Pflanzen- und Tierseuchen eingeschleppt werden, deshalb ist auch die Einfuhr von Lebensmitteln und Tierprodukten nicht gestattet (zwischen den australischen Staaten gibt es dann noch zusätzliche Einfuhrreglementierungen von Obst und Gemüse). Australien-Radler Albert Kratzer: „Einen deutlichen Pluspunkt kann man schon mal verbuchen, wenn man seine Zeltheringe frisch aus der Spülmaschine mitbringt.“

Viele Anflugmöglichkeiten

Von Deutschland aus gibt es sehr viele Flüge diverser Fluggesellschaften nach Australien; Reisebüros helfen weiter. Für eine gute Vorab-Übersicht auch über verschiedene **Anflug-Routen** und Stopover-Möglichkeiten empfiehlt sich ein Blick auf *www.australien-info.de* (Anreise / Checkliste Fluglinienauswahl anklicken). Flug-Hauptsaison ist von Oktober bis März (am teuersten sind Flüge vor Weihnachten), Nebensaison von April bis September. Hauptflugrouten gehen nach Sydney und Melbourne, doch werden international auch Perth, Brisbane, Adelaide, Cairns und Darwin angeflogen. Ein Gabelflug – z.B. hin nach Sydney, rück von

Perth (Westküste) – gibt mehr Spielraum zur Routenplanung. Bei etwas größerem Zeitbudget empfiehlt sich ein mehrtägiger Stopover (es gibt da sehr reizvolle Möglichkeiten), oder schließt Australien evtl. gleich in ein günstiges Rund-um-die Welt-Ticket mit ein. Ein Direktflug von Frankfurt nach Sydney dauert minimal etwa 21 Stunden.

Bei Fluganfragen immer gleich auch nach den Radtransportbedingungen und dem Freigepäcklimit erkunden. Bei Anflug über Asien sind in aller Regel nur 20 kg Freigepäck erlaubt, während über Nordamerika mit amerikanischen Airlines das Piece-Concept gilt (s. dazu auf Seite 23f).

Genügend und gute Flugverbindungen gibt es auch von Indonesien (Jakarta und Bali nach Darwin), von Neu-Guinea (von Port Moresby nach Cairns), von Neuseeland, den pazifischen Inselstaaten und von den USA. Weiteres über Flüge innerhalb Australiens steht bei „Transport". Bei der Ausreise wird eine Departure Tax fällig (derzeit 38.- A$).

Wichtiger Tipp: Der Flug bzw. das Flugziel nach Australien muss so gewählt werden, dass in der dortigen Ankunftsregion – also z.B. in Darwin oder Sydney – auch das „richtige" Radwetter herrscht (siehe dazu „Klima, Reisezeit").

Per Schiff

Die Anreise von Deutschland nach Australien ist auch mit dem Frachtschiff möglich, aber naturgemäß ans andere Ende der Welt recht zeitaufwendig. Siehe dazu bei *www.australien-info.de/anreise-frachtschiff.html* und auf Seite 102. Evtl. kann man auch von Asien (Singapur bzw. Hongkong) eine Verbindung finden.

3. Währung, Geld

Währung ist der australische Dollar (A$). Es gibt zahllose Bankautomaten zum „Nachtanken", auch für die preisgünstige EC-Maestro-Card (Albert Kratzer: „Die EC-Karte funktioniert genauso zuverlässig und einfach wie im europäischen Ausland."). Alle Kreditkarten werden akzeptiert, am meisten verbreitet sind VISA und MasterCard – eine davon dabeizuhaben ist unabdingbar. Man kann auch Travellercheques mitnehmen, am besten auf Euro lautend, die kann man dann bei Banken in allen größeren Orten eintauschen. Australische Dollar-Schecks werden nicht nur bei Banken, sondern auch in größeren Geschäften, Hotels etc. eingetauscht.

4. Klima, Reisezeiten

Die Jahreszeiten sind in Australien den unsrigen entgegengesetzt, Sommer ist also von Dezember bis März, Winter ist von Juni bis September. Australien ist ganz überwiegend ein trockener, heißer Kontinent, der aber das ganze Jahr über bereist werden kann – man muss sich nur in der richtigen Zeit in der richtigen Gegend aufhalten, um der größten Hitze, den meisten Niederschlägen (Monsun) oder auch der Kälte bzw. dem ungemütlichen Wetter zu entkommen.

Nördliches Australien

Günstig von Juni bis September (dann weniger heiß und feucht). Meiden sollte man den Norden von November bis März, ganz im Norden auch bis Ende April, da dann Regenfälle (Monsun) sowohl die Naturstraßen als auch die Asphaltstraßen wegen Überschwemmung unpassierbar machen können. An der Küste dann schwül, auch Wirbelstürme.

Zentral-australien

Günstig von April bis September. In den anderen Monaten wird es sehr, sehr heiß, besonders von Januar bis März. Kühle Nächte!

Ostküste Südlicher Teil: Günstig von Oktober bis Mai, doch sehr heiß und schwül im Januar und Februar. Dezember, Januar und Februar sind gute Radelmonate für Touren in den Gebirgsregionen von New South Wales und Victoria (Snowy Mountains). Weniger günstig ist die südliche Ostküste von Juni bis August. Dann wird es dort zum Teil kalt und regnerisch, besonders in Höhenlagen. Im nördlichen Teil der Ostküste ist es günstig von Mai bis Oktober, von November bis April herrscht Regenzeit.

Westküste Südlicher Teil: Günstig von Oktober bis April. Sehr heiß von Dezember bis Februar. Die Darling- und Sterling Range südlich von Perth sind günstig von März bis Mitte Mai und im September/Oktober. Weniger günstig an der Westküste ist es von April bis August, dann ist es kühl und regnerisch. Der nördliche Teil der Westküste ist günstig von Juni bis September.

Südaustralien, Tasmanien Günstigste Reisemonate von November bis März. Dezember bis März sind in die besten Radelmonate für Tasmanien; viele Regenfälle dort von Mai bis August; an der Westküste das ganze Jahr über (die Ostküste ist trockener).

5. Bevölkerung

Britische Wurzeln Die etwa 22 Millionen Australier verlieren sich auf gut 7 Millionen Quadratkilometern, das macht eben mal ca. zweieinhalb Einwohner auf den Quadratkilometer (in Deutschland 230). Die meisten Australier – über 85% – leben in Städten, diese konzentrieren sich im fruchtbaren, halbmondförmigen Gebiet Südostaustraliens (auch „Bumerang“ genannt) zwischen Brisbane und Adelaide. Der Rest des ländlichen Australiens ist äußerst dünn besiedelt.

Mehr als zwei Drittel der Australier sind britischer Abstammung, viele andere europäische Volksgruppen sind Minderheiten (Melbourne z.B. ist die Stadt mit den meisten Griechen außerhalb Griechenlands). Italiener, Portugiesen, Libanesen, Chinesen, Vietnamesen und andere sind gleichfalls vertreten. Sprache ist Englisch, durchsetzt mit vielen speziellen „Aussie“-Wörtern. Lernt den Aussie-Slang mit dem „Australian Slang“-Kauderwelsch-Sprachführer von Reise Know-How!

Aborigines Von den etwa 360.000 Ureinwohnern, den Aborigines, leben nur noch wenige Stämme (Clans) in alter Tradition, und das nur in Reservaten, die über den ganzen Kontinent verstreut sind (Schwerpunkt ist das Arnhem-Land im Norden). Ihre Kultur ist vom Aussterben bedroht. Viele leben von Sozialhilfe oder Arbeitslosengeld, und weitgehend ohne Identität flüchten sehr viele in den Alkohol. Aborigines-Kunst sind Felszeichnungen und Bilder. Mit dem Fotografieren von Aborigines sehr zurückhaltend sein, das ist selten erwünscht, es kann dann auch zu Gewalttätigkeiten kommen.

6. Lebenskosten, Einkaufen

Preiswerte Versorgung Australien ist kein Billigland, doch preiswert. Lebensmittel sind billiger als bei uns, besonders Früchte, Fleisch, Fisch, Gemüse. Die Supermärkte sind allerbestens bestückt. Kleine Läden (Eigentümer meist Chinesen und Inder) wiegen oft noch ab (ihr sonstiges Angebot ist jedoch meist teurer als in Supermärkten), sie sind eine gute Fundstelle für Radler-Trockenfutter etc. Donnerstagabend ist länger geöffnet, ab Samstag 13 Uhr sind die allermeisten Läden bis Montagmorgen geschlossen.

Im einsamen Outback ist die Auswahl an Lebensmitteln beschränkt, dort sind die Preise auch höher. Auf abgelegenen Strecken immer genügend Food mitführen (wenn es unterwegs auf Schildern heißt: „Last filling station for next xxx km“, so ist dazwischen auch keine Einkaufsmöglichkeit zu erwarten!). Tankstellen haben oft eine kleine Auswahl an Konserven. Kochen draußen ist kein Problem, es gibt viele Picknickplätze (Rest Areas) mit Feuerstellen.

Achtung: Mitglieder des Jugendherbergswerks bekommen gegen Vorlage ihres gültigen Ausweises oder einer australischen YH-Concession-Card (in Youth Hostels erhältlich) auf viele Dinge in bestimmten Läden, Geschäften und auch bei manchen Transportunternehmen 10% bis 30% Rabatt (z.B. auf Outdoor Equipment, Ausflugstouren, Mietautos, Filme, Restaurants, Eintrittspreise, auch auf Bustickets)! Die Adressen der partizipierenden Firmen und Läden stehen im australischen Youth Hostel Accommodation Guide. Liste genau studieren, da lässt sich einiges an Geld sparen. Die Backpacker-Organisationen haben ein ähnliches Rabattsystem für ihre Mitglieder eingeführt, auch hier solltet ihr auf Preisnachlässe achten.

Wer den Besuch mehrerer Nationalparks plant, sollte sich den General Pass besorgen. Der ist nicht in allen Nationalparks erhältlich, also besser gleich nach der Ankunft in Sydney besorgen. Info über *www.environment.gov.au/parks*, die Homepage von „Parks Australia".

7. Essen und Trinken

Steaks und Pies

Die original-australische Küche genießt nur einen bescheidenen Ruf, inspiriert von der ehemaligen Kolonialmacht. Fantastisch sind aber die „Barbies", Rinder- und Lammsteaks vom Grill, auch Fisch ist beliebt. Pies (Gebäcktaschen, Kuchen), Pastries, Fish and Chips, Hamburgers, Hot Dogs und Sandwiches gibt es an Essensbuden, sog. Take-Aways. Doch zum Glück haben die vielen Einwanderer ihre Küche mitgebracht und bieten viel Schmackhaftes (asiatisch, euro-mediterran, mexikanisch-südamerikanisch) in immenser Auswahl in den Food Centres der Städte. Eine australische Spezialität ist Vegemite, ein hefeartiger Brotaufstrich. Richtige Speiserestaurants gibt es nur in größeren Orten. Counter Lunch ist (preiswert) am Biertresen erhältlich. Essen und Trinken kann man unterwegs auch in einem Roadhouse (Tankstelle, Raststätte) – nicht immer besonders schmackhaft, manchmal aber auch wie bei Muttern. Faustregel: Je mehr Trucks bzw. Road Trains davor stehen, desto besser ist das Essen … Auf jeden Fall: Müsli, Brühwürfel und Trockensuppen sind ein Muss für jede Radlerküche, zum Ausgleich des Salzhaushaltes und als leichtgewichtiger Proviant.

Eiskaltes Bier

Australier sind gewaltige Biertrinker, und es muss eiskalt sein; in den Pubs wird kräftig zugelangt. Nicht alle Restaurants haben eine Ausschankgenehmigung für alkoholische Getränke. „BYO" bedeutet „bring your own" (Beer, Wine) zum Essen mit. Oft kann man alkoholische Getränke nur in einem Bottle- oder Liquor Shop kaufen (und die haben nicht immer geöffnet). Probiert auch mal einen der guten australischen Weine! In der Öffentlichkeit Alkohol zu trinken wird in Australien missbilligt (was die Aborigines aber herzlich wenig stört).

8. Übernachten

Hotels, Hostels & Co.

Zum Übernachten verfügt Australien über alle Arten von Unterkünften, von kostenlosen Campgrounds bis hin zu teuren internationalen **Hotels**. Einfache bzw. billige Hotels listen die weiter unten empfohlenen Reiseführer auf. In der Hochsaison empfiehlt es sich, bei allen Häusern vorher anzurufen, ob noch etwas frei ist (die Anfahrtswege sind meist lang).

Dann gibt es etwa 150 **Youth Hostels** (s. unter *www.hihostels.com*), überwiegend in den Städten an der Ost- und Südostküste, in oder nahe den Nationalparks und in Tourismusregionen. Ausweis erforderlich (hier schon besorgen, ist billiger). Das australische Hostel-Verzeichnis ist erhältlich bei der Australian Youth Hostel

Association (*www.yha.com.au*), in allen Juhes und allen „Visitor Information Centres“ (hier über das DJH in Detmold zu bekommen – „The Guide to Budget Accommodation“). Wie erwähnt bekommen YHA-Mitglieder in Australien auf viele Dinge Rabatt (s.o., „Lebenskosten, Einkaufen“), mehr steht im „YHA Accommodation and Discount Guide“.

Außerordentlich beliebt sind bei Travellern auch in Australien die preiswerten **Backpacker's Hostels**, von denen es eine sehr große Anzahl gibt; man findet sie in allen größeren Städten unter *www.hostels.com*. Für sie braucht man keinen Ausweis, mit einer Mitgliedskarte gibt es aber (nicht nur) beim Übernachten Rabatt. Fast alle Backpacker's in Australien gehören einer lokalen Backpacker-Organisation an, die bekanntesten sind „VIP Backpackers“ (*www.vipbackpackers.com*) und „Nomads Backpackers“ (*www.nomadsworld.com*). Sie geben jeweils eigene kostenlose Broschüren heraus, in denen alle zugehörigen Hostels mit Adresse, Lage, Ausstattung etc. gelistet sind. Die Booklets liegen auch an allen Touristeninformationen aus, am besten besorgt ihr sie euch gleich nach der Ankunft auf dem Flughafen.

Eine weitere Möglichkeit, wenngleich nicht gerade billig, sind die **YMCA**- bzw. **YWCA**-Hotels (CVJM). Sie sind meist nur in Städten zu finden. In den YMCA (*www.ymca.org.au*) kommen auch Frauen unter, in den YWCA (nur sehr wenige Häuser, s. *www.ywca.org.au*) jedoch keine männlichen Personen. In ländlichen Gegenden gibt es noch die Pensionen der CWA (Country- bzw. Christian Women Association), sie sind (meist) nur für Frauen.

Camping

Campen ist in Australien sehr verbreitet, die Aussies sind Outdoorer, und ein Zelt mitzuführen ist bei einer Radtour durch Australien sehr anzuraten. Zu den Campground-Einrichtungen gehören Waschräume, Toiletten, Duschen, Feuerstellen, Sitzbänke, Küche, Waschmaschinen und manchmal auch ein Gemeinschaftsraum. Die meisten Caravan Parks haben auch sog. On-Site-Vans, vollausgestattete Wohnwagen, in denen man übernachten kann (2-4 Personen). Manchmal gibt es noch geräumigere, feste Cabins. In der Regel zahlt man seine Campgebühr nicht nach Personenanzahl, sondern durch Belegung einer „Site“, d.h., es kostet für eine oder sechs Personen dasselbe. Es lohnt daher, mit anderen Leuten eine Site und damit die Kosten zu teilen.

Die Campground-Übernachtungspreise sind recht unterschiedlich, je nach Staat, Ausstattung und Gegend (teuer in der Nähe von touristischen Attraktionen oder Städten). Ermäßigung gibt es bei längeren Aufenthalten. Einen dicken Campingführer mitzuschleppen ist nicht sinnvoll, besser ist es, entsprechend genaue Karten zu haben, auf denen auch Campgrounds verzeichnet sind.

Zelten im roten Zentrum Australiens

Nationalpark- bzw. State Forest Campgrounds liegen oft sehr schön, von „basic" (meist kostenlos) bis „luxury" gibt es alle Variationen. In manchen National Parks darf nicht gecampt werden, dann gibt es aber am Eingang eine „Rest Area", und die Ranger wissen im Notfall Rat und kennen Ausweichplätze. In manchen gibt es auch Cabins (kleine Hütten), in den State Forests von West Australia sind diese kostenlos. Wo sie stehen musst du vorher in Städten beim Forestry Department oder beim National Park and Wildlife Service erfragen, diese Stellen geben Infomaterial ab (auch Roadhouses haben meist eine Ecke für Camper, und an den meisten Tankstellen kann man gegen eine geringe Gebühr duschen). Toiletten heißen in Australien übrigens „Comfort Stations" oder „Restrooms".

Wildes Campen

Das ist außerhalb besiedelten Gebiets in Australien kein Problem, im Outback ist dies meist sogar die einzige Übernachtungsmöglichkeit. Doch sollte man bei der Wahl seines Platzes wählerisch sein, dass er nicht gleich eingesehen werden kann, besonders in der Nähe von Siedlungen und Straßen (in einigen Bundesstaaten gibt es bezüglich des Wildcampens einige einschränkende Gesetze). Zur Not, obwohl nicht immer erlaubt, kann man auch auf Rest Areas oder auf den Picnic Sites in Highway-Nähe übernachten. Rest Areas sind meist mit Feuerstellen („Barbes", abgeleitet von „Barbecue"), Tischen, Bänken und einem Sonnendach ausgestattet, im Northern Territory und in West Australia sind häufig auch Trinkwasser-Tanks vorzufinden.

Als Camper musst du besonders auf dein Feuer achten! Der Grad der Buschfeuergefahr wird durch Tafeln angezeigt („low" bis „very high"). Wenn totaler „Fireban" besteht (meist im Spätsommer), ist jegliches offene Feuer verboten, und das muss auch total eingehalten werden! Da verstehen die Ranger keinen Spaß, sonst setzt es hohe Geldstrafen! „Fire Restriction" erlaubt ein Feuer an dafür erlaubten Plätzen unter ständiger Aufsicht und schneller Löschmöglichkeit. Vorsicht mit dem Wind! Es kann plötzlich, aus heiterem Himmel, eine Bö über deinen Platz fegen, den Kocher umwerfen oder das Zelt wegreißen! Deshalb das Zelt immer gut verankern, nichts herumliegen lassen und den Kocher von Brennbarem fernhalten.

Campen am Strand ist nur in wirklich unbesiedelten Gegenden anzuraten, wegen dem dauernden Seewind und der Salzluft sind Strände im Allgemeinen auch keine guten Campplätze (an der Westküste gibt es sehr hohe Gezeitenunterschiede!). Vorsicht auch beim Campen in Creeks, den trockenen Flussbetten, die können plötzlich – durch weit entfernte Regenfälle – zu reißenden Flüssen werden! In der Nähe von Farmen oder Anwesen sollte man nachfragen, die Erlaubnis wird wohl nie verwehrt werden, oder es endet mit einer Einladung ins Haus. Die Nächte in Australien sind übrigens länger als bei uns, weil es früh dunkel wird (je nach Breitengrad und Jahreszeit zwischen 19 und 20 Uhr). Eine längere Sommer-Dämmerung hat nur Tasmanien.

9. Sicherheit, Gesundheit

Australien ist ein relativ sicheres Land, auch für allein fahrende Radlerinnen, wenngleich natürlich eine gesunde Vor- und Umsicht angebracht ist, besonders in den Städten und bei Begegnungen mit den Aborigines. Euer Rad sollte ankettbar sein, eine Beaufsichtigung während eurer Abwesenheit ist noch besser.

Gesundheitsrisiken

Aktive Vorsorge muss gegen Austrocknung, gegen Salzverlust (Mineralsalztabletten) und gegen die Sonneneinstrahlung getroffen werden. Durch das Ozonloch über der südlichen Hemisphäre hat Australien weltweit die höchste Rate an Hautkrebs. Im Wetterbericht für den nächsten Tag wird in Australien auch die Zeitspanne genannt (Burn Time), für wie lange man sich maximal ungeschützt in der Sonne aufhalten sollte (im Schnitt um die 20 Minuten; übrigens setzt die voll schützende Wirkung von Sonnenschutzmitteln erst nach etwa 40 Minuten ein – also rechtzeitig vorher eincremen!). Gönnt euch lange Mittagspausen. Wenn kein Schatten zu finden ist, muss man sich ein Schattendach machen. Albert Kratzer: „Mein Eindruck in Down Under war von Anfang an: Die Sonne scheint nicht, sie brennt! Sonnenschutz ist wirklich unabdingbar. Gut ist auch ein dünnes langärmeliges Hemd – man klebt nicht so, wenn man sich abends ungeduscht in den Schlafsack legen muss."

Eine gesunde Ernährung stärkt die Abwehrkräfte. Viel trinken (Leitungswasser braucht in Australien nicht behandelt zu werden). Zur Gesundheitsvorsorge s. auch wie immer unter *www.fit-for-travel.de*.

Vorsicht beim Baden im Meer, es ist fast immer eine Brandung vorhanden, und es gibt gefährliche Unterströmungen und „Drifts"! Quallen (Jellyfish), deren Nesseln bei Berührung stark brennen können, kommen an der Ostküste von Oktober bis März vor. Über weitere gefährliche Tiere s.u., „Schlangen, Spinnen und andere Tierchen".

10. Transport

Bus

Das australische Busnetz ist sehr dicht, modern und effizient. Die größten Gesellschaften waren immer **Greyhound Pioneer** (*www.greyhound.com.au*) und McCafferty's (wurde von Greyhound geschluckt, doch es gibt immer noch von beiden Busse) – sie operieren landesweit, kleinere Gesellschaften eher regional, doch auch oft über längere Strecken. Buspässe gibt es in vielen Ausführungen und mit verschieden langer Gültigkeitsdauer (4-90 Tage), auch Ermäßigung für YH-Card-Inhaber und Studentenermäßigungen bei normalen Fahrten (s. „Lebenskosten, Einkaufen"). Weitere Details zu Buspässen (z.B. evtl. notwendiger vorheriger Auslandskauf des Buspasses) stehen in Reiseführern; eine gute Übersicht mit Linkliste findet sich z.B. unter *www.sinoz.de/de/australien/backpacker/backpack_bus.htm*.

Im Normalfall wird aber ein Reiseradler ohne Buspass zurechtkommen, für ihn werden eher manchmal Einzelfahrten nötig. Der Bike-Transport in Bussen ist meist kein Problem, wenngleich – je nach Gesellschaft – nicht immer erwünscht (bei Andrang werden Reisende ohne großes Gepäck bevorzugt; das Rad kann aber auch als Frachtgut nachkommen). Manchmal wird verlangt, das Rad in einen Karton zu verpacken. Deshalb noch vor dem Kauf eines Tickets sich nach den Radtransport-Bedingungen erkundigen. Ein zerlegtes Rad (ausgebaute Räder, gedrehter Lenker, Pedale nach innen) kann weniger Fracht kosten als ein Komplettrad. Oft wird auch nichts verlangt, wobei die besseren Busgesellschaften (wie Greyhound) eher eine Gebühr für das Rad berechnen als die kleineren, billigeren Linien. Luxusbusse haben am wenigsten Gepäckraum. Und es empfiehlt sich, von den Haupt-Terminals zu starten – wenn man unterwegs zusteigt, sind die Gepäckräume eher voll.

Eisenbahn

Die **Railway of Australia** (ROA, *www.railaustralia.com.au*) hat ein relativ dichtes Netz entlang der Süd- und Ostküste. „The Ghan" und weitere Züge der **Great Southern Railway** (GSR) verbinden Sydney über Melbourne und Adelaide mit Alice Springs oder Perth (*www.gsr.com.au*). Eine gute Übersicht über das australische Gesamt-Eisenbahnnetz gibt es auf *www.railpage.org.au*.

Züge sind teurer und langsamer als Busse. Es gibt auch Austrailpässe und eine Kombination von Bus und Bahn („Road and Rail Pass"). Für einmalige Bahnfahrten sind sog. Caperfares (Frühbuchungen) merklich ermäßigt. Radtransport ist, außer bei den neuen, modernen Zügen (XPT-Service), kein Problem; rechtzeitig am Bahnhof sein. Ist kein Gepäckwagen am Zug, kann das Rad auch ins Abteil des ersten Wagens genommen werden, doch nicht zur Rush Hour von Montag bis Freitag (in den Frühstunden und am späten Nachmittag). Ermäßigung für YH-Card-Inhaber.

Inlandsflüge

Fliegen ist in Australien wegen den großen Entfernungen gang und gäbe, **dichtes Routennetz**. Mittlerweile machen einige Billigfluglinien wie Virgin Blue (*www.virginblue.bom.au*) und Jetstar (*www.jetstar.com*) der etablierten Fluggesellschaft Qantas (*www.qantas.com.au*) auf stark gefragten Ostküstenrouten kräftig Konkurrenz. Es gibt auch teilweise sehr günstige **Airpässe**, evtl. zu buchen bereits mit dem Anflug. Auch bieten einige Airlines in Zusammenhang mit einem Transkontinentalflug von Europa nach Australien innerhalb Australiens zusätzlich einen oder zwei stark vergünstigte Inlandsflüge an, die in einem Spezialtarif bereits eingeschlossen sind. So hat beispielsweise Qantas im Rahmen von Promotion-Angeboten auch schon desöfteren zwei Inlandsflüge für jeweils einen Euro für alle Reisenden angeboten, die auch die Langstrecke mit Qantas fliegen. Es lohnt zur Übersicht der Blick auf *www.australien-info.de/daten-flugzeug.html* und dann der Gang ins kompetente Reisebüro (die Konditionen ändern sich häufig). Übrigens gibt Qantas auch den „South Pacific Pass" heraus, der Neuseeland und Fiji mit einschließt – bei einer längeren Tour lohnt es sich vielleicht, nach solchen Angeboten zu fragen (s. auch Seite 27, 694 und 711).

Radtransport im Flugzeug ist bei Inlandflügen möglich, erkundigt euch vorher nach der Gepäck-Freigrenze und den genauen Transportbedingungen. Manchmal haben sie einen Pauschalpreis für Sportgeräte, fragt danach, das ist die günstigste Lösung. Fahrradboxen gibt es oft auf den Fluhäfen (ca. 20 A$).

11. Fahrrad für Australien-Touren

Wasser-Transporter

Ein Reise- oder Trekking-Rad mit genügend vielen Gängen ist okay, ein MTB bringt auf langen (asphaltierten) Strecken keine Vorteile, aber bei überwiegenden Pistenfahrten. Stabilere Laufräder, breitere, dauerhafte Reifen, ein verschleißfestes Tretlager und verstärkte Speichen machen auch ein Reiserad outback-tauglich bzw. man kann es stärker beladen (der Wasservorrat bei Outback-Touren schlägt stark ins Gewicht! Evtl. Anhänger einsetzen!). Ein Sortiment an Ersatzteilen, passendes Werkzeug, Ersatzkette, Flickzeug und Pumpe mitzuführen sollte selbstverständlich sein.

In den Großstädten gibt es viele Radgeschäfte mit allen Ersatz- und Zubehörteilen (aber alles ist deutlich teurer als zuhause!), auf dem Land ist das Angebot spärlicher (Suche über die „Yellow Pages" im Telefonbuch, über *www.yellowpages.com.au* oder *www.bicycles.net.au*). Manche Radshops versenden Ersatzteile australienweit, dann ist eine Kreditkarte notwendig. Albert Kratzer: „Bei einer längeren Tour ist es das beste, gleich bei der Ankunft in Australien einen persönlichen Kontakt zu knüpfen. So könnt ihr den Bike-Spezialisten besser einschätzen als wenn ihr ihn nur aus dem Telefonbuch kennt. Lasst ein Foto mit Widmung da und schickt gelegentlich eine Postkarte von unterwegs. Ich habe beste Erfahrungen gemacht!"

Radkauf in Australien

Wer sich erst in Australien ein Rad kaufen will, muss in etwa denselben Preis wie in Deutschland für ein Marken-MTB hinlegen (dann sollte aber wenigsten der „eingerittene" Sattel mitgebracht werden!). Ersatzteile und Komponenten stammen meist aus taiwanesischer Herstellung. 26-Zoll-Räder, Mäntel und Schläuche für MTBs sind in Australien mittlerweile am verbreitesten, 28er-Größen weniger und sie sind auch teurer. Schrauben und Muttern haben Zollgewinde! Übrigens: das Fahrrad heißt in Australien Push Bike, Bicycle oder spaßeshalber auch Gride (ein Bike kann auch ein Motorrad sein).

Alternativ könnte man auch ein gebrauchtes Fahrrad kaufen, vor allem in Sydney bieten viele Händler „Second-Hand Bikes" an. Dann solltet ihr aber von der Fahrradtechnik schon ein wenig verstehen, damit euch kein lahmendes Stahlross angedreht wird. Einige Händler nehmen auch gebraucht gekaufte Räder nach der Tour wieder zurück – mit entsprechendem Abschlag, versteht sich!

12. Ausrüstung

Das Angebot an Touring Equipment ist in Down Under etwas spärlich, doch eine „Busch-Ausrüstung“ (Kocher, Töpfe, Kleidung, Moskitonetz etc.) zu kaufen ist kein Problem, es gibt viele Outdoor-Läden. Die Packtaschen sollte man jedoch unbedingt mitbringen; die australischen Angebote sind bescheiden und teuer. Einen Helm (Pflicht!) kann man noch in Australien kaufen.

Selbstversorgung

Wegen den langen Touren muss man sich auf Selbstversorgung einstellen, ein **Kocher** ist also nötig. In Australien gibt es sowohl Petroleum-, Benzin- als auch Spirituskocher zu kaufen, z.B. den schwedischen Trangia. „Kerosene“ ist Petroleum, Spiritus heißt „Methylated Spirits“. Reinbenzin (engl.: „White Gasoline“) ist erhältlich unter den Namen Shellite (Shell), Britlite (BP) oder Ampolite (Ampol) bei Tankstellen und in Hardware Stores, manchmal auch in Lebensmittelgeschäften. Es gibt auch CampingGaz-Kartuschen, doch sie sind verhältnismäßig teuer.

Das **Zelt** zum Durchzug wegen der Hitze mit zwei Öffnungen wählen; es muss mit **Moskitonetzen** und einem stabilen Boden versehen sein! Auch braucht man harte, hammerfeste Heringe wegen dem harten Outback-Boden. Wer kein Zelt mitnimmt, sollte wenigstens ein leichtes Moskitonetz dabeihaben. Trotz anderslautenden Behauptungen – auch in Australien regnet es! Deshalb auch den Regenschutz nicht vergessen, zumindest eine (dunkle) Plane mitführen, die man auch als Unterlage und als Schattendach aufspannen kann. Ein wärmerer Schlafsack ist für die kalten Outback-Nächte nötig, besonders in den kühleren Monaten. Ein kleiner Kompass, ein Handspiegel und eine Trillerpfeife können bei Outback-Pistenfahrten im Notfall wichtig werden, und mit einem kleinen Thermometer kannst du deinen Rekord-Hitzetag bestimmen. Statt vieler Wasserflaschen sind zusätzliche Trinkwasserbeutel praktischer. Für Kleinteile und für die Kamera-Ausrüstung staubdichte, verschließbare Plastikbeutel verwenden (Zip-Lock-Bags).

Sonnenschutz

Wichtig, wie schon erwähnt, ist ein guter Sonnenschutz – Sonnenschutzmittel sind in Australien billiger als bei uns. Wählt eines mit sehr hohem Faktor, einen Sunblocker für die exponierten Stellen, für Nase, Oberschenkel, Ohren (auch eine Zinksalbe hilft). Vorsicht, der kühlende Fahrtwind kann über die Intensität der Sonnenstrahlen hinwegtäuschen! Unabdingbar sind auch ein Hut mit Nackenschutz und eine Sonnenbrille mit Seitenschutz (Gletscherbrille) gegen Fliegen, Flugsand, Staub. Und ohne Handschuhe lösen sich die Handrücken unter der australischen Sonne bald in Blasen auf.

Auch mitnehmen: Eine kleine Reiseapotheke (Brandsalbe!). Eine Pinzette zum Herausziehen von Stacheln aus dem Reifen. Ein Universalmesser. Und wem die manchmal den Radfahrer verfolgenden australischen Hunde zuviel werden, der legt sich zur Abwehr eine gute Wasserpistole oder eine entsprechend einsetzbare Wasserflasche zu.

13. Bücher, Karten, Internet

Reiseführer

Von Reise Know-How gibt es zwei Führer: „Australien – Westen und Zentrum“ und dto. „Osten und Zentrum“, und auch sonst viele Regalmeter an Führern aller namhaften Verlage. Immer aktuell sind die englischen „Australia“-Führer, z.B. von Lonely Planet (Australien-Gesamt und ca. ein halbes Dutzend regionale bzw. Teilstaaten-Bände), die „Australia Handbooks“ von Footprint Publications und der Rough Guide „Australia". Speziell für Radfahrer von LP: „Cycling Australia". („35 mapped rides from one-day excursions to 30-day East Coast Ride"). Dann gibt es noch Bücher zum Einstimmen, da sind der Polyglott-APA-Guide sowie das Merian- und Geo-Spezial-Heft „Australien" zu empfehlen. Ein guter **Reisebericht** ist von Roff Smith „Eiskaltes Bier und Krokodile", National Geographic (Frederking & Thaler). Der etwas effekthaschende Titel wird dem Buch nicht gerecht – Smith, der als totales Radler-Greenhorn 16.000 km rund um Australien pedalte, hat ein sehr sensibles und auch oft amüsantes Buch geschrieben, immer am Puls des riesigen Landes, das jeder potentielle Aussie-Biker lesen sollte.

Karten

Reise Know-How „Australien", 1:4,5 Mio. Nelles Australien, 1:4 Mio., beide gut als Überblick. Einzelne australische Staaten (mit nochmaligen Teilkarten) gibt es von UBD (Universal Business Directories), sie sind sehr gut, erhältlich z.B. bei Schrieb, Därr oder Woick im Versand. In Australien gibt es Übersichtskarten von den Tourist Offices in den Städten. Gute Straßenkarten hat auch die Australian Automobile Association (*www.aaa.asn.au*). In den Bundesstaaten geben die Landes-Automobilclub-Verbände sehr gute Regionalkarten heraus. Automobilclub-Karten erhält man gegen Vorlage eines heimischen Automobilclub-Ausweises kostenlos. Sehr nützlich sind die Shell-Karten, sie gibt es von allen Bundesstaaten, mit Stadtplänen, Umgebungskarten, Caravan Parks, erhältlich an den Shell-Tankstellen. Karten in großem Maßstab sind für die Wüstengebiete nicht nötig. Für die **GPS**-unterstützte Tour gibt's bei *www.gpsoz.com.au/tracks4australia* freie Garmin-Karten.

Internet-Infos

Praktisch keine Informationslücke lässt die schon mehrfach zitierte Seite *www.australien-info.de*, mit umfangreicher Linkliste zu privaten Homepages und Reiseberichten. Einen Blick wert ist auch *www.australien-journal.de*. Übersichtlich und sehr informativ ist die offizielle Website der Australian Tourist Commission (*www.australia.com*), über die man auch Infomaterial anfordern kann. Auch sind die Vertretungen aller Staaten mit eigenen Websites vertreten: New South Wales (*www.tourism.nsw.gov.au*), Victoria (*www.visitvictoria.com*), South Australia (*www.southoz.com*), Western Australia (*www.westernaustralia.net*), Northern Territory (*www.insidetheoutback.com*), Queensland (*www.DestinationQueensland.com*), Canberra (*www.canberratourism.com.au*) und Tasmanien (*www.discovertasmania.com.au*). Weitere Website-Empfehlungen s. im Text.

14. Australische Touring-Clubs und Rad-Organisationen

Gutes Radler-Netzwerk

Die „Bicycle Federation of Australia" (*www.bfa.asn.au*) ist der nationale Dachverband aller australischen Radorganisationen, gibt das alle zwei Monate erscheinende Magazin „Australian Cyclist" heraus und auf ihrer Homepage gibt es Links zu den Radler-Organisationen der einzelnen Bundesländer – die richtige Adresse, wenn man mit einem australischen Radclub Kontakt aufnehmen will. Die BFA hat allerdings keine Touren-Tipps oder Bike-Guides anzubieten. Unter *www.woa.com.au/ba* erreicht man „Bicycle Australia", die größte nationale Touring-Organisation – bei ihr kann man dann auch Bike-Guides bestellen sowie Regionalkarten mit Radwegen (z.B. Barossa Valley). Bicycle Australia gibt auch das Magazin „Bicycle Australia" heraus. Die schon erwähnte Website *www.bicycles.net.au* steht für „Bicycles Network Australia – Australian Focused Bicycle Resource", ein Internetverzeichnis aller Radclubs und -organisationen, das die im Internet vertretenen Radgeschäfte und Versandhändler auflistet und ein Diskussionsforum für alle Fragen rund ums Radeln in Australien bietet. Von allen folgenden Adressen kann man dann noch Informationen, Broschüren, Karten und Bücher anfordern;

die Homepages bieten Links zu vielen weiteren Radorganisationen und teils umfangreiche Tourenvorschläge: Bicycle Institute of New South Wales (*www.bicyclensw.org.au*), Bicycle Queensland (*www.bq.org.au*), Bicycle South Australia (*www.bikesa.asn.au*), Bicycle Victoria (*www.bv.com.au*), Cycle Touring Association of Western Australia (*www.ctawa.asn.au*), Bicycle Tasmania (*www.biketas.org.au*) und Pedal Power ACT, Canberra (*www.pedalpower.org.au*) – mehr dazu weiter unten in der Rubrik „Radziele“ ab Seite 681.

B Radfahren in Australien [AK]

Radfahren wird in Australien immer populärer, die MTB-Welle ist schon längst auch an Australiens Küsten geschwappt. Doch was gestern noch ein unkalkulierbares Abenteuer war, nämlich mit dem Rad durch Australien zu fahren, wird heute von vielen als sportliche Herausforderung angesehen. Man trifft sehr viele europäische und auch japanische Radtoureros. Nicht wenige brechen von Perth durch die berüchtigte Nullarbor-Wüste (s.u.) Richtung Osten auf, andere kurbeln gleich ins Zentrum zum Ayers Rock. Weniger Rad-befahren ist die Strecke hoch bis nach Darwin oder der Barkly Highway zwischen Townsville und Tennant Creek. Doch wenngleich das Rad in den Städten inzwischen ein beliebtes Fortbewegungsmittel geworden ist, so hat es doch noch nicht das ganze Land erobert, und der Fall wird wohl auch nie eintreten, dazu ist Australien einfach zu heiß.

Trampen mit dem Rad ist nicht so einfach, besonders bei Truckern, die dürfen meist niemand mitnehmen. Mehr Glück mag man evtl. bei den (weniger zahlreichen) privaten Lkw-Fahrern haben. Es ist besser, Fahrer an einem Roadhouse anzusprechen als sie unterwegs stoppen zu wollen. Viele (Pickup-)Fahrer bieten aber auch unterwegs von sich aus einen Lift an, besonders auf einsamen oder schwierigen Strecken – sie haben Mitleid mit so einem „Mad Guy“ …

1. Straßennetz, Verkehr

Straßenqualität

Die großen, wichtigen Überlandstraßen und Hauptverbindungsstrecken durch und um Australien herum sind alle asphaltiert. Sie werden mit Namen bezeichnet wie z.B. Stuart Highway (zwischen Adelaide und Darwin), Princess Highway (Küstenstraße zwischen Sydney und Melbourne) oder Eyre Highway (durch die Nullarbor-Wüste).

In Australien existieren sehr unterschiedliche Straßenverhältnisse, von allerbesten bis äußerst schlechten. Abhängig ist die Qualität und die Anzahl der Straßen in erster Linie von der Besiedlungsdichte – wo niemand wohnt oder nur wenige braucht es auch keine (guten) Straßen. Gute Straßen gibt es im Einzugsbereich von Großstädten, im bevölkerten Südwesten und an der Ostküste. Doch gemessen am Verkehrsaufkommen und der Möglichkeit einer großzügigen Straßenplanung ist gerade in den Ballungsräumen das Straßennetz eher dürftig. Zur Ferienzeit (Dezember/Januar) herrscht auf dem Pacific- und Bruce Highway von Sydney bis hinauf nach Cairns dann noch besoders starker Verkehr; auch in Victoria sind dann viele Autofahrer unterwegs.

Auf autobahnähnlich ausgebauten Highways darf man als Radler fahren, doch in Stadtnähe können dich Radverbotsschilder plötzlich von der Straße verbannen. Wenn man auf keine andere ausweichen kann, bleibt man eben drauf, die Polizei wird schon ein Auge zudrücken. Oder man fährt in Großstädte gleich mit dem Bus oder mit dem Zug rein bzw. wieder raus.

Die Oberflächenqualität australischer Straßen schwankt stark – mal sind sie „smooth“, mal mit zahlreichen „Potholes“ gespickt. Wegen der Hitze wird dem Belag weniger Asphalt bzw. mehr Kies zugemischt, was eine sehr rauhe Straßenoberfläche mit hohem Rollwiderstand und entsprechendem Reifenabrieb ergibt.

Zügiger Verkehr

Die Highways sind nicht allzu breit und haben schmale „Shoulders“ (Randstreifen), so dass es bei Gegenverkehr eng werden kann. Zudem bestehen zwischen Fahrbahn und unbefestigtem Randstreifen oft starke, gefährliche Höhenunterschiede. Wenn sich zwei Autos auf deiner Höhe überholen, dann wird das Radfahren zum Balanceakt. Die Aussies fahren recht schnell, mit teilweise noch wenig Verständnis und Aufmerksamkeit für Radfahrer. Die großen Entfernungen zwischen den Orten verleiten zum Rasen und zur Unaufmerksamkeit, die Hitze wirkt auf die Fahrer einschläfernd. Deshalb immer die sich von vorne und hinten nähernden Fahrzeuge im Auge behalten (Spiegel!), am besten auch auffallende Farben tragen.

Doch im Allgemeinen sind die australischen Auto-, Lorry-(=Lkw) und Ute-(=Kleinlaster mit Ladepritsche)-Fahrer meist sehr hilfsbereit, besonders auf einsamen Strecken – sie stoppen und fragen, ob du okay bist, bieten Wasser oder etwas zum Essen an, offerieren einen Lift, weil sie es nicht fassen können, dass sich da jemand unter der heißen Sonne Australiens mit einem Rad abquält.

2. Verkehrsregeln, Radfahren in Städten

In Australien herrscht Linksverkehr (ach ja, die Briten waren da … zum Linksverkehr s. auch auf Seite 119). Die Verkehrsregeln sind in Australien auch nicht viel anders als bei uns; der Schilderwald ist kleiner. An STOP-Schildern muss immer angehalten werden, es fährt derjenige zuerst weiter, der zuerst eintraf. „Give Way“ heißt Vorfahrt lassen. Doch auch bei Linksverkehr hat bei unbeschilderten Kreuzungen und Einmündungen der von rechts Kommende Vorfahrt!

Wenig Radwege

Radfahren in Städten lässt es sich teils gut, teils weniger gut, besonders in den älteren Großstädten Melbourne und Sydney, wo es noch enge, krumme Straßen mit entsprechend vielen Autos gibt. Städte wie Adelaide, Canberra oder Cairns sind im Schachbrettmuster erbaut, dort macht das Radfahren und die Orientierung keine Probleme. Um dem City Rush von Sydney, Melbourne oder Brisbane zu entkommen empfiehlt es sich, mit dem Zug bis zu ruhigeren Vororten oder noch ein Stück weiter rauszufahren. Dazu ein Radticket lösen und mit dem Rad in den ersten Waggon einsteigen (nicht gestattet zu Zeiten des Berufsverkehrs frühmorgens und am späten Nachmittag).

Radwege (Bike Paths) existieren flächendeckend nur in wenigen Städten wie Canberra oder Perth, doch auch in Sydney, Melbourne usw. werden es mehr, auch in Ausflugsgebieten. Die Rad-Organisationen der australischen Bundesstaaten bieten auch Radkarten an, s. unten bei „Radziele“. Gerade für australische Städte finden sich auch etliche Routen-Empfehlungen auf *www.bikely.com*.

3. Radfahren im Outback

Ins Landesinnere bzw. durch weniger besiedelte Regionen führen nur wenige asphaltierte Straßen, und auf diese wenigen ist man dann angewiesen. „Secondary Roads“ bzw. Nebenstraßen wie in stärker besiedelten Gegenden, auf die man ausweichen könnte, existieren im Outback so gut wie keine.

Staub, Dornen und Fliegen

Mit dem Rad durch die Weiten Australiens ist eine Herausforderung, die gut geplant sein will. Abseits der Asphaltstraßen gibt es im Outback Tracks bzw. Gravel-, Dirt- und Dust Roads. Und wenn dich auf diesen ein Auto oder gar ein „Road Train“ (s.u.) überholt, stehst du minutenlang in einem Staubschweif, dann hilft nur noch ein Tuch vor Mund und Nase. Das andere Extrem: Nach plötzlichen heftigen Regengüssen verwandelt sich der Staub in zähen Morast – dann wird Weiterradeln unmöglich, man muss warten, bis alles wieder abgetrocknet ist, und das kann Tage dauern! Sieht es nach Regen aus, nicht auf unbefestigte Tracks gehen

Schutz vor Australiens wahrer Plage

bzw. zurück zur Straße fahren, sonst kann es sein, dass ihr im Schlamm steckenbleibt. Die Monsunregen im nördlichen Australien können wie die Sintflut sein!

Sollte es im Inland einmal kräftig geregnet haben (was selten vorkommt), ist vieles grün, die Outback-Strecken sind dann nicht mehr so monoton. Allerdings kann es nach heftigen Regengüssen auch Probleme sowohl auf den befestigten wie auch unbefestigten Straßen geben – sie werden unterspült, weggerissen, sind verschlammt.

Wenn ihr im Busch mit dem Rad von der Straße geht, passt auf die Dornen auf. Es gibt ganz eklige, kleine mit drei langen Spitzen, und die schaffen es immer, im Reifen steckenzubleiben.

Doch nicht die Hitze oder der Staub, die **Fliegen** sind im Outback Australiens **die wahre Plage**, so sagen viele! Bei jedem Halt versuchen sie, dir in Nase, Ohren und Augen zu kriechen (wie gesagt, Sonnenbrille mit Seitenschutz tragen). Ein gutes Mückenschutzmittel, hautbedeckende Kleidung oder eine Kopfbedeckung mit herabhängendem Moskitonetz bieten evtl. Schutz gegen die Plagegeister. Fliegen treten auch immer dort auf, wo es Schafe gibt. Apropos Mückenmittel: Wenn du die Flüssigkeit mit der Hand auf die Haut aufgetragen hast, solltest du anschließend die Hände reinigen. Das darin enthaltene Lösungsmittel kann Kunststoffe, z.B. die Griffpolster am Lenker, auflösen!

Nachschub-quellen

Bei Ortsnamen auf der Karte im fast menschenleeren Outback darf man sich nicht täuschen lassen, oft sind das nicht mehr als ein paar Hütten oder eine Tankstelle, und die Entfernungen zwischen solchen Minisiedlungen betragen leicht 80, 100 oder 150 km, also manchmal mehr als eine Tagesetappe. Tankstellen sind im Outback für Radler deshalb so wichtig wie für Autofahrer! Das sind wichtige Stationen für Wasser- und Verpflegungsnachschub, für Schatten und zum Campen.

Wenn du auf eine besonders einsame und schwierige Strecke oder Piste gehst, solltest du dir zuvor Streckenauskunft bei den Tourist Offices oder beim Automobilclub einholen. Dies kann sehr wichtig werden vor zu erwartenden hohen Niederschlägen (tropisches Nordaustralien) oder gar drohenden Sturm- und Taifun-Gefahren! Manche Automobilclub-Büros drucken auf Wunsch auch Streckenbeschreibungen aus. Wenn Outback-Straßen repariert werden, dann kann es sein, dass kilometerlange Detours (Umleitungen) über Schotter, Sand und Staub führen. Das kostet Zeit, Kraft und Wasser!

Road Trains Diese (von den Aussies auch „Somis“ genannten) Lkw-Monster kommen mit zwei, drei oder auch manchmal vier Anhängern herangedonnert (Länge bis zu 50 m!), und sie benötigen meist die ganze Straße bzw. die ganze Piste. Also Platz gemacht! Die vielen Räder können Steine und Geröll durch die Luft schleudern und dich treffen! Ihr verursachter Sog und Seitenwind sind gleichfalls sehr gefährlich! Und sie haben einen Bremsweg von 500 bis 1000 Metern! Albert Kratzer: „Einmal Hupen heißt ‚Vorsicht, ich komme!‘, längeres Hupen heißt ‚Runter von der Straße, jetzt komme ich!‘ Trotz allem hatte ich vor den Road Trains nie Angst. Man trifft die Fahrer auch öfter in den Roadhouses, das sind Profis, die wissen, wie man fährt. Die Info, dass ein Radler auf der Straße ist, wird per Funk weitergegeben. Aber ein paar Irre gibt es natürlich immer, wie überall. Auf die Frage, ob der Bremsweg denn nicht kürzer sein kann, bekam ich mal die Antwort: ‚Hmm, wenn's trocken ist schon, aber dann habe ich auf meinen 126 Reifen einen Bremsplatten, und 126 mal 450 Dollars ist *damn' a lot of money!*‘“

Vorsehen sollte man sich auch vor den so interessant anzusehenden Willy-Willies, Mini-Wirbelstürmen, denn größere von ihnen können einen Radler ohne weiteres von der Fahrbahn wegdrücken, und auch sie decken dich mit Staub und Dreck zu.

Outback-Fahrtipps Immer **genügend Wasser und Verpflegung** dabeihaben! Der Wasserverbrauch beim Radeln in heißen Wüstengebieten liegt bei etwa zehn Liter pro Tag. Rad und Ausrüstung müssen erprobt und verlässlich sein – längere bzw. schwierige Outback-Strecken nur mit einem stabilen Rad angehen! Nicht in der größten Mittagshitze radeln, besser Schutz suchen, unter einer Brücke, im Schatten von Bäumen, bei einem Roadhouse. Auf Strecken mit Gegenwind immer sehr früh starten, wenn es noch windstill ist, oder abends, wenn es vielleicht nicht mehr so stark bläst. Und immer auf der markierten Piste bleiben.

Das Radfahren im Outback sollte man nie auf die leichte Schulter nehmen; die Hitze, die Entfernungen und Anstrengungen können den Körper aufs Äußerste strapazieren. Kommt dann Überraschendes hinzu – Umleitungen über Sandstrecken, ein Sandsturm oder ein defektes Radteil –, dann kann es kritisch werden! Eine gute Kondition, **autarke Versorgung**, gesicherte Wasseraufnahme und auch die richtige Jahreszeit sollten selbstverständlich sein. Bei Umleitungen wird evtl. auch noch eine Durchfahrtsgenehmigung nötig, falls deine Route evtl. Aborigines-Land berührt (erhältlich von den jeweiligen Community Councils). Erwarte von

Vorsicht, Dreck-schleuder!

den Aussies bzw. den Rangern auch nicht immer Verständnis für dein Rad-Abenteuer, denn die Ranger sind „tired of all the tourists", die nicht wissen, wie man sich im Outback verhält. Das Wagnis von Unabhängigkeit und Abenteuer muss kalkulierbar bleiben, und Leichtsinn sollte nicht mit Mut verwechselt werden.

Nur wüstenerprobte Extrem-Tourer sollten eine West-Ost-Durchquerung Australiens wagen. Selbst Tilman Waldthaler konnte manche Strecke (wie etwa den Gunbarrel Highway in WA, eine üble 580-km-Schotterpiste von Laverton nach Warburton) trotz Anhänger nur mit Wasserdepots im 70-km-Abstand und der Hilfe der Polizei bewältigen. Extreme Streckenabschnitte in SA: Der Oodnadatta Track von Marla am Stuart Highway bis nach Marree südöstlich vom Lake Eyre (612 km Staub und Steine) und der Birdsville Track von Marree durch die Sturt Stony Desert bis nach Birdsville (500 km). Nur machbar nach akribischer Vorbereitung! Wer im Notfall auf Hilfe von außen zählt, hat schon verloren!

Weitere wichtige Tipps zum Radfahren durch Wüsten und in extremer Hitze stehen im Kapitel „Mit dem Rad durch Wüsten" (Teil 3, B 1, s. S. 104ff).

4. Schlangen, Spinnen und andere Tierchen

Es gibt in Australien einige giftige Schlangen und Spinnen, auch Stiche von Skorpionen können sehr unangenehm werden. Giftig ist die kleine Redback-Spinne, die im Outback verbreitet ist, sie verbirgt sich mit Vorliebe in dunklen Ecken, z.B. in Außentoiletten unter der Brille … Die gleichfalls giftigen Funnelweb und Trapdoor finden sich im Sommer überwiegend in den Küstengebieten.

Australiens giftige **Schlangen** halten sich vorzugsweise im tropischen Norden und im trockenen, wüstenhaften Inneraustralien auf. Ungiftige haben ein größeres Verbreitungsgebiet. Schlangen flüchten normalerweise beim Herannahen oder bei festem Auftreten (s. auch „Gefahr durch Schlangen", Teil 3, D 3, Seite 121).

Vorsichtsmaßnahmen

Skorpione leben auf trockenem, steinigem und sandigem Untergrund. Lasst eure Schuhe nicht vor dem Zelt stehen, kickt Steine mit dem Fuß weg, wenn ihr z.B. euren Lagerplatz säubert. Überhaupt gilt im Busch die Regel: In keine Löcher greifen (z.B. in Kaninchenlöcher oder Baumstümpfe), und alles, was auf dem Boden liegt, nur mit Umsicht berühren oder aufheben, z.B. Feuerholz. Ein Stock oder eine Zeltstange leistet zum Herumstochern gute Dienste. Man setzt sich auch nicht einfach irgendwo hin, sondern inspiziert zuerst mal den Boden oder den Baumstamm, der zum Sitzen einlädt.

„Bull Ants" sind riesige rote **Ameisen**, denen man aus dem Weg gehen sollte, weil ihr Biss ganz schön schmerzt. Respektiert auch das Hoheitsgebiet von **Termiten** bei eurer Lagerplatzsuche und meidet vor allen Dingen plattgetrampelte Wildwechsel-Pfade (Kängurus). Echsen (Lizards) sind normalerweise harmlos, doch es gibt auch ein paar giftige darunter. Blutegel (Leeches) kommen im feuchten, tropischen Australien vor, genauso wie Moskitos und **Krokodile**. Von letzteren sind vor allem die „Salties" (Salzwasser-Krokodile) gefährlich, die praktisch alles fressen, sogar Haie, wenn es sein muss. Von wegen Salzwasser – Salties sind schon 300 km von der Küste entfernt gesehen worden … Mehr auf diversen Websites, z.B. unter *www.australien-journal.de* (Wissenswertes / Gefährliche Tiere).

Verstaut nachts alle Lebensmittel in dichten Behältern und in den Packtaschen, dass nicht irgendwelche Ameisen oder andere Tierchen angelockt werden, z.B. ein **Opossum**, die nachtaktive australische Beutelratte. Wer draußen unter dem Moskitonetz schläft, muss darauf achten, dass keine kleinen Öffnungen zwischen Boden und Netz bleiben. Dingos, die australischen Wildhunde, sind ungefährlich und scheu. Dafür können aber „normale" **Hunde** recht aggressiv sein, aufpassen, offensichtlich sind sie keine Radfahrer gewöhnt. Mit Wasser Anspritzen hilft fast immer (s. auch „Gefahr durch Hunde", Teil 3, D 3, Seite 121).

C Radziele In Australien

Die besten Radelgebiete Australiens befinden sich in der östlichen und südöstlichen Ecke, von Adelaide über Melbourne und Sydney bis hoch nach Cairns. Das Gebiet südlich von Perth an der Westküste ist gleichfalls ein gutes Touring-Gebiet, und natürlich auch die immergrüne Insel Tasmanien. Wer seine Route nicht selber ausarbeiten will, kann auch auf eines der gut gemachten Touren-Bücher zurückgreifen, die die schon erwähnte Bicycle Touring Association „Bicycle Australia" herausgibt; eine Übersicht findet sich auf *www.woa.com.au/ba*. Die Exemplare enthalten Kartenskizzen, touristische Hinweise, Unterkünfte und vieles mehr. Wer es jedoch abenteuerlich haben will, fährt ins Inland zum Ayers Rock oder vollends hoch bis Darwin – Details nachstehend, sortiert nach den australischen Bundesstaaten.

1. Western Australia

Gutes Tourgebiet

WA ist der größte Bundesstaat Australiens – trocken, heiß, sandig und kaum besiedelt (doch wenn es einmal regnet, dann blüht sehr vieles). Haupt- und größte Stadt ist **Perth** (1,6 Mio. Einw.), nahebei die Hafenstadt Fremantle. Perth hat ein gutes Radwegenetz; Radkarten gibt es von den Tourist Offices (zu empfehlen auch der Chart & Map Shop, 14 Collie St, Fremantle, *www.chartandmapshop.com.au*). Radladen: Gordonson Cycles, 374 Murray St. (führt auch gute Gebrauchträder), und einige andere mehr. Als letzte Wildnis Australiens gelten die im Norden von Western Australia gelegenen schwer zugänglichen Kimberley-Berge.

Ein gutes Touring-Gebiet ist die fruchtbare südwestlichste Ecke von WA (die beste Zeit dort: März bis Mitte Mai und September/Oktober), da kann man gut ein-, zwei- oder dreiwöchige Touren machen. Die Cycle Touring Association of Western Australia (*www.ctawa.asn.au*) hat gute Infos gibt es über dieses Gebiet (und über andere Touren in WA, und richtet auch selbst Touren aus).

Tour-vorschlag

Die folgende Tour schließt dieses Südwest-Gebiet mit ein: Von Perth nach Süden an der Küste entlang bis Augusta. Schöne waldreiche Gegend – die Alternative, weiter landeinwärts, wäre der recht neue und beliebte **Munda Biddi Bike Trail**, der auf einer stillgelegten Eisenbahntrasse angelegt wurde (s. unter *www.mundabiddi.org.au*). Dann übers Inland (Nannup, Northcliffe, Walpole) nach Osten bis Albany.

Drink at your own risk!

Von hier zurück über die Stirling Ranges (National Park) nach Perth oder Rückfahrt mit der Bahn oder weiter an der Küste radelnd bis Esperance und dann hoch nach Kalgoorlie (Bike Shop: Johnston Cycles, 78 Boulder Road). Kalgoorlie und Coolgardie sind sehenswerte alte Goldgräberstädte. Von hier aus zurück nach Perth. Wer durch die Nullarbor radeln will, durch die „Null-Baum"-Wüste, biegt in Norseman auf dem Eyre Highway nach Osten ab.

Eyre Highway

Die **Nullarbor-Wüste** auf dem Eyre Highway mit dem Rad zu durchqueren ist möglich, doch diese Tour nicht gerade im Sommer planen! Es ist ein Wüstenerlebnis besonderer Art. Norseman markiert das westliche Ende; von dort bis Ceduna im Osten sind es 1210 km. Es ist besser, von West nach Ost zu radeln, wegen den überwiegend vorherrschenden Winden. Es kann sein, dass euch vor der Durchquerung die Polizei checkt (in Balladonia bzw. Ceduna), ob ihr auch richtig ausgerüstet seid. Der Verkehr ist gering.

Der Eyre Highway ist asphaltiert, an ihm entlang gibt es nur etwa ein Dutzend Tankstellen mit Restaurants, Motels und Campmöglichkeiten. Die Entfernungen zwischen den Stationen betragen ca. 80 bis 180 km. Die Einkaufsmöglichkeiten sind unterwegs beschränkt, deshalb genügend mitnehmen (z.B. Dehydriertes). Es gibt in der Nullarbor kein Oberflächenwasser (sie gilt als das größte zusammenhängende Karstgebiet der Welt, s. *http://de.wikipedia.org/wiki/Nullarbor-Wüste*) – nur Salzwasser, die Duschen der Roadhouses spenden gleichfalls nur salzhaltiges Wasser. Trink- bzw. Mineralwasser ist dort erhältlich (nicht billig), und verkauft werden meist nur Fruchtsäfte. Auf die entlang der Strecke aufgestellten Wassertanks kann man sich nicht immer verlassen; sie sind manchmal leer oder das Wasser ist stark verschmutzt. Also viel Wasser mit auf die Strecke nehmen! Versucht, möglichst früh loszufahren, noch einige Stunden vor Sonnenaufgang, und dann in der größten Tageshitze auszuruhen. Dann spätnachmittags noch einige Kilometer machen (weitere Tipps für das Fahren in der Wüste s. auch Kapitel „Mit dem Rad durch Wüsten", Teil 3, B. 1, Seite 104ff).

Unterwegs kann man Wüste pur erleben, manchmal sieht man Vögel und oft Kleinigkeiten im Wüstensand wie Wildblumen und spezielle Wüstenpflanzen. Westlich von Cocklebiddy tauchen dann wieder einige schattenspendende Bäume bzw. Dornbüsche auf. Details zum Nullarbor-Streckenverlauf s. im „Nullarbor Bike Guide" von Bicycle Australia; interessant auch die Website *www.nullarbornet.com.au*. Man kann die Nullarbor-Wüste übrigens auch mit dem Zug der „Indian Pacific" durchqueren, auf der längsten geraden Eisenbahnstrecke der Welt (*http://de.wikipedia.org/wiki/Indian-Pacific_Railway*, s. auch *www.gsr.com.au*). Die Bahnstrecke verläuft allerdings in einiger Entfernung nördlich vom Eyre Highway, unterwegs zusteigen klappt also nicht.

2. Northern Territory

Extreme

Diese Region ist ein gewaltig großes Natur- und Wildnisgebiet. Das NT hat extreme Landschafts- und Klimazonen – Busch, Wüste, Tropen. Außer den zwei größeren Städten **Darwin** an der Nordküste und **Alice Springs** im Zentrum ist das NT äußerst schwach besiedelt, und die Entfernungen zwischen den kleinen Orten und Roadhouses sind gewaltig. Dazwischen meist nichts als nur Monotonie – es empfiehlt sich, die großen Distanzen per Bus zu überbrücken.

Der nördliche Teil des NT, ab etwa Katherine, ist tropisch und feucht, der Kakadu- und der Katherine Gorge National Park sind einmalige Natur- und Tierparadiese. In den Kakadu Park kann man mit dem Rad rein, aufpassen wegen den vielen Krokodilen! Das Landesinnere hingegen ist rotsanden, endlos, heiß und trocken. Hauptattraktion dort ist natürlich der Felsmonolith **Ayers Rock** (wer den Stuart Highway heraufpedalt, muss noch vor Alice Springs in Erldunda auf den Lasseter

Highway abbiegen, von dort sind es noch ca. 250 km). Bei den Aborigines, die sich in dieser Region Anangu nennen, heißt der Ayers Rock Uluru; er ist ihr heiliger Berg. Seine Besteigung ist auf einer gekennzeichneten Strecke erlaubt, aber von den Anangu nicht erwünscht. Die Olgas, eine andere Felsformation, liegen 35 km westlich vom Ayers Rock.

Im roten Zentrum

Um Alice Springs gibt es einiges zu sehen und anzuradeln: Nationalparks, Kamelfarmen, Meteoritenkrater, Täler, Schluchten etc.; man sollte für den Ayers Rock und die Umgebung von Alice Springs mindestens eine Woche Zeit einplanen. Unbedingt einen Besuch verdient das von Aborigines betriebene „Aboriginal Art & Culture Center“ (AACC) mit angeschlossenem Campground. Aborigine-Guides zeigen euch auf Touren, was sie alles an Essbarem in der nur scheinbar unwirtlichen Natur finden können („Bushtucker“). Infos unter *www.aboriginalart.com.au*, das Projekt hat im Jahr 2000 den Tourismuspreis des Studienkreises für Tourismus gewonnen.

Eine Asphaltstraße führt von Alice Springs westlich zum Glen Helen Gorge Nature Park, ca. 130 km, eine Abzweigung unterwegs (Jay Creek) geht zur alten Missionsstation Hermannsburg. Zu anderen Ausflugsorten führen meist nur unbefestigte Pisten, man muss sich entsprechend vorbereiten (oder man mietet sich mal zur Abwechslung mit anderen ein Allrad-Auto und erkundet damit die Gegend). Umgebungskarten kann man vom NT Government Tourist Bureau in Alice Springs bekommen (67 North Stuart Highway, *www.tourismnt.com.au*), auch Infos über die Outback-Pisten, desgleichen beim Automobilclub AANT, Gregory Terrace. Unterlagen und Karten zu Natur- und Nationalparks gibt es auch von der Conservation Commission of NT, gleichfalls in Alice (*www.nt.gov.au/*).

Stuart Highway

Australiens wohl berühmteste Fernstraße (*http://de.wikipedia.org/wiki/Stuart_Highway*), ist rund 3000 km lang, gut asphaltiert, kommt von Port Augusta an der Südküste herauf und führt noch weiter nach Darwin, das sind von Alice Springs nochmal gut 1500 km. Die Roadhouses liegen jedoch im NT auch an dieser Hauptstrecke bis zu 250 km auseinander, dazwischen gibt es noch ein paar Wassertanks (etwa alle 100 km). Ein guter Bericht über eine Tour auf dem Stuart Highway stand vor einiger Zeit im Schweizer Velojournal, nachzulesen unter *www.velojournal.ch/CMS/content/view/27/56/*.

Rot und staubig: Outback-Piste

500 km nach Alice Springs wird Tennant Creek erreicht, etwa 25 km weiter zweigt der Barkly Highway nach Mt. Isa ab, eine nicht enden wollende, monotone Strecke. Ab Mt. Isa in Queensland heißt die Strecke Flinders Highway, sie geht bis nach Townsville an die Ostküste. Harte Burschen kürzen das Dreieck Alice Springs – Tennant Creek – Mt. Isa ab und pedalen auf dem Plenty Highway ca. 800 km diagonal nach Mt. Isa. Unasphaltiert! Wasser gibt es unterwegs bei einigen Wasserstellen in großen Abständen, vorher Infos über die Straßenverhältnisse beim AANT einholen, es gibt beim Autoclub und in Buchläden auch eine Karte: „Westprint Plenty Highway“. Wer von Mt. Isa nach Cairns will, kann auch 118 km weiter östlich in Cloncurry nach Norden, nach Normanton abbiegen (Asphaltstraße) und in Normanton nach Osten nach Cairns fahren (auch mittlerweile durchgehend asphaltiert).

Die Monate Mai bis September sind die besten für Inneraustralien. Radläden in Darwin: Wheelman Cycle Stores, 64 McMinn Street und Sportsmart, 9A Casuarina Square. In Alice Springs: The Penny Farthing Bike Shop und Centre Cycles.

3. South Australia

Schönes Küstengebiet

Der nördliche Teil dieses Staats ist wüstenhaft (wie das anschließende Northern Territory), doch im Süden an der Küste gibt es gute Touring-Gebiete, z.B. in den Adelaide Hills und ins bekannte Barossa-Wine-Valley (Touri-Attraktion). Dort Weinbau und Restaurants mit deutschen Speisen („Snitzel“), Cafés, älteren Häusern etc., Anfahrt auf dem Barossa Highway.

Auch die Küstenstrecke von der Hauptstadt **Adelaide** (sie liegt inmitten einer schönen Parklandschaft) via Hahndorf (wieder mit deutschen Läden, Restaurants, Bäckereien etc.) entlang der Corrong Peninsula und weiter auf dem **Princess Highway** nach Mount Gambier (dort einige Radläden, z.B. Bruce Dowdells Cycles, 46 Gray Street) ist eine empfehlenswerte Strecke. Auf der tollen **Great Ocean Road** geht es dann weiter nach Melbourne. Zwischen Adelaide und Murray Bridge ist es sehr bergig. Man könnte natürlich auch das Barossa Valley und die Weiterfahrt nach Süden kombinieren. Besuchenswert auch Kangaroo Island, ein Natur- und Tierparadies.

Nach Alice Springs und zum Ayers Rock wie erwähnt auf dem Stuart Highway (s. oben). Dazu in Port Augusta vom Princess Highway nach **Coober Pedy** abbiegen, der berühmten Opalstadt unter der Erde. Das Landschaftsbild zum Zentrum Australiens ändert sich kaum: Büsche und Bäume, Termitenhügel, roter Sand, ab und zu Känguru-Kadaver auf der Straße …

Radbücher und Karten über South Australia („Cyclists' Handbook of SA“) erhält man bei der South Australian Touring Cyclists' Association in Adelaide (111 Franklin Street, *www.bikesa.asn.au*), u.a. Unterlagen zum 600 km langen Mawson MTB Trail und einigen anderen mehr. Der Verein macht auch Touren; Besucher sind willkommen. Bike Shops: Bicycle Express, 124 Halifax St., Adelaide (*www.bicycleexpress.com.au*), MegaBike in Blackwood (*www.megabike.com.au*) und weitere.

4. Victoria

Guter Radel-Staat

Ein guter Staat zum Radeln (was man schon daran erkennt, dass es bald in jedem größeren Ort einen Radladen gibt), von der Landschaft her recht vielseitig. Es gibt etliche Nationalparks und einige interessante Orte wie z.B. Ballarat und Bendigo, die zwei Zentren der Goldregion Victorias. Hauptstadt ist das schöne **Melbourne** (3,4 Mio. Einw.) mit seinen vielen Park- und Gartenanlagen. Viele Bike Shops, z.B. Cecil Walker Cycles, 395 Elizabeth St. (*www.cecilwalker.com.au*) und iRide Bikes, 271 King St. (*www.iridebikes.com.au*). Infos zum Radfahren in Victoria gibt es über „Bicycle Victoria“ (446 Collins Street, Level 10, Melbourne, *www.bv.com.au*) – die rührige Radler-Organisation veranstaltet jährlich etliche Events wie den „Great Victorian Bike Ride“ oder „Around the bay in one day“. Über BV erreicht man auch den Melbourne Bicycle Touring Club, der an vielen Wochenenden Ausfahrten unternimmt. Wer also mal ein paar australische Fellow Biker kennenlernen will, ist hier richtig.

Am Meer entlang

Sehr schön ist die **Great Ocean Route** von Melbourne über Geelong ans Meer (Nr. 100), eine abwechslungsreiche und kurvige Küstenstraße, vorbei an einsamen Stränden und Klippen, durch Naturparks und nette Badeorte bis Mount Gambier und weiter bis nach Adelaide. Die 100 sollte man, wenn immer möglich, in sein Routenprogramm miteinbeziehen. Unterwegs kommt man auch beim Port Campbell National Park an den Küstenkliffs der „Zwölf Apostel“ vorbei. September bis Dezember ist die beste Zeit für die Südküste von Victoria – da kann es aber dann schon auch mal ein Ferien- oder Wochenend-Verkehrschaos geben.

Weitere lohnenswerte Radziele sind das Kiewa- und das Kings Valley, etwa 250 km nordöstlich von Melbourne. Dort gibt es Wälder, Berge und historische Orte (Beechworth). Kann man auch in die Route Melbourne – Canberra – Sydney einbauen. Oder man radelt von Melbourne nach Sydney auf dem **Princess Highway** am Meer entlang. Dabei kommt man durch das recht schöne Gippsland, eine üppige, fruchtbare Region mit Seen und Parkanlagen (bei Bairnsdale). Ab Orbost jedoch wird es sehr bergig mit vielen anstrengenden Steigungen (und erholsamen Gefällstrecken) bis Sydney. Radladen in Bairnsdale: Marriotts Bairnsdale Bicycles, 227 Main St.

Australische Alpen

Auch das Gebiet der **Snowy Mountains** in den „Australischen Alpen“ mit dem höchsten Berg Australiens, dem 2228 m hohen Mt. Kosciusko, ist einen Side Trip wert (Alpine Way), sofern man es gerne bergig mag und Aussichten liebt – eine weitere Variante für die Tour von Melbourne nach Sydney (s. Tour-Tipps bei „Canberra“). Weitere schöne Landschaftsziele wären die Grampians und die Little Desert.

Im Landesinnern von Victoria gibt es viel Weideland, auch Obst- und Gemüseanbau. Zwischen Februar und Mai werden meist Obstpflücker gesucht – doch Vorsicht, arbeiten mit einem Touristenvisum ist in Australien illegal, wird bestraft und kann die Ausweisung zur Folge haben!

Melbourne

Auf den Spuren der Tasmanischen Teufel – eine Tandem-Tour durch Tasmanien [LG]

Reisestory von Lutz Gebhardt

Nach einer langen Anreise empfängt uns Melbourne Anfang Januar 2008 mit wolkenlosem Himmel. Alles perfekt, wäre unser Tandem auch mit uns angekommen. Ist es aber nicht – so müssen wir unsere Packtaschen selber tragen und einen Tag warten, bis auch unser Gefährt da ist. Nun müssen wir noch durch die halbe Großstadt, ehe wir die Fähre nach Tasmanien erreichen. Am nächsten Morgen können wir dann in Devonport unser schwer beladenes Tandem aus dem Schiffsbauch schieben und die ersten Kilometer unter die Reifen nehmen. Auf Tasmanien ist Sommer, der Himmel ist blau und die Temperatur angenehm. Nur die Berge sind für den Anfang etwas heftig und auf den nicht enden wollenden Landregen des dritten Tages hätten wir gern verzichtet.

Nach vier Tagen ist die Ostküste erreicht. Schöne Strände und herrlich türkisblaues Wasser laden zum Verweilen ein. In einem Tierpark können wir fast die ganze Tierwelt kennen lernen, für die diese australische Insel bekannt ist. Die Vorführung des Tasmanischen Teufels ist gerade im Gange und zum Abschluss dürfen alle das schöne weiche Fell streicheln. „Not the head please" sagt der Tierpfleger, denn diese Aasfresser haben ein so scharfes Gebiss, dass man da auch schnell mal einen Finger einbüßt. Danach werden die *Tigersnakes* gefüttert, Schlangen, die gleich ganze Kücken hinunter würgen. Das sieht schon interessant aus, aber wenn man weiß, dass ihr Biss auch tödlich ist, wenn man nicht innerhalb von drei Stunden ein Gegengift gespritzt bekommt, wird man vorsichtig. Kängurus und Wallabies hüpfen hier frei herum – in freier Wildbahn haben wir sie meistens nur als „Roadkill" am Straßenrand gesehen.

Auf dem letzten Stück nach Hobart, der Inselhauptstadt, fegt trotz Sonnenscheins ein eiskalter Wind übers Meer. Man merkt ihm an, dass er direkt von der Antarktis kommt. Über die beeindruckende Hobart Bridge erreichen wir die malerisch am Fuße des 1270 m hohen Mt. Wellington gelegene, 200.000 Einwohner zählende Hafenmetropole.

Der Mount Field Nationalpark hat nicht nur mehrere Wasserfälle zu bieten, sondern beeindruckt auch mit majestätischen Bäumen. Der Königseukalyptus erreicht hier Höhen von mehr als 50 m, und sein Stamm lässt sich nur von mehreren Personen umfassen.

Waldbrand ist in Australien nichts Besonderes. Schon vor dem Ort St. Helens haben wir verkohlte Wälder gesehen, in denen das ganze Unterholz verbrannt war und nur die schwarzen Stämme des feuerharten Eukalyptus bizarr in die Luft ragten. Auch auf dem Weg nach Terraleah liegt ein brenzliger Geruch in der Luft und mehrere Feuerwehren passieren unseren Weg. Alles scheint weit weg, doch plötzlich sind wir mitten drin! Hubschrauber knattern mit „Wasserbomben" über unseren Köpfen, die sie in nur hundert Metern Entfernung in die prasselnde Glut werfen. Trotzdem steht in der Abenddunkelheit der ganze Hang neben unserem Zeltplatz in Flammen. Diese züngeln aus den Kronen der Kiefern in den dunklen Nachthimmel, während der niedere Bewuchs sich schon unter letzten Zuckungen in Asche verwandelt. Am nächsten Morgen ist alles verqualmt – aber Flammen sind glücklicherweise keine mehr zu sehen.

Die kleine Ortschaft Bronte Park ist die einzige Siedlung auf dem Weg zum zentralen Hochland der Insel. Meter für Meter strampeln wir eine Schotterpiste empor, ehe wir den Great Lake in 1060 m Höhe erreichen. Wie an vielen anderen Stellen hat man den natürlichen See noch etwas angestaut, um reichlich Wasser zur Energieerzeugung zu haben. Im Moment ist Trockenzeit und große Uferbereiche sind trocken gefallen. Der Ort Great Lake besteht aus zwei Häusern – einem Hotel und dem General Store! Der kann immerhin eine Zapfsäule für Diesel und eine für Benzin vorweisen und neben der Kasse sind zwei Regale aufgestellt. Hier versucht man die wichtigsten Lebensmittel vorrätig zu halten, was offenbar nicht immer gelingt. Im Kühlregal sind noch einige Molkereiprodukte zu finden, während das Obst- und Brotangebot jetzt am Nachmittag dürftig ist. Es ist aber besser als nichts – die nächste Versorgungsmöglichkeit gibt es erst in gut 50 km. Deloraine ist der nächste größere Ort auf dem Weg zurück an die Küste.

Nach knapp drei Wochen ist der Kreis geschlossen und die Wetterprognose für Tasmanien nicht gerade verlockend. So treten wir mit dem Schiff die erste Etappe der Rückreise an. In Melbourne und Umgebung können wir noch drei schöne Tage genießen, ehe wir nach 1336 Radelkilometern und 12.200 Höhenmetern über Dubai unsere weite Heimreise antreten.

5. Tasmanien

Wild und grün

Urwüchsig, wild und ungezähmt, mit üppigem Grün und Wasserfällen, im Zentrum die Tasmanischen Alpen (Mt. Ossa, 1617 m), so stellt sich Australiens einziger Inselstaat dar. Tasmanien (s. auch *http://de.wikipedia.org/wiki/Tasmanien*) ist ca. 350 x 400 km groß, was in etwa der Fläche Bayerns entspricht. Nahezu die Hälfte der Insel ist von Wald bedeckt, ein Drittel steht unter Naturschutz. Vor allem der Westteil (South West NP und Franklin Gordon Wild Rivers NP) ist heute noch nahezu unberührt und kaum zugänglich – ein Traumgebiet für Wanderer (weltberühmt ist der „Overland Track"), aber auch für Radler ein großartiges Erlebnis. Man könnte Tasmanien grob in **fünf Radelregionen** einteilen:

- Die einfach zu fahrende sonnige Ostküste mit den beiden Nationalparks Freycinet Peninsula und Maria Island.
- Der geschichtsträchtige Süden mit der Tasman Peninsula, der Hauptstadt Hobart und der schönen Insel Bruny Island.
- Die wilde Westküste mit dem Mount Field NP, der Gegend um Queenstown und der abenteuerlichen Fahrt zwischen Corinna und Marrawah.
- Der belebte Norden mit vielen Badeorten und viel Verkehr sowie der anspruchsvollen Inlandsroute nach Cradle Mountain.
- Nicht zu vergessen die beiden Inseln King Island und Flinders Island, die aber nur selten besucht werden.

Beste **Radelzeit** ist von Mitte November bis Ende Februar – doch auch da ist mit Regen- und recht frischen Tagen zu rechnen. Auf Tasmanien lassen sich manchmal, besonders auf den Hochebenen, alle Jahreszeiten an einem Tag durchleben. Es ist recht windig, der Wind dreht oft, und so ist die Empfehlung, ob man die Insel nun im oder gegen den Uhrzeigersinn umrunden soll, eher eine Glaubensfrage. Positiv: Durch die südliche Lage hat man (im Gegensatz zum restlichen Australien) sommers längeres Tageslicht.

Radelbedingungen

Anreise: Überfahrt von Melbourne mit der Nachtfähre nach Devonport (ca. 350 km), 3x wöchentlich, ca. 15 Stunden, in der Ferienzeit von Dezember bis Ende Januar oft ausgebucht. Von Dez. bis April fährt zusätzlich täglich eine Schnellfähre morgens von Melbourne nach Georgetown, ca. 6 Stunden. Es gibt aber auch Flüge von Sydney, Melbourne oder von Christchurch (NZ) nach Hobart. Zum **Übernachten** gibt es viele Campingplätze, ca. 20 Youth Hostels (s. unter *www.hihostels.com*) und etliche Backpacker's (*www.hostels.com*). Die Plätze in den YHs oder Backpacker's sind in der Hauptsaison oft überfüllt; wildes Zelten ist dafür fast nirgends ein Problem (aber Vorsicht, es gibt Schlangen). **Versorgung** über ein gutes Netz an Roadhouses, aber im Hochland und an der Westküste muss man auch mal mit längeren Strecken ohne Einkaufsmöglichkeit rechnen (nicht jeder in den Karten verzeichnete Ort hat eine). Radgeschäfte sind meist nicht allzu weit entfernt oder mit Bussen erreichbar, die auch Fahrräder mitnehmen.

Viele **Straßen** sind asphaltiert und in gutem Zustand, allerdings lohnen sich landschaftlich gerade auch viele unasphaltierte Straßen wie z.B. die recht neue zwischen Marrawah und Corinna. Viele Steigungen, die aber weder besonders steil noch lang sind.

Infos und Karten

Gute **Internet-Infos** gibt's auf *www.discovertasmania.de*. Interessante Tasmanien-Radel-Eindrücke kann man auf der privaten Homepage *www.h-pieper.de/tasmania-2.html* finden. Die rührige Radler-Lobby „Bicycle Tasmania" (*www.biketas.org.au*) in Hobart gibt einen Radführer für Tasmanien heraus, den „Bicycle Touring Guide for Tasmania", und organisiert Touren und Veranstaltungen. Als **Bücher** empfehlen sich der Lonely Planet „Tasmania" und einige Wanderführer, auch in deutscher

Sprache. **Karten** von den Tourist Offices („Atlas of Tasbureaus Tasmania" und „Tasmania Touring Map") oder vom Royal Automobile Club of Tasmania (*www.ract.com.au*), Patrick and Murray St., Hobart, oder an Tankstellen. Vom State of Tasmania gibt es die sehr gute „Tasmania Visitors Map" (1:500.000, mit vielen Ortsplänen). Ein Veranstalter, der auch eine Tasmanien-Radtour im Programm (und etliche Infos auf seiner Homepage) hat, ist *www.green-island-tours.de*.

6. New South Wales

Publikumsmagnet Sydney

NSW ist der am dichtesten besiedelte Staat Australiens, besonders die Region Wollogong, Sydney, Newcastle. **Sydney** (offizielle Website: *www.cityofsydney.nsw.gov.au*) ist mit 3,8 Mio. Einw. gleichzeitig die größte Stadt Australiens, quasi die Mutterstadt des Fünften Kontinents und ein Publikumsmagnet. Weltberühmt ist die Bauform der Oper. Es gibt zahlreiche Strände und Cycling Areas in Stadtnähe und Umgebung; allerdings ist der Verkehr in und um die Stadt sehr stark.

Sydney Airport ist an das Radwegnetz angeschlossen (siehe z.B. *www.bikely.com/maps/bike-path/Marsfield-to-Sydney-Airport*) – wer es nicht wagt, sich nach langem Flug von Europa, Zeitumstellung und Müdigkeit in den Linksverkehr und in den Verkehr von Sydney zu stürzen, sollte besser ein Taxi in die Innenstadt bzw. zu seinem Hostel oder Hotel nehmen (Stationwagon-Taxis können Räder laden). In der Gegend um Kings Cross (Victoria Street) gibt es viele Backpacker's Hostels.

Rad- und Touring-Infos über Sydney und New South Wales gibt es vom Bicycle Institut of New South Wales in Sydney, 822 George Street (*www.bicyclensw.org.au*), sie haben eine große Auswahl an Bike Guides, Karten und Info Sheets australienweit. Touri-Infos vom NSW Travel Centre (*http://corporate.tourism.nsw.gov.au*), Tourism House (Level 2), 55 Harrington Street, The Rocks. Sydney-Infos über *www.sydney.com*, auf dieser Seite sind auch alle City Visitor Centres aufgeführt.

Den General Pass für alle Nationalparks gibt's beim National Park & Wildlife Service (*www.environment.nsw.gov.au/nationalparks*), Level 14, 59-61 Goulburn Street, Sydney. Adresse des Automobil-Clubs (Karten): NRMA, 9A York Street. Bike Shops gibt es in Sydney unzählige – checkt ggf. über *www.bicycles.net.au*, welcher in der Nähe eurer Unterkunft ist.

Über die Sydney Harbour Bridge (*http://de.wikipedia.org/wiki/Sydney_Harbour_Bridge*) führt seit ein paar Jahren ein Radweg (s. Sydney-Touren bei *www.bikely.com*).

Ausspannen unter Sydneys berühmter Harbour Bridge

Schön ist auch die Fahrt mit der Hafenfähre (die Räder kostenlos mitnimmt), schon wegen dem Blick auf den „Kleiderbügel", wie die Bürger Sydneys ihr neben der Oper berühmtestes Bauwerk liebevoll nennen.

Östlich von Sydney liegen die **Blue Mountains**, eine zerklüftete, ca. 60 km lange und 1200 m hohe Bergkette mit schroffen Sandsteinklippen, Wasserfällen, Wäldern und Schluchten mit subtropischer Vegetation. Schöne Ausblicke, sollte man nicht auslassen, beste Reise- und Radelzeit ist September bis Oktober. Wandermöglichkeiten, Campingplätze, Hütten, Hotels u.a.

Küstenstraßen

Nördlich von Sydney beginnt der **Pacific Highway** (Number One); auf der Strecke bis nach Brisbane kann man durch einige schöne Nationalparks fahren. Dabei empfiehlt es sich, den gefährlichen Highway öfter zu verlassen und auf wenig befahrene „Backroads" auszuweichen. Für die ca. 1000 km bis Brisbane sollte man etwa zwei Wochen ansetzen.

Wer nicht an der Küste entlang will, biegt etwa ab Newcastle nach Westen in die New-England-Region ab, ein hochgelegenes, fruchtbares Agrargebiet mit Tälern, Flüssen und Wäldern. Bekannte Ort sind Armindale (Uni) und Tamworth (Country Music). Bike Shop in Tamworth: Tamworth Bicycle Co, 280 Peel Street.

Südlich an der Küste entlang geht es über den Princess Highway (s. Seite 684). Auch eine Variante über **Canberra** ist möglich – die auf dem Reißbrett entstandene Hauptstadt Australiens liegt inmitten einer offenen Landschaft mit Weizenanbau und Schafweiden, bietet eigentlich nichts Außergewöhnliches, ist aber wegen ihrer offenen Bauweise und ihren vielen Bike Paths gut zum Radfahren. Bike Shops: Canberra Bicycle Centre, 3 Rosevear Pl., Dickson (betreibt auch das "Canberra Bicycle Museum", *www.canberrabicyclemuseum.com.au*), sowie Canberra Cycles, 70 Newcastle St, Fyshwick. Die Pedal Power ACT (*www.pedalpower.org.au*) macht Radausfahrten, stellt Infos für Canberra-Radler ins Web und hat das Buch „40 Bicycle Rides around Canberra and Southern NSW" herausgebracht.

Die Gegend südlich von Canberra ist hügelig-bergig, südwestlich der Stadt liegt der landschaftlich schöne Kosciusko National Park. Dort lassen sich sehr gut Radtouren machen. Eine Rundtour wäre: Canberra – Cotter Dam – Brindabella – Kosciusko NP – Kiandra – Tumut Ponds – Khancoban – Geehi – Thredbo – Jindabyne und über den Lake Eucumbene und Cooma sowie den Namadgi National Park zurück nach Canberra (oder unterwegs Weiterfahrt Richtung Melbourne durchs Inland bzw. an der Südküste entlang).

7. Queensland

Korallenriff und Strand

Australiens „Sunshine State" ist berühmt durch endlose Strände und vor allem durch das **Great Barrier Reef**, ein über 2000 km langes Korallenriff, das größte und beeindruckendste der Welt (*http://de.wikipedia.org/wiki/Great_Barrier_Reef*) mit tropischen Inseln und klarem Wasser zum Baden, Schnorcheln und Tauchen. **Brisbane** (1,8 Mio. Einw.) ist Queenslands subtropische Hauptstadt, südlich davon liegt die Gold Coast mit ihren Hotels und Freizeitzentren. Der Küstenabschnitt nördlich von Brisbane, die Sunshine Coast, ist diesbezüglich weniger lebhaft. Das Outback von Queensland ist kaum besiedelt und (wie auch anderswo) trocken, voller Staub und Fliegen; im Norden gibt es dazu noch viele Moskitos. West-Queensland ist eine riesige, einsame, offene Fläche mit Rinder- und Schaffarmen. Karten und Radler-Infos erhält man bei „Bicycle Queensland" (28 Vulture Street, West End, QLD 4101, *www.bq.org.au*). Beste Radelzeit: Winter und Frühling, also von Juni bis Dezember.

Die Hauptstraße entlang Queenslands Küste heißt **Bruce Highway**, als Bike Guide sollte man sich „The Pacific Bicycle Route" (Brisbane to Sydney) zulegen, von „Bicycle Australia“ (*www.woa.com.au/ba*). Je nördlicher man kommt, desto tropischer wird es und desto mehr nimmt der Straßenverkehr ab. Viel Zuckerrohranbau. Meist hat man guten Rückenwind, wenn man von Süd nach Nord fährt. Auf der verkehrsarmen Strecke zwischen Rockhampton und Mackay liegen die Roadhouses weit auseinander. Bike Shops: Thommo's, 118 Elphinstone St, North Rockhampton; in Mackay: Rock N Road Cycles, 164 Victoria St, und Bullet Bikes, 89A Gordon St.

Great Dividing Range

In Townsville zweigt der **Flinders Highway** nach Osten nach Mt. Isa ab, man könnte auch noch von Cairns nach Normanton fahren – s. weiter oben unter „Northern Territory“. Nördlich von Townsville gibt es einige Wälder und viele schöne Plätze; westlich von Cairns wartet das Atherton Tableland, eine sehens- und radelnswerte Region, tropisch grün mit Wasserfällen und Kraterseen – keinesfalls ein flaches Tafelland, sondern bergiges Terrain. Dazu schon vor Cairns bei Innisfail Richtung Millaa Millaa abbiegen (nach 60 km steile Auffahrten) und dann über Malanda, Lake Eacham, Atherton, Mareeba und Kuranda nach Cairns fahren. Man könnte aber auch von Cairns eine Rundtour machen oder die Strecke südwärts pedalen.

Cairns ist ein internationaler Traveller-Treffpunkt, es gibt ein paar Youth Hostels und etliche Backpacker's. Bike Shops: Cairns Bicycle Works (*www.cairnsbicycleworks.com*) und Pump 'N' Pedals (www.pumpnpedals.com.au).

Das Cape York nördlich von Cairns ist die letzte große Wildnis in Australien – kein Gebiet für Radfahrer! Doch die Fahrt von Cairns bis nach Daintree bzw. zum Cape Tribulation National Park lohnt. Und die Inlandsroute nach Cooktown ist jetzt auch vollends asphaltiert.

8. Rund um Australien

Genau planen!

Ganz ambitionierte Biker nehmen sich die (überwiegend monotone, eigentliche kaum lohnende) Umrundung Australiens vor, ein Unternehmen, das gut geplant sein will. Wegen den vorherrschenden südöstlichen Winden am besten **entgegen dem Uhrzeigersinn** fahren, also von Sydney nach Norden, dann nach Westen (mit einem eventuellen „Abstecher“ zum Ayers Rock oder nach Darwin) bis Broome am Indischen Ozean, anschließend pedalt man die Küste runter bis Perth und zum Schluss geht es nach Osten zurück, durch die Nullarbor-Wüste, nach Sydney. Startmonat in Sydney sollte Anfang April oder noch früher sein, je nach Reisegeschwindigkeit. Darwin sollte man etwa Anfang Juli erreichen, die Nullarbor-Wüste kann man dann etwa im September durchqueren. In Melbourne/Sydney wird man so gegen Jahresende eintreffen. In Perth, wo man etwa im August sein sollte, kann man sein Visum verlängern lassen. Das Ganze wird mindestens neun Monate dauern; die Streckenlänge beträgt ca. 20.000 km (incl. Ayers-Rock-Abstecher). Dazu der gute Erlebnisbericht von Roff Smith, s. „Bücher“ auf Seite 675.

G'day mate, and no worries!

Neuseeland
und Ozeanien

NEW ZEALAND
0 km 60 120 180 km
TASMAN SEA
SOUTH PACIFIC OCEAN
North Island
South Island
Three Kings Islands
North Cape
Te Hapua
Te Kao
Cape Brett
NORTHLAND
Whangarei
Dargaville
Great Barrier Island
Hauraki Gulf
AUCKLAND
Takapuna
Auckland
Manukau
East Coast Bay
Coromandel Peninsula
Thames
Bay of Plenty
WAIKATO
Hamilton
Raglan
Tauranga
Whakatane
East Cape
Rotorua
BAY OF PLENTY
Taupo
L. Taupo
Turangi
GISBORNE
Gisborne
North Taranaki Bight
New Plymouth
Egmont Cape
Opunake
TARANAKI
South Taranaki Bight
HAWKE'S BAY
Hawke Bay
Napier
Hastings
Mahia Peninsula
WANGANUI
Wanganui
Palmerston North
Feilding
Levin
Masterton
Upper Hutt
Lower Hutt
WELLINGTON
Cape Palliser
Cook Strait
Farewell Bay
Collingwood
Karamea
Karamea Bight
Nelson
Blenheim
TASMAN
MALBOROUGH
Cape Foulwind
Westport
Reefton
Greymouth
Kumara Junction
Hokitika
Springs Junction
Kaikoura
Arthur's Pass
WEST COAST
Southern Alps
Pegasus Bay
Christchurch
Banks Peninsula
Akaroa
Franz Josef Glacier
Fox Glacier
3764
Mt. Cook
CANTERBURY
Haast
Ashburton
Lake Ellesmere
Jackson Head
Timaru
Milford Sound
Oamaru
Wanaka
Cromwell
Arrowtown
Te Anau
Kingston
OTAGO
Palmerston
Dunedin
Milton
Balclutha
Gore
SOUTHLAND
Invercargill
Bluff
Foveaux Strait
Stewart Island
South Cape
Antipodes Islands
166°E
168°E
170°E
172°E
174°E
176°E
178°E

Neuseeland [SD]

I. Planung, Vorbereitung, Wissenswertes

Überblick

Es gibt kaum ein zweites Land auf der Welt, das wegen seiner ursprünglichen Natur (die aber immer mehr verkommerzialisiert wird), den landschaftlichen Schönheiten, seiner Überschaubarkeit und wegen des geringen Verkehrs so fürs Radfahren geeignet ist wie Neuseeland. Einsame Meeresbuchten wechseln ab mit immergrünem Weideland, mit Thermalquellen, Geysiren und rauschenden Gebirgsbächen, mit Fjorden und Gletschern, schneebedeckten Bergen, Regenwäldern, Wasserfällen und palmenbestandenen Stränden. Neuseeland ist voll mit extremen Kontrasten und mit bester Radel-Luft! Das wissen natürlich etliche Tourenfreaks schon lange, und deshalb machen sich immer mehr auf den Weg ins „Kiwi"-Land.

In Reisezeitschriften ist Neuseeland ein Dauerthema, Reiseführer und Bücher über das Land gibt es meterbreit. Deshalb macht es an dieser Stelle wenig Sinn, all die ganzen Besonderheiten hier zu wiederholen. Ein Vorzug sei noch genannt: Neuseeland ist auch ein Land, in dem wegen seines mitteleuropäischen Klimas und einer sehr gut ausgebauten touristischen Infrastruktur auch der nicht ganz so abenteuerlich veranlagte Reiseradler bequeme und schöne Touren machen kann. Kombinieren könnte man seine NZ-Radreise noch gut mit Trekking und anderen Outdoor-Aktivitäten. Nur einen Nachteil hat das „Schönste Ende der Welt" – es liegt halt sehr, sehr weit weg …

Geografie

Neuseeland besteht aus zwei Hauptinseln, der überwiegend gebirgigen **Südinsel** mit den Neuseeländischen Alpen (Mt. Cook, 3754 m) und vielen Gletschern und der flacheren und gebirgsärmeren **Nordinsel**, die aber für Radler immer noch hügelig genug ist (mit etlichen ehemaligen oder noch tätigen Vulkanen). Getrennt sind die beiden Inseln durch die 23 km breite Cook Strait. Die Entfernung von der Nordspitze der Nordinsel bis zur Südspitze der Südinsel beträgt gut 1600 km, doch beide Inseln sind selten breiter als 200 km.

Neuseeland ist überwiegend ein Agrarland mit viel Weidewirtschaft, Rinder- und Schafzucht (ungefähr 60 Mio. Schafe, also etwa 12 pro Einwohner). Die zwei größten Städte auf der Nordinsel sind **Auckland** (ca. 1,3 Mio. Einw., Verkehrs- und Handelszentrum) und die Hauptstadt **Wellington** (ca. 450.000 Einw.). Auf der Südinsel liegen das viktorianisch anmutende Christchurch (360.000) und das schottisch geprägte Dunedin (120.000).

Blick auf Wellington mit seinem Wahrzeichen, dem Cable Car

Klima, Reisezeit, Wind

Die Jahreszeiten sind den unseren entgegengesetzt. Subtropisch im Norden, gemäßigt bis kühl im Süden, mildes Seeklima, doch sehr schneller und häufiger Wetterwechsel (längere Wetterprognosen sind auf Neuseeland nicht möglich!), und auch reichlich Regen. Die Ostküsten sind meist etwas sonniger und wärmer als die Westküsten.

Günstig zum Reisen ist es von November bis April, wobei Spätsommer und Herbst (Februar und März) besser sind als Frühling und Frühsommer, da wehen auch die Winde weniger stark. Sommers ist es angenehm warm, ganz im Norden der Nordinsel auch heiß. Doch regnen kann es immer, in besonders großen Mengen und oft an der Westküste („Wetcoast") der Südinsel.

Im Hochsommer am besten auf der Nordinsel radeln, da hat man warme Abende und man kann auch im Meer schwimmen. Die Südinsel ist im Herbst (März und April) fast noch reizvoller als im Sommer, denn dann färben sich die (allerdings wenigen) Laubbäume bunt und man stößt auf weniger Touristen in den Touri-Zentren. Mit erstem Schnee auf den Pässen muss man allerdings bereits im Spätherbst rechnen.

Weniger günstig sind die Wintermonate von Juni bis September. Auf der Nordinsel (Auckland) ist es dann regnerisch und kühl, auf der Südinsel kalt, auch in tieferen Lagen gibt es dann Schnee. Doch im Herbst (Mai/Juni) kann es auf der Nordinsel auch sehr schön sein; die Touristen sind weg. Die Neuseeländer selbst reisen hauptsächlich in der Ferienzeit von Dezember bis Ende Januar, dann kann es bei beliebten Zielen eng werden.

Neuseeland ist generell windig, die Südinsel dabei mehr als die Nordinsel. Stellt euch also schon mal auf heftigen „Head-" oder „Tailwind" ein! Starken Wind gibt es zwischen den beiden Inseln (um Wellington). Morgens möglichst immer früh losfahren, dann ist man ihm weniger ausgesetzt. Doch wegen dem Wind atmet man auch immer frischeste, klare Luft, und er verbläst die lästigen Sandflies.

Anreise

Flüge nach Auckland, Wellington oder Christchurch, von Australien auch nach Hamilton, Palmerston North, Queenstown und Dunedin. Fluggesellschaften, die Neuseeland anfliegen siehe z.B. auf *www.neuseeland.de/html/verkehr.html*. Die Ticketpreise variieren je nach Airline, Gültigkeitsdauer und Saison erheblich (Hochsaison ist von Dezember bis Februar). Bei Anflug über Asien sind meist nur 20 kg Freigepäck erlaubt, während über Nordamerika mit amerikanischen Airlines das Piece Concept gilt (s. dazu auf Seite 23f). Direktflüge von Frankfurt dauern mindestens 26 Stunden. Überlegenswert ist auch die Alternative, NZ in ein Round-the-World-Ticket mit einzubauen. Für Biker mit wenig Zeit, die aber trotzdem beide Inseln durchradeln möchten, könnte ein Gabelflug interessant sein (hin nach Auckland, zurück von Christchurch, oder umgekehrt). Je nach Preisaufschlag kann aber auch ein Inlandsflug günstiger sein.

Liniengesellschaften geben auch Airpässe aus, z.B. „Explore New Zealand-Pass", „Visit the South Pacific Pass" (bei Weiterflug zu pazifischen Inselstaaten, ein Gemeinschaftsangebot der meisten im Südpazifik beheimateten Fluggesellschaften), „Qantas South Pacific Pass" (Qantas u. Air Pacific) zwischen Australien, Neuseeland und Fiji. Wer von den USA (Los Angeles) anfliegt, z.B. mit der United, kann oft Stopps in Hawaii, Fiji, Samoa, Australien u.a. einlegen.

Per Schiff nach NZ ist so gut wie nicht mehr möglich, höchstens per teurem Kreuzfahrer oder von Singapur oder Hongkong aus. Sonst verkehren nur Frachtschiffe.

Einreise

Der Pass muss noch mindestens ein halbes Jahr gültig sein. **Kein Visum** erforderlich; bei der Einreise bekommt man eine dreimonatige Aufenthaltserlaubnis, die im Land gegen Gebühr auf sechs Monate verlängert werden kann. Doch will man so lange bleiben, ist es besser, gleich hier ein Halbjahres-Besuchervisum zu beantragen (Antrag von der hiesigen NZ-Botschaft, oder die „Application Forms" von der Website des NZ Immigration Service, *www.immigration.govt.nz*, herunterladen).

Wegen evtl. biologischer Schädlinge dürfen landwirtschaftliche und tierische Produkte (offene Lebensmittel) nicht eingeführt werden, auch das Rad und die Ausrüstung (Zelt, Heringe) werden evtl. auf Sauberkeit kontrolliert (vorher gut säubern: Pedale, Reifenprofil, Schutzbleche innen). Außerdem sind evtl. ausreichende finanzielle Mittel für die Bestreitung des Aufenthalts (ca. 1000 US$/Monat) sowie ein Rück- oder Weiterflugticket vorzuweisen.

Währung, Finanzen

Währung ist der neuseeländische Dollar (NZ$). Devisentausch ist in NZ vorteilhafter. Kreditkarten (VISA, MasterCard, American Express) sind alltäglich, Bankautomaten sind nahezu überall anzutreffen (zum „Nachtanken" funktioniert auch die günstige EC-Maestro-Card). Auch Reiseschecks werden von Hotels, Banken und einigen Läden angenommen. Das allgemeine Preisniveau ist mit dem deutschen vergleichbar, Übernachtungen sind preiswerter, Lebensmittel teurer. Mit Studentenausweis gibt es auf vieles Ermäßigungen.

Achtung: Mit einem Juhe-Ausweis bekommt man gegen Vorlage desselben (oder mit einer neuseeländischen YH-Concession-Card, in Y-Hostels in NZ erhältlich) auf viele Dinge in bestimmten Geschäften, Hotels und Transportunternehmen (Flüge, Mt. Cook Helicopter Flights) 10-20% Rabatt, oder auch höher. Bei Bahn- und Busfahrten (Newmans, Mt. Cook Lines) über 20 NZ$ 30%, mit der YHA Intercity Travel Card für Bahn, Zug und Fähren sogar 50%! Weiterhin gibt es Rabatt z.B. auf Outdoor-Equipment, Ausflugstouren, Mietautos, Filme, Restaurants, Eintrittspreise etc.! Die Adressen der partizipierenden Firmen und Läden stehen im neuseeländischen bzw. im internationalen Youth Hostel Accommodation Guide. Vorher genau studieren, da lässt sich einiges Geld sparen! Auch die VIP- bzw. BBH-Karte der Backpacker-Hostels (s.u.) bringt Rabatte.

Arbeiten ist für Touristen in NZ zwar verboten, doch besteht zur Erntezeit (Oktober und Mai) in den verschiedenen Landesteilen gegen (geringe) Bezahlung fast immer Bedarf an Obst-, Trauben- und Kiwi-Pflückern.

Bevölkerung, Sprache

Die nur etwa 4 Mio. Neuseeländer stammen zu etwa 75% von **Briten** ab, die ab dem 18. Jh. einwanderten. Die Urbewohner des Landes sind die **Maori**, die ab dem 10. Jh. hauptsächlich das Thermal- und Seengebiet um Rotorua besiedelten. Geringe Minderheiten sind Mischlinge und auch Einwanderer aus Polynesien und Asien. Drei Viertel der Bevölkerung lebt auf der Nordinsel, konzentriert in Städten und an den Küstenstreifen. Wegen ihres Wappenvogels und wegen der bekannten Frucht heißen die Neuseeländer „Kiwis".

Neben Englisch wird auch Maori gesprochen, viele Orts- und Landschaftsbezeichnungen stammen von der Maori-Sprache ab (lernt einige Worte, Grüße und Begriffe in Maori – „kia ora" = Hallo, wai = Wasser, maunga = Berg etc.) Es gibt auch spezielle neuseeländisch-englische Ausdrücke (von Reise Know-How gibt es die Kauderwelsch-Sprachführer „Maori Wort für Wort" und „Neuseeland Slang").

Am Wochenende und an Feiertagen klappen die Kiwis die Bürgersteige hoch, dann ist kaum was los, vieles bleibt geschlossen, eine Gewohnheit aus der puritanischen Zeit der ersten Einwanderer. Gegenüber Besuchern aus Übersee und Radfahrern sind die Kiwis sehr aufgeschlossen, mit Hilfe aller Art und öfteren Einladungen ist zu rechnen. Doch die vielen ausländischen Touristen machen den Kiwis langsam ihre Inseln streitig (z.B. überfüllte Wanderhütten in der Hochsaison).

Kultur und Sehenswertes

Neuseeland ist das „englischste" Land aller früheren britischen Kolonien, daneben existiert die Kultur der Maori. Berühmt sind ihre Tätowierungen, melodischen Lieder und ihre meisterhafte Schnitzkunst. Bestandteil der Tradition ist auch das Maori-Gesicht mit heraushängender, gebleckter Zunge und weit aufgerissenen

Die Straße zum Milford Sound

Augen (Pukana). Bekannt und sehenswert sind auf der Nordinsel bei **Rotorua** die dortigen Thermalquellen (gut um die Radlerwaden zu entspannen) bzw. die Geothermalfelder mit brodelnden Schlammlöchern, Geysiren und heißen Seen (Whakarewarewa, Waimangu Valley und Waiotapu). Eine Attraktion sind auch die **Waitomo-Höhlen** mit ihren Glühwürmchen (bei Hamilton).

Auf der Südinsel sind Attraktionen die **Südalpen** mit dem Mt. Cook, die Wälder, die zahlreichen Seen (Lake Te Anau), **Fjordlandschaften** (Fjordland, der größte Nationalpark der Welt), der Fox Glacier und der Franz Josef Glacier, der **Milford Sound** und der Milford Track, ein 53 km langer, einmalig schöner Wanderweg (nur organisiert möglich, teuer!), kurz, das ganze Naturspektakel der Südinsel (inclusive Steward Island, eine beeindruckende Wald- und Wanderlandschaft).

Auf beiden Inseln gibt es insgesamt 14 Nationalparks (auf *http://de.wikipedia.org/wiki/Nationalparks_in_Neuseeland* alle einzeln anzuklicken) und zwei Dutzend Forest- und Maritime Parks, wo man wandern, klettern, baden, raften, Boot und auch Ski fahren kann. Verantwortlich für die Nationalparks ist das Department of Conservation (*www.doc.govt.nz*); es gibt Visitor Centres mit Auskunft, Broschüren und Karten sowie Unterkünfte in Form von Hütten und Campgrounds (Motor Camps).

Gesundheit, Sicherheit

Wie in Australien kann es in NZ durch das Ozonloch eine erhöhte UV-Strahlung geben („between one and three stay under a tree"). Bei Sonnenschein sehr starkes Schutzmittel auftragen (in NZ billiger als hier); selbst bei bedecktem Himmel ist anfangs eine Sonnencreme sinnvoll. Giftige Schlangen oder anderes gefährliche Getier gibt es nicht, doch Vorsicht bei der rötlich gefärbten Katipo-Spinne, die sitzt manchmal an Stränden unter Treibholz. Achtung vor den aufdringlichen Keas, Bergpapageien, denn die haben eine Vorliebe für Gummi und Leder! Mit ihren scharfen Schnäbeln zernagen sie den besten Radsattel, Reifen oder Zelte (kommen auf der Südinsel in höheren Lagen vor, z.B. Arthur's Pass, nicht füttern)! Die Wekas, hühnchenähnliche Tierchen, sind sehr klaufreudig – beim Campen nichts rumliegen lassen, auch keine Verpflegung oder Essensreste, schon wegen der nachtaktiven Possums (Fuchskusus), die bei der Futtersuche auch schon mal ein Zelt oder eine Radtasche aufreißen können).

An Seen und Stränden und in Feuchtgebieten sind die Sandflies und auch die Moskitos eine echte Plage, je südlicher man in die Feucht- und Regengebiete kommt (z.B. Fjordland), desto aufdringlicher werden sie. Sie lassen sich auch nur zum Teil mit Repellents abwehren, nur an windigen Plätzen ist man einigermaßen vor ihnen geschützt. Bei Wasser aus Flüssen und Seen besteht Gefahr von Durchfallerkrankungen durch Giardia lamblia (Wasserparasiten). Fragt in Outdoor Shops, ob es ein Mittel dagegen gibt, ansonsten hilft ein Wasserfilter. Leitungswasser ist bedenkenlos trinkbar, wenn nicht anders ausgewiesen.

Auch wenn Neuseeland noch so schön ist, das Paradies ist es schon länger nicht mehr – man sollte das Rad nie ungesichert stehen lassen und immer auf seine Wertsachen aufpassen, es kommt vieles weg, auch auf Campingplätzen und in Hostels! Neuseeland-Radbuchautor Reinhard Pantke: „In Christchurch werden jährlich 3000 Fahrräder geklaut, und die Polizei kümmert sich kaum darum."

Kiwi-Autofahrer glänzen nicht unbedingt durch Rücksichtnahme gegenüber Radlern (mehr dazu unter „Verkehr").

Übernachten Es gibt ein sehr dichtes Netz von momentan über 50 **Youth Hostels** (YH), im Dezember und Januar jedoch oft voll, unterwegs deshalb vorher besser anrufen und reservieren. Das geht auch online, über *www.hihostels.com* oder über die Website der neuseeländischen Juhe-Organisation YHA (*www.yha.org.nz*). Ausweis erforderlich (schon hier besorgen, ist billiger). Die Hausregeln und Öffnungszeiten werden flexibler gehandhabt als z.B. in Deutschland. Zahlung auch möglich mit MasterCard u. VISA. Das Herbergsverzeichnis „The Guide to Budget Accommodation", Volume 2 ist hier erhältlich über das DJH in Detmold, in Neuseeland liegt der „YHA Accommodation Guide" kostenlos in Youth Hostels und in Touristenbüros aus. Ein Verzeichnis findet man neben vielen weiteren Infos z.B. zu Rabatten auch auf der genannten Homepage der YHA. Mitglieder bekommen in NZ auf viele Dinge Rabatt (s.o. „Währung, Finanzen"). Bei einigen Hostels ist auch Campen möglich (zum halben Preis, z.B. in Gisborne, Lake Tekapo, Opoutere, Tauranga, Te Anau, Wanaka u.a.). Da hat man seine Ruhe und kann trotzdem alle Einrichtungen im Haus benützen.

Auch freie **Backpacker's** Hostels gibt es in nahezu allen Städten und Tourismus-Zentren (s. *www.hostels.com*). Es konkurrieren zwei Gruppen, deren Hostels sich nicht weiter unterscheiden: „Budget Backpacker" (über 370 Hostels, *www.bbh.co.nz*) und die allen Australienradlern bestens bekannten „VIP Backpackers" (über 70 Hostels, *www.vip.co.nz*). Beide Organisationen bieten den Inhabern ihrer „BBH Backpacker Card" bzw. „VIP Discount Card" teils erhebliche **Rabatte** bei Transportunternehmen (Busse, Bahnen, Flüge) und Sightseeing-Trips. Verzeichnis erhältlich in allen Hostels und Tourist Offices oder online über die genannten Websites. Dann gibt es noch einige **YMCA/YWCAs**, allerdings nur in den vier Großstädten. Sie liegen preislich über den Hostels, doch immer noch eine bessere Wahl als ein Hotel. Schon Mittelklasse-Hotels oder **Motels** können recht teuer sein (doch Motels sind ideal zu viert oder für kleine Gruppen). Manche Hotels/Motels/Pensionen geben für Radfahrer eine Ermäßigung, achtet auf Hinweise.

Weitere Übernachtungsmöglichkeiten: **B&B** (Bed and Breakfast, bei Privatpersonen) und Pub Beds (gibt es bei Pubs, mit dem garantiert kürzesten Weg vom Biertisch ins Bett, oft eigenartige, altmodische Häuser). Schaut diesbezüglich mal in das „New Zealand Bed & Breakfast Book" (*www.bnb.co.nz*).

Wie in den USA gibt es auch in Neuseeland ein **Cyclists' Accommodation Directory**, das ist eine Liste von Personen (meist Leute, die selbst radeln), die Reiseradlern privat eine Übernachtungsstelle gewähren. Als Gegenleistung nimmt man gleichfalls Leute auf, und nur dann bekommt man das Verzeichnis. Fragt mal an bei Bruce O'Halloran, 40 Army St, Ellerslie, Auckland 6 (fügt einige Internationale Antwortscheine bei). Oder erkundigt euch beim ADFC in Bremen (*www.adfc.de*), ob über ihn das Verzeichnis zu bekommen ist (dann muss man vorher dem ADFC-Dachgeber beitreten).

Camping Obwohl es in NZ genügend Low-Cost-Übernachtungsmöglichkeiten gibt, wird es bei einer Radtour nicht ohne Campen abgehen, besonders dann, wenn man auf den langen Strecken auf der Südinsel unterwegs ist. Deshalb unbedingt ein **Zelt mitnehmen** oder in NZ kaufen. Am besten kombiniert man Hostels und Campen.

Campingplätze gibt es sehr viele, nahezu in jeder Stadt und auch in kleineren Orten, sie heißen in Neuseeland Motor Camps oder Holiday Parks, gehören der Stadt oder werden von Privateigentümern betrieben und sind mit Kochgelegenheiten, Kühlschrank, Aufenthaltsraum mit (nervendem) TV, Waschmaschinen, Shop, Duschen etc. gut ausgestattet. Meist gibt es dort auch Wohnwagen (On-Site-Vans) oder Cabins, kleinere, einfache Hütten, mit Betten und Kochgelegenheit, praktisch bei Regen und für kleine Gruppen, oder gar einen Schlafsaal im Backpacker's-Stil. Ein Motorcamp- u. Campground-Verzeichnis bekommt man vom NZ-Automobilclub AA (*www.aa.co.nz*, Outdoor Guide Nord- und Südinsel), weitere Broschüren von den Fremdenverkehrsämtern (Where to stay, u.a.). Natürlich sind die verschiedenen Motorcamp-Organisationen auch online mit einer Liste aller angeschlossenen Plätze präsent, z.B. „Holiday Accommodation Parks of NZ" (*www.holidayparks.co.nz*), und über *www.nzcamping.co.nz* kann man einen Camping Guide bestellen; es gibt auf dieser Website auch eine umfangreiche Camper-Linkliste.

Viele kleinere Orte haben auch **Domains** (danach fragen). Das ist ein öffentliches Stück Land, wo meist Campen erlaubt ist, es gibt auch Wasser und Toiletten dort, seltener Duschen oder einen Aufenthaltsraum. Meist nur geringe Gebühr. Auch auf den Rest Areas bzw. Picnic Areas nahe den Straßen ist zur Not (stilles) Übernacht-Camping möglich. Auf den AA-Karten sind diese Rest Areas eingetragen. Gerade auf der Nordinsel ist es auch oft möglich, auf der Wiese der Hostels zu zelten (gegen eine geringere Gebühr, ca. NZ$ 10-12). So kann man die Atmosphäre der Backpacker's genießen, ohne in Mehrbettzimmern zu nächtigen. Die betreffenden Hostels sind im BBH-Verzeichnis extra gekennzeichnet.

Wildes Campen („Free-"oder „Wild Camping") ist in NZ in der Natur bis auf einige touristisch stark frequentierte Gebiete (z.B. Coromandel Peninsula) erlaubt und auch risikolos, auf der Südinsel ist Campen einfacher als auf der Nordinsel (dort ist das Land größtenteils eingezäunt). Respektiert Privatgrund, dort vorher fragen, meist wird man herzlich willkommen geheißen. In dichter besiedelten Gebieten sollte man aufs Wildcampen zugunsten organisierter Campgrounds ganz verzichten, die Kiwis sind meist eh schon recht genervt durch die alljährliche Touristenschwemme. In den Nationalparks, State Forest Parks und Land & Survey Recreational Parks ist Campen nur auf den dafür vorgesehenen Plätzen erlaubt bzw. ganz verboten. Das Department of Conservation (*www.doc.govt.nz*, s. oben) gibt die Broschüre „Conservation Campsites" heraus, dort sind viele Zeltmöglichkeiten (auch halbwilde) in meist herrlicher Lage aufgeführt. Achtet auf die Feuergefahr in trockenen Regionen, Fire Risk Areas sind ausgeschildert. And keep New Zealand clean!

Verpflegung Das Versorgungsnetz ist auf der Nordinsel sehr gut, in den Städten haben viele Läden länger geöffnet. In allen Städten findet man große, gut sortierte Supermärkte wie z.B. New World, Pak'n Save oder Woolworth, die oft auch leckere Salatbars und Essen zum Mitnehmen haben. Der typische neuseeländische Tante-Emma-Laden ist der Dairy, der hat oft auch spätabends und sonntags noch offen (doch ist nicht immer billig). In NZ sind Milch und Milchprodukte (Käse, Butter, exzellente Eiscreme, Milkshakes), auch Fleisch (Lamm!) sowie Fisch billig und sehr gut. Früchte sind nur preiswert in den Anbau-Regionen. Leider gab es bis vor kurzem nur pappiges Weißbrot, doch dunkles oder Vollkornbrot ist im Kommen, wenngleich teurer (in den Supermärkten meist an der Delikatessenbar). Ein guter Notproviant ist „Scroggin", eine Art „Studentenfutter". Das Nötigste kann man auch an Tankstellen (Petrol Stations) kaufen. „Take aways" bieten die üblichen Meat Pies, Fish & Chips und Fast Food, die Filialen amerikanischer Fast-Food-Ketten sind eine weitere Alternative. Beliebt bei Travellern sind auch die weit verbreiteten „Tea Rooms", wo es auch Kuchen gibt.

Richtige Speiserestaurants sind seltener zu finden und nicht billig. Ein „BYO"-Zeichen an einem Restaurant bedeutet „Bring your own" (Bier, Wein) zum Essen mit (man zahlt nur noch ein „Korkengeld"). Alkoholische Getränke kann man nur in einem Bottle- oder Liquor Shop kaufen! Das Bier ist ziemlich schwach, und die Kiwis dürfen sich erst ab 20 Jahren öffentlich dem Alkohol hingeben. Steinlager („Steinie") ist eines der beliebtesten, im Süden wird Speight s getrunken. Pubs (oft urige Stimmung) machen werktags meist um 23 Uhr zu.

Selbst kochen kann man auch in den Küchen der Motorcamps (Geschirr und Töpfe mitbringen!). In den einsamen Südinsel-Regionen immer genügend Futter mitführen; vor Weihnachten, Neujahr, Ostern, Feiertagen und „langen Wochenenden" genügend „bunkern", weil viele Läden dann über Tage geschlossen bleiben!

Verkehr

Linksverkehr! Man gewöhnt sich schnell dran (Linksverkehr-Tipps s. bei Teil 3, D 2 („Gefahren – Linksverkehr", Seite 119). Außerhalb der Städte und abseits der (nummerierten) State Highways (SH) ist der Verkehr mäßig, auf der Südinsel ist der Verkehr noch dünner. Breite Seitenstreifen entlang den Straßen gibt es leider nur ganz wenige, und außer in Auckland und Christchurch existieren auch kaum Radwege (Cycleways). Doch die Ausschilderung ist gut bis sehr gut, selbst auf kleinen Straßen. In der Nähe von größeren Städten werden aus Einfallstraßen plötzlich für Radler verbotene Autobahnen (Motorways). Fahrt in oder verlasst Großstädte lieber auf Nebenstraßen, doch dazu bedarf es eines Stadtplans. Auckland und Wellington kann man auch schnell per Vorstadtbahn verlassen.

Kiwi-Autofahrer können manchmal ganz schön rücksichtslos gegenüber Bikern sein, das ist nicht nur unsere Erfahrung. Seid auf der Hut vor Bussen (die weichen selten aus) und Lkw (Sogwirkung). Achtung auch vor Schaf-Transportern und den Holzlastern in Waldgebieten! Vorsicht auf den sehr engen Straßen in den Bergen, immer hart links bleiben, und achtgeben sollte man zusätzlich bei Eisenbahnschienen, die manchmal parallel zur Straße verlaufen. Montiert einen Rückspiegel. Während der Hochsaison kurven sehr viele Touristen in Wohnmobilen herum, die mit dem Linksverkehr, den engen Straßen und den Dimensionen ihrer Fahrzeuge ihre liebe Not haben (besonders gefährlich um die Großstädte mit internat. Flughäfen und Fährhäfen).

Straßen

Wie gesagt ist das Radfahren im Kiwiland überwiegend eine ziemlich bergige bzw. hügelige Angelegenheit, besonders auf der Südinsel. Lange, ebene Straßen sind rar (und dann gibt es da auch noch den Wind …). Die Hauptstraßen sind durchweg asphaltiert (sealed, tarsealed), oft sehr rauh und in gutem bis wechselhaftem Zustand (geflickt, hoppelig). Die Nebenstraßen sind von sehr unterschiedlicher Beschaffenheit, werden zunehmend asphaltiert, bestehen aber häufig noch aus festen Schotter- und Erdpisten (die im Sommer dann ganz schön staubig werden können). Mit dem „Grader" werden sie von Zeit zu Zeit ebengehobelt. Auffällig ist die große Zahl toter Tiere auf den Straßen (Possums).

Eine Metalled Road ist eine asphaltierte Straße, eine Shingled Road eine Kiesel- bzw. Schotterstraße (Gravel Road), eine Slick Road eine Pflasterstraße und Slips sind Steinschläge. „New Seal" meint frisch asphaltiert, und damit lockeren, gefährlichen Splitt! Vorsicht, den Autofahrern ist es egal, wenn der Splitt auf euch niederprasselt! Passt auch auf, wenn die Straße voller Schafdung ist, der klebt an die Reifen und spritzt dann auf den Rücken!

Gravel Road. Am Dansey Pass auf der Südinsel

Transport

Bus: Das Bussystem ist sehr gut ausgebaut, es gibt viele Verbindungen zwischen den größeren Städten. Gesellschaften sind Mount Cook, Intercity (das ist die staatliche), Newmans; Atomic Shuttles auf der Südinsel und etliche neue mehr, die sich einen Preiskampf liefern (Christchurch – Queenstown allein sieben Gesellschaften). Auf der Südinsel fahren die Busse weniger häufig. Ermäßigungen mit den o.g. Discountkarten, dazu vielerlei Travelpässe, die aber für Radler weniger interessant sein dürften. Cook und Newmans nehmen Räder gegen Aufpreis oder auch kostenlos mit, sofern Platz ist; eng wird es in der Hochsaison Dezember – Februar. Sonst per Fracht voraus- oder hinterherschicken. Manchmal muss der Lenker gerade gestellt, die Pedale abgeschraubt und die Kette mit Papier umwickelt werden. Schwierig ist die Mitnahme eines Rades in Intercity-Bussen und Intercity-Bahnen, hängt von eurer Überredungskunst und dem Personal ab. Kooperativer, wenn auch nicht jedermanns Geschmack, sind da die „Backpacker-Busse" (z.B. Kiwi Experience, Magic Bus), die während der Hochsaison auf festen Routen fahren, an Sehenswürdigkeiten stoppen und oft einen Anhänger oder Gepäckträger haben. Man kann auch nur Teilstrecken fahren und später wieder zusteigen (vorher reservieren). Busse sind auf Langstrecken billiger als Bahnfahrten.

Eisenbahn: Das Schienennetz ist ca. 4500 km lang. Das Angebot an Personenzügen ist in den letzten Jahren allerdings stark ausgedünnt worden. Linien auf der Nordinsel gibt es nur von Auckland nach Wellington (The Overlander) und von Wellington nach Palmerston North (Capital Connection). Auf der Südinsel verläuft die Bahnlinie entlang der Ostküste von Picton nach Christchurch (TranzCoastal). Eine landschaftlich spektakuläre Strecke ist die von Christchurch über die Neuseeländischen Alpen nach Greymouth an die Westküste („The TranzAlpine", auf dieser Strecke kann es sein, dass das Rad erst im nächsten Güterzug mitkommt).

Die Züge fahren täglich und die Radmitnahme ist kein Problem, es wird meist in den vordersten Waggon verladen. Am besten vorher buchen, es gibt ein zeitlich gestaffeltes Rabattsystem. Es gibt auch Vorortzüge (Commuters oder City Rails) nach/aus Wellington (Paraparaumu, Johnsonville und Upper Hutt) und Auckland (Swanson, Papakura und Hamilton). So gelangt man schnell in diese Städte oder aus ihnen heraus. Doch diese Züge nicht zur Rush Hour benützen! Angeboten werden auch Bahn-Touristenpässe verschiedener Gültigkeitsdauer, Infos unter *www.tranzrailtravel.co.nz*.

Flüge: Im Inland fliegen Air New Zealand (*www.airnz.co.nz*), Mt. Cook und Qantas New Zealand (*www.qantasnz.co.nz*). Es werden relativ viele und auch sehr günstige Flüge angeboten, besonders bei rechtzeitiger Buchung oder wenn man Stand-by oder zu ungünstigen Tageszeiten fliegt („Red Eye Flights") oder eine der o.g. Rabattkarten besitzt. Air New Zealand verlangt in der Regel das Rad in einer Box, bei kleineren Maschinen kann ein Rad nicht immer mitkommen. Details bei der Buchung.

Fähren: Etwa 5x täglich zwischen der Nord- und Südinsel („Interislander"), die Überfahrt mit einem Rad ist nicht ganz billig. Immer voll an den Feiertagen. Fahrpläne und Preise s. *www.interislander.co.nz* und *www.ferrytickets.co.nz*. Seit 2003 fährt auf dieser Route zusätzlich die „Bluebridge Ferry" (*www.bluebridge.co.nz*) mit zwei Schiffen. Geld sparen bei öffentlichen Verkehrsmitteln s.o. bei „Währung, Finanzen"!

Fahrrad

Ein MTB ist nicht erforderlich, wenn man überwiegend auf dem Asphalt bleibt. Ein robustes, normales Trekking- oder Reiserad mit großer Übersetzungsbandbreite wegen der vielen Hügel und Berge ohne „State-of-the-art"-Komponenten erfüllt voll den Zweck. Je nach Tourverlauf bzw. Routencharakter und Zuladung sind jedoch auch breitere Reifen (ab 37 mm) und stabilere Gepäckträger ratsam. Wegen öfterem Regen sind Schutzbleche notwendig! Standardgröße für Schläuche, Felgen und Reifen sind in Neuseeland mittlerweile 26er, doch auch 28er-Größen sind erhältlich.

In Neuseeland kann man auch Räder mieten oder kaufen (gebraucht oder neu, evtl. mit „Buy-back"-Garantie), das wird vielleicht jene interessieren, die NZ mit dem Auto (Mietwagen, evtl. das Rad auf dem Dachgepäckträger) oder per Daumen kennenlernen wollen. Rechnet pro Monat an Mietkosten mit ca. 250 NZ$. Wer eine mehrmonatige Radtour plant sollte aber sein eigenes Pushbike mitbringen. Qualitäts-Räder sind etwa so teuer wie in Deutschland, gleichfalls Qualitäts-Ersatzteile. Komponenten stammen hauptsächlich von Shimano und von taiwanesischen Herstellern, und es gibt sie in guter Auswahl nur in größeren Städten. Die üblichen Ersatzteile sind in jeder Kleinstadt erhältlich.

Gut sind die Penny Farthing Cycles Shops (*www.pennyfarthing.co.nz*) in Auckland (Ecke Khyber Pass Road / Symonds Street), in Wellington (89-95 Courtenay Place) und in Christchurch (Ecke Tuam/Manchester Street). Sie sind jedoch nicht die billigsten! Viele weitere Bikeshops auch in Kleinstädten, man findet sie im Bike-Guide „Pedallers' Paradise" (s.u.) und in Telefonbüchern. Oder klickt auf der Website *www.mountainbike.co.nz* auf „Shops".

Ausrüstung

Mit Zelt durch Neuseeland sollte selbstverständlich sein, wegen dem Wind und Regen muss es stabil und dicht sein, und wegen Sandflies und Moskitos braucht es auch ein Moskitonetz. Robuste, wasserfeste Packtaschen sind gleichfalls vonnöten. Ein etwas wärmerer Schlafsack (Kunstfaser) und wetterfeste Kleidung ist für überwiegende Touren in kühleren Bergregionen von Vorteil. Und natürlich einen Regenschutz nicht vergessen! Es besteht Helmpflicht. Ein Kocher ist nur bei längeren Wanderungen erforderlich und vorteilhaft. Wer die Küchen der Motor Camps benützen will, muss Töpfe mitbringen.

Es gibt in Neuseeland einige hervorragende Outdoorläden (z.B. Bivouaq, *www.bivouac.co.nz*, neun Läden) und renommierte Hersteller (Macpac, *www.macpac.co.nz*). Preise vergleichbar mit denen in Deutschland, Importartikel teils teurer. Die o.g. Bikeshops verkaufen auch (wasserdichte) Radtaschen und Radklamotten.

Bücher, Karten, Internet

Reiseführer: Ulrich Strobel: „Neuseeland. Das Reisehandbuch zum schönsten Ende der Welt", Reise Know-How. Ulrich Quack: „Neuseeland Reise-Handbuch", Iwanowski Verlag. DuMont „Richtig Reisen Neuseeland „New Zealand". Auf Englisch: Charles Rawlings-Way u.a.: „New Zealand", Lonely Planet, und viele andere mehr. Auch in guten Buchhandlungen in Auckland oder Wellington finden sich viele spezielle NZ-Reisebücher. **Radbücher:** Reinhard Pantke: „Das Neuseeland BikeBuch", Reise Know-How. Das umfangreichste und geeignetste Buch für NZ-Tourer – es gibt erschöpfend Auskunft über zehn Routen und Touren; mit Streckenbeschreibungen, Karten, Entfernungen, Unterkunftsmöglichkeiten, Outdoor-Aktivitäten und allgemeinen Hinweisen. Auf Englisch: Nigel Rushton: „Pedallers' Paradise“, DAB Hand Publishing, zwei Bände zur Nord- und Südinsel, in NZ in vielen Bikeshops, Infocentern und Buchläden erhältlich. Die ideale Ergänzung zum obigen BikeBuch, viele Nebenstrecken, Seitenabstecher, Höhenprofile, Entfernungen, Bikeshops und eine Fülle weiterer Infos in Stichworten – mehr dazu auf der Homepage *www.paradise-press.co.nz/ppguides.html*. Gut auch Scott Kennedy u.a.: „Cycling New Zealand“, Lonely Planet Cycling Guides, aktuell von 2009. Überhaupt gibt es eine Menge Biker-Literatur zu Neuseeland – gebt einfach bei einem der gängigen Internet-Buchhändler unter „English Books“ ein „Cycling New Zealand“. Ein Tipp noch für Stollenfans: Wer seinem MTB gelegentlich die Sporen geben möchte, sollte sich den Guide „Classic New Zealand Mountain Bike Rides“ der drei Kennett Brothers zulegen. Beschrieben sind mehr als 400 Geländeritte auf der Nord- und Südinsel, erhältlich in NZ in Buchläden und vielen Bikeshops (*www.kennett.co.nz/books/cnzmbr.html*). **Karten:** „Neuseeland“, von Reise Know-How, 1:1 Mio. Nelles New Zealand 1:1,25 Mio., mit Stadtplänen von größeren Städten. Die besten Karten für Radfahrer sind die 15 District Maps, 1:350.000, des Automobilclubs (AA) von NZ, gegen Vorlage eines nationalen Ausweises bekommt man sie kostenlos. Weitere brauchbare Karten der AANZ sind die Touring Maps, 1:550.000, je vier Blätter für die Nord- und die Südinsel, und der etwas unhandliche DIN-A-4 New Zealand Road Atlas, 1:600.000. Näheres unter *www.aa.co.nz*. Zahlreiche Karten in allen Maßstaben und Führer sind auch in Neuseeland noch erhältlich, und zwar in den Visitor Information Centres (VIN), die es in allen wichtigen Orten gibt. (Auch Bike Shops haben oft Karten). Achtet darauf, dass Autokarten auch Angaben zum Straßenbelag, zu Campingplätzen und Hostels enthalten. Shell-Tankstellen haben gleichfalls Autostraßenkarten. Die detailliertesten Karten (aber ohne km-Angaben!) sind die des Department of Survey and Land Information (New Zealand Map Series, s. unter *www.linz.govt.nz*). Die Karten-Nr. 265 stellt Neuseeland in zwei Blättern dar (Touring Map Series, 1:1 Mio.), die beiden sind fürs Radeln ausreichend. In Nr. 242 ist Neuseeland in vier Blättern dargestellt (1:500.000), und Nr. 262 teilt NZ in acht Blätter auf (1:250.000). Diese Karten sind bereits zu groß (wird mal eine für eine bestimmte Region nötig, kann man sie auch in städtischen Bibliotheken einsehen und kopieren). Erwerben kann man die Karten von den Verkaufsstellen des Survey and Land Department und auch in größeren Buchhandlungen. Guidebooks für die Nationalpark-Tracks kann man – sofern man einen wandern will – auch noch an Ort und Stelle kaufen. Der Milford Track und Routeburn Track allerdings erfordern immer eine Voranmeldung (im Sommer für Monate ausgebucht!). Und, wer mit **GPS** unterwegs sein will: Das „NZ Open GPS Project“ stellt unter *http://gwprojects.org/forum/index.php* freie Garmin-Karten ins Web. **Internet-Infos:** Für erste Infos ist die Seite *www.neuseeland.de* nicht schlecht. Detaillierter mit guter Landeskunde ist Wikipedia (*http://de.wikipedia.org/wiki/Neuseeland*). Die offizielle Website von Tourism New Zealand (*www.newzealand.com*) lässt eigentlich kaum Fragen offen und bietet zudem unzählige Links. Eine weitere gute Startseite ist *www.nz.com*. Mit einer Fülle von Informationen zu Biketrails, Radläden, Links etc. präsentiert sich das „New Zealand Mountain Bike Web“ unter *www.mountainbike.co.nz*. Einen Blick wert ist auch *www.cyclingnz.com*. Und auf der Seite *www.bike-nz.de* beschreibt Co-Autor und Neuseeland-Fan Stephan Drawert (unter anderem) seine drei Radreisen durch das tolle Land am Ende der Welt.

II. Ziele, Routen, Strecken

Routenplanung

Bringt vor allem genügend Zeit mit! Mindestens sechs Wochen! Oder, wer zumindest eine Insel halbwegs komplett und entspannt beradeln will: wenigstens vier Wochen. Wer alles genau im Voraus wissen will stellt seine Route mit dem oben erwähnten „Neuseeland BikeBuch" zusammen, oder man plant nur im Groben und lässt sich ansonsten treiben. Bike Traveller gibt es in Neuseeland zuhauf (darunter viele Deutsche und Schweizer), die sind eine gute Info-Quelle. Man braucht sich allgemein nur wenig Sorgen zu machen, alles läuft mehr oder weniger in gewohnten und geregelten Bahnen (bis auf den Linksverkehr).

Plant zur Abwechslung evtl. auch einen der vielen Wander-Tracks mit ein, die fernab jeglicher Zivilisation drei bis zehn Tage durch die schönsten und spektakulärsten Wildnis- und Nationalpark-Landschaften Neuseelands führen („Go Tramping"), die Ausrüstung dazu lässt sich meist noch vor Ort mieten, mehr darüber in Reiseführern. Wenn keine Rundwanderungen möglich sind, kann man Rad und Gepäck auch per Bus ans andere Ende des Tracks schicken. MTB-Biker dürfen in den Nationalparks nur auf den dafür bestimmten Tracks fahren.

Die Südinsel ist, wie erwähnt, landschaftlich schöner, abwechslungsreicher und verkehrsärmer. Wer nur wenig Zeit hat, sollte überwiegend dort radeln und zur Überbrückung uninteressanter Distanzen in Busse und Züge steigen (von Christchurch kann man gut nach Auckland zurückfliegen). Eine beliebte Rundtour auf der Südinsel ist die Westküstenroute von Nelson nach Westport und weiter bis Haast, dann ins Inland nach Queenstown (Abstecher zum Milford Sound), und anschließend über Christchurch wieder die Ostküste hoch. Oder vice versa.

Wer nach langem Flug übermüdet ist und sich nicht gleich in den Linksverkehr wagt, sollte nach der Ankunft in Auckland ein Backpacker's Hostel aufsuchen bzw. sich schon vorher anmelden (z.B. City Garden Lodge, 25 Georges Bay Road), die haben einen Kleinbus-Abhol-Service. Überflüssiges Gepäck kann man ebenfalls in den Hostels aufbewahren oder recht günstig postlagernd vorausschicken (wird zwölf Wochen aufbewahrt).

Empfehlenswerte Touring-Gebiete auf der Nordinsel

Coromandel Peninsula

Diese Halbinsel mit ihrer subtropischen, kontrastreichen Vegetation und mit malerischen (zahllosen!) Hügeln und Bergrücken ist ein sehr gutes Cycling-Gebiet. Kleine Farmen, schöne Strände, Kauri-Bäume und verschlafene Fischerdörfer wechseln sich ab mit Walking Tracks, abgelegenen Schotterpfaden und alten Minenstrecken. Zum Übernachten gibt es viele Motor Camps, Hostels und einige Touristenresorts. Man kann da leicht 500 und mehr Kilometer zusammen bekommen und eine Woche oder länger bleiben. Am besten man pedalt an der Küste entlang und macht Abstecher ins Innere. Anfahrt Auckland – Thames (am Firth of Thames entlang ist vorzuziehen), beschrieben im RKH BikeBuch. Für viele Strecken (Trail-Bike-Routen) und Abschnitte (z.B. zum Nordkap nach Port Jackson) wäre ein MTB das richtige (doch schwierige Strecken kann man ja auch auslassen). Dazu unbedingt die Karte „Leisure Map of Coromandel Peninsula" vom AA dabeihaben, denn man kann sich leicht verfahren, im Buch „Pedallers' Paradise" (s. „Bücher") sind gleichfalls Coromandel-Touren beschrieben. Coromandel ist auch ein Naherholungsgebiet für die Auckländer; im Dezember und Januar sind dort viele unterwegs, das restliche Jahr ist es ruhig.

Rotorua und Ostküste

Rotorua ist das obligatorische, sehr touristische Ziel für NZ-Touristen. Entlang der Bay of Plenty schöne Strände und meist gutes Wetter. Ganz draußen im East-Cape-Gebiet viel Einsamkeit, gutes Radfahren, schöne Strände, Maori-Kultur. Wenig Übernachtungsmöglichkeiten. Der Urewera-Nationalpark besteht überwiegend aus Wildnis, es ist ein Wandergebiet mit dem „schönsten See Neuseelands", dem Lake Waikaremoana. An der Hawke Bay gibt es Obst- und Früchteplantagen. Weiter südlich ist die Ostküste bis Wellington runter eher uninteressant, überwiegend Farmland.

Northland So heißt das Gebiet nördlich von Auckland, mit viel Maori-Kultur und geschichtlichen Orten (Waitangi). Recht bevölkert, Straßen sind gut, aber stark befahren. Überwiegend Farmland und Busch. Der Highway 1 läuft an der Hibiskusküste entlang: Grüne Buchten, sanfte Hügel, gelegentlich riesige Kauri-Bäume und hohe Palmen, dann wieder gemäßigte Zonen mit Kiefern und Christmas Trees. Um Kerikeri nahe der Bay of Islands breitet sich ein riesiges Orangen- und Obstanbaugebiet aus. Wer will, kann von Kaitaia bis zum nördlichsten Punkt, dem Cape Reinga und zum Ninety Mile Beach fahren (120 km, viele Touristenbusse). Landschaftlich jedoch nicht attraktiv, Küstenlinie ist nur selten zu sehen. Rückfahrt von Kaikohe auf dem Highway 12 durch teils dichte Waldgebiete mit riesigen Kauri-Bäumen (Waipoua Kauri Forest), viele Steigungen. Nach einem kurzen Intermezzo auf dem Hwy. 1 bis Wellsford dann vollends auf dem verkehrsärmeren Hwy. 16 nach Auckland radeln, oder bereits in Swanson in den Vorortzug steigen.

Auckland – Wellington Das ist die Hauptstrecke aller, die zur Südinsel wollen. Der Verkehr auf den SH 1 und 3 ist recht heftig, das (touristische) Rotorua sollte man trotzdem besuchen. Der Lake Taupo ist bekannt für gutes Forellenangeln. Am SH 1 liegt auch der Tongariro-Nationalpark, bekannt für seine teilweise noch aktiven Vulkane (Anfahrt jedoch über den SH 47 nach Whakapapa). Ab Palmerston North ist die Strecke vollkommen flach, langweilig und stark befahren, deshalb bis Wellington besser den Zug oder den Bus nehmen.

Bei einer Rückfahrt von Wellington nach Auckland könnte man auch den SH 3 nehmen, am Vulkan Mt. Taranaki vorbei (Nationalpark, Besteigung möglich). Wo SH 3 und 4 wieder zusammenkommen liegt bei Te Kuiti die Waitomo-Glühwürmchen-Grotte.

Empfehlenswerte Touring-Gebiete auf der Südinsel

Die Südinsel, das heißt ruhige Straßen, hügelige und bergige (alpine) Landschaften mit zahlreichen Pässen und auch große Entfernungen zwischen den Orten und Siedlungen – manchmal 100 bis 150 km!

Nachdem man von Wellington in Picton mit der Fähre angekommen ist, erreicht man mit der nordöstlichen Ecke der Südinsel um Blenheim gleich eine schöne Radelregion (Marlborough Sounds Maritime Park und Wairau River Valley) mit Obstplantagen und Weinanbau.

Ost- oder Westküste? In Picton hat man die Wahl, ob es zunächst zur Westküste gehen soll oder ob man die Ostküste Richtung Christchurch runterfährt. An der Westküste weht bei schönem Wetter der Wind meist von Südwest, deshalb dort eher nordwärts pedalen (für die Tourplanung weniger ausschlaggebend).

Fährt man nach Westen oder kommt dort den Highway 6 hoch, kann man in Motupiko bzw. in Richmond zur Golden Bay und zum Abel Tasman National Park abbiegen, ein hügeliges Waldgebiet mit fantastischer Küste, idyllischen Buchten und schöner Vegetation (Riesenfarne). Wandern kann man dort auf dem Coastal Track (in der Ferienzeit stark überlaufen). Alternativ könnte man auch den vier- bis fünftägigen Heaphy-Track wandern (und das Rad vorausschicken).

Fährt man von Blenheim nach Christchurch, könnte man auch noch von dort über die Alpen (Arthur's Pass) gleichfalls zur Westküste gelangen (steile Aufstiege). Um Christchurch gutes Radeln (Akaroa-Peninsula, hügelig).

Zwischen Christchurch und Dunedin liegt im Regenschatten der Neuseeländischen Alpen die Canterbury-Ebene, mit dem langgezogenen, ebenen und langweiligen Highway Nr. 1. Wer von Christchurch nach Queenstown will, könnte auch die abwechslungsreichere, doch bergige 73/77/79 radeln. In Fairlie stößt man dann auf den Highway 8, der nach Queenstown führt. Unterwegs kann man bei Twizel die ca. 60 km zum Mount Cook abbiegen – sehr schöne Landschaften, Seen, Bergpanoramen, Gletscher. Mount Cook ist das Zentrum zum Skifahren, Bergsteigen und für Gletscherwanderungen (Mt. Cook National Park; auf der Strecke dorthin meist Gegenwind, da der Wind das Tal hinabbläst).

Die Strecke zwischen Dunedin und Invercargill durchs Inland bietet nichts Besonderes; viel interessanter ist es an der Küste entlang, die 92 ist zwischen Balclutha und Invercargill ist mittlerweile bis auf wenige Kilometer asphaltiert (teils kräftige Steigungen).

Milford Sound

Nach Invercargill erreicht man die Berge des Fjordlandes mit Te Anau als Touristenzentrum. Zum berühmten Milford Sound führt dann der Highway 94, eine streckenweise einmalige Straße mit dem Homer Tunnel, doch zur Hochsaison auch starker Verkehr (am besten zwischen 11 und 16 Uhr, da dann fast alles am Sound ist)! Recht harte Strecke mit dem Bike; es ist ratsam, per Bus von Te Anau zum Homer Tunnel zu fahren und vom Milford Sound bis hinter den Tunnel wieder mit dem Bus zurück, da man so bis zu 20 km bergab rollen kann. Der Homer Tunnel ist grausig, eng, abgasverpestet und hat 10% Gefälle Richtung Milford Sound – immerhin ist er zwischenzeitlich beleuchtet; am besten so um die Mittagszeit durchradeln, dann am wenigsten Verkehr.

Ein anderes Highlight ist die Backcountry Road zwischen der Te Anau und der Walter Peak Station am Lake Wakatipu. Da man diese Strecke nur per Schiff von Queenstown erreichen bzw. nach Queenstown verlassen kann, ist sie entsprechend verkehrsarm. Und last but not least verbindet der „Otago Central Rail Trail" auf 150 km Länge von Middlemarch bis Clyde den Komfort fast steigungslosen Radelns mit einer herrlichen Hügellandschaft (einige spektakuläre Viadukte und Tunnels, teilweise grober Schotterbelag)! Zu erreichen von Dunedin auf dem Hwy. 87 (besser den Taieri Gorge Railway bis Pukerangi nehmen!), von Queenstown über den Hwy. 8.

Am Lake Tekapo in den Neuseeländischen Alpen

Karte S. 710

Gletscher und Felsformationen

Die Attraktionen an der Westküste sind der Franz-Josef- und der Fox Glacier und die Pancake Rocks. Während am nördlichen Teil des Highway 6 noch recht viele Orte liegen, wird es nach Süden zu immer einsamer („Beförderungsloch" zwischen Hokitika und Wanaka). Von Haast geht es dann den von dieser Seite recht steilen Haast-Pass hoch. Über Wanaka kommt man nach Queenstown, zur Haupttouristenregion der Südinsel. Der Hwy. 34 von Wanaka nach Arrowtown über die Cardrona Range ist mittlerweile asphaltiert, der Verkehr hat seitdem spürbar zugenommen.

Abschluss-Empfehlungen

Stephan Drawert: Wer abseits der Hauptrouten in das ländliche und ursprünglichere Neuseeland eintauchen möchte, dem seien folgende (zum Teil nicht asphaltierte) Routen empfohlen: Auf der **Nordinsel** der Highway 38 zwischen Rotoroa/Murupara und Wairoa; er führt über viele Hügel durch den Te Urewara National Park mit dichtem Regenwald. Dann die Whanganui River Road: Entlang des geschichtsträchtigen Flusses mit vielen historischen Stätten bis an den Rand des Nationalparks. Von Pipiriki dann Anschluss zum Tongariro National Park. Auf der **Südinsel** die Route über den Danseys Pass auf dem Weg von Omarama nach Dunedin. In Duntroon Richtung Naseby abbiegen. Weiter auf dem Otago Rail Trail nach Middlemarch und Dunedin. Dann die Rainbow Road zwischen St Arnaud und Hanmer Springs über den Island Saddle. Zahlreiche Furten und zudem ausgesetzt, also vorher nach dem Wetter erkundigen.

Have a nice ride!

Ozeanien [TG]

Südseeträume – das Paradies mit anderen Augen gesehen

Reisestory von Thomas Gand

Nachdem ich bereits neun Monate durch Südostasien, China, entlang Australiens Ostküste und quer durch das Outback geradelt war, stand nun in Alice Springs, im Herzen des roten Kontinents, schnell fest, wohin es als nächstes gehen sollte: nach Südamerika, genauer gesagt nach Peru! Doch das Beste sollte erst noch kommen: Nach Durchforsten der endlosen Flugbedingungen im Reisebüro stellte sich heraus, dass ich auf dem langen Flug nach Osten zwei kostenlose Stopps einlegen konnte. Und so sollte es zuerst für acht Tage in eines der paradiesischsten, aber auch teuersten Reiseziele dieser Erde gehen: in die Südsee nach Französisch Polynesien, wo ich mich der Herausforderung stellen wollte, Tahiti, Moorea und Bora Bora auf dem Budget-Trip zu erkunden. Anschließend würde ich fünf Tage mitten im Pazifischen Ozean auf der Osterinsel Rapa Nui bleiben, dem Flecken der Erde, der am weitesten vom nächsten bewohnten Stück Land dieser Erde entfernt ist. Wahnsinn – mein Herz klopfte vor Aufregung und Vorfreude! Von Alice Springs aus flog ich dann nach Sydney, und nach einer Nacht am Flughafen war meine Zeit in Australien vorbei.

Für den weiteren Weg nach Osten bestieg ich eine Maschine von Air Tahiti Nui. Schon der Name der Airline zauberte während des Fluges ein breites Lächeln in mein Gesicht, und ich war bereit für die erste Zeitreise meines Lebens. Denn ich startete am Sonntag Vormittag in Sydney und landete am Vorabend, also am Samstag Abend, auf Tahiti! Nur möglich, wenn man die Datumsgrenze von West nach Ost überquert. Noch einmal stand also die Nacht von Samstag auf Sonntag auf dem Programm. Dieses Mal verbrachte ich sie auf dem Flughafen von Papeete, der Hauptstadt Französisch Polynesiens.

Mit Sonnenaufgang radelte ich die wenigen Kilometer ins Zentrum zu einem der in diesen Breitengraden leider äußerst rar gesäten halbwegs bezahlbaren Hostels. Dort angekommen ereilte mich der erste wirklich kapitale Materialschaden meiner Reise: Die Hinterradfelge war in der Bremsflanke gebrochen! Mit Tahiti hatte sich die Felge natürlich einen besonders exquisiten Platz ausgesucht, um ihr Leben auszuhauchen. Auch wenn man sie da etwas in Schutz nehmen muss, denn es war vermutlich der tiefe rote Sand des Mereenie Loops mitten in Australien gewesen, dem man die Schuld geben muss. Doch es half alles nichts; die etwa 120 km lange Fahrt auf der quasi einzigen Straße Tahitis um die Vulkaninsel herum musste ich damit schweren Herzens abblasen. Stattdessen stand Felgensuche auf dem Programm! Aber ungeachtet der doch sehr prekären Situation zeigte ich mich optimistisch und lief am nächsten Morgen, noch bevor irgendein möglicherweise existierender Radladen geöffnet hatte, zum Frachthafen. Dort buchte ich eine Überfahrt nach Bora Bora auf dem Frachtschiff „Vaeanu", das am Nachmittag auslaufen sollte.

Es fanden sich dann tatsächlich ein paar Radläden, allerdings waren die zumeist eher asiatischer Art. Und das bedeutet erschreckend billige Fahrräder, noch deutlich unter hiesigem Baumarktniveau, ordentlich aufgereiht zwischen Rasenmähern, Dieselaggregaten und anderen mir unbekannten grobschlächtigen Maschinen. Eine 36-Loch-Felge hatte natürlich niemand und eine 9-fach Nabe erst recht nicht. Daher konnte ich auch keine der ohnehin fürchterlich billig aussehenden 32-Loch-Felgen nehmen, so dass alles ganz verdächtig nach großer Katastrophe aussah. Nicht nur, dass ich so das Frachtschiff um 16 Uhr verpassen würde, selbst zum Flughafen würde ich mein Rad in sieben Tagen vermutlich kaum noch schieben können. Als ich beinahe resignierend den x-ten Laden betrat, eine winzige Katakombe, jedoch ohne Rasenmäher, da sah ich den Besitzer in der Ecke tatsächlich ein Rad einspeichen und ein kleiner Funken Hoffnung stieg in mir auf. Und siehe da, es schien einen kleinen Glücksstern zu geben, der für mich schien: Aus einer Reihe von nur fünf an der Wand hängenden Felgen zog er eine hervor, begann zu zählen, und als er bei 32 noch nicht fertig war, wäre ich ihm am liebsten mit einem dicken Baiser (frz. „Kuss") um den Hals gefallen!

Kurze Zeit später fand ich mich mit neu eingespeichtem Rad auf hoher See wieder, auf dem Weg ins Paradies, nach Bora Bora. Ein Name voller Magie, der mich mit tiefer Faszination erfüllte. Ich war auf dem Weg zum Inbegriff aller Südseeträume, dem Traumziel für Flitterwochen, das für die meisten Menschen unerreichbar bleibt und für das viele andere jahrelang sparen und für dessen Besuch sie unvorstellbare Summen ausgeben.

Nach einem Tag und einer Nacht fuhren wir im kristallklaren Wasser durch die einzige Passage des Saumriffs, das die grün und dicht bewachsene Insel Bora Bora umgibt, hinein in die in einem unglaublichen Türkis leuchtende Lagune. Mein Rad wurde am Kai abgesetzt, ich packte die Taschen auf, radelte los und bog auf die einzige Straße ein, die auf 32 km um Bora Bora herumführt. Zum Glück fand ich einen Platz zum Zelten für etwa 10 Euro pro Nacht bei den Polynesiern Aldo und seiner Frau, die mich als einzigen Gast freundlich aufnahmen. Ihren so unheimlich herzlichen und freundlichen Redefluss hätte man leicht dahingehend missdeuten können, dass der letzte Gast doch schon vor längerer Zeit abgereist sein müsste – was tatsächlich auch so war. Ich blieb zwei Tage und Nächte, kochte zusammen mit Aldos Frau, radelte zweimal um die Insel herum und erlebte polynesisches Dorfleben pur. Ganz anders als vermutlich nahezu alle anderen Besucher der Insel, die bis zu 10.000 Euro (pro Nacht wohlgemerkt!) für einen der luxuriösen Überwasser-Bungalows ausgeben. Diese befinden sich meist draußen auf einer der Inseln, die das Riff um die türkise Lagune und um die Vulkaninsel herum bilden. Da Bora Bora einer der wenigen Orte der Erde ist, an dem man mit den majestätischen Manta-Rochen tauchen kann, gönnte ich mir kurzerhand einen Tauchgang. Mantas sahen wir leider keine, aber dafür waren teils riesige Haie unsere Begleiter. Deutlich größer als wir selbst, zogen sie im kristallklaren Wasser neben Riesenschildkröten und einer unvorstellbaren Vielfalt an bunten Tropenfischen ihre Kreise.

Gefressen hat mich zum Glück keiner von ihnen. Auch der Streik und die damit einhergehende Blockade der kleinen Raffinerie und Tankstelle für Schiffe auf der Insel Tahiti muss wohl erst begonnen haben, nachdem die „Vaeanu" dort getankt hatte, denn sie traf entgegen

Südseeträume. Moorea, an der Opunohu Bay

meiner schlimmsten Befürchtungen planmäßig am nächsten Morgen wieder auf Bora Bora ein. Ich sandte tausend Merci-Rufe (oder auf Tahitianisch: „maururu, maururu") an meinen Glücksstern – er hatte mich davor bewahrt, einen sündhaft teuren und vielleicht noch nicht einmal verfügbaren Flug von Bora Bora zurück nach Tahiti nehmen zu müssen. Es war noch Nacht, als ich wieder zurück in Papeete auf Tahiti war und auf die erste Fähre zur nahe gelegenen Insel Moorea wartete, wo ich glücklicherweise ebenfalls zelten konnte. Zwei Tage verbrachte ich radelnd auf der 60 km langen Insel-Rundstraße und faul im weißen Sand liegend. Ich wurde zum tahitianischen Essen eingeladen und ließ unter Palmen einfach die Zeit verstreichen, bevor es zurück zum Flughafen auf Tahiti ging. Es war eine unglaublich schöne und eigentlich viel zu kurze Zeit in Französisch Polynesien gewesen, fast wie ein Traum. Au revoir, paradis!

Um 1 Uhr nachts bestieg ich dann die Maschine von LANChile für meinen weiten Weg nach Osten zum abgelegensten Ort der Erde. Fünf Stunden später tauchte aus den Wolken eine kleine, von tosenden Wellen umbrandete Insel mit einer breiten Landebahn auf, die an dieser Stelle von der einen bis zur anderen Seite der Insel reicht. Diese Insel hatte mich schon immer mit einer ungeheuren Faszination erfüllt – schon früher, als ich mit dem Finger über die Weltkarte und den endlosen Pazifik gestreift war: Rapa Nui, die Osterinsel!

Gemeinsam mit Javier aus Chile stieg ich aus der Maschine, wuchtete meine Kartons auf einen klapprigen Pickup, dann wurden wir zu einem der wenigen Gästehäuser der Insel gefahren. Das Wetter war grau, windig und regnerisch, aber zumindest gab es nette Gesellschaft im Gästehaus. Javier betrat seit einem Jahr wieder heimischen Boden, auch wenn der noch immer 3700 km von seinem eigentlichen Zuhause, dem chilenischen Festland, entfernt war. Nach einem langen Abend mit ausgiebigem Test des chilenischen Nationalgetränks Pisco erkundeten wir am nächsten Tag mit einem Geländewagen und zu Fuß die hügelige und karge Insel. Wir erklommen Vulkane und wanderten zwischen den unzähligen Moais umher, den weltberühmten und rätselhaften Steinstatuen, die ihre riesigen Köpfe überall auf der Insel in die frische, salzig schmeckende Luft halten. Dank dem Pisco am Vorabend fühlte sich mein Kopf dabei fast genauso schwer an wie der der Moais ...

Am dritten Tag gingen wir tauchen, da das Wetter sich langsam besserte. Doch von der weltweit einzigartigen Sichtweite von bis zu 100 Metern, für die die Insel unter Tauchern berühmt ist, konnte aufgrund des vorherigen schlechten Wetters leider nicht annähernd die Rede sein. Einige Backpacker aus dem Gästehaus liehen sich Fahrräder, und so erkundeten wir die Insel nun auch per Rad, denn so langsam zeigte sich sogar hier und da blauer Himmel. Es waren fünf unvergessliche Tage auf dieser kleinen, mystischen Insel mitten im Nirgendwo, mit nur einem Ort, einer Bank, einem ankommenden Flugzeug pro Tag, vielen wilden Pferden, einer schroffen Lavaküste und einer schwer zu beschreibenden, isoliert-familiären Atmosphäre – eben am abgelegensten Ort dieses Planeten.

Über Santiago de Chile flog ich dann nach Lima, der Hauptstadt Perus. Ein neuer Kontinent wartete! Nach einem Bogen nordwärts über Ecuador würde ich mich auf den Weg nach Süden machen, auf den langen Weg nach Feuerland, ans Ende der Welt. Auch das wollte ich mit anderen Augen sehen – mit meinen eigenen!

(Mehr zu Thomas' Weltreise s. *www.reiseleben.de*.)

Südsee-Inselstaaten

Überblick

Südsee-Inselträume und Fahrrad – das geht schon zusammen, wie man sieht, wenngleich auch diese kleinen Paradiese aus naheliegenden Gründen nie zum Top-Ziel für Rad-Toureros avancieren werden. Doch wer gerade zwischen Australien, Neuseeland und dem amerikanischen Doppelkontinent unterwegs ist, der sollte schon versuchen, Zwischenstopps auf Südsee-Inseln einzulegen.

Auf internationalen Flügen werden meist Hawaii, Westsamoa, Amerikanisch Samoa, Tahiti und Neukaledonien angeflogen. Tonga erreicht man meist nur indirekt bzw. durch Umsteigen, oder man bucht eine Rundreise (z.B. von Neuseeland aus) nach Tonga, Fiji und/oder Samoa. Der Gang in ein Reisebüro klärt die möglichen Verbindungen bzw. Routen. Flugdrehscheiben sind Sydney, Auckland und die Fiji-Inseln. Alle wichtigen Radersatzteile sollte man dabeihaben, da es auf den Inseln – außer auf Hawaii – kaum Radläden gibt, und wenn, dann führen sie nur das Nötigste.

Alles Wichtige kann man aus den unten empfohlenen Reiseführern erfahren. Die South Pacific Tourism Organisation (*www.spto.org*), Petersburger Str. 94 in 10247 Berlin (Tel. 030-42256026, Fax 030-42256287) verschickt Info-Material; auf der Homepage gibt es auch Basic Infos zu etlichen Inseln. Interessant auch *www.polynesiens-inseln.de*, und besonders gut wie immer Wikipedia (*http://de.wikipedia.org/wiki/Polynesien*), mit ausführlichen Infos zu Geografie, Kultur und Geschichte sowie Links zu den Einzelbeschreibungen aller Südsee-Inseln.

Übrigens: **Polynesien** ist eine großflächige pazifische Inselregion, die östlichste der Kulturregionen Ozeaniens. **Melanesien** nennt man die Inselgruppen, die nordöstlich von Australien, aber südlich des Äquators liegen. Nördlich des Äquators schließt sich **Mikronesien** an. Die meisten Zwischenstopp-tauglichen Ziele gehören zu Polynesien.

Welche Inseln?

Hier sollte man nicht die Insel-Größen oder mögliche Strecken- bzw. Straßenlängen als Maßstab heranziehen, sondern die Wahl sollte vielmehr nach Kosten (Anflug), touristischer Infrastruktur, Grad der Entwicklung, Besonderheiten oder der Landessprache getroffen werden. Wer eine noch heile Südsee-Welt sucht, ist z.B. auf Hawaii fehl am Platz (obwohl es sich dort prima radeln lässt), und wer kein Französisch kann, wird auf Tahiti oder Neukaledonien schlecht zurechtkommen. Überhaupt wird man auf den Südsee-Inseln kaum jenen Südsee-Mythos finden – außer bei Vorführungen für Touristen –, wo unter rauschenden Palmen an türkisen Stränden blumenbekränzte Mädchen immer nur tanzen und Musik machen. Unsere modere Zeit hat dieses Traumbild – das so sowieso nie real existiert hat – längst überwuchert. Nüchtern geht es zu, auf den Südsee-Inseln herrscht Arbeitslosigkeit, viele sind überbevölkert, ethnische Konflikte schwelen, stellenweise machen gravierende Umweltzerstörungen (Meeresverschmutzung) die Lebensgrundlagen der Bewohner zunichte (von manchen radioaktiv verseuchten Inseln Französisch Polynesiens ganz zu schweigen).

Da die Übernachtungs-, Transport- und Lebenskosten für „Normal"-Touristen auf allen Südsee-Inseln ziemlich hoch bis sehr hoch sind (die von Thomas angeführten Bungalow-Preise sind kein Witz, s. *www.viply.de/?p=507*), ist das Reisen mit Rad und Zeltausrüstung eine gute Möglichkeit, Südsee-Inseln unabhängig und relativ preiswert zu bereisen. Auf manchen Inseln kann man auch Räder leihen (meist von Resorts oder Hotels). Reisewährung sind US$ und Travellercheques von American Express (viele Niederlassungen), auf Tahiti Euro. Touristisch erschlossene Gebiete akzeptieren alle gängigen Kreditkarten, auch Bargeldauszahlung ist möglich.

Unsere persönliche **Rangfolge:** Western Samoa, Tonga, Fiji, Tahiti. Die Hawaii-Inselgruppe ist ein Sonderfall, und American Samoa (ca. 130 km östl. von Western

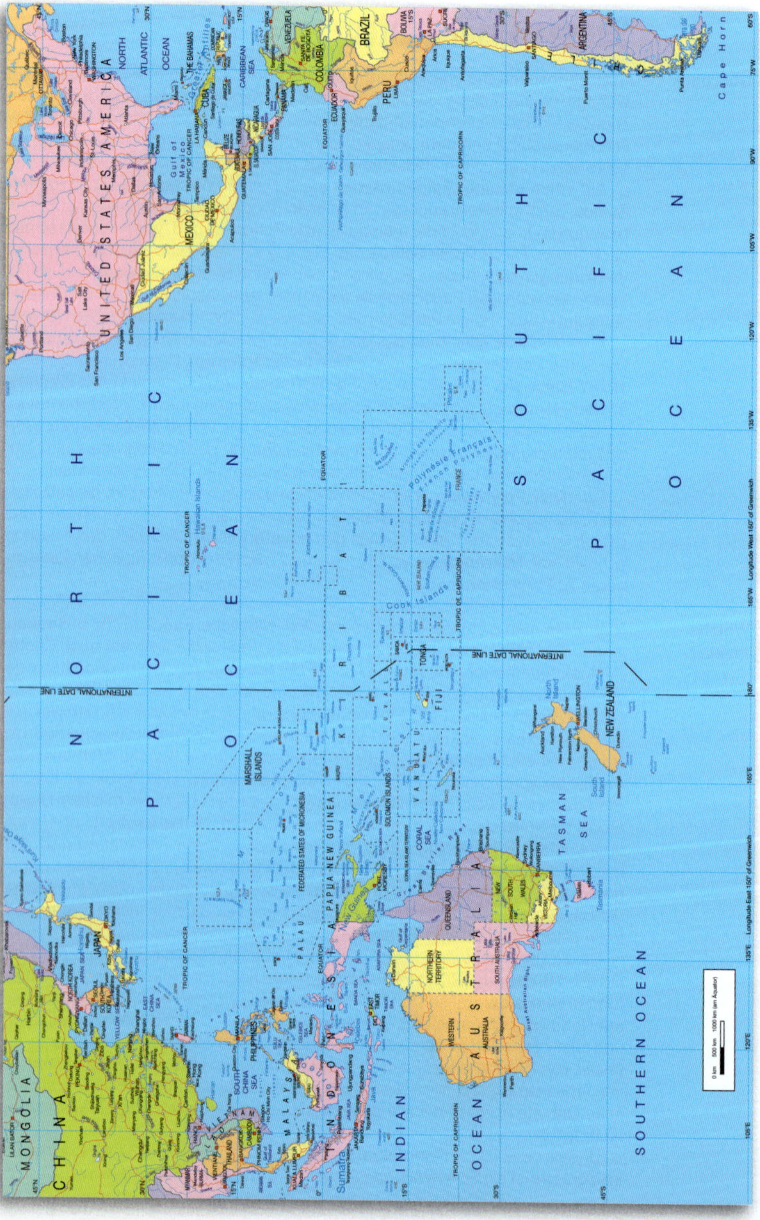
NORTH PACIFIC OCEAN
SOUTH PACIFIC OCEAN
INDIAN OCEAN
SOUTHERN OCEAN
NORTH ATLANTIC OCEAN
CARIBBEAN SEA
Gulf of Mexico
TASMAN SEA
CORAL SEA
SOUTH CHINA SEA
EAST CHINA SEA
UNITED STATES AMERICA
MEXICO
CUBA
COLOMBIA
VENEZUELA
ECUADOR
PERU
BRAZIL
BOLIVIA
ARGENTINA
Cape Horn
MONGOLIA
CHINA
JAPAN
PHILIPPINES
THAILAND
MALAYSIA
INDONESIA
Sumatra
PALAU
PAPUA NEW GUINEA
New Guinea
FEDERATED STATES OF MICRONESIA
MARSHALL ISLANDS
KIRIBATI
TUVALU
SOLOMON ISLANDS
VANUATU
FIJI
TONGA
SAMOA
Cook Islands
Polynésie Française
Hawaiian Islands
AUSTRALIA
WESTERN AUSTRALIA
NORTHERN TERRITORY
QUEENSLAND
SOUTH AUSTRALIA
NEW SOUTH WALES
VICTORIA
Tasmania
NEW ZEALAND
North Island
South Island
TROPIC OF CANCER
TROPIC OF CAPRICORN
EQUATOR
INTERNATIONAL DATE LINE

Samoa) ist wie Hawaii gleichfalls amerikanisiert, was aber keine Bewertung sein soll, sondern nur der Hinweis, dass man dort, wie auf Hawaii, nicht mehr jene Welt erwarten kann, wie sie z.B. Westsamoa noch bietet. Außerdem ist Amerikanisch Samoa (Hauptinsel Tutuila, Hauptstadt Pago Pago) für Radtouren mit 195 qkm ein wenig klein, während das politisch selbständige Westsamoa der ursprünglichste Staat Polynesiens ist. Dort konnte sich das traditionelle Sozialgefüge gegenüber westlichen Einflüssen bislang noch behaupten.

Das französische Neukaledonien (Hauptort: Nouméa) ist gleichfalls weniger ein speziell anzuratendes Ziel, doch wenn man schon mal da ist (z.B. per Zwischenlandung mit Air France) könnte man sie natürlich auch erkunden; es gibt schöne Ecken, die Hauptinsel Grande-Terre ist 400 km lang und ca. 50 km breit. Auf den Cook-Inseln, die zu Neuseeland gehören, mag man Billig- bzw. Rucksack-/Radtouristen weniger. Dort kommt man wohl auch gar nicht erst hin, wenn man beim Einchecken kein gebuchtes Hotel vorweisen kann, und Zelten ist auf den Cook-Inseln nicht erlaubt.

Es gibt natürlich noch einige Südsee-Inselstaaten mehr; hier sind nur die wichtigsten aufgeführt. Da fast alle Südsee-Inseln vulkanischen Ursprungs und im Innern gebirgig sind, muss man sich neben flachen Küstenstraßen auch auf relativ starke Steigungen einstellen (sofern überhaupt Wege ins Inland führen). Manches Inselinnere durchziehen nur Wanderwege – eine weitere reizvolle Möglichkeit, auf Entdeckung zu gehen.

Einreisebestimmungen, Gesundheit

Fast alle Länder Poly- und Melanesiens verlangen für einen Aufenthalt bis zu 30 Tagen (manchmal auch bis zu drei oder gar sechs Monaten) den Nachweis der bezahlten Weiter- oder Rückreise. Polynesien ist frei von Malaria, doch nicht frei von vielen Moskitos. Es gibt keine giftigen Schlangen oder gefährliche Tiere (außer ein paar im Wasser). Vorsicht beim Schwimmen (nie in der Nähe einer Riff-Öffnung schwimmen, dort herrscht ständig eine starke Strömung), beim Schnorcheln und Tauchen, und auch aufgepasst vor der starken Sonne!

Reisezeiten

Auf den polynesischen Inseln südlich des Äquators herrscht das ganze Jahr über feucht-heißes Tropenklima, ausgeprägte Jahreszeiten gibt es nicht. Man reist und radelt am besten im Südwinter, also etwa von Mai bis Oktober, weil es da vergleichsweise kühler und trockener ist. Doch es kann immer wieder regnen und schwül ist es trotzdem. Touristische Hochsaison ist im Juli und August, die Zeit eventueller Taifune von Dezember bis März. Für die Inseln nördlich des Äquators (Mikronesien) sind die günstigen Reisezeiten umgekehrt, also von Oktober bis Mai.

Flüge

Fluggesellschaften, die in die Südsee (oder nur dort) fliegen sind die australische Airline Qantas (*www.qantas.com.au*, sie geben den „Qantas South Pacific Pass" zwischen Australien, Neuseeland und Fiji heraus) und die Qantas New Zealand. Die Fiji Air (*www.airfiji.com.fj*) offeriert den „Discover Fiji Pass" für alle Fiji-Inseln und hat einen Dreiecksflug Fiji, Samoa und Tonga im Programm. Weitere: Air Tahiti Nui (*www.airtahitinui.com*) und Air Moorea (Airpass für Franz. Polynesien), Solomon Airlines („Discover Solomons Pass" für viele Inseln der Salomonen, *www.solomonairlines.com.au*), Polynesian Airlines („Discover Samoa Pass" für Upolu, Savaii und American Samoa), Air Nauru („Explorer Pacific Pass" zwischen Australien, Nauru, Fiji, Mikronesien und Manila, *www.airnauru.com.au*), Garuda Indonesia, Air New Zealand, Aloha Airlines (Hawaii-Rundreisen), Air France, LANChile und noch etliche andere. Von Australien oder Neuseeland evtl. Weiterflug in die Südsee mit dem „Polypass" der Polynesian Airlines (*www.polynesianairlines.com*). Mit dem „Visit the South Pacific Pass" sind ab Australien/NZ fast alle Inseln der Südsee erreichbar, ein Gemeinschaftsangebot der meisten im Südpazifik beheimateten Fluggesellschaften.

Aktuelle Flugangebote und Airpässe in den Reisebüros. Achtung: Airpässe sind meist nur außerhalb ihres Geltungsbereichs erhältlich! Es lohnt sich, alle die die Südsee anfliegenden Airlines danach zu fragen, wenn man möglichst viele Südsee-Inseln besuchen will. Ansonsten ein Ticket mit möglichst vielen Insel-Zwischenstopps kaufen. Einige der o.g. Airpässe werden auf der Website *www.pacificislands.com/air_passes/air_passes.html* kurz vorgestellt. Während bei der Anreise über die USA mit Linie meist das Piece-Concept gilt (s. dazu auf Seite 23f), gibt es auf den Strecken innerhalb der Südsee-Inselstaaten meist nur das 20-kg-Freilimit. Ist aber manchmal vor Ort noch verhandelbar.

Reiseführer, Karten

Das ausführlichste **Südsee-Handbuch** mit allen Inseln des gesamten Südseeraums ist das „South Pacific Handbook" von David Stanley u.a., Moon Publications. Gut auch „South Pacific & Micronesia" von Geert Cole u.a., Lonely Planet. Beide Verlage haben noch weitere Einzel-Reiseführer von fast allen Südsee-Inseln im Programm. Ein Sprachführer: „South Pacific Phrasebook", Lonely Planet. Weitere empfehlenswerte Bücher: Rosemarie Schyma: „Richtig Reisen Südsee", DuMont und „Nelles Guide Südsee", beide aktuell von 2009. Dann: „Reise-Handbuch Südsee", von Karl-Wilhelm Berger, Iwanowski Reisebuchverlag 2006 – ein übersichtlicher Reiseführer mit allem Wissenswertem und vielen Tipps über Tahiti, die Cook-Inseln, Samoa, Tonga, Fijii, Neukaledonien, Vanuatu und die Salomonen. Reinhard Pantke stellt in seinem „Neuseeland BikeBuch", Reise Know-How, mehrere Südsee-Inseln (Fiji, Western Samoa und Tonga) kurz vor. **Karten** von den Inselstaaten gibt es hier im Fach- und Versandhandel oder vor Ort, dort meist in größerem/besserem Maßstab. Zur Planung eignet sich gut die Nelles-Karte „South Pacific Islands", 1:1,3 Mio. mit Detailkarten der größten Inseln.

Western Samoa

Die (nicht allzuvielen) Radler, die Western Samoa bislang unter die Reifen genommen haben, berichten übereinstimmend von netter Bevölkerung, großer Gastfreundschaft (Gastgeschenke dabeihaben!) und recht schönen Touren, besonders auf der Hauptinsel Upolu. Die Straßen sind jedoch teils schlecht, man kommt nur langsam voran, die Dörfer verlangen in einigen Fällen Durchquerungsgebühren. Rund eine Woche braucht man für die Umrundung beider Inseln.

Die Nebeninsel Savaii ist weniger besiedelt als Upolu, hat aber eine Rundstraße und noch traditionelle Dörfer. Typisch für Samoa sind die *Fale*, auf Holzpfählen ruhende Hütten. Vielfach wird der *Sulu*, ein Wickelrock, getragen. Das im Südpazifik weit verbreitete Kava-Trinken wird gerade auf Samoa (aber auch auf Fiji und Tonga) noch besonders gepflegt. Kava wird aus der Wurzel eines Pfeffergewächses zubereitet, ist nicht alkoholisch, aber trotzdem nicht unbedingt als gesund zu bezeichnen (s. *http://de.wikipedia.org/wiki/Kava*).

Auf beiden Inseln gibt es üppige Vegetation (auf Upolu an der Nordküste schöne Palmenstrände), es ist ganzjährig sehr warm und schwül und das eindrucksvolle Bergland ist mit dichtem Regenwald überzogen. Rund 200.000 Einwohner, Sprache Samoanisch, doch Englisch wird verstanden. Hauptstadt ist Apia auf Upolu. Man kann noch Relikte aus der kurzen deutschen Kolonialzeit entdecken. Hotels und Guesthouses aller Kategorien auf Upolu, auf Savaii ist das Angebot dünner, großes (Unabhängigkeits-)Fest in der ersten Juniwoche. Regelmäßiger Fährverkehr zwischen beiden Inseln, aber auch nach Amerikanisch Samoa.

Empfohlener Reiseführer: „Samoa, Independent and American", von Lonely Planet. Karten: „Western Samoa", University of Hawaii Press, erhältlich in der Hauptstadt Apia. „Samoa Islands", 1:250.000, Infomap, erhältlich in Neuseeland oder hier im Versandhandel. Die Website des „Samoa Visitors Bureau" (*www.visitsamoa.ws*) ist informativ und übersichtlich, lohnt als Einstieg. Mehr zur Kultur und auch aktuelle Nachrichten gibt es auf *www.samoa.co.uk*. Alles Wesentliche bei Wikipedia (*http://de.wikipedia.org/wiki/Samoa*.

Tonga

Das letzte Königreich der Südsee! Die Hauptinsel Tongatapu mit dem Hauptort Nukualofa (35.000 Einw., etliche Europäer, auch Deutsche) ist eine ca. 30 km lange und max. 15 km breite, flache Koralleninsel, die sich gut zum Radfahren eignet, wenngleich es kaum asphaltierte Straßen gibt. Die Straßen- bzw. Pistengesamtlänge beträgt ca. 250 km. Alles geht einen recht gemächlichen Gang, die Menschen sind sehr freundlich. Mit Englisch kommt man gut durch, Amtssprache ist Tongaisch. Genügend einfache Guesthouses. Ein großes Fest Anfang Juli.

In Tonga beginnt die Zeit, es liegt an der Datumsgrenze. Wie auf Western Samoa trifft man auch auf Tonga auf Überbleibsel der kurzen deutschen Kolonialzeit, und wie auch andere Südseestaaten hat Tonga einen enormen Bevölkerungszuwachs (auf allen Inseln leben insgesamt ca. 105.000 Menschen). Viele Tonganer arbeiten in Neuseeland oder Australien. Wegen zahlreichen wetteifernden Konfessionen und Sekten ist von der kulturellen Identität der Inselbewohner nicht viel übriggeblieben. Zu den nördlich gelegenen Nachbarinseln bestehen regelmäßige Schiffs- und Flugverbindungen (mit „Royal Tongan Airlines"), sehr schön ist die Insel Vavau. Reiseführer: „Tonga", Lonely Planet.

Weitere Informationen von der SPTO (s. oben), der Website des „Royal Kingdom of Tonga" (*www.gov.to*), vom Tourist Office (*www.tongaholiday.com*) und von Wikipedia (*http://de.wikipedia.org/wiki/Tonga*).

Fiji

Viti Levu ist die Hauptinsel dieses großen Archipels (332 Inseln, davon 105 bewohnt, gut 800.000 Einw.). Von Nadi, der Stadt mit dem intern. Flughafen an der Westküste (eine Drehscheibe des Südsee-Luftverkehrs), geht es entlang der Nordküste auf der Kings Road bzw. entlang der Südküste auf der Queens Road zur Hauptstadt Suva. Die Südroute ist im Gegensatz zur Nordroute vollständig asphaltiert und auch landschaftlich reizvoller („Coral Coast"). Die gesamte Insel-Rundstrecke ist 480 km lang, rechnet mit mindestens acht Radtagen. Die wenigen anderen Strecken ins tropisch-bewaldete, gebirgige Landesinnere sind geschottert oder sehr sandig. Breitere Reifen erforderlich!

Nur die Nachbarinseln Vanua Levu und Taveuni lohnen ansonsten noch zum Biken, sind landschaftlich ebenso schön wie die Hauptinsel, aber wesentlich dünner besiedelt. Meist nur grobe Schotter- oder Sandpisten. Von Viti Levu zu erreichen mit Booten oder auch mit dem Flugzeug. Radmitnahme im Flieger sollte ohne Aufpreis möglich sein, sofern Platz ist.

Neben den melanesischen Fijianern (dunkler als die Polynesier, krause Haare) sind die Inder die zweite bedeutende Gruppe, mit 350.000 übertreffen sie heute die alteingesessene melanesisch/polynesische Bevölkerung, was öfter zu auch gewaltsamen Spannungen führt. Die Inder waren einst von den Engländern als Zuckerrohrarbeiter ins Land gebracht worden. Informiert euch vor der Anreise, ob Fiji momentan gefahrlos bereist werden kann, unter *www.auswaertiges-amt.de* oder – ausführlicher – auf der Seite des US-Außenministeriums (*http://travel.state.gov/fiji.html*). Amtssprachen sind Fiji und Englisch.

Die Fiji-Inseln sind nicht billig, es gibt einige teure Touristen-Ressorts an der Südküste, doch es sind auch preiswerte Backpacker-Unterkünfte vorhanden. Mit einem Juhe-Ausweis bekommt man bei einigen privaten Unterkünften Rabatt. Zelten ist auf der Hauptinsel aus Sicherheitsgründen nicht ratsam, doch ansonsten problemlos, wenn man vorher gefragt hat oder dazu eingeladen wurde.

Reiseführer: Dean Starnes u.a.: „Fiji", Lonely Planet, und „Fiji Islands Handbook" von David Stanley, Moon Publications. Ein kleiner Sprachführer wäre „Fijian Phrasebook", Lonely Planet. Karten: „Fiji Islands", 1:500.000, Infomap und „Fiji Islands Map", 1:625.000, Hema, erhältlich im Versandhandel. Weitere Infos von der SPTO in Berlin (s.o.), Touristenämter gibt es im int. Flughafen und in der Hauptstadt Suva.

Alle folgenden Homepages bieten eine schnelle Übersicht, können aber einen guten Reiseführer nicht ersetzen: „The Official Fiji Islands Homepage" (*www.fiji-online.com.fj*), die Website des Fiji Visitors Bureaus (*www.bulafiji.com* und *www.bulafiji.de*) sowie *www.fijiguide.com*, schon aufgrund seiner guten Bilder. Informativ wie immer: *http://de.wikipedia.org/wiki/Fidschi*.

Tahiti

Das Inselarchipel Französisch Polynesien (insgesamt 120 Inseln) ist eine autonome Kolonie Frankreichs, und die Hauptinsel Tahiti ist ganz bestimmt kein Südseetraum, alles ist sehr, sehr teuer. Die Hauptstadt Papeete (ca. 80.000 Einw.) ist quasi eine lärmende französische Stadt, praktisch mit Null Südsee-Flair ...

Tahiti hat die Form einer liegenden Acht, um den größeren Inselteil (Tahiti Nui) führt eine asphaltierte Rundstraße, der kleinere (Tahiti Iti) ist nicht ganz umrundbar. Auf dem Rundkurs (ca. 120 km) gibt es einige interessante Dinge zu sehen; ein paar Stichwege führen ins sehr gebirgige, unzugängliche Innere, das mit üppiger Vegetation überwuchert ist (höchster Gipfel über 2200 m hoch, Aussicht auf die Insel und Moorea). Die Strände sind wegen des Vulkangesteins schwarz- bzw. dunkelsandig.

Die gleichfalls schroff-gebirgige Nachbarinsel **Moorea** (ca. 17 km entfernt) ist schöner, sie hat herrliche Buchten und weiße Strände, die durch ein fast geschlossenes Saumriff gegen die Brandung geschützt sind. Die Insel kann man gleichfalls umrunden (ca. 60 km); Hauptort ist Afareaitu. Thomas Gand: „Es gibt zwei Campingplätze, direkt nebeneinander am Hauru Point. ‚Chez Nelson' ist recht unfreundlich; ich bin dann gleich umgezogen zum ‚Moorea Camping', auf dem die Besitzer sehr nett waren" (s. Reisestory oben). Wildes Zelten ist übrigens auf allen Inseln Französisch Polynesiens offiziell verboten.

Von Papeete aus gibt es auch Schiffs- und Flug-Verbindungen zur „Trauminsel" der Südsee, nach **Bora Bora** (beneidenswert, wer die Übernachtungen dort bezahlen kann ...). Doch es geht auch anders. Thomas Gand: „Der Platz, wo ich für 10 Euro pro Nacht zelten konnte, war der einzige auf der Insel. Es war auch kein richtiger Campingplatz, sondern nur ein kleiner Garten neben der Hütte der Besitzer. Die Campmöglichkeit gibt es wohl inzwischen nicht mehr – die beiden waren dabei, Gästehütten zu bauen, weil kaum jemand hier campen wollte. Aber ich denke, wenn man nett fragt, wird man sicher auch weiterhin hier und da bei Einheimischen zelten dürfen. Es gibt einige wenige Gasthäuser, die bei kurzem Aufenthalt noch halbwegs bezahlbar, wenn auch alles andere als günstig sind."

Die Insel-Rundstraße (ca. 32 km) ist sehr schön zu fahren, immer wieder mit toller Aussicht auf die unglaublich türkise Lagune, die zwischen dem Saumriff und der Insel selbst liegt. Außer einer Straße zu einem Aussichtspunkt hinauf gibt es kaum weitere Straßen im sehr steilen und unzugänglichen Inland mit schroffen Vulkangipfeln (höchster Gipfel über 700 m). Per Frachtschiff ist Bora Bora alle paar Tage von Tahiti aus auch für Radler zu erschwinglichem Preis erreichbar (ca. 50 Euro mit Fahrrad). Die Menschen sind sehr freundlich. Auf andere Individualreisende oder gar Radler trifft man kaum.

Reiseführer: „Tahiti & French Polynesia", Lonely Planet. „Tahiti – Polynesia Handbook", von David Stanley, Moon Publications. Karte: „Tahiti Travel Map", 1:100.000, IGN. Professionell aufgemacht und sehr informativ ist die „Official Tahiti Tourism Web Site" (*www.tahiti-tourisme.com*, auch *www.tahiti-tourisme.de*). Reinschauen könnt ihr auch einmal beim „Tahiti-Explorer" (*www.tahiti-explorer.com*), und natürlich bei Wikipedia (*http://de.wikipedia.org/wiki/Tahiti*).

Hawaii [AB]

Maui ist die schönste – Radeln auf Hawaii

Reisestory von Andreas Bugdoll

Schon beim Anflug auf Maui begeistert uns der Anblick des gigantischen, über 3000 m hohen erloschenen Vulkans Mt. Haleakala, der die Inselsilhouette beherrscht. Beim Blick zum Gipfel kommen uns insgeheim doch leichte Zweifel: Ist das trotz der Hitze bis ganz nach oben überhaupt zu schaffen? Nach Umrundung des Flughafens steuern wir zunächst das Städtchen Lower Paia an, um uns in einem Straßenrestaurant ein wenig zu stärken. Der Ort ist ein richtiges Szenekaff für Windsurfer mit entsprechend vielen Lokalen. Einige Wellenreiter empfehlen uns das „Peace of Maui" als preiswerte Bleibe.

Bald darauf sitzen wir wieder im Sattel, um die letzten 10 km bis zur Unterkunft hinter uns zu bringen. Bei starkem Gegenwind quälen wir uns fast 300 Höhenmeter zum Haus hinauf. Wir sind begeistert, denn das Peace of Maui hat eher den Charakter einer kleinen Jugendherberge, mit wenigen einfachen Zimmern und einem Aufenthaltsraum mit Küche. Hier treffen wir beim Abendbrot neben Carlos aus Rio auch andere nette Globetrotter aus aller Welt. Selten haben wir an einem Abend so viel Reisegarn gesponnen, erst spät fallen wir müde ins Bett.

Nur mit nötigstem Gepäck kurbeln wir am nächsten Morgen Richtung Vulkan. Auf erträglicher Steigung erreichen wir bald das „Westernstädtchen" Makawao, wo wir nochmals Getränke und Proviant für die nächsten zwei Tage bunkern. Auf dem Haleakala Highway geht es dann durch eine wunderschön grüne Weidelandschaft weiter bergauf. Bereits jetzt, am frühen Vormittag, ist es über 25 °C warm, aber die Sonne versteckt sich zum Glück öfter hinter dünnen Wolken. Der Haleakala ist seit Sonnenaufgang frei zu sehen, und so können wir bereits unser Ziel, die Gipfelstation, erkennen. Nach 16 km liegt die Kula Lodge am Weg und wir beschließen spontan, uns hier ein zweites Frühstück zu gönnen. Doch Toast und Eier werden zur Nebensache, der Blick über halb Maui ist einfach zu fantastisch. Kaum treten wir wieder in die Pedale, zieht sich der Himmel auch schon zu; bald befinden wir uns in dicker Nebelsuppe mit vielleicht 100 m Sicht. Leichter Nieselregen setzt ein, mehrere Stunden pumpen wir ohne jegliche Aussicht in endlosen Kehren durch die Waschküche weiter bergauf. So haben wir uns die Fahrt eigentlich nicht vorgestellt. Immerhin lassen die entgegenkommenden offenen Cabrios auf ein baldiges Ende der Waschküche hoffen. Doch erst kurz vor dem Nationalparkeingang stoßen wir fröstelnd durch den Nebel und sehen wieder stahlblauen Himmel über uns. Wir berappen 5 US$ Parkeintritt und freuen uns, dass die nasse Kleidung in der Sonne schnell wieder trocken wird. Auf dem wunderschön gelegenen „Hosmer Grove Campground" bauen wir das Zelt im Schatten hoher Bäume auf und sinken erschöpft in die Daunen.

Schon bei den ersten Anzeichen der Dämmerung sitzen wir anderentags wieder auf den Rädern. Die kühlen 4 °C lassen trotz der Steigung dem Schweiß keine Chance. In weiten Kehren schwingt die gute Straße den kahlen Vulkanhang hinauf. An einer Kehre genießen wir den spektakulären Sonnenaufgang, die Temperatur steigt gleich wieder in angenehmere Regionen. Bald kommen uns die ersten Gruppen johlender Downhillbiker entgegen – das kann ja jeder, 100 US$ zahlen, sich in aller Herrgottsfrühe mit dem Pickup zum Sonnenaufgang auf den Kraterrand karren lassen und nun ohne jegliche Anstrengung übermütig in die Tiefe rauschen ... Auf den letzten drei Meilen spüren wir die dünner werdende Höhenluft, die Pausenabstände werden immer kürzer. Endlich geschafft! Noch ganz außer Atem genießen wir das wunderbarste Panorama, das wir jemals von einem Berg aus erblickten: In der Ferne sieht man deutlich Big Island mit den alles überragenden Vulkanen Mauna Kea und Mauna Loa, beide sind über 4000 m hoch. Lange bleiben wir sitzen und staunen. Aber auch die Vulkanlandschaft im Bereich des Gipfels ist wirklich sehenswert. Im Gegensatz zum dreistündigen Aufstieg ist die Schussfahrt zurück zum Zeltplatz viel zu kurz. Nach dem Abbau des Zeltes erfreuen wir uns auf dem Rückweg zum Peace of Maui an der schönen Landschaft, die auf dem Hinweg im Nebel verborgen blieb.

Über den Wolken. Auf dem Haleakala-Gipfel

Nach einem Tag Pause wollen wir den nächsten Höhepunkt der Insel unter die Räder nehmen. Vor uns liegen die 600 Kurven des Hana Hwy. Richtung Ostküste. In Makawao packen wir die Radtaschen voll mit Proviant und biegen auf die Baldwin Ave. ab in Richtung Küste. Der Haleakala ist heute wolkenlos und bildet die majestätische Kulisse für die nächsten Kilometer. Bald stoßen wir auf den Hwy. 36. Ab den Twin Falls fühlt man sich wie in einem tropischen Garten, die wuchernde Vegetation des Koolau Forest Reserve zur Rechten und der blau schimmernde Pazifik zur Linken. Die Straße besteht wirklich fast nur aus aneinandergereihten Kurven. Zahllose Wasserfälle neben der Strecke platschen in kleine in den Felsen modellierte Pools, eingerahmt von großen lianenbehangenen Bäumen. Dazwischen entdecken wir riesige Blumen, die zuhause ein kümmerliches Dasein fristen würden. Ab und zu laden Obststände zur Rast ein, und immer wieder suchen wir vor einem Regenschauer Schutz unter dem Blätterdach. Der Wald wird dichter und ist mit großen Farnen durchsetzt, einmal rollen wir gar durch einen Bambushain. Dann ist der einmalig gelegene Waianapanapa State Park erreicht, wo wir unser Zelt für die nächsten Tage in Sichtweite der hellgrün bewachsenen, brandungsumtosten Lavaklippen aufschlagen. Nach einem ausgiebigen Bad im warmen und klaren Meer lassen wir den Tag am tiefschwarzen Strand langsam ausklingen.

Die nächsten Tage verbringen wir mit Radtouren in die Umgebung und einer Wanderung zum nahegelegenem Heiau, einer heiligen Stätte der Ureinwohner. In Hana versorgen wir uns mit Lebensmitteln und statten dann dem Hamoa Beach einen Besuch ab. Im Schatten fotogener Palmen genießen wir ein letztes Mal das unbeschreibliche Wasser und die tropische Traumkulisse, bevor es zurück zum Flughafen geht. Ein kurzer Stopp noch bei den Windsurfprofis am Hookipa Beach, dann heißt es auch schon Abschied nehmen von Maui, der für uns schönsten Insel Hawaiis.

I. Planung, Vorbereitung, Wissenswertes

Überblick

Der 50. Bundesstaat der USA besteht nicht nur aus Honolulu und dem Strand bzw. der Hotelzone von Waikiki, sondern aus einigen Inseln mehr. Die fünf wichtigsten von etwa 20 größeren Inseln sind: Big Island (Hawaii), Maui, Oahu, Kauai und Molokai, und alle lassen sich mehr oder weniger gut mit dem Rad erkunden. Charakteristisch für die Inseln sind steil aufragende Regenwaldberge (mit noch aktiven Vulkanen), tiefe Schluchten, Wasserfälle und weiße Sandstrände (Surfen!). Dass die Hawaii-Inseln ein Urlaubsparadies „mit allem“ sind, braucht hier nicht weiter ausgeführt zu werden. Man muss nur den Kommerz auf Oahu verlassen, dann kommt man als Biker auf seine Kosten.

Radfahren auf Hawaii ist nichts für reine Kilometerfresser. Das liegt auch an der Größe der Inseln, deren Durchmesser zwischen ca. 60 km (Kauai) und 150 km (Big Island) liegt. Außerdem sollte man bei einem Aufenthalt unbedingt einige Tage zum Schnorcheln (oder Surfen) und Wandern abzweigen.

Doch auch im vermeintlichen Paradies gilt: Wo viel Licht, da auch Schatten. Man muss sich damit abfinden, dass die Traumkulisse auf den Inseln auf bestimmte Bereiche begrenzt ist, dass die Temperaturen bei hoher Luftfeuchtigkeit den Schweiß in Strömen rinnen lassen und dass das Preisniveau deutlich über dem des Festlands liegt. Außerdem gibt es neben dem Luxusleben der Reichen immer wieder unerwartete Armut.

Anreise, Geografie

Die Hawaii-Inseln erreicht man am besten und billigsten von Los Angeles, San Francisco, San Diego oder Las Vegas aus, und wer gerade an der Westküste der USA tourt oder von Australien bzw. Neuseeland in die Staaten will, sollte sich nach einem günstigen bzw. einem Flug mit Zwischenstopp umsehen. Transpazifikflüge landen fast alle in Honolulu auf Oahu, daneben gibt es aber von der US-Westküste aus auch Flüge nach Kailua-Kona auf Big Island (bekannt durch den jährlichen „Ironman") und nach Kahului auf Maui.

Zur Orientierung auf dem Flughafen von Honolulu eignen sich gut die Flughafenpläne in den Bordmagazinen vieler Airlines. Die Hotels in Waikiki und die meisten anderen Unterkünfte liegen ca. 20 km vom Flughafen entfernt. Doch bei Ankunft am späten Nachmittag und Weiterflug zu einer Nachbarinsel am nächsten Morgen empfiehlt sich wegen der früh einsetzenden Dunkelheit eine Übernachtung in unmittelbarer Flughafennähe. In Frage kämen z.B. folgende Hotels, alle mit Airport-Shuttle: Honolulu Airport Hotel, Tel. (808) 836 06 61, Best Western Plaza Hotel, Tel. (808) 836 36 36 und Pacific Marina Inn, Tel. (888) 782 97 22. Die Übernachtung im Flughafengebäude wurde bislang immer geduldet, jedoch stört das fortwährende Hawaii-Gedudel.

Die Inseln Hawaiis sind geprägt von hohen Gebirgen vulkanischen Ursprungs. Die durch häufige Regenfälle verursachte Erosion hat steile und wilde Schluchten aus der erstarrten Lava modelliert. Besonders sehenswerte Beispiele hierfür sind die Na Pali Coast und der Waimea Canyon im Westen von Kauai. Wegen der Passatwinde und hohen Bergzüge fällt Regen hauptsächlich auf die nordöstlichen Teile der Inseln. Daher ist hier die tropische Vegetation besonders üppig, während die übrigen Bereiche vergleichsweise trocken wirken.

Reisezeit, Klima, Einreise

Das Klima auf Hawaii ist das ganze Jahr über ausgeglichen und schwülwarm. Die Lufttemperaturen bewegen sich tagsüber zwischen etwa 27 °C und 30 °C. Selbst nachts und bei Regen, der auch ohne Regenkleidung oft eine Wohltat ist, fällt das Thermometer kaum unter 21 °C. Mit Schauern muss man immer rechnen. Die häufig aufziehenden Wolken sind besonders den Radlern als Schattenspender willkommen. Erträglich wird die Wärme durch den dauernd wehenden Wind. Für guten Sonnenschutz sorgen! Zum Jahresende ist es etwa von 6.30 bis 18 Uhr hell. Touristenhochsaison ist von Dezember bis Januar. Einreisebestimmungen s. im USA-Kapitel auf Seite 128f.

Übernachten, Verpflegung

Die Übernachtungen werden wohl das größte Loch in eure Reisekasse reißen. Das Angebot an Hotels und Ressorts ist ganz klar auf das gehobene Urlauberklientel ausgerichtet. Immerhin gibt es einige Backpacker's Hostels auf Oahu, Maui und Big Island (*www.hostels.com*); Jugendherbergen (*www.hihostels.com*) hingegen sind dünn gesät.

Relativ günstig und oft traumhaft gelegen sind die Campingplätze in den State Parks und Beach Parks, von der Ausstattung europäischer Anlagen jedoch meist weit entfernt. Die Duschen liegen häufig außerhalb von Gebäuden, teilweise am Strand, und die sonstigen sanitären Anlagen sind nicht gerade üppig. Duschwasser ist selten heiß und wird fast immer nur durch die Tageswärme auf laue Temperaturen gebracht. Ein Manko sind die Anmeldeformalitäten für die Campingplätze: Auf manchen muss man im Voraus bei den betreffenden staatlichen Büros buchen oder sich Permits besorgen, einige Plätze sind sogar an bestimmten Wochentagen geschlossen (s. auch *www.dia-faszination-natur.de/Hawaii/camping.htm*). Eine Ausnahme bilden die wenigen privaten Campgrounds. Wer viel zelten möchte, sollte sich einen Reiseführer besorgen, der alle Plätze und die Lage der Buchungsbüros beschreibt. Gute Infos zu vielen Plätzen gibt es auch auf *www.alternative-hawaii.com/accom/dxcc.htm*. Wildes Zelten ist auf Grund der Bevölkerungsdichte nur selten möglich, in State- und Nationalparks außerhalb ausgewiesener Campgrounds strikt verboten. Achtung: Gebiete oder Grundstücke mit dem Schild „Kapu" sollten auf keinen Fall betreten werden!

Die US-amerikanische Esskultur dominiert, zu spürbar höheren Preisen jedoch als auf dem Festland. Hervorzuheben ist die Fülle an tropischen Früchten, die vielfach an kleinen Straßenständen angeboten werden. Coffeeshops fürs Frühstück und kleinere Supermärkte gibt es fast in jedem Ort. Restauranttipp: Mama's Fishhouse (*www.mamasfishhouse.com*), Kuau Cove, tolles Ambiente, super Essen, aber sehr teuer. Reservierung empfehlenswert.

Rad und Ausrüstung

Man braucht auf die Hawaii-Inseln nicht unbedingt sein Rad mitzunehmen, da es in Honolulu (Bikefactory Sportshop, 740 Ala Moana Blvd.) und Kailua (Hawaiian Pedals, 75-5744 Alii-Drive, Kailua-Kona), auf Maui (Island Biker, 415 Dairy Rd, Kahului) und auf Big Island (in Hilo) etliche Bike Shops mit Ausrüstung und Rad-Leihmöglichkeiten gibt. Oder evtl. eines gebraucht kaufen, s. Zeitungsanzeigen. In den Radläden sind auch alle Ersatzteile erhältlich; bei Touren in abgelegenere Gebiete besser einen Faltreifen und Ersatzschlauch einpacken.

Die Hawaii Bicycling League (*www.hbl.org*) ist mit Infos behilflich und organisiert jeden Samstag und Sonntag Ausfahrten (jährlich im September auch ein großes Rennen, der Honolulu Century Ride). Nicht nur für Mountainbiker interessant ist die Website der Big Island Mountain Bike Association (*www.interpac.net/~mtbike*), mit einem recht ausführlichen Trail Guide.

Hawaiis Straßen sind exzellent bis schlecht, wenn sie ins Hinterland bzw. zu abgelegenen Stellen führen. Radfahren auf den Interstates ist verboten! Für Schotterstrecken breite Bereifung (mind. 37 mm) aufziehen. Wasserdichte Radtaschen empfehlen sich wegen der regelmäßigen Niederschläge. Eine winddichte Jacke und Beinlinge sind für Ausflüge in die Berge sinnvoll. Für die teils starken Steigungen im Innern der Inseln eine Übersetzung unter 1:1 wählen!

Straßen, Verkehr, Transport

Starker Verkehr in den Städten, außerhalb ein wenig schwächer. Einsame Abschnitte findet man jedoch nur auf Nebenstrecken oder reinen Touristenrouten. Die Autofahrer nehmen viel Rücksicht auf Radler, Lkw sind eher selten.

Auf Oahu fahren **Busse** bis in den hintersten Winkel der Insel („The Bus", *http://thebus.org*), Radtransport ist auf Bike Racks am Busheck möglich. Auf allen anderen Inseln ist der öffentliche Nahverkehr auf wenige Strecken beschränkt (Big Island) oder einfach nicht existent (Maui). Als Alternative könnte man sich auch ein Auto mieten.

Der **Schiffsverkehr** beschränkt sich auf ein paar Fähren zwischen den Inseln Maui, Molokai und Lanai, der übrige Transport von Insel zu Insel wird ausschließlich per **Flieger** abgewickelt. Lokale Airlines sind „Hawaiian" (*www.hawaiianair.com*), „Island Air" (*www.islandair.com*) und „Go" (*www.iflygo.com*), die sich preismäßig nicht groß unterscheiden. Die Flüge werden mit Coupons bezahlt, die einzeln oder als Coupon-Heft mit sechs Tickets erhältlich sind. Schaut ein wenig herum, die beim Ticketdiscounter gekauften Einzeltickets können billiger sein als die aus dem Coupon-Heft! Frühbucher werden mit Preisabschlägen belohnt. Die angebotenen Airpässe, z.B. der „Island Pass" von Aloha Airlines, lohnen nur für Vielflieger (bis zu vier Flüge täglich für einen bestimmten Zeitraum, meist zwischen fünf Tagen und zwei Wochen).

Fliegen auf Hawaii ist ähnlich einfach wie Busfahren in Deutschland. Buchungen sind im allgemeinen außerhalb der Ferien und der Weihnachtszeit nicht notwondig; bereits in Deutschland vorgebuchte Flüge zwischen den Inseln können ohne Probleme vor Ort umgebucht werden. Für Räder wird eine Transportgebühr und eine Verpackung verlangt – zumindest bei Island Air kann es auch vorkommen, dass Fahrräder und anderes Sperrgepäck erst mit dem nächsten Flieger kommen, wenn der Gepäckraum voll ist. Flugzeit zwischen den Inseln: 15-45 Min.

Bücher, Karten, Internet

Reiseführer zu Hawaii oder einzelnen Inseln gibt es fast so viele wie Sandkörner am Strand von Waikiki. „Hawaii" von Alfred Vollmer, Reise Know-How, ist ein komplettes Selbstreise-Handbuch für alle Inseln. Auf Englisch: Lonely Planet „Hawaii" von Jeff Campbell u.a. Hervorragend auch die Travel Handbooks von Moon Publications, auf Hawaii in jedem guten Buchladen erhältlich („Hawaii Handbook", von J. D. Bisignani, eine dicke Schwarte mit über 1000 Seiten, weitere zu Big Island, Kauai und Maui). Zum Träumen und Einstimmen gibt's auch etliche Bildbände. **Radführer:** „Hawaii by Bike", von Nadine Slavinski, The Mountaineers, Seattle, USA. Beschreibt ausführlich 20 ein- bis fünftägige Touren auf Maui, Molokai, Lanai, Oahu, Kauai und Big Island, die auch zu größeren Touren kombiniert werden können. Weitere Infos zu Camping, Radmitnahme, Wanderungen etc. – das Standardwerk für alle Toureros. Liebhaber von Singletrails und rasanten Downhills werden bei John Alford's „Mountain Biking the Hawaiian Islands" eher auf ihre Kosten kommen. Erhältlich in Buchläden auf Hawaii oder online unter *www.bikehawaii.com*. **Karten:** Die Straßenkarte vom AAA („Triple A") ist vollkommen ausreichend, mit Detailkarten von Big Island, Maui, Molokai, Lanai, Kauai und Oahu sowie Stadtplänen. Dazu viele weitere Broschüren, Tour Books, Campingführer etc., alles kostenlos für Mitglieder der hiesigen Automobilclubs. Zur Vorbereitung: Nelles-Karte „Hawaiian Islands", versch. Maßstäbe, und vier weitere Detailkarten (Bl. 1: Kauai, 1:150.000; Bl. 2: Honolulu, Oahu, 1:125.000; Bl. 3: Maui, Molokai, Lanai, 1:150.000; Bl. 4: Hawaii, 1:330.000). Oder von ITM „Hawaiian Islands", 1:150.000. **Internet-Info:** Der „Information Guide" ist hervorragend aufgemacht und bietet präzise Informationen zu den großen Inseln (*www.hawaii.com*). Offizielle Homepages der Visitor's Bureaus: für ganz Hawaii *www.gohawaii.com*, für Big Island *www.bigisland.org*, für Oahu *www.visit-oahu.com*, für Kauai *www.kauaivisitorsbureau.org*. Es gibt auch eine offizielle deutschsprachige Hawaii-Website: *www.hawaii-tourism.de*. Sehr engagiert auch die private Seite *www.tresselt.de/hawaii.htm*, mit umfangreicher Linkliste. Fundierte Informationen findet man wie immer auch auf Wikipedia (*http://de.wikipedia.org/wiki/Hawaii*); man kann dort auch die einzelnen Inseln anklicken. Alles Wissenswerte über die National Parks in Hawaii unter *www.us-nationalparks.net/state/ha.htm*.

II. Ziele, Routen, Strecken

Von Oahu kann man sich in wenigen Tagen einen guten Einblick verschaffen. So bekommt ihr bei einem kurzen Stopover auf eurem Transpazifikflug schon einen ersten Eindruck von Hawaii. Bringt ihr mehr Zeit mit, würden wir die meisten Tage auf den Inseln Maui und Kauai verbringen. Big Island würden wir bei eingeschränktem Zeitbudget zugunsten der drei erstgenannten Inseln zurückstellen, insbesondere wenn der Kilauea gerade mal keine Vulkanologen durch vulkanische Aktivitäten erfreut.

Maui

Diese Insel bietet dem Radler einmalige Sehenswürdigkeiten und viel Abwechslung – siehe Reisestory. Neben sehenswerten Orten wie Lahaina oder der Surferstadt Lower Paia ist vor allem die Straße nach Hana mit ihren über 600 Kurven durch den Regenwald und die Bezwingung des 3050 m hohen Vulkans Haleakala ein absolutes Muss! Daneben gibt es viele tolle Strände zum Baden und Schnorcheln.

Tourenvorschlag für acht Tage (450 km): Fahrt von Kahului über Wailuku (Iao Valley) auf dem Hwy. 30 nach Mopua (Zeltplatz „Camp Pecusa"). Weiter über Lahaina zur Napili Bay mit schöner Bade- und Schnorchelmöglichkeit (Appartements im „Napili Beach Resort"). Ab Lahaina könnte man auch per Fähre einen Abstecher zu den Inseln Molokai (Kaunakakai) und Lanai (Manele Bay) machen. Umrundung der einsamen Nordwestküste und Weiterfahrt über Kahului und Lower Paia, dort auf den Hwy. 390 abbiegen bis kurz vor Haliimaile (Hostel „Peace of Maui", einfach und sauber). Hier überflüssiges Gepäck deponieren und am nächsten Morgen über Makawao in Richtung Haleakala aufbrechen. Auf dem Hwy. 377 nach ca. 16 km unbedingt beim Restaurant Kula Lodge fürs zweite Frühstück stoppen. Tolle Aussicht auf West-Maui! Dann beginnt die kurvenreiche, aber gute Straße auf den Haleakala. Nach etwa 40 km Übernachtung auf dem schön gelegenen „Hosmer Grove Campground". Am nächsten Morgen früher Aufbruch ohne Gepäck, nach weiteren 20 km kräftiger Steigung irre Aussicht vom Gipfel des Haleakala auf 3050 m Höhe. Downhill zum Hosmer Grove Zeltplatz, Zelt abbauen und zurück zum Peace of Maui Hostel. Über die Hwys. 365 und 36 auf kurvenreicher Traumstraße (Road to Hana) bis zum Waianapanapa State Park (schöner Zeltplatz an schwarzen Lavaklippen). Von hier aus Tagestrip nach Hana und evtl. nach Kipahulu. Unbedingt Abstecher zum Hamoa Beach unternehmen (Traumstrand!). Am nächsten Tag zunächst auf gleicher Strecke vorbei am Hookipa Beach (Windsurfing) zurück nach Lower Paia (mehrere Unterkünfte). Weiter nach Kahului und Abflug. Zum Baden eignet sich gut die Gegend südlich von Kihei, besonders schön sind die Strände am Kamaole Beach Park 2 und 3 sowie Mokapu Beach Park.

Alles zu Camping, Hiking etc. im Haleakala National Park erfahrt ihr auf der Website *www.haleakala.national-park.com*.

Kauai

Kauai ist ähnlich sehenswert wie Maui und bietet mit dem Waimea Canyon und der wilden Na Pali Coast ebenfalls unvergleichliche Sehenswürdigkeiten. Besonders im Norden fährt man durch eine tolle Südseekulisse mit vielen Traumstränden, die zu einer längeren Radpause einladen. Radfahrer sollten auf die Hühner achten, die zu Hunderten frei umherlaufen (kein Witz!). Die Insel kann nicht umrundet werden, daher sind einige Strecken doppelt zu fahren. Teilweise haben die Hauptstraßen einen Seitenstreifen.

Kauai, Blick in den Waimea Canyon

Tourenvorschlag für fünf bis sechs Tage (ca. 360 km): Von Lihue nach Hanapepe, Camping im Salt Pond Beach Park (ca. 60 km). Bei Waimea auf den Hwy. 550 ins Landesinnere abbiegen (Steigungen!), an der Straße viele Lookouts mit grandiosem Blick in den gewaltigen Waimea Canyon, Übernachtung auf dem Kokee State Park Campground oder in Cabins in der nahen Kokee Lodge (über 1000 m hoch), nachmittags noch durch Regenwald zum Kalalau-Aussichtspunkt (ca. 60 km). Zurück über Lihue zum Hanamaulu Beach Park (ca. 95 km). Nächstes Ziel ist der Haena State Park im Norden, den man nach einer Fahrt durch Kokospalmenhaine und Passieren des Hanalei Lookout erreicht (ca. 70 km). Hier tolle Südseeflora und ruhiger Zeltplatz „YMCA Camp Naue". Einen Tag Pause mit Strandwanderung oder Kurztrip per Rad zum Kee Beach ist sehr zu empfehlen, dann zurück nach Lihue.

Regenwald nördlich von Hilo

Oahu

Für Oahu empfiehlt sich eine 4-tägige Rundtour (ca. 220 km) durch den mittleren und östlichen Teil der Insel. Bitte beachtet, dass die Interstates (H1 bis H3) für Biker tabu sind! Von Honolulu Richtung Nordwesten nach Haleiwa (Camp Mokuleia), weiter zum Sunset Beach mit Riesensurfwellen und nach Laie (Zeltplatz „Friends of Malaekahana"). Bis Kailua folgt der schönste Teil der Rundtour, Übernachtung dann im Waimanalo Beach Park. Zurück nach Honolulu. Unterwegs kann man das Polynesian Cultural Center und, wenn Oahu das einzige Ziel ist, den Hanauma Beach am frühen Morgen zum Schnorcheln besuchen. Der krönende Abschluss jeder Hawaii-Tour ist natürlich ein Sonnenuntergang bei einem tropischen Drink und leisen Hawaiiklängen auf einer Hotelterrasse am Strand von Waikiki!

Big Island

Für die Umrundung der Insel mit kurzen Abstechern ca. 500 km veranschlagen. Hauptsehenswürdigkeit auf Big Island ist der nur Wanderern zugängliche aktive Teil des Vulkans Kilauea (Lavafluss). Aber auch sonst gibt es im Hawaii Volcanoes National Park reichlich schwarznackten Lavafels, Canyons und Regenwälder, eine Herausforderung für jedes MTB (Infos rund um den National Park unter *www.hawaii.volcanoes.national-park.com*). Die ganze Insel ist über weite Strecken von öden Lavafeldern geprägt, aber trotzdem auf ihre Art faszinierend – jeder, der schon mal den Hawaii-Ironman (*www.ironman.com*) im Fernsehen verfolgt hat, wird das bestätigen. Die Ironman-Stadt Kailua-Kona eignet sich gut für ein paar Tage zum Baden und Schnorcheln (wie schon erwähnt, es gibt dorthin auch Direktflüge von der USA-Westküste). Bemerkenswert ist der nahe Kahaluu Beach Park, wo man mit leuchtendbunten Fischen und Riesenschildkröten im glasklaren Wasser schwimmen kann … Aloha!

Weltumradlungen

„Der kürzeste Weg zu sich selbst führt um die Welt herum"

Hermann Graf Kayserling in seinem „Reisetagebuch eines Philosophen"

Stimmt dieser Satz, dann kommt man sich selbst um so näher, je weiter man von zuhause wegreist ... Doch muss man dazu ein Fahrrad nehmen? Monate-, gar jahrelang pedalen, über endlose Straßen, auf Pisten und Pfaden durch feuchtheiße Tropen und hitzeflirrende Wüsten, im prasselnden Monsunregen und in dünner Höhenluft, in Einsamkeit und durch brodelnde Millionenstädte?

Wer zu einer Rad-Weltreise aufbricht, muss zweifellos körperliche Qualen durchleiden. Doch globale Strampeltouren oder langdauernde, interkontinentale Radreisen können auch „geistige Kuren" sein – man strampelt sich frei für das Jetzt und Heute und auch für das Leben danach. Das berichten fast alle, die es machten – und das waren, so über die Jahre gesehen, gar nicht wenige ...

Bücher von globalen Radtouren

Rad-Weltreisende haben mit ihren Vorträgen und Erlebnisberichten schon immer ihr Publikum fasziniert. Das begann sogar schon vor Heinz Helfgen, der in der schweren Zeit nach dem Zweiten Weltkrieg wie kein anderer Millionen von Radiohörern und Lesern fesselte. Bis heute sind tausende solcher Berichte entstanden; die Faszination ist ungebrochen. Hier eine kleine, feine und trotz allem subjektive Auswahl, chronologisch geordnet nach den Reisejahren. Einige dieser Bücher sind heute verständlicherweise nur noch antiquarisch erhältlich – erste Adresse hierfür ist *www.zvab.de*, das weltweit größte Online-Antiquariat. Dort kann man mit etwas Geduld fast jeden Titel bekommen.

- **Thomas Stevens: „20.000 Meilen mit dem Hochrad um die Welt".** K.-Thienemann-Verlag 1984 (Hrsg. Hans-Erhard Lessing). Im Jahr 1884 bestieg Thomas Stevens in San Francisco sein Hochrad, um („nur mit einer Smith-Wesson bewaffnet") die Vereinigten Staaten zu durchqueren. Nach seinem Erfolg beschloss er die Verlängerung der Expedition rund um die Erde – definitiv die erste Erdumrundung mit dem eigenen Fahrzeug. Amüsant, mit viel Selbstironie geschrieben, muss man lesen!
- **Heinrich Horstmann: „Meine Radreise um die Erde".** Maxime-Verlag 2007 (Hrsg. Hans-Erhard Lessing). Horstmann startete 1895 nach einer Wette zu einer 2-jährigen Radtour um die Welt. Kritisch beobachtet und amüsant geschrieben, vor allem seine USA-Etappen, wo er damals noch mangels Straßen desöfteren auf dem Bahndamm radeln musste. Fazit: Wette verloren, aber eine Menge erlebt. Das Buch galt vor seiner Neuauflage als verschollen; das letzte bekannte Exemplar hat der Herausgeber in einer Stadtbibliothek ausgegraben und mit diesem Reprint für die Nachwelt erhalten.
- **Heinz Helfgen: „Ich radle um die Welt".** Bielefelder Verlagsanstalt, Neuauflage 1988. Bis heute unerreichter Radreise-Klassiker und Bestseller aller Radbücher (Auflage über 600.000) über Helfgens legendäre Radtour um die Welt von 1951 bis 1953. Voller Spannung, von der ersten Zeile an ein Abenteuer-Kunstwerk und ein großartiges Zeitdokument.
- **Wolf-Dieter Ahlborn: „Wanderer auf vielen Straßen".** Eigenverlag 1988. Ahlborn, Journalist, und seine Frau Wilma radelten von 1966 bis 1970 auf Dreigang-Rädern um die Welt, mit einfachsten Mitteln, Rucksäcken auf dem Gepäckträger und einem Budget von nicht einmal fünf Mark am Tag – weil sie sich ein anderes Transportmittel nicht leisten konnten. Mit historischen Fotos, die viele auch heute noch gerne besuchte Sehenswürdigkeiten wie aus einer anderen Welt erscheinen lassen.

- **Barbara Savage: „Miles from Nowhere“.** The Mountaineers, Seattle1983. Von den USA nach Europa, Ägypten, Indien, Nepal, Thailand, Malaysia, Neuseeland, USA. Ein sehr unterhaltsam geschriebenes Erlebnisbuch der „ersten Jahre“. Als das Buch in den Druck ging, starb Barbara zuhause an den Folgen eines Radunfalls.
- **Bernard Magnouloux: „Abenteuer ohne Grenzen“.** Hayit-Verlag 1990. Fünf Jahre (1980 bis 1985) mit dem Rad um die Welt. Bernard ist ein Unikum, genau das Gegenteil eines Technik-Freaks. Sein trockener Humor und seine Art, die Dinge so zu nehmen wie sie kommen, machen aus diesem Buch ein Lesevergnügen besonderer Art.
- **Anne Mustoe: „A Bike Ride: 12.000 Miles around the World“.** Virgin Books 1992. Als Frau 17 Monate alleine durch Europa, Asien und Nordamerika. Dass und wie das geht beweist Anne mit diesem gut geschriebenen Buch. Das Erstaunlichste: Anne war bei ihrer Abreise 1987 aus England schon 54 Jahre alt!
- **Tilmann Waldthaler: „Die Äqua-Tour“.** Reise Know-How 1993. 660 Tage, 35.400 km, 27 Länder, vier Kontinente. Immer zwischen den Wendekreisen, quasi am Bauch der Erde entlang. Ein gelungenes Buch über eine unkonventionelle und spannende Reise, wie immer, wenn Reiseradler-Urgestein Tilmann in die Pedale tritt.
- **Axel Brümmer / Peter Glöckner: „Weltsichten: Fünf Jahre mit dem Fahrrad unterwegs“.** Verlag Weltsichten 2000. Die beiden kannten sich vor ihrer Tour praktisch nicht und starteten 1990 noch vor der Währungsumstellung in der ehemaligen DDR Richtung Afrika. Fünf Jahre später hatten sie gemeinsam 80.542 km in allen Kontinenten abgekurbelt.
- **Markus Möller / Ronald Prokein: „Durchgetreten“.** Weymann-Bauer-Verlag 1995. 18.000 km von Rostock nach Rostock, um ins Guinness-Buch der Rekorde zu kommen. Trotzdem überraschend sensibel geschrieben, vor allem die Etappen durch das riesige Russland; der Kampf der beiden Freunde gegen die Natur, sich selbst und die Schatten der Vergangenheit.
- **Peter Materne / Elena Erat: „Rad-Abenteuer Welt. Auf zwei Fahrrädern um den Globus“.** Sierra-Taschenbuch (Frederking & Thaler, zwei Bände) 2001. Von 1994-96 auf MTBs um die Erde, 45.000 km durch 28 Länder. Dabei waren die „Globetrotter des Jahres 1998“ zu Besuch bei der Königin von Jordanien, bei Mutter Teresa und etlichen anderen Persönlichkeiten.
- **Alexandre Poussin / Sylvain Tesson: „Paris – Auckland und zurück“.** Bastei-Verlag 1998. In 365 Tagen mit Fahrrädern rund um die Welt und als Budget lediglich 6000 Francs, so lautete die Wette … 25.000 km bikten die beiden jungen Franzosen durch 31 Länder. Ein erfrischend lockerer Tourbericht.
- **Claude Marthaler: „Durchgedreht“.** Reise Know-How 2002. Claude, der „Yakman“, saß auf seiner Welttour sieben Jahre im Sattel, von 1994 bis 2001. Das Besondere an seiner Reise ist die damit verbundene Philosophie bzw. „Velosophie“. Das Buch war schon in der französischen Ausgabe („Le Chant des Roues“) ein großer Verkaufserfolg.
- **Peter Smolka: „Rad ab!“.** Reise Know-How 2005. Spannend, detailliert, einfühlsam und humorvoll schildert der Weltumradler (und Co-Autor in diesem Buch) seine Erlebnisse aus allen fünf Erdteilen, wobei er auch so „schwierige“ Radlerziele wie Saudi-Arabien und Afghanistan nicht ausließ.
- **Carsten Janz: „Beinhart“.** Delius Klasing Verlag 2008. Neun Jahre und 100.000 km durch alle fünf Erdteile. Erfrischend ehrlich und ungeschminkt berichtet Janz über die unterschiedlichsten Erlebnisse seiner langen Reise, die ihn auch durch recht harte Länder wie Robert Mugabes Simbabwe oder das pakistanische Kohistan führte. Ein Buch, das unter die Haut geht!

- **Dorothee Krezmar / Kurt Beutler: „Odyssee ins Glück – Als Radnomaden um die Welt".** Reise Know-How 2009. Zehn Jahre brauchten die beiden für ihre 160.000-km-Tour kreuz und quer über den Globus – schließlich stand die Reise unter dem Motto „Reduce Speed". Ein sehr persönliches Buch mit dem Fazit, dass die selbst erradelte Welt viel besser ist als die von den Medien gezeichnete.

Homepages von Weltumradlern

Und hier noch eine kleine (und ebenfalls subjektive) Auswahl an Websites zum Schmökern:

- *www.lemlem.de* (Peter Smolka, 2000–2004, FWF-Co-Autor),
- *www.welttour.de* (Ina Seeger und Alexander Büsing, 2003–2006),
- *www.abgefahren2004.de* (Mario Gerth und Torsten Büttner, 2004–2007),
- *www.ohne-grenzen.at* (Anita Batlogg und Stefan Kothner, Tandem-Tour 2004–2008),
- *www.reiseleben.de* (Thomas Gand, 2005–2007, FWF-Co-Autor),
- *www.jenshuebner.de* (Jens Hübner, 2006–2008, „Mit Fahrrad, Zelt und Zeichenblock"),
- *www.tour-en-blog.de* (Thomas Richter, Liegerad-Weltreise 2006–2009, FWF-Co-Autor),
- *www.2-play-on-earth.net* (Philipp und Valeska Schaudi, 2006 gestartet),
- *www.joergersvelotour.ch* (Margrit und Pius Jörger, 2007 gestartet, „Mit dem Fahrrad in den Ruhestand", FWF-Co-Autoren),
- *www.raderfahrung.de* (Gerard Pudenz, 2007 gestartet).

Weltumradlungs-Routen

Die Route von Europa nach Osten über die Türkei, Iran und Pakistan nach Indien war schon immer einer der beliebtesten Trans-Asien-Biketrips. Die Machbarkeit ist abhängig von der aktuellen Situation im Iran und in Westpakistan (Belutschistan). Eine Alternativ-Route wäre über die Türkei, Iran, die zentralasiatischen GUS-Staaten, China und Pakistan nach Indien (dabei wird Belutschistan umgangen). Eine weitere über den Vorderen Orient nach Ägypten, Sudan, Äthiopien, Djibouti, übersetzen in den Jemen, Oman, VAR und von dort mit dem Schiff in den Iran (Bandar-e'Abbas) und weiter nach Karachi/Pakistan oder auch Mumbai/Indien. Oder von Europa nach Osten in die Ukraine, Südrussland, Kasachstan, China und Pakistan (dabei kann man den Iran umgehen). Evtl. dabei die Kaukasus-Republiken einbauen – erfreulicherweise gibt es auf dem Landweg nach Indien etliche Variationsmöglichkeiten. Natürlich könnte man auch (ohne Indien und Pakistan zu berühren) wie oben beschrieben von Kasachstan nach China einreisen und dann gleich ganz durch das „Reich der Mitte" bis zum Pazifik radeln.

Von Indien dann nach Südostasien, Australien, USA, Europa. Oder von Südostasien über die Nordroute über China und Japan in die USA und von da wieder Europa. Wohl nur ganz harte Velomanen radeln von den USA noch nach Südamerika, und wer dann immer noch nicht genug hat, setzt nach Südafrika über und kurbelt dann durch Afrika hoch nach Europa (wie etwa Claude Marthaler oder auch Carsten Janz; s. Bücherliste).

Kaum einer machte bisher die „Langroute" von Europa durch Afrika nach Kapstadt, dann rüber nach Südamerika und über die Panamericana hoch bis California. Von dort nach Australien und Asien zurück nach Europa (eine kürzere Variante wäre ohne die Afrikadurchquerung, von Marokko gleich nach Brasilien, oder ohne Nordamerika, von Südamerika nach Neuseeland oder Australien). Eine solche bzw. ähnliche Route wählten etwa Peter Smolka oder Alexandre Poussin und Sylvain Tesson (oder in umgekehrter Richtung Dorothee Krezmar und Kurt Beutler, alle s. gleichfalls Bücherliste).

Wer von Europa nach Westen aufbricht, den führt der Weg zunächst durch die USA, dann geht es durch Australien und Asien. Oder man fährt von den USA die Panamericana hinab bis nach Chile, setzt anschließend nach Australien über und fährt weiter durch Asien nach Europa. Wer sich nicht entscheiden kann, wirft eine Münze.

Solche Mammut-Touren sind natürlich nicht ohne entsprechend lange Vorbereitung, eine überlegte Logistik, Willensstärke, Gesundheit, Zeit und genügend Geld durchzuführen. Bei langdauernden Transkontinental- und Rad-Welttouren ist es oft so, dass mit der Zeit Seele und Geist überfüttert und überlastet werden. Deshalb ist es evtl. die bessere Lösung, eine Weltreise in zwei großen Etappen zu planen und dazwischen nach Hause zurückzukehren. Wer eine Weltumradlung plant, sollte sich auch darauf einstellen, dass die Route unterwegs aus vielerlei Gründen geändert werden muss, man sollte also auch „Ausweich"- und „Abkürzungs"-Routen einplanen. Flexibilität ist aber eh eines der ersten Dinge, die man auf der „langen Meile" lernen wird bzw. muss. Sich „nur so", treiben zu lassen ist selbstverständlich auch möglich, doch ein Ziel, einen Reise-Endpunkt zu haben, ist psychologisch wesentlich besser.

Weltradler Tilmann Waldthaler

Welche Route wählen? Wie in die Gänge kommen? Kaum einer weiß dazu wohl mehr zu berichten als Lebenszeit-Reiseradler **Tilmann Waldthaler** – hier im **Interview** für den Fahrrad-Weltführer (Fragen: Thomas Schröder).

Kaum jemand hat wohl seine Reiseträume so konsequent umgesetzt wie du, obwohl eigentlich viele davon träumen. Wie bist du zum Weltenradler geworden, war dir das in die Wiege gelegt?

Nein, eigentlich kam es ganz anders. Mir wurde der Zweite Weltkrieg und die Armut sowie der frühe Tod meiner Eltern in die Wiege gelegt. Dies hat mir, so brutal es klingt, viele Freiheiten geschenkt. Die Verpflichtungen, die man als Kind den Eltern gegenüber trägt, waren ja somit nicht vorhanden. Ich fühlte mich also vogelfrei und habe nach meiner Lehre als Konditor begonnen, mit Rezeptbuch und viel Mut im Rucksack zu reisen, bis ich in Australien einen Radfahrer auf Welttour getroffen hatte. Dieses Treffen veränderte mein Leben.

Tilmann, Juli 2009

Wie war die Route deiner ersten Weltreise mit dem Fahrrad, durch welche Länder führte sie und wie lange dauerte sie?

Antarktis, Neuseeland, Australien, Indonesien, Singapore, Malaysien, Thailand, Indien, Pakistan, Iran, Türkei, Griechenland, Italien, und anschließend durch Mitteleuropa bis nach Spitzbergen. Ich sehe diese Zeit als meine Lehrzeit auf dem Rad. 55.000 Kilometer und vier Jahre unterwegs. In diesem Zeitraum wurde ein Hebel in meinem Kopf umgelegt.

Hattest du deine Reiseroute vorher genau geplant?

Nein, überhaupt nicht. Ich war und bin immer noch ein sehr spontaner Mensch.

Was hattest du von dieser Reise erwartet?

Abenteuer und vielleicht eine Art der persönlichen Neuentdeckung/Entwicklung, weil ich mit mir und meiner Arbeit nicht zufrieden war. Ich habe mich während der Reise selbst kennengelernt. Ich wollte meine Ängste abbauen und meine Träume realisieren.

Welche Eindrücke und Schlüsselerlebnisse deiner ersten Reise sind dir bis heute noch in besonderer Erinnerung?

1. Die Möglichkeit erkannt zu haben, mich einfach aufs Rad zu schwingen und loszufahren.
2. Die Möglichkeit am Schopf zu packen und alles hinter mir zu lassen und einen Neuanfang zu starten.
3. Cyclone Tracy in Darwin 1974 hat mir noch einen Extraschub gegeben. Ich hatte alles im Wirbelsturm verloren.
4. Die Antarktis, Treffen mit Bob Marley, Indira Gandhi, Max von Sydow, Revolutionary Guards im Iran, Krieg zwischen Iran und Irak. Erdbeben und Vulkanausbruch in Indonesien, Bombenanschlag der Roten Brigaden in Bolognia, Italien.

Viele Reisen sind seither gefolgt. Wie wurde dir klar, dass ein Leben „on the road" das Richtige für dich ist?

Abenteurer sind Sucher, bis sie das Richtige in ihrem Leben gefunden haben. Mein Beruf, meine Sprachkenntnisse, mein Interesse an allem Neuen und die Möglichkeit, mich und die Welt mit dem Fahrrad zu erkunden, war für mich eine Situation, die ich kaum ablehnen konnte.

Heute arbeitest du ja mit etlichen Ausrüsterfirmen zusammen und kannst von deinen Reisen leben. Was hast du potentiellen Sponsoren erzählt, damit sie dich unterstützen?

Als Konditor zu arbeiten wurde langweilig und war für Sponsoren uninteressant. Also habe ich mich als Publizist bei einer Tageszeitung als freier Mitarbeiter beworben. Ich habe dann das Fotografieren und Schreiben gelernt. Die Kombination Fahrrad, Schreiben und Fotografieren hat mir bei der Sponsorensuche sehr geholfen. Vielleicht hat mir auch meine Offenheit geholfen.

Was empfiehlst du als ideales Rad für eine Weltreise?

Ein 26 Zoll Reiserad mit einer Rohloffnabe. Natürlich soll es ein Koga sein. Dies ist wohl selbstverständlich, oder?

Hattest du immer sehr viele Ersatzteile für das Rad dabei, was ging öfter kaputt?

Ich habe immer auf Qualität gesetzt. Wenn man einen Mercedes fährt, braucht man ja auch keinen Ersatzmotor im Kofferraum. Ich habe 1977 für mein erstes Reiserad DM 3200 bezahlt. Dies war sehr viel Geld, doch hat es sich gelohnt. Das Fahrrad fährt heute noch.

Von der Antarktis in die Arktis

Qualität, sicher, das ist das A und O. Aber das Rad auf deiner ersten Tour, ein handgeferigter 28er Randonneur aus Reynolds-Rohren, wenn ich mich recht erinnere, ist doch sehr verschieden von dem Rad, das du heute fährst. Deine Ansicht über die Hardware hat sich also mit den Jahren verändert?

Während meiner ersten Reise Antarktis-Arktis 1977 habe ich oft von einem 3fach-Kettenblatt und einem 10er-Ritzel geträumt! Die Berge und Pässe im Himalaja haben mir gezeigt, dass ich beim Anstieg bis auf 5200 m mit einem 2fach-Kettenblatt (52/42) und einem 6er-Ritzelpaket (größtes Ritzel 30 Zähne) und dem Gepäck bald an meine Grenzen gestoßen bin. Um die hohen Pässe zu bewältigen habe ich mir ein Maultier gekauft und bin mit einer Gruppe Tibeter über Schneebrücken und durch eiskalte Bäche bis nach Spadum vorgedrungen. Von dort bin ich mit dem Fahrrad weiter nach Kargil und Leh. Von Leh bin ich mit dem Fahrrad wieder zurück nach Srinagar gefahren. Abenteuer pur!

Von Alaska nach Patagonien

Als ich 1986 von meiner Afrikatour zurück nach Europa kam und das erste MTB gesehen habe, wusste ich, dass dies mein Gerät für künftige Touren sein wird. Von meinem ersten Gehalt als Konditor habe ich mir ein MTB gekauft und habe die nächsten sechs Monate in den Alpen verbracht, um das MTB zu testen. Ich war total begeistert von den Möglichkeiten, welche mir mit diesem Rad zur Verfügung standen.

Während der IFMA 1988 sah ich dann zum ersten Mal ein Koga-Miyata-Fahrrad. Fasziniert stand ich mit meiner heutigen Frau Renate auf dem Koga-Stand. „Solche Räder werden wir uns nie leisten können", war das nüchterne Zitat meiner Frau. 1996 wurde ich von Koga Miyata als Testfahrer engagiert. Seit 2009 bin ich Koga Signature Ambassador.

Die Technik ist mittlerweile sehr ausgereift und ich glaube, dies bringt auch mehr Freude am Reisen mit dem Fahrrad mit sich.

Was wog deine Ausrüstung immer so etwa, beim Start und unterwegs?

Irgendwo zwischen 100 und 130 Kilo, Rad und Ausrüstung, mit mir oben drauf.

Welche Länder sind deine Radfahr-Lieblingsländer geworden?

Meine Lieblingsländer sind Australien und Indien. Vielleicht wegen der unglaublichen Kontraste. Die Ruhe, Stille, Weiten und die Herausforderung in Australien – das organisierte Chaos, das Gewimmel, die Gastfreundschaft in Indien. Es ist eine unglaubliche Herausforderung, zwischen einem Milliardenvolk zu radeln, leben, erleben und zu überleben. Nichts für schwache Nerven und nichts für Menschen, die den Hautkontakt scheuen.

Welche eher weniger?

Iran, Irak, Zentralafrikanische Republik und Nigerien muss ich nicht wieder haben. Korruption, Banditen und jede Menge schlechte Erfahrungen mit Revolutionary Guards, Polizisten und Zollbeamten.

Bist du konsequent alle Strecken per Rad gefahren oder hast du auch auf öffentliche Verkehrsmittel, Lkw, Autos verladen, wenn es galt, schwierige Teile zu überbrücken?

Ich habe sehr konsequent wenn immer möglich das Fahrrad benützt. Natürlich hat es Situationen gegeben, Bürgerkrieg, Krankheiten und schwierige Passagen durch die Wüstengebiete, bei welchen ich ab und zu aufgeladen habe.

Wie sind deine Erfahrungen bei der Rad-Mitnahme in Flugzeugen?

Eigentlich nur positiv. Einmal wurde ich richtig über den Tisch gezogen ... von Aeroflot in Bujumbura/Burundi. Mit KLM wurde das Fahrrad einmal beschädigt, der Schaden aber problemlos gut gemacht.

Wie reagiert die Bevölkerung in sogenannten Globetrotter-Ländern wie z.B. Indonesien mittlerweile auf europäische Radfahrer? Verhalten sich die Leute anders als gegenüber Rucksack-Travellern?

Generell hat man in den meisten Ländern für europäische Radfahrer wenig Verständnis. Warum auch??? Man hat doch durch die Autoindustrie andere Bedürfnisse für den Transport von Gütern geschaffen.

Das Fahrrad gilt als Lastenschlepper und Billigtransporter für arme Leute, es will jedoch niemand auf der Welt arm sein. Also hat das Fahrrad einen komplett anderen Stellenwert. Das Fahrrad ist ein Transportgerät, jedoch kein Sportgerät.

Wenn ein Afrikaner mit einem Elefant durch Stuttgart läuft staunen die Menschen und fragen sich wieso, warum, wo kommt der her und wo geht der hin? Wenn die Leute in der Hauptstadt von Burkina Faso, Ouagadougou, einen Europäer mit einem vollbepackten Fahrrad sehen, stellen sie sich die gleichen Fragen. Man ist ein Exot.

Hast du unterwegs immer viele europäische bzw. amerikanische Radfahrer getroffen?

Am Anfang habe ich viel weniger Radfahrer getroffen als jetzt. Die Begegnungen waren herzlicher, intensiver und vor allem sehr interessant. Die Radler hatten viel zu erzählen, heute surft man im Internet und zieht sich die Infos rein wie Red Bull.

Du hast auf deinen Reisen sicher viele Begegnungen mit interessanten Leuten gehabt. Welche waren die bedeutungsvollsten?

Menschen, die mir über ihr Leben, Kultur und Traditionen in den entlegensten Gebieten der Welt erzählen konnten. Da, wo man zur Begrüßung die Zunge rausstreckt, da wo man das Wasser zum Händewaschen in den Mund nimmt, es im Mund aufwärmt und dann langsam über die Hände fließen lässt, um sie zu waschen. Nomaden, die mir viel über die Wüste und Kamele erzählen konnten. Da, wo Ameisen und Maden Leckerbissen sind, aber auch da wo das Radfahren für Frauen ein Tabu ist. Natürlich waren meine Begegnungen mit Bob Marley und Peter Tosch tolle Momente in meinem Leben, gelernt habe ich aber mehr von den Pygmäen im Kongo, die mir zeigten, wie man im Dschungel überlebt. Die Ewes in Togo zeigten mir, wie man mit vier Palmen und einer Machete eine Hütte baut, in welcher ich dann 14 Monate

Durch die Sahara mit Renate

leben durfte. Begegnungen mit Sadhus und Mönchen in Asien, die mir viel über Spiritualität erzählen konnten. Das Angenehme bei diesen Begegnungen war immer die Tatsache, dass ich dies selbst ausprobieren konnte, mit einem positiven oder negativen Resultat. Diese Begegnungen haben heute noch Bedeutung für mich.

Gab es auch unangenehme Begegnungen?

Jede Menge, doch möchte ich diese nicht an die große Glocke hängen, denn ich möchte Menschen die Angst nehmen und Mut machen, sich selbst auf die lange Meile zu begeben. Meine negativen Erfahrungen waren über einen Zeitraum von 32 Jahren gesehen minimal.

Natürlich waren fünf Situationen lebensbedrohlich, doch es verlief ja alles schnell, geplant – trotzdem ging alles daneben, denn ich lebe ja noch.

Gab es auf deinen Reise Momente, in denen du wirklich Angst hattest?

Angst ist ein Zustand, den man nie verlieren darf, sonst wird man übermütig. Ein bisschen Angst darf, soll und muss immer in den Panniers mitfahren. Dann gibt es auch wunderbare Situationen, bei welchen es kribbelt; man spürt die Hitze in den Adern und das Kribbeln im Körper. Adrenalin hoch drei.

Wurde dir unterwegs etwas gestohlen?

Ich gehe immer davon aus, dass 95% der Menschen auf der Welt ganz tolle Mitbürger sind. Gestohlen wird meistens dann, wenn man unachtsam durchs Leben zieht, das habe ich auch schon erlebt. Ich habe aber gelernt, achtsam zu sein.

Wie kann man sich schützen?

Nach dem Motto „Abrüsten statt Aufrüsten", bestimmte Regeln einhalten und ein guter Beobachter werden. Vor allem ist es wichtig, nicht wie ein Tourist aufzutreten, man wird ja sowieso als Tourist behandelt.

Ich bin nie unterwegs gewesen, um andere zu belehren, sondern eher um von anderen Menschen zu lernen. Dies ist für viele Weißhäuter ganz schwierig zu akzeptieren, denn wir haben uns immer in die Angelegenheiten anderer Völker eingemischt und versucht, ihr Leben zu unseren Gunsten zu verändern. Dies ist ein Teufelskreis. Wir sollten endlich lernen zu akzeptieren, dass es auch andere Religionen, Kulturen und Traditionen gibt und die Menschen daran festhalten dürfen. Unsere Regierungen sollten nicht immer versuchen, nach der Karotte-und-Peitsche-Methode vorzugehen.

Verständnis zeigen und mit Menschen Zeit zu verbringen ist immer eine gute Methode, von den „Einheimischen" beschützt zu werden. Sprachkenntnisse zu besitzen und auf Menschen mit Offenheit zuzugehen ist der beste Schutz. Interesse zeigen, denn jeder Mensch hat eine faszinierende Lebensgeschichte. Leider rasen zu viele Radler an den tollsten Menschen vorbei, ohne ihnen auch nur einen Blick zu schenken.

Wo hast du immer größtenteils übernachtet?

Im Zelt, Billigabsteigen, in den Wüstengebieten, im Dschungel, bei Menschen, die mich eingeladen haben. Die besten Übernachtungen sind da, wo ein Schild steht mit den Worten „Zelten oder Camping verboten", da schaut niemand nach, denn man geht davon aus, dass jeder lesen kann!

Was geht in einem vor, wenn man tagelang durch Einöden radelt, gegen Wind und Regen kämpft? Da gibt es doch auch Totpunkte, oder?

Natürlich gibt es Situationen, in welchen ich mich frage, warum ich mir diese Situation zumute, doch ist das Bedürfnis nach Abenteuer größer als der Wunsch umzukehren, aufzuladen, die Sache abzuschreiben. Dann gibt es noch etwas, was ich mir in den vielen Jahren angeeignet habe: Eine nicht in den Griff zu bekommende Neugierde auf alles noch nicht Erlebte und einen Optimismus in Elefantengröße. In derartigen Situationen rede ich mir selbst zu, dass ich schon viel härtere Situationen gemeistert habe, mache mir selbst Mut, freue mich auf eine tolle Mahlzeit, die ich mir am Abend zubereiten oder im Restaurant essen werde. Ich habe ein riesiges Plus in meinen Panniers, und dieses Plus heißt „Du musst es ja nicht machen". Ich will es ja machen! Zudem habe ich immer ein Zelt dabei und kann mir eine Auszeit vom Wind und vom Regen gönnen.

Arktis, 1981.
Wo die Ballon-Expedition scheiterte geht's mit dem Fahrrad weiter

Wie ist die tägliche Menschen-Dauer-Konfrontation in bevölkerungsreichen Ländern wie z.B. Indien oder Indonesien auszuhalten? Da hat man ja kaum eine Rückzugsmöglichkeit.

Dies habe ich in den ersten Jahren als ein großes Problem gesehen, in der Zwischenzeit habe ich gelernt, die Menschenmengen zu meinem Vorteil zu nutzen, Übernachtungen zu fordern, eingeladen zu werden, das Fahrrad zu vermieten um Geld zu verdienen. Auch mit den Leuten ehrlich zu sein und ihnen zu erklären, dass man seinen Freiraum braucht. Auch habe ich gelernt, „Ja" und „Nein" sagen zu können und interessante Gespräche anzuregen, um nicht der Affe zu sein, der bewundert und bemitleidet werden muss. Ich finde diese Situationen keine Bedrohung, sondern eher eine Bereicherung meiner Reise. Natürlich darf man keine Berührungsängste haben, denn Freiräume wie wir sie kennen sind in Indien oder China kein Thema.

Wie beurteilst du die Chance, heute noch auf einer Welt-Radtour seinen Etat durch Arbeit unterwegs zu verbessern?

Miserabel, weil die meisten Radtouristen in diesem Bereich ideenlos geworden sind. Sie sparen Ihr Geld und verpulvern es dann während der Tour, oder noch schlimmer, sie versuchen die Reise duch Sponsoren zu finanzieren, wissen aber selbst noch gar nicht, was auf sie da draußen zukommt. Die Welt und die Menschen haben sich verändert, viele Menschen kommen ja schon zuhause mit ihrem ganzen alltäglichen Komfort mit den täglichen Anforderungen des Lebens nur halbwegs zurecht. Die Menschheit in unseren Breitengraden ist mit dem Leben überfordert. Wie können diese Menschen dann draußen zurechtkommen? Man sollte sich zuerst immer fragen, welchen Beitrag man selbst leisten kann und ob man damit auch Geld verdienen kann.

Es gibt fünf Möglichkeiten bzw. Berufssparten, wo man auch heute noch unterwegs Geld verdienen kann, ohne große Risiken auf sich nehmen zu müssen:

1. Schutz: Dazu zähle ich die Bekleidungsindustrie und das Bauwesen. Brauchen wir alle zum Überleben.
2. Gesundheit: Jeder Mensch will gesund sein. Ärzte, Krankenpfleger, Therapeuten.
3. Ernährung: Brauchen wir auch alle zum Überleben. Köche, Bäcker, Hotelindustrie, Touristik.

4. Technik: Ohne Technik geht heute überhaupt nichts mehr. Mechaniker, Techniker, IT-Industrie
5. Ideenreichtum: Selbständig Situationen erkennen, um Geld zu verdienen. Ist schwierig, aber machbar.

Viele träumen davon, ihre Reise auch finanziell zu vermarkten, durch Vorträge, Artikel in Zeitschriften oder das Verfassen eines Buchs. Was würdest du dazu raten?

Jemandem dazu etwas raten kann ich überhaupt nicht, da ich ja die Menschen und ihre Gedanken nicht kenne. Probieren ist ein gutes Mittel dafür! Es braucht ein Genie um zu sagen, jetzt fahr ich los und verdiene mein Geld unterwegs, diese Zeiten hat es aber gegeben. Was ich dazu raten kann ist Folgendes:

Im Leben eines Tourenfahrers gibt es viele Möglichkeiten, Geld zu verdienen, doch müssen die Ansätze stimmen. Ich finde es gut, wenn Menschen, die eine Radtour unternehmen wollen, zuerst losfahren, um sich selbst kennenzulernen, eine tolle Zeit mit dem Rad und der Freiheit zu erleben. Das Bedürfnis, Geld mit der Reise zu verdienen, muss natürlich wachsen. Ist dies nicht der Fall, geht der Traum vom Geld Verdienen und wahrscheinlich auch die Reise in die Hose. Es gibt nur wenige Leute, die gut reisen, radfahren, schreiben, fotografieren und sprechen können. Einiges kann man sich aneignen. Anderes wiederum kann man vermitteln, weil man überzeugt ist.

Was ich persönlich überhaupt nicht vertragen kann ist, wenn Menschen zuerst Sponsoren suchen und dann losfahren. Dies ist ein falscher Ansatz, zuerst soll losgefahren werden und dann kann man versuchen, mit dem Erlebten Geld zu verdienen. Alles andere ist Humbug.

Träumer wird es immer geben, und das ist auch gut so. Ich hoffe nur, dass sie nicht zu hart auf dem Boden aufkommen, denn dies hinterlässt dann meistens einen bitteren Geschmack für das Radfahren.

Irgendwie hat man oft den Eindruck, zu Zeiten eines Heinz Helfgen oder auch in deinen ersten Reisejahren wäre eine Global-Radtour einfacher zu realisieren gewesen als heute.

Stimmt, kann ich nur bestätigen, doch waren damals die Menschen/Abenteurer aus einem anderen Holz geschnitzt. Sie suchten das Abenteuer und nicht die Sensation. Es ist ja schon alles dagewesen und es wird eng, also suchen heute viele Leute das Abenteuer im Namen der Sensation. Man hat nur ein tolles Abenteuer erlebt, wenn man im Sarg zurückkommt. Muss ich meine Freiheit im Irak oder in Afghanistan dem Abschuss opfern? Ist es nicht gut genug, unterwegs zu sein, um sich selbst und andere Kulturen und Traditionen zu treffen?

Müsste man nicht aufgrund der vielen Konflikte und Spannungen auf der Welt von einer solchen Tour eigentlich abraten?

Cape to Cape auf dem Trike

Überhaupt nicht. Dass man heute anderen Gefahren ausgesetzt ist wie vor 50 Jahren ist richtig, doch sollte man mit der Zeit gehen und mit Köpfchen reisen. Sich bewusst sein, was auf einen zukommen könnte, wissen, welche Gebiete zu vermeiden sind und das Abenteuer nicht suchen, sondern auf sich zukommen lassen. Wenn das Fernweh größer ist als das Heimweh muss man auch damit rechnen, dass man eventuell nicht mehr nach Hause kommt, wie die 5000 Straßenopfer, die es jedes Jahr in Deutschland gibt. Sie sind auf dem Weg zur oder von der Arbeit vom Tod überrumpelt worden. Keine Sensation, schlicht und einfach der tägliche Überlebenskampf.

Wie schon eingangs erwähnt, viele träumen von der Weltradtour, aber manchmal fehlt einfach der letzte Kick.

Der letzte Kick kommt nicht von Bildern und Geschichten anderer, sondern der letzte Kick sollte immer heißen „Just do it!"

Letzte Frage: Was würdest du deinen potentiellen „Nachradlern" in kurzen Worten empfehlen?

Ich würde es niemandem empfehlen, 32 Jahre mit dem Rad unterwegs zu sein. Ich kann aber sagen, dass ich 32 Jahre mit, für und vom Radfahren gelernt, gelebt und diese Welt geliebt habe.

Tilmanns Radreisen – hier eine Aufstellung. Zu jeder gibt es eine Beschreibung, Fakten und Fotos auf *www.tilmann.com*.

- Von der Antarktis bis in die Arktis. 1977–1981, 55.000 km.
- Vom Nordkap bis zu den Medizinmännern in Afrika. 1982–1985, 28.000 km.
- Die Zentralgebirge-Tour. Sommer 1986, 4000 km.
- Die Nilreise. 1987–1988, 6000 km.
- Die Äqua-Tour. 1989–1992, 35.000 km.
- Quer durch Australien. Drei Monate 1994, 6000 km.
- Rund um die 14 Achttausender der Erde. Vier Monate 1995, 4500 km.
- Bike Camel Bike. Sieben Monate 1997–1998, 7400 km.
- Die Alaska-Patagonien-Tour. 2001–2003, 30.000 km von Alaska bis Feuerland.
- Deutschland-Türkei. 2004, 5300 km bis nach Istanbul.
- Cape to Cape Tour. 2006-2007, 8000 km durch Australien.

Mehr von Tilmann Waldthaler – quasi seine Biographie – im Buch **„Sieh diese Erde leuchten!"**, BVA 2008 (Hardcover) und National Geographic/Frederking & Thaler 2009 (Taschenbuch).

Auszug aus einer Beschreibung: „Tilmann Waldthaler erzählt hier seine Geschichte erstmals mit allen Hintergründen und Zusammenhängen, mit all ihren komischen und dramatischen Momenten: Wie er mit der Prinzessin von Tonga ihren 21. Geburtstag feierte – von der Vier-Meter-Python in der Cessna – wie er erst Koch wurde, dann Vegetarier und schließlich Journalist und Fahrrad-Tester – wie er den höchsten Pass der Welt bezwang – wie er bei seinem indischen Lehrer auf Sri Lanka die Welt verstehen lernte – von seiner Verhaftung als ‚Kaffee-Spion' – und vielem mehr! Mehr als ein Radbuch, mehr als ein Roadbook – eine wunderbare Liebeserklärung an die ganze Welt!"

Von Mai 2010 bis Mai 2012 ist **Tilmann wieder unterwegs** – Infos über seine **Tour von Norwegen nach Neuseeland** auf *www.tilmann.com*. Über Tilmanns Homepage kann man auch noch die allerletzten Restexemplare des Buchs „Die Äqua-Tour" beziehen.

Tilmanns Tipps und Empfehlungen

Damit die eigene Tour gelingt:

So geht es los: Jede Reise beginnt im Kopf. Damit die Reiseidee gedeihen kann, muss sie wie eine kleine Pflanze gepflegt und mit neuen Impulsen und Ideen bestäubt werden. Während diesem Prozess ist die Pflanze und auch die Idee im Kopf sehr anfällig und muss von äußeren negativen Einwirkungen geschützt werden. Ist dies nicht der Fall, besteht große Gefahr, dass das Pflänzchen und auch die Idee im Keim ersticken.

Verwandte, Freunde und Bekannte meinen es wahrscheinlich gut wenn sie versuchen, mit Horrogeschichten, die sie gehört oder gelesen haben, Menschen vom großen Traum der Radtour abzuhalten. Gelingt es einem trotzdem, an der Vorbereitung für die Tour festzuhalten, hat man die erste Hürde geschafft.

So geht es weiter: Jetzt wird das Finanzielle, die Ausrüstung und die Reiseroute vorbereitet. Wie sieht es mit dem Geld aus, um die Reise zu finanzieren? Welche Möglichkeiten habe ich, die Reisekasse unterwegs aufzufüllen? Soll ich mein Bankkonto während der Reise leeren? Eine Kreditkarte bringt Vorteile, ist aber nicht unbedingt erforderlich. Die ersten 20 Jahre meiner Reisen war ich nur mit Reiseschecks unterwegs. Eine Kranken- und Reiseversicherung ist sehr empfehlenswert, außerdem sollte man sich über die politische Situation in den zu bereisenden Ländern gut informieren. Das Internet spielt für diesen Bereich eine immer wichtigere Rolle, da die Informationen oft und rasch upgedated werden können. Ein- und Ausreisegenehmigungen, Impfungen und eine gute Reiseapotheke sind wichtige Faktoren, die bedacht werden müssen. Wie werde ich mich während der Reise ernähren, die Nahrungsmittel transportieren oder die teurere Variante der Restaurants benützen? Wie werde ich übernachten? Für kürzere Reisen kann man die Billighotel-Variante empfehlen, für längere Reisen ist das Zelt die bessere und vor allem die billigere Lösung.

Sich zu informieren ist gut, aber bitte nur für die jeweilige Reise. Zu viele Infos führen meistens zur Konfusion. Empfehlenswert ist es, eine Ausrüstungsliste zu erstellen. Mit einem 26er MTB/Reiserad hat man die besseren Chancen, abseits der Straßen zu fahren. Man sollte immer auf Qualtität setzen. Natürlich gibt es noch jede Menge Aspekte, doch finde ich, dass man sehr viele Fragen selbst beantworten kann, soll und muss, denn niemand kennt sein eigenes Vorhaben besser als man selbst.

Während der Vorbereitungsphase wird sicherlich auch die Frage auftreten, ob man die Reise solo oder mit einem Freund/einer Freundin antreten soll. Dies ist eine sehr individuelle Frage und kann nur von den betroffenen Personen beantwortet werden. Die Erfahrung hat mir gezeigt, dass man als Solofahrer sehr leicht Kontakte knüpfen kann. Wenn die Chemie zwischen den beteiligten Radlern nicht stimmt, ist Chaos angesagt.

Noch etwas zum Thema Transport. Das Fahrrad ist Sport- und Transportgerät, also liegt es nahe, das Fahrrad mit dem Gepäck zu beladen und nicht den Körper. Wenig ist sehr oft mehr, und für die Radtour abrüsten ist besser als aufrüsten.

So geht nichts mehr: Hat man sich nun vorbereitet und die meisten Dinge für die Tour beachtet, bleibt immer noch eine bestimmte Ungewissheit, und dies ist gut so. Keine Tour kann 100%ig vorausgeplant werden. Man will ja Abenteuer erleben, und dazu gehört eine Portion Mut zum Aufbruch und ein bisschen Angst vor dem Unbekannten. Es ist wichtig, dass man sich gut vorbereitet hat, denn diese Vorbereitungsphase macht Mut und nimmt einem die Angst. Mentale Stärke und körperliche Fitness sind die Bausteine für die bevorstehende Tour. Eine freundliche Ausstrahlung und Zeit zu haben, um zuzuhören und auch Zeit zu schenken, um andere Menschen zu verstehen, sind weitere Bausteine für eine erfolgreiche Tour. Alles andere ist machbar, wenn nicht, dann hat man seine Möglichkeiten ausgeschöpft und es geht im wahrsten Sinn des Wortes nichts mehr.

Ich wünsche euch ein tolles Abenteuer mit dem Fahrrad.
Tilmann Waldthaler

Weltradler Heinz Stücke

Kaum zu glauben, aber es gibt tatsächlich Tourenradler, die in ihrem Leben noch mehr und länger on the road waren als Tilmann Waldthaler. Zum absoluten „King of the Roads", zum Weltradler **Heinz Stücke**, hier noch ein paar Worte von Helmut Hermann:

Es war 1962, als ich, damals 15-jährig und wegen Heinz Helfgens „Ich radle um die Welt"-Büchern den Kopf schon voll mit eigenen Radweltreise-Plänen, in einer Jugendzeitschrift las, dass ein gewisser Heinz Stücke von Hövelhof bei Hannover mit seinem Rad zu einer Weltreise aufbrechen will. Immer wieder betrachtete ich die Fotos des untersetzten und kräftigen 21-Jährigen und seine Ausrüstung: ein einfaches Dreigang-Rad („Torpedo"-Nabe von Fichtel & Sachs) mit solidem Gepäckträger (Heinz ist gelernter Werkzeugmacher) und seitlich zu schnürenden Packtaschen, die ich mir dann für meine ersten Touren gleichfalls zulegte. Dann verging viel Zeit, um es genau zu sagen, 31 Jahre, und alles schien vergessen. 1993 bekam ich von der in der ersten Auflage dieses Buchs vertretenen Co-Autorin Barbara Friese erzählt, sie hätte auf dem Karakorum Highway einen ganz „irren Typ" getroffen, der sei beinahe 30 Jahre unterwegs! Sofort fiel mir wieder Heinz Stücke ein, und als ich das Foto dieser Begegnung sah, erkannte ich ihn gleich wieder! In einer Postkarte an Barbara schreibt Heinz damals: „I have not arrived at the end of my travels yet. I am still

Heinz Stücke und Helmut Hermann

strong and eager and I want to see more. That may be impossible, but anyway, that is the engine which keeps me going. Until recently I had only six countries to go, now with so many new states in the former USSR the number is up again to sixteen …"

Die Story ist noch nicht zu Ende: Das neue Medium Internet ermöglichte es, Heinz irgendwo auf der Welt aufzuspüren, und im Mai 2003, über 40 Jahre nachdem ich von seiner Abfahrt gelesen und dazwischen ein paarmal Briefkontakt mit ihm hatte, lehnte er sein abenteuerliches Rad an mein Haus! Da erzählt man sich dann tagelang nicht von vergangenen Jahren, sondern von Dekaden! 2001 erschien ein langer Bericht im FOCUS von ihm und er war in einer Fernsehsendung. Seine Zwischenbilanz – „Facts & figures" – lautete am 24.05.2006: „1940 year of birth – 545.000 kms cycled – 193 countries visited – 44 years on the road – 80-120 kms per day (when cycling) – 40-50 kgs luggage – 6 times my bike has been stolen and recovered – 20 passports filled – 80.000 slides/photos taken – 1995/99 Guinness Book record holder (epic journeys). In July 2001, I was featured on a popular German TV show. These were the first few hours back in my native Germany, since departing in 1962, but I only stayed a few hours …"

Am 11. Januar 2010 wurde Heinz 70 Jahre alt, und ganz klar – „still going strong" … Bereits 2009 knackte er die 580.000-km-Marke. Wir alle sind überzeugt, dass du auch noch die doppelte Monddistanz schaffen wirst, lieber Heinz. Dazu alles Gute und die besten Wünsche!

Derzeit ist Heinz Stücke irgendwo in Südamerika unterwegs. Fotos von ihm findet man z.B. auf *www.raderfahrung.de* bei „Fotos/Venezuela", einen (Abschnitts-)Lebensbericht auf *http://gluckman.com/Bikeman2002.html*.

„Der ganze Gewinn einer Reise liegt in ihrem letzten Tag"

Paul Nizon, franz. Schriftsteller

Du bist durch Asien, Australien, auf der Panamericana, um die Welt geradelt – und nun? Das Radfahren war ein Teil von dir, jetzt bist du wieder zu Hause. Ankommen am Ausgangspunkt ist so wichtig wie das Wegfahren …

Bevor man losfährt, sollte man auch an seine Rückkehr denken. Nach den ersten Wochen der Wiedersehensfreude kommen vielleicht andere Emotionen: Plötzlich erkennst du, wie sehr du dich verändert hast, nicht jedoch – oder nur wenig – die alte Umgebung. Den Nerven fehlt plötzlich der tägliche Reiz des Unterwegs- und Ungebundenseins, du musst dich wieder in einen genormten Alltag ohne die gewohnten Freiräume eingliedern. Und mancher braucht zu seiner „Resozialisierung" fast so lange, wie seine Reise dauerte, bis er endlich wieder „ganz da" ist (und mancher kommt auch nie wieder an …). Jeder, der lange genug weg war, wird einen „Kulturschock" erfahren.

Letzter Tipp: Legt eure Ankunft so, dass ihr wenigstens im Sommer nach Hause zurückkommt. Zum Rückkehrschock auch noch Dauerkälte und Nieselregen ertragen zu müssen, das kann ganz schön frusten ...

Jemand schrieb einmal: Für das Heimkommen braucht man Mut, nicht für das Wegfahren. Wir wünschen euch beides.

Geschafft ...

Anhang

Anhang

Parts of the bicycle

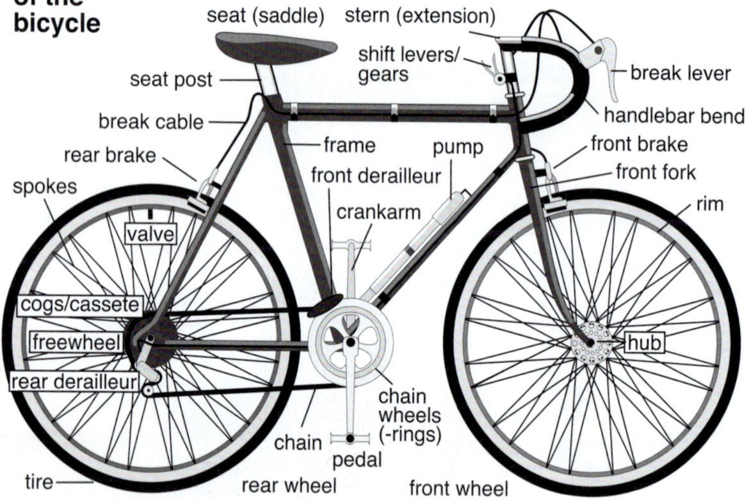

Weitere englische Radbegriffe

Birne	bulb
Bolzen	bolt
Bremsgummi	brake pad
Draht	wire (best: brass wire)
Dynamo	generator
Ersatzteile	spare parts
Erste-Hilfe-Ausrüstung	first aid kit
Felgenband	rim strip
Fett	grease
Flickzeug	tire repair kit
Freilaufabzieher	freewheel cog remover
Gepäckträger	carrier, rack
Gummiflicken	rubber patch
Handschuhe	gloves
Helm	helmet
Kettenglied	chain link
Kettentrenner	chain link braker
Klingel	bell
Kugellager	(ball) bearing
Kurbelkeil	cotter pin
Leuchtend	luminescent, reflective
Mutter	nut
Nietendrücker	priprivet
Nuss	socket
Packtaschen	panniers, bike bags
Platten / Loch	flat tire / puncture
Regenzeug	rain gear
Ritzel	sprocket
Rückspiegel	handlebar mirror
Schlauch	inner tube
Schloss	lock
Schlüssel	spanner, wrench
Schraube	screw, bolt
Schraubenzieher	screw driver
Schutzblech	fender, mudguard
Spannriemen	straps
Speichenschlüssel	spoke wrench
Umwerfer	changer
Ventil	valve
Ventiladapter	schrader/presta adapter
Werkzeuge	tools
Zange	pliers

Die Autoren

Thomas Schröder, Jahrgang 1955, wohnt mit seiner Frau **Sybille** in Hemmingen nahe Stuttgart, und die beiden bekennenden Alltagsradler können bislang auf gut 180.000 Radelkilometer zurückblicken, davon etliche Kilometer auf Reisen in vielen Ländern der Welt. Bereits als Jugendlicher war Thomas vom Fernweh infiziert und verschlang schon damals alle Abenteuergeschichten und Reiseberichte, deren er habhaft werden konnte, von Karl May über Heinz Rox Schulz bis Thor Heyerdahl. „Doch hauptsächlich die Radnomaden der ersten Stunde haben einen besonders tiefen Eindruck bei mir hinterlassen: Walter Hamann etwa, dessen ‚Mit dem Fahrrad um die Welt' ich bestimmt fünfmal gelesen habe, und natürlich Heinz Helfgen. Heute besitzen wir wahrscheinlich eine der größten Sammlungen an Fernreiseberichten in Deutschland, darunter längst vergessene Autoren wie Horst Stasius, Herbert Rittlinger oder den Panamerika-Reiter A. F. Tschiffely."

Ganz klar, dass Thomas schon immer auch selbst dazu beitragen wollte, das Genre „Radreise-Literatur" hochzuhalten. Bislang erschienen von ihm die Bücher „Cycling 66 – Mit dem Fahrrad von Chicago nach L.A.", „Go South! – Mit dem Fahrrad auf dem Pacific Coast Highway von Seattle nach San Diego", „Panamerikanische Skizzen – Mit Fahrrad, Bahn, Schiff und Auto von Alaska nach Feuerland" und, als Hommage an seinen Lieblings-(Halb-)Kontinent, das „Lateinamerika BikeBuch" (mit Co-Autorin Raphaela Wiegers). „Als mich dann Helmut Hermann von Reise Know-How fragte, ob ich die Neuauflage des Fahrrad-Weltführers auf die Reihe bringen wolle, gab's nicht viel zu überlegen: Eine tolle Aufgabe – und eine Sisyphus-Arbeit mit Lebenswerk-Charakter! Voilà, hier ist es (und vergesst nicht, laufend eure Updates zu schicken!)." Homepages: *www.weltweitradeln.de* und *www.bikeamerica.de*.

Helmut Hermann (Foto siehe Seite 735), Jahrgang 1946, wohnt in Markgröningen bei Ludwigsburg. Auftakt seines inzwischen langen Reiselebens durch alle Kontinente war die Durchquerung Afrikas 1973/1974 mit einem Fahrrad bis Kapstadt. Sein Buch darüber, „Heiße Tour Afrika", avancierte damals zu einem Bestseller der klassischen Globetrotter-Literatur. Weitere große und langdauernde Reisen waren die Panamericana mit einem VW-Bus und mit dem Rucksack um die Welt. Er ist einer der Verleger von Reise Know-How und bereist mit Vorliebe Südafrika, Namibia, Mexiko, Südamerika und Australien.

Die Co-Autoren

[AB] **Andreas und Marion Bugdoll** (bugdollpost@t-online.de, *www.bikedoll.de*). Er (Jahrgang 60, Dipl. Ing. Maschinenbau) wohnt mit ihr (Jahrgang 62, Dipl. Geografin, Radverkehrskoordinatorin Kreis Recklinghausen) in Marl/Westfalen. Beide radeln seit 1991 im Urlaub durch die Welt (bisher 55 Touren und 70.000 km) und sonst mit dem Rennrad durchs Münsterland. Sie verfassten zwei Bücher („Radwandern" und „Kanadische Rocky Mountains", Stein Verlag); etliche Reiseberichte und veröffentlichte Fotos (u.a. im Fahrrad-Europaführer, Reise Know-How).

[AG] **Adrian Guggisberg**, Jahrgang 1978, Elektroingenieur, lebt in der Schweiz im Kanton Bern. Nach mehreren Touren durch Europa und dem Erradeln/Erklettern des jeweils höchsten Punktes jedes Schweizer Kantons startete Adrian seine erste große Tour. Von der Schweiz aus Südafrika in 1,5 Jahren zu erreichen, das war das Ziel. Auf dem Kontinent ohne Uhren begann sein Route aber bald zu mäandern. Den erlebnisreichen dem direkten Weg vorziehend querte er unter Strapazen verschiedenster Art das zerrüttete Zentralafrika von West nach Ost. Nach 50.000 km und mehr als drei Jahren, tief beeindruckt vom Kontinent mit dem schlechtesten Ruf, seinen Bewohnern, Tieren und einmaligen Landschaften, brachte ein Frachtschiff Adrian 2009 zurück nach Europa. Homepage: *www.to-adi.ch*. E-Mail: aguggisberg@gmx.ch.

[AK] **Albert Kratzer** ist in einem großen Radgeschäft in Bayern tätig und radelt seit nahezu 30 Jahren durch die Welt: Nord- und Südamerika, quer durch die Sahara (als das noch möglich war), von zu Hause bis nach Tibet, ein halbes Jahr durch das australische Outback und eine Reihe interessanter Touren mehr stehen bislang in seiner Palmarès. Dazu engagiert er sich für die Selbstversorger-Fahrt *www.grenzsteintrophy.de* entlang der einstigen deutsch-deutschen Grenze.

[AP] **Andreas Plock**, Jahrgang 1974, stammt aus dem Mansfelder Land, ist gelernter Installateur, Hobbymusiker und ein ruheloser Weltentdecker. Nach Reisen wie etwa per Anhalter von Deutschland nach Griechenland und von Marrakesch nach Timbuktu wurde zunächst das Auto Mittel zur Verwirklichung seiner Reiseträume: Mit seinem Renault Twingo in die Westsahara, dann im VW-Bus nach Tunesien und nach Kaliningrad. Nach einer ersten Radtour von Senegal nach Conakry (Guinea) stand schnell fest, dass ein Fahrrad nicht nur die Wegstrecke zum Bäcker erleichtert, sondern dass es auch die beste Möglichkeit ist zur Erkundung fremder Länder – vorausgesetzt, man hat die Zeit. Die nahm sich Andreas, indem er seinen Job kündigte und im Herbst 2007 seine Welt-Radtour startete: Deutschland, Osteuropa, Türkei, Iran, VAE, Oman, Jemen, Indien, Nepal, dann über Südostasien nach Australien, Neuseeland und in die USA. Bei Drucklegung dieses Buchs war er immer noch unterwegs, wenn auch jetzt mit deutlichem Kurs wieder Richtung Europa …

[AR] **Amiram Roth-Deblon** und **Ragna Schmidt-Haupt**, Jahrgänge 1974 und 1978, Business Development Manager in der Solarindustrie und Invest Manager für erneuerbare Energien, sind die „Cycle Generation". Sie verbindet die Begeisterung für den Klimaschutz, die Liebe zur Natur und für epische Radreisen. Nicht mehr losgelassen hat der Radtouren-Virus Amiram, seit er im Jahr 2002/2003 von Berlin nach Indien und zurück tourte. Seitdem sind die beiden Radenthusiasten in 31 Ländern Asiens, Afrikas und Europas mehr als 41 000 km geradelt. Von 2008 bis 2009 führte sie ihr bisher größtes Radabenteuer 14 Monate lang von Äthiopien durch 12 Länder bis nach Südafrika und Lesotho. Dabei haben sie als besonderes Zeichen in jedem Land ihrer Reise etliche Bäume gepflanzt. Zurück ging es klimafreundlich mit einem Containerschiff nach Antwerpen. Ziel der Kampagne namens „Abenteuer Klimaschutz" war es, über erfolgreiche afrikanische Klimalösungen zu berichten und für mehr Klimaschutz in Industrienationen zu werben.

Der Fokus liegt dabei auf drei Themen und Lösungen: Erneuerbare **Energie** (Solar, Wind, Kleinwasserkraft), **Mobilität** (Fahrradverkehr, öffentliche Verkehrsmittel und Elektromobilität) und **Ökologie** (Waldschutz und Aufforstung). Seit September 2009 leben und arbeiten die beiden wieder in Deutschland. Homepage: *www.cycle-generation.org*.

[AW] **Andreas Wever**, Jahrgang 1966, aus Betzdorf/Westerwald, schreibt: „Aus einer Schnapsidee kaufte ich mir im Frühjahr 1995 ein einfaches Mountainbike, um damit im Himalaya zu radeln. Dieses Vorhaben setzte ich im Sommer des gleichen Jahres um und radelte durch die Bergwelt von Kaschmir und Ladakh. Diese meine allererste Radtour war der Beginn einer Leidenschaft:“ Von da an radelte Andreas (nebenbei auch aktiv für die DZG, s. Seite 29) Jahr für Jahr in den entlegensten Winkeln auf unserem Globus, durch China, Australien, die Mongolei und Sibirien, durch Nordindien, Nepal und zweimal durch Tibet, durch Süd- und Mittelamerika und durch den Nahen Osten. Immer für jeweils drei Monate, ermöglicht durch das Ansammeln von Überstunden bei einem Gartengerätehersteller. Wie schon der Dalai Lama sagte: „Begib dich einmal im Jahr an einen Ort, an dem du noch nie gewesen bist!“ Homepage: *www.lonelytrack.de*. E-Mail: andiwever@yahoo.de.

[BZ] **Beat Heim**, Jahrgang 1966, Software-Ingenieur, lebt in Luzern in der Schweiz. Die Berge sind seine große Leidenschaft, und so führen denn auch seine Veloreisen meisten in Regionen mit großen Gebirgen: Südamerika und der Himalaya. Lieblings-Reiseländer sind Tibet, die Mongolei, Zentralasien, Peru, Bolivien. Seit 1990 immer wieder und immer länger auf Veloreisen, insgesammt über 100.000 geradelte Kilometer auf allen Kontinenten. Seine Homepage ist mittlerweile legendär: *www.betzgi.ch*.

[CD] **Dr. Christian Dupraz**, Jahrgang 1977, Münchner, Physiker und Geograf, seit drei Jahren in Bern bei einem großen Schweizer Versorger im Bereich Wasserkraft tätig. Am meisten haben es ihm Gebirge und Wüsten angetan, daher ist er in Europa am liebsten per pedes oder per Ski in den Alpen unterwegs. Im Rahmen seines Jahresurlaubs hat er schon manche schöne Ecke erkundet, z.B. fuhr er mit dem Liegerad von Oslo nach St. Petersburg mit Zwischenstopp in Murmansk oder mit dem Tandem in den Süden Algeriens. Auch Zentralasien und Südamerika (mal mit, mal ohne Rad) sind von ihm geliebte Reviere, insbesondere die Pässe der Anden, des Pamir und des Tien Shan. Um mal wieder Saharasand zu spüren ging es im Winter 2008/09 von Marokko mit einem Schlenker über Guinea nach Mali.

[DT] **Daniela Schmidt**, Pädagogin und **Tobias Klein**, Geograf, beide Jahrgang 1977, interessieren sich beruflich für Migration und Fahrradverkehr. Als logische Schlussfolgerung brachen sie im November 2008 zu ihrer 18-monatigen Europa-Asien-Afrika-Reise auf. Zuvor hatten sie bereits mehrere kürzere Fahrradtouren in Europa und 2006 in Kirgisistan unternommen, die das Fernweh nicht stillen konnten. Besonders wohl fühlen sie sich, wo die Pässe hoch, die Menschen nett und die Tiere lustig sind. Tobi repariert die Fahrräder, erstellt GPS-Höhenprofile und Karten, während Daniela Texte schreibt und multilinguale Kommunikation betreibt. Gegenseitig geben sie sich Windschatten, gemeinsam genießen sie ein kühles Bier am Abend. Über ihre Reisen berichten sie auf *www.weltperrad.de*.

[EC] **Ernst Christen**, Jahrgang 1964, lebt entweder als praktizierender Buddhist in irgendeinem Kloster Südostasiens oder fährt mit seinem Rad durch die monumentalen Großlandschaften unserer schönen Erde. Von Kindesbeinen an hat er seine Umgebung per Fahrrad erkundet und entschloss sich 1986 nach einem Indientrip, von dort nach Europa zurückzuradeln. Von 1987 bis 1990 war er auf großer Radtour in Asien, Afrika und Südeuropa. Sein Buch „Radfahren und Nirwana“ berichtet davon. 1993 bis 1994 folgte eine Südamerika-Tour und 2001 eine Skandinavien-Tour. Anfang 2008 hat Ernst Christen seinen Manager-Job und seinen gesamten Besitz aufgegeben, ist mit dem Rad von der Schweiz nach Thailand gefahren und lebt nun dort in einem Waldkloster. Weitere Radtouren sind in Planung. Etliche Bücher zu den Themen „Interkontinentales Radfahren" und „Buddhismus" sind von ihm erschienen. Homepage: *www.ernst-christen.ch*.

[GH] **Dr. Gabi Hirsemann**, Jahrgang 1961, studierte in Hildesheim und Berlin Bauingenieurwesen sowie Physikalische Ingenieurwissenschaften. Die ehemals erfolgreiche Radrennfahrerin und Triathletin (Europameisterin Triathlon 1984 in der Langdistanz, 2/110/30 km) lebt und arbeitet derzeit in Berlin und bereist alleine per Rad vorzugsweise den Osten und die heißeren Regionen der Erde. So fuhr sie bereits 1995 3000 km durch Australien, später u.a. 6000 km von Berlin in die Türkei und zurück und 2009 6500 km durch China. Buchveröffentlichung: „Albanien, Rumänien, die Ukraine & Co, 6000 Radkilometer durch Osteuropa", BoD. Zur Zeit arbeitet sie an einem umfangreichen Rad- und Rucksackreiseführer China mit Reisebericht. Homepage: *www.drhirsemann.de*.

[HF] **Hartmut Fiebig**, Jahrgang 1968, wurde am Bodensee geboren, lernte aber früh, den Koffer zu packen. Im Grundschulalter zog er mit seiner Familie nach Kairo. Acht Jahre im Schatten der Pyramiden haben seine Reiseleidenschaft geprägt. Mit 21 Jahren fuhr er per Fahrrad von Deutschland nach Südafrika und verlor dabei endgültig sein Herz an diesen Kontinent. Heute lebt der studierte Tropenagraringenieur und kenianische Ehrenbotschafter, der neben Kisuaheli auch Arabisch spricht, in Köln, ist vorwiegend publizistisch tätig (als Moderator, Fotograf, Journalist und Autor) und betreibt das Forum „Grenzgang" (für Reisen, Kultur und Medien, *www.grenzgang.de*), das unter anderem jährlich ein gut besuchtes Fernradlertreffen organisiert. Hartmuts einst bei RKH aufgelegtes Buch „Bike-Abenteuer Afrika" gibt es zwischenzeitlich wieder – unter dem Titel „Bike-Solo Afrika. Konstanz-Kairo-Kapstadt", im Selbstverlag. Homepage: *www.hartmut-fiebig.de*.

[HG] **Johannes („Hannes") Galow**, Jahrgang 1957, ehemals Krankenpfleger, jetzt Frührentner, wurde nach einem ersten Besuch in Russland (Ekaterinburg 2005) von einem Russland-Virus infiziert. Er wollte dieses interessante Land und seine Menschen genauer kennenlernen und machte sich deshalb im März 2007 per pedales nochmals auf den Weg nach Osten – aus Neugier, Abenteuerlust und als Therapie gegen seine Erkrankung. Dabei lernte er nicht nur endgültig Land und Leute lieben, sondern fand auch seine Frau Irina. Sein Credo: In Russland gibt es noch viel zu entdecken! E-Mail: galow@gmx.de.

[HL] **Herbert Lindenberg**, Jahrgang 1951, ist Dipl.-Kaufmann und Radreisebuchautor; er lebt in Berlin. Nach ersten Fernreisen per VW-Bus und einem mehrjährigen Job im Iran, just als die islamische Revolution das Land auf den Kopf stellte, unternahm er 1985 mit Freunden seine erste Radreise. Nach drei Wochen Deutschland war für ihn das Fahrrad als Reisevehikel mit Zukunft gebongt. 1988 tourt er hinter dem Eisernen Vorhang nach Kurdistan und schreibt ein Buch („Mit dem Fahrrad in die Türkei"). 1990 boxt er sein Bike ein halbes Jahr durchs südliche Afrika. Das Buch heißt „Fahrradsafari", doch der Verlag setzt es in den Sand. Ab 1991 verlegt er sich aufs Verfassen von Radreiseführern (u.a. Polen, Tschechien, Kreta), und schließlich – mit Unterstützung vieler Co-Autoren – zu ganz Europa: Seit 1997 ergänzt der „Fahrrad-Europaführer" nun den „Fahrrad-Weltführer". Neben Europa gilt seine Radreisepassion vor allem Afrika und Australien – der Menschen und der Weite wegen. Website: *www.europa-rad.de*.

[JC] **Dr. Jan Cramer**, Jahrgang 1967, lebt und arbeitet (im Gesundheitswesen) in Hamburg und begeisterte sich seit 1989 an über 40 Radreisen. Schwerpunkt in den letzten Jahren waren die nordafrikanischen Länder (u.a. 13-mal Marokko).

Auch ohne Rad und mit der Familie ist sein liebstes Hobby neben dem Radfahren das Reisen. Homepages: *www.cramers-web.de* und die derzeit wohl informativste Seite für Marokko-Radler *www.marokko-per-rad.de*.

[JF] **Jürgen Finke**, Jahrgang 1965, wohnt in Schwetzingen und ist bei der Deutschen Bahn in Heidelberg als Lokführer beschäftigt. Bevorzugtes Heimat-Revier des begeisterten Radfahrers sind der Pfälzer Wald und der Odenwald. Dazu hat er eine Vorliebe zum Verreisen mit dem Rad, hauptsächlich GPS-unterstützt nach Skandinavien. Er ist ein großer Norwegenfan und Liebhaber der Postschiffe der Hurtigruten.

[JG] **Julius Grossmann**, Jahrgang 1957, ist begeisterter Rennrad-, Mountainbike- und Reiseradfahrer. Der Diplom-Ökonom lebt und arbeitet in Heidelberg. Neben dem geliebten Odenwald, in dem er fast jeden Pfad kennt, hat er in den letzten Jahren mehrfach Südamerika und Marokko bereist.

[JH] **Joachim Held**, Jahrgang 1965, geb. in Buenos Aires, Argentinien. Journalist, zuletzt tätig als Nachrichten-Redakteur im Hörfunk des Hessischen Rundfunks. Erste Radreise im Alter von 13 Jahren durch Frankreich. Es folgten diverse Touren durch Europa. Im Jahr 2000 ein Jahr durch Südamerika. Anschließend Buch-Veröffentlichung: „Abenteuer Anden. Eine Radreise durch das Inka-Reich“, Reise-Know-How. Im August 2008 von Deutschland aus mit dem Fahrrad nach Afrika gestartet. Ein Jahr war geplant. Bei Redaktionsschluss dieses Buches noch immer in Afrika unterwegs. Bisher über 20 Länder bereist, unter anderem auch Sierra Leone, Nigeria und die Demokratische Republik Kongo. Lebensmotto: Wer einmal unterwegs ist, bleibt nicht mehr stehen. Homepage: *www.joachimheld.de*.

[LG] **Dr. Lutz Gebhardt**, Jahrgang 1952, Ingenieur, Verleger (Verlag „grünes herz“); von 1986-89 vier Radtouren in Mittelasien (Pamirüberquerung) und durch die Baltischen Staaten, 1992 Simbabwe-Tour, 1997-2006 sechs Touren in Südamerika (Argentinien, Bolivien, Chile, Ecuador, Peru). 2003 Neuseeland-Tandemtour und Indischer Himalaya mit Überquerung des Kardung La (5606 m), später durch die Rocky Mountains, Marokko, Tasmanien und Baja California. Autor des Buchs „Faszination in Südamerika“ (mit Co-Autor Jens-Ulrich Gross) und mehrerer Radwanderführer („Am Strom entlang der Elbe“, „Die schönsten Radtouren um Dresden“, „Vom Thüringer Wald in die Sächsische Schweiz“, „Ilmtal-Radwanderweg“, „Rennsteig-Radwanderweg“, „Elster-Radwanderweg“ und „Gera Radwanderweg“). Seine Reise-Homepage: *www.lilu.tk*.

[MB] **Mandy Jacob**, Logopädin, und **Benjamin Jacob**, Informatiker, gingen im April 2006 per Tandem „Pino“ von Deutschland aus auf Weltreise. Sie fuhren über 31.000 km und durchquerten 21 Länder. Dabei erlebten sie sengende Hitze in den asiatischen Wüsten ebenso wie extremste Kälte auf ihrer Fahrt durch Tibet im Winter 2007/2008 und überquerten Pässe von bis zu 5400 m Höhe. Lhasa erreichten die beiden Ende Dezember, wo sie dann einige Wochen blieben und zu einer Wanderexpedition aufbrachen. Die Zeit in Tibet erreichte leider Ihren traurigen Höhepunkt, als sie die Tibet-Aufstände vor Ort miterlebten, mehrmals verhaftet wurden und Lhasa schließlich per Zug verlassen mussten. Sie setzen Ihre Reise dann durch Südchina fort in Richtung Südostasien. Als Schlusspunkt ihrer Reise erreichten die beiden Australien, von wo aus sie nach drei Jahren nach Deutschland zurückkehrten – mit Kind im Gepäck! Homepage: *www.globecyclers.de*.

[MD] **Markus und Heidi Dangl**. Markus (Jahrgang 1977) und Heidi (Jahrgang 1979) sind beide als Krankenpfleger tätig und wohnen zur Zeit im Schweizer Kanton Graubünden. Die beiden Österreicher verband schon immer eine große Leidenschaft zum Radfahren und zum Reisen. So entschlossen sie sich, quasi als eine etwas verlängerte Hochzeitsreise, die Panamericana unter die Reifen zu nehmen. Das Abenteuer dauerte 18 Monate (2007/08) und die beiden versuchten, so gut es ging die gesamte Strecke mit dem Fahrrad zurückzulegen. Dass ihnen dies recht gut gelungen ist kann man auf ihrer Homepage nachlesen: *www.2roadrunners-on-tour.at*.

[MM] **Martin Moschek**, Jahrgang 1975, Kommunikationsberater, lebt in Hamburg. Seit fast 20 Jahren reist er mit dem Fahrrad durch die Welt. Auf Touren durch Europa, Afrika, Asien und den Nahen Osten legte Martin über 50.000 km zurück. In den ersten Jahren zusammen mit seinem Schulfreund Stephan Löw und seit 2000 alleine beradelte er bislang 44 Länder. Seine größten Touren führten ihn 1998 von Leipzig über den Himalaya nach Bombay und 2000 alleine durch die Sahara nach Timbuktu. Auf seiner jüngsten Radtour 2008 fuhr er in Vietnam von Ho-Chi-Minh Stadt (Saigon) nach Hanoi. Homepages: *www.biketour-global.de* und *http://biketourglobal.wordpress.com*; Twitter: biketourglobal.

[PB] **Patrizia Benigno Müller** und **Brö Müller** aus Luzern, Schweiz sind seit 2003 unterwegs (on/off). Die Welt erFahren lautet das Motto, und was eignet sich dafür besser als ein Tandem? Schnell genug, um von A nach B zu gelangen, langsam genug, um die bereisten Länder und Kulturen mit all ihren Facetten zu erleben und zu würdigen. Gestartet in Madagaskar, radelten die beiden durch Afrika, Südamerika, den Nahen Osten, Zentralasien bis nach Nepal. Wohin die Reise weiterführt war zur Drucklegung noch nicht klar – die Träume werden nur größer, je mehr man von der Welt sieht. Vielleicht schaffen sie es, bis zur nächsten Auflage alle Kontinente der Erde zu bereisen … Homepage: *www.somewhereonearth.org*.

[PJ] **Pius und Margrit Jörger**. Margrit (Jahrgang 1949) und Pius (Jahrgang 1947) unternahmen 2001 ihre erste größere Fahrradtour durch Südostasien, nachdem sie früher lieber mit dem Rucksack auf Tramptour gegangen waren. Gerne wären sie weitergeradelt, aber Beruf und Familie ließen dies nicht zu. Doch die Planung für eine zeitlich unbeschränkte Reise begann, und der langgehegte Traum, die Seidenstraße zu erkunden, nahm langsam Gestalt an. Im April 2007 starteten sie vom graubündnerischen Vals aus ihre „Reise in den Ruhestand": Europa, Ukraine, Naher Osten, Arabische Halbinsel, Iran, Zentral- und Südostasien. Von Japan flogen sie im März 2009 zur Hochzeit ihrer jüngeren Tochter nach Mexiko und nahmen dann die Gelegenheit wahr, Lateinamerika bis ganz hinunter nach Ushuaia ebenfalls *en bici* zu erfahren. Geradelte Kilometer auf dieser Tour bis anhin 40.000; ein Ende ist noch nicht in Sicht … Homepage: *www.joergersvelotour.ch*.

[PR] **Pascal Heimberg**, Jahrgang 1975, Wirtschaftsprüfer, und **Rebecca Grunder**, Jahrgang 1977, promovierte Wirtschaftswissenschaftlerin, leben im Schweizer Kanton Zürich. Gemeinsam sind sie immer auf der Suche nach einsamen, abgelegenen Schotterpisten und der nächsten Dusche in einem kalten Bach. Die begeisterten BOB-YAK-Tourer haben nach ihrem Einstieg mit kürzeren Touren in Europa (Spanien, Schottland und Norwegen) mehrere Wochen in Namibia und Madagaskar, drei Monate in den USA (Great Divide Mountain Bike Route) und schließlich ein ganzes Jahr in Südamerika (7000 km von Ushuaia, Argentinien nach Calama, Chile) und Canada (11.000 km Durchquerung von Vancouver, British Columbia nach St. John's, Newfoundland) verbracht. Ihre Reiseberichte und Fotos veröffentlichen sie auf *www.kimble.ch*.

[PS] **Peter Smolka**, Jahrgang 1960, arbeitet als Diplom-Informatiker in Nürnberg. Seine erste Fahrradreise führte ihn 1978 nach Schweden. In der Zeit seines Studiums radelte er Südeuropa und den Nahen Osten ab, pedalte 1988 durch Westafrika, bevor er 1992/93 eine einjährige Tour von Erlangen nach Kapstadt unternahm. Krönung von Peters bisheriger Reiseradler-Karriere war seine Weltumradelung von 2000-04, 71.000 km durch 55 Länder, wobei er auch die „schwierigen" Länder wie Saudi-Arabien, Afghanistan und Myanmar nicht ausließ. Darüber berichtet er in seinem Buch „Rad ab!", Reise Know-How. Homepage: *www.lemlem.de*.

[SD] **Dr. Stephan Drawert**, Jahrgang 1970, Arzt, lebt in Rostock an der Ostsee. Erste Radtourenerfahrungen sammelte er als Schüler im nahegelegenen Dänemark. Nach und nach führten die Touren in das weitere Skandinavien. Im Studium 1999 führte ihn die erste Reise auf Neuseelands Südinsel. Begeistert von diesem Land, den Bewohnern und seinen Radreisemöglichkeiten folgten bisher noch zwei weitere Touren durch das Land am anderen Ende der Welt. Zuletzt bereiste er das andere Ende des polynesischen Dreiecks – Hawaii. Zwischendurch führten ihn kurze Trips mit dem Mountainbike mehrfach in den Harz und das Elbsandsteingebirge. Homepage: *www.bike-nz.de*.

[TF] **Tobias Fischnaller**, Jahrgang 1974, stammt aus Vintl/Südtirol, lebt und arbeitet dort als staatl. geprüfter Berg- und Skiführer und MTB-Guide. Eine seiner Expeditionen war 1995 die Umrundung aller 14 Achttausender mit dem Bike (zusammen mit Tilmann Waldthaler), es folgten eine Australien-Bikeexpedition, die Durchquerung der Mongolei mit Bike und Ski (wo es ihn später noch mehrmals hinzog), wieder Australien (Canning Stock Route), Bike und Ski Kamtschatka sowie eine Malaysa- und Thailand-Reise. Geplant sind noch weitere Abenteuer in Kombination mit Bike und Ski in Ländern, die noch weiße Flecken auf der Abenteuerlandkarte sind. Feel the adventure … Infos und News auf *www.tofisch.com*.

[TG] **Thomas Gand**, Jahrgang 1974, Lehrer am Berufskolleg, lebt jetzt wieder in seiner Wahlheimat Bonn. Einige kleinere Radreisen führten ihn zunächst quer durch Europa. Im Sommer 2005 brach er dann auf, um sich einen Traum zu erfüllen: Zweieinhalb Jahre und 45.500 km lang radelte er einmal um den Globus. Die Reise ging durch Asien, Australien, dann über die Südsee und die Osterinsel nach Südamerika, wo er von Ecuador bis nach Feuerland fuhr. Weiter quer durch Indien nach Nepal und durch den indischen Himalaya, bevor es durch Afrika bis ans Kap der guten Hoffnung ging. Nächstes Mal dann aber zu zweit … Interesse? Homepage: *www.reiseleben.de*.

[TL] **Thomas Longin**, Jahrgang 1967, Betriebswirt und Gärtner, hat sich gern und gründlich im Umkreis von etwa 6000 km um Deutschland umgeschaut und dabei gebirgige und wüstenhafte Gegenden bevorzugt, besonders Südosteuropa, Nordafrika und Nahost. Radl-Praktisches von ihm findet man bei *www.cramers-web.de* unter „Länderinfos". E-Mail: thlongg@yahoo.com.

[TR] **Thomas Richter**, Jahrgang 1977, Maschinenbauingenieur, lebt in Berlin und ist im Outdoor-Fachhandel tätig. Bereits als Schüler unternahm er erste Radreisen in Europa. Nach Touren zwischen Berlin, Nordkap, Sizilien und Irland folgte eine längere Reise durch Nordamerika, von Alaska nach California. Für sein bisher größtes Radabenteuer stieg der Fahrradbegeisterte vom Sattel um in den Sitz eines Liegerades. Mehr als 42.000 km fuhr er damit zwischen 2006 und 2009 durch 41 Länder in Europa, Afrika, Asien und Lateinamerika, einmal um den Globus. Homepage: *www.tour-en-blog.de*.

[TW] **Thomas Weis**, Jahrgang 1972, Dipl.-Betriebswirt, lebt im Rhein-Main-Gebiet. Seine Hobbies Reisen, Radfahren und Fotografieren lassen sich bei Radreisen wunderbar kombinieren. Deshalb unternimmt Thomas seit 1996 jedes Jahr zwei Radreisen von zwei bis sechs Wochen. Diese führten ihn mittlerweile auf alle Kontinente (bis auf die Antarktis). Canada, Cuba, Haiti, die Dominikanische Republik, Ecuador, Chile, Island, Spanien, Kroatien, Griechenland, Türkei, Marokko, Namibia, Ghana, Simbabwe, Ägypten, Jordanien, Oman, Thailand, Taiwan, Sri Lanka, Japan und Australien wurden intensiv beradelt. Er bevorzugt warme bzw. heiße Regionen und ist immer auf der Suche nach neuen Eindrücken. Homepage: *www.thomasontour.de*

[UE] **Dr. Uwe Ellger**, Jahrgang 1952, Tierarzt aus München, ist eigentlich Langläufer mit bereits mehr als 100 Marathons und Ultramarathons überall in der Welt. Gründete die internationalen Marathons von Bali und Sri Lanka. Er reiste schon in der Jugend durch viele Länder Europas und Nordafrikas. Erster Asienaufenthalt 1978. Arbeitete 1981 in Sri Lanka und tourte danach ein Jahr lang durch Süd- und Südostasien sowie Australien. Weitere Hobbies: Fußball, Ski, Tauchen, Bergwanderungen/ Trekking. Mit seiner Frau Dr. Isabel Ritz (Kinderärztin, Langläuferin, Ski) unternimmt er meist mehrere Radurlaube im Jahr. Lieblingsziele: Alpen, Italien, Skandinavien und immer wieder Asien. Geplant ist die Fahrt von München nach Kapstadt. Homepage: *www.laufsportreisen.de*.

Die Fotografen

Andreas und Marion **Bugdoll**	S. 185, 326, 330, 426, 606, 610, 612, 716, 720, 721
Ernst **Christen**	S. 511, 514, 523, 524, 574, 578, 580, 589, 630, 643, Umschlag vordere Klappe oben, Umschlag hintere Klappe oben
Markus und Heidi **Dangl**	S. 292
Dr. Stephan **Drawert**	S. 693, 700, 705
Dr. Christian **Dupraz**	S. 95, 247, 295, 321, 357, 361, 364, 366
Dr. Uwe **Ellger**	S. 423, 570, 661
Jürgen **Finke** / Julius **Grossmann** / **Touratech AG**	S. 38, 39 (4x), 40 (3x), 42 (2x), 43 (2x), 44
Tobias **Fischnaller**	S. 597
Johannes **Galow**	S. 495, 498
Thomas **Gand**	S. 84, 221, 248, 250, 543, 548, 551, 555, 558, 561, 564, 621, 635, 638, 683, 691, 708
Dr. Lutz **Gebhardt**	S. 161, 199, 253, 557, 615, 685, Titelbild
Jens-Ulrich **Groß**	S. 528, 532
Adrian **Guggisberg**	S. 75, 86, 313, 317, 318, 325, 388, 390, 443, 448, 736, Umschlag vordere Klappe Mitte, Rückseite oben und unten
Joachim **Held**	S. 298, 332, 372, 377, 379, 385
Beat **Heim**	S. 107, 591, 594
Pascal **Heimberg** / Rebecca **Grunder**	S. 7, 100, 181, 193, 197, 198, 420, Umschlag vordere Klappe unten
Helmut **Hermann**	S. 336, 734, 735
Dr. Gabi **Hirsemann**	S. 583, 588
Steffen **Honzera**	S. 397
Mandy und Benjamin **Jacob**	S. 109, 451, 459, 462, 618, 625
Dr. Sven **Jakubith** (*www.ekpro.de*)	S. 653, 657
Dorothee **Krezmar** / Kurt **Beutler**	S. 430, 539, 670, 688
Herbert **Lindenberg**	S. 305, 307, 417, 663, 678, 679, 681
Holger **Meinck** (*www.biketraveller.de*)	S. 234, 238, 257
Michael **Merz** (*www.transamazon.de*)	S. 282
Martin **Moschek**	S. 644, 647
Reinhard **Pantke**	S. 696
Gerard **Pudenz** (*www.raderfahrung.de*)	S. 275
Thomas **Richter**	S. 82, 245, 342, 344, 349, Umschlag hintere Klappe unten
Amiram **Roth-Deblon** / Ragna **Schmidt-Haupt**	S. 409, 415, 435, 438, 441, 447
Daniela **Schmidt** / Tobias **Klein**	S. 76, 116, 120, 488, 505, 509
Sybille und Thomas **Schröder**	S. 13, 125, 129, 132, 134, 137, 145, 146, 147, 148, 150, 151, 154, 157, 158, 168, 171, 179, 183, 188, 190, 203, 207, 213, 219, 226, 236, 240, 244, 258, 266, 277, 278, 281, 285, 288, 500, 584, 737, 739
Hannes **Seidl** (*www.seidlsontour.de*)	S. 217
Peter **Smolka**	S. 2/3, 62, 81, 104, 300, 309, 346, 351, 395, 399, 402, 403, 405, 465, 479, 480, 484, 535, 546, 623, 650
Tilmann **Waldthaler** (*www.tilmann.com*)	S. 725, 726, 727, 728, 730, 731, 732
Andreas **Wever**	S. 36, 469, 474, 665
Rolf **Widmer** (*www.michelleundrolf.ch*)	S. 261, 268
Hans **Windisch**	S. 267, 270
© ag visuell - Fotolia.com	S. 5 / Fotolia-Bildnummer: 16488662

Register A-Z

NOTIZEN

NOTIZEN

Die Reiseführer von Reise

REISE KNOW-HOW

Reisehandbücher
Urlaubshandbücher
Reisesachbücher
Edition RKH, Praxis

Algarve, Lissabon
Amrum
Amsterdam
Andalusien
Apulien
Athen
Auvergne, Cévennen

Barcelona
Berlin, Potsdam
Borkum
Bretagne
Budapest
Burgund

City-Trips mit Billigfliegern
City-Trips mit Billigfliegern, Bd.2
Cornwall
Costa Blanca
Costa Brava
Costa de la Luz
Costa del Sol
Costa Dorada
Côte d'Azur, Seealpen, Hochprovence

Dalmatien
Dänemarks Nordseeküste
Disneyland Resort Paris
Dresden

Eifel
El Hierro
Elsass, Vogesen
England, der Süden
Erste Hilfe unterwegs
Estland
Europa BikeBuch

Fahrrad-Weltführer
Fehmarn
Föhr
Formentera
Friaul, Venetien
Fuerteventura

Gardasee, Trentino
Golf von Neapel, Kampanien
Gomera
Gotland
Gran Canaria
Großbritannien

Hamburg
Helgoland
Hollands Nordseeinseln
Hollands Westküste
Holsteinische Schweiz

Ibiza, Formentera
Irland
Island, Faröer
Istanbul
Istrien, Kvarner Bucht

Juist

Kalabrien, Basilikata
Katalonien
Köln
Kopenhagen
Korfu, Ionische Inseln
Korsika
Krakau, Tschenst.
Kreta
Krim, Lemberg, Kiew
Kroatien

Landgang an der Ostsee
Langeoog
La Palma
Lanzarote
Latium mit Rom
Leipzig
Ligurien, Cinque Terre
Litauen
London

Madeira
Madrid
Mallorca
Mallorca, Leben/Arbeiten
Mallorca, Wandern
Malta, Gozo, Comino
Mecklenb./Brandenb.: Wasserwandern
Mecklenburg-Vorp. Binnenland
Menorca
Montenegro
Moskau
Motorradreisen
München

Norderney
Nordseeinseln, Dt.
Nordseeküste Niedersachsens
Nordseeküste Schleswig-Holstein
Nordspanien
Nordzypern
Normandie
Norwegen

Ostseeküste Mecklenburg-Vorp.
Ostseeküste Schleswig-Holstein
Outdoor-Praxis

Paris
Piemont, Aostatal
Polens Norden
Polens Süden
Prag
Provence
Provence, Templer
Pyrenäen

Rhodos
Rom
Rügen, Hiddensee
Ruhrgebiet
Rumänien, Rep. Moldau

Sächsische Schweiz
Salzburg, Salzkammergut
Sardinien
Schottland
Schwarzwald, südl.
Schweiz, Liechtenstein
Sizilien, Lipar. Inseln
Skandinavien, der Norden
Slowakei
Slowenien, Triest
Spaniens Mittelmeerküste
Spiekeroog
St. Tropez und Umgebung
Südnorwegen
Südwestfrankreich
Sylt

Teneriffa
Tessin, Lago Maggiore
Thüringer Wald
Toscana
Tschechien
Türkei, Hotelführer
Türkei: Mittelmeerküste

Umbrien
Usedom

Venedig

Know-How auf einen Blick

Wales
Wangerooge
Warschau
Wien

Zypern, der Süden

Wohnmobil-Tourguides

Kroatien
Provence
Sardinien
Südnorwegen
Südschweden

Edition RKH

Durchgedreht – Sieben Jahre im Sattel
Eine Finca auf Mallorca
Geschichten aus dem anderen Mallorca
Mallorca für Leib und Seele
Rad ab!

Praxis

Aktiv Algarve
Aktiv Andalusien
Aktiv Dalmatien
Aktiv frz. Atlantikküste
Aktiv Gardasee
Aktiv Gran Canaria
Aktiv Istrien
Aktiv Katalonien
Aktiv Polen
Aktiv Slowenien
All inclusive?
Bordbuch Südeuropa
Canyoning
Clever buchen, besser fliegen
Clever kuren
Drogen in Reiseländern
Feste Europas
Fliegen ohne Angst
Frau allein unterwegs
Fun u. Sport im Schnee
Geolog. Erscheinungen
Gesundheitsurlaub in Dtl. Heilthermen
GPS f. Auto, Motorrad
GPS Outdoor-Navigation
Handy global
Höhlen erkunden
Hund, Verreisen mit
Inline Skating
Inline-Skaten Bodensee
Internet für die Reise
Kanu-Handbuch
Kartenlesen
Kommunikation unterw.
Kreuzfahrt-Handbuch
Küstensegeln
Langzeitreisen
Marathon-Guide Deutschland
Mountainbiking
Mushing/Hundeschlitten
Nordkap Routen
Orientierung mit Kompass und GPS
Paragliding-Handbuch
Pferdetrekking
Radreisen
Reisefotografie
Reisefotografie digital
Reisekochbuch
Reiserecht
Respektvoll reisen
Schutz vor Gewalt und Kriminalität
Schwanger reisen
Selbstdiagnose unterwegs
Sicherheit Meer
Sonne, Wind, Reisewetter
Spaniens Fiestas
Sprachen lernen
Survival-Handbuch Naturkatastrophen
Tauchen Kaltwasser
Tauchen Warmwasser
Trekking-Handbuch
Unterkunft/Mietwagen
Vulkane besteigen
Wandern im Watt
Wann wohin reisen?
Wein-Reiseführer Deutschland
Wein-Reiseführer Italien
Wein-Reiseführer Toskana
Wildnis-Ausrüstung
Wildnis-Backpacking
Wildnis-Küche
Winterwandern
Wohnmobil-Ausrüstung
Wohnmobil-Reisen
Wohnwagen Handbuch
Wracktauchen
Zahnersatz, Reiseziel

KulturSchock

Europa

Familienmanagement im Ausland
Finnland
Frankreich
Irland
Leben in fremden Kulturen
Polen
Rumänien
Russland
Spanien
Türkei
Ukraine
Ungarn

Wo man unsere Reiseliteratur bekommt:
Jede Buchhandlung Deutschlands, der Schweiz, Österreichs und der Benelux-Staaten kann unsere Bücher beziehen. Wer sie dort nicht findet, kann alle Bücher über unsere **Internet-Shops** bestellen.
Auf den Homepages gibt es **Informationen** zu allen Titeln:

www.reise-know-how.de oder **www.reisebuch.de**

Die Reiseführer von Reise

Reisehandbücher
Urlaubshandbücher
Reisesachbücher
Edition RKH, Praxis

Afrika, Durch, 2 Bde.
Agadir, Marrakesch, Südmarokko
Ägypten individuell
Ägypten/Niltal
Alaska ⇗ Kanada
Algerische Sahara
Argentinien, Uruguay, Paraguay
Äthiopien
Australien – Auswandern
Australien, Osten und Zentrum
Australien, Westen und Zentrum

Baikal, See u. Region
Bali und Lombok
Bali, die Trauminsel
Bangkok
Botswana
Brasilien
Brasilien kompakt

Cabo Verde
Chicago
Chile, Osterinsel
China Manual
Chinas Osten
Costa Rica
Cuba

Djerba & Zarzis
Dominikanische Republik
Dubai, Emirat

Ecuador, Galápagos
Erste Hilfe unterwegs

Fahrrad-Weltführer
Florida
Fuerteventura

Guatemala

Havanna
Hawaii
Honduras
Hongkong, Macau, Kanton

Indien, der Norden
Indien, der Süden
Iran

Japan
Jemen
Jordanien

Kalifornien und USA Südwesten
Kalifornien, Süden und Zentrum
Kambodscha
Kamerun
Kanada, USA
Kanadas Maritime Provinzen
Kanadas Osten, USA Nordosten
Kanadas Westen, Alaska
Kapstadt – Garden Route (Südafrika)
Kapverdische Inseln
Kenia
Kenia kompakt
Kerala (Indien)
Krügerpark – Kapstadt (Südafrika)

Ladakh, Zanskar
Laos
Lateinamerika BikeBuch
Libyen

Malaysia, Singapur, Brunei
Marokko
Mauritius, La Réunion
Mexiko
Mexiko kompakt
Mongolei
Motorradreisen
Myanmar

Namibia
Namibia kompakt
Neuseeland BikeBuch
New Orleans
New York City
New York im Film

Oman
Outdoor-Praxis

Panama
Peru, Bolivien
Peru kompakt
Phuket (Thailand)

Qatar
Queensland (Australien)

Rajasthan (Indien)

San Francisco
Senegal, Gambia
Singapur
Sri Lanka
St. Lucia, St. Vincent, Grenada
Südafrika
Südafrika: Kapstadt – Garden Route
Südafrika: Krügerpark – Kapstadt
Sydney, Naturparks
Syrien

Taiwan
Tansania, Sansibar
Thailand
Thailand – Tauch- und Strandführer
Thailands Süden
Tokyo, Kyoto, Yokohama
Transsib
Trinidad und Tobago
Tunesien
Türkei, Hotelführer
Türkei: Mittelmeerküste

Uganda, Ruanda
USA, als Gastschüler
USA, Kanada
USA, Canada BikeBuch
USA Nordosten, Kanada Osten
USA, der große Süden
USA Südwesten, Kalif., Baja California
USA, Südwesten, Natur u. Wandern
USA, der ganze Westen

Venezuela
Vereinigte Arabische Emirate
Vietnam

Westafrika – Sahel
Westafrika – Küste
Wo es keinen Arzt gibt

Yucatán (Mexiko)

PANORAMA

Australien
Cuba
Rajasthans Palasthotels
Südafrika
Thailands Bergvölker und Seenomaden
Tibet
Vietnam

Know-How auf einen Blick

Edition RKH

- Abenteuer Anden
- Auf Heiligen Spuren
- Durchgedreht – Sieben Jahre im Sattel
- Inder, Leben und Riten
- Mona und Lisa
- Myanmar – Land der Pagoden
- Please wait to be seated
- Rad ab!
- Salzkarawane
- Südwärts durch Lateinamerika
- Suerte – 8 Monate durch Südamerika
- Taiga Tour
- USA – Unlimited Mileage

Praxis

- Aktiv Marokko
- All inclusive?
- Australien: Outback/Bush
- Australien: Reisen/Jobben
- Auto durch Südamerika
- Ayurveda erleben
- Buddhismus erleben
- Canyoning
- Clever buchen/fliegen
- Daoismus erleben
- Drogen in Reiseländern
- Dschungelwandern
- Expeditionsmobil
- Fernreisen auf eigene Faust
- Fernreisen, Fahrzeug
- Fliegen ohne Angst
- Frau allein unterwegs
- Früchte Asiens
- Fun u. Sport im Schnee
- Geolog. Erscheinungen
- GPS f. Auto, Motorrad
- GPS Outdoor-Navigation
- Handy global
- Hinduismus erleben
- Höhlen erkunden
- Hund, Verreisen mit
- Indien und Nepal, Wohnmobil
- Internet für die Reise
- Islam erleben
- Japan: Reisen und Jobben
- Kanu-Handbuch
- Kartenlesen
- Kommunikation unterw.
- Konfuzianismus erleben
- Kreuzfahrt-Handbuch
- Küstensegeln
- Langzeitreisen
- Maya-Kultur erleben
- Mountainbiking
- Mushing/Hundeschlitten
- Neuseeland: Reisen und Jobben
- Orientierung mit Kompass und GPS
- Panamericana
- Paragliding-Handbuch
- Pferdetrekking
- Radreisen
- Reisefotografie
- Reisefotografie digital
- Reisekochbuch
- Reiserecht
- Respektvoll reisen
- Safari-Handbuch Afrika
- Schutz vor Gewalt und Kriminalität
- Schwanger reisen
- Selbstdiagnose unterwegs
- Shopping Guide USA
- Sicherheit Bärengeb.
- Sicherheit am Meer
- Sonne, Wind, Reisewetter
- Sprachen lernen
- Südamerika, Auto
- Survival-Handbuch Naturkatastrophen
- Tango in Buenos Aires
- Tauchen Kaltwasser
- Tauchen Warmwasser
- Transsib – Moskau-Peking
- Trekking-Handbuch
- Trekking/Amerika
- Trekking/Asien Afrika, Neuseeland
- Tropenreisen
- Unterkunft/Mietwagen
- USA Shopping Guide
- Volunteering
- Vulkane besteigen
- Wann wohin reisen?
- Was kriecht u. krabbelt in den Tropen?
- Wildnis-Ausrüstung
- Wildnis-Backpacking
- Wildnis-Küche
- Winterwandern
- Wohnmobil-Ausrüstung
- Wohnmobil-Reisen
- Wohnwagen Handbuch
- Wracktauchen
- Wüstenfahren

KulturSchock

Fernziele

- Afghanistan
- Ägypten
- Argentinien
- Australien
- Brasilien
- China, Taiwan
- Cuba
- Ecuador
- Familien im Ausland
- Kl. Golfstaaten, Oman
- Indien
- Iran
- Japan
- Jemen
- Kambodscha
- Kaukasus
- Laos
- Leben in fremd. Kulturen
- Marokko
- Mexiko
- Pakistan
- Peru
- Russland
- Thailand
- Thailands Bergvölker und Seenomaden
- Türkei
- USA
- Vietnam
- Vorderer Orient

Wo man unsere Reiseliteratur bekommt:

Jede Buchhandlung Deutschlands, der Schweiz, Österreichs und der Benelux-Staaten kann unsere Bücher beziehen. Wer sie dort nicht findet, kann alle Bücher über unsere **Internet-Shops** bestellen.
Auf den Homepages gibt es **Informationen** zu allen Titeln:

www.reise-know-how.de oder **www.reisebuch.de**

Mit PANORAMA neuen Horizonten entgegen

Außergewöhnliche Bilder, lebendige Anekdoten und hautnahe Einblicke wecken Erinnerungen oder Vorfreude auf ein Reiseland. PANORAMA präsentiert sich im handlichen, quadratischen Format (18x18 cm, Hardcover mit Fadenheftung) und luftigen Layout, mit Fotos von atemberaubenden Landschaften, Land & Leuten ...

Andrew Forbes & David Henley
PANORAMA Tibet
ISBN 978-3-8317-1542-8 · € 14,90 [D]

Aroon Thaewchatturat & Tom Vater
PANORAMA Zur Quelle des Ganges
ISBN 978-3-8317-1702-6 · € 14,90 [D]

Andrew Forbes & David Henley
PANORAMA Cuba
ISBN 978-3-8317-1519-0 · € 14,90 [D]

Andrew Forbes & David Henley
PANORAMA Kambodscha
ISBN 978-3-8317-1610-4 · € 14,90 [D]

Elke & Dieter Losskarn
PANORAMA Südafrika
ISBN 978-3-89662-347-8 · € 14,90 [D]

Isabel und Steffen Synnatschke
PANORAMA USA Südwesten Wonderland of Rocks
ISBN 978-3-89662-242-6 · € 17,50 [D]

Günter & Andrea Reindl
PANORAMA Australien
ISBN 978-3-89662-390-4 · € 14,90 [D]

Aroon Thaewchatturat & Tom Vater
PANORAMA Thailands Bergvölker und Seenomaden
ISBN 978-3-8317-1524-4 · € 14,90 [D]

Aroon Thaewchatturat & Tom Vater
PANORAMA Rajasthans Palasthotels
ISBN 978-3-8317-1601-2 · € 14,90 [D]

Hans Zaglitsch & Linda O'Bryan
PANORAMA Mundo Maya
ISBN 978-3-8317-1611-1 · € 14,90 [D]

Elke & Dieter Losskarn
PANORAMA Namibia
ISBN 978-3-89662-327-0 · € 14,90 [D]

Andrew Forbes & David Henley
PANORAMA Vietnam
ISBN 978-3-8317-1520-6 · € 14,90 [D]

Andrew Forbes & David Henley
PANORAMA Thailand
ISBN 978-3-8317-1609-8 · € 14,90 [D

Weitere Titel in Vorbereitung

Günter und Andrea Reindl

Panorama Australien

Bildband

120 Farbseiten, 18x18 cm, Hardcover mit Fadenheftung, mehr als 160 erstklassige Fotografien auf Kunstdruckpapier

Der kompakte Bildband von den Australien-Fotografen und Autoren Andrea & Günter Reindl als Ergänzung zu unseren Australien-Reiseführern und -Praxis-Bänden.

„Ein großartiges, unglaublich schönes und erlebnisreiches Jahr bis in die hintersten Ecken des Outback liegt hinter uns", schreiben die Verfasser, die 45.000 Kilometer durch alle Bundesstaaten und rund um den 5. Kontinent fuhren. Spektakuläre Bilder, ergänzt durch sensible Texte und Tagebuchnotizen, sind das Ergebnis ihres Schaffens. Atemberaubende Landschaften, fotografiert mit gestalterischer Kraft, wechseln sich ab mit anmutigen Naturdetails und neuen Horizonten, die den ganzen Zauber und die farbenprächtige Urwüchsigkeit des 5. Kontinents verinnerlichen. „Dabei stießen wir neben neuen, unbekannten Lebensräumen immer wieder auf imaginäre Grenzlinien ...", resümieren sie. „Down-under" mit Seele und Auge. Ein perfektes Geschenk und ideale Erinnerung für alle, die bereits in Australien waren - oder zum Träumen für das nächste Mal.

1. Auflage

ISBN 978-3-89662-390-4 · € 14,90 [D]

Rad- und andere Abenteuer aus aller Welt

Edition Reise Know-How

In der Edition Reise Know-How erscheinen außergewöhnliche Reiseberichte, Reportagen und Abenteuerberichte, landeskundliche Essays und Geschichten. Gemeinsam ist allen Titeln dieser Reihe: Sie unterhalten, sei es unterwegs oder zu Hause – auch als ideale Ergänzung zum jeweiligen Reiseführer.

Abenteuer Anden – Eine Reise durch das Inka-Reich.
ISBN 3-89662-307-9 · € 17,50

Auf Heiligen Spuren – 1700 km zu Fuß durch Indien.
ISBN 3-89662-387-7· € 17,50

Auf und davon – Auf Motorrädern durch Europa, Asien und Afrika.
ISBN 978-3-89662-521-2 · € 19,50

Die Salzkarawane – Mit den Tuareg durch die Ténéré.
ISBN 3-89662-380-X · € 17,50

Durchgedreht – Sieben Jahre im Sattel
ISBN 3-89662-383-4 · € 17,50

Myanmar/Burma – Reisen im Land der Pagoden.
ISBN 3-89662-196-3 · € 17,50

Odyssee ins Glück – Als Rad-Nomaden um die Welt
10 Jahre, 160.000 km und 5 Kontinente
ISBN 978-3-89662-520-5 · € 19,90

Please wait to be seated – Bizzares und Erheiterndes
von Reisen in Amerika. ISBN 3-89662-198-X · € 12,50

Rad ab – 71.000 km mit dem Fahrrad um die Welt.
ISBN 3-89662-383-4 · € 17,50

Südwärts – von San Francisco nach Santiago de Chile.
ISBN 3-89662-308-7 · € 17,50

Suerte – 8 Monate auf Motorrädern durch Südamerika.
ISBN 978-3-89662-366-9 · € 17,50

Taiga Tour – 40.000 km allein mit dem Motorrad von München durch
Russland nach Korea und Japan · ISBN 3-89662-308-7 · € 17,50

USA Unlimited Mileage – Abgefahrene Episoden einer Reise durch
Amerika. ISBN 3-89662-189-0 · € 14,90

Völlig losgelöst – Panamericana Mexiko–Feuerland in zwei Jahren
ISBN 978-89662-365-2 · € 14,90

Die goldene Insel – Geschichten aus Mallorca
ISBN 3-89662-308-7 · € 10,50

Eine Finca auf Mallorca oder Geckos im Gästebett
ISBN 3-89662-176-9 · € 10,50

Eine mallorquinische Reise – Mallorca 1929
ISBN 3-89662-308-7 · € 10,50

Geschichten aus dem anderen Mallorca
ISBN 3-89662-308-7 · € 10,50

„Rad & Bike"

Fahrrad Weltführer – Das Standardwerk für Fernreiseradler,
3. Aufl., 768 Seiten. ISBN 978-3-89662-527-4 · € 25,00

BikeBuch USA/Canada – 624 S., über 170 Fotos und 45 Karten
ISBN 3-89662-389-3 · € 23,50

Fahrrad Europaführer – 4. Auflage, 768 S., über 50 Karten und
280 Fotos und Abb. · ISBN 978-3-89662-527-4 · € 25,00

Das Lateinamerika BikeBuch 696 S., 92 SW- und 32 Farbfotos,
27 Karten · ISBN 978-3-89662-388-1 · € 25,00

Bestseller
4. Auflage

Peter Smolka

71.000 km mit dem Fahrrad um die Welt:

Rad ab!

Vier Jahre lang radelte der Erlanger Globetrotter Peter Smolka um den Erdball. Zunächst durchquert er den Nahen Osten und Afrika, wo er nur knapp den Angriff eines Elefanten überlebt. In Kapstadt heuert er auf einer Segelyacht an, die nach Brasilien bringt. Nach neun Monaten Südamerika sind die nächsten Stationen Neuseeland und Australien. Bereits seine Fahrt durch Saudi-Arabien hatte in der Reiseszene für Aufsehen gesorgt. In Südostasien erhält Peter Smolka nach zähen Verhandlungen auch die Genehmigung Mynamer (Ex-Birma) auf dem Landweg zu durchqueren. Vor der Rückreise nach Europa wagt er sich schließlich nach Afghanistan hinein … Spannend, detailliert, einfühlsam und humorvoll – ein Buch für jeden, der gern reist.

Hardcover mit Schutzumschlag, 360 Seiten, plus 16 Seiten Farbfototeil

Reise Know-How Verlag · ISBN 3-89662-383-4 · € 17,50

Claude Marthaler

Bestseller
4. Auflage

Sieben Jahre im Sattel:

Durchgedreht

Weltanschauung auf Rädern

Claude Marthaler verließ seine Heimatstadt Genf am 12. März 1994, Kurs Ostasien. Er radelte durch die südlichen Länder der ehemaligen Sowjetunion, durch Indien, Tibet, China und Südkorea. Über Japan erreichte er Alaska, von dort ging es durch Nord-, Mittel- und Südamerika, und beim Kilometerstand 87.750 wurde Ushuaia auf Feuerland erreicht. Von Buenos Aires gelang ihm der Sprung nach Südafrika, und danach rollte der »Yak«, wie Claude sein Fahrrad in Asien getauft hatte, weitere Zehn,tausende Kilometer über die staubigen Pisten Ost- und Westafrikas zurück nach Europa ... der Kreis einer beispiellosen Bike-Odysee hatte sich geschlossen - nach 7 Jahren, 60 Ländern und 122.000 Kilometern ...

Hardcover mit Schutzumschlag, 320 S., 16 Seiten Farbfototeil, über 50 Fotos und Illustrationen

Reise Know-How Verlag · ISBN 3-89662-305-2 · € 17,50

Dorothee Krezmar und Kurt Beutler

10 Jahre, 160.000 km und 5 Kontinente

Odyssee ins Glück

Als Rad-Nomaden um die Welt

10 Jahre lang radelten Dorothee Krezmar und Kurt Beutler kreuz und quer über den Globus. Für sie war das Fahrrad das ideale Verkehrsmittel, um sich fremden Menschen und Kulturen zu nähern. Natürlich gab es auch Tiefschläge. Sie berichten von einem Bienenüberfall, in Afrika wurden sie von bewaffneten Buschmännern abgeführt und entkamen in Argentinien nur knapp den Banditen. Trotz allem stand diese Mammut-Reise unter einem Glücksstern. Auf ihrer Odyssee lernten sie eine viel bessere Welt kennen als die von den Medien gezeichnete. Beide erzählen ihre persönliche Geschichte, die gemeinsamen Erlebnisse brachten Dorothee und Kurt immer näher zusammen und sie entdeckten für sich die Langsamkeit, schließlich stand ihre Reise unter dem Motto reduce speed.

Hardcover mit Schutzumschlag, 384 Seiten, 16 S. Farbteil,
mehr als 70 s/w-Fotos, 10 Karten

Reise Know-How Verlag · ISBN 978-3-89662-520-5 · € 19,90

Joachim Held

Abenteuer Anden

**Eine Radreise
durch das Inka-Reich**

Ein Jahr mit dem Fahrrad durch die faszinierende Welt der südamerikanischen Anden zwischen Chile und Peru – das sind 10.000 km durch Sturm, Sand und Schnee, über 5000 m hohe Gebirgspässe und staubtrockene Wüstenplateaus. Aber es sind auch 10.000 km durch das alte Inka-Reich, 10.000 packende Kilometer in die Vergangenheit.

Joachim Held entführt den Leser in den geheimnisvollen Zauber eine Kultur, in der noch immer Naturverbundenheit und uralte Mythen das Leben bestimmen. Zahllose Begegnungen verdichten sich zu einem einfühlsamen, vielschichtigen Porträt mit zahllosen historischen und kulturellen Aspekten. Eine aufrichtige Reportage, ein fesselndes Buch.

Hardcover, 320 S., über 100 Farb- u. s/w-Fotos, Abb. und Karten
Reise Know-How Verlag ISBN 3-89662-307-9 · € 17,50

Frauke und Robert Kielstropp

Auf Motorrädern durch Europa, Asien und Afrika

Auf und davon

26 Länder, 3 Kontinente, 14 Monate, 47.000 Kilometer – frisch verheiratet und angetrieben von Abenteuerlust und Neugier auf die Fremde machen sich Frauke und Robert Kielstropp mit ihren Motorrädern auf und davon. Wortgewandt, lebendig und authentisch berichten die beiden Niederrheiner in einer Mischung aus Reportage und Tagebuch von ihrem Alltag im Nichtalltäglichen: : Von Gastfreundschaft im Iran und in Pakistan, beeindruckender Naturschönheit im Karakorum und Himalaya, buddhistischen Klöstern und Dschungelpassagen in Südostasien, Großwildbegegnungen im südlichen Afrika, Schotterpisten im äthiopischen Hochland und Wüstenetappen im Sudan. Vor allem aber sind es die Begegnungen mit den Menschen unterschiedlichster Kulturen, die den besonderen Reiz ihrer Reise ausmachen …

Hardcover mit Schutzumschlag, 350 Seiten, 16 S. Farbteil,
Reise Know-How Verlag · ISBN 978-3-89662-521-2 · € 19,50

Gudrun Ziermann

Panamericana Mexiko–Feuerland in zwei Jahren:

Völlig losgelöst

Über 100.000 Kilometer und zwei Jahre lang sind Gudrun Ziermann und Tobias Groenen mit einem expeditionstauglichen Landrover unterwegs. Ihr Weg führt durch knochentrokkene Wüsten und tropische Regenwälder, über riesige Salzseen und verschneite Andenpässe, hinauf aufs Altiplano, hinein in die heiße Hölle des Chaco und immer wieder zu den kleinen Orten abseits der Hauptstraßen, wohin sich nur selten ein Fremder verirrt. Im Schritttempo fahren sie durch den nahezu weglosen Kupfercanyon in Mexiko. In Belize werden sie gebeten, einen Militärkonvoi anzuführen. In Kolumbien gelangen sie nur über Umwege zu einer Ausgrabungsstätte mitten im Guerilla-Gebiet. In Bolivien stecken sie mehrere Tage in Straßenblockaden fest. Auf einer Sandpiste durchqueren sie das Feuchtgebiet des Pantanal. Ob beim Schamanenritual in den Anden oder bei der Kaiman-Jagd im brasilianischen Dschungel - die Gastfreundschaft und Offenheit der Menschen erlaubt es Gudrun Ziermann immer wieder, hinter die Kulissen zu blicken. Das Ergebnis ist ein spannender Reisebericht mit außergewöhnlichen Einblicken in fremde Länder. Es sind die Begegnungen mit den Menschen, die einer Reise Leben einhauchen.

Hardcover mit Schutzumschlag, mehr als 100 Farb- und s/w-Fotos, 7 Karten
REISE KNOW-HOW Verlag ISBN 978-3-89662-365-2 · € 17,50

Christian Krug

Auf heiligen Spuren

1700 Kilometer zu Fuß durch Indien

Fünf Monate wandert Christian Krug zu Fuß durch Indien. Das Meer – der Fluss – die Berge: Auf drei Etappen erlebt er alle Gegensätze, die dieses Land zu bieten hat. Von Karnataka bis Mumbai wandert er 800 Kilometer an der paradiesischen Konkanküste. Er sieht die Touristenstrände Goas und kommt zu menschenleeren Buchten in Maharashtra. Am Fluss Narmada im Herzen Indiens taucht er in das ländliche Leben ohne Strom und ohne Straßen ein, wandert bei 40 Grad mit heiligen Männern und trifft Menschen, die seit Jahrhunderten Pilger versorgen. Im Land der Götter, dem „Dev Bhoomi" im Himalaya, sind die Hauptquellflüsse der Ganga seine Weggefährten. Bei Eis, Schnee und Steinschlag erreicht er Gaumukh, das »Kuhmaul« auf 4000 Meter Höhe - Quelle von Indiens heiligstem Fluss.

Indien in dem Tempo erleben, das dem Menschen am meisten entspricht – zu Fuß: Erst da erschließt sich dieses unbegreifbare Land, das wie kein anderes die Gegensätze des 21. Jahrhunderts in sich vereint. Mit viel Hintergrundwissen und genauem Blick für das Verborgene erzählt Christian Krug von einem spannenden Weg mit faszinierenden Begegnungen und täglichen Überraschungen.

Hardcover mit Schutzumschlag, 360 Seiten,
über 100 Farb- und s/w-Fotos, 7 Karten
REISE KNOW-HOW Verlag ·ISBN 3-89662-387-7 · € 17,50

Werner Gartung

Die Salzkarawane

Mit den Tuareg durch die Ténéré

Die Salzkarawane ist ein jahrhundertealtes, erprobtes Transportmittel der Tuareg durch die Ténéré.

Werner Gartung nimmt den Leser mit auf diese Extremreise durch eine unbarmherzige Sahara-Wüste. Es ist nicht nur ein Abenteuerbericht, sondern beschreibt das Leben und die Kultur der Tuareg, die Begleiter der Karawanen-Schicksalsgemeinschaft und gibt Einblicke in die Tiefen ihrer Seelen: Eine literarische Reisereportage erster Güte, getragen vom Respekt vor der Wüste und den Tuareg, die das »Unbewohnbare bewohnbar machen« …

288 Seiten, Hardcover mit Schutzumschlag,
über 100 Farb- und s/w-Fotos sowie Abbildungen, Karte
REISE KNOW-HOW Verlag · ISBN 3-89662-380-X · € 17,50

Kirsten Kallinna

Suerte

8 Monate auf Motorrädern durch Südamerika

Acht Monate auf Motorrädern durch Südamerika - für Kirsten und Jörg Kallinna geht ein lang gehegter Traum in Erfüllung, als sie im Sommer 2004 zu dieser Reise aufbrechen. In Ecuador beginnt nun für beide ein völlig neues Leben, das Leben unterwegs.

Erst noch zögerlich, doch bald ganz intensiv tauchen sie ein in einen faszinierenden und unglaublich vielseitigen Kontinent, der sie in seinen Bann nimmt. Fast 30.000 Kilometer legen sie in diesen acht Monaten auf ihren Motorrädern zurück, durchqueren dabei sämtliche Klimazonen, eine Vielzahl von Landschaften und treffen die unterschiedlichsten Menschen. Sie fahren durch Wüsten und tropisches Tiefland, über fast 5000 Meter hohe Andenpässe, über riesige Salzseen und stemmen sich auf den Pisten Patagoniens gegen den Sturm. Zwischen Äquator und Feuerland erleben sie alle Höhen und Tiefen einerReise voller Gegensätze. Sie geraten an ihre Grenzen und sind doch glücklich wie nie zuvor. Suerte, das heißt Glück. Kirsten Kallinna schildert packend, humorvoll und vor allem sehr persönlich die kleinen und großen Erlebnisse und Herausforderungen eines faszinierenden Abenteuers. Ein Buch, das Lust zum Reisen macht!

Hardcover mit Schutzumschlag, 220 Seiten, über 60 Farb- u. s/w-Fotos, 5 Karten
REISE KNOW-HOW Verlag · ISBN 978-3-89662-366-9 · € 17,50

Rudi und Bettina Kretschmer

Südwärts durch Lateinamerika

Eine Familie mit Wohnmobil auf ungewöhnliche Route von San Francisco nach Feuerland.

Hautnah erzählt das Buch von einer fantastischen Reise in die „Neue Welt“. Zwischen San Francisco und Santiago de Chile erlebt die Familie mit zwei Kindern den Dschungel Amazoniens, die unendlichen Steppen Patagoniens und die Metropolen ihrer Reiseländer. Zwei Jahre lang führen die vier ein Leben, das einzig dazu bestimmt ist, die nord- und südamerikanische Welt anzusehen und ihre Wunder zu bestaunen. Ein einfühlsamer und spannender Reisebericht mit einem überraschenden Ausgang …

Hardcover mit Schutzumschlag, 320 Seiten
40 Farb- u. 70 s/w-Fotos, 4 Karten
REISE KNOW-HOW Verlag · ISBN 3-89662-308-7 · € 17,50

Thomas Schröder, Raphaela Wiegers

Das Lateinamerika BikeBuch

Süd- und Mittelamerika für Tourenradler und Mountainbiker

Ein unentbehrliches Buch für alle, die mit ihrem Bike oder Tourenrad die Länder zwischen Rio Grande in Mexiko und Feuerland an der Südspitze des amerikanischen Kontinents entdecken wollen. Thomas Schröder und Raphaela Wiegers haben mit 18 Co-Autoren auf fast 700 Seiten eine Fülle an Informationen rund um Radreisen auf diesem Kontinent zusammengetragen. Jedes lateinamerikanische Land wird mit möglichen Radtouren und Rad-Besonderheiten vorgestellt. Das Lateinamerika BikeBuch wird ständig aktualisiert und ergänzt auf www.bikeamerica.de.

696 Seiten, 150 Abbildungen und Fotos,
27 Übersichtskarten zu Ländern Regionen und Routen
Reise Know-How Verlag · ISBN 978-3-89662-388-1 · € 25,00

Herbert Lindenberg

Fahrradführer Europa

Der Reiseführer für alle Radler durch ganz Europa. Touren, Routen und Radregionen in über 40 Ländern

Ein 696-Seiten-Kompendium von Tourenmöglichkeiten für ganze Europa – Routen und Regionen vom Nordkap bis zum Südzipfel Kretas. Das Buch bietet eine Fülle von Ideen und Anregungen, hilft bei der Auswahl optimaler Radziele, unterstützt mit praxisorientierter Infos die Verwirklichung einer Tourenidee. Mit zahlreichen Berichten und Geschichten von Radlern für Radler, Tipps und Wissenswertes zur Reisevorbereitung und konkrete Streckenempfehlungen und Beschreibung aller wichtigen Radreiseregionen.

„Der Verdienst des Werkes liegt in einem ausführlichen Serviceteil mit radspezifischen Informationen. Interessant für Reise-Routiniers vor allem die Beschreibung, 'exotischer' Ziele!" (TOUR). – „Ideal für alle, die noch nicht so recht wissen, wo's hingehen soll. Toll zu Schmökern!" (MOUNTAIN-BIKE)

696 Seiten, 280 Abbildungen und Fotos, über 50 Karten zu Ländern, Regionen und Routen, strapazierfähige PUR-Bindung
Reise Know-How Verlag · ISBN 978-3-89662-385-0 · € 25,00

Klassiker

Helmut Hermann

Afrika Tour

10.000 km durch Wüste, Busch und Urwald

Helmut Hermanns Afrikadurchquerung mit dem Sportrad von Algier nach Kapstadt 1973/74 ist der „Klassiker" aller Afrika-Radbücher. Mit einer Auflage von weit über 50.000 eines der erfolgreichsten deutschen Radbücher überhaupt. Lange vergriffen, jetzt wieder als Originalnachdruck erhältlich. Ein Zeitdokument.

Wer nacherleben möchte, wie es damals war, als man als fernwehsüchtiger Radler beim Aufbruch in ferne Länder noch ohne Reiseführer, nur mit einfacher Ausrüstung, geringsten Geldmitteln und natürlich auch ohne High-Tech-Mountainbike auskommen mußte, der sollte sich dieses Lesevergnügen gönnen. Die Afrika Tour „hob" auch etliche, heute durch Bücher und Vorträge bekannte Biker wie Hartmut Fiebig (Buch „Bike-Abenteuer Afrika) „in den Sattel". Für alle Anhänger extremer Radabenteuer.

134 Seiten, 232 SW-Fotos, 2 Karten · € 13
(beim Reise Know-How Verlag H. Hermann, Anschrift siehe Impressum).

Thomas Schröder

Pan-amerikanische Skizzen

Mit Fahrrad, Bahn, Schiff und Auto von Alaska nach Feuerland

Für Thomas Schröder und seine Frau Sybille, Reiseradler aus Leidenschaft, war die Panamericana ein Lebenstraum. Insgesamt legten sie in 15 Monaten etappenweise mehr als 15.000 Kilometer mit dem Rad zurück, dazu kamen noch einige Passagen mit Bussen und Mietwagen, mit diversen Fährschiffen und mit der Eisenbahn. Über die Erlebnisse auf diesem langen Streifen, über Strapazen, faszinierende Kulturdenkmäler und Begegnungen mit sympathischen Menschen berichtet Schröder spannend, einfühlsam, teils mit spitzer Feder und immer mit einem Schuss trockenem Humor. Und wenn der eine oder andere Leser plötzlich seine Gedanken schweifen lässt und ein Kribbeln in den Beinen verspürt, so ist das durchaus beabsichtigt …

Taschenbuch, 216 Seiten mit Farbfotos und Übersichtskarte
1. Auflage 2006 · ISBN 978-383344-222-3 · € 16,90 [D]

Erhältlich im Buchhandel oder direkt beim Autor über ts.schroeder@web.de

Radreisen weltweit

- Trekkingbike Touren
- Mountainbike
- Rennrad
- Citycycling

www.biketeam-radreisen.de

BIKE TEAM KeyMove

Wippertstraße 2 • D-79100 Freiburg
Tel. 0761 - 556 559 29 • Fax 0761 - 556 559 49
info@biketeam-radreisen.de

www.reise-know-how.de

Reise Know-How

Unser Kundenservice auf einen Blick:

- Vielfältige Suchoptionen, einfache Bedienung
- Alle Neuerscheinungen auf einen Blick
- Schnelle Info über Erscheinungstermine
- Zusatzinfos und Latest News nach Redaktionsschluss
- Buch-Voransichten, Blättern, Probehören
- Shop: immer die aktuellste Auflage direkt ins Haus
- Versandkostenfrei ab 10 Euro (in D), schneller Versand
- Downloads von Büchern, Landkarten und Sprach-CDs
- Newsletter abonnieren, News-Archiv

Die Informations-Plattform für aktive Reisende

REISE KNOW-HOW online